Rudolph Lexow

Deutsch-amerikanische Monatshefte

Für Literatur, Kunst, Wissenschaft und öffentliches Leben

Rudolph Lexow
Deutsch-amerikanische Monatshefte
Für Literatur, Kunst, Wissenschaft und öffentliches Leben

ISBN/EAN: 9783742892706

Hergestellt in Europa, USA, Kanada, Australien, Japan

Cover: Foto ©Thomas Meinert / pixelio.de

Manufactured and distributed by brebook publishing software (www.brebook.com)

Rudolph Lexow

Deutsch-amerikanische Monatshefte

Deutsch-Amerikanische Monatshefte

für

Literatur, Kunst, Wissenschaft und öffentliches Leben.

Redigirt von

Rudolph Lexow.

IV. Jahrgang. I. Band.   1867.   Januar-Heft.

An die Leser.

Die Deutsch-Amerikanischen Monatshefte haben ihren ersten Jahrgang unter der jetzigen Redaktion vollendet und beginnen mit dieser Nummer einen zweiten. Das Unternehmen ging auf eine Weise in unsere Hände über, welche es zu einem in mancher Beziehung durchaus neuen gestaltete. Es war keine eigentliche Basis vorhanden, und Eingeweihte wissen, was es heißen will, hier zu Lande mit einer Zeitschrift von vorn zu beginnen, während es Uneingeweihten schwer fallen wird, sich eine Vorstellung von den damit verbundenen Schwierigkeiten und Unannehmlichkeiten zu machen. Daß wir bis jetzt einen Vortheil daraus gezogen, können wir nicht behaupten und haben es auch nicht erwartet. Bei der Uebernahme leitete uns der Wunsch, der deutschen Intelligenz in Amerika ein Organ zu erhalten, welches schon viel Gutes gestiftet hatte und ohne unser Dazwischentreten untergegangen oder in unrechte Hände gerathen wäre. Dagegen können wir sagen, daß die Beschäftigung mit den Monatsheften, die Aufnahme, welche sie in vielen Kreisen gefunden, die Beurtheilung, welche ihnen in Deutschland zu Theil geworden, und die Anerkennung, welche uns von manchen Seiten zukam, uns viel Freude gemacht hat. Auf einen materiellen Gewinn wird für die Zukunft so wenig wie jetzt gerechnet; wenn die Unterstützung nur der Art ist, daß wir dem Ziel, welches wir uns vorgesteckt haben, näher rücken können ohne gar zu große Opfer zu bringen, so fühlen wir uns vollkommen befriedigt.

In wie weit die Monatshefte im letzten Jahrgang ihrer Aufgabe genügt haben und in wie fern ihre Haltung während dieser Zeit einen Fortschritt gegen früher bedingt — das zu beurtheilen, ist Sache des Publikums. Wir sind uns bewußt, mit Liebe, nach besten Kräften, das Unsrige gethan zu haben, werden es auch ferner am Bemühen, neue und tüchtige Kräfte heranzuziehen, nicht fehlen lassen, und die gesammelten Erfahrungen berechtigen uns zu der Erwartung, daß dieses Streben eine immer allgemeinere Anerkennung finden wird.

Unterwegs.
Reisebilder von **Alfred Meißner**.

Bregenz und Bregenzerwald.

I.

Der Horizont erweitert sich ins Endlose. Es ist als blickte das Auge in eine unermeßliche lichtblaue Glasglocke, aus welcher magisch unbestimmte Contouren langsam hervortauchen. Alles ist blau: die Luft, die Ferne. Da zeigt sich im bläßern Blau ein tiefgefärbter, unendlich ausgedehnter Streifen, in welchem goldene Flimmer aufblitzen. Das ist der Bodensee. Wir nähern uns ihm windschnell. Bald rollt der Zug gleichsam mitten hinein ins tiefe, flüssige Element; man sieht kaum den Damm, über den er hinwegsetzt, um die Stadt zu erreichen, die auf einer Insel im Mittagssonnenlichte glänzt. Wir sind in Lindau.

Wir fliegen nur durch. Ein kleiner Dampfer wartet bereits und pustet ungeduldig. Wir nehmen unter dem Zeltdache Platz. Unmittelbar darauf wird die Brücke weggenommen. Und nun geht es zwischen dem monumentalen Löwen und dem netten Leuchtthurm hinein in die schimmernde Spiegelfläche des schwäbischen Meeres.

Man muß monatelang quer und krumm durch finstere Gassen umhergewandert sein, um das Glück eines solchen Moments recht zu empfinden. Waldesgrün, Almwiesen, Felsabstürze, schneebedeckte Berghäupter, alles das auf einmal wiederzusehen, nachdem man es gekannt, geliebt und lange vermißt hat, das beglückt, das befreit! Es wiederholt sich in der Menschenbrust gleichsam das Gefühl Adam's, wie er zum ersten Male mit staunenden Augen in die gestern geschaffene Gotteswelt blickt. Man hat keine Ruhe mehr, man möchte mitten hineinfliegen und in Wald, Wiese und Schnee toll wie ein Knabe herumspringen.

Der Steuermann hat die Richtung nach Südosten gegeben, wir nähern uns Bregenz. Die Fenster zweier ungeheueren Gebäude hart am See glänzen im Sonnenschein, dahinter, eine Anhöhe hinaufgebaut, liegt das Städtchen, von allerlei altem Gemäuer gekrönt; den Hintergrund bilden mächtige, herrlich bewaldete Berge. Seitwärts, von der ernsten, schneebedeckten Alpenkette überragt, dehnt sich die Rheinebene. Es ist ein Bild von unaussprechlicher Pracht. Doch schon steuern wir in den Hafen. Auf dem Molo erblicke ich schon von fern eine mächtige Gestalt, die sich durchaus nicht in der Menge verbergen kann; es winkt ein Tuch — mein lieber Freund Robert Byr erwartet mich. Und schon bin ich der Erste am Ufer.

Ich treffe die Stadt in Aufregung und festlich geschmückt. Es beginnt das Freischießen des vorarlberg'schen Schützenaufgebots. Die Häuser sind beflaggt, die Farben aller fünf den See umgebenden Länder flattern in den Lüften. Ich sehe auch ein paar deutsche Banner. Wie auf einem Jahrmarkte haben sich alle Holtei'schen „Vagabunden" ein Rendezvous gegeben. Ein Circus ist aufgeschlagen, unmittelbar gegenüber macht ihm eine Akrobatengesellschaft Concurrenz. Ein Clown, der auf einer Wange ein Pique-, auf der andern ein Coeur-Aß aufgemalt hat, haranguirt die Menge von der Höhe einer Tribüne, doch seine Worte bleiben fast unverständlich, denn auf der andern Seite setzt sich unter gräulichen Trompetenfanfaren eine Reitergesellschaft in Bewegung, um ihren phantastischen Umzug zu halten. Sie hat ein paar Weiber bei sich, von deren braunen Zigeunergesichtern und beinahe schwarzen Händen sich die kurzen, hochaufgebauschten Florkleider und fleischfarbenen Tricots an Armen und Beinen ganz wunderbar abheben. Daß sie unmöglich verführerisch sein können, sehen sie selbst ein und blicken finster und streng. Ein Mohr der schwärzesten Gattung sitzt auf dem hohen Trapez, schaukelt sich nachlässig, beide Arme um die Seile geschlungen, scheint aber weniger darüber nachzudenken, welche Folgen der Sieg der Unionsstaaten für seine Race, als vielmehr, welches Ergebniß dieser Umzug für die Gesellschaftskasse abwerfen werde.

Schaubühnen noch anderer Art sind aufgeschlagen, mit Zwergen, Meerjungfrauen, Riesendamen und Mißgeburten, und locken die Menge in ihre Räume. Ich höre von fern eine Ansprache an die Schützen richten, und unmittelbar darauf krachen die Böller, die den Beginn des Freischießens kundgeben. Die Musik zahlreicher Schützenkapellen ertönt aus den Wirthshäusern, nun kommt auch eine Procession mit frommen Liedern von der Höhe daher; das giebt ein Chaos von Tönen, ein musikalisches Charivari, halb fromm und halb weltlich, wie in einer Meyerbeer'schen Oper, und ich würde mich bei dem Gewühle von Landvolk und Städtern in dem sonst so stillen Bregenz kaum zurechtfinden, wenn ich nicht meinen Führer zur Seite hätte. Arm in Arm mit ihm steige ich durch die gewundenen Gassen in die Höhe, bis zu einem castellartigen Wohnsitze, dem uralten Hause derer von Deuring, wo ich im freundlichen Familienkreise die herzlichste Aufnahme finde.

Als ich meinen Freund Robert Byr zum letzten Male in Prag sah, trug er den hellblauen, goldverschnürten Attila und einen rasselnden Säbel an der Seite. Er war Husarenrittmeister, hatte eine Reitschule unter sich und lag der Pflicht ob, eine Menge mehr oder minder ungelenker Bengel zu Reitern auszubilden. Er durfte nur ganz nebenher Poet sein. Indeß hatte er seit lange schon, eilig, gleichsam im Sattel sitzend, eine ganze Reihe von Bildern aus dem Soldatenleben wie mit farbigen Crayons entworfen und bekannt gegeben. Diese Bilder mißfielen dem und jenem seiner Herren Vorgesetzten. Sie ließen ihn ihren Unwillen fühlen, einen Unwillen, den sein Stolz nicht ertrug. Unabhängig gestellt, nahm er seinen Abschied.

So war der Freund lange verschwunden. Ich wußte nur, daß er, Zerstreuung und Ablenkung von traurigen Gedanken suchend, seit Monaten im Alpenlande umherstreife. Da erhalte ich plötzlich einen Brief aus Bregenz mit nur folgenden Worten:

„Seit drei Monaten hier — Fahrt im Boot — Sturm — Lebensrettung — Liebeserklärung — Verlobung — in vier Wochen Hochzeit."

Damit waren allerdings in Kurzem die Kapitelüberschriften eines Romans gegeben, damit ich mir ihn nach Belieben weiter ausmale, aber sein Verlauf konnte doch so oder anders gedacht werden. Nun, es ist Alles zum Besten gegangen, und kann ich von einem Menschen, der zu allem Andern noch eine liebenswürdige Frau zur Seite hat, denken, er sei vollkommen glücklich, so ist es Byr, der Autor der „Oesterreichischen.Garnisonen". Dabei möchte ich ihn auch den bestsituirten deutschen Schriftsteller nennen, schon darum, weil er aus seinem Fenster einer Aussicht genießt, wie kein anderer Poet in sämmtlichen deutschen Vaterländern. Er kann, ohne sich zu wenden, von seinem Schreibtisch durchs Fenster in fünf Staaten blicken.

Dem Gebhardsberg, zu welchem ein bequemer Weg hinaufführt, gilt am Abend meiner Ankunft, nachdem sich die Schwüle des Tages gemindert, mein erster Besuch. Innerhalb der Ruinen des alten Montfort'schen Schlosses Pfannenberg hat sich eine Gastwirthschaft aufgethan. Welcher Blick vom Altan auf das Rheinthal und die Kette des Säntis! Sie glüht im Purpur. Doch schon will die untergehende Sonne in den Seespiegel tauchen. Dieser glüht wie geschmolzenes Gold; breite, vom glühenden Roth ins prachtvollste Orange verlaufende Flächen rollen sich auf und breiten sich aus, noch weiterhin blitzt es wie mit großen goldhellen Augen aus dem Wasser. Es ist die prächtigste der Phantasmagorieen! Daß auf dieser Seite die Sonnenscheibe voll und ganz unmittelbar in den See zu tauchen scheint, das ist, was dieses Ufer vor allen mir bekannten auszeichnet.

Tags darauf ist in Bregenz Alles wieder still. Ich sitze in dem kleinen, aber wunderschönen Garten in einer Laube, an welcher die Hand des Freundes dichte Zweige des Rosenstocks hinangezogen. Unten erhebt sich terrassenförmig der weitgedehnte Weingarten. Der süße, resedenähnliche Duft der blühenden Rebe würzt die Luft. Die Flinten- und Böllerschüsse auf der Schießstätte, deren Scheiben im See stehen, sind verstummt, denn es ist eben Mittag. Auf Büchsenschußweite von mir liegt in einem grünen Grunde das Nonnenkloster Thalbach; unmittelbar darüber erhebt sich der schöne alte Thurm der Pfarrkirche; nur wenige Schritte davon, auf einer andern Anhöhe, steht — welches Uebermaß von Erbauungsmitteln! — abermals eine Kirche. Daß sie einem Kapuzinerkloster angehöre, sagt die Windfahne, die nicht etwa einen Hahn oder einen Pfeil, sondern einen Bruder Kapuziner vorstellt. Die Glocken unter demselben läuten eben jetzt wie zu allen Tageszeiten. Sie begannen schon um halb vier Uhr, und ich fragte, mich im Bette umwendend, was denn die frommen Fratres schon so früh trieben und ob denn der Tag nicht zum Beten ausreiche, daß sie einen ermüdeten Touristen noch in der besten Schlummerzeit aufstörten? Endlich schweigen die Glocken. Welche Stille umher! Welcher Frieden! Welche Schönheit! Weiße Segel beleben die azurne Fläche, und die Dampfschiffe ziehen horizontale Rauchstreifen von einem Ufer zum andern. Da sehe ich jenseits des

Sees ein lichtes weißes Wölkchen sich am Gelände gegen Lindau hinabschlängeln. Es ist der Eilzug, mit welchem ich gestern gekommen. Ich sehe ihm nach, froh, daß ich nicht mit ihm weiter muß.

Das Panorama des Gebhardsberges wiederholt sich in weit großartigerem Maßstabe von der Spitze des Pfänder. Es ist zum Verwundern, daß dieser Aussichtspunkt, welcher ohne Anstrengung in zwei Stunden erstiegen werden kann und mit den schönsten im deutschen Alpenlande rivalisirt, nicht zahlreichere Besucher findet. Man übersieht die ganze weite Rheinthalebene und eine ganze Kette schneebedeckter Berge: Schweizer-, Tiroler- und Algäuer-Alpen. Lindau auf seiner Insel, wie ein kleines Venedig, liegt so täuschend nahe; man meint, man könne einen Stein hineinwerfen. In seiner blauen Bucht erscheint Langenargen, wo der verstorbene König von Würtemberg eine großartige Villa erbauen ließ; das rasch emporblühende Friedrichshafen ist im blauen Dufte sichtbar; ein gutes Auge erblickt sogar die alte Concilstadt Constanz, unheimlichen Andenkens, mit ihrem Münster und der neuen Rheinbrücke. Dort ragt der Hohentwyl, wohin Viktor Scheffel seine schöne Ekkehardssage verlegte. Drüben auf Schweizerufer Romanshorn und Rohrschach und alle die kleinen Niederlassungen, die den See auf dieser Seite umsäumen. Zu ihnen gehen, von ihnen kommen rastlos eilende Dampfer, Symbole und Zeugen regen Waarenverkehrs. Wie der Blick auf alle diese wohlhabenden Städte, diese emporblühenden Fabriken, diese Villas und Dampfer das Gemüth ergreift! Welch ungeheuern Schritt aus der Rohheit und Wildheit, aus der Geistesnacht und der Barbarei hat die Welt seit jenem Tage gemacht, an welchem aus dem Winkel dort der Wind die Asche Hussens in den See trieb!

Ein seltsamer Zufall hat es gefügt, daß um den See herum sich allerlei exilirte, vertriebene und abgedankte Souveräne angesiedelt haben. Wie das Auge mit dem Fernrohr herumspäht, sieht es diese Asyle wie zu einem Rendezvous zusammengerückt. Bei Lindau in einer kleinen Villa wohnt der jüngere Großherzog von Toscana, der auch bereits regiert hat; davor liegt seine kleine Flottille vor Anker, denn der Prinz ist ein großer Schifffahrer, dessen Hauptvergnügen es ist, durch Wind und Wetter zu steuern. Unweit davon, in der Villa des Prinzen Luitpold, wohnt dessen Gemahlin, eine Prinzessin von Modena. Drüben, auf Schweizerseite, auf der Bahnlinie von Rohrschach nach Chur, steht Schloß Wartegg, das bis zu ihrem Tode der Aufenthalt der verwittweten Herzogin von Parma war. So hat die Neugestaltung der Dinge in Italien allerlei Fürstlichkeiten hierher geschleudert; der Mann aber, der diese Neugestaltung hervorgerufen, hat seine Wohnung am Bodensee längst aufgegeben, der Bürger von Salenstein wohnt in den Tuilerien.

Läge der Pfänder in der Schweiz, hier stände gewiß ein großartiges Hotel. Wie es nun eben ist, nimmt uns ein Wirthshaus bescheidenster Art auf. Ein Schweizer hat achtzehntausend Francs für das kleine Besitzthum geboten; der Eigenthümer hat sie nicht angenommen, man rieth ihm davon ab. Dem Abrathen lag die Furcht zu Grunde, noch mehr Protestanten im Lande zu sehen.

II.

Mir war so wohl im alten Castell derer von Deuring, im Gartenzimmer, wo die alten Holzschnitte hingen, und unter dem großen Nußbaum, daß ich kaum ins Städtchen hinabkam. Höchstens streifte ich es, wenn wir Nachmittags eine Spazierfahrt im Kahn vorhatten. Da ketteten wir das Boot los, stellten, je nachdem der Wind war, Segel auf oder griffen nach dem Ruder, und pfeilschnell ging es dann die mächtig hinansteigenden, nußbaumbewaldeten Ufer entlang, bis wir vor irgend einem an der Chaussee gelegenen Wirthshause anlegten, um dort den Sonnenuntergang zur Rückfahrt abzuwarten.

Endlich sollte doch ein Ausflug in den Bregenzerwald unternommen werden.

Ueber uns lacht ein goldener Morgen. Wir schreiten den leuchtenden Gebirgen zu. Auf den Feldern arbeiten schon Leute, die Wiesen sind hell bethaut, da blühen Millionen Blumen. Die Vögel schießen durch die Luft, jagen von Busch zu Busch, als spielten sie Fangen und Verstecken. Wir kommen nach Schwarzach, nach Alberschwende; das sind nette, reinliche Dörfer. Man sieht große Wohlhabenheit. Viele Häuser haben zwei Stockwerke, Viehhaus und Nebengebäude, die Giebelbalken gehen in Roßköpfe aus, nicht selten steht oben ein Kreuz. Bald muthet es den Wanderer an, als befände er sich im weltverlassensten Hochgebirge. Weithin gedehnte Nadelwälder umfangen ihn, er hört nur dann und wann das Rauschen der Wasser, das Klappern einer Schleif- oder Sägemühle, den Schlag des Beils. Hin und wieder vernimmt man den wehmüthigen Pfiff des Geiers.

Die Sonne hat fast die Mittagshöhe erstiegen. Ein kurzes Steigen über die „Loreine", auf deren Abhang allenthalben die blauen Genzianen aus hohem Grase herausschauen, und es öffnet sich dem Blick eine ungeheure Fernsicht über Matte und Wald. Schwarzenberg liegt in der Tiefe, ein friedliches Dorf mit einem Kirchlein in der Mitte. Die Sonne brütet fast senkrecht über dem Thal, die Schatten sind kurz, fast nicht vorhanden, die Fichtenwälder starren empor, in der Ferne stehen im Halbkreise mächtige Gebirge, theilweise noch mit ihrem Winterkleid von Schnee. Das Bild ist so schön, wir müssen laut aufjauchzen, unser Führer stimmt mit echt tirolischem „Juchezer" ein; so eilen wir den Berg hinunter.

Hier, in diesem weltfernen Erdenfleck, haben die Musen ein Kind in der Wiege geküßt, hier wurde Angelika Kaufmann geboren, vielleicht das interessanteste weibliche Talent, das je den Pinsel geführt. Im Dorfe angelangt, trete ich in die Kirche, wo Arbeiter auf einem Gerüst beschäftigt sind, und sehe mir ihre Marmorbüste an.

Mich interessirt Angelika Kaufmann. Im Zimmer, das ich als Knabe bewohnte, hing eine ganze Reihe ältlicher englischer Kupferstiche, ihre Zeichnungen zur „Odyssee". Wie oft stieg ich auf Kanapee und Stühle, um sie recht genau zu betrachten! Die gute Mutter nannte mir jede Figur, wer der Prinz Telemach sei, wer die Prinzessin Nausikaa, wer Ulysses und wer Penelope; ich

wußte auch, daß der Hund Argus heiße. Diese Bilder gefielen mir ganz
außerordentlich und ich habe noch jedes klar im Gedächtniß.

Später sah ich Angelika's Bild, von Mengs gemalt, und noch weit später
las ich von ihren wunderlichen Schicksalen. Die Tochter des bischöflichen Hof‐
malers in Chur, in Italien früh zu Ruhm und Ehren gelangt, war sie nach
England gekommen. Sie malte die Töchter Georg's II. Ein reicher Mann
bot ihr Hand und Vermögen, erhielt einen Korb von ihr und rächte sich furcht‐
bar, in ähnlicher Weise, wie in Diderot's Erzählung sich Madame de la Pom‐
meraye rächt. Ein schöner junger Mensch, doch einer aus der Hefe Londons,
wurde in den Stand gesetzt, sich in Angelika's Hause zu zeigen und sich um die
Künstlerin zu bewerben. Er gefiel ihr, sie heirathete ihn; nach der Trauung
entdeckte der verschmähte Bewerber Angelika, welchem Verworfenen sie ange‐
traut sei. Die Ehe wurde geschieden, Angelika kehrte nach Rom zurück, wo sie
sich wieder vermählte. Als bald darauf der zweite Gatte starb, sah man sie
bis an ihr Ende nur für die Kunst leben. Canova hat 1807 ihren Leichenzug
angeordnet.

Nach einem frugalen Mittagsmahl im Wirthshause zu Schwarzenberg eilen
wir weiter. Unser Weg führt über eine romantische Brücke auf eine neue
Chaussee, welche die Verbindung im Walde vermittelt.

Wir kommen an einzelnen Häuschen vorbei; obwohl ganz aus Holz, sind
sie doch schmuck und nett, die Wände gegen die Wetterseite hin mit gerundeten
Schindeln beschlagen. Die vielen und breiten Fenster lassen viel Licht ins
Innere fallen; selbst die ärmsten Hütten haben weiße Vorhänge. Vor dem
Hause liegt zumeist ein kleiner Garten mit Obstbäumen, dazwischen blühen
Rosen und Malven; auch Bienenstöcke sieht man häufig. Wir blicken durch
ein halboffenes Fenster in eine niedrige Stube. Da sitzen Frauen und Mädchen
am runden Stickrahmen, die Tambourirnadel in der feinen Hand, die keine
Bauernarbeit und kaum ein anderes Geschäft der Haushaltung verunstaltet hat.
Ihr Teint ist zart. Die Arbeit, die sie liefern, wandert in alle Welt. Dieser
Tüll, dieser Musselin mit der merkwürdig bunten Blumenzeichnung gehört für
den grellen Geschmack des südlichen Amerika. Unter dem glühenden Himmel
der Tropen, in der brasilianischen oder mexicanischen Azienda trägt die Gemahlin
des Plantagenbesitzers das Kleid, vom deutschen Waldkind in der Kühle und im
Dämmerlicht gestickt. Die Schweiz ist es meist, welche diese Bestellungen macht.
Nordamerika, früher der beste Boden für diese Industrie, hat seit dem Kriege
beinahe aufgehört, ein Absatzort zu sein.

Da kommen schöne Kinder uns entgegen, deren Teint so zart wie der der
Städterinnen, mit dunklen Augen, in einer eigenthümlichen, aber kleidsamen
Tracht. Sie haben feingefaltete, schwarze, glänzende Leinwandkleider, über den
grünen, rothgeränderten Unterrock aufgeschürzt; ein Lederriemen, die Schnalle
nach rückwärts, umfaßt die zierliche Taille; die Brust umschließt ein festes, in
Gold und Silber gesticktes Mieder, in welches bunte seidene Aermel eingenäht
sind, wodurch eine kleine Abwechselung in die sonst uniforme Tracht gebracht

wird. Auf dem Kopfe sitzt eine dunkle Wollmütze, die mich in ihrer Form an den Hut chinesischer Mandarine erinnert und die dennoch nicht unkleidsam ist, wenn ein allerliebstes Gesichtchen darunter hervorlächelt und freundlich grüßt. Es sind Stickerinnen.

Unwillkürlich bleibe ich vor einem offenen Fenster stehen, an welchem ein zartes, schönes Mädchengesicht mich fesselt. Ich blicke in ein Zimmer, licht, reinlich und einfach wie das Zimmer Gretchen's.

„Sind das schöne Rosen," rufe ich, mit einem Blick auf den Stickrahmen, „fast so schön wie die im Garten."

„Passirt," erwidert das Mädchen, das sich rasch in diese Situation findet, indem es freundlich lächelnd aufblickt; „aber mehr Mühe kostete sie mir, wie dem lieben Herrgott."

„So einen Schatz wollt' ich haben, der so schön sticken kann!" sage ich und fasse nach dem Händchen.

„Wem ich was sticke, der muß es redlich mit mir meinen."

„Und sollte ich das nicht? Ich komme aus dem Lande der braven Leute, die es mit den Mädchen gut meinen."

„Wem ich was sticke, der muß mir's Brautschäppele dafür schenken," entgegnete schelmisch das schöne Kind, und ich mußte mich entfernen, das „Brautschäppele" konnte ich ihr unmöglich versprechen! Hatte ich ja nicht einmal einen klaren Begriff, was für ein Ding damit gemeint sei. Später habe ich erfahren, daß es das Krönlein ist, das die Jungfrau vor dem Traualtar trägt.

Gegen Abend waren wir in Bezau, einem weitgestreckten Dorfe mit hölzernen Häusern und steinebeschwerten Dächern, dem Hauptorte des Bezirks, angelangt und stärkten uns im Wirthshause zum Engel. Da die geringe Zeche unsere Verwunderung erregte, wir aber keinen Anlaß geben wollten, daß die Wirthin bei später kommenden Touristen von ihren Rechnungsgewohnheiten abgehe, wechselten wir ein paar Worte Französisch.

„Vous avez raison. Il ne faut pas trop éclairer les gens!" hebt plötzlich zu unserm größten Erstaunen ein alter Bursche an, der bei einem Gläsel Branntwein uns gegenübersitzt. Wir fragen ihn, wo er Französisch gelernt habe.

„Ach Gott!" erwiderte er, „ich bin aus dem Montafun, fünf Stunden von hier, und da reden alle Leute Französisch."

Neues Erstaunen von meiner Seite, doch der Alte erklärt mir schon, wie sich das verhalte. Die jungen Leute in Montafun sind vorwiegend Maurer und Krautschneider. Die Erstern brechen im Frühjahre auf und wandern in den Elsaß, wo sie reichliche Arbeit finden. Dabei begleiten sie ihre Mädchen, die ihnen den Reisebusch auf den Hut gesteckt, und tragen, einer alten, rührenden Sitte gemäß, ihre Ranzen bis an die Grenze des Gebiets. Im Winter, meist erst gegen Weihnachten, wo der Frost dem Bauen ein Ende macht, kehren sie, wie auch die im Herbste ausgewanderten Krautschneider, die das deutsche

Sauerkraut gehobelt und eingestampft, in die Heimath zurück. Viele bringen das hirschlederne Beutelchen voll blanker Napoleons heim.

Des Abends waren wir in Reute. Es ist dies ein kleines Frauenbad in großartiger, düsterer Umgebung und eine gar eigenthümliche Welt. Dreißig bis vierzig Frauen, manche jung, manche in den mittlern Jahren, manche blaß wie Todesbräute, trinken das eisenhaltige Wasser, baden, spazieren im Thale, denn sie leiden alle mehr oder minder an Herzklopfen. Das Erscheinen eines Mannes in dieser Colonie ist ein Ereigniß, das mit scheuer Unruhe betrachtet wird. „Im Frauenbad", das wäre meines Erachtens ein ganz hübscher Titel für ein Lustspiel, das mit dem Titel zugleich gegeben ist. Der Doctor, um welchen Alles kreis't, dem aber jetzt nicht mehr wie einst Wunderkuren gelingen, der erwartete Assistent, der endlich eintrifft, und ein ganzer Chor von Damen, unter denen nun ein Krieg ausbricht — das gäbe ein Lustspiel in halb Aristophanischem Geiste.

Gegen Einbruch der Nacht sind wir wieder in Bezau. Eine große Stube, in welcher vier Betten stehen, wird uns als Nachtquartier angewiesen. Sogleich macht sich der Freund daran, die Bettstellen zu messen, und wieder stellt sich das Mißgeschick heraus, das er so oft im Leben erfahren. Der Tischler, der diese Betten baute, hat nur den sogenannten Normalmenschen im Auge gehabt, die Statur des Freundes geht aber über dessen Maß weit hinaus. Er hat beinahe den Wuchs des Mannes von Gath und könnte wie dieser einen Speer schwingen, stark wie ein Webebaum. Nur ein breites Gestell aus festem Eichenholz kann es mit dieser Last aufnehmen. Es bleibt ihm nichts übrig, als Strohsack und Matratze herauszunehmen und auf dem Boden Platz zu suchen. Endlich löschen wir das Licht, das Mondlicht blickt durchs Fenster, da wird nebenan die Stube geöffnet, zwei Personen trappen mit eisenbeschlagenen Schuhen umher. Es sind zwei Engländer, Vater und Sohn; die dünnen Holzwände lassen uns jedes Wort, das sie sprechen, deutlich vernehmen. Endlich geben auch sie zu Bett; der Vater aber läßt sich noch ein Kapitel aus der Bibel vorlesen und uns wird die Erbauung zu Theil, die ganze Geschichte vom Paradiese anhören zu müssen. Tief ärgerlich können wir nicht umhin, sie mit Commentaren zu begleiten, bis uns der Schlaf die Lästermäuler schließt.

III.

Am andern Morgen machte ein wolkenbruchartiger Regen unserm Ausflug ein Ende. Statt, wie wir es im Sinne gehabt, über den Schröcken ins Algäu hinüberzuwandern, nahmen wir Plätze im Stellwagen und kehrten nach Bregenz zurück.

Tags darauf hatte ich die Stadt und das freundliche Vorarlberg verlassen. Einige Reflexionen sind unabweisbar. Der Eindruck, den man von diesem Lande mit fortnimmt, ist ein höchst poetischer; aber es schlummert, und wo ist der Zauberstab, der es zum Leben erweckt? So viel Wasserkraft vertos't in der Einsamkeit, so wenige Produkte finden den Weg nach auswärts. Der

Bretterhandel ist bedeutend, Butter und Käse gehen bis Köln und Berlin, man sieht keine Armuth, aber es fehlt bei aller industriellen Thätigkeit der hin und her verstreuten Fabriken der behäbige Eindruck des Wohlstandes, der in der Schweiz dem Reisenden allenthalben entgegentritt. Die Schweizer haben auf die unwegbarsten Gebirgsgrate prächtige Pensionen hingesetzt, wo ganze Colonieen von Fremden und Einheimischen die Sommerfrische genießen; in Bregenz finden sich während des ganzen Sommers kaum vierzig Familien zu einem längern Aufenthalte zusammen. Die Touristen kommen, besteigen den Gebhardsberg und eilen Abends weiter. Die übrigen um den Bodensee liegenden Länder stehen im regsten Verkehr unter einander, Gesellschaftszüge von Turnern und Sängern fallen bald hier, bald dort ein und bringen Leben in die Orte; hier, am schönsten Punkte des Sees, giebt es nichts davon; die österreichische Paßförmlichkeit läßt dergleichen nicht aufkommen. Und was hat die Regierung für das Land gethan? Sie hat zwei riesige Kasernen, jede groß genug, ein ganzes Regiment aufzunehmen, ans Ufer hingebaut; sie müssen Millionen gekostet haben. Aber in fortificatorischer Beziehung sind sie unnütz, und sie stehen auch seit ihrer Erbauung leer; was brauchte man Militär im friedlichen Vorarlberg? Drei andere Kasernen stehen gleichfalls leer. Wozu also sind die neuen da? Wohl nur, um den Uferstaaten und allen Vorbeireisenden zu verkünden, daß Oesterreich für militärische Zwecke stets Ueberfluß an Geld habe!

Noch vor einem Jahrhunderte war Bregenz die wichtigste Stadt am Bodensee; jetzt ist es von Lindau und Constanz weit überflügelt. Ebenso hat Vorarlberg als Ländchen mit den übrigen Uferstaaten nicht Schritt gehalten. Es ist eben eine fern hinaus gerückte Provinz, deren man sich in der Reichshauptstadt kaum erinnert. Zur Eisenbahn, die es mit Innsbruck, mit Lindau, mit der Schweiz verbinden soll, ist nicht einmal ein Spatenstich in Aussicht. So viele Schiffe den Verkehr auf dem Bodensee vermitteln, Oesterreich allein besitzt keinen Dampfer, österreichisch ist nur der eine Kahn, den ich im Hafen liegen sah und auf welchem die Finanzwache ihre nächtlichen Streifzüge unternimmt. Der Geist der Intoleranz, der Tirol so häßlich entstellt, herrscht in Vorarlberg im Ganzen genommen nicht mehr. Protestanten sitzen im Gemeinderath; sie haben eine schöne Kirche gebaut, die weithin über den See sichtbar ist, fast wie ein Wahrzeichen. Durch das ganze Land zieht im Vergleich mit dem mittelalterlichen Tirol ein freierer Geist, und dennoch, welche verschiedenen Stufen der Entwickelung dies· und jenseits jenes schmalen Wasserstreifens, der Vorarlberg von der Schweiz scheidet — dies- und jenseits des Altvaters Rhein! Bei aller Aehnlichkeit im Wesen und im Charakter der Bewohner, welche Verschiedenheit! Möge der Bann bald gehoben werden, der noch immer auf dieser Provinz lastet und sie verhindert, der schönen Zukunft, für die sie unleugbar prädestinirt erscheint, rascher entgegenzugehen.

Europäische Federzeichnungen.
Von Karl Blind.

Russische Revolutionsbestrebungen: Czarenthum, Adel, Bauern und politische Opposition.

Der Versuch des jungen Karakosoff, seine Hinrichtung, und die von der russischen Regierung so eifrig angestellten Nachforschungen über die Verzweigung des Complottes, haben die Aufmerksamkeit Europa's wieder stark auf die Zustände des moskovitischen Reiches gelenkt. Den eigenen Angaben der Petersburger Behörden zufolge, bestehen oder bestanden in Rußland mehrfache geheime Gesellschaften, z. B. die „Organisation", die „Hölle", u. a. In diesen Vereinen, heißt es, seien auch politische Sendlinge thätig gewesen, die als Mittelglied zwischen russischen Revolutionsbestrebungen und denen der west-europäischen Demokraten verschiedener Nationalität gedient hätten. Die That Karakosoff's will die Regierung des Czaren, da es ihr unbequem ist, im eigenen heiligen Moskovien einen „Verräther" erzogen zu haben, kurzweg den Einflüssen des europäischen Revolutions-Ausschusses zuschreiben. Die Geschichte Rußlands ist indessen, wie bekannt, nicht arm an Fällen des gewaltsam herbeigeführten Todes von Fürsten; das Reich ist vielmehr seit längerer Zeit eine „durch den Dolch gemäßigte Absolutie" gewesen. Nur handelte es sich bisher stets um Palast-Revolutionen. Der Versuch Karakosoff's ist das erste Beispiel einer solchen, aus volksmäßigeren Kreisen hervorgehenden Action.

Ein Rückblick auf die seitherige Regierung Alexander's II. mag hier am Platze sein. Nikolaus, der Allgewaltige, wurde, wie man sich erinnert, während des Krimkrieges wie durch einen Wirbelwind aus dem Bereiche der Lebenden entführt. Sein plötzlicher, medizinisch schlecht aufgeklärter Tod gemahnte fast an das Verschwinden eines alt-römischen, nach Niebuhr mythischen Herrschers. Das Gerücht ging im Frühling 1855 vielfach, es sei bei dem Ableben des Czaren nicht mit rechten Dingen zugegangen. Die englische ärztliche Wochenschrift „Lancet" wies vom Standpunkt der Wissenschaft den Mangel an Uebereinstimmung in den angeblichen Krankheitssymptomen nach. Sei dem wie ihm wolle: nachdem Rußland des furchtbaren Gebieters los war, dessen gigantische Gestalt weit über die anderen Fürsten Europa's hinausgeragt hatte, athmete es auf einmal freier auf. Der Krieg, der mittlerweile zum andauernden Nachtheil des russischen Heeres fortspielte, hatte noch weiter die Wirkung, den Strahlenkranz der autokratischen Unbesiegbarkeit zu trüben. Aus Süd-Rußland kamen Nachrichten von der in offene Widerspenstigkeit ausschlagenden Unwilligkeit der Bauernbevölkerung, die durch den beständigen Durchzug von Truppen unablässig zu Vorspann- und anderen Frohndiensten angehalten worden war. Dem neuen Kaiser traute man — theilweise mit Unrecht, wie sich später bei Unterdrückung des polnischen Aufstandes von 1864—65 zeigte — ein geringes Maß von Willensstärke zu. So kam es, daß ein freierer Ton sich geltend machte, daß in der langgeknechteten Nation gewisse Adelsschichten und gewisse Theile der bürgerlichen Bevölkerung einiger Städte sich zu regen anfingen, kurz, daß eine Bewegung sichtbar wurde, die zwar vorerst keine deutlich erkennbaren Ziele aufwies, aber doch offenbar auf **Einschränkung der fürstlichen Machtvollkommenheit** ausging. Unter den Städten sind hier Moskau, Kieff, zum Theil auch Petersburg zu nennen. Unter dem Adel verspürte man ein dumpfes Streben nach Einführung einer dem Czaren zur Seite zu ordnenden aristokratischen Vertretung. Dazwischen hinein wirkten gährend die Ideen der jüngeren Generation aus den höheren Klassen, die durch persönlichen Verkehr im Auslande oder durch das Lesen verbotener deutscher und französischer Schriften eine gewisse Aufklärung erlangt hatte, oft auch zu phantastischen Anschauungen angeregt worden war.

Einige geschichtliche Notizen werden hier von Nutzen sein. In der Zeit vor Peter I. hatte der russische Adel bekanntlich einige politische Vorrechte. Bei der ursprünglichen Erwählung der Romanoff-Dynastie waren sogar noch Vertreter anderer Klassen thätig. Peter setzte die nackte monarchische Gewaltherrschaft nach asiatischem Muster ein, pfropfte aber Elemente der äußerlichen europäischen Cultur auf den rauhen Stamm der moskovitischen Barbarei. Mehrmals suchten die aristokratischen Klassen bei folgenden Regierungen eine Theilnahme an der Staatsleitung vermittelst regelmäßiger parlamentarischer Einrichtungen zu erlangen. Unter der Czarina Anna wollte man die russische Krone sogar zur Wahlkrone machen. Bald blickte der Adel nach Schweden, bald nach Polen, bald sogar nach England, um sich von dorther das Muster zu holen. An dem Zwiespalt zwischen höherem und niederem Adel ging der einigemal gemachte Versuch aristokratisch-parlamentarischer Einrichtungen entweder im Keim oder sofort nach gelungener Palast-Revolution wieder zu Grunde. Im Laufe der Zeit wurde der Adel mehr und mehr zum höfischen „Verdienst"- und Rangadel; der Czar wollte nur Den noch als Edelmann anerkennen, „mit dem und so lange er mit ihm sprach." Unter Alexander I. brachten die aus Frankreich und Deutschland zurückgekehrten Officiere, die mit besseren Staatseinrichtungen bekannt geworden waren und vom „Tugendbunde" gehört hatten, mancherlei Ideen mit nach Hause, die als Sauerstoff unter der trägen russischen Masse wirkten. Es handelte sich schon damals, in Folge der in Deutschland eingetretenen Befreiung der Bauernschaft vom Joch der Hörigkeit, um eine ähnliche Maßregel zu Gunsten der „Mujchiks". Eine Partei tauchte in Rußland auf, welche die Enthebung der Landbevölkerung aus dem harten Joche der Leibeigenschaft zum Stichwort nahm. Das russische Volk hatte zu jener Zeit große Opfer an Leib und Gut gebracht, um den fremden Eroberer zurückzutreiben; russische Soldaten waren zudem auf ihren Zügen durch Staaten gekommen, in denen Menschenwürde etwas mehr galt, als in der eigenen Heimath. Dazu kam, daß Alexander I. selbst es liebte, dem innerlich entschieden despotischen, nach Außen hin unablässig auf Vergrößerung sinnenden Charakter seiner Regierung einen liberalisirenden Anstrich zu geben. Er zog es vor, seine

Zwecke durch Mittel und Werkzeuge zu erreichen, die nicht der Rüstkammer gewöhnlicher brutaler Tyrannei entlehnt waren. Wenigstens im Anfang seiner Regierung umgab er sich gern mit Personen, die den höfischen Geist mit einer gewissen unschädlichen Halbfreisinnigkeit verbanden. Sobald jedoch Alexander I. zu merken glaubte, daß hinter dem Programm der Bauern-Emancipation vielleicht noch eine andere, dem autokratischen Grundsatz gefährliche Richtung stecke; sobald er den Verdacht geschöpft, daß einige Adelshäupter, gleichzeitig mit der Freigebung der Leibeigenen, eine Rolle im Staat für sich selbst beanspruchten: so schrak er zusammen, blickte mit ungnädigem Auge auf die Bewegung und wollte nichts mehr von der Sache hören. Die mit scheinbar großer Aussicht auf Erfolg eingeleitete Agitation verlief darauf im Sande.

Sein Nachfolger Nikolaus stieg bekanntlich durch Blutlachen, über die Leichen von Aufständischen, zum Thron hinauf. Ein Kasernentyrann von Natur, wurde er durch den Eindruck, den die Ereignisse von 1825 in ihm zurückließen, in seinem schroffen Hasse gegen jede aufklärende Richtung nur noch bestärkt. An eine so weit greifende gesellschaftliche Umwandlung, wie es die Aufhebung der Leibeigenschaft ist, war daher unter ihm nicht zu denken. Gleichwohl schien es, nachdem Nikolaus sich in der Macht befestigt, als wolle er eine schrittweise Erleichterung des Looses der armen gepeitschten Masse anstreben. Der Grund zu diesem Verfahren ist übrigens in dem Wunsche zu suchen, etwa auftauchende p o l i t i s c h e Bestrebungen der Grundeigenthümer n i e d e r z u s c h r e d e n. Man will bemerkt haben, daß Czar Nikolaus sogar in der Ermuthigung aufrührerischen Geistes unter den Bauern manchmal sehr weit ging, wenn es sich nämlich darum handelte, die unruhig werdende Aristokratie, die an dem eisernen Gebiß, das der Militärtyrann ihr angelegt hatte, stumm nagte, zu loyalster Haltung zurückzuscheuchen.

Mit geschwächtem Nimbus die Regierung antretend, konnte der gegenwärtige Kaiser unmöglich das bisherige System in seiner ganzen kannibalischen Weise fortsetzen. Er mußte einige Lockerung der Verhältnisse zulassen. Die natürliche Folge war, daß in den durch bureaukratisch-militärische Zucht bisher streng überwachten höheren Klassen der Gesellschaft der Geist der Fronde, den auch die eisernste Autokratie nicht ganz tödten kann, sich wieder etwas geltend machte. Je mehr sich diese frondistische Richtung steigerte, um so rascher wurde der neue Czar auf die Regierungsgrundsätze seines Vaters zurückgetrieben. In der durch den Ausgang des Krimkrieges geschaffenen neuen Lage war es jedoch nicht möglich, einfach mit Maßregeln der Niederdrückung vorzugehen. Das Czarenthum mußte, nach napoleonischer Art, die Willkürherrschaft mit moderner gesellschaftlicher Fortschrittstendenz verkuppeln. So entstand die Politik, die Alexander dem Zweiten den Titel eines Befreiers der Leibeigenen eingetragen hat. Um die Autokratie vor den Angriffen derjenigen Bevölkerungsschichten zu retten, die mit der Krone die Macht theilen wollten, entschloß sich der Czar, gegen die materielle und gesellschaftliche Stellung der Grundeigenthümer einen gewaltigen Schlag zu führen. Man muß dies festhalten. Nur so erklärt sich der scheinbare Widerspruch zwischen Alexander dem „Befreier" und Alexander dem tyrannischen Schlächter der Polen.

Der Entschluß der russischen Regierung wurde noch durch einen beachtenswerthen Schritt der polnischen Grundbesitzer, gerade bezüglich der Befreiung der Bauernschaft, gestärkt und befördert. Die Grundbesitzer von Kowno, Wilna und Grodno waren es nämlich, die sich mit einer Bitte an den Kaiser wandten, die Abschaffung aller Reste von Hörigkeit gestatten zu wollen. Verhehlt soll nicht werden, daß vielleicht ein geheimer politischer Grund wenigstens einen Theil des polnischen Adels dabei leitete. Der Gedanke an eine Wiederherstellung nationaler Unabhängigkeit war gerade damals wieder aufgetaucht, und da dieser Gedanke unter dem polnischen Adel und Bürgerthum (so weit es ein solches dort giebt) lebendiger ist, als unter dem Landvolk, so konnte man nur dann Hoffnung auf ein Gelingen haben, wenn die gesellschaftlich höher stehenden Schichten der großen Masse durch die That zeigten, daß sie bereit seien, der Menschlichkeit und der Gerechtigkeit zu Lieb' das Unrecht vieler Jahrhunderte zu sühnen. Mit scharfem Blick fand Alexander II. diese national-polnische Tendenz rasch heraus. Nun beeilte er sich um so mehr, damit schnell, durch einen großen Akt, der herandrohenden Gefahr russisch-aristokratischer Oppositionsgelüste und polnischer Unabhängigkeitsbestrebungen die Spitz abgebrochen werde.

Der russische Adel gab gleichwohl das Spiel nicht so bald auf. In seinen Komitats-Versammlungen weigerte er sich anfänglich, die kaiserlichen Vorschläge in Betracht zu ziehen, falls ihm nicht gestattet sei, seinerseits Vorschläge einzubringen. Sogar der Gedanke einer Einberufung der sämmtlichen Adels-Versammlungen Rußlands nach Petersburg tauchte einmal auf, worin die Regierung, in ihrer despotischen Besorgniß, natürlich den Keim einer von der Aristokratie erstrebten Verfassung sah. Der Plan der Hauptführer unter dem unzufriedenen Adel, namentlich im Alt-Moskowitischen, lief offenbar darauf hinaus: als Ersatz für den Ausfall an Macht und Besitz, den die Edelleute durch die Freigebung der Hörigen erleiden würden, die Einführung einer Constitution oder wenigstens eines solchen „Reichsrathes" zu fordern, wie er noch in den ersten Zeiten der Romanoff'schen Dynastie bestand. Jeder Schritt jedoch, den der Adel dafür that oder vielmehr zu thun bereit schien, gab dem Czaren einen neuen Sporn, die Leibeigenschaftsfrage in noch schärferer Weise, namentlich durch Festsetzung eines kleinen Grund- und Bodeneigenthums für die befreiten Bauern, zu lösen. Und da in Rußland, in Folge des alt-überkommenen despotischen Systems, ein bedauernswerther Mangel an Manneswürde und an entschiedenem, klarem Auftreten geschlossener Parteien herrscht, so gelang es schließlich dem Czaren, vollkommen die Oberhand zu gewinnen und gleichzeitig mit der Durchführung eines für Millionen äußerst wohlthätigen Aktes alle Bestrebungen für politisches Selfgovernment auf's Entschiedenste niederzuschlagen.

Ganz wie unter Nikolaus, ist Rußland heute wieder absolutistisch regiert, und zwar ohne Hoffnung auf Besserung, ausgenommen durch einen gewaltsamen

Umsturz, bei welchem stets Bedacht darauf genommen werden muß, wie man in Regierungskreisen durch die Wegräumung des herrschenden Despoten eine Verwirrung anrichten kann, während deren es etwa einer Oppositionspartei gelingen könnte, die Zügel der Gewalt zu ergreifen oder wenigstens von einem erschreckten Hofe Zugeständnisse zu ertrotzen. In diesen Verhältnissen findet die That Karakosoff's ihre Erklärung. Es unterliegt keinem Zweifel, daß, wenn sie gelungen wäre, wenigstens ein Versuch des Aufstandes sich unmittelbar daran geknüpft hätte. Numerisch ist die liberale Partei in Rußland allerdings geringer als in irgend einem anderen Lande Europa's, die Türkei ausgenommen. Ueberdies leidet sie, da sie sich wesentlich aus Adelskreisen recrutirt, unter dem Nachtheil, in ihren Reihen eine große Zahl Solcher zu besitzen, die von lockeren Gewohnheiten und der Corruption sehr zugänglich sind. Indessen, so wie die Verhältnisse einmal liegen, kann eine Wendung nur durch die revolutionäre Action dieses Bruchtheiles der Bevölkerung erzielt werden. Von einzelnen einflußreichen Personen würde es, im Falle eines Gelingens, dann vielleicht abhängen, ob das Errungene festgehalten und klug erweitert werden kann, oder ob dem kurzen Siege eine abermalige Niederlage folgen müßte.

Unter schwerem despotischem Druck bilden sich Parteien nicht klar heraus, und bei der Verschlossenheit, die den russischen Zuständen noch anhaftet, ist es daher nur möglich, allgemeine Richtungen anzudeuten. Greifbare Tendenzen hat jene oben angedeutete Richtung, die auf Berufung einer Notabeln-Versammlung oder einer „Duma" ausgeht, also eines Parlamentes auf mehr oder minder weiter Grundlage, mit größeren oder geringeren verfassungsmäßigen Befugnissen. Ein großer Theil des Adels und ein paar Städte würden eintretenden Falles mit diesem Programme gehen. Die Bauernschaft aber, in Rußland an Zahl größer als irgendwo sonst, ist politisch todt, und kann gegenwärtig leichter als zuvor von der Regierung gegen jene Bestrebungen in's Feld geführt werden. Neben der parlamentarischen Richtung giebt es in Rußland, namentlich unter jüngeren Leuten, eine sogenannte „nihilistische", die aus der Lectüre social-wissenschaftlicher und anti-religiöser Schriften des Westens ihre Eingebungen erhält.

Ferner hat sich in neuerer Zeit, unter der russisch-unitarischen liberalen Richtung, eine föderalistisch-panslavische geltend gemacht, die aus anscheinendem Gerechtigkeitsgefühl für Polen nicht bloß die Festhaltung der polnischen Gebietstheile, sondern auch noch die Herbeiziehung anderer slavischer Stämme (in Ungarn, der Türkei und in Deutschland) erstrebt.

Eine andere, pan-russische Richtung, die namentlich in Moskau vertreten ist, bildet sozusagen den cäsarisch-demokratischen Plonplonismus Rußlands.

Alle diese Richtungen sind jedoch vielfach nur dunkel ausgeprägt, und es handelt sich, wenn man den Trägern derselben auf den Grund geht, nicht sowohl um Parteien, als um kleine, oft nur ein paar Personen und einen unscheinbaren Anhang umfassende Gruppen. Nichtsdestoweniger habe ich geglaubt, die Aufmerksamkeit auf dieselben richten zu sollen, denn in einem Lande, wo bis jetzt noch die Regel gilt: „Nicht gut ist die Vielherrschaft; Einer sei Gebieter!" kann unter Umständen auch die in einer verhältnißmäßig kleinen Gruppe vertretene Richtung plötzlich durch die Gunst eines unerwarteten Ereignisses ihre Bedeutung erlangen. Europa aber muß an Allem Interesse nehmen, was sich auf eine Auflösung des dortigen despotischen Gebäudes bezieht. Kracht jenes einmal in den Fugen, so wird noch manches Andere mitstürzen.

Der Baumwollenbau
außerhalb der Vereinigten Staaten.
Von Victor Ernst.

Haben die jetzt vierjährigen Bemühungen, die industrielle Welt unabhängig zu machen von der amerikanischen Baumwollenproduktion, d. h. anderswo ebenso viel und ebenso gute Baumwolle zu erzielen wie in den Vereinigten Staaten, kein den hochgespannten Erwartungen entsprechendes Resultat geliefert, so ist der Grund hierfür nicht im Mangel an Eifer, sondern in natürlichen Hindernissen und Klippen zu suchen, welche bei den Berechnungen nicht in Anschlag gebracht waren. Von einem durch und durch Sachverständigen, Herrn John Ninet, welcher seit mehreren Jahren in Egypten weilt, werden über diesen interessanten Gegenstand Aufschlüsse geliefert, welche wir den Lesern der Monatshefte hier auszüglich mittheilen wollen.

Unter den Ländern, welche im Baumwollenbau mit einander wetteiferten, steht Egypten obenan. Bis zum Jahre 1860 hatte die Baumwollenernte dort nie 580,000 Centner überschritten; jetzt erhob sie sich nach und nach auf 800,000, eine Million und zuletzt 1,800,000 Centner. Das ist an und für sich ein Resultat, welches ans Wunderbare grenzt; aber es fehlt dem glänzenden Gemälde nicht an schwarzen Schatten. Der Preis des Rohstoffes war von 15 auf 54 Talaris für den Centner gestiegen. Es entstand daraus ein Spekulations- und Produktions-Fieber, welches, vom Fellah bis zum reichen Städtebürger, vom niedrigsten Arbeiter bis zum höchsten Beamten gehend, sich ganz Egyptens bemächtigte. Da konnte es denn bei der mangelhaften Bildung des Volkes und dem nur halb civilisirten Zustande des Landes nicht fehlen, daß man bis zum Extrem ging und sich einem Eifer hingab, welcher, statt Egypten zu bereichern, Geißeln gleich den Mosaitischen Plagen über das Land brachten. Im reichen Nilthal, der alten Kornkammer Europas, entstand, da alles Land mit Baumwolle bepflanzt wurde, eine Hungersnoth, und man sah sich in die beispiellose Lage versetzt, für Mensch und Thier Getreide importiren zu müssen. Trotz der bedeutenden Sendungen, welche aus Marseille, Triest und Odessa eintrafen, entstand ein Panik, und der Preis stieg bis zu einer unvernünftigen Höhe. Die kleine Bohne von Soid und Bebera, welche das Haupt-Nahrungsmittel der Egypter bildete, stieg auf das Sechsfache im Preise, und alles Andere in demselben Verhältniß. Die schlechtgenährten Zugthiere verkümmerten, und statt ihnen größere Aufmerksamkeit zu schenken, vernachlässigte man sie vollends. Man ließ die entnervten Thiere Wasser zu der kostbaren Pflanze schleppen, überbürdete sie, und brachte es dahin, daß eine Viehseuche ausbrach. Tausende von Thieren starben anfänglich ohne daß man darauf achtete; man hatte ja an viel Wichtigeres zu denken. Aber die Sterblichkeit nahm auf entsetzliche Weise zu, und amtlichen Geständnissen zufolge starben damals in Egypten 600,000 Stück Vieh. Unter einem so fatalistischen Volke konnte es nicht fehlen, daß wiederum ein Panik ausbrach, welcher das Uebel noch verschlimmerte. Der Vicekönig ließ Pferde, Maulthiere und Ochsen im Auslande ankaufen und setzte sie zu Preisen, die er selbst bestimmte, an die Fellahs ab. Sieben Achtel der Thiere, welche man ihm schickte, waren Ausschuß. Marseille, Triest, Syrien überschwemmten den egyptischen Markt mit total ausgemergelten Pferden und Maulthieren, welche, des Klimas nicht gewohnt, schlecht genährt und sofort mit Arbeit überhäuft, bei Hunderten dahinstarben. Die Ochsen kamen aus dem südlichen Rußland und brachten die Steppen-Pest mit sich, welche in jenen Gegenden fortwährend grassirt. Viele starben schon unterwegs; man beeilte sich, die andern sofort nach ihrer Landung zu verkaufen, und so theuer sie auch bezahlt werden mußten, waren sie doch bitterlich wenig werth. In ganz Egypten gab es weder eßbares Fleisch, noch Milch!

In Ermangelung von Saumthieren, griff man jetzt zu Dampfmaschinen. England beeilte sich, Modelle von Locomobilen und Pumpen nach Egypten zu schaffen; bald war der Markt mit Maschinen überfüllt, von denen die wenigsten etwas taugten. Die Fellahs, welche sich der zuerst angekommenen bemächtigt hatten, wußten nichts damit anzufangen und kauften bald gar keine mehr. Hier trat denn abermals die thatkräftige, wenn auch nichts weniger als uneigennützige Initiative der Regierung dazwischen. Ismail Pascha ließ eine Menge von Locomobilen mit den bestfabrizirten centrifugalen Pumpen kommen und setzte sie an die Pflanzer ab. Das war allerdings Etwas, aber es blieben noch große Schwierigkeiten zu überwinden. Eine Dampfmaschine setzt eine industrielle Organisation voraus, welche der Egyptens weit überlegen ist. Man hatte weder kompetente Maschinisten, noch Heizer, noch Werkstätten zur Reparatur. Nach und nach kamen allerdings einige Mechaniker zusammen; aber sie konnten nicht einmal die Feile handhaben. Man kann sich vorstellen, was unter solchen Händen aus den Maschinen werden mußte. Ueberdies war es, selbst für die exorbitantesten Preise, zuweilen unmöglich, sich Brennmaterial zu verschaffen. Eine Tonne Oel, welche am Absendungsplatze 12 Franken kostete, wurde für 75 bis 100 Franken verkauft. Die Eisenbahnbeförderung war so mangelhaft, daß oft eine Kohlenladung, welche im April in Alexandrien ankam, erst im August oder September ihren Bestimmungsort erreichte, so daß vier bis fünf Monate erforderlich waren, um sie über eine Strecke von etwa fünfzig Meilen zu schaffen! Unter diesen Umständen mußte man die lokomobilen Pumpen wieder verlassen. Ein venetianischer Ingenieur, Namens Lucovich, hatte die glückliche Idee, gewaltige Hebe-Apparate zu konstruiren, welche durch fest stehende Maschinen von 50 bis 100 Pferdekraft in Bewegung gesetzt wurden, wodurch die nöthige Bewässerung ohne Mühe und Schwierigkeit erzielt werden konnte. Er hatte sogar schon eine Compagnie zur Ausbeutung dieses Planes gebildet. Aber das Gouvernement war dem Unternehmen nicht hold; es fürchtet Alles, was den Einfluß der Europäer im Innern des Landes erhöhen könnte. Dieser Entschluß Ismail Pascha's war für Egypten ein unberechenbares Unglück, denn es hätte der Bodenkultur durch die neue Einrichtung ein unberechenbarer Aufschwung gegeben werden können. Aber durch dies Alles ließen sich die Fellahs nicht entmuthigen. Sie selbst spannten sich als Zugthiere vor die nöthigen Gefährte. Weder Hungersnoth, noch Viehseuche, noch die trüben Erfahrungen mit den Dampfmaschinen, noch der Fehlschlag der Nil-Ueberschwemmungen, von denen die eine zu schwach, die andere zu stark und reißend ausfiel, schreckten die auf schnellen Gewinn erpichten Arbeiter zurück.

Die armen Fellahs! Mochten sie sich abmühen so viel sie wollten, sie wurden dadurch nicht reicher und glücklicher. Nachdem wir die Sache von ihrer materiellen Seite betrachtet, müssen wir sie auch noch unter dem Gesichtspunkte der Moral würdigen. Die plötzliche Wohlhabenheit war für Egypten eine Quelle des Ruins. Was der Fellah schnell verdiente, gab er auch schnell wieder aus. Er lief auf die Märkte; Sklavinnen, Silberzeug, Schmucksachen, Mobilien, feine Speisen, Nichts versagte er sich, und nachdem er Alles durchgebracht, war er ärmer als zuvor, während die Preise rings um ihn her auf das Vierfache gestiegen waren und der Wucher die gierigen Arme nach ihm ausstreckte. Letzterer fehlte nur noch, um das Maß der Landplagen voll zu machen. Anfangs hatte eine Compagnie den Versuch gemacht, eine Bank zu gründen, welche zur Hälfte in den Händen Eingeborener sein und den Fellahs um einen mäßigen Zins Vorschüsse leisten sollte; aber Ismail Pascha fürchtete wiederum, daß ein solches Institut dem Einfluß der Europäer Vorschub leisten möchte, und wollte von dieser wohlthätigen Einrichtung nichts wissen. Der Zins stieg auf 60 Procent; der arme Fellah wurde dadurch zu Boden gedrückt und hörte auf zu zahlen, weil er nicht mehr zahlen konnte. Die Regierung sann auf Abhülfe, und bald hatte der schlaue Ismail Pascha ein Mittel erfunden. Er erbot sich, alle durch gute Hypotheken gedeckte Schulden zu übernehmen und dafür ohne weitere Formalität in alle Rechte des Eigenthümers einzutreten. So geschah es, und der arme Schuldner sah sich zugleich seiner Schulden und seiner Ländereien ledig. Das ist für die meisten Fellahs das Resultat aller der Mühen und Anstrengungen, welche sie dem Baumwollenbau gewidmet haben. — Egypten beginnt jetzt zu merken, daß sein goldner Traum ein gar schlimmer war. Es erwacht, und sieht zu seinem Entsetzen, daß es weder Getreide, noch Gemüse, noch Vieh, noch Früchte, noch Brod oder Fleisch, sondern statt alles dessen höchstens Baumwolle hat. Die kleinen Landeigenthümer sind ihres Besitzes beraubt oder ruinirt. Das ist das Ergebniß einer fieberhaften Gewinnsucht. Man fängt jetzt wieder an, Getreide und Gemüse zu bauen, und der Baumwollenbau wird auf ein vernünftiges Verhältniß reducirt. Er wird mindestens wieder den Standpunkt erreichen, den er vor dem amerikanischen Kriege einnahm; soll er aber dauernd einen kräftigen Aufschwung nehmen und eine gesunde Blüthe entfalten, so muß die Regierung eine aufgeklärtere Politik befolgen. Die Ernte des Jahres 1866 wird wohl eine Million Centner betragen, und da das Terrain günstig ist, möchte dies der durchschnittliche Zuschuß sein, den man künftig von Egypten zu erwarten hat.

Die französische Regierung hat sich große Mühe mit der Beförderung des Baumwollenbaus in Algier gegeben; aber das Resultat kommt kaum in Betracht. Obgleich Boden und Klima diesem Culturzweig überaus günstig sind, war doch das Fiasko leicht vorauszusehen. Die Arbeit ist in Algier zu theuer, als daß der Baumwollenbau sich dort zahlen könnte, und so wird es bleiben bis der Beduine seinem Nomadenleben entsagt. Jetzt blickt er auf den Ackerbau mit stolzer Verachtung, und selbst da, wo er sich zur Bestellung der kurzen Strecken, die zu seiner Ernährung unbedingt erforderlich sind, herbeiläßt, thut er dies nur mit der langen Muskete neben sich, damit bei Leibe Niemand glauben könne, daß er das edle Kriegshandwerk bei Seite gelegt um Bauer zu werden. Die übertriebenen Preise seit dem Jahre 1861 genügten kaum, um dem Pflanzer einen nothdürftigen Gewinn zu sichern; sobald die Theuerung nachließ, war es mit dem Experiment am Ende.

In Syrien, wo schon seit langer Zeit von einer betriebsamen Ackerbaubevölkerung die Staude cultivirt wurde, hat sich von 1862 bis 1865 die Ernte verdreifacht, was zwar im großen Ganzen nicht den Ausschlag geben kann, aber jedenfalls dem Ländchen zur Ehre gereicht. In Anatolien hat sich während derselben Zeit der Ertrag vervierfacht. Dieses Land liefert die Sorte, welche im Handel unter dem Namen „Smyrna" bekannt ist und die bis zum Jahre 1862 nur zur Fabrikation von Lampen- und Licht-Dochten benutzt wurde. Die türkische Regierung stellte den Grundeigenthümern fremden Saamen zur Verfügung, welcher wesentlich zur Veredlung der Anatolischen Baumwolle beitrug. Jetzt wird die „Smyrna" schon zu Geweben benutzt. Beide Länder scheinen es aber nicht darauf abgesehen zu haben, den Rang, welchen sie sich in Folge einer kurzen Anstrengung erworben, zu behaupten. Mit dem Fallen der Preise verringerte sich ihre Lieferung, und bald werden sie nicht mehr produziren als im Jahre 1860.

Die türkischen Provinzen zu beiden Seiten des Meeres von Marmora, in Europa und Asien, die Inseln Cypern und Candia, verdienen eine besondere Erwähnung wegen des Eifers, welchen sie entfaltet. Der türkischen Regierung muß es zum Lobe nachgesagt werden, daß sie, sobald die Baumwollenkrisis ausbrach, Alles aufbot, um in ihrem Reiche einen edlen Wetteifer wachzurufen; von allen Seiten ließ sie Sämereien kommen, welche den Boden und den Klimatischen Verhältnissen der Türkei angepaßt sein sollten. Einen besondern Vorzug gab man dem egyptischen „Mako", und diese Varietät kam an den Ufern des Bosphorus recht gut fort. Die mittlere Temperatur ist jedoch dort etwas niedriger als in Egypten, und die Frucht gelangt nicht immer zur vollen Reise. Diese Schwierigkeit wird indessen nach und nach, so wie die Pflanze sich mehr aktlimatisirt, schwinden und alsdann eine neue Varietät entstehen, welche sehr gut zu werden verspricht. Es ist jedoch nicht zu erwarten, daß der Baumwollenbau dort zur allgemeinen Geltung kommt und eine wesentliche Bedeutung für Europa erlangt. Wegen der schlechten Lage, der schwierigen Communikation und der mangelhaften Bildung der Grundeigenthümer werden die türkischen Plantagen stets gegen die anderer, besser organisirter und gebildeter Länder im Nachtheil sein. Konnte die Türkei in einer Zeit beispielloser Theuerung der Baumwolle durch große Anstrengungen glänzende Resultate erzielen, so hatte sie nur mit Nebenbuhlern zu ringen, welche mit ihr auf derselben Stufe standen; treten aber die Vereinigten Staaten wieder mit auf den Kampfplatz, so wird die türkische Waare, als theurer und schlechter, sofort in den Hintergrund gedrängt werden. Ueberdies wird dort die Ernte auf eine Weise betrieben, welche der Fiber schadet und den Stoff merklich verschlechtert. Statt die Baumwolle, welche an der reifen, offenen Frucht hängt, abzurupfen, schneidet der Bauer die Frucht ab und steckt sie in einen Sack, was ihm das Bequemste ist. Auf diese Weise wird die Ernte ins Dorf gebracht und ohne weitere Umstände auf einen Haufen geworfen. Sie ist stets feucht, was einen Zustand beginnender Gährung zur Folge hat, welcher die Faser schwärzt und ihr schadet. Ambulante Aufkäufer ziehen mit Kameelen und Maulthieren von Dorf zu Dorf, prüfen den Werth, bestimmen den Preis nach der Weiße, Reinheit und Reife der Baumwolle und transportiren sie nach einer Central-Niederlage, wo, viel zu spät, die Sonderung stattfindet. Die völlig offenen und reifen Früchte werden sorgfältig ihrer seidenartigen Hülle entkleidet, die anderen in die Sonne oder auf den Ofen gelegt und gewaltsam mit den Fingern geöffnet. Die durch diesen Prozeß gewonnene Baumwolle ist kurz, mürbe, wollenartig, und der Sortirer erkennt sie sofort.

Die Ernte muß täglich, sobald die Sonnenstrahlen den Thau getrunken haben, stattfinden, und zwar mit der Hand, ohne daß die Frucht abgerissen wird. Sobald die Kapsel sich öffnet, ist die Fiber entwickelt, und man braucht sie nur noch, bis sie in die Spinnerei wandert, vor Feuchtigkeit zu schützen. So wird in den Vereinigten Staaten und in Egypten damit verfahren. Verkauft man die Baumwolle wie die Türken, so bekommt man einen niedrigen Preis und beraubt sich zugleich des Nutzens, welcher aus dem Saamen zu ziehen ist. Dieser bringt in London einen Preis von 260 Franken für die Tonne, liefert ein treffliches Brennöl, und aus dem Abfall werden Oelkuchen bereitet, die ein sehr gutes Viehfutter abgeben. Engländer haben den Versuch gemacht, den sogenannten Cotton Gin, die Maschine, welche die Faser, ohne sie zu verletzen, auf die leichteste Weise von den Körnern sondert, in der Türkei in Aufnahme zu bringen; aber die Bauern wollten nichts davon wissen, wie denn überhaupt die türkische Bevölkerung zu fatalistisch und phlegmatisch ist, um mit kräftigen, mehr sich selbst als dem Schicksal vertrauenden Völkerschaften gleichen Schritt halten zu können.

Die europäische Baumwollen-Industrie hatte übrigens ihre kühnsten Hoffnungen weder auf Egypten noch auf die Türkei, sondern auf das brittische Indien gerichtet. Hier sollten, den enthusiastischen Berechnungen der englischen Presse zufolge, wahre Wunder bewirkt werden. Angelsächsische Energie und angelsächsisches Kapital sollten in Indien einen unvergleichlichen Tummelplatz finden. Schon sprach man alles Ernstes davon, das ganze Universum mit Baumwolle zu versorgen. Man muß es den brittischen Spekulanten zum Ruhme nachsagen, daß sie sich mit bewundernswerther Energie ans Werk machten. Große Compagnieen wurden gegründet, ungeheure Strecken bepflanzt, Eisenbahnen concessionirt und in Angriff genommen, Kanäle zur Bewässerung gebaut, Gelder mit vollen Händen ausgestreut. Es handelte sich darum, die Kulturverhältnisse Indiens auf einmal total umzugestalten; es bot sich eine unverhoffte Gelegenheit, und sie mußte beim Schopf ergriffen werden. Wahrlich, man blieb nicht auf halbem Wege stehen, sondern ging bis zur letzten Consequenz. Und was ist der Erfolg aller dieser riesigen Anstrengungen? Ein neuer Beleg für zwei alte, längst bekannte Wahrheiten: daß es in allen Dingen gefährlich ist, zu schnell zu gehen, und daß die Eigenthumsverhältnisse Indiens, an welche man in der Eile gar nicht gedacht, so großartigen Unternehmungen unübersteigliche Hindernisse entgegenstellen.

Vor allen Dingen ging man zu rasch zu Werke. Kopfüber stürzte man sich in Neuerungen, welchen die Weihe der Zeit und der Erfahrung fehlte. Die Pflanzungen wurden, wie es bei großen Compagnieen oft geschieht, einer Armee von Direktoren, Inspektoren, Aufsehern, Beamten, Commis jeder Art anvertraut — lauter eifrige, selbstvertrauende, vom besten Willen beseelte Männer, welche aber nie das Geringste vom Baumwollenbau verstanden hatten. Den ersten Fehler beging man in der Wahl des Saamens. Bis jetzt hatte man in Indien stets die unter dem Namen gossypium herbaceum bekannte Sorte angebaut, welche, kurz und grob, nur zu groben Geweben tauglich ist. Jetzt wollte man die gewöhnlichen amerikanischen Sorten, auf welche die brittischen Spinnereien einmal eingerichtet waren, dort acclimatisiren. Die Theorie war vortrefflich; aber man hatte die Kleinigkeit vergessen, daß Boden und Klima Indiens durchaus keine Aehnlichkeit haben mit denen der Vereinigten Staaten. Die Seeinsel-Baumwolle verdankt ihre Stärke, Länge, Weichheit und Feinheit der warmen Feuchtigkeit, welche ihr durch die Winde vom Golfstrom zugeführt werden. Der salzige, fruchtbare Boden mag auch etwas damit zu thun haben, aber nur in zweiter Linie, da die Pflanze den größten Theil ihrer Nahrung aus der Atmosphäre schöpft. Dasselbe gilt von den meisten andern amerikanischen Sorten, und so kommt es, daß sie überall, wohin man sie verpflanzt, ausarten, was in Indien schon bei der zweiten Ernte geschah. Als man merkte, daß man sich auf falscher Fährte befinde, waren schon zwei Jahre in nutzlosen Experimenten verloren gegangen.

Diese Schwierigkeit war jedoch nicht die einzige, mit welcher die ungeduldigen Spekulanten zu kämpfen hatten. Der Zustand der Wege war ein abscheulicher, woraus sich die Nothwendigkeit des Baues von Eisenbahnen ergab, und mit ächt brittischer Energie machte man sich darüber her, solche zu improvisiren. Europa staunte über das, was in dieser Branche wie durch Zauber geleistet wurde. Betrachtete man aber die Sache in der Nähe, so schwand die Bewunderung. Brücken, Gebäude, Lokomotiven und die Bahnen selbst, Alles zeugte von übereilter Ausführung und bis zum Extrem getriebener Sparsamkeit. Es scheint als hätte man mehr daran gedacht, einem augenblicklichen Bedürfniß abzuhelfen, als dauerude Verbindungswege zu schaffen. Die meisten von diesen Bahnen haben nur ein Geleis, die Anzahl der Wagen genügt nicht, und die Lokomotiven sind schlecht. Auf dem einen Geleis kann natürlich nur eine beschränkte Anzahl von Zügen fahren, und die einzelnen Züge können nur klein sein, eben weil nicht viele Wagen vorhanden und die Lokomotiven schlecht sind. So liegt durchaus keine Uebertreibung in der Behauptung, daß die Eisenbahnen mehr schaden als nützen. Auf der Ostindischen Route sind die Bahnhöfe durch Baumwollenballen blockirt, welche dort schon seit Monaten auf Beförderung harren, und dieselbe Blockade zeigt sich meilenweit auf beiden Seiten der Bahn. Während dieser Zeit müssen die Unglücklichen, denen der kostbare Stoff gehört, zwölf bis zwanzig Procent auf das Kapital zahlen, für welches die Baumwolle als Pfand dient. Sie zerschlagen sich, wie die Times sagt, die Brust, raufen sich das Haar aus, fluchen den Engländern, welche ihnen den Glauben an den Werth der Eisenbahnen beigebracht haben, und sehnen sich nicht ohne Grund nach der guten alten Zeit der langsamen, aber sicheren Beförderung durch Ochsengespanne zurück. Es entsteht hierdurch ein System amtlicher Erpressung. Die Stationschefs lassen sich von Denen bezahlen, deren Baumwolle sie zuerst befördern, und dadurch machen sie ein Vermögen, während die Industrie verarmt. Jetzt sind die meisten dieser Eisenbahnen, Wagen und Lokomotiven gar nicht mehr brauchbar. Wäre es nicht klüger gewesen, gleich etwas Gutes zu bauen?

Die im Obigen namhaft gemachten Uebelstände sind indessen nur periodischer Natur. Man hat sich in den Sämereien geirrt, kann sich aber gerade deshalb künftig vor solchen Fehlgriffen hüten, und die schlechten Bahnen lassen sich durch bessere ersetzen. Indien hat in seiner Mitte alle Elemente zu einer blühenden Baumwollenzucht und wird, wenn die Bemühungen consequent fortgesetzt werden, es darin gewiß zu etwas bringen. Aber wird der Fortschritt ein schneller sein? Wird Indien bald den Vereinigten Staaten eine drohende Concurrenz machen? Diese Fragen müssen von jedem Sachverständigen verneint werden.

Die größte Schwierigkeit liegt in den verwickelten Grund- und Boden-Verhältnissen, in denen der Uebergang der Souveränität von der Ostindischen

Compagnie auf die Krone keine Aenderung hervorgebracht hat. Es herrscht ein Chaos, welches jeden Besitz unsicher und den Eigenthümer abgeneigt macht, etwas Erhebliches auf sein Land zu verwenden, weil er nicht wissen kann, ob er nicht eines schönen Tages davon vertrieben wird. Bevor es hiermit gründlich anders geworden, läßt sich der Betrieb der Baumwollenzucht im Großen, durch welche allein Großes zu erzielen ist, nicht in Schwung bringen. Die Industrie ist auf die kleinen Bauern, die sogenannten ryots, beschränkt; diese aber werden dermaßen von den Wucherern gedrückt, daß der rechte, in der Sicherheit des Gewinns liegende Sporn zur Arbeit fehlt. Der Fortschritt des Baumwollenbaus im brittischen Indien knüpft sich an die Voraussetzung einer totalen Umgestaltung der dortigen socialen, rechtlichen und politischen Verhältnisse, und ein solcher Umschwung ist bekanntlich da, wo Engländer den Ausschlag geben, nicht die Sache weniger Jahre.

Seit 1862 hat Indien Europa durchschnittlich 1,250,000 Ballen jährlich geliefert — etwa doppelt so viel als vorher. Dieser Fortschritt bietet jedoch keinen Maßstab für die Schätzung der Produktion, da das Land vorher viel Baumwolle nach China sandte, welche jetzt durch die höheren Preise nach Europa geworfen wird. Das erzielte Resultat entspricht bei weitem nicht den Erwartungen. Die sehr mäßige Ernte des Jahres 1860 in den Vereinigten Staaten überstieg den Ertrag aller vier indischen Jahresernten zusammengenommen. Und nimmt man den Ertrag in sämmtlichen Ländern außerhalb der Vereinigten Staaten, so ergiebt sich noch immer ein Plus zu Gunsten der Letzteren, welches einer ganzen Jahresernte von Indien gleichkommt.

Werfen wir jetzt noch einen Blick auf das mittlere und südliche Amerika, wobei uns die durch das amerikanische Gouvernement angestellten Nachforschungen zum Leitfaden dienen.

In Honduras eröffneten das Klima, der Boden und der Ueberfluß an Wasser die günstigsten Aussichten; aber es war unmöglich, die Einwohner zur Baumwollenzucht zu veranlassen. Der Ackerbau findet wenig Gnade bei den Nachkommen der alten Flibustier. Sie beuten ihre Wälder aus, welche die köstlichsten Essenzen für den Bedarf des Luxus enthalten, und auf Weiteres wollen sie sich nicht einlassen. Die Engländer mochten ihnen in noch so verlockenden Farben die Gewißheit großer Reichthümer vorhalten: sie blieben ihren alten Traditionen treu. Einige Amerikaner ließen sich trotz alledem dort nieder und pflanzten Baumwolle. Abgesehen von der Schwierigkeit, welche ihnen der Charakter der Eingebornen bereitete, beklagen sie sich über die zur Unzeit eintretenden sündfluthartigen Regen und das Erscheinen eines verheerenden Wurmes. Dennoch haben sie schöne Ernten erzielt. Aehnliches gilt von Nicaragua und Panama. Wo etwas in der Richtung geleistet wurde, geschah es überall durch Amerikaner.

In Peru gestaltete sich die Sache anders. Hier warf man sich mit Begeisterung auf die schon zur Zeit der Incas bekannt gewesene Baumwollenzucht. Seit die Spanier den Ackerbau des Landes ruinirt, wuchs die Staude dort nur im wilden Zustande. Die Indianer brachten die Frucht an die Küste, um sie an die Europäer zu verkaufen. Die wilde Baumwolle kostete dort im Jahre 1812 30 bis 40 Centimes das Pfund; die jetzige bringt fast einen Franken. Bald strömte brittisches Capital nach Peru, und das reiche Thal der Chira, welches sich vom Meere bis zu den Cordilleras erstreckt, wurde e i n e große Plantage. Der Malo und die Seeinsel-Baumwolle erreichten die Höhe eines Baumes. Der Baumwollenbau, sagt Herr Winstown, der amerikanische Consul in Payta, ist bestimmt, in Peru eine große Rolle zu spielen, sowohl wegen der periodischen Regen, wie wegen der Leichtigkeit der Bewässerung. In mehreren Gegenden wird es, um die herrlichste Bewässerung zu erzielen, nur nothwendig sein, die zum Theil wunderschön angelegten und fast vollständig erhaltenen Canäle der Incas auszubessern. Die Peruvianische Baumwolle ist gut, wenn auch etwas reichlich sein. Der größte Uebelstand liegt in der Theuerung des Transportes, welcher vom Inland bis an die Küste für einen Ballen ein Pfund Sterling kostet. Sobald der Preis sinkt, wird sich dieser Transport nicht mehr lohnen, und das Maulthier wird durch das Dampfroß ersetzt werden müssen.

Endlich hat auch noch Brasilien einige Versuche gemacht. Die Baumwolle kommt dort sehr gut fort, namentlich in den Provinzen Maranham, San Paulo, Cora und Pernambuco. Die Pflanze dauert volle fünf Jahre, und liefert, namentlich in den ersten drei Jahren, einen reichlichen Ertrag. Es scheint jedoch nicht, als ließen sich für die Zukunft große Hoffnungen auf Brasilien bauen. Die Bevölkerung hat sich auf andere Zweige geworfen, welche gleichfalls einen reichen Ertrag liefern, und ist wenig geneigt, sich mit Neuerungen zu befassen. Im Jahre 1861 exportirte Brasilien 100,000, im Jahre 1865 340,000 Ballen. Das ist, trotz aller von der Regierung ausgegangenen Encouragements, der ganze, durch die günstigsten Zeitverhältnisse erzielte Fortschritt.

Fassen wir nun Alles zusammen, so finden wir, daß noch in langer Zeit die Vereinigten Staaten den Baumwollenmarkt der Welt controlliren werden, und daß vor der Hand von einer beachtenswerthen Concurrenz für sie nicht die Rede sein kann.

Das Vereinswesen in der Schweiz.

Von ***

I

Was die Monarchie von der Republik unterscheidet, ist in der Form die Erblichkeit des höchsten Staatsamtes, in Hinsicht auf das Wohl und Wehe der Staatsangehörigen jedoch weniger diese Erblichkeit an und für sich, die für Alle, welche nicht selbst Staatsoberhaupt zu werden wünschen, ziemlich gleichgültig sein könnte, als das von dieser Erblichkeit unzertrennliche Institut des Fürstenhofes, der in der Monarchie fast als Kern des Staates betrachtet werden darf, in der Republik aber gänzlich wegfällt. Es wird heut zu Tage Niemandem einfallen, den Höfen zu Liebe das Fürstenthum wieder einzuführen; es darf also getrost eingestanden werden, daß mit den Höfen der Fürsten eine gewisse geistige Anregung verbunden ist, die auch den Republiken zu gönnen wäre. Der Vergleich einer kleinen Residenz mit einer großen Provinzialstadt fällt immer noch nicht a u s s c h l i e ß l i c h zu Gunsten der Letzteren aus.

Das Mittel, wodurch die Bürger der Republik sich dasjenige Gute zu verschaffen suchen, was mit dem Hofleben verbunden wäre, ist das Vereinsleben. Im Verein mit seines Gleichen fühlt sich der individuelle Souverän zugleich als König und als Hofmann, als Mittelpunkt und als Umgebung. Die Geister platzen auf einander, es fließt die Rede, leuchtet der Witz, ringt der Ehrgeiz; aber der Preis, das gemeinschaftliche Symbol ist der Beifall, die Gunst, der Vortheil, nicht Eines Herrn, sondern Aller. Die freien Städte des Mittelalters hatten sämmtlich ihre Vereine; das älteste Vereinswesen, das heute noch besteht, ist dasjenige der ältesten noch bestehenden Republik der Erde, der Schweiz. Die älteste Schützengesellschaft ist die Schwyzer, die bis in das 15. Jahrhundert hinaufreicht; Zürich hat seit 1613 eine Bibliothekgesellschaft, eine Musikgesellschaft seit 1679, die militärische Gesellschaft „der Pförtner" seit 1713, und die Gesellschaft „der Herren Gelehrten" und die naturforschende Gesellschaft seit 1746.

Einen mehr als lokalen Wirkungskreis erhielten die Vereine der Schweiz durch Isaak Iselin (geb. 1728, gest. 1782) aus Basel, den Verfasser der „Philosophischen Muthmaßungen über die Geschichte der Menschheit" (1768), durch welche er Herders Vorläufer wurde, und der unter den vorherrschen, wesentlich republikanisch, gemeinnützig, nüchtern und volksthümlich angelegten, in Lessing gipfelnden, Führern des deutschen Geistes eine nicht unbedeutende Stellung einnahm. Später hat die in ihren Wirkungen auf die allgemeine Entwickelung vielleicht überschätzte Hofprotektion von Weimar diese ältere Schule durch eine höfische, vornehme, überschwängliche, kunstliebende, d. h. ornamentale Richtung verdrängen und verdunkeln helfen. Zur Feier des dreihundertjährigen Jubiläums der vaterstädtischen Hochschule lud Iselin 1760 seinen Freund Salomon Hirzel, Rathschreiber von Zürich, den Dichter Salomon Geßner, und den Obmann Schütz von Zürich. Die glücklichen Stunden, die sie mit einander im Austausch fruchtbarer Gedanken verlebten, führten zu dem Versprechen, sich am 3. Mai 1761 in Schinznach wieder zu treffen und auch andere Freunde mitzubringen. Unter den Letzteren befand sich der später berühmt gewordene Dr. Zimmermann von Brugg. Der Vorschlag, eine bleibende Stiftung zu gründen, kam 1763 an demselben Ort zur Ausführung, als der Stadtarzt Joh. Kaspar Hirzel, Bruder des Salomo, Hand ans Werk legte. Zwar bezeichnete sein Entwurf als Aufgabe des Vereins lediglich das genauere Studium der vaterländischen Geschichte; aber die Art und Weise, wie dies ausgesprochen wurde, eröffnete der Thätigkeit der Gesellschaft ein weites Feld, und ermöglichte eine praktische Wirksamkeit. Es wurde nämlich ausgesprochen, daß die Gesellschaft sich's zur Aufgabe mache, „die Gesetze und die Staatsveränderungen der Eidgenossenschaft sowohl, als die Sitten und die Gelehrsamkeit ihrer Bürger in den verschiedenen Zeitaltern der Republik in ihr wahres Licht zu setzen, um ihre Bemühungen zu dem Besten des Vaterlandes fruchtbar zu machen", wozu noch die weitere Bestimmung kam, daß die Gesellschaft sich bemühen sollte, „aus sämmtlichen Orten sich solche Personen beizugesellen, welche ihren Absichten entsprechen." Durch diese letzte Bestimmung wurde der Verein, der nun auch den Namen der „Helvetia" annahm, zu einem Mittelpunkte Gleichgesinnter aus der ganzen Eidgenossenschaft, ohne Rücksicht darauf, ob sich dieselben bis dahin persönlich gekannt hatten oder nicht, und erhielt dadurch, ohne daß es in bestimmten Worten ausgesprochen wurde, ja sogar ohne daß sich die Stifter dessen bewußt waren, eine politische Tragweite, die allmälig immer klarer hervortrat. Durch die Helvetische Gesellschaft wurde der erste Keim zur Veränderung der Staatsverfassung der Eidgenossenschaft gelegt, die seit ihrer Gründung in der That nichts Anderes war, als ein Bündniß souveräner Staaten, die nach Innen und Außen vollkommen selbstständig waren und keine Gewalt über sich anerkannten.

In den „Bemühungen zum Besten des Vaterlandes", denen der Verein sich nunmehr wirklich unterzog, bewährte sich der praktische Sinn der Schweizer in der glänzendsten Weise. Die Gesellschaft hütete sich vor dem Abweg, auf bestimmte Lebens- und Staatsverhältnisse direkt einzuwirken; vielmehr beschränkte sie sich darauf, auf die Mängel derselben in allgemeiner Weise aufmerksam zu machen, in den Gemüthern den Wunsch nach besseren Zuständen zu erweden, die Mittel anzudeuten, durch welche eine Besserung erzielt werden könne, indem sie es anderen Kräften überließ, das auszuführen, was sie als wünschenswerth oder nothwendig bezeichnet hatte. Sie beschränkte sich mit einem Worte darauf, das Bessere anzuregen, und gerade dadurch, daß sie sich darauf beschränkte und nirgends thatsächlich eingriff, gelang es ihr, mit der Zeit eine völlige Umgestaltung der Staatsverhältnisse hervorzubringen. Auch so erschien bald Schinznach den aristokratischen Regierungen als ein Herd des Aufruhrs. Der große Rath von Luzern war einmal auf dem Punkt, den Verkehr mit der Helvetischen Gesellschaft bei Verlust des Bürgerrechts, und allen Briefwechsel mit derselben bei 800 Thalern Strafe zu untersagen. In den meisten aristokratischen Cantonen vermieden es wohlwollende Männer, durch Beleidigungen und Beschimpfungen eingeschüchtert, die „anstedende Gesellschaft der Bodmer, Balthasar, Hirzel, Iselin, Geßner, Zimmermann ꝛc. zu besuchen."

Dennoch errang ihre Ausdauer und Mäßigung die Frucht der von ihr ausgegangenen Anregungen. Es bildete sich eine immer größere Zahl von Vereinen, welche die Ideen ins Leben zu rufen sich zur Aufgabe machten, die im Schooße der Gesellschaft angeregt worden waren. So die helvetisch-militärische Gesellschaft (1779) und die schweizerische medizinische Gesellschaft, die kosmographisch-schweizerische Gesellschaft (1759); in Zürich die mathematischmilitärische Gesellschaft (1767), die von Salomon Geßner gestiftete Künstlergesellschaft (1777); in Bern die Gesellschaft der Vaterlandsfreunde (1784), die naturforschende (1786), die historische und die militärische Gesellschaft; in Basel die Gesellschaft zur Beförderung des Guten und Gemeinnützigen; in St. Gallen eine Gesellschaft der Wohlgesinnten zur Verbreitung nützlicher Kenntnisse (1780); in Genf die Société des arts et d'agriculture (1776), in Neuenburg eine Société d'emulation für das Gemeinwohl, u. s. w.

So erwarb sich der Verein bei der Nation eine ungetheilte Achtung und wurde dadurch und durch die Oeffentlichkeit, die er seinen Arbeiten gab, eine wirkliche Macht. Es entging seiner Aufmerksamkeit keine Seite des bürgerlichen, geistigen und Staatslebens, er zog mit gleichem Eifer und gleichem Verständniß die Wissenschaft und die Kunst, die Gewerbe und den Landbau in das Bereich seiner Versammlungen und regte in allen diesen und anderen zum Fortschritt an.

Durch die schweizerische Revolution unterbrochen, fanden erst mit dem Jahre 1819 wieder regelmäßige Versammlungen statt; aber bald nahm nunmehr die Gesellschaft einen ausgeprägten Charakter an, der ihr durch die Zeitverhältnisse aufgedrängt wurde. Die Restauration war in der Schweiz mit um so größeren Ansprüchen aufgetreten, je geringer die Macht war, auf die sie sich stützen konnte. Die Eidgenossenschaft war zur alten Zersplitterung zurückgeführt, in den Cantonen waren überwiegend aristokratische Regierungen eingesetzt worden. Alles schien verloren, was seit 1798 errungen worden war. Es ist begreiflich, daß die Männer, welche es sich zur Aufgabe machten, ihr Volk zu fortschreitender Entwickelung zu leiten, veranlaßt werden mußten, sich ganz besonders auf das politische Gebiet zu werfen, und ihre Wirksamkeit diesem ausschließlich zuzuwenden. So erhielt die Helvetische Gesellschaft einen überwiegend politischen Charakter, und es gingen ihre Bestrebungen vorzüglich dahin, die Bevölkerung der Cantone für eine wahrhaft republikanische Freiheit heranzubilden und in der ganzen Nation das Bewußtsein lebendig zu machen, daß die Schweiz nur durch eine engere Verbindung der Cantone zu einem Bundesstaat wieder eine ehrenvolle Stelle unter den Völkern Europas gewinnen könne. Dieses Bestreben bildete seit Anfang der dreißiger Jahre den alleinigen Zweck der Gesellschaft, was schon daraus hervorgeht, daß im Jahre 1835 der Gedanke auftauchen konnte, sie mit dem neugebildeten und aus ihr hervorgegangenen N a t i o n a l v e r e i n zu verschmelzen. Dadurch, daß diese besondere Frage ausschließlich als Gegenstand ihrer Thätigkeit heraustrat, war der Grund zur Auflösung der Gesellschaft gelegt, die auch stillschweigend erfolgte, nachdem mit der neuen Bundesverfassung von 1848 die neue, beschränktere Mission erfüllt war.

Wir müßten ihren Untergang tief bedauern, wenn sie nicht gerade in ihren wichtigsten Elementen vollständig ersetzt worden wäre. Die „Schweizerische gemeinnützige Gesellschaft", im Jahre 1810 durch einen zweiten Joh. Kaspar Hirzel aus Zürich, anfänglich nur zur Verbesserung des Armenwesens, gegründet, zog seit 1819 auch den Gewerbfleiß und das Erziehungswesen in den Kreis ihrer Berathungen, wurde seit 1823 vorzüglich durch Paul Usteri in die von der Helvetischen Gesellschaft aufgegebene Richtung gelenkt, und sprach 1828 als ihren Zweck aus „die Beförderung der Civilisation des Vaterlandes." Ihre Verhandlungen bilden ein Archiv, in dem jeder Freund des Vaterlandes sich Raths erholen, sich stärken und beleben kann für gemeinnütziges Wirken. Von ihr wurde die Stiftung der schweizerischen Mobiliar-Assekuranz angelegt und eingeleitet; sie bestellte eine Commission für Verbesserung des Volksunterrichts in dem schweizerischen Alpenlande, ließ die Armenschulen untersuchen, beschäftigte sich mit der Angelegenheit der Heimathlosen, beförderte die Gründung von Cantonalvereinen, und regte die Bearbeitung einer Statistik der Strafrechtspflege und des Armenwesens an. Noch setzt sie ihre Bestrebungen mit ungeschwächtem Eifer fort, und läßt keine Seite des geistigen und materiellen Lebens ihrer Aufmerksamkeit entgehen.

Da die Gemeinnützige Gesellschaft sich aller politischen Wirksamkeit enthält, so entstand, um sich diese Seite zur Hauptaufgabe zu machen, im Jahre 1844 der „Grütliverein". Er ist auf breiteren Grundlagen gegründet, als es die Helvetische Gesellschaft war, die sich nur aus den gebildeten und einflußreichen Männern des Volkes ergänzte, und fortwährend die höhere geistige Bildung im Auge hatte, denn er umfaßt alle Stände, und erstrebt die Entwickelung aller Volkskräfte, zu welchem Behuf er namentlich seinen Mitgliedern in ihren Freistunden Mittel zur Belehrung und Gelegenheit zur Erholung bietet, und beide unter den veredelnden Einfluß vaterländischer Bestrebungen stellt. Um das zu erleichtern, haben sich seine 2632 Mitglieder, die über eine halbjährliche Einnahme von 22,340 Franken verfügen, in 10 Sektionen getheilt, welche sämmtlich Bibliotheken mit zusammen 11,094 Bänden haben.

Aehnlicher Natur ist die im Jahre 1858 gestiftete „Helvetia", welche vorzugsweise Studirende zu ihren Mitgliedern zählt. Ihr Zweck ist in den Statuten dahin ausgesprochen, daß sie für Kräftigung des nationalen Bewußtseins, für eine freisinnige Politik nach Innen und Außen, für Bildung des Volkes und demokratische Bethätigung desselben in eidgenössischen und cantonalen Angelegenheiten zu wirken sucht. Aus der Zusammensetzung dieses Vereins ergiebt sich von selbst, daß er weniger praktisch eingreifen, als vielmehr Saamen für die Zukunft legen kann.

Um die Kerne, welche in diesen allgemeinen Verbindungen gegeben sind, hat sich ein vielfach verschlungenes Gebilde, theils lokaler, theils auf spezielle Zwecke gerichteter Gesellschaften angesetzt, welche zusammen eine geistige Regsamkeit des ganzen Volkes zeigen, die kein anderes Land der Erde aufzuweisen hat. Die schweizerische naturforschende Gesellschaft, die den verwandten Gelehrtenvereinen in Deutschland, Italien und Frankreich zum Vorbild gedient hat, die allgemeine geschichtsforschende Gesellschaft der Schweiz, Stiftung des durch seine „Geschichte des Appenzellervolks" berühmt gewordenen Zellweger, und Herausgeberin des „Archivs für schweizerische Geschichte", der eidgenössische

Schützenverein, Urheber der Freischießen, die Baseler Gesellschaft zur Beförderung des Guten und Gemeinnützigen, im Jahre 1766 von Iselin gegründet, die von Heinrich Zschokke errichtete Gesellschaft für vaterländische Cultur im Canton Aargau, der es gelang, die Kämpfe zwischen den Berner Reformirten, den Badener Katholiken und den Frickthaler Josephinern, welche durch die Mediationsakte künstlich zu diesem neuen Canton zusammengebacken wurden, auszugleichen, welche die Hülfsgesellschaft für Aarau und Umgegend, die naturhistorische, die landwirthschaftliche, die historische Gesellschaft und die Taubstummenanstalt in Aarau, ja auch ein derartiges Institut in Zofingen und ein drittes in Baden, ins Leben rief, die St. Gallische Appenzellische gemeinnützige Gesellschaft, die von Dr. Ferdinand Keller von Zürich geleitete Gesellschaft für vaterländische Alterthümer, welche u. A. in Erforschung der Seebauten so Bedeutendes geleistet hat, und „Mittheilungen" von Meyer, Ettmüller, v. Orelli, Mommsen, Vögelin, Georg v. Wyß und Friedrich v. Wyß veröffentlicht, und die antiquarische Gesellschaft von Basel, sind durch Umstände besonders namhaft geworden, ohne deßhalb von anderen, außerhalb ihres unmittelbaren Bereiches weniger besprochenen, an effektiver Nützlichkeit nicht erreicht zu werden.

Durch solche Organe bethätigt sich ein Volk, von dem man unter Anderem erzählen kann, daß der 25 Quadratmeilen große, von nicht ganz 200,000 Seelen bewohnte Canton Aargau in seiner kleinen Hauptstadt von nicht 5000 Einwohnern nicht allein eine Cantonsbibliothek von 60,000 Bänden (auch in den Flecken Zofingen, Lenzburg, Baden, finden sich nicht unbeträchtliche Sammlungen), sondern auch zwei Buchhandlungen hat, welche die neuen Erscheinungen der Literatur durch das ganze Ländchen verbreiten, so daß keine einzige, noch so kleine Gemeinde zu nennen wäre, die nicht auf irgend eine Weise mit ihnen in Verbindung stände. Und doch sind noch andere Buchhandlungen im Canton, und doch beziehen die an die Cantone Basel, Zürich oder Luzern grenzenden Landestheile nicht wenig aus den dortigen Buchhandlungen. Unter den Literaturzweigen, welche aus Aarau in die Bezirke versendet werden, bilden zwar religiöse, pädagogische und Volksschriften die überwiegende Masse, aber auch landwirthschaftliche, technologische, militärische, belletristische, naturwissenschaftliche, geschichtliche, geographische Schriften, ja eine nicht geringe Zahl von Werken in französischer, englischer, weniger italienischer, aber dagegen spanischer, Sprache werden gekauft, und Theologie und Medizin sind stark vertreten.

Wer noch behaupten wollte, daß die Vereine nicht sowohl Ursache als Wirkung der geistigen Regsamkeit des Volkes wären, der müßte immerhin jedem anderen freien Lande eine ähnliche Wirkungsmasse des geistigen Lebens zum Aufzeigen wünschen. Doch es giebt ja auch anderswo Schulen und Schulbildung des Volkes, ohne zu dieser selbstsigenen Betriebsamkeit zu führen. Wie natürlich ist es, in diesem Selfgovernment der Pädagogik, welche ja nichts Anderes ist als Uebertragung der Pestalozzischen Methode aus den Kinderstuben in die Kreise der Erwachsenen, einen Hauptfaktor jener Verschmelzung der wesentlichen mit der formalen Freiheit zu suchen, welche die Schweiz unter sämmtlichen Ländern der Erde kennzeichnet!

Frei bis ans Meer.

Von Alfred Schücking. (Washington.)

In dem freien Schooß geboren,
Aus der ew'gen Felsen Thoren
Vom St. Gotthard steigt er nieder,
Der Messias unsrer Lieder —
Himmel und die Erde bindend
Und ein einig Volk verkündend.
Bahnfrei! donnert es darein,
Frei soll sein der ganze Rhein!

Wenn die deutschen Schranken fallen,
Nur die Kette bleib' uns Allen,
Unsrer Einheit goldne Zone,
Von dem Niemen bis zur Rhone
Länder und die Herzen bindend
Und ein einig Volk verkündend.
Denn wenn Einheit uns gegeben,
Wer kann uns noch widerstreben?
Deutscher Geist ist Geist der Erde,
Deutsches Wort sprach jedes Werde.
Hütet Euer Feu'r, ihr Götter,
Denn Prometheus fand den Retter!

Wie kommt herrlich er gegangen,
Den die Herzen längst verlangen,
Den die Lorley uns gesungen —
Er, der frei und unbezwungen,
Er, der unbefleckt empfangen,
Er, dem die Pokale klangen.
Ewig jung und ewig rein,
Einheit-Spiegel soll er sein.

Kühne Burgen, grüne Reben —
Dome, die zum Himmel streben —
Trotz der Seelen, geistig Leben
In ihr Bild die Fluthen weben.
Keine Grenzen, auf und nieder,
Kenne je der Rheinstrom wieder,
Und kein Fremdling hemm' ihn ein,
Deutsch soll sein der ganze Rhein.

Von den Bergen, in den Gauen
Sei nur ein Panier zu schauen,
Von der Schweiz bis zu den Schleusen,
Wasserwällen tapfrer Geusen —
Wo zur Wacht' zwei Stämm' ihm sitzen,
Deren Schwerter Freiheit blitzen —
Wiegt den jungen Recken ein.
Held der Zukunft ist der Rhein.

Nur ein Deutschland soll es geben,
Stolz soll sich die Brust uns heben,
„Ich bin Deutscher, bin ein Mann!"
Und im Kreise der Nationen
Soll kein Deutscher rechtlos wohnen.
Dräuend schütze die Standarte
Unser Flamberg sonder Scharte —
Schmiegt den Nacken, Oceane —
Neigt Euch, Völker, unsrer Fahne!

Groß der Mensch und groß die Erde,
Groß die ew'ge Macht des „Werde"!
Schon umschlingt die Nationen
Aller Zungen, aller Zonen
Eine Kette, unzerrissen —
Eine Seele, Ein Gewissen —
Eine Ader pulst im Nu
Allen Ein Empfinden zu.

Alle hundert Jahre.
Eine historische Reminiscenz.
Von A. Schott.

Motto: Eris schüttelt ihre Schlangen,
Alle Götter fliehn davon,
Und des Donners Wolken hangen
Schwer herab auf Ilion.

Ist es nicht als ob ein seltsames Verhängniß die Geschicke unseres deutschen Vaterlandes umnachte, daß gerade ungefähr alle hundert Jahre die Schwerter seiner eigenen Söhne sich in brudermörderischem Streit gegen einander kehren müssen? Die Geschichte hat es so aufgezeichnet, und im Volke selbst lebt eine unheimliche Erinnerung und zugleich eine dunkle Sage, die auf kommendes Unheil deutet.

Als vor etwa drei Jahren zurück der Preußenkönig mit seinen Getreuen das hundertjährige Andenken des Hubertsburger Friedens feierte, der den siebenjährigen Krieg beendigte (1763), da erfüllte dieses beklemmende Gefühl das ganze deutsche Volk, und es wollte ihm fast bedünken, als ob eine alte Wunde wieder frisch zu schmerzen beginne. Dumpfe Schwüle lagerte sich schon damals über den friedlichen Fluren; denn der politische Himmel hatte sich schwer umdüstert und die Zeitverhältnisse zeigten ein drohendes Gesicht. Die Frankfurter Fürstenversammlung, die sich um Oesterreichs Kaiser schaarte, hatte des Hohenzollern alte Eifersucht eben erst wieder in voller Stärke wachgerufen. Er nahm eine herausfordernde Haltung an und legte die Hand ans Schwert, wozu das just abgelaufene hundertjährige Friedensjahr und die dabei zu veranstaltenden Kundgebungen eine willkommene Gelegenheit boten. Eine solche Feier unter solchen Umständen konnte jedoch keinen freudigen Wiederhall in den Herzen des deutschen Volkes erregen, das sie nur wie einen schrillen Mißton empfand und, statt lauten Jubels, nur in düsterem Schweigen des hundertjährigen Landfriedens gedachte, in dessen Feier sich Schwerterklirren mischte.

War es das dunkle Bewußtsein von dem Ablauf eines für Deutschland verhängnißvollen Zeitraums, das damals wie eine bange Ahnung mörderischen Unheils durch die deutschen Herzen zitterte? Und verkündet uns nicht das unglückselige Beispiel vergangener Jahrhunderte dieselbe traurige Wahrheit?

Denn wie grausam im vorigen Jahrhundert jener siebenjährige Krieg auch wüthete, wie viele Hunderttausende deutscher Söhne er in seinen zahlreichen Schlachten hinmordete und wie lebhaft wir noch heute die tiefe Wunde empfinden, die er deutscher Einigkeit schlug — was will das Alles heißen gegen das bluttriefende Schauspiel, das sich uns entrollt, wenn wir mit dem Ferrnglas der Geschichte bewaffnet einen Blick in die frühere Vergangenheit zurückwerfen bis in die entlegensten Jahrhunderte der Vorzeit? Eine Periode um die andere nur wieder neue Schreckensscenen, nur gesteigerte Enttäuschungen! Vorder-, Mittel- und Hintergrund bis in die graue Ferne, wo die Pfade der deutschen Geschichte sich in unbestimmtem Nebel verlieren, zeigt immer dasselbe Mordgewühl, Deutsche gegen Deutsche in wilder Raserei. Es war nie anders, nie hörte Deutschland auf, sich selbstmörderisch zu zerfleischen; nur Erschöpfung gab ihm zeitweiligen Frieden, um, sobald es wieder Kräfte gewonnen, die nie geheilte Wunde von Neuem aufzureißen.

Ungefähr in hundertjährigen Zwischenräumen geschahen derartige Wuthausbrüche in großartigem Maßstab. Das kleinere Uebel, die zahllosen Bürgerkriege von minderem Belang, die mehr localen Fehden, Unruhen und Parteiungen, die dazwischen hineinfallen, sind gar nicht alle aufzuzählen. Nur das größte und schreiendste Uebel, das wir zu verschiedenen Zeiten durch innere Zwietracht erlitten, sei hier in flüchtigen Zügen geschildert.

Vom Beginn des siebenjährigen Krieges (1756), um hundert Jahre zurückgehend, stoßen wir auf den dreißigjährigen, dessen bloßer Name schon Schrecken und Abscheu einjagt und alle Erinnerungen des tiefsten nationalen

Elends in sich schließt. Es liegt ein Zeitraum von hundert und acht Jahren zwischen dem Ende des einen (1648) und dem Beginn des andern großen Bürgerkriegs (1756), oder auch nur zweiundneunzig, je nachdem man etwa schon die erste Wiedererneuerung der Feindseligkeiten im ersten Schlesischen Krieg (1740) mitrechnen wollte oder nicht. Durchschnittszahl: hundert.

Der dreißigjährige Krieg läßt den siebenjährigen in jeder Beziehung um ebenso weit hinter sich zurück, als er ihn an Zahl der Jahre überragt, und bildet überhaupt den ärgsten Ausbund aller Schrecken und Gräuel, die Deutschland jemals heimgesucht haben und die sich hier in einem einzigen, nie erhörten Wetterschlage zusammen zu drängen schienen, um es in den Abgrund seiner tiefsten Erniedrigung zu schmettern.

Gern möchten wir von dem grausigen Anblick hinwegfliehen ins fünfzehnte Jahrhundert zurück; allein auch da gerathen wir nur wieder in eine andere Blutlache; wir stehen mitten in jener wildbewegten Zeit, wo die theologische Zänkerei zweier Mönche das ganze Volk ergriffen hatte, daß es sich in wahnsinniger Leidenschaft die Köpfe zerschlug und das ganze Reich in Mord und Brand durcheinander wogte. Unter allen diesen Schreckensstürmen, zu denen das Heiligthum der Religion den fluchwürdigen Vorwand bildete, muß jedoch dem Bauernkrieg, sowohl wegen der außerordentlichen Zahl seiner Opfer, als der Größe seiner historischen Bedeutung, bei weitem der erste Preis zuerkannt werden. Derselbe soll in der kurzen Frist einiger Sommermonate die enorme Zahl von mehr denn einer Million Menschenleben niedergetreten haben, so daß man damals wohl mit Recht einer alten Prophezeihung häufig erwähnen hörte:

Wer im Jahr 1525 nicht wird erschlagen,
Der mag wohl von Wunder können sagen.

Zwischen diesem großen Verwüstungsjahr (1525) und dem Anfang des dreißigjährigen Krieges (1618) lagen dreiundneunzig Jahre. Es sind eben immer ungefähr dieselben Zeiträume, durchschnittlich um die verhängnißvollen Hundert herum, nach denen Deutschland die jedesmalige Erneuerung seiner Selbstmordsversuche berechnet.

Wieder um etwa hundert Jahre zurück, in den Jahren 1416—32, spieen die entsetzlichen Hussitenkriege ihr wildes Feuer über das östliche und mittlere Deutschland. Zwar standen damals nicht gerade ächte Deutsche aus Teut's Stamm auf j e d e r der beiden Seiten, um sich gegenseitig abzuschlachten; es waren Böhmen und Deutsche, die sich feindlich bekämpften. Allein ein ärmlicher Trost ist dies; auch die Böhmen gehörten ja zum Deutschen Reich und waren Adoptiv-Kinder derselben unglücklichen Mutter, in deren Haus das Blut der Ihrigen nicht zum ersten Mal umherspritzte.

Es war dies namentlich auch hundert Jahre früher wieder der Fall gewesen, als Ludwig der Baier sich mit Friedrich von Oesterreich um das Scepter Germaniens schlug (1313—22), bis dieser endlich in der furchtbaren Schlacht bei Mühldorf (1322) den Kürzeren zog. Es mochte ein verzweifeltes Ringen zwischen den beiden Gegnern gewesen sein, voll Schrecken und Blutvergießen, wenn es auch freilich jetzt meistens vergessen im Schooße der Zeiten ruht. Denn für uns Epigonen können die gewaltigen Kaiserkämpfe des deutschen Mittelalters nicht mehr das lebendige Interesse bewahren, können uns nicht mehr in den wilden Strudel tobender Parteileidenschaften hineinziehen, worin unsere Altvorderen, für welche unsere Vergangenheit Gegenwart war, gerungen und gelitten haben.

Von jetzt an weiter zurück tragen die großen Bürgerkriege Deutschlands im Wesentlichen stets denselben Charakter. Die Kaiserkrone war der Preis, um den man sich auf Tod und Leben schlug; als noch keine Meinungsverschiedenheit in Beziehung auf die himmlischen Dinge obwaltete, da mußte die irdische Herrschaft den Vorwand hergeben, damit die Deutschen sich nach alter Neigung tüchtig zerraufen konnten, und den großen Religionskriegen gingen daher die Kaiserkriege voran. Auch würde man sehr irren, in jenen früheren Kämpfen lediglich die Ausgeburten dynastischer Herrschsucht zu erblicken, etwa bloße Cabinetskriege im Sinne der Neuzeit; nein, der kriegerische Geist des Volkes selbst nahm es damals als eine Ehrensache auf, sich im Heerbann seiner Herzöge zu schaaren und in deren Ansprüchen zugleich die eigene Ehre zu schützen; es war die Eifersucht der verschiedenen Stämme, die sich noch in ungebrochener, altgermanischer Kraft gegenüberstanden und um die Ehre schlugen, wer den Kaiserthron aus seiner Mitte besetzen und als „Führervolk", wie auch heute wieder die Rede geht, den übrigen vorangehen dürfe. So viel Unheil hat diese Führeridee schon über Deutschland gebracht.

In eben dem Maß aber, als diese Kronstreitigkeiten zur Volkssache wurden, mußten sie sich auch ins Große und Furchtbare dehnen und zu verheerenden Gewitterstürmen gestalten, unter deren Wucht das ganze Reich erzitterte.

Von dieser letzteren Art zeigten sich besonders die in der Geschichte so berühmten Sachsen- und Welsenkriege, die sich vom elsten bis in's dreizehnte Jahrhundert hinziehen, wenn man nicht gar bis auf Karl den Großen zurückgehen will, in dessen gefeierten Zügen gegen die Sachsen schon der verderbliche Gegensatz hervorbrach, der noch auf Jahrhunderte hinaus die Stämme der Sachsen und Franken nebst Schwaben blutig entzweien sollte, ja, wenn man will, noch bis in die neuesten Zeiten hereinwirkt.

Der letzte große Zusammenstoß zwischen diesen Stämmen fand, wieder um hundert Jahre früher, ehe sich der Baier und Oesterreicher schlugen, unter Philipp von Schwaben und Otto von Sachsen statt (1198—1209). Mit wechselndem Glück wurde mehrere Jahre lang gestritten. Die Menge der festen Burgen, die in jener romantischen Zeit auf allen Felsen der Gebirge emporstarrten, und die unbezwingliche Kraft der ebenso harten Ritterschaft, die sie vertheidigte, hemmten jede nachhaltige Entscheidung, bis endlich der edle Hohenstaufe, von Meuchlerhand getroffen, zu Grabe sank (1209) und später auch Otto's Glück vor dem neu aufgehenden Stern Kaiser Friedrichs II. von Hohenstaufen erbleichen mußte.

Etwas mehr als um ein weiteres Jahrhundert zurück, in den siebziger Jahren des elften Jahrhunderts, hatte schon der fränkische Heinrich IV. die Feldzüge gegen die Sachsen eröffnet, und die Hohenstaufen, deren Ahnherr, zum Lohn für seine in diesem Kampf bewiesene Tapferkeit, eine Tochter des Königs heimführte, hatten dessen Erbschaft übernommen, mit der Anwartschaft auf die deutsche Krone zugleich die Nothwendigkeit, mit dem Schwert sich den Weg dahin zu bahnen und die Macht der Gegner zu beugen, an deren Spitze zuerst Kaiser Lothar von Sachsen, dann Herzog Welf von Baiern ihnen entgegentrat. Es war ein großartiger Kampf, den die hochfliegenden Hohenstaufen unternommen, berühmt durch manche romantische Zwischenbegebenheit — wer denkt hier nicht an Weinsberg und die Weibertreue — und um so furchtbarer, als hinter der Gegenpartei sich überdies die unangreifbare Macht der Kirche verschanzte und deren Waffen erst die rechte Schärfe und Weihe verlieh. Man kann sich daraus ungefähr eine Vorstellung bilden, mit welch' bitterer Leidenschaft schon damals unsere großen Bürgerkriege gegenseitig durchgekämpft wurden, und wie viel Thränen und Blut schon in jenen jetzt im Glanz der Poesie schimmernden Tagen die deutschen Fluren getrunken haben mögen. Unser herrlicher Uhland entwirft uns in seinem „Ludwig der Baier" und „Herzog Ernst von Schwaben" ein ergreifendes Bild dessen, was er im Prolog verspricht:

Und Kämpfe, längst schon ausgekämpfte, werden
Vor Eurem Auge stürmisch sich erneu'n.

In diesem Zeitraum stoßen wir auch zum ersten Mal auf eine Art Ausnahme von der gewöhnlichen hundertjährigen Regel, freilich eine traurige Ausnahme, wenn sie überhaupt diesen Namen verdient; denn sie enthält nicht etwa den Begriff einer Lücke oder eines Ausbleibens des in gewöhnlicher Zwischenperiode wiederkehrenden inneren Streites, sondern im Gegentheil einer nur noch häufigeren, noch schnelleren Wiederkehr, als dies früher oder später in solchem Maßstabe jemals der Fall gewesen sein dürfte. Diese Ausnahme bilden eben die welthistorischen Kämpfe zwischen Ghibellinen und Guelfen, vorher zwischen den Hohenstaufen und Lothar von Sachsen, welche, wenigstens in Teutschland, in der ersten Hälfte des zwölften Jahrhunderts ausgefochten wurden und daher zwischen die ältern Sachsenkriege Heinrichs des Vierten und die Philipps von Schwaben gegen Otto von Sachsen mitten hineinfallen.

Das unglückliche Geschick des deutschen Vaterlandes erscheint dadurch nur in um so grellerer Beleuchtung, als es gerade in den glänzendsten Tagen seiner Macht und Größe am meisten an inneren Wunden blutete. Je stärker sich die Deutschen fühlten, um so toller fielen sie im Parteikampf übereinander her, zum neuen Beweis der schon weiter oben ausgesprochenen Ansicht, daß überhaupt nur Erschöpfung oder gänzliche Ohnmacht der Furia Germanica ein Ziel setzen konnte.

Ein ähnlicher Abhaltungsgrund mochte auch hundert Jahre früher, ehe Heinrich mit den Sachsen schlug, im zehnten Jahrhundert, obwalten, als wir mit den wilden Ungarn um unsere Existenz kämpfen mußten, die endlich Heinrich der Finkler auf dem Lechfeld entscheidend auf's Haupt schlug (955) und deren Heuschreckenschwärme damals unsere südlichen und mittleren Provinzen in einer Weise verwüsteten, daß freilich an keinen Bürgerkrieg zu denken war. Fürwahr! ein jämmerlicher Trost, wenn wirklich die Zuchtruthe dieser fürchterlichen Barbaren nöthig gewesen sein sollte, um die Deutschen davon abzuhalten, sich selbst zu zerfleischen.

Wie sah es aber um weitere hundert Jahre zurück, im neunten Jahrhundert, aus? Damals wurde das deutsche Reich gegründet, indem es sich unter Ludwig dem Deutschen als selbstständiges Ganze von dem großen Frankenreiche ausschied. Allein schon diese Gründung geschah nicht durch freie, friedliche Vereinigung, die Segen und Gedeihen hätte bringen können; sie kam nur auf dem blutgekitteten Fundamente eines Stammeskrieges zu Stande, der als das erste großartige Beispiel dieser Art, gleichsam als Urgroßvater einer langen Unheilsfamilie, dasteht, wie er auch an Ausdehnung und Furchtbarkeit mit allen späteren Wiederholungen bis zum dreißigjährigen und siebenjährigen Kriege sich würdig vergleichen darf. Es waren die dreiunddreißig Jahre fast ununterbrochen fortgesetzten Heerzüge Karls des Großen gegen die heidnischen Sachsen, deren er in einer einzigen Schlacht, wie uns berichtet wird, einmal über achtzigtausend erschlug. Denn es ging auf Leben und Tod, auch die Franken kämpften um ihren Herd und ihre Existenz, und es war ein Principien- und Religionskrieg in des Wortes radicalster Bedeutung. Als aber endlich das schwer gebeugte Sachsenvolk, an der Macht der alten Götter verzweifelnd, sich zum Frieden neigte, der ihm auch unter ehrenvollen Bedingungen zugestanden wurde, da bot das ganze Land (das heutige Norddeutschland) den Anblick schauerlicher Verwüstung und menschenleerer Einöde. Auf solche Weise mußte also das deutsche Reich erst unter dem eisernen Joch des gewaltigen Kaisers zusammengeschmiedet werden, auf daß es ungefähr tausend Jahre lang, wenn auch unter vielen Rissen, nothdürftig zusammenhalten konnte.

Die Zeit mit ihrem wohlthätigen Schleier umhüllt jetzt jene blutigen Bilder ferner Vergangenheit, die sich uns statt dessen nur in einem lieblichen Schimmer von Poesie und Romantik vor Augen führt, gleich Rosengebüsch über düstern Gräbern. Selbst die ernsten Erinnerungen, welche die Geschichte bewahrt, sind bleich und grau geworden unter den frischen Eindrücken der Gegenwart und in dem lebendigen Gedränge des vorwärts eilenden Jahrhunderts. Wer möchte auch die Opfer alle nachzählen, die in den grimmigen Schlachten der Vorzeit fielen, oder das Meer von Thränen und Jammer berechnen, womit die unbändige Furie seiner Bürgerkriege Deutschlands blühende Fluren schon so oft überschwemmt hat? Und wer vermöchte den dichten Vorhang völlig zu entschleiern, den mitleidige Götter, würde Schiller sagen, darüber geworfen haben! Nur höchst mangelhaft konnte dieser Versuch ausfallen; allein schon in den wenigen flüchtigen Umrissen des Schreckensbildes, das wir gesehen, konnten wir wenigstens eine Ahnung gewinnen von dem,

„Was sie gnädig verhüllen mit Nacht und mit Grauen".

Mögen wir auch die ernste Lehre darin erkennen, daß **Deutschland eigentlich nie einig war.**
Von dem ersten Versuch an, die zerstreuten Stämme in einem mächtigen Ganzen zu vereinigen, bis heute herab erwuchsen nur schreckliche Bürgerkriege aus diesem Bestreben, statt des reinen Ideals nur blutige Carrikaturen der deutschen Einheit. Schon in unserm Nationalwappen, dem doppelten Adler, tragen wir das Sinnbild der Zwietracht. Wie könnte sich auch dieser zweiköpfige Vogel, der stets nach zwei entgegengesetzten Richtungen strebt, jemals zu höherem Fluge erschwingen, ohne daß ihn der getheilte Wille in schwerem Falle immer wieder zur Erde hinabzwingt?

Es ruht überhaupt ein schwerer Fluch über der deutschen Einheit, und ein böser Zauber hält sie umstrickt. Alle hundert Jahre rüttelt sie an ihren Fesseln, daß das Reich in seinem Innersten erseufzt; allein kein erlösender Ritter wollte bis jetzt noch sich finden, um den finstern Bann zu sprengen und den gräulichen Drachen zu erlegen, der die Pforte bewacht.

Und ist es nicht in der That eine gräuliche Schlange, diese ewige Zwietracht, die den Deutschen ein wahres Paradies raubt? Sehet dieses schöne, herrliche Deutschland, von der Natur so reich beglückt mit der Fülle ihrer Gaben! Doch seines schönsten Glückes darf es sich nicht erfreuen; holde Eintracht, süßer Friede, sie können keine bleibende Stätte finden auf diesen sonst so reizenden Fluren. Der Zwietracht giftiger Wurm lauert statt dessen hinter den blühenden Gärten, den freundlichen Kornfeldern und blumigen Auen, um in tödlicher Gier von Zeit zu Zeit hervorzustürzen und alle die lieblichen Bilder des Glücks und des Friedens, welche die unverwüstliche Lebenskraft des Volkes mittlerweile wieder geschaffen, vom Angesicht der Sonne zu tilgen und in Feuer und Verwüstung zu begraben.

Im eigenen Herzen nährt das deutsche Volk dieses abscheuliche Ungeheuer. Es ist das kleinliche Sonderbestreben, der neidische Parteigeist, der seinen sonst so edlen Sinn beschmutzt und in dämonischen Ausbrüchen sein schönes Land verwüstet. Was brauchte doch der mächtige Riese jemals den erbärmlichen gallischen Hahn, den russischen Eroberer oder die brittische Bulldogge zu beachten? Das wäre ihm ja Alles Kinderspiel im Vergleich mit dem entsetzlichen Gewürm, das er in seinem Innern hegt!

Wie es aber komme, daß das tückische Unheil gerade ungefähr in hundertjährigen Episoden, wie heute wieder, das drohende, gespenstische Haupt erhebe, bleibt uns wohl räthselhaft, wie wir ja häufig in dem majestätischen Lauf und in den merkwürdigen Anordnungen der Weltgeschichte, gerade wie in der äußern Natur, eine gewisse Gesetzmäßigkeit bemerken, ohne deren tiefere Ursachen zu kennen. Grundhaschende Rationalisten mögen sich vielleicht auch mit der Erklärung trösten, daß es eben jedesmal ungefähr dreier Menschenalter bedurfte, bis die Leiden und Drangsale eines vorhergehenden Bürgerkrieges wieder so weit in Vergessenheit gerathen waren, daß man wieder an einen andern denken konnte.

Im jetzigen Augenblick bedarf es keiner weitschweifigen Erörterungen mehr über diesen traurigen Gegenstand, und so wollen wir schließen mit der unvertilgbaren Hoffnung, daß das deutsche Volk endlich zur dauernden Eintracht gelangen und den höchsten Triumph, den Sieg über sich selbst, erringen möge, damit wenigstens dem nächsten Jahrhundert das Schandmal erspart werde, das in den Worten liegt:

„Alle hundert Jahre."

Bekehrungen.
Von Friedrich Münch.

Es ist naturgemäß und recht, daß vom frühen Alter an mit der stets erweiterten Erfahrung und Beobachtung und der durch Uebung geschärften Urtheilskraft unsere Ansicht der Dinge sich mehr und mehr berichtigt, also in Manchem eine andere wird, und daß wir, so lange nur immer die Geisteskraft ungeschwächt bleibt, mit der Berichtigung unserer Vorstellungen gar nicht an das Ende kommen. Unser inneres Wesen ist niemals etwas vollständig Abgeschlossenes, sondern — wie das ganze Weltall — ein stetes Werden.

Doch verlangt man mit Recht von jedem verständigen Menschen, daß er um die Zeit, da er selbstthätig in das Leben eingreift und Urtheile ausspricht, die auf Beachtung Anspruch machen, eine Lebensansicht bei sich ausgebildet habe, welche ihm eine sichere Grundlage giebt, für sein Handeln sowohl als für die Beurtheilung der Dinge. Alles Schwanken in den wesentlichsten Grundsätzen und gar die Belehrungen von einem Aeußersten zum andern machen einen widerlichen Eindruck und stören mit Recht das Vertrauen.

Haben einem Menschen früher Mittel und Gelegenheit zur Ausbildung gefehlt, so mag, wenn er später solche findet, die Umwandlung ein Glück für ihn sein; in den meisten Fällen aber muß man sagen, daß plötzlich Bekehrte entweder vordem eines sträflichen Leichtsinnes sich schuldig gemacht haben, indem sie ernste Fragen vom Anfang allzu leichtsinnig behandelten, oder daß sie mit gleich sträflichem Leichtsinn das gewonnene Bessere gegen Anderes von zweifelhaftem Werthe wegwarfen. Man soll mit der in den besten Jahren des Daseins gewonnenen Lebensansicht auch für dessen Rest aushalten, damit leben und sterben können, ohne daß ein völliger innerer Umsturz nöthig wäre.

Die Beweggründe des Handelns und die letzten Gründe der Ueberzeugung liegen doch in dem Menschen selbst. Freilich wird unser Inneres beständig durch äußere Eindrücke angeregt; aber wie dieselben innerlich aufgenommen werden, das ist die Hauptsache, und darin besteht neben einer gewissen allgemeinen Aehnlichkeit doch eine endlos große Verschiedenheit im Einzelnen; von der Beschaffenheit und Stimmung des Inneren hängt die Wirkung der äußeren Anregung ab. Die weiße Oelfarbe freilich heftet die weiße Farbe auf Alles, was man damit anstreicht, in gleicher Art; so ist es nicht mit den äußeren Eindrücken auf das menschliche Innere. Es ist, auch wo das Innere sich völlig passiv, blos aufnehmend zu verhalten scheint, doch immer ein gewisser Grad von Selbstthätigkeit vorhanden, ohne welchen überhaupt gar keine Einwirkung von außen möglich wäre.

Darum ist auch die Abtheilung in Solche, welche ihre Grundsätze des Handelns und die Gründe ihrer Ueberzeugungen aus sich selbst schöpfen, und in solche Andere, welche sich durch Autorität, Bibelglauben, eingeprägte Kirchenlehren ꝛc. bestimmen lassen, keine genaue. Bei jedem Menschen wirken Aeußeres und Inneres zusammen, nur nicht in gleicher Art; der eine der beiden Faktoren mag stärker, der andere schwächer sein, — immer aber ist unser Denken und Thun das Produkt von beiden. Je größer die innere Selbstthätigkeit ist, desto stärker ist auch das Selbstgefühl und desto größer die innere Klarheit; nach den hierbei stattfindenden Graden bestimmt sich der Unterschied in den zahllosen Stufen der Bildung.

Auch die Millionen, welche jetzt noch das kirchliche Gängelband nicht entbehren können oder entbehren zu können glauben, sind doch nicht absolut Abhängige. Jenes Gängelband entspricht ihrem inneren Zustande und befriedigt sie, weil sie zu einem höheren Grade von Selbstthätigkeit sich noch nicht erhoben haben, weil ein höherer Grad von Klarheit ihnen noch nicht zum Bedürfniß wurde; sie nehmen die fertige Kost, welche dagegen Andere sich selbst zubereiten wollen, obwohl auch dieses Letztere nur theilweise geschieht, — nicht ganz unabhängig von Zeiten und Umständen und zahllosen unberechenbaren Eindrücken. Wir sind im besten Falle nicht Schöpfer, sondern Bildner unserer Lebensansicht, und jedes menschliche Innere hat seine eigenthümliche Bildungsgeschichte, in welcher das Mannigfaltigste zusammenläuft, um das hervorzubringen, was Jeder ist. Erziehung und Lehre und die ganze Umgebung von Umständen und Einflüssen, in die wir die Menschen von Frühem an versetzen, vermögen viel, um ihrer inneren Entwickelung eine gewisse Richtung zu geben, und doch auch wieder nicht Alles. Das innere Agens oder das selbstthätige Prinzip des Einen haben die Andern doch niemals ganz in ihrer Gewalt, und das Resultat der Einwirkung läßt sich nicht mit der Genauigkeit des Mathematikers, des Chemikers, des Mechanikers berechnen; Des Menschen Inneres ist doch keine M a s ch i n e.

Und so unterwerfen wir auch mit vollem Rechte die auffallenden Veränderungen, welche mitunter in dem menschlichen Inneren vorgehen, Belehrungen u. dgl. ihrem Werthe nach unserer Beurtheilung und forschen den Ursachen derselben nach, ohne aber die inneren Vorgänge so anschaulich wie ein Rechnungsexempel machen zu können, oder ohne Alles nach dem gleichen Maßstabe messen zu dürfen.

Der gewöhnliche Gang der Dinge ist bei den Gebildeteren u n s e r e s Volkes in unserer Zeit meistens dieser:

Die Glaubenssätze der einen oder andern Confession wurden uns in der Kindheit eingeprägt; davon thun die Meisten allmälig mehr oder weniger ab und erheben sich zu einem gewissen Grade von Freisinnigkeit oder Rationalismus, so daß der Kirchenglaube zurücktritt und ihr Handeln nicht ferner beeinflußt. Es mag geschehen, daß der Eine bis zum Atheismus (Leugnung einer höchsten bewußten Intelligenz) vorschreitet, der Andere bis zum Pantheismus (die Annahme, daß das All der Dinge das Göttliche ist), oder beim Deismus (Annahme, daß der letzte Grund der Dinge in einer ihrem Wesen nach uns freilich unerforschlichen, höchsten Intelligenz zu suchen sei) stehen bleibt; wir sind, da alle Spekulation über diese so schwierigen Fragen noch zu keiner vollen Klarheit geführt hat, damit zufrieden, daß die eigene Selbstständigkeit gewahrt, d. h. das Denken und Handeln nicht von fremder Autorität, von willkürlichen Satzungen und kirchlichen Machtsprüchen abhängig gemacht wird, sofern zugleich Gesinnung und Handlungen eines so Emanzipirten auf Achtbarkeit Anspruch haben. Wer es anders hält, gehört nach unserem Urtheile zu den Befangenen, und indem uns der Fortschritt von der Befangenheit zur Freiheit als das Richtige erscheint, erkennen wir mit Recht in dem umgekehrten Gange ein Zeichen geistiger Erkrankung.

So erregte es denn nicht geringes Aufsehen, als im Anfange dieses Jahrhunderts mehrere Männer von hohem wissenschaftlichem Rufe (Friedrich Schlegel, Graf Fr. Stolberg, Tiek u. A. m.) in den Schooß der allein selig machenden katholischen Kirche übergingen, und über unsern großen lyrischen Dichter Heinrich Heine, welcher am Ende seiner Jahre in der Bibel seinen Trost suchte und seine gesammte frühere Ueberzeugung, die göttlichen Dinge betreffend, umstieß, urtheilt man nicht mit Unrecht, daß er entweder früher es mit der Betrachtung ernster Dinge viel zu leicht genommen und endlich seinen Irrthum eingesehen habe, oder aber, daß das unsägliche Körperleiden den sonst so starken Geist am Schlusse seiner Tage gebeugt und umnachtet hat, — oder auch, daß Beides zugleich der Fall war.

Anders ist es in der Regel bei den Amerikanern. Sie kennen, ohne schon durch die Geburt einer gewissen Confession anzugehören, im Allgemeinen die Sektenlehren und behaupten denselben gegenüber — meistens ohne genauere Prüfung — eine Art von neutraler Haltung, indem sie jedoch, was schon zum Anstande gehört, den Sonntag heilig halten, den Bibelglauben nicht antasten und an der ihnen, wie es scheint, ganz unentbehrlichen Vorstellung, daß die **Vorsehung** Alles oder doch die Hauptsachen giebt, ordnet, einrichtet und nach Gefallen lenkt, nicht zu rütteln wagen. Sie unterscheiden zwischen gewöhnlichen Vorkommnissen und den Akten der Vorsehung; Manches ist ihnen auch eine quasi Gottesfügung, oder *pretty near a providential dispensation*, natürlich je nachdem die Sache ihren Wünschen entspricht, z. B. die Ermordung Lincolns. Ein tieferes und auf Folgerichtigkeit Anspruch machendes Eingehen in diese Fragen trifft man selten; höchstens wird noch ein Unterschied zwischen *general* und *special providence* gemacht, und entweder nur an die eine oder an beide zugleich geglaubt. — Doch dabei bleibt es selten. Es erfolgt entweder eine gewaltige äußere Anregung (ein sogenanntes *revival*

und bergl.), ober die Bekämpfung einer durch kein anderes Mittel zu bezäh=
menden Leidenschaft scheint es nöthig zu machen, ober aber wird durch bedeu=
tendere Unglücksfälle ober auch durch die Nähe des Todes und den Gedanken
an ein Jenseits, das eine Extra=Vorbereitung erfordert, das Gemüth umge=
stimmt; kurz, meistens findet zu irgend einer Zeit des Lebens, früher ober
später, die „Annahme von Religion" statt, wobei oft der Zufall
entscheidet, ob es Methodismus, Presbyterianismus, Baptismus ober was
sonst ist; doch bedeutet diese Bekehrung von nun an immer Anschluß an eine
kirchliche Sekte und thätige, namentlich auch zahlende Mitgliedschaft. Werden
die Bekehrten nun auch nicht ohne Weiteres zu Heiligen, so tritt doch jetzt eine
gewisse Zähmung an die Stelle der früheren Wildheit, das äußerlich Anstößige
wird gemieden, das Familienleben wird friedlicher, und da man hier in der
Regel nur zwei Klassen von Menschen hat, Rowdies und Religiösgestimmte,
so gewinnt selbst das Publikum durch diese Umwandlung, und jede Umgegend
schätzt sich um so glücklicher, je mehr Bekehrungen darin vorkommen. Der alte
Mensch soll begraben sein, ein ganz neuer auferstehen; die alte Rechnung ist
abgeschlossen, und eine frische beginnt. Diese Wiedergeburt ist (wie die phy=
sische Geburt), wenn nicht etwa ein bloßes Stück von Heuchelei, eine wirkliche
Revolution, deren früherer oder späterer Eintritt zu den Dingen gehört, die
man als etwas Ordnungsmäßiges erwartet. Nicht gar Viele dauern in ihrer
unabhängigen Haltung aus bis ans Ende.

 Der durch sein bedeutendes Talent, seine hohe Bildung und seine Ver=
dienste um die Antisklavereibewegungen in Missouri in weiten Kreisen bekannte
Senator Gratz Brown war bis vor vier Jahren leidenschaftlich dem Trunke
ergeben. Ein Lieblingskind starb ihm, und zugleich mußte die schlimme Leiden=
schaft besiegt werden, wenn darunter nicht die öffentliche Stellung des Mannes
leiden sollte. Er griff zum gewöhnlichen Mittel, schloß sich einer Kirchenge=
meinde an, und scheint darin so volle Befriedigung gefunden zu haben, daß er
allen weltlichen Bestrebungen entsagt hat und die Senatorstelle von Missouri
einem Andern überläßt. Er ist fromm geworden und für die Oeffentlichkeit
künftig nicht mehr da.

 In einem englischen Blatte finde ich, daß auch der ebenso bekannte Se=
nator Wilson von Massachusetts bei einem neulichen revival meeting zu
Natik bekehrt wurde, und, zum Reden aufgefordert, sich aussprach wie folgt:
„Ich schulde es mir selbst, meinen Freunden und der Sache des Erlösers, einige
Worte auszusprechen, obwohl mit Widerstreben. Seit mehr als dreißig Jahren
habe ich an dieser Stelle an dem Gottesdienste theilgenommen und mehr als
hundert Predigten angehört; ich war überzeugt von der Wahrheit der vorgetra=
genen Lehren, und habe keine Entschuldigung dafür, daß ich kein thätiges Mit=
glied der Gemeinde wurde, obwohl ich nie eigentlich ein Ungläubiger war. Oft
von Freunden zur Bekehrung gemahnt, habe ich doch länger als fünfzig Jahre
Gott verleugnet und den Trost nicht gekannt, welchen er allein geben kann.
Doch den Frieden habe ich endlich gefunden und gäbe meine jetzigen Hoffnungen

auch nicht für die höchsten Ehren der Erde hin. Alles was ich habe und bin, opfere ich meinem Herrn und Meister; denn sündhaft und verwerflich wie wir es Alle sind, finde ich endlich Erbarmen und Rettung am Fuße des Kreuzes."

Wir haben nicht den geringsten Grund zum Zweifel, daß diese Erklärung eine ernste und aufrichtige sei; unsere Menschenkenntniß aber würde eine unvollständige bleiben, wollten wir solche Vorgänge unbeachtet lassen. Wie viel Unabgeklärtes und wirklich Krankhaftes ist noch in dem menschlichen Treiben, wenn solche Belehrungen zu den Dingen gehören, die man ganz natürlich findet! Kann man wirklich fünfzig Jahre lang „Gott verleugnen" und doch treu seine Menschenpflichten erfüllen? Oder, wenn man das Letztere gethan hat, war nicht gerade das der ehrlichste und werthvollste Gottesdienst, und kann man nicht mit solchem Bewußtsein getrost aus dieser Welt scheiden? — Allerdings befriedigt die Hingebung an die Lockungen der Sinnenlust, der Geldbegierde und des Ehrgeizes nicht dauernd, und weil das ethische Element im Menschen nicht auszutilgen ist, rächt sich die Uebertreibung zu irgend einer Zeit; unnatürlich ist es aber, durch einen ganzen Theil des hingebrachten Lebens einen Strich machen zu müssen, und so hängt allen Belehrungen — gleichsam inneren Ausbrüchen und Erdstürzen — sammt den ihnen folgenden frommen Ergießungen etwas Widerliches an. Wie ein geregelter Strom fließe das Leben hin; die Katarakte sind in der Natur schöner als wenn sie im menschlichen Innern vorkommen. Mache dein menschliches Wesen und deine menschlichen Aufgaben frühe genug dir selbst klar, und lerne Maß halten in allen Dingen, dann werden geistige Luftsprünge niemals nöthig sein.

Marie.

Novelle von Kathinka S.

> Du hast mir ja Gift gegossen
> Ins blühende Leben hinein.
>
> Heine.

„Liebe Emma, laß mich in Ruh' mit Deinen unerträglichen Bemerkungen über die Gefährlichkeit Deines Vetters, den ich weder kennen lernen mag noch will! Weißt Du, was man von ihm erzählt, weißt Du, daß — —"

„Daß — das Alles wahr sein mag, und daß er dennoch meiner eifrigen Freundin, die in moralischer Entrüstung den Stab über ihn bricht, höchst gefährlich sein würde, und wenn sie ihn kennte, ich nicht mehr für das Gleichgewicht ihres Herzens und ihres Köpfchens einstehen möchte."

„Emma!"

„Ja, Marie — trotz Deiner aufgeworfenen Lippen, trotz Deiner schulmeisterlichen Verachtung voll Rüge und Strenge, bleibe ich doch bei meiner Behauptung, daß Max ganz und gar von der Natur dazu geschaffen ist, durch seine liebenswürdigen und unliebenswürdigen Talente Dich, Marie Sturbheim, zur tollsten Leidenschaft zu entflammen! Dein leicht erregbarer Enthusiasmus, Dein Witz, Dein nach Originalität und Excentricität haschender Geist — kurz Dein lebhafter Charakter, Dein ganzes „Ich" würde sympathetisch von ihm angezogen werden! Du besitzest freilich ein ungeheures Uebergewicht über ihn dadurch, daß Du Charakter hast und er nicht. Aber Du würdest selbst davon absehen, — Du würdest, so wie ich Dich kenne, ihn ohne Ueberlegung ohne Grenzen lieben lernen, — und weil ich dies fürchte, deshalb billige ich Deinen Entschluß, n i c h t zu der Gesellschaft seiner Mutter zu gehen. — Wozu die Gefahr suchen?"

Ein lächelndes Kopfschütteln, ein verächtliches Achselzucken war die einzige Antwort auf meine Prophezeihung; — ein graciöses Kußhändchen, und Marie, meine schöne Freundin mit der leichtbeschwingten Seele — war fortgeflogen wie ein Schmetterling, an den sie mich stets erinnerte.

Der Abend kam, und mit ihm die Gäste meiner Tante. Der Zufall brachte mich in die Nähe meines Cousins, der aufs Eifrigste bemüht war, einer koketten Wittwe den Hof zu machen. Doch plötzlich unterbrach er sich im lebhaftesten Gespräch, und die Augen nach der Thür gerichtet, der ich den Rücken kehrte, entschlüpfte ein bewunderndes „Ah! wer ist die Hebe?" seinen Lippen. Beinahe hätte ich seinen Ausruf der Bewunderung wiederholt; denn als ich mich umwandte, erblickte ich Marie so schön und anmuthig, wie ich sie noch nie gesehen hatte. Ein weißes Kleid ohne allen Schmuck, eine dunkle Rose an der Brust und eine andere im Haar, das bildete die Toilette, die ganz besonders geeignet war, den eigenthümlichen Typus ihrer Schönheit zu heben. Die Erscheinung Mariens an jenem für sie so verhängnißvollen Abende schwebt meiner Seele mit solcher Lebendigkeit vor, daß ich sie kurz zu schildern nicht unterlassen kann.

Marie war groß — ihre Figur unaussprechlich reizend, voll Elasticität wie ihr Wesen. Ich habe höchst selten eine solche Figur, solche Formen gesehen; nicht daß sie gerade ganz vollkommen gewesen wären und von einer bestimmten geregelten Schönheit; — ihr Reiz lag in ihrer Ueppigkeit, in ihrer Harmonie und in dem zarten Hauch des „ächt Jungfräulichen", der über jede ihrer Bewegungen gebreitet lag. Ihr klassischer Kopf mit dem reichen dunklen Haar, den Augen, die so schwärmerisch mild und feurig leuchteten, hatte noch eine Eigenthümlichkeit, die bei den meisten Menschen geradezu häßlich ist, hier aber zur Schönheit wurde, nämlich eine korallenfarbene herunterhängende Unterlippe. Diese Unterlippe, wie reizend schmollend formte sie sich, wenn irgend Etwas Mariens Unzufriedenheit hervorrief! so reizend, daß man immer versucht war, Marie zu ärgern und dann sich ihr ganz und ohne Rückhalt zu ergeben, denn sie war unwiderstehlich wenn sie schmollte. Sie wußte das auch, wie sie überhaupt wußte, daß sie schön sei. Sie gestand das mit einer so allerliebsten Naivetät ein, daß sie durchaus nichts in den Augen ihrer Freunde dadurch verlor.

Als sie an jenem Abend so dastand in der Mitte ihrer Bewunderer und mit ihrer selbstbewußten Schönheit so stolz und imponirend die Gesellschaft überblickte — mußte ich zum zweiten Male meinem Vetter Recht geben, dem ich stets aus Prinzip, weil Niemand sonst es that, widersprach, — als er mir zuflüsterte: „Nein! nein, nicht Hebe! Das ist eine Juno, jeder Zoll eine Königin — Alles an ihr, von der gebietenden Stirn bis zu den stolz aufgeworfenen Lippen! Stelle mich ihr vor", fügte er bittend hinzu. „Nein, ich habe keine Lust dazu!" war meine verdrießliche Antwort, die sicher der strengen Kritik meines anmaßenden Vetters nicht entgangen sein würde, wenn nicht sein Geist so ganz mit meiner schönen Freundin beschäftigt gewesen wäre!

Ich war zum ersten Male im Leben unzufrieden, Marie zu sehen — hier zu sehen, denn ich fühlte mit ahnungsvoller Bestimmtheit, welche traurige Folgen diese ihre Inconsequenz, allen Vorsätzen zum Trotz dennoch im Salon meiner Tante zu erscheinen, nach sich ziehen würde. Mein Cousin hatte sich nach meiner abschlägigen Antwort direct an seine Mutter gewandt und wurde durch sie Marien vorgestellt. Ich saß da, Beide still beobachtend. Mariens Züge wurden nicht von dem süßen Lächeln, das ihr sonst gewöhnlich zu Gebote stand, verklärt, als der junge elegante Mann die Conversation mit ihr begann; — aber ich kannte meine Freundin zu gut, um nicht zu bemerken, daß eine gewisse Neugierde, eine schärfere Beobachtung, ein Gespanntsein, kurz ein Interesse, wenn auch ein antipathisches, ihre Seele beschäftigte. Nach kurzer Unterhaltung brach Marie dieselbe ab, flog zu mir und flüsterte: „Du lieber Gott! wie hab ich mich in D e m getäuscht! Das ist ja ein ganz gewöhnlicher Mensch, nicht werth, hierher gekommen zu sein!"

„Warum kamst Du denn überhaupt?"

„Weil ich von der entsetzlichsten Neugierde geplagt wurde, dieses Curiosum, von dessen Unwiderstehlichkeit und losen Principien alle Welt faselt, zu sehen, aber ganz besonders, weil ich Dir, meiner irrenden Minerva, beweisen wollte, daß D e r mein Herz nicht schneller schlagen macht!"

So hatte also meine Vorsichtsmaßregel gerade den entgegengesetzten Erfolg von dem gehabt, was ich bezweckte; ich ergab mich in mein Schicksal, da ich einsah, es helfe nichts, die Vorsehung spielen zu wollen! Aber b e r u h i g e n konnte ich mich um so weniger, als ich schon nach kurzer Zeit gewahrte, daß Mariens Urtheil wohl ein anderes sein möchte, als vorher. Und konnte ich es dem enthusiastischen, für jedes edle Gefühl glühenden Mädchen übel nehmen, daß es mit feuchtem Auge auf Den blickte, der da stand wie ein „Vasall des Schönen" — ein Gedicht, die Lilie, declamirend mit anscheinend so viel tiefem Gefühl, so hinreißender Modulation der Stimme, so edler und wohl angebrachter Begeisterung? Konnte ich ihr deshalb zürnen, während ich selbst, wissend, daß all' dieser Aufwand der erhabensten geistigen Kräfte doch nur ein erborgter, ein erlogener war, meine Seele weich und traurig und erzürnt werden fühlte, je nach dem Inhalt des Gedichts?

Jahre sind seit jenem Abend verflossen — Jahre, in denen ich viel gehört, viel gesehen, viel erfahren habe, und trotz alledem habe ich nirgend in der Welt irgend welchen Vortrag gehört, der jenem an Vortrefflichkeit und an seelenvoller Schönheit auch nur im Geringsten ähnlich gewesen wäre!

Ich höre noch den vollen, melodischen, glücklichen Klang der Stimme, als er vom geheimnißvoll ruhigen, träumerischen Blumenleben der Lilie sprach, ehe der wilde See mit seinen stürmischen Küssen um ihre Liebe gebuhlt! Und als die Lilie zum Bewußtsein dieser Liebe gekommen, wurde Maxens Vortrag durchglüht von der Leidenschaft, dann wieder ängstlich, hoffend, vertrauend, hingebend, — und endlich, als der sturmbewegte See die Lilie zum Opfer gefordert und sie geknickt hatte, war sein Ton wild, entrüstet und drohend, um endlich den herzzerreißendsten Klagen voll tiefer Wehmuth zu weichen.

Als er geendet, waren alle Hörer zu tief ergriffen, um sich in Lobpreisungen ergießen zu können. Eine lautlose Stille folgte — und diese Stille ist wohl jeder ächten Künstlernatur der höchste und vollkommenste Tribut für ihre Leistungen. Nicht so bei meinem Cousin. Er selbst fing bald in der lustigsten Weise über seine Declamation zu spotten an und geißelte ganz unbarmherzig den sentimentalen Inhalt, den überschwänglichen Vortrag und die eminente Empfänglichkeit des Auditoriums. Auf Marien hatte er entschieden den tiefsten Eindruck gemacht — ihre weiche Seele war von den sonderbarsten Empfindungen durchbebt — sie blickte ihn mit ganz anderen Gefühlen an als früher — mit Bewunderung, Freude und der Ueberzeugung, daß er ein jedenfalls viel besserer, oder richtiger gesagt, interessanterer Mann war, als sie erst gedacht.

Wie ich gefürchtet hatte, kam es. Ehe drei Wochen vergingen, war Marie, die stolze Marie, um deren Liebe viele junge, würdige Männer umsonst geworben hatten, von tiefster, unbegrenztester Leidenschaft für Max entbrannt; für diesen Pariser Roué, diesen grundsatzlosen Menschen, dessen früheres Leben ein so zweideutiges gewesen war, daß unsere ganze kleine Stadt die unerhörtesten Geschichten darüber erzählte und beinahe jeder Mensch verächtlich die Schultern zuckte, wenn von ihm die Rede war. Und dennoch mied ihn eigentlich Niemand, denn er wußte sich so ungemein liebenswürdig zu machen, wußte so geschickt die Schwächen seiner Zuhörer zu entdecken und ihnen auf so feine Weise zu schmeicheln, daß man allgemein dem Urtheil eines pedantischen alten Junggesellen beistimmte: „Ein nichtsnutziges Subject, aber — ein charmanter Kerl, der Max."

Doch wir wollen vorerst ein Bild dieses Sujets geben. Max war klein, aber hübsch gebaut — häßlich, aber elegant. Es lag eine Vornehmheit in seinem Wesen, seiner Sprache, seinen Bewegungen, die wirklich gewinnend war, da sie anscheinend alle Arroganz ausschloß. Man konnte sich keine vollkommenere Tournüre, keine feineren Manieren, mit solcher graciösen Leichtigkeit verbunden, denken, als sie ihm eigen waren. Und weil er das Alles schon als Kind besaß, wurde er durch diese vielleicht sonst unbedeutenden Vorzüge der Liebling der Damenwelt, und als er heranwuchs, ihr größter Tyrann. Ich habe oft genug verwundert drein geschaut, wenn er mit beißender Ironie die Schwächen der jungen, ihn vergötternden Damen geißelte, die durchaus an keinen Tadel und keine Impertinenz gewöhnt waren, und bald ihre äußere Erscheinung, bald ihr Wesen, dann wieder ihre Kleidung, oder ihr Lachen, oder irgend sonst etwas, was ihn durchaus nichts anging, tadelte, und nicht allein keinen Verweis, sondern noch eine gesteigerte Bewunderung davontrug.

Seine Impertinenz und seine Eingebildetheit wuchs natürlich mit diesen Erfahrungen, und ehe er zwanzig Jahre alt geworden, war er was die große Welt blasó nennt, im vollkommensten Umfang. Wie er der Begünstigte aller Damen geworden, so war er auch der einer in jeder Beziehung vortrefflichen Mutter, die nur in Bezug auf ihn wie mit der Blindheit der Liebe geschlagen war. Sie betete den Jungen an, der in seiner Verschmitztheit sein Möglichstes that, sie zu überzeugen, daß des Vaters Strenge gegen ihn und seine Nichtsnutzigkeiten die schreiendste Ungerechtigkeit sei, und der sich und der Idee seiner Unfehlbarkeit im Herzen seiner Mutter den sichersten Schutzhafen gegen alle Angriffe seines Vaters und seiner Lehrer baute. So wurde er im ewigen Kampf mit der Erziehungsmethode seines Vaters oder irgend einer anderen in der Welt ganz und gar der Taugenichts, zu dem seine bösen Anlagen, sein Talent und die Nachsicht seiner Mutter ihm Gelegenheit, sich heranzubilden, gegeben hatten. Sein Talent, sagte ich — denn das hatte er so eminent, daß man doppelt bedauerte, ihn auf so ungeregelten Wegen irren zu sehen. — Ja, ja! welcher Taugenichts wäre überhaupt wohl ohne Talent? Es ist ein unauflösbares psychologisches Problem für mich, daß gerade diejenigen Menschen, deren Geist oft so außerordentlich kräftig und frei entwickelt ist, nicht vermögen, ihre thierischen Leidenschaften zu kontrolliren, und daß ihr Geist, statt sie dem Göttlichen näher zu bringen, wie im Halbschlaf es ruhig erträgt, daß seine Hülle sich im Schlamme der Gemeinheit wälzt.

Max gerieth auch noch in leichtsinnige Gesellschaft, durchschwärmte die Nächte, spielte und machte Schulden, die sein Vater zu decken hatte. Natürlich kam es zu Scenen zwischen Beiden, die zur vollsten Entfremdung zwischen ihnen führten. Aber jetzt mußte auch die Mutter für ihre traurige Nachsicht büßen und unter Schmerzen, die von bitterer Reue erzeugt waren, erkennen, daß ihr Sohn eine grenzenlos verkehrte Erziehung genossen habe. Aber was half das jetzt? — jetzt, wo er in der fürchterlichsten Aufregung zur Mutter gekommen war, und hier zum ersten Mal aus Scham über seine bevorstehende Entehrung Drohungen gegen sein Leben ausstieß? Die arme Mutter, zerquält von Selbstvorwürfen, fast zu Tode geängstigt von der entsetzlichen Aufregung ihres Lieblings, lag vor ihm auf den Knieen und beschwor ihn, sich zu beruhigen — sie wolle ihn retten, ihm helfen. Und sie that es — aber wie, das weiß man nicht. Man weiß nur, daß des ehrwürdigen Vaters Haupt merkwürdig schnell ergraute, daß seine Gestalt, die gebietende, edle, sich krümmte wie unter schwerer Last, und daß nach kurzer Zeit, als Max plötzlich ohne Wissen irgend eines anderen Menschen verschwunden war, ein unerwarteter Bankerott den früher wohlhabenden Mann ruinirte. Von jener Zeit an schlich sich der Alte nach wie vor nach seinem Bureau, um seinen Pflichten als Beamter nachzukommen; aber nicht lange mehr ertrug er das Leben, ein geheimes Leid untergrub seine Gesundheit, und nach wenigen Monaten trug man seine Leiche zu Grabe.

Max tauchte in Paris wieder auf und führte hier das Leben eines Literaten. Nachdem er alle Hülfsquellen seiner Eltern erschöpft hatte, begriff er endlich die Nothwendigkeit, eigene zu ersinnen, und es gelang ihm, wie ihm denn überhaupt Alles gelang, was er ernstlich angriff. Seine Correspondenzen für viele der angesehensten deutschen Zeitungen wurden sehr bald gesucht, weil sie ebenso pikant wie geistreich waren. Sie sicherten auch in pekuniärer Beziehung seine Lebensstellung. Hier in Paris nun bereicherte er seine Menschenkenntniß, wie er in einem Schreiben an seine Mutter versicherte. Menschenkenntniß errang er allerdings; aber wo suchte er sie? In höchst zweifelhafter Gesellschaft, im Umgang mit der Demi-monde, mit Akteurs und Aventuriers, lockeren Offizieren und grundsatzlosen Studenten; kurz, in einer Gesellschaft, wo man Alles, Geist, Witz, Amusement und Genuß, nur keinen Charakter fand. Hier fühlte sich mein leichtsinniger Cousin wohl und befriedigt und dachte an keine andere Aufgabe des Lebens, als zu genießen; genießen mit Aufopferung seines besseren Selbst, seines Geldes und seiner Gesundheit. Uebrigens hatten ihn seine gesellschaftlichen Talente auch in besseren Kreisen, wo er sich einzuführen gewußt hatte, sehr gesucht gemacht. Er erlangte nicht allein Zutritt in vielen aristokratischen Häusern, die ihm wohl kaum zugänglich gewesen wären wenn man sein zweideutiges Leben gekannt hätte, sondern sah sich selbst hier in seiner Eigenliebe und Selbstüberschätzung durch die Aufmerksamkeit geschmeichelt, welche man ihm erwies.

Im Hause des preußischen Gesandten machte er die Bekanntschaft einer interessanten Frau, der Baronesse v. O... In einem Schreiben an seine Mutter schilderte er den Eindruck, den sie auf ihn gemacht hatte, wie folgt: „Ja, Mutter, es war ein wunderbar schönes, berauschendes Fest. Die magische Beleuchtung, die Dekorationen, die Blumenguirlanden der herrlichen Räume, die Musik, kurz das tout ensemble war so entzückend, so märchenhaft schön, daß ich in einen der lieblichsten Träume mich versenkt glaubte. Aber auch die Schönheit kann langweilig werden, und nachdem ich viel bewundert, viel gestaunt hatte, fing ich hinter meinem Taschentuche recht arg zu gähnen an. Doch vor Erstaunen wäre ich bald angesichts der besternten Herren und diamantenbesäeten Damen offenen Mundes stehen geblieben, als ich das herrlichste Bild einer Frau in der Thür des Tanzsaales erblickte. Groß, gebietend, mit brennenden Augensternen, die alle Diamanten im Saal glanzlos erscheinen ließen, stand das königliche Weib da, das blasse Antlitz mit der stolzen römischen Nase von langen Locken, schwarz wie die Nacht, umrahmt. Um ihren Mund spielte ein halb kokettes, halb verächtliches Lächeln, das zu sagen schien: Ich fordere Euch Alle in dem Saal auf, Euch mit mir an Reiz zu messen, trotzdem die Jugend mir schon die letzten Abschiedsgrüße geboten hat. Und wahrlich, sie konnte den Kampf wagen; solch ein bezauberndes Gemisch von engel- und teufelhafter Schönheit existirt sicher nicht ein zweites Mal auf Erden. Jede ihrer Bewegungen war voll Grazie, jedes Lächeln voll verführerischen Reizes. Ihre Liebe muß Himmelsseligkeit gewähren, ihr Haß — doch wie ein katholischer Pfaff möchte ich mich durch Bekreuzen schützen — ihren Haß wagte ich nicht herauszufordern. Und dieses Weib, dieses verkörperte Ideal meiner kühnsten Phantasieen, sprach gut — ein Talent, das wenige Frauen besitzen, so gut, daß meine Bewunderung und mein Erstaunen immer größer wurden. Und von dieser Frau hatte sich der Major v. G... scheiden lassen. Wie war das nur möglich? Von dieser Frau, für deren Lächeln ich die ganze Welt in die Schranken fordern würde!"

Doch wir wollen dem Enthusiasten nicht weiter folgen und nur erzählen, daß man bald allerlei über die Bekanntschaft dieser Beiden munkelte. Caroline von G... war allerdings schön, sogar s e h r schön, aber 10 Jahre älter als Max, und von ihrem Manne geschieden, weil er nicht sich selbst, sondern eine Persönlichkeit aus den höchsten Kreisen in ihrer Gunst glaubte — kurz, Carolinens Ruf hatte gelitten. Kein Wunder, daß ihr vielliebendes Herz sich endlich mit der ganzen verzweifelten Heftigkeit der letzten Leidenschaft an Max hing, den sie anbetete. Und er erwiederte diese tolle Leidenschaft, und unbekümmert um Gott und die Welt formirte sich ein Verhältniß daraus, das seiner alten Mutter beinahe das Herz brach, als sie davon hörte. Während dreier Jahre beschwor sie ihren Sohn beständig, der G... gesetzlich seinen Namen zu geben — umsonst. Dann reis'te sie selbst hinüber, um ihren persönlichen Einfluß geltend zu machen, gewahrte aber zu ihrem Entsetzen, daß Max seiner „platonischen Freundin" unendlich müde war, ihre Liebkosungen mit Beleidigungen der gröbsten Art erwiderte und eben in Begriff stand, à tout prix mit ihr zu brechen. Alle Versuche meiner Tante, trotz ihrer im weiblichen Zartgefühl begründeten Abneigung gegen dieses schöne, aber tadelnswerthe Weib einen Bund herzustellen, der Beide gewissermaßen in den Augen der Welt rechtfertigen sollte, waren vergebens. Die sich zwischen Beiden stets wiederholenden Scenen voll Leidenschaft und Rohheit erfüllten sie endlich mit einem so tiefen moralischen Widerwillen, mit solchem Abscheu und gerechten Zorn gegen ihren Sohn, daß sie Paris verließ und in der traurigsten Stimmung von der Welt wieder zu Hause ankam. Der Wurm geheimer Vorwürfe nagte an ihrer Gesundheit und warf sie endlich aufs Krankenbett. Max, der sich wirklich von dem stolzen, ihn bis zum Exceß liebenden Weibe trotz ihrer Versuche, ihn wieder vermittelst aller möglichen Zauberkünste in die alten Bande zu schlagen, losgerissen hatte, kam nach seiner Heimath, um die kranke Mutter zu sehen und ihr ein Lebenselixir in dem Versprechen zu bringen, sich zu bessern. Denn trotz seines bodenlosen Leichtsinnes, seiner moralischen Versumpfung, war er, wie die meisten solchen

Menschen, unbegrenzt gutmüthig und leicht gerührt, wenn seine Leidenschaften eben nicht ins Spiel kamen. Das Bewußtsein, die Ursache der Krankheit seiner Mutter, des einzigen Wesens, für das er je etwas wie Liebe oder Anhänglichkeit gefühlt hatte, zu sein, bewog ihn, Alles in seinen Kräften Liegende aufzubieten, um sein Unrecht zu sühnen. Und sie — die arme Mutter, glaubte wieder an ihren Liebling, hoffte auf die Erfüllung seiner Vorsätze und genas.

Nach wenigen Wochen sah sie wieder Gesellschaft bei sich, und da war es, daß Max Marie zuerst erblickte, sie bewunderte und auszeichnete.

Am folgenden Morgen kam er zu mir; ich wußte, warum, denn sonst suchte er selten meine Nähe, da er mich, die allein den Muth hatte, diesen überall vergötterten Salonhelden unausstehlich zu finden und ihm das kühn zu sagen, natürlich mied.

„Emma! Deine Freundin ist reizend!"

„Wohl möglich! — Gehst Du heute Abend zur Oper?"

„Um Gottes willen, schweig gegen mich von der Oper — sie widert mich an! — Sie ist so entzückend, so unendlich anmuthig!"

„Was? die Oper?"

Ein ungeduldiges Stampfen des Fußes war seine einzige Antwort.

Nach einer Weile begann er von Neuem: „Dieses Mädchen mit ihrer unübertrefflichen Grazie würde die Zierde der besten Pariser Zirkel sein!"

„Eine größere Zierde als eine gewisse Baronin von G..., über welche man hier häufig redet?"

Eine fliegende Röthe, ein ungewohnter Gast auf der Stirn meines Cousins, erschien momentan auf derselben; er preßte die Lippen fester aufeinander als gewöhnlich, ehe er antwortete.

„Ich werde gehen, wenn Du mich zu beleidigen beabsichtigst!"

„Das wäre mir ganz gleichgültig" — war meine kühle Antwort.

Er ging aber doch nicht, sondern meine beleidigende Bemerkung ignorirend, fuhr er nach kurzem Schweigen fort:

„Emma, ich habe Dich stets geachtet" — — —

„Bitte, verschone mich mit irgend welcher Consideration" — unterbrach ich ihn.

„Ich achte Dich," fuhr er unbehindert fort, „weil Du mehr Muth und mehr Wahrheitsliebe als die meisten Frauen hast; — sag' mir, ich bitte Dich, sag' mir, ob Mariens Herz noch frei. Denn, beim Teufel! sie soll und wird die Meine werden, und sollte ich sie der Hölle abgewinnen müssen. Hörst Du es, Emma?"

„Allerdings höre ich — Deine entsetzliche Suade macht mich stumm! Laß Deine rhetorischen Uebungen; der Gegenstand derselben würde sich durchaus nicht von ihnen geschmeichelt fühlen."

„Und warum nicht?"

„Weil sie noch gestern in ziemlich geringschätzender Sprache von Dir redete und —"

„Heute wird sie schon anderer Ansicht sein."

— „Und überhaupt ein Mädchen von zu vielem Charakter für Dich ist!"

„Desto besser! Dergleichen liebe ich eben bei einer Frau."

„Aber sie liebt nicht den Mangel an dergleichen am Manne!"

„Weißt Du, meine holde Cousine, daß ich Lust verspüre, Dir zu beweisen, daß ich Charakter genug habe, Dich für Deine Redensarten verantwortlich zu machen?"

„Und wie, mon cher — und wofür? Etwa für mein Lob Mariens, daß sie so vernünftig ist, keinen Mann ohne Charakter lieben zu können? Ist es vielleicht in der Pariser Welt ein Unrecht, seine Freunde zu loben?"

„Es ist dort, wie hier, ein Unrecht, seine böse Zunge nicht zügeln zu können!"

„Deshalb hast Du mit Deiner geschmeidigen Zunge wohl so unerhörtes Glück gemacht?"

Wohin uns unsere gegenseitige Offenheit noch geführt haben würde, weiß ich nicht, wenn nicht eben die eigentliche Ursache unseres Wortkampfes in's Zimmer getreten wäre. Marie erröthete leicht, als sie meinen Gast gewahrte, und wandte sich dann mit einer selbst bei ihr ungewohnten Lebhaftigkeit an mich mit der Bitte, mit ihr am Abend die Oper besuchen zu wollen. Ich willigte gern ein und fügte hinzu, daß mir Meyerbeer'sche Musik nie zuwider sei. Sie blickte mich und dann ihn fragend an und Max erklärte ihr, daß ihn selbst die beste Musik nur dann interessire, wenn seine Seele, seine Gedanken und sein Herz nicht so ausschließlich wie eben jetzt von einem einzigen Gegenstande ausgefüllt seien, was er mir eben kurz vor ihrer Ankunft mitgetheilt habe. —

„Und was ist es denn, was Ihre ganze Gedanken- und Gefühlswelt augenblicklich so beschäftigt?" fragte Marie unbedacht, und fügte, als Max sie mit einem brennenden, bewundernden Blick ansah, für den ich ihn hätte geißeln mögen, hinzu:

„Wie indiscret ich bin! Geben Sie mir zur Strafe keine Antwort auf meine Frage."

„Wie Sie befehlen, mein Fräulein," erwiderte Max mit einer tiefen Verbeugung und führte dann das Gespräch auf „Robert den Teufel" zurück. Er entwickelte nun eine so höchst interessante Gabe der Beschreibung desjenigen, was er in Paris gesehen und gehört, ein so scharfes und richtiges Urtheil über Musik, Theater und Kunst, schilderte mit so vielem Feuer das Auftreten berühmter Künstler, ihre Vorzüge und ihre Schwächen, und würzte seine Rede mit so amüsanten Anekdoten, daß wir ihm mit dem größten Vergnügen lauschten.

Die erste Person, die ich am Abend in einer der unseren gerade gegenüber liegenden Loge erblickte, war Max, und die erste Pause führte ihn zu uns. Er lehnte sich über Mariens Stuhl, und da ich mit einem anderen Bekannten redete, so hatte er Zeit, ihr die feinsten Complimente zu sagen, was er so meisterhaft verstand. Als sich endlich mein Besuch entfernte, weil sich der Vorhang zum zweiten Akte hob, waren Marie und Max in der lebhaftesten Conversation begriffen und bemerkten Beide nichts von dem, was auf der Bühne vorging. Mariens Wangen waren leicht geröthet, ihr Auge strahlte von Vergnügen, und sie war trotz ihres Vorsatzes, Max zu meiden, ihm gegenüber schon wieder in ihren alten Fehler gefallen — mit ihm zu coquettiren. Es thut mir leid, es sagen zu müssen — Marie war coquett. Sie war es ihrer selbst unbewußt geworden; da sie so viele Beweise ihrer Macht über die Herzen der Männer erhalten hatte, so lernte sie weder diese mühelosen Errungenschaften achten, noch sie schonen, und tändelte oft mit ihnen bis zur absoluten Grausamkeit. Wie schon früher, so warnte ich sie auch jetzt und flüsterte ihr zu: „Das Feuer, mit dem Du zu spielen glaubst, wird Dich verzehren." Ein leichter Schlag mit dem Fächer und ein lächelndes Kopfschütteln war ihre einzige Antwort, nach welcher sie sich schnell wieder meinem Cousin zuwandte und mit ihm plauderte und scherzte. Für mich und die Vorgänge im Theater existirten Beide an jenem Abende nicht mehr. Max begleitete uns natürlich heim und erbat sich von der Oberstin S., Mariens Mutter, die mit uns im Theater gewesen war, die Erlaubniß, sie zu besuchen.

Von nun an sahen sich die Beiden täglich, bald in Mariens, bald in Maxens Wohnung, bald bei mir. Während weniger Wochen sah ich in Beiden eine Leidenschaft emporlodern, wie sie deren fähig waren — bei ihm eine wilde, ungezügelte, egoistisch begehrende — bei ihr eine ihre ganze Seele erfüllende, beglückende, reine, hingebende, voll der edelsten, selbstaufopferungsfähigsten Liebe.

Noch einmal versuchte ich, Marie von dem gefährlichen Pfade zurückzuhalten, den sie betreten — aber sie wollte die Abgründe, zu denen er führte, nicht sehen; sie sah nichts als die blühenden, duftigen Rosen, die jene überdeckten. Sie sah nichts mehr, als das, was Max ihr zu sehen vorschrieb; glaubte nichts von seinen Fehlern, von seiner Vergangenheit, als was er ihr davon für wahr zu halten erlaubte. Sie liebte mit der unendlichen Innigkeit, deren ihr reiches Herz fähig war, und alle Hindernisse, alle Zweifel ihrer Verwandten und ihres Vormundes überwindend, wurde sie Maxens Braut.

* * *

Max kam, mich davon zu unterrichten.

„Was sagst Du nun, Cousinchen, zu meinen Erfolgen, an denen Du doch so vermessen zu zweifeln wagtest?"

„Daß ich Marie bedauere!"

„Weshalb? — Bin ich denn ein solches Monstrum in Deinen Augen?"

„Ich bin überzeugt, sie wird unglücklich durch Dich. Du weißt nicht ihr edles, weiches und zartes Gemüth zu würdigen, sondern nur ihre Schönheit, ihren Witz und ihre anderen glänzenden Aeußerlichkeiten."

Max trat mir näher, blickte mir tief in's Auge und reichte mir mit den Worten die Hand:

„Emma! Du warst nie meine Freundin, aber ich achte Dich und deshalb will ich Dich jetzt einen Blick in mein Inneres werfen lassen. Ich führte ein wildes Leben, ich setzte alle Grundsätze bei Seite, ich that Unrecht, weil ich zu faul war, um recht zu thun, aber ich achtete dennoch die Tugend. Marie ist das einzige Wesen, das sie mich lieben lehren kann, und sie soll mich emporziehen aus dem Schlamm meiner Vergangenheit. Und dafür will ich sie heilig halten und ehren und, so helfe mir Gott! beglücken, wenn ich es vermag."

Er sprach's und war verschwunden.

Es dauerte lange Zeit ehe ich mich von meinem Erstaunen zu erholen vermochte. War das mein unverbesserlicher Vetter? die volle, von Gefühl durchglühte, immer weicher werdende Stimme, die vom Herzen kam und zum Herzen ging, die seine? Waren das seine Worte?

Ich glaubte seit jener Stunde an die Allmacht der Liebe.

***

Nach einem Jahre holte Max seine Marie. Ich sah sie zuletzt im vollen, reizenden Schmuck einer Braut, als sie das ewig bindende Wort aussprach und im beseligenden Gefühl der Erfüllung aller ihrer Wünsche so glücklich und vertrauend zu ihrem jungen Gatten aufschaute, daß auch nicht das glänzendste Phantasiebild eines Malers ihr an Schönheit gleich kommen konnte. Ich wünschte ihr Glück und schied dann für lange Jahre von ihr, in denen ich sehr wenig von ihr hörte.

***

Das Leben brachte mir manche harte Erfahrung, aber auch endlich den süßen Frieden eines ungetrübten Familienglücks. Freilich war meine Jugend längst gestorben, ehe ich die Süßigkeit des Lebens zu kosten anfing, aber lange Entbehrung hatte mich doppelt empfänglich dafür gemacht. Eines Abends, als ich allein in meinem Zimmer war und die Bilder der Vergangenheit und der Gegenwart besonders lebhaft an meiner Seele vorüberzogen, wurde ich durch das Eintreten eines Dieners in meinen Betrachtungen gestört. Er brachte mir eine Karte mit der Meldung, daß ihre Eigenthümerin im Empfangzimmer warte. Ich warf einen in Folge der Unterbrechung meiner angenehmen Träumereien verdrießlichen Blick auf den Namen. Herr Gott! nein, das ist unmöglich! rief ich aufspringend aus; und doch, weshalb sollte es nicht sein? Da steht es ja deutlich, Frau Legationsräthin Lauer. In der freudigsten Aufregung fliege ich zum Empfangszimmer, um meine Jugendfreundin Marie zu umarmen. Aber in der Thür blieb ich wie festgebannt stehen, ein ungeheurer Schmerz durchzog meine Brust, — konnte es möglich sein, daß Diese meine Freundin war, — diese blasse, leidende Frau mit dem beinah ergrauten Haar, die sich mir jetzt nahte? Und doch, sie war es; ein zweiter Blick läßt mich die gramdurchfurchten, aber dennoch geliebten Züge erkennen; ein leichter Schrei — voll Schmerz oder voll Freude — und Marie liegt in meinen Armen. Marie, nicht mehr die blühende, stolze, sondern die geknickte Lilie. Ich preßte die Thränen, die sich unwillkürlich in meine Augen stahlen, gewaltsam zurück; aber als meine Blicke plötzlich auf einer anderen Gestalt, die ich vorher nicht bemerkt hatte, ruhten, wünschte ich, sie wären wie Feuertropfen auf deren Haupt gefallen. Es war Max, derselbe elegante Max von ehemals, der mir mit der vollendetsten Anmuth die Hand küßte und mich begrüßte. Zwanzig Jahre hatten ihn wenig verändert, sein Aeußeres kaum, sein Inneres gar nicht. Ich erwiederte höflich kalt seinen Gruß; aber Mariens Umarmung, die sich mit einer Innigkeit und Heftigkeit geltend machte, die mir noch mehr als ihr Aeußeres sagte, daß sie unglücklich sei und Max den mir geleisteten Schwur nicht gehalten habe, erwiederte ich aufs Herzlichste. Es that mir so wohl, sie wieder zu sehen; nur hätte ich gewünscht, es wäre anders gewesen. Ihre Lebhaftigkeit und ihre Schönheit waren erloschen, ihre Gesundheit war dahin; um ihren Mund lag nicht mehr das bezaubernde Lächeln, sondern ein ungemein rührender Leidenszug; sie war ernst, sehr ernst geworden. Kurz, wenn sie früher voll Jugendfreude und Frohsinn gewesen, so war sie jetzt ein Bild voll Schmerz und Entsagung. Und er, der Urheber all' dieser traurigen Veränderungen, lag da höchst bequem in seinen Sessel gestreckt, mit der alten gewohnten Rednergabe das Interesse meines Mannes, der mittlerweile hinzugekommen war, fesselnd und von tausend interessanten Dingen schwatzend, als ginge es ihn nichts an, daß seine Frau zum Schatten ihres früheren Ichs herabgesunken war. O, wie ich ihn haßte!

Marie und ihr Gatte blieben einige Tage meine Gäste, ehe sie nach ihrem neuen Bestimmungsorte abreis'ten, dessen Lage ich es dankte, daß sie unsere Stadt berührt und uns aufgesucht hatten.

Als die Herren am zweiten Tage eine Ausflucht ins Land unternahmen, bat mich Marie, mit ihr daheim zu bleiben. Sie zog mich dann zu sich nieder auf das Sopha, schlang ihren Arm um mich, und ihren Kopf an meine Brust lehnend, brach sie in ein krampfhaftes Weinen aus. Ich streichelte sanft das einst so schöne Haar, schloß sie inniger an mich und wehrte nicht dem Ausbruch eines langverhaltenen Schmerzes. Nachdem sie ruhiger geworden war und ich in der Sprache und dem Ton unserer Jugend ihr Muth zugesprochen hatte, erzählte sie mir die Geschichte der letzten zwanzig Jahre.

„Du sahst meine Liebe, meine blinde Leidenschaft für Max entstehen, Emma! Du sahst, wie die Ueberzeugung, daß Max nicht der Mensch sei, als den ihn sein Ruf schilderte, in meinem Herzen immer mehr Raum gewann, seit jenem verhängnißvollem Abend, als ich ihn zuerst gesehen. O jener Abend! Jener köstliche, glückliche Abend, ohne dessen Erinnerung ich mehr als einmal am Leben und an Max verzweifelt wäre. Wenn ich in die tiefste Traurigkeit versenkt war und unter bitteren Thränen den Tod ersehnte, dann zog wohl oft, wie ein Trost des Himmels, der Gedanke an seinen Vortrag durch meine Seele, und da er mir einst gestanden, er sei der Verfasser jenes Gedichts, so hoffte ich immer wieder darauf, daß er eines Tages wieder so denken, so fühlen werde, wie zu jener Zeit, als er dasselbe geschaffen. Ich klammerte mich mit kindischer Gläubigkeit an diese Hoffnung, bis ich lernte mit Bitterkeit darauf herabzusehen.

„Reines, ungetrübtes Glück habe ich nur kurze Zeit, nur während der ersten acht Tage unserer Ehe, empfunden. Max war alles das, wofür ich ihn gehalten; mit Stolz blickte ich auf ihn und mit Verachtung auf die Welt, die ihn so arg verleumdete. Aber zurückgekommen in seine alten Verhältnisse, zwischen seine früheren Genossen, begann mein Einfluß auf ihn bald schwächer zu werden, und mit Mißbehagen gewahrte ich allmälig, daß meine Gesellschaft ihm sehr häufig entbehrlich schien. Zu anderer Zeit freilich war er derselbe glühende, leidenschaftlich verliebte Max, wie als Bräutigam, und ich wagte in einer Stunde, wo ich seine Gedanken ausschließlich bei mir wähnte, ihm sanfte Vorwürfe zu machen, wegen seiner öfteren, wie mir schien, nicht gerade nothwendigen Abwesenheit. Er antwortete mir aber mit einer so strengen Kälte und so kurzer Bestimmtheit, ihn nicht mit Weiberlaunen zu langweilen, daß ich, tief verletzt, schwieg. Und doch hätte ich mich glücklich schätzen können, wenn Max mir nur, wie in jener Stunde, ungerecht und hart erschienen wäre; aber bald machte ich eine noch schmerzlichere Erfahrung, nämlich die, daß seine moralischen Ansichten ganz entsetzlich lockere waren. Er kam eines Mittags sehr verdrießlich heim und kündigte mir einen Besuch an, den wir „durch Verhältnisse gezwungen" seien, zu empfangen. Auf meine Frage nach dem Namen, nannte er mir den der Baronesse von G....

„Unerhörte Impertinenz!" unterbrach ich Marien, voll Entrüstung; „aber Du weigertest Dich doch natürlich, sie zu sehen?"

„Allerdings, aber ohne Erfolg. Mein ganzer weiblicher Stolz flammte auf bei diesem unzarten Verlangen. Mit vor Zorn glühenden Wangen erklärte ich, ihre Gegenwart in meinem Hause nie zu dulden, und gereizt durch meines Mannes Nichtbeachtung meiner Worte (er hatte sich anscheinend in den Inhalt des Moniteur vertieft) brach ich in Thränen aus.

„Mein liebes Kind! ich muß Dir ein für alle Mal sagen, daß ich Nichts mehr hasse, als Scenen. Und da Du mir anscheinend eine solche zu bereiten gedenkst, so muß ich mich Dir, bis Du ruhiger geworden bist, empfehlen." Nach diesen, in eisiger Kälte gesprochenen Worten nahm er seinen Hut und ließ mich mit meinen verletzten Gefühlen allein. Wie lange ich allein mit meinem stummen Schmerz über mein schnell vergangenes Glück brütete — ich weiß es nicht. Genug, ich wurde durch lautes Reden im Vorzimmer aus meinem Sinnen aufgeschreckt. Ahnend wer komme, und meines Mannes Zorn trotzend, eilte ich fort in mein Schlafzimmer, das ich hinter mir verschloß. Nach wenigen Sekunden kam eine Dienerin, um mir meines Mannes Wunsch mitzutheilen, im Besuchzimmer zu erscheinen, wo eine Dame meiner harre. Ich ließ mich durch plötzliches Unwohlsein entschuldigen. Mein Mann kam dann selbst, und als er die Thür verschlossen fand, forderte er mich mit vor Aerger zitternder Stimme auf, zu öffnen. Aber entschlossen, in diesem Punkte nicht nachzugeben, da sich das mit meiner Selbstachtung nicht vertrug, verweigerte ich's ihm. Ohne einen Laut des Zornes oder des Vorwurfs entfernte er sich hierauf sogleich.

„Ich schäme mich, es Dir zu gestehen, Emma! aber als ich Max so das

erste Mal verletzte, fühlte ich mich unsäglich elend, und es hätte nicht viel
gefehlt, so hätte ich dennoch, meiner Ueberzeugung zum Trotz, die Thür
geöffnet. Mein weiblicher Stolz siegte; jedoch war er nicht stark genug,
mich auch von dem Verlangen zurückzuhalten, einmal das Weib zu sehen,
das jetzt, ich fühlte es, meine Eifersucht so entsetzlich hervorrief. Ich flog
an's Fenster, und hinter den Vorhängen verborgen, wartete ich auf ihr
Erscheinen mit den gemischtesten Empfindungen, von denen Neugier und
verletzter Solz wohl die Haupttheile waren. Ich brauchte nicht lange dort zu
stehen, ehe ich die Dame am Arme ihres ehemaligen Liebhabers zu ihrem
Wagen eilen sah. Ein kurzer Blick auf diese schlanke, anmuthige Gestalt und
auf das blasse, geistreiche Gesicht ließ es mich begreifen, daß Max einst bei ihr
Alles fand und nicht angestanden hatte, selbst seinen Ruf für sie aufs Spiel zu
setzen. Natürlich gefiel sie mir nicht, denn trotz all ihrer Eleganz sah ich doch nur
ihre Schamlosigkeit, die sie bis zu meiner Schwelle zu tragen die ungeheure
Impertinenz besaß. Max, als ahne er meine Gegenwart am Fenster und wolle
mich für mein Nichterscheinen strafen indem er mich auf Jene eifersüchtig machte,
überschüttete sie mit Höflichkeiten und warf ihr, als der Wagen fortfuhr, einen
anmuthigen Handkuß nach.

(Fortsetzung folgt.)

Kopfschmerzen.
Von Dr. S. Sundmacher.

„Wer ist eigentlich als der glücklichste Mensch zu betrachten?" fragte man
einst in einer Dresdener Abendgesellschaft, welcher Ludwig Tieck beiwohnte.
Die Anwesenden beantworteten die Frage Einer nach dem Anderen, Jeder von
seinem Standpunkt und nach seinen Neigungen. „Was meinen Sie, Herr
Hofrath?" wendete sich endlich die Dame des Hauses an den hochbejahrten
Dichter, der heute, ganz gegen seine Gewohnheit, einsylbig in einer Ecke des
Sophas saß. „Derjenige, der achtzig Jahre alt geworden ohne daß ihm je
auch nur eine Sekunde der Kopf oder ein Zahn weh gethan", versetzte mit ko-
mischem Seufzer der Herausgeber der „Urania", auf seine eigene schmerzge-
faltete Stirn und das mit dicken Tüchern verbundene, nicht minder leidensvolle
Gesicht seiner neben ihm sitzenden Freundin, der Gräfin Finkenstein, zeigend.

Kopfschmerzen und Zahnschmerzen! Man rechnet sie gewöhnlich zu den
kleinen Leiden des menschlichen Lebens; wenn man aber die Summe des Unheils ziehen könnte, welches sie im staatlichen, socialen und häuslichen Leben
bereits angerichtet, seit unsere wohlgeborenen Stammeltern, Herr Adam und
Frau Eva, oder deren leibliche Descendenten, zum ersten Mal von diesen tücki-
schen Höllengeistern gepeinigt wurden, es müßte eine ganz enorme sein und man
würde an ihrer Macht und Größe wahrlich nicht mehr zweifeln. Kleine Ursa-

chen, große Wirkungen — das ist ein Spruch, der sich bekanntlich schon oft
bewahrheitet hat und wohl auch ganz besondere Anwendung auf die genannten
„kleinen" Leiden findet. Das schiefe Fenster zu Klein-Trianon, welches unter
Ludwig XIV. die Veranlassung zur Verheerung der Pfalz wurde, und das
von der nicht allzu jungfräulichen Königin Anna umgeworfene Glas Wasser,
das den Sturz des allmächtigen Herzogs von Marlborough herbeiführte, sind
historisch geworden; warum sollte nicht auch jenem hohlen Zahn sein Recht
werden, der Maria Theresia just um jene Zeit peinigte, als ihr Friedrich II.,
nach Ablauf der ersten Jahre der verhängnißvollen Sieben, unter sehr günstigen
Bedingungen Frieden bot, der ihr aber in solchem Maße die Laune verdorben
hatte, daß sie dem Antrag kein Gehör gab und in Folge dessen später viele
Millionen und jede Hoffnung auf Wiedererlangung einer der herrlichsten Provinzen ihres Reiches verlor? Vielleicht litt Fürst Kaunitz gerade damals an
Kopfschmerz; eines besonders klaren Kopfes konnte er sich in jenem Moment
ganz gewiß nicht rühmen. Doch wozu so weit zurückgreifen, da uns sogar die
allerneueste Geschichte belehrt, welchen Einfluß unter Umständen eines oder
das andere der genannten kleinen Leiden üben mag. Manchen Leuten giebt
der Kopfschmerz gerade die besten Ideen ein; bei anderen stört er den Denk-
prozeß oder hebt ihn gänzlich auf. Da der Blut- und Eisen-Minister an der
Spree und sein kaiserlicher Gönner und Rivale an der Seine bekanntlich beide
an unserem Uebel leiden, wäre es am Ende gar nicht so unmöglich, daß dasselbe
auf die Herbeiführung der Ereignisse der jüngsten Vergangenheit, die jedenfalls
nur das Vorspiel einer bedeutenden Zukunft bilden, nicht ohne Einfluß geblieben
wäre. Vielleicht enthüllt die Memoiren-Literatur der zweiten Hälfte des 19ten
Jahrhunderts unseren Enkeln das interessante Geheimniß, daß Deutschland seine
so lange vergeblich angestrebte politische Einigung zuletzt — einem Kopfschmerz
der beiden hervorragendsten und einzig thatkräftigen Persönlichkeiten jener Epoche
zu danken hatte.

 Welche Störungen, welche Fatalitäten das par nobile fratrum, Zahn-
und Kopfschmerz, im häuslichen Leben hervorzubringen vermag, wer wüßte
davon nicht ein Lied zu singen? Wie zahllos oft sind sie schon als Freuden-
und Friedensstörer aufgetreten, wie manche sonst glückliche Ehe ist durch sie,
wenn auch nicht in das Gegentheil verwandelt, so doch wenigstens recht
unangenehm getrübt worden. Was wird aus dem besten Gatten und Vater,
wenn er am Kopfschmerz leidet? Alle Welt ist entzückt von der Liebenswür-
digkeit dieser Dame — ein Glück, daß nicht Jeder Arzt ist und ihr seine Visite
abzustatten hat, wenn sie gerade von der Migräne geplagt wird!

 Obwohl nun der Kopfschmerz in den verschiedensten Sphären des menschlichen Lebens eine so wichtige Rolle spielt, giebt es doch noch Leute, die ihm
nicht einmal die Ehre anthun, ihn zu den Krankheiten zu rechnen. „Ich bin
von Herzen kerngesund, Doktor; Alles, was mir fehlt, ist gelegentlich einmal
ein Bischen Kopfschmerz" — diese Aeußerung wird wohl keinem praktischen Arzte
neu sein. Das Bischen Kopfschmerz ist doch nun ganz gewiß kein Zeichen von

Gesundheit, und wenn er sich regelmäßig und häufig einstellt, würde es wohl immerhin schon der Mühe lohnen, nach der Ursache zu forschen und dieselbe zu beseitigen, wenn anders dem damit Behafteten daran gelegen ist, sein leibliches Wohl zu fördern und einem in der Ferne drohenden Uebel vorzubeugen. Es ist wahr: der Kopfschmerz ist keine selbstständige Krankheit, aber er ist doch das Symptom einer solchen und mitunter sogar ein recht bedenkliches Symptom. In vielen Fällen ist er ungefährlich und bedarf keiner besonderen Beachtung, in anderen aber deutet er auf ein tieferes Leiden oder erscheint als Vorbote einer heranziehenden Krankheit. Man könnte ihn mitunter dem Sturmvogel vergleichen, dessen Erscheinen den kundigen Schiffer stets zur Vorsicht mahnt.

Im Allgemeinen ist der Kopfschmerz mehr dem mittleren als dem jugendlichen und dem höheren Lebensalter eigen; in jenem erscheint er als gelegentliche und vorübergehende Störung des Wohlbefindens, die je nach Anlage und Lebensweise häufiger oder seltener auftritt und in der Regel nur geringer Aufmerksamkeit bedarf; in diesem hingegen ist er eine fast immer beachtenswerthe Erscheinung, die sofort dem Gutachten des Arztes anheimgegeben werden sollte. Beim weiblichen Geschlecht ist der Kopfschmerz durchschnittlich häufiger und heftiger als beim männlichen. Die ganze Organisation und Lebensweise der Frauen, ihr Mangel an körperlicher Bewegung, ihr vorzugsweiser Aufenthalt in geschlossenen Räumen disponirt sie zu diesem Uebel. Bei Männern pflegen Kopfschmerzen rasch, meist innerhalb 24 Stunden, vorüberzugehen; Frauen werden anhaltender davon gepeinigt, und selbst nach Beseitigung des Anfalls machen sich oft noch das Allgemeinbefinden störende Nachwirkungen bemerklich. Der Kopfschmerz ist ein wichtiges und ziemlich beständiges Symptom vieler dem weiblichen Geschlecht eigenen Leiden und steht zu den speziellen physiologischen Verrichtungen desselben in inniger Beziehung. Es würde die uns hier gesteckten Grenzen überschreiten und zu sehr auf das Gebiet der strengen Wissenschaft hinüberspielen, wollten wir uns mit dieser Art des Kopfschmerzes ausführlicher befassen.

Stand, Beschäftigung und Lebensweise sind endlich noch bei unserem Leiden von entscheidendem Einfluß. Der dem mittleren Lebensalter eigene Kopfschmerz findet sich ungleich häufiger in den höheren als in den niederen Ständen; er ist häufiger und intensiver bei Kopf- als bei Handarbeitern; er sucht am heftigsten Diejenigen heim, die in ihrer Lebensweise von den natürlichen Regeln am weitesten abweichen, die sich durch Nachtwachen und übermäßige Arbeiten, namentlich geistige, schwächen, die ihren Magen mit zu vieler und unverdaulicher Nahrung überladen oder auch ihm zu wenig nahrhafte Kost bieten, die der Regelung der Unterleibsfunktionen im Allgemeinen keine Aufmerksamkeit schenken, die sich rücksichtslos jeder Witterung aussetzen, ohne auf zweckmäßige Kleidung bedacht zu sein u. s. w. Wenn irgend ein Krankheitszustand dem Menschen durch die fortschreitende Civilisation, die Verfeinerung unserer Genüsse und die mancherlei Rücksichten, welche unser geselliges Leben erheischt, aufgezwungen wurde, so ist es der Kopfschmerz. Gebraucht

Liebig das Quantum der consumirten Seife als Civilisationsmesser, so dürfte wohl die Verbreitung und Häufigkeit im Vorkommen des Kopfschmerzes so ziemlich dieselben Dienste thun. Ein vollkommen gesunder Mensch — und ein solcher kann immer nur Derjenige sein, der durchaus naturgemäß lebt, sich von allen Ausschweifungen und Unregelmäßigkeiten fern hält — wird sicher niemals Kopfschmerz haben ; selbst das nur einmalige Auftreten desselben deutet darauf hin, daß irgendwo in unserem Organismus eine Störung vorgekommen, daß eines der vielen Glieder, Rädchen und Hebel, welche die complizirte Maschine unseres Körpers bilden, in Unordnung gerathen. Die Indianer unserer westlichen Territorien wußten nichts von Kopfschmerzen bis ihnen die Weißen die Bekanntschaft des Feuerwassers und des — Evangeliums verschafften. Das Eine verursachte ihnen Congestionen nach dem Kopf, das Andere Kopfzerbrechen; als Folge haben sie jetzt eines der peinlichsten unter den „kleinen" Leiden unseres civilisirten Lebens kennen gelernt.

Um unser Thema erschöpfend und zugleich so zu behandeln, daß der Leser einigermaßen in den Stand gesetzt wird, das an sich selber und seiner Umgebung so häufig zu beobachtende Symptom des Kopfschmerzes richtig zu beurtheilen, sich einerseits nicht vergeblich beunruhigen zu lassen, andererseits aber auch eine wirklich drohende Gefahr zu ahnen und ihr rechtzeitig vorzubeugen, müssen wir nun die nach ihren Ursachen so überaus verschiedenen Arten des Kopfschmerzes einzeln besprechen. Zuerst halten wir den Unterschied der Altersperioden fest und betrachten den Kopfschmerz im kindlichen, im mittleren und im höheren Lebensalter.

Ein Kind wird verdrießlich und reizbar, es runzelt die Stirn, drückt den Kopf in die Sophaecke und will von keiner Zerstreuung wissen. Der Kopf ist oft nicht geröthet, seine Temperatur nicht erhöht und der Appetit vielleicht ganz ungestört, namentlich wenn gerade eine Lieblingsspeise auf dem Tisch steht. „Bah, ein bischen Kopfweh, wer wird so empfindlich sein! Hast wohl gar das Schulfieber, Junge? Nichts da, das Stilliegen taugt nicht; hinaus in die Luft — da wird's schon besser werden!" Also dekretirt pater familias in seiner höheren Weisheit, und das Kind geht mißlaunig und weinerlich zur Schule, wo es sechs bis acht Stunden in einer mehr oder weniger verdorbenen Luft zubringt. Wenn es Nachmittags oder Abends nach Hause kommt, ist der Zustand derselbe, nur daß vielleicht auch der Appetit geschwunden ist. In der Nacht stellt sich Fieber ein, das Kind schläft sehr unruhig, phantasirt vielleicht gar. Am nächsten Morgen ist es nicht im Stande aufzustehen, und man schickt nach dem Doctor. Dieser zuckt die Achseln, meint, es sei besser, wenn er schon gestern gerufen worden wäre, denn falls ihn nicht Alles trüge, seien Masern, Scharlach, Pocken, oder etwas Derartiges im Anzuge. Seine Vorhersage geht in Erfüllung, und schon nach Verlauf einiger Stunden erscheinen auf der Haut des kleinen Kranken die untrüglichen Zeichen des gefürchteten Exanthems.

Der Kopfschmerz war in diesem Falle ein sicherer Vorbote der herannahenden Krankheit, gleichsam ein Courier, den die Natur mit der Depesche vorausgeschickt, auf seiner Hut zu sein und sich für das Kommende zu rüsten. Kopfschmerz ist im Allgemeinen im kindlichen Alter etwas so Seltenes, daß man beim Erscheinen desselben nie gleichgültig bleiben sollte. Glücklicherweise hat die Natur dieses Symptom so deutlich gemacht, daß es keiner achtsamen Mutter, auch wenn das Kind noch nicht zu reden vermag oder keine Klage vorbringen sollte, was manchmal aus Eigensinn, Mißstimmung oder auch Furcht nicht geschieht, verborgen bleiben kann. Sobald der Säugling oder das kleine Kind mit halb geschlossenen Augen oder etwas gerunzelter Stirn, das Licht scheuend, beharrlich das Köpfchen auf die Schulter oder in den Schooß der Mutter drückt, sich alle Mühe giebt, denselben in ruhiger Lage zu halten, und bei jeder Bewegung aufschreit, sobald diese oder ähnliche Erscheinungen bemerkt werden, sollte man sofort dem Kinde die größte Aufmerksamkeit schenken und ohne Säumen die Dienste des Arztes in Anspruch nehmen. Eine Mutter, die dergleichen übersieht oder sich wohl gar mit dem Trost abfindet, ein wenig Kopfweh werde schon wieder vorübergehen, oder sei leicht durch ein von der Nachbarin an sich selber erprobtes Hausmittelchen, durch das Besprechen eines alten Weibes oder durch ähnliche Quacksalberei zu beseitigen, hat ihren Leichtsinn schon oft mit dem Verlust des im allerersten Stadium der Krankheit durch die Kunst noch zu rettenden Kindes zu büßen gehabt. Es war nur ein „wenig Kopfweh", aber doch gerade genug, um das blühende, gesunde Kind unter die Erde zu bringen.

Kopfschmerz bei kleinen Kindern ist mitunter die Folge eines Schlages, Stoßes oder Falles auf den Kopf, wovon vielleicht gar keine äußeren Merkmale sichtbar sind. Die Kinder mögen noch zu klein sein, um den Vorfall mittheilen zu können, vielleicht verschweigen sie ihn auch aus Furcht vor Strafe; dasselbe mag mit älteren Geschwistern oder Dienstpersonen der Fall sein, die Zeugen oder wohl gar Ursache desselben waren. Man suche daher unter solchen Umständen der Wahrheit auf den Grund zu kommen, um die geeigneten Maßregeln ergreifen zu können.

Fast noch seltener als bei ganz kleinen Kindern ist der Kopfschmerz im Knaben-, Jünglings- und Mädchenalter. Hier sind es fast immer ganz bestimmte Schädlichkeiten, die denselben veranlassen und die daher sofort beseitigt werden sollten, um schlimmeren Folgen vorzubeugen. Der Aufenthalt in schlecht gelüfteten Schlaf- oder Schulzimmern ist eine der häufigsten dieser Schädlichkeiten. Der jugendliche, in der Entwickelung begriffene Organismus bedarf, nächst einer reichlichen, gesunden Nahrung, nichts dringender, als einer unbeschränkten Zufuhr frischer, durch keine schädlichen Ausdünstungen verpesteter Luft. Daher kann nicht genug empfohlen werden, Kinder sich so viel als möglich im Freien, in einer durch Pflanzenvegetation gereinigten und mit Sauerstoff geschwängerten Atmosphäre tummeln zu lassen. Zur Schlaf- und Schulzeit, wo der Aufenthalt in geschlossenen Räumen nicht umgangen werden kann, müssen dieselben wenigstens so gut wie möglich gelüftet sein, und nichts ist verderblicher, als viele Kinder in kleinen Schlafkämmerchen oder überfüllten Schulzimmern die ganze Nacht oder den größeren Theil des Tages über zusammen zu pferchen. Können die zwei bis drei Stunden Aufenthalt im Freien, die in großen Städten oft aus anderweitigen Gründen den Kindern noch stark verkümmert und beschnitten werden, den Schaden wieder gut machen, den ein 21 bis 22stündiger Aufenthalt in unreiner Luft anrichtet?

Der bei Kindern im Alter von 8 bis 14 Jahren auftretende Kopfschmerz steht nicht selten mit dem Ausbruch der zweiten bleibenden Zähne in Verbindung; er ist in solchem Falle vorübergehend und von keiner weiteren Bedeutung. Eltern und Lehrer halten mitunter ein Kind für störrisch, launisch und eigensinnig; wenn sie sich aber die Mühe nehmen wollten, etwas sorgfältiger nachzuforschen, würden sie sich vielleicht überzeugen können, daß es ein örtliches Leiden ist, welches diese unangenehme Veränderung im Wesen des Kindes hervorruft.

Bei besonders begabten, intelligenten, fleißig lernenden und nach Auszeichnungen strebenden Kindern im Alter von 8 bis 16 Jahren gehört ein congestiver Kopfschmerz, als Folge des anhaltenden Sitzens und der geistigen Beschäftigung, zu den ziemlich häufigen Erscheinungen. Wo derselbe habituell zu werden droht, da sollte sofort eine Verminderung der Lehrstunden und der Schulaufgaben angeordnet, und das Kind statt deren zu ermüdenden körperlichen Bewegungen in freier Luft, zu Turnübungen u. dergl. angehalten werden. Eltern, Lehrer und Erzieher sollten in dieser Beziehung sehr wachsam sein und ihren Zöglingen nie mehr zumuthen, als dieselben ihrer körperlichen Organisation nach zu leisten vermögen. Nichts ist verkehrter und gefährlicher als jener elterliche oder pädagogische Ehrgeiz und Stolz, der mit den Kenntnissen der Kinder zu prunken sucht, und dem schon so manches zarte Leben zum Opfer gefallen! Ein öfter wiederkehrender dumpfer Kopfschmerz ist die erste Warnung; wird dieselbe nicht beachtet, so mag Gehirnentzündung oder Nervenfieber die Folge sein. In Deutschland sind es die Knaben, denen, besonders in früheren Jahren, als die Nothwendigkeit körperlicher Uebungen, die mit der geistigen Ausbildung Hand in Hand zu gehen haben, noch nicht in solchem Maße erkannt war, oft Unmögliches zugemuthet, bei denen durch übermäßiges und schlecht regulirtes Lernen der Keim zu tödtlichen Krankheiten gelegt wurde; hier zu Lande verfällt man nur zu häufig bei den noch ungleich reizbareren, zarter organisirten Mädchen in denselben Fehler, füllt ihnen gerade in den Jahren, wo ihre körperliche Entwickelung die größte Aufmerksamkeit erheischt, den Kopf mit gelehrten Brocken, von denen sie all ihr Lebtage nicht so viel Nutzen haben werden, als wenn sie eine kräftige Suppe zu kochen und einen Strumpf kunstgerecht zu stopfen verständen, und entwickelt auf diese Weise die nur zu häufig vorhandene Anlage zu Nervenkrankheiten, zur Schwindsucht oder zu sonstigen Leiden. Allerdings ist die Jugend die Zeit des Lernens. Der Geist des Kindes muß entwickelt und mit nützlichen Kenntnissen bereichert werden, aber niemals sollte man dabei außer Augen lassen, daß die erste Bedingung einer wünschenswerthen menschlichen Existenz körperliche Gesundheit ist, und daß ein gleichmäßig gebildeter, thatkräftiger Geist nur in einem gesunden Körper wohnen kann.

Weit verbreitet und vom verschiedenartigsten Charakter ist der Kopfschmerz im mittleren Lebensalter. Der Mensch hat seine volle Reife erreicht, er steht im Vollgenuß seiner körperlichen und geistigen Kräfte — leider begeht er aber jetzt, theils freiwillig und nur dem Instinkt seiner Leidenschaften folgend, theils durch widrige Lebensverhältnisse, durch Sitte, Herkommen und die tyrannische Etikette der Gesellschaft gezwungen, die schwersten Sünden gegen sich selber und zehrt in thörichter Verschwendung rasch das kostbare Capital der Gesundheit auf, welches ihm eine gütige Natur mit auf die Lebensreise gegeben, um damit bei weisem Gebrauch bis zu einem späten glücklichen Ende derselben auszukommen. Sind es bei Männern übermäßige Anstrengungen, geistige Arbeiten, anhaltendes Denken, ehrgeizige oder auf Erwerb zielende Pläne, unzureichende Leibesbewegung, Nachtwachen, Schwelgereien, was sie vorzugsweise zu Kopfschmerz disponirt, so wird derselbe bei Frauen fast noch häufiger theils durch ähnliche Ursachen, theils durch häuslichen Kummer, unzweckmäßige Bekleidung, allzu sclavisches Unterwerfen unter die Diktate der Mode und dergleichen mehr hervorgerufen. Im Allgemeinen sind, wie wir bereits sahen, die Kopfschmerzen dieses Alters nicht von solcher Bedeutung wie die früherer und späterer Lebensperioden, und bei einigermaßen zweckentsprechendem Verhalten werden sie meist ebenso rasch und ohne weitere schlimme Folgen vorübergehen, wie sie durch besser geregelte Lebensweise überhaupt zu vermeiden wären. Inzwischen kommt es doch auch in diesem Alter häufig genug vor, daß der Kopfschmerz als Vorbote einer herannahenden schwereren Krankheit erscheint. Diejenigen, die ihm am seltensten unterworfen sind, sollten daher bei seinem Auftreten am meisten auf der Hut sein. Ein ruhiges, mäßig warmes Verhalten, Aussetzen der gewohnten Arbeit, knappe Diät, Beförderung der Absonderungen, kalte Umschläge oder kleine Blutentziehungen, letztere natürlich nur unter ärztlicher Anweisung, wenn die Natur ihr warnendes Tic-Tac in den Schläfengegenden, ein Gefühl von Schwere, Druck und Schwindel im ganzen Schädel bemerklich macht, wären wohl gar manchmal im Stande, großem Uebel vorzubeugen.

Am bedenklichsten sind Kopfschmerzen stets im höheren oder gar im Greisenalter, besonders für Diejenigen, die in früheren Lebensperioden davon mehr verschont blieben. Je seltener alte Leute überhaupt an Kopfschmerzen leiden, um so größere Berücksichtigung verdient ihr Auftreten. Ihre Ursache liegt hier meist in unregelmäßiger Thätigkeit des Gefäßsystems, in vermehrtem Blutandrang nach dem Kopfe. Die Wandungen der Gefäße haben nicht mehr die Festigkeit und Elasticität wie in früheren Jahren, sie erhalten vielmehr eine gewisse Sprödigkeit, Brüchigkeit. Plötzlicher Blutandrang nach dem Kopfe mag daher leicht Zerreißung der Gefäße, Blutaustritt ins Gehirn, Schlagfluß und Tod im Gefolge haben. Mit großer Sorgfalt sollte in höherem Alter Alles vermieden werden, was den Blutstrom nach dem gerade so überaus empfindlichen Gehirn zu treiben oder seinen Rückfluß zu hindern vermag. Erkältungen, Diätfehler, körperliche und geistige Anstrengungen, Gemüthsbewegungen, die in früheren Jahren oft nur vorübergehende Störungen hervorrufen, öffnen im Alter gleich Freund Hain das Pförtchen. Von kräftigen alten Leuten hört man oft die Aeußerung: „Mein Magen ist gottlob noch ganz gesund. Im Essen nehme ich's mit den Jüngsten auf." Das ist eine etwas gefährliche Maxime. Der Magen mag oft noch die Kraft zur Verdauung haben, aber seine stärkere Anfüllung treibt in jungen wie in alten Jahren das Blut nach dem Kopfe, und wer einmal das erste halbe Jahrhundert des Lebens hinter sich hat und Verlangen nach einem zweiten verspürt, sollte lieber Alles thun, um es von dort wegzutreiben. Eine kräftige, aber eher etwas knappe und stets leicht verdauliche Nahrung wird alten Leuten am besten bekommen. Ebenso sehr wie vor Diätfehlern, haben sie sich vor Erkältung zu hüten. In nicht seltenen Fällen mag schon eine zu dünne Bedeckung oder plötzliche Entblößung während des Schlafes die Ursache gewesen sein, daß man Morgens früh im Bette eine Leiche vorfand.

Wir haben nunmehr die verschiedenen Arten des Kopfschmerzes nach ihren verschiedenen Ursachen ins Auge zu fassen. Am häufigsten entsteht der Kopfschmerz durch einen vermehrten Blutandrang nach dem Gehirn. Werden kräftig gebaute, gut lebende und mehr zu sitzender Lebensweise neigende Personen von demselben heimgesucht, so ist dies meist der sogenannte p l e t h o r i s c h e oder unter Umständen auch c o n g e s t i v e Kopfschmerz.

Bei überhaupt vollblütigen Personen kann natürlich eine Ueberfüllung der Gefäße des Gehirns leicht eintreten. Eine solche mag mehr vorübergehender oder sie mag auch anhaltender Art sein. Zu ihrer Hervorrufung bedarf es keines besonderen Diätfehlers, keiner Aufregung, keines Mangels an Vorsicht; sie kann vielmehr durch klimatische Einflüsse, durch Ursachen, die gänzlich außerhalb der individuellen Controlle liegen, veranlaßt werden. Der Schmerz ist meist sehr heftig, klopfend; der Kopf ist voll, als wollte er zerspringen. Mitunter ist es der ganze Kopf, der schmerzt, häufig aber nur die Stirn und Schläfengegend. Jede Bewegung, die das Blut in Wallung bringt, ist schmerzhaft; der Leidende sucht die Ruhe und drückt den Kopf am liebsten tief in die Kissen. Beide Arten des Kopfschmerzes stellen sich vorzugsweise zur Frühlings- und Herbstzeit ein, besonders in den ersten warmen Tagen, wo die Hautthätigkeit noch nicht gehörig regulirt ist.

Es giebt einen chronischen oder andauernden plethorischen Kopfschmerz, der Wochen hindurch währen kann. Gewöhnlich ist derselbe auch mit den sonstigen Symptomen der Vollblütigkeit verbunden: geröthetem Gesicht, starkem Klopfen der Arterien der Schläfengegenden, Schwindel, Flimmern vor den Augen, Funkensehen u. dergl. Mitunter treten gleichzeitig Erscheinungen auf, welche auf Blutüberfüllung der Athemorgane hindeuten, wie namentlich Beklemmung und kurzes Athmen. Der Appetit ist meist ungestört, der Schlaf gut, sogar sehr fest, die Unterleibsfunktionen sind jedoch unregelmäßig und können nur mittelst Arzneien im Gange gehalten werden. Hin und wieder ereignet es sich, daß die Natur selber die überschüssigen Säfte durch eine plötzlich eintretende Diarrhoe, ein Nasenbluten oder einen Hämorrhoidalfluß ableitet, worauf der Kopfschmerz augenblicklich verschwindet. Frauen werden von dieser Art des Leidens durchschnittlich mehr heimgesucht als Männer; sie ist bei ihnen häufig mit Störungen der Regel verknüpft und stellt sich leicht zur Zeit des Wechsels ein.

Die Ursachen des vorübergehenden plethorischen Kopfschmerzes, der sich meist gegen Morgen oder gegen Abend einstellt und dann bis zur selbigen Zeit des folgenden Tages, zuweilen aber auch nur einige Stunden, andauert, sind sehr mannigfaltig. Witterungsverhältnisse, plötzlicher Wechsel der Temperatur, haben einen mächtigen Einfluß; dann sind es hauptsächlich geistige und körperliche Anstrengungen, Bücken u. dergl., was ihn hervorruft. Auch Nachtwachen, allzu große Ermüdung, Einathmen schlechter Luft in überfüllten Räumen führen diesen Kopfschmerz herbei. Kräftige Männer in den mittleren Jahren, die etwas besser leben als es eigentlich nöthig wäre, unterliegen demselben häufiger als Frauen.

Der congestive Kopfschmerz, gleichfalls die Folge einer zu starken Blutanhäufung im Gehirn, ist dabei doch in seiner Entstehung von dem plethorischen Kopfschmerz wesentlich verschieden. Congestionen im Allgemeinen sind meist die Folge von Störungen des Blutumlaufs. Die Kranken haben nicht zu viel, sondern oft sogar zu wenig Blut; das Blut häuft sich jedoch in widernatürlicher Weise in einzelnen Organen an. Der plethorische, vollblütige Mensch kann dabei ein Urbild der Gesundheit sein, der an Congestionen Leidende muß sich zu den Kranken zählen. Die Wirkung ist dieselbe, die Ursache aber eine grundverschiedene. Der congestive Kopfschmerz kommt nicht bei robusten, vollsaftigen, sondern bei zarten, schwächlichen, oft blutarmen oder kachectischen Personen vor. Die Kranken sind meist blaß, nervös, von lymphatischer Constitution, durchsichtigem Teint, blassen, bläulichen Lippen und melancholischem Temperament. Sie leiden in der Regel an kalten Händen und Füßen, die Darmfunktionen sind unregelmäßig, und trotz der vermehrten Blutzufuhr nach dem Gehirn sind doch die Wangen bleich, obwohl die Schläfenarterien stark pulsiren und sonstige Zeichen der Blutfülle des Gehirns nicht fehlen.

Der Schmerz ist in diesem Falle mehr drückend und reißend als klopfend, und er nimmt selten den ganzen Kopf ein, sondern beschränkt sich mehr auf Eine Stelle. Der Puls trägt nicht den Charakter der Plethora, er ist weder voll, noch hart oder gespannt, gleich einer Darmsaite, sondern vielmehr weich und schwach, dem Druck des Fingers nachgebend. Alle diese Erscheinungen weisen darauf hin, daß das Herz nicht mit der normalen Kraft arbeitet, daß es die Blutsäule nicht genügend stark in die Hauptschlagader treibt, oder daß sich der Fortbewegung derselben durch die zahllosen Kanäle und Kanälchen Hindernisse entgegen stellen, welche vorzugsweise darin bestehen, daß es den Wandungen der Gefäße an der Kraft der Zusammenziehung gebricht, die, nächst dem Herzstoße, die Ursache des Blutkreislaufs ist.

Eine Hauptursache der Gehirn-Congestion und des daraus resultirenden Kopfschmerzes sind übermäßige Geistesanstrengungen, verbunden mit sitzender Lebensweise, bei reichlicher Nahrung. Reizbaren Personen treibt oft jedes lebhafte Gespräch, jede Aufregung, jeder Aerger das Blut nach dem Kopfe; die fast constante Kälte der Gliedmaßen deutet auf die ungleichmäßige Vertheilung des Blutes, welches die Extremitäten verläßt, um sich dem Kopfe zuzuwenden. Kongestive Kopfschmerzen sind so recht das Erbtheil der Gelehrten und der Frauen. Leiden Letztere an Blutandrang nach dem Kopfe, so ist derselbe weit häufiger eine Folge von Blutmangel, fehlerhafter Zusammensetzung des Blutes und Gefäßschwäche, als von Blutreichthum.

Plethorischer wie congestiver Kopfschmerz kann als Vorbote und Warnung einer bedrohlichen Blutüberfüllung des Gehirns auftreten. Bei allgemeiner Vollblütigkeit leidet das Gefäßsystem überhaupt an einem Druck seines Inhalts, bei Congestionen sind nur die Gefäße einzelner Organe überfüllt. Dieser Druck wird da am heftigsten empfunden, wo die Gefäßwandungen am zartesten sind und wo sie der durch den äußeren Gegendruck der Muskeln gewährten Unterstützung entbehren, was vorzugsweise im Gehirn der Fall ist. Die Gefahr der Gefäßzerreißung liegt hier näher, als an irgend einer anderen Stelle. Die Folgen einer solchen sind aber gleichzeitig die allerbedenklichsten. Nimmt der Kopfschmerz an Heftigkeit rasch zu, steigert er sich fast bis zur Betäubung, tritt Schwindel, theilweiser Verlust der Sprache, Taubsein und Empfindungslosigkeit einzelner Glieder hinzu, so ist die Gefahr, daß jene schlimmsten Folgen eintreten mögen, eine dringende. Zuweilen geht der Anfall mit starkem Ohrensausen, Zittern der Glieder, Gefühl von Aufgedunsenheit des Gesichts, Uebelkeit und Erbrechen, welches letztere meist als eine glückliche Wendung zu betrachten ist, vorüber; häufig endigt er aber auch mit theilweiser oder völliger Lähmung, wenn nicht mit dem Tode. „Der Schlag hat ihn gerührt", pflegt man zu sagen, was nichts Anderes heißt als: er ist an einer Gehirncongestion, einem Blutaustritt in's Gehirn und dadurch herbeigeführter Lähmung der Nervencentren gestorben.

Was soll man bei Kopfschmerz in Folge von Blutandrang nach dem Gehirn thun? Mancherlei. Zunächst gilt es, den plethorischen vom congestiven Kopfschmerz zu unterscheiden. Für den Laien ist das unter Umständen nicht ganz leicht, deshalb berathe man sich lieber darüber mit dem Arzte. Gegen allgemeine Vollblütigkeit soll man nicht mit Arzneien zu Felde ziehen, höchstens mit ganz milden, wie z. B. kühlenden und abführenden Salzen. Ein Brausepulver, hin und wieder eine Dosis Bittersalz mag man schon als Hausmittel anwenden; was darüber hinausgeht, überlasse man ärztlicher Anordnung. Wer zu viel Blut hat, schneide ganz einfach die Zufuhr ab, d. h. er setze sich auf etwas knappere Diät und halte sich an Speisen und Getränke, die das Blut nicht vermehren, es vielmehr verdünnen. An die Stelle der Fleischkost lasse man eine Pflanzenkost treten, d. h. mit Ausschluß der die Blutbildung fast noch mehr als Fleisch begünstigenden Hülsenfrüchte, und wenn es just am besten schmeckt, höre man auf zu essen. Es ist das freilich leichter gesagt als gethan, aber — die Gesundheit ist doch ein gar kostbares Gut und kein Opfer sollte für sie zu groß sein. Obst, grüne und Wurzelgemüse, leichte Mehlspeisen, Fische — das ist für Plethorische eine gesunde Nahrung. Bier, Kaffee und Thee müssen gestrichen, ein leichter Wein darf nur sehr mäßig genossen werden. Das beste Getränk, von dem man nicht reichlich genug Gebrauch machen kann, ist klares frisches Brunnenwasser. Mancher unserer Leser wird sich schütteln — einerlei, besser als später von Fieber und Krankheit geschüttelt zu werden. Kalte Waschungen des Kopfs sind überaus dienlich, namentlich sollen sie Abends vor Schlafengehen vorgenommen werden. Während des Schlafes ruht der Kopf besser auf einem mit Pferdehaaren als mit Federn gefüllten Kissen. Gut gelüftete und im Winter kalte Schlafzimmer sind sehr zu empfehlen. Da die Bluterzeugung während des Schlafes am stärksten ist, darf dieser nicht allzu lange ausgedehnt werden; auch soll man sich, zur Vermeidung einer die Congestion nach dem Gehirn befördernden Gedankenjagd, nicht eher zu Bette begeben, bis man starke Ermüdung fühlt und sogleich nach dem Erwachen aufstehen.

Die Behandlung des congestiven Kopfschmerzes ist natürlich eine nach der Ursache von der des plethorischen ganz verschiedene. Der Körper hat hier nicht zu viel Blut, sondern das Blut sammelt sich nur, in Folge einer nicht ausreichenden Triebkraft der Gefäße, vorzugsweise im Kopfe an. Die etwa in Anwendung zu ziehenden Arzneimittel sind allerdings wesentlich dieselben, welche auch beim plethorischen Kopfschmerz nützlich sein mögen; dahingegen müssen sie in anderer Weise gebraucht werden. Hinsichtlich der Bekleidung und Bewegung gelten gleichfalls die obigen Vorschriften; auch der Schlaf darf nicht zu lange ausgedehnt werden, doch mag er, da das Uebel oft mit allgemeiner Schwäche Hand in Hand geht, schon etwas reichlicher genossen werden als bei allgemeiner Vollblütigkeit. Der wesentlichste Unterschied besteht hinsichtlich der Diät. Mußte dieselbe dort knapp und mager sein, so sei sie hier nahrhaft, aber leicht. Mageres gebratenes Fleisch soll mindestens einmal im Tage genossen werden, doch gebrauche man so wenig als möglich Fett, Oel oder Butter. Leichter Wein, mäßig getrunken, wird niemals Schaden thun. Frauen sollten die Anwendung des Corsetts, mit dem ohnehin so viel Mißbrauch getrieben wird, lieber ganz unterlassen; bei Männern kann das Tragen enger, steifer Halsbinden nachtheilig sein. Ein wichtiger Punkt ist die Sorge für warme Füße. Alle mit Congestionen Behafteten leiden gewöhnlich an kalten Füßen, einem Uebel, dem sie durch warme Fußbekleidung, fleißiges Frottiren, Aufstampfen der Füße bis zur völligen Ermüdung abhelfen sollten. Heiße Fußbäder, nach Umständen mit Senf verschärft, auch Senfteige, trockene Schröpfköpfe an die Füße und dergleichen sind als augenblickliche Erleichterungsmittel empfehlenswerth. Vor Erkältung und Durchnässung der Füße hüte man sich sehr sorgfältig, ebenso suche man etwa unterdrückte Fußschweiße wieder herzustellen. Die Sitte, mit bloßen Füßen aus dem Bette zu springen, auf dem kalten Boden oder wohl gar auf intensiv kältendem Wachstuch umherzugehen, ist eine äußerst gefährliche.

Ueber eines der beliebtesten Mittel bei öfter wiederkehrendem Kopfschmerz, über Blutentziehungen, sagen wir hier nur wenig, da wir diesem wichtigen Gegenstand demnächst einen eigenen Artikel widmen möchten. Es giebt Leute, die bei Blutwallungen, Herzklopfen und Kopfschmerz nichts Eiligeres zu thun haben, als zum Barbier zu laufen, um sich so und so viele Unzen, wenn nicht gar Pfunde, des überflüssigen Lebenssaftes durch Aderlaß oder Schröpfköpfe abzapfen zu lassen. Das Mittel ist probat; leider kehrt das Uebel schon nach wenigen Monaten wieder, um natürlich auf dieselbe Weise gehoben zu werden. So geht es fort, Jahr aus Jahr ein, bis sich die vermeintliche Blutfülle in wirkliche Blutarmuth mit allen ihren gefährlichen Folgen, unter welchen gestörte Herzthätigkeit, wenn nicht gar organische Herzkrankheiten, die bedenklichsten sind, verwandelt hat. Somit gleichen solche gegen ihren eigenen Lebenssaft wüthende Blutvergießer dem Verschwender, der sein schönes Erbtheil, auf dessen Unerschöpflichkeit er pocht, nicht schnell genug zum Fenster hinaus werfen kann. Bei plethorischem Kopfschmerz sind die Blutentziehungen überflüssig, weil der Organismus einmal darauf versessen ist, eine bestimmte Blutmenge zu besitzen und das ihm gewaltsam entzogene binnen kürzester Frist wieder ersetzt, wenn nicht gar verdoppelt. Bei congestivem Kopfschmerz sind Blutentziehungen geradezu schädlich, weil die ohnehin geringe Blutmenge noch mehr vermindert wird und somit eine gefährliche Schwächung eintreten muß, die den Blutumlauf noch unregelmäßiger macht als er ohnehin schon ist.

Weit verbreitet, an kein Alter und keine Constitution gebunden ist der **gastrische Kopfschmerz**. Wer hat sich nicht schon einmal in seinem Leben durch zu viele oder unverdauliche Nahrung den Magen verdorben und in Folge dessen an einem Katzenjammer gelitten, dessen wesentlichstes Symptom der Kopfschmerz ist? Freilich wird dieser Kopfschmerz nicht immer der richtigen Ursache zugeschrieben. Der Magen, von Haus aus ein geduldiger Patron, revoltirt nicht immer, sondern läßt sich die ihm aufgebürdete Last geduldig gefallen; seine starke Ausdehnung, seine Anstrengung, der ihm gewordenen Aufgabe gerecht zu werden, führt inzwischen eine Unregelmäßigkeit des Blutumlaufs herbei, welche sich in Kopf-Congestionen äußert. „Ich habe mich zu sehr angestrengt" oder „Das Wetter ist wieder einmal unter dem Hund" pflegt man dann zu sagen, um für den Kopfschmerz doch irgend eine Erklärung zu haben. Der gastrische Kopfschmerz ist selten heftig; er besteht überhaupt mehr in einer Völle, Schwere und Eingenommenheit des Kopfs, als in eigentlichem Schmerz. Vielen Leuten bringt jede reichliche Mahlzeit ein Eingenommensein des Kopfs, und die Richtigkeit des alten Sprüchwortes: „Plenus venter non studet libenter" hat ja Jeder, der geistigen Beschäftigungen obliegt, an sich selber erprobt. Selten währt der gastrische Kopfschmerz lange; in der Regel geht er vorüber, sobald der Magen nach einigen Stunden sein Quantum bewältigt hat und sich zu entleeren beginnt. Es kommt inzwischen auch vor, daß der Kopfschmerz noch mehrere Tage lang andauert, nachdem die Indigestion, die ihn hervorrief, beseitigt ist. Hervorgerufen wird der gastrische Kopfschmerz fast immer durch einen direkt nachzuweisenden Diätfehler, begünstigt aber durch sitzende Lebensweise, geistige Anstrengungen u. dergl. Es soll eine Form dieses Uebels geben, die dadurch entsteht, daß Personen, die an eine üppige, schwelgerische Lebensweise gewöhnt waren, sich plötzlich genöthigt sahen, zu einer sehr mäßigen und ärmlichen überzugeben.

In vielen Fällen von verdorbenem Magen und gastrischem Kopfschmerz hilft sich die Natur selber, indem sie Entleerungen nach oben oder unten herbeiführt. Wo die Naturhülfe nicht ausreicht, greift die Kunst ein und thut dasselbe. Unter der beträchtlichen Zahl von Hausmitteln hat sich mit Recht eine Tasse schwarzen Kaffees den größten Ruf erworben.

Ueberaus mannigfaltig und vielgestaltig in seinem Auftreten ist der nervöse Kopfschmerz, der sich seine Opfer hauptsächlich in der zarten Frauenwelt sucht. Er kommt — man weiß nicht woher, er geht — man weiß nicht wohin. Mitunter kündigt er sich durch Schwere des Kopfes und Reizbarkeit des ganzen Wesens an; in anderen Fällen tritt er mit blitzähnlicher Schnelle auf. Von jedem anderen Kopfschmerz unterscheidet er sich durch das eigenthümlich scharfe Stechen. „Es ist, als ob mir Nadeln durch den Kopf gestochen würden", klagen die Kranken, die übrigens meist gleichzeitig auch an Schwindel leiden.

Der hysterische Kopfschmerz der Frauen ist durchaus nervösen Ursprungs. Meist ist das Nervensystem im Allgemeinen in Mitleidenschaft gezogen, was sich schon beim Entstehen des Uebels kund giebt, welches in der Regel mit einem drückenden, krampfhaften Gefühl in der Unterleibsregion beginnt, von da zum Magen, dann zum Kehlkopf und zuletzt zum Gehirn emporsteigt. Der hysterische Kopfschmerz ist nicht sehr ausgebreitet; zuweilen beschränkt er sich sogar auf eine ganz kleine Stelle, nicht größer als eine Nagelkuppe, dicht über den Augenbrauen.

Eine andere Form des nervösen Kopfschmerzes ist die allbekannte, mit Recht gefürchtete Migräne oder der halbseitige Kopfschmerz. Die Migräne bindet sich gleichfalls an kein Alter und Geschlecht, doch ist sie im Allgemeinen bei Mädchen und Frauen etwas häufiger als bei Männern, im jugendlichen Alter aber überhaupt ziemlich selten. Sie ist ein typisches, an bestimmte Zeitperioden geknüpftes Nervenleiden, welches in der Regelmäßigkeit seiner Anfälle und der Dauer viel Aehnlichkeit mit dem Wechselfieber hat und wohl auch, wie dieses, durch klimatische Verhältnisse hervorgerufen und begünstigt wird. Die Migräne ist vorzugsweise von feuchter Witterung abhängig und ganz besonders in Sumpfgegenden heimisch. Die Dauer des Anfalles ist von sechs bis zu vierundzwanzig Stunden. Der Schmerz beginnt im inneren Augenwinkel und zieht sich über die Nasenwurzel nach der Stirn und dem Schädel empor. Zuweilen beschränkt er sich auf eine kleine Stelle, häufiger nimmt er die ganze Kopfhälfte ein. In manchen Fällen versetzt er die Leidenden in eine krankhafte Aufregung wie der Zahnschmerz, in anderen macht er sie völlig apathisch und gleichgültig gegen Alles, was um sie vorgeht. Das Auge und das Ohr sind dabei gewöhnlich sehr reizbar und jedes Geräusch verschlimmert das Leiden.

Als eine Art von Migräne ist ferner der Kopfschmerz zu betrachten, der manche Leute beim Wechsel der Witterung, hauptsächlich bei vorherrschendem Nord- und Nordostwind, befällt und manchmal nur wenige Stunden, manchmal aber auch so lange andauert als dieser Wind weht.

Ueber die Behandlung des nervösen Kopfschmerzes sagen wir nichts, da dieselbe ganz dem Arzt überlassen werden muß und die hier wirksamen Mittel überhaupt zu bedenklich sind, um von Laien gehaudhabt zu werden. Eine regelmäßige, nicht zu üppige Lebensweise wird zur gründlichen Heilung des Uebels stets unerläßlich sein. Leichte Fleischspeisen mögen mäßig genossen werden, dagegen sind Fette und Gewürze zu vermeiden. Bei Kaffee und Thee begnüge man sich mit einem ganz schwachen Aufguß. Ein leichtes bitteres Bier, ein moussirender Wein von schwachem Alcoholgehalt sind zuträglich. Der meist reizbare, empfindliche Körper muß gegen die Einflüsse und den Wechsel der Witterung durch zweckmäßige Bekleidung geschützt werden, doch hüte man sich vor allzu großer Verwöhnung. Uebermäßige Anstrengungen und schwächende Gewohnheiten sind zu vermeiden. Kalte Bäder, kunstverständig angewendet, können sehr dienlich sein. Von großer Wichtigkeit, wie bei allen Nervenleiden, ist der Genuß einer reinen, unverdorbenen, möglichst sauerstoffhaltigen Luft. Daher sind Reisen, Badekuren und der längere Aufenthalt auf dem Lande oft von entschiedener Wirkung, nachdem alle anderen Mittel fehlschlugen.

Nur noch einige Worte über den r h e u m a t i s c h e n Kopfschmerz, der als begleitende Erscheinung bei überhaupt zu Rheumatismen neigenden Personen, jedoch auch für sich allein und unabhängig von anderen Krankheits-Erscheinungen seiner Gattung, auftreten kann. Als häufigste Ursache ist wohl eine Erkältung des schwitzenden Kopfes anzunehmen. In Deutschland mag z. B. die Unsitte des Hutabnehmens in Wind und Wetter nicht wenig dazu beitragen, das Uebel häufiger zu machen. In der That ist diese Form des Kopfschmerzes hier zu Lande seltener, obwohl doch sonst die liebenswürdige Familie Rheuma eine ganz anständige Verbreitung unter uns gewonnen hat. Der Schmerz ist bald reißend, bald stechend; er pflegt sich mehr auf die Schläfen- und Hinterhauptsgegend zu beschränken. Er wird heftig gegen Abend, allein die Wärme und Ruhe des Bettes pflegt ihn bis gegen Morgen meist zu verscheuchen. In höheren Lebensaltern ist er häufiger als in jüngeren. Zu seiner Verhütung und Beseitigung bedarf es des gewöhnlichen anti-rheumatischen Verfahrens. Mäßige Wärme, Verstopfen der Ohren mit Baumwolle, zur Ableitung ein Senfteig- oder spanisches Fliegen-Pflaster hinter das Ohr mag unter Umständen ganz gut thun. Vor Verdauungsstörungen hüte man sich ganz besonders, da dieselben, bei rheumatischer Disposition, diesen Kopfschmerz gern hervorrufen. Die Diät sei knapp. Man esse wenig Fleisch und vermeide geistige Getränke.

Somit hätten wir benn unsere angenehme Aufgabe erfüllt, den Leser mit allen einzelnen Gliedern der ziemlich ausgebreiteten Familie der Kopfschmerzen, insofern dieselben einigermaßen selbstständig auftreten und nicht blos begleitende

Symptome anderweitiger Krankheiten sind, bekannt zu machen. Der Kopfschmerz spielt nämlich im kranken Organismus die Rolle des Unvermeidlichen, dem man fast überall und in jedem Augenblick begegnet. Es giebt kaum eine akute oder selbst chronische Krankheit, die nicht in diesem oder jenem Entwickelungsstadium, vorübergehend oder länger, von Kopfschm rz begleitet wäre. Das Gehirn ist ja eben das empfindlichste und subtilste aller Organe; wo irgend im Körper eine Störung eintritt, da macht sie sich ganz gewiß bemerklich. Aufrichtig leid thäte es uns, wenn der geneigte Leser jetzt, da er mit unserem Artikel glücklich zu Ende ist, bedenklich nach der Stirne fühlte und dort so etwas wie — Kopfschmerzen verspürte. Um aber selbst in solchem Falle noch zu nützen, würden wir ihm sagen, daß dies ein congestiver Kopfschmerz sei, und zu seiner Beseitigung empfehlen — vorausgesetzt, der Betreffende huldigt der Unsitte des Rauchens — sich eine Cigarre anzuzünden, einen mehrstündigen Spaziergang ins Freie zu unternehmen, den Abend bei einem Glase Wein in heiterer Gesellschaft zu verbringen und sich mit dem Glockenschlag Zehn auf's rechte Ohr zu legen. Am andern Morgen wird der Kopf wieder hell und klar und von dem drohenden Kopfschmerz nur die Erinnerung geblieben sein. — Probatum est!

Das Jahr 1866.
Von Friedrich Lexow.

Es gab im verflossenen Jahre einen Moment, dessen Größe zur Zeit nur von Einem, und vielleicht selbst von diesem nicht einmal, empfunden wurde, zu dem aber dennoch der Gedanke immer wieder zurückkehrt. An der öden Küste von Valencia saß nächtlicher Weile ein Mann, dem ungefähr eine ebenso interessante Aufgabe zu Theil geworden wie Einem, welcher dazu verurtheilt wäre, die Schwingungen eines Perpendikels zu beobachten oder unverwandten Blicks auf einen Punkt hinzustarren, der für ihn nicht das mindeste Interesse hat. Seit auf der ersten Telegraphenfahrt des Great Eastern die Kommunikation mit dem Riesenschiffe abgebrochen und das Unternehmen vorläufig gescheitert war, hielt man es für nothwendig, den in der Mitte des Ozeans abgebrochenen Draht fortwährend, bei Tag und bei Nacht, beobachten zu lassen. Oft befand er sich in voller Thätigkeit; eine Botschaft folgte der andern, als hätten die Geister der Tiefe unendlich viel auf dem Herzen; aber Niemand verstand die sonderbaren Worte — Aeußerungen der geheimnißvollen Kräfte, welche am Grunde des Meeres nicht minder thätig sind als im Gehirn des Menschen. Plötzlich erfolgte ein Zucken, welches den schlaftrunkenen Beobachter stutzig machte. Unmöglich konnte doch ein unterseeischer Operateur seinem Kollegen auf dem festen Lande das zunftmäßige Signal zur Aufmerksamkeit geben wollen. Ein zweites Zucken, und jetzt reiht sich Buchstabe an Buchstabe, Wort an Wort, in einer Sprache, welche jedem Engländer verständlich ist. Das, was man für unmöglich gehalten, ist geschehen, das verlorne Ende des alten Drahtes wieder aufgefunden und aus der Tiefe hervorgeholt. Der Menschengeist hat über die Materie einen Sieg errungen, wie ihm noch kein ähnlicher zu Theil geworden.

Der Ocean-Telegraph giebt nicht länger einen Gegenstand zu überschwänglichen Betrachtungen ab. Er bildet kein Band der Liebe zwischen den Völkern, garantirt nicht den ewigen Frieden, kann im Fall eines Krieges für einen Theil sehr unbequem werden, wird tölpelhaft gehandhabt, giebt das Mittel zu argen Ausbeutungen an die Hand, und sein praktischer Nutzen ist bis jetzt nur noch sehr beschränkter Art. Aber dennoch ist seine Vollendung eines der größten Ereignisse des Jahres 1866, eben weil er die Controle des Geistes über die Materie vervollständigt und einem Fortschritt von unberechenbarer Tragweite die Bahn gebrochen hat. Der einzig richtige Maßstab für Alles, was sich auf der Erde ereignet, ist eben das Vorwiegen des Materiellen über das Geistige, des Gesitteten über das Rohe, in der Errungenschaft, um die es sich eben handelt.

Legen wir diesen Maßstab an die Resultate des verflossenen Jahres, so finden wir, daß die neue Welt mehr Ursache hat, mit Befriedigung auf das Vollbrachte zurückzublicken, als in Europa. In den Vereinigten Staaten haben wir entschieden einen Sieg der Gesittung über die Rohheit, der Einsicht über die Verblendung vor uns, und ebenso mußte in Mexiko die brutale Gewalt des importirten Kaiserthums der Vaterlandsliebe, welche bei allen seinen Fehlern dem Mexikaner nicht abzusprechen ist, im Kampf der südamerikanischen Republiken mit Spanien der monarchische Uebermuth einem aufgeklärten, thatkräftigen Patriotismus, und endlich am Paraguay der Andrang übermüthiger Gegner der unbändigen Ausdauer und Kühnheit der Paraguiten weichen. In Deutschland dagegen war die Sittlichkeit und intelligente Thatkraft des Volkes nicht im Stande, sich der Brutalität gegenüber Geltung zu verschaffen, in Spanien beugt sich eine edle, ritterliche Nation unter den Fußtritten der infamsten, geistlosesten Tyrannei, und im Orient sahen wir eben erst wieder die Erhebung eines verzweifelnden Volkes durch den Eisenhuf roher Gewalt niedergetreten. Läßt sich dennoch stellenweise ein entschiedener Fortschritt zum Besseren nicht verkennen, so liegt dies in der allgemeinen Erstarkung des edleren Princips, welche selbst die Männer von Blut und Eisen zwingt, ihm Rechnung zu tragen, und seine vollständige Mißachtung als eine Unmöglichkeit erscheinen läßt.

Was Deutschland, den Schauplatz der größten Ereignisse, betrifft, so ist es noch immer nicht möglich, das dort Vorgefallene mit ungemischten Empfindungen zu betrachten. Wer sich mit dem Geschehenen im Allgemeinen zufrieden erklärt, thut es nicht ohne inneres Widerstreben, und wer über Alles sein Verdammungsurtheil fällt, muß gewaltsam einen Protest zurückdrängen, welcher in ihm aufsteigt. Norddeutschland ist so ziemlich eine kompakte Masse geworden, aber Deutschland ist dabei in drei Theile zerrissen. Fürsten sind vertrieben worden, aber das monarchische Princip hat dadurch keinen unmittelbaren Eintrag erlitten, und ob die Freiheit etwas dabei gewonnen, ist fraglich. Habsburg ist gedemüthigt und geschwächt, aber der ihm abhanden gekommene Glanz auf Hohenzollern übergegangen. Es wird ziemlich allgemein als ein Glück anerkannt, daß aus dem großen Zusammenstoß Oesterreich nicht als Sieger hervorgegangen; aber darin macht sich eben nur das Bewußtsein geltend, daß der Triumph Preußens unter zwei Uebeln, die nothwendiger Weise eintreten mußten, das geringere war. Die Einigung beruht da, wo sie zu Stande gekommen, auf Zwang; die Vereinigten sind Unterjochte, Beleidigte, Erbitterte, und eine Einigung auf solcher Basis trägt nicht die Elemente des Heils in sich. Selbst die Sieger können ihres Sieges nicht froh werden, weil sie sich der Immoralität ihres Vorgehens sehr wohl bewußt sind und den Fluch der bösen That fürchten, und in die Sehnsucht nach der Wiedervereinigung des Ganzen tritt der störende Gedanke, daß sie augenblicklich nur auf eine Weise, nur auf dem Wege einer neuen Stärkung, eines neuen Triumphes Derer möglich ist, die sich so schmachvoll an der Nation vergangen. Als trostloses Chaos erscheint uns die deutsche Politik, und des Gefühls tiefer Scham kann sich der Patriot nicht erwehren. Das Blut des Volkes ist in Strömen geflossen; aber dennoch liegt nichts vor, worauf das Volk stolz sein könnte. Einem gewaltigen Conflikt pflegt sonst wenigstens das Bewußtsein zu folgen, daß, nachdem das, was unvermeidlich war, geschehen, jetzt wenigstens für die nächste Zeit eine Bürgschaft des Friedens gewonnen ist. Aber selbst diese Befriedigung fehlt im vorliegenden Fall. Der Friede wird nur im Licht eines Waffenstillstandes betrachtet, und zwar mit Recht. Ja das Gefühl der Erniedrigung ist bei vielen der Besiegten so vorherrschend, daß sie sich nach einer Erneuerung des Kampfes sehnen, welche ihr Elend nur vergrößern könnte. Es ist das traurige Schauspiel politischer Unreife in einer Nation, welche sonst in geistiger Reife und sittlichem Werth über allen andern steht. Die einzige Folge des deutschen Bürgerkrieges, auf die wir mit ungetrübter Freude blicken können, ist der Vortheil, welchen Italien durch die Befreiung Venetiens daraus gezogen. Traurig genug, daß deutsche Waffen immer nur Fremden die Freiheit bringen.

Völker müssen wie Individuen nach ihrer eigenen Façon selig werden. Es läßt sich darüber nicht streiten, und Lamentationen wären vollends thöricht. Vor achtzehn Jahren hatte es die deutsche Nation in der Hand, sich ihrer Fürsten zu entledigen; sie hat es vorgezogen, dieselben zu behalten, und muß jetzt die Folgen ihrer Thorheit tragen. Sie wollte damals nicht durch das hohe Thor der Freiheit zur Einheit gehen; jetzt bleibt nichts Anderes übrig, als durch das niedrige Portal der Einheit mit gekrümmtem Nacken, auf langen Umwegen, zur Freiheit zu gelangen. Damals war der Weg gerade, der Schritt leicht und elastisch; jetzt muß auf gewundenen Pfaden eine schwere Last geschleppt werden, und der schlüpfrige Boden ist blutgetränkt. Der Krieg führte zur Zerreißung des Vaterlandes; wir können allenfalls einen Trost darin finden, daß das zerrissene Band nur ein sehr lockeres war. Es scheint aber unmöglich, daß die Einigung sich anders als durch einen neuen Krieg vollenden lassen wird, und die Zukunft des deutschen Vaterlandes zeigt sich uns daher in einem gar trüben Lichte.

Unmöglich ist es, den Schleier der Zukunft zu heben, vermessen, den Lauf der Ereignisse vorher berechnen zu wollen. Fast untrüglich ist aber der dunkle Instinkt eines Volkes, die Ahnung, welche durch die Massen geht, und in diesem Fall möchte noch etwas mehr als eine Ahnung vorliegen, denn leicht ist es, die Unhaltbarkeit des Geschaffenen zu berechnen. Das an der Spitze stehende monarchische Element ist im verflossenen Jahre in denselben Fehler verfallen, dessen sich das Volk im Jahre 1848 schuldig machte. Es blieb auf halbem Wege stehen und setzte sich dadurch der Gefahr aus, das Gewonnene wieder zu verlieren. Als Bismarck schon fast sein Ziel erreicht hatte, entsank ihm der Muth. Im Anfang setzte er Alles daran, um Alles zu gewinnen; schon war er dem Ziel nahe, und auf einmal wurde er ein anderer Mensch. An seinen Willen, das Haus Oesterreich für immer unschädlich zu machen, kann füglich kein Zweifel obwalten; blieb er vor Wien stehen, so muß man den Grund dafür in seiner Furcht vor dem Verlust einer Schlacht suchen, und doch war diese Gefahr nichts im Vergleich zu den schon überstandenen. Ebenso wenig kann es einem Zweifel unterliegen, daß er ganz Deutschland unter preußischer Oberherrlichkeit zu vereinigen wünschte. Nachdem die Möglichkeit einer Unterstützung durch Oesterreich abgeschnitten und die Schlacht bei Aschaffenburg gewonnen war, bedurfte es kaum noch eines großen Treffens, um die Macht der Bundesregierungen vollends zu brechen; ein durch etliche Scharmützel unterbrochener militairischer Spaziergang wäre genügend gewesen. Das mußte Bismarck klar sein, und es konnte ihm deßhalb nur die Furcht vor dem Auslande Halt gebieten — eine Furcht, welche ihm bis dahin völlig fremd gewesen und die im letzten Augenblick durchaus unbegründet war. Er sank im entscheidenden Moment zum Niveau eines gewöhnlichen europäischen Staatsmannes herab. Es ist der große Fehler der monarchischen Diplomatie, daß sie nie etwas consequent zum Ende führt und nie ein Arrangement trifft, welches nicht den Keim künftiger, noch größerer Verwickelungen in sich birgt. Hätte Bismarck den Frieden in Wien und München diktirt, hätte er den österreichischen Kaiser zur Abtretung der deutschen Theile seines Reiches und die süddeutschen Regierungen zu demselben Arrangement gezwungen, welches er mit den norddeutschen getroffen hat, so könnte man ihm wenigstens die Anerkennung der Consequenz und das Lob, die Einigung des Vaterlandes herbeigeführt zu haben, nicht streitig machen, und das Ausland hätte ruhig zusehen müssen. Jetzt ist das, was er geschaffen, nur ein ganz gewöhnliches Stückwerk, und da es unmöglich ist, sich mit dem Gewonnenen zu begnügen, oder es auch nur zu behaupten wenn nicht weiter gegangen wird, so muß das, was jetzt schon hätte erreicht sein können, auf viel gefahrvollerem Wege angestrebt werden.

Ganz Europa ist mit Rüstungen beschäftigt; die einzige Gewähr des

Friedens für die nächste Zukunft liegt in der Thatsache, daß Alle noch nicht zum großen Entscheidungskampfe fertig sind, und in dem Glauben, daß der Mann, welcher nur durch die Schuld Bismarcks wieder zu Macht und Einfluß gelangt ist, das von ihm in seiner Hauptstadt arrangirte Unternehmen der Weltausstellung nicht stören lassen will. Alles ist in der Schwebe, weil nicht die Völker, sondern die Fürsten die Stimme der Entscheidung haben, weil nicht die Sittlichkeit, sondern die Robbheit maßgebend ist.

In Aussicht steht in erster Linie der Skandal eines norddeutschen Parlaments, wodurch die gehobene Stimmung Derer, welche durch die preußischen Siege den Zusammentritt eines deutschen Parlaments gesichert wähnten, einigermaßen beeinträchtigt werden möchte. In Aussicht steht ferner ein allgemeiner Krieg, durch den der „Aussteller" an der Seine nach beendigtem Geschäft sein arg beeinträchtigtes Ansehen zu restauriren hofft, und bei dem aller vernünftigen Berechnung nach Deutschland den Kampfplatz abgeben wird. Zu hoffen bleibt dabei nur, daß die gemeinsame Gefahr einer fremden Eroberung oder Vergewaltigung einem neuen deutschen Bruderkriege vorbeugen und das jetzige Dilemma durch eine nationale Einigung auf volksthümlicher, dauernder Basis zum Ende bringen möge. In sicherer Aussicht steht endlich eine Revolution in Spanien, und hinter dem Allen lauert die orientalische Frage, bei deren bloßer Erwähnung schon jeden europäischen Fürsten und Staatsmann ein Zittern überfällt. Amerika hat keinen Grund, Europa ob seiner glänzenden Aussichten zu beneiden. Vergleichsweise glücklich erscheint nur Italien, welches die letzte Spur der Fremdherrschaft auf seinem Boden vertilgt sieht und sich der begründeten Hoffnung hingeben darf, das Werk der Einigung demnächst durch die Entfaltung der Tricolore über dem Vatican vervollständigt zu sehen. Es ist dies ein Fortschritt und ein Gewinn, der nicht gering angeschlagen werden darf, und thöricht wäre es, zu behaupten, daß Italien dies Glück ohne sein Verdienst zu Theil geworden; namentlich uns Deutschen würde diese Behauptung übel anstehen. Den Italienern fehlen unendlich viele Vorzüge, welche uns eigen und auf die wir mit Recht stolz sind; aber daneben haben sie Tugenden, welche den Deutschen abgehen. Auch sie halten in ihrer Masse an der Monarchie fest; aber sie haben sich keinen Augenblick besonnen, Throne über den Haufen zu werfen, die ihnen im Wege standen, keine Niederlage schreckte sie jemals von der Erneuerung des Kampfes für die Einheit und Freiheit des Vaterlandes zurück, und nie wankten sie im Glauben an ihren nationalen Beruf. Die Schlacht bei Custozza ging verloren, und Venetien wurde befreit auf dem Felde von Sadowa; aber wie stände es jetzt mit Italien, wenn nicht Garibaldi's Odyssee vorausgegangen und Europa sich nicht längst darüber klar gewesen wäre, daß das Volk der Halbinsel nicht mit sich scherzen lasse? Auch Deutschland wird auf seine Weise sein Ziel erreichen; aber zugestanden muß werden, daß der durch Italien erwählte Weg der kürzere ist.

Der positive Gewinn des letzten Jahres läßt sich, so weit Deutschland in

Betracht kommt, in wenigen Worten zusammenfassen. Die Stagnation hat einer Bewegung Platz gemacht. Die Organisation, welche nur auf die Fesselung des Volkes berechnet war, ist gesprengt und etwas an ihre Stelle getreten, was nicht die Elemente einer fünfzigjährigen Dauer in sich trägt, sondern schon binnen kurzer Zeit einem Bessern weichen muß. Der Bund machte Deutschland dem Auslande gegenüber ohnmächtig; jetzt war schon das kräftige Auftreten eines Bruchtheils vom Ganzen genügend, um den Fremdling im Respekt zu halten. Die Welt hat gesehen, was deutsche Thatkraft selbst da vermag, wo sie nicht vom Geiste des Volkes getragen wird, und die Achtung paart sich mit einer heilsamen Furcht. Erhebt sich das deutsche Volk in seiner Macht zur selbstständigen Ordnung seiner innern Angelegenheiten, so wird sich's Niemand herausnehmen, ihm darin hinderlich sein zu wollen. Deutsche und Italiener haben aufgehört, natürliche Feinde zu sein, und gegenseitige Achtung wird sie zu Bundesgenossen machen — ein Umschwung, dessen Tragweite nicht überschätzt werden kann. Eine deutsche That hat die Welt mit Staunen erfüllt, obgleich es nur die That eines von der Nation verachteten und gehaßten Ministers war. Am deutschen Volk liegt es jetzt, über seine Fürsten und Minister hinweg zu einer That zu schreiten, welche es über alle Völker Europas stellen wird.

Auf das, was unser **neues** Vaterland im verflossenen Jahre geleistet, können wir mit fast ungetrübter Befriedigung zurückblicken. Die hier maßgebende Politik des **Volkes** hat sich der fürstlichen unendlich überlegen gezeigt. Siegte drüben das Laster, so triumphirte hier die Sittlichkeit. Konnte drüben das edle Bewußtsein des Volkes nicht zur Geltung kommen, so ist es hier maßgebend gewesen. Wurde drüben ein fauler Friede geschlossen, so hat man sich hier vor einem solchen gehütet. Blieb man drüben auf halbem Wege stehen, so schreitet man hier rüstig vorwärts und will sich nur mit dem Ganzen begnügen. Beugte man sich drüben der Gewaltthat eines Einzelnen, so genügte hier schon die Androhung von Uebergriffen, schon das erste Symptom aufkeimender Herrschergelüste, um das Volk auf die Hochwacht der Freiheit zu rufen. Wurde drüben Blut im Bürgerkriege vergossen ohne daß die Freiheit einen Gewinn daraus zog, so ist man sich hier klar darüber, daß es nur für die volle, ganze, ungeschmälerte Freiheit geflossen sein darf. Ließ man sich drüben durch das Ausland einschüchtern, so hat man sich hier jeden fremden Einfluß energisch vom Leibe gehalten. Legte man drüben die Waffen nur nieder mit der sichern Aussicht, sie bald aufs Neue ergreifen zu müssen, und schloß man dort einen Frieden, welcher die Bürgschaft neuer Kriege in sich trägt, so zieht man es hier vor, noch auf unbestimmte Zeit die Segnungen der innern Harmonie zu entbehren, um der Möglichkeit einer Wiederholung des bewaffneten Zusammenstoßes vorzubeugen.

Es gilt in Europa als Regel, daß ein Volk im Frieden das wieder verscherzt, was es im Kriege gewonnen; hier wird dagegen das Gewonnene mit eiserner Consequenz festgehalten und auf der errungenen Basis weiter gebaut.

75

Es ist eine nur zu häufige Erscheinung, daß ein Volk, welches im Kampfe die Welt mit Bewunderung erfüllt, nach demselben den Zorn und Widerwillen des Menschenfeindes erregte; das amerikanische Volk dagegen ist so groß im Frieden wie im Kriege, und hätte ein Klopstock ihm seine Oden gesungen, er brauchte kein Wort davon zu widerrufen.

Die politische Reife dieses Volkes ward auf eine schwere Probe gestellt. Man appellirte an seine alten Schwächen; aber da fand man, daß es nicht die Feuerprobe eines vierjährigen Bürgerkrieges überstanden ohne geläutert daraus hervorzugehen. Die amerikanische Erbsünde ist die Compromißsucht, die Neigung, dem lieben Frieden ein Prinzipienopfer zu bringen; aber diesmal wurde jede derartige Zumuthung mit Entrüstung zurückgewiesen. Es ist dem Amerikaner eine oft bis zum Extrem getriebene Großmuth, ein fast unbezwinglicher Widerwille gegen jegliche Art drückender Gewaltherrschaft eigen. Auch hierauf wurde vom Versucher gebaut; aber bald zeigte es sich, daß diese löblichen Eigenschaften sich mit der nöthigen Vorsicht paaren und nur so weit die Entscheidung geben, wie die Klugheit und Rücksichten auf das öffentliche Wohl es zulassen. Der Amerikaner hing mit abergläubischer Verehrung am Buchstaben der Constitution, und auch damit suchte man ihn zu kirren; aber er ist mittlerweile tief in den Geist dieses so oft mißhandelten Instruments gedrungen. Es wird dem amerikanischen Volke ein besonders stark ausgeprägter materieller Sinn zugeschrieben; aber Die, welche hierauf bauten, hatten ihre Rechnung ohne den Wirth gemacht; das Volk wollte keine materielle Vortheile durch ein Prinzipienopfer erkaufen, und jede derartige Zumuthung vermehrte die Majorität auf der rechten Seite. Der Amerikaner hat eine große Pietät für Den, welcher als Repräsentant der ganzen Nation dasteht, und mit der Macht ist stets ein gewisser Nimbus verbunden, welcher obendrein der mit der Gewalt der Aemterverleihung verbundene Einfluß zur Seite steht; aber es hat sich jetzt gezeigt, daß die Pietät nicht weiter geht als die Achtung, und daß da, wo diese fehlt, nicht nur der Nimbus keinen Augenblick mehr anhält, sondern auch die Aemter nicht im Stande sind, das unwürdige Haupt der Nation vor dem politischen Tode zu retten.

Die große Republik ist sich selbst treu geblieben, und dadurch, daß ihr gewaltiger Arm seinen Schatten über Mexiko warf, ist dort die monarchische Usurpation zu Schanden geworden. Genug des Ruhmes und der Befriedigung, genug des Gewinns für die gesammte Menschheit in der kurzen Dauer eines Jahres, und zuversichtlich dürfen wir auf weitern Fortschritt rechnen. Fühlt das brittische Proletariat sich durch das Beispiel der Vereinigten Staaten zur Beanspruchung seiner Rechte angefeuert, so dürfen wir uns der freudigen Hoffnung hingeben, daß dies Beispiel auch auf das Land seinen bestimmenden Einfluß nicht verfehlen wird, welches von der Natur bestimmt zu sein scheint, in einer der amerikanischen ähnlichen Verfassung sein Glück zu finden. Sind wir zu sanguinisch, wenn wir in nicht gar zu weiter Ferne das Banner der Vereinigten Staaten Deutschlands zu erblicken glauben?

Musikalische Revue
Von Th. Hagen.

Vor einiger Zeit las man in europäischen Blättern, Richard Wagner habe eine komische Oper componirt. Die Nachricht erregte mit Recht die Aufmerksamkeit der musikalischen Welt. Man war begierig zu erfahren, wie ein Mann von so grübelndem, ernstem, und trotz aller seiner Neuerungsversuche dennoch doctrinärem Wesen eine Aufgabe lösen werde, die ganz andere Gemüthsstimmungen voraussetzt, als durch Erziehung und Verhältnisse einem Mann wie Wagner verliehen wurden. Nun, die Oper selbst haben wir sowohl, als auch unsere Kunstgenossen in Europa nicht gehört; aber das Vorspiel dazu ist uns zu hören vergönnt worden, und da das Vorspiel dem Wagner'schen Principe nach den Geist und Charakter des ganzen Werkes reflektiren soll, so haben wir auch wohl in gewissem Sinne einen Maßstab der Beurtheilung für die Oper selbst. Diesem Vorspiele nach zu schließen, muß allerdings die Oper einen höchst komischen Eindruck machen, wenn auch nicht einen solchen, wie er von Wagner intendirt wurde. Wenn das ganze Werk in dem fugirten, breiten und kräftigen Style des Vorspiels gehalten ist, dann dürfte dies in eine Breite ausarten, die als unerhört auf dem Gebiete der komischen Oper bezeichnet werden muß. Man sieht eben hieraus, wie selbst ein geistreicher Mensch sich zu Absurditäten verleiten lassen kann. Wagner wollte augenscheinlich mit seiner Musik den Geist und die musikalischen Errungenschaften der Zeit wiedergeben, in welcher die Meistersänger von Nürnberg ihr Wesen trieben. Als wenn eine moderne Behandlung des Stoffs nicht ebenfalls diesen Geist charakterisiren könnte!

Es war in der ersten Symphoniesoiree des Herrn Theodor Thomas in Irving Hall, in welcher uns diese neue Arbeit des Componisten geboten wurde. Zum Glück konnten wir uns gleich darauf den Tönen eines Beethoven überlassen. Herr William Mason spielte nämlich das Concert in G dur, eines der schönsten und zartesten Liebesgedichte, welche je in der musikalischen Sprache verfaßt wurden. Wenn irgendwo, so tritt uns hier die Mannigfaltigkeit des Genies des großen Meisters entgegen. Nicht blos das Gewaltige war ihm gegeben, sondern auch das poetisch Milde und Rührende. Die zartesten Regungen des Herzens sind hier in einer zauberischen Weise angedeutet; gleich dem Gemurmel eines rieselnden Baches flüstern die Töne Empfindungen, die uns einen Blick in das tief innige Seelenleben des Meisters thun lassen. Herr Mason spielte das schöne Werk mit jenem zauberisch melodischen Anschlage, der ihm eigenthümlich ist, wenn auch nicht mit jener Tiefe der Empfindung, welche eine vollkommen genügende Lösung der Aufgabe bedingt.

Das Conzert wurde durch die Vorführung der C dur—Symphonie Schubert's beschlossen. Schubert hat bekanntlich mehrere Symphonieen geschrieben, die mit andern seiner Werke jahrelang völlig bestaubt und unbeachtet in der Kammer seines Bruders aufgespeichert lagen. Endlich kam die liebende und prüfende Hand Schumanns zwischen diese Schätze, und der Welt wurde von allen seinen Symphonieen mindestens diese eine C dur erhalten. Freilich, die andern waren auch nicht der Art, daß ein Mann wie Schumann sie für würdig halten konnte, ans Tageslicht gezogen zu werden. Sie enthielten Längen, aber sehr wenige „göttliche", wie Schumann zu sagen pflegte, wenn er dieses Kardinalfehlers Schuberts gedachte. Auch diese Symphonie in C dur entbehrt ihrer nicht; die Form ist in allen größeren Werken dieses Meisters nicht knapp genug, die Gedanken strömen so gewaltig und schnell, daß der arme Componist kaum weiß, wie er sie alle unterbringen soll. Und doch kann er sich nicht entschließen, auch nur einen wegzulassen, und eben dies verursacht dann jenes übermäßige Ausspinnen der Sätze, das trotz allen Melodieen- und namentlich Modulationsreichthums doch am Ende ermüdet. Es ist dieser Mangel an Selbstkritik, welcher Schubert verhindert, sobald von seinen größeren Werken die Rede ist, als einer der großen Meister unserer Tonkunst genannt zu werden.

Mit dieser Soirée wurde die Conzertsaison in Irving Hall geschlossen; aber bald darauf öffneten sich die Thüren der großen Steinway'schen Halle. Die letztere ist sehr geräumig, bietet Sitze für 2500 Personen und hat Raum genug für mehr als 3000 Zuhörer, wie es sich in einer der Sonntagsconzerte der Bateman'schen Truppe herausstellte. Auch die Akustik muß als genügend bezeichnet werden. Der Saal macht in seiner Größe und Einfachheit einen imposanten Eindruck, und der Erfolg des Unternehmens kann wohl als gesichert bezeichnet werden. Es war die Bateman'sche Conzerttruppe, welche den Saal einweihte. Die Truppe besteht außer der Sängerin Parepa und dem Violinisten Carl Rosa aus neun Mitgliedern, nämlich aus dem Pianisten S. B. Mills, den Sängern Brignoli, Ferranti und Fortuna und dem Accompagnisten J. L. Hatton. Ueber Mad. Parepa ist schon so viel geschrieben worden, daß wir mit unserm Urtheile wohl post festum kommen. Sie ist auf jeden Fall eine hervorragende Sängerin. Begabt mit einer schönen, kräftigen Sopranstimme von großem Umfange, in einer tüchtigen Schule gebildet und dabei durch und durch musikalisch, muß es ihr am Ende leicht werden, in den mannigfachsten Gebieten des Gesanges sich auszuzeichnen und einen höchst günstigen Eindruck zu machen. Sie ist tüchtig in der Bravourarie wie in der einfachen Ballade, was sie unternimmt führt sie mit einer Sicherheit aus, die nur das Resultat des Bewußtseins eigener Kraft sein kann. Dabei hat sie eine vollständige Kenntniß des Maßes ihrer Kraft, sie unternimmt keine Schwierigkeit, die sie nicht vollständig bemeistern kann. Aber trotz aller dieser Vorzüge läßt uns ihr Vortrag kalt. Es fehlt ihr jenes tiefe, poetische Empfinden, das nur einem reichen Seelenleben entspringen kann. Ihre Kunst ist deshalb auch nur die des Augenblicks, sie läßt nichts in dem Zuhörer zurück, an dem er sich noch stundenlang nachher erwärmen und erheben kann. Ihre Auffassung ist eine durchaus praktische, dem äußerlichen Effekt huldigende, mit einem Wort, sie ist eine sehr correkte, tüchtig geschulte, aber etwas nüchterne Conzertsängerin.

Die übrigen Mitglieder sind ebenfalls tüchtige Repräsentanten ihrer verschiedenen Fächer. Obenan steht der Pianist S. B. Mills, der, was solide, nach allen Seiten hin ausgebildete Technik anbetrifft, wenige Rivalen weder hier, noch in Europa haben dürfte. Er spielt alle Arten Musik gleich gut, mit Ausnahme der sogenannten Salonmusik, die unter seinen Fingern womöglich noch lederner klingt, als sie ohnehin schon ist. Den besten Eindruck macht er mit dem Vortrage der Conzerte von Chopin, Schumann, Beethoven, Mendelssohn; alle in dieses Gebiet einschlagenden Werke sind ihm geläufig und werden von ihm technisch vollendet vorgetragen. Auch läßt sich seiner Auffassung eine gewisse Verständigkeit nicht ableugnen. Es ist Alles darin recht hübsch geordnet und berechnet; es fehlt aber überall jene Lebendigkeit des Geistes, jener Adel der Empfindung, jenes Seelische und Poetische, jener Schwung, der den Zuhörer mit sich fortreißen und in eine gehobene Stimmung versetzen kann.

Herr Carl Rosa ist ein noch sehr junger Violinspieler, von höchst versprechendem Talente. Er hat ein ernstes Streben und bereits einen höchst erfreulichen Grad der Ausbildung erreicht. Natürlich steht er noch lange nicht auf der Höhe seiner Kunst, aber wir glauben es aussprechen zu dürfen, daß der junge Mann selbst davon durchdrungen ist. Mindestens hoffen wir es.

In Betreff der italienischen Sänger läßt sich wenig sagen. Brignoli ist noch immer der Alte; er hat nichts gelernt und nichts vergessen. — Ja doch, er hat ein englisches Lied gelernt, das wir aber lieber vergessen möchten.

Herr Torrenti ist ein Baßbuffo, der die Audienz durch seine Späße amüsiren muß. Er ist der Clown der Gesellschaft, und würde wahrscheinlich auf der Bühne in der Oper ganz am Platze sein; aber in Conzerten machen derartige Harlequinaden doch einen traurigen Eindruck.

Herr Fortuna ist einer von den Dutzend-Baritons mit wenig Stimme, und Herr Halton ein bekannter englischer Balladencomponist, der ausgezeichnet zu begleiten versteht.

Mit diesen Kräften giebt Herr Bateman, unterstützt von dem Orchester des Herrn Theodor Thomas, seine Conzerte, die uns aber diesmal nicht so besucht zu sein scheinen, wie in der vorigen Saison. Unserer Ansicht nach könnte ein erhöhtes Interesse in die Conzerte gebracht werden, wenn dem Orchester mehr zu thun gegeben würde. Diese ewige Solosingerei und Solospielerei wird am Ende doch langweilig.

Die Philharmonische Gesellschaft gab ihr erstes diesjähriges Conzert mit dem folgenden Programme:

Symphonie C–dur..................................Schumann.
Scene und Arie für Sopran „Insfelice".............Mendelssohn.
        Fräulein Natalie Seelig.
Es–dur Conzert...................................Beethoven.
        Herr Carl Wolfsohn.

Nächtlicher Zug, Episode aus Lenau's „Faust".......Liszt.
Arie aus „Titus"..................................Mozart.
    Obligate Clarinettbegleitung von Herrn E. Boehm.
        Fräulein Natalie Seelig.
Ouvertüre „Columbus"..............................G. F. Bristow.

Mit Ausnahme der Schumann'schen Symphonie und des Beethoven'schen Klavierwerkes, bot dieses Concert nichts Fesselndes. Die Symphonie unter Bergmann's sicherer Leitung machte wieder einen tiefen Eindruck. Sie ist unbedingt das Kräftigste, was Schumann geschrieben hat, großartig in der Anlage und genial in der Durchführung.

Herr Wolfsohn spielte das Beethoven'sche Es-dur Concert, im Charakter sehr verschieden von dem aus G-dur, und bewährte sich wieder als der gebildete Künstler, als welchen wir ihn schon seit längerer Zeit kennen.

Fräulein Seelig sang ihre Arien mit jener Routine, der wir bei deutschen Sängerinnen, namentlich bei solchen, welche sich lange auf der Bühne bewegt haben, oft begegnen. Aber sie konnte weder in der Tonbildung genügen, noch konnte sie uns auch nur einen Augenblick vergessen lassen, daß es ihr an einer eigentlichen künstlerischen Gesangsmethode fehlt. Wir haben hier mindestens ein Dutzend Sängerinnen, von denen sie in der Technik des Singens noch lernen kann.

Die Composition Liszt's hat, wie Alles, was von diesem Verfasser ausgeht, geniale Züge; aber es kommt darin nichts zum eigentlichen Durchbruche; es ist ein ewiges Fragen darin, aber wir warten vergebens auf die Antwort, die uns selbst am Schlusse nicht gegeben wird. Liszt hat in derselben Manier viel Besseres geschrieben.

In Betreff der Ouvertüre des Herrn Bristou, mit welcher das Concert geschlossen wurde, können wir nur sagen, daß sie das Werk eines verständigen Mannes ist, der das Orchester recht gut zu behandeln versteht, der aber keine Ideen hat. Von Allem, was dem Programme zufolge in dieser Ouvertüre illustrirt werden soll, haben wir gar nichts bemerkt; hätte Columbus kein anderes Zeug gehabt, als in diesen Tönen liegt, die ihn repräsentiren sollen, er hätte wahrlich nicht die neue Welt entdeckt.

Zu den interessantesten Ereignissen der gegenwärtigen Saison gehören wohl die Beethoven-Matineen, welche Herr Carl Wolfsohn in dem kleineren Steinway'schen Saale giebt. Bekanntlich hatte der in England lebende deutsche Pianist Carl Halle zuerst die Idee, die Beethoven'schen Klaviersonaten in einem Cyclus von Concerten dem Publikum vorzuführen. Herr Wolfsohn hat mit lobenswerther Ambition dieselbe Idee erfaßt, und bereits in drei Matineen neun dieser Sonaten gespielt. Die Aufgabe, die er sich gestellt hat, ist keine kleine. Sie setzt große Reife des Genies, musikalische Bildung und Technik voraus, Eigenschaften, die nur das Eigenthum sehr weniger Pianisten der Welt sind. Vielleicht giebt, oder vielmehr gab es wohl nur e i n e n Klavierspieler, der dieser Aufgabe vollkommen gewachsen war. Wir meinen natürlich keinen Andern als Liszt, der mit Recht der Einzige genannt werden kann. Seine Kraft als Pianist ist natürlich jetzt gebrochen; aber noch heute würde er durch die Originalität seiner Auffassung und das Feuer seiner wahrhaft großen Künstlerseele alle Diejenigen beschämen können, die die Welt als seine Nachfolger anerkennt. Die Sonaten technisch zu überwinden, dazu ließen sich wohl noch

Einige finden — Bülow, Arabella Goddard, Martier de Fontaine; auch ihre geistige Macht zu erfassen, sind Mehrere im Stande, Bülow vor Allen; aber das Poetische, Gigantische, Beethoven Verwandte empfinden und wiedergeben, das konnte nur Einer, und dieser Eine war Liszt. Für Die, welche lesen können, giebt es keine bessere Lebensschilderung Beethoven's, als dessen Sonaten. Die zartesten wie die mächtigsten Erregungen seiner Seele, seine Schmerzen, seine Freuden, seine Liebesseufzer, seine Ausbrüche der Verzweiflung, ja vielleicht sogar seine Selbstmordgedanken — alles das finden wir in diesen Sonaten. Aber selbst vom rein künstlerischen Standpunkte aus betrachtet, tritt uns in ihnen verhältnißmäßig Bedeutenderes entgegen, als in irgend einem seiner andern Werke. In seinen Sonaten greift er seiner Zeit weit mehr voraus, als z. B. in seinen Symphonieen. Die erste Sonate, die er als 22-jähriger Jüngling der Welt lieferte, hat weit mehr Selbstständiges, als z. B. seine erste Symphonie. Seine Sonaten stehen heute noch in Betreff der Großartigkeit der Conception und des Inhalts vereinzelt im ganzen Bereich der Klavierliteratur da. Wir Modernen haben allerdings die Form concentrirt, aber mit ihr auch den Inhalt.

Nach diesem Allen wird es wohl kaum befremden, wenn wir sagen, daß Herr Carl Wolfsohn seine Aufgabe bis jetzt nur unvollkommen lös'te. Er hat manche gute Eigenschaften als Pianist, ist sehr strebsam, sehr fleißig, und zeigt auch in seinem Spiel hie und da den denkenden Künstler; aber, wie gesagt, die Aufgabe ist vor der Hand zu groß für ihn. Wir wollen deshalb doch sein Streben ehren; auf jeden Fall ist es anerkennungswerth, daß ein junger Künstler sich eine solche Aufgabe stellt, während er mit einer leichteren nicht blos den Dank des Publikums, sondern auch in vielen Fällen den der Presse erringen könnte.

Es liegt uns jetzt ob, einer ausgezeichneten Aufführung der neunten Symphonie Beethovens zu gedenken, welche wir Herrn Theodor Thomas, seinem Orchester und der Mendelssohn Union zu verdanken haben. Dieselbe fand in der zweiten Symphonie-Soirée des Herrn Theodor Thomas statt und war wirklich eine der besten, die wir noch gehört haben. Bekanntlich bietet das Werk große Schwierigkeiten in Betreff der Ausführung. Es war die letzte symphonische That des großen Meisters, und in Betracht der Conception wohl das Größte, was er auf diesem Gebiete geleistet hat. Ob die Betheiligung des Chors und des Soloquartetts im letzten Satze nicht noch größern Effekt hätte hervorrufen können wenn Beethoven ein wenig mehr das der menschlichen Stimme Mögliche und Ausführbare berücksichtigt hätte, ist eine andere Frage, die schon oft diskutirt worden ist, und deren Erörterung uns hier zu weit führen würde. Auf jeden Fall ist die Volksmusik, die er in diesem Satze intendirt und die ihm auch vortrefflich in der Hauptmelodie gelungen ist, mit dem nahe an das Unausführbare Grenzenden einzelner Vokalstellen unvereinbar. Wenn er dem Ausrufe: „Seid umschlungen, Millionen; diesen Kuß der ganzen Welt!" musikalischen Ausdruck geben wollte, so mußte er auch dahin trachten, daß die Welt ihm auf diesem Gebiete folgen konnte. Aber abgesehen von aller technischen Behandlung des Vokalen in diesem Satze, ist der Eindruck des Ganzen doch ein so gewaltiger, daß er noch lange in uns fortlebt, nachdem die Töne verklungen sind. Und so war es auch diesmal. Wer nach Anhörung dieser „Hymne an die Freude" nicht mit erhöhten Gefühlen der Brüderlichkeit und Menschenliebe aus dem Concert fortgegangen ist, den beneiden wir nicht um sein Dasein; er ist der Welt verloren.

Zum Schlusse müssen wir noch des zweiten Philharmonischen Concertes erwähnen, das vor einem nicht allzu zahlreichen Publikum in Steinway's Hall stattfand. Und dennoch hätte das Stück Lebensgeschichte, welches Beethoven in seiner vierten Symphonie niedergelegt hat, wohl verdient, von einem größeren Auditorium gehört zu werden. Beethoven hat wenige Werke geschrieben, in denen die Einheit der Idee so consequent festgehalten ist. Unter Carl Bergmann's tüchtiger Leitung klang das Werk ausgezeichnet und machte wie immer einen guten Eindruck.

Mlle. Camilla Urjo spielte das Mendelssohn'sche Violinconcert, namentlich den ersten Satz desselben, sehr brav. Die Auffassung war jedoch durchgängig etwas zu klein, auch vermißten wir Wärme und Poesie des Ausdrucks.

Das Letztere ließe sich auch auf das Spiel des Fräuleins Groschel anwenden, welche den ersten Satz des D moll-Concertes von Mozart vortrug. Die junge Dame, Tochter eines geachteten hiesigen Musiklehrers, hat einen kräftigen Anschlag und recht gute Technik; aber es fehlt ihrem Vortrage vor der Hand noch an individuellem Leben und an wirklichem Geiste.

Das Concert wurde mit der Ausführung der bekannten Episode von Berlioz "Lo carnoval Romain" geschlossen. Dies ist unbedingt eins der besten Werke des geistreichen Franzosen.

New-Yorker Correspondenz.

New-York, im December. Wie die Feier des Weihnachtsfestes nach deutscher Art entstanden, ist bekannt. Jeder weiß, daß, wie in so manchen andern Dingen, so auch hier ein christliches Pfropfreis auf heidnischen Stamm gepflanzt wurde. Unsere Vorfahren feierten ihr Juel (so heißt Weihnacht noch heute in den skandinavischen Mundarten) als Erntefest, und da man doch einmal jubelte, kostete es keine große Ueberwindung, die Freude zugleich auch für die Geburt des Erlösers gelten zu lassen. Die alten Götter traten in den Hintergrund und wurden nach und nach ganz vergessen, die neue Gottheit befand sich im unbestrittenen Besitze des vakant gewordenen Raumes, und so wurde denn dem Christkindlein ausschließlich die Ehre zu Theil, die ihm bis auf den heutigen Tag geblieben ist. So war der Verlauf. Aber wer erfand den Weihnachtsbaum? Darüber schweigt die Geschichte. Eine deutsche Erfindung ist's jedenfalls, darüber kann kein Zweifel obwalten. Die Tanne ist ein nordisches Gewächs, und was wir noch jetzt allein hegen und pflegen, das kann uns unmöglich von Andern verliehen sein. Beruhigen wir uns darüber, daß wir den Erfinder nicht bei Namen kennen. Begnügen wir uns mit der moralischen Gewißheit, daß er ein Deutscher von ächtem Schrot und Korn war. Lebhaft können wir ihn uns vorstellen, wie er am kalten Wintermorgen in den beeis'ten Wald ging, einen kräftigen Schutz von seiner schneeigen Last befreite, ihn abschnitt und heimlich heimtrug. Der Deutsche ist ja ein Sohn des Waldes, und nichts lag näher als der Gedanke, ein Stückchen Wald ins Zimmer zu versetzen. Weib und Kind sollte eine unerwartete Freude bereitet werden. Das Tannenreis stand da, frisch und grün als wär's mitten im Frühling. Aber viel hübscher mußte es sich machen wenn es erleuchtet war, und darum wurden kunstvoll Lichtlein daran befestigt und sonst noch kleine Sachen hinzugefügt. Das war ein Jubel! Etwas Schöneres konnte es ja gar nicht geben. Die Nachbarn wurden herbeigerufen um die Herrlichkeit zu schauen, sie machten es nach, es verbreitete sich weiter und weiter, und so ist die lieblichste aller Sitten, die herzinnigste Offenbarung deutschen Gemüthslebens, bis auf unsere Tage gekommen. Wohin der Deutsche zieht, da muß er seinen Christbaum haben, und wo man denselben schaut, da nimmt man sich vor, nächstes Jahr auch einen zu schmücken. So hat er in Amerika das Bürgerrecht erhalten, und so ist durch seine Vermittlung die ganze deutsche Weihnachtsfeier in den fremden Welttheil verpflanzt worden. Wie dies zugegangen, darüber braucht man keine geschichtliche Forschungen anzustellen, denn es ist noch gar nicht lange her. Wer nur zehn Jahre hier ist, weiß noch ganz genau, wie große Mühe es ihm machte, ein Tannenbäumchen zu bekommen, und daß damals der Weihnachtstag sich noch sehr wenig von andern Tagen unterschied. Jetzt stehen alle Märkte und alle Straßenecken voll von der grünen Waare. Nur fünf Jahre zurück verkaufte ein hiesiges Importationsgeschäft etwa zehn Pfund bunter Wachskerzen; jetzt verabfolgt und versendet es Tausende von Pfunden, nicht nur in New-York, sondern bis zu den Ansiedlungen der Hinterwälder, und der 25ste December ist hier ein so regulärer Festtag wie in Deutschland.

Im Geschäftsleben spielt die Festwoche eine bedeutende Rolle. Je nachdem sie die Erwartungen befriedigt oder nicht, wird die Saison eine gute oder schlechte genannt. Das ganze Jahr hindurch wird in Geschäften ohne Zahl darauf gerechnet, daß der letzte Monat so viel leisten wird wie die übrigen elf zusammen; schlägt diese Erwartung fehl, so giebt es lange Gesichter und in sehr vielen Fällen einen Bankerott. Diesmal scheinen die Verhältnisse besonders ungünstig zu liegen. Auf die Extravaganz, welche während des Krieges herrschte, ist eine durch die Umstände gebotene Sparsamkeit gefolgt, welche zwar an und für sich eine Tugend, aber doch für viele Leute ein Malheur ist. Ueberhaupt herrschte in New-York seit langer Zeit keine solche geschäftliche Stille wie jetzt, und die Stagnation ist der Art, daß man sich vielfach nach dem lange prophezeihten Zusammensturz sehnt, von dem man erwartet, daß er wie ein Sturm die schwüle Atmosphäre säubern und neues Leben bringen wird. Kuriose Zustände, widerspruchsvoll wie alles Amerikanische. Während das Land in Noth war, hat man gejubelt, und jetzt, da die Noth ein Ende hat, geht man betrübt einher. Aber obgleich ein Verkaufsladen neben dem andern vergeblich der Kunden harrt, obgleich Tausende von Arbeitern beschäftigungslos sind und der Strom der Einwanderung unaufhaltsam neue Kräfte, die für's Erste keine Verwendung finden, ans Ufer wirft, hört man doch wenig von herrschenden Nothständen. Obgleich wir uns faktisch inmitten einer Krisis befinden, ist doch nicht die Rede von Arbeiterdemonstrationen und Suppenanstalten à la Lindenmüller, welche früher bei ähnlichen Gelegenheiten auf der Tagesordnung waren. Die gesammelten Erfahrungen scheinen die Masse des Volkes gesitteter und vorsichtiger gemacht zu haben; wo früher die Frucht der Arbeit, sobald sie geerntet war, in Saus und Braus vergeudet wurde, hat man jetzt einen Theil für schlechte Zeiten bei Seite gelegt. Auch das Geschäft ist im Allgemeinen ein solideres geworden. Der erwartete Zusammenbruch mag erfolgen, aber er wird keinen allgemeinen Ruin, kein solches Elend mit sich führen wie beispielsweise im Jahre 1857, und daraus erklärt es sich denn auch, daß man ihn nicht eigentlich fürchtet, sondern ihm eher mit Hoffnung entgegensieht.

Von New-Yorker Widersprüchen habe ich die Leser der Monatshefte schon häufig unterhalten, muß aber immer wieder auf dies unerschöpfliche Thema zurückkommen. Es giebt wohl keine zweite Stadt in der Welt, an der man so viel auszusetzen und so viel zu bewundern hat. Vergegenwärtigen wir uns nur den Skandal der letzten Wahlen! Im November herrschte ein Eifer, welcher die Abgabe einer beispiellos großen Stimmenzahl zur Folge hatte, und das Resultat war, daß Männer als Vertreter der Metropole in den Congreß gesandt wurden, mit denen man im Privatleben nicht gern zusammen gesehen wird, Männer, denen ihre politische Vergangenheit unbestreitbaren Anspruch auf das Prädikat „infam" giebt; Männer, welche ebenso wenig wie der Graf Bismarck ein Hehl daraus machen, daß sie das Geld nehmen wo sie's finden, ohne danach zu fragen, ob es ihnen von Rechts wegen gehört oder nicht; Männer, von denen Einer ein notorischer Störer des Landfriedens und wegen einer Reihe grober Verbrechen unter Anklage gestellt ist. Leute wurden zu Gesetzgebern erwählt, welche die schamloseste Verletzung der Gesetze zu ihrer Profession gemacht haben. Die politische Selbstprostitution der Stadt New-York ist so himmelschreiender Art, daß von Seiten des Staates eine eklatante Sühne erfolgen und, um die Schande der Sendung eines Morrissey in das Repräsentantenhaus zu mildern, Frederic Douglas, der hochbegabte, geniale Ehrenmann, dem unter dunkler Haut ein großes, für Ehre und Menschenwohl glühendes Herz schlägt, zum Senator erwählt werden sollte. Im December, bei den Stadtwahlen, bot sich die Gelegenheit, ein gutes Werk zu verrichten, dessen Nothwendigkeit allgemein empfunden wurde. Die Chancen waren der günstigsten Art. Die der Corruption huldigenden Elemente hatten sich gespalten; der bessere Theil der Bevölkerung brauchte sich nur in hellen Haufen an den Stimmkasten zu begeben, um des Sieges gewiß zu sein und der Stadt eine gute, ehrliche Verwaltung zu sichern. Aber diese bessern Elemente blieben in der Mehrzahl daheim; sie waren zu faul, um sich der geringfügigen Mühwaltung zu unterziehen, zu träge, um ihrem eigenen Interesse das kleine Opfer eines viertelstündigen Ganges zu bringen. Sie beklagen sich bitter über die fast unerschwinglichen Steuern und die ruchlose Verschleuderung derselben; aber sie mögen nicht das Geringste dagegen thun. So kam es denn, daß die Corruption abermals den Sieg errang und der Pöbelherrschaft — ein milderer Ausdruck ist nicht angebracht — ein weiterer Termin gesichert wurde. Unter den Candidaten für die städtische Finanzverwaltung errang Derjenige den Sieg, welcher den wenigsten Anspruch auf das Vertrauen seiner Mitbürger erheben kann.

Und doch, obgleich New-York das Menschenmögliche thut, um sich zu ruiniren, blüht und gedeiht es. Obgleich der Zustand der Straßen — dieses sicherste Kriterion für die Verwaltung der Stadt und die öffentliche Moralität ihrer Bewohner — ein wahrhaft grauenerregender ist, findet man in diesen Straßen weniger, was an die Uebelstände eines großen Handelsplatzes erinnert, als in irgend einem großen europäischen Mittelpunkt des Verkehrs. Obgleich im politischen Leben die rohen Instinkte den Ausschlag geben, ist in anderer Beziehung New-York unendlich viel besser als sein Ruf. Wer aus London oder Hamburg hierher kommt, wundert sich darüber, daß die Sittenlosigkeit sich hier bei weitem nicht in demselben Grade breit macht wie dort. Wer den Aufenthalt in einer englischen Stadt mit dem in New-York vertauscht, kann nicht genug von den angenehmen Eindrücken reden, die hier auf ihn einstürmen. Abgesehen von der Möglichkeit eines gelegentlichen Raubanfalls, kann man am Abend durch die Straßen New-Yorks wandern ohne fortwährend auf widerliche Scenen zu stoßen, und der Samstag macht hierin keine Ausnahme. Wimmeln in London die Straßen von Betrunkenen, so ist es hier selten, daß man einen solchen trifft. Werden dort unter dem Einfluß des Whisky Weiber zu Megären, so gehört eine trunkene Frau hier zu den ungewöhnlichsten Erscheinungen. Kann man in London am Abend kaum einen Ausgang machen ohne Zeuge von rohen Handgreiflichkeiten zu werden, so kommen derartige Auftritte hier durchaus nicht häufig vor. Die Sittenzustände New-Yorks sind im Allgemeinen so gut wie in keiner europäischen Weltstadt, und es muß der Grund hierfür doch wohl in der Freiheit gesucht werden, welche selbst dem Rohesten eine gewisse Selbstachtung einflößt, welche im strengsten Sinn keinen Standesunterschied, keine unübersteigliche Schranken zwischen Mensch und Mensch aufkommen läßt, welche Jedem die Möglichkeit eröffnet, sich zu den höchsten Stellungen emporzuschwingen, und ihm dadurch einen Sporn verleiht, der durch nichts Anderes ersetzt werden kann. Was an New-York zu tadeln ist, läßt sich hauptsächlich auf den gesellschaftlichen Abfall zurückführen, den die brittischen Inseln hierher senden; aber selbst dieser Auswurf wird durch den Aufenthalt in Amerika gebessert und veredelt. Darum dürfen wir keineswegs an New-York verzweifeln, dürfen nicht der Hoffnung entsagen, daß es sich auch in politischer Beziehung aus seiner jetzigen Gesunkenheit emporraffen wird. Zur Garantie einer Besserung schon während des Emporwachsens der jetzigen jüngeren Generation fehlt nichts als die Einführung des obligatorischen Unterrichts — oder, um mich eines Vielen anstößigen Ausdrucks zu bedienen — des Schulzwangs, denn die Bildung ist der Urquell der Sitte. Beschenkte uns der Convent, welcher laut Volksbeschlusses sich zu versammeln hat um die Verfassung des Staates zu revidiren, mit dieser Reform und würde sie streng durchgeführt, so hätte New-York bald in keiner Beziehung den Vergleich mit irgend einer andern Weltstadt zu scheuen.

Der Zorn über die Verschärfung der Sonntagsfeier hat jetzt seinen fanatischen Charakter verloren und, wenn er auch nicht ganz verschwunden, doch eine mildere Form angenommen. Jedenfalls müssen die gesammelten Erfahrungen Denen, welche diese Frage zum Angelpunkt ihrer politischen Wirksamkeit machten, die Ueberzeugung beigebracht haben, daß nichts dabei herauskommt und man sich durch solche Taktik nur selbst schadet. Ohne sich mit dem Zwange zu versöhnen, hat man doch herausgebracht, daß man auch ohne das jetzt Verbotene den Sonntag auf sehr angenehme und in hohem Grade gesittete Weise verbringen kann. Unter den erlaubten Vergnügungen stehen die Sonntagsconzerte in erster Linie, und sie haben sich auf solche Weise entwickelt, daß man darin mehr als genügenden Ersatz für manches Andere findet. Ueberhaupt verdient der außerordentliche Einfluß hervorgehoben zu werden, welchen die Musik hier immer mehr auf das öffentliche Leben gewinnt — und wie könnte man sich eine edlere Freundin und Erzieherin wünschen? Anschütz, Bergmann und Thomas — ich bin der unmaßgeblichen Meinung, daß jeder von diesen Männern hohen Dank verdient, und erfreulich ist es, daß die verdiente Anerkennung ihnen im reichlichsten Maße zu Theil wird. Ohne Ihrem geistvollen musikalischen Berichterstatter in's Gehege zu kommen, darf ich hier wohl von dem Hochgenuß Notiz nehmen, welchen Thomas und der deutsche Gesangverein Mendelssohn Union uns durch die Aufführung der neunten Symphonie bereiteten. Ein so andächtiges, so durch und durch entzücktes und begeistertes Publikum wie das an jenem Abend versammelte, hat wohl selten einer Tonschöpfung gelauscht, und man brauchte nur nach dem Schluß des Conzertes die Gesichter zu betrachten, brauchte nur den Gesprächen zu lauschen, um die Ueberzeugung zu gewinnen, daß die Kunst hier einen ihrer herrlichsten, tiefgreifendsten Triumphe gefeiert. Thomas ist ein Deutscher, aber als Künstler ein ächtes Kind New-Yorks. Als er hierher kam, war er sich kaum selbst des in ihm schlummernden Talentes bewußt. Durch die Noth wurde er in ein dienstliches Verhältniß getrieben, welches ihm bald unerträglich war und dem er sich nur durch die Flucht entziehen konnte. Er hatte nicht die Mittel, Unterricht zu nehmen, und wurde sein eigner Lehrer auf der Violine, auf der er es bis zur Virtuosität gebracht hat. Er besaß in jeder Beziehung nur die nothdürftigste Bildung, und jetzt ist ihm keine in sein Fach schlagende Aufgabe zu schwierig. Das Ziel, welches er sich gestedt, ist die Popularisirung der klassischen Musik, und mit unendlicher Liebe, mit feurigem Eifer widmet er sich diesem edlen Werke. Möglicherweise wäre es Thomas in Deutschland leichter geworden, sein Talent zur Ausbildung und Geltung zu bringen; aber vielleicht wäre dasselbe auch dort, unter gedrücktern Verhältnissen, verkümmert und der Welt verloren gegangen. Ich neige mich letzterer Annahme zu, beanspruche Theodor Thomas als das musikalische Kind New-Yorks und hoffe, daß Letzteres ihn stets seinem vollen Werthe nach zu schätzen wissen wird. Der Mendelssohn Union sei der Dank eines Musikfreundes für die Noblesse ausgedrückt, womit sie den Meister der Töne bei jener Gelegenheit unterstützt hat.

Mit Bezug auf das Theater seien mir einige Bemerkungen gestattet, welche nicht Jedem gefallen mögen. Concurrenz ist in allen Dingen gut, und seit langer Zeit ist das Monopol des Stadttheaters, welches die Direktion in den Stand setzt, zu thun was sie will, als ein großer Uebelstand empfunden worden. Viele besuchten englische Theater, weil das einzige deutsche Etablissement ihnen nicht gefiel, und das will ich ihnen nicht verdenken. Vielen mißfällt die Lage und Bauart des Stadttheaters, und dagegen läßt sich auch nichts sagen. Für die gewünschte Concurrenz ist jetzt gesorgt und dabei auf alle gerechten Beschwerden Rücksicht genommen worden. Unter tüchtiger, gegen das Publikum zuvorkommender Direktion ist am Broadway, also in einer Gegend, welche gewiß nichts zu wünschen übrig läßt, das kleine Thalia-Theater entstanden. Man giebt sich dort große Mühe und leistet im feinen Lustspiel, auf das man sich besonders verlegt, Vorzügliches. Das Lokal ist freundlich; man fühlt sich dort sicher gegen Feuersgefahr, und ebenso gemüthlich, wie man sich im Stadttheater ungemüthlich fühlen muß. Kurz es läßt sich mit Recht sagen, daß durch die Eröffnung des Thalia-Theaters einem dringend gefühlten Bedürfniß abgeholfen worden ist. Um ihr Etablissement in Aufnahme zu bringen, um das Publikum dorthin zu ziehen und ihm zu zeigen, was geleistet wird, bringt die Direktion Opfer, welche sich kaum mit den Kräften eines jungen Etablissements vertragen, und engagirt Dawison für eine Reihe von Gastvorstellungen. Aber was ist der Erfolg? Das Publikum kommt nicht. Jede von Dawisons Vorstellungen ist der Art, daß sie auf den größten Bühnen Epoche machen würde; aber kaum eine derselben ist im Stande, das beschränkte Lokal zu füllen, und geht es auf diese Weise fort, so muß das Etablissement eingehen. Was folgt nun hieraus? Das Stadttheater wird, schon weil es in der Mitte der am meisten von minder bemittelten Deutschen bewohnten Gegend gelegen ist, vorzugsweise von sogenannten Arbeitern frequentirt und ist fast bei jeder Vorstellung gefüllt. Das Thalia-Theater rechnet mehr auf den Zuspruch der sogenannten gebildeten Bevölkerung, und es ist fortwährend leer. Man kann dabei zu keinem andern Schluß gelangen, als daß der Arbeiter mehr das Bedürfniß eines gesitteten Vergnügens, einer bildenden Unterhaltung, eines Kunstgenusses, empfindet, als die Klasse der Bevölkerung, welche man die feine Welt zu nennen pflegt. Das Monopol besteht fort, weil die Concurrenz nicht unterstützt wird, und die Aufrechterhaltung des Monopols legt einem kräftigen Aufschwung, einer gesunden Entwicklung des deutschen Bühnenwesens unübersteigliche Hindernisse in den Weg. Das ist traurig, aber wahr. So wie die Verhältnisse jetzt liegen, muß man sagen, daß ein deutsches Kunstinstitut, welches nicht auf die Masse, nicht auf den Arbeiterstand rechnet, ein todtgeborenes Kind ist. Tragen diese Zeilen dazu bei, die „Gebildeten" an ihre Ehrenpflicht zu mahnen, so ist ihr Zweck erreicht. Das Thalia-Theater sollte unter allen Umständen aufrecht erhalten werden, und da läßt es sich denn auch in der That nicht absehen, warum der Arbeiter nicht gleichfalls zum Sturze des Monopols beitragen, warum er sich nicht im Broadway ebenso heimisch fühlen sollte wie in der Bowery. Ich glaube, daß die Direktion des Thalia-Theaters bei niedrigeren Preisen, also bei einer Appellation an das Arbeiter-Element, sich bei weitem besser stehen würde als bei der Speculation auf die Unterstützung sogenannter Gebildeter, welche zu vornehm sind, um ein kleines, nicht vom hohlen Heiligenschein der amerikanischen Fashion umgebenes Kunstinstitut zu besuchen, zu gleichgültig, um dasselbe energisch zu unterstützen.

Während ich das Thalia-Theater aufs Dringendste der Unterstützung empfehle, will ich zugleich die Bemerkung nicht unterdrücken, daß dasselbe wohl daran thun wird, sich streng nur der Aufgabe zu widmen, die es sich ursprünglich gestellt hat, nämlich dem feinen Lust- und dem Schauspiel. Das in meinem vorigen Briefe enthaltene Lob, daß man sich dort nicht mehr vornehme als man leisten könne, muß ich jetzt modificiren, obgleich damit nicht gesagt sein soll, daß das Stadttheater nicht sehr oft in denselben Fehler verfällt. Die Aufführung des Hamlet ging entschieden über die Kräfte des Thalia-Theaters. Außer der Hauptrolle (Dawison) und Ophelia (Fräulein Hesse) waren sämmtliche Rollen schlecht besetzt. Einen kläglicheren Polonius (kurz zuvor hatte er als Wirth in „Zwei Tage aus dem Leben eines Fürsten" Vorzügliches geleistet) hat es wohl noch nie gegeben, und die Dame, welche im genannten Lustspiel den Vers bei Ueberreichung des Bouquets allerliebst hergeplappert hatte, war als Königin Gertrud eine traurige Erscheinung. Der Wille war gut, aber die Kräfte reichten nicht aus. Jedoch wurde im vorliegenden Falle die übergroße Kühnheit gern verziehen, weil sie den Anwesenden die Gelegenheit gab, einen so denkenden, geistvollen Schauspieler wie Dawison als Hamlet zu sehen. Das ist nun freilich keine der Rollen, welche unbedingt für ihn passen. Für den jugendlichen Dänenprinzen ist er ein wenig zu alt; so trefflich er auch die Maske zu wählen weiß, läßt sich doch dieser Mangel nicht ganz verdecken, und es macht einen störenden Eindruck, wenn die Mutter beträchtlich jünger ist als der Sohn. Das ließ sich aber einmal nicht ändern und man mußte darüber hinwegsehen. Ueber die Auffassung der Rolle durch Dawison läßt sich gleichfalls streiten. Es kommt darauf an, ob er nicht den Schwächling gar zu sehr hervortreten und ihn zum Feigling ausarten ließ; da aber jeder Schauspieler, jeder Kritiker diesen Charakter in anderer Weise begreift, so läßt sich hierüber zu keinem Resultat kommen, und Dawison's Auffassung hat jedenfalls so viel für sich wie irgend eine andere. Ueber Eins kann jedoch kein Zweifel obwalten, nämlich darüber, daß Dawison die Rolle so wie er sie versteht, auf meisterhafte, ächt künstlerisch vollendete Weise durchgeführt hat. Er spielte zum Entzücken, Ophelia zum Entsetzen schön.

In pekuniärer Beziehung darf man wohl Dawisons Abstecher nach Amerika als einen Succeß betrachten; jedoch glaube ich nicht, daß seine Erfahrungen andere deutsche Koryphäen der dramatischen Kunst aufmuntern werden, seinem Beispiele zu folgen. Die deutsche Bühne liegt hier noch zu sehr in den Windeln, es läßt sich gar zu schwer ein gutes Ensemble erzielen, und einen Künstler, welcher gewohnt ist, stets vor vollen Häusern zu spielen, muß es bedeutend herabstimmen, wenn er sich gezwungen sieht, vor leere Bänke zu treten. Durch die Verstimmung hierüber ließ Dawison sich einmal zu einem argen Verstoß hinreißen, indem er sich weigerte, vor einem nicht sehr zahlreich versammelten Publikum zu spielen. Legt man dies seiner Gewinnsucht zur Last, so thut man ihm wohl Unrecht; näher liegt die Annahme, daß der beleidigte Künstlerstolz sich in ihm aufbäumte. Aber das gereicht ihm nicht zur Entschuldigung. Das Publikum hat hier denselben Anspruch auf Achtung von Seiten des Künstlers wie in Deutschland, und wer sich in unbekannte Verhältnisse hinein begiebt, muß eben das Risiko mit in den Kauf nehmen. Möge man jetzt aber, da man ihn noch hier hat, die Zeit benutzen; man wird wohl nicht so bald seines Gleichen wieder sehen.

Bevor wir von Dawison Abschied nehmen, sei noch eines Projektes gedacht, welches, ganz eigenthümlicher Art, zur Ausführung gekommen sein wird bevor dies Heft in die Hände der Leser gelangt. Man streitet sich vielfach darüber, ob Dawison oder Edwin Booth ein größerer Schauspieler ist — nach meiner Meinung ein Streit um des Kaisers Bart, weil Jeder von ihnen nach den Ansprüchen und der Bildung seines Publikums beurtheilt werden muß. Um aber Gelegenheit zu haben, sie neben einander zu sehen, ist man auf den sonderbaren Einfall gerathen, sie zusammen in Othello auftreten zu lassen. Da ergiebt sich nun die Schwierigkeit, daß der Eine der deutschen, der Andere der englischen Sprache nicht mächtig ist; aber auch hierfür weiß man Rath. Da, wo das Publikum sich schon daran gewöhnt hat, Vorstellungen beizuwohnen, in welchen es vom Dialog kein Wort versteht, kann diese Kleinigkeit nicht stören. Dawison soll den Othello auf Deutsch, Booth den Jago auf Englisch, Frau Methua-Scheller aber, um die kosmopolitische Verbrüderung vollständig zu machen, die Desdemona abwechselnd — je nachdem sie dem Jago oder dem Othello gegenüber steht — auf Englisch und auf Deutsch spielen. Ich fürchte, daß Dawison, indem er auf dies Arrangement eingeht, sich auf ein gefährliches Terrain begiebt. Die Amerikaner werden voraussichtlich die Majorität des Publikums bilden und die Schaustellung (das möchte die richtige Bezeichnung sein) als nationale Parteisache auffassen. Was bei dergleichen hier zu Lande herauskommt, hat sich bei mancher Gelegenheit gezeigt. Hoffen wir, daß es ohne Unannehmlichkeiten abgehen wird; jedenfalls ist es etwas, wofür in der

Kunstgeschichte kein Seitenstück aufzufinden sein möchte, und das Ganze hat einen reichlich amerikanischen Anstrich.

Da wir einmal beim Theater sind, sei hier noch einer ganz neuen Art geschäftlicher Anpreisung gedacht. Die Direktion von Niblo's Theater hatte sich großen Auslagen unterzogen, um den Black Crook zur Aufführung zu bringen — ein sonderbares Machwerk, gewissermaßen ein Ballet mit Dialog. Da wurde denn zu einem originellen Kunstgriff geschritten. Der Herald erklärte in einer Reihe donnernder Artikel den Black Crook für ein durch und durch unmoralisches Machwerk, für einen Skandal, wobei der menschliche Körper in adamitischem Kostüm dem Publikum vorgeführt werde. Zugleich wurde ein Prediger gedungen, um Sonntag für Sonntag von der Kanzel herab sein Anathema gegen den Black Crook, als eine Erfindung des Satan, zu schleudern und die genaueste Beschreibung der damit verbundenen Unsittlichkeiten zu liefern. Der Zweck wurde erreicht. Das aufmerksam und lüstern gemachte Publikum strömte schaarenweise herbei, um sich an der ihm in so verführerischer Art angepriesenen verbotenen Frucht zu laben, und der Black Crook wird vielleicht so viele Aufführungen erleben, wie einst Onkel Tom im Nationaltheater der Chatham-Street. Nicht nobel, aber praktisch.

Am Deutschen Hospital wird rüstig gearbeitet; seit man auf den Einfall gekommen ist, die Beiträge zu veröffentlichen, fließen dieselben reichlicher als je zuvor, und es ist nicht selten, in der Liste die hübsche Summe von 1000 Dollars figuriren zu sehen. Wenn man sich nur nicht das Ziel gar zu hoch gesteckt hätte. 200,000 Dollars werden auf einen Flügel verwendet, der auf 80 Kranke berechnet ist. Der fünfte Theil einer Million für achtzig Kranke! Woher will man, nachdem schon so viele Opfer gebracht sind, das Betriebskapital nehmen? Aber da einmal der Anfang gemacht wurde, muß die Sache auch auf dieser Linie ausgefochten werden, koste es was es wolle, und die deutsche Kolonie New-Yorks ist denn auch reich genug, um eine Million und darüber herzugeben — wenn sie's nur will!

Wie in manchen andern Dingen, so hat das jetzt zu Ende gehende Jahr sich in New-York besonders auch durch seine Feuersbrünste ausgezeichnet. Am 18ten wurde wieder einmal der Himmel blutig geröthet. Die Glocken stürmten, und die Gluth warf ihre geisterhafte Beleuchtung über den leeren Raum, der von der Polizei abgesperrt war, über die Tausende, welche sich an beiden Enden zusammengedrängt hatten, über die benachbarten Häuser, deren Dächer gleichfalls von Zuschauern angefüllt waren, über die schwarzen, leuchtenden Ungethüme — die Dampfspritzen, die dann und wann einen Schrei ausstoßen, welcher der Unterwelt anzugehören, die einen Qualm von sich geben, der aus den Gluthen der Hölle zu kommen scheint. Eigenthümlich ergreifend ist eine solche Scene, und wie mir scheint, noch schauerlicher, noch ergreifender in New-York als anderswo. Mauern stürzten mit donnerndem Getrach ein und zerschmetterten die bretternen Behausungen, welche daneben standen. Ein zehntausendstimmiger Angstschrei — und unmittelbar darauf eine lange, erwartungsvolle Todtenstille. Wie immer, wurden die brennenden Gebäude preisgegeben und nur die benachbarten Häuser bespritzt. Was hier brennt, ist verloren. Das Opfer der Flammen war diesmal das neue Bowery-Theater, augenblicklich das größte Vergnügungslokal der Stadt, und es riß noch drei andere Häuser mit sich ins Verderben. Das wievielste große Feuer dies im Laufe des Jahres war, kann ich nicht sagen; die Katastrophen dieser Art folgen so schnell auf einander, daß man sie zu zählen vergißt, und daß sie fast so wenig Eindruck machen wie — nun, wie zum Beispiel eine Eisenbahn-Katastrophe, bei der etliche Dutzende von Menschen ums Leben kamen, oder die Explosion eines Dampfkessels, welcher dieselben unangenehmen Folgen hatte. Und fast immer lautet das Verdikt auf Brandstiftung — Brandstiftung von unbekannter Hand. Der Raub eines solchen todeswürdigen Verbrechens war die Academie der Musik und ist jetzt das Bowery-Theater. Miethskasernen, welche Hunderte von Menschen, Dutzende von Familien beherbergten, wurden von frevelnder Hand angezündet, man holte verkohlte Leichen aus den Trümmern hervor, und Alles war starr vor Entsetzen ob solcher Ruchlosigkeit. Aber nicht ein einziges Mal ist es vorgekommen, daß der Thäter entdeckt und zur Rechenschaft gezogen wurde. Die Brandstiftung ist zwar nicht gerade ein erlaubtes Gewerbe, aber doch ein geduldetes, dem die Straflosigkeit garantirt ist. Die Versicherungsgesellschaften sind in Verzweiflung und ziehen dadurch, daß sie die Prämien erhöhen, den ganzen besitzenden Theil des Volkes in Mitleidenschaft. Die Erfahrung lehrt, daß, wenn man nur ernstlich will, der Vollbringer fast jedes Verbrechens entdeckt werden kann; aber obgleich Alle auf's Dringendste dabei interessirt sind, geschieht doch so gut wie nichts, um der entsetzlichen Unsicherheit ein Ende zu machen. Verruchte Buben werden auch ferner Theater und andere Gebäude, bei deren Einäscherung ein großes menschliches Brandopfer zu erwarten steht, oder sonst eine Brandfackel anzünden, welche die Gelegenheit zum Rauben und Stehlen eröffnet, ohne dabei das geringste Risiko zu laufen. Unter den Schattenseiten von New-York ist dies gewiß diejenige, für welche sich am schwersten eine Erklärung finden läßt.

Glückliches Neujahr, werther Leser! Möge das, was schlecht ist, gut, das Gute besser werden, im Großen wie im Kleinen, hier und dort und aller Orten. Uncas.

Reisende Agenten für die Monatshefte:

Carl Wieland.

Julius Gosch.

Inhalts-Verzeichniß

der

Deutsch-Amerikanischen Monatshefte.

Dritter Jahrgang. Zweiter Band.
1866.

Juli-Heft.

	Seite.
Neger und Negersclaven im Alterthum. Von Dr. Joseph Löwenherz	1
Ist Strauß's Leben Jesu widerlegt? Von E. B.	11
Bemerkungen über Schul- und Erziehungswesen, mit besonderem Bezug auf die Gründung deutsch-amerikanischer Anstalten. Von Ph. A. Klund	15
Der Untergang eines Volkes. Von Victor Ernst	22
Ueber die Ursachen der Krankheiten. Von ***	29
Godiva. Von Marie Westland	40
Der Nicaragua Transit. Von Theodor Kirchhoff	44
Freie Gemeinden. Von Dr. Rud. Dulon	51
Graf Bismarck. Charakterstudie von Friedrich Lexow	65
Der Briefkasten der Madonna. Von Julian Werner	69
Die Einwanderung und der Süden. Von Rudolph Lexow	86
Capua. Von E. Burdog-Balcho	97
New-Yorker Correspondenz	89
Herr Bandmann auf dem deutschen Theater in New-York. Von Udo Brachvogel	106

August-Heft.

Seite.

Petöfi. Von Udo Brachvogel.................................... 109
Das Brod. Von Dr. Jul. Hoffmann.............................. 121
Fulton-Markt. Von Hermann Raster............................. 127
Das Leben in Pompeji. Von Victor Ernst........................ 136
Der Nicaragua Transit. Von Theodor Kirchhoff................... 141
Giebt es eine vom Gehirn unabhängige Seele? Von Dr. B. Schüller.... 150
Ein flüchtiger Gang durch das amerikanische Geschäftsleben. Von Bernays.... 160
Der Briefkasten der Madonna. Von Julian Werner................. 169
Unsere Sympathie. Von Friedrich Lexow......................... 184
Bemerkungen über Schul- und Erziehungswesen, mit besonderem Bezug auf die Gründung deutsch-amerikanischer Anstalten. Von Ph. J. Klund...... 191
Musikalische Revue. Von Theodor Hagen......................... 196
Die Teufelsbrücke. Eine Schweizersage. Von J. Schlöpfer........ 201
Literarisch-artistisches Feuilleton. Von J. W.................. 205
New-Yorker Correspondenz...................................... 212

September-Heft.

Meriko. Von W. Winkler.. 219
Europäische Federzeichnungen. Von Karl Blind................... 223
Künstlernovelle. Von Udo Brachvogel........................... 230
David Livingstone im südlichen Afrika. Von Victor Ernst........ 237
Variationen über das Thema: Die Wissenschaft und die Grundsätze der Sittlichkeit. Von Dr. Rud. Dulon............................... 243
Luxus und Gewerbe. Von Dr. Friedrich Hoffmann................. 250
Die Feldlerche, der Vogel des Landmannes. Von Herm. Pösche..... 164
Die religiöse Sage im Lichte der Vernunft. Von C. Lüdeking..... 274
Der Briefkasten der Madonna. Von Julian Werner................. 273
Wer im Kriege reich geworden. Von Rudolph Lexow............... 302
Musikalische Revue. Von Th. Hagen............................. 308
Das Jahr der Deutschen. Von Friedrich Lexow................... 818
New-Yorker Correspondenz...................................... 819

III

October-Heft.

Seite.

Ueber Volkswirthschaft. Von Carl Rümelin............................ 325
Reisebilder aus Süd-Amerika. Von S. Wanderer..................... 332
Offenes Schreiben an Dr. Rudolph Dulon, betreffend „Freie Gemeinden". Von
    Friedrich Münch.. 340
Der Klimawechsel als Heilmittel. Von * * *............................. 345
Die Volksschule. Von E. Beyschlag.................................... 352
Enoch Arden. Von Tennyson. Im Versmaß des englischen Originals übersetzt
    von Marie Westland... 367
David Livingstone im südlichen Afrika. Von Victor Ernst............... 374
Der Briefkasten der Madonna. Von Julian Werner..................... 380
Graf Bismarck. Zweiter Artikel. Von Friedrich Lexow................. 399
New-Yorker Correspondenz.. 406
Musikalische Revue. Von Theodor Hagen................................ 413

November-Heft.

Die Sünden der österreichischen Militair-Verfassung. Von Edmund Carl Preiß. 417
Texaner Reiterlied. Von Theodor Kirchhoff............................ 431
David Livingstone im südlichen Afrika. Von Victor Ernst.............. 433
Gußstahl. Von Theodor Pösche... 441
Der Briefkasten der Madonna. Von Julian Werner...................... 445
Reisebilder aus Süd-Amerika. Von S. Wanderer........................ 475
Die Freischaaren in Schleswig-Holstein. Von Friedrich Lexow......... 481
Enoch Arden. Von Tennyson. Im Versmaß des englischen Originals übersetzt
    von Marie Westland... 489
Ein Neger. Skizze aus dem Sonderbundskriege. Von Rudolph Lexow.... 495
Musikalische Revue. Von Th. Hagen.................................... 506

December-Heft.

	Seite.
Die Tugendhaften in der Politik. Von C. L. Bernays	511
Enoch Arden. Von Tennyson. Im Versmaß des englischen Originals übersetzt von Marie Westland	523
Das Feuerwerk von Santorin. Von Victor Ernst	532
Die Sünden der österreichischen Militair-Verfassung. Von Edmund Carl Preiß	537
Der Briefkasten der Madonna. Von Julian Werner	553
New-Yorker Correspondenz	602

C. F. ADAE,
Europäisches Bank- und Wechsel-Geschäft,
Cincinnati, Ohio.

CONSULAT fuer Preussen, Bayern, Wuerttemberg, Hannover, Sachsen, Baden, Oldenburg, Grossherzogthum und Kurfuerstenthum Hessen, Mecklenburg-Strelitz und Schwerin, Nassau, Sachsen-Meiningen und Altenburg und Frankfurt a. M.

C. F. ADAE, Consul.

HILLER & CO.,
Bank- u. Inkassogeschäft,
No. 3 Chamberstr., New-York,

geben Wechsel und Creditbriefe auf alle größeren Plätze Europa's, versenden Gelder nach jedem Orte Deutschlands mittelst des deutschen Postverbandes, und besorgen den Einzug von Erbschaften und Vermögen vermittelst Vollmachten auf schnellste und billigste Weise.

☞ Anfragen aus dem Lande finden prompte Beachtung. ☜

Die porösen Pflaster des Dr. Allcock.

Diese Pflaster werden jeden Tag mehr und mehr bekannt. Jedermann, der Schmerzen im Rücken oder in der Brust hat, wird nach Anwendung eines solchen sofort geheilt.

Ein Herr kam heute in die Office und erzählt, daß er mit vielen Schmerzen in der Brust geplagt war und mit einem einzigen Pflaster vollkommen geheilt wurde. Ein Anderer sagte dasselbe von Rheumatismus in seiner Schulter. Der letztere Herr kann in No. 15 Beekmann Street, New-York, obenauf, gesehen werden. Wir besitzen Zeugnisse von Tausenden von Doktoren, welche alle voll Lobes sind.

Heilung einer zerquetschten Brust.

Den 7. Mai 1865.

Meine Herren! — Im Dezember 1863 wurde mein Brustknochen von einem schwerem Riegel zerquetscht und schlimm verwundet. Ich wurde besinnungslos nach Hause geschafft, wo ich einige Wochen dem Tode nahe lag. Meine Aerzte konnten sehr wenig für mich thun und ich mußte unendliche Schmerzen leiden. Der Arzt dachte, daß das Nasenpflaster, auf die Brust gelegt, mir helfen würde, ich dachte aber, dafür eins von Allcock's porösen Pflastern zu versuchen. Ich legte eins auf meine Brust und Seite, und von da an fühlte ich besser und war in einer Woche gesund, frei von Schmerzen und fähig, mein Geschäft wieder zu besorgen. Jedermann kann kommen und meine Brust sehen, und ich will ihm ein neues Wunder von Heilung zeigen. J. K. Buck, No. 2 South Fifth Street, Williamsburg, N. Y., Thos. Allcock & Co., No. 4 Union Square. Hauptoffice Brandreth Building, New-York. Zu verkaufen in No. 4 Union Square bei allen Händlern und jedem respektablen Druggist.

Holloway's Pillen.

Es ist ein Faktum, daß die medizinische Fakultät bis jetzt kein Heilmittel für Dropsy gefunden hat; aber daneben ist es ein großes, unbestreitbares Faktum, daß Holloway's Pillen ein solches, durchaus sicheres Heilmittel darbieten; eine große, glorreiche Thatsache, daß sie durch gründliche Blutreinigung und Kräftigung des Systems, durch Entfernung der Ursachen des Uebels eine schnelle, definitive Heilung hervorbringen und in tausend Fällen da geholfen haben, wo alle andern Mittel fehlschlugen.

Das große Frühlings- und Sommer-Aperient.

TARRANT'S

Leidende an krankhaftem Kopfschmerz,
Leidende an Unverdaulichkeit,
Leidende an nervösem Kopfschmerz,

EFFERVESCENT

Leidende an versauertem Magen,
Leidende an biliösem Kopfweh,
Leidende an Hartleibigkeit,

SELTZER

Leidende an Sodbrennen,
Leidende an Piles,
Leidende an Seekrankheit,

APERIENT.

Leberleidende.
Leidende an Indigestionen,
werden durch

Tarrant's Effervescent Seltzer Aperient

auf sichere, angenehme und dauernde Weise hiervon sowie von ähnlichen Leiden geheilt werden.

Allein angefertigt von

TARRANT & CO.,
278 Greenwich-Street, New-York.

☞ Zu haben in allen Apotheken.

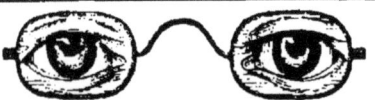

J. B. HOEKER,
PRACTICAL OPTICIAN,
312½ FULTON STREET,

Near Pierrepont,   BROOKLYN.

Staten Island.
FANCY DYING ETABLISHEMENT.
Barrett, Nephew & Co.,

No. 5 und 7 John Street, } New-York.
718 Broadway,

No. 269 Fulton-, Ecke von Tillary Street, Brooklyn,
und No. 47 North 8 e Straße, Philadelphia.

fahren fort, Damen- und Herrenkleider zu färben und zu reinigen; seidene, Sammet, Merino und andere Kleider, Mäntel, u. f. w. werden mit Erfolg gereinigt, ohne aufgetrennt zu werden. Ebenso Herrenröcke, Hosen, Westen u. s. w.

Glacee-Handschuhe und Federn gefärbt oder gereinigt. Lange Erfahrung und Geschäftskenntnisse befähigen die Unterzeichneten, ihre Arbeiten mit Erfolg zu betreiben. Waaren werden per Expreß geholt und zurückgeschickt.

Barrett, Nephew & Co.,
5 und 7 John Street, und 718 Broadway, New-York,
269 Fulton-, Ecke von Tillary Street, Brooklyn,
und 47 North 8te Straße, Philadelphia.

Deutsch-Amerikanische Monatshefte

für

Literatur, Kunst, Wissenschaft und öffentliches Leben.

Redigirt von

Rudolph Lexow.

| IV. Jahrgang. I. Band. | 1867. | Februar-Heft. |

Ein Beitrag zur Geschichte
der Metamorphose der eingewanderten Deutschen in Amerikaner.
Von C. L. Bernays.

Eines der interessantesten Schauspiele auf der wechselvollen Bühne der Menschheitsgeschichte ist die Metamorphose der verschiedenen Einwanderungen nach den Ver. Staaten in den Gesammtbegriff des amerikanischen Volks. An diesem Schauspiele ist Alles neu im Gegenhalt zur Entwicklungsgeschichte älterer Völker. Das aufnehmende Volk ist selber ein Conglomerat. Es ist frisch und neu im Vergleich mit allen andern Nationen. Die Kommenden erobern nicht das neue Land, noch unterjochen sie das angetroffene Volk, sondern alt und abgenutzt, im Gegentheil, wie sie sind, verjüngen sie sich hier erst wieder und gehen in der vorgefundenen Nation schon nach verhältnißmäßig kurzer Zeit als nicht mehr als fremd erkennbare Bestandtheile auf.

Lange vorher, ehe die moderne Einwanderung begann, hatte sich die alte Einwanderung in ein charaktervolles, scharf erkennbares Volk crystallisirt. Die kleinen Ströme, die sich bis zur Mitte des vorigen Jahrhunderts und selbst später noch in das Amerikanerthum ergossen, wurden vollkommen davon verschlungen. Tausende von Amerikanern, die jedes charakteristische Kennzeichen dieses großen Volkes an sich tragen, stammen sogar von den so viel geschimpften Hessen ab *).

Mit jenem ersten Crystallisationsprozesse habe ich es hier nicht zu thun. Vielmehr greife ich aus der anfang- und endlosen Zeit den Moment heraus, in dem ich selber lebe, und will es versuchen, ein Bild des Werdens zu erha-

---

*) Erst vor sechs Monaten, als ich in Mobile in Arkansas die mütterlichen Großeltern der Kinder eines in Arkansas ermordeten J u d e n zu erforschen suchte, entdeckte ich, daß deren Ahnen dorthin am Ende des vorigen Jahrhunderts verschlagene H e s s e n waren. Der Großvater dieser Kinder war ein Staatssenator und später Superintendent der öffentlichen Schulen; dabei Sklavenhalter und ein Amerikaner durch und durch, der von dem ersten, besten „Pilger" aus England oder Schottland hätte abstammen dürfen.

schen, wie es in ununterbrochener Arbeit den Verwandlungsprozeß der untergebenden Einwanderung in das sich neu aufbauende amerikanische Volk vermittelt.

Ich bemerke dabei zuvörderst, daß wir es hier nicht mit speziösen wissenschaftlichen oder culturhistorischen Entwicklungsstufen zu thun haben, von denen die eine etwa das avancirteste Deutschthum repräsentirt, während andere die verschiedenen Zwischenstufen deutscher Bildung von der niedersten bis zur höchsten Staffel darstellen, und die sich dann im Gefühle ihrer Ohnmacht der längst ansässigen, mächtigeren, ihrer Heimischkeit wegen mit größerer Autorität auftretenden Richtung ergeben. Von etwas Aehnlichem ist bei allen europäischen Einwanderungen nicht die Rede. Keine von allen betritt dieses Land mit der Prätension, die Spitzen oder das Wesen, oder irgend eine besondere Stufe der zurückgelassenen Civilisation repräsentiren zu wollen. Nur höchst selten beruft sich einmal ein armer Zeitungskrämer in seiner großen Noth um ein Argument im Entpuppungskampfe der fremden Larven in das neue amerikanische Geschöpf auf Göthe, Hegel oder Humboldt, oder auf die Helden der großen französischen Revolutionsepoche, oder gar auf die Encyklopädisten. Der leiseste Hinweis auf den Bildungsstand und die Absichten der Hunderttausende von Bauern, Handwerkern, Kaufleuten, Tagelöhnern, Dienstmädchen und Abentheurern, die alljährlich hier einwandern, und die nahezu absolute Wirkungslosigkeit der deutschen Philosophie oder französischer Anschauungen auf die Entwicklungsgeschichte dieses Landes macht diese Armen in der Regel plötzlich verstummen. Das Menschenmaterial, das sich in immer mächtigeren Strömen in dieses Volk ergießt, ist die durch die Jahrhunderte hindurch geschlichene und geschleifte mittelschlächtige europäische Menschheit, die, zerdrückt von Despotismus aller Art, gedemüthigt durch jegliche Noth und Bedrängniß, mißhandelt und mißachtet von jedem officiellen Standpunkt, eingepfercht durch Uebervölkerung in die engsten Grenzen, vor Allem auf Raum, freie Bewegung, und Nahrung für ihren Leib ausgeht. Die nach Amerika einwandernde Menschheit mag wohl hin und wieder einen flüchtigen Eindruck jener großen Geistesthaten empfangen haben, und man mag nicht zugeben, daß ein Hauch von Indifferentismus auf all dem Geistesgerümpel liegt, das die europäische Ueberschußbevölkerung mit hierher bringt, — aber eine Blasphemie wäre es, behaupten zu wollen, daß sie außer der deutschen Noth und dem deutschen Particularismus, außer einem Gemenge von deutschen Dialekten und den alleräußerlichsten Gewohnheiten des Lebens, außer dem rohesten Rohmaterial, aus dem das deutsche Volk sich schafft und erneut, in Bewußtsein, Aeußerung und Streben irgend eine Stufe des progressiven Deutschthums repräsentiren. Was sie darum in ihrer Masse bringen, das sind deutsche Sitten, aber nicht deutsche Erkenntniß und deutsche Bildung. Sie bringen deutsche Gewohnheiten, Anlagen und Instinkte, nicht aber die blüthenreichen Resultate dieser Instinkte, und es setzt einen ungewöhnlichen Grad von Scharfsicht voraus, damit ein Amerikaner älteren Datums, der die deutschen Mittelstufen nicht kennt, es begreift, wie aus diesem zerzausten und zerquetschten Material Menschen von der höchsten Culturbedeutung jemals hervorgehen konnten. Und doch ist es gerade dieses Material, das sich am besten zur Amerikanisirung eignet, das dem amerikanischen Volke unendlich mehr nützliche und dauernde Elemente zuführt, als die dünn gesäeten Einwanderer, die man etwa als Repräsentanten irgend eines höheren Deutschthums ansehen könnte. Es sind gerade diejenigen Menschen, die von Allem, was man absolut vergessen muß, um Amerikaner zu werden, am allerwenigsten zu vergessen haben. Wohl haben sie viel gelitten von Romantik und historischem Recht; wohl mögen sie hin und wieder die düstern Freuden mit empfunden haben, durch die sich gewohnte Noth und Unterdrückung zu trösten bestreben, — aber sie haben sich wenigstens nicht in die Theorie der Reize ihres alten Elendes vertieft, noch haben sie sich dergestalt in einem nebelhaft unerreichbaren Deutschthum verfangen, daß sie Arm' und Füße, Kopf und Haar daraus nicht mehr zu befreien vermöchten! Die Hunderttausende von mittelschlächtigen Deutschen, denen der Ocean, über den sie kommen, schon ihr gröbstes Deutschthum abgewaschen, und die er mit der frischen Luft des Weltverkehrs angeweht, amerikanisiren sich unendlich leichter, als jene wenigen Pretentiösen, die ihre Amerikanisirung als eine That in ihrem Bewußtsein vollbringen wollen. Aus einem Osterhaus, der in Deutschland ein simpler Agent einer Dampferlinie und ein Landkrämer in Illinois gewesen, ließ sich ein unendlich besserer amerikanischer General machen, als aus einem Sigel, der mit der Prätension, ein großer deutscher General gewesen zu sein, die Ufer von Amerika betrat. Ein deutscher Halbgelehrter mag hier Steine klopfen oder eine Parteizeitung redigiren müssen; ein deutscher Schuster oder Schneider, und jedenfalls sein Sohn, wird je nach Thätigkeit und Capacität ein selbstständiger, wohlhabender amerikanischer Bürger, was in der Regel unendlich mehr bedeutet, als ein deutscher Halbgelehrter oder ein ganzer Professionsgelehrter in Deutschland sein.

Die deutschen Durchschnittsmenschen, ich wiederhole es, weil es gründlich verstanden werden sollte, sind ein Capitalelement des amerikanischen Volkes. Sie bringen einen Fond von physischer und moralischer Gesundheit hierher, ohne den die amerikanische Gesellschaft vielleicht sehr bald verlottern würde. Sie bringen, und ich behaupte dies dem Umstand zum Trotze, daß in politischen Dingen sich die Deutschen so gern der Partei der absolut Unzufriedenen anschließen, gerade die Elemente der Ausdauer, des Zusammenfassens, der begrenzten Begierde nach Erwerb und Eigenthum, der Zusammengehörigkeit des Menschen mit seinem Wohnplatze mit hierher, die dem angelsächsischen Amerikaner vollkommen fremd sind und die den wahren Kitt großer, zukunftreicher Völker bilden. Gegen die massenhafte, unbewußte Thätigkeit all der Hunderttausende, die namentlich nach den neueren Staaten einwandern, verschwinden wie platzende Seifenblasen die mit pretentiösem Bewußtsein von Einzelnen versuchten Verdeutschungsarbeiten des Amerikanerthums, und es waren ganz besonders günstige locale Verhältnisse nothwendig, damit ein Mann wie Agassiz, der einzige Europäer, dem man eine bedeutende höhere Culturwirksamkeit zusprechen muß, einen festen Halt für die Form und den Inhalt seine Bestrebungen in Neuengland finden konnte.

So ist z. B. die praktische Rolle, welche die so genannten Achtundvierziger hier spielen, weiter nichts als eine Rolle im cisatlantischen Nachspiel der e u r o p ä i s c h e n Revolution. Ihre Wirksamkeit ist das Ende ihrer europäischen Wirksamkeit. Ihr Material ist nicht das amerikanische Volk, sondern es sind die deutschen noch unamerikanisirten Massen der ersten hier eingewanderten Generation. Nicht der leiseste Hauch ihrer Wirksamkeit wird die amerikanische Volksseele beschlagen. Das massenweise Auftreten deutscher Sitten läßt seine Eindrücke auf's Amerikanerthum nicht verkennen; eine direkte Wirkung in doctrinärer Absicht verkündigter deutscher Lebensanschauungen soll mir erst noch nachgewiesen werden. So hat die Observanz des Sonntags im Westen, inmitten einer cosmopolitisch gemischten Gesellschaft im Gegenhalt zu den homogeneren Staaten Neuenglands, sich wesentlich geändert. Der Verkehr mit Hunderttausenden von rechtschaffenen, sittsamen Leuten, die jedoch den Sonntag von einem andern Gesichtspunkt aus betrachten als die ältere Bevölkerung, mußte mit Nothwendigkeit gerade so sehr den Charakter des amerikanischen Sonntags ändern, als der deutsche Sonntag, Angesichts der mächtigen Wirkungen eines beschaulichen Ruhetages auf die rastlose amerikanische Bevölkerung, eine andere Physiognomie annehmen muß. Professorale, doctrinäre Gründe, antireligiöses Zungendreschen, oder gar das Vergöttern des deutschen Atheismus hätten das Uebel gewiß nur ärger gemacht, wenn direkter Augenschein die Amerikaner nicht überzeugt haben würde, daß spezifisch deutsche antireligiöse Tendenzen mit der laxen Observanz des Sonntags auch nicht das Allergeringste gemein haben, sondern daß im Gegentheil gerade die allerstrengste Orthodoxie die Urheberin des heiteren Sonntags ist.

Unter den Millionen deutscher Einwanderer befindet sich, wenn auch nur dünn eingesprengt, immerhin eine gewisse Anzahl hoch gebildeter, einiger Maßen und oberflächlich gebildeter Leute, Musiker, Aerzte, Apotheker, Lehrer, Ingenieurs, nicht absolvirte Studenten, Glücksritter von mehr kaleidoskopischer Bildung. Auch diese Klasse wirkt ungleich mächtiger auf das Amerikanerthum durch das anspruchslose Wirken in ihren Berufen und durch ihr Beispiel, als jene Dogmatiker und Professoren des Deutschthums. Die Dogmatiker können höchstens nachtheilig auf die Amerikanisirung der Deutschen wirken; ihre Prätension, die Amerikaner zu germanisiren, ist bis jetzt eitele Prätension geblieben. Durch ihre stille, unostensible Thätigkeit, ich möchte sagen, durch die handwerksmäßige Uebung ihres Berufs brachen Jene langsam, aber sicher manche Bresche ins amerikanische Leben. Es mögen die Uebersetzungen deutscher Dichtungen und Romane, die durch jene Klasse gebildeter Einwanderer veranstaltet wurden, allerdings auf die geistige Richtung der Amerikaner einigen Einfluß gehabt haben; allein daran ist nicht zu denken, daß es die Deutschen sind, welche der amerikanischen Wissenschaftlichkeit vorstehen, oder ihr ihren Charakter geben, noch daß die heutigen centralisirenden Staatstheorieen von den Deutschen ausgegangen wären. Zur Wissenschaftlichkeit müssen die Massen der Deutschen in der Union erst wieder auf dem Umwege durch's Amerikanerthum gelangen, und wenn es auch in der Natur der Sache liegt, daß die heutige europäisirende Richtung des amerikanischen Volksgeistes den im Glauben an die nothwendige Allmacht des Staates erzogenen Massen der eingewanderten Deutschen sympatisch ist, so ist diese Richtung dennoch eine einheimisch amerikanische, durch den Krieg erzeugte Entwicklungskrankheit, nicht aber die Folge direkt importirter Theorieen. Die importirten Centralisationsgedanken wimmern ganz gewaltig, wenn sie zugleich im Accorde mit den Grundtönen angeschlagen werden, aus denen sich das einheimische Centralisationssystem, hoffentlich ohne Erfolg, aufzubauen bestrebt.

Ein Beispiel für meine Behauptung liefert die Wirksamkeit der deutschen Musiker. Von einer höheren Weihe der Kunst, oder von einem propagandistischen Bestreben der Ausbreitung deutscher Musik ist nicht bei einem unter tausend Musiklehrern die Rede. Sie betreiben Alle ihr Geschäft als Erwerbszweig oder rund heraus als Handwerk. Unbewußt müssen sie ihr Streben amerikanisiren, und dadurch wirken sie dann. Und zwar wie hauptsächlich? Dadurch, daß sie den Amerikanern die Schätze deutscher Tonwerke erschlossen haben, welche dann nicht von den Deutschen, sondern von den Amerikanern auf ächt demokratische Weise verwerthet werden. Amerikanische Prediger und Vorstände von Schulen haben aus diesem ihnen eröffneten Schatze für ihre Kirchen und Volksschulen Melodieensammlungen zurecht gemacht, die vielleicht bei manchem deutschen Techniker und Puristen Anstoß und Lächeln erregen, die aber an Zweckmäßigkeit und Reichhaltigkeit im gesegneten Lande deutscher Musik ihres Gleichen suchen. Die in unsern hiesigen Volksschulen gebrauchten Liedersammlungen sind in ihrer Weise großartige Zeugnisse demokratischer Aneignung des Besten was es giebt für den alltäglichen Gebrauch der Massen.

Das Thema der Amerikanisirung der deutschen Einwanderung konnte unmöglich behandelt werden ohne daß vorher der Charakter der eingewanderten Elemente festgestellt und ohne daß auf ihre Wirkung auf das vorgefundene Volk Rücksicht genommen wurde. Es ist als wälze sich ein großer Strom durch ein unermeßliches Gebiet. Was ihm an Gewässern zufließt, nimmt er in sich auf. Während kurzer Strecken sieht man eine zwiefache Färbung in Folge der Einmündung einer neuen Fluth. Aber bald verwischen sich die Grenzen; aus dem Neben-einander wird ein In-einander, und wenn es auch einem höchst geübten kritischen Auge gelingen mag, beim Ausfluß ins Meer eine qualitative Verschiedenheit des Wassers an Farbe, Geschmack und chemischer Zusammensetzung zu entdecken, so ist doch die quantitative Mächtigkeit des Stromes und sein Gesammtcharakter das Augenfällige und Wesentliche für Alle. Offenbar ist der alle in ihn mündende Nebengewässer aufnehmende Hauptstrom der angelsächsische Amerikanismus. Es kommt wohl vor, und das Deutschthum in Pennsylvanien nicht weniger als in den neueren westlichen Staaten giebt dafür

Zeugniß, daß das einmündende kleinere Gewässer sich manchmal hartnäckig gegen das Verschlungenwerden wehrt; daß es seines zähen Zusammenhanges wegen sich länger unvermischt erhält, ja sogar lange Zeit hindurch sich schwerfällig und inselartig in dem großen Strome fortbewegt; aber endlich muß es aus seiner Isolirung heraus, und seinem langen Widerstand hat es dieses zäh zusammenhaltende Deutschthum zu verdanken, daß es viel später und mühevoller das gemeinsame, unausbleibliche Ziel erreicht als Andere.

Auf der andern Seite treten aber auch dem Einwanderer keine verschiedenen Entwicklungsstufen der Amerikaner entgegen, von denen er eine zu betreten und von welcher aus er weiter fortzuschreiten hätte; denn im Ganzen genommen sind sowohl gesellschaftliche Klassen als auch Bildungsstufen hier so wenig von einander verschieden, daß es dem Fremden schwer fallen wird, ähnliche Grenzlinien wie in der alten Heimath zu ziehen. Jeder aufmerksame Beobachter hat gewiß schon die Bemerkung gemacht, daß wenn Europäer zwischen der Bildungsstufe ihrer Landsleute und der einheimischen Vergleiche anstellen, sie in der Regel die Amerikaner mit den höchsten ihnen bekannten oder zugänglichen europäischen Gesellschafts- oder Bildungsschichten zusammenstellen. Die Vergleiche müssen dann natürlich zu Gunsten der Europäer ausfallen. Erst wenn man längere Zeit hier gelebt und sich die mittlere Bildungsstufe aus den so nahe aneinander liegenden Extremen construirt hat, findet der Europäer einen mächtigen Unterschied zu Gunsten des amerikanischen Volkes. Was die Amerikaner viel merklicher als ihr theoretischer Bildungsstand von einander unterscheidet, ist außer ihrer verschiedenartigen religiösen Richtung vielleicht viel mehr geographischer Natur als irgend etwas Anderes. Der Amerikaner ist und wird ein Anderer je nachdem er im Osten, im Westen oder im Süden wohnt, und es wird die Schnelligkeit, mit der die Metamorphose des Deutschen ins Amerikanerthum vor sich geht, viel mehr davon abhängen, wo er auf den ihn zersetzenden Amerikanismus stößt, als auf welche Bildungsschicht inmitten eines von diesen Rayons er trifft. Der aristokratische Südländer wird den Fremden in der Masse so sehr abstoßen, daß er sich schwerer nationalisirt als im Osten, während er im Westen zu gleicher Zeit mit einer erst werdenden Gesellschaft rascher seine Metamorphose durchlebt. Niemals versucht es der Amerikaner, theoretisch und dogmatisch auf den Europäer zu wirken; er denkt nicht daran, seine Eigenthümlichkeiten dem Deutschen plausibel zu machen oder überhaupt nationalpropagandistisch auf ihn zu reagiren. Was wir Deutschthümelei nennen und was im Grunde weiter nichts als propagandistischer Dünkel und Ostentation ist, davon giebt es wenigstens keine aggressive amerikanische Varietät. Der freie, tendenzlose Verkehr, das anspruchslose Beispiel, das nach und nach erlangte Verständniß, und hin und wieder gemeinsam unternommene nationale Arbeiten, wie z. B. der letzte Krieg oder allgemeine Wahlen, endlich der gemeinschaftliche Schulunterricht in den Freischulen, vermitteln und erleichtern die Metamorphose; direkt und absichtlich darauf hingearbeitet wird kaum von einer Seite, gewiß aber nicht im Entferntesten von den Eingeborenen.

Auch die Gesetzgebung hat außer ihrem allgemeinen cosmopolitischen Charakter speciell und direkt sich um diese Metamorphose nicht bekümmert, und wenn einzelne Staaten die Probezeit der zu Naturalisirenden von fünf Jahren bis auf sechs Monate herabgesetzt haben, so war es ihnen dabei um die ökonomische Absicht zu thun, fremde Arbeitskräfte anzulocken, gewiß aber nicht, die Amerikanisirung der Eingewanderten zu beschleunigen. Die Metamorphose vollbringt sich daher stets individuell, wenn auch massenweise der Zahl nach, oder durch Zustände und Verhältnisse bedingt, aber niemals nach Kategorieen oder in Folge beabsichtigter Maßregeln und genereller Hülfsmittel. Eingewanderte Individuen und Massen verwandeln sich ganz auf dieselbe Weise in Amerikaner, wie etwa in früheren Epochen sich hin und wieder einzelne friedliche, durch Zufälligkeiten oder durch rein privative Gründe bestimmte Einwanderer aus einem Lande in ein anderes begaben, ihre alten Sitten ablegten und sich in die neue Sprache und in die neuen Sitten hineingewöhnten. Die moderne Einwanderung nach den Ver. Staaten unterscheidet sich von jenen früheren sporadisch-individuellen Einwanderungen nur durch ihre erstaunliche Menge und durch die wenn auch vergleichsweise geringe Wirkung, welche das eingewanderte Element auf das bereits ansässige ausübt. Sie ist die Fortsetzung der ersten, ursprünglichen Besiedlung dieses Continents, nur daß sie heute auf ein schon fest constituirtes Volk trifft, das seiner Charakteranlage nach nicht so biegsam ist wie die Neuanbauenden, sondern das im Gegentheil diese aufklärt und nach und nach sich selber assimilirt.

Die europäische Einwanderung hat allerdings bevorzugte Staaten, in die sie sich ergießt; im Ganzen genommen trifft diese Bevorzugung aber nur bestimmte Zeiträume, so daß bei ihrem einstigen Nachlassen vielleicht mit Ausnahme der Neuenglandstaaten alle Staaten nahezu gleichmäßig von ihr erfüllt sein werden. Wohin sie sich auch wendet, überall trifft sie auf eine ausgeprägte Nationalität, die sich aus sich selbst heraus entwickelt und die ihrem Wesen nach unendlich weniger geneigt ist, von fremden Elementen sich beeinflussen zu lassen, als es die Fremden den älteren Einwohnern gegenüber sind. So geht der Umwandlungsprozeß aller dieser neuen Elemente in eine einzige streng ausgeprägte amerikanische Nationalität unaufhaltsam vor sich. —

Dieser Prozeß ist vollkommen friedlicher Natur, insofern es die verschiedenen e u r o p ä i s c h e n Einwanderungen unter sich selbst betrifft. Da sind es nicht erobernde Franken oder Normannen, die den unterjochten Galliern oder Sachsen ihre Sitten aufdrängen, oder die das Volk in den beherrschenden Adel und in den beherrschten Vasallenstand zerspalten, sondern es sammeln sich freiwillig und ohne Gegenwehr in demselben ungeheuren Staatencomplex die überschüssigen Bevölkerungen aller Länder und verschmelzen sich in eine einzige große amerikanische Nation.

Jedoch ist dieses allseitige Ergießen nichts weniger als absolut oder vollkommen gleichartig über das ganze Gebiet der Union vertheilt. Hie und da sammeln sich die Angehörigen der einzelnen Nationalitäten in größeren, gleichartigeren Maßen an, und es bedarf, um sie zu amerikanisiren, theils wieder der angelsächsischen Einwanderung in ihrer Mitte, theils einer langdauernden Berührungs- und Verschmelzungsprozedur. In einem solchen Zustande befindet sich die ältere deutsche Bevölkerung von Pennsylvanien, und weniger ausgeprägt, doch immerhin unerquicklich genug, gewisse deutsche Menscheninseln in Missouri, Ohio, Indiana, Illinois und Wisconsin. Ja sogar in New-York scheint sich eine gewisse Kategorie des Deutschthums pennsylvanisiren zu wollen. Der Grund der so äußerst langsam vor sich gehenden Metamorphose in Pennsylvanien liegt zum Theil darin, daß die Deutschen in jenem Staate auf eine Sorte von Amerikanern gestoßen sind, die nicht Kraft genug hatte, das deutsche Wesen vollkommen zu zersetzen. Es sind dies die Quäker. Die Quäker, von Anfang an nicht gestählt wie die übrigen ersten Einwanderungen durch Vertilgungskämpfe mit kühnen Indianerstämmen, haben die glückliche Entwicklung Pennsylvaniens ausschließlich dem Verdienste ihres Principes zuzuschreiben. Sie verknöcherten daher inmitten der allgemeinen amerikanischen Entwicklung. Ihr stabiler, kleinlicher Charakter war an sich viel zu deutsch, ihr Wesen viel zu schonend und milde, ihr ganzes Auftreten viel zu kleinbürgerlich, als daß sie das deutsche Wesen aus den Deutschen hätten austreiben können. Die pennsylvanisch-deutsche Einwanderung in der Mitte des vorigen Jahrhunderts ist daher nur dem passiven Einfluß des Vergleiches mit den Quäkern und der gesammten allgemeinen Landesverhältnisse unterworfen gewesen; aus dem Stadium des Vergleichens — dem Stadium jeder ersten Generation der Einwanderung — ist sie daher nicht herausgekommen, sondern sie ist in dieses Stadium geradezu eingerostet. Damit sie in Fluß komme, muß erst das ganze Quäkerthum von der allgemein amerikanischen Entwicklung verschlungen worden sein.

Dieselben Gründe, die aus der englischen, schottischen und holländischen Einwanderung das jetzige amerikanische Element erzeugt haben, mit Ausnahme natürlich des als beendigt anzusehenden Vertilgungskampfes gegen die Indianer, wirken auf alle andern Einwanderungen in ähnlicher Weise. Durch den Kampf mit den Elementen, mit vollkommen freier Concurrenz, durch den Kampf mit einem Worte für eine neue Existenz unter neuen Umständen wird im Deutschen gerade so sehr, wie im Angelsachsen das Gefühl der Selbstständigkeit und das Bewußtsein von der Nothwendigkeit der Initiative erweckt. Der staatlichen Verwandschaft, der Fürsorge seiner früheren Gemeinde, einer ihn auf Schritt und Tritt beobachtenden und controllirenden Polizei, dem Zwangsgebot seiner Klasse, seines Standes, seiner Religionsgenossen, dem stillschweigend drückenden Druck einer engherzigen öffentlichen Meinung entgangen, ist er auf einmal unter Millionen freier Menschen auf seine eigenen Füße gestellt, auf sein eigenes Urtheil angewiesen, und gerade wie diese Millionen, zum Range eines Schöpfers seines eigenen Glückes befördert. Eigene Erfahrung, eigenes Prüfen und Wählen, die größere Nothwendigkeit der Selbsthülfe, die Wahrnehmung von allgemeinem Wohlstande und sicherem Auftreten der ältern Bevölkerung geben seiner Beobachtungsgabe, seinen Gefühlen, dann seinem Handeln und endlich seinem Denken eine neue Richtung, und aus diesen Umständen erklärt sich die Wahrnehmung, daß trotz aller nationaler Verschiedenheiten alle Amerikaner, weß Ursprungs sie auch seien, etwas Gemeinschaftliches haben, das weniger hier als z. B. bei in Europa reisenden oder dorthin zurückgekehrten Deutschamerikanern auffällt. Die Verschiedenheiten sind noch immer so bedeutend, daß das Gleichartige unter ihnen hier in Amerika nicht bemerkt wird oder doch nicht besonders auffällig erscheint, während sich in Europa das Gleichartige im Charakter und im Auftreten der Amerikaner a l l e r Verwandlungsstufen auf dem so wesentlich verschiedenen europäischen Hintergrunde viel auffallender abhebt. Man erkennt in Europa jeden Amerikaner, weß Ursprungs er sei, und ob er auch nur wenige Jahre hier gelebt.

Doch ist das Sich-Amerikanisiren noch um manche Stufe vom wirklichen Amerikanisirtsein entfernt. Die größere Herrschaft über die englische Sprache, die Wahl vorzugsweise amerikanischer Beschäftigungen, die Angewöhnung der Art und Weise, wie Amerikaner jedes Geschäft, jede Unternehmung anfassen, — dies Alles sind weitere Schritte zur Amerikanisirung. Mit ihnen beginnt das Herantreten des Fremden an das Einheimische und seine eigene aktive Betheiligung an dem Werk seiner Metamorphose. In diesem Stadium tritt der Fremde aus dem Vergleichen des Neuen mit dem Alten heraus und e n t s ch e i d e t sich in der Regel für das Neue.

In diesem Stadium werden die Begriffe von deutscher Solidität und Sparsamkeit erschüttert. Sie würden nicht mehr als Qualitäten des Charakters, sondern als Schwäche des Urtheilsvermögens erscheinen. In diesem Stadium erschreckt der Deutsche nicht mehr über fünfzöllige Mauern und vierzöllige Pfeiler an Eisenbahnbrücken, noch scheut er sich, in jeder Saison aufs Neue die Ausgabe für einen andern Anzug zu machen. Seine Ziele erweitern sich, und er berechnet nicht mehr so ängstlich, wie weit er's mit seinen Mitteln bringen kann, sondern fängt an darüber nachzudenken, wie er zu weiter gesteckten Zielen anderer Leute Mittel, die sich gebrauchen lassen, auch wirklich beschaffen könne. In diesem Stadium, mit einem Worte, versucht es der Deutsche, auf's amerikanische Glatteis zu gehen. Noch hat er zu lernen, wie man mit Anstand fällt und sich so schnell wieder aufrafft, daß man darüber vergißt, daß man gefallen war. Auch das wird er bald lernen.

Im Stadium des Vergleichens nämlich sind die Deutschen, welchem Stande und Bildungsgrade sie auch angehören mögen, hier nicht anders, als sie in allen andern Ländern sind, nach denen sie die aventureuse Richtung ihres Nationalcharakters treibt. Sie können den elementaren und socialen Einwirkungen der neuen Lage nicht entgehen, aber sie sträuben sich gegen den Untergang ihrer Eigenthümlichkeiten. Dies Sträuben ist von um so kürzerer Dauer, je jünger die Eingewanderten sind, je mannigfacher ihre Beziehungen zu den Eingeborenen werden, und je handgreiflicher und auffälliger der Vergleich des

Alten mit dem Neuen zu Gunsten des Letzteren ausschlagen muß. Das deutsche Kind, das mit Eingeborenen in die Schule geht, lernt rasch die neue Sprache und spricht sie lieber als seine Muttersprache. Sechs amerikanische Knaben in einer Schule, die von dreißig deutschen Knaben besucht wird, veranlassen die ganze Klasse, fortwährend unter einander Englisch zu sprechen. Fünf Millionen Deutsche in den Ver. Staaten haben noch keine fünf Tausend Amerikaner veranlaßt, gehörig Deutsch zu lernen. Wächs't das eingewanderte deutsche Kind unter specifisch-amerikanischen Verhältnissen auf, — wird es z. B. in das Dampfboot- oder Eisenbahnwesen verschlagen, — so wird es vielleicht immer noch einzelne Spuren seines Ursprungs durchs ganze Leben bewahren, aber im Ganzen wird es die Metamorphose ins Amerikanerthum schon in der ersten Generation durchgemacht haben. Die Wirkung dieser Metamorphose auf das gesammte Volk kann begreiflicher Weise nur sehr unbedeutend sein. Sie wird nur durch verhältnißmäßig wenige Individuen vermittelt; das der Verwandlung unterworfene Deutschthum dieser wenigen Individuen äußert sich so schwach, daß es schon darum wirkungslos an der Menge amerikanischer Berührungspunkte abgleitet, und es bleibt nur der numerische Zuwachs eines Individuums, dessen allgemein menschliche Anlagen kraft seines Ursprunges sich ohne jeden Zweifel etwas anders, etwas ans Deutsche erinnerlich entwickeln werden, ohne es darum von den Amerikanern auf eine Weise zu unterscheiden, die seinen Ursprung anders als etwa durch den Klang seines Namens verrathen dürfte.

Auf eine ähnliche Weise amerikanisiren sich, inmitten compakter deutscher Bevölkerungen, Tausende von deutschen Dienstmädchen in erstaunlich kurzen Zeiträumen. Nächst den Kindern lernen sie am schnellsten den Gebrauch der englischen Conversationssprache, und nichts ist gewöhnlicher, als sie sogar sich des höheren stereotypen Gewohnheitsjargons ihrer Ladies bedienen zu hören. Das deutsche Dienstmädchen in amerikanischen Häusern wird unter zehn Malen neun Male zur Amerikanerin, führt, selbst wenn sie einen Deutschen heirathet, so viel als möglich eine amerikanische Haushaltung, kleidet sich wie eine Amerikanerin und wird Englisch mit ihren Kindern sprechen. Die romantische Ansicht von der deutschen Liebe, die, in Verbindung mit den Schwierigkeiten, welche in Deutschland dem Eingehen von Ehen entgegenstehen, draußen so häufig zu außerehelicher Nachkommenschaft führt, verwandelt sich fast ohne Ausnahme bei diesen Mädchen in die geschäftliche Anschauungsweise der praktischen Amerikanerinnen von der Liebe. Sie bekommen ihre Kinder erst in der Ehe; dann bekommen sie deren aber genug, da die Amerikanisirung in der ersten Generation sich unmöglich bis zum Gräuel der Vertilgung der Leibesfrucht, der in dem amerikanischen Mittelstande — wenn man von einem solchen reden kann — so gebräuchlich ist, versteigen kann. Im Handumdrehen hat es das deutsche Dienstmädchen in Amerika weg, daß es seiner Herrschaft nicht seine Zeit verkauft hat, wie dies in Deutschland der Fall ist, sondern daß es gegen eine fixe monatliche Bezahlung nur die Ausführung gewisser Arbeiten übernehmen. Es bemüht sich daher, um möglichst viel Zeit für sich selbst zu erübrigen, seine Pflichten auf jene den Amerikanern so eigenthümliche expeditive, schematistische Weise zu thun. Seine Gründlichkeit bekommt dadurch vielleicht eine Bresche, aber es gewinnt offenbar an Einsicht, Leichtigkeit der Bewegung und Selbstständigkeit. Es ist keine Magd mehr, sondern es ist zur Gehülfin in einem Haushalt geworden. Es kann dienen und dabei so stolz sein, wie seine Herrschaft. Seine Arbeit fördert es durch hohen Lohn, und der hohe Lohn und die Freiheit seiner Stellung sind ihm die äußerlichen Beweise für die Ehrenhaftigkeit der Arbeit. Es ist vielleicht mehr Magd in seinem eigenen Hause, wenn es einen noch unamerikanisirten Deutschen heirathet, als es in seinem Dienste war; aber es wird es dem „grünsten" Deutschen schon beibringen, daß die Stellung der Frau in Amerika eine andere — und äußerlich und in der Regel gewiß eine bessere — ist, als in Deutschland.

Wie ich sie sich entpuppen sah! Als schwerfällige, plumpe Trampeln kamen sie aus der Schweiz und aus unsern süd-deutschen Bauerndörfern an! Ueberschafft, mit krummen Fingern, mit gebeugtem Rückgrat, das Gesicht mit einer Sonnen- und Wetterkruste überzogen! In Trachten gesteckt, an denen man alsbald die Arbeitsdrohnen je nach dem Stock erkannte, dem sie entflohen! Wie sich das häutete, wie sich das frei machte! Erst von den schweren, eisenbeschlagenen Schuhen; und dann von den schweren, häßlichen Zottelmützen. Und dann wurden Kleider getragen, wie alle Frauen und Mädchen sie tragen von einem End' des Landes bis zum andern; und dann wurden die Haare aus dem Gesicht gekämmt, und gepflegt und zierlich geordnet, wie es zum nunmehr frei gewordenen Antlitz und nicht gerade zu des heimischen Dorfes Sitte paßte. Aus der Tracht in die mobische Kleidung, und der äußerliche Uebergang von der deutschen Magd ins amerikanische freie Weib war entschieden. Die Arbeit, die sie hier schafften, war Erholung gegen die einer deutschen oder schweizerischen Hausmagd; sie hatten fortan Zeit, an sich selbst, an ihren Putz, an ihre Zukunft zu denken; — nicht ein Jahr im Dienst, da naht sich Einer, noch Einer, ein Dritter, nicht um sie zu verführen und dann zu verlassen, sondern um sie heim zu führen als Herrin in sein Haus oder auf seiner Farm! Da sind Gegenden in Illinois mit reichen Städtchen, umgeben von Tausenden von prachtvollen Farmen, wo in jedem Hause und in jeder Farm eine wohlhabende Hausfrau regiert, die noch vor wenigen Jahren eine eingewanderte Magd gewesen. Wie sie draußen dick thun, wenn einmal ein ganz besonders mit Schönheit begnadigtes armes Bauernkind von einem Förster heimgeführt wird! Wie sie's in Romanen beschreiben, daß ein Findelkind einmal eine gute Partie gemacht, und wie sich tausend Augen netzen, weil die arme Waise von Lackwood am Ende den Grafen von Rochester heirathet! Grafen sind's freilich nicht, und auch keine Romanhelden; aber Tausende von rechtschaffenen, wohlhabenden Bürgersleuten verwandeln hier alljährlich ebenso viele deutsche Mägde in amerikanische Hausfrauen.

Das genossene Glück und die Erfüllung menschlicher Bestimmung sind es, die bei zahllosen fremden Mädchen und Frauen die Amerikanisirung beginnen. Sahl Ihr jemals auf pfälzischen Rübenfeldern oder auf den Pflanzungen von Medizinalkräutern in der Nähe von Quedlinburg Hunderte von Frauen Tage lang auf den Knieen liegen und Unkraut ausreißen? Saht Ihr in Westpreußen eine Kuh und ein Weib zusammen an den Pflug gespannt? Sabt Ihr die Armen im Rheingau schwere Lasten von Dünger auf ihren Köpfen die Berge hinauftragen? Wißt Ihr, was Alles eine Magd im Kanton Zürich für 5 bis 6 Franken per Monat schaffen muß? Habt Ihr in baierischen Dörfern die Schaaren von „unehelichen" Dirnen gesehen, die sich nicht auf die Bänke setzen dürfen, sondern am Eingang der Kirchen stehen bleiben müssen, weil sie einem außerehelichen Kind das Leben gegeben? Seid Ihr in deutschen und in französischen Gefängnissen gewesen, und wißt Ihr, warum jene Tausende von Weibern und Mädchen darin schmachten und vollends zu Grunde gerichtet werden? Kein Wunder, daß die Frauen sich doppelt schneller als die Männer amerikanisiren! Im Laufe der Generationen verlieren sie vielleicht die Strammheit der Muskeln, die Röthe ihrer Wangen, die Fülle ihrer Büsten; sie können vielleicht nicht mehr zwei ganze Kirchweihnächte hinter einander walzen ohne umzufallen, — aber was ihnen die Natur des Landes genommen, das hat ihnen die Gesellschaft tausendfältig vergütet! Nicht den kosmopolitisch erzogenen, wohlhabenden europäischen Städter müßt ihr fragen, nicht den superklugen, deutschstolzen Literaten, wie das Amerikanisirt-Werden thut! Jene Millionen europäischer Dulderinnen fragt, und wenn sie's das schnell vergeßliche Glück nicht schon hat ganz und spurlos verschmerzen lassen, dann werden die Euch's sagen, wie sich's so leichtweg untergeht, wenn man so herrlich aufzuerstehen gewiß ist. Zuerst haben sie die alten Trachten mit den neuen allgemeinen Moden gewechselt; dann haben sie Zeit gewonnen, um Sorgfalt auf ihren Leib zu verwenden; dann haben sie flink und intelligent arbeiten gelernt; dann haben sie Freude an sich selbst empfunden; dann haben sie sich als freie, selbstständige Wesen achten gelernt, und sind endlich, in eine ihrer würdige Eigenthums- und Familien-Sphäre versetzt, ganze, perfekte Frauen geworden. Shoddies im Kleinen, werden sie vielleicht eine Zeitlang zu großen Werth auf Aeußerlichkeiten legen. Aber nur für eine Zeitlang. Schon sieht der große Shoddy, daß die Kleider wohl Leute, aber nicht gerade die besten Leute machen. Schon hat er den gebildeten Wohlstand gezwungen, auf höhere Mittel der Auszeichnung zu sinnen, als auffallend reiche Kleidertracht. Auf ihrem eigenen Niveau müssen die entpuppten deutschen Frauen wohl auch durch diese Thorheit waten; aber ihnen ist sie ein unendlicher Segen, und wahr und wahrhaftig eine Schule ihrer Bildung und Vermenschlichung.

Ganz besonders auffallend ist die Amerikanisirung deutscher Kinder in den amerikanischen Freischulen. Man kann fast mit Bestimmtheit voraussagen, wie je nach dem Alter, in welchem ein deutsches Schulkind in eine Freischule eintritt, dieser Prozeß sich vollbringen wird. Zwei Kinder von denselben Eltern, von denen das eine im Alter von sieben, das andere im Alter von elf Jahren in die amerikanische Schule kommt, werden sich das amerikanische Wesen auf total verschiedene Weise aneignen. Das jüngere Kind wird schon nach den ersten Wochen amerikanisirt sein. Es wird Alles erfahrungsmäßig lernen, sich um Regeln nicht bekümmern, noch sich um die Gründe für das So oder Anders umsehen, sondern neben einander, mit Zuziehung der Praxis, tausend verschiedene Worte buchstabiren und die mannigfaltigsten Rechnungen lernen. Dabei wird es im Umgang mit den andern Jungen im Handumdrehen Englisch sprechen lernen, wird die Namen aller Dampfspritzen, die Dicke und Tragweite des Wasserstrahls kennen, und viel mehr überhaupt aus dem Umgang als von der Lehre profitiren. Seine Lehrer wird es nicht besonders respektiren, sich um Lob nicht besonders bemühen und Strafen nicht besonders fürchten. Ganz anders bei dem älteren deutschen Schulkinde. Für dieses sind Bücher und Lehrer die Quelle aller seiner Kenntnisse. Der elfjährige Junge ist bereits so deutsch, daß er sich nach allgemeinen Regeln umsieht, wo Erfahrung und Gedächtniß für den jüngeren ausreichen. Für ihn giebt es Ausnahmen von der Regel, während das jüngere deutsche Kind auf amerikanische Weise das Regelmäßige und das Ausnahmsweise neben einander lernt, ohne sich um diese Kategorieen zu kümmern. Der Jüngere lernt mit dem Willen, der Aeltere durch das Wissen. Der Aeltere ist offenbar im Nachtheil gegen den Jüngeren. Denn da die amerikanische Lehrmethode mehr auf die mechanischen, trainirbaren Eigenschaften des Verstandes berechnet ist, als auf die abstrahirenden Qualitäten des Geistes, so dauert es ziemlich lange, bis er den Lehrer und bis der Lehrer ihn versteht. Sobald dieser Mittel-Grund gefunden ist, fängt das ältere Kind an, sich auf die Seite des Lernens durch bloße Erfahrung zu neigen, und dann geht es gleichen Schrittes mit den übrigen voran.

Im späteren Lebensalter ist ein completer Uebergang von deutscher Geistesrichtung in die amerikanische noch viel schwieriger, und auf die Höhe dessen, was man etwa eine philosophische Lebensanschauung der Amerikaner nennen könnte, kommen die Deutschen erster Generation höchst selten, vielleicht niemals. Mir ist wenigstens nicht ein einziges Beispiel bekannt, daß in einem in fertigem Alter Eingewanderten diese Metamorphose vollkommen zu Stande gekommen wäre. Es ist mir kein deutscher Journalist vorgekommen, der in seinen Anschauungen ein echter amerikanischer Politiker geworden wäre, oder der durch seine Arbeiten bewiesen hätte, daß das amerikanisch-demokratische Wesen ihm in Fleisch und Blut übergegangen sei. Ich kenne nicht einen einzigen deutsch-amerikanischen Gelehrten, ja ich weiß, daß keiner existirt, der sich die amerikanischen Perfektibilitäts-Ideen angeeignet, oder der, um ein amerikanischer Freidenker zu werden, seine früheren positiven Religionsansichten erst im Lichte etwa von Swedenborgs Lehre verblassen ließ. Der deutsche Freidenker in Amerika kann keine Schule bilden und keine Propaganda anders als unter seinen Stammgenossen machen. Seine Freidenkerei ist rein negativer Art, hat keine Basis in Land und Leuten und verläuft sich stets im Indifferentismus.

Nicht ein Einziger hat sich erfolgreich bemüht, die deutsche constructive Philosophie hier zur Geltung zu bringen, und der Deutsche muß total untergehen, und seine Nachkommen müssen sich vorher total amerikanisiren, damit sie erst wieder durch den Amerikanismus nicht nur mit dem, was man etwa amerikanische Philosophie nennen darf, sondern damit sie auch wieder mit deutscher Philosophie bekannt werden können. Ganz dasselbe gilt von der Kunst und bis zu einem gewissen Grade sogar von den exakten Wissenschaften. Das direkte Aufpropfen deutscher Kunst und Wissenschaftlichkeit auf das amerikanische Wesen ist absolut unmöglich, oder ist doch bisher noch niemals geglückt. Deutsches Blut, deutsches Gehirn, deutsche Instinkte und Fähigkeiten werden aber offenbar in den folgenden Generationen mehr oder weniger wesentliche Veränderungen in allen amerikanischen Geistes- und Gemüthsbestrebungen erzeugen. Die Sterilität der deutschen Einwanderung in allen diesen Richtungen hat daher weder etwas Erstaunliches, noch Trostloses für mich. Ihre Aufgabe ist es vor Allem, sich zu amerikanisiren, dann erst wird sie in ihrer neuen Gestalt die gemeinsame Arbeit dieses Volkes weiter fördern helfen. Auch hat dieses vorgängige Uebergehen in Amerikanismus durchaus nichts Beschämendes für das eingewanderte Element. Es liegt im Gegentheil so vollkommen in der Natur der Sache, und ist eine so erklärliche Culturnothwendigkeit, daß die Kategorieen des Beschämenden oder des beleidigten Nationalstolzes als eitel sentimentale Schwächen erscheinen. Die Arbeit, die das amerikanische Volk in der Menschheitsentwicklung zu vollbringen hat, ist vorderhand noch nicht in der Form der freien Gesellschaft, sondern noch einmal, und hoffentlich zum letzten Mal, in der Form einer streng bezeichneten Nationalität zu vollbringen. Die Amerikaner sind bis jetzt weder aus dem Gegensatz zum Staat noch zur Nationalität herausgetreten. Ehe wir Staat und Nationalität vernichten und durch die freie Gesellschaft ersetzen können, müssen wir vorerst Staat und Nationalität in ihrer höchsten Kraft und Bedeutung herstellen. Um an dieser nächsten Arbeit mithelfen zu können, müssen wir vor Allem ganz und ohne Vorbehalt diesem Staatswesen und dieser Nation angehören. Das ist unmöglich, so lange wir noch Deutsche sind. Kein Element wird nach vollbrachter Metamorphose in der Befreiungsarbeit von Staat und Nationalität tüchtiger wirken, als das in das Amerikanerthum verwandelte Deutschthum. Wer so auferstehen, also in seinen Nachkommen fortleben wird, für Den sollte der Tod keine Schrecken haben, und für Den sollte der als Untergang bezeichnete Zustand der vollbrachten Metamorphose nichts Schimpfliches enthalten. Auch wehrten wir uns gerade so vergeblich gegen unsern nationalen als gegen unsern physischen Tod. Um den einen nicht sterben zu müssen, durften wir nicht geboren werden; um dem andern auszuweichen, mußten wir nicht auswandern.

Allerdings stört uns in diesem Gedankengange das Auftreten einzelner dicht zusammengeballter Gruppen von Deutschen, in denen das Deutschthum sich mit stärkerem oder schwächerem Bewußtsein gegen seine Auflösung ins Amerikanerthum sperrt. Stören mag es uns, — aber irre machen sollte es uns nicht. Dieses lokale Zusammenballen verhindert die Metamorphose nicht, sondern es schiebt sie nur weiter hinaus. Ich rede gar nicht davon, daß das Gegentheil wünschenswerth wäre. Denn da dieses Zusammenleben bisher nirgends eine **höhere** Entwicklung des Deutschthums zur Folge hatte; da aller Wohlstand und Reichthum es nirgends zu einer höheren Stufe der Gesittung und Bildung im deutschen Sinne dieser Begriffe geführt hat, sondern da sich höchstens das materielle Leben mit größerer Fülle und reicherem Comfort umgab; da sich weder in Künsten noch in Wissenschaften, weder in Errichtung öffentlicher Institute noch in Werken der Menschenfreundlichkeit der spezifisch deutsche Geist hervorgethan, und da in dieser Hinsicht gerade die reichsten deutschen Gemeinden vor der ärmsten nichts voraus haben, so kann ich den Vortheil dieser so permanenten Verknöcherung des Deutschthums durchaus nicht einsehen. Zugegeben daß die deutschen Menscheninseln im Westen, namentlich in Cincinnati und St. Louis, in einem höheren Stadium der Metamorphose versteinern werden, als sich die pennsylvanischen Deutschen versteinerten —, so ist doch Der ein arger Narr, der, weil er mit Vortheil und Behagen unter Petrefakten seines Gleichen athmet, sie noch immer so sehr geistig mit dem Deutschthum verbunden hält, daß sie hier auch noch mit der Bewegung des deutschen Geistes zusammenhängen und mit ihr fortschreiten können. Ein neuer Geist wird ihnen eingehaucht werden und sie unter die Lebenden zurückführen, aber dieser Geist wird der amerikanische sein.

Soll ich ein Bild dieses vorübergehenden Versteinerungsprocesses entwerfen? Wie Tausende von Deutschen in gewissen Stadttheilen und in gewissen Counties inselartig abgeschlossen bei einander wohnen? Wie sie ihre Kinder zu Tausenden in deutsche Confessionsschulen schicken? Wie sie den deutschen Sonntag als ein specifisches Unterscheidungsmerkmal aufrecht erhalten? Wie sie alljährlich mit schlechteren deutschen Schulen, mit erbärmlicheren deutschen Theatern sich begnügen? Wie sie die trefflichsten amerikanischen Bildungsanstalten nicht benutzen, und sich zu gut dafür dünken? Wie ihre Tagesblätter sich in Inhalt, Form und Sprachverderbniß den pennsylvanischdeutschen Journalen nähern? Wie von deutscher Seite der Standpunkt des Vergleiches ihrer selbst mit den Amerikanern geflissentlich aufrecht erhalten wird? Wie in ihrer Masse die Deutschen auch nicht das Geringste von englischamerikanischer Literatur kennen, und außer der Journalistik absolut nichts Erhebliches auf diesem Felde hervorbringen? Wie sie sich in der Politik gerade in derjenigen Richtung gefallen, die am weitesten von allen amerikanischen Standpunkten abweicht und die sich den mitgebrachten Begriffen von Herrschaft des Staates über die Bürger am meisten nähert? Ich gehe absichtlich auf diese Punkte nicht näher ein, um dem Vorwurfe der Leidenschaftlichkeit keinen Vorwand zu geben. Wer aber Gelegenheit hat, in Städten wie St. Louis, Cincinnati und Chicago solche deutsche Eingewanderte, die in täglichem offenem Verkehr mit Amerikanern leben, mit gleichgebildeten Deutschen zu vergleichen, die ihren regelmäßigen Umgang in jener festzusammengeballten deutschen Gesellschaft suchen, der wird nicht nur finden, um wie vieles weiter die Letztern in ihrer Metamorphose sind, sondern er wird auch sicherlich darin mit mir übereinstimmen, daß der Bildungsgrad und der Bildungstrieb derselben ein höherer geworden ist und daß sie diesen Fortschritt nur der in ihnen rascher vor sich gehenden Amerikanisirung verdanken. Bei diesen werden die Vergleiche fruchtbar, weil sie nicht mehr auf puren Aeußerlichkeiten beruhen, sondern die Elemente der Verschiedenheit begreifen. Bei diesen fallen sehr schnell jene angeblich moralischen Maßstäbe weg, die nicht etwa den hohen deutschen Begriffen von ächter Sittlichkeit, sondern deutschen Schrullen, deutschen Idiosynkrasieen, deutschem Particularismus und daraus hervorgehender deutscher Engherzigkeit entspringen.

Aber trotz allem dem widerstehen auch diese im Verrosten begriffenen Massen nicht auf die Dauer ihrer Verwandlung ins Amerikanerthum. So drängt sich die englische Sprache seit den letzten Jahren mit Macht in das pennsylvanische Deutschthum, und eine Menge reicher pennsylvanischer Bauernsöhne, deren Eltern noch damit prahlten, daß sie nur „daitsch schwätze" könnten, stehen bereits mit beiden Füßen mitten in ächt amerikanischem Wesen. Im Westen vergrößert sich zwar durch die jede Erwartung übertreffende Einwanderung der Mutterstock für diese Versteinerungsprozedur, aber die Berührungspunkte sind hier so mannigfaltig und zahlreich, die internationalen Heirathen so häufig, die gemeinsamen Wanderungen nach dem fernen Westen so alltäglich, daß in jedem Fall ein sehr bedeutender Prozentsatz des Deutschthums der ersten Generation im Westen sich alljährlich amerikanisirt, während in der dritten Generation vermuthlich nur wenig der Auflösung Fähiges mehr übrig geblieben sein wird. Denn so viel ist sicher, daß der numerische Zuwachs an Einwanderern zur weitern Entwicklung des Deutschthums auf seiner eigenen Basis nichts beiträgt, während der numerische Uebergang ins Amerikanerthum das im Verrosten begriffene Deutschthum an dieser unglücklichen Umwandlung wenigstens einigermaßen hindert.

Dies Alles sind äußerliche Stadien und Erscheinungen des Uebergangs; rasch auf einander folgend und umfassend, je nachdem das mächtigere Element rascher und entschiedener und allseitiger an den Eingewanderten herantritt, oder weiter auseinander liegend und weniger vollständig, je nachdem sich das Deutschthum zwiebelartig mit seinen zahlreichen eigenen Schichten und Schalen gegen das Neue abschließt. Denn sehr leicht könnte ich eine Kategorie nach der andern durch diesen ihren äußerlichen Entpuppungsprozeß verfolgen. Den schimpfenden Badischen Bauern, dem die amerikanischen Aecker nicht gut genug daliegen, der sich über jede Unkrautstaude ärgert, die in den tausend Winkeln der „Wurmsenzen" wuchert, und der sich verschwört und bekreuzigt, daß s e i n e Kühe und Schweine gewiß niemals frei herumlaufen und ihm den Mist vertragen sollen; dem nirgends im Lande Ordnung und Polizei genug ist, und der es gar nicht begreift, wie die verrückten Amerikaner sich so viel mit dem Zeitungslesen und der dummen Politik abgeben können, — der aber gleich im erſten Jahr ſeine jenſeitige Culturart, ſo viel er es vermag, mit der einheimiſchen vertauſcht, ſich ſo raſch als möglich naturaliſiren läßt, und den Tag nicht abwarten kann, wo auch er an den Stimmkaſten gehen und für ſeinen bevorzugten Candidaten ſtimmen darf. Den deutſchen Handwerksmann, der ein Stück nach dem andern von ſeinem Werkgeſchirr wegwirft und dafür ſich an die einheimiſchen gewöhnt, weil er mit den alten dreimal ſo viel Zeit als mit den neuen verwendet und die verlangte Arbeit erſt recht nicht ſo gut zu Stande bringt. Den deutſchen Apotheker, der ſich aus einem krämelnden Chemiker in einen Droguen-, Glas- und Farbenhändler verwandelt. Den deutſchen Arzt, der ſich daran gewöhnen muß, dem inquiſitiven und denkenden Amerikaner gegenüber den myſteriöſen Charakter ſeines Standes fallen zu laſſen, oder der ſich mit tauſend neuen Grillen und Theorieen ſeiner Patienten verſöhnen muß, ehe er nur irgend einen Halt an ihnen bekommen oder ſich ihr Vertrauen erwerben kann. Die Alle zuſammen erſt da und dort ein engliſches Wort erhaſchen, dann eine leichte Phraſe im Geſchäftsverkehr und noch häufiger von ihren Kindern lernen, dann die eigene Sprache mit engliſchen Beugungen und Worten bereichernd verunzieren; dann gezwungen das Engliſche radbrechen und ſich deſſen endlich zur Noth bedienen lernen. Die ſich zwar niemals ganz von dem Gedanken losmachen können, daß der Staat und die Behörden da ſeien um ſie zu regieren, und nicht, um nur gewiſſe ihnen übertragene, allgemeine öffentliche Geſchäfte für ſie zu beſorgen; die ſich aber wenigſtens darüber freuen, daß ſie ſelbſt ſich ihre Herren wählen, daß ſie öffentlich über ſie ſchimpfen dürfen, und die dann mit derjenigen Partei gehen, die ihren mitgebrachten, für liberal gehaltenen Begriffen von Staat und Freiheit am nächſten kommt. Auf dieſe Weiſe geht es unabänderlich mit allen einzeln zwiſchen die amerikaniſche Bevölkerung eingeſprengten Individuen und nahezu ſo mit maſſen- oder mengeweiſe unter ihnen Lebenden. So iſt z. B. die Uebergangs-Verketzerung beider Sprachen nahezu dieſelbe beim Individuum wie bei der dichten Menge. Tauſende ſagen „ich gleiche es" und „ich habe es geglichen" für I like it und I liked it; Tauſende ſagen ſtatt „es hat geläutet", „die Bell hat gerungen", von to wring the bell, und nur weil irgend Einer den Anfang machen muß, fällt es auf, wenn wir in einer Chicagoer deutſchen Zeitung ſtatt von einem Gaben-Conzert von einem Giftconzert leſen — denn die Menge wird ſicherlich folgen, wenn ſie erſt ſo weit amerikaniſirt iſt, daß ſie für eine ächt amerikaniſche Prellerei auch den ächten amerikaniſchen Ausdruck am bequemſten findet. Man kann ſehr hoch hinauf ſteigen, und wird immer noch ſtatt: ich fühle mich unwohl, „ich fühle unwohl", und ſtatt: vor dreißig Jahren, „dreißig Jahre zurück" hören. Dergeſtalt ſind die fremden Maſſen gezwungen, durch das Amerikanerthum erſt wieder zu Wiſſenſchaftlichkeit und eleganten Sprachformen zu gelangen, daß dieſe engliſirte Ausdrucksweiſe unter ihnen faſt immer für correct und elegant gehalten wird. Für ſie mag wohl die **engliſche** Sprache feſtſtehende Formen und Regeln haben; die **deutſche** Sprache aber hat ihr Recht auf Eigenlebigkeit vollſtändig verloren. Sie ſchlottert ſo dahin bis ſie ausgerungen hat.

Der Fortschritt des Deutschthums in Amerika liegt daher in seiner Metamorphose ins Amerikanerthum. Dagegen sträuben sich Sentimentalität und Romantik vergebens. Nur in der ersten Generation ist dieser Uebergang nicht blos praktischer, sondern auch psychologischer Natur, während genetische Ursachen bei den folgenden Generationen die vorwiegenden sind. Hier der deutsche Grundcharakter der Erkenntniß durchs Wissen, da der amerikanische Grundzug, sich das Wissenswerthe durch Erfahrung und Willenskraft anzueignen. Daher gehört die Welt dem Deutschen durch Bildung und Freiheit, dem Amerikaner durch Reichthum, Macht und Selbstständigkeit. Daher ist der Deutsche im Leben genügsam, aber unersättlich im Forschen, der Amerikaner unersättlich in Genüssen und unermüdlich im Schaffen, aber bescheiden und arm im Denken. Die höchste Vollkommenheit der Welt hat der Deutsche in sich, der Amerikaner um sich. Gesetzt es wäre möglich, beide Richtungen in einem Volke in einander zu verschmelzen — die Welt des Amerikaners zu durchgeistigen, und die Welt des Deutschen zu verwirklichen — welche Welt würde dies erst sein! Und ist dies möglich, so ist es nur möglich durch den Untergang und die Wiederauferstehung des eingewanderten Deutschthums in dem Gesammtbegriff des amerikanischen Volkes! *)

---

*) Mit Vergnügen räumten wir dem vorstehenden geistvollen Artikel den ersten Platz in diesem Hefte ein. In welchen Punkten unsere Ansichten von denen des Herrn Verfassers abweichen, möchte keiner nähern Hervorhebung bedürfen.

Edinburgh.
Von Alfred Meißner.

The heart of Scotland, Britain's other eye.
Johnson.

Der Reisende kommt in Edinburgh auf ganz eigenthümliche Weise an, ungefähr so, wie der Geist auf's Theater oder — um ein heiteres Gleichniß zu gebrauchen — der Wein auf den Tisch kommt. Man steigt aus einer Versenkung, einer Art von Schacht, empor und wird plötzlich zu seiner Freude gewahr, daß man sich mitten auf der beleuchteten Bühne voll wunderbarer Decorationen, mitten auf der herausgeputzten Tafel voll festlichen Pomps befindet. Man hat nämlich die halbe Stadt unterirdisch passirt und sieht sich aus dem Tunnel direkt in den bewegten Corso versetzt.

Edinburgh ist bekanntlich eine der schönsten Städte Europas. Die großartige Pracht der Häusermassen, die Abwechselung von Berg und Thal, die Gegensätze des Finstern, Alterthümlichen, Ordnungslosen und des geradlinigen, symmetrischen Neuen machen es zu einem Bilde ohnegleichen. Von der Anordnung der Stadt eine Vorstellung zu geben, ist nicht leicht. Ich versuche es doch; allerdings wird ein Blick in ein stereoskopisches Panorama den Leser besser orientiren als die sorgfältigste Beschreibung.

In der Mitte des großartigsten Dächermeeres thürmt sich ein Bergrücken empor, den ein ganzes Gewühl schwarzer Häuser terrassenartig hinanklettert. Dieser ganze Stadttheil ist schwarz, finster, wirr, versteinerte Tragik, versteinertes Grauen. Festungsartige Häuser zählen nicht selten zehn, zwölf, vierzehn Stockwerke. Der Bergrücken, der diese Stadt der Länge nach durchzieht und sich dem Auge mit voller Front präsentirt, schließt mit einer Plattform, wo Edinburgh-Castle, ein weit ausgedehnter Kranz schwarzer Mauern und Zinnen, hinauslugt; dann fällt er mit senkrechten Wänden zu Thal. Diese Stadt auf dem Bergrücken, die Altstadt, größtentheils im sechzehnten Jahrhundert entstanden, hat die Highstreet gleichsam zum Rückgrat. Aus ihrem Dächermeere ragen Kirchthürme, Paläste und Kuppeln von Collegien majestätisch hervor. Sie verliert sich in dem in der Ebene gelegenen Stadttheil Canongate.

Am Fuße des Bergrückens, dicht vor uns, ein anderes Bild! Ein weiter Park, modern, prächtig, läuft im Thal hin und breitet sich weit aus mit Bosquets, weiten Rasenplätzen, verschlungenen Wegen. Davor läuft Princeßstreet, der Boulevard Edinburghs, geradlinig, modern, reich, der Sitz aller Hotels, Clubhäuser, ein früh und spät belebter Corso mit den prachtvollsten Verkaufsgewölben. Hier stehen in grüner Oase zwei mächtige Gebäude, das Royal-Institution, ein Museum von Alterthümern, und die Bildergallerie. Hier erhebt sich thurmgleich aus blendend weißem Marmor das Monument Walter Scott's, vielleicht das reichste und prächtigste Denkmal, das je ein Land einem Manne gesetzt, der weder König noch siegreicher General war.

Und wieder steigt vor der Princeßstreet und ihren Squares das Terrain bergig hinan. In der Diagonale von Edinburgh-Castle, das im Westen liegt, blickt uns im Osten Caltonhill entgegen. Dieser Bergkegel von Caltonhill ist fast durchweg von monumentalen Gebäuden bedeckt. Das Nelsondenkmal steigt wie ein Leuchtthurm in die Höhe; das Monument Wellington's, eine moderne Ruine, aus zwölf riesigen Säulen im Stil des Parthenons bestehend, trönt die Höhe.

Auf das Nelsondenkmal muß man steigen, um das großartige Bild zu überschauen. Ueber den schwarzen Häuserterrassen der Altstadt, vom Schloß bis Holyrood ausgedehnt, hängt ein Wetter, wie in Einklang mit jenen Mauern, aber Sonnenlichter spielen auf den weiten grünen Flächen im Thal. Geradlinig ziehen sich die Massen der Neustadt bis nach Leith, dem Hafen Edinburghs, dessen mächtiger Leuchtthurm in den Firth of Forth hinausschaut. Kleine, grüne Inseln tauchen dort auf, Dampfer ziehen aus und ein. In weiter Ferne, nordwärts, erblickt man die Küste von Fife, die Lomond- und Ochillberge; östlich ragt, wie der Hüter der Stadt, der Arthursitz empor. Der Badeort Portobello, die Insel May zeigen sich im Duft der Weite.

Nachdem wir den allgemeinen Anblick über die Stadt gewonnen, gehen wir an das Einzelne. Zuerst halten wir vor dem Walter-Scott-Denkmal still.

Es ist ein gothischer Thurm, zu dessen Spitze zweihundertsiebenundachtzig Stufen führen. Allerlei vielverzierte Bogen reihen sich zu einander, in den Nischen sind Figuren aus Scott's Romanen angebracht; in den vier untern erkennen wir den Prinzen Charles aus „Waverley", Megmerrilies, die Dame vom See, den letzten Minstrel, George Henriot aus „Nigel". In der Marmorhalle, über welcher sich der Thurmbau erhebt, sitzt, seine Schreibtafel auf dem Knie, die Bleifeder in der Hand, Sir Walter Scott, der Vater des historischen Romans, mit dem friedfertigen, gutmüthigen Gesicht, das allbekannt. Zu seinen Füßen liegt sein Hund Bewis, das Kinn zum Gebieter erhoben. Architekten finden an diesem Monument, das ein gewisser George Kemp ausgeführt, Vieles auszusetzen; sie tadeln die überladene Gothik, die Kleinheit der Hauptstatue und noch vieles Andere; im Ganzen aber macht das Monument eine imposante Wirkung. Dabei liefert es den Beweis, daß den Schotten kein Bau zu stattlich und in seinen Dimensionen zu groß schien — das Denkmal hat an siebenzehn Tausend Pfund Sterling gekostet — wo es galt, einen Mann und Patrioten wie Walter Scott zu ehren.

Passiren wir nun die Waverleybrücke, so sind wir bald in der Hochstraße und stehen vor der alten St. Giles-Kathedrale. Vor ihr stand einst das Kreuz von Midlothian, unfern davon das „Talbouth", das Hotel de Ville des alten Edinburgh, zu Maria Stuart's Zeit Parlament, Stadthaus und Gefängniß, der Ort, von welchem alle Ereignisse der Reformation ihren Anfang genommen. Doch wandeln wir die die ganze Altstadt durchziehende Hochstraße hinan. Sie gleicht der Prager Spornergasse in größerem Maßstab. An der Ecke des alten Marktplatzes fällt uns zuerst das einst von John Knox bewohnte Haus ins Auge. Es ist schwarz, wie von Basaltquadern erbaut, finster wie sein ehemaliger Bewohner. Vorspringende Erker, wunderliche Giebel, eine Menge Rauchfänge geben ihm ein seltsames Aussehen.

Ueber der Thür und dem Fenster des ersten Stockwerks liest man in gothischen Lettern: Lovo. God. above. all. and. your. neighbour. as. your. self; vorn, an der Ecke, sieht man eine Kanzel und die Figur des predigenden Reformators, mit der Hand auf einen Stein zeigend, wo Gottes Name eingeschrieben.

Immer wunderlicher wird nun die Stadt, kein schwerer Traum kann uns in ein seltsameres Häusergewimmel führen. Wir steigen hinan und uns überkommen Bilder aus alter Zeit, von Mönchen, Processionen, Banketten in alten Rittersälen, presbyterianischen Predigten, Gefechten. Auf beiden Seiten laufen Gäßchen in der Anzahl von mehreren Hunderten herab, die „Closes" von Edinburgh, jetzt der Wohnsitz des herabgekommensten Proletariats. Alle Häuser sind schwarz, festungsartig. Ihr oberstes Stockwerk befindet sich in der Hochstraße, doch auf der andern Seite hat, des jähen Bergabfalls wegen, dies Stockwerk noch zwölf, dreizehn, vierzehn Stockwerke unter sich. In den Gäßchen selbst, die theilweise so eng sind, daß zwei Menschen einander darin nur mit Mühe ausweichen, wimmelt — man kann es nicht anders nennen — menschliches Ungeziefer. Was können diese Gestalten in Lumpen sein? Im besten Falle Bettler, Straßenkehrer, Lumpensammler, Cloakenfischer. Frauen und Dirnen mit ungekämmten Haaren, barfuß, kaum bekleidet, sitzen auf den Thürstufen; Kinder, so verwahrlos't, wie kaum bei uns die Brut einer Zigeunerbande, liegen auf dem Pflaster umher, raufen sich, balgen sich. Man muß es gesehen haben, um daran zu glauben.

Der Führer zeigt uns auf dem Wege das Haus, wo David Hume, der Denker, das Haus, wo Boswell, der Freund (und Eckermann) Johnson's, das Haus, wo Allan Ramsay, der schottische Idyllendichter, gewohnt; auch die Wohnung der Marie von Guise, der Mutter Maria Stuart's, wird uns gezeigt, doch schon nahen wir der Esplanade des Edinburgh-Castle. Diese Krone alten Gemäuers, einst ein uneinnehmbarer Punkt, erhebt sich imposant über die ganze Stadt, und wunderbar gut stimmt zu ihren alten Zinnen ihre militärische Besatzung. Es sind lauter hosenlose Hochländer in weißen und rothen Jacken, denen der gewürfelte Kilt bis an die nackten Kniee reicht. Ihre rothgescheckten Strümpfe, mit rothen Bandschleifen verziert, gehen bis an die Mitte der Wade. Manche tragen schwarze Grenadiermützen, Andere Kappen mit schwarzen Straußfedern; trotz des Krimkrieges und Sebastopols ist Alles an ihnen alterthümlich, bis auf den plumpen, mit einem Korbe versehenen Säbel. Wegen zufälliger Anwesenheit eines Prinzen ist die Mannschaft ausgerückt, eine Musik seltsamster Art erschallt. Zuerst schlägt ein kleines Musikcorps mit Blechinstrumenten eine wehmüthige Nationalmelodie an, jetzt schweigt sie und es ertönt der gellende Lärm von wohl zehn Dudelsäcken, welche eine und dieselbe musikalische Figur — o, muß ich sie musikalisch nennen? — unermüdlich wiederholen. Ein Dutzend kleiner Jungen, zwölf bis dreizehn Jahr alt, in ähnlicher Uniform, hosenlos, aber mit Kilt, Plaid und Mütze bekleidet, unterstützt das Dudelsackcharivari mit dem grellen Gequiek von Pickelflöten.

Diese für Auge und Ohr originelle Scene hielt uns eine ganze Weile fest. „Merkwürdig", sage ich zu meinem Begleiter, „auf dem Kopfe eine Bärenmütze und dabei nackte Beine — direkter läßt sich dem Sprichwort nicht opponiren, daß man den Kopf kühl, die Füße warm halten soll.

Ein junger Lieutenant, der in unserer Nähe steht, mag die Verwunderung auf meinem Gesicht lesen. Mit einem gutmüthigen Lächeln auf dem breiten Gesicht entgegnet er, eigentlich höchst cynisch: „Lacht nur über unsere Tracht, die Mädchen haben sie gern."

Im Schlosse selbst sind es besonders zwei Gemächer, welche Aufmerksamkeit verdienen. In dem einen, einem runden, fensterlosen Raum, zeigt man bei Lampenschein auf einem steinernen Tische die Insignien des alten schottischen Königthums: Krone, Scepter und Reichsschwert. Einst mächtige, lebendige Symbole, sind jetzt alle diese Dinge bloße Merkwürdigkeiten. Der industrielle Verstand Englands siegte über die alte Baronialherrlichkeit Schottlands, die prosaische Neuzeit über das ideale Ritterthum, das Sachsenthum über die alte celtische Race. Walter Scott war selbst der letzte Minstrel der untergegangenen Welt, an welche diese Schätze gemahnen.

Eine andere Sehenswürdigkeit ist das Gemach, in welchem Maria Stuart, kurz vor ihrer Entbindung, als Gefangene gewohnt hat. Das Fenster geht nach den Salisbury Crags heraus; man hat einen Abgrund von mehreren Hundert Fuß Tiefe unter den Augen. Wo einst das Bett gestanden, ist das schottische Wappen gemalt mit seinen Devisen: In defenco und: Nemo me impune lacessit. Das bedeutungsvolle Datum 1566 steht über der Thür. An einer Wand stehen folgende Verse, wie es heißt, von Maria selbst gedichtet:

Lord Jesu Christ, that crounit was with thorns
Preserve the birth of him who heir is borne
And send his sonne succession to reigne still
Lang in this Realm, if that it be thy will.
Als grant, o Lord, what ever of him proceed
To be thy honour and praise, so beiet!
19th IVNII 1566.

Der Cicerone, der die Fremden hier herumführt, behauptet, um diesem Kämmerchen noch mehr Romantil zu verleihen, Maria Stuart sei hier entbunden und das Kind in einem Korbe von hier hinabgelassen worden. Das ist entschieden falsch. Maria kam mit ihrem Kinde in der Festung Sterling nieder. Was die Zeilen an der Wand betrifft, so sind diese wahr geworden; Maria's Gebet wurde erhört. Das Kind gelangte zu noch größerer Macht, als seine Mutter träumen mochte. Jakob, der Sohn der Hingerichteten, wurde der erste König der vereinigten Reiche.

Doch wenn man an Maria Stuart erinnert sein will, muß man Holyrood besuchen; ich widmete diesem Besuch den andern Morgen. Das älteste Schloß der Könige von Schottland, wo so viele Familientragödien gespielt haben, liegt am Ausgange des Stadtviertels Canongate und ist ein weit ausgedehnter, vierflügeliger, von starken Eckthürmen flankirter Palast. Der ursprüngliche Bau ist uralt und stammt aus König David's Zeit; Maria und Karl II. haben ihn erweitert. Man durchschreitet den Hof und wird zuerst in die Kapelle (royal chapel) geführt. Eine Ruine ohne Dach, aber von höchstem architektonischen Interesse. Ein Thurm aus vorgothischer Zeit, alte Portale mit Figuren und Köpfen, Spitzbogenfenster, Steintafeln mit halbverlöschten Inschriften, Säulen, an denen Grotesken die Capitäler bilden — das ist Alles, was noch von dem prächtigen Gotteshause übrig, in welchem einst die Krönungen stattfanden. Noch bis in eine späte Zeit hielten einige schottische Familien das Vorrecht aufrecht, hier begraben zu werden. Am Eingang soll Riccio liegen.

Nach diesem kurzen Abstecher besehen wir das Schloß. Wir treten zuerst in den sogenannten Bankettsaal. Die Portraits von hundert schottischen Königen, von dem im Nebel des Helden- und Sagenthums schwebenden Fergus I. (350 v. Chr.) bis auf den letzten Stuart, decken die Wände. Diese Portraits sind werthlos, sämmtlich Machwerke eines vlämischen Sudelmalers, James de Witt (1684), der für seine Arbeit vermuthlich nach der Elle Leinwand bezahlt wurde und auch nicht besser belohnt zu werden verdiente, einestheils Copieen zweifelhafter Originalbilder, die ihm geliefert wurden, anderntheils bloße Phantasiestücke. Diese große, öde Stube hat manches Fest gesehen; hier tafelte der Prätendent Charles, hier braut'te der Ball, den Scott in „Waverley" beschreibt. In jetziger Zeit werden Versammlungen des hohen Klerus hier abgehalten.

Sich links wendend, betritt man nun das alte Audienzzimmer und eine Reihe von Zimmern, welche Darnley bewohnte. In dem einen schmückt ein ziemlich erhaltener Gobelin die Wand, die Kreuzerscheinung Konstantin's vorstellend; Porträits Karl's II., Wilhelm's III., Jakob's VI., Lord Raleigh's und der Gräfin Cassilis heißen uns weilen. Nun aber nähern wir uns den Orten, wo das Interesse ein noch lebendigeres werden soll. Die voranschreitende Führerin heißt uns eine enge Treppe hinangehen, und wir betreten zuerst das Audienzzimmer Maria Stuart's. Hier steht ein Bett mit verblaßten, mottenzerfressenen Vorhängen, worin Karl I. und ein Jahrhundert später der Prätendent geschlafen.

Ein zweites Zimmer hat höchstens zehn Schritte im Geviert; der Plafond ist mit Holzgetäfel bekleidet, dessen sechseckige Vertiefungen die bourbonischen Lilien und rothe, blaue, goldene Chiffren zieren. Zwei Fenster, einander schräg gegenüber, lassen ein gedämpftes Licht herein. Eine Tapete, den Sturz Phaeton's von seinem Sonnenwagen darstellend, deckt die Wand; Porträits Elisabeth's und Heinrich's VIII. hängen da. Vom Eingange links steht ein breites, niederes Bett, grün und roth bemalt, sehr wurmstichig, darüber ein Himmelbett von rothem Damast mit grünen Fransen. Unfern sieht man einen kleinen Kamin; davor steht ein alterthümlich niederer Stuhl mit hoher Lehne. Auf einem Nähtische steht ein elfenbeinernes Arbeitskästchen; ein reizendes Miniaturbild liegt darin; es stellt Die vor, welche hier schlief: Maria Stuart.

Doch verweilen wir noch einen Augenblick. Siehst du dort, in der Tapete verborgen, die kleine enge Thür? Es ist die, durch welche Darnley und seine Genossen eintraten, um Riccio zu überfallen.

Maria Stuart! So viele Könige auch in diesen Hallen geherrscht, Maria's Gestalt hat sie alle in den Schatten gedrängt. Alles hier mahnt nur an sie, Alles spricht nur von ihr. Wie bei Bajä in Bädern, Palästen und Tempeln Agrippina, wie in Fontainebleau Katharina von Medici, so waltet hier Maria. Gehen wir weiter durch dieses Schloß, wir finden überall Bilder der schönen königlichen Buhlerin. Hier sieht sie als Braut des französischen Erbprinzen nieder, ein Gesicht voll heiterer Sinnlichkeit und Poesie. Ihre Augen sind braun, das kastanienfarbene Haar ist von der schönen Stirn zurückgeschlagen, die Nase etwas länger als die Schönheitsregel es haben will, aber der Gesammteindruck ist reizend. Ein enganliegendes Kleid von schwarzem Sammet steigt hoch hinauf; den Hals, der einst dem Schwerte verfallen sollte, umschließt ein Collier von Edelsteinen; hinter diesem hebt sich ein starrer Kragen mit gefalteter Krause ab. Gehen wir weiter, wir finden sie noch prunkvoller gekleidet als Gemahlin Darnley's, doch schon mit einem seltsamen Zug um den Mund.

Ein drittes Bild endlich zeigt sie im einfachen grauen Kleid von nonnenhaftem Schnitt als Bothwell's bleiches, reuegefoltertes Weib — trotz Allem noch so verhängnißvoll schön, daß wir Chastelart, Leicester, Riccio, Bothwell und Douglas in ihrer Liebe begreifen können. Welche Illustrationen zu einem ereignißvollen Lebensgange!

Doch drücken wir eine Klinke dicht neben der verhängnißvollen Tapetenthür nieder, und wir stehen in einem noch weit kleinern Zimmer. Das ist das Soupercabinet (supping room). Es hat keinen andern Zugang als den durch das Schlafzimmer und ist so eng, daß hier allerdings nur eine ganz kleine Gesellschaft Platz haben konnte. Aber denken wir es uns hell mit Wachskerzen beleuchtet, den Tisch in der Mitte mit weißem Linnen gedeckt, mit Flaschen und Gläsern und Schüsseln beladen. Nun stürmen die Verschworenen herein, der Tisch wird umgeworfen, Gläser und Schüsseln fliegen auf den Boden, die Hände greifen nach dem Italiener, der sich hinter dem Kleide seiner Herrin verbirgt. In diesem Closet drängen sich Ereignisse von spannendstem Interesse, ja von tiefer Tragik zusammen — eben sind es dreihundert Jahre geworden, daß sie sich zugetragen.

Es war Sonnabend den 9. März 1566 gegen sieben Uhr. In jenem Zimmer, das wir vorhin gesehen, wo die Kreuzerscheinung Konstantin's die Wand ziert, hatte Darnley die Freunde erwartet. Wie unglücklich mochte er sein! Halb ein Knabe noch, kaum zwanzig Jahre alt, in seine Frau maßlos verliebt und nach sechsmonatlicher Ehe schon ihrer Liebe verlustig, in seinem Ehrgeiz blutig gekränkt, da ihm Maria die Matrimonialkrone vorenthielt und ihn merken ließ, daß sie ihn für unfähig halte, sie zu tragen, und nun zu alledem noch von Eifersucht verzehrt! Er, der schöne, stolze, junge Mann, eifersüchtig auf jenen ältlichen, kränklichen, häßlichen Italiener, den ehemaligen Cameriere des Grafen La Morette, den musikalischen Kammerdiener, jetzt zum Secretär für die auswärtige Correspondenz vorgerückt! War es nicht um rasend zu werden? Und dieser Mensch war, man kann sagen, jetzt allmächtig in Schottland! Er stand in Beziehung zu allen katholischen Mächten, correspondirte mit Rom und Madrid, Subsidien waren auf dem Wege. Es war sein Werk, wenn es schien, als solle der Protestantismus wieder ausgerottet werden in Schottland. Murray, der Halbbruder der Königin, das Haupt der Reformirten, dankte Riccio seine Verbannung. Darum war dieser auch jetzt so frech und herausfordernd und trug den Kopf so hoch. Er hielt sich einen ganzen Hausstaat.

„Ich habe entdeckt", hatte Darnley an seinen Cousin Douglas geschrieben, „daß dieser elende David mein eheliches Bett entehrt hat." Hatte er da recht gesehen? Unbestreitbar war, daß Maria dem Riccio unbegreifliche Vertraulichkeiten gestattete, wie er denn bei ihr im Schlafrock gefunden wurde. Lieber, als solche Schmach ungerächt zu tragen, hätte sich Darnley mit dem Teufel selbst verbunden, und so hatte er sich mit seinen ehemaligen Gegnern, den verbannten Parteigenossen Murray's, wieder eingelassen. Zwei Verträge, sogenannte Covenants, waren unterschrieben worden, der eine des Inhalts, daß, da die Königin von verderbten Menschen umgeben sei, man sich dieser zu bemächtigen und im Nothfalle sie niederzustoßen habe, der zweite des Inhalts, Darnley in allen gerechten Streitigkeiten beizustehen, Freund von seinen Freunden, Feind von seinen Feinden zu sein, ihm die „Matrimonialkrone" zu übertragen, die protestantische Religion zu schützen und ihre Gegner niederzuschmettern.

Am Abend des 9. März hatte Darnley früher als gewöhnlich zu Nacht gegessen. Er erwartete die Verschworenen: Morton, Rutven, Lindsay. Sie kamen mit ungefähr zweihundert Bewaffneten an. Diese überfielen und entwaffneten geräuschlos die geringe Leibwache und besetzten die Zugänge.

Lord Rutven, einer der eifrigsten Freunde von Darnley's Cousin, Douglas, war zuerst bei Darnley eingetreten, ihm folgten mehrere Bewaffnete. Nun ging es die kleine Geheimtreppe, welche in der Tapetenthür des Schlafzimmers mündet, hinauf. Voran ging Darnley; in kurzen Zwischenräumen, damit es nicht auffalle, folgten Rutven, George Douglas, der Carl von Fauconside und Patrick Bellenden.

Im kleinen Cabinet, das den Zugang nur durchs Schlafzimmer hat, waren die Gäste lustig. Sie hatten eben eigenhändig den gedeckten Tisch zum Souper hereingerollt. Das Zimmerchen war mit vielen Kerzen beleuchtet, im Kamin knisterte das Feuer. Neben der Königin, welche im siebenten Monat schwanger ging, saßen ihre natürliche Schwester, die Lady von Argyle, und Arthur Erskine, der Schloßcommandant; der Laird von Keith und Riccio saßen auf einem Schemel, im Hauskleid von Damast mit Pelz verbrämt, eine Mütze auf dem Kopfe, eine Kette mit kostbaren Juwelen um den Hals.

Als Darnley eingetreten war, nahm er hinter der Königin Platz und küßte sie. Aber er war bewaffnet erschienen und unter seinem Hofkleid blitzte die schwere Rüstung hervor.

„Wir wollten heute Abend unter uns sein", sagte die Königin mit beleidigender Kälte zu ihrem Gemahl.

„O, ich bringe noch andere Gäste mit! erwiderte Darnley, und schon trat Rutven herein.

„Was führt Euch her, Rutven?" fuhr die Königin zornig auf. „Wer hat Euch erlaubt, hier unangemeldet einzutreten?"

Rutven war ein Mann von sechsundvierzig Jahren, hoch, hager, finster; er hatte eben das Fieber und war abgezehrt wie ein Gespenst. Er wies mit der Hand auf Riccio und sagte:

„Dieser David ist zu lange in Eurer Majestät Privatgemach gewesen; gefalle es Eurer Majestät, ihn zu entfernen!"

„Welche Sünde hat er begangen?" fragte Maria.

„Die größte und abscheulichste", antwortete Rutven, „gegen die Ehre Eurer Majestät, gegen Euren Gemahl, den König, gegen den Adel und das Volk!"

Lord Erskine und der Laird von Keith wollten auf Rutven eindringen, aber die Königin gebot ihnen Ruhe.

„Hätte man David Riccio etwas vorzuwerfen", versetzte sie, „so würde ich ihn vor die Lords des Parlaments fordern. Dir aber, Rutven, befehle ich, Dich zurückzuziehen, bei Strafe des Hochverraths!"

Statt eingeschüchtert zu werden, trat Rutven mitten durch die übrigen Zuschauer dieses Auftritts vor, um sich Riccio's zu bemächtigen.

Dieser, an allen Gliedern zitternd, warf sich der Königin zu Füßen. „Madame!" rief er, „ich bin todt! Justizia, Justizia! Rette mein Leben!"

Durch die heftige Bewegung Riccio's und Rutven's nachdringende Hand stürzte der Tisch mit dem Nachtessen auf die Königin, die ihre schützende Hand über den Daliegenden ausstreckte.

Die kurzen Degen und Pistolen richteten sich nun auf die Königin selbst. Riccio hatte Maria am Kleide gefaßt und klammerte sich mit aller Gewalt an sie; aller Muth, alle Besinnung hatten ihn verlassen.

Da riß ihn Darnley mit kräftiger Hand selbst weg, und während ihn die Fäuste der Andern packten und fortschleppten, wehrte er mit seinen eigenen Armen der Königin, Riccio zu folgen.

Voll Angst um das Loos ihres Geheimschreibers, kaum an die eigene Gefahr denkend, beschwor Maria den Gemahl, Mitleid zu haben.

„Fürchtet nichts, es wird ihm kein Uebel zugefügt werden", erwiderte Darnley heuchlerisch. Indeß wurde der zitternde Italiener aus dem Cabinet hinausgeschleppt. Hinter der Thür erwarteten ihn eine Menge Verschworene. Riccio ward mit lautem Geschrei empfangen. Ein Streit entspann sich, ob man ihn bis zum andern Morgen leben lassen solle, um ihn dann zu hängen, was Morton und Lindsay wollten; allein George Douglas, der Ungeduldigste der Schaar, machte dem Streite ein schnelles Ende.

„Da hast Du einen Königsstoß!" rief er, und durchstach ihn mit dem Dolche, den er aus Darnley's Gürtel gerissen hatte.

Da stürzten die Andern herbei und durchbohrten das Opfer mit sechsundfünfzig Dolchstichen. Die Leiche wurde hierauf durchs Fenster in den Hof geworfen. Der Pförtner des Palastes nahm sie in Verwahrung.

Noch sieht man in einem engen Gelaß, das dadurch entstand, daß Maria den Ort des Mordes durch eine Bretterwand abtrennen ließ, breite schwarze Blutflecken bis zum heutigen Tage. Schon Aeschylos bemerkte in seinem „Todtenopfer", daß Blut ein Stoff sei, der sich am schwersten vertilgen lasse, wenn er sich einmal irgendwo eingefressen. Es ist aber auch Thatsache, daß Maria das Blut ihres treuen Dieners nie abwaschen ließ, um eine ewige Mahnung an die erlittene Unbill vor sich zu haben.

Doch mit diesem Morde waren die Ereignisse vom 9. März 1566 immer noch nicht beendet. Die Königin hatte kaum Riccio's Todesschrei und den Fall seines Körpers in den Hof hinab vernommen, als sie den vollen Strom ihres Zorns gegen Darnley ergoß. Sie warf ihm vor, daß er eine so schändliche

That gutgeheißen und angeordnet habe, eine That, durch welche sie in den Augen des Landes und Europas entehrt worden.

„Mörder und Verräther!" rief sie, „aus niedriger Stellung zog ich Dich empor und gab Dir einen Platz am Throne. So dankst Du es mir!"

Darnley dagegen warf ihr vor, daß sie seit Monaten seine Gesellschaft ganz und gar vermieden und wie sie ihn oft in Riccio's Gegenwart aus ihrem Zimmer gewiesen habe. Es sei ihm vorgekommen, daß sie sich mehr Letzterem als ihm gewidmet. „Daher", sagte er, „habe ich meiner Ehre und Genugthuung wegen gutgeheißen, daß ihm so geschehe."

Die Königin antwortete in ungemindertem Zorne: „Mylord, Ihr seid der Urheber der Schmach, die man mir anthut. Ich bleibe Euere Frau nicht mehr, und werde nicht früher ruhen und nicht wieder zufrieden sein, bis Euer Herz ebenso aufs Aeußerste betrübt ist wie jetzt das meinige."

In diesem Augenblicke trat der gefürchtete Rutven wieder ein. Sein Henkeramt war gethan, seine Hände waren noch roth von Blut, aber seine Kraft war dahin, so daß ihn eine Ohnmacht anwandelte. Die Krankheit, der er wenige Wochen später erlag, schüttelte ihn. Er begehrte ein Glas Wein, leerte es und sagte mit einer durch seine Krankheit noch gesteigerten Wildheit zur Königin, man habe Riccio zum Tode gebracht weil er eine Schmach für sie und eine Geißel für's Königreich gewesen. „Durch seinen verderblichen Einfluß", schloß er, „ist es dahin gekommen, daß die Besten vom Adel flüchtig und verbannt leben und daß Eure Majestät, um die alte Religion von Schottland wieder herzustellen, verdammliche Beziehung mit auswärtigen Fürsten unterhalten. Entlassen Sie Bothwell und Huntley aus dem Geheimrath."

Maria, empört und gedemüthigt, erhob sich und rief mit drohender Stimme: „Dies Blut wird einigen von Euch, glaubt mir, theuer zu stehen kommen."

„Gott verhüte das!" antwortete Rutven; „denn je mehr Eure Majestät sich beleidigt zeigen, desto strenger wird die Welt in ihrem Urtheil sein."

Die Königin, von den Vorfällen tief erschüttert, wurde beinahe ohnmächtig. Bei diesem Anblick ging Rutven hinaus, Darnley folgte ihm. Keiner der Verschworenen kehrte zurück; man begnügte sich mit dem Geschehenen und trug Sorge, alle Ausgänge besetzt zu halten.

Indeß waren die Bewohner Edinburghs durch den Tumult, den die Ermordung Riccio's in Holyrood verursachte, in keine kleine Bewegung gerathen. Der Provost (Bürgermeister) ließ die Sturmglocke ziehen und erschien an der Spitze von sechshundert bewaffneten Bürgern, um anzufragen, was im Palast vorgehe. Er begehrte Einlaß bei der Königin. Die Verschworenen verweigerten ihm diesen. Der Provost kündigte an, daß er mit seinen Leuten Gewalt brauchen werde. Darauf erklärten die Verschworenen, daß er dies bleiben lassen solle, denn sobald er zur Gewalt schreite, werde man die Königin tödten und ihren Leichnam über die Mauer hinabwerfen. Der König ließ zugleich melden, Maria befinde sich wohl, nur ihr Geheimschreiber sei getödtet worden, und fügte hinzu, er befehle den Bürgern bei Strafe der Widersetzlichkeit, sich zurückzuziehen. Dieser Befehl wurde angehört und die Schaar begab sich nach Hause. Die Königin, ohne Freund und Berather, selbst von ihren Frauen getrennt, blieb diese ganze schreckliche Nacht hindurch wach, in ihrem Zimmer auf einem Stuhle sitzend, in ihrem eigenen Palaste gefangen.

Die Grafen von Huntley und Bothwell, die auch in Holyrood wohnten und sich nicht minder als Riccio bedroht glaubten, hatten das Weite gesucht. Sie hatten sich mittelst eines Seils auf die Gasse herabgelassen.

II.

Es giebt wohl wenige Räume, die auf die Phantasie so wirken wie das Schlafzimmer Maria Stuart's und dessen Nebengemach. Der alte morsche Trödel stimmt zur Geschichte von Mord und Blut. Aber der zerfallende königliche Kram ward mir noch unheimlicher, weil er uns von einer alten Dame in Trauer gezeigt wurde, die mit ihrem wackelnden Kopf, ihrem hagern pergamentnen Gesicht und ihren gichtisch verkrümmten Fingern, von halb aufgetrennten schwarzen Handschuhen bekleidet, mir wie eine übriggebliebene munificirte Ehrendame der schottischen Königin erschien. In abgemessenen, gleichsam seit Jahrhunderten eingelernten Sätzen erzählte sie die Geschichte jedes Bildes, jeder Tapete, jeder Stickerei, und ließ sich durch eingeworfene Fragen so wenig wie ein abschnurrendes Uhrwerk stören. Die alte Dame wußte nicht, warum ich sie so neugierig betrachtete und ihr so genau zuhörte! In ihrem Englisch witterte ich seltsame Archaismen, wie sie in Chancer und Spencer und auch noch in den Werken des göttlichen William vorkommen.

Am andern Morgen begab ich mich an's Ende von Canongate und ließ mir den Kirk of field zeigen, einen Anger, von Gärten und zerstreuten Häusern bedeckt, an welchen sich die Geschichte von Darnley's tragischem Tode knüpft.

„Ich werde nicht eher ruhen und wieder zufrieden sein, Mylord, bis Ihr Herz auf's Aeußerste betrübt ist, wie jetzt das meinige", hatte Maria Stuart zu Darnley in der geschilderten verhängnißvollen Nacht gesprochen. Sie hielt furchtbar Wort, und die Weise, wie sie vorging, enthüllt ihren Charakter. Ein Gemüth thut sich vor uns auf, in welchem Sinnlichkeit, List und grausige Verrätherei hinter einer der lieblichsten und reizvollsten Masken von poetischem, zärtlich schwärmerischem Anhauch spielen.

Seit Riccio's Mord war Darnley als König Schottlands aufgetreten. Er erklärte das Parlament für aufgelös't und befahl den Mitgliedern desselben, Edinburgh zu verlassen. Er wurde aber von den Verschworenen noch weiter getrieben. Sie beabsichtigten ihm Krone und Regierung anzutragen, den Protestantismus vollends im Lande einzuführen und Maria so lange gefangen zu halten, bis sie diese Maßregeln gebilligt. Aber dieser Plan, gewiß vortrefflich und zeitgemäß, da er ja ein Jahr später von Andern ausgeführt wurde, scheiterte an der Frauenklugheit Maria's, die nicht umsonst bei Katharina von Medici in die Schule gegangen.

Sie suchte sich nämlich aus der Schaar ihrer Gegner gleich Denjenigen heraus, den sie als den Schwächsten zu kennen glaubte — es war ihr Gatte. Es gelang ihr vollständig, seinen Sinn nach einigen Unterredungen umzukehren. Sie setzte ihm die Grundlosigkeit seines Verdachts gegen Riccio auseinander, schilderte ihm die Gefahr, die sein Vorgehen über das Land brächte, und stachelte seinen Stolz auf, sich nicht als Werkzeug für die Pläne der Lords brauchen zu lassen. Darnley war charakterschwach und liebte Maria noch immer. Wie jeder Gatte, begann er, nachdem der erste Zorn sich gelegt hatte, sich selbst einzureden, er sei in seiner Eifersucht zu rasch vorgegangen. Beide sprachen einander verzeihen zu wollen, Maria die ihr angethane Kränkung, Darnley die Beleidigung seiner Ehre. Hierauf war die Verständigung zwischen Beiden ganz leicht. Sie beschlossen, die Verschworenen zu täuschen.

Darnley selbst bot nun der Königin die Hand zur Flucht aus Holyrood. Er benachrichtigte seine Genossen, seine Gemahlin sei krank und bedürfe eines Luftwechsels, sonst sei eine fausse couche zu befürchten. Die Königin verzeihe Alles und sei bereit, die Urkunden zu unterzeichnen, die die Verschworenen zu ihrer Sicherheit für nöthig erachten möchten. Die Verbannten wolle sie in Gnaden aufnehmen und den Mord Riccio's verzeihen. Die Verschworenen warnten Darnley, nicht mit ihnen in eine Falle zu gerathen; allein eine Audienz bei der Königin half die List vollenden.

„Setzen Sie selbst, Mylords, die Artikel darüber auf", sagte Maria, bald mit Dem, bald mit Jenem im Zimmer traulich auf und ab gehend.

Die Urkunde ward aufgesetzt und Darnley übergeben. Er verbürgte sich für die Unterschrift wie für alle weitern Folgen. Alle seine Genossen waren befriedigt, nur der alte Ruthven schüttelte den Kopf. Die Königin war frei. Bald standen Rosse bereit, das Königspaar nach Dunbar zu bringen. Als sie dort angekommen, war Maria's erste That, ihre Getreuen anzurufen; die Grafen Bothwell, Huntley, Atholl, Marshall und Andere erschienen sogleich mit ihren Mannen.

Nun erließ Maria Proclamationen gegen die „Elenden", die es „gewagt, ihren Palast mit Blut zu beflecken und sie gefangen zu halten." Bald hatte sie auch unter ihren Feinden selbst Zwietracht zu säen gewußt, indem sie einem Theil derselben Aussöhnung anbot und nur die eigentlichen Mörder Riccio's richten wollte. Ruthven, Douglas und fünfundsechzig andere Lords wurden vor Gericht geladen — Alle flohen nach England.

Der Meisterstreich war ausgeführt, Maria kam als Königin in die Stadt zurück, in der sie sich noch vor wenigen Wochen hülflos, beschimpft, gefangen gesehen. Da die Hauptverbrecher entwichen waren, ließ sie selbst Mitschuldige zweiten Grades einkerkern und zum Tode verurtheilen. Die Privatsecretärstelle erhielt Riccio's Bruder Joseph.

Darnley seinerseits erklärte auf „Ehre, Treue und Fürstenwort", daß er weder um die abscheuliche Verschwörung, noch um die beabsichtigte Ermordung Riccio's gewußt.

Diese Verrätherei Darnley's versetzte die abwesenden Verbannten in die höchste Wuth. Als Repressalie schickten sie Maria die zwei Urkunden zu, von Darnley unterzeichnet, laut deren Riccio getödtet werden und Darnley die Krone erhalten sollte. Maria erfuhr, daß ihr Gemahl nicht in Zorn und Leidenschaft, sondern vorbedacht gehandelt. Sie vermied ihn und er stand fortan inmitten des Hofgepränges von Holyrood wie ein Ausgestoßener da.

„Der Verkehr mit ihm", schrieb Melvill damals an Elisabeth, „gilt als Verbrechen."

Am 19. Juli kam Maria auf dem Schlosse Stirling, wohin sie sich der Sicherheit wegen gezogen, mit einem Sohne nieder, ohne daß dieser Vorfall eine Versöhnung der Gatten herbeigeführt hätte. Maria's Herz hatte sich in dieser Zeit der Bedrängniß immer mehr dem Grafen Bothwell zugekehrt, und bald war sie ganz von jener unseligen Leidenschaft erfaßt, die sie dem Verderben entgegenführen sollte.

Lord Bothwell, einer der mächtigsten schottischen Barone, von normannischer Abkunft, in der Mitte der Dreißig stehend, verheirathet, war eine rauhe, gewaltsame, verschlagene Natur. Er war häßlich und hatte nur e i n Auge. Trotzdem war Maria ihm bald in Allem unterthan. Er waltete nach Belieben und trieb die Geliebte ihrem Verhängniß entgegen. Darnley merkte Alles, aber von schwachem Charakter, tief unglücklich über den Verlust von Maria's Liebe, seiner Achtung und seiner Macht, dabei fühlend, daß er dem Kampf nicht gewachsen, faßte er den Entschluß, Schottland zu verlassen.

Bothwell war indessen als Lord-Lieutenant an die südöstlichen Grenzen gegangen, wo mächtige Häuptlinge in Fehde untereinander lagen. Er zeigte großen Muth und ward ziemlich schwer verwundet in die Eremitage von Jedburg gebracht. Sogleich flog Maria herbei, ihn zu pflegen.

Die Aufregung und Sorgen zogen ihr eine schwere Krankheit zu. Sie hatte heftiges Fieber, Starrkrämpfe, Ohnmachten, man war für ihr Leben besorgt. Bothwell, eben erst genesen, stand an ihrem Lager. Auch Darnley erschien, aber sein Besuch war kalt und kurz. Er ging wieder nach Glasgow ab.

Die Genesung ging langsam vorwärts. Maria war fortwährend schweigsam und niedergeschlagen. Sie wiederholte hundertmal des Tages die Worte: „Ich möchte gestorben sein!" Melvill schrieb an Elisabeth: „Man hört die Königin oft tief seufzen, und ich sah, daß weder Lord Murray noch Lord Mar sie bewegen konnten, Speise zu sich zu nehmen. Dazu hat sie mehr als schlimme Gesellschaft zu dieser Zeit, denn der Earl von Bothwell hat sein eigenes Ziel, auf das er losgeht."

Bald fanden sich Personen, die den Gemüthszustand der Königin zu ihren Zwecken benutzen wollten. Der verschlagene Lethington erbot sich im Namen seiner Partei, die Scheidung Maria's von Darnley herbeizuführen, falls sie in die Rückkehr der Verbannten willige. Maria willigte unter der Bedingung ein, daß die Scheidung eine gesetzliche sei und die Rechte ihres Sohnes nicht beeinträchtige. Aber der päpstliche Machtspruch war schwer zu erlangen; man mußte etwa gegen Darnley einen Prozeß wegen Ehebruchs einleiten oder ihn wegen Hochverraths verfolgen lassen. Leichter ginge es freilich, wenn Maria Wittwe würde.

Die Taufe fand statt, Bothwell leitete die Anordnungen, Darnley, der im Schlosse wohnte, kam nicht dazu. Auch die protestantischen Lords blieben aus. Die Königin wollte sich zuerst unbefangen stellen und war bemüht, die Taufgesellschaft zu unterhalten, bald aber brach sie weinend zusammen. „Ich fürchte," schrieb Le Croy, der französische Gesandte, „die Königin wird uns noch manchen Kummer bereiten, wenn sie so sorgenvoll und melancholisch bleibt."

Die begnadigten Verbannten kehrten heim, Darnley's erbitterste Feinde. Dieser, von Schrecken erfaßt, reis'te nach Glasgow zu seinem Vater. Kaum dort angekommen, bekam er die Pocken, das Volk aber hielt ihn für vergiftet.

Plötzlich erschien Maria an seinem Lager und überhäufte ihn, den sie haßte und verabscheute, mit Liebkosungen. Darnley war erstaunt, lange Debatten, Vorwürfe von beiden Seiten erfolgten, endlich versöhnten sie sich. Darnley, der Maria immer noch liebte, schob seine Vergehungen auf seine Jugend und Unerfahrenheit und wollte in Alles willigen, wenn die Königin ihm verspräche, mit ihm als Gattin leben zu wollen. Maria sagte es mit Wort und Handschlag zu.

Es handelte sich darum, einen Ort zu wählen, an dem Darnley seine Reconvalescenz abwarten sollte. In Holyrood konnte er des jungen Prinzen wegen, der angesteckt werden könne, nicht bleiben. Bothwell schlug das Haus seines guten Freundes Robert Balfour vor, das unfern des Schlosses lustig im Kirk of field dalag. Es war zwar sehr eng und verwahrlos't, aber Bothwell empfahl es.

Darnley betrat das Haus am letzten Januar 1567. Die Königin ließ ihr Bett im Erdgeschosse, gerade unter dem Zimmer ihres Gatten, aufschlagen, weihte sich ganz der Pflege des Reconvalescenten und brachte ihre Musiker und Sänger herbei, um ihm die Zeit zu vertreiben.

Am Abend des 5. Februar rief Bothwell Maria's vertrautesten Diener zu sich. Es war ein Franzose, Namens Hubert, nach seinem Geburtsorte scherzweise French Paris genannt. Als Vertrauter der Liebenden hatte er Briefe hin und her getragen.

„Darnley", begann Bothwell, „wird umkommen. Hier sind die Nachschlüssel zu seinem Hause. Zwei Männer, Hay von Tallow und Heyburn von Bolton, sind von mir ausersehen worden, die That zu thun. Willst Du mir behülflich sein?"

Paris blieb stumm und blickte zu Boden.

„Nun", fragte Bothwell, „woran denkst Du?"

„Herr, ich denke an das, was Ihr mir gesagt und was eine wichtige Sache ist."

„Was hältst Du davon?"

„Was ich davon halte, Herr Graf? Sie werden mir verzeihen, wenn ich es in meiner Einfalt heraussage."

„Du willst wieder predigen —"

„Nein, Mylord, Sie werden hören —"

„Nun, so sprich!"

„Dieses Unternehmen wird Ihnen größere Stürme bereiten als jemals ein anderes zuvor. Geben Sie Acht, Jedermann wird Sie anklagen —"

„Und meinst Du, Dummkopf", fiel Bothwell ein, „daß der Plan von mir allein ausgeht? Ich habe Lethington, einen der klügsten Köpfe im Lande, den Grafen Argyle, meinen Schwager, dann die Grafen von Morton und Rutven auf meiner Seite. Diese drei banken mir ihre Begnadigung und werden mich nicht im Stiche lassen. Es ist ein Vertrag aufgesetzt worden, laut dessen sie sich verpflichten, Darnley zu tödten, weil er sich gegen die Königin auf unerträgliche Weise benommen und ein Feind des Adels ist. Das Papier mit den Unterschriften ist in meinen Händen. Du aber bist ein Schwachkopf und nicht werth, daß man sich mit Dir von solchen Sachen unterhält."

Paris willigte ein und war vermuthlich weit nachgiebiger, als er später vor Gericht betheuerte. Er versprach, ein Fäßchen mit Pulver in das Haus Balfour's schaffen zu lassen, während sich Maria bei Darnley befand.

Die Nacht des 9. Februar kam heran. Die Königin hatte ein Bett mit Vorhängen von neuem Sammet aus dem Zimmer des Königs fortnehmen und durch ein altes ersetzen lassen. Auch eine kostbare Decke von Marderfellen ließ sie entfernen. Während sie mit Darnley traulich und scheinbar liebevoll plauderte, schleppten die Männer Pulversäcke herbei, die von Paris und den beiden Hauptverschworenen, Hay und Hepburn, die sich im Hause Balfour's versteckt gehalten, in Empfang genommen wurden. Man häufte sie auf dem Boden des Erdgeschosses unmittelbar unter der Stelle an, wo sich das Bett des Königs befand.

Als Alles fertig war, stieg Paris die Treppe hinauf und erschien im Gemache. Da fiel es der Königin ein, daß sie versprochen habe, einem Maskenfest in Holyrood beizuwohnen, das zur Feier der Hochzeit einer ihrer Kammerfrauen mit ihrem französischen Diener Sebastian gegeben wurde. Sie nahm vom König Abschied, der, als ob er eine Gefahr ahne, plötzlich traurig geworden war.

Ein Gefolge mit Fackeln, die Earls von Argyle, Huntley, Cassilis, Bothwell geleiteten Maria. Sie war heiter. Als sie in Holyrood eintrat, begegnete ihr einer von Bothwell's Dienern. „Was riechst Du so sehr nach Pulver?" fragte die Königin. Sie erhielt eine ausweichende Antwort.

Darnley hatte inzwischen die Bibel aufgeschlagen und las den fünfundsechzigsten Psalm. Sein Page Taylor saß bei ihm. Drei Tage zuvor hatte er von Robert Stuart, dem jüngern Bruder der Königin, eine Mahnung erhalten, auf seiner Hut zu sein. Aber bei einer Aufforderung, seine Angaben zu wiederholen und zu bestätigen, hatte Robert Ausflüchte gesucht.

In Holyrood brauf'te der Ball, die Königin tanzte. Bothwell hatte sich indeß verloren, seine reichen Kleider mit unscheinbaren vertauscht und war, von vier Freunden, darunter Paris, begleitet, durch den Garten zur Stadt hinausgegangen, wobei er vom Pförtner angeredet wurde. So kam er an das Haus Balfour's. Eine lange Lunte wurde in das ebenerdige Schlafzimmer geleitet, dann zogen sich die Verschwörer zurück. Eine lange Zeit verging, ohne daß man etwas vernahm. Spannung, sorgenvolle Erwartung bemächtigte sich Aller, Bothwell ging im anliegenden Klostergarten ungeduldig umher. Die Minuten schienen ihm Ewigkeiten, und er konnte nur mit Mühe abgehalten werden, zurückzukehren und nachzusehen, was der Lunte fehle. Da machte eine furchtbare Explosion der Spannung ein Ende, das Haus Balfour's platzte mit entsetzlichem Gekrach, die Steine flogen weit hinaus. Paris fiel ohnmächtig nieder, und selbst der muthige Bothwell murmelte: „Manches hab' ich mitgemacht, aber so war mir noch nie zu Muthe!"

Indeß zeigte es sich später, daß Darnley und sein Page nicht durch die Explosion zu Grunde gegangen, sondern schon früher von Hay und Heyburn ermordet worden waren. Man fand Darnley's Leiche, nur mit einem Hemde bekleidet, im nahen Obstgarten; sein Pelz lag daneben, er und der Page waren ohne Brandwunden — man hatte sie erdrosselt und durchs Fenster hinausgeworfen. Diese letztere That war ein Versehen der Mörder; das Haus wurde ja eben in der Absicht in die Luft gesprengt, die Spuren des Mordes zu verwischen.

War Maria Mitwisserin? Sie hielt sich in ihren Gemächern verschlossen und war nicht zu sehen. Um elf Uhr des andern Tages schrieb sie ihrem Gesandten in Paris, dem Erzbischof von Glasgow: „Der Vorfall ist so gräßlich und so befremdend, wie man es niemals in irgend einem Lande erlebt hat. Nicht ein Stein ist auf dem andern geblieben — es muß durch Gewalt, durch eine Mine geschehen sein. Bei dem Eifer, den der Staatsrath der Untersuchung weiht, zweifeln wir nicht, daß die Sache bald aufgeklärt sein wird, und da Gott es nicht zulassen kann, daß dergleichen verborgen bleibe, hoffen wir das Verbrechen mit solcher Strenge zu bestrafen, daß es zur Warnung vor solcher Grausamkeit in allen Jahrhunderten dienen soll. So viel steht fest, daß, wer auch der Thäter gewesen, seine Absicht sowohl auf uns als auf den König ging, denn wir schliefen fast die ganze letzte Woche in seinem Hause, waren noch am Tage, begleitet von mehreren Lords, bis gegen Mitternacht bei dem Könige und wurden nur durch eine zufällige Maskerade abgehalten, die Nacht dort zuzubringen. Aber es war kein Zufall, sondern Gott selbst, der uns eingab, das Haus zu verlassen."

In diesem Briefe wird Gott zweimal genannt und angerufen, der Brief hat auch eine zutrauenerweckende Natürlichkeit. Wäre nur nicht später bei dem Diener Paris ein silbernes Kästchen gefunden worden, worin Bothwell die Briefe der Königin an ihn und allerlei Gedichte, von ihrer eigenen Hand geschrieben, verwahrte! Ein verhängnißvolles Licht fällt daraus auf die Ereignisse, die wir so eben berichtet, und auf eine ganze Vergangenheit zurück. So schreibt sie aus Glasgow, wo sie sich bekanntlich so plötzlich und zärtlich mit Darnley aussöhnte: „Als ich den Ort, wo mein Herz zurückgeblieben, verlassen hatte, urtheilt, wie mir zu Muthe war, da ich mir vorkam wie ein Leib ohne Seele!" Weiter sagt sie über die Reise: „Ich sah ihn noch nie sich so gut betragen, so sanft sprechen! Müßte ich nicht aus Erfahrung, daß sein Herz so weich ist wie Wachs und meines hart wie Diamant, ich glaube, ich hätte mit ihm Mitleid haben müssen. Ihr braucht indessen nichts zu fürchten. Ihr zwingt mich", schreibt sie weiter, „zu so großer Verstellung, daß ich darüber Entsetzen fühle. Vergeßt es nie, daß ich, ohne von dem Wunsche, Euch zu gefallen, getrieben zu sein, lieber stürbe, als solche Dinge zu begehen. Wir sind verheirathet, Ihr und ich, mit recht hassenswerthen Personen. Möge die Hölle diese Fesseln brechen und der Himmel uns lieblichere Bande schmieden, die nichts mehr zerreißen kann. Möge er aus uns ein Paar machen, treu und zärtlich, wie es nie dagewesen." Endlich erwähnte sie ein „attentat terrible". Die liebenswürdige Französin bekommt plötzlich die grauenhaften Züge der Lady Macbeth, indem sie in Bezug auf ihren kranken Gatten an Bothwell schreibt: „Denkt nach, ob sich nicht irgend ein Geheimmittel fände, das man ihm als Arznei eingeben könnte."

Aus jener Zeit, wo sie die Gesellschaft floh, um einsam zu weinen, scheinen alle die Sonette zu stammen, die sich später in Bothwell's Kästchen fanden. Eins davon lautet:

<blockquote>
Hab' Mitleid, Gott, zu dem ich einsam weine,
Und sag', welch Zeichen ihm die Kummervolle
Von ihrer Lieb' und Treu' noch geben solle,
Welch Zeichen, das ihm eitel nicht erscheine?

Den Leib gab ich ihm hin, das Herz hat keine
Ihm fremde Regung; der Verwandten Grolle
Setz' ich mich aus, damit der Freund nicht schmolle,
Und geh in Schande unter als die Seine.

All meine Freunde will ich gern vermissen,
Und Gutes mir von meinem Feind versprechen.
Die Ehre gab ich ihm und mein Gewissen.

Für ihn will ich mit Welt und Menschen brechen,
Und seinen Ruhm mit meinem Tod besiegeln;
Was bleibt noch, um ein treues Herz zu spiegeln?
</blockquote>

Wie dieses vorstehende Sonett eine ungemessene Hingebung ausspricht, welche vor nichts zurückschreckt, so findet sich im folgenden die Liebe im höchsten Maße der Leidenschaft, mit ihrer Qual, ihrem Glücke, ihrer Eifersucht und Begehrlichkeit:

Mein Herz, mein Blut, mein Freund, Quell meiner Sorgen!
Du gabst Dein Wort zum Pfand, zu mir zu kommen,
Die Nacht mit mir zu losen bis zum Morgen —
Was lässest Du mich schmachten tiefbeklommen?

Ich fühl' mein Herz von Todesangst gestochen,
Ich seh' mich fern vom Rausche meiner Wonnen,
Ich zittre, daß Dein Herz mit mir gebrochen,

Daß Kälte und Vergessen Dich umsponnen.
Ich glaub', daß böser Zungen Gift uns trenne,
Und meine Liebe in sich selbst verbrenne.

Wie in diesen mitgetheilten Sonetten, ist die Königin auch in allen übrigen dem geliebten Manne gegenüber verschwunden; nur ein von Liebe ergriffenes Weib ist da, das in Unterwürfigkeit blindlings folgt, wohin Bothwell es führt. Sie fühlt das Grauen, das der Mann vor ihr haben muß, und ergreift jede Gelegenheit, sich so kindlich zu stellen als möglich. Nur um seinetwillen kann sie dergleichen Dinge thun, d. h. nur in diesem exceptionellen Falle so handeln, nur mit diesem einzigen Manne die Sünde begehen, nur mit ihm und für ihn so lügen und trügen!

Von dem Tage an, an welchem die Authenticität der im silbernen Kästchen gefundenen Briefe Maria's festgestellt und somit ihre Theilnahme am Morde ihres Gemahls erwiesen wurde, ist Maria's Prozeß vor der Geschichte verloren gewesen. Er hätte aber auch nie so lange gedauert, ihre Schuld wäre nie bestritten worden, wenn nicht ihr Unglück in neunzehnjähriger Haft, die Barbarei ihrer Hinrichtung und der hochherzige Muth, mit dem sie das Schaffot bestieg, es der katholischen und jakobitischen Partei ermöglicht hätte, an das Gemüth zu appelliren. Ihre Unschuld kann nach der Darstellung Laing's in seiner „History of Scotland' Niemand mehr behaupten.

Die große Masse ihrerseits bekümmert sich wenig um die Details der Geschichte, selbst ihrer interessantesten Persönlichkeiten, wenn diese dreihundert Jahre todt sind, und so ist denn beim Publikum jene Charakteristik Maria's die feststehende, welche es durch Schiller's Tragödie erhalten. Es war ein Weib zu schildern, naiv und grausam, kindlich und sinnlich, zuerst die Verberberin, der schöne, lächelnde Würgengel vieler Männer, zuletzt das Opfer eines rohen, aber energischen Gewaltmenschen. Es war eine Welt voll Fanatismus, Trug, Gewaltthat, Leidenschaft und Heuchelei zu malen; aber die Darstellung solch einer Welt muthete Schiller nicht an, den Dichter, dessen eigenthümliches Wesen die Begeisterung für allgemeine Rechte, jugendlicher Freiheitsdrang und kosmopolitische Menschenliebe waren. Eine Verbrecherin zu malen mit der Miene der Unschuld, eine Frauennatur, in welcher sich Extreme mischen, das lag außerhalb der Grenzen seiner künstlerischen Absichten, vielleicht auch außerhalb der Grenzen seiner dichterischen Schöpferkraft. So zeigte er uns blos die bultende, höchstens ihren Leichtsinn büßende Frau, deren ganze erschütternde Vergangenheit er nur mit zwei Versen oberflächlich berührt:

Du hast den Sänger Rizzio beglückt,
Und jener Bothwell durfte Dich entführen.

Eine ganze Welt von Dingen ist in Schiller's Dichtung übergangen worden, um uns blos einen rührenden Abschied vom Leben zu zeigen. Der interessanteste dramatische Stoff scheint somit noch immer der poetischen Bewältigung vorbehalten. Björne Björnson hat daraus ein herrliches dramatisches Fragment aufgebaut, das aber leider nur Fragment geblieben.

Amerika's Feste.
Von Rudolph Lexow.

Der Amerikaner ist in gar vielen Dingen ein recht sonderbarer Kauz; doch in nichts offenbart sich diese Sonderbarkeit lebhafter, als in der Art der Feier seiner Festtage. Viel davon mag wohl auf Rechnung des alten Puritanismus geschrieben werden dürfen, der alle F e st tage ignorirte, aber um so eindringlicher die Heilighaltung des R u h e tages befürwortete, und um alle Zweifel über das, was er unter Ruhe verstand, zu beseitigen, die gewöhnlichsten und unvermeidlichsten häuslichen Verrichtungen als grobe Verbrechen stempelte und strafte, wenn man sich ihnen an Sonntagen hingab. Der fromme Eifer ist freilich im Verlauf der Jahre abgekühlt, aber es bleibt noch genug von ihm übrig, um Demjenigen, der nicht unter pietistischen Einflüssen erzogen ist, den Sonntag zu einem entsetzlich langweiligen Tage zu machen, denn der ganze Organismus amerikanischer Gesellschaft scheint an diesem Tage stille zu stehen, und statt des elastischen, thatkräftigen Voltes sieht man nur flüsternde, schleichende Frömmler um sich, von denen Mancher wohl den Schelm im Nacken tragen mag, aber sich doch alle erdenkliche Mühe giebt, den Anschein zu erzeug n, als gebe er sich der inneren Anschauung mit der größten Genugthuung hin. Aber besagter Schelm wird zuweilen recht stürmisch, und man muß ihm nolens volens einen kleinen Wirkungskreis einräumen, wenn man nicht Gefahr laufen will, seine fortwährenden Zuflüsterungen in der Enormität kulminiren zu sehen, daß das amerikanische Volk seine Sonntage auf rationelle Weise feiert. So öffnet denn dieser Drang periodisch ein Sicherheitsventil, aus welchem der lustige Kobold mit leichtem Satz hervorspringt, in vierundzwanzig Stunden die schnurrigsten Dinge vollbringt und dann rasch wieder seinen Zufluchtsort aufsucht hinter der steifen puritanischen Halsbinde, wo er dann Wochen lang schweigend hockt, als ob er sich der Dinge schäme, die seine Hand angezettelt. Die Perioden, in welche dies Oeffnen des Sicherheitsventils fällt, sind der noch größern Sicherheit halber durch ziemlich gleiche Zeiträume von einander getrennt. Man kennt sie als den 4. Juli, den Danksagungstag, das Neujahrsfeft und den Buß- und Bettag, der, wenn es sich anständigerweise so einrichten läßt, auf März oder April anberaumt wird. Früher zählte man zu diesen Freudentagen noch den 22. Februar, als den Geburtstag Washington's, und den rauhen Novembertag, der nach dem Revolutionskrieg die „letzten Zehn" des englischen Heeres die Gestade des endlich freien Landes verlassen sah. Beide sind jetzt aus der Liste der solennen Freudentage gestrichen. Washington's Andenken wird noch auf ernstere und entsprechendere Weise gefeiert, der Evacuation Day aber hat jede Bedeutung verloren und ist über die zweite Rettung des Vaterlandes ganz vergessen. Leichter als das Abgehen könnte das K o m m e n der Engländer bei den jetzigen Empfindungen unseres Volkes gegen diese Nation noch den Anlaß zu einem stehenden Feiertage geben, immer vorausgesetzt, daß Keiner von ihnen wieder hinauskäme. Doch scheint mit jenen vier Festtagen dem Verlangen des Amerikaners, zu bestimmten Zeiten über die Stränge schlagen zu dürfen, vollständig genügt zu sein. Die jüngere Generation mag noch rege Wünsche hegen, die Tage des Sich-gehen-lassens vermehrt zu sehen, und seufzt vielleicht nach dem Tode großer Männer, um dann ihren Geburtstag feiern zu können. Vielleicht, daß in diesem Sinn schon auf das baldige zeitliche Abgehen Grant's spekulirt wird; aber seine gesunde Konstitution, sein Phlegma und der Umstand, daß er jetzt leichtere Cigarren raucht, drohen diese Hoffnungen zu täuschen. Der Tag, an welchem unser Lincoln geboren, wird erst in späteren Zeiten von dem Volke, und dann hoffentlich in der würdigen Weise gefeiert werden, wie jetzt der seines großen Vorgängers, Washington.

Die von uns bezeichneten nationalen Festtage verfallen wiederum nach der Art ihrer Feier in zwei Klassen, und darin offenbart sich eine noch größere Sonderbarkeit des Amerikaners. Am Buß- und Bettage und am Danksagungsfest ist er ein ganz anderer Mensch, als an dem ebenfalls durch sechs Monate von einander getrennten vierten Juli und ersten Januar. Nicht etwa daß er am Bußtage büßte oder am Danksagungstag dankte, denn, wie dem Leser bekannt, kommt die Buße erst n a c h dem Bußtage, und zwar mit den Reklamationen, die der Magen dann gegen die Abstrafung erhebt, welche ihm an diesem Tage geworden, und das Danken kommt aus ähnlichen Gründen erst n a c h dem Danksagungstage, sowie auch dafür, daß er vorüber ist. Kurz, dies sind Tage, an welchen sich der Amerikaner einer Art körperlicher Selbstpeinigung hingiebt — wahrscheinlich die Eingebung des Schelms, der dadurch wohl Vergleiche hervorrufen will mit der geistigen Kasteiung am Sonntage. Immerhin ist unser Zeitgenosse an besagten Tagen, so weit es Andere betrifft, ein harmloser Mensch, und nur sich selbst ein Feind, während er an den beiden andern halbjährlich sich wiederholenden Festtagen gefährliche Eigenschaften entfaltet und Schrecken verbreitet wo er sich sehen läßt. Wer ist nicht der Excentricitäten des 4. Juli eingedenk!; wen überläuft nicht ein Schauder bei der Erinnerung der Dinge, die an diesem Tage im Namen der Freiheit geschehen und ihr zu Ehren verziehen werden? Man flieht von Haus zu Hof, denn selbst im einsamen Stübchen ist's nicht geheuer; überall das Geknatter des Feuerwerks und der

Knall von Schießwaffen, die häufig mit Steinen oder Kies geladen, aber mit der größten Unbefangenheit, ohne zu sehen, wohin man trifft, abgefeuert werden. Nur kein offenes Fenster, denn sonst fliegen Leuchtkugeln und Raketen in's Zimmer; nur keine offene Kellerluke, denn man riskirt, daß das ganze Haus von den Dingerchen, die das progressive China uns sendet, in die Luft geblasen werde; und doch flieht man, wenn der 4. Juli auf einen Samstag fällt, vor gerade den Leuten, die am nächsten Tage schon mit gesenktem Blick in die Kirche wandern und ein Aussehen tragen, als ob der Tod einer Fledermaus ihnen unsägliches Herzweh bereiten könnte. Der Schalm hat ausgetobt und muß sich für so und so viele Monate ruhig verhalten. — Aber mit dem Neujahrstage tritt er wieder hervor. Leider verbietet dann die Winterkälte das Fliehen in die Waldeseinsamkeit, und der eisige Keller ist kein lockender Zufluchtsort. Man unterwirft sich dem Unvermeidlichen und öffnet mit christlicher Ergebung sein Haus den Horden, die nur darauf warten. Vom frühen Morgen bis in die späte Nacht ist dann der gemüthliche Herd nichts als eine Kneipe. Truppweise kommen sie dahergegangen. Da fühlt der Amerikaner sich in seinem Wasser. Eine flüchtige Bekanntschaft berechtigt zum New-Years Call, und Diejenigen, denen man ein Kunde ist, würden sich einer schweren Unterlassungssünde schuldig glauben, wenn sie nicht kämen. Das Einführen von einem halben Dutzend Freunde, mehr oder minder einladenden Aussehens, macht das der Hauptpersonage werdende Willkommen um so wärmer, als dieses halbe Dutzend die Liste der Besuchenden um so viel verlängert und durch ihre Gesammtzahl die gesellschaftliche Stellung des betreffenden Hauses bestimmt wird. Es ist eine höchst schmeichelhafte Auszeichnung, es bis auf fünfhundert zu bringen; doch erzählt man sich, daß vor so und so vielen Jahren Jemand der Besucher fast achthundert zählte, und einen beneidenswerthen Tod in Folge der dadurch hervorgerufenen Aufregung mit obligatem Wein und Kuchen erlitt. Er beginnt denn das Jahr mit einem Märtyrerthum, und wer die Völlerei ohne krank zu werden durchmacht, und seinen Arm durch die Tortur des Händeschüttelns nicht zu ferneren Diensten untauglich gemacht sieht, der hat dies weniger dem Eifer seiner Freunde, als seiner körperlichen Zähigkeit zu verdanken.

Beinahe hätten wir vergessen, einer kleinen Flankendemonstration zu gedenken, deren Zeuge die gemüthliche Häuslichkeit an diesem Tage ist. Während oben in den Parlors die „feine" Welt hanj't, entfaltet sich im Erdgeschoß die Strategie der Köchin, des Zimmermädchens und der Wärterin. Herr So und So zieht oben mit dem Schwung einer zahnärztlichen Hand an der Klingel, um durch das laute Schellen die hohe Wichtigkeit seiner Persönlichkeit anzudeuten; Jack, Jim und Cris klopfen unten an, aber enthalten sich des lärmenden Auftretens, denn das feine Ohr von Bridget und ihrer Kollegin hört das leiseste Klopfen viel leichter als das lauteste Schellen. Im Basement ist ein Tisch gedeckt, gerade wie oben im Parlor, denn die Königin der Küche würde sich verletzt fühlen, wenn die Dame des Hauses ihren Gästen weniger böte als ihren eigenen. Freilich sind es, wie unten steif und fest behauptet wird, nur Brüder, Väter und Cousins der Mädchen, die sie besuchen, aber ihre Ansprüche sind die des erfahrensten Feinschmeckers. Jim wiegt sich in dem weichsten Frühstücksseffel, Jack dehnt sich gemüthlich auf dem Sofa aus und läßt dort die Spuren seiner Fersen zurück, und Cris beschert Dir ein Andenken in der Tabacksjauche, mit der er die wunderlichsten Figuren auf Deinem Teppich zeichnet, zuweilen gar in Keilschrift den Namen Bridget's auf demselben einäzt, als bleibendes Zeichen seiner hohen Verehrung. Bevor es Abend wird, bemächtigt sich der Damen unten eine große Vergeßlichkeit der Pflichten, die sie oben zu erfüllen haben; das Schellen muß wiederholt werden, und wird die Thür endlich geöffnet, so sieht Mary aus als ob sie mit dem Besucher kralehlen wolle und wirft die Hausthür mit donnerndem Getöse zu. Dies führt vom Einen zum Andern, und nicht selten ereignet es sich, daß vor Mitternacht der Hauseigenthümer seine Wohnung von dem Dienstpersonal verlassen sieht, das er während des Tages gastlich unterhalten. Es ist ein würdiger Schluß der Feier und eine logische Consequenz jener praktischen Anwendung der Gleichberechtigungstheorie, die Bridget neben der Herrschaft ihre Gäste empfangen ließ.

Erfahrungen dieser Art in der guten, bessern und besten Gesellschaft — denn über diese drei Straten der Gesammtheit erstreckt sich die eben bezeichnete Feier des Neujahrstages in der Stadt New-York — riefen in uns schon lange den Wunsch wach, einmal das Gebahren der unteren Schichten an diesem Tage beobachten zu können. Ein Freund, der dasselbe Verlangen hegte, bot uns seine Gesellschaft an, und froh, dem langweiligen Ceremoniell daheim entrinnen zu können, traten wir spät am Neujahrsabend den Weg nach den Regionen an, die unserem Forschergeist den bedeutendsten Wirkungskreis zu eröffnen versprachen. Auf dem Stationshause des zweiten Bezirks vorgehend, suchten wir dort einen passenden Cicerone auf, und erhielten einen solchen in der Gestalt eines stämmigen Sergeanten in Civil, eines Mannes von breiter, gutmüthiger Gesichtsbildung, aber, wie man uns versicherte, von „allen Hunden schon gehetzt" und "up to snuff", ein Ausdruck, der auf jenem klassischen Boden der schmeichelhaftesten Anerkennung der geistigen Potenz des Betreffenden gleichkommt. Dem Mr. D. wollte die Ausführung unserer Absicht gar nicht einleuchten, und er suchte uns unter der Behauptung davon abzubringen, daß der „Elephant" an solchen Tagen gar nicht zu sehen sei, indem Alle das Neujahr feierten; aber das war ja gerade Wasser auf unsere Mühle, und das verführerische Anerbieten ausschlagend, uns am nächsten Tage Alles in den schimmerndsten Farben zeigen zu wollen, schritten wir durch das Schneegestöber unserm Ziele zu.

Ein ziemlich breiter Hofraum führt uns an ein fünfstöckiges Hinterhaus, eine Matrosenherberge in Cherry-Street.

„Sonst ist's hier lebhaft", erklärt D., „aber wie ich Ihnen sagte — heute ist nichts los."

Nur der untere Stock ist hell erleuchtet, und als wir die Thür öffnen, befinden wir uns in einer großen Stube, in welcher der Tabacksqualm so dicht ist, daß wir die Vermittler desselben kaum sehen können. Eine Menge terniger Gestalten sitzt um einen unbedeckten Tisch, auf dem eine kolossale Punschbowle dampft. Man sieht hier die schwarzen Augen des Spaniers und Italieners, das Flachshaar des Dänen und Schweden, das platte Gesicht des Finnen und den struppigen Kopf des Irländers. Ein Mensch, auf dessen Antlitz alle Farben des Regenbogens schimmern, kommt uns grinsend entgegen; es ist Charley, der Wirth. Er muß mit D. gut bekannt sein, denn dieser schüttelt den Haken, den Charley statt einer Hand am rechten Armstumpf trägt, und wünscht ihm fröhlich Neujahr. „No. 49, 50 und 51!" schreit hinten eine noch junge Frau, mit der Charley in morganatischer Ehe lebt, und bezeichnet auf diese Weise uns drei Besucher triumphirend auf ihrer Tafel. Dann folgen Erklärungen. Der Schenktisch existire an solchem Tage nicht, meint Charley, indem er auf die geschlossene Bar hinweis't; die Bowle aber sei gratis für Alle da, und sie sei gut, da er selbst der Verfasser. Man ladet uns ein, am Tisch Platz zu nehmen; wir thun's und lauschen der Unterhaltung. „Das ist die größte Tyrannin gegen Matrosen, die auf zwei Beinen geht," flüstert Mr. D. und blickt nach der Wirthin hin. „Sie schindet sie bei lebendigem Leibe — kein Haus verlauft mehr betrunkene Seeleute an die Liverpooler Packetfahrer als dies." — Die Fahrt auf diesen Schiffen ist der Schrecken aller Matrosen, und um sie zu bemannen, wird nicht selten die ganze Besatzung in bewußtlos berauschtem Zustande an Bord gebracht, um auf der untern Bai durch kräftige Zusprache eines Tauendes zur Erkenntniß ihrer Lage und Erfüllung ihrer Pflichten gebracht zu werden. Aber heute ist Frau Charley höchst leutselig. Sie beobachtet neugierig einige deutsche Matrosen, die Querhölzer an einen Stock geheftet haben und darauf die Enden von Talglichtern brennen, um sich nachträglich das Weihnachtsfest zu vergegenwärtigen. Sie singt sogar auf allgemeines Verlangen ein Lied und ladet dann zu erneuertem Trinken ein. „Sind Sträflinge im Hause?" fragt Mr. D. den Wirth. Dieser weis't auf zwei trübselig aussehende Wichte hin, die neben der Frau sitzen und ihr Glas anscheinend unberührt lassen. „Konnte sie doch nicht oben hocken lassen — sind ja doch auch Menschen, und an solchen Tagen risfirt man, daß derartige Menschen aus reiner Verzweiflung zum Fenster hinausspringen, was mir achtzig Dollars kosten würde." — Unser Cicerone erklärte uns was das bedeute. Die beiden Matrosen, die ihm bezeichnet werden, waren in der Herberge tief verschuldet, und nicht gut genug als Seeleute, um durch den immer im Voraus bezogenen Lohn die Rechnung des Wirthes zu decken. Nur an die Liverpooler Packetfahrer konnten sie zu einem entsprechenden Preise verhandelt werden, aber dagegen sträubten sie sich und konnten auch nicht vermocht werden sich zu berauschen, um dann ohne ihr Zugeben Charley's Rechnung zu tilgen. So wurden sie denn Sträflinge, d. h. Eingesperrte, bis sie mürbe würden, was bei schmaler Kost und steten Drohungen nicht sehr lange währt; aber an diesem Tage schwoll selbst

Charley's Herz von Großmuth gegen sie, oder auch hoffte er, daß der verlockende Punsch und das Zureden der Kameraden das Ihrige thun würden. Als wir gehen wollten, öffnete sich plötzlich die Thür und ein auf den Beinen nicht sehr fester Matrose taumelte herein. „No. 52!" hörten wir noch die Wirthin kreischen, und dann folgte ein Tumult von Stimmen, unter welchem wir den Rückzug bewerkstelligten.

„Ich habe es Ihnen schon gesagt", warf Mr. D. entschuldigend ein, „es ist hier nichts los. Sonst tanzt man hier, aber heute fehlen die Mädchen."

Wir bedauerten dies nicht, und folgten unserm Führer. „Tout comme chez nous," wagte Freund M. zu bemerken; „nur in der Oertlichkeit, den Personen und dem vertilgbaren Stoff etwas verschieden." — Ein strafender Blick genügte, seine lose Zunge verstummen zu lassen, und weiter ging es in die schneeige Nacht hinein.

Abermals war es ein Hinterhaus, das wir besuchen sollten. Ein langer, enger Gang führte zu demselben, der D. wieder einige Bemerkungen entlodte.

„Dieser Gang", sagte er, „führt zu verschiedenen Häusern und steht eben nicht im besten Geruch. Sehen Sie, er ist so eng, daß man fast mit Denen, die des andern Weges kommen, zusammenstoßen muß, und da liegt dann immer die Provocation vor, das Messer oder den Knittel zu ziehen, hauptsächlich wenn man eine solche sucht." —

„Ja, aber weshalb sollte das geschehen?" fragte M. unschuldig.

„Nun, versteht sich, des Plünderns wegen — wozu sollten die Dirnen denn sonst wohl Männer hierher locken?" —

M. mochte wohl eine Gänsehaut überlaufen. In dem trüben Licht sah der gute Sergeant mit seinem langen Rock aufs Haar wie ein Weib aus. M. blieb stehen.

„Nur weiter, mein Herr," rief Mr. D.; „in meiner Gesellschaft sind Sie vollkommen sicher, und überhaupt ist am Neujahrstage nichts zu befürchten. Die Geschäfte ruhen; ich hab's Ihnen ja gesagt." —

„Ja, aber in solche Gesellschaft...." meinte M. und hielt dann plötzlich inne. „Und Sie kennen diese Leute und diese Löcher", fragte er wieder, „und verhindern es nicht, daß solche Thaten hier vollbracht werden?" —

„Ei, da müßten wir ja allgegenwärtig sein, oder die Hälfte der untern Stadt niederreißen und das Erbauen von engen Gäßchen und Gängen verbieten. Nur mir nach, meine Herren." —

Das Ende des Ganges ist erreicht, und vor uns liegt ein hohes, baufälliges Haus, von dessen Fenstern viele erleuchtet sind. Laute Stimmen lassen sich hören; schallendes Gelächter dringt bis auf den einsamen Hof. In dem dunkeln Thüreingang regt sich etwas, reißt schnell die Thür auf und macht sie wieder zu.

„So", sagt der Polizeisergeant, „hier ist also Jemand im Hause, der lieber von Besuchern meines Schlages nicht gesehen werden will. Ich wette, die Thür ist verschlossen." —

Sie ist wirklich verschlossen. Drinnen ist es plötzlich stiller geworden, doch summt es dort wie ein fernes Stimmenmeer. Die Thür wird wieder geöffnet und der Kopf eines Weibes kommt zum Vorschein, um die Situation zu ermitteln. Zahlreiche Köpfe erscheinen auch an den Fenstern, und selbst bis nach oben muß das Gerücht des unerwarteten Besuches gedrungen sein, denn auch dort beugen sich Gestalten weit über das Gesims hinaus über den dunkeln Hof.

„Ah! Mr. D.!" spricht endlich das Weib, nachdem es den Sergeanten recognoscirt hat, aber immer noch uns den Weg vertretend; „womit kann ich dienen?" —

„Wollen Euer Neujahrsfest mitmachen." —

„Und Die da?" fragt sie, nach uns zeigend.

„Grüne." —

Freund M. macht eine Faust im Sack über das Compliment und hätte gewiß gern seinen Bürgerschein vorgezeigt, um die Aussage des Sergeanten zu entkräften. Aber dazu war keine Zeit.

„Gott, wie ich mich erschrocken habe!" stöhnt das Weib. „Also nur der Grünen wegen kommen Sie her — all fair and square, Sergeant?" —

„Ja wohl — der Schrecken mag übrigens wohl seine guten Gründe gehabt haben." —

Wir gehen hinein. Ein Saal, groß und luftig wie der der Matrosenherberge. Eine große Menschenmenge, aber nicht die kernige Gestalt des Matrosen oder das Abandon seiner Kleidung. Man könnte sich unter einer feinen Gesellschaft wähnen, denn hier sind große Toiletten, hier funkeln Steine auf lasterbeschwerter Brust, und von den Männern tragen viele die weiße Halsbinde des modernen Salons. Der vorherrschende Typus ist der amerikanische, doch unter den „Herren" sieht man auch hin und wieder die eckigen Gesichtszüge des Irländers. Um die Fensterrahmen und den Spiegel schlängeln sich Guirlanden aus den Blättern des wilden Lorbeer, und von der Decke hängen Kränze aus dem Laub des Lebensbaumes herab. Ein mächtiger Tisch steht in der fernen Ecke und ist mit Delikatessen und Weinen beladen, deren ein Patrizier sich nicht zu schämen brauchte. Freund M. fühlt sich, wie er später erklärte, ganz „aus dem Leim." Er weiß nicht recht, ob er sich verbeugen und Jedem, wie der Hausfrau insbesondere, seinen Glückwunsch zum Jahreswechsel abstatten, oder sich, was die Etikette betrifft, auf die Rolle eines Grünen beschränken soll. Seine Hand liegt an dem Rande seines Hutes, wie die Jemandes, der sich nicht sicher fühlt, ob er ihn aufbehalten oder abnehmen soll. Ein kleiner Rippenstoß genügt, um ihn zu Ersterem zu bewegen, und er gewinnt dadurch sichtlich an Selbstvertrauen.

Das etwas mürrische Gesicht unseres Cicerone klärt sich auf. „Vom Geschäft ist zwar nicht die Rede am Neujahrstage", sagte er, „aber hier sehen wir doch mehr von dem Elephanten als ich erwartet hatte. Mutter Jennings ist doch 'ne kluge Frau." —

Diejenige, von der er gesprochen, steht lächelnd vor uns. Sie ist nicht mehr jung, doch ihre Züge tragen noch lebhafte Spuren früherer Schönheit. Seidene Kleider sind für sie nicht zu theuer, noch läßt sie sich ächte Spitzen abgeben. An der fetten Hand schimmern Juwelen, und Haar und Nacken sind mit Gold beladen. Für uns hat sie kaum einen Blick, für Mr. D. das leutseligste Lächeln.

„Da sag' mir nun noch Einer, daß ich nicht begünstigt bin", hebt sie an. „Wissen Sie, welche Nummer Sie tragen, Sergeant? — Lizzy, welche Nummer?" —

„Hundertdreiundsiebzig", krächzt eine Fistelstimme vom Tische her.

„Hundertdreiundsiebzig! Und was hatte Molly nebenan?" —

„Um zehn Uhr erst hundertzweiundreißig", — antwortet dieselbe Stimme.

„Dann bleiben wir um wenigstens fünfundzwanzig voraus. Lizzy schreib nieder, Sergeant M., hundertdreiundsiebzig." —

W i r bekamen, wir waren keine Nummer!

Die fette Frau will gnädig und aufmerksam sein, will uns Alle zu Tische führen, aber D. schlägt es ihr ab.

„Lassen Sie uns nur allein wirthschaften, Mutter Jennings", sagt er, „wir sind hier nur um zu sehen." —

Ein zweifelnder Blick trifft ihn, aber D. nickt bejahend und damit ist die Sache entschieden. Wir befinden uns auf neutralem Boden. Ein Kopfnicken hat den Arm der Gerechtigkeit gefesselt, und fortan wird es Jedem leicht ums Herz und Niemand kümmert sich um uns.

„Sie möchten jetzt etwas Näheres über die Gesellschaft hier hören," sagte unser Führer. „Ich werde sie Ihnen zeichnen, und Sie dürfen den Leuten, so lange Sie bei mir sind, dreist in die Augen sehen; aber draußen, wenn Sie allein, würde es Streit geben, falls Sie sie fixirten."

Wir erklärten uns mit Allem einverstanden.

„Zuerst also die Wirthin," fuhr D. fort. „Sie ist eins der verschlagensten Weiber, mit denen wir zu thun haben; sie weiß Rath für jeden ihrer Kunden, gleichviel wie bedrängt die Lage sei, in der er sich befinden mag; weiß von Allem Bescheid, was schon von diesen Banden vollbracht ist und noch beabsichtigt wird; weiß tausend Verstecke, wo man die Beute sicher unterbringen kann, und würde sich eher in Cotelettes zerschneiden lassen, als daß sie ein Geheimniß verriethe oder einen ihrer Kunden, gleichviel wie niederträchtig er sie auch behandeln mochte, in's Pech führte. Ihre heutige Angst ist mir unerklärlich, und es muß hier irgend eine sehr anrüchige Persönlichkeit im Hause stecken, sonst hätte Mutter Jennings sich nicht so gehen lassen — ah, sehen Sie den kleinen Kerl in Schwarz dort?"

Wir unterschieden ihn in der Menge an dem prüfenden Blick, welchen der Betreffende in demselben Moment auf den Sergeanten warf. Es war ein kleines, starkes Männchen mit goldener Brille, die in Verbindung mit einer breiten Glatze, ernsten, fast feierlichen Gesichtszügen und weißer Halsbinde ihm ein fast ehrwürdiges Aussehen gab.

„Das ist der Allerwelts=Bürge," fuhr D. fort, „ein Tausendsasa von einem Kerl. Er steht uns mehr im Wege als irgend ein Anderer."

„So, als Strohbürgschaftsteller, nicht wahr?"

„Strohbürgschaft! ja, das wäre nett, dann würden wir ihn schon fassen; nein, eben weil er ein reicher Kauz und seine Bürgschaft so gut ist wie die von Astor oder Vanderbilt, wird er uns so gefährlich. Sehen Sie, Sie können alle diese Menschen hier als eine große Familie betrachten. Sie hängen Alle zusammen wie die Kletten, und passirt Einem was Menschliches, d. h. fällt er in unsere Hände, so stellt Onkel Davy die Caution, und alle diese Familien-Glieder tragen ehrlich ihr Theil dazu bei, ihn zu entschädigen und ihm noch obendrein ein hübsches Bonus zu geben. Dann wird der Uebelthäter plötzlich unsichtbar, Onkel Davy wird vom öffentlichen Anwalt zur Zahlung der Caution gezwungen, und Mutter Jennings mit ihren Kindern lacht sich ins Fäustchen."

„Allerliebst — aber wer ist jener Mensch mit der Cigarre im Munde und der Schmarre auf der Wange? Er sieht aus wie ein Kehlabschneider!"

Es war ein spindeldürrer, aber zäh und starkknochig aussehender Mensch, nach dem wir zeigten. Das Brutale seiner Gesichtszüge wurde noch tausendfach durch das süßliche Lächeln erhöht, mit dem er zu einem der Mädchen sprach. Unsere Frage wurde weniger durch die gewählte Toilette der Letzteren, als durch die finstern Blicke angeregt, die wir ihren Begleiter hin und wieder auf uns Drei werfen sahen.

„Ah, diesmal haben Sie den Richtigen getroffen," antwortete D., „obgleich von Kehlabschneiderei nicht die Rede ist; — solche Leute kommen hier nicht, wohl aber nebenan, wo wir später hingehen. Dieser Kerl, der wie ein Gedankenstrich aussieht, ist ein würdiges Seitenstück zu den beiden Andern. Er ist einer der bedeutendsten Hehler und der Hauptkunde der Gäste von Mutter Jennings. Seine Schmelztiegel sind Tag und Nacht im Gange, und kommen wir nur zehn Minuten nachdem die Beute ihm überliefert ist, so finden wir sie in flüssigem Silber oder Gold vor, und Jackson lacht uns in's Gesicht. Aber der Kerl sieht mir so bös aus diesen Abend, daß ich mir immer wiederholen muß, es sei hier etwas im Werke, was um so sonderbarer ist, als ich unter Waffenstillstandsflagge hierher gekommen bin."

Wir Grünen waren natürlich diese Flagge. Aber dies Bewußtsein störte uns nicht in der Anschauung der Scene, die sich mit jedem Augenblick lebhafter gestaltete; die Stimmen erhoben sich indeß selten über den in feinen Salons üblichen Unterhaltungston, und in manchem Parlor der höheren Gesellschaft geht es am Neujahrstage lauter zu als in dem der Mutter Jennings.

„Und die übrigen Männer?" fragten wir.

„Nun, Sie können sich denken," war die Antwort, „Laden- und Taschendiebe, Händler mit falschen Noten und Gott weiß was sonst, aber Alle dem Upper Tendom solchen Gelichters angehörend, und hier ist Keiner, der sich so weit vergessen würde, Hand an Jemanden zu legen."

„Und heute nimmt Keiner von diesen eine Börse?"

„Bei Leibe nicht. Das Geschäft ruht; es ist ja Neujahrstag. Charmante Leute!"

„Gewiß; und diese Mädchen gehören wohl der leichtfertigsten Klasse an?"

„Fehlgeschossen. Jede ist natürlich die Freundin eines dieser Menschen, aber gegen Andere keusch wie eine Ophelia. Ein loses Wort von Ihnen gegen diese Mädchen, und ich würde Sie kaum schützen können, und... "

Mr. D. wurde durch das plötzliche Erscheinen eines Negers in halb betrunkenem Zustande unterbrochen, den wir auf Mutter Jennings zugehen sahen, mit der er dann eine lebhafte, von den wunderlichsten Gestikulationen begleitete Unterredung hielt. Wir sahen sie zornglühend ihn am Kragen ergreifen und zu uns herzerren.

„Sehen Sie, Mr. D., das niederträchtige Volk, diese Dienstboten," hub sie an; „da haben sie den ganzen Tag geschlemmt, und jetzt, da sie trunken sind, lassen sie mir sagen, daß sie heraufkommen möchten um zu tanzen. Wollen Sie den Tagedieben nicht einmal ihren Standpunkt klar machen?"

"Tout comme chez nous," flüsterte der unverschämte M. uns abermals zu. „Sehen Sie, mein Lieber, von den Toiletten herab bis auf die Dienstboten Alles dasselbe."

Es hatte sich ein Kreis um uns gebildet, anscheinend um dem salomonischen Ausspruche des Sergeanten zu horchen, thatsächlich aber zu einem ganz andern Zweck. Kaum war D's Aufmerksamkeit gefesselt, als hinter der Reihe geputzter Mädchen eine leichte, behende Gestalt in gebückter Stellung die Thür zu erreichen suchte. Dem raschen Auge des Sergeanten war sie nicht entgangen. Ein Ansruf freudiger Ueberraschung, ein Sprung rückwärts, und dann schoß D. wie ein Blitz hinter dem Flüchtling drein. Wir hörten noch einen Warnungsruf der Mutter Jennings, und bann erlosch urplötzlich das Gaslicht. Tobende Elemente umkreis'ten uns; Alles drängte sich der Thür zu, und so erreichten auch wir das Freie. Dort brannte das Gas lustig fort, und zu unserer nicht geringen Freude erblickten wir den Sergeanten, der sich eben von einem bösen Fall erholte. Von der Herberge her tönte lautes Lachen, wodurch die Stimmung des Mr. D. wahrlich nicht gehoben wurde. Er zog uns mit sich fort, bis er tobend und fluchend die Straße erreichte. Dann erklärte er uns den Vorfall. In der Gestalt, die an uns vorbeihuschte, hatte er einen Menschen erkannt, den die Diener der Gerechtigkeit seit mehreren Tagen verfolgt hatten, und der ihnen immer entwischt war. Die Größe der Versuchung, sich dieses Individuums zu bemächtigen, hatte D. die Neutralität des Bodens vergessen lassen; doch erhielt er seine Strafe dadurch, daß einer der Gäste von Mutter Jennings, die Möglichkeit einer solchen Vergeßlichkeit ahnend, draußen gewartet und ihm vor dem dunklen Gange ein Bein stellte, wodurch der Sergeant sehr unsanft zur Erde geworfen wurde und den Flüchtling verschwinden sah.

„Jetzt weiter, meine Herren," schloß er seine Erzählung. „Ich bin nun eben in der Laune, und es kann losgehen."

Wir protestirten um so lebhafter, als der etwas nervöse Händedruck von

Freund M. uns sagte, daß er sich keineswegs in der Verfassung befinde, noch weitere Abentheuer zu suchen. Wir dankten daher und gingen nach Hause. „Nächstes Jahr noch einmal?" fragten wir M., als wir uns trennten. „Niemals wieder. Das letzte kleine Intermezzo ausgenommen, geht es eigentlich in diesen Spelunken gerade so zu, wie anderswo; aber ich werde doch lieber daheim zum Märtyrer."

Im Grunde hatte er Recht, und wir verziehen ihm den so profan scheinenden Vergleich. Dafür stimmte er aber auch später unserer Ueberzeugung bei, daß bei der Menschenklasse, die wir an jenem Abend aufgesucht, der nationale Festtag eine ungleich würdigere Feier finde als bei den übrigen, und daß es so übel nicht sei, wenn für sie jeder Tag Neujahrstag wäre.

Beethovens Sturm-Symphonie. C-moll.
Von Heinrich Becker. (Frankfurt a. M.)

Die C-moll-Symphonie stammt aus dem Jahre 1807. Es war das Jahr der tiefsten Erniedrigung für Deutschland. 1805 war, unter Preußens Zusehen, Oesterreich von Napoleon zusammengeschlagen worden; 1806 das deutsche Reich, das mit Oesterreichs Niederlage keinen einheitlichen Zusammenhalt mehr hatte, in Trümmer gegangen; deutsche Fürsten hatten mit dem Eroberer einen Bund geschlossen. Ende 1806 und Anfangs 1807 war das übermüthig gewesene, aber nun verlassene Preußen in erschrecklicher Weise gestraft worden. 50,000 seiner Söhne waren in der einen Schlacht bei Jena getödtet, verwundet oder gefangen worden; in sechs Wochen war das ganze preußische Land erobert, kurz darauf auch sein Bundesgenosse Rußland aufs Haupt geschlagen. Der Kaiser Alexander mußte um Frieden bitten, und der König von Preußen wurde behandelt, wie im Jahre 1866 die kleinen Fürsten Deutschlands von dem preußischen König — er wurde nicht einmal der Ehre der persönlichen Friedensverhandlung gewürdigt. Der Sieger diktirte: 2700 Quadratmeilen Landes mit fünf Millionen Bewohner fallen an Frankreich, und nur aus Achtung für den russischen Kaiser wird der König von Preußen im Besitz seiner noch übrigen Länder gelassen.

Kein deutscher Fürst dachte mehr an einen Kampf gegen den Unterdrücker; sie beeilten sich, in seiner Gunst sich zu erhalten, und zogen es vor, eher ein Knechtesleben zu führen, als die werthlose Krone aufs Spiel zu setzen. Nur ein Fürstenhaus wagte zum vierten Mal den verzweifelten Kampf, das alte, stolze Haus der Oesterreicher. Drei Jahre nach der eignen Niederlage, zwei Jahre nach der Demüthigung Preußens, erhob es die Waffen und rief die Völker Deutschlands in den Kampf. „Die Freiheit Europa's hat sich unter die Fahnen Oesterreichs geflüchtet!" Mit diesem Losungswort entfesselte es die gebundenen Völker Süddeutschlands und führte sie begeisterungsvoll in den Kampf gegen den gemeinsamen Unterdrücker. Die Erzherzöge Karl Johann und Ferdinand drangen mit ihren Heeren in Baiern, Tyrol, Italien und Polen ein. Andreas Hofer, der Sandwirth vom Passeyer, übermannte die Baiern und jagte die Franzosen von dannen. Ueberall standen die Völker auf zu dem großen Kampf der Vernichtung wider den Feind der Nation.

Das österreichische Kaiserhaus führte den Kampf für die Freiheit Europa's; es war in der That ein Kampf um die Freiheit, wenn auch um die Freiheit der Fürsten, doch zugleich um die Freiheit der Völker. Wer aber war es, der diesen Gedanken zuerst gedacht, zuerst ihn ausgesprochen hatte? Kein Geschichtswerk hat es noch erzählt; denn keines hat bis jetzt der Kunst die Stellung in der Geschichte zugewiesen, die ihr gebührt. Daß **Beethoven** mit den Fürsten Kinsky, Lichnowsky, Lobkowitz täglich verkehrte, daß er der Lehrer und Freund des Erzherzogs Rudolf war, daß er bei dem Kaiserhaus in großem Ansehen stand, ist Allen, die seine Geschichte kennen, bekannt. Daß diese Männer von seiner Kunst mächtig ergriffen wurden, daß sie ganze Nächte in hoher Begeisterung mit ihm aushielten, wird uns erzählt. Aber nirgends wird uns berichtet von seinem Einfluß auf das politische Leben der bedeutenden Männer seiner Zeit. Wer aber aus bekannten Thatsachen die Geschichte auszulegen versteht, der muß erkennen, daß kein Anderer die Idee zu jenem Aufstand für die Freiheit Europa's erdacht haben konnte, als **Beethoven**. Denn es lebte kein Mann in jener Zeit, der das Schicksal seines Vaterlandes mehr am Herzen getragen hätte, wie er; keiner, der den Geist seiner Nation besser auszusprechen vermocht hätte, wie er; keiner, der in Wahrheit eine so große geistige That vollbracht hätte, wie Beethoven in seiner **C-moll-Symphonie**. In der That, die C-moll-Symphonie ist nichts Anderes, als das Vorspiel für den **Völkersturm**, der zwei Jahre nachher begann; er ist dieser Sturm in seinem **geistigen Gehalt selber**!

Vier Jahre zuvor, als er seine **Helden-Symphonie** (Eroica) schrieb, hatte er noch an den politischen Reformator Europa's, den jugendlichen Bürgergeneral (Bonaparte) geglaubt, der mit kühner That die morschen Throne gestürzt, die verrotteten Vorurtheile ausgetrieben und ein frisches Leben in die Völker gebracht hatte. In aufrichtiger Verehrung hatte er ihm seine Helden-Symphonie gewidmet. Als Napoleon die Kaiserkrone vom Tisch des Herrn nahm, zerriß er die Widmung und schleuderte das Werk von sich mit dem Ruf: „Auch Der ein Tyrann!" Mit diesem Augenblick war jeder Gedanke an eine gewaltsame Völkerbeglückung von Oben in ihm zerstört. Jetzt erkannte er nur eins: selbst die Hand ans Schwert gelegt! Damals schon hat er vielleicht in seinem Zorn das Wort gerufen: „Jetzt ist es aus!" (das Motiv der Sturm-Symphonie). Drei Jahre später sollte es zur That werden. In der C-moll-Symphonie erhebt er den Ruf mit einem gellenden Schrei, der durch alle Lande hallt. „Jetzt ist es aus! Jetzt ist es aus!" so durchzuckt der

Wuth- und Schmerzensschrei alle Völker; ein Schrecken packt den ruhigen Bürger, den friedlichen Bauer, er greift zur Pflugschar, zur Sense; der Nachbar gesellt sich zum nächsten, es rotten sich die Schaaren zusammen, sie kommen gezogen in Haufen, brausend toben sie heran — „das Volk steht auf, der Sturm bricht los!"

Was die **ostdeutschen** Sänger, **Arndt** (aus Pommern), **Schenkendorf** (aus Ostpreußen) und **Körner** (aus Sachsen), vier, fünf Jahre später in Worte faßten, das hatte der **westdeutsche** Beethoven, der mit **süddeutschem** Geist genährte Rheinfranke, ihnen längst in seiner Sturm-Symphonie vorgesungen. Der Hoftheater-Dichter Körner hat sogar unmittelbar aus diesen Klängen in Wien sein großes Gedicht geholt, dessen Worte wir oben citirten. „Das Volk steht auf, der Sturm bricht los!" Das ist bis auf den Rhythmus Beethoven nachgedichtet.*)

Ein geistvoller Aesthetiker, dem wir einst den Gedanken mittheilten, sagte treffend: „Gewiß. Jene (Arndt, Schenkendorf und Körner) waren nur die einzelnen Trompeten, Posaunen und Hörner, unter die sich zuweilen noch Flöten und der Klingklang der Leier mischten; Beethoven aber repräsentirte, wie immer, das große Orchester. Er leitete das Völkerconcert, in dem Jene nur ein einzelnes Instrument zu spielen hatten."

Nur Einer hatte vor ihm und mit ihm den Gedanken schon ausgesprochen, das war **Schiller** in seinem **Tell**. Die C-moll-Symphonie ist der Tell in Musik gesetzt, oder vielmehr die Ergänzung zum Tell. Der **erste** Theil des **Tell** schildert die **Noth des Volkes**: wie die Tyrannen der Bauern Güter rauben, in Haus und Hof dringen, Weib und Kind nicht schonen und die gräßlichsten Frevel an wehrlosen Greisen begehen. Das Ungeheure ist geschehen. „Welch Aeußerstes ist noch zu fürchten, wenn der Stern des Auges in seiner Höhle nicht mehr sicher ist?" so ruft der unglückliche Melchthal aus Jammer über den geblendeten Vater. Die drei Männer, Walter Fürst, Werner Stauffacher und Arnold Melchthal, schwören Rache und vereinigen sich in heiligem Bund. Was ihre Seele fühlt, das durchzieht das ganze Land; ein Ruf der Rache dringt durch alle Thäler und tönt wieder von den fernsten Bergen.

Diesen Ruf hat Beethoven im **ersten** Hauptstück seiner **Symphonie** ausgesprochen; es ist der genannte: „Jetzt ist es aus!"**) Wie er als Schrei der Entrüstung aus der gepreßten Seele des Patrioten entstürzte, so kehrt er in tausendfachem Echo wieder, keinen andern Nebengedanken zulassend. Wie aber das Bewußtsein der Kraft in diesem Ruf liegt, so kommt auch das Sieggefühl dazu; der Ruf mündet deshalb in ein frohlockendes Gejubel, das Vorgefühl des künftigen Sieges.

---

*) Nicht dieser Symphonie, aber dem Beethoven'schen Rhythmus, oder der Beethoven-Schiller'schen Sprechweise.

**) Um nicht mißverstanden zu werden, sagen wir es ausdrücklich, daß Beethoven sich durchaus nicht an den Tell anlehnte; die Situation ist aber hier ganz die nämliche, wie sie Beethoven sich zu diesem Hauptstück gedacht haben mag.

Den zweiten Theil des Tell bildet die Verschwörung im Rütli. Von den drei Ur-Cantonen waren die Männer nächtiger Weise auf der heimlichen Wiese am Ufer des Vierwaldstädter Sees zusammengekommen. Dort, wo sie „auf eigenem Erb' und väterlichem Boden verstohlen zusammenschlichen," holten sie sich ihr gutes Recht. Da lauschten sie der weisen Rede des wackeren Stauffacher von dem großen Volke, „das vom Norden nach der Mittagsonne durch deutsches Land mit dem Schwert sich geschlagen bis an das Hochland dieser Waldgebirge," wo sie den Wald gerodet, Häuser gebaut und gewirthschaftet haben. Bis auf den Tag sind sie des gemeinsamen Ursprungs gedenk, aber auch des Rechtes und der Thaten ihrer Väter, die das Recht vertheidigten.

„Kein Kaiser kann, was unser ist, verschenken, und wird uns Recht versagt vom Reich, wir können in unsern Bergen auch des Reichs entbehren. So sprachen unsre Väter! Sollen wir des neuen Joches Schändlichkeit erdulden, erleiden vom fremden Knecht, was uns in seiner Macht kein Kaiser durfte bieten?" — So von Stolz erfüllt auf ihre Rechte, erkennen sie sich nicht als die wenigen Männer — „die Besten sind zugegen, das Herz des ganzen Volks ist hier." So ziehen sie stolz von dannen im Hochgefühl der großen That, zu der sie jetzt den Keim gelegt. Ueber den Häuptern der heimathlichen Berge erglüht das Morgenroth, das Licht des jungen Tages, der ihnen die Freiheit bringt. „Indem sie zu drei verschiedenen Seiten abgehen," schreibt der Dichter am Schluß, „fällt das Orchester mit einem prachtvollen Schwung ein; die Scene zeigt das Schauspiel der aufgehenden Sonne über den Eisbergen." —

Das ist die Musik vom zweiten Hauptstück der Symphonie. In stolzem, leicht hüpfendem Schritt beginnt der Gesang, die hohe Freude über den großen Gedanken, eine große Hoffnung verkündend. Zum ernsten Werk geziemt ein ernstes Wort; so erhebt sich der leicht hüpfende Gesang zur breiten Hymne, zur Feier des Opfers, das vom Volk im Geist begangen wird. Die Hymne schließt mit dem Aufruf zur That; das „Horn von Uri" ertönt mit dem Ruf: „Auf zur Schlacht!" in den die ganze Volksmasse jubelnd einfällt.

Den dritten Theil des Tell bildet diese befreiende That, zuerst des in Banden geworfenen Helden, dann des ganzen Volkes. Der Dichter hat diese That in drei Akten dargestellt. Für den Musiker war es nur ein einziger Akt: der Auflauf zum Sturm konnte nur ein einziges Mal geschehen. Wollen wir deshalb die Erklärung zum dritten Hauptstück der Symphonie finden, so müssen wir den Anfang zum fünften Akt des Tell aufschlagen. „Seht ihr die Feuersignale auf den Bergen? Hört ihr die Glocken über'm Wald? Wo ist der Stier von Uri? Steigt auf die Hochwacht, blas't in euer Horn, daß es weitschmetternd in die Berge schalle und, jedes Echo in den Felsenklüften aufwedend, schnell die Männer des Gebirges zusammen rufe!" So beginnen in der Symphonie zweimal in dumpfem Aufruf die Bässe, und wie ein Echo antworten die Violinen, Fagott, Clarinette und Flöten. Dann erhebt sich ein hell klingender Weckruf der Hörner, der sich zum frohen Siegesgesang steigert. Eine Schaar ist schon herangezogen; die

Rufe ertönen von Neuem und wecken aus anderen Ecken die Männer heraus; eine zweite, eine dritte Schaar erscheint. Unter dem fröhlichen Getümmel der Bässe im Trio sehen wir die Schaaren sich zusammenschließen und mit den fröhlichen Rufen dahinziehen.

Einige Augenblicke der feierlichen Stille verkünden das ferne Kampf-Getümmel. Der Kampf ist nur kurz; denn es gilt nur den Einen zu verjagen. Der Wächter auf der Hochwacht winkt uns mit freudigem Zeichen zu; das siegende Volk kehrt zurück, das Getümmel kommt immer näher — auf einmal bricht Alles in einem Triumph-Gesang herein (Viertes Hauptstück). Das ist ein Gejubel, ein Gejauchze, ein Frohlocken ohne Ende. Hier erscheint jede Dichtung dürftig gegen das, was die Musik vermag. Die Schweizer ru'en nur ein Mal: „Es lebe Tell, der Schütz und der Erretter!" Die Musik beginnt hundertmal ihren Lobgesang, und als wäre es nicht genug mit dem Triumph, so beginnt sie wieder mit dem Weckruf, um neue und immer neue Schaaren herbeizuholen zum jubelnden Gesang, bis Alles, Alles von dem Jauchzen und Frohlocken hingerissen wird.

Der Schluß (das vierte Hauptstück) ist der großartigste Triumph-Gesang, den Beethoven jemals anstimmte. Er hat nur ein Mal etwas Aehnliches geschaffen, was diesem an Reinheit, Stärke und Gewalt der Idee gleichkommt, das ist der Jubelgesang am Schluß des „Fidelio": „Wer ein solches Weib errungen, stimm' in unsern Jubel ein!" Der Anlaß zum Jubel ist auch der gleiche; hier wie dort wird die herrlichste That besungen, die Menschen vollführen können, die That der Befreiung! —

Terezia Cabarrus.
Ein Frauenbild aus der Revolution.
Von Victor Ernst.

Im vorigen Jahrgang der Monatshefte wurden den Lesern zwei Frauen der Revolution vorgeführt. Wir werden sie jetzt mit einer dritten bekannt machen, welche weder mit Charlotte Corday, noch mit der Prinzessin Lamballe Aehnlichkeit hat, aber trotzdem kürzlich durch einen jungen Schriftsteller, Arsene Houssaye, unter dem Namen Notre-Dame de Thermidor zum Gegenstand einer Apotheose gemacht wurde und jedenfalls eine interessante Erscheinung ist.

Terezia Cabarrus wurde im Jahre 1775 in Saragossa geboren. Ihr Vater stammte aus Bayonne, war nach Spanien übergesiedelt und vom Könige Karl dem Dritten an die Spitze einer Bank gestellt worden. Terezia verlebte ihre Jugend theils in Madrid, theils auf der Besitzung Caravanchel, welche jetzt der Gräfin Montijo gehört. Zur Vollendung ihrer Erziehung wurde sie nach Paris gesandt und einem Freunde ihres Vaters zur Obhut übergeben. Sobald sie in der Pariser Gesellschaft erschien, wurde sie durch ihre Anmuth und Schönheit Gegenstand der Bewunderung. Ein Mann, der zwar viel älter als sie, aber sehr reich war, hielt um sie an und wurde angenommen. Sie zählte damals erst sechszehn Jahre. Bald waren die Festlichkeiten auf dem Schlosse Fontenay weit und breit berühmt, und die junge, verführerische Marquise zählte unter die Sterne erster Größe. Es war damals die Blüthezeit der Revolution, die Zeit, in der Alles in goldenen Träumen von Freiheit, Gleichheit und Menschenwürde schwelgte und sich dadurch geistig und sittlich gehoben fühlte. Dem schönen Wahn sollte ein schreckliches Erwachen folgen. Gegen Ende des Jahres 1793 wollte die Marquise mit ihrem Manne eine Zuflucht in Spanien suchen; aber im Begriff, sich einzuschiffen, wurden sie in Bordeaux verhaftet.

Diese Stadt befand sich damals unter der Herrschaft Tallien's, welcher dort seit Oktober 1793 die Schreckensherrschaft eingeführt hatte. An den Convent schrieb er: „Die Entwaffnung wird mit unglaublicher Eile in's Werk gesetzt, und es giebt für unsere lieben Sansculotts eine Menge trefflicher Waffen. Schon haben wir Flinten gefunden, die mit Gold eingefaßt sind. Das Gold geht in die Münze, die Waffen erhalten die Freiwilligen, und die Föderalisten kommen unter die Guillotine." Letzteres Instrument hatte der erst 24jährige Proconsul unter den Fenstern seines Hotels aufstellen lassen. Als Mitglied des Convents zeichnete er sich durch eine Sprache aus, welche selbst die leidenschaftlichsten Republikaner degoutirte. Während des Prozesses Ludwigs des Sechszehnten hatte die Versammlung beschlossen, daß der König ungehindert mit seiner Familie verkehren dürfe. Tallien rief von der Tribüne aus: „Ihr mögt es immerhin beschließen; will die Commune es nicht, so wird doch nichts daraus." Und als das Todesurtheil über den unglücklichen Monarchen gesprochen war, verlangte Tallien, unter dem Vorwande, die Leiden des Verurtheilten abzukürzen, daß die Hinrichtung noch an demselben Tage stattfinde.

Das war der Mann, vor welchem die schöne Marquise jetzt als Gefangene erschien, und der durch ihre Reize gefesselt wurde. Sie gehörte zu den Frauen — sagt Lamartine — deren Schönheit eine Macht ist, und deren die Natur sich, wie der Cleopatra oder Theodora, bedient, um die unterthan zu machen, welche die Welt unterjochen, die Seele der Tyrannen zu tyrannisiren. Sofort faßte der Proconsul, vor dem Alles zitterte, den Entschluß, sie erst ihrem Gemahl, dann dem Kerker zu entreißen, den Marquis de Fontenay zur Flucht nach Spanien zu zwingen und aus der Marquise, der berühmten Aristokratin, eine republikanische Siegesgöttin zu machen. Sie hatte nur zwischen Tallien und dem Tode zu wählen, und entschied sich für Tallien. Ist man schiffbrüchig, schrieb sie später, so zaudert man nicht lange, die Rettungsplanke zu ergreifen. Es ging jetzt plötzlich eine wunderbare Veränderung mit ihr vor. Wie durch einen Zauber wurden ihre Manieren, ihre Sprache, ihre Kleidung völlig umgestaltet. Aus der Schönheit der Salons des Faubourg St. Germain wurde eine begeisterte Verehrerin der Revolution. Die Republikaner jauchzten ihr in ihrer neuen Rolle enthusiastischen Beifall zu. Als Amazone, das Hütchen mit einem dreifarbigen Federbusch geziert, brachte sie der Republik ihre

Huldigung dar. Bald fährt sie, anmuthig in altgriechisches Kostüm gekleidet, in einer glänzenden Equipage durch die Stadt, bald erscheint sie, strahlend von jugendlicher Schönheit, im Wagen aufrecht stehend, die Pike in der Hand, die rothe Mütze auf dem Haupt. Uebrigens muß man ihr die Gerechtigkeit widerfahren lassen, daß sie ihren Einfluß im Interesse der Humanität geltend machte und der Guillotine manches Opfer entriß. Robespierre faßte Mißtrauen gegen Tallien, rief ihn nach Paris zurück, und Terezia Cabarrus folgte ihm dorthin. Im Monat März 1794, während des Prozesses Danton's und Hebert's, führte Tallien den Vorsitz im Convent, aber schon war sein Untergang beschlossen. Das aufziehende Gewitter traf zuerst Terezia. Am 22. Mai 1794 wurde sie arretirt und in das Gefängniß der Force gebracht. Erst für sich allein gesetzt, bewohnte sie später eine Zelle mit acht andern Frauen, und in dieser schrecklichen Lage zeigte sie nicht nur Geistesgegenwart und Muth, sondern selbst Heiterkeit. Aus der Athenienserin war eine Spartanerin geworden, welche die Leidensgefährtinnen durch ihre Seelenstärke aufrichtete. Solche Beispiele waren übrigens nicht selten. Die Atmosphäre der Revolution theilte Denen, welche in ihr athmeten, eine Art Fieber mit, das sie allen Gefahren trotzen und dem Tode lächelnd in's Auge blicken ließ.

Es gelang ihr, sich mit Tallien in schriftliche Verbindung zu setzen; aber er bemühte sich umsonst, sie zu retten, und der Entscheidungstag kam heran. Am Morgen des 7. Thermidor theilte der Kerkermeister der Bürgerin Cabarrus mit, daß sie sich bald nicht mehr der Mühe zu unterziehen brauche, ihr Nachtlager zu bereiten. Da schrieb sie an Tallien die mit Recht berühmt gewordenen Worte: „So eben verläßt mich der Administrator der Polizei. Er kündigt mir an, daß ich vor dem Tribunal zu erscheinen, also das Schaffot zu besteigen habe. Das erinnert sehr wenig an den Traum, den mir die verflossene Nacht gab. Robespierre existirte nicht mehr, und die Gefängnisse waren offen. Dank Deiner Feigheit, wird es bald Niemanden mehr in Frankreich geben, der diesen Traum zur Wahrheit machen kann."

Es unterliegt keinem Zweifel, daß dieses lakonische Billet Tallien den Muth zum Entscheidungskampf einflößte. Er begriff sehr wohl, daß das einzige Mittel, Terezia Cabarrus und sich selbst zu retten, der Sturz Robespierre's sei, und sein Entschluß war gefaßt. Wem sind nicht die Details der Sitzung vom 9. Thermidor gegenwärtig? Die früher als gewöhnlich versammelten Deputirten liefen tumultuarisch durch die Gallerieen. Tallien stand, seine Bundesgenossen ermuthigend, neben einer der Thüren des Saales und rief, als Saint-Just auf die Tribüne zuschritt: „Der Augenblick ist gekommen! Tretet ein!" Die ängstliche Aufregung so vieler Menschen, welche um ihren Kopf spielten; die Spannung, womit das Auditorium dem Riesenkampf folgte; das tiefe Schweigen, welches dem Sturm vorherging; die drohende Rede des Saint-Just; die Antwort Talliens; das Zögern der Deputirten; das allmälige Anschwellen ihres Muthes; ihr erst schüchterner, dann enthusiastischer Applaus, als Tallien rief: „Ich verlange, daß der Schleier zerrissen werde!" Und als er, vor Muth und Rachsucht zitternd, die für Robespierre tödtlichen Worte sprach: „Als ich die Armee des neuen Cromwell sich bilden sah, habe ich mich mit dem Dolch bewaffnet, der seine Brust durchbohren soll, wenn es dem Convent an Muth gebricht, ihn unter Anklage zu stellen!" Da erschallen die Verwünschungen von allen Seiten. Endlich wird beschlossen, die beiden Robespierre, Couthon, Saint-Just und Lebas unter Anklage zu stellen. Aber noch jetzt flößten diese Männer eine solche Furcht ein, daß die Gerichtsleute der Versammlung es nicht wagten, sie in Verhaft zu nehmen. „Vor die Schranken!" rief es durch den Saal. Und endlich stiegen die fünf Angeklagten hinab.

Die That des 9. Thermidor war kein Erlösungswerk. Die, welche Robespierre stürzten, waren nicht besser, sondern schlechter als er. Auch wurde die Schredensherrschaft nicht mit dem Sturze Robespierre's, welcher ihr eben ein Ende machen wollte, abgeschlossen, sondern eher verschärft. Noch am Tage darauf, am 10. Thermidor, wurden siebzig Mitglieder der Commune ohne weitere Formalität en masse hingerichtet. An demselben Tage erklärte Barère im Convent, der Sturz der Tyrannei müsse die Macht der Revolutions-Regierung verzehnfachen, und verlangte die Aufrechthaltung aller dratonischen Gesetze. Hatte das Blutvergießen bald ein Ende, so verdankte man dies nicht Tallien und seinen Genossen, sondern dem Einfluß der von dergleichen Scenen übersättigten öffentlichen Stimmung. Nicht aus Milde, sondern um seine Geliebte zu befreien, sprach Tallien die Worte: „Man klage die in Freiheit gesetzten Individuen als verdächtig an, und sie werden sofort wieder in den Kerker wandern. Ich meinerseits lege hier das Geständniß ab, daß ich lieber zwanzig Aristokraten in Freiheit, als einen einzigen Patrioten im Kerker sehen will. Wie, die Republik mit ihren zwölfhundert Tausend bewaffneten Bürgern sollte sich vor einigen Aristokraten fürchten? Nein, dafür ist sie zu groß; überall wird sie ihre Feinde zu finden und zu treffen wissen."

Am 12. Thermidor (30. Juli 1794) verließ Terezia Cabarrus den Kerker, in dem sie zwei Monate und acht Tage zugebracht hatte. Sie heirathete jetzt Tallien und öffnete ihren berühmten Salon. Tallien war in dieser Zeit einer der populärsten Männer von Paris, und seine Frau gab sich dem Traume hin, durch ihn die Leiden der Revolution in Vergessenheit bringen zu lassen. Weder der Mann, noch die Frau war einer solchen Rolle gewachsen; aber die noch immer bezaubernd schöne Madame Tallien erwarb sich wenigstens das Verdienst, die französische Gastfreundschaft, den Paris eigenen gemüthlich geselligen Ton, wieder in Aufnahme zu bringen. Es war dies eine Aufgabe, welche unausführbar schien, denn nie hatte es so viele Streitpunkte, nie so vielen Anlaß zum Haß und Groll gegeben. Sobald die Rede auf politische Gegenstände kam, schrie Alles wild durcheinander. Die Künste waren verpönt, der Reichthum wagte nicht, sich zu zeigen. Es kamen aber doch schon wieder einige Adelige zum Vorschein, welche Frankreich nicht verlassen hatten, und hier und da zeigte sich ein Lieferant, welcher die Strenge des Wohlfahrtsausschusses nicht mehr fürchtete. Die Theater waren noch geschlossen, und die Schauspieler der Comödie Francaise saßen im Gefängniß; aber es gab doch schon Concerte, und der Sänger Garat wurde wie toll beklatscht. Es machte sich immer mehr das Bedürfniß geltend, nach den überstandenen Schrecken sich in den Taumel des Vergnügens zu stürzen, und da gab es denn schroffe, grelle Gegensätze. Der alte Kirchhof von Saint Sulpice wurde in einen öffentlichen Ballsaal verwandelt, und neben der lateinischen Inschrift des Friedhofs las man die Worte: Bal des Zéphyrs. Neue Moden kamen in Aufnahme. Die Frauen entsagten dem Puder und dem Reifrock; sie trugen griechische Gewänder, Binden um das Haar und Sandalen.

Dies war die Glanzepoche der Frau Tallien's. Die Perikleße der Revolution wollten ihre Aspasien haben, und alle Anderen überstrahlte die Heldin des 9. Thermidor. Es erfüllte sie das Bedürfniß zu gefallen, der Wunsch, Andern dienlich zu sein, eine gleichmäßig heitere Stimmung, der instinktive Zauber, welcher liebenswürdigen Naturen eigen ist. Sie suchte eine Ehre darin, die Vertreter der entschiedensten politischen Extreme, Terroristen und Girondisten, Jakobiner und Emigrirte in ihren Salons zu vereinigen. Deutlich können wir sie uns mit ihrem schönen schwarzen Haar, ihren sanften, glänzenden Augen, ihrer lebhaften, verführerischen Physiognomie vorstellen, wie sie für Jeden ein Wort der Versöhnung und Beruhigung hatte und Todfeinde bewog, einander die Hand zu drücken. Eines solchen Wesens bedurfte es, um solche Wunder zu bewirken, und nicht immer gelang es ihr, oft ließen bittere Demüthigungen und Beleidigungen sie für ihre Triumphe büßen. Uebrigens herrschten inmitten des Wiedererwachens der Geselligkeit in Paris traurige Zustände. Das Papiergeld war auf den tausendsten Theil seines Nennwerthes gesunken, der Hunger richtete in den Arbeitervierteln seine Verheerungen an, die Thüren der Bäcker und Fleischer waren Tag und Nacht von wehklagenden und wuthschnaubenden Weibern belagert. Zu diesem düstern Gemälde standen die Feten der Tallien in einem Contrast, der nicht unbemerkt blieb. Man klagte sie an, die Leiden des Volkes zu vermehren, mit den Blutsaugern und Aristokraten unter einer Decke zu spielen, und Tallien fand es nothwendig, sie öffentlich zu vertheidigen. Im Januar 1795 sagte er im Convent: „Man hat von der Bürgerin Cabarrus gesprochen. Wohlan, ich erkläre hier in Gegenwart meiner Collegen, in Gegenwart des Volkes, welches mich hört, daß diese Frau meine Gattin ist. Ich lernte sie vor achtzehn Monaten in Bordeaux kennen. Ihr Unglück und ihre Tugenden machten sie mir theuer. Zur Zeit der Unterdrückung nach Paris gekommen, wurde sie ins Gefängniß geworfen. Ein Emissär des Tyrannen wurde zu ihr gesandt und sagte zu ihr: Schreibe, daß Du Tallien als schlechten Bürger gekannt hast, und man wird Dir nicht nur die Freiheit, sondern auch einen Paß zur Reise in's Ausland geben. Mit Entrüstung wies sie dies niederträchtige Ansinnen zurück, und erst am 12ten Thermidor verließ sie das Gefängniß. Das, Bürger, ist meine Gattin."

Während der fünfzehn Monate, welche zwischen dem 9ten Thermidor und dem Ende des Convents (26. Oktober 1795) verflossen, übte Tallien noch immer einen gewissen Einfluß aus, wurde aber nach und nach beiden Theilen verdächtig. Eines Tages, als er von der Tribüne aus Cambon, den Finanzverwalter des Convents, angriff, warf dieser ihm die vernichtenden Worte entgegen: „Was, Du wagst meine Redlichkeit zu verdächtigen? Wohlan, so werd' ich Dir beweisen, daß Du ein Dieb und ein Mörder bist. Ich habe die Belege dafür in Händen, daß Du dem Secretair der Commüne keine Rechenschaft abgelegt, und Du hast 1,500,000 Franken für einen Zweck verlangt, der Dich mit Schande bedecken wird. Ueber Deine Verwaltung in Bordeaux fehlt auch noch die Rechenschafts-Ablage. Von dem Verdacht der Mitschuld am September-Verbrechen kann Nichts Dich reinigen; Deine eigenen Worte haben Dich derselben auf eine Weise überführt, welche Dich für immer zum Schweigen verurtheilen sollte." Tallien wußte darauf nichts zu antworten.

Um sich bei der Bergpartei wieder in Aufnahme zu bringen, forderte er gegen die Expedition von Quiberon (Juli 1795) die entschiedensten Maßregeln und veranlaßte, daß er als Commissair an Ort und Stelle gesandt wurde. Die Emigrirten ergaben sich zwar ohne förmliche Kapitulation; aber die Soldaten hatten ihnen zugerufen, es solle ihnen nichts geschehen, und der General Hoche war zweifelhaft darüber, ob er das Recht habe, sie, als mit den Waffen in der Hand ergriffen, füsiliren zu lassen. Auf Tallien's Befehl wurden alle diese 711 Gefangenen erschossen. Es scheint nicht, daß seine Frau diesmal ihren Einfluß zu Gunsten der Milde geltend machte; vielmehr that sie sich bei den Festen, welche Tallien nach seiner Rückkehr von Quiberon gab, besonders hervor. Beim Gastmahl kam es an diesem Tage zu einem politischen Gespräch, welches sich zum heftigen Gezänk gestaltete und in blutige Conflikte auszuarten drohte. Da beschwichtigte sie den Sturm durch den noch eben zur rechten Zeit gesprochenen Toast: „Ich bringe dieses Glas dem Vergessen, dem Vergeben, der Versöhnung aller Franzosen!"

Während des Directoriums begann der Stern der Bürgerin Tallien zu erbleichen. Salondame und nichts weiter, konnte sie nicht auf längere Zeit Gemüther fesseln, die von wichtigeren Dingen in Anspruch genommen waren. Ueberdies bekam sie eine gefährliche Nebenbuhlerin in der Frau von Stael, welche im August 1795 mit ihrem Manne, dem schwedischen Gesandten, nach Paris zurückgekehrt war und durch den überlegenen Glanz ihres Geistes die ausgezeichnetsten Persönlichkeiten um sich versammelte, während die Gesellschaften der Tallien immer weniger besucht wurden. In den Memoiren der Herzogin von Abrantes befindet sich folgende bezeichnende Anecdote. Junot überreichte die in Italien eroberten Fahnen dem Direktorium und wurde mit Glanz empfangen. Beim Hinausgehen bot er Madame Bonaparte, der Frau seines Generals, den einen, Madame Tallien den andern Arm, und führte sie so die Treppe des Luxembourg hinab. Das Volk rief: Es lebe die Bürgerin Bonaparte! „Das ist Notre-Dame des victoires!" sagte eine Frau. Du hast Recht, sagte eine Andere, und die am andern Arm des Offiziers ist Notre-Dame du Septembre! — Eine unverdiente, aber für die schwindende Popularität der Tallien charakteristische Beleidigung.

Von Tallien ließ sich sagen, daß er, vor der Zeit gealtert, sich selbst über­lebt habe. Die Verschwörungen waren sein Element; als die Zeit derselben vorüber war, wußte er nichts mehr mit seiner Person anzufangen. Zur un­dankbaren Rolle des Gatten einer Mode-Dame paßte er nicht, seine Mittel reichten für die Ansprüche einer solchen Gemahlin nicht aus, seine Finanzen waren auf's Aeußerste zerrüttet, und überdies lebte er stets in der Besorgniß, wie so viele seiner früheren Genossen, nach Cayenne deportirt zu werden. Dies Alles flößte ihm das lebhafte Verlangen ein, Frankreich zu verlassen, und er erwirkte sich vom General Bonaparte die Erlaubniß, ihn auf der Expedition nach Egypten zu begleiten. Er sowohl wie seine Frau konnten Ansprüche auf die Dankbarkeit Bonaparte's erheben. Tallien hatte die erste Verwendung des jungen Offiziers dadurch, daß er ihn Barrès empfahl, bewirkt, und es bedurfte der damals allmächtigen Fürsprache der Bürgerin Tallien, damit Der, welcher bald den Mantel der Cäsaren tragen sollte, in den Stand gesetzt werde, eine vom Wohlfahrtsausschuß verfügte Uniform-Veränderung auf Kosten der Re­publik vornehmen zu lassen. Bei ihr machte Bonaparte auch die Bekannt­schaft von Josephine Beauharnais, und bei seiner Trauung mit ihr waren Barrès und Tallien die Trauzeugen. Endlich aber hatte Terezia Cabarrus (welche sich damals nicht mehr Marquise von Fontenay und noch nicht Bürgerin Tallien nannte) sich im Kerker der gleichzeitig mit ihr eingesperrten Josephine angenommen, ihr in der That durch eine List das Leben gerettet, mit ihr das Gefängniß verlassen und sie an ihrer Hand in die Welt eingeführt. Trotz sol­cher Erinnerungen stand Tallien bei Bonaparte nicht in besonderer Gunst, und wurde von ihm in Egypten nur in sehr untergeordneten Rollen verwendet. Im Jahre 1801 wurde er nach Frankreich zurückgesandt. Unterwegs wurde er von brittischen Kreuzern gefangen genommen, in London aber zum Gegenstand von Ovationen gemacht. Tories und Whigs wetteiferten darin, ihm Aufmerk­samkeiten zu erzeigen.

Diese Aufnahme in London war aber auch das letzte Echo seiner Popula­rität. Als er von dort nach Paris zurückkehrte, machte er die Erfahrung, daß er nicht nur völlig vergessen sei, sondern daß obendrein seine Frau ein Verhält­niß mit dem Matador aller Lieferanten, Ouvrard, angeknüpft habe. War es meine Schuld, sagte sie später, daß Tallien nach Egypten ging, während er doch hätte hier bleiben müssen? Daß eine bei weitem nicht auf der niedrigsten Stufe des Anstandsgefühls stehende Frau eine solche Entschuldigung vorbrin­gen konnte, charakterisirt die Sittenzustände jener Epoche. Es konnte unter diesen Umständen eine Scheidung nicht ausbleiben. Terezia bot dem von ihr verlassenen Gemahl eine Pension an. Er besaß Ehrgefühl genug, die eigen­thümliche Offerte abzulehnen; aber aller Ressourcen entblößt, mußte er, der einst Allmächtige, um ein Amt bitten, und der ehemalige Präsident des Convents, Derjenige, welcher Robespierre gestürzt, war froh, das Consulat in Alicante zu erhalten.

Kurz nach ihrer Scheidung von Tallien heirathete Terezia Cabarrus den

Grafen von Caraman, welcher später durch eine Erbschaft Fürst von Chimay wurde. Ihr ehemaliger Gatte wurde nicht ganz von ihr vergessen, sondern erhielt während der letzten, in tiefster Zurückgezogenheit zugebrachten Jahre seines Lebens mehrmals einen Besuch von ihr. Obgleich sie ihn nicht bewegen konnte, Geld von ihr anzunehmen, zwang sie ihn doch, das Haus zu bewohnen, in dem sie einst, kurz nach ihrer Entlassung aus dem Gefängniß, als seine Gattin geglänzt. Aus unbekannten Gründen wurde nach der Restauration das Gesetz, welches die sogenannten Königsmörder verbannte, nicht auf ihn angewendet. Er starb am 16. November 1826, in bitterster Armuth, welche nur durch die versteckten Almosen seiner ehemaligen Lebensgefährtin gemildert wurde.

Als Fürstin von Chimay mußte Terezia in mancher Beziehung für ihre Vergangenheit büßen. Es war ihr anfänglich Alles darum zu thun, in die Kreise der belgischen Aristokratie aufgenommen zu werden; aber diese zeigte sich unerbittlich gegen Die, welche den Namen Tallien's getragen. Der König Wilhelm weigerte sich hartnäckig, sie bei Hofe zu empfangen, und es mußte ihr dies um so kränkender sein, als ihr Gatte Kanzler und Mitglied der ersten Kammer der Generalstaaten war. Sie suchte sich während des langen Zeitraums, welcher ihr noch blieb, von 1805 bis 1835, für die ihr auferlegten Entbehrungen und Demüthigungen durch den Kultus der Künste und die gewissenhafte Erfüllung der Pflichten einer Familienmutter zu trösten. Das Schloß des Fürsten von Chimay war der Sammelpunkt der ausgezeichnetsten Schriftsteller und Künstler. Es verkehrten dort Cherubini, Lemercier, und Auber, der liebenswürdige Componist der Stummen von Portici. Letzterer sagte von ihr: „Trat sie in den Saal, so wurde es zugleich Tag und Nacht — strahlender Tag für sie, düstere Nacht für Andere, die neben ihr nicht beachtet wurden."

Das Ende dieser eigenthümlichen Frau, welche nichts so sehr fürchtete wie die Erinnerung ihrer Vergangenheit, war so sanft und ruhig, wie der erste Theil ihres Lebens bewegt gewesen. Sie starb am 15. Januar 1835, auf Chimay, umgeben von der Liebe der Ihrigen, die allen Grund hatten, sie zu vergöttern. „O mein Freund!" sagte sie zu Edmund Cabarrus, den sie an ihr Sterbebett hatte rufen lassen, „welch ein Leben liegt hinter mir! Ist es nicht ein Traum?"
— Wir aber finden, daß Terezia Cabarrus keinen Anspruch darauf hat, unter die Heiligen der Revolution versetzt zu werden, sondern daß sie trotz ihrer großen und liebenswürdigen Eigenschaften lediglich eine ächte Französin mit allen Schwächen und Fehlern einer solchen war.

Marie.

Novelle von Kathinka S.

(Fortsetzung.)

Natürlich erwartete ich jetzt unter heftigem Herzklopfen Maxens Besuch und machte mich auf eine der Scenen gefaßt, die er so unausstehlich fand, und die mir jetzt unvermeidlich schienen. Diese aber erfolgte n i ch t. Max kam weder am Nachmittag noch am Abend zu mir und verbrachte die Nacht nicht zu Hause. Ebenso war es am folgenden Tage, und mit der Abenddämmerung zog eine namenlose Angst und Beklemmung in meine Brust. Gegen zehn Uhr endlich hörte ich seinen Schritt auf der Treppe — hörte ihn sein Zimmer betreten und dasselbe nach wenigen Minuten wieder verlassen; aber dieses Mal wandte er sich nicht der Treppe, sondern meinem Zimmer zu. O wie schlug mein Herz so stürmisch verlangend i h m entgegen, den ich immer noch mehr liebte als mein Leben! Er öffnete die Thür, und Alles vergessend, Alles vergebend, wollte ich mich an seine Brust werfen — aber sein eisiger Blick fesselte meine Schritte, und die Worte, die er nun sprach, fielen wie Eiszapfen in mein aufgeregtes Herz, um die Gluth darin zu verlöschen.

„Marie, Du wirst mich so lange nicht zu Dir sprechen hören, so lange mich überhaupt nicht im Hause sehen, bis Du Deinen Eigensinn Deinem und meinem Frieden geopfert hast. Ich werde jeden Abend eine Stunde in meinem Zimmer zu finden sein, wo Du mich dann aufsuchen magst."

Und ohne Gruß ging er wieder. Als sein Schritt verhallte, sank ich wie vernichtet auf's Sopha nieder, und dort verbrachte ich die Nacht unter nutzlosen Thränen und Klagen. Aber mein Entschluß war endlich doch der, n i ch t nachzugeben, um meinen Mann durch den Schein der Gleichgültigkeit endlich zu mir zurückzuführen. Denn daß er mich damals noch liebte, d. h. so liebte, wie ein Egoist wie er, wenn seine Leidenschaft befriedigt ist, lieben kann — daran zweifelte ich weder zu jener noch zweifle ich daran zu jetziger Zeit.

Ich ließ einen, zwei Tage vergehen, ohne meinen Entschluß zu ändern. Am dritten Tage — ermüdet vom vergeblichen Hoffen und Harren auf Maxens Nachgiebigkeit — fing ich an zu wanken und zu überlegen. Doch ich schwankte immer noch, bis mir der Kopf brannte, die Pulse fieberhaft flogen und meine Gedanken sich verwirrten in diesem Kampf meiner Liebe und meiner Grundsätze. Sollte ich derselben und somit meiner Selbstachtung verlustig werden, indem ich mich in d e m Punkte meinem Manne unterordnete, den ich vom Standpunkt des Rechts aus verdammen mußte? Nimmermehr!

Nimmermehr! hallte es wie ein höhnendes Echo in meinem Herzen wieder. Nimmermehr? Auch dann nicht, wenn Max fortfuhr, sich mir zu entziehen — mich allein zu lassen in einer fremden Welt, die ich nur seinetwegen betreten, die mir so kalt, so öde erschien? Allein mit dem kranken, aus Liebe zu ihm erkrankten Herzen — allein mit meinem wankenden Muth, mit meinem schwindelnden Kopfe — kurz allein mit mir selbst, allein mit meinem Charakter, der sich ohnehin nie einer unwandelbaften Festigkeit hatte rühmen können? O, diese Leiden, diese Kämpfe der ersten elenden Tage meines Ehestandes, ich werde sie nie vergessen! Sie waren ja nur der Anfang einer Kette von Widerwärtigkeiten und Kränkungen, von denen ich in meinen glücklichen Mädchenjahren auch nicht einmal eine Ahnung hatte. O Gott! Ich hatte doch Max geliebt mit der ganzen unendlichen Innigkeit, deren meine Seele fähig war, und ich hatte in meiner schwärmerischen Verblendung keinen Fehler, keinen Makel an seinem Charakter gefunden. Und jetzt war er es selbst, der mit kaltem Hohne den Altar niederriß, den ich ihm in meinem Herzen erbaut hatte — der meinen Glauben an ihn erschütterte.

Emma! verachte mich nicht, wenn ich Dir jetzt etwas sage, was eben die meisten unserer Mitschwestern im gleichen Falle so elend macht wie mich. Ich hörte auf, Max zu achten; ich wollte aufhören, ihn zu lieben — aber ich konnte es nicht! Es war, als klammere sich mein Herz doppelt fest an diese Liebe nach dem Untergange meines Vertrauens zu ihm; tausend Mal versuchte ich sie, als meiner unwürdig, mit Gewalt zu ersticken; tausend Mal erlag ich ihr wieder.

Glaube mir, Emma! die meisten Frauenherzen sind von dem Unglück, ohne Vernunft zu lieben, verfolgt, und viel zu schwach, um ruhig die Liebe mit dem Vertrauen einsargen zu können; sie halten sie fest, ob sie ihnen auch Höllenqual bereitet; — sie halten sie fest wie den letzten Rettungsanker vor vollkommener Verzweiflung. Die Liebesfähigkeit und Liebeszähigkeit der Frau bildet ihr Glück; sind sie groß, so ist auch, was immer ihr Erdenloos ist, eine Himmelsmelodie in ihr Leben eingewoben, die in der größten Freude wie im tiefsten Schmerz ihre Seele harmonisch durchbebt; — sind sie aber klein, nun, so ist allerdings der größte Schmerz — der, den uns das zähe Festhalten an unsern Idealen, selbst wenn sie zertrümmert zu unsern Füßen liegen, bereitet — erspart; aber das Herz ist dafür auch so öde und so arm wie eine Wüste!

Doch zurück zu meiner Erzählung. „Ich unterlag; ich verlor den Muth, weiter zu kämpfen der öden Wirklichkeit gegenüber. Ich schämte mich meiner selbst, als ich am Abend des vierten Tages meine Schritte dem Zimmer meines Mannes zulenkte. Ich öffnete zögernd die Thür. Max, der mich längst erwartet zu haben schien, kam mir freundlich entgegen, schloß mich in seine Arme und sagte spöttisch: „Also endlich, Marie!"

Ueberwältigt von all den Gefühlen, die mich in diesen Tagen so gequält hatten, besonders aber von Scham über meine moralische Schwäche, murmelte ich leise: „Hab' Erbarmen mit mir, Max; ich fühle mich so elend."

Lachend, übermüthig, tändelnd führte er mich zu einem Sessel, warf sich wie in früheren Tagen zu meinen Füßen, legte seinen Kopf in meinen Schooß und flüsterte mir die süßesten Liebesworte zu; — aber Erbarmen hatte er nicht mit meinem „kindischen Eigensinn", wie er es nannte. Er verhöhnte mich wegen meines harten Kopfes, der stets im Kampfe liege mit meinem weichen Herzen. Er sprach so viel von früheren schönen Stunden, von Liebe und

Glück; — er blickte mir so treuherzig in's Auge, indem er von dem verhaßten Besuche sprach, den wir nun nothwendig am nächsten Morgen bei der Baronin von G. zu machen hätten; er verlachte seine kleine Eifersüchtige und tadelte und geißelte alle Schwächen der G., daß ich nach kurzer Zeit im wahren Sinne des Wortes nicht mehr wußte, ob er oder ich Unrecht hatte.

Todmüde und erschöpft, mit brennenden Kopfschmerzen, zog ich mich bald in mein Zimmer zurück, wo ich vergebens den Schlaf suchte. Am frühen Morgen erhob ich mich mit denselben Schmerzen und lief hinaus in den Garten, in die kalte, frische Morgenluft, um meine brennenden Schläfen zu kühlen. Es half Alles nicht. Trotzdem blieb ich bei dem Entschlusse, Maxens Wunsch zu erfüllen. Ich kleidete mich elegant; ich verbrachte Stunden vor dem Spiegel; ich wollte ihm besser gefallen als jenes verhaßte Geschöpf. Kannte ich doch meines Mannes Eitelkeit; sie war die Zwillingsschwester seiner Liebe, und durch sie allein konnte ich siegen.

Max kam und war so lieb und gut wie am Abend vorher; er musterte und billigte meinen Anzug und küßte mich, schmeichelnd und lobend. Im Wagen fiel ihm meine ungewohnte Blässe auf; er sprach scherzend darüber und war so witzig und piquant, daß ich lächeln mußte, aber lächeln mit blutendem Herzen. Ich fühlte mich so schwach wie nie zuvor; aber ich beherrschte mich mit all der Willenskraft, die mir geblieben war, als wir der Baronin gemeldet wurden.

Madame war in einem reizend fein sollenden Negligé, dem weder Geschmack noch Grazie fehlte, das aber zugleich einen Mangel an Zartgefühl verrieth. Sie erhob sich lächelnd, eilte auf mich zu, umarmte und küßte mich und nannte mich ein reizendes Kind; sie fragte Max, wo er die „Perle" gefunden und wie er sie erworben. Ohne eine Antwort abzuwarten, drückte sie mich in einen Sessel nieder und warf sich wieder auf ihr Ruhebett. Alles das that sie mit einer ganz unbegreiflichen Schnelligkeit, und mit einer Anmuth, die mich bei jeder Anderen entzückt haben würde, in diesem Fall aber immer mehr erbitterte. Darum waren denn auch meine Antworten markirt und meine Bemerkungen nicht eben sehr gutmüthig. Schien es mir doch, als lege Madame in höchst liebenswürdiger Weise meinen „Provinzideen" oder meiner „Ignoranz" gefährliche Fallen, um mich in den Augen meines Mannes, der mich trotz der anscheinenden Aufmerksamkeit, die er einigen Albums zu widmen schien, scharf beobachtete, herabzusetzen. Es gelang ihr aber nicht. Meine Eifersucht und meine Erboßtheit auf dieses Weib, das ich glühend haßte, schärften meinen Witz und meine übrigen Verstandeskräfte, und ich erstaunte selbst über die Kühnheit und anscheinende Leichtigkeit, mit welcher ich auf ihre Themas einging. Obschon sie eine vollendete Herrschaft über ihre Züge bewahrte, bemerkte ich dennoch aus dem Ton ihrer Stimme und der Art ihrer ferneren Reden, daß sie sich ärgerte und Maxens Züge sich immer mehr erheiterten.

Nachdem wir uns verabschiedet hatten, brach meine erlogene Kraft, und als mich Max im Wagen mit den Worten: „Mein süßes Kind, ich war so stolz auf Dich, wie die G. wüthend sein wird über ihre Niederlage!" in die Arme schloß, wurde ich ohnmächtig. Zu Hause angekommen, mußte man mich hineintragen, und ich legte mich, um erst nach wochenlanger Krankheit wieder aufzustehen.

„Und wie benahm sich Dein Mann, meine arme, arme Marie, in jener Zeit?" fragte ich, bittern Groll gegen denselben im Herzen.

„Es schien als sähe er sein Unrecht ein, indem er liebenswürdig und voll der zartesten Aufmerksamkeiten gegen mich war — bis ich genas. Dann trat die früher schon so bitter empfundene Ungleichheit seines Benehmens wieder ein, und mit ihr die ewig veränderlichen Launen. Ich mußte die Baronin empfangen, oft empfangen, und gewahrte unter den größten Seelenqualen, daß sie mit ihrem intriguanten und diplomatischen Kopf meinem Manne eine viel größere Anziehung, eine viel werthere Gesellschafterin war als ich.

Er disputirte und argumentirte mit ihr über Sachen, deren er bei mir nicht einmal erwähnte. Und geschah es einmal zufällig, daß ich meine Meinung darüber abzugeben aufgefordert wurde, so ignorirte er sie mit spöttischem Lächeln, während sie mich herablassend protegirte. Es war entsetzlich, wie sehr mein Stolz und mein Herz unter solcher Behandlung litten. Ich wurde bitter, mürrisch und zanksüchtig. War es ein Wunder, wenn unter solchen Umständen meine Handlungsweise in der Folge tadelnswerth wurde?

Und doch gab es in eben jener Zeit Augenblicke des reinsten Glückes für mich, die mich eigentlich jene bitteren Erfahrungen hätten vergessen lassen sollen. Dies Glück, das einzige ungetrübte Glück, gewährte mir mein Kind, mein süßes Töchterchen. Sein reines, strahlendes Auge, sein holdes Lächeln erfüllten mich mit unaussprechlicher Freude. Das Kind war mein Trost, mein Rettungsanker vor den Dämonen des Hasses und der Verzweiflung, wenn ich mich erschöpft, unfähig, länger geduldig zu ertragen, was mir das Verhältniß Marens zu jenem Weibe auferlegte, an die Wiege meines Kindes flüchtete.

Jene Thränen, die wie Thautropfen auf des Kindes blonde Locken fielen, waren ebenso zahllos wie wohlthuend — sie waren lindernd für die brennenden Wunden meiner Seele. Mein Inneres war in einer so wilden Aufregung, in einer so unnatürlichen Spannung, daß ich jetzt noch nicht begreife, wie ich es überhaupt ertragen habe. Ich glaube, Gott gab mir gerade zu jener Zeit mein Kind zum versöhnenden Engel; denn ohne dasselbe wäre ich zur Selbstmörderin geworden.

Und dennoch hatte ich eigentlich keinen bestimmten Grund für diesen unaussprechlich aufgeregten Zustand, weil mir alle Beweise fehlten, daß das Verhältniß meines Mannes zur Baronin ein sinnliches, und somit unerlaubtes war. Es war als fände Eins im Andern die Ergänzung seines geistigen „Ich", als könne eben Eins ohne das Andere nicht befriedigend denken und handeln. Sie tauschten ihre Gedanken aus, die oft in genauester Uebereinstimmung waren, oft auch in die schreiendste Disharmonie geriethen und dann zum lautesten, oft mit abscheulicher Heftigkeit und wirklicher Gemeinheit geführten Wortstreit führten. Beide exaltirt, leidenschaftlich, verschmitzt, geistreich und beißend ironisch, kam es bei ihren Disputationen zu Auftritten, die sie zur Megäre, ihn zum Wütherich machten.

Und doch schadete das ihrem Gefallen an einander gar nicht, so daß sie, wenn an einem Tage Auftritte vorfielen, welche Menschen von Charakter für ewig geschieden hätten, sich am nächsten Morgen wieder aufsuchten! Ich wurde weder beachtet noch berücksichtigt; ich schien meinem Manne nichts mehr zu sein, als die Mutter seines Kindes, das er mit einer Zärtlichkeit, deren man ihn kaum für fähig gehalten hätte, liebte. Wollte ich aber dieses Gefühl einmal zu meinen Gunsten benutzen, ihm mein vernichtetes Glück, mein freudloses Dasein vorhalten, dann kehrte sein böser Genius, der ihn am Bettchen seines Kindes verlassen hatte, zurück, und ich bekam die verletzendsten Redensarten von ihm zu hören. Deßhalb schwieg ich endlich ganz, sann aber auf andere Mittel, mir, wenn nicht Maxens Liebe, so doch seine Aufmerksamkeit wieder zu erwerben. Ich sprach eben von der Liebe zu meinem Kinde; sie war bei mir zur Leidenschaft geworden, aber meine Liebe zu Max war größer, trotzdem sie unbegründet war, sie war reine Tollheit. Ihr hätte ich mein Leben, mein Alles zum Opfer gebracht, ihr gegenüber stand ich selbst nicht an, meinen Ruf auf's Spiel zu setzen!

Verurtheile mich nicht, meine Emma! Mein Herz wußte ja nichts von den Gefahren, denen ich mich auszusetzen im Begriff stand; sonst hätte es mich gewarnt und ich würde ihm sicher gefolgt sein. Meine Mittel, um zu dem Ziele zu gelangen, dem einzigen Ziele, das für mich erringenswerth war, Max zu mir zurückzuführen, waren in der That sehr unrecht; mir jedoch, verblendet wie ich war, erschienen sie in ganz anderem Lichte. Ich verfiel nämlich auf den Gedanken, mich derselben Waffen zu bedienen, die er führte. Ich wollte ihn eifersüchtig machen, wollte ihn glauben lassen, daß er mir gar nichts mehr sei, und dann ihm nach und nach den Argwohn beibringen, ich liebe einen Anderen. Es fiel dabei meiner von der einen fixen Idee ganz ausgefüllten Seele nicht ein, daß man nie ungestraft ein so frevelhaftes Spiel treibt, und ich dachte ebenso wenig daran, daß ich überhaupt ein Spiel treibe; es erschien mir so ernst, mein Unternehmen; es galt ja etwas Theurerem, als meinem Leben selbst!

Bei meiner Ankunft in Paris hatte man mich zuvorkommend, ja mit freundlicher Auszeichnung in verschiedenen Kreisen aufgenommen. Ich bemerkte nicht, oder richtiger, ich beachtete es nicht, daß verschiedene der mir vorgestellten Herren beständig in meiner Nähe waren, daß selbst einige derselben mir augenscheinlich den Hof machten. Ich ließ sie ganz ruhig gewähren, wenn sie mir wie mein Schatten folgten, und dachte gar nicht oder nur in der Weise an sie, daß ich überzeugt war, sie würden dieses einseitigen Vergnügens bald genug müde werden. Ihre Unterhaltung war so trivial, oft so geradezu frivol, daß ihre Aufmerksamkeiten nicht einmal vermochten, meiner Eitelkeit zu schmeicheln. Aber es hatte mir Vergnügen gemacht, daß ein Mensch ganz anderer Gattung, ein Mann von Geist, von Herz, von Rang und im gesetzten Alter — einer jener Männer, die sich in Folge ihrer Prominenz überall Ansehen zu verschaffen wissen — sich mir genaht hatte und von meiner Unterhaltung angezogen zu sein schien. Es war der Minister des Innern, Herr von S.... Ich glaube, meine Eitelkeit kam mit ins Spiel, denn dieser Mann, der mich suchte, um sich „an meinen naturfrischen, ungekünstelten Anschauungen zu erquicken", wie er sich ausdrückte, war die auserlesene Zielscheibe der coquetten Sturmläufe vieler der ersten Damen dieses gewählten Zirkel, worin mein Mann in Folge eines dem Minister zufällig geleisteten Dienstes Zutritt erhalten hatte. Da er trotz seiner fünfundvierzig Jahre schön und unvermählt, dazu geistreich und einer der ersten Männer des Königreichs war, so waren diese Eroberungsversuche erklärlich. Mir ging es wie vielen dieser Damen, die nicht begreifen konnten, was denn eigentlich diesen bedeutenden Mann zu mir unbedeutender Frau hinzog. Daß er sich aber in der That wohl in meiner Nähe fühlte, bemerkte bald auch Max, und ich schien dadurch bedeutend in seiner Achtung zu steigen. Dies stachelte mich an, weiter zu gehen und in mein Benehmen gegen Herrn von S.... eine berechnende Coquetterie zu legen. Max forderte mich auf, die Gunst des Ministers zu seinem Vortheil zu benutzen, um ihn eine schnelle Carriere machen zu lassen. Diese Zumuthung meines Mannes war meinem Gradsinn entschieden zuwider, und ich erklärte ihm geradezu, daß ich nie darüber gegen Herrn von S.... ein Wort zu verlieren gedächte. Max wurde wüthend und nannte mich eine einfältige Landpflanze, bei der alle Versuche, sie zu civilisiren und ihr eine richtige Weltanschauung beizubringen, vergebens gemacht seien.

Ich glaube, er hatte in gewisser Beziehung Recht; nämlich was die Weltanschauung betraf. Mit einer leichteren Gemüthsart, mit einer minder schwerfälligen Beurtheilung der Menschen und Verhältnisse wie sie sind, wäre ich viel leichter und bequemer durch's Leben geschritten, und hätte weniger zu leiden gehabt! Aber ich konnte nun einmal meine von mir so hartnäckig festgehaltene Norm für das, was sein und nicht sein sollte, nicht zerstören.

Ich hatte also beschlossen, Herrn von S.... als Stufe zu meinem höchsten Glück, mir Maxens Neigung wieder zu erwerben, zu benutzen. Ich wollte ihn immer mehr fesseln und ihn in seinen Aufmerksamkeiten gegen mich ermuntern, um Maxens Eifersucht zu wecken. Im Anfang schien mir dies auch zu gelingen; Max schien aufgeregt und nur mich zu beachten. Die Baronin existirte wenigstens an jenen Abenden, wo wir mit Herrn von S.... zusammentrafen, nicht mehr für ihn. Beim Nachhausefahren gab es jedes Mal Vorwürfe und Anklagen in Menge. O wie glücklich machten sie mich — wie mußte ich mich beherrschen, um nicht Max um den Hals zu fallen und ihm jubelnd zuzurufen: „Es ist ja Alles, Alles nur um Deinetwillen; Alles, Alles nur um Deine Liebe zurückzurufen, Max!"

Aber ich hielt an mich, und kühn gemacht durch diesen Erfolg meiner kleinen Intrigue, wollte ich noch mehr, noch vollkommener siegen.

Es war dies grenzenlos unbedacht von mir, aber ich war wie mit Blindheit geschlagen; ich beachtete es gar nicht, daß die Welt so laut über die Liebe des Ministers zu mir zu flüstern begann, daß ich selbst es hörte. Es war mir auch, im Bewußtsein meiner vollkommenen Unschuld, die, wie ich wähnte, nie durch dies Verhältniß wirklich leiden konnte, vollkommen gleichgültig.

Zudem benahm sich Herr von S.... mir gegenüber so ganz und gar freundschaftlich, daß ich lange Zeit hindurch überzeugt sein zu können glaubte, sein Gefühl für mich sei nichts Anderes, als das einer innigen, wirklichen Freundschaft. Ich glaube, ich hatte Recht darin, und daß sich erst dann eine wärmere Neigung daraus entwickelte, als ich — immer kühner gemacht durch Marens Eifersucht — meine Versuche, Herrn von S.... zu fesseln, verdoppelte. Ich bemerkte diese Neigung, diese Liebe, gegen die ich eine unübersteigbare Grenze in dem Faktum erblickte, daß ich ja „Frau" sei — lange nicht, und dann endlich so allmälig, daß ich schon am Rande des Abgrundes stand als ich seine Existenz zu ahnen anfing.

Herr von S.... hatte, ohne irgend welche Anregung meinerseits, meinem Manne eine viel vortheilhaftere Stellung verschafft als die frühere; dann hatte er einige literarische Arbeiten Marens protegirt und ihm dadurch wesentliche Dienste geleistet; er erzeigte uns überhaupt täglich Freundschaftsdienste von Werth, und ich dankte ihm aus warmem Herzen für all diese Güte.

Aber wofür ich ihm am meisten dankte, das durfte, das konnte ich nicht einmal aussprechen — es war für die erneuerte Aufmerksamkeit und die auffallendere Rücksichtnahme Marens auf mich; es war für dessen allmälige Zurückziehung von dem Weibe, das ich haßte.

O, wie dankte ich Gott für alle diese Wohlthaten; wie fest waren meine Vorsätze, mich jetzt auch von Herrn von S...., dessen Liebe ich in jener Zeit zu ahnen begann, langsam und vorsichtig und mit Rücksichtnahme auf seine so unvorsichtig von mir hervorgerufenen Gefühle loszumachen.

Und dann wollte ich die Idylle unserer Liebe im Brautstande und auf der Hochzeitsreise zurückrufen. O, welch selige Thränen weinte ich beim Anblick seines und meines Kindes!

Plötzlich erkrankte dasselbe leicht, aber mein ängstliches Muttergefühl ließ mich zittern. Eines Morgens wähnte ich mein Töchterchen, von dessen Bettchen ich keine Sekunde gewichen war, kränker, und trotz der Beruhigung des Arztes beeilte ich mich, Max vom Büreau heimzurufen.

Ich flog zum Schreibtisch, fand in der Eile kein Papier und begab mich deshalb in meines Mannes Arbeitszimmer. Ich öffnete seinen Secretär und zog eine der Laden in der Absicht heraus, Papier daraus zu nehmen. Ich fand keines darin vor, und so riß ich denn mit ungestümer Hast alle Laden auf. Ich fand nichts darin, und als ich eben die letzte mit einem Seufzer der Ungeduld zurückschieben wollte, fiel mein Blick auf eine verhaßte Handschrift, die ich nur zu wohl kannte. Ich begann zu zittern wie Espenlaub, und da ich beinahe vor Schreck zu Boden gefallen wäre, so raffte ich alle Briefe, die im Fach lagen, zusammen und stürzte damit auf's Sopha hin. Ich riß die Briefe auf — ich überflog sie; aber die Buchstaben tanzten mir vor den Augen, ich konnte nicht lesen. Ich sprang auf, lief durch's Zimmer, und suchte mich zu sammeln. Es gelang mir erst nach längerer Zeit, und dann las ich. Und was las ich? Gerechter Gott! Was traf mich aus diesen Briefen wie ein zerschmetternder Blitzstrahl? Was war's, das mich so sehr entsetzte, das meinen Körper im Fieber schüttelte und mein Herz in eisigem Krampf erstarrte? Was es war? Es war nichts — als das Ende meines schönen Traumes vom wiedergekehrten Glück, als der Anblick des geöffneten Grabes aller meiner Hoffnungen, all meines Friedens; es war der Beweis, daß ich düpirt worden war von dem Weibe, das ich am meisten haßte auf Erden, und dem Manne, den ich am meisten geliebt hatte.

Der erste dieser Briefe, den ich las, lautete:

"Unsinn das! Weshalb einander nicht sehen, wenn doch Dein „Täubchen" so blind ist, daß es nicht einmal bemerken kann, wie erkünstelt Deine Liebkosungen sind? Diese Süßwassermenschen sind mir ein Gräuel; sie kennen keine Leidenschaften — keinen Haß und — keine Liebe. Sie leben und gehen unter in einer entsetzlichen Einförmigkeit. Auf ihrer Stirn brennt nicht der Luciferskuß der Schöpfung; — sie können weder ringen noch streben noch sich auflehnen gegen den Fluch der Alltäglichkeit; sie sind eben ein Stück derselben! — Sie können auch nicht — fallen; im Fallen selbst nicht noch ein Stück Himmel mit sich herabreißen und sich zu eigen machen, wie wir! Was liegt daran, ob wir wie sie zurückfallen in ewiges „Nichts"; — wir waren ein Theil des „Geistes in der Natur" — sie Materie — nichts als Materie; — nach Jahren, wie jetzt, Staub zu unseren Füßen! Ich würde Dir sagen: Schüttle ihn ab von Dir, den Staub! — wenn Du nicht mit Deiner erfinderischen Seele eben im Begriff wärest, ihn umzukneten zu der Form Deines — meines zukünftigen Glückes. Deshalb will ich warten, will selbst meinen Herzschlag entbehren — will Dich, meine Welt, meinen Gott, meinen Lucifer, machiniren lassen, ohne mich — für mich, für uns, die wir eins sind, und ohne Schranken sein müssen!"

Der folgende enthielt weniger Worte, aber mehr Pläne, und lautete wie folgt:

"Welch' gloriöser Beweis Deines berechnenden, nie irrenden Verstandes, Deiner Combination, war der, den Du mir gestern in den schönen, gestohlenen Stunden gegeben. O diese gestohlenen Stunden sind göttlich, — ich zweifle, hätte ich ein legitimes Recht an sie, ob sie so dämonisch schön für mich wären. Hätte ich ein legitimes Recht an Dich — wie — wie das „Gänseblümchen", das sich Dein eigen nennt — —

Das „Gänseblümchen!" der köstliche Vergleich hat mich der Schlußfolgerung beraubt. Es ist mir ein Räthsel, wie Du, für den recht eigentlich nur eine tolle, glühende Feuerlilie geschaffen, wie Du an dem „Gänseblümchen" Gefallen gefunden. Ich denke mir immer, Du hättest ihn genossen, durchkostet, durchwühlt bis auf die Neige, den Liebesrausch aller Lebens-Feuer-Liebe athmenden Blumen, und übersättigt von allem Licht, von aller Fülle, aller Pracht — warfst Du Dich ermüdet nieder in's Gras, um Dich von Deiner Erschöpfung zu erholen. Und als Du geruht und wieder um Dich schautest, sahst Du unfern ein Gänseblümchen sich zu Dir neigen. Und Du erbarmtest Dich seiner Einsamkeit, weil es so unbedeutend und eben deshalb so ganz anders war, als alles früher Gesehene. Es war das ganz natürlich; eben wie es auch ganz natürlich ist, daß Du seiner bald müde werden mußtest.

„Doch was sollen diese Nebensachen? Wir vergaßen gestern einen vortrefflichen Plan, wie wir das Gänseblümchen am schnellsten in den Besitz des „diplomatischen Narren" bringen können. Ich werde Dich deshalb in seinem Treibhaus erwarten, sobald Du sicher bist, daß er als Wirth und Verliebter hinlänglich beschäftigt ist. Die heutige Soiree bei ihm wird uns Gelegenheit bieten, ohne Aufsehen nach Herzenslust von unseren Plänen für die Zukunft plaudern zu können. Wir — — —"

Ich hatte genug gelesen, die anderen Zeugen meines Elends waren meiner zitternden Hand entfallen. Wie könnte ich Dir schildern, was ich empfand, was ich litt! Tausend verschiedene Gefühle zerrissen mein Inneres, vor allem aber ein unsäglicher Schmerz über die verächtliche Heuchelei und die Niederträchtigkeit des Mannes, dem ich nach dem Gesetze meines Glaubens für ewig angehörte. Seine empörende Gemeinheit, mir neue Liebe zu heucheln, wo seine Seele sich mit den elendesten Plänen beschäftigte, mich moralisch zu verderben, war beinahe zu groß, um sie sofort ganz begreifen zu können. Ich mußte das elende Blatt wieder und wieder lesen, um mich zu überzeugen, daß ich nicht träumte. Gott, wie elend war ich, als ich endlich ganz begriff! Es ist schauerlich, so plötzlich jeden Glauben an das, was wir lieben, unwiederbringlich dahin schwinden zu sehen; alles Vertrauen, alle Achtung mit zu verlieren! Da wird uns die Welt zum Chaos, in dem Alles bunt, wild durcheinander wirbelt, in dem nichts mehr zu erkennen ist von dem, was uns einst theuer und anziehend war. Es scheint uns von bösen Geistern bevölkert, die höhnend, spottend uns umschwärmen, uns immer näher rückend mit ihrem entsetzlichen Lachen, als wollten sie uns, nachdem sie uns vor Schrecken und Angst gelähmt haben, als Opfer ihrer Bosheit in den Abgrund stürzen, der unserer verzagenden, gequälten Seele überall entgegen gähnt.

Aber das menschliche Herz kann viel ertragen; man fürchtet oder hofft auch oft, es möge brechen; — aber das geschieht selbst unter der schwersten Last dennoch nicht. Seit ich so viel gelitten ohne davon erdrückt zu werden, glaube ich nicht mehr an die Mährchen von „gebrochenen Herzen"; nur physische Leiden mögen das bisweilen zu Stande bringen. Die geistigen Leiden zu tragen, schuf Gott die Menschen; deshalb sind ihre Kräfte denselben gewachsen und darum vermögen sie auch selbst die schwersten zu erdulden. Ich glaube an den Wahnsinn, den sie bei tieffühlenden Menschen hervorrufen können; ich begreife auch, daß diese der äußersten Verzweiflung unterliegen, so daß sie ihrer elenden Existenz selbst ein Ende setzen; aber den Tod herbeiführen, das können die Leiden nicht. Vermöchten sie es — ich läge längst begraben. Ich will nicht behaupten, daß andere Menschen nicht ebenso viel litten; aber mehr können sie nicht erduldet haben, als ich in jenen elenden Tagen. Doch höre, was mir noch aufgespart war.

Nachdem ich mich etwas gesammelt hatte, erinnerte ich mich meines Kindes. Ich schloß die Briefe wieder ein und begab mich, mit bebenden Knieen und von kalten Fieberschauern durchschüttelt, zurück in's Krankenzimmer. Mein Kind war eingeschlummert. Es lag da, ein Bild des Friedens und der Reinheit; ein Bild, so himmlisch süß, daß sein Anblick erschütternd und später beruhigend auf mich einwirkte. Ich fiel unwillkürlich auf meine Kniee und fing zu beten an, zu beten heiß und innig für meinen reinen Engel dort in der Wiege, daß ihm diese verzehrende Qual, die jetzt meine arme Brust zerriß, ewig fern bleiben möge. Dann erhob ich mich und vermochte nachzudenken, was aus dem Allen werde und wie ich zu handeln hätte. Das Resultat meiner Nachforschung war der Vorsatz, trotz meines kranken Kindes diesen Abend in jene Gesellschaft zu gehen, meinen Mann und diese Elende zu täuschen, ihnen zu folgen, sie in ihren Plänen zu belauschen und dann hervorzutreten. Dann hatte ich Grund, den Plan auszuführen, der sich mir mit unabweislicher Nothwendigkeit aufdrängte — nämlich Max, von dem ich jetzt überzeugt war, daß er nie jene Creatur aufgeben werde, zu verlassen und mit meinem Kinde zu meiner Mutter zurückzukehren. Ich mußte endlich Ruhe haben; oder ich hatte für meinen Verstand zu fürchten, das fühlte ich.

Als sich die Zeit der Soirée näherte, stand ich am Putztisch; — mein krankes Kind lag keine fünf Schritte von mir entfernt, und tausend Mal unterbrach ich mich, um mich über dasselbe zu beugen und es leidenschaftlich zu küssen. Es war ja mein Eins, mein Alles in dieser Welt, und nichts, nichts sonst hätte mich vermocht, mich auch nur eine Sekunde von ihm zu entfernen, als die brennende, mich ganz und gar beherrschende Sehnsucht nach Ruhe, nach dem Ende dieser Martern. Zehnmal stand ich im Begriff, den elenden Flitter von mir zu reißen und mit Füßen zu treten; er paßte weder zu meinem Innern, noch zu meinem Aeußern, dessen fahle Blässe Zeugniß von meinem Gemüthszustand ablegte. Aber ich war wie von Furien gepeitscht; ich mußte und mußte gehen.

Max kam, mich abzuholen, und musterte mich mit unverschämten Blicken. Mir war es unmöglich, ihn anzusehen; ich hätte mich dann nicht mehr zu beherrschen vermocht.

Es lochte förmlich in mir vor Aufregung, und was mich nur noch mehr erbitterte, war die grenzenlose Unbefangenheit, die unverschämte Gleichgültigkeit, die er an den Tag legte. Er schwatzte von hundert gleichgültigen Gegenständen, ganz in derselben pikanten, ironischen Weise wie sonst. Er schien es nicht einmal der Mühe werth zu halten, mich im Geringsten zu beobachten. Meine Dummheit machte ihn so sicher!

Ich empfand nie mehr die eitle Nichtigkeit gesellschaftlichen Treibens, als an diesem Abende. Die Musik, die Menschen, die Toiletten, die Unterhaltung widerten mich an; — aber ich beobachtete scharf. Ich ballte meine Hand krampfhaft zusammen und wäre beinahe davongestürzt, als sich mir das verächtliche Weib nahte und mich mit der süßesten Freundlichkeit anredete. Ich wollte mich beherrschen und ihr antworten; — aber das war zu viel. Meine Lippen bewegten sich nur convulsivisch, und ich wandte ihr dann den Rücken und schritt der andern Seite des Saales zu. Ich gönnte ihr nicht ferner den Genuß, sich über mich zu belustigen, und nahm deshalb des sich mir nahenden Herrn von S.... Arm, um mit ihm in die Reihen der Tanzenden zu treten. Max, den ich scharf beobachtet hatte, war schon seit längerer Zeit meinen Blicken entschwunden, und jetzt bemerkte ich auch, daß Frau von S. sich langsam der Richtung, in welcher die Orangerie lag, zuwandte.

Ich weiß nichts von dem, was der Minister zu mir sprach — ich weiß nur, daß ich mich plötzlich zu ihm wandte und ihn mit den Worten unterbrach: „Herr Minister! Sie sagten mir früher einmal zufällig, daß Ihr Arbeitszimmer mit dem Treibhaus durch einen geheimen Gang in Verbindung stehe. Ich beschwöre Sie, geben Sie mir nur für zehn Minuten den Schlüssel zu jener Thür. Ich kann Ihnen nicht sagen, weshalb ich ihn haben möchte; genug, ich muß ihn haben! Geben Sie ihn mir, und ich werde Ihnen zeitlebens dafür dankbar sein."

Ich erinnere mich nicht, was er antwortete; ich erinnere mich nur, daß ich wenige Sekunden später den Schlüssel leise in's Schloß der kleinen, vom Innern der Orangerie aus durch Blumen verzierten Thür steckte, und dieselbe vorsichtig, unhörbar öffnete. Neben dem Eingange befand sich in einer Nische ein Sessel, in den ich mich geräuschlos niederließ, ehe ich zu lauschen oder einen Blick durch den magisch erleuchteten Blumensaal zu senden wagte. So viel ich zuerst sehen konnte, war der Raum leer. Doch nein! Nahe an der Thür, über einen knospenden Kamelienstrauch gebeugt, stand Max, Max allein. Die Baronin mußte auf dem Wege zum Treibhaus aufgehalten worden sein; aber ich brauchte nicht lange zu warten, bis ich das leise, melodische Lachen derselben zu hören bekam. Es war schade um dieses dem Aeußeren nach so vollkommene Weib. Alles an ihr war voll Anmuth, selbst ihre Stimme und ihr Lachen; schade darum, daß ihr Inneres so umwölkt war von Sünde und Gemeinheit.

Max empfing sie rauh und unfreundlich, und überhäufte sie mit Vorwürfen über ihre Unvernünftigkeit, hier allein mit ihm sein zu wollen, was Beide bei dem bekannten früheren Verhältniß zu leicht compromittiren könne. Sie kehrte sich nicht daran und fragte einfach, ob er im Zimmer recognoscirt habe, daß Niemand horche. Er versicherte hierauf, vor ihrer Ankunft jeden Winkel durchsucht zu haben. Sie fühlten sich jetzt sicher, o so sicher, daß sie Arm in Arm lachend im Zimmer auf und ab gingen und von dem wohlberechneten Plane redeten, mich — denke nur, wie gräßlich! — zur Maitresse des Ministers zu machen und dann dahin zu arbeiten, denselben bei mir zu überraschen.

Max würde ihm dann die Wahl lassen, ihn und mich vor der Welt zu compromittiren, indem er eine gerichtliche Scheidung beantrage, oder — die Bedingungen zu erfüllen, die sie jetzt näher beleuchteten.

Erlaß mir, mehr davon zu reden, Emma! Genug, Max wollte Carriere machen durch die Untreue seines Weibes — und die Baronin wollte dann mir gegenüber das Recht erlangen, ganz frei vor meinen Augen das sündhafte Verhältniß fortzusetzen.

Ich war hergekommen mit der Absicht, nachdem ich Alles gehört hätte, hervorzutreten und ihnen ihre Schande in's Gesicht zu schleudern. Aber, o mein Gott! als ich den Mann, den ich mit einer abgöttischen Liebe mehr als meine Religion und mein Kind geliebt hatte, — den Mann, der geschworen, mich vor jedem Schmerz zu bewahren und mich zu schützen vor jeder Gefahr — als ich ihn kalt, herzlos, ohne auch nur einen Gewissensbiß, davon reden hörte, mich, sein eigenes Weib, die Mutter seines Kindes, zu verderben — da schwand mir jede Kraft. Ich verlor das Bewußtsein, d. h. nicht körperlich; ich fuhr fort zu hören, aber die Worte waren nur leerer Schall; ich sah sie auch sich entfernen, aber meine Seele war so vollkommen gelähmt, daß ich nichts mehr zu denken und zu begreifen vermochte; ich saß da, regungslos, wie zu Stein geworden. Später erblickte ich vor mir den Minister; er sprach zu mir, ich weiß nicht was. Er reichte mir den Arm, und ich folgte ihm willenlos den Weg, den ich gekommen.

In seinem Arbeitszimmer angelangt, führte er mich, meine Todesblässe gewahrend, zu einem Sessel, befeuchtete mich mit Eau de Cologne, kniete vor mir nieder und preßte unter stürmischen Fragen nach dem, was mir fehle, meine Hand ein Mal über das andere an seine Lippen. Ich hatte keine Willenskraft mehr, sie zurückzuziehen; ich ließ ihn gewähren. Gereizt, geängstigt, entsetzt durch mein Schweigen — ich war keines Wortes mächtig — flüsterten seine Lippen das Bekenntniß einer leidenschaftlichen Liebe, verbunden mit den flehentlichsten Bitten, ihm zu sagen, was mir fehle. Entsetzlich! Das fehlte noch! Aber es war, als träte durch diesen neuen Schrecken eine Reaktion in meinen geistigen Fähigkeiten ein, als erwache in mir wieder ein neues, kräftiges Leben zum Kampf gegen Sünde und Unrecht. Der Zorn brachte das Blut zurück in meine farblosen Wangen, und meine Augen brannten vor Entrüstung, als ich meinen Blick dem Minister zuwandte.

Ehe ich jedoch ein Wort gesprochen, lag er zu meinen Füßen und flehte um Vergebung, da mein Blick ihm deutlich gesagt, was er zu erwarten hatte. Und trotzdem jener Mann mich so eben tödtlich beleidigt hatte, war sein jetzt so edel männliches Wort, in dem die bitterste Reue ausgeprägt war, daß er sich im Augenblick der Angst um mich hatte hinreißen lassen, d a s zu gestehen, was er sich selbst geschworen hatte, ewig als Geheimniß zu bewahren — hinreichend, meinen Glauben an ihn, und somit an einen Theil der Menschheit, wieder aufzurichten. Es war eine edle Natur, die ich ja selbst durch mein frevelhaftes Spiel irre geleitet hatte.

Ich reichte ihm stumm die Hand und bat ihn darauf, meinen Wagen zu bestellen. Ich war so schwach durch diese Erschütterungen geworden, daß ich mich kaum dahin zu schleppen vermochte. Der Minister küßte meine Hand zum Abschied mit einer so zarten Ehrfurcht, daß ich meine Achtung vor ihm und vor mir selbst zurückkehren fühlte, denn in der eigenen Achtung war ich tief, sehr tief gesunken. Glaube mir, Emma, keine Frau, die ganz tadellos ist, hört je Worte, wie ich sie so eben gehört habe. Entweder ist ihr Leichtsinn, ihre Coquetterie oder ihre Eitelkeit schuld daran, daß ihr Charakter in zweifelhaftem Lichte erscheint; wenn eine Frau ihre Würde nie auf's Spiel gesetzt hat, sei es nun aus mehr oder minder tadelnswerthen Ursachen, so ist dieselbe so unantastbar, so heilig und streng, daß Niemand, auch selbst der größte Wüstling nicht, sie anzugreifen wagt.

Ich kam nach Hause. Mein Kind lag im heftigsten Fieber; seine Schläfen pochten, seine Pulse klopften hörbar. Ich schickte zum Arzt und entriß dann der Wärterin mein Kleinod, mein unaussprechlich geliebtes Kleinod. Fürchterlicher Hohn des Schicksals! Da lief ich im Gewand der Freude — denn ich hatte den Ballstaat noch nicht einmal abgelegt — mit blutig zerrissenem Herzen. Eine Gattin, so elend betrogen, so verlassen und verhöhnt; eine Mutter, Verzweiflung im Herzen, mit der ganzen Kraft der leidenschaftlichsten Liebe dem Tode sein Opfer entreißend!

Es half Alles nicht! Meine glühenden Gebete, meine brennenden Thränen, meine an Gott und Menschen verzweifelnden Verwünschungen — sie waren alle, alle umsonst.

Am andern Morgen lag mein Kind, das einzige, das ich je gehabt, meine einzige, meine letzte Hoffnung, todt in meinen Armen. Ich tauschte gegen mein Ballkleid das Trauerkleid ein, das ich nie mehr abgelegt habe.

Kannst Du begreifen, Emma, daß ich alles dies ertrug ohne zu erliegen?

(Schluß folgt.)

Nordalbingiens Dichterkreise.
Von Friedrich Lezow.

I.

Will man in Deutschland einen specifischen Unterschied zwischen Nord und Süd gelten lassen, so wird derselbe besonders darin zu finden sein, daß der Norden ernster, der Süden heiterer ist, daß im Norden die Tendenz, im Süden der Lebensgenuß überwiegt. Der nach dem Süden versetzte Norddeutsche wird dort anfänglich in geselligen Kreisen als schwerfällig erscheinen, der nach dem Norden verschlagene Süddeutsche sich unter den ernstern Genossen, bis die Berührungspunkte gefunden sind, unbehaglich fühlen. Besonders offenbart sich dieser Unterschied auch in den Liedern, welche das Volk zu den seinigen gemacht.

Körner, Julius Mosen, Arndt, Max v. Schenkendorf und Aehnliche sind im Norden am meisten in den Geist des Volkes übergegangen, während der Süden die reine Lyrik der Tendenz-Poesie vorzieht. Im Norden kann man sich nicht beim Glase Wein oder Punsch vereinigen ohne daß sofort der Geist des Vaterlandes und der Freiheit den Vorsitz führt; die bei festlichen Gelegenheiten im Süden gesungenen Lieder sprechen mehr von Wein und von Liebe. Unter Süddeutschen bricht beim Jahreswechsel ein ausgelassener Jubel los; im Norden setzt man sich beim zwölften Glockenschlage nieder und singt mit Andacht das schauerlich ernste Lied des wackern Johann Heinrich Voß: „Des Jahres letzte Stunde", wobei selbst dem Heitersten sich Wolken auf der Stirn sammeln. Ueber das, was vorzuziehen ist, läßt sich nicht streiten. Jeder wählt eben das, was seinem Bedürfniß entspricht. Wie wenig der Unterschied in die Tiefe geht, zeigt die Leichtigkeit, mit welcher er sich bei näherer Bekanntschaft verwischt. Es kommt nur darauf an, daß man einander nicht mißversteht, daß nicht der heitere Süddeutsche vom Sohne des Nordens für leichtsinnig und oberflächlich, der ernste Norddeutsche vom Sohne des Südens für philiströs und schwerfällig gehalten wird. Der Zweck vorliegender Arbeit ist, die engere Heimath des Verfassers, die endlich dem großen Vaterlande auf immer zurückgegebene Nordmark, in welcher der Ernst am auffälligsten hervortritt, gegen den Vorwurf in Schutz zu nehmen, welcher in den Worten liegt: Holsatia non cantat. Ich möchte Deutschland an das erinnern, was seine nördlichsten Söhne ihm an geistigen Schätzen mit in den nationalen Haushalt bringen, und da wird es mir benn gestattet sein, künstlich gezogene Grenzen zu ignoriren, welche wohl auf der Landkarte, aber nicht in Geist und Gemüth des Volkes zu finden sind.

Als den Repräsentanten der südlichen Richtung möchte ich Göthe, als den der nördlichen Klopstock bezeichnen. Ersterer hatte eine entschiedene Abneigung gegen den Norden. Italien durchstreifte er nach allen Richtungen, und weiß uns viel von seinen Wundern zu erzählen; die herrlichen Buchen- und Tannenwälder, die stillen Seen und lieblichen Buchten Nordalbingiens hat er aber nie kennen gelernt. Klopstock dagegen fühlte sich überwiegend vom Norden angezogen, und brachte die dreißig letzten Jahre seines Lebens dort zu. Auch ist er das hervorragendste Mitglied des ersten nordalbingischen Dichterkreises, auf welchen hier die Aufmerksamkeit des Lesers gelenkt werden soll. Da wir eben Göthe und Klopstock einander gegenübergestellt haben, sei hier zugleich darauf hingewiesen, daß bei ihnen, während sie anfänglich einander innig verehrten, zuletzt die Verschiedenheit des eingeschlagenen Weges zur Verkennung, zur an Feindschaft grenzenden Abneigung führte, und Vielen möchte es nicht bekannt sein, wie der Bruch herbeigeführt wurde, welcher die beiden großen Männer auf immer von einander trennen sollte. Sie geriethen in den Fehler, vor dem eben mit Bezug auf Nord und Süd gewarnt wurde: sie verkannten einander.

Klopstock hörte viel von der heillosen Wirthschaft, welche am Hofe zu Weimar herrschen sollte; er glaubte das Schlimmste und hielt es für seine Pflicht, den jungen Freund zu warnen. „Hier einen Beweis meiner Freundschaft, liebster Göthe!" schrieb er unterm 8. Mai 1776 aus Hamburg. „Er wird zwar ein wenig schwer, aber er muß gegeben werden. Lassen Sie mich nicht damit anfangen, daß ich es glaubwürdig weiß, denn ohne Glaubwürdigkeit würde ich ja schweigen. Denken Sie auch nicht, daß ich Ihnen, wenn es auf Ihr Thun und Lassen ankommt, einreden werde; auch das denken Sie nicht, daß ich Sie deswegen, weil Sie vielleicht in diesem oder jenem andere Grundsätze haben als ich, strenger beurtheile. Aber Grundsätze, Ihre und meine, beiseite, was wird der unfehlbare Erfolg sein, wenn es fortfährt? Der Herzog wird, wenn er sich immer bis zum Krankwerden betrinkt, anstatt, wie er sagt, seinen Körper dadurch zu stärken, erliegen und nicht lange leben. Es haben sich wohl starkgeborene Jünglinge, und das ist denn doch der Herzog gewiß nicht, auf diese Weise hingeopfert. Die Deutschen haben sich bisher mit Recht über ihre Fürsten beschwert, daß diese mit ihren Gelehrten nichts zu schaffen haben wollen. Sie nehmen jetzo den Herzog von Weimar mit Vergnügen aus. Aber was werden andere Fürsten, wenn Sie in dem alten Ton fortfahren, nicht zu ihrer Rechtfertigung anzuführen haben? Wenn es nun wird geschehen sein, was ich fürchte, daß geschehen wird. Die Herzogin wird vielleicht ihren Schmerz jetzo noch niederhalten können, denn sie denkt sehr männlich. Aber dieser Schmerz wird Gram werden. Und läßt sich der denn auch etwa niederhalten? Louisens Gram, Göthe! Nein, rühmen Sie sich nur nicht, daß Sie lieben wie ich! —— Es kommt auf Sie an, ob Sie dem Herzog diesen Brief zeigen wollen, oder nicht. Ich für mich habe nichts dawider. Im Gegentheil; denn da ist er gewiß noch nicht, wo man die Wahrheit, die ein treuer Freund sagt, nicht hören mag."

Mochte der in diesem Brief liegende Vorwurf gerechtfertigt sein oder nicht, jedenfalls verrieth der Brief ein edles Herz, und selbst ein Göthe konnte wohl stolz sein auf solchen Beweis der Freundschaft von einem solchen Manne. Seine Antwort ist aus Weimar, den 21. Mai 1776 datirt und lautet: „Verschonen Sie uns künftig mit solchen Briefen, lieber Klopstock! Sie helfen uns nichts, und machen uns immer ein paar böse Stunden. Sie fühlen selbst, daß ich darauf nichts zu antworten habe. Entweder ich müßt' als ein Schulknabe ein Pater peccavi anstimmen, oder sophistisch entschuldigen, oder als ein ehrlicher Kerl vertheidigen, und käme vielleicht in der Wahrheit ein Gemisch von allen Dreien heraus; und wozu? Also kein Wort mehr zwischen uns über die Sache. Glauben Sie mir, daß mir kein Augenblick meiner Existenz überbliebe, wenn ich auf alle solche Anmahnungen antworten sollte. Dem Herzog that's einen Augenblick weh, daß es ein Klopstock wäre. Er liebt und ehrt Sie, von mir wissen und fühlen Sie eben das. Leben Sie wohl."

Und nun Klopstock's Replik? Sie ist kurz und bündig. „Hamburg, den 29. August 1776. Sie haben den Beweis meiner Freundschaft so sehr verkannt, als er groß war, besonders deswegen, weil ich unaufgefordert mich höchst ungern in das mische, was Andere thun, und da Sie sogar unter alle solche Briefe und alle solche Anmahnungen (denn so stark drücken Sie sich aus) den

Brief warfen, welcher diesen Beweis enthielt, so erkläre ich Ihnen hiermit, daß Sie nicht werth sind, daß ich ihn gegeben habe."

Hätte dem deutschen Volke die Wahl zwischen Göthe und Klopstock obgelegen, so könnte das Resultat nicht zweifelhaft sein. Klopstock ist fast vergessen, Göthe lebt in Aller Munde. Was aber die von ihnen vertretenen **Richtungen** betrifft, so hat der glücklichere Nachfolger Klopstocks, **Friedrich Schiller**, dafür gesorgt, daß die Tendenz-Poesie bei der Wahl nicht zu kurz gekommen ist. Nichts könnte treffender sein, als das Epigramm Lessing's:

> Wer wird nicht einen Klopstock loben?
> Doch wird ihn Jeder lesen? Nein!
> Wir wollen weniger erhoben,
> Und fleißiger gelesen sein.

In seinem Messias hat Klopstock sich auf ein Terrain begeben, auf welches das Volk ihm zu seinem eigenen Heil nicht folgte, und er beging den großen Mißgriff, zu seiner Nation in einer Sprache zu reden, die derselben unverdaulich war. Vor mir liegt eine Ausgabe der Oden vom Jahre 1796, erschienen bei Georg Joachim Göschen in Leipzig. Seume hat die Correktur davon gelesen. Auf's Gerathewohl greife ich die ersten Zeilen der Ode an Cidli heraus.

> „Unerforschter, als sonst etwas den Forscher täuscht,
> Ist ein Herz, das die Lieb' empfand,
> Sie, die wirklicher Werth, nicht der vergängliche
> Unsers dichtenden Traumes gebar,
> Jene trunkene Lust, wenn die erweinete,
> Fast zu selige Stunde kommt,
> Die dem Liebenden sagt, daß er geliebet wird!"

Wer Lust hat, kann sich daran machen, diese Klopstock'sche Sprache in genießbares, verständliches Deutsch zu übersetzen. Und wie sehr hat er dadurch gesündigt, daß er die schöne Muttersprache in ein fremdes, antikes Gewand zu zwängen suchte! Wie vollkommen war er anderer Laute fähig! Laß dich an deinem Klopstock nicht irre machen, werther Leser! Versöhne dich mit ihm durch das köstlich melodische Gedicht

Das Rosenband.

> Im Frühlingsschatten fand ich sie.
> Da band ich sie mit Rosenbändern.
> Sie fühlt' es nicht, und schlummerte.
>
> Ich sah sie an; mein Leben hing
> Mit diesem Blick an ihrem Leben;
> Ich fühlt' es wohl, und wußt' es nicht.
>
> Doch lispelt' ich ihr sprachlos zu,
> Und rauschte mit den Rosenbändern;
> Da wachte sie vom Schlummer auf.

Sie sah mich an; ihr Leben hing
Mit diesem Blick an meinem Leben,
Und um uns ward's Elysium

Und dann das Vaterlandslied, dessen erste Verse lauten:
Ich bin ein deutsches Mädchen!
Mein Aug' ist blau und sanft mein Blick.
Ich hab' ein Herz,
Das edel ist, und stolz, und gut.

Ich bin ein deutsches Mädchen!
Zorn blickt mein blaues Aug' auf Den,
Es haßt mein Herz
Den, der sein Vaterland verkennt.

Ich bin ein deutsches Mädchen!
Erköre mir kein ander Land
Zum Vaterland,
Wär' mir auch frei die große Wahl!

„Hätt' ich hundert Stimmen, ich feierte Galliens Freiheit nicht wie sie es verdient, sänge die Göttliche schwach!" sang Klopstock in einer seiner schönsten Oden. Besteht ein Widerspruch zwischen dem Sänger des Messias und dem der Freiheit? Wer das behauptet, hat die Messiade falsch aufgefaßt. Abadonna ist dem Dichter die gefallene und geknechtete Menschheit, Abramelech das, was sie niederdrückt und fesselt, der Messias die reinigende, erlösende Freiheit.

Auf dem Kirchhofe zu Ottensen, bei Altona, steht ein Baum, dessen Anblick jeden Naturfreund mit Ehrfurcht erfüllen muß, auch wenn er nicht weiß, auf welche Stätte dieser Baum seinen Schatten wirft. Es ist die Linde, welche Klopstock im Jahre 1758 auf das Grab seiner geliebten Meta, „die ihm so früh entrissen wurde und in deren Arm ihr Neugebornes schläft", pflanzen ließ, und unter der er jetzt selbst ruht. Ist es doch als hätte die Natur es darauf angelegt, diese Linde zu einer ihrer Meisterschöpfungen zu machen. Man kann durch das ganze weite Land der Eichen und der Linden reisen, ohne eine Blätterkrone zu finden, welche an Majestät diese übertrifft. Klopstock, „der Oberste der Barden Teuts", der Sänger des Vaterlandes und der Freiheit, der Ehrenbürger der französischen Republik, ruht nicht in einer Fürstengruft. Nicht weit von seinem Grab befindet sich ein anderes, dessen Stille nicht minder laut zum Herzen des Wanderers spricht. Dort, auf jener Wiese, schlafen „Väter, Mütter, Brüder, Töchter", dreizehnhundert an der Zahl, die von Davoust in jener eisigen Winternacht aus Hamburg vertrieben wurden, deren sich Niemand annehmen konnte, und die verhungerten und erfroren. „Man merkt des Jammers Größe nicht an dem kleinen Grab." Wir aber freuen uns, daß der Boden, welcher solche Gräber birgt, wenigstens nicht länger vom Fluch und von der Schande der Fremdherrschaft entweiht wird.

Wenn man im Lande nördlich von der Elbe andeuten will, daß etwas nicht viel werth sei, so sagt man: Das gilt in Wandsbeck. Woher diese Redensart stammt, möchte schwer zu ermitteln sein; Thatsache aber ist, daß von Wandsbed Dinge ausgegangen sind, welche noch jetzt im ganzen Teutschland und darüber hinaus gelten. Mit dem Namen Wandsbed ist der des Wandsbecker Boten unzertrennlich verbunden. „Das Beste, was ich von neuern Schriften der Gattung gelesen", sagt Herder in einem Briefe aus dem Jahre 1771, „sind einige fliegende Blätter und fast nur Reihen von meinem Freunde Claudius, ohne Gelehrsamkeit und fast ohne Inhalt, aber für gewisse Silbersaiten des Herzens, die so selten so gerührt werden." Wenn ein Herder Claudius seinen Freund nennt und durch ihn Saiten angeregt fühlt, die sonst nicht leicht Jemandem zugänglich waren, so muß doch wohl etwas mehr als Gewöhnliches im Wandsbecker Boten gesteckt haben, und dieser Meinung ist offenbar auch das deutsche Volk, welches seine Lieder bis auf den heutigen Tag singt.

Indem wir das Grab Klopstocks verlassen und das freundliche Wandsbeck in der Nähe von Hamburg besuchen, veranlaßt uns die Pietät, an den Hügel zu treten, unter welchem der Bote sein Ruheplätzchen gefunden hat. Er stößt hart an die Kirchhofsmauer, und einige verwelkte Kränze liegen darauf. Das einfache Denkmal trägt den Namen des Dichters und den Bibelspruch: „Also hat Gott die Welt geliebt, daß er seinen eingebornen Sohn gab." Etwas enttäuscht wenden wir uns ab. Der, welcher uns in seinen Liedern so unmittelbar zum Herzen spricht, soll aus dem Grabe nicht durch Vermittlung einer mystischen Sentenz zu uns reden. Die Zierde Wandsbecks ist sein Wald — ein Ueberbleibsel des alten Sachsenwaldes, welcher sich mit seinen hohen Eichen und Buchen stundenweit erstreckt. In einer Lichtung gewahren wir einen moosbewachsenen Felsstein, in dessen glatte Seite schlicht und recht der Name Matthias Claudius gehauen ist, und durch den Wald ruft die Wachtel ihr: Liebst du mich! Da haben wir unsern Claudius wie wir uns ihn wünschen. Hier hat er gewandelt, hier seine frischen Weisen gesungen, hier am ersten Mai sich gewälzt und vor Freude gejauchzt. Hier tönt uns sein Lied „Im Walde zu singen":

„Wenn hier nur kahler Boden wär',
Wo jetzt die Bäume stehn,
Das wär' ja doch bei meiner Ehr',
Ihr Herrn, nicht halb so schön!"

Der Contrast zwischen diesem Wald- und jenem Kirchhofsdenkmal charakterisirt den Widerspruch, welcher leider zwischen dem jungen und dem alten Claudius besteht. Der, welcher so kindlich froh in die Welt hinein lachte, der versteckte Silbersaiten in den Herzen zu finden und zu rühren wußte, versank nach und nach in Pietismus, und in den letzten Bänden des Wandsbecker Boten erkennt man den Dichter des Rheinweinliedes und des Riesen Goliath nicht wieder. Sei es drum; dort liegt der Pietist begraben, hier lebt der Poet.

Ersterer ist längst vergessen; Letzterer ist jedem Deutschen ein Freund und wird es bleiben. Die Bedeutung unsers Claudius in der deutschen Literatur hat Herder in jenen Worten trefflich gezeichnet; es wußte Keiner so wie er den Ton zu treffen, welcher die einfachsten, lieblichsten und reinsten Empfindungen im Herzen wach rief. Keiner redete so wie er zum Volk in seiner eignen Sprache, in seiner eignen Auffassungs- und Denkweise, während er es zugleich hob, und trotz des Mangels an Gelehrsamkeit und tiefem Inhalt selbst dem anspruchsvollen Gelehrten wohl that.

Giebt es wohl ein schöneres Frühlingslied als das „Heute will ich fröhlich, fröhlich sein"? Dringt wohl irgend ein Trinklied mehr zum Herzen als das „Am Rhein, am Rhein, da wachsen unsre Reben"? Und kann wohl der Uebermuth, welcher sich auf rohe Gewalt stützt, beißender, toller, keder gegeißelt werden als durch das Lied vom Riesen Goliath, der Knochen hatte wie ein Gaul und eine freche Stirn, und ein erschrecklich großes Maul, doch nur ein kleines Hirn; der Jedem einen Rippenstoß gab, und flunkerte und groß prahlte? Versucht es einmal, einem Bramarbas und Eisenfresser, während er im vollen Fluß ist, dies Lied zu recitiren; er wird sich beschämt aus dem Staube machen und in Eurer Gegenwart nicht zum zweiten Mal flunkern und prahlen. Wer fühlt sich nicht eigenthümlich zauberhaft berührt durch die Worte des Abendliedes:

> Der Mond ist aufgegangen,
> Die goldnen Sterne prangen
>   Am Himmel hell und klar.
> Der Wald ist schwarz und schweiget,
> Und aus den Tiefen steiget
>   Der weiße Nebel wunderbar.

Die Vaterlandslieder des Wandsbecker Boten sind nicht die am wenigsten gelungenen. Prächtig ist der deutsche Jüngling, den er Klopstocks deutschem Mädchen an die Seite gestellt hat.

> Ich bin ein deutscher Jüngling!
> Kraus ist mein Haar, breit meine Brust.
> Mein Vater war
> Ein braver Mann. Ich bin es auch!
> Ich bin ein deutscher Jüngling.
> Beim süßen Namen Vaterland
> Sträubt sich mein krauses Haar empor,
> Und mein Gesicht wird feuerroth.

Und dann das Lied, welches er sich am Neujahrsmorgen, „an einem Eichbaum hangen bleibend", von Braga zuflüstern ließ, und welches beginnt:

> Der alten Barden Vaterland,
> Das Vaterland der Treue,
> Dich, freies, unbezwungnes Land,
> Weiht Braga hier aufs Neue

Zur Heldentugend wieder ein,
Zum Schutze deiner Hütten.
Wir lieben deutsches Fröhlichsein,
Und alte deutsche Sitten.

Wir stellten oben Göthe und Klopstock einander gegenüber. Es möchte gewagt sein, auch Göthe und Claudius neben einander zu nennen. Dennoch geschieht dies in einer so betitelten Reflexion des Deutschen Museums vom Jahre 1777, welche wir hier einschalten, um noch einmal zu zeigen, wie wenig es dem Wandsbecker Boten, welcher übrigens lange nicht so ungelehrt war wie er sich stellte, unter seinen auserlesensten Zeitgenossen an Werthschätzung und Anerkennung fehlte.

„Wärst du lieber der Sonnenmann oder der Geweihte des Mondes? In ewiger Urkraft flammt hoch die Sonne und weckt zur That um sich her; der Mond dämmert labende Ruhe. Verzehrend in der Nähe ist ihr Feuer, blendet fern den starren Blick und demüthigt ihn. Aber das leise Wort des Mondes ist Sympathie; geheim ist seine aufrichtende Kraft, so ein naher, stiller Lieber, der Frieden um sich her verbreitet und Genuß in seinem stillen Reiche. — Der Mond ist lieb; die Sonne ist groß. Der Mond ist groß weil er lieb ist; die Sonne ist lieb weil sie groß ist. — Wärst du lieber der Sonnenmann, oder der Geweihte des Mondes? Beide sind dein Meisterstück, o Gott!"

Aber mit einem kräftigen Klang wollen wir Abschied nehmen von Claudius, und darum mögen noch die letzten Verse von dem Waldliede folgen, dessen erster oben angeführt wurde:

Hoch sitzt im Sopha der Baron,
Der Schweizer an der Thür.
Die Fürsten sitzen auf dem Thron,
Und wir, wir sitzen hier.

Auf bloßer Erde, feucht und kalt,
Und wir, wir sitzen hier,
Und freu'n uns über diesen Wald,
Und danken Gott dafür.

Das Feld der Heilgymnastik.
Von Dr. ***

Wenn die Naturwissenschaften im Allgemeinen im Lauf unseres Jahrhunderts wahrhaft riesige Fortschritte gemacht haben, so läßt sich ein Gleiches von der eigentlichen Heilwissenschaft wohl kaum behaupten. Die größten Naturforscher früherer Zeiten würden heut zu Tage kein einfaches Schulexamen in ihren entsprechenden Fächern zu bestehen im Stande sein; wenn aber ein berühmter Arzt, der seit hundert und mehr Jahren begraben liegt, auferstände, so würde er möglicherweise in der Behandlung eines Kranken ebenso glücklich sein, wie der gelehrteste Arzt der Gegenwart. Wir haben in der richtigen Erkenntniß der Krankheiten und der Kunst, sie zu verhüten, außerordentliche Fortschritte gemacht, — in der, sie zu heilen, sind wir verhältnißmäßig nur um ein Geringes vorwärts gekommen.

Was die legitime Wissenschaft nicht zu leisten vermochte, das hat die Empirie und das Experiment zu leisten versucht. In der ersten Hälfte unseres Jahrhunderts sind die Heilmethoden und Heilverfahren wie Pilze aus der Erde gewachsen; wer irgend nichts Besseres zu thun wußte, der kann sich eine Idee aus, wie er das wahre Lebenselixir zusammensetzen und der Menschheit schon hienieden zur Unsterblichkeit verhelfen könne. Dabei hatten aber die Krankheiten nach wie vor ihren Lauf und die Todtengräber wurden keineswegs außer Nahrung gesetzt. Daß diese heillose Fluth der Heilsysteme im Lauf der letzten 25 Jahre merklich abgenommen hat, ist das beste Zeichen, daß wir endlich auf dem rechten Wege sind, eine wirkliche H e i l w i s s e n s c h a f t aufzubauen.

Unter dem vielen Unsinn, Widersinn oder geringen Sinn, den jene Menschheitsbeglücker zu Tage gefördert, befanden sich nun allerdings einzelne Goldkörner, die, anfänglich noch von vielen Schlacken umgeben, nach und nach doch zu Tage traten und in ihrem vollen Werth erkannt wurden. Als solche betrachten wir hauptsächlich die Wasser- und die Bewegungsheilmethode. Der Umstand, daß beide nicht von wissenschaftlich gebildeten Aerzten, sondern von schlichten Männern aus dem Volke erfunden wurden, die ihren werthvollen Fund anfangs mit allerlei ungehörigem Ballast beschwerten, war der Verbreitung dieser Heilsysteme lange Jahre hindurch hinderlich, ja selbst heut zu Tage noch fehlt es nicht an Aerzten und Nichtärzten, die sich ihrer Vorurtheile gegen dieselben nicht ganz zu entschlagen vermögen. Quacksalber und Ignoranten nahmen die Sache in die Hand und verfielen natürlich sofort der Einseitigkeit und Uebertreibung als unvermeidlichen Folgen der Unkenntniß, und ihr gewissenloses Treiben trug gleichfalls viel dazu bei, die an und für sich gute Sache bei dem denkenden Publikum in Mißcredit zu bringen. Erst nach langer Zeit, man kann sagen erst während der letzten beiden Jahrzehnte, nahm sich die Wissenschaft der genannten beiden Methoden an, wies die Wirksamkeit ihrer Verfahrungsweisen aus physiologischen Gesetzen nach, stellte die Anzeichen und Formen ihres Gebrauches fest — mit Einem Wort: sonderte den Weizen von der Spreu und gab uns rationelle Systeme statt des bisherigen Experimentirens und Gefasels in's Blaue.

Wasserheilkunst und Heilgymnastik sind heut zu Tage so ziemlich als legitime Branchen der medizinischen Wissenschaft anerkannt, und ein wirklich gebildeter, vorurtheilsfreier Arzt kann nicht umhin, von ihnen Notiz zu nehmen, ihre Lehren in seiner Praxis zur Anwendung zu bringen. Natürlich sind beide Systeme nicht im Stande gewesen, wie jedes derselben sich anfangs vermaß, den ganzen bisher gebräuchlichen Heilapparat und alle anderen Kurmethoden in die Rumpelkammer zu werfen; aber sie haben doch das große Verdienst, manches zweifelhafte Mittel durch ein sicheres ersetzt und manche bis dahin für unheilbar gehaltene Krankheit in die Reihe der heilbaren versetzt zu haben. Vielleicht liegt aber ihr allergrößter Nutzen darin, die Menschen zur Einfachheit und Willenskraft zurückzuführen und somit den Kranken nicht nur zu heilen, sondern auch ihm zur Selbstkenntniß zu verhelfen, ihn körperlich und geistig zu veredeln und dadurch zur Erfüllung seines irdischen Berufs geschickter zu machen.

Die Heilgymnastik, deren Feld wir hier etwas näher untersuchen wollen, gilt gewöhnlich für eine Erfindung des Schweden Ling. Man thut dem guten Manne damit zu viel Ehre an, denn die Idee ist eigentlich uralt und Hunderte von Leuten vor ihm haben sich schon ganz in derselben Weise wie er über den Nutzen ausgesprochen, den gymnastische Uebungen und Muskelbewegungen für die Heilung von Krankheiten haben mögen. Doch dem alten Schweden gebührt das große Verdienst, die längst bekannte Idee weiter ausgebildet, ein reiches neues Material herbeigeschafft und dasselbe in übersichtlicher Weise geordnet zu haben, so daß die praktische Anwendung nun ungleich weniger Schwierigkeiten verursachte. Wie Prießnitz war er ein Mann der That, ein rastloser Agitator für seine Idee, der sich mitunter bis zum Fanatismus verstieg. Aber gerade eine solche Natur war erforderlich, um die Sache endlich einmal in Gang zu bringen und die Schläfrigen aus ihrer beschaulichen Ruhe aufzurütteln. Er verstand es, Propaganda zu machen und sich Anhänger zu verschaffen. In geschlossenen Colonnen, wie einstmals die strenggläubigen Truppen Gustav Adolfs, drangen von Norden her die in verba magistri schwörenden Heilgymnastiker in Deutschland ein und eroberten sich gewaltsam einen Boden, der ihnen hartnäckig genug streitig gemacht wurde und zum Theil noch streitig gemacht wird. Die Aerzte blickten mit Erstaunen auf die neue Lehre; viele bekämpften sie und mochten, als einer gehaltlosen Neuerung, sich nicht mit ihr befassen; andere — und zwar die weitsichtigeren — unterzogen sich der Mühe einer Prüfung, faßten das ihnen Gutdünkende auf und bildeten es weiter aus. Es entstand oder entsteht vielmehr eine rationelle Kinesiatrik, die sich ihrer weiter vorgeschrittenen Schwester, der Hydriatrik, immerhin schon ebenbürtig zeigt. Das große Publikum freilich steht zu derselben noch in sehr unsicherer Beziehung und kann sich auch bei den Aerzten nicht immer Raths erholen, da viele nichts davon wissen und andere nichts davon wissen wollen; in dem ihm eigenthümlichen Mißtrauen, welches sich, namentlich hier zu Lande, meist immer an der unrechten Stelle äußert, hält es oft für Beutelschneiderei und Humbug, was doch wissenschaftliche Thatsache ist. Es ist daher das Thema der Heilgymnastik sicher ein solches, dessen populäre Behandlung in einem der öffentlichen Unterhaltung und Belehrung gewidmeten Organ keiner weiteren Rechtfertigung bedarf.

Sagt man von einem Menschen, daß er gesund sei, so bedeutet das nichts Anderes, als daß die sämmtlichen Organe seines Körpers in regelmäßiger Weise fungiren, daß sich in seinem gesammten Organismus nirgends eine Störung oder Stockung bemerklich macht. Nur ein nach allen Richtungen gleichmäßig ausgebildeter Körper ist völlig gesund; bleibt irgend eine körperliche Kraft oder körperliche Verrichtung unausgebildet, außer Thätigkeit, oder wird sie nur selten in Anspruch genommen, so tritt allmälig ein lokales Leiden ein, welches im Verlauf der Zeit den ganzen Körper mehr oder weniger in Mitleidenschaft ziehen wird. Am häufigsten erfahren eine solche mangelhafte Ausbildung die Bewegungsorgane des Körpers, im Gegensatz zu den Denk- und Empfindungsorganen. Wer bei dem Worte „Bewegungsorgane" lediglich an die Ortsbewegungen, die mechanischen Verrichtungen der Hände und Füße denkt, — was bei der Mehrzahl der Laien der Fall sein dürfte — dem werden die Folgen einer solchen mangelhaften Ausbildung kaum als besonders wichtig erscheinen, und obschon sich wohl so ziemlich ein Jeder bewußt ist, daß seine Glieder durch Kraft, Uebung und Ausdauer an Geschicklichkeit gewinnen, so halten doch die Meisten solche Vorzüge nicht für wichtig genug, um zu ihrer Erlangung in ihrem einseitigen Berufs-, Erwerbs- und Genußleben wesentliche Aenderungen oder Beschränkungen eintreten zu lassen.

Aber so gewiß die erwähnten Vorzüge durch systematische Muskelthätigkeit erlangt werden können und so entschieden das Streben danach nicht blos eine Frage der persönlichen Liebhaberei, sondern ein Ergebniß des Pflichtgefühls bei jedem Menschen sein sollte, so sind sie doch nicht der einzige Gewinn, den die Pflege des Muskellebens gewährt, ebenso wenig als die Muskeln blos in Ortsbewegung und Handarbeiten ihre Aufgabe erfüllen. Es giebt vielmehr gar kein Organ und keine Verrichtung im Körper, welche außer allem Zusammenhang mit der Muskelthätigkeit stände. Vor Allem ist die Cirkulation und Blutbildung, womit der Athemprozeß in innigem Zusammenhang steht, und weiterhin die Ernährung und Funktion der Organe, in der größten Abhängigkeit davon, und es läßt sich somit schon vornweg annehmen, daß das Muskelleben als einer der wichtigsten Factoren der Gesundheit des Menschen sich erweisen müsse.

Die Erfahrung bestätigt diese Annahme vollkommen. Es stände wohl um ein gutes Theil besser, als es jetzt der Fall ist, um die Geltung und Macht der Heilwissenschaft, wenn wir in allen Krankheiten so sicher auf die Ursache zurückgreifen und durch Entfernung derselben die Krankheit heben könnten, wie dies in den durch totalen und theilweisen Bewegungsmangel hervorgerufenen krankhaften Veränderungen der Fall ist.

Nachdem man einmal diese Erfahrung gemacht hatte — und sie ist im Grunde schon eine ziemlich alte — erscheint es wunderbar, daß man nicht schon längst auf eine systematische Verwendung der Muskelthätigkeit zum Zwecke des Heilens von Krankheiten geführt wurde. Freilich ist es schon eine sehr alte Praxis, daß man bei gewissen chronischen Krankheiten, die als Folge einer sitzenden Lebensweise, eines auffallenden Mangels an körperlicher Uebung auftreten, Spazierengehen, Fußreisen, namentlich auch Garten- und Feldarbeit, Holzspalten und dergleichen empfahl; allein man erreichte damit gar manchmal nicht den erwünschten Zweck, ja mußte wohl gar mitunter sehen, daß statt einer Besserung, offenbare Verschlimmerung des Leidens eintrat, oder daß sich nun in Folge der ungewohnten Anstrengung anderweitige Beschwerden einstellten. Wie konnte das geschehen? Hatte man sich in der Art und Weise der Krankheit geirrt und war vermehrte körperliche Bewegung überhaupt nicht am Platze? Keineswegs; es war nur die specielle Art der Bewegung, die gerade für diesen Fall nicht paßte. Einzelne Muskeln des leidenden Körpertheils wurden stärker in Anspruch genommen, als es geschehen sollte, andererseits aber eine große Reihe von Muskelgruppen gar nicht in Thätigkeit gesetzt. Man mag sich zum Beispiel die Beine müde laufen oder durch Graben, Holzhacken und dergleichen bis zur völligen Erschöpfung anstrengen, ohne dadurch auf die Muskelgruppen des Brustkastens, deren Thätigkeit auf gewisse Brustleiden von sehr heilsamem Einfluß sein würde, irgend welche Wirkung zu äußern. Man kam nicht auf den glücklichen Gedanken, die Bewegung in gleicher Weise zu specialisiren und in Qualität und Quantität dem vorliegenden Falle anzupassen, wie man es seit undenklichen Zeiten bei anderen Medicamenten für nöthig erachtet hatte. Derselbe Arzt, der mit Recht Denjenigen für einen gefährlichen Qualsalber erklären würde, der sich beikommen ließe, bei jedem beliebigen Nervenleiden ohne Weiteres Opium in stärkster Gabe zu verordnen, nahm seinerseits vielleicht nicht den mindesten Anstoß, einem Brustleidenden Feldarbeit oder ermüdendes Spazierengehen anzurathen. Seit man zur Erkenntniß gelangt, daß die bei allen anderen Heilmitteln geltenden Grundsätze auch auf die Gymnastik angewendet werden müssen, insofern dieselbe zur Beseitigung von Krankheiten dienlich sein soll, hat man erst ihre überraschende Heilkraft kennen und schätzen lernen.

 Die naheliegendste Anwendung der Gymnastik in der Heilwissenschaft, die sich denn auch in der That zuerst Bahn brach und an deren Zweckmäßigkeit heut zu Tage wohl so leicht Niemand mehr zweifelt, war die gegen äußere Formveränderungen des Körpers, Glieder-Verkrümmungen, Verkürzungen, Verwachsungen und wie alle die verschiedenen Entstellungen heißen mögen, denen der nach göttlichem Ebenbilde geschaffene, von seinem Besitzer aber leider oft schmählich vernachlässigte und mißhandelte menschliche Körper unterworfen ist.

 Die äußere Form des Menschen ist in der Hauptsache das Ergebniß der Anordnung und Entwicklung des Knochen- und Muskelsystems, und wird beim Gesunden nur einigermaßen modificirt durch mehr oder minder lebenskräftiges Strotzen der Gewebe, durch größere oder geringere Fettablagerung. Bis zu gewissem Grade ist freilich die Gestalt durch erbliche Anlage und allerlei äußere Verhältnisse bedingt. Sich um einen Fuß größer oder kleiner zu machen, eine kurze, untersetzte Gestalt in eine hohe, schlanke zu verwandeln, ist ein Ding der Unmöglichkeit; gleichwohl sind die Grenzen, innerhalb welcher die individuelle Gestaltung ihren Verlauf nehmen kann, so weit gestedt, daß es der noch in Wachsthum und Ausbildung begriffene Mensch in den meisten Fällen völlig in seiner Gewalt hat, ob Ebenmaß der Glieder und allseitige Brauchbarkeit, also Schönheit, seine Person für's Leben zieren soll oder nicht.

Welchen außerordentlichen Einfluß Thätigkeit und Bewegung auf die Entwickelung einzelner Körpertheile äußern, ist allbekannt. Man vergleiche nur die Hand eines Schmieds oder sonstigen rüstigen Arbeiters mit der einer verweichlichten, in Luxus und Nichtsthun aufgewachsenen Dame. Sogar die Entwickelung der Knochen und ihrer Verbindungen wird durch Thätigkeit gefördert, wie dies die ganz gewöhnliche Erscheinung beweist, daß die rechte Hand breiter und kerniger ist als die linke, was sich selbst noch am Knochenskelett leicht erkennen läßt. Wie üppig sich das Muskelfleisch durch Uebung und Thätigkeit entwickelt und wie dadurch die äußeren Umrisse der menschlichen Gestalt eine totale Veränderung erfahren, war schon den alten Griechen zur Genüge bekannt, denn ihren Herkules statteten sie mit einer wahrhaft riesigen Muskulatur aus, während sie dem in süßer Ruhe auf seinem Sonnenwagen hingegossenen, nur den schönen Künsten obliegenden Apollo weiche, schmelzende, fast weibliche Formen verliehen.

Noch mehr als die Entwickelung der einzelnen Theile des Knochen- und Muskelsystems ist für die Haltung und Gestalt des Körpers die Richtung maßgebend, in welcher sich jene Theile des Skeletts mit einander verbinden. Diese Richtung hängt, angeborene oder durch Verletzungen erlittene Deformitäten abgerechnet, wesentlich von dem Zuge ab, welchen die an den betreffenden Knochentheilen befestigten Muskeln ausüben.

Eine allgemeine Bemerkung drängt sich hier zunächst dem Beobachter mit großer Regelmäßigkeit auf: je mehr die bloße Einwirkung der Schwerkraft beschränkt ist, je mehr der Wille durch Vermittelung der Muskeln seinen Einfluß auf die Haltung und die Bewegungen geltend macht, desto straffer, sicherer und graziöser werden dieselben sein. Wo die Wirkung der Schwere weniger durch die Muskeln in Schranken gehalten wird, da wölbt sich der Rücken mehr und mehr, der Hals und die Schultern schieben sich vor, die Brust wird flacher und alle körperlichen Bewegungen nehmen jenen Charakter der Schlaffheit und Eckigkeit, jenen Mangel an Elastizität an, wodurch namentlich gerade unsere amerikanische Jugend in so kläglicher Weise entstellt wird. Man betrachte hier die jungen Leute im Alter von vierzehn bis zwanzig Jahren. Unter Zehn wird man kaum Einen finden, der eine selbstbewußte männliche Haltung zur Schau trägt. Mit einwärts gebogenen, schlottrigen Knieen schlendern sie nachlässig umher; die flache Brust, das Vorstehen von Hals und Schultern giebt ihnen oft schon dann das Ansehen Schwindsüchtiger in vorgerücktem Stadium, wenn die Krankheit noch gar nicht vorhanden ist. Beim weiblichen Geschlecht thut die Eitelkeit das Ihrige, um ihm eine bessere Haltung beizubringen. Die Folge davon ist eine im Allgemeinen glücklichere und gefälligere körperliche Entwickelung, die gewiß noch einen weit höheren Grad erreichte, wenn hier nicht wieder andere Schädlichkeiten ins Spiel kämen, welche sie beeinträchtigen.

Bildet sich jene schlechte körperliche Haltung weiter aus, und kommt dazu eine vorwiegende Vernachlässigung einer Seite, so sehen wir allmälig die seitliche Rückgratsverkrümmung entstehen.

Beim Zustandekommen dieser lediglich durch den Bewegungsapparat hervorgerufenen Verkrümmung (**muskulären Skoliose**) wirken die Muskeln in doppelter Weise ein. Werden die Wirbel häufig, z. B. durch gewohnheitsmäßigen Gebrauch eines Armes, in einer und derselben Richtung gekrümmt, so erlangen allmälig die Bänder und die Zwischenwirbelscheiben auf der convexen Seite eine größere Dehnbarkeit und vielleicht sogar eine bedeutendere Länge, als die auf der concaven, werden also auf jener Seite die Wirbel weniger straff aneinander halten, und s wird so, unter Mitwirkung der betreffenden, ihren Antagonisten gegenüber durch die häufigere Thätigkeit gestärkten Muskeln, die häufig wiederholte Stellung der fraglichen Wirbel zu einander in eine dauernde übergehen. Wenn auch dann noch durch die Kunst keine Ausgleichung herbeigeführt wird, so werden die Wirbelkörper und Bandscheiben der concaven Seite in Folge des dort einwirkenden stärkeren Druckes weniger ernährt werden und allmälig an Höhe abnehmen. Die auf diese Weise bewirkte Mißgestaltung wird dadurch noch vermehrt, daß in Folge besonderer mechanischer Verhältnisse die Wirbelkörper noch weiter seitlich ausweichen, als die an ihnen sich hinten ansetzenden Wirbelbögen, daß somit die Wirbelsäule eine Drehung um ihre Längsachse vornimmt, welcher die an ihr befestigten Rippen und die auf diesen aufliegenden Schulterblätter natürlich folgen müssen. Diese Ungleichheit der Schulterblätter ist gewöhnlich das zuerst bemerkte Symptom der beginnenden Skoliose.

Der Uebergang der zeitweisen in eine anhaltende Ausbiegung wird noch dadurch beschleunigt, daß die Muskeln, welche in Folge häufigerer Thätigkeit stärker ernährt und umfangreicher, also kräftiger geworden sind, nun auch dann, wenn die gleichnamigen der anderen Seite mit ihnen in Thätigkeit gesetzt werden, doch einen stärkeren Zug ausüben und auch in der Zeit der Ruhe vermöge der elastischen Spannung fortwährend schädlich einwirken. Dieser einseitig überwiegende Muskelzug und die Schwere der auf der Wirbelsäule ruhenden Körpertheile sind es, welche eine stete Verschlimmerung einmal bestehender Verkrümmungen bewirken, wenn nicht kräftig dagegen eingeschritten wird. Es ist ein verderblicher Wahn, dem sich sorglose Eltern so gern überlassen, daß eine beginnende Rückgratsverkrümmung ihrer Kinder sich auswachsen werde. Von der Zeit ist bei diesem Uebel nichts zu erwarten, sie wird es nur verschlimmern.

Welche Mittel zu ergreifen sind, um derartige, durch Muskelzug hervorgerufene Mißbildungen der Wirbelsäule zu beseitigen, lehrt uns die Beschreibung ihrer Entstehungsweise; man hat die Concavität der Wirbelsäulenkrümmung zu lüften, also die Wirbelsäule zu strecken und die vernachlässigten und schwächer gebliebenen Muskelportionen zu üben und zu kräftigen. Das Erste allein wird niemals zum Ziele führen, das Andere allein langsam und unvollständig. Denn wenn man, wie man es früher in den orthopädischen Instituten that, durch Druck und Zug die Krümmung auszugleichen sucht, so wird man allerdings eine Lockerung der verkürzten Bandverbindungen erreichen und den Druck auf die in der Concavität liegende Hälfte der Wirbel aufheben;

während der Dauer der Behandlung aber werden Muskeln und Schwere immer wieder in der Richtung der Schädlichkeit wirken und den etwa erreichten Nutzen aufheben. Es müssen daher diese Ursachen beseitigt werden. Die Schwere wird theils durch horizontale Lagerung des Patienten in ihrer schädlichen Einwirkung aufgehoben, theils durch Unterstützung des Oberkörpers in der Art, daß man einen Theil der Last von der Wirbelsäule auf die Hüften überträgt, beschränkt, theils endlich, was allerdings in dem gewöhnlich angewandten Streckhang nur vorübergehend, und für längere Zeit blos in der Runde'schen Gehmaschine möglich ist, bei hoch fixirtem Oberkörper selbst zur Ausgleichung der Krümmung verwendet.

Die wesentlichste Rolle bei der Heilung der Rückgratsverkrümmung haben inzwischen die Muskeln zu spielen, die Uebelthäter, die den ganzen Schaden angerichtet. Die in der Ernährung bevorzugten und daher kräftiger und kürzer gespannten Muskeln ausschließlich zu schwächen, sind wir leider nicht im Stande; es bleibt uns daher nur übrig, die einseitig vernachlässigten und zurückgebliebenen Muskeln zu stärken. Aber selbst wenn wir die Wahl hätten, müßten wir den letzteren Weg wählen, weil nur so eine Bürgschaft für die Dauer der Heilung erlangt und dem Körper zugleich ein Zuwachs an Leistungs- und Widerstandsfähigkeit gebracht wird.

Die fragliche Stärkung der schwachen und zu nachgiebigen Muskeln erlangen wir durch gymnastische Uebungen, welche natürlich sorgfältig auszuwählen und dem individuellen Falle anzupassen sind. Auf diesem Wege wird man sehr bald dahin kommen, die bisher schwächeren, also gedehnteren Muskeln gegen die verkürzten in's Uebergewicht zu setzen; doch darf man nicht vergessen, daß der Widerstand der Letzteren mit der Spannung wächs't, und daß man daher ein genügendes Resultat nur dann erlangen kann, wenn man die Uebungen der Ersteren mit größter Ausdauer so lange fortsetzt, als sich noch ein Erfolg beobachten läßt. Die Grenze der Heilbarkeit wird durch die Knochen gesetzt, welche sich zwar in ihrer Verbildung hemmen, aber nach unserer bisherigen Erfahrung sich aus einer einmal angenommenen abnormen Form nicht wieder in die ursprüngliche zurückführen lassen. Die Heilaufgabe ist daher bei weit vorgeschrittenen, veralteten Verkrümmungen, wo die Beweglichkeit bereits verloren gegangen ist, lediglich die Verhütung einer noch immer fortschreitenden Verschlimmerung, und zugleich Verbesserung der räumlichen Verhältnisse für die inneren Organe, dadurch aber Schutz der Gesundheit gegen die schädlichen Folgen und Leiden, welche das Formübel später unausbleiblich nach sich ziehen müßte.

Da bei Bethätigung der erschlafften, „relaxirten" Muskeln gewöhnlich zugleich auch eine Ausgleichung der Krümmung und eine Dehnung der verkürzten Bänder erfolgt, so könnte man geneigt sein, die Heilung a l l e i n durch gymnastische Uebungen bewerkstelligen zu wollen, eine Ansicht, welche der bekannte Anhänger des schwedischen Systems, Dr. Neumann in Berlin, eine Zeit lang lebhaft vertreten hat. In der That wird man bei leichteren und im Beginn der Entwickelung stehenden Verkrümmungen auf diesem Wege seinen Zweck erreichen. Es ist eine solche Wirksamkeit aber nicht etwa eine spezifische Eigenthümlichkeit des schwedischen Systems, sondern kommt auch den passend gewählten und modificirten deutschen Turnübungen zu, wie in der That z. B. Schreber in Leipzig lange vor Neumann leichte Skoliosen blos auf diesem Wege geheilt hat. (Schluß folgt.)

New-Yorker Correspondenz.

New-York, im Januar. Das neue Jahr beginnt mit verschiedenen Disharmonieen. Unter den Verehrern des „freien Sonntags" herrscht Heulen und Zähneknirschen, Wuth und Verzweiflung, denn das gegen ihn gerichtete Gesetz ist vom höchsten Gericht des Staates für konstitutionell erklärt worden und wird in Folge dessen bis auf Weiteres wieder mit drakonischer Strenge durchgeführt. Wir bemitleiden Die, welche an einem der Tage in der Woche dazu verurtheilt sind, ihren Durst an einem andern als dem gewohnten Orte zu löschen, wollen aber, da es an Lamentationen ohnedies schon nicht fehlt, hier kein Klage- und Rachelied anstimmen. Auch an sonstigen Dissonanzen hat es nicht gefehlt. Bekanntlich ist die Stadt auf der Manhattan-Insel ein ziemlich ansehnliches Etablissement. An Größe und Reichthum, an Unternehmungsgeist und Ausbreitung des Verkehrs, an Pracht der Gebäude und Mannigfaltigkeit des Lebensgenusses steht sie wenigen nach, und mit Stolz nennt sie sich die Metropole einer Welt. Und nun denke man sich, wie die neuerwählten Väter und Verwalter dieses modernen Babylon, dieses amerikanischen Paris oder London, in ihrer ersten Jahressitzung sich nicht etwa in guten Vorsätzen ob der Größe und Verantwortlichkeit ihrer hohen Aufgabe überbieten, sondern einander buchstäblich in die Haare gerathen. Ein ehrenwerthes deutsches Mitglied nennt den Präsidenten des Collegiums einen Schuft und Verräther und wirft ihm das Tintenfaß an den Kopf. Der Präsident hat sich für alle Fälle vorgesehen, zieht einen Revolver und wird am Abfeuern desselben durch Andere, die ihm in die Arme fallen, verhindert. Es entsteht eine allgemeine Keilerei, und die Polizei ist so vernünftig, sowohl den Präsidenten, wie den Tintenfaß-Schleuderer zu verhaften und vor den Mayor zu führen, welcher ihnen das nicht ganz Passende ihres Benehmens vorhält und sie gegen ihr Ehrenwort, sich künftig mit mehr stadtväterlicher Würde zu benehmen, wieder entläßt. Gleichzeitig debütiren neu gewählte Vertreter des großen, reichen, schönen, mächtigen New-York als Gesetzgeber in Albany. Sie benehmen sich so, daß die eignen Parteigenossen sich ihrer schämen und Niemand in ihrer Nähe sitzen mag. Sie wollen sich hervorthun, und stellen Anträge, welche eine so vollständige Unkenntniß parlamentarischer Regeln, einen solchen Mangel an Logik verrathen und überdies in so sonderbarer Spache vorgebracht werden, daß sie allgemeines Gelächter erregen. Einer von diesen Edlen beantragt, daß eine Abstimmung vice versa, statt viva voce, vorgenommen werde. So nehmen sich die Erwählten der amerikanischen Metropole aus, und so beginnen dieselben das Jahr 1867. Muß man sich da nicht wundern, daß eine solche Commune nicht nur existiren, sondern auch emporblühen kann, daß in ihrem Bereich nicht Alles zu Grunde geht und noch irgend Jemand seines Lebens und Eigenthums sicher ist? Wir brauchen nur darauf hinzuweisen, daß einer der Vertreter New-Yorks für den nächsten Congreß seit seiner Erwählung wiederum, wie schon verschiedene Male zuvor, eines gemeinen, zuchthauswürdigen Verbrechens angeklagt ist, und nur deshalb wahrscheinlich strafles ausgeben wird, weil Die, von welchen die Gestaltung seines Schicksals abhängt, nicht besser sind als er selbst, um die Behauptung zu rechtfertigen, daß nur die Gemeinheit und sittliche Verworfenheit in New-York Anwartschaft auf amtliche Ehren und Würden eröffnet. Rauf- und Trunkenbolde, Spieler, Fälscher und Strauchdiebe vertreten und verwalten eine Stadt, an deren Gedeihen zwei Welttheile interessirt sind. Fern sei es von mir, die von den Bessern ruhig geduldete Pöbelherrschaft in Schutz zu nehmen. Die, von welchen sie ausgeht, sind nicht mehr schuldig, als Die, welche ihr nicht entgegentreten. Daß die Stadt nicht darunter leidet, wird kein Steuerzahler, wie überhaupt kein Einwohner und Keiner, der New-York besucht, behaupten. Man braucht nur einen Blick auf die Straßen zu werfen, um die Schmutz- und Schandwirthschaft nach Gebühr zu würdigen. Auch möge Niemand sich einbilden, daß der Credit, der Handel und Verkehr New-Yorks nicht dadurch beeinträchtigt wird. Tritt uns dennoch eine so mannigfaltige Blüthe entgegen, so läßt sich dies nur durch die überaus günstigen Verhältnisse, welche New-York unter andern Umständen schon jetzt zur ersten Stadt der Welt gemacht hätten, und daraus erklären, daß hier zu Lande überhaupt so wenig regiert wird, daß man so wenig daran gewöhnt ist, sein Heil bei den Behörden zu suchen, sondern es vorzieht, mit der hohen Obrigkeit so selten wie möglich in Berührung zu kommen. Eine europäische Stadt würde unter ähnlichen Einflüssen längst zu Grunde gegangen sein, während sich's in New-York immer noch ganz leidlich leben läßt und Niemand sich so leicht von hier fortsehnt. Aber es ist denn doch an der Zeit, daß eine Aenderung geschaffen wird, denn von Jahr zu Jahr vergrößert sich das Uebel, und unmöglich kann es so fortgehen ohne daß zuletzt trotz aller Segnungen, mit denen Himmel und Erde New-York überschüttet haben, der allgemeine Ruin eintritt. Unter den besseren Elementen tröstet man sich mit der Hoffnung, daß das Heil aus Albany komme, daß die „Bauern" sich über die Städter erbarmen und ihnen Regenten geben, welche nicht in öffentliche Strafanstalten gehören. Es ist ein bemüthigendes Geständniß für die größte Stadt der neuen Welt, daß sie nicht im Stande ist, sich selbst zu verwalten; aber das Faktum liegt vor, und die Abhülfe muß eben gesucht werden wo sie zu finden ist.

Da wir einmal bei der Legislatur sind, so sei einer dort vorgekommenen Verhandlung gedacht, aus der erhellt, daß es auf diesem gesegneten Continent Orte giebt, in denen es, obgleich sie nicht die Entschuldigungen vorzubringen haben, die eine Weltstadt für sich namhaft machen kann, noch toller hergeht als hier. Wiederholt ist darüber geklagt worden, daß das Canadische Ufer des Niagara eine gar unsichere Gegend sei. Wer selbst dort war, wird bestätigen können, daß man schwerlich irgendwo ärger gepreßt werden kann als dort. In der letzten Zeit ist aber häufig die Klage laut geworden, daß sich der Prellerei die Gewaltthat hinzugesellt. Der arglose Besucher der großen Fälle wird von Leuten angeredet, welche sich erbieten, ihm die schönsten Punkte unentgeltlich zu zeigen. Geht er darauf ein, so führen sie ihn etwa in das Gebäude unmittelbar neben dem Hufeisen-Fall, welches sich des großartigen Namens „Museum" erfreut. Mancher Niagara-Pilger wird sich dieses Hauses erinnern und aus eigner Erfahrung wissen, wie leicht es ist, dort hinein, wie schwer, ungerupft wieder heraus zu kommen. Oben befindet sich ein Zimmer, in dem man bequem sitzt und eine wundervolle Uebersicht hat. So wie man sich aber entfernen will, werden extravagante Forderungen erhoben. Beruft man sich auf den Kontrakt, welcher Alles gratis sein ließ, und will wenigstens nur einen anständigen Preis zahlen, so wird man überfallen und dermaßen gemißhandelt, daß man froh sein kann, mit dem Leben davonzukommen. Es ist dies eine so alltägliche Praxis geworden, daß in der Legislatur die Sache zur Sprache gebracht und einstimmig beschlossen wurde, Schritte dagegen zu ergreifen. Die Canadier müssen versuchen, civilisirt zu werden.

Unserer dem Fenianismus huldigenden irländischen Mitbürger hat sich eine Aufregung bemächtigt, deren Gegenstand nicht zu beneiden ist. Vor einigen Monaten wurde Stephens, der Präsident der Irischen Republik in spo, unsichtbar, und sein letztes Wort war eine Wiederholung des Versprechens, daß noch in diesem Jahre, d. h. vor dem 1sten Januar 1867, auf dem Boden der grünen Insel für die Freiheit des Vaterlandes das Schwert gezogen werden solle. Man hielt es für ausgemacht, daß er nach Europa gegangen sei; bald wurde er in London, bald in Paris gesehen, und ein halbes Dutzend Male gemeldet, daß man ihn jetzt ganz bestimmt verhaftet habe. Aengstlich harrten die Fenier auf jeden Dampfer, welcher ihnen die vom Telegraphen böswilliger Weise vorenthaltene Nachricht vom Ausbruch der Revolution und von der Vertreibung der brittischen Tyrannen bringen sollte. Aber die Nachricht blieb aus, man hörte nur von Verhaftungen und Gewaltmaßregeln, von Noth und Elend, und begann eigenthümlichen Gedanken über den Präsidenten Stephens Raum zu geben. Plötzlich findet man aus, daß derselbe gar nicht übers Meer gegangen, sondern ruhig in New-York geblieben ist und sich hier verborgen gehalten hat. Seine vertrautesten Freunde wußten nichts davon, und da er nicht die Nachstellungen brittischer Häscher zu befürchten hatte, so lag der Schluß nahe, daß er sich vor seinen Landsleuten verbergen wolle. Von einem irischen Mädchen, welches in dem Hause diente, in dem er unter falschem Namen Quartier genommen, wurde er, während er im Bette lag, erkannt, und da auch sie ihr Scherflein beigesteuert hatte, war ihre Wuth keine geringe. Stephens merkte, daß seines Bleibens in diesem Hause nicht länger sei, und machte sich aus dem Staube, wurde aber doch wieder aufgespürt und förmlich bewacht. Auf einer Versammlung wurde beschlossen, ihm Rechenschaft über die ihm anvertrauten Gelder — es wird von mehreren hunderttausend Thalern gesprochen — abzufordern. Die betreffende Deputation fand ihn sehr kleinmüthig und erbötig, seine erhabene Stellung innerhalb der Organisation mit einer sehr untergeordneten zu vertauschen, wenn man ihn nur in Ruhe lassen wolle. Die zurückkehrende Deputation erklärte, um die Aufregung zu beschwichtigen, daß er kein Verräther, sondern nur ein Feigling sei, fand aber damit wenig Glauben. Es gelang ihm abermals, sich unsichtbar zu machen, und es wird ihm jetzt von den Bundesgenossen in sämmtlichen Häfen der Nordstaaten und Canadas aufgepaßt, um sein Entwischen nach Europa zu verhindern. Wird man seiner habhaft, so möchte es ihm schlecht ergehen. Daß er ein Schwindler ist, wird jetzt von Niemandem mehr bezweifelt, und der schon häufig laut gewordene Verdacht, er sei nichts weiter als ein brittischer Spion, gewinnt sehr an Glaubwürdigkeit. Sind die Irländer auch in unserer Republik die Träger der Corruption, so wollen sie doch in ihrer eigenen von dergleichen nichts wissen. Dies darf man wohl als das Ende einer Bewegung betrachten, welche seiner Zeit mit der größten Prätention auftrat, England mit namenloser Angst erfüllte und den Frieden der Welt zu stören drohte. Hätte man ihr hier zu Lande nicht so ziemlich freien Spielraum gelassen, so wäre die Enthüllung nicht so schnell erfolgt, und der Schwindel hätte noch Jahre dauern können. Die, welche früher an Stephens glaubten, wenden sich jetzt seinem Nebenbuhler Roberts zu. Sehr möglich ist es aber, daß sie an diesem dieselben Erfahrungen machen, und jedenfalls ist dadurch, daß das Vertrauen geschwunden, einer Bewegung die Spitze abgebrochen, welche, so aufrichtig es auch Viele meinen mochten, nie einen vernünftigen Hintergrund hatte.

Aber genug vom Schwindel und von der Corruption. Als Uebergang zum Besseren möge uns die Fahrt der drei amerikanischen Yachten über den Atlantischen Ocean dienen. War auch mehr als eine Wette dabei im Spiel, so haben wir doch etwas mehr als eine gewöhnliche Wettfahrt vor uns. Was besonders imponirt, ist die dabei entfaltete Männlichkeit und die an den Tag gelegte Geschicklichkeit. Um ein Wagniß war es nicht zu thun; es haben schon kleinere Fahrzeuge die Fahrt über das stürmische Weltmeer gemacht. Es war auch kein sträfliches Beginnen, wie das der Nußschaale Red, White & Blue, welche im Frühjahr die große Reise unternahm, denn alle drei waren seetüchtig. Es handelte sich um die Schnelligkeit, welche eine Hauptbedingung des Verkehrs und damit einer der Haupthebel der Civilisation ist, sowie um die Gewandtheit in der Handhabung der Schiffe. Und welchen Fortschritt sehen wir da vor uns! Mit den Segeln wurde mehr geleistet als noch vor wenigen Jahren mit Dampf, und selbst jetzt gehört die Fahrt eines Dampfschiffes, welches keine längere Zeit gebraucht als jene drei Yachten, zu den recht günstigen. Es macht doch einen eigenthümlichen Eindruck, wenn man erfährt, daß alle drei eher ihren Bestimmungsort erreichten als der erwählte Preisrichter, welcher ein so frühes Eintreffen für unmöglich gehalten hatte. Etwas weniger als vierzehn Tage gebrauchte die Henrietta, und dabei hatte sie zwei Tage still liegen müssen, während die anderen beiden mit schweren Stürmen zu kämpfen hatten. Die Tragweite der Leistung darf man nicht gering anschlagen. Sie gewinnt den Amerikanern als Seeleuten ein gewaltiges Ansehen und legt den europäischen Mächten die Gefährlichkeit nahe, sich mit ihnen auf einen Strauß einzulassen. Ueberdies wird sie einen Wetteifer in der Vervollkommnung der

Schiffsbaukunst wachrufen, welcher die schönsten Resultate verspricht. Die Ehrenbezeugungen, welche unsern Argonauten drüben zu Theil werden, sind wohl verdient; sollte aber selbst eine von den Yachten dort in einer Wettfahrt an der Küste den Kürzern ziehen, so wird doch erst dann von einer erfolgreichen Concurrenz die Rede sein können, wenn brittische Yachten mit ihnen die Fahrt nach Amerika antreten und sie hierin überflügeln. Die Yachtclubs erscheinen jetzt plötzlich in einem neuen Lichte. Ihr Streben ist etwas mehr als ein Spiel, denn es kann und wird von ihnen eine Reform für die gesammte Schifffahrt ausgehen.

Und nun zur Kunst. Die internationale Vorstellung, der ich in meinem vorigen Briefe gedachte und an die ich einige nicht lobende Bemerkungen knüpfte, hat einen Erfolg gehabt, den ich nicht in Aussicht zu stellen wagte. Dawison, Booth und Frau Methua-Scheller haben zusammen einen Triumph in der vollsten Bedeutung des Wortes gefeiert. Der Amerikaner Booth war ein Jago, welcher würdig dem deutschen Othello Dawison zur Seite stand, und die deutsch-englische Ophelia erschien als wahre Künstlerin. Beim ersten Auftreten des Othello entstand ein zweideutiges Gemurmel als er anfing zu sprechen, und auf vielen Gesichtern sah man ein ironisches Lächeln. Aber bald brachte das Spiel die Sprache vollständig in Vergessenheit, und ein wilder Applaus, ein enthusiastischer Hervorruf folgte dem andern. Dawison war wohl nie einem so stürmischen Publikum gegenübergestanden, und es zeugt für seine Bühnengewandtheit, daß er sich durch die Neuheit der Scene nicht außer Fassung bringen, sondern nur inspiriren ließ. Als Künstler wird er in dieser Vorstellung ohne Zweifel die interessanteste erkennen, in der er jemals mitgewirkt. Alles befand sich in einer gehobenen Stimmung, wie vielleicht noch nie zuvor in New-York. Die Impulsivität des amerikanischen Publikums zeigte sich als Dawison in Folge eines, wie er versichert, nicht berechneten, sondern unwillkürlichen Antriebs dem mit ihm hervorgerufenen Booth die Hand reichte. Man erblickte darin ein Symbol der Verbrüderung, und es brach ein unbeschreiblicher Sturm des Jubels los. Die Vorstellung wurde zweimal wiederholt, und jedesmal bei überfülltem Hause. Das erste Mal wurden doppelt so viele Billets gefordert, als ausgegeben werden konnten. Dawison hat wahrhaft einen Sieg über das Vorurtheil errungen, nicht nach und nach, sondern mit einem Schlage, und das will etwas sagen. Die Amerikaner sind zu stolz, um dem fremden Künstler eine Ueberlegenheit über den einheimischen zuzugestehen; aber wenigstens müssen sie bekennen, daß er diesem ebenbürtig ist, und damit ist viel gewonnen. Und der Gewinn ist ein gegenseitiger. Wir dürfen nicht vergessen, daß auch bei uns Vorurtheile nicht fehlen. Wir sind gewohnt, in amerikanischen Schauspielern neben den unsern nicht in Betracht kommende Erscheinungen zu erblicken, und davon sind wir einigermaßen zurückgekommen, denn der Jago stand dem Othello durchaus nicht nach. Dawison hat bei dieser Gelegenheit überhaupt nur freundliche und wohlthuende Eindrücke empfangen. Unter den amerikanischen Kunstgenossen wurde ihm das

liebenswürdigste Entgegenkommen zu Theil. Man fügte sich seinen Anord=
nungen mit zuvorkommender Bereitwilligkeit selbst da, wo sie der Tradition
schroff widersprachen, und kam jedem seiner Wünsche entgegen. Booth hat er
wahrhaft lieb gewonnen, und eine ebenso warme Zuneigung hat er dem ame=
rikanischen Tragöden eingeflößt. Kurz, die Vorstellungen waren in jeder Be=
ziehung ein Ereigniß, und allgemein, im Publikum sowohl wie in der amerika=
nischen Presse, wird der Wunsch ausgesprochen, die Beiden auch in andern
Shakespeare'schen Dramen zusammen auftreten zu sehen. Von Frau Methua=
Scheller läßt sich nur sagen, daß sie die bei weitem schwierigste Aufgabe hatte,
und derselben mit untadelhafter Meisterschaft gerecht wurde, wie überhaupt
rühmend hervorgehoben zu werden verdient, daß trotz der Sprachvermischung,
welche leicht zu Verwirrungen hätte Anlaß geben können, das Zusammenspiel
nichts zu wünschen übrig ließ.

Der Erfolg Dawison's soll in den deutschen Künstlerkreisen einen großen
Eindruck gemacht und Andere zu dem Entschluß bewogen haben, gleichfalls
einen Abstecher nach Amerika zu machen, um sich hier Ruhm und Geld, oder
Geld und Ruhm, zu holen. Dem Vernehmen nach ist der Erste, den wir hier
nach Dawison zu erwarten haben, der Tragöde Otto Lehfeld. Der deutschen
Presse jenseits des Oceans ist in dieser Beziehung ein achtungs= und taktvoller
Ton dem amerikanischen Publikum gegenüber anzurathen. Es möchte sonst
Alles verdorben werden. Schon sind Lehfeld Bemerkungen vorausgegangen,
welche in amerikanische Blätter übergingen und mit ebenso scharfen wie gerech=
ten Commentaren begleitet wurden. Wird dem Künstler in dieser Weise vor=
gearbeitet, so kann er hier unmöglich Erfolg finden, sondern wird nur bitteren
Erfahrungen begegnen. Möge man sich drüben an den Gedanken gewöhnen,
daß diesseits des großen Wassers keine Böotier wohnen. Meines Wissens ist
Dawison hier noch nicht besungen worden, und dazu wünsche ich ihm Glück.
In Deutschland scheint er mit poetischen Huldigungen desto ärger gemißhandelt
zu werden. Ihm selbst muß es widerlich sein, wenn er in der Leipziger Theater=
Chronik auf folgende Weise angesungen wird:

    Des Weltmeers Wellen bringen Kund' auff Kunde
    Der alten Heimath zu von Deinem Ruhm;
    Ja, wieder macht Dein Lob die größte Runde,
    Und Deutschland nennt Dich stolz s e i n Eigenthum!
    Gewaltig greifst Du in das volle Leben —
      Der Yankee staunt — "Hurrah for Dawison!" —
    Doch während Jene volles Gold Dir geben,
      Hebt Dich die Intell'genz auf ihren Thron!

Hier nur „volles Gold", drüben „Intell'genz". Der Esel, welcher die
Dummheit geschrieben, heißt Adolph von Hirsch.   Uncas.

Muſikaliſche Revue.
Von Th. Hagen.

New-York gewährt uns in dieſer Saiſon auf dem muſikaliſchen Gebiete einen Anblick, den wohl augenblicklich keine andere Stadt der Welt darbieten dürfte. Wir finden nämlich die vier Opern, welche die muſikaliſche Welt kennt, in einer Stadt vereinigt — die deutſche, die italieniſche, die franzöſiſche und die engliſche. Wenn irgend etwas, ſo iſt dieſe Thatſache geeignet, den kosmopolitiſchen Charakter unſerer Stadt zu reflektiren. Selbſt London mit ſeinen großartigen Dimenſionen und wirklich ſehr hervorragenden muſikaliſchen Reſſourcen, hauptſächlich von Fremden ausgehend, muß in dieſer Beziehung vor New-York zurückſtehen. Es hat meiſtens blos eine Oper, die italieniſche; ſelten die engliſche. In Paris finden wir die italieniſche und franzöſiſche, in Deutſchland natürlich die deutſche und dann und wann die italieniſche oder franzöſiſche Oper vertreten; aber die vier Schulen, wenn man ſie als ſolche gelten laſſen will, praktiſch illuſtrirt zu ſehen — das kann blos New-York aufweiſen. Für den Muſikſchüler wie auch für den Künſtler iſt dies von großer Wichtigkeit. Er kann aus eigener Anſchauung in wenigen Stunden lernen, was ihm in andern Städten nur mit Hülfe von Bibliotheken, und dann auch bei weitem nicht in ſo lebendiger und anregender Weiſe, geboten werden kann. Von dieſem Geſichtspunkte aus betrachtet, war und iſt die Thätigkeit, welche auf dieſem Felde augenblicklich in New-York herrſcht, eine höchſt intereſſante. Was auch immer in einzelnen Fällen gegen die Ausführung geſagt werden mag, die Werke ſelbſt laſſen ſich dennoch in ihren weſentlichen Merkmalen erkennen. Freilich iſt die Entwickelung der eigentlichen Oper in den letzten dreißig Jahren eine ſolche geweſen, daß ſich die Grenzlinien zwiſchen den verſchiedenen Schulen mehr und mehr verwiſcht haben. Seit dem durch Meyerbeer eingeführten Ekletticismus finden wir Franzoſen, die das Deutſche mit dem ihnen Nationalen verbinden, wie bei Gounod; Engländer, die in allen möglichen Stylen wirthſchaften, wie Wallace in ſeiner Lurline und Amberwitch; Italiener, die den dramatiſchen Prunk der franzöſiſchen großen Oper annehmen, wie Verdi; und endlich Deutſche, welche einſehen gelernt haben, daß ſie in Bezug auf Steigerung des Effekts auch viel von den Fremden lernen können, und demgemäß ihre Opern zurichten, wie Raff, Abert und Andere; aber trotz dieſem Allen iſt Bellini's „Somnambüle" ächt italieniſche, Boieldieu's "La dame blanche" ächt franzöſiſche, Mozart's „Zauberflöte" ächt deutſche und hie und da eine Ballade in der Hand von Macfarren und Balſe ächt engliſche Muſik. Die Zeit iſt noch nicht gekommen, wo dieſe Unterſcheidungsmerkmale in der Muſik wegfallen, ebenſo wenig wie wir ſie in dem Charakter und Leben der Völker umgehen können. Sowie es heute noch Franzoſen, Deutſche und Italiener giebt, ſo haben wir heute noch eine franzöſiſche, deutſche und italieniſche Oper. Und im Grund iſt dies auch das Rechte. Meyerbeer hat durch den Erfolg ſeiner allen Syſtemen huldigenden Opern mehr für die Zerſplitterung der Kräfte deutſcher

Componisten gethan, als irgend ein Anderer. Wir glauben mit Recht behaupten zu dürfen, daß hier der Sitz des Krebsschadens ist, welchem wir den Nichterfolg der meisten neuen deutschen Opern zuzuschreiben haben. Wagner hat dies auch wohl erkannt, indem er für seine musikalischen Dramen in die deutsche Sage greift, und mit den ihm zu Gebote stehenden Mitteln in ächt deutscher Weise zu bauen versucht, mag man nun über den Werth oder Unwerth der Letzteren denken wie man will.

Wenden wir uns jetzt speciell an die verschiedenen Unternehmungen, welche uns in dieser Saison diese Mannigfaltigkeit auf dem Opernfelde geboten haben, so müssen wir wohl zuerst der deutschen Oper erwähnen, die im Thalia-Theater ihre Vorstellungen giebt, und anscheinend bis jetzt einigen Erfolg gehabt hat. Die Truppe besteht zum großen Theil aus Mitgliedern, welche dem New-Yorker Publikum bekannt sind. Aber es sind auch neue hinzugekommen, und dies giebt derselben eine Vollständigkeit, welche die deutsche Oper bis jetzt in diesem Lande nicht gehabt hat. Außer Frau Himmer und Fräulein Dziuba wirkt noch Mlle. Naddie, eine Französin, die Deutsch gelernt hat und mindestens in Betreff der Aussprache manche ihrer deutschen Colleginnen beschämen kann. Als Sängerin leidet sie an Incorrectheit der Intonation und an Mangel in kunstgebildeter Technik. Aber sie hat Lebhaftigkeit des Ausdrucks, Darstellungstalent, und ist überdies eine angenehme Erscheinung. Sie ist auf jeden Fall verwendbar. Fräulein Seelig, ebenfalls eine neue Acquisition, ist eine von den vielen deutschen Sängerinnen, deren Routine ersetzen muß, was ihnen an wirklicher Schule abgeht. Ihre Stimme ist scharf, eben weil sie nicht von der Kunst geschliffen ist. Frau Himmer erfreut noch immer durch ihr schönes, volltönendes Organ. Aber dies allein thut's nicht, und vor der Hand hat sie nicht viel mehr. Alles, was sie singt, was sie thut und sagt, ist edig und plump, es fehlt die Grazie, der Schliff, die Abrundung, mit einem Worte die Kunst. Fräulein Dziuba hat ebenfalls ein hübsches Material; aber sie ist erst im Beginn ihrer künstlerischen Ausbildung. Es ist schlimm, daß die meisten deutschen Sänger und Sängerinnen diese Ausbildung erst auf der Bühne durchmachen. Das Resultat ist nicht blos für sie selbst, sondern auch für die Entwickelung der deutschen Oper ungünstig.

Herr Himmer, der erste Tenor, ist ein ehrenwerther Künstler. Er weiß mit den ihm gebliebenen Mitteln hauszuhalten und singt mit Geschmack und Verständniß; auch ist seine Darstellung stets angemessen und wirksam. Herr Groschel, der neue Tenor, hat bis jetzt weder durch seine Stimme, noch durch seinen Vortrag besonders interessiren können. Herr Wilhelm Formes ist einer von den wenigen deutschen Baritonen, die hier waren, welche wirklich Stimme haben. Es geht ihm die Noblesse der Action ab, aber in gewissen Rollen, wie z. B. als Papageno, ist er sehr wirksam. Herr Chandon, der neue Bassist, hat keine große Stimme; aber er weiß sie in verständiger Weise zu behandeln. Sein Ansatz ist etwas näselnder Natur. Darstellungstalent scheint ihm vor der Hand noch abzugehen.

Dies sind ungefähr die Hauptkräfte, mit welchen die deutsche Oper wirkt. Erfreulich ist, daß diese Wirksamkeit sich bis jetzt auf die Vorführung von Opern erstreckt hat, die nicht blos das Ohr, sondern auch Geist, Herz und Gemüth befriedigen können. Wir rechnen hierzu Don Juan, Freischütz, Zauberflöte, Figaro's Hochzeit und Die weiße Dame. Zwar sind zwei dieser Opern, Zauberflöte und Figaro's Hochzeit, vom dramatischen Standpunkt nicht, was unsere Zeit mit Recht fordern kann; aber auf jeden Fall gewähren sie so mannigfache Momente der Anregung und künstlerischen Befriedigung, daß sie uns den Mangel an dramatischer Steigerung übersehen lassen.

Die französische Oper bewegte sich hauptsächlich auf dem Gebiete der Pariser opera comique. Ihr Hauptvorzug bestand darin, daß sie uns mit einigen der neueren Erzeugnisse des dortigen Repertoire bekannt machte. Wenn irgendwo, hat sich in der opera comique das nationale Element der Franzosen erhalten. Freilich ist die Ausdrucksweise eine andere geworden, die schönen Tage Boieldieu's und Herold's sind vorüber; aber so großen Respekt wir auch vor dem Melodieenfluß dieser Herren haben, so können wir uns denn doch nicht verhehlen, daß Manches in den Partituren ihrer Opern heut zu Tage etwas zu veraltet klingt. Selbst Herold's „Zampa" macht davon keine Ausnahme. Mag man z. B. in Bezug auf Ideengehalt gegen Offenbach's „Orpheus" auch sehr viel einzuwenden haben, die Partitur deutet dennoch in einzelnen Constructionen und in der Instrumentation auf Effekte, die nur in unserer Zeit entworfen und ausgeführt werden konnten. Die französische Gesellschaft brachte die Oper in einer höchst mangelhaften Weise vor das Publikum und verdarb sich somit selbst das Spiel, welches sie aus dem Ruin, in den sie sich gestürzt, hätte retten können. Burlesken wie komische Opern verlangen nicht blos die beste Inscenirung, sondern auch bei der Darstellung wirkliche Künstler, um eine einschlagende Wirkung zu erzielen. In der französischen Truppe giebt es aber kaum einen einzigen Künstler, sondern nur Dilettanten.

In der italienischen Oper sieht es schon besser aus. Die Sängerin Louise Kellogg, der Tenor Mazzoleni, der Bariton Bellini und der Buffo Ronconi bilden ein Künstlerquartett, wie es kaum in irgend einer Stadt übertroffen werden kann. Dazu kommt noch der Bassist Antonucci, der in rein italienischen Opern, die nicht die Entwickelung einer großen dramatischen Kraft verlangen, von sehr guter Wirkung ist. Herr Maretzek, der schon manches Talent aufgespürt, hat nun den Genannten auch noch ein junges Mädchen deutscher Abkunft beigesellt. Sie heißt Haud und ist allerdings eine viel versprechende Erscheinung. Ihre Stimme erinnert in der Tonfarbe etwas an die der Adeline Patti, nur ist sie nicht so umfangreich. Die Ausbildung ist ungewöhnlich vorgeschritten, und zwar in einer Weise, die mit Recht vermuthen läßt, daß hier ein ungewöhnliches Talent vorliegt. Mit Ausnahme des Trillers scheint sie schon auf allen Feldern der Technik ziemlich zu Hause zu sein; überdies ist ihr Vortrag von Geist und Phantasie belebt. Ob diese Frühreife zu einer wirklichen Künstlerschaft führen wird, ist eine andere Frage. Wir haben manche junge

Sängerin im Anfange ihrer Carriere noch mehr versprechen sehen als dieses junge deutsche Mädchen, und sie konnte sich dennoch nicht zu einer bedeutenden Stellung hinaufschwingen, wie zum Beispiel Mlle. Duprez, die Tochter des einst berühmten französischen Tenors. Vor allen Dingen möchten wir Fräulein Hauck Eins rathen. Möge sie nicht all den Applaus und alle die Lobeserhebungen der Presse für baare Münze nehmen, und möge sie nie vergessen, daß die wahre Künstlerschaft einer Primadonna eine stetige Ausbildung von Geist, Herz und dem verliehenen musikalischen Talente bedingt.

Die Vorstellungen der italienischen Oper fanden im Wintergarden statt, in einem Theater, das für derartige Unternehmungen höchst unpopulär genannt werden muß. Die Folge davon waren natürlich leere Häuser, und Herr Maretzek muß einen nicht unbedeutenden Verlust erlitten haben. Hoffentlich wird das Resultat ein anderes sein wenn die neue Academy of Music vollendet sein wird, was mit Zuversicht für Ende Februar in Aussicht gestellt ist.

Kommen wir endlich zu der englischen Oper, die im Olympic-Theater ihre Vorstellungen giebt, so läßt sich zwar gegen die Truppe selbst nicht viel einwenden, zumal wenn man die Verhältnisse berücksichtigt; aber das Repertoire kann unmöglich ein befriedigendes genannt werden. Fra Diavolo, Don Pasquale, selbst Martha sollten der englischen Oper fern bleiben. Wir sind schon gegen die Aufnahme von Opern wie Zampa und Fra Diavolo in das italienische Repertoire; aber in dem englischen sind sie noch mehr außer Platz. Die Truppe sollte sich an Macfarren's, Balfe's und Wallace's Opern halten, in denen sie auf jeden Fall wirksamer sein würde, als in Werken, welche die feinste Darstellung, die größte Technik des Gesanges und das abgerundetste Ensemble verlangen. Weder Miß Richings, noch Miß Zelia Harrison, noch die Herren Campbell, Castle und Seguin können sich dieser Eigenschaften rühmen. Sie sind stimmbegabte, routinirte Sänger, aber mit Ausnahme von Miß Richings meistens noch Anfänger auf der Bühne.

Von Concerten brauchen wir blos die vierte Symphonie-Soiree des Herrn Theodor Thomas zu erwähnen, das einzige Concert, das einigermaßen ein höheres Interesse in Anspruch nehmen konnte, obgleich es dem Programm nach gar Manches zu wünschen übrig ließ. Die Fragmente aus Mendelssohn's Oratorium Paulus waren wohl nicht ganz am Platze; auch hätte die so oft gehörte D-moll Symphonie Schumann's wegfallen können. Am interessantesten war die erste Nummer, eine Suite von Raff in C, die geistvolle Combinationen und höchst wirksame Instrumentation offenbarte. Gegen die Wiederauffrischung der alten Suite, im siebenzehnten Jahrhundert ausgebildet und seit dem Anfange des unsrigen fast ganz in Vergessenheit gerathen, ließe sich übrigens viel sagen. Vermuthlich ist diese Form von unsern modernen Componisten wieder aufgenommen worden weil sie einsehen, daß auf dem alten Symphoniegebiete nichts mehr zu machen ist. Aber unserer Ansicht nach ist der einzelne Symphoniesatz, oder vielmehr die symphonische Dichtung, doch noch immer das Entsprechendste für unsere Zeit.

Reisende Agenten für die Monatshefte:
Carl Wieland.
Julius Gosch.

C. F. ADAE,
Europäisches Bank- und Wechsel-Geschäft,
Cincinnati, Ohio.

CONSULAT fuor Preussen, Bayern, Wuerttemberg, Hannover, Sachsen, Baden, Oldenburg, Grossherzogthum und Kurfuerstenthum Hessen, Mecklenburg-Strelitz und Schwerin, Nassau, Sachsen-Meiningen und Altenburg und Frankfurt a. M.

C. F. ADAE, Consul.

HILLER & CO.,
Bank- u. Inkassogeschäft,
No. 3 Chamberstr.; New-York,

zahen Wechsel und Creditbriefe auf alle größeren Plätze Europa's, versenden Gelder nach jedem Orte Deutschlands mittelst des deutschen Postverbandes, und besorgen den Einzug von Erbschaften und Vermögen vermittelst Vollmachten auf schnellste und billigste Weise.

☞ Anfragen aus dem Lande finden prompte Beachtung. ☜

Die porösen Pflaster des Dr. Allcock.

Diese Pflaster werden jeden Tag mehr und mehr bekannt. Jedermann, der Schmerzen im Rücken oder in der Brust hat, wird nach Anwendung eines solchen sofort geheilt.

Ein Herr kam heute in die Office und erzählt, daß er mit vielen Schmerzen in der Brust geplagt war und mit einem einzigen Pflaster vollkommen geheilt wurde. Ein Anderer sagte dasselbe von Rheumatismus in seiner Schulter. Der letztere Herr kann in No. 15 Beckmann Street, New-York, obenauf, gesehen werden. Wir besitzen Zeugnisse von Tausenden von Doktoren, welche alle voll Lobes sind.

Heilung einer zerquetschten Brust.

Den 7. Mai 1865.

Meine Herren! — Im Dezember 1363 wurde mein Brustknochen von einem schwerem Riegel zerquetscht und schlimm verwundet. Ich wurde besinnungslos nach Hause geschafft, wo ich einige Wochen dem Tode nahe lag. Meine Aerzte konnten sehr wenig für mich thun und ich mußte unendliche Schmerzen leiden. Der Arzt dachte, daß das Nasenpflaster, auf die Brust gelegt, mir helfen würde, ich dachte aber, dafür eins von Allcock's porösen Pflastern zu versuchen. Ich legte eins auf meine Brust und Seite, und von da an fühlte ich mich besser und war in einer Woche gesund, frei von Schmerzen und fähig, mein Geschäft wieder zu besorgen. Jedermann kann kommen und meine Brust sehen, und ich will ihm ein neues Wunder von Heilung zeigen. J. K. Buck, No. 2 South Fifth Street, Williamsburg, N. Y., Thos. Allcock & Co., No. 4 Union Square. Hauptoffice Brandreth Building, New-York. Zu verkaufen in No. 4 Union Square bei allen Händlern und jedem respektablen Druggist.

Holloway's Pillen und Salbe.

Das Zeugniß der Welt. Wunde Beine, alte Schwären &c. Geschwüre in den Beinen, welche aller ärztlichen Kunst und Wissenschaft trotzten, weichen in kurzer Zeit diesen unschätzbaren Heilmitteln, und zwar aus ganz natürlichen Gründen, denn man muß bedenken, daß Wunden und Geschwüre nur eine Wirkung sind, welche nicht beseitigt werden kann wenn man nicht der Ursache auf den Grund geht. Holloway sucht die Ursache im Blut, und die Erfahrung hat in allen Theilen der Welt gelehrt, daß seine Auffassung die richtige ist. Die Pillen reinigen das Blut, die Salbe arbeitet ihnen von außen entgegen, und da muß das Uebel weichen, mag es wollen oder nicht;

Das große Frühlings- und Sommer-Aperient.

TARRANT'S

Leidende an krankhaftem Kopfschmerz,
Leidende an Unverdaulichkeit,
Leidende an nervösem Kopfschmerz,

EFFERVESCENT

Leidende an versauertem Magen,
Leidende an biliösem Kopfweh,
Leidende an Hartleibigkeit,

SELTZER

Leidende an Sodbrennen,
Leidende an Ulcs,
Leidende an Seekrankheit,

APERIENT.

Leberleidende,
Leidende an Indigestionen,
werden durch
Tarrant's Effervescent Seltzer Aperient
auf sichere, angenehme und dauernde Weise hiervon sowie von ähnlichen Leiden geheilt werden.

Allein angefertigt von
TARRANT & CO.,
278 Greenwich-Street, New-York.
☞ Zu haben in allen Apotheken.

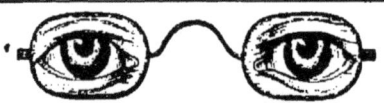

J. B. HOEKER,
PRACTICAL OPTICIAN,
308 FULTON STREET,

Near Pierrepont,   BROOKLYN.

Staten Island.
FANCY DYING ETABLISHEMENT.
Barrett, Nephew & Co.,

No. 5 und 7 John Street,
718 Broadway,   } New-York.

No. 269 Fulton-, Ecke von Tillary Street, Brooklyn,
und No. 47 North 8e Straße, Philadelphia.

fahren fort, Damen- und Herrenkleider zu färben und zu reinigen; seidene, Sammet, Merino u. andere Kleider, Mäntel, u. s. w. werden mit Erfolg gereinigt, ohne aufgetrennt zu werden. Ebenso Herrenröcke, Hosen, Westen u. s. w.

Glacee-Handschuhe und Federn gefärbt oder gereinigt. Lange Erfahrung und Geschäftskenntnisse befähigen die Unterzeichneten, ihre Arbeiten mit Erfolg zu betreiben. Waaren werden per Expreß geholt und zurückgeschickt.

Barrett, Nephew & Co.,
5 und 7 John Street, und 718 Broadway, New-York,
269 Fulton-, Ecke von Tillary Street, Brooklyn,
und 47 North 8te Straße, Philadelphia.

Deutsch-Amerikanische Monatshefte
für
Literatur, Kunst, Wissenschaft und öffentliches Leben.
Redigirt von
Rudolph Lexow.

IV. Jahrgang. I. Band.   1867.   März-Heft.

PRO FILIO.
Von Karl Blind.

> Ihr wißt, Tyrannen sind vogelfrei.
> Platen.

Als Mitarbeiter an den „Monatsheften" nehme ich heute einen Platz in Anspruch zur Vertheidigung meines Sohnes. Was ich hier schreibe, ist von mir allein zu verantworten; die Redaktion ist in keiner Weise dabei betheiligt. Sie wird durch Aufnahme des Nachfolgenden nur den Regeln der Billigkeit entsprechen. Ich selbst erfülle, indem ich am Grabe des theuern Todten wache, eine Pflicht, in der man mich nie säumig finden soll.

„Ich hatte es einmal auf der Zunge" — schreibt C. L. Bernays in einem Aufsatz über die Tugendhaften in der Politik — „einem der Allergesinnungstüchtigsten unter ihnen zu erklären, daß es eigentlich gerade die „verdammten Jesuiten" gewesen seien, die den modernen Königsmord erfunden hätten; daß der Pater Mariana in Toledo im Jahr 1599 ein ganz vortrefflich geschriebenes und durch und durch demokratisch gedachtes — natürlich trotzdem im Dienste der Hierarchie verfaßtes — Buch herausgegeben, das den Königsmord empfiehlt; daß drei andere Jesuiten, unter ihnen der berühmte Molina, öffentlich als Vertheidiger der That Navaillac's auftraten; und daß zuletzt noch ein deutscher Jesuit, der Pater Keller, unter Zustimmung des Chefs der Jesuiten in Norddeutschland, des bekannten Pater Busäus, Mariana's Buch gegen die Angriffe calvinistischer Prediger vertheidigte; — da es mir aber plötzlich einfiel, welch schreckliches Durcheinander ich im Kopfe eines Menschen anstiften würde, für den der junge Blind das Modell eines Gesinnungstüchtigen, Graf Bismarck dagegen der Urtyp eines politischen Jesuiten sei, so behielt ich mein Bischen Weisheit für mich, da es ja ohnehin Leute genug giebt, denen diese Thatsachen nicht fremd sind, und die Demagogen und gehänselte Ignoranten im 16ten so gut wie im 19ten Jahrhundert unter allen Costümen herauszufinden wissen."

Es ist das zweifelhafte Halbdunkel dieser angeführten Worte, was mich zur literarischen Klarstellung der darin berührten Frage veranlaßt. Und da der Verfasser in seinem Aufsatz die eingeborenen, „praktisch" denkenden Amerikaner in günstigen Gegensatz gegen die theoretisirenden deutschen Bürger der Union stellt, so will ich, ehe ich zur weiteren Erörterung schreite, vorerst ein amerikanisches Urtheil hier verzeichnen, das von M. D. Conway, dem Abolitionisten, in Bezug auf das Recht, die Tyrannen zu tödten, gefällt worden. Er schreibt:

„Bismarck hat den Triumph gehabt, Europa in Krieg zu stürzen. Aber keine ächte That ist ganz machtlos in dieser Welt. Der Stoß, den der Jüngling führte, war der Stoß Deutschlands; noch jetzt küssen deutsche Vaterlandsfreunde schmerzvoll das Bildniß des jugendlichen Helden, während sie dem Tyrannen, der in der Glorie des siegreichen Unrechts daher stolzirt, fluchen. Und spreche Keiner hier von der großen Sünde des Mordes; überlasset das dem Despotentrug. Ob der Krieg überhaupt ein Unrecht ist, das sei hier nicht erörtert; aber ob Heere aufeinander prallen, oder ob John Brown mit einer kleinen Kämpferschaar die Sklaverei angreift, oder ob ein Jüngling mit der Schußwaffe einem deutschen Thron entgegentritt — es ist Alles dasselbe; es ist Krieg! Die Tyrannen hassen den Tyrannenmord, weil es die einzige Art ist, wodurch die Schwachen sich den Starken gleichstellen können. Die Gesetzesverächter wollen von Gesetz reden! Die Mörder von Tausenden wollen den Königsmord verdammen! Ich billige die Methode in manchen Fällen nicht, aber ich glaube, daß Ferdinand Blind vom edelsten Gefühl inspirirt war; daß es eine That der reinsten Selbstaufopferung von Seiten eines Mannes gewesen ist, für den das Leben ungewöhnlichen Reiz hatte (denn auf jeden Fall war er zum Sterben entschlossen); und daß die That daher eben so naturkräftig und nothwendig war, wie das Zucken des Blitzes, das er am Horizonte sah, als der Entschluß in seiner Seele reifte und sein Gemüth inmitten des Sturmes ruhig ward. Ja, mit Wordsworth glaubend, daß „alle Tugend Erfolg hat", werde ich ins Künftige einen gewissen unsichtbaren Geist mit dem Grafen Bismarck ringen sehen; einen Geist, dem kein Panzerhemd widerstehen kann: und das anscheinende Mißlingen Ferdinand Blind's wird daher, das hoffe ich fest, schließlich sich als bloße Hülle eines höheren Erfolges erweisen. Krieg und ungestüme That sind nur dann zu dulden, nur dann von wahrhaftigem Charakter, wenn sie so aus einem überzeugungsvollen Menschenherzen quellen, das um gewöhnliches Treiben sich nicht kümmert; dann sind diese Thaten aber auch wahre Donnerkeile der Gottheit; sie verfehlen ihres Zieles nimmermehr."

(S. "The Radical", Bostoner Monatsschrift, vom August 1866.)

Die Aeußerung, daß „es eigentlich gerade die „verdammten Jesuiten' gewesen seien, die den modernen Königsmord erfunden" haben, hält vor der Literaturgeschichte nicht Stich. Warum „moderner" Königsmord? und warum „erfunden"? da doch aus den Werken der Geister aller Jahrhunderte zahlreiche Stellen angeführt werden können, in welchen die Niedermachung politischer

Unterdrücker nicht blos gerechtfertigt, sondern als eine edle That verherrlicht und zur Nachahmung empfohlen wird?

Mir ist wohl bekannt, daß das Recht, Regenten zu tödten, auch vom theokratisch päpstischen Standpunkte vertheidigt worden ist, von Gregor dem Großen an bis auf die neueren Jesuiten herab. Auch de Maistre; auch der Absolutist Solar della Margherita; auch Archenholz; auch Gentz, der Protokollführer der Heiligen Allianz, können hier genannt werden; sie hatten bei ihren Ausführungen allerdings keine wahren Freiheitszwecke im Auge, wenn auch ihre Sprache häufig so gefaßt ist, daß sie, allgemein genommen, mit den Ansichten der besten Freiheitsfreunde aller Jahrhunderte zusammenzutreffen scheint.

Die religiös Gläubigen mögen sich im dritten Capitel des Buches der Richter, wo Eglon, der Moabiter König, durch Ehud, den Befreier, getödtet wird, oder im vierten Capitel desselben Buches, wo Jael den Cananiter Häuptling Sissera erschlägt, oder im Buche Judith über die Anschauung der alten Juden Raths erholen. Der Gesang der Prophetin Deborah: „Höret zu, ihr Könige, und merket auf, ihr Fürsten!" sei hier besonders empfohlen als eine Probe des kräftigsten Unabhängigkeitssinnes.

Doch genießbarer als die Verse des alten Testamentes, sind die Stellen aus altgriechischen und römischen Dichtern und Schriftstellern. Die Blüthenlese ist aber hier so groß, daß die Anführungen leicht zu einem Buche anschwellen könnten. Es ist bekannt, daß die Alten den Tyrannenmord nicht blos als ein Recht, sondern als eine bürgerliche Pflicht betrachteten, und daß in den meisten griechischen Freistaaten ein förmliches Gesetz oder wenigstens eine allgemein angenommene Ueberlieferung bestand, zufolge welcher jeder Bürger, der einen Usurpator tödtete, als „tugendhaft" betrachtet wurde. Die Thaten des Harmodios und Aristogeiton, des Pelopidas und und anderer Rächer der Freiheit wurden in begeisterten Gesängen Jahrhunderte hindurch gefeiert. Eines der berühmtesten dieser Lieder ist die Ode des Kallistratos, die so anhebt:

„Ich will mein Schwert in Myrtenzweige winden,
Das Schwert, das den Tyrannen schlug."

Man weiß, daß die Kallistratische Ode häufig bei Volksversammlungen und anderen festlichen Gelegenheiten mit entsprechendem Geberdenspiel vorgetragen wurde, und die Wirkung soll eine große gewesen sein. In England sind gereimte Uebersetzungen von Professor Wilson, von Sir William Jones und dem ehemaligen Oberrichter Tennan erschienen. Einer der ersten englischen Kenner der hellenischen Dichtkunst sprach sich folgendermaßen über die Ode aus: — „Konnte man auch nur im Entferntesten fürchten, daß ein zweiter Pisistratus abermals versuchen würde, die Stadt zu unterdrücken, wenn bei jedem Gastmahl, ja sogar in den Straßen und in den gewöhnlichsten Versammlungen des Volkes diese Ode täglich gesungen wurde, die den Namen des Kallistratus trägt? Ein Autor, der uns nur durch dies eine Lied bekannt ist, das ihn jedoch genügend als einen bewunderungswürdigen Dichter und einen ausgezeichneten Bürger erscheinen läßt! Hätte, nach den denkwürdigen Iden des März, einer der Tyrannentödter dem Volke ein solches Gedicht wie dieses vorgetragen; hätte er es auf den Versammlungen am Forum mitgetheilt oder in den Mund des Volkes gelegt, so wäre die Herrschaft der Cäsaren und ihrer Anhänger völlig vernichtet worden: wie ich denn fest überzeugt bin, daß eine einzige Stanze dieser einfachen Harmodios-Melodie wirksamer gewesen wäre als alle Philippiken Cicero's."

Der bloße Erfolg galt übrigens den Alten nicht als Maßstab für die Rechtmäßigkeit des Tyrannenmordes. Die Verschwörung des Harmodios und Aristogeiton gelang, wie man weiß, blos zum Theil. Der Tyrann Hipparch fiel; zugleich aber fiel auch Harmodios. Hippias, der Mitregent, wurde dann des Aufstandes Meister und ließ Aristogeiton eines grausamen Todes sterben. Die Tyrannei hielt sich auf diese Weise noch mehrere Jahre. Immerhin hatte der Tödtungsversuch die Wirkung, den herrschenden Despotismus finsterer und mißtrauischer zu machen; und das Ergebniß war zuletzt doch der Fall der Gewaltherrschaft und die Einführung des Freistaates.

Auch unter den Römern war es zur Lehre erhoben, daß im Fall eines despotischen Angriffs auf die republikanische Verfassung jeder Bürger zum Richter gegen den Gesetzesübertreter berufen sei; und dieses Richteramt auszuüben oder seine Ausübung wenigstens zu versuchen, war eines jeden Freien Recht und Pflicht. Man hielt auf Rechtsgefühl, abgesehen vom Erfolg. So hat denn die That des B r u t u s und C a s s i u s ihre begeisterten Fürsprecher gefunden, wenn auch — aus Gründen, die hier zu entwickeln zu weit führen würde — die Tödtung Cäsars nicht die Folgen hatte, die sie unter anderen Umständen gehabt haben würde. Alle freiheitliebenden Schriftsteller jenes Zeitalters kommen darin überein, die Vernichtung von Unterdrückern als ein lobenswerthes Unternehmen zu preisen. In einem der Briefe des Brutus wird die Aeußerung ihm in den Mund gelegt, daß er zum Schutze der Freiheit „seinen Vater wieder tödten würde, wenn er auf die Erde zurückkehrte."

Wie in der klassisch-römischen, so findet sich in der italienischen Literatur des Mittelalters bis auf die neueste Zeit herab ein reichhaltiges Material zu Gunsten der Lehre von der Berechtigung des Tyrannenmordes. Aus Petrarca und Macchiavell, aus dem gelehrten Muratori, aus Monti, Alfieri, Ugo Foscolo u. s. w. könnten Stellen citirt werden. Unter den Deutschen der Neuzeit seien Herder, Lessing, Schiller, Jean Paul und Platen genannt. Unter den Franzosen: Montesquieu, Rousseau, Victor Hugo und Andere. Unter den Engländern: Milton, Algernon Sidney, Sidmouth, Cobbett, Byron und Disraeli, d. h. zur Zeit als der Letztere noch radikal war. Damals sang dieser, später zum Tory umgewandelte Mann ein prächtiges Loblied auf den Dolch des Römers und den Pfeil des Schweizer Landmannes. Ja, auf alle Zeiten hinaus sprach Disraeli den Segen über die Tapfern, die mit entschlossenem Stoß ihr Vaterland von Unterdrückern befreien:

„Blessed be the hand that dares to wield
The Regicidal steel that shall redeem
A nation's suffering with a tyrant's blood!"

Seitdem Benjamin Disraeli von dieser alten, tugendhaften Anschauung abgefallen, hat er sich freilich zum Schatzkanzler Ihrer Majestät in Tory-Cabinetten und zum Vertheidiger aller Mißbräuche qualifizirt.

Die englische Literatur ist außerordentlich reich an Aeußerungen zu Gunsten der Rechtmäßigkeit des Tyrannenmordes. Drei Schriften Milton's (Iconoclastes; The Defence of the People of England; und The Tenure of Kings and Magistrates) enthalten eine Fundgrube von kräftigen Stellen. In der letztgenannten Schrift beweis't Milton, „daß es gesetzlich ist und in allen Zeitaltern für gesetzlich gehalten wurde, daß Jeder, der die Macht dazu hat, einen Tyrannen oder schlechten König zur Rechenschaft ziehen", ja, „ihn vom Leben zum Tode bringen dürfe, wenn die gewöhnliche Magistratur ihre Pflicht zu thun versäumt hat oder sie zu thun sich weigert." „Das", sagt Milton, „bekenne ich frei als wesentlichen Theil meines Glaubensbekenntnisses, daß, wenn es irgend einen Fürsten giebt, auf dessen Befehl massenhafte Metzeleien gegen seine getreuen Unterthanen ausgeführt wurden — mag er König, Tyrann oder Kaiser sein: das Schwert der Gerechtigkeit ist über ihm; und in wessen Hand genügende Macht gefunden wird, um diese Vergießung schuldlosen Blutes zu rächen: der hat das Recht, das Schwert der Gerechtigkeit zu gebrauchen." „Die Griechen und Römer", fährt Milton fort, „wie ihre hauptsächlichsten Schriftsteller bezeugen, hielten es nicht blos für gesetzmäßig, sondern für eine ruhmreiche und heldenhafte That, die man öffentlich mit Bildsäulen und Blumengewinden belohnte, einen infamen Tyrannen zu jeder Zeit, und ohne Urtheil, niederzumachen (to kill an infamous tyrant at every time without trial); und es ist nur recht und billig, daß Der, welcher alles Gesetz mit Füßen tritt, nicht die Wohlthat des Gesetzes genießen solle. Dies, sagt Milton, ist so wahr, daß Seneca, der Trauerspieldichter, den Herkules (in englischer Uebersetzung) mit folgenden Worten einführt:

„There can be slain
No sacrifice to God more acceptable
Than an unjust and wicked King."

Ich gehe über zahlreiche ältere englische Aeußerungen hinweg und auf den liberalen Schriftsteller William Cobbett über, der bei Gelegenheit eines auf Napoleon I. gemachten Tödtungsversuches Folgendes schrieb: — „Die Lage des Corsen gegenüber den Franzosen gleicht derjenigen eines Räubers (burglar) gegenüber dem Herrn des Hauses, in das er eingebrochen; und wer von uns würde nicht dem Schurken, der einen Einbruch und einen Diebstahl bei uns versuchte, gern das Gehirn ausblasen?" Und ferner: „Derjenige würde ein edelherziger Franzose, ein wahrer Freund seines Landes sein, der die Erde von einem Tyrannen befreien würde, auf dessen Gewissen eine solche Fluth von

Blut lastet." An anderer Stelle führt Cobbett aus, daß „das französische Volk, gemäß den allgemein angenommenen Gesetzen des Krieges, ein unzweifelhaftes Recht habe, Bonaparte zu tödten."

In unseren Tagen finden wir den unlängst verstorbenen Walter Savage Landor als einen Prediger des Tyrannenmordes, den er als „gerechtfertigte und preiswürdige Tödtung" von assassination unterscheidet. Er erklärte sogar die Tödtung Bomba's und anderer fürstlichen Ungeheuer, mit Namensnennung, als ein verdienstliches Werk, und bot zu dessen Förderung einen Theil der nöthigen Geldmittel.

Es wäre ein Leichtes, aus der neueren Geschichte und Literatur Englands noch eine Menge Beispiele anzuführen, die darauf hinweisen, daß die Rechtfertigung der Tyrannentödtung von den gebildetsten Klassen dieses, dem gesetzlichen Fortschritt huldigenden Landes als ein lobenswerther politischer Grundsatz angenommen worden ist — was auch in einzelnen Fällen heutzutage von den Führern der öffentlichen Meinung in England gesagt werden mag. Auf den englischen Hochschulen ist das „Für und Wider" in Bezug auf die Niedermachung Cäsar's und die Rechtmäßigkeit der Hinrichtung Carl's des Ersten ein stehendes Thema. Und es braucht kaum gesagt zu werden, daß bei der Abstimmung fast immer das „F ü r" die Mehrheit hat.

Zu Frankreich übergehend, mag bemerkt werden, daß die dortige Literatur, zumal seit der Mitte des 17ten Jahrhunderts, eine Menge Anspielungen aufweis't, welche die gewaltsame Ausrottung von Unterdrückern rechtfertigen. Französische Dichter und Prosaiker wetteifern in der Anpreisung der jetzt so vielfach geächteten Lehre. Selbst ein Montesquieu nannte den Angriff auf das Leben der Despoten eine T u g e n d, die sich vergesse, u m s i c h s e l b s t z u ü b e r t r e f f e n ; und er fragt, wie es denn möglich sei, eine Usurpation, die alle Gesetzesordnung zu Nichts gemacht und außer Wirksamkeit gesetzt habe, anders zu strafen, als durch eine Tödtung?

In französischen Schriftstellern der revolutionären Richtung findet sich natürlich Material genug für den vorliegenden Zweck. Aber selbst Vattel, die anerkannte Autorität im Völkerrechte, schrieb: „Wenn ein Fürst zur Geißel des Staates wird, so entwürdigt er sich selbst; er ist dann nicht besser, als ein öffentlicher Feind, gegen den die Nation sich vertheidigen darf und s o l l; und wenn er seine Tyrannei auf den höchsten Gipfel erhoben hat, warum sollte das Leben eines so grausamen und treulosen Feindes der Gesellschaft geschont werden?" An anderer Stelle bezeichnet Vattel einen Usurpator als einen „Feind des Gemeinwesens und eine Pest der Menschheit" — eine Pest, die man ihrem Charakter gemäß behandeln müsse.

Doch der Stoff wächs't mir unter der Hand, und ich will daher blos noch erwähnen, daß sich in unseren eigenen großen Schriftstellern und Dichtern nicht minder zahlreiche Stellen für die Berechtigung des Tyrannenmordes finden. Herder nennt in seinen „Ideen zur Geschichte der Menschheit" den Dolch die „traurige, aber nothwendige Zuflucht aller Unglücklichen." Jean Paul's schwärmerische Milde schreckt nicht vor der Lehre zurück; er erhebt die entschlossene That der altrömischen Verschworenen als preiswürdig, des Nacheiferns werth. Er zieht dabei eine Grenzlinie zwischen den politischen Tödtungen, die von der Hand eines Freiheitsfreundes geschehen, und denen, die einer despotischen Absicht ihren Ursprung verdanken. Zwischen ihnen, sagt er, sei „ein Unterschied wie zwischen **Tugend** und **Verbrechen.**"

Ich brauche auf Schiller nicht hinzuweisen. Daß der Versuch des jungen Staps, Deutschland von dem Joche Napoleons zu befreien, und die spätere That Sand's bei vielen unserer Gelehrten der damaligen Zeit Billigung fand, darf als bekannt vorausgesetzt werden. Platen sang in seinem Unterirdischen Chor (Polenlieder):

> Nun schwingt die Schlangen,
> Ihr Furien alle;
> Zerstört dem Würger
> Der besten Bürger
> Jedwede Lust,
> Und setzt die Kralle
> Ihm auf die Brust!
>
> Ihr mögt ereilen
> Das Ungethüm
> Mit Euren Pfeilen;
> Ihr mögt umspannen
> Im Netz den Eber
> Den Kettenweber
> Der Sclaverei!
> Ihr wißt, Tyrannen
> Sind vogelfrei.

Zum Schluß nur noch eine Stelle aus einem neuesten französischen Dichter. In seinen „Châtiments" (XV Lo Bord do la Mer) läßt Victor Hugo das Schwert, den Meilenstein, das Grab, das dahineilende Schiff am Horizont, den Wind, eine Stimme in der Luft, das Meer, die Erde, die Gerechtigkeit, die Freiheit, den Eidschwur, das Vaterland, alle, alle nach der Ermordung des Tyrannen rufen.

Das Vaterland.
Mein Sohn! ich bin in Ketten. Mein Sohn, ich bin deine Mutter.
Aus meines Kerkers Tiefe streck' ich die Arme nach dir!

Harmodius.
Wie! in der Nacht, bei der Heimkehr, ihn zu erdolchen?
Wie, unter schwarzem Himmel, im Angesicht endloser Meere?
Vor diesem dunkeln, schrecklichen Abgrund,
Im Schatten dieser Unendlichkeit,
Soll ich das Eisen mit seinem Blute röthen?

Das Gewissen.

Du kannst diesen Menschen in Ruhe tödten!
(Tu peux tuer cet homme avec tranquillité!)

Hier sind in Kürze die Dichter und Denker angedeutet, mit denen mein Sohn sich in Uebereinstimmung wußte, als er, der Einzelne, es unternahm, den Anzetteler eines von der Nation verfluchten, von der Nation aber nicht verhinderten Krieges nach Kriegsrecht zu belangen. Daß über das Recht, die Tyrannen zu tödten, auch einige der Freiheitspartei nicht angehörige oder feindliche Männer geschrieben haben — was ficht das uns an? Auch unsere Widersacher schreiben sich das Recht der Kriegführung und der Insurrection zu, und ihre Kriege und Aufstände sind oft nichts als ungeheure Verbrechen. Weil dem aber so ist, wird dadurch das Recht eines Volkes, das Recht eines Einzelnen, sich durch Krieg, Erhebung oder muthige Angriffsthat gegen die Gewaltherrschaft zu wehren, irgendwie gemindert? Oder darf es gestattet sein, ein zweiseitiges Licht auf solche freiheitliche Handlungen zu werfen?

Ich meinerseits werde fortfahren, auch in der Politik zwischen R e ch t und U n r e ch t zu unterscheiden, und trügen nicht alle Zeichen, so sind die praktischen Amerikaner gerade eben jetzt daran, einen scharfen Strich zwischen den Beiden zu ziehen und hoffentlich ein Exempel zu statuiren. Wir in Europa zumal haben noch manchen harten Kampf zu kämpfen; da laßt uns denn wissen, wer Freund, wer Feind; was die Fahne, was der Grundsatz. Ohne solche Unterscheidung ist der Kampf des Opfers nicht werth; ohne Opfer aber keine Aussicht auf Sieg!

Siebenhundert Meilen in der Stage.
(Von Oregon nach Californien.)
Touristisch-ethnographische Skizze von Theodor Kirchhoff.

I.

Es war gegen das Ende des Monats October 1865, als ich, nach einer Abwesenheit von über zwei Jahren, vom oberen Columbia wieder in der Stadt Portland im Staate Oregon anlangte, von wo aus ich über Land mit der Stage nach San Francisco zu reisen gedachte.

Zwei Jahre sind eine lange Zeit in Amerika. Die Entwickelung von Ländern und Städten schreitet fast überall auf diesem Continente mit solch reißender Schnelligkeit voran, daß der Reisende, welcher ihm bereits bekannte Gegenden wieder besucht, oft schon nach einer kürzeren Abwesenheit, als die oben genannte, die alten Grenzsteine kaum wieder erkennt. Dieses galt auch in meinem Falle in bedeutendem Maßstabe von der Stadt Portland, welche seit meiner zweijährigen Abwesenheit ein großstädtisches Kleid angezogen hatte. An den Hauptstraßen waren neue und stattliche Steingebäude in ganzen

Reihen gleichsam aus dem Boden emporgewachsen. Das elende, aus schiefen Bretterboden gebaute Holzpflaster machte schnell einer neuen und eleganten Pflasterung aus demselben Material Platz, welches aus Würfeln bestand und, durch eine Asphaltmasse dicht verkittet, in regelmäßigen Figuren niedergelegt ward, — eine Art der Pflasterung, welche sich in mehreren älteren Städten der Union, z. B. in Chicago, bereits als sehr praktisch erwiesen hat. Das geschäftsmäßige Getriebe in den Straßen und der reiche Waareninhalt der geschmackvoll eingerichteten Stores machten auf einen Fremden einen äußerst vortheilhaften Eindruck.

Bald hatte ich es mir in dem großstädtischen Hotel bequem gemacht, wo die elegant gekleideten Negeraufwärter ein wenig elegantes Französisch sprachen, und mir für fünfzig Dollars in Gold ein Ticket verschafften. Sechs Tage und sechs Nächte ohne Rast und Aufenthalt in der Stage zuzubringen, bot allerdings wenig Einladendes; aber ich war sicher, viel Neues und Interessantes auf dieser Reise zu sehen, weshalb ich diese Route der mir bereits bekannten zur See vorzog.

Es war der 25ste des Monats October, als ich Morgens um sechs Uhr auf dem Kutscherbocke der mit vier Pferden bespannten Stage Platz nahm und Portland Lebewohl sagte. Bald hatten wir die Stadt hinter uns und lustig trabte unser Viergespann gen Süden, das Thal des Willametteflusses hinauf- und dem fernen goldenen Thore entgegeneilend.

Silberner Reif, der erste Frost des diesjährigen Winters, lag auf den Gräsern und grünen Sträuchern nahe uns am Wege, und ein kühler Nordwind jagte die Erstlinge goldener Blätter von den hohen Eichen spielend vor uns auf der Landstraße hin. In der That, es war recht winterlich kühl, so daß ich während der ersten Stunde unserer Fahrt meine Oregon-Wollendecke sehr comfortabel fand. Bald gewann die Sonne die Oberhand über den winterlichen Lufthauch, der Wind legte sich und das Wetter wurde wunderschön.

Manchen Blick warf ich linker Hand, seitwärts hinter mich, wo die gewaltige, schneegekrönte Kuppe des an 14,000 Fuß hohen Mount St. Helens majestätisch in den blauen Aether ragte und mir ein Lebewohl vom grünlichen Columbia nachzurufen schien. Ihr gegenüber, weiter nach Süden und uns gerade zur Linken, stand der alte, um mehrere tausend Fuß höhere Mount Hood, eine blitzende, gen Himmel ragende Eispyramide, während Mount Rainier, ein Bergkoloß von über 14,000 Fuß Höhe, sein breites Schneehaupt gelegentlich hinter dem schönen Mount St. Helens hervorstreckte, als ob er uns neugierig nachschaute.

Mit wie ganz anderen Augen betrachtete ich jene leuchtenden Gipfel, als sie vor zwei Jahren zum ersten Male vor mir standen, auf ein mir noch unbekanntes, fabelhaftes Land hinweisend, das Ultima Thule der Civilisation des neunzehnten Jahrhunderts! Schnell dahingerollt sind die Jahre, reich an Geistesfreuden und seltenen Abentheuern, und die Namen und Wunder jener entlegenen Länder, an deren Schwelle diese Bergkolosse stehen, sind mir zu

etwas Alltäglichem geworden. Ob ich euch je wieder begrüßen werde, ihr Meister=
werke des ewigen Architekten? Wer könnte solche Frage auch nur annähernd
beantworten in dieser Spanne irdischen Daseins? Aber vergessen werde ich
euch nimmer. Leuchtende Denksteine sollt ihr mir bleiben im Heiligthume der
Erinnerung, und in entlegenen Zonen will ich oft noch an den zwischen euren
schneegekrönten Felsenmauern hinbrausenden Riesenstrom des unerforschten
Oregon denken, der mir goldene Bilder im Schmucke der Heimath aus seinen
grünlichen Wellen in die Seele spiegelte.

Die Landstraße, auf der wir hinfuhren, führte durch eine nach amerikani=
schen Begriffen wohl angebaute Gegend, in der Prärie, Wald und Farmen mit
einander abwechselten. Besonders zahlreich waren die Obstgärten, aus denen
ein unerschöpflicher Vorrath von Früchten, insbesondere von Aepfeln, auf die
Märkte von Portland und San Francisco gesandt wird. Wie ergiebig die
diesjährige Ernte gewesen sein mußte, verdeutlichte mir ein großer, mit köstli=
chen rothbackigen Aepfeln beladener Bauernwagen, der vor einem am Wege
gelegenen Schweinestalle hielt und dessen Inhalt als Fütterung in den Schwei=
nekoben geschaufelt ward. Einem mit mir reisenden Goldgräber aus dem
Territorium Montana, wo solche Aepfel zu ⅜ Dollar das Stück verkauft
werden, schien diese Verschwendung der edlen Frucht unverantwortlicher Leicht=
sinn zu sein.

Das Thal des Willametteflusses ist das bedeutendste und productivste des
äußersten amerikanischen Nordwestens, und als solches auch in den älteren
Staaten der Union ziemlich bekannt. Der Willamettefluß, mit einem Strom=
lauf von etwa 180 englischen Meilen Länge, entspringt in der Bergkette der
Cascade Range. Nordwärts strömend, ergießt er sich, nachdem er ein außer=
ordentlich fruchtbares Thal durchzogen, in den Columbia, etwa einhundert eng=
lische Meilen oberhalb dessen Mündung, und ist für kleinere Dampfer auf einer
Strecke von hundert Meilen schiffbar.

Das vom Willamettefluß durchströmte Thal hat, wie bereits bemerkt, einen
außerordentlich ergiebigen Boden und ist theils mit herrlichen Waldungen
bedeckt, theils birgt es ausgedehnte Prairieen. Die bedeutendste der Letzteren
erstreckt sich, vier Meilen südlich von Oregon City beginnend, bis nach Spen=
cer's Butte, 96 Meilen in Länge, bei einer Breite von 20 bis zu 70 Meilen
des fruchtbarsten Bodens. Der südliche Theil des Thales besteht meistens aus
Prärie. Zwischen dem Fluß und der Coast Range ist sie von 20 bis zu 40
Meilen breit. Im Osten wird das Thal von der Cascade=, im Westen von der
Coast Range begrenzt. Die Abhänge dieser Berge sind überall mit reichem
Baumwuchs, namentlich von Kiefern (fir), bedeckt und durch zahlreiche Seiten=
thäler leicht zugänglich.

Das Klima des Willamettethals ist ein außerordentlich mildes. Schnee
und Eis sieht man im Winter nur selten, und wenn der Boden des Nachts ge=
friert, so thaut die Sonne ihn sicherlich am folgenden Tage bis Mittag wieder
auf. Wenn man die hohe nördliche Lage dieses Thales betrachtet, welches

zwischen dem 44sten und 46sten Grad nördlicher Breite liegt, so ist ein solches gemäßigtes Klima in Vergleich zu den unter demselben Breitengrade liegenden Ländern am Atlantischen Meere bemerkenswerth. Dieses ist jedoch mehr oder weniger mit allen Küstenländern am nördlichen Stillen Ocean der Fall, und läßt sich auf folgende Weise erklären:

Sowohl die Cascade-Gebirge als deren südliche Ausläufer, die Sierra Nevada, haben eine Richtung von Nord nach Süd, mit einer starken Bogenschwenkung nach West, bei einer Höhe von durchschnittlich 8000 bis zu 10,000 Fuß, die sich in einzelnen Gipfeln der Cascade-Gebirge bis zu der enormen Höhe von 18,000 Fuß steigert. Die Staaten Californien und das westliche Oregon, sowie ein großer Theil des Territoriums Washington liegen westlich von diesen Höhenzügen, welche sich im Norden, am Prinz William Sund, im 60sten Breitengrade an den Großen Ocean lehnen. Die von den Polarländern kommenden eisigen Nordwinde treffen diese Gebirgszüge auf ihrem inneren, concaven Bogenabhange und werden in die östlich gelegenen Plateaus, zwischen ihnen und den ihnen parallel laufenden Felsengebirgen, abgeleitet. Während so diese Gebirge gleichsam einen Schild für die Küstenländer am Stillen Meere gegen den eisigen Lufthauch des Nordens bilden, leiten sie zu gleicher Zeit die mit Feuchtigkeit geschwängerten lauen Südwestwinde nordwärts an ihren westlichen Abhängen hin.

Ein der Vegetation außerordentlich günstiges und feucht-warmes Klima ist hier die Folge dieser Luftströmungen, wogegen die östlich von den genannten Gebirgszügen liegenden Länder, den Nordwinden offen und von dem über das Stille Meer fließenden feuchten Luftstrome ausgeschlossen, statt der grünen Thäler und des üppigen Graswuchses der Küstenländer mit nur wenigen Ausnahmen — wo geschützte Thäler liegen — eine dürre, von Vegetation entblößte Bergwüste bilden, in denen trockene Fieberhitze im Sommer und sibirische Temperatur im Winter die widerwärtigsten klimatischen Verhältnisse zeigen, welche, so weit meine Erfahrung reicht, nur irgendwo auf Erden zu finden sind.

Als besondere meteorologische Merkwürdigkeit will ich hier beiläufig erwähnen, daß es westlich von den Felsengebirgen — wenigstens in Oregon — nie donnert. Yankeespekulanten mit Blitzableitern haben bereits zu ihrem Schaden diese Entdeckung gemacht und vermeiden fortan diese Länder auf's Sorgfältigste. Während meines zweijährigen Aufenthalts in Oregon habe ich nie ein Gewitter beobachtet.

Das im Willamettethale herrschende Klima ist dem des mittleren Georgia, unterm 33sten Grad, gleich. Während der Wintermonate, hier die Hauptregenzeit, sind Hügel, Thäler und Prärieen mit dem saftigsten Grün bekleidet. Rindvieh und Pferde laufen das Jahr über im Freien umher und finden hinreichenden Lebensunterhalt zu jeder Jahreszeit.

Dieses Land ist die Freude der Gärtner. Alle Arten von Gemüse und Früchten gedeihen in's Riesenhafte, ähnlich wie in Californien. Rüben von 26 Zoll im Umfange, die von 15 bis zu 16 Pfund wiegen, sind etwas

Gewöhnliches. Kartoffeln läßt man in der Regel ruhig in der Erde liegen, wo sie gewachsen sind, und gräbt sie mitten im Winter je nach Bedarf aus, ohne befürchten zu müssen, sie würden erfrieren. Kohl blüht mitten im Winter, und Zwiebeln, Radiese, Spargel, Kresse und ähnliche Gartenfrüchte wachsen üppig im December. Im Anbau des Weizens leistet dieses Land so viel wie eins in den Vereinigten Staaten. Gerste, Hafer, Erbsen und Bohnen, Kürbisse und Melonen, und namentlich alle Arten von Obst gedeihen auf's Beste. Unter Letztgenanntem liefert die Aepfelernte, wie bereits früher erwähnt, einen Massenertrag, der an's Unglaubliche grenzt. Mais dagegen gedeiht hier nur mittelmäßig, wahrscheinlich in Folge kalter Nachtwinde, welche von den nahen Schneebergen herrühren.

Es regnet im Willamettethale sehr viel, man möchte sagen, zu viel; namentlich im Winter, zu welcher Jahreszeit das Regenwetter oft fast ununterbrochen monatelang anhält. Im Sommer dagegen sind Regenschauer seltener, so daß das Einbringen der Ernten durch dieselben nicht beeinträchtigt wird. Der Regen scheint den Bewohnern dieses Thales zum Lebensbedürfniß geworden zu sein. Ihren Gesichtszügen hat er den Stempel der Schwerfälligkeit aufgedrückt, die sich auch in allen ihren Bewegungen kund giebt. Neben der lebendigen und thatkräftigen Bevölkerung der nahen Minenländer haben die Webfoot (Schwimmfüßler), wie die Bewohner des Willamettethales verächtlicher Weise von ihren jenseits der Cascade-Berge wohnenden oregonischen Brüdern genannt werden, mehr den Anschein phlegmatischer Holländer, als von Sprößlingen derselben angelsächsischen Race wie Jene. Charakteristisch ist die knauserige Genauigkeit der Webfoot in Handel und Wandel, was den lebensfrohen und freigebigen alten californischen Goldgräbern ein wahrer Gräuel ist.

Ihr fruchtbares Thal ist die Kornkammer der nördlichen Minendistrikte, vom östlichen Oregon bis nach Idaho, Montana und Kariboo, hin, deren Bewohner ohne ihre Webfoot-Lieferanten vor Hunger umkommen müßten. Zahlreiche Dampfmühlen produciren ein vorzügliches Mehl, welches in Säcken von je 50 Pfund von den Felsengebirgen bis nach San Francisco hin verschifft wird.

Die Viehzucht ist bedeutend. Pferde und Maulesel werden für den Transportbedarf der Minen, wohin die Waaren meistens auf Packthieren befördert werden, zahlreich gezogen. Rindvieh sieht man jedes Frühjahr in endlosen Zügen, ebenfalls nach den Minen, das Thal des Columbia hinaufwandern. Die ausgezeichneten Weidegründe am Willametteflusse machen diesen Zweig der Viehzucht besonders belohnend. Auch die Schafzucht ist bedeutend, und Wollenfabriken verarbeiten im Lande die gewonnene Wolle in Decken und Tuche, welche in den Minen sehr gesucht sind.

Obgleich nun die Bewohner dieses gesegneten Thales das Ihrige zu thun scheinen, aus der Kornkammer Oregons guten Nutzen zu ziehen, so wird doch das alte Sprichwort: „Nur immer langsam voran!" bei ihnen in hohen Ehren gehalten, woran jedoch wohl nur der unvermeidliche Regen Schuld hat. Unser

Kutscher, ein ergrauter Schwimmfüßler, schien entschieden von demselben Grundsatze beseelt zu sein und es für Thierquälerei zu halten, sein Viergespann selbst auf dem besten Wege in einen schlanken Trab zu setzen. Stichelnde Bemerkungen meinerseits hatten nicht den geringsten Erfolg, seinen Ehrgeiz anzuspornen. Als ich ihm erzählte, wie die californischen Stagekutscher immer nur im Gallopp führen, bemerkte er, daß das Leben dort wohl nicht viel werth sei. Mehrere mit uns reisende Goldjäger, worunter zwei aus dem Territorium Montana, die eine etwa 60 Pfund schwere, mit Goldstaub gefüllte Rolle bei sich führten, wurden durch unsern phlegmatischen Kutscher sehr bitter gestimmt und bemerkten, daß man in Montana solche träge Kutscher sehr bald lebendig machen, oder, falls dieselben unverbesserlich seien, sie als nutzlose Mitglieder der menschlichen Gesellschaft aus dem Lande jagen würde.

Im langsamen Schritt ging's weiter, bis wir uns am frühen Vormittage dem romantisch gelegenen Städtchen Oregon City näherten. Diese Stadt liegt an den sogenannten Fällen des Willametteflusses, welche die Schifffahrt hier unterbrechen. Um das Umladen zwischen den obern und untern Dampferlinien, welche den Willamettefluß befahren, zu erleichtern, war man eifrig beschäftigt, einen Canal durch diese Untiefen zu sprengen. Wo das Wasser unterhalb der Fälle am tiefsten, sollte der Canal durch eine Wehre gesperrt werden, so daß die obern und untern Dampfer sich daselbst begegnen und, nur von der Wehre getrennt und der eine Dampfer um mehrere Fuß höher als der andere liegend, ihre Fracht umladen könnten, indeß der Fluß sich weiter nach links hin für seine Hauptwassermasse einen Weg über die Untiefen suche. Das Werk hatte für mich viel Interesse und schien mir eines praktischen Erfolges sicher zu sein. An der Stelle des projectirten Canals wurde das Wasser, um die fortzusprengenden Felsen im Flusse bloszulegen, durch temporär erbaute Dämme seitwärts abgeleitet, und Alles war Leben und Thätigkeit im und am Flusse.

Die Umgebungen dieser Stromschnellen, von den Amerikanern höchst unpassend „die großen Fälle des Willamette" genannt, sind sehr romantisch. Hohe Felsfaçaden treten am rechten Stromufer ganz nahe an's Wasser heran, so daß man durch Sprengungen einen Weg für Fuhrwerke gewinnen mußte. Jenseits des wild brausenden Flusses liegen hohe, mit Fichten und Kiefern bewachsene Berge. Die Stadt Oregon City lehnt sich zwischen den Felsen an's rechte Stromufer und giebt dem ganzen Gemälde einen lebendigen Anstrich. Die hier so leicht verwendbare Wasserkraft hat bereits mehrere Fabriken ins Leben gerufen, und die Zukunft dieses Platzes ist ohne Frage eine bedeutende.

Unserer langsam fahrenden Stage zu Fuße voraneilend, marschirten die meisten der Passagiere lustig auf der engen Fahrstraße hin, die brausenden Stromschnellen zur Rechten in nächster Nähe von einer Menge im Wasser watender und beim Sprengen beschäftigter Arbeiter belebt. Als wir aus dem Engpaß heraustraten, begegnete uns eine Bande von Seiwajches (Indianer) beiderlei Geschlechts, in zerlumpten Kleidern, zu dem Stamme der Callapoyas gehörend, welche vom Lachsspeeren kamen und mit mehreren, je vierzig bis fünfzig Pfund schweren Salmen beladen waren, welche sie nach Oregon City auf den Markt brachten. In den Monaten Mai und Juni ist die Lachsernte an den Fällen, wo die Salme sich anhäufen, ganz besonders ergiebig. Im Herbste dagegen sind es nur die Nachzügler der stromauf rückenden Lachsarmee, welche hier gefangen werden. Zum nicht geringen Erstaunen meiner Montanafreunde knüpfte ich mit den Seiwasches in den euphonischen Klängen des von allen zahlreichen Stämmen des äußersten amerikanischen Nordwestens gesprochenen sogenannten Jargon ein Gespräch an, und verabschiedete mich schließlich von dem Tei - i (Anführer der Bande) mit dem Anstande eines Hidalgo.

Abwechselnd fahrend und marschirend, bald durch schattige Waldungen, bald über sonnige Prairieen und an wohl angebauten Farmen, Obstgärten und freundlichen Niederlassungen vorbei, ging's bei dem schönsten Wetter munter vorwärts. Zwanzig Meilen südlich von Oregon City kamen wir durch einen besonders wohl kultivirten Landstrich, french prairio genannt, der seinen Namen nach den alten französischen Ansiedlern führt, welche von der jetzt eingegangenen Pelzcompagnie nach Oregon gebracht wurden. Die Mehrzahl derselben nahmen sich Squaws zu Frauen, und ihre Industrie beschränkte sich darauf, Weizen für den Bedarf der verschiedenen Posten der Pelzcompagnie anzubauen. Die gemischten Nachkommen derselben reden noch heut zu Tage ein schlechtes Französisch, sind gute Katholiken und haben nur wenig Umgang mit den Amerikanern, welche ihre gallischen Nachbarn als Eindringlinge scheel ansehen.

Wir suchten uns auf der Reise die Zeit mit dem Vortragen von Abentheuern aller Art so gut wie möglich zu vertreiben. Meine beiden Montana-Freunde erzählten gern von ihrer Reise in Damenbegleitung und mit den Goldsäcken sechshundert Meilen durch die Wildnisse, welche von Indianern und road agents (der in den Goldlanden übliche poetische Name für Straßenräuber) unsicher gemacht wurden, ganz allein per Maulesel und nur ihre guten Henry-Rifles und Revolver zur Hand, um sich die mitunter recht lästigen Indianer vom Leibe zu halten. In der Stadt Virginia, dem Hauptorte des Territoriums Montana, hatten die friedliebenden Bewohner dieses Goldhafens kurz vor der Abreise meiner neuen Freunde recht lustige Zeiten gehabt, indem das daselbst zu den stehenden Einrichtungen gehörende Vigilanz-Committee einer Räuberbande auf die Spur gekommen, deren Hauptmann der Sheriff des Countys war. An einem Tage wurden blos 42 Banditen aufgeknüpft, wovon ich bereits in The Dalles gehört hatte. Einer der Gewehmten, ein in idyllischem Stillsein außerhalb des Lärmens der Stadt wohnender road agent, hatte sich in seinem Hause verschanzt und wurde daselbst von den Vigilanten förmlich belagert. Er verwundete mehrere seiner Angreifer, welche zuletzt eine alte Kanone herbeischafften, seine Veste eine Zeitlang bombardirten und alsdann ihm das Haus über dem Kopfe anzündeten. Als er, von den Flammen verfolgt, in's Freie flüchtete, fingen sie ihn, nachdem sie ihn mit Schüssen verwundet, und warfen ihn schließlich in's Feuer, wo er lebendig verbrannte.

Unter dergleichen den Geist anregenden Erzählungen nebst interessanten Aufschlüssen über die neu entdeckten Blackfoot-Minen, verging die Zeit schnell. Eher als wir es dachten, zeigten die länger werdenden Schatten an, daß der Tag sich seinem Ende entgegenneige, gerade als wir das freundliche Salem, die Hauptstadt des jungen Freistaates Oregon, fünfzig Meilen von Portland entfernt, vor uns liegen sahen.

Die Stadt Salem, welche inmitten einer ausgedehnten Prairie liegt, an deren östlichem Rande sich die Cascade-Gebirge, mit den schneebedeckten Bergriesen Mount Hood und Mount Jefferson gekrönt, majestätisch hinziehen, erhält durch ihre zerstreute Bauart und zahlreichen Gärten ein freundlich-ländliches Aussehen. Die Straßen sind von der Mutter Natur selber mit sauberem Kies gepflastert, und zwei klare Bäche rieseln kühlend durch die Stadt. Außer den nicht unbedeutenden Regierungsgebäulichkeiten sind mehrere ansehnliche Fabriken im Ort, welche dem Handel und Wandel einen bedeutenden Aufschwung gegeben haben.

Bald wieder befanden wir uns auf der Landstraße, gerade als die Sonne hinter den Gipfeln der Coast Range sank und den über den Cascade-Gebirgen hoch in den blauen Aether ragenden schneebedeckten Scheitel des Mount Hood mit einer Goldkrone schmückte.

Ohne Aufenthalt ging's bei ungemüthlich kalter Witterung, wozu sich noch ganz unerwartet ein ächter webfoot-Regen gesellte, die Nacht hindurch weiter, so viel ich im Halbdunkel erkennen konnte, durch eine wohl angebaute Gegend. Oefters passirten wir durch ansehnliche Niederlassungen und kleinere Ortschaften, unter denen sich die Stadt Cornwallis besonders hervorthat. Diese Stadt, welche ihren Namen nach dem Spanischen führt, "cor vallis", der Mittelpunkt des Thales, liegt in dem reichsten Distrikt des Willamettethales, auf einer hohen Prairie, und hart am Ufer des Stromes. Rechter Hand bemerkte ich deutlich die Vorberge der Coast Range, welche sich hier ausnahmsweise bis auf vier Meilen gegen den Fluß in die Prairie hinausschieben. Die Gebirgskette der Coast Range liegt hier zwischen dem Willamettethale und dem Ocean. Sie erstreckt sich, bei einer Breite von 40 bis zu 60 englischen Meilen, von der Mündung des Columbia bis zur Bai von San Francisco, ungefähr 650 Meilen, parallel der Küste. Nur der Umpqua-Fluß durchbricht diese Bergkette, welche sonst dem Verkehr zwischen den inneren Längethälern von Californien und dem westlichen Oregon und der Seeküste fast unübersteigliche Hindernisse entgegenstellt. Obgleich man ansehnliche Summen auf den Bau von Landstraßen verschwendet hat, ist, außer auf der Verbindungsstraße durch das Querthal des Umpqua-Flusses, der Uebergang bis jetzt doch nur für Packthiere ermöglicht worden.

Die Bergkette der Coast Range besteht nicht aus einem ununterbrochenen Höhenzuge, wie die der Cascade-Gebirge, sondern vielmehr aus unzähligen, ohne jegliche Ordnung gleichsam durcheinander gewürfelten Bergkuppen und Bergrücken, welche von tiefen Cañons in allen nur denkbaren Richtungen durchschnitten sind. Die losen Steinmassen, aus denen diese Bergkette gebildet worden, bestehen theils aus Sandstein, theils aus solchen, die der Einwirkung vulkanischer Feuer unterworfen gewesen sind, und sind meistentheils von einer außerordentlich fruchtbaren röthlichen Erde bedeckt, aus der majestätische Kiefer- und Fichtenwälder emporsprießen. Die hier wachsenden Bäume, rothe, gelbe und weiße Kiefern (fir), Fichten (pine), Silbercedern (white cedar), Pechtannen (spruce), und unzählige Arten von Laubhölzern, erreichen kolossale Dimensionen und werden nur von den Mammuth-Bäumen auf der Sierra Nevada irgendwo auf Erden an Größe übertroffen. Man hat einen vom Sturm entwurzelten Kiefernbaum gemessen, der 338 Fuß lang war und am untern Stammende einen Umfang von 43 Fuß hatte. Baumriesen, anscheinend jeder über 200 Fuß hoch, stehen oft so dicht zusammengedrängt da, daß man, namentlich in den Canons, mitunter Mühe hat, sich zwischen den Stämmen hindurchzuzwängen.

Eine Nachtfahrt in der Stage ist eines der unvermeidlichen Uebel für den Reisenden, der die Länder des fernen Westens von Nordamerika durchstreift, wo das eiserne Roß noch eine Fabel ist. Freuen kann man sich, wenn das Innere des Wagens, das auf drei Quersitzen für sechs und im Nothfall für neun schmächtige Passagiere berechnet ist, nicht noch einen Zuwachs von einem paar Zweihundertpfündern erhält, in welchem Falle es in der That erstaunlich ist, wie die schmächtigeren Passagiere fast in verkörperte Schatten zusammenschrumpfen. Ich hatte mir, als die Nacht hereinbrach, statt des Sitzes auf dem Kutscherbock einen Rücksitz im Innern des Wagens genommen, den ich mit einem alten Bekannten aus Canyon City theilte. Ich wußte aus Erfahrung, daß auf einem Rücksitz ein Zuwachs an Reisenden wenig zu befürchten ist, indem derselbe wegen der an stürmische Seefahrt und die damit verbundenen Uebeln erinnernden schaukelnden Bewegung, von den meisten Passagieren vermieden wird. Ich war daher zu der Hoffnung berechtigt, dort wenigstens ab und zu ein Viertelstündchen schlummern zu können.

Es währte auch nicht lange, als der Kutscher, bereits lange vor Mitternacht, die Wagenthür öffnete und den Passagieren kurzweg andeutete, Platz für drei Damen zu machen. Da wir bereits sieben und eine halbe Person — ein junger Montaner als halbe Größe gerechnet — geladen hatten, so protestirten wir zuerst einstimmig und auf's Feierlichste gegen einen solchen Zuwachs unserer Familie, und betrachteten mit feindlichen Blicken durch den noch immer heftig strömenden Regen die drei, mit einer Menge von riesigen Hutschachteln und unnennbaren Bündeln ausgerüsteten, von Regen tröpfelnden, massiv anzuschauenden, krinolinirten und bewasserfallten Töchter Eva's. Herren aber haben, wie bekannt, Damen gegenüber keine Rechte in Amerika, am allerwenigsten in einer Stage. Meine beiden Montana-Freunde, welche sich's, nebst der halben Größe, im Fond bequem gemacht hatten und eben aus einem behaglichen Schlummerchen erwachten, wurden von den drei Neuankömmlingen, die, wie verkappte Nixen, wohlbehaglich, ohne Schirme, im heftigen Regen vor uns standen, sehr bestimmt aufgefordert, ihnen Platz zu machen, da sie nicht rückwärts fahren konnten.

Mit schwerem Herzen gaben die aus süßem Traume so unceremoniös Erweckten ihre Plätze auf, welche die drei Wasserdamen sofort in Beschlag nahmen, ohne unsere biederen Goldgräber auch nur eines Dankes zu würdigen. Die halbe Größe nahmen mein Freund aus Canyon City und meine Wenigkeit in ihre Mitte, da der unbequeme Mittelsitz bereits von drei Schwimmfüßlern besetzt war.

Da es ein absolutes Ding der Unmöglichkeit war, unter so bewandten Umständen im Innern des Wagens Platz zu finden, so kletterten die beiden Montaner mit ihrer schweren Comtena oben auf die Stage, wo unter dem kalten Regen an Schlaf gar nicht zu denken war. Außerdem waren die dort Campirenden gezwungen, ein scharfes Auge auf die gelegentlich gegen das Dach der Stage anschlagenden Baumzweige zu haben.

Ihren Schatz ließen sie nie aus den Augen. Auch zu den Mahlzeiten nahmen sie ihre Comtena regelmäßig mit sich, wobei sie dieselbe vor sich unter den Tisch legten und Jeder die Füße darauf stellte. Solche Vorsicht ist in diesem Lande durchaus nicht überflüssig, da es keineswegs zu den Seltenheiten gehört, daß einem so mit Gold beschwerten Reisenden mitunter auf unerklärliche Weise unterwegs die Last des Metalls erleichtert wird. Daß jeder Reisende, um sich gegen offene Gewaltthätigkeiten in diesen, das Eigenthumsrecht nur oberflächlich respektirenden Ländern zu schützen, wenigstens einen Revolver schußfertig im Gürtel stecken hat, versteht sich von selbst. Unsere beiden Montana-Freunde führten außerdem noch Jeder einen mit Gold reich eingelegten Henry-Rifle mit sich, eine schreckliche Waffe, aus der man ein Dutzend Spitzkugeln, ohne zu laden, schnell nach einander abfeuern kann. Die Expreßboten von Wells Fargo & Co.'s Expreß-Compagnie, welche den größten Theil der Goldschätze von den Minen nach San Francisco geleiten, sind fast Alle mit solchen Büchsen bewaffnet, um sich die road agents damit vom Leibe zu halten.

Unendlich froh waren wir, als der junge Tag durch die mit menschlichem Dunste verschleierten Fenster in's Innere der Stage blickte, wo die verschlafenen Augen und die während der Nacht in unpoetische Unordnung gerathenen Wasserfälle der drei Grazien einen sehr melancholischen Eindruck machten. Wen unter so bewandten Umständen Gott Amor mit seinen Schmerzenspfeilen verwunden kann, Den bedauere ich aufrichtig. Liebe und eine Reise in der Stage sind zwei Dinge, die sich unmöglich vereinbaren lassen. In unserem Falle waren wir seelenfroh, als uns die zarten Geschöpfe mit ihren Hutschachteln und unnennbaren Bündeln, ihren Crinolinen und Wasserfällen, bereits beim nächsten Stagewechsel wieder verließen.

Da unsere Montana-Freunde ihren alten Platz wieder einnahmen, um die verlorene Nachtruhe durch ein Stündchen Morgenschlaf wieder einzuholen, so benutzte ich die Gelegenheit, da auch der Regen aufgehört, meinen Platz von Tags zuvor beim Kutscher wieder einzunehmen, um eine freie und ungehinderte Aussicht in's Freie zu genießen.

Die Gegend, durch welche wir hinfuhren, war der vom vorigen Tage ziemlich ähnlich: Prairieen und Holzungen, hie und da mit Farmen und Obstgärten untermischt. Auf den Cascade-Gebirgen stand Mount Hood mit seinem Silberscheitel immer noch wie ein riesiger Himmelsträger majestätisch da, hatte sich aber bereits ziemlich weit nach rückwärts gezogen. Ein anderer schneebedeckter Bergriese, den wir bereits Tags zuvor von Salem aus bemerkt, Mount Jefferson, stand uns linker Hand gerade gegenüber, und weiter gegenüber gewahrte ich gelegentlich die leuchtenden Kuppen der "Three Sisters", die, nahe an einander gedrängt, gleichsam neugierig mit einander plaudernd, über die niedrigeren Berge der Coast Range in das blaue Meer hinauszuschauen schienen.

Interessant waren die Annoncen, welche ich öfters am Wege bemerkte, entweder auf Tafeln an die Bäume genagelt, an die Fenzen gemalt oder sonstwo angebracht, je nach der Erfindungsgabe der Anzeiger und wo sie sich dem Auge des Vorbeipassirenden am leichtesten bemerkbar machten. Hier lese ich z. B. an einer himmelanstrebenden Kiefer in großen, weißen Buchstaben auf einer schwarzen Tafel:

"Wer guter Beinkleider bedarf und sich nicht von principienlosen Händlern beschwindeln lassen will, sollte sich unfehlbar an die Herren Dusenberg, Moses und Alexander in Portland wenden. Pariser Eleganz und lächerlich billige Preise sind unsere Empfehlungskarte."

Weiterhin hat Jemand in großen rothen Buchstaben an die Fenz gemalt: "Red Jacket Bitters, Universalmittel gegen den Tod!!! — Zu haben bei Liwei, Rosenbaum & Co. in Salem."

Diese Art des Anzeigens, eine Yankee-Erfindung, wurde in früheren Jahren in ausgedehntem Maße auch in den älteren Staaten der Union als Sporn für das kauf- und schaulustige Publikum angewendet, bis es dort damit so arg wurde, daß die Besitzer von Gebäuden, Fenzen, Ställen, Schweinekoben, Bäumen rc. sich über die Verhunzungen ihres Eigenthums ernsthaft beklagten und die Polizei gegen den Unfug einschritt. In den Minenländern am Stillen Meere steht diese Art des Anzeigens gegenwärtig in höchster Blüthe.

In den Bergwüsten von Washoe sind die Anzeigetafeln, wie Meilenzeiger an Stäben befestigt, am staubigen Wege hingepflanzt, und der vor Durst fast umkommende müde Wanderer mit wunden Füßen kann sich hier schon an den Bildern der Zukunft erfreuen, denn es steht geschrieben, daß Herr Silberberg in Virginia City ein großes Assortiment von "Füßen" zu Spottpreisen losschlägt, — daß ebendaselbst, beim Aaron, die besten Cocktails in der Welt, zu 50 Cents in Silber, gemacht werden, — und daß neben Aarons, im Barbier-Salon, bei dem Herrn Cato, Sturzbäder, zu einem Dollar in Silber oder Gold, dich erquicken werden. Wer nur Greenbacks hat, kann diese an allen drei genannten Plätzen zu fünfzig Cents am Dollar jederzeit ausgeben."

Oben auf dem breiten Gebirgszuge der Sierra Nevada findet man diese Art von Anzeigen ganz besonders häufig; im düsteren Urwald an zwei- bis dreihundert Fuß hoch aufragende Riesenfichten oder an nackte Felsen gemalt. In der Nähe des Sees Bigler zog eine pittoreske Felsenwand meine Aufmerksamkeit durch ihre besonders schroffe und schwindelnde Höhe auf sich. Als unser Sechsergespann donnernd an derselben vorbeijagte und ich in poetischer Begeisterung das Denkmal des ewigen Baumeisters betrachtete, das sich steil und gewaltig hart am Wege über uns emporthürmte, gewahrte ich plötzlich zu meinem Schrecken ganz oben an der Felswand in weiß flammender Schrift die Worte:

„Belästigen dich die Hühneraugen, mein Freund, so wende dich nur an den weltberühmten Operateur und Professor Monsieur de la Croix in Sacramento, und es soll dir geholfen werden!"

Meine poetische Begeisterung wurde erklärlicher Weise sofort von hundert Grad Hitze bis tief unter Zero abgekühlt. Unbegreiflich war und blieb es mir, wie Monsieur de la Croix es möglich gemacht, seine Schrift dort oben anzubringen. Vermuthlich hielt Jemand den Professor, an einem Strick baumelnd, über dem Abhange, als er die Schrift malte.

In einer romantisch-düstern Schlucht am Hood River in Oregon hatte sich eine Madame Proserpina aus Paris sogar den Herren Goldtouristen als Wahrsagerin in San Francisco empfohlen. — „Autographische Zeugnisse ihrer Kunst von fast allen gekrönten Häuptern Europas müssen selbst den Ungläubigsten überzeugen, daß er es in diesem Falle nicht mit einem Charlatan zu thun hat."

Eine Kleiderfirma in San Francisco, Heuston, Hastings & Co., hat ihre Annoncentafeln von St. Diego bis nach Olympia hinauf durch's ganze Land, zu beiden Seiten sowohl der Sierra Nevada als der Cascade-Gebirge, an allen hervorragenden Plätzen angebracht. Man mag kommen wohin man will, in Californien, Washoe, Oregon, Idaho und Montana, sogar in den fernen Besitzungen der "most gracious" Königin Victoria, — überall an den Hauptstraßen und frequentirtesten Plätzen findet man die Anzeigetafeln der Firma, immer dieselben Worte, die man zuletzt unwillkürlich auswendig lernt. In San Francisco besucht mancher Reisender zuerst aus bloßer Neugierde dieses Geschäft, von dem er so oft gelesen, und kauft, ehe er den Laden verläßt, dort seinen Kleiderbedarf. Die Kauflustigen in's Haus zu ziehen, giebt einem guten Verkäufer schon halb gewonnenes Spiel.

Doch genug von diesem neuesten Industriezweige des erfindungsreichen neunzehnten Jahrhunderts!

Dort sehe ich einen Ritter kommen, der Einen unwillkürlich in das Zeitalter des Daniel Boone zurückversetzt. Er hat einen Anzug aus Ellleder an, wozu er das Material selber geschossen, gegerbt, ausgeschnitten, genäht und ornamentirt hat. Die Beinkleider, welche reichlich eng gerathen, sind an den Seiten mit Lederfranzen geziert; bei d.e Weste hat er die Haare, die er nach außen trägt, abwechslungshalber beim Gerben am Felle sitzen lassen. Vom Rock ist leider nicht viel zu sehen, da er seinen saumlosen Mantel darüber gehängt hat. Dieser besteht einfach aus einer roth und weiß breitgestreiften Wollendecke, in deren Mitte er einen geraden, etwa dreiviertel Fuß langen Schnitt gemacht hat, wodurch er den Kopf gesteckt, so daß die Manteldecke ihm graziös über die Schultern fällt. Auf dem Haupte sitzt eine schirmlose Mütze, aus Waschbär-Fellen verfertigt, die einer Baschkirenmütze in meines Vaters Pelterkammer, ein Erinnerungsstück an den Russenkrieg vom Jahre 1812, auffallend ähnlich sieht.

Er sitzt in einem mit halbgegerbtem Leder überzogenen hölzernen Sattel, mit hohen Hörnern hinten und vorne, ein für den Reiter sehr bequemer Sitz, in dem man auf noch so lange Reise gar nicht ermüdet, ganz unähnlich den weich gepolsterten Yankee-Sätteln, die meistens nur für's Auge berechnet sind. Die Steigbügel, gleichfalls aus Holz, sehen entsetzlich kolossal aus, sind aber, wie der Sattel, äußerst praktisch. Dieselben haben die Gestalt eines umgekehrten Omega und sind roh zugeschnitzt. Der Fuß ruht so fest darin, als ob er auf dem Boden stände, und ein Stück starken Leders, das vor dem Steigbügel angebracht ist, verhindert das Hindurchschlüpfen des Fußes, so daß es ein Ding der Unmöglichkeit ist, bei vorkommendem Unfall im Steigbügel hängen zu bleiben.

Unser Ritter hat einen Strick aus Lederstriemen um den Hals des Pferdes gebunden und zusammengerollt am Sattelknopfe hängen, der sowohl als Lasso dient, als den Zweck hat, das Pferd Nachts daran grasen zu lassen. An den Füßen trägt er riesige mexikanische Sporen, an denen die Stacheln anderthalb Zoll lang sind. Kleine Glöcklein daran zeigen, daß er ein musikalisch ausgebildetes Ohr hat. Mit einem spanischen Stangengebiß, das eine furchtbare Hebelkraft hat, vermag er den Uebermuth seines Rosses mit Leichtigkeit zu zähmen, und kann ihm nöthigenfalls mit einem kräftigen Zuge das Maul ganz entzwei reißen. Zwei große Revolver, die in Lederfutteralen vom Gürtel auf die Hüften hängen, und ein großer, uralter baumwollener Schirm, den er aufgespannt hält, bilden den Rest der Staffage unseres Ritters — ein Reiterbild, das zugleich naturwüchsig und Don Quixotte-artig aussieht.

Sein Roß, ein heimtückischer Kai-uhß-Pony, eine Abart der mexikanischen Mustangs, thut nichts lieber, als nach jedem Vorbeigehenden und zuweilen auch nach seines Herrn Beinen zu beißen, und stellt mitunter erstaunliche Capriolen auf den Hinterbeinen an.

Es wird dem Leser vielleicht nicht uninteressant sein, zu erfahren, wie diese halbwilden Mustangs zugeritten werden — gebrochen, wie es hier zu Lande in der Pferdezüchtersprache heißt.

Nachdem der unbändige Sohn der Prairieen mit dem Lasso eingefangen ist, schnürt man ihm zuerst die Kehle halb zu, wirft ihn nieder und verbindet ihm die Augen. Dann läßt man ihn wieder aufstehen und schnürt ihm den Sattel mit starken Lederriemen möglichst fest auf den Rücken. Der Reiter, meistens ein Halberwachsener, der sich schon im Voraus auf den Spaß des wilden Rittes freut, nimmt seinen Sitz und läßt sich gleichfalls mit Lederriemen, und zwar über die Schenkel, auf den Sattel festschnallen, worauf man dem Pferde das freie Athmen wieder gestattet, ihm die Binde von den Augen genommen wird und der Ritt beginnt. Der erboßte Gaul springt, sobald er wieder frei athmen und sehen kann, um die ungewohnte Last abzuschütteln, zuerst hoch in die Luft und kommt mit allen Vieren auf einmal mit steifen Knieen wieder zur Erde; dann bäumt er sich lebhaft, krümmt den Rücken und steckt den Kopf zwischen die Vorderbeine, wobei er vielleicht ein dutzend Mal kurz nach einander mit den Hinterbeinen ausschlägt, nach des Reiters Füßen beißt und die unglaublichsten Kunstreiterübungen anstellt, während dessen der Reiter ihm mit den anderthalb Zoll langen Eisenstacheln seiner Sporen die Weichen blutig reißt und ihn unbarmherzig mit dem Ende seines Lasso prügelt. Zuletzt rennt der Mustang, der zur Ueberzeugung gelangt ist, daß diese gymnastischen Uebungen ihren Zweck, den Reiter abzuschütteln, gänzlich verfehlen, auf's Wüthendste querfeldein, wobei die Schläge vom Lasso unaufhörlich auf ihn fallen. Dieses Kunstrennen wird so lange fortgesetzt, bis der Gaul todmüde und gänzlich zahm geworden ist, worauf der Reiter ihn nochmals tüchtig durchprügelt und einsperrt. Der Mustang wird jetzt für zugeritten erklärt und vergißt Zeit seines Lebens die ersten Prügel nicht. Ein heimtückischer Charakter aber ist ihm geblieben, der sich mitunter trotz aller Erziehung kundgiebt.

Gegen Abend erreichten wir den Gebirgszug der Callapoya-Berge, welcher die Wasserscheide zwischen den Thälern des Willamette- und Umpqua-Flusses bildet. Letzterer nimmt seinen Lauf westlich zum Stillen Meer, durch ein breites Thal, welches den östlich gelegenen Counties einen guten Verbindungsweg mit der Seeküste giebt; wie bereits früher bemerkt, die einzige fahrbare Straße, welche die Coast Range durchbricht.

Liebeslieder.
Von Ed. Dorsch.

Was sträubst du dich?

Was sträubst du dich, wenn meine Hand
Dir Frucht und Blüthe bietet,
Zu nehmen meiner Neigung Pfand,
Das sie nur fester nietet?

Blüh'n Blumen nicht auf jeder Flur
Vor Augen uns und Füßen,
Als wollte gütig die Natur
Mit ihrem Duft uns grüßen?

Was kannst du Großes darin seh'n,
Daß ich dir solche streue?
Laß sie verwelken und vergeh'n,
Der Morgen bringt uns neue.

Und wenn bei Sommers Gluthen nun
Uns kühle Früchte sprießen,
Was kann der Weise Beſſ'res thun,
Als ſelig zu genießen?

Iſt nicht die ſaftgefüllte Frucht
Geſchaffen zum Genuſſe?
Geliebt von Allen und geſucht,
Wie Mädchens Mund zum Kuſſe?

Die Frucht iſt wie ein Quell, der klar
Entſprang aus kühlem Schachte, —
Du aber, reich' die Lippen dar,
Den Quell, wonach ich ſchmachte!

Die Sinne.

Mein Kind, du klageſt die Sinne an,
Als ſinnlich auch meine Liebe, —
Was haben die Sinne dir denn gethan,
Die edelſten unſerer Triebe?

Wenn ich in unerklärbarem Drang
Mein Inn'res zu eigen dir gebe,
Mit meinen Armen, mit meinem Geſang
Dich ganz zu beſitzen ſtrebe:

Was markteſt du da? was zählſt du mir vor,
Wie viel du mir darfſt gewähren?
Zählt denn der Frühling den Blumenflor,
Der Sommer die goldenen Aehren?

Wenn ich in jauchzendem Liebesglück
An's Herz mich dir fühle gezogen,
Was birgſt du vor meinem beſeligten Blick
Des Buſens ſchneeige Wogen?

Schlägt nicht dein Herzchen — das nicht von Stein —
Warm unter der lieblichen Fülle?
Und wenn die Schläge des Herzchens mein,
Iſt's weniger deſſen Hülle?

Und wenn ich dich feiere im Gedicht,
Dich preiſe durch meine Lieder,
Dann mein' ich allein die Seele nicht,
Ich mein' auch den Leib und die Glieder.

Ich meine vereinigt Seele und Leib,
Ich meine den Kern und die Schale.
Ich feire das ganze lebendige Weib,
Den Nektar im goldnen Pokale.

Ich bin kein Zecher, der unbedacht
Aus irdenen Krügen trinket.
Ich liebe den Wein, doch hab' ich auch Acht,
Aus welchem Krystall er mir blinket.

Verzehrt dir die Lippen mein brennender Kuß,
So sind's nicht die Lippen alleine.
Ich küsse in ihnen dir Hand und Fuß,
Dein Ganzes ist's, was ich meine.

Ich habe dich nur durch die Sinne erkannt,
Wie anders hätt' ich es können?
Mein Aug' ruht fest an deines gebannt,
Warum mir das Auge mißgönnen?

Ich höre selig, ich höre entzückt
Der Stimme Flüstern und Kosen.
Ich sehe und fühle so hoch beglückt
Der Wangen Lilien und Rosen.

Und drängt mich dann weiter der Liebesmuth,
Daß nichts mehr zu wünschen mir bliebe, —
Auch sinnliche Gluth ist heilige Gluth
Auf dem Altare der Liebe.

Was du mir bist.

„Was bin ich dir? was kann ich sein,
Daß du mich liebst?" so fragst du mich.
Mein Kind, du bist der Sonnenschein,
Der in den schatt'gen Wald sich schlich.

Du bist der Regen, bist der Thau,
Der auf verwelkte Blumen fiel,
Daß sie auf's Neu' zum Himmelsblau
Entsenden ihrer Düfte Spiel.

Du bist der zweite Frühling mir,
Der Frühling, der zur Herbsteszeit
Nochmals den Veilchen macht Quartier,
Nachdem es Flocken schon geschneit.

Du bist die Muse, die zum Klang
Die rost'gen Saiten wieder stimmt,
Daß gottbegeistert mein Gesang
Den Flug nach Oben wieder nimmt.

Und auch der Lorbeer bist du mir,
Nach dem das Herz des Sängers ringt,
Der Lorbeer, dessen goldne Zier
Sich kühl um heiße Schläfe schlingt.

Du bist mir jene heil'ge Frucht
Am Baum des Lebens, Liebste mein,
Die zu erstreben ich gesucht,
Um allen Göttern gleich zu sein.

Du bist der goldne Siegespreis,
Vom Liebesgott an's Ziel gestellt. —
Ich ringe, ach! wie ring' ich heiß,
Daß er mir in die Arme fällt!

Die Sünden der österreichischen Militärverfassung.
Von Edmund Carl Preiß.

Zweite Abtheilung.

I.

Wie gliedert sich die Armee, und welches ist der Modus ihrer theoretischen, praktischen und moralischen Heranbildung?

Zur Erhaltung der Schlagfertigkeit einer Armee gehört in erster Instanz eine logisch durchgeführte Organisation im Frieden. Nur eine solche kann es ermöglichen, daß die Armee im Kriegsfalle ein verläßliches Instrument in der Hand des Feldherrn ist.

Was nun die Organisation der österreichischen Armee im Ganzen betrifft, so ist wohl nicht in Abrede zu stellen, daß diese zum Feldzuge 1859 als vollends logisch durchgeführt angesehen werden mußte. Bei der 1860 eingetretenen Reorganisirung fand es ein hochgelahrter Kopf aus Ersparungsrücksichten jedoch angemessen, den Divisionsverband aufzuheben, welche Maßregel, obwohl der Feldzug von 1864 gegen Dänemark sie als höchst unpraktisch qualificirt hatte, zu jenem von 1866 dennoch aufrecht erhalten wurde. Napoleon I. und alle anderen Armeeorganisatoren der neueren Zeit haben den Divisionsverband als Basis eines logischen Systems beibehalten, weil es bei Ausbruch eines Krieges leichter ist, die im Frieden ausgebildeten, mit ihren Führern bereits vertrauten

Armeedivisionen in Armeecorps zu formiren, als solche aus zusammengewürfelten, mit der nächsten Oberleitung ganz und gar unvertrauten Brigaden zusammen zu stoppeln. Der ganze Körper muß durch seine erst in elfter Stunde bewerkstelligte Geburt jedweder festeren Basis entbehren. Der Feldzug von 1866 war wieder der schlagendste Beweis, daß jener General, der für seine tapferen Thaten auf dem Papier mit einem hohen Orden decorirt und sogar in den Freiherrenstand erhoben worden war, eine ansehnliche Bresche in die logische Gliederung der Armee geschossen hatte. Es war ein total verfehltes Experiment, da gerade bei jungen Truppen, aus welchen die Armeen zumeist bestehen, die gute Führung zur Hauptsache gehört, Führer also in genügender Zahl nie fehlen dürfen und schon im Frieden herangebildet und mit den Truppen vertraut sein sollen. Preußen hatte den Divisionsverband in seiner Armee beibehalten, konnte daher auch leichter und sicherer operiren, und hatte keinen Mangel an geschulten, mit den Truppen vertrauten Generalen. Die Herstellung des Divisionsverbandes in Oesterreich war nach den neuesten Nachrichten der erste Schritt zur Reorganisation der Armee, ein Beweis, daß den gegenwärtig an die Spitze derselben gestellten Offizieren die Augen aufgegangen sind.

Die Cavallerie als eigenes Corps für den Frieden zu formiren, könnte unterbleiben, da es ausreichend und nur in Ungarn möglich ist, sie, in Divisionen formirt, sowohl in administrativer als taktischer Beziehung bei den Armeecorps zu belassen, zumal diese Cavalleriedivisionen im Kriegsfalle, wie es 1859 und 1866 geschehen ist, entweder als selbstständige Divisionen bei den Reservecorps aufzutreten bestimmt sind, oder auch als Reserve-Cavalleriecorps aus den Divisionen im Bedarfsfalle formirt werden können. Bei den anderen Armeecorps würden, den bestehenden Dislocationsverhältnissen gemäß, blos leichte Cavalleriebrigaden, wie es der Fall ist, einzutheilen sein, weil die leichte Cavallerie, bei den Armeecorps im Felde in kleinere Abtheilungen formirt, zumeist nur berufen ist, in zerstreuter Gefechtsordnung zu wirken. Diese Eintheilung besteht sowohl in administrativer als taktischer Beziehung in Preußen, und war trotzdem, daß man vor Beginn des Krieges aus den Divisionen der verschiedenen Corps erst die Armeecorps formirte, die administrative Eintheilung nicht beirrt. In Frankreich hat man dagegen nach Beendigung des Feldzuges 1859 erst die Marschallate geschaffen, dabei aber den Divisionsverband als Basis der taktischen Eintheilung beibehalten.

Um weiteres für die Schlagfertigkeit mit Aufgebot der geringsten Mittel zu erreichen, müßte die Armee für den Frieden in eine mobile und stabile eingetheilt werden. Die mobile wäre berufen, bei Ausbruch eines Krieges sogleich in's Feld zu rücken, daher die unbedingte Schlagfertigkeit bei dieser vor Allem gefördert werden müßte; die stabile hingegen würde zur Bildung der Reserve-Armee dienen und die Depot-Cadres enthalten, welche den Abgang bei der mobilen zu decken und die Ausbildung und Absendung der Nachschübe zu besorgen hätte. Dieser Vorschlag ist nicht neu. Leider hat er bis zur Stunde kein Gehör gefunden; vielleicht daß die Zukunft ihn uns in verkörperter Gestalt endlich vor die Augen führt.

A. Organisation der Fußtruppen.

Infanterie und Jäger.

Erfahrungsgemäß wird das richtige Verhältniß des Friedens- zum Kriegsstande bei den Fußtruppen zu zwei Drittel des Letzteren angenommen und diese Regel als Basis bei allen Armeen festgehalten. In Oesterreich besteht nahezu das umgekehrte Verhältniß.

In Frankreich zählt der Stand der Compagnieen für den Krieg 100 Mann, wovon bei der Infanterie 60, bei den Jägern 70 im Frieden präsent bleiben; in Preußen, welches durch die seit fünfzig Jahren eingeführte allgemeine Wehrpflicht Gelegenheit gehabt hat, viele Erfahrungen in dieser Beziehung zu machen, wurde zur Erhaltung der Schlagfertigkeit der Armee eine dreijährige Präsenzzeit als unerläßlich erkannt und das Verhältniß des Friedens- zum Kriegsstande per Compagnie bei den Fußtruppen mit 130 Mann im Frieden bei 180 im Kriege bestimmt. Dieses Verhältniß ist noch günstiger als das zu zwei Drittel, und gewinnt noch mehr für sich wenn man bedenkt, daß die Volksbildung auf einer höheren Stufe steht und die einheitliche deutsche Sprache mit geringer Ausnahme die vorherrschende ist. Oesterreich beziffert seinen Kriegsstand per Compagnie mit 130 Gemeinen und 16 Gefreiten, also 146 Mann in Reih' und Glied, und hat den Minimal-Friedensstand auf 54 Gemeine und 6 Gefreite festgestellt, wonach das Verhältniß unter die Hälfte des Kriegsstandes herabsinkt.

Wo soll da, bei einer Präsenzzeit von zwei ein drittel Jahren und unter den erschwerenden Umständen der Nationalverschiedenheiten und Volksintelligenz, eine den gesteigerten Anforderungen der Neuzeit entsprechende militärische Ausbildung herkommen? Wie soll die taktische Gelenkigkeit im Manövriren und der so nothwendige rasche Ueberblick der Commandanten in den verschiedenen Situationen erzielt werden? Wenn das Bataillon zur numerischen Schwäche einer Compagnie herabgesetzt wird, wie sollen die Untercommandanten die richtigen, in der Gefechtslage begründeten Dispositionen bei Feldübungen erkennen, beurtheilen und ausführen lernen? Was der minder entwickelte Verstand nicht sieht, begreift er schwerer, und wenn man die Unteroffiziere gewöhnt, der Phantasie mehr Spielraum zu lassen als dem nüchternen Verstande, so wissen sie im entscheidenden Moment auch selten Rath und gewöhnen sich an eine im höchsten Grade verdammenswerthe Kurzsichtigkeit. Das Uebel pflanzt sich von Stufe zu Stufe weiter. In letzter Instanz hat selbst der Brigadier keine Gelegenheit, sich des großen Körpers völlig bemeistern zu lernen, und scheitert, wenn er mit ihm irgend etwas unternehmen soll, an seiner eigenen Unwissenheit im Manövriren. Der beklagenswerthe Zustand der Finanzen läßt eine längere Präsenzzeit im Frieden allerdings nicht zu; indessen giebt es Wege und Mittel genug, das angestrebte Ziel auch ohne finanzielle Ueberbürdung des Staates zu erreichen. Man prüfe nur die zahlreichen Vorschläge, die von intelligenten Gliedern der Armee in dieser Beziehung gemacht worden sind, und überwinde ben blöden Gedanken, daß für Oesterreich alles Gute erst vom Auslande kommen müsse. Giebt es denn wirklich keine anderen Wege zur Erkenntniß, als jene, die nach Solferino und Königsgrätz geführt haben? Muß die österreichische Armee denn immer und immer der Sündenbock sein, an welchem sich die Neuerungen im Kriegswesen fremder Staaten erproben sollen? Wenn man das System der mobilen und stabilen Heereseintheilung adoptiren wollte, würde man wirklich so viel dabei riskiren, wie einzelne Kanzleiwürmer im Kriegsministerium geheimnißvoll flüstern?

„Prüfet Alles, und das Beste behaltet!" sagte Pöniz, der bekanntlich kein Oesterreicher war. Wohlan denn! hier ist gute Gelegenheit, der alten Devise treu zu bleiben. Folgt der Stimme des fremden Propheten; auf die Einheimischen wollt ihr ja doch nicht hören. Folgt ihr, es kann wahrhaftig nicht schaden.

Die nach dem Feldzuge von 1859 durchgeführte numerische Abschwächung der Bataillone in den Regimentern, und die Vermehrung dieser Letzteren von 62 auf 80, sowie die gleichzeitige Vermehrung der Jägerbataillone auf 38, waren zeitgemäße, wenn auch blutig abgerungene Reformen. Sie haben nicht nur in administrativer, sondern auch in taktischer Beziehung große Erleichterungen gebracht.

Es beträgt die Linien-Infanterie Oesterreichs auf vollem Kriegsfuß: 80 Infanterieregimenter, das Regiment 4 Bataillone, das Bataillon 6 Compagnieen, also 385,324 Mann oder 1020 Compagnieen. Von diesen vier Bataillonen rücken der Bestimmung nach drei in's Feld, während das vierte, das im Frieden nur aus Cadres besteht, als Depotbataillon zurückbleibt. Es sind also in runder Zahl 388,000 Mann Linien-Infanterie für den Ausmarsch zu verwenden; ferner 14 Grenz-Infanterieregimenter und das Tyroler Jäger-Regiment, letzteres zu 8 Bataillonen, beide zusammen auf voller Kriegsstärke 53,200 Mann. Wie viele von den Grenz-Infanterieregimentern mobil gemacht werden können, ist nicht vorher bestimmt. Nimmt man 25,000 Mann, also etwa die Hälfte, an, so wird dies das Maximum sein, da die lange Grenze der übrigen Hälfte zu ihrem Schutze nothwendig bedarf. An Jägern 38 Bataillone, das Bataillon zu 6 Compagnieen, also 228 für den Ausmarsch bestimmte und 38 Depot-Compagnieen, in voller Kriegsstärke zusammen 48,800 Mann, davon circa 40,000 für den Ausmarsch. Es giebt also in Oesterreich an gesammter Infanterie 486,780 Mann, einschließlich der Offiziere. Dies hinsichtlich der Quanta. In Betreff der Organisation muß ferner erwähnt werden, daß seit den Jahren 1848 und 1849 den historischen und nationalen Interessen der Armee nicht nur gar keine Rechnung getragen worden ist, sondern denselben — obwohl sie vielwiegende Faktoren — von den pedantischen Systematikern mit Mißachtung begegnet und sie mit Vorbedacht hintangesetzt wurden. Wir wollen hier nur z. B. auf das verfehlte Experiment mit der Vermischung der verschiedenen Nationalitäten in den Regimentern hinweisen; welche Fatalitäten dabei zu Tage getreten sind! So bekam ein Regiment aus Siebenbürgen

(Romanen) im Jahre 1852 zu Verona 600 Mann Rekruten aus Kroatien zugewiesen, von welchen Niemand diese Sprache verstand. Zum Glück lag ein kroatisches Regiment in Mantua, von welchem man sich die Chargen zur Abrichtung der kroatischen Rekruten borgen konnte. Ein anderes lehrreiches Beispiel liefert die Versetzung alter Nationalregimenter in neue Ergänzungsbezirke anderer Nationalitäten, wie jene des altschlesischen Regimentes No. 29 in den Ergänzungsbezirk Großkikinda im Banate.

Wie oft ist das tiefste Bedauern über diese Verwechselung ausgedrückt und darauf hingewiesen worden, welchen Impuls die Erinnerung an ihren berühmten Inhaber, den Feldmarschall Loudon, bei den braven Schlesiern bei ernsten Gelegenheiten hervorgebracht, und welche vortreffliche Wirkung diese Anregung zur Folge gehabt hatte!

Freilich ist der Name Loudon in Schlesien traditionell und in jeder Kinderstube noch bekannt. Was weiß aber der Serbe und Banate von Loudon zu erzählen? Der Ruhm der Väter sollte sich auch auf die Kinder vererben; dadurch würde das historische Interesse genährt und der gute Geist gehoben. Das böhmische Infanterieregiment König von Hannover No. 42 schlägt wegen besonderer Auszeichnung in der Schlacht von Wagram den Generalmarsch der Grenadiere, und der Regimentskommandant kann mit Stolz zu den Soldaten sagen: Diese Auszeichnung haben sich euere Väter durch ihren Muth erkämpft; seid ihrer würdig! Bei Medole 1859 haben diese Worte wie ein Blitz gezündet. Das Regiment hat sich über alles Lob erhaben geschlagen. Wie wäre es aber gewesen, wenn es ein ungarisches geworden wäre? Man hatte bei der Formirung der Infanterie 1860 die Gelegenheit, diesen Mißgriff, der 1859 so schlechte Früchte getragen, wieder gut zu machen; aber man dachte nicht daran. Wozu auch? Die Beseitigung des Institutes der Grenadiere bei der Organisation im Jahre 1860 war gleichfalls ein historischer Mißgriff. Die Helden von Stockach, Aspern, Wagram und Znaim hätten wohl diese Beachtung verdient, weil man sich dadurch nach der Ordre do bataille von 1809 wie der große Erzherzog Carl eine Reserve geschaffen hätte, die im Momente des Bedarfes trotz aller Zündnadelgewehre die Entscheidung mit der nachdrücklichen Wucht des Bayonnettangriffes herbeizuführen im Stande gewesen wäre. Im Feldzuge von 1859 bestanden zwar noch die Grenadiere; aber statt sie als wuchtige Reserve zu formiren, um im richtigen Momente die Entscheidung herbeizuführen, hat man sie in vorderster Linie als Tirailleurs fechten lassen. Das war gewiß keine geniale Verwendung derselben. Hatte man denn ganz und gar vergessen, wodurch weiland Schwarzenberg die Entscheidung bei Leipzig herbeiführte? Weiß man nicht mehr, was die Grenadiere in den Feldzügen unter Prinz Eugen und im siebenjährigen Kriege unter Loudon geleistet haben? Derlei Traditionen sollten nicht so leicht aufgegeben werden; ihnen Rechnung zu tragen, wird eine nicht unwesentliche Aufgabe für die gegenwärtige Heeresleitung sein.

Was die taktische Ausbildung der Armee betrifft, so können die größeren

Uebungen, so außerordentlich wünschenswerth und nothwendig es auch ist, der großen Kosten wegen nicht alle Jahre durch Concentrirung ganzer Armeecorps oder Beziehung von Standlagern in's Leben treten. Aber ohne große Kosten zu veranlassen, könnte die Brigade- und Divisions-Concentrirung im Bereiche der Generalcommanden stets angeordnet werden. Man könnte die Truppen zur Concentrirung hin und zurück zu Fuß marschiren lassen, wodurch dem Manne während seiner ohnehin kurzen Dienstzeit die Gelegenheit geboten würde, sich auf größeren Märschen behelfen zu lernen. Diese Maßregel wird auch in Preußen eingehalten und hat, wie alle Welt weiß, keine schlechten Früchte getragen.

Auf diese Weise würde die Armee die taktische Ausbildung zur Erhaltung der Schlagfertigkeit jedenfalls fördern können. Behufs theoretischer Ausbildung der Offiziere, um sie mit der höheren Kriegskunst und den Fortschritten in derselben und in den anderen Waffen auf der Höhe der Zeit zu halten, sollten während der Wintermonate Vorlesungen über Krieg und Kriegführung abgehalten werden. Jedenfalls wäre dies nützlicher als ein trockenes Vorlesen von Reglements und das Ausarbeiten von Themas, das zumeist irgend ein guter Freund aus Gefälligkeit übernimmt. Dasselbe sollte auch bei den Depotkörpern geschehen, wo die meisten Offiziere in der Regel dem süßen Nichtsthun sich hingeben und an körperlichen Dimensionen gewinnen, was sie an geistiger Frische und Elasticität verlieren. Die träge dahin schleichende Zeit in den langweiligen Garnisonen würde dadurch sehr nützlich ausgefüllt, nicht zu gedenken der vortheilhaften wissenschaftlichen Anregung, die entstehen und fortkeimen müßte. Die militairischen Fachblätter liefern ein ausreichendes Material, welches auf diese Weise trefflich verwerthet werden könnte. In jedem Bataillon oder jeder Division sollte wenigstens ein Exemplar dieser Zeitschriften vorhanden sein. Leider aber giebt es nicht nur viele Offiziere, sondern sogar ganze Abtheilungen, die von der Existenz dieser Fachblätter kaum Kenntniß haben. Wo soll da die Fortbildung und der Fortschritt herkommen? Die Betreffenden wollen sicherlich einstens Generäle werden, befassen sich aber, um sich dazu heranzubilden, des gründlichsten Studiums der Rangsliste und des Militair-Schematismus, in welchem sie allerdings Außerordentliches zu Tage fördern und sich bei jeder Gelegenheit geberden, als wenn ihren Verdiensten nicht gebührend Rechnung getragen würde. Dieser Avancement-Heißhunger, der jedem Kameraden so bald wie möglich den blauen Bogen zugedacht wissen will, ist der Sarg der ächten Waffenbrüderschaft und ein sehr bedenkliches Symptom.

Zu den berührten Vorlesungen oder Vorträgen gehört außer den Fachblättern auch eine Bibliothek, denn Wissenschaft ist — wie Herr von Schmerling treffend sagte — Macht, und im Kriege wird wenig praktisch erprobt, was nicht in der Theorie vorbereitet wird. Der Festungskrieg, der heut zu Tage eine große Rolle zu spielen berufen scheint, sollte jedem Infanterie-Offizier, der dabei jederzeit eine der Hauptaufgaben zu lösen berufen war und sein wird, mindestens theoretisch gelehrt werden, ohne daß man sich dabei in abstrakte Grübeleien über Systeme, die gar nicht ausgeführt vorhanden sind, oder Defilements einzulassen brauchte. Das Dürre von Linien und Winkeln könnte, um das Interesse rege zu erhalten, gleichfalls vermieden werden. Wie nothwendig die Kenntniß der Befestigungskunst und des Festungskrieges für jeden Offizier im Allgemeinen, speciell aber für den Infanterie-Offizier, ist, hätte man bei der Belagerung von Malghera und Venedig 1849 zur Genüge erfahren können. Nachdem einige sehr fatale Anordnungen bei der Ausführung der Trancheen, wie auch bei den ersten feindlichen Ausfällen, vorgekommen waren, sahen die Ingenieur-Offiziere ein, daß diese Art der Kriegsführung den Infanterie-Offizieren zum größten Theile neu und völlig unbekannt war, und fanden sich veranlaßt, den Abtheilungskommandanten in den Zeuggärten vor dem Eintritte zum Trancheendienste förmliche Vorlesungen über die Aufstellung und das Verhalten der Laufgrabenwache und Arbeiter mit einem Brouillon der Arbeit und Stellung abzuhalten, damit das richtige Verständniß der Aufgabe erzielt und den Störungen vorgebeugt werde. Wie es der Erfolg gezeigt, hat dieser Vorgang sich bewährt.

Da nun jeder Offizier von Ambition die Stufe des Generals zu erreichen sich vorsetzt, so resultirt, daß für jeden General die Kenntniß und das richtige Verständniß des fortifikatorischen Theiles des Krieges unerläßlich sei, daher der Vortheil solcher Vorlesungen einleuchtend ist. Die zu solchen Vorlesungen erforderlichen Werke sind allerdings so kostspielig, daß sie von dem Einzelnen nicht so leicht angeschafft und überdies bei der Mobilität der Armee nicht mitgeführt werden können; wir sind aber der Ansicht, daß diesem Uebel durch Creirung von Garnisonsbibliotheken — einem wiederholt öffentlich ausgesprochenen Bedürfniß — abgeholfen werden könnte. Was nützen die mitunter sehr guten und reichhaltigen Regimentsbibliotheken, wenn sie den größten Theil des Jahres, oftmals auch jahrelang, in den Ergänzungsbezirksstationen verpackt liegen? Ein einziger Aufruf des Kriegsministeriums, und alle Regimenter würden, vom ächt soldatischen und patriotischen Gemeingeist erfüllt, durch freiwillige Abtretung ihrer Bibliotheken das schöne Ziel erreichen helfen, ohne um die Mittel dazu erst jahrelang und dann erst noch erfolglos petitioniren zu müssen. Die Anregung muß immer von Oben kommen. Das Ministerium und das Armee-Oberkommando sind die Centralbehörden, denen es obliegt, für Bildung, Aufklärung und Fortschritt in der Armee zu sorgen. Thue Jeder seine Pflicht, dann sind Mahnungen allerdings überflüssig. Die scientifische Ausbildung der Chargen und Soldaten, sowie jene der Offizierskandidaten, leidet in demselben Maße wie jene der Offiziere. Der Soldat bringt — ebenfalls in Folge der übermäßigen Standesreducirung im Frieden — den größten Theil seiner Dienstjahre im Schildwachstehen und in Kasernselaturen, so wie in gedankenlosen Drillen auf der sogenannten Flegelwiese zu. Die Lese-, Schreib- und Rechenschulen, sowie alle übrigen Bedürfnisse geistiger Aufklärung, sind im höchsten Grade ungenügend und fast überall ohne besonderes Resultat.

Warum? Der Soldat, vom Wachdienst, Exerciren und Paradiren abgehetzt, sehnt sich nach Ruhe, geht nur mit Widerwillen zur Schule und sucht sich derselben auf alle nur mögliche Weise zu entziehen. Sein Kriegerthum ist eben kein freiwilliges, seine Existenz nicht sein erwählter Beruf, und sein Loos wie bekannt nicht eben ein glänzendes. Es giebt ferner Unteroffiziers- und Feldwebelsschulen, die hin und wieder wohl sehr erfreuliche Resultate geliefert haben, in der Regel aber den Anforderungen nicht entsprechen und sehr oberflächlich gehalten werden. Die Lust zum Fortdienen über die gesetzliche Zeit und der mit ihr verwandte Trieb nach geistiger Aufklärung sind eben auch bei den Unteroffizieren in sehr geringem Maße vorhanden, weil auch sie — wenngleich ihr Loos doch immer noch erträglicher ist als das der Soldaten — selten eine Zukunft zu erwarten haben. Der Grund hiervon liegt wieder in der Nationalitätsverschiedenheit. Die Dienstsprache ist deutsch, die Kenntniß der deutschen Sprache also für Jeden, der im Militairstande sein Unterkommen finden will, unerläßlich. Wo soll sie der Ungar, der Pole, der Serbe, Kroate, Böhme ec. ec. hernehmen, wenn sie nicht eben im Lande herrschend ist?

Man erlasse ein Gesetz, daß der brave Unteroffizier auch dann zum Offizier befördert werden kann, wenn er nicht in der deutschen, sondern nur in seiner Mutter- oder Regimentssprache ausgebildet ist, und man wird bald die Erfahrung machen, welch schlummerndes Element in der Armee steckt. Die Reservirung von nur einem Viertel der Offiziersstellen für Chargen müßte dieses Element wecken und der Armee eine Kraft geben, die sie unüberwindlich macht. Wie viele Italiener, Franzosen ec. sind avancirt, und wie viele stehen noch heute in der Mitte des großen Heeres, die der deutschen Sprache nicht mächtig waren und es noch immer nicht sind? Haben diese Ausländer Fortschritte in der deutschen Linguistik machen können, warum sollten es die Ungarn, Slaven ec. nicht auch vermögen, besonders dann, wenn man wie in Frankreich und Preußen gemeinschaftliche Offizierstafeln zur Pflicht macht?

Die Behauptung, daß die Entlassung zahlreicher Offiziere nach dem Kriege Zeugniß von der Unzulänglichkeit des österreichischen Offiziers-Rekrutirungssystems ablegt, zeugt nur von willkürlicher Auffassung und Verdrehung der Thatsachen, die sich ein Gebildeter niemals zu Schulden kommen lassen soll. Wir wollen uns Mühe geben, dieses feinsollende Kriterium geistloser Schwätzer näher zu beleuchten.

Das Prinzip, nur solche Individuen zu Offizieren zu befördern, die deutsche Bildung besitzen, lockte und lockt noch immer eine Menge Subjekte vom Ladentisch, dem Hörsaal ec. ec. zum Eintritt in das Heer, und namentlich in solche Regimenter, die außerdeutschen Provinzen angehören. Mit der Aufstellung der Grenadier- und Depot-Bataillone erschöpfte sich das alte Cadetten- und Anstalten-Offizierscontingent, und die Beförderungstour kam so an Jene, die vermöge ihrer Präcedentien am wenigsten hierzu geeignet waren. Der Friede räumte auf, und die Meisten kehrten wieder dorthin zurück, woher sie gekommen waren — zum Leidwesen einer Armee, deren Ehre stets makellos war.

Die Juden, welche Deutsch sprechen und die Dollmetscher der Offiziere bilden, sind meistens chargirt. Unter Zehn sind es gewiß Acht, und nicht etwa wegen ihrer Intelligenz oder ausgezeichneten Verwendung, sondern lediglich — aus Sprachrücksichten. Weder Zulagen noch die Aussichten auf Civilanstellungen sind geeignet, die Unteroffiziere an die Fahnen zu fesseln. Für subjective Gründe substituire man keine objective, wenn man sich nicht täuschen lassen will. Nicht das Geld — der Ehrgeiz ist das Triebrad soldatischer Eitelkeit.

Es giebt keinen Arbeiter, der sich nicht täglich einen Gulden verdient, und so viel kann kein Staat dem Unteroffizier geben. Ein Verheiratheter denkt höchstens auf eine Anstellung, von der ihn noch einige Jahre trennen; der größte Theil denkt aber nur von heute auf morgen. Die Regierung giebt und verspricht dem Soldaten Alles, und dennoch zeigt sich nirgends eine Lust zum Fortdienen. Carriere, Avancement, Zukunft sind die Hauptmotoren des Bleibens und Gehens; setze man diese in Bewegung, und man wird Unglaubliches erreichen. Nimmt man die Jahre 1848, 1849, 1859 und 1866 als Maßstab militärischer Leistungen, so findet man, daß der Offiziersersatz nicht so schwer zu bewerkstelligen ist, wie es im Allgemeinen scheint. Die Jahre 1859 und 1866 waren eine Ausnahme und keine Regel. Kein Staat der Welt vermag eine Armee von 8 oder 900,000 Soldaten mit einem durchgängig intelligenten Offizierscorps zu dotiren. Im Uebrigen sind auch die eigentlichen Offiziers-Candidaten — die Cadetten — nicht viel besser daran als die Unteroffiziere. Sie müssen die Dienste verrichten, welche die von ihnen bekleidete Charge fordert, beziehen keine größere Gebühr als jeder andere Unteroffizier, und müssen den Winter über ihre Zeit in den sogenannten Regiments-Cadettenschulen zubringen, woselbst zwar vieles gelehrt, aber wenig gelernt wird, und schon deshalb kein geistiger Wettkampf sich entwickelt, weil die Protektion Einzelner immer mächtiger ist als das Verdienst Vieler, und bei Besetzung der Offiziersstellen nicht etwa die Resultate der Schule und des Dienstes, sondern gemeiniglich die persönliche Ansicht des Regimentscommandanten oder der Einfluß hoher Gönner entscheiden. Das Quantum der aus den Militärbildungsanstalten tretenden Zöglinge wiegt den Bedarf an Offizieren, zumal bei Ausbruch eines Krieges, nie auf, und die Ursachen, warum die Armee anderwärts keinen genügenden Nachwuchs hat, sind sehr in die Augen springend.

Wir nennen darunter in erster Instanz zu große Reduktion der Chargen-Cadres im Frieden, — zu umfangreiche Errichtung neuer Truppentheile im Kriege, — mangelhafte Heranbildung der Cadetten bei der Truppe, — ungenügende pecuniäre und zu wenig hervorragende gesellschaftliche Stellung der Offiziere, weshalb sich intelligente Offizierscandidaten nicht in genügender Menge finden, — ungünstige Avancementsaussichten, — unzureichende Versorgung — und eine Behandlungsweise von Seiten vieler Vorgesetzten, die sehr häufig mit dem Wesen der Offizierscharge im Widerspruche steht.

Wir kommen nun zu einem der wichtigsten Punkte, zur Regelung der Avancements-Verhältnisse der Infanterie, dem Regiments-Inhaberswesen und dem pecuniären Entgeld der verschiedenen Dienstesstufen.

Diese Gegenstände wurden bereits zu wiederholten Malen öffentlich besprochen, sie wurden in Brochüren und Fachblättern eingehend behandelt und es wurde dargethan, auf welche Weise sie erledigt werden könnten. Alles vergeblich. Obwohl das Unzweckmäßige des eingehaltenen Beförderungswesens nach der Ancienuität einer eingehenden Analyse unterzogen und, durch Thatsachen belegt, nachgewiesen worden ist, obwohl man aller Orten weiß, daß der Gradmesser militairischer Tüchtigkeit weder in der Zahl der Dienst- noch der Zahl der Lebensjahre zu finden ist, hält man doch immer noch an der sogenannten Eselsleiter fest und scheut sich, der Intelligenz jenen Vorzug einzuräumen, der ihr gebührt. Daß man ein sehr tüchtiger Hauptmann, aber ein sehr ungenügender Stabsoffizier sein kann, ist bekannt; daß man ein brillanter Corpsführer und ein höchst mittelmäßiger Armeecommandant werden kann, ist gleichfalls erwiesen; warum also zögert man, der Armee zu geben, um was sie so lange schon bittet und was ihr schließlich trotz aller Opposition doch wird werden müssen: ein liberales, gerechtes, zeitgemäßes Avancementgesetz? Als der mährische Landtagsabgeordnete Dr. Skene seiner Zeit im Wiener Reichsrathe diese Frage stellte, erwiderte der Kriegsminister Graf Degenfeld, daß Fragen innerer, rein organisatorischer Natur außer dem Bereiche der Wirksamkeit des Reichstages lägen und sich deshalb von selbst schon jedweder parteileidenschaftlichen Discussion entzögen. Die Armeeverwaltung kenne ihre Pflichten und werde ihnen zu genügen wissen. Sie sei in diesen Fragen Seiner Majestät allein Rechenschaft schuldig, und man müsse sich auf ihre Einsicht und ihren Patriotismus verlassen. Damit war die Sache erledigt. Man hat seither kein Wort mehr von Aenderungen im Avancementgesetz gesprochen, und es blieb, wie immer, beim Alten. Warum? Weil Diejenigen, die an der Spitze der Verwaltung stehen oder die höchsten Stellen in der Armee bekleiden, einen großen Theil ihrer Macht verlieren würden, wenn ihnen in ihrer gewöhnlichen Eigenschaft als Regimentsinhaber das Recht, Offiziere bis zum Hauptmann ad libitum in ihren Regimentern zu ernennen, entzogen und in die Hände der Centralbehörde gelegt werden würde. Das Regimentsinhaberwesen ist ein Wespennest, in das man ohne Gefahr, zu Tode gestochen zu werden, nicht greifen darf. Die Zahl seiner Anhänger ist sehr gering, jene seiner Gegner Legion. Man spricht in gewissen Kreisen, wo man, wie wir bereits erwähnt, das Historische und Traditionelle mit Fußtritten behandelt hat, wenn von dem Inhaberwesen die Rede ist, mit einer entsetzlichen Ehrfurcht von dieser alten, aber auch sehr altersschwachen Institution. Hier ist das Traditionelle heilig, weil es zum Beutel spricht; dort ist es jedweden Glanzes baar, weil es nun eben so und nicht anders in den Kram hineinpaßt. Auf ein bischen Inconsequenz kommt es ja dabei nicht an. Das Regimentsinhaberwesen ist eine der vielen Eigenthümlichkeiten, an denen die kaiserliche Armee reich ist. Ursprünglich wurde bestimmt, daß einzelne Regimenter zur besondern Auszeichnung und Belohnung der Verdienste hervorragender Generäle deren Namen führen sollten; später wurde diesen Generälen auch das Recht zuerkannt, die in ihren

Regimentern erledigten Offiziersstellen geeigneten Individuen zu verleihen und wurde ihnen auch das volle Straf- und Begnadigungsrecht über alle zum Regimentsverbande zählenden Personen eingeräumt. Der General, welcher zum Inhaber eines Regimentes ernannt wird, hat das Recht, bis zum Grade eines Hauptmannes Offiziere zu ernennen; er hat Gelegenheit, alle seine nächsten Verwandten und Freunde in sein Regiment einschmuggeln zu können, und als herrscht zwischen den Inhabern der verschiedenen Regimenter die Gewohnheit, sich in Bezug auf sogenannte Einschieblinge gegenseitig auf das Beste zu unterstützen. So macht zum Beispiel der General A den Vetter des Generals B, der als Oberlieutenant in irgend einem Regimente dient, heute zum Hauptmann in dem seinigen, und General B morgen, oder bei sich ergebender nächster Gelegenheit, den Sohn des Generals A, der als Lieutenant irgendwo dient, zum Oberlieutenant im eigenen Regiment, u. s. w. Auch ist es, und zwar besonders während des Feldzuges von 1859, vorgekommen, daß gegen einen sehr bekannten General die Beschuldigung erhoben wurde, er habe mit den in seinem Regimente erledigten Offiziersstellen förmlich Handel getrieben und dabei die Rechte und Ansprüche seines eigenen Offizierscorps auf das Unverschämteste verletzt. Wie dem auch sein mag, etwas Wahres ist daran sicherlich gewesen, denn jener General wurde seiner Inhaberrechte verlustig und das Regiment wurde einem russischen Prinzen verliehen, dessen Namen es noch heute führt. So involvirt das Inhaberwesen für einzelne Regimenter Glück, für einige Präponderanz, aber bringt, obwohl durch seine Dauer legitimirt, der Armee im Allgemeinen weit mehr Nachtheil als Vortheil. Die in den öffentlichen Blättern geführte Polemik beweis't dies zur Genüge.

Der Sternenhimmel.

Aus einem dänischen Vortrag H. C. Oersted's übertragen von
Victor Ernst.

Suchen wir uns zuerst die Eindrücke klar zu machen, welche bei der Betrachtung des klaren, unbewölkten Sternenhimmels allen Menschen, auf welcher Bildungs- und Entwicklungsstufe sie sich auch befinden mögen, gemeinsam sind. Der Eindruck des Großartigen ist so unmittelbar, daß er sich bei Jedem zuerst geltend macht. Selbst Dem, welcher am meisten auf der Stufe bloßer Sinnlichkeit steht und bei dem die innewohnende Vernunft ihre heimlichen Winke noch am wenigsten in die sinnliche Auffassung mischt, muß der Sternenhimmel als das Größte erscheinen, was er kennt; aber der gewaltige Raum würde öde und leer sein, wenn er nicht durch die zahllosen Sterne belebt würde. Das Licht, welches sie vom Himmel strahlen, wird uns doppelt bedeutungsvoll durch das Dunkel der Erde. Weil wir nichts von allen den Gegenständen sehen, welche uns an die engen Verhältnisse des Alltagslebens erinnern, dehnt die

Seele sich aus, und die Unsichtbarkeit des Vergänglichen schärft die Sinne für das Licht aus einer höheren, größeren, minder dem Wechsel unterworfenen Welt. Die Herrlichkeit des Lichtes tritt auf eigenthümliche Weise an uns heran. Seine belebende, wohlthuende Wirkung hat es stets zum schönsten Bilde des Lebens und des Guten gemacht; unter dem klaren, milden, nie blendenden Sternenlicht, welches andere Gegenstände nur in fast unmerklichem Grade erhellt und bei dem so zu sagen nur das Licht selbst sich zeigt, überschleicht uns ein Gefühl als wäre dort in der Ferne nur Licht, Leben und Glück, hier nur Dunkel, Tod und Schrecken zu finden. Es liegt nahe, daß eine gewisse einseitige Gedankenrichtung dieser Auffassung eine ganz falsche Deutung unterlegen könnte; aber damit hat das Gefühl, welches die Anschauung dem unbefangenen Sinn aufdrängt, nichts zu thun. Dazu kommt die tiefe, gewissermaßen fühlbare Stille der Nacht, in Folge deren wir durch das Ohr ebenso wenig wie durch das Auge an das Erdendasein erinnert werden. Kurz, es ist nicht ein zufälliges Spiel der Einbildungskraft des Menschen, welches ihn unter dem nächtlichen Sternenhimmel zur Andacht weckt, sondern ein tief in der Natur der Sache begründetes Gefühl.

Wie verschieden ist hiervon die Mondnacht! Die sanftleuchtende Scheibe nöthigt uns nicht, wie die Sonne, das Auge niederzuschlagen, sondern zieht es zu sich und damit zum Himmel empor. Zugleich überstrahlt sie so viel vom Licht der Sterne, daß diese unsere Aufmerksamkeit weniger fesseln und theilweise gar nicht gesehen werden, wogegen sie genug von der Erde zeigt, um es uns unmöglich zu machen, sie zu vergessen. So schweben Sinne und Gedanken zwischen Himmel und Erde, mit unbestimmter Richtung, aber voll wohlthuender Schwärmerei.

Betrachten wir jetzt die Gestalten, welche diese Allen gemeinsamen Grundeindrücke auf den verschiedenen Standpunkten des Menschen annehmen. Die Art und Weise, wie der ganz ungebildete Mensch die Größe des Sternenhimmels empfindet, können wir uns leicht vergegenwärtigen. Die hohe Wölbung breitet sich über Alles, was er auf der Erde kennt; sie ragt über alle Wälder und Berge empor. Sein Maßstab ist allerdings nur ein beschränkter, aber der Himmel ist ihm doch das Größte, was er sich vorstellen kann. Die Sterne sind ihm nur leuchtende Pünktchen; aber die Klarheit und Reinheit ihres Lichtes wird dennoch auf ihn wirken. Zugleich sind der Unterschied zwischen der hellen Himmelswölbung und der dunkeln Erde, die Stille und die damit verbundene Seelenruhe so sehr im Sinnenwesen begründet, daß auch diese Eindrücke ihm nicht fremd bleiben können.

Stellen wir uns jetzt einen Menschen vor, in dem das Nachdenken und der Beobachtungstrieb schon zu einiger Entwicklung gelangt sind, so wird bei ihm der Maßstab schon ein größerer sein. Er hat sich verschiedene Sterne vorzugsweise gemerkt, und namentlich werden einige besonders hervortretende, welche einander nahe stehen, seine Aufmerksamkeit erregt haben. Er sah sie über fernen Berggipfeln, glaubte ihnen näher zu kommen, fand aber ihren Abstand unverändert. Ihre Entfernung mußte demnach so groß sein, daß der von ihm zurückgelegte Weg daneben gar nicht in Betracht kam. Er hat gemerkt, daß alles irdische Licht bei vergrößerter Entfernung immer schwächer und schwächer wird und schon bei mäßigem Abstand ganz verschwindet; aber die Himmelslichter, von denen er weiß, daß sie ihm unendlich viel ferner sind als die fernsten Berge, strahlen aller Orten in unverändertem Glanz, müssen also einer andern Ordnung angehören. Solche Schlüsse haben sich ihm zwar nur in Augenblicken der Beobachtung und des Nachdenkens aufgedrängt; aber sie folgen ihm auch in die Stunden, wo er sich ruhig den großen Eindrücken der Natur hingiebt.

Ist nun dem Menschen schon ein schwacher Begriff von der Astronomie, wie er z. B. bei den Chaldäern vorhanden war, aufgegangen, so gewinnt für ihn die Himmelsbetrachtung eine neue Größe und Fülle. Er weiß, daß es unter den kleinen Himmelslichtern Wandelsterne giebt, welche ihre vorgeschriebene Bahn um die feststehenden verfolgen. Er weiß, daß die Entfernungen verschiedener Sterne gemessen und daß sie sehr ungleich sind. Der Abstand des Mondes ist ihm unendlich groß im Vergleich mit allen Entfernungen auf der Erde, und doch geringfügig gegen die Strecke, welche andere Körper von uns trennt. Jeder fühlt, wie viel bedeutungsvoller hier der Gedanke an die Größe des Himmels geworden ist; aber dazu tritt noch das Bewußtsein einer auch für die Erde maßgebenden, wohlthätigen und leitenden Ordnung. Auf einem früheren Standpunkt füllte die Einbildungskraft den vom beschränkten Wissen leer gelassenen Raum aus; sie ließ den Sonnengott den Feuerwagen des Tages über den Himmel fahren und sich bei Nacht im Schooße des Meeres ausruhen, und auch der Mond erhielt seine leitende Gottheit. Diese Vorstellung tritt auf dem Standpunkt, wo die erste astronomische Kenntniß liegt, bereits in den Hintergrund, aber ganz schwindet sie noch nicht. Der unermeßliche Einfluß, den die Sonne auf die Erde übt, und die nicht geringe Bedeutung des Mondes für die Erde läßt leicht den Gedanken aufkommen, daß auch die anderen Himmelslichter nicht ohne Einfluß auf das Wohlergehen der Menschen sein möchten, und dies liegt um so näher, als man noch keine Veranlassung hat, dem Himmel eine von der Erde unabhängige Bestimmung zu geben. So tritt von selbst die Sterndeuterei in den Vordergrund. Die scheinbar größten Himmelskörper, Sonne und Mond, haben ihre Bedeutung für alle Menschen; nichts konnte näher liegen, als den kleinen Lichtern einen bestimmenden Einfluß auf das Schicksal einzelner Bewohner der Erde zuzuschreiben.

Vom Himmelsbau mußte man auf diesem Standpunkte sich gleichfalls noch eine sehr beschränkte Vorstellung machen. Zuerst glaubte man, die ganze Himmelswölbung drehe sich um die Erde, und die wandernden Lichter hätten ihre Bahn an derselben; darauf, sich das Gewölbe anders als fest vorzustellen, konnte man nicht verfallen. Es war die Himmelsveste, das Firmament, welches auf starken Säulen, zum Beispiel auf den höchsten Bergen, ruhte. Aber später erkannte man, daß jedes wandelnde Licht seine Bahn in einem andern

Abstand von der Erde habe; man mußte jedem sein eigenes Firmament, eine durchsichtige Kristallwölbung, geben, und über allen diesen ein Gewölbe für die feststehenden Himmelslichter, den reinen Feuerhimmel, als Sitz der höchsten Unveränderlichkeit, annehmen. Alle diese Gewölbe mußten sich um eine gemeinsame Are drehen, und so bekam man sieben Himmel für die Wandelsterne, neben einem achten als Sitz des ewigen Lichtes. Sind wir auch weit über diesen Standpunkt hinausgekommen, so müssen wir doch zugestehen, daß er unendlich über den vorhergehenden erhaben war und der Himmelsbetrachtung neue, mächtige Reize verlieh.

Versetzen wir uns jetzt, statt alle die verschiedenen Entwicklungsstufen zu verfolgen, auf unsern eigenen Standpunkt, so finden wir, daß die Himmelsbetrachtung einen ganz neuen Charakter angenommen hat. Die festen Gewölbe sind verschwunden; die Erde ist nicht mehr der Mittelpunkt von Allem, sondern eine schwebende Kugel unter unzähligen andern. Die Erde selbst ist in den Himmel aufgenommen. Wir haben jetzt Messungen und darauf begründete Berechnungen, welche uns Entfernungen zeigen, gegen die Millionen von Meilen verschwindende Größen sind. Es giebt geistvolle Männer, welche mit eingebildeter Ueberlegenheit Derer spotten, die Vergnügen an der Betrachtung jener Zahlengrößen finden. Groß und Klein, sagen sie, sind willkürliche und lediglich im Verhältniß begründete Begriffe. Gegen eine Handbreite ist die Elle unendlich groß, gegen eine Meile klein; was ist eine Meile gegen den Umkreis der Erde, und so giebt es für jede Größe eine andere, gegen die sie verschwindet. Ist es da nicht kindisch, über die gewaltigen Zahlenreihen der Astronomie zu staunen? Dieser Einwurf würde begründet sein, wenn es sich lediglich um abstrakte Zahlen handelte; aber das ist keineswegs der Fall. Bei unsern Messungen gehen wir stets von bestimmten sinnlichen Größen, und zwar zunächst von Theilen des menschlichen Körpers, aus: dem Daumen, der Handbreite, der Armlänge, den ausgestreckten Armen, dem Schritt oder Fuß. Die Meile oder irgend eine andere Einheit ist nur eine Vervielfältigung dieser Maßstäbe, der Umkreis oder Durchmesser der Erde ist wieder eine Vervielfältigung der Meile, und so führt stets die Berechnung auf uns selbst zurück. Haben wir den Durchmesser der Erde nach dem von unserm eigenen Körper genommenen Maßstab berechnet, so bestimmen wir wiederum die Abstände im Sonnensystem nach Erddurchmessern, die Entfernungen der Fixsterne nach Sonnenfernen, so daß ein greifbarer, so zu sagen von uns selbst ausgehender, Leitfaden sich durch alle Maßbestimmungen der Wissenschaft zieht. Die Einbildungskraft geht, das Allernächste zu Grunde legend, noch weiter, um sich nach dieser Weise die Maßverhältnisse eigen zu machen. Ihr ist der Erdball gegen das Sonnensystem wie der Sandkorn gegen den Berg, oder wiederum das ganze Sonnensystem gegen das System von Sonnen, welches das Sterngewimmel der Milchstraße uns offenbart, wie ein Tropfen gegen das Meer, und selbst dies gigantische System von Sonnen ist vielleicht gegen noch größere, wie das im Sonnenschein zitternde Staubkörnchen gegen den ganzen Erdball.

Und zu der Einbildungskraft gesellt sich die Erinnerung an die Untersuchungen, welche beweisen, daß alle diese Größen eine zusammenhängende Reihe ineinandergreifender Daseinsglieder bilden, wovon stets das eine das andere bedingt, und worin alle durch dieselbe Ganzheit bedingt werden. Wohlan, liefert diese Einbildungskraft nicht einen unsäglich größeren Maßstab für die Schätzung des Sternenhimmels, als man auf einer früheren Entwicklungsstufe der Menschheit zur Verfügung hatte?

Wie mit den Maß-, so ist es mit den Zeitbestimmungen. Unter den vielen Veränderungen in den Bewegungen der Weltkörper, welche innerhalb eines gewissen Zeitraums vollendet werden, um dann wieder von vorn zu beginnen, sind uns verschiedene bekannt, deren Peroide sich über Tausende von Jahren erstreckt. Unter den verwickelten Wandelungen, welche mit der Neigung der Elliptik vorgehen, befindet sich eine Periode von 40,350, eine andere von 92,930 Jahren. Noch viel länger mag die Zeit sein, welche unser Sonnensystem zu seinem Lauf um das größere System gebraucht, dem es zunächst angehört. Diese Zeit ist uns freilich noch nicht bekannt; aber mit völliger Sicherheit können wir sagen, daß Jahrtausende darin nur kleine Größen bilden. Nimmt hier die Einbildungskraft wiederum ihren irdischen Maßstab zu Hülfe, so zeigt sich ihr eine Dauer in der Natur, wovon die beschränkte Auffassung des Alltagslebens keine Vorstellung giebt, da sie sich entweder träg an das Vorhandene als etwas Todtes oder Stillstehendes klammert, oder über die Vergänglichkeit des Endlichen, worin das Beständige ihrem Blick entgeht, verzweifelt. Nur der Gedanke und die von wissenschaftlichem Denken befruchtete Einbildungskraft sieht durch das Sternenlicht die Ewigkeit schimmern.

Nein, die Wissenschaft bleibt nicht bei den abstrakten Größen stehen; wir verweilten nur einige Augenblicke bei ihnen, um ihre Berechtigung selbst der Einbildungskraft gegenüber zu zeigen und alsdann desto ungestörter den Blick auf das Ganze hinwenden zu können. Alle Aufgeklärten wissen jetzt, daß jeder Planet gleich dem unsrigen eine Kugel ist. Aber es ist nicht genug, zu wissen, daß die übrigen Planeten Aehnlichkeit mit unserer Erde haben, und daß manche von ihnen viel größer sind; man muß sich auch mit diesem Gedanken beschäftigt und sich ihn verarbeitet haben. Was sind die größten Weltbegebenheiten Dem, welcher nur einmal von ihnen hörte und dessen Gedanke nie zu ihnen zurückkehrte, sie sich nie auszumalen suchte? Dasselbe läßt sich auf die Kenntniß vom Weltgebäude anwenden. Wer die Betrachtung des Sternenhimmels recht genießen will, muß mit dem, was uns darüber bekannt ist, innig vertraut sein. Er muß die Berge des Mondes gesehen und sich der untrüglichen Kunst gefreut haben, welche nach ihrem Schatten oder der Reihenfolge, in der die Gipfel beleuchtet werden, ihre Größe mißt. Von dort muß er seinen Blick nach den Planeten gewendet und sich überzeugt haben, daß ihre Oberfläche ebenso wenig glatt sein kann, sondern, wie Erde und Mond, Berge und Thäler haben muß. Er wird versucht haben, sich in Gedanken auf fremde Planeten zu versetzen; er wird zum Beispiel vom Jupiter aus die Erde als kleinen Planeten gesehen, durch vergrößerte Instrumente ihren Mond gesucht und gefunden haben; er wird den dortigen, nur zehn Stunden betragenden Wechsel von Tag und Nacht und daneben den langsamen Gang der Jahreszeiten, welcher sich dort über elf Erdjahre erstreckt, gesehen, und wird von dort aus die Sonne als 25 Mal so kleine Scheibe wie bei uns erblickt, aber auch im wechselnden Licht der vier Monde gewandelt und gewünscht haben, von dort aus, auf der unendlich viel längeren Umlaufsbahn, einen umfassendern Blick in den Weltenraum zu werfen. Wer sich mit solchen, hier nur im flüchtigen Umriß angedeuteten Gedanken vertraut gemacht hat, Dem werden dieselben auch unter den nächtlichen Himmel folgen und ihm den Eindruck reich und lebendig machen.

Und wem drängt sich nicht bei der Betrachtung des Sternenhimmels der Gedanke an die vernunftbegabten Wesen auf, welche alle diese Weltkörper bewohnen mögen? Wie könnten wir uns ihre Menge, wie die Mannigfaltigkeit ihrer Begabung vorstellen? Die Wissenschaft kann Die, welche behaupten, daß es nur auf der Erde selbstbewußte Wesen gebe, nicht des Gegentheils überführen; wohl aber kann sie das Absurde einer solchen Annahme nachweisen. Wir brauchen hier nur an Einiges zu erinnern, welches dagegen spricht, daß der Mensch die höchste Stufe im Weltall einnehme oder gar das einzige vernunftbegabte Wesen sei. Werfen wir einen Blick auf die Entwicklungsgeschichte der Erde, so erkennen wir eine Reihe von Naturaltern, von denen jedes folgende neuere und vollkommnere Schöpfungen hervorbrachte als das vorhergehende, und erst nach der letzten Umwälzung oder Umbildung kam das Menschengeschlecht zum Vorschein, dessen Egoismus sich wohl durch die Vermuthung verletzt fühlen würde, daß es einst einem noch vollkommneren Geschlecht werde Platz machen müssen. Wir wollen deshalb von dieser Möglichkeit absehen und lieber daran denken, daß unser ganzes Sonnensystem, gerade so wie die Erde, seine Entwicklungsstufen durchzumachen hat, mit den Modifikationen, welche die natürliche Stellung eines jeden Gliedes bedingt. Wäre es nun nicht eine sonderbare Annahme, daß weder die von der Sonne weiter entfernten Planeten, noch die näheren, einen so hohen Grad der Entwicklung erreicht haben sollten wie die Erde? Aber gehen wir noch weiter. Unser Sonnensystem ist nur ein kleines Glied eines viel größeren Systems, mit welchem es sich ohne Zweifel nach denselben Grundgesetzen entwickelt hat; und doch sollte nur auf unserer kleinen Erde die Vernunft zum Selbstbewußtsein erwacht sein? Und greifen wir noch weiter, gehen wir über zu größeren und größeren Systemen, so tritt uns die Ungeheuerlichkeit des Gedankens, daß nur unser kleiner Winkelplanet Wesen tragen solle, welche sich des Schönen freuen können, auf so grelle Weise entgegen, daß wir uns schämen, länger bei ihm zu verweilen.

Alles in der Welt richtet sich nach Vernunftgesetzen. Man denke sich, wie Einer, dessen Forschung ihm die ebenso einfachen wie nothwendigen Gesetze gezeigt hat, wonach sich die Bewegungen der Erde richten, dieselben Gesetze im großen Himmelsraum wiederfindet. Alle Weltkörper sind durch dieselben Kräfte zu Kugeln gebildet, alle weichen aus demselben Grunde von der Kugelform ab, werden durch dieselben Gesetze in ihren bestimmten Bahnen gehalten. Der Forscher folgt der Anwendung dieser Grundgedanken durch schwierige, verwickelte Berechnungen, und findet zuletzt, daß alles das eintrifft, was seine Berechnung ihn gelehrt hat. Was der Genius verspricht, hält die Natur. Muß er da nicht fühlen, daß er als theilnehmendes, vollberechtigtes Glied dem ewigen Gedanken der Welt einverleibt ist?

Auch wird er in den ungeheuren Räumen, welche die Weltkörper von einander trennen, keine zwecklose Leere erblicken. Der Raum ist mit Aether angefüllt, und von der Anziehungskraft durchdrungen, die das ganze Weltall zusammenhält. Der Aether selbst ist ein Meer, seine Wogen sind das Licht, dies große Verbindungsmittel, welches durch unermeßliche Fernen dem einen Weltkörper Kunde vom andern, dem einen Sonnensystem Botschaft vom andern bringt — das Licht, welches uns um so mehr sagt, je vollkommener wir es verstehen lernen, und uns in Zukunft noch mehr Geheimnisse zu entschleiern verspricht; in der großartigsten Offenbarungsform verkündet es uns, daß unser Dasein nicht vereinzelt steht, sondern mit dem ganzen Weltall zusammenhängt. Der Betrachtende wird von der ganzen Natur gehoben, durchdrungen, belebt, und wirkt selbst, wenn auch in noch so geringem Maße, auf sie zurück.

Man denke sich die Einbildungskraft des Himmelsbeschauers von der hier angedeuteten Gedankenwelt befruchtet, und man wird fühlen, daß die Größe, Lebendigkeit und Fülle, kurz der mächtige Inhalt des Daseins mit dem Himmelslicht, welches sein Auge trifft, in seine Seele strahlen muß.

Marie.

Novelle von Kathinka S.

(Schluß.)

Die Natur schien Mitleid mit mir zu haben — sie stumpfte mich ab gegen die Wucht des letzten Schmerzes. Ich hatte keine Thränen und keine Klagen mehr — mein Auge war glühend trocken, mein Herz wie zu Asche verkohlt. Ich schaute auf die Verwüstung, die das Schicksal in meiner inneren Welt angerichtet hatte, beinahe kalt, theilnahmlos. Die Welt um mich schien nicht mehr für mich in meiner eisigen Ruhe zu existiren — ich sah nichts um mich her als geöffnete Gräber, in deren eines man bald mein Kind, mein süßes, blasses, stilles Kind, legen würde. Ich blieb Tag und Nacht am Sarge meines Töchterchens; was um mich geschah, weiß ich nicht, und dennoch kam auch nicht für eine einzige Sekunde Schlaf in meine Augen. Ohne Thränen nahm ich endlich am dritten Tag von der theuren kleinen Leiche den ewigen Abschied. Aber als sie mein Kind fortgetragen, da wich dieser gräßliche Druck, der jeden Gefühlsausdruck erstickt hatte, von meiner Brust, und ein erleichternder Thränenguß brachte mir auch das volle, umfassende Bewußtsein meines Unglücks zurück. Und dennoch dankte ich Gott dafür; denn diese unnatürliche Ruhe war unaussprechlich niederdrückend gewesen, und ich hatte jeden Augenblick ersticken zu müssen gemeint. Unter Thränen schlief ich ein und erwachte erst am folgenden Abend.

O, dies Erwachen war schrecklich!

Laß mich darüber hinweggehen und Dir nur sagen, daß mit ihm auch der Entschluß, meines Mannes Haus zu verlassen, klar und deutlich zurückkehrte. Das letzte Band, das mich an ihn gefesselt hielt, war zerrissen; nichts, nichts konnte mich mehr zurückhalten. Aber wohin sollte ich gehen? Zurück in das Haus meiner Mutter? Nie, nie konnte ich mit meinem kranken, unheilbar kranken Herzen nach jenem Ort zurückkehren, wo ich meine heitere, frohe, ungetrübte Jugend verlebt hatte, wo mir zuerst das höchste Glück erblüht war in meiner einzigen, brennenden, unseligen Liebe, von dem ich geschieden war im vollen Stolz einer eben getrauten Gattin, die vor sich das Leben wie einen im vollen Blüthenschmuck prangenden Garten liegen zu sehen gewähnt hatte! Nein, nein, dorthin nie!

Aber wohin denn? Das war mir gleich; nur fort, so weit wie möglich fort von Paris. Ich nahm eine Zeitung zur Hand, um zu sehen, ob nicht irgendwo eine Gesellschafterin oder Gouvernante gesucht werde. Ich entdeckte denn auch eine derartige Annonce, worin eine englische Familie, die im Begriff war, nach Italien zu reisen, eine Erzieherin für zwei halberwachsene Mädchen suchte. Näheres für zwei Tage zu erfahren in No. 29 Hotel de Louvre.

Sobald ich dieselbe gelesen, schickte ich mein Kammermädchen zu Bette, packte meine einfachsten Kleider zusammen und schob dann vorsichtig den Koffer in einen Wandschrank, dessen Schlüssel ich abzog. Dann verbrachte ich die Nacht theils schreibend an meinen Mann, den ich seit meinem Erwachen schon zwei Mal hatte abweisen lassen, theils tausend und abertausend Mal Abschied nehmend von den theuren Gegenständen, die meinem Kinde gehört hatten — den einzigen, mit denen sich in diesen Mauern eine Idee des Glückes verbunden hatte.

Am nächsten Morgen bestieg ich einen Fiacre und fuhr dem Hotel de Louvre zu. Ueberlegt hatte ich diesen Schritt ganz und gar nicht; ich hatte nicht einmal an die Menschen gedacht, denen ich mich vorzustellen im Begriff stand; ich war überhaupt zu aufgeregt, um an etwas Anderes als an mein Unglück zu denken. Es war als thäte ich Alles vollkommen mechanisch.

Im Hotel angekommen, ließ ich mich unter dem Namen einer Mademoiselle Beaulieu melden und wurde bald darauf in ein Zimmer geführt, wo mich ein großer, hagerer Mann mit harten Zügen und eine Dame, deren Gesicht ziemlich viel Einfältigkeit, aber auch eine große Gutmüthigkeit aussprach, empfingen. Nach stundenlanger Unterhaltung, die ich, alle meine Geisteskräfte aufbietend, um nicht ohnmächtig niederzusinken, aufrecht hielt, wurde ich acceptirt und beordert, am selben Abend nebst Gepäck zu erscheinen, da man in der Frühe des nächsten Morgens abzureisen gedenke.

Ich kehrte zurück, fest entschlossen, Max nicht wieder zu sehen; aber auch diese Prüfung war mir nicht erspart — er erwartete mich in meinem Zimmer. Er schien aufrichtig zu leiden und, vielleicht erschüttert durch den Tod des Kindes, Reue über sich selbst zu empfinden. Sei dem wie ihm wolle — keine einzige Stimme meines Herzens sprach mehr für ihn, ich mißtraute und verachtete ihn in jeder Beziehung. Meine Liebe war todt, ebenso unwiederbringlich gestorben wie mein Kind; aber sie einzusargen, war mir schwerer geworden und hatte mehr Thränen gekostet als der Tod des kleinen Engels. Um dieses Grab schwebten die Genien ungetrübter Reinheit und des ewigen Friedens, um das Grab meiner einstigen Liebe die Dämone des Betrugs, des Ehebruchs und vieler anderer Sünden, die mein Ehrgefühl verhinderten, ihnen auch nur eine Thräne mehr zu weihen.

Ich freute mich, als Max gegangen war; mußte ich doch noch an meine gute alte Mutter schreiben, um sie zu beruhigen. Es dunkelte schon, als ich damit zu Ende war. Ich hatte mir einen Wagen bis fünf Uhr bestellt, und nachdem er gekommen, schied ich, ich möchte sagen, mit erleichtertem Herzen aus diesen Räumen.

Im hellen Mondschein lag die Stätte der Todten, der Kirchhof Pėro la Chaise, da, als mein Wagen vor seiner Pforte hielt. Ich mußte es sehen, das kleine Grab, das Alles umschloß, was mir in meinem öden Leben Trost hätte bringen können; ich mußte ihm für diese Welt Lebewohl sagen und versuchen, ob ich dort wieder beten lernen könne. Ich hatte es in der letzten Zeit der Schmerzen verlernt — ich konnte nur noch meinem Schöpfer grollen.

Es kam mir so friedlich stille, so wohlthuend ruhig vor auf dieser Stätte des Todes. Die kleinlichen Besorgnisse, die erbärmliche Angst des gewöhnlichen Lebens, wenn man allein dem Kirchhof naht, besonders Nachts, berührten mich nicht; ich dachte nicht einmal an sie, ich hatte schon größeren Schrecken ins Auge gesehen.

Da, da lag sie vor mir, meines Kindes letzte Ruhestätte. Als ich sie sah, faßte die Verzweiflung von Neuem mit ihren wilden Krallen mein Herz; ich hätte das Grab mit meinen Händen aufwühlen mögen, um meinen verlorenen Schatz wieder zu gewinnen. Doch allmälig legte sich die wilde Gluth, und Ergebung zog in meine Brust. Ich kniete nieder und konnte beten. Dann küßte ich die geweihte Erde zu meinen Füßen und verließ, getrösteter als ich gekommen war, den Ort der Ruhe, wo uns die Nichtigkeit des kurzen Erdendaseins so klar vor Augen gestellt wird.

Diesen Begebenheiten, meine Emma, folgten Jahre, die so ruhig und einförmig vergingen, wie die vorhergehenden stürmisch und wechselvoll waren. Ich verbrachte sie in eben jener englischen Familie, bei der ich mich als Fräulein Beaulieu eingeführt hatte, und die aus so verschiedenen Elementen bestand, daß mir während meines Aufenthaltes in ihrem Kreise wenigstens die Zeit nie lang wurde. Zuerst kostete es mir große Anstrengung, mein inneres, still vergrabenes Leid zu verbergen und nicht der verzweifeltsten Muthlosigkeit, die sich meiner so leicht in den Stunden, die mir gehörten, bemächtigte, gänzlich nachzugeben. Doch der Mensch kann viel wenn er nur wirklich will, und so gelang es mir denn auch, eine ruhige Fassung zuerst zu erheucheln, nachher sie aber mir wirklich anzueignen. Es lag freilich viel in den Verhältnissen meiner Stellung, mir das Vergessen meines individuellen Schmerzes zu erleichtern; denn ich hatte ja die Erziehung zweier junger Damen zu leiten, ich, die ich selbst so unbeschreiblich wenig von meiner einstigen Erziehung profitirt hatte. Der Mangel positiver Kenntnisse machte sich mir schon bei der ersten Unterrichtsstunde so fühlbar, daß ich beständig fürchtete, mir meinen fähigen, für ihr Alter weit vorangeschrittenen Schülerinnen gegenüber Blößen zu geben. Natürlich hatte diese Entdeckung denn die Folge, daß ich mit einem Eifer zu studiren anfing, den ich mir früher als rein unmöglich gedacht hatte. Aber Lernen wird schwer, wenn man einmal seit Jahren nicht mehr gelernt hat, und so muß ich Dir denn gestehen, daß ich in den Unterrichtsgegenständen, die von mir verlangt wurden, gewöhnlich nur mit einer einzigen Lection meinen Schülerinnen voraus war. Es war diese Unwissenheit wirklich ein Segen für mich, denn meine Zeit wurde dadurch so vollkommen in Anspruch genommen, daß es mir faktisch unmöglich wurde, meinen Erinnerungen nachzuhängen. Ich sank am Abend todmüde auf mein Bett, und der Schlaf kam freundlich erquickend, ehe ich vom Weinen erschöpft war, wie in der letzten Zeit meiner traurigen Ehe. Wie anders war es jetzt als früher! Hier lebte ich nur meiner Pflicht, während ich früher nur dem Glück und dem Vergnügen leben wollte und es doch nie gefunden hatte. Hier suchte ich nichts als eine erträgliche Fristung meiner Existenz, und fand das größte Glück, das einer Gattin ohne Gatten, einer Mutter ohne Kind, einem Weibe mit zerstörten Lebenshoffnungen werden konnte — den Frieden. Ich forderte nichts mehr vom Leben, ich konnte nichts mehr vom Leben erwarten, und ohne große Gemüthserschütterungen, ohne Freude, ohne Schmerz verlebte ich zehn ruhige Jahre, in denen ich nicht unglücklich gewesen war wie früher und später.

Meiner Mutter hatte ich, ehe ich Paris verließ, von dem unwiderruflichen Vorsatze geschrieben, mich von meinem Manne zu trennen. Ich hatte sie bei ihrer Liebe zu mir beschworen, nie verlauten zu lassen, ob und wie und wo ich lebe. Um sie hierzu zu veranlassen, mußte ich zum ersten Mal als Zeugin gegen meinen Mann auftreten, und die Kenntniß meines unglücklichen Lebens in Paris hatte sie mit tiefer Erbitterung gegen Max erfüllt. Er kam bald nach meinem Verschwinden nach meinem Geburtsort, um Nachforschungen nach mir anzustellen, und da er glaubte, ich halte mich heimlicher Weise bei meiner Mutter auf, so erzürnte ihn der Mutter fingirtes Nichtswissen. Da dieselbe nur aus Familienrücksichten in ihrem Begegnen mit Max eine gewisse Mäßigung zur Schau getragen, so verließ sie auch bald diese kalte Ruhe. Sie forderte von Max ihr frohes, sorgenfreies Kind zurück, ihr einziges, leidenschaftlich geliebtes Kind, das er gequält, tyrannisirt, mißhandelt, das er so weit gebracht habe, daß es ohne Mittel, ohne Schutz hinausgetrieben sei auf's Meer des Lebens. Er wurde roh, wie das in seiner Art lag, und meine Mutter, vor Zorn bebend, verbot Dem, ihre Schwelle wieder zu betreten, den sie vor wenigen Jahren eben dort mit ihrem Segen empfangen hatte. Sie schrieb mir das Alles und noch mehr. Man hatte nämlich aus meinem Verschwinden so ziemlich richtige Schlüsse gezogen; man hatte Vermuthungen über unser eheliches Leben ausgesprochen, die zu allerlei Gerüchten Veranlassung gaben. Max hatten dieselben schmählich geärgert, und war es nun hiervon die Folge oder that er es Gott weiß aus welchen Gründen — genug, er forschte auf's Eifrigste nach mir, jedoch vergebens. Ich hatte alle Verbindungen meines früheren Lebens abgeschnitten, und selbst der Briefwechsel mit meiner Mutter ging durch dritte Hand. Erst schrieb mir die Mutter öfter von dem, was die Welt über Max sich erzählte; aber später schwieg sie ganz von ihm, und ich fragte auch nicht mehr — er sollte ja für mich zu existiren aufhören.

Ich sagte schon, daß ich in meiner Stellung zufrieden war. Man erkannte meine Anstrengungen, es Allen recht zu machen, wenigstens an, und das Erstere war keineswegs leicht. Lady L. war ein oberflächliches, stolzes, aber gutmüthiges Weib, das von mir verlangte, ihren Töchtern eine solche Erziehung zu geben, daß sie in der Gesellschaft glänzen könnten; tadellose Tournüre, liebenswürdige Nebenbiegungen und dergleichen äußere Vorzüge genügten ihren Begriffen von einer Dame comme il faut. Lord L., ein kalter, herzloser Egoist, dessen eminente Fähigkeiten und wirklich fabelhafte Kenntnisse den lebhaftesten Contrast zu der vornehmen Ignoranz seiner Gattin bildeten, wollte, daß seine Töchter tiefe, auf Gründlichkeit basirte Studien durchmachten und daß sie denselben Geschmack abgewinnen sollten. Er selbst überwachte häufig, mit seinen kalten, stechenden Blicken mich beobachtend, meinen Unterricht und bereitete mir durch seine arrogante Rücksichtslosigkeit, wenn er das Glück hatte irgend eine unlogische Schlußfolgerung oder irgend welchen Irrthum zu entdecken, die unangenehmsten Momente meines Aufenthalts dort. Wenn er mit seiner beleidigenden, beißenden Höflichkeit, die er nie bei Seite setzte, mich zu verbessern begann, da bäumte sich oft mein einst so stolzes Herz, und ich hätte gern dem Herrn Grafen, der in seinem Hochmuth des Wissens und des Adels mich wie einen gefühllosen Meubelgegenstand, den man behandeln kann wie Lust und Laune es eingeben, betrachtete, begreiflich gemacht, daß meine Stellung in der Gesellschaft so lange mit der seinen auf gleichem Niveau stand, bis ich aus freien Stücken mich herabließ, die Erzieherin seiner Kinder zu werden. Doch ich bezwang mich; was wollte ich denn auch mit meinem Stolze hier, wo ich nun einmal doch in abhängigen Beziehungen stand? Nur einmal, und zwar im Anfange meines Aufenthaltes bei den L....'s, empörte sich mein Selbstgefühl entschieden gegen vornehme Geringschätzung der Gouvernante in mir, als man mich beim Eintritt in das Gesellschaftszimmer dem dort befindlichen Besuch nicht allein nicht vorstellte, sondern auch nicht einmal den Tact besaß, mich überhaupt zu ignoriren, sondern mich Rede und Antwort stehen hieß wie einen Dienstboten. Ich empfahl mich hierauf mit einer, ich fühlte es, höchst stolzen Verbeugung, die eigentlich wohl der gefeierten Freundin des Ministers von C. in dessen aristokratischen Reunions, nicht aber einer armen Gouvernante zukam. Aber ich war empört, und ich verachtete in jenem Moment die armen, kleinlichen Seelen, unter denen ich lebte, von Herzen. Ich ließ mich am nächsten Morgen bei der Lady L. melden, als sie, wie ich wußte, mit ihrem Gatten das Frühstück einnahm, die einzige Zeit, die derselbe ihr widmete. Ich bat sie dann in sehr bestimmter Weise in wenigen Worten, mich nächstens ihren Gästen vorzustellen, widrigenfalls meine Selbstachtung mich zwinge, ihr Haus zu verlassen. Ich mußte wohl der guten, bornirten Dame imponiren, denn sie wurde ungemein höflich, entschuldigte sich und versprach unter den schmeichelhaftesten Ausdrücken, daß eine derartige „Vergeßlichkeit" ihre gute Beaulieu, deren ausgezeichnete Tournüre ihren Töchtern als Beispiel durchaus nothwendig sei, nicht wieder verletzen solle. Selbst der Herr Graf schien sehr unangenehm berührt von meiner Erklärung; er vergaß einmal seine kalte, verletzende Höflichkeit und ließ sich herab, meine Erziehungsmethode zu loben. Dies unfreiwillig geleistete Lob, das der Augenblick ihm abzwang, besänftigte meinen Aerger über die erbärmlich kleinliche Aeußerung seiner die wirklich redliche Bemühung, meine Pflegebefohlenen zu edlen, gebildeten Menschen zu erziehen, gar nicht einmal beachtenden Gattin.

Doch ich will über jene ruhige Zeit hinwegeilen und Dir nur sagen, daß mein Bewußtsein, Gutes zu wirken, mir jenen Frieden brachte, von dem ich sprach. Ich habe dieses Gute bewirkt, wenigstens zeigten die Resultate meiner Anstrengung nur Gutes. Meine beiden wahrhaft von mir geliebten und mich liebenden Schülerinnen sind zwei edle Frauen geworden, deren Anhänglichkeit an mich noch jetzt zu den wenigen Sonnenblicken gehört, die das Schicksal meinem Leben spendete.

Obschon die Familie Lord L.'s sehr zurückgezogen lebte und keine Saison in London zubrachte, so fehlte es dennoch bei ihrer bekannten Gastfreundschaft nicht an häufigen Besuchen. Ich war eines Tages, meiner träumerischen Stimmung folgend, stundenlang im Park, und zwar in seinen melancholischsten, düstersten Theilen, umhergewandelt; mir war das Herz so schwer, und die Bilder meines früheren Lebens wollten, trotz aller Versuche, sie zu bannen, nicht meinem geistigen Auge entschwinden. War es Zufall, oder wirkte die geheimnißvolle, unerklärliche Macht, die der Mensch Ahnung nennt, auf mein Gemüth — genug, ich dachte an meine einstige Liebe, an das kleine Grab in fremder Erde, an die ganze Vergangenheit, und dann auch daran, wo und wem Max jetzt lebe. Da war mir's als hörte ich nicht weit von mir in der Allee, die mit derjenigen, in welcher ich eben promenirte, parallel lief, reden; ich strengte mein Auge an, von einem unbegreiflichen Interesse erfaßt, durch das dichte Laub hindurch zu sehen, wer denn eigentlich das rauhe, stürmische Oktoberwetter nicht scheute und jetzt bei einbrechender Dämmerung noch im Parke weilte. Mit Mühe gelang es mir endlich, für einen Augenblick die Gestalt zweier Herren zu gewahren, und — o Himmel, was war das? war es eine optische Täuschung, oder war es das Zerrbild meiner erregten Phantasie? — Die Figur des Einen derselben, selbst der Gang, schien mir denen meines Mannes ähnlich zu sein. Doch sobald sie meinen Blicken entschwunden waren, verlachte ich selbst meine krankhafte Einbildungskraft, mir einredend, daß ja Max, der in gar keiner Beziehung zu der Familie des Hauses stand, unmöglich hier im nördlichsten Theile Englands sein konnte. Dann freilich flüsterte mir eine andere Stimme meines Herzens von der Möglichkeit, daß Max vielleicht mit dem französischen Gesandten, der bei L. längst erwartet wurde, angekommen sei. Aber das war ja Unsinn. Max war im Finanzbureau angestellt; wie konnte er also im Gefolge eines Diplomaten sein? Und wenn er dennoch im Hause wäre! Was sollte ich thun, wie handeln? Und wieder unterdrückte ich mit Gewalt diese unsinnigen Fragen, wieder redete ich mir ein, daß jenes Gesicht, in dem ich meinen Mann erkannt haben wollte, nichts als die Ausgeburt meiner wilden Einbildungskraft gewesen sei — wieder suchte ich dieselbe mit Gewalt zu unterdrücken. Ich lenkte meine Schritte dem Hause zu, und da es die höchste Zeit war, sich zum Diner umzukleiden, so wurden meine Gedanken bald ganz von anderen Dingen in Anspruch genommen. Ich trat in den Speisesaal als schon die Gesellschaft dort versammelt war, und unwillkürlich schweifte mein Blick über die ganze Versammlung hin. Doch, Gott sei Dank, das, was ich dort zu sehen fürchtete, war nicht da. Ich begann freier zu athmen, und war im Stande, mit Aufmerksamkeit der Conversation zu folgen, die in meiner Nähe von dem heute wirklich angekommenen französischen Gesandten und dem geistreichen Verlobten meiner ältesten Schülerin geführt wurde. Plötzlich unterbrach sich der Erstere, und rief einem neuen Ankömmling, der so eben in der Thür erschien, welcher ich den Rücken wandte, zu: „Aber, Lauer, wo waren Sie denn eigentlich während der letzten Stunden? — Ich habe Sie gesucht wie einen verlorenen Diamanten, um hier dem Lord L. die Schilderung unseres Einfalls in Rußland zu geben, wie Sie das so meisterhaft verstehen!"

O Gott! Ein elektrischer Schlag durchzuckte mich vom Scheitel bis zur Sohle — ich wußte nicht wo ich mich befand und wie mir geschah — Alles drehte sich im Kreise mit mir, und ich glaubte, der Schrecken werde mich tödten. Aber ich wurde nicht einmal ohnmächtig; ich erholte mich nach wenigen Sekunden, und ein Gedanke erfaßte mich mit Riesenkraft und riß mich empor aus meiner Bestürzung — der eine Gedanke, mich den Blicken Maxens zu entziehen. Aber war es denn möglich, mich anderthalb Stunden lang unbemerkt keine zehn Schritte entfernt von Demjenigen, der mir einst der Nächste auf Erden war, aufzuhalten ohne daß ich mich verrieth oder daß er mich erkannte? Ich wollte aufstehen, plötzliches Unwohlsein vorschützen und mich entfernen; aber das war ja unmöglich, ohne eine gewisse Aufmerksamkeit auf mich zu ziehen; ich wollte — doch ich wußte gar nicht mehr was ich eigentlich wollte. Ich wollte gehen und doch bleiben, ich wollte nicht gesehen werden und doch sehen; ich war wie bezaubert, magnetisirt; ich war wie vom Blick des Basilisken gebannt. Ich lauschte den Worten des Sprechenden — m e i n e s G a t t e n —

wie er in dem bekannten leichten Conversationston allerlei erzählte und die ganze Tischgesellschaft lachen machte. Ich weiß nicht was er erzählte, ich horchte nur den Tönen, die einst mit ihrem Silberklang die Liebe in meinem jungen Herzen wach geläutet hatten; ich lauschte ihnen, die erst ganz leise und dann immer lauter und mächtiger in meinem Herzen die melodischen Glocken der Erinnerung anschlugen; ich lauschte ihnen, noch einmal vom süßen Zauber des Vergessens umfangen, mit der wonnigen Empfindung eines liebenden Herzens. Ich lauschte bis dieser unnatürliche und doch so berauschend selige Zauber sich plötzlich lös'te und eine andere, unselige Erinnerung mir all' mein Elend, all' meine Leiden zurückführte. Ich hätte mein Haupt auf den Tisch legen und weinen mögen wie ein Kind, weinen ohne Aufhören. Ich fühlte mich zum Sterben elend.

Und dennoch beherrschte ich mich und antwortete — der Himmel freilich mag wissen wie zerstreut — auf alle an mich gerichtete Fragen. Ich wollte den schweren Kampf durchkämpfen, um unbemerkt zu bleiben. Wahrscheinlich wurde mir Letzteres erleichtert durch die Veränderung, welche die Zeit und die Gemüthserschütterungen in meinen Zügen hervorgebracht hatten; daß sie groß war, zeigte mir täglich mein Spiegel, und heute besonders ein flüchtiger Blick meines Gatten, der, an mir vorüberschweifend, der ganzen Gesellschaft galt. Wäre diese Veränderung minder groß gewesen, so würde er mich alsbald erkannt haben. Ich bewegte mich kaum, ich sprach leise, und schon fühlte ich mich beruhigt in Bezug des Erkennens, als Lady L., die am anderen Ende des Tisches saß, plötzlich eine Frage an mich richtete. Ich antwortete mit bebender Stimme, ich fühlte unter anderen auch Marens Augen auf mich gerichtet; ich sah ihn plötzlich erbleichen, die Gabel sinken lassen und mich anstarren, als sähe er in mir eine Erscheinung aus der andern Welt. Schon fürchtete ich, ihn aufspringen und zu mir eilen zu sehen; als ihn aber sein Nachbar fragte, was ihm denn eigentlich fehle, behielt der Weltmann in ihm die Oberhand, und gefaßt wie es eben nur ein Mann seines Charakters in so kurzer Zeit sein kann, begann er wieder seine unterbrochene Unterhaltung aufzunehmen.

Er sah nun oft zu mir herüber, ich aber vermied seine Blicke; doch als sich dennoch einmal unsere Augen begegneten, lag in den seinigen — es schien mir wenigstens so — eine unendliche Beschämung und die Bitte um Verzeihung. Welche Qual, ruhig im Zwang conventioneller Formen ausharren zu müssen, wenn das Herz erschüttert ist wie mir damals! Ich sprach und handelte wie im Traum, und weiß kaum, wie ich nach Aufhebung der Tafel es möglich machte, mich sogleich zurückzuziehen.

Ich war kaum eine halbe Stunde in meinem Zimmer, und fast nicht mehr im Stande, mich zu beherrschen, als der „Herr Legationsrath Lauer" sich melden und um einige Augenblicke Gehör bitten ließ.

Er trat ein, schloß vorsichtig die Thür und schob den Riegel vor, und dann wandte er sich zu mir. Ich hatte mir vorgenommen, ihn mit der äußersten Kälte zu empfangen; aber meine Aufregung war zu groß gewesen, um sie gänzlich hinter der Maske der Ruhe verbergen zu können. Ich glaube, er bemerkte dies mit dem ersten Blick und frohlockte innerlich darüber. Er warf sich zu meinen Füßen, preßte meine Hände in die seinigen und schaute mich so durchdringend an, daß ich meine Augen zu ihm erheben mußte, obschon ich mir vorgenommen hatte, dies zu vermeiden. Ich kannte ja zu gut diesen magnetischen Blick, um ihn nicht fürchten zu müssen. Dann erst, als er dies erreicht hatte, flüsterte er: „Marie, Marie! wie elend hast Du mich gemacht in den letzten zehn Jahren!"

Er sah eben nicht elend aus, sondern wohler und blühender als je zuvor, und diese Worte erbitterten mich aufs Höchste. Wären seine ersten Worte statt derer des Vorwurfs, bittende Worte um Verzeihung gewesen, hätte er mir nur die Genugthuung gegeben, sein Unrecht sofort anzuerkennen — weich wie ich eben gestimmt war, ich hätte mich der bittern, schneidenden Vorwürfe enthalten, die jetzt über meine Lippen flossen. Ich riß mich los, stützte mich auf die Lehne meines Sessels, um nicht vor Zorn zitternd, wie ich war, umzusinken, und ließ meiner Entrüstung, meinem Schmerz und meiner Bitterkeit, die zehn lange Jahre unterdrückt und eingedämmt waren, freien Lauf. Ich warf ihm mit größter Leidenschaftlichkeit seine Schlechtigkeit vor, ich klagte ihn all des Unrechts an, das er gegen mich begangen und worüber wir zu keiner Erklärung gekommen waren. Er schwieg beständig; er entschuldigte sich nicht einmal, und sah mich nur verwirrt und bittend an; ich wurde immer gereizter und verlor immer mehr die Herrschaft über mich, je mehr ich ihn die seine behaupten sah. Bis zum Uebermaß erbittert durch die Uebermacht, die er dadurch über mich gewann, forderte ich ihn auf, auf der Stelle zu gehen, oder ich würde die Dienerschaft rufen, um ihn zu entfernen. Er wandte sich, zog den Schlüssel aus der Thür, steckte ihn zu sich und sagte scharf: „Du wirst das nicht thun, Marie! Ich werde dies Zimmer nur an Deiner Seite verlassen, um Dich der Familie von L. als meine Gattin vorzustellen!"

„Nie und nimmermehr!"

„Still! Du weißt nicht, was Du sagst; ich werde Dich reklamiren. Willst Du mir nun gutwillig folgen oder nicht? Das Gesetz giebt mir das Recht dazu, merke Dir's." Nach diesen Worten nahm er meinen Arm und führte mich zum Sofa, drückte mich darauf nieder und setzte sich neben mich. Ich wollte aufspringen, aber sein Arm legte sich wie mit eisernem Griff um meine Taille und er lehnte mein Haupt an seine Brust. Wieder wollte ich mich sträuben, aber vergebens. Er duldete es nicht, sondern sprach in ganz anderem Ton als vorher: „Sei ruhig, Marie, ich muß mit Dir reden; wenn ich fertig bin, lasse ich Dich frei, wenn Du frei sein willst!"

Und nun mußte ich hören, was er zu sagen hatte. Er erkannte sein Unrecht, er beschönigte es keineswegs; er klagte sich selbst an, und dann bat er mich um Verzeihung. Er habe genug geduldet, genug von den Martern der Reue gelitten, genug gewünscht, wieder gut zu machen, was er mehr aus Leichtsinn als aus Berechnung gethan. Er sagte mir, daß Gewissensbisse ihn so sehr gequält, daß er nicht allein jede Beziehung zur Baronesse von S. abgebrochen, sondern auch alle ihm zu Gebote stehenden Mittel angewandt habe, mich aufzufinden, um, wenn auch nicht die alte Liebe, so doch meine Verzeihung zu gewinnen. Er habe keinen Augenblick die Freude oder Ruhe gekannt seit meinem Verschwinden; sein Gewissen habe das nicht zugegeben.

Und als ich auf alle diese Versicherungen nicht antwortete, fuhr er mit zitternder Stimme fort: „Marie! Marie! Ich verlange nicht, daß Du an alles das glaubst, trotzdem ich es Dir schwöre bei Allem, was mir heilig ist; ich habe Dich zu oft getäuscht. Ich verlange nicht, daß Du mich wieder lieben sollst, weil ich das selbst für unmöglich halte, nach dem, was ich Dich ertragen ließ; aber ich beschwöre Dich beim Andenken an unser todtes Kind, das ich inniger geliebt habe als Du es vielleicht für möglich hältst. Gieb mir das Recht, an Dir wieder gut zu machen, was ich gefehlt habe! Gieb mir damit die Ruhe zurück, die mich ewig fliehen wird, wenn Du nicht zu mir zurückkehrst!"

„Jetzt thue was Du willst; ich lasse Dich frei!" Und dem Worte die That hinzufügend, ließ er mich los und verhüllte sein Gesicht mit beiden Händen. Ich stand auf, ging zum Fenster und blickte hinaus in die sternenhelle Nacht. Ich wollte mich sammeln ehe ich antwortete, ich schwankte schon nicht mehr. Schwach wie ein Rohr ist das Frauenherz, seine einzige Kraft liegt in seiner Weichheit; mit und durch dieselbe allein kann es den Stürmen des Lebens Trotz bieten! Eben noch verschwor ich mich hoch und heilig, nie und nimmer wieder in die alten Beziehungen zu Max zu treten, und nach wenigen ernsten Worten schon stand der Entschluß in mir fest, noch einmal zu versuchen, ob die früheren Ereignisse und meine Verzeihung nicht das Herz meines Mannes erweicht hatten. Als ich so an Maxens Brust lag, überkam mich eine unendliche Müdigkeit, weiter allein im Leben zu kämpfen; ich wollte ruhen, ich wollte nicht mehr selbstständig, sondern wieder abhängig sein; es überkam mich beinahe ein Wunsch, abhängig zu sein von den Launen eines Mannes! Ich mochte nicht mehr allein stehen, ich sehnte mich, mich anzuschmiegen an eine stärkere Natur, mich selbst von derselben quälen und niederdrücken zu lassen, nur um an ihr eine Stütze zu haben. Ich fühlte die Einsamkeit, zu der ich mich selbst freiwillig verdammt, die ich mit ihrem stillen Frieden geliebt hatte, plötzlich zu schwer auf mir lasten, um sie länger ertragen zu können. Es überkam mich beinahe etwas wie Heimweh nach meinen alten Leiden. Es that mir wohl, wieder der Gegenstand des Interesses für Jemanden zu sein, nachdem seit Jahren Jeder kalt an mir vorübergegangen war. Kurz — es mag räthselhaft und unnatürlich scheinen — ohne daß auch nur ein Funken von Liebe zu Max wieder angefacht war, war ich bereit, mich wieder in jene Fesseln einzuschmieden, denen zu entrinnen einst mein heißester Wunsch gewesen war. Es mochte das schwach sein, ich gestehe es; aber es ist auch so schwer, durch's Leben zu gehen ohne durch engere Bande mit anderen Menschen verbunden zu sein.

Laß mich hinwegeilen über meine unter Bedingungen gegebene Einwilligung, Max zu begleiten, über seinen Triumph und seine Schwüre hinsichtlich einer freundlichen Zukunft, über das Erstaunen und die Bestürzung im Lord

N'schen Familienkreise, als Mademoiselle Beaulieu sich plötzlich in Frau Legationsrath Lauer verwandelt hatte. Genug, ich begleitete Max, um ihn nicht mehr zu verlassen!"

„Und hielt er denn diesmal seine Schwüre und seine Versprechungen, Marie?"

Er hielt sie, wie überhaupt eine leichtsinnige Natur wie die seinige derartige Versicherungen heilig halten kann. Er hat schwerlich mit kaltem Blut und kalter Berechnung meine Gefühle zu verletzen gesucht; aber sein bodenloser Leichtsinn hat mir tausend Qualen, tausend Verlegenheiten und vielen Jammer bereitet. Ich habe viel gelitten, meine Emma, und die ewigen Aufregungen, die beständigen erfolglosen Versuche, den Leichtsinn und die moralische Schwäche dieses zu den bizarrsten Excessen geneigten Charakters zu bekämpfen, haben mich geistig und körperlich aufgerieben. Ich bin diesem Kampf nicht mehr gewachsen, ich habe ihn endlich als vollkommen nutzlos aufgegeben, aber zu spät! Er hat mir mein Glück gekostet, und wird auch mein Leben kosten. Ich fühle mich erschlafft, elend und lebensmüde. Mich reizt und zerstreut Nichts mehr; ich hoffe und ersehne nichts mehr als den Tod. Es hat mein in seinen heiligsten Bestrebungen gescheitertes Herz eine Mißstimmung ergriffen, die ich nicht mehr zu beseitigen vermag, und ich glaube, ich werde ihr bald erliegen.

Und so geschah es; nach wenigen Monaten hatte dies arme, gequälte Herz ausgelitten und jene Ruhe gefunden, nach welcher es sich so sehr gesehnt hatte. Wieder einmal war ein liebewarmes, enthusiastisches, edles Frauenherz an dem Egoismus Anderer zu Grunde gegangen; wieder einmal waren alle die edlen Absichten und die edle Aufopferung eines liebenden Weibes zurückgestoßen, mißkannt und mit Undank vergolten, — das Loos so Vieler!

Der Legationsrath Lauer schien anfänglich, nachdem er Marie unwiederbringlich verloren, den Werth ihrer Liebe zu begreifen. War es der Schmerz der Liebe oder der Reue, der ihn mit seinem eisernen Griff gefaßt hielt — er schien verstimmt, melancholisch und gebeugt. Aber das dauerte nicht gar lange; seine elastische, leider nur zu elastische Natur ließ ihn auch diese Erschütterung leichter überwinden, als es Anderen möglich gewesen wäre. Und jetzt, kaum ein Jahr nach dem Tode Mariens, ist er derselbe interessante, glänzende Mittelpunkt jeder Gesellschaft, wo er erscheint, wie früher. Man findet ihn originell, interessant und liebenswürdig. Und obschon er der Jugend Ade gesagt, so findet er dennoch bei ihr die meiste Anerkennung, seit er den Vorzug besitzt, seine Frau begraben zu haben.

Herr Bernays
und das Deutschthum in Amerika.
Von Friedrich Lexow.

Obgleich die Redaktion der Monatshefte es nicht für nothwendig hielt, die Punkte hervorzuheben, in denen ihre Ansichten über den Beruf der Deutschen in Amerika von denen des Herrn Bernays abweichen, möchte sie doch nichts dawider haben, wenn ein Mitarbeiter, welcher den Gegenstand in diesen Heften bereits von einer andern Seite behandelt hat, es unternimmt, seinen Standpunkt gegen den des genannten Herrn zu vertheidigen. Der „Beitrag zur Geschichte der Metamorphose der eingewanderten Deutschen in Amerikaner" liest sich, wie alle Arbeiten des Verfassers, gar schön; Kühnheit der Behauptungen und eine glänzende Diction machen es dem Leser sogleich klar, daß er keine gewöhnliche Erscheinung vor sich hat. Gern überredet man sich, daß hier Wahrheiten kecklich ausgesprochen sind, die man sich selbst kaum zu gestehen, geschweige denn ihnen Worte zu geben wagte. Aber nahe liegt auch die Gefahr, sich durch jene Kühnheit und jenen Glanz bestechen zu lassen, und dem Verfasser selbst scheint dies bisweilen zu passiren. So ist es mir z. B. unbegreiflich, wie Jemand in etwas „nebelhaft Unerreichbares", also in das, was ihm nicht erreichbar ist, dermaßen verfangen sein kann, daß er „Arm' und Füße, Kopf und Haar daraus nicht mehr zu befreien vermöchte"!

Was Herr Bernays vom Deutschen in Amerika vor allen Dingen verlangt, ist, daß er aufhöre, ein Deutscher zu sein, und je willenloser derselbe sich diesem Verlangen beugt, je weniger er sich dagegen sträubt, je weniger er dabei empfindet, je weniger sich sein Stolz dagegen empört, mit je weniger Bewußtsein er es thut, desto mehr wird er von Herrn Bernays geschätzt, oder wenigstens protegirt, denn von wirklicher Achtung kann solchen „Mittelschlächtigen" gegenüber doch wohl nicht die Rede sein.

„Die Hunderttausende von mittelschlächtigen Deutschen, denen der Ocean, über den sie kommen, schon ihr **gröbstes Deutschthum** abgewaschen, und die er mit der frischen Luft des Weltverkehrs angeweht, amerikanisiren sich unendlich leichter, als jene wenigen **Pretentiösen**, die ihre Amerikanisirung als eine That in ihrem **Bewußtsein** vollbringen wollen."

Gröbstes Deutschthum! Der Inbegriff des Deutschen ist also das Grobe, Ungeschlachte. Ist der Verfasser geneigt, die Konsequenzen dieses Ausdrucks zu vertreten, oder hat derselbe sich ihm nur aus der Feder gestohlen? Wir müssen Ersteres annehmen; wir müssen glauben, daß das specifisch Deutsche bei ihm in sehr geringer Achtung steht, denn an einer andern Stelle sagt er von den Quäkern Pennsylvaniens:

„Ihr **stabiler, kleinlicher Charakter** war an sich viel zu **deutsch** . . . . . ., als daß sie das deutsche Wesen aus den Deutschen hätten **austreiben** können."

Grob, stabil, kleinlich. Da haben wir schon ein hübsches Trio schmeichelhafter Adjektive, von einem Deutschen auf das Deutschthum angewendet, und wir können uns nicht mehr darüber wundern, wenn der Verfasser auf Die, welche sich ihr deutsches Wesen nicht schleunigst vom Amerikanerthum a u s t r e ib e n lassen wollen, nicht gut zu sprechen ist.

In der That macht er diesen die größten Vorwürfe, und läßt es ihnen gegenüber weder an scharfem Tadel, noch an bitterem Hohn fehlen. Das Bestreben, deutsch zu bleiben, d. h. das geistig und sittlich Gute, was wir von Deutschland mit herübergebracht, zu behalten und weiter zu entwickeln, ist ihm ein „Versteinern" und „Verrosten".

„Zugegeben, daß die deutschen Menscheninseln im Westen, namentlich in Cincinnati und St. Louis, in einem höhern Stadium der Metamorphose versteinern werden, als sich die pennsylvanischen Deutschen versteinerten — so ist doch Der ein a r g e r N a r r, der, weil er mit Vortheil und Behagen unter Petrefakten seines Gleichen athmet, sie noch immer so sehr geistig mit dem Deutschthum verbunden hält, daß sie auch hier noch mit der Bewegung des deutschen Geistes zusammenhängen und mit ihr fortschreiten können."

Es war mir fremd, daß P e t r e f a k t e n a t h m e n können. Im Uebrigen scheint es mir als hieße es dem Widerspruch in gar zu absprechender Weise vorgreifen, wenn man Andersdenkende von vornherein als a r g e N a r r e n bezeichnet.

„Sogar in New-York scheint sich eine gewisse Kategorie des Deutschthums pennsylvanisiren zu wollen."

Das ist mir nicht bekannt. Es giebt in New-York keine Kategorie von Deutschen, welche sich von allem geistigen Leben abschließt, die berechtigten Einflüsse des Amerikanerthums von sich stößt und sich etwas darauf zu gute thut, gar keine Kultursprache zu reden. Wohl aber lebt hier eine große Anzahl von Deutschen, welche sich ihres Deutschthums nicht schämen, welche fest entschlossen sind, es nicht abzulegen, welche die geistigen Schätze und die einem hohen Kulturzustand entsprungenen Sitten, die sie mit über den Ocean gebracht, nicht von sich weisen, sondern als heiliges Kleinod erhalten wollen, und sich die Kraft zutrauen, mit den geistigen Fortschritten der alten Heimath gleichen Schritt halten zu können, während sie zugleich nichts von dem Trefflichen, welches die neue Heimath ihnen bietet, von sich abwehren. In letzterer Hinsicht amerikanisiren sie sich, in ersterer bleiben sie deutsch. Sie schließen sich nicht ab, aber sie schließen sich zur Förderung gemeinsamer, von ihnen als edel erkannter Zwecke aneinander, und dabei glauben sie Achtung und Anerkennung, nicht Geringschätzung und Hohn zu verdienen.

Nur die „Mittelschlächtigen" haben nach der Meinung des Herrn Bernays für Amerika eine segenvolle Bedeutung, nur das „zerzauß'te und zerquetschte Material", nur, Die, welche,

„zerdrückt von Despotismus aller Art, gedemüthigt durch jegliche Noth und Bedrängniß, mißhandelt und mißachtet von jedem officiellen Standpunkt, eingepfercht durch Uebervölkerung in die engsten Grenzen, vor Allem auf Raum, freie Bewegung und Nahrung für ihren Leib ausgehen."

Mit andern Worten — nur Die, welche den Materialismus ohne jegliche Beimischung geistigen Strebens repräsentiren.

„Die deutschen Durchschnittsmenschen, ich wiederhole es, weil es gründlich verstanden werden sollte, sind ein Capitalelement des amerikanischen Volkes. Sie bringen einen Fond von physischer und moralischer Gesundheit hierher, ohne den die amerikanische Gesellschaft sehr bald verlottern würde. Sie bringen, und ich behaupte dies dem Umstande zum Trotze, daß in politischen Dingen sich die Deutschen so gern der Partei der absolut Unzufriedenen anschließen, gerade die Elemente der Ausdauer, des Zusammenfassens, der begrenzten Begierde nach Erwerb und Eigenthum, der Zusammengehörigkeit des Menschen mit seinem Wohnplatze mit hierher, die dem angelsächsischen Amerikaner vollkommen fremd sind und die den wahren Kitt großer, zukunftreicher Völker bilden. Gegen die massenhafte, un b e w u ß t e Thätigkeit all der Hunderttausende, die namentlich nach den n e u e r e n Staaten einwandern, verschwinden wie platzende Seifenblasen die mit p r e t e n tiösem Bewußtsein von Einzelnen versuchten Verdeutschungsarbeiten des Amerikanerthums."

Letzterer Ausdruck soll wohl bedeuten: Arbeiten (oder Bemühungen) zur Verdeutschung des Amerikanerthums. So wie er steht, sollte man glauben, das Amerikanerthum gebe sich Verdeutschungsarbeiten hin. Herr Bernays macht hiermit Denen einen Vorwurf, welche der Meinung sind, daß auch vom g e i s t i g e n Deutschthum ein Theil auf das Amerikanerthum übergehen müsse. Er haßt am Deutschen in Amerika jedes Bewußtsein und betrachtet es als Anmaßung. Nur das Unbewußte, Unwillkürliche hat in seinen Augen Berechtigung, nur das „roheste Rohmaterial, aus dem das deutsche Volk sich schafft und erneut", und ihm selbst scheint gegenwärtig zu sein, wie wenig Achtung eine solche Auffassung den Amerikanern vor den deutschen Ankömmlingen einflößen kann, denn er bemerkt:

„Es setzt einen ungewöhnlichen Grad von Scharfsicht voraus, damit ein Amerikaner ältern Datums, der die deutschen Mittelstufen nicht kennt, es begreift, wie aus diesem zerzaus'ten und zerquetschten Material Menschen von der höchsten Kulturbedeutung jemals hervorgehen konnten."

Was unter den hiesigen Deutschen an Selbstbewußtsein, was unter ihnen an geistiger Kraft und geistigem Streben vorhanden ist, das muß erst untergehen, um alsdann wieder in veränderter, amerikanischer Gestalt zum Vorschein zu kommen.

„Der Deutsche muß total untergehen, und seine Nachkommen müssen sich vorher total amerikanisiren, damit sie erst wieder durch den Amerikanismus nicht nur mit dem, was man etwa amerikanische Philosophie nennen kann, sondern damit sie auch wieder mit **deutscher** Philosophie bekannt werden können." — — „Auch hat dieses vorgängige Uebergehen in Amerikanismus durchaus nichts Beschämendes für das eingewanderte Element. Es liegt im Gegentheil so vollkommen in der Natur der Sache, und ist eine so erklärliche Culturnothwendigkeit, daß die Kategorieen des Beschämenden oder des beleidigten Nationalstolzes als eitel sentimentale Schwächen erscheinen." — — — „Auch wehrten wir uns gerade so vergeblich gegen unseren nationalen als gegen unseren physischen Tod. Um den einen nicht sterben zu müssen, durften wir nicht geboren werden; um dem andern auszuweichen, mußten wir nicht auswandern."

Ueber die „Kategorieen des Beschämenden oder des beleidigten Nationalstolzes" läßt sich eigentlich nicht streiten. Wer eine solche Scham und einen solchen Stolz nicht empfindet, dem fehlen sie eben. Es ist aber doch eine sonderbare Zumuthung, das, was wir besitzen, aufzugeben, um es alsdann in veränderter Gestalt wieder zu bekommen. Was unser ist, das wissen und fühlen wir; ob wir, nachdem wir es fortgeworfen, etwas wieder bekommen, ist noch immer fraglich. Einfacher und sicherer ist es jedenfalls, das, was wir haben, was lebensfrisch in uns lebt, zu behalten. Das Sterben hat stets etwas Listiges und Unheimliches. Hätte man uns vorher gefragt, ob wir geboren werden wollten um zu sterben, so würden wir uns wahrscheinlich dafür bedankt haben. Die Auswanderung war für uns eine Handlung freier Wahl, und wir entschlossen uns sicherlich nicht dazu um total unterzugehen.

Dem **geistigen Deutschthum** spricht Herr Bernays jedes Einwirken aufs Amerikanerthum ab.

„So ist z. B. die praktische Rolle, welche die sogenannten Achtundvierziger hier spielen, weiter nichts als eine Rolle im cisatlantischen Nachspiel der **europäischen** Revolution. Ihre Wirksamkeit ist das Ende ihrer europäischen Wirksamkeit. Ihr Material ist nicht das amerikanische Volk, sondern es sind die deutschen noch unamerikanisirten Massen der ersten hier eingewanderten Generation. **Nicht der leiseste Hauch ihrer Wirksamkeit wird die amerikanische Volksseele beschlagen.**"

Das ist doch wohl eine starke Behauptung. Darin, daß die Wirksamkeit der Achtundvierziger hier nichts als eine Fortsetzung ihrer europäischen Wirksamkeit ist, liegt für sie gewiß kein Vorwurf. Es zeigt einfach, daß das politische Mißgeschick sie nicht geknickt hat, sondern daß sie der alten Fahne treu geblieben sind. Daß aber diese Wirksamkeit über den Kreis ihrer Stammesgenossen hinausreicht, kann doch wohl kein Unbefangener leugnen. Mehr als ein leiser Hauch derselben hat die amerikanische Volksseele beschlagen. Sie brachten zum Beispiel die tiefe Ueberzeugung mit sich hierher, daß alle Menschen mit gleichen Rechten geboren seien — d i e Ueberzeugung, welche die deutsche Nation vor der amerikanischen voraus hatte. In ihnen lebte hell und glänzend der bei den Amerikanern bedeutend verblaßte Geist der Unabhängigkeitserklärung. Daß sie in dem großen Entwicklungskampf des letzten Decenniums eine durchaus bedeutungslose Rolle gespielt, daß sie gar keinen Einfluß auf die politische Parteibildung geäußert, daß sie die Phalanx der Freiheit und Gleichheit nicht verstärkt, daß sie nicht das Ihrige zum großen Siege der Gesittung beigetragen, und daß sie jetzt bei der Rechnung derjenigen Amerikaner, welche den guten Kampf bis zur letzten Konsequenz durchführen wollen, nicht in Betracht kommen, sollte doch am wenigsten ein Missourier behaupten. Die Rückwirkung, welche die europäische Revolution auf Amerika äußerte, wurde durch die deutsche Achtundvierziger-Einwanderung vermittelt. Das ist eine historische Thatsache, an der sich nicht rütteln läßt. Die Achtundvierziger beanspruchen dafür, daß sie auch in Amerika ihre Pflicht erfüllen, keine besondere Anerkennung und keinen Dank; aber sie wollen sich wenigstens nicht insultiren lassen.

Vollständig amerikanisiren soll sich das Deutschthum in Amerika; es soll sich total aufgeben, soll ganz und gar untergehen — das mittelschlächtige sowohl wie das selbstbewußte. Wer bürgt Herrn Bernays dafür, daß selbst die Mittelschlächtigen den Beruf, den er ihnen zuweis't, unter dieser Bedingung erfüllen können, daß die guten Eigenschaften, welche er ihnen zugesteht, bei dem Verwesungsprozeß nicht mit vergehen? Es möchte schwer halten, bei einem solchen Prozeß am rechten Punkt stehen zu bleiben, und gerade das zu retten, was gerettet werden soll. Wir wissen vollkommen das Glück der in amerikanische Ladies verwandelten „schwerfälligen, plumpen Trampeln aus unseren südbeutschen Bauerndörfern und der Schweiz" zu würdigen, welche in der Ehe der Kinder genug bekommen,

„da die Amerikanisirung in der e r st e n Generation sich unmöglich bis zum Gräuel der Vertilgung der Leibesfrucht, der in dem amerikanischen Mittelstande so gebräuchlich ist, versteigen kann."

Nur fürchten wir, daß, wenn die Amerikanisirung so gründlich wie Herr Bernays es wünscht, von statten geht, die z w e i t e Generation es auch schon bis zu d i e s e r Perfektion gebracht haben wird, während vielleicht etwas mehr Conservirung deutschen „Vorurtheils" dies verhindert haben würde.

In seinem absprechenden Urtheil über den propagandistischen Einfluß des geistigen Deutschthums auf das Amerikanerthum geht Herr Bernays so weit, daß er diesen sogar den deutschen Musikern abspricht, wahrend doch kein Amerikaner in Abrede stellen wird, daß alles höhere Streben, aller Fortschritt, alle Entwicklung des Geschmacks auf diesem Gebiet hier lediglich von den Deutschen ausgeht. Wenn von einer höhern Weihe der Kunst, oder von einem propagandistischen Bestreben der Ausbreitung deutscher Musik, nicht bei einem unter tausend Musiklehrern die Rede ist, so möchte sich diese Erscheinung auch in Deutschland selbst wiederholen, denn die Auserwählten zählt man eben nicht bei Tausenden. Aber wir haben ein nobles Contingent von Solchen aufzuweisen, welche sich ihres propagandistischen Berufs gar wohl bewußt sind und denen die Musik etwas Anderes ist als H a n d w e r k.

Es giebt wohl keinen vernünftigen Deutsch-Amerikaner, welcher geneigt ist, dem Amerikanerthum die Vorzüge abzusprechen, die es wirklich besitzt und die von Herrn Bernays in so warmer, ansprechender Weise hervorgehoben werden. Mit wahrem Vergnügen lassen wir uns den Entpuppungsprozeß vorführen, welcher mit den beklagenswerthen „Arbeitsdrohnen" vorgeht, die hier zu einem menschenwürdigen Dasein gelangen, Achtung vor sich selbst bekommen und in neuem Gewande, dem Innern und Aeußeren nach umgewandelt, kaum noch zu erkennen sind. Heil dem Lande, Heil dem Volke, Heil den Verhältnissen, welche solches Wunder an den armen Dulderinnen vollbrachten. Wie sollten sie nicht dankbar sein, wie sollten sie sich nicht ihrer herrlichen Auferstehung freuen? Wer sollte nicht den Verhältnissen zürnen, welche es ihnen unmöglich machten, sich früher auf solche Weise zu entwickeln? Von den Blüthen des deutschen Geistes haben sie wenig oder nichts mit herübergebracht, und können deshalb auch wenig oder nichts davon opfern. Ihnen wollen wir keinen Vorwurf machen, wenn sie am alten Vaterlande bei der Fülle des Segens, welche über sie hereinströmt, selbst das Gute verkennen, und nur wünschen, daß der Einfluß dieses Guten sich in den Begriffen von Recht und Unrecht bei ihnen erhalte und auch auf ihre Nachkommen vererbe. Mit freudiger Anerkennung und innigem Dank empfangen wir Alles, was sich uns hier an Gutem und Großem darbietet. Wir wissen, daß der Blick hier offener und freier wird, daß manches angeerbte Vorurtheil schwindet, daß der Geist an Elasticität gewinnt, daß der Wille sich stärkt, daß die Thatkraft sich stählt. Wir wissen, daß in mancher Hinsicht mit uns Allen eine vortheilhafte Veränderung vorgeht, und wir sind nicht unempfindlich dafür. Aber für das, was Amerika uns giebt, möchten wir ihm auch etwas wiedergeben, und wir tragen das tiefe Bewußtsein in uns, daß wir den Pflichten gegen unsere neue Heimath nur gerecht werden können indem wir das behalten und mit Liebe pflegen, was die alte uns verliehen.

Daß Herr Bernays mit den Leistungen der Deutsch-Amerikaner auf geistigem Gebiet nicht zufrieden ist, will ich ihm wahrlich nicht verdenken. Das materielle Streben steht bei ihnen mehr als es zu wünschen wäre, im Vordergrund. Ihre Vereinigungen haben mehr die Beförderung des äußern Wohlergebens und des Vergnügens, als etwas Anderes zum Zweck. Sie haben die deutsche Literatur nur mit wenigen über das Allergewöhnlichste hinausragenden Schöpfungen bereichert, sie verwenden nicht die nöthige Sorgfalt auf die Conservirung der Reinheit ihrer Sprache, und eine gewisse Engherzigkeit ist ihnen nicht immer fremd. Es lassen sich für dies Alles Entschuldigungen anführen; aber diese wollen wir hier nicht in Anschlag bringen, und sind Dem dankbar, welcher mit scharfer, schonungsloser Kritik auf die vorhandenen Uebelstände hinweis't. Was ich aber meinem Gegner zum Vorwurf mache, ist, daß er die Deutschen nicht tadelt weil sie als solche zu w e n i g, sondern weil sie nach seiner Meinung zu **viel** gethan haben. Er tadelt sie nicht weil sie mit den Fortschritten der alten Heimath nicht stets gleichen Schritt halten, sondern weil sie sich Mühe geben, dies zu thun. Er grollt ihnen nicht wegen der zu niedrig gehaltenen Tendenz ihrer Vereine, sondern weil sie sich überhaupt zur Förderung bestimmter, auf deutsche Intelligenz und Sitte begründeter Zwecke verbünden. Er geißelt nicht die Amerikanismen in ihrer Sprache, sondern er wirft ihnen vor, daß sie die deutsche Sprache überhaupt noch beibehalten und auch ferner beibehalten wollen. Der Rath, den er ihnen giebt, die Forderung, die er an sie stellt, lautet: „Hört auf, als Deutsche zu existiren. Gebt Euch selbst auf!" Wenn sie ihm darin nicht folgen, sondern die Zumuthung beleidigend finden, so darf er sich darüber nicht wundern. Es giebt auf der weiten Erde kein Volk, dessen Söhne sich dergleichen ruhig bieten ließen; und warum sollen Deutsche verpflichtet sein, weniger Selbst- und Ehrgefühl zu besitzen als Franzosen, Engländer oder Amerikaner?

Untergehen sollen wir in Amerika, den nationalen Tod sollen wir erleiden. Es wird uns sogar das Recht abgesprochen, uns dadurch unangenehm berührt zu fühlen, denn warum sind wir ausgewandert? Der Urtheilsspruch des Herrn Bernays hat in der That etwas Ungeheuerliches. Es stirbt sich gar schwer, national nicht minder als physisch, und doch sollen wir uns freiwillig dem Tode weihen. Nicht einmal die Befriedigung wird uns in Aussicht gestellt, selbst die Früchte unseres Opfers zu genießen. Es läßt sich nicht behaupten, daß Herr Bernays uns bestechen will, denn er gesteht, daß der Umwandlungsprozeß von der ersten Generation fast nie gründlich durchgemacht wird. Folgen wir ihm, so hören wir auf, Deutsche zu sein, und werden nicht einmal ächte Amerikaner, sind also in Wahrheit gar nichts. Von der einen Nation werden wir losgerissen, ohne dafür einer andern anzugehören. In jeder Beziehung werden wir degradirt; wir stehen unter dem Deutschen sowohl wie unter dem Amerikaner; und dafür sollen wir uns mit dem Gedanken trösten, daß die zweite Generation aus ächten Vollblut-Amerikanern bestehen wird! Eine schöne Anweisung, ein schöner Ersatz. Und wie hübsch wird sich das Familienleben machen! Im Amerikanisirungsprozeß sind die Kinder den Eltern voraus, stehen also nach der Schätzung des Herrn Bernays über diesen. Die Kinder sprechen leidliches, die Eltern radbrechen schlechtes Englisch. Der Sohn lacht dem Vater, die Tochter der Mutter ins Gesicht. Die Kinder betrachten die Eltern als untergeordnete Wesen; es liegt nahe, daß sie sich derselben schämen. Ach ja, Herr Bernays, das Bild ist aus dem Leben gegriffen; solche Verhältnisse kommen wirklich unter Denen vor, welche sich nicht schnell genug amerikanisiren, welche kaum den Augenblick erwarten können, wo man sie nicht mehr als Deutsche erkennen wird, und ihr Ziel dennoch nie erreichen. Die Fälle kommen vor, aber glücklicherweise seltner als früher, denn die Achtundvierziger haben das „Vorurtheil" mit nach Amerika gebracht, daß es eines Deutschen unwürdig sei, bei lebendigem Geiste zu verfaulen.

Mein Gegner hat Recht, die Deutschen sind hier dieselben wie in allen andern Ländern. Sie können den elementaren und socialen Einwirkungen der neuen Lage nicht entgehen, aber sie sträuben sich gegen den Untergang ihrer Eigenthümlichkeiten. Und dies Sträuben rechnen sie sich nicht als Schwäche, sondern als Vorzug an; sie halten etwas auf sich selbst und auf das herrliche Volk, dem sie entstammen. Sie wissen, daß sie nicht vollkommen sind, und weigern sich nicht, in den neuen Verhältnissen das aufzunehmen, was ihnen fehlt und sie zu freiern, zu besseren Menschen macht. Aber Deutschland ist ihnen eine Sonne, welche ihre Strahlen über die ganze Welt aussendet, und sie können sich nicht mit dem Gedanken vertraut machen, daß es diesen Strahlen hier in Amerika nicht gestattet sein soll, Licht und Wärme zu verbreiten.

„Die höchste Vollkommenheit der Welt hat der Deutsche i n sich, der Amerikaner u m sich. Gesetzt es wäre möglich, beide Richtungen in e i n e m Volke zu verschmelzen — die Welt des Amerikaners zu durchgeistigen, und die Welt des Deutschen zu verwirklichen — welche Welt würde dies erst sein!"

Schöne, wahre, goldene Worte! Aber auf dem von Herrn Bernays angedeuteten Wege, dadurch, daß wir hier einen nationalen Selbstmord begehen, läßt sich dies Ziel nicht erreichen, diese Welt nicht verwirklichen. Mit Vergnügen, aus freudiger Wahl, gehen wir auf in den Gesammtbegriff des amerikanischen Volkes; aber dieser Begriff ist uns ein umfassenderer als Herrn Bernays. Die Republik ist groß genug, um auch dem d e u t s c h e n Geiste das Bürgerrecht zu gewähren; sie b e d a r f desselben, wenn der Kern des Volksstaates — die Freiheit und Humanität — in ihr zur Wahrheit werden soll, und wir wollen ihn erhalten, wir wollen ihn hegen und entwickeln, wir wollen die Welt, welche wir i n uns tragen, in treuer Brüderschaft mit den angelsächsischen Amerikanern ins Reich der Wirklichkeit zu versetzen suchen.

Darwin's Theorie.
Von C. Schücking.

Vom Thiere deinen Ursprung abzuleiten,
Geehrter Herr, wer will es dir bestreiten!
Man findet gar zu häufig Menschen, deren Nasen
Den Fischen ähneln oder Hasen,
Und wieder andre, deren Stirn
Verräth ein Löwen- oder Ochsenhirn,
Und mancher trägt, wir leugnen's nicht, die Zeichen
Des höhern Esels, und dergleichen.
Und doch, und doch, muß mehr dahinter stecken,
Man kann nicht ohne Eier Vögel hecken.
Und wären alle Menschen auch nur Raben,
Ein Geist muß sie geschaffen haben.

Wohl hast du Recht — sieht man ein fremd Gesicht,
Braucht man zumeist den K a n t zum Beistand nicht.
Man fragt, mit Recht, nicht nach des Herrn Vernunft',
Man fragt, zu w e l c h e r N a r r e n Schlag und Zunft
Und welchem Thiertypus d e r Mensch gehöre,
Was für ein Sparren D i e s e s Denkkraft störe.
Allein, allein,
Es muß doch mehr dahinter sein;
Man fragt doch auch, weß „Geistes Kind" er sei,
Und hält ihn für selbstständig, frei.
Das Thier, das heutzutage sich entfaltet,
War schon zu Adam's Zeiten so gestaltet,
Und Niemand hat gesehen, daß ein Christ
Aus einem Pavian geworden ist.
Des Menschen Urbild muß doch höher sein.
Schaut man in einen Brunnen tief hinein,
Erblickt man in der Tiefe sich zu Zwein;
Was bringt uns dieses Bild dort zu Gesicht?
Von oben ist's das Licht — d a s L i c h t!
So schau du deiner Seele auf den Grund,
Und halte, Spötter, deinen Mund —
Dann denke, fühle, lern' dich selbst erkennen!
Darfst du Den einen T h i e r g e i s t nennen,
Der alle T h i e r e sich zu Füßen streckt,
Und aus der Erde sich ein Paradies erweckt?
Mit mehr als Löwenherz und Adlerauge,
Mit einem Blicke, der ein Feuer flammt,
Das nicht von diesem Thiere stammt,
Das alle Kreatur durchzuckt, vernichtet,
Und selbst das T h i e r i m M e n s c h e n schrecklich richtet:
Mit einer Hoheit, seiner Stirne eingebrannt
Vom reinsten Diamant an Gottes Hand —*)
Ist das vom Thier?
Des Schönen Sehnsucht, die uns selig spricht,
Des Rechten Kenntniß und der Pflicht,
Des Guten Cultus und des Reinen,
Der Freude Lächeln und des Grames Weinen,
Des Weibes Anmuth und des Mannes Kraft,
Der Sieg der Tugend über Leidenschaft,
Die Grazien, die Musen, die uns weihn,
Die Liebe, die uns küßt ins Leben ein,

---

*) Mit Beziehung auf die Frage eines Kindes: „Was ist die Sonne, Vater — ist das Gottes Ring?

Und noch an unserm Grabe wacht,
Wenn wir hienieden treu ihr Werk vollbracht —
Des Großen Monumente, die sich rings erheben,
Der Andacht Dome, die zum Himmel streben!
O gehe, Mensch, und lerne dich erkennen: —
Darfst du das einen Thiergeist nennen?
Die Kunst, die Wissenschaft, die Poesie,
War das vom Thier? O nein, o nie! —
Vom reinen Geist erzeugt, in reiner Liebe Huld,
Ist alles Thier am Menschen nur — die Schuld!

Ostende.
Von Alfred Meißner.

Wir stehen im Bereich der fetten, grünen Triften, über die Störche gravitätisch schreiten, im Bereich der Fläche, wo die Windmühlen rastlos ihre hölzernen Arme gespenstig bewegen. Mit wüthender Eile saus't der Expreßzug, nachdem er einige Minuten in Brügge verweilt, wieder weiter. Das ist ein anderes Fahren als bei uns im immer gemächlichen Deutschland. Man muß von Zeit zu Zeit seine Augen ausruhen lassen von dieser Jagd von Eindrücken. Da erblickt man, wenn man den Kopf wieder zum Wagenfenster wendet, neben den Windmühlen und zwischen den kleinen Baumgruppen, scheinbar mitten auf Wiesen, wo Pferde und Kühe durcheinander grasen, Segel und Masten. Sie gehören großen Schiffen, die auf einem oder dem andern der sechs Kanäle, die von Brügge ausgehen, ihren Weg hinziehen. Dann kommen Wälle und Gräben, eine Stadt zeigt sich, der Zug fährt scheinbar mitten in Schiffe und Takelwerk hinein, da mäßigt sich der tolle Lauf, ein Pfiff — der Reisende ist in Ostende.

Einmal da, kann ich es kaum erwarten, von der Höhe der Digue das Meer wiederzusehen. Eiligst raffe ich mich auf, renne durch die Stadt, und als ich schon bei der Brücke bin und über den Festungswall den gedämpften Donner der Wogen höre, fängt mein Herz vor Freude laut zu schlagen an. Nun, da liegt es schon vor mir ausgebreitet, das ruhelose Element, grau unter einem bedeckten Himmel. Im mächtigen Takte kommen die Wogen heran, die ganze Brandungslinie ist weiß, spritzender Schnee einer flüssigen Lawine.

Es ist Morgens zwischen zehn und zwölf, also eben Badezeit. Hier kommen schon Frauen und Fräulein zurück, das gelös'te, noch von Seesalz feuchte Haar über den Rücken geläunt, wie Opernheldinnen im fünften Acte. Andere eilen erst hin. Rasch an den Pavillons vorüber und zu den Badeplätzen! Auf der wie eine Tenne glatten Düne stehen die Badekarren zu Hunderten, alle weiß angestrichen, numerirt, kleine Häuser auf Rädern, eine Wagenburg. Bald hier, bald dort wird ein Pferd vorgespannt, die stämmigen Rosse treten ins Wasser hinein, jetzt halten sie still. Dort, im Schaum der Brandung, tummeln sich bereits Hunderte badender Gestalten, Männlein und Weiblein durcheinander.

Es wäre schwer, in der Gegend von Ostende landschaftliche Schönheit zu finden; sie ist ja, so weit das Auge reicht, nichts als eine unermeßliche Fläche, die sich nur durch ungeheure Dämme, endlose Festungswerkslinien, flache Pavillons und einen Leuchtthurm charakterisirt. Und dennoch fesselt das Ganze. Das Auge, sonst gewohnt, entschiedene Farben zu sehen, blickt erstaunt auf dies ganz in Grau gehaltene Colorit. Da giebt es nichts Grünes, Rothes, Schwarzes oder Braunes; Alles ist bleigrau oder fahl, oder blaßgrünlich oder blaßröthlich. Der Maler, der das malte, müßte Weiß in alle Töne mischen. Blickt man aufs Meer: eine mit dem grauen Horizont verschwimmende endlose, blaßgraue Fläche, nur dann und wann von einem dunkeln oder hellen Punkt — einem fern hinziehenden Dampfer oder einem Segel — unterbrochen. Blickt man vom Meer zurück: zuerst ein ungeheurer, bei der Ebbe bloßgelegter weißfahler Dünengürtel, in welchen die Wogenbrecher aus grauen Quadersteinen hineinlaufen und ihn abtheilen, dahinter ein schmaler, blaßgrüner Streif von Gras und Ginster, noch weiter zurück die fahlen Linien völlig baumlosen Gestades. Das Ganze hat eine wunderliche, fast gespenstige Farblosigkeit.

Dazu als Troß der ungeheuren Badekarrenburg die Baigneurs und Baigneuses, die Bademänner und Badeweiber, welche die Furchtsamen und Kranken in die Brandung führen, Eseljungen mit ganzen Rudeln von Eseln zum Ritt durch die Dünen, mit Schaffelldecken gesattelt, endlich Badekarrenkutscher neben ihren riesigen Pferden — dies die Staffage.

In der Stadt selbst ist kaum etwas zu sehen, es wären denn die Bäume merkwürdig, die im kleinen Jardin Leopold ein kümmerliches Leben fristen. Sonst wächst auf Meilenweite kein Baum. Der Sandboden und der Wind lassen es nicht zu.

Vorüberhuschende Frauengestalten in knappen schwarzen Mänteln, deren schwarze Kapuze über den Kopf gezogen, hielt ich Anfangs für eine besonders weltverachtende Nonnengattung. Aber das ist nur altflandrische Tracht, die sich hier bis in die Bürgerklassen hinein erhalten. Eine ernstere, mehr ascetische Kleidung ist nicht zu denken. Jede Nonne mit weißem Schleier sieht daneben kokett aus. Es ist die Tracht für eine öde, kahle, dem Sturm ausgesetzte Küste.

In Ostende hat die vlämische Reinlichkeitsliebe, die sprichwörtlich gewordene propreté flamande, ihren höchsten Ausdruck gewonnen. Eine löbliche Gewohnheit hat hier schon die Dimensionen des Fanatismus. Es wird da so viel gewaschen und gescheuert, daß man kaum begreift, wie die Leute noch Zeit für andere Thätigkeit finden. Geht man an den Häusern vorbei, so muß man sich vor den Handspritzen in Acht nehmen, mit welchen die Hausfrauen ihre Häuser von unten bis oben begießen. Doch man weiche vorsichtig aus! Dort steht wieder irgend ein Hausvater vor der Thür, einen Tiegel mit Oelfarbe und einen Pinsel in der Hand, und sinnt nach, welches Holz oder Eisen er wieder durch zierlichen Anstrich verschönern könne. Ich habe Weiber gesehen, welche das durch den Regen und die Schuhe der Vorübergehenden beschmutzte Trottoir vor ihrem Hause sorgfältig mit Handtüchern abwuschen und abtrockneten.

Abends wieder hinan zur Digue, und über die endlosen ziegelgemauerten Dämme gewandert. Hier drängt sich die Badewelt zusammen. Vom Cerclo du bain, einer großen, glasbedeckten Halle, bis zum Pavillon royal circuliren und flaniren die Gäste. Im erstgenannten Ort spielt die Militärmusik. Das Baden hat aufgehört, die allenthalben aufgestellten Fernröhre, welche früh schönen Najaden nachspähten, verfolgen jetzt nur noch dies und jenes Segel in der Ferne, dies herankommende, jenes ausfahrende Schiff.

Doch lassen wir das Badepublikum und seine bunte Maskerade und wandern wir ein wenig, von Wogenbrecher zu Wogenbrecher klimmend, im Sand. Der Tag war grau, neblig, wolkenbedeckt; nun durchleuchtet die niedergehende Sonne das Bild, das Bleigrau des Meeres verwandelt sich allmälig in helldurchleuchtetes Grün, der Schneeschaum der Brandung bekommt einen rosigen Anhauch. Diese Wogen, die so endlos in gemessenen Zeiträumen heranrollen, und ihr unbestimmter Donner, wie ernst stimmen sie das Gemüth! Der Dünensandgürtel so voll kleiner, zerriebener Muschelüberreste! Welche Fülle von Leben in diesem Element, und welcher Verbrauch, welche Abnutzung von Wesen! Das Meer ist ein Symbol des Lebens, ein Bild der Unendlichkeit der Natur. Was ist Raum? Was ist Zeit? Wie dieses Meer Milliarden Wellen hinaussandte und wieder zerschellen ließ, so die Natur auf dieser kleinen Erde Millionen Generationen. Schon Millionen Daseinsformen sind untergegangen, andern Millionen wird es ebenso ergehen. Was sind Jahrhunderte? Wellenschläge, Wellenpausen. Was ist ein Geschlecht? Eine Welle. Und die kleinste der Blasen, die im Schaum einen Moment da ist und wieder vergeht, nein, nicht mehr ist der Mensch.

Ich war an die Nordseite des Meerdamms gerathen. Da ist die Einfahrt in den Hafen durch eine weit ins Meer hineinragende Doppelreihe eingerammter Pfähle; Bohlen sind darüber gelegt und bilden gleichsam eine unendlich lange Brücke, die Estacade.

Die Sonne war eben im Sinken, als ich, die Verpfählung hinabwandernd, von einem Manne im blauen Wams aufgefordert wurde, mit ihm eine Fahrt im Kahne zu machen. Sein wettergebräuntes Gesicht von eigenthümlich schwermüthigem Ausdruck zog mich an; ich trug ihm auf, mich an den Leuchtthurm und zum Austernpark zu führen. Wir stiegen eine glatte, tangbedeckte Treppe hinab, und bald sitze ich zwischen Netzen und Fischkübeln im Kahne, welchen der Fischer, mir auffallend genug, durch den bloßen Gebrauch des Steuers in die dunkle Fläche hinauslenkt.

Acht Uhr! Eben kommt der Dampfer des Weges, der bei Tagesanbruch in Dover ist, und ich weiß nicht, warum er mir in diesem Augenblick wie ein großer englischer Neufundländer vorkam, der seinem Herrn zuschwimmt. Der

Wellenschlag hebt unsere kleine Nußschale, dann beruhigt sich die Woge wieder, unendliche Einsamkeit, unendliche Stille tritt ein. Wir steigen aus, eine andere Treppe hinan, und nun geht es endlos in Winkeln die Festungswerke entlang. Hier sind mächtige Bassins mit Schleusenthoren, in welchen sich das Wasser während der Fluth anstaut, um später das Fahrwasser zu vertiefen. Endlich steht man vor dem Leuchtthurm. Man ist wohl dritthalbhundert Stufen gestiegen, bis man in die Laterne gelangt. Noch ist die große, vierdochtige Lampe, welche das mit Hülfe platinirter Reflectoren vertausendfachte Licht fünfzehn Stunden weit ausschickt, nicht angezündet. Von der Höhe noch einen letzten Blick ins Land, auf die Stadt mit den graurothen Ziegeldächern, den Festungswerken, Dämmen, Kanälen, Schiffen; Alles flach, wie auf einer Landkarte gezeichnet. Dort in der Ferne blitzt etwas; es ist eine vom letzten Abendstrahl beschienene Fensterreihe — Dünkirchen.

Als ich wieder unten bin, den Damm weiter wandere und zurückschaue, glänzt schon oben das Feuer im Leuchtthurm, der Wind bläs't heftig und biegt den Ginster, es wird eine stürmische Nacht geben.

„Wovon lebt Ihr?" fragte ich meinen Führer, der mehr als andere Vlamen im Deutschen zu Hause war. „Seid Ihr Matrose?"

„Nein, Mynheer, ich fische Seespinnen" (crevettes).

„Was verdient Ihr damit?"

„Man kann, wenn es gut geht, am Tag auf drei bis vier Francs kommen, aber im Winter — der Winter ist lang, Mynheer!"

„Was macht Ihr da?"

„Schiffe ausladen, Mynheer."

Wir stehen vor einem unscheinbarem Hause, niedrig, nur ein Erdgeschoß mit grellrothem Ziegeldach. Ein Köter bellt, wir gehen über eine kleine Brücke. Alles ist einsam, der Wind weht scharf, die dunkle Röthe des Sonnenunterganges liegt auf allen Dingen. Der Austernparkwächter lehnt an der Thür, sagt aber nicht guten Abend, regt sich nicht, schweigsam geworden wie seine Austern. Da übernimmt mein Führer die Rolle des Erklärers.

Zuerst führt er mich zu einem großen, viereckigen, mit Quadern ausgemauerten Behälter, zu welchem das Meerwasser Zutritt hat. Er dreht eine Winde, und ein ungeheurer Korb, mehrere Ellen im Geviert, taucht aus der Tiefe. Das krabbelt und streckt die Scheeren plump und schwer durcheinander — es sind Hummern, die Jules Janin einst die Cardinäle des Meeres nannte, weil er meinte, daß sie bereits im Meere die schöne Purpurfarbe haben — ein ganzes Cardinalscollegium.

„Diese großen Hummern kommen aus der Bretagne, ja, Mynheer," sagt mein Führer. „Und diese" — er windet einen Korb empor, worin kleine Hummern trabbeln — „diese sind aus Norwegen."

„Also in Ostende selbst fängt man keine? Aber Austernbänke sind doch in der Nähe?"

„Die Austern kommen aus England, aus Harwich oder Colchester, ja, Mynheer; keine Felsen, keine Austern!"

„Also das Wort huîtres de Ostondo, das man an den Fenstern so vieler Restaurants lies't, hat keine Richtigkeit?"

„Nein, Mynheer. Höchstens könnten sie hier on pension gewesen sein."

Ein zweiter Wasserbehälter beherbergt die Austern. Man hebt die Körbe eben aus der Tiefe. Kalkstein und Leben darin — wie seltsam! Ich gebe dem stummen Austernparkwächter ein Trinkgeld und wir gehen weiter.

„Hier legen die Schiffe an mit den Austern und Hummern, ja, Mynheer," sagt mein Führer, als wir wieder zu einem ausgemauerten und wassergefüllten Kanal kommen. „Und schnell muß man sie hinübertragen, sonst gehen sie caput."

„Die Hummern mögen wohl tüchtig zwicken können?"

„Den Finger ab, gleich, Mynheer! Man fängt sie auch nicht mit Netzen, sondern mit Eisen, wie die Füchse, ja, Mynheer! Man thut hinein ein gut Stück norwegischen Stockfisch, recht stinkig; der Hummer geht hinein, will fressen, kann nicht heraus, ja, Mynherr!"

„Und Ihr, wart Ihr jemals in Norwegen?"

„Siebenmal in Norwegen, Mynheer, siebenmal. Ein hart Land, im Winter bös anzusehen. Schnee, viel Schnee, und schlechtes Meer, ja, Mynheer! Es haben Viele von uns dort gelassen ihr Leben wegen der Hummern."

„Geht Ihr je wieder hin?"

„Nein, Mynheer. Zu bös zu landen. Zu hart. Dreimal dort knapp dem Tode entgangen, das ist genug. Ich habe Weib und Kind, ja, Mynheer!"

Der Mann verstummte. Gern gab ich ein doppeltes Trinkgeld, denn zum ersten Mal dachte ich nun, welche Gefahr sich an diese rothen Gesellen knüpft, die man so gern auf dem Tisch vor sich hat. Wer fragt lange nach dem Woher der Dinge?

Nachts saß ich dann müde in der Krone, einer guten, ächt vlämischen Schenkstube. Das Buffet, rückwärts mit Spiegeln belegt, glänzt wie ein Schmuckkästchen, und da stehen Cognac und Genevre und zehn andere „sterke Dranken", alle in plattirten Kübeln und frischem Wasser. Ueber dem Buffet verwahrt ein Schrank die weißen Thonpfeifen der Stammgäste. Der Fußboden ist mit weißem Meeressand bestreut, auf jedem Tisch steht ein plattirtes Gefäß mit glühender Kohlenasche zum Anzünden der Pfeifen, unter jedem Tisch ein Spucknapf. Wehe Dem, welcher seitwärts spucken, die Cigarre wegwerfen oder die Pfeife ausklopfen wollte. Er bekäme von Mejuffer (Mademoiselle) gar unfreundliche Blicke!

Zwei Flaschen von Alsop's Pale-Ale, dem besten Biere, das ich kenne, sind getrunken, ein paar Cigarren dazu geraucht. Doch wie stürmt es draußen! Wie heult der Wind! Noch einmal treibt es mich zur Düne.

Nacht, Nacht, Nacht! Der Himmel ist bedeckt, kein Mondlicht, kein Stern am Himmel. Nichts ist zu hören als der dumpfe Lärm der Brandung, nichts zu sehen als der phosphorische Schimmer, mit welchem dann und wann die Woge aufleuchtet.

Da kommt ein grellrothes Licht daher, bald hoch oben, bald tief unten; es ist ein Kahn mit einer aufgesteckten Fackel, Fischer kehren vom Fischfang heim. Arme Leute!

Ich blieb fast eine Woche in Ostende. Morgens ein Bad in der Brandung, dann ein Diner mit Seefischen, Abends ein Spaziergang im Sand der Dünen oder eine Fahrt im Kahn — so vergingen die Tage, ohne daß ich Menschen suchte oder nöthig hatte, wie im Traum.

Inzwischen schmückt sich die Stadt. Man hat die eine halbe Stunde lange Hauptstraße mit einer Doppelreihe schmucker Fichten bepflanzt, von deren Wipfeln Fahnen und Blumenguirlanden herabwallen; ein ganzer Jungwald hat dazu fallen müssen, und wie lange hat das hier gedauert, bis er aufwuchs! Eine, zwei Triumphpforten werden erbaut, von ihrer Höhe sowohl wie aus allen Fenstern flattern Bänner, die alten Farben von Brabant, roth, gelb, schwarz, senkrecht übereinander gesetzt. Auf dem Mittelpunkt der Digue wird ein Altar errichtet. Wozu dies Alles? Morgen findet, wie alljährlich, eine solenne Feier, die bénédiction de la mer, die Einsegnung des Meeres, statt, diesmal besonders splendid, weil sie vom neuen Bischof von Brügge vorgenommen wird.

Die Einsegnung des Meeres, damit der Fischfang sich lohne, das Bad heilsam werde, der Sturm weniger Menschenleben fordere! Wohl eine ganz eigenthümliche Feier. Die Kirche ist überall, sie beherrscht das ganze Menschenleben. Sie nimmt das kaum geborene Kind in die Arme, läßt es Salzkosten und die Werke des Teufels abschwören; sie segnet den Bund der Liebenden, sie bettet den Menschen ins Grab, ja sie segnet Glocken, Brücken, Locomotiven. Das Alles entspricht vielleicht menschlichen Vorstellungen. Aber Weihwasser in den Ocean sprengen, damit er in diesem Jahre seinen Zorn bändige, ihm das Kreuz zeigen, damit er den Menschen geduldig auf dem Rücken trage, diese Segnung und Beschwörung eines Elements, einer großen, unbändigen Naturmacht, war eine mir neue Manifestation klerikalen Hochmuths. Sie mag im Sinne der Schrift sein, mir erschien sie widerlich und unverschämt.

Der Bischof ist angelangt, die Processionen nahen von allen Seiten. Ich verlasse Ostende.

Das Feld der Heilgymnastik.
Von Dr. ***

(Schluß.)

In bedenklicheren Fällen kommt man mit der Verwendung der Muskeln allein nicht aus, weil ihre Wirkung zu schwach und vorübergehend ist im Verhältniß zu den festen Verbindungen der Wirbel und zu den fortdauernden, schädlichen Einwirkungen der Schwere. Letztere kommen um so mehr in Betracht, je weiter die Wirbel sich seitlich von der Schwerpunktslinie entfernen und je mehr statt der festen Knochenunterlagen nur die nachgiebigen Bandapparate dem weiteren Zusammensinken des Rumpfes sich entgegenstemmen. Hier finden denn alle jene mechanischen Mittel Anwendung, deren wir oben Erwähnung thaten. Dr. Schreber in Leipzig hat sich um die Orthopädie ein großes Verdienst erworben, indem er zuerst in seiner Anstalt die gymnastische und mechanische Behandlung im richtigen Verhältnisse mit einander verband, und es hat sich sein System bisher so trefflich bewährt, daß er trotz aller neu auftauchenden Doktrinen keine Veranlassung gefunden hat, es wesentlich zu verändern. Auch die Anhänger des Ling'schen Systems, welche anfänglich von mechanischen Mitteln gar nichts wissen wollten, sind allmälig darauf zurückgekommen und unterlassen deren Anwendung bei keiner weiter vorgeschrittenen Verkrümmung. Wenn ihre gymnastischen Uebungen in der Form wesentlich von der Schreber'schen abweichen, so ist prinzipiell nichts dagegen zu sagen, denn sie können auf ihre Weise ebenfalls das gewünschte Ziel erreichen, wenn wir auch die deutsche Methode für einfacher, schneller wirkend und dem Patienten angenehmer halten. Die Hauptsache ist die genaue Erforschung der in dieser oder jener Richtung stattgefundenen Veränderungen, die entsprechende sorgfältige Wahl der Uebungen und ihre richtige Verbindung mit mechanischen Mitteln. Dazu sind nur wissenschaftlich und gymnastisch gebildete Aerzte befähigt, aus welchem Grunde sowohl die Theilnahme der Skoliotischen an den gewöhnlichen Turnübungen der Gesunden, als auch die Behandlung solcher Uebel durch Nichtärzte, die sich immer nur eine oberflächliche und mechanische Kenntniß von der Sache zu erwerben vermögen, durchaus verwerflich.

Einseitiger Muskelzug ist inzwischen doch nicht die einzige Ursache der Rückgratsverkrümmungen. Es giebt auch solche, die durch Entartung der Knochen veranlaßt werden. Diese letztere Ursache liegt inzwischen den Skoliosen oder seitlichen Verkrümmungen nur selten, dahingegen den Kyphosen oder nach hinten gerichteten Ausbiegungen fast immer zu Grunde. So lange ein solches Knochenleiden in der Bildung begriffen ist, würde jede Muskelbewegung nur schädlich wirken; das Hauptmittel bleibt ruhige Lagerung auf dem Rücken, wodurch der Krankheitsprozeß wenigstens abgekürzt und gemildert werden kann. Erst wenn das ursächliche Moment aufgehört zu wirken, ist es an der Zeit, zur Bekämpfung des krankhaften Zustandes die Gymnastik zu Hülfe zu rufen. Allerdings wird sie in solchen Fällen selten im Stande sein, die frühere Form auch nur annähernd wiederherzustellen; allein sie wird jedenfalls dazu beitragen, sonstige schädliche Einflüsse auf das Gesammtbefinden des Patienten fern zu halten und ihn zu befähigen, seinen gewöhnlichen Beschäftigungen nachzugehen.

Im gewöhnlichen Leben pflegt man einer Rückgratsverkrümmung oft nur geringe Aufmerksamkeit zu schenken, weil sie eben für einen bloßen Schönheitsfehler gilt. Das ist sie jedoch nur in ihren niedern Graden. Schreitet das Uebel weiter vor, so müssen nothwendig Knochen und Muskeln in ihrem Berufe als Stütz- und Bewegungsapparate des Körpers ganz wesentlich leiden und zuletzt werden sie auch ihre Aufgabe als Schutz und Hülle anderer, edlerer Organe nur noch mangelhaft erfüllen können, wodurch diese nothwendig in Mitleidenschaft gezogen werden. Bei den Rückenwirbeln freilich wird es ziemlich lange dauern, ehe eine solche Wirkung eintritt; sie können schon einen höhern Grad von Dislocation vertragen, ohne daß das Gesammtbefinden darunter leidet. Anders verhält es sich mit den Rippen und den sie verbindenden Muskeln. Die Rippen sind von höchster Bedeutung für die Gestaltung der Brusthöhle, sie bilden das schützende, tragende und unterstützende Gerüst für die Brusteingeweide. Eine abnorme Richtung oder mangelhafte Beweglichkeit der Rippen übt daher sofort auf Lungen und Herz eine Rückwirkung aus, stört sofort die Funktionen der Athmung und des Blutumlaufs.

Soll der Athmungsprozeß regelmäßig vor sich gehen, so bedürfen die Lungen eines gewissen Raums, innerhalb dessen sie sich frei bewegen können; wird ihnen dieser Raum verkümmert, so können sie ihrer Funktion nicht mehr in normaler Weise vorstehen. Je mehr sich die Stellung der Rippen einer horizontalen nähert, je beweglicher sie sind, um so geräumiger wird der Brustkasten, die Lungen können sich frei heben und senken und ein möglichst großes Volumen von Luft ein- und ausströmen lassen, wodurch ein lebhafter, das Wohlbefinden des Gesammtorganismus befördernder Blutumlauf unterhalten wird. Dagegen werden Athmung und Blutströmung um so mangelhafter vor sich gehen, je geneigter die Stellung der Rippenbögen ist und je weniger sie beim Athmen sich heben. In beschränktem Umfang kann eine solche Einsenkung der Rippen Folge von Lungenkrankheiten sein. Dann wird es zunächst darauf ankommen, diese zu heilen, und sollte dies gelingen, hat man natürlich der Wiederherstellung der normalen Gestalt des Brustkastens seine Aufmerksamkeit zuzuwenden, da ohne diese doch keine gehörige Funktion der Lungen möglich wäre. Gymnastische Uebungen sind auch in solchem Fall das einzige rationelle Heilmittel, obwohl es gar oft seine Hülfe versagen mag.

Ungleich mehr kann die Heilgymnastik thun wenn allgemeine Muskelschwäche die Ursache einer Verengerung des Brustkastens ist. Da durch Schwere und Luftdruck für die Einathmungsmuskeln ein viel größerer Kraftaufwand beim Athmen bedingt ist, als ihn die Ausathmungsmuskeln gewöhnlich nöthig haben, so wird, wenn auch beide Gruppen in gleichem Grade geschwächt wären, doch das Resultat ein ähnliches sein, als wenn jene nur allein an Schwäche litten, d. h. die Rippen werden tief nach unten hängen und der Brustraum wird sehr enge sein. Mögen die Ursachen dieser Muskelschwäche noch so verschieden sein, als Folge wird immer mangelhafte Blutbereitung auftreten. Diese aber ist eine der unerschöpflichsten Krankheitsquellen und beeinträchtigt unter allen Umständen die Gesundheit und Lebensfähigkeit im allerbedenklichsten Maße.

Daß die **Lungenschwindsucht** meist bei Personen mit schmalem Brustkasten auftritt und daher mit mangelhaftem Athmen in einem gewissen Zusammenhange stehen mag, ist eine uralte Beobachtung. Neuerdings hat Dr. Freund in Breslau die thatsächlichen Beweise dafür beigebracht. Nach seinen sehr zahlreichen Beobachtungen findet sich bei tuberkulöser Entartung der Lungenspitzen, die schließlich zur eigentlichen Schwindsucht zu führen pflegt, sehr häufig eine Verknöcherung des ersten und zuweilen auch des zweiten Rippenknorpels, und man darf wohl um so eher auf einen Zusammenhang zwischen diesen beiden anomalen Zuständen schließen, da die Rippenknorpelverknöcherung und die Ablagerung in der Lunge immer an der entsprechenden Seite stattfanden, Letztere aber wieder zur Heilung gelangte, sobald durch Neubildung eines Gelenks in dem verknöcherten Knorpel, wie sie bisweilen vor sich geht, die Beweglichkeit der Spitze des Brustkorbs wieder hergestellt war. Diese künstliche Gelenkbildung ist aber nur durch kräftigen Zug der Muskeln, speziell des Kopfnickers, hervorzurufen. Ebenso kann bei der den sogenannten „tuberkulösen Habitus" bildenden Brustenge, welche auf anderweitigen Ursachen beruht, die Erweiterung der Brust nur durch Uebung gewisser Muskeln erreicht werden. Diese Erweiterung der Brust aber ist gewöhnlich das einzige Mittel, der Schwindsucht vorzubeugen. Für alle Diejenigen also, bei welchen wegen erblicher Anlage oder individueller Verhältnisse Gefahr vorhanden ist, daß sie der Schwindsucht später anheim fallen möchten, gestaltet sich eine systematische und das ganze Jugendalter hindurch fortgesetzte Gymnastik gewissermaßen zur Lebensfrage.

Ein entgegengesetztes Verhältniß findet beim E m p h y s e m statt, einem pathologischen Zustand, welcher sehr häufig die Ursache des wohl bekannten A s t h m a s ist und in den höheren Graden den Brustkorb mitunter förmlich faßartig erweitert. Ihr Wesen besteht darin, daß die Lungenzellen die Fähigkeit verloren haben, durch Zusammenziehung die darin befindliche, zum Athmen unbrauchbar gewordene Luft auszutreiben und so Platz für frische, neu einströmende zu schaffen. Mögen nun die Lungenzellen selbst durch übermäßige Anstrengung, z. B. beim Husten, Blasen von Musikinstrumenten, erschöpfenden körperlichen Thätigkeiten u. s. w. die Kraft sich zusammenzuziehen eingebüßt haben oder durch eine gleichfalls von Dr. Freund aufgefundene Entartung der mittleren Rippenknorpel und die dadurch bewirkte Festhaltung der Rippen in Einathmungsstellung am Zusammenfallen verhindert werden, es ist jedenfalls nur eine Verstärkung der Muskelkraft beim Ausathmen, welche die mangelnde Contraktionskraft der Lungenzellen ersetzen oder den Widerstand der verlängerten und steif gewordenen Knorpel überwinden kann, wie die Erfahrung mehrfach gezeigt hat.

Daß die Muskelübung den mächtigsten Einfluß auf die Entwickelung des Athmens äußert, läßt sich am deutlichsten durch Versuche mit dem Spirometer nachweisen. Es ist dies ein Instrument, welches das Volumen der ein- und ausgeathmeten Luft angiebt. Die Menge der nach einer möglichst tiefen Inspiration ausgeathmeten Luft beträgt bei einem gesunden Manne in den mittleren Jahren ungefähr 22—24 Kubikcentimeter auf einen Centimeter Körperlänge. Bei fleißigen Turnern oder bei Solchen, die ihre Athemmuskeln speziell geübt haben, steigt sie aber zuweilen bis auf 28—29. Wo eine so kräftige Anfüllung der Lungen stattfindet, hat es wohl mit dem Auftreten der Lungenschwindsucht keine Gefahr mehr.

Bei Krankheiten der **Unterleibsorgane** möchte man wohl auf den ersten Blick geneigt sein, der Gymnastik jede Heilwirkung abzusprechen, da ein großer Theil der diese Organe bewegenden Muskeln zu den dem Willen nicht unterworfenen gehört, so daß also von einer durch Uebung bewerkstelligten Kräftigung derselben nicht die Rede sein kann. Und doch wäre diese Schlußfolgerung eine voreilige. Zwar beruht die häufigste Ursache jener Leiden, die Blutstockung im Unterleibe, hauptsächlich auf Erschlaffung solcher Muskelfasern der Gefäß- und Darmwandungen, auf welche unser Wille keinen direkten Einfluß hat; gehen wir aber in der Erforschung ihrer Ursachen etwas weiter zurück, so finden wir nicht nur die willkürlichen Muskeln der Bauchdecke ernstlich dabei betheiligt, deren Thätigkeit im Normalzustande eine bedeutende Anregung zur Mitbewegung für die Muskelhaut des Darmkanals ist und deren Vernachlässigung daher auch Erschlaffung dieser nach sich ziehen muß, sondern wir erkennen als letzten Grund des Leidens in den meisten Fällen Unthätigkeit des gesammten willkürlichen Muskelsystems.

Es würde zu weit führen, wollten wir uns hier auf eine genaue wissenschaftliche Beweisführung einlassen; wir begnügen uns daher, an die allbekannte Erfahrung des täglichen Lebens zu erinnern, daß zweckmäßige und hinreichende Körperbewegung, besonders wenn sie mit dem Genuß freier Luft verbunden ist, sowohl das sicherste Vorbeugungsmittel gegen Unterleibsstockungen ist, als auch, wenn solche in Folge sitzender oder üppiger Lebensweise entstanden sind, dieselben am gründlichsten wieder zu beseitigen vermag. Was die Erfahrung seit Alters gelehrt, hat man neuerdings auf dem Wege des Messens, Wägens und Zählens festzustellen vermocht. Man fand, daß anstrengende Bewegung nicht bloß für ihre Dauer, sondern auf längere Zeit hinaus die Zahl der Herzschläge und Athemzüge steigert und, wie es sich hiernach erwarten läßt, die Körpertemperatur erhöht. Auch die Menge der unter verschiedenen Verhältnissen von einem Menschen in gewisser Zeit verbrauchten Luft hat man gemessen und bei langsamem Gehen (3 englische Meilen in der Stunde) eine Zunahme gegen den Verbrauch im Liegen auf das Dreifache, bei Laufen (6 Meilen in der Stunde) auf das Siebenfache beobachtet. Unter solchen Umständen muß der Stoffwechsel im Körper nothwendig erhöht werden; je lebhafter aber derselbe wird, um so reger die Neubildung, um so stärker die Widerstandskraft des Körpers gegen schädliche Einflüsse.

Die Bewegung fördert aber auch ferner die Ausscheidungen. Während der Körper in Bewegung war, wurden durch die Nieren bedeutend mehr feste Stoffe abgesondert, die Lungen- und Hautausdünstung steigerte sich um 3 Pfd. täglich. Dem entsprechend war auch der Körpergewichtsverlust ein bedeutender und erreichte unter Umständen, die in der Ruhe eine Zunahme bewirkten, bei anhaltender Muskelanstrengung ein Vierzigstel des Körpergewichts. Es ist dadurch nachgewiesen, daß nicht nur der Umsatz der Stoffe, sondern auch der weitere Zerfall derselben, wie er sie zum Austritt aus dem Körper geschickt macht, durch Bewegung unterstützt wird — eine höchst wichtige Thatsache bei der Menge und Häufigkeit der Krankheiten, welche aus zurückgehaltenen und mit dem Blute weiter circulirenden Zersetzungsprodukten entstehen.

Aber — so möchte man uns hier einwenden — die Muskelübung übt ja demnach einen schwächenden Einfluß auf den Körper aus, sie bringt ihn herunter. Nichts weniger als das; er wird stärker und kräftiger werden, denn die Erfahrung lehrt ferner, daß der gesteigerte Verbrauch an Organbestandtheilen auch die Neubildung derselben befördert. Das gesteigerte Nahrungsbedürfniß nach körperlichen Anstrengungen hat sich einem Jeden schon fühlbar gemacht, und die am meisten benutzten Glieder sind erfahrungsgemäß die stärksten und kräftigsten. Nur das in Folge mangelhaften Stoffverbrauchs im Uebermaß abgelagerte Fett wird verloren gehen; dieser Verlust aber ist für Denjenigen, der ihn erleidet, in Wahrheit ein großer Gewinn.

Es kommen inzwischen noch einige weitere Punkte in Betracht, welche die Heilwirkung der Gymnastik auf chronische Unterleibsleiden wesentlich verstärken, jedoch auch eine sorgfältige Auswahl von Uebungen nöthig machen: zunächst die Mitwirkung der Bauchmuskeln bei der Bewegung des Gesäß- und Darm-Inhaltes, und der Einfluß des Athmens auf Verdauung und Blutumlauf. Bei sitzender Lebensweise ist es nicht nur der anhaltende Druck auf die Bauch- und Brusteingeweide, sowie der Mangel an Körperbewegung in frischer Luft, welcher die Stockung und alle ihre Folgen herbeiführt, sondern auch die durch mangelnde Uebung eintretende Erschlaffung der Bauchmuskeln. Die aus Letzteren und dem Zwerchfell gebildete sogenannte Bauchpresse hat eine bedeutende Beihülfe zu leisten bei der Ausleerung des Darminhalts, bei der Rückleitung des Blutes aus dem Unterleibe nach dem Herzen und wahrscheinlich auch bei der Fortführung der Drüsensecrete und des Chylus. Ein Unterleibskranker, dem es durch Uebung gelungen ist, seine Bauchmuskeln zu kräftigen, hat daher schon viel gewonnen und darf sich Hoffnung machen, seines Uebels nach und nach Herr zu werden.

Darf man demnach mit Recht die Gymnastik als das vernünftigste und radikalste Mittel gegen das Heer der Unterleibsstockungen bezeichnen, so ist sie nicht minder wirksam gegen die schlimmsten Folgesymptome jenes Leidens: Congestionen und nervöse Verstimmung. Da wir wissen, daß jeder Muskel während seiner Thätigkeit einen stärkeren Blutzufluß erhält, als in der Zeit der Ruhe, so brauchen wir nur consequent die Muskeln der Extremitäten in isolirte oder vorwaltende Thätigkeit zu setzen, um das Blut nach ihnen hin und von den Centren abzuleiten.

Die Nervenverstimmung, die beim Unterleibskranken wohl hauptsächlich von mangelhafter Ernährung des Nervensystems, wie sie bei dem verdorbenen Blute wohl nicht anders möglich ist, herrührt, wird natürlich mit der Verbesserung der Blutmischung weichen. Darum liegt in den körperlichen Uebungen auch ein bedeutendes physisches Moment, welches für den Hypochonder so leicht nicht zu unterschätzen ist. Es ist bekannt, wie hartnäckig und ausdauernd sich der Hypochonder in seinen Gedanken mit seinem körperlichen Befinden beschäftigt und mit welcher tiefen Sorge, zugleich aber auch einseitigen Uebertreibung er sein Leiden betrachtet. Ist darum jede Beschäftigung, die ihn völlig in Anspruch nimmt, als ein wenigstens palliatives Mittel dagegen zu betrachten, so muß gerade das Turnen, abgesehen von seinem physiologischen Einfluß, eine doppelt befriedigende Thätigkeit für ihn sein — einmal weil es überhaupt eine erheiternde Wirkung auf den Geist ausübt, dann aber weil der Kranke dabei das befriedigende Bewußtsein hat, daß er für seine Gesundheit sich anstrengt. Wissen wir doch, wie sehr es dem Hypochonder Bedürfniß ist, gegen sein Leiden etwas zu thun, so sehr, daß er bei jedem neu consultirten Arzte, bei jedem neuen Mittel und jeder neu eingeleiteten Kur regelmäßig in der ersten Zeit Besserung verspürt. Je mehr ihn aber eine solche mit ihm eingeschlagene Kur in Anspruch nimmt, je größere Anstrengungen, ja sogar Entbehrungen sie ihm auferlegt, desto größer ist sein Vertrauen in sie und den Arzt, der sie verordnet. Darum vertheidigt der Hypochonder, lange ehe er eine Wirkung von ihr verspürt, mit Leib und Leben die strapaziöse, angreifende, ihn aus seinem ganzen gewohnten Kreise des Daseins und des Wirkens aufrüttelnde Wasserkur; darum lernen wir in ihm den eifrigsten und ausharrendsten Besucher der heilgymnastischen Kursäle kennen; darum endlich ist er vor Allem ein Anhänger der schwedischen Heilgymnastik, indem ihn nicht nur das Mystische anlockt, womit manche Anhänger dieser Richtung ihr Wirken umgeben, sondern auch die fortwährende Thätigkeit des Arztes und seiner Gymnasten um ihn, wie sie bei Ausführung der duplicirten und passiven Uebungen erforderlich ist.

Eine noch wichtigere Rolle als in den bisher genannten Leiden spielen die Bauchdecken bei den **Unterleibsbrüchen**, deren Entstehung immer eine Erschlaffung der Musculatur der Bauchwand voraussetzt. Zur Radikalheilung dieses Uebels ist daher Muskelübung der einzig vernünftige Weg. Was oft die künstlichsten Operationen vergeblich anstreben, kann durch sie bewirkt werden. Freilich haben nur nicht zu alte und nicht übermäßig entwickelte Fälle Aussicht auf völlige Heilung durch gymnastische Uebungen; in sehr schwierigen und complicirten Fällen, sowie bei alten Individuen, muß ja wohl überhaupt von der Möglichkeit einer Radikalheilung abgesehen werden.

Daß gerade bei diesem Leiden die Wahl und Ausführung der heilgymnastischen Uebungen große Umsicht und Sachkenntniß erfordert, bedarf wohl keiner besonderen Hervorhebung. Wenn aber die schwedischen Heilgymnasten behaupten, daß nur ihre Methode dabei anwendbar sei und zum Ziele führe, so ist das blos eine der gewöhnlichen Selbstüberschätzungen. Dr. Schreber in Leipzig hat durch deutsche Frei- und Geräthübungen solche Heilungen erzielt, ehe man noch in Deutschland überhaupt etwas von schwedischer Heilgymnastik wußte.

Bei den eigentlichen **Lähmungen**, welche im Rückenmark ihren Ursprung haben, kann die Gymnastik selten etwas ausrichten, weil es in der Regel nicht gelingt, den eigentlichen Krankheitsprozeß zum Stillstand zu bringen. In den wenigen Fällen, wo letzteres dennoch der Fall ist, wird Muskelübung wenigstens den Nutzen haben, daß der Rest der etwa noch vorhandenen Beweglichkeit nicht gleichfalls verloren geht. Bei blos örtlichen Lähmungen der Arme und Beine wird die Bewegungsheilmethode häufig von Nutzen sein. Natürlich äußert sie keinen Einfluß auf die Ursache der Krankheit, die durch andere Mittel bekämpft werden muß; auch ist ihre Anwendung streng zu vermeiden, so lange noch ein derartiger Krankheitsprozeß in der Bildung begriffen ist. Erst nach völligem Ablauf desselben und wenn es sich darum handelt, die verlorene Beweglichkeit, möge sie nun auf Affectionen der activen und passiven Bewegungsorgane, d. h. der Muskeln, Sehnen, Knochen und Bänder, oder der Erreger der Bewegung, der Nerven, des Rückenmarks und des Gehirns, beruhen, erst dann ist es an der Zeit, die Heilgymnastik in Requisition zu ziehen. So leistet dieselbe z. B. bei halbseitigen Lähmungen, wie sie nach Schlagflüssen zurückbleiben, vortreffliche Dienste, sobald nur die Muskeln überhaupt noch auf den Willenseinfluß reagiren. Bei vollständigen Lähmungen läßt sich diese Heilmethode freilich nur in beschränktem Maße anwenden, d. h. es bleiben nur die passiven Uebungen übrig. Dann ist es an der Zeit, als Erregungsmittel der Innervation und Ernährung die Electricität zu Hülfe zu rufen.

Vermag die Heilgymnastik bei Lähmungen nur in bescheidenerem Maße zu nützen, so findet sie ein ungleich dankbareres Feld in den Störungen der Gebrauchsfähigkeit, welche in den Gliedern sowohl nach schweren Allgemeinkrankheiten, als krankhaften Affektionen der betreffenden Glieder selbst, wie Knochenbrüchen, Verrenkungen, Gelenkkrankheiten zurückbleiben, und es ist auch hier zu bedauern, daß man bisher noch nicht in allgemeinerem Maße verstanden hat, sich der Segnungen derselben theilhaftig zu machen. Wie manches unnütze und verkümmerte Dasein könnte in ein frohes und nützliches umgewandelt werden, wie mancher arme Krüppel könnte den vollen Gebrauch seiner Glieder wieder erlangen, wenn es nicht noch immer so viele Leute gäbe, die sich bequem im Hergebrachten wiegen und alle wissenschaftlichen Neuerungen, falls es nicht gerade physiologische, pathologische, anatomische, chemische oder pharmakologische sind, für eitel Kinderspiel erklären.

Das glänzendste Feld der Heilgymnastik ist unstreitig das der Glieder-Verunstaltungen, die aus gestörtem Muskel-Antagonismus hervorgegangen und von denen die Formen des sogenannten Klump-, Platt- oder Spitz-fußes die bekanntesten sind. Selbst dem Ungläubigsten müssen hier ihre Wirkungen offenbar werden; gleichwohl ist es noch gar nicht lange her, daß man in derartigen Fällen das einzige Heil in der Sehnendurchschneidung erblickte. Allerdings gehen die Heilgymnasten zu weit, die sich der chirurgischen und mechanischen Behandlung gänzlich entschlagen wollen. Der rationelle Heilkünstler wird die eine Methode mit der andern zu verbinden wissen und gern eingestehen, daß bei der Wiederherstellung der Form und Gebrauchsfähigkeit der Glieder der Gymnastik immer die wichtigste Rolle zufällt.

Ganz auf denselben Grundverhältnissen, wie diese Glieder-Entstellungen, beruht höchst wahrscheinlich das Schielen, und es ist daher ganz folgerichtig, wenn Gräfe schon vor Jahren versuchte, durch prismatische Brillen die Antagonisten der Muskeln, auf deren abnormen Contractionen die falsche Stellung des Auges beruht, zu stärkerer Zusammenziehung zu bewegen und in dieser Thätigkeit zu üben.

Es bleibt uns schließlich nur noch übrig, den Werth der Heilgymnastik in den sogenannten Allgemeinleiden, denen nämlich, welche auf Störungen des Blut- und Nervenlebens beruhen, mit wenigen Worten zu würdigen.

Wenn irgend ein Krankheitszustand unserer Zeit eigenthümlich ist, so ist es die Blutarmuth und die aus ihr entspringenden Leiden. Unser verfeinertes und überfeinertes Culturleben mit seinen raffinirten Genüssen, seiner auf körperliches Wohlbefinden keine Rücksicht nehmenden Etikette und den tausendfältigen Vernachlässigungen der ersten Regeln der Gesundheitspflege, vor Allem aber seinem gänzlichen Mangel an rationeller Muskelbewegung, begünstigt in hohem Grade die Entstehung der aus mangelhafter Blutbildung hervorgehenden Krankheiten. Am meisten unterliegt ihnen das weibliche Geschlecht und das jugendliche Alter, das, um den Anforderungen der Neubildung zu genügen, einer sehr starken Zufuhr von Nahrungsstoffen bedarf, zu deren Bewältigung und Assimilirung jedoch die Kraft gebricht, falls nicht durch entsprechende körperliche Bewegung ein kräftiger Stoffwechsel unterhalten wird. Dasselbe ist bei Männern der Fall, die stark und gut essen, jedoch nicht gleichzeitig durch gehörige Muskelübung dafür sorgen, daß der Organismus auch die Kraft hat, sich die ihm zugeführten Nahrungsstoffe anzueignen. Zuweilen leiden wohl auch die Nerven in erster Reihe, und dies ist dann nicht blos Folge des Blutmangels, sondern häufig auch ihrer übermäßigen Reizung durch Vorwalten des Geistes-, Gemüths- und Phantasielebens, welches der wohlthätigen Ableitung und Auffrischung durch körperliche Kraftäußerung entbehrt.

So mannigfach die Beschwerden sind, die aus Blutarmuth entstehen, so einfach ist die aus den Ursachen sich ergebende Behandlung. In erster Reihe unter den Mitteln steht die systematische Muskelübung. Dieselbe befördert die Neubildung und steigert das Nahrungsbedürfniß; doch ist das Resultat nicht etwa eine Verschlimmerung jenes Zustandes, nein, es geht aus diesem vermehrten Stoffwechsel schließlich nur eine wesentliche Kräftigung des Körpers hervor. Eine ganz ähnliche Wirkung äußert das kalte Wasser, äußerlich wie innerlich mäßig angewandt, weshalb es oft sehr zweckmäßig ist, den Gebrauch desselben mit der Gymnastik zu verbinden. Der durch diese beiden Agentien zu erzielende Erfolg wird allerdings beschleunigt werden, wenn man dem Blute den Nahrungsbestandtheil, der ihm vor allen anderen fehlt, noch besonders zuführt: das Eisen, und es wird dessen Gebrauch ein viel schnelleres Vorgehen in der gymnastischen und Wasserkur erlauben, kann aber dieselbe keineswegs entbehrlich machen, da es nur die Folgen der Blutverarmung beseitigt, nicht aber die Bedingungen von deren Entstehen.

Die aus Blutarmuth hervorgehenden Nervenleiden sind jedoch nicht die einzigen, gegen welche die Heilgymnastik schon oft Hülfe gebracht, sondern sie thut dies auch gegen die meisten anderen **Nervenkrankheiten**, besonders die, welche so häufig die Folge von Ausschreitungen im Geschlechtsleben sind. Zwar giebt es hier auch Tausende von Heiltränken, Lebenselixiren und Wundermedizinen, darunter manche sehr kostspielige; doch keines dieser Mittel vermag dem Körper zu ersetzen, was er einmal verloren hat. Dahingegen kosten kalte Waschungen und gymnastische Uebungen gar nichts als einige Mühe und Ausdauer, haben aber so manchen zerrütteten Körper wieder mit Kraft und Lebensfrische erfüllt und könnten gar viele jener Unglücklichen dieses Segens theilhaftig machen, wenn die Menschen erst begreifen wollten, daß nicht das Geheimnißvolle, Gekünstelte und Theure die wahre Lebenspanacee ist, sondern das Einfache und Natürliche. Pharmazeutische Mittel mögen wohl zur Unterstützung und Beförderung gebraucht werden, niemals aber bewirken sie dieselbe für sich allein. Nur aus der Nahrung zieht der Körper die ihm fehlende Kraft; da er aber in seinem geschwächten Zustande hierzu nicht im Stande ist, muß seine Assimilationskraft, d. h. die Fähigkeit, eingenommene Nahrung in normale Organbestandtheile umzuwandeln, erst wieder gehoben werden, was vorzugsweise nur durch die Bewegungsheilmethode und den Gebrauch des kalten Wassers geschehen kann. Ebenso ist im Turnen das sicherste Schutzmittel gegen frühzeitige geschlechtliche Verirrungen der Jugend zu suchen, während die Eltern, welche ihre Kinder unter Vernachlässigung der körperlichen Entwickelung zu Stubenhockern oder Genußmenschen erziehen, sich nur darauf gefaßt machen können, sie schnell altern und nach einem kränklichen, siechen Leben vor der Zeit ins Grab sinken zu sehen.

Sollten einem Nervenleiden örtliche krankhafte Veränderungen zu Grunde liegen, wie es z. B. bei **Hysterie** oft der Fall ist, so müssen natürlich diese den ersten Angriffspunkt des ärztlichen Handelns bilden; eine schnelle Beseitigung ihrer Folgen aber, die dem Patienten das Leben zuweilen recht verbittern, und eine Sicherung gegen Rückfälle wird sich durch kein anderes Mittel so vollständig erzielen lassen, als durch Anwendung der Heilgymnastik.

Eine andere Nervenkrankheit, deren eigentliches Wesen noch wenig erforscht ist, soll gleichfalls durch diese Methode mit Erfolg bekämpft werden — der sogenannte **Veitstanz**. Natürlich muß die Behandlung schon frühzeitig beginnen; veraltete Fälle dürften wohl immer unheilbar bleiben.

Wenn wir die vorstehenden Angaben überblicken, muß es uns am meisten auffallen, daß es gerade die verbreitetsten Krankheiten unseres Zeitalters, die Folgen der mit unserer Kultur wachsenden Naturwidrigkeiten sind, gegen welche sich die Heilgymnastik bewährt hat, und wir finden es auch hier bestätigt, daß im Großen und Ganzen jede Abweichung vom regelrechten Lauf der Dinge auch zugleich die Mittel zu ihrer eigenen Bekämpfung ins Leben ruft. In diesem Sinne ist die Heilgymnastik, wie die Wasserheilkunde, durchaus ein Kind der Zeit. Wenn den Grundsätzen einer vernünftigen Lebensweise, die sie aufstellt, allgemeine Geltung und Befolgung zu Theil würde, möchte sie sich auf diesem Wege selbst allmälig überflüssig machen. Dazu aber ist fürs Erste keine Aussicht, denn das neue goldene Zeitalter, in welchem Wahrheit und Vernunft zur Herrschaft gelangen, ist noch nicht angebrochen. Möge sie daher ihr edles Ziel kräftig verfolgen, ihm ohne alle Parteileidenschaft und Schwindelei, nur die wissenschaftliche Forschung als ihr Panier erhebend, nachstreben. Dann wird sie zwar nicht, von dem Hosiannah der Menge umjubelt, auf allen Straßen und Märkten als die gegen Hieb und Stich einzig erprobte Panacee gepriesen werden, doch sie wird dafür um so sicherer in der Einsicht der Vernünftigen den Boden finden, auf dem allein sich ein dauerndes, von den Pfeilern der Wissenschaft getragenes Gebäude aufführen läßt.

Ansprache eines Deutschen an das „Sabbaths-Comité".
Von E. Goepp.

Meine Herren!

In einem mit der Nummer XXXIII bezeichneten Document, das Ihre Unterschriften trägt, haben Sie die Deutschen wegen der Sonntags-Clausel im Accise-Gesetz von 1866 angesprochen. Das in einer Broschüre von 16 Seiten zu thun, und noch gar in 14 getrennt aufgestellten, punktirten Sätzen, ist ein gewagtes Unternehmen. So lange die Propaganda zu Gunsten einer nicht zu rechtfertigenden Maßregel in einem unübersehbaren Wust durch, quer und übereinander polternden Reden, Beschlüsse, Predigten, Anekdoten, Zahlen-Aufstellungen und Traktätchen das Auge verwirrt und das Ohr betäubt, ersetzt die Masse den Mangel an Stichhaltigkeit, und der Eifer die fehlende Einsicht. Wer sich aber herbeiläßt, diesen Stoff zusammenzudrängen, zu ordnen und auch nur annähernd zu erschöpfen, der räumt die äußerlichen Hindernisse zur Widerlegung des Gesagten hinweg und lenkt die Aufmerksamkeit des Lesers auf die innere Unhaltbarkeit seiner Beweisführung.

Die von Ihnen zu Gunsten des Sonntagsgesetzes geltend gemachten Gründe sind folgende:

1. Die Nichteinhaltung des amerikanischen Sabbaths ist ein offenbarer Uebelstand und gefährdet die öffentliche Ruhe, Sicherheit und Wohlfahrt.
2. Der Unmäßigkeit muß Einhalt gethan werden.
3. Der Handel mit geistigen Getränken am Sonntag thut der Trunkenheit Vorschub.
4. Das Gesetz verbietet nicht den G e b r a u c h, sondern erschwert nur den V e r k a u f berauschender Getränke.
5. Das Gesetz verbietet nichts, als öffentliche Störungen des bürgerlichen Ruhetags.
6. Das Gesetz ist keine Neuerung.

7. Der puritanische Sabbath ist amerikanische Nationalsitte.
8. Die Mehrzahl der Deutschen freut sich des Gesetzes.
9. Die Fremden, die in das Land kommen, müssen sich nach den Gebräuchen des Landes richten.
10. Das Gesetz bringt Geld ein, giebt ruhige Sonntage und vermindert die Anzahl der Verhaftungen für Verbrechen an Sonntagen.
11. Unsere Landsleute trinken zu viel Bier und haben vor den Schnapstrinkern keine Vorrechte zu beanspruchen.
12. Der deutsche Sonntag ist eine deutsche Unsitte.
13. Die Erholung und Unterhaltung, die dem Armen und dem Arbeiter durch das Gesetz genommen wird, hat keinen Werth.
14. Das Gesetz steht im Einklang mit der Landesverfassung.

Das ist Alles, was Sie zu Gunsten dieser Verordnung zu sagen wissen!

Bezwingen Sie die erste Entrüstung über die böswillige Entstellung, die ich an Ihren 14 Thesen begangen, und sehen Sie nach, ob meine Rekapitulation nicht v o l l s t ä n d i g den Inhalt wiedergiebt, ob sie mehr hinwegstreicht, als die Wortbekleidung, mit der die Magerkeit dieses Inhalts verdeckt werden sollte. Man kann eben Trugschlüsse nicht grimmiger verhöhnen, als wenn man sie scharf formulirt.

Es kann nur aus Versehen die Vermehrung der Stadteinnahmen der S o n n t a g s c l a u s e l zugeschrieben werden, da die Accise ja nicht von dem Verkauf am Sonntag erhoben wird, und wenn sie das würde, durch Verbot des Sonntagsverkaufs nicht gesteigert werden könnte.

Aus welchem Versehen aber Ihre f ü n f t e Position entstanden, ist unbegreiflich. Es wird Ihnen die Mittheilung wohlthun, daß die P o l i z e i den in derselben liegenden Irrthum durchaus nicht theilt. Herr X hat ein Haus mit meublirten Zimmern und einer Restauration. Mit ganz getrenntem Eingang befindet sich in demselben Gebäude eine Schenkstube, die, nebst den Getränken, zwar X gehört, jedoch an einen Andern vermiethet ist, der am Sonntag abschließt und das Lokal gar nicht betritt. Die Gäste des Herrn X trinken kein Bier; sein Koch ersuchte ihn aber am vergangenen Sonntag um ein Glas dieser verhängnißvollen Flüssigkeit. Er tritt aus seinem Hausgang in das Schenkzimmer, kehrt mit dem vollen Krug in den Hausgang zurück und wird hier von einem Polizisten, der durch das Schlüsselloch der Hausthür seine Pflicht gethan haben muß, verhaftet, über Nacht im Verließ der Tombs aufbewahrt, am folgenden Tag vor den Richter in Jefferson Market geführt, von diesem belehrt, er dürfe sich keinen Koch halten, der Bier trinke, und weil die von ihm gestellten Bürgen keine Grundbesitzer sind, trotz angebotener Caution von $500 in baarem Gelde, zum zweiten Mal eingekerkert. Herr X gehört anerkanntermaßen den besseren Deutschen an und repräsentirt deren Mitleidenschaft mit dem großen Haufen der anderen Deutschen, von denen Sie ohne Erschütterung mehr als einmal vernommen haben müssen, wie deren zwei oder auch zwanzig, möglichst heimlich im Hinterzimmer beim Fäßchen Bier sitzend, von einem vielleicht über den Nachbarzaun gestiegenen oder verkleidet eingeschlichenen Polizisten überrascht wurde und, zu den Freuden des Polizeigerichts abgeführt, Unterweisung in der Sonntagsclausel erhielten.

Wandten sich nun die Deutschen höheren und niederen Schlages nachträglich an ihre Rechtsbeistände, so konnten ihnen diese keinen Trost gewähren. Nunmehr wird ihnen dieser Trost schwarz auf weiß über der Unterschrift der Herren Norman White, Nathan Bishop, William A. Booth, Robert Caster, Thomas C. Doremus, Jno Elliot, Frederick G. Foster, John C. Havemeyer, David Hordley, John E. Parsons, Daniel L. Roß, Gustav Schwab, Wm. A. Smith, Jonathan Sturges, D. Swan, William Walter, F. S. Winston, O. E. Wood, James W. Beekman, Philip Schaff und D. M. Morrison, in der Meldung, daß die Sonntagsklausel sich nicht in das Betragen zu Hause oder außer dem Hause einmische, und nicht verbiete, in kleiner oder großer Anzahl zusammenzukommen wo es den Bürgern gefalle.

Ist diese Behauptung richtig, so ist alles Uebrige in Ihrer Broschüre vom Ueberfluß; denn nur wegen dieser Rechtsverletzungen wird das Sonntagsgesetz angefeindet, und es muß Ihnen peinlich sein, daß ein unschuldiges, von Ihnen befürwortetes Gesetz zum Vorwand für solche Uebergriffe mißbraucht wird. Wozu ist aber dann ein derartiges Gesetz überhaupt nothwendig? Denn wer verbietet die Feier des puritanischen Sabbaths? Wer beansprucht das Recht, Andere im Genuß eines stillen Ruhetags zu stören?

Wenn ein Gesetz von 1647, trotz neunmaliger Erneuerung, im Jahre 1858 außer Uebung tritt, so geschieht das aus zureichender Ursache und aus gewichtigen, innern Gründen, und seine Herstellung im Jahre 1866 ist vor dem Richterstuhl der Wahrheit nicht minder eine Neuerung, als wenn die alten Gesetze niemals erlassen, oder ausdrücklich widerrufen worden wären. Von welchem Belang ist es aber, ob ein Gesetz alt oder neu, in Baltimore gültig oder ungültig, der Mehrzahl der Deutschen lieb oder unlieb sei, wenn es schlecht, und wenn die Opposition gegen ein schlechtes Gesetz noch unverboten ist?

Die Verfassung bestimmt, daß die freie Ausübung und der freie Genuß des Religionsbekenntnisses und des Gottesdienstes ohne Unterschied und Bevorzugung der ganzen Menschheit in diesem Staat gestattet sei; trotzdem verbietet das Sonntagsgesetz jeder Person, am Sonntag geistige Getränke zu halten oder zu verzapfen, und nichtsdestoweniger haben die Richter vieler amerikanischer Gerichtshöfe entschieden, daß das Gesetz zu Recht besteht, und die heutige Generation von Richtern wird niemals anders entscheiden. Vor dem nunmehr beendigten Bürgerkriege war der Einwand der Verfassungswidrigkeit gegen Gesetzesvorschläge dermaßen in Schwung, daß man sich versucht fand, eine Verfassung als neue Einrichtung zur Verhinderung jeder ersprießlichen Gesetzgebung zu definiren. Das ist anders geworden; allein auch damals wurde der Beweis doch nicht zu führen versucht, ein Gesetz dürfe deshalb nicht abgeschafft werden, weil es der Constitution nicht zuwiderlaufe.

Nicht nur kann bei schwindender Zahl der Verhaftungen die Zahl der begangenen Verbrechen zunehmen, sondern auch bei sinkender Ziffer der konstatirten Verbrechen die Sittlichkeit abnehmen. Das Wort Verbrechen hat eine sehr weite Bedeutung; Alles was uns unangenehm ist, wird oft hineingezwängt, nur nicht polizeiliche Menschenquälerei. Zumal die Verbrechen, die an demselben lärmigen Sonntag begangen und mit Verhaftung geahndet werden, gelangen selten zur Kenntnißnahme der Grand Jury, und fallen moralisch gegen die geräuschlosen Sünden, die ein ruhiger Sonntag nicht hindert und ein erzwungener Ruhetag nicht selten veranlaßt, wenig in Betracht. Eine Gesetzgebung, die von solchen Aeußerlichkeiten, wie die Zahl der Verhaftungen, ausgeht, darf sich am allerwenigsten rühmen, auf die letzten Ursachen des Verbrechens einzugehen und das Uebel mit der Wurzel auszurotten. Dergleichen überhaupt von einem Gesetz behaupten zu wollen, das auf die äußerliche polizeiliche Stille eines Tages aus sieben Gewicht legt, heißt geradezu die Worte Gründlichkeit und Oberflächlichkeit mit einander verwechseln. Noch augenscheinlicher tritt das zu Tage, wenn man im Ernste als Apologie für das Gesetz anführt, daß es nicht den Genuß, sondern den Verkauf geistiger Getränke verbiete. Die Thatsache ist nicht zu bestreiten. Es trinkt Mancher jetzt in seinem Kämmerlein ein halbes Fäßchen, der zuvor im Biergarten seine drei Gläser trank. Ist nun der Verkauf Veranlassung zum Genuß, oder der Genuß Veranlassung zum Verkauf? Wenn der Verkauf unrecht ist, so kann das nur der Fall sein weil der Genuß Verbrechen ist. Warum also nicht lieber den Genuß verbieten? Und warum dem Verbrechen während sechs Wochentagen freien Lauf lassen?

Die Behauptung, daß der Trunk Ursache des Verbrechens sei, gehört zu denjenigen, deren Richtigkeit Jedermann bereits zugegeben hat und daher nicht mehr zu untersuchen geneigt ist. Und doch — was ist damit gesagt? Wenn ein Spitzbube sein Opfer betrunken macht, um es auszuplündern, so ist der Schnaps Mittel und nicht Ursache des Verbrechens. Wenn ich im Trunk einen unverschämten Kerl prügele, so hat das „Verbrechen" weniger zu bedeuten, als wenn ich nüchtern den Groll im Busen nähre. Giftmischerei, Diebstahl, Einbruch, Mordbrennerei und Straßenraub werden seltener im Trunk als bei nüchternem Magen begangen; häufig wird ein beabsichtigtes Verbrechen über den Trunk vergessen, oder gar die böse Leidenschaft in gute Laune verwandelt. Es bleibt von der ganzen Theorie nichts übrig als der platte Satz, daß die lasterhafte T r u n k s u c h t ein Uebel ist, und wie jedes andere Laster, zu Verbrechen führen kann. Die Trunksucht ist aber wieder nicht Wirkung, sondern Ursache des Trinkens, und kann durch das Verbot des Trinkens nicht vermindert, sondern höchstens gesteigert werden.

Am allerwenigsten wird der Trunksucht durch Unterdrückung des deutschen und Aufdrängung des puritanischen Sonntags gesteuert. Mit allem Recht bemerken Sie, daß Unmäßigkeit ganz besonders ein Fluch dieses Landes, das heißt des Landes puritanischer Sabbathsheiligkeit, ist. Nicht minder ist sie ganz besonders ein Fluch Englands und Schottlands, der einzigen anderen Länder, deren Sonntagsfeier z. B. verbietet, nach Sonnabend Mitternacht eine Ecale abzulesen, und wodurch einst die Beobachtung eines magnetischen Ungewitters in seinem Gang um die Erde, trotz mehrmonatlicher Vorbereitungen, unterbrochen wurde, weil das Phänomen in Van Diemens Land auf einen Sonntag fiel und daselbst nur englische Naturforscher aufzutreiben waren. Mit großem Unrecht behaupten Sie dagegen, daß sehr viele Deutsche der leidenschaftlichen Trunksucht ergeben sind. Davor behütet sie der deutsche Sonntag.

Kennen Sie den deutschen Sonntag, meine Herren? Man kann ihn auch ohne Bier feiern, allenfalls auch ohne Wirthshäuser. Letzteres allerdings nicht ganz leicht, weil die Geselligkeit für die meisten Menschen zu seinem Wesen gehört, und weil die Geselligkeit für arme Städter wenigstens der Vermittelung der Wirthshäuser und Wirthschaftsgärten nicht entbehren kann. Wer den deutschen Sonntag verabscheut, der fordert für die Arbeiterbevölkerung, ja auch für den Mittelstand, oder doch die ledigen Männer des Mittelstandes, den e i n = s a m e n Sabbath — wohlverstanden, zum Frommen der Sittlichkeit.

Mit dieser Geselligkeit und diesen Wirthshäusern hängen auch z. B. musikalische und Singübungen, Theaterbesuche ec. zusammen, und gedeihen nicht ohne ihren Schutz. Für die Wenigen, denen die gesellige Neigung abgeht, weiß der deutsche Sonntag ebenfalls Rath zu schaffen. Ein Pensum, ein Buch, eine Zeichnung, ein Klavierstück, ein botanisirender Spaziergang, befreit von der Einseitigkeit, die der werkthätigen Arbeitstheilung anklebt, giebt dem ganzen Menschen seinen Tag. Deutschlands Künstler, Schriftsteller und Gelehrte entwickeln sich an den deutschen Sonntagen. Das Wesentliche daran ist nichts Anderes, als die zeitweilige Befreiung von der Last der Arbeit, dem Zwang des Gesetzes, dem Druck der Mode, der Qual der Aeußerlichkeiten.

Aber den amerikanischen Sabbath müssen Sie kennen, und wie können Sie da schreiben: „Giebt es denn keine reineren und edleren Vergnügungen zu Haus, im Familienkreis, im Lesen guter Bücher, in der freien Luft u. s. w.? Nehmt in dieser Beziehung die amerikanische Sitte an." Der amerikanische Sabbath wird durch die freie Luft, durch das Lesen guter Bücher, durch j e d e Vergnügung im Haus (wenn man ein Haus hat), und im Familienkreis (wenn man sich darin rühren kann), nicht minder entweiht als durch das freie Bier, den freien Tanz und das freie Spiel. Der Zwang ist sein Merkmal. Der amerikanische Sabbath macht wortkarg, ungesellig, hinterhaltig, in der Unterhaltung unbeholfen, stumpft gegen Alles ab, was sich nicht auf das Geschäft und die Politik zurückführen läßt, macht unvermögend, zwischen Genuß und Orgie zu unterscheiden, im Aeußerlichen befangen, unempfänglich für den selbstständigen Werth des geistigen Lebens. Diese Mängel werden Sie, wenn es Ihnen gelingt, den Sabbath dem Fluß der Entwickelung aller menschlichen Dinge zu entziehen, den Fremdlingen einimpfen, die ohne dieselben das Land betreten.

Weil es nun aber amerikanische Landessitte ist, müssen sich die Einwanderer diese Vergewaltigung gefallen lassen! Im Metropolitan-Distrikt New-York, für den das Gesetz gemacht wurde, war der puritanische Sabbath gerade n i c h t Landessitte, und eben weil er nicht Landessitte war, ist das Gesetz gemacht worden. Was soll aber mit dieser Apotheose der Landessitte gesagt werden? Der Gehorsam des Bürgers gebührt dem Gesetz, und ihm allein. Die Sitte, insofern sie nicht zum Gesetz geworden, ist Sache der Willkür, gleichviel ob Willkür der Vielen oder der Wenigen. Der amerikanische Bürger ist aber auch Gesetzgeber, und als solcher Richter über das Gesetz; um wie viel mehr dann Richter über die Sitte, die dem Gesetz unterworfen ist! Die Sitte ist das Produkt des Beispiels aller Einzelnen. Wer dem Gesetz gehorcht, hat das Recht, mit seinem Beispiel zur Bildung und Fortbildung der Sitten beizutragen. Stellt man aber die Sitte über das Gesetz, so stellt man die Willkür über das Recht.

Das thun, gerade in diesem Stück, die Amerikaner. Eben auf diese Begründung stützen die Denkenden unter ihnen die erzwungene Aufrechthaltung eines Gebrauchs, der, wie sie selbst nur leise bestreiten, mit dem Bewußtsein der Zeit im Widerspruch steht. — „Ohne Zweifel," bemerkt Oberrichter Lowrie von Pennsylvanien in seinem Erkenntniß in Sachen des Staates gegen Nesbit (34 Pennsylvania State Reports, Seite 405), „würden wir weit auseinander gehen, wenn wir es versuchten, den Zweck und die Bedeutung des Sabbaths als einer bürgerlichen Einrichtung zu begründen. Die Menschen fordern Institutionen, die ihren Bedürfnissen entsprechen, ob sie dafür philosophische Gründe anführen können oder nicht. Und so lange sie Religion, Sittlichkeit und Recht nicht mit Klarheit zu unterscheiden im Stande sind, kann es nicht anders sein, als daß ihre bürgerlichen Einrichtungen theoretische und religiöse Färbung annehmen. Keine Anzahl vernünftiger Grundsätze, in Grundrechtsformeln aufgezeichnet, können dies verhindern. Die Ordnung der Natur ist durch solche Dämme nicht ins Stocken zu bringen.

„Wir übersehen nicht, daß das pennsylvanische Gesetzbuch von Erklärungen zu Gunsten der Gewissensfreiheit wimmelt, und daß diese Erklärungen von mancher Seite als mit Sonntagsgesetzen unvereinbar betrachtet werden. Doch ergiebt das Nachdenken, daß sie viel mehr den moralischen Inbegriff ausdrücken, dem sich jede Regierung nach Möglichkeit nähern soll, als irgend ein positives Prinzip der Gesetzgebung. Man darf nicht vergessen, daß diese Erklärungen von einem christlichen Volk ausgingen und eine praktische Auslegung erfahren müssen.

„Sie hatten gar nicht die Absicht, das Heidenthum zu dulden.

„Nicht heidnische Aufzüge, satyrische Tänze, obscöne Gesänge, entblößte Bildsäulen oder lüsterne Gemälde sollten unter dem Vorwande der Religion, oder des Vergnügens, oder des Gewissens, die Jugend und die Unwissenden in korinthische Erniedrigung hinabzerren, das sittliche Gefühl eines christlichen Volkes beleidigen, oder christliche Schamhaftigkeit zu der Nacktheit polynesischer oder spartanischer Weiber gesellen. Ein christliches Volk könnte dergleichen nimmermehr zugeben. Kein geschriebenes Gesetz, das auf solchem platten und schmählichen Rationalismus beruhte, vermöchte dem Gefühl und der That eines anders denkenden Volkes das geringste Hinderniß entgegenzusetzen.

„Jeder Christ ist überzeugt, daß es seine Religion ist, die jene heidnischen Gebräuche unterdrückt hat, und er hält sich versichert, daß der Sabbath und seine Observanzen die hervorragenden Mittel zu diesem Fortschritt gewesen und zum fernern Einhalten desselben unentbehrlich sind.

„Wie kann demnach ein christliches Volk anders, als einen solchen Tag und seine Observanzen beschützen? Wer denselben als abergläubisch entgegentritt, muß sie doch als wesentliche Bestandtheile des Volkslebens achten, die unmöglich nach Belieben abgelegt werden können. — Wenn Fremdlinge diese Institutionen verurtheilen, so mögen sie uns einen vernünftigen Respekt und unsern Gebräuchen einige Nachgiebigkeit zu Theil werden lassen, und bald werden sie sich mit beiden aussöhnen und andere Uebelstände finden, die ihrer Reformlust in höherem Maße bedürftig sind.

„Durch unsere Sonntagsgesetze beabsichtigen wir nicht, die Religion zu erzwingen. Wir beabsichtigen blos, unsere Gebräuche zu schützen, ob sie nun aus unserer Religion hervorgegangen sind oder nicht; denn sie sind wesentliche Bestandtheile unseres gesellschaftlichen Lebens. Instinktmäßig beschützen wir sie. Es ist nichts als gesellschaftliche Selbstvertheidigung, und gar nicht Sache des freien Entschlusses."

Also sic volo sic jubeo. Weil wir in dieser Hinsicht einmal nicht vom Instinkt an die Vernunft appelliren, zwischen Religion, Sittlichkeit und Recht unterscheiden, unsere von uns selbst aufgezeichneten Grundsätze befolgen wollen, müßt ihr euern Rationalismus einstecken und unser Unrecht vor Recht ergehen lassen.

Es ist dieselbe Beweisführung, aus der ein Richter von der District Court von Philadelphia das Ausstoßen der Farbigen aus den Eisenbahnwagen geschehen ließ. „Der Richter hat nicht zu entscheiden, was Rechtens sein sollte, sondern was Rechtens ist. Er ist gebunden an Gesetze, an Entscheidungen und an Volksvorurtheile. Das (weiße) Volk hat nun einmal das Vorurtheil, daß es mit Farbigen nicht zusammensitzen will; folglich muß es seinen Willen haben." — Vielleicht nicht unpassend für einen Richter, aber sicherlich ungehörig für einen schlichten Bürger, der keinen Verstand zum Wegwerfen übrig hat.

Die Widerlegung der Sabbathgesetz-Theorie ist zu wohlfeil, als daß sie fruchtbare Gedanken zu erzeugen vermöchte; höchstens könnten das einige Worte über den Ursprung und die mögliche Tragweite dieser Bewegung.

Aus Schillers „Welcherlei Religion ich bekenne? Keine von allen, die du mir nennst. Und warum keine? Aus Religion!" schöpfe ich die Bedeutung des letzten Wortes, in der ich verstanden werden will, und bemerke, daß die Italiener aus ihrem Katholicismus die Kunst, die Deutschen aus ihrem

Lutherthum die Wissenschaft, die Amerikaner möglicherweise aus ihrem Calvinismus die Republik entwickelt haben, daß aber jedenfalls die Religion an und für sich, das heißt die Beschäftigung des Geistes und Gemüths mit den höchsten und letzten Problemen des Daseins, aufgehört hat, für die Amerikaner zu existiren. Ihre unzähligen Kirchen sind Hülsen, die höchstens einen kryptopolitischen, sicherlich keinen religiösen Kern haben. Als Staffelei aus alter Zeit umsteht noch der Sabbath ihr neues Haus. Sie würden ihn entfernen, wenn das ohne Eingehen auf religiöse Fragen zu bewerkstelligen wäre; denn über die Unhaltbarkeit ihrer politischen Deduktionen zu dessen Gunsten sind sie, wie oben nachgewiesen, nicht im Unklaren. Allein über die Religion wollen sie ein- für allemal nicht nachdenken; somit bleibt der Sonntag bestehen. Und wie den alten Römern ihre Götter in den Zeiten der Republik nur politische Maschinen waren, mit denen die Parteien ihren Programmen Autorität zu verschaffen suchten, so wird im neuen Rom der traditionelle Sabbath auch hervorgeholt wenn politische Zwecke zu erreichen sind.

Diese Zwecke beziehen sich diesmal, und deshalb bezieht sich auch die neueste Ausgabe des Sabbath, ausschließlich auf die Counties New-York, Kings und Richmond. Hier bildet der Sonntag eine kurze Klausel in einem langen Schenkpolizeigesetz, und dieses Gesetz ein Capitel in einem weitschweifigen politischen Kriegsplan. Unsere demokratischen Staatseinrichtungen und der Gang der Weltentwickelung führen die Plebs der alten Welt an unsern Strand, und in New-York, als dem einzigen Einwanderungshafen, häuft sich dieser Zuwachs am massenhaftesten an. Er hat bereits seit Jahren auf diesen Inseln die Ueberzahl und die Herrschaft gewonnen, und beutet diese Herrschaft in der ihm eigenen Weise aus, einer Weise, an der es deutlich zu erkennen ist, daß er sich nicht ausschließlich aus den Feingebildeten der alten Welt rekrutirt. Es soll dieser Wirthschaft hier in keiner Art das Wort geredet, es soll nicht einmal darauf hingewiesen werden, daß trotz derselben New-York noch immer der angenehmste Aufenthaltsort in der Union ist, daß noch immer in New-York, wie sonst nirgends, der Fleiß sich lohnt und das Feld der Thätigkeit sich weiter und weiter ausbreitet. Das jedoch ist zu betonen, daß die Doktrin der Selbstregierung des Volkes niemals als eine Doktrin der Zweckmäßigkeit, sondern als eine Doktrin des absoluten Rechts proklamirt wurde, und also durch die Entdeckung, daß sie nicht immer und überall zur größtmöglichen Wohlfahrt führt, nicht umzustoßen ist, daß die Erfahrungen des heutigen New-York, mögen sie noch so grell sein, nicht hinreichen, die Lehren eines Jefferson und eines Paine Lügen zu strafen und die Rückkehr der vordemokratischen Urwelt als eine Verbesserung der augenblicklichen Zustände erscheinen zu lassen.

Nichtsdestoweniger hat sich die Ansicht, daß mit dem allgemeinen Stimmrecht in New-York aufzuräumen sei, thatsächlich zur Parteiansicht erhoben. Man kann sich nicht zur Resignation in den unliebsamen Volkswillen bequemen, man mag nicht auswandern, man verzweifelt daran, die Mehrheit eines Besseren zu überzeugen. Man reagirt also gegen die Republik, man läßt sich von

Nutzen her mit Machtbefugnissen bekleiden, für deren Ausübung man Denen, für die man sie ausübt, Rechenschaft vorenthält.' Um die öffentliche Meinung der nichtbetheiligten Distrikte des Staates zu Gunsten dieses Verfahrens zu stimmen, um sich innerhalb der Stadt einen möglichst kompakten Anhang zu sichern, wird die religiöse Maschinerie des Sonntags als Schwungrad einem Gesetz eingefügt, welches dem Wirthshausleben der Demokraten, in dem man ganz richtig den lokalen Boden ihrer Organisation erkennt, zu Leibe gehen soll. Möglich, daß diese Fanatisirung der Oligarchenpartei zum endlichen Sieg über die gewiß sehr verwahrloß'te Demokratie verhelfen wird. In dem Fall hätte man niedrigere Steuern und eine strengere Polizeihandhabung zu erwarten, sowie eine knauserigere, keineswegs aber eine ehrlichere Verwaltung. Allein die Redereien der Puritaner wirken auch fanatisirend auf die Gegner. Der Eingewanderte fühlt sich als Märtyrer seines Sonntags; er wird die geschlossenen Kneipen durch andere Versammlungslokale zu ersetzen wissen. Seine immer fester werdende Organisation dürfte endlich in der Tyrannis gipfeln und unter dieser Führung die juristischen Spinngewebe zerreißen, mit denen er jetzt umgarnt wird. Die Freiheit des Privatlebens würde alsdann auf Kosten der politischen Selbstbestimmung gerettet werden, welche in der verantwortungslosen Macht eines Einzigen aufginge.

Thierleben.

Skizze von Dr. Theodor Koller.

Die Poesie ist nie zarter und tiefsinniger, nie duftender und in herrlichen, glühenden Farben prangender, als wenn sie ihre Bilder und Gleichnisse dem stillen, unschuldsvollen Pflanzenleben entnimmt; da ist keine Leidenschaft, kein wildes Drängen und Streben, — es waltet allüberall nur ein tiefstilles Glück, denn:

> „In dem Glück des Pflanzenlebens
> Grünt hier Schaft an Schaft. —
> Holdes Bild des Höherstrebens
> Ohne Leidenschaft! —"

singt der Dichter in warmer Empfindung.

Wie anders erscheint dagegen die Thierwelt, welche uns nicht das Bild jener beseligenden, stillen Innerlichkeit zeigt, sondern den lauten Kampf um das Dasein, der sich stets wieder erneuert, und beendet wird um wieder zu beginnen. Und dieser Kampf um die Existenz ist auch die Quelle jener eigenthümlichen Entartungen, welche man Leidenschaften nennt.

Es ist ein altes Gesetz, das von Uebergängen und Verbindungen spricht; aber es ist auch ein ewig wahres Wort. Wohin das Auge in der Natur blickt, blendet es nirgends der grelle Farbenschein, welcher das Verschiedene von der

Folie abheben soll; überall hat die ewige Künstlerin milde, versöhnende und vermittelnde Uebergangstöne in sanften Farben eingesetzt, und es freut sich der forschende Blick, wenn er die emporstrebenden Sprossen der riesigen Leiter so klar und deutlich wahrnimmt und sieht, wie da keine Lücke stört und wie die tiefste Sprosse in so innigem Verbande mit der höchsten steht.

Und auch das Pflanzenleben, anscheinend schroff dem Thiere gegenüber gestellt, hat seine vermittelnden Uebergänge; ja das Thier selbst liefert jene Mittelglieder, welche beide verbinden. Wem wären die Pflanzenkorallen, die Schwämme, die so einfach organisirten Infusorien u. s. w. unbekannt?

Im Pflanzen- und Thierleben sind die allgemeinsten Umrisse und Erscheinungen immer dieselben. Hier wie dort ist es eine Entwickelung aus kleinen Anfängen, eine Fortbildung durch Zufuhr bildender und ersetzender Stoffe von außen, eine immer mehr nach Vervollkommnung strebende Weiterbildung und endlich eine bald langsamere, bald raschere Desorganisation, welche das Gebilde auflös't und die Produkte seiner Vernichtung wieder als eine Quelle des Lebens für neue Körper verwerthet, wodurch, wie Liebig so treffend sagt, „der Tod, die völlige Auflösung einer untergegangenen Generation, die Quelle des Lebens für eine neue wird." —

Das Thierleben steht uns am nächsten; immer und überall sind wir umgeben von den belebten Wesen, welche des Tages Last und Mühe so redlich mit uns theilen, uns ernähren, kleiden und die Stunden erheitern. Im Thierleben finden wir die stärksten Gegensätze; während wir bei den einen die liebenswürdigste Sorge für ihre Sprößlinge gewahren, sehen wir hingegen bei den anderen, wie sie ihre eigene Brut auffressen und vernichten; und während wir beim einen Thiere eine seltene Begabung erkennen, schleppt das andere in trägem Stumpfsinne sein anscheinend zweckloses Dasein dahin. Und so könnten wir die Gegensätze weiter führen; aber wenden wir uns vom Allgemeinen zum Besondern. —

Eine ganz besondere Eigenthümlichkeit finden wir bei allen, und am entschiedensten, weil am leichtesten erkennbar, ausgesprochen bei den höher und vollkommener organisirten Thieren, welche darin besteht, daß das Thierauge den scharfen und forschenden Blick des Menschen nicht zu ertragen vermag, und wenn das Auge des „Herrn der Schöpfung" in das des Thieres anhaltend blickt, das Thier unruhig und beängstigt wird. Von dieser interessanten Erscheinung, welche ihren Grund wohl zumeist in der Energie des Blickes, welche ja auch den Menschen zuweilen in Verlegenheit bringt, zu haben scheint, sagt Berth. Auerbach in seinem „Barfüßle" ganz treffend: „Kein Thier sucht und verträgt den anhaltenden Menschenblick; nur dem Hunde scheint das gegeben, aber auch sein Auge zuckt bald und er blinzelt gern aus der Ferne."

Die geistige Herrschaft des Menschen über das Thier, welche sich deutlich genug im Spiegel seiner Seele, im Auge, offenbart und aus seinem Innern heraustritt, imponirt dem Thiere und macht es scheu und furchtsam.

Und doch spricht das Thierauge, nicht minder als das des Menschen, seine Begabung, seine Fähigkeiten aus. Wen hätte noch nicht die Erfahrung gelehrt, daß zwei in ihrem Habitus oft ganz gleiche Hunde höchst verschieden in der Art und Weise ihrer Unterscheidungen, ihrer Auffassungen, ihrer Verrichtungen sind? Und wer hätte nicht schon das in ihren Physiognomieen wahrgenommen, nach dessen Verschiedenheit man „dumme" und „gescheite" Thiere im gewöhnlichen Leben unterscheidet? Das Wort „Instinkt", mit welchem man thatsächliche Aeußerungen der vollkommeneren Thiere bezeichnet, die entweder in unmittelbarer Beziehung zu ihrer Lebenserhaltung oder in wohlbedachter Wechselwirkung mit anderen und höheren Zwecken stehen, erklärt an und für sich nichts, denn es bezeichnet nur eine innere Anregung, einen räthselhaften Impuls, welcher das Thier zur Verrichtung oder Unterlassung gewisser Dinge antreibt.

Diese innere Anregung, dieser Trieb ist, insofern er auf die Erhaltung des Thierindividuums abzielt, allen Thieren gemein, der höhere Trieb, der Kunsttrieb, aber verhältnißmäßig nur einer geringen Anzahl, jedoch meist in so wunderbarer Weise, daß wir immer wieder staunend nach jenem eigenthümlichen Impulse zurückschauen müssen.

Diese Kunsttriebe sind es, welche uns den lehrreichsten und interessantesten Einblick in das Thierleben werfen lassen und uns die Thiere, welche in so unendlich vielfachen Beziehungen zu unserem Leben stehen, noch näher stellen.

Aber auf allen Wegen begegnen wir zahlreichen Kämpfen, und selbst das kleinste und anscheinend ruhigste Familienleben wird vielfach durchstürmt von den rohen Ausbrüchen der Leidenschaft.

Die Bienen bilden in ihren Stöcken einen eigenen Staat. Zahlreiche Müßiggänger, die Drohnen (800—1000), nähren sich von dem Fleiße und der rührigen Thätigkeit geschäftiger Arbeitsbienen (15,000—30,000), welche die kleinsten von allen sind und deren Hinterbeine an den Schienbeinchen nach außen der Länge nach ausgehöhlt und mit langen Haaren bekleidet sind, wodurch mit der Höhlung das sogenannte „Körbchen" entsteht, während das erste Glied der Hinterfüße sehr verlängert und an seiner inneren Seite mit mehreren Querreihen von Haaren besetzt ist und so die „Bürste" bildet. Mit dieser streifen sie den Blüthenstaub von den Staubbeuteln der Blüthen ab und tragen ihn in ihrem Körbchen nach Hause, wo er dann entweder als Nahrung sogleich verzehrt oder für späterhin aufbewahrt wird.

Den Honigsaft saugen die fleißigen Arbeiter aus den Blüthen verschiedener Gewächse ein, verarbeiten ihn dann in ihrem Vormagen zu Honig und Wachs, und geben den Ersteren durch Erbrechen wieder von sich, während das Letztere in kleinen Täfelchen zwischen den Ringen des Hinterleibes ausschwitzt.

Aber die Müßiggänger freuen sich nicht lange ihres behäbigen Daseins. Im Herbste werden sie, die Drohnen, in einem großen Kampfe, in der Drohnenschlacht, von den fleißigen Arbeitern getödtet und aus dem Stocke geworfen, und auch die Herrschaft der Königin, auch Weisel genannt, neigt sich zum Ende, wenn ihre Rivalinnen im Anzuge sind. Noch ehe neue Königinnen im Stocke auftreten, verläßt die alte Königin ihre Residenz, und da auch sie unter ihrem Volke sich Sympathieen erworben, schließen sich ihr, bei ihrem Abzuge, treue Unterthanen an. Die neuen, jungen Königinnen aber gerathen unter sich selbst in Herrschaftsstreitigkeiten; es entsteht im Stocke eine lebhafte Bewegung, welche sich auch den übrigen Bienen mittheilt, und die als Endresultat immer den Abzug einzelner mit einem Anhange zur Folge hat. Die Bienenzüchter erkennen diese Revolution schon lange vorher an dem lauten Summen im Stocke, suchen dann, da sich hierbei die Bienen meistens auf nahe gelegenen Bäumen niederlassen, sie zu bewegen, sich in bereit gehaltene neue Bienenkörbe zu begeben, und erhalten so von einem Stocke jährlich drei bis vier Schwärme.

Eine weit friedlichere Vereinigung besteht unter den Ameisen, welche ebenfalls gesellig in hohlen Bäumen, unter Steinen, oder auch in eigenen Bauen, den sogenannten Ameisenhaufen, leben, die von ihren thätigen Arbeitern aus Holzsplittern, Fichtennadeln, Harzstückchen und Erde gebaut und von denen aus eigens gebahnte Wege angelegt werden. Man kann, wenn man sich vorsichtig den Wohnungen der Ameisen nähert und ihre Verkehrsstraßen beobachtet, ihre eilige Geschäftigkeit wahrnehmen und sieht dann, wie sie, wenn in ihre Bahnen fremde Körper hineingefallen sind, sich abmühen, dieselben zu entfernen und die Passage wieder frei zu machen. Der Saft, den sie in Zeiten der Gefahr, bei fremder Berührung u. s. w. ausspritzen, ist die bekannte Ameisensäure, welche auf der Haut ein vorübergehendes Jucken erregt, und in der Medizin in der Form einer weingeistigen Lösung äußerliche Anwendung findet. Dieselbe Ameisensäure hat die Wissenschaft auch in den Fichtennadeln und insbesondere auch in den Brennnesseln gefunden, welche Letztere daher bei der Berührung, wodurch der spitze und stachelige Schluß eines kleinen Kanals abgebrochen wird, die bekannte schmerzhafte Empfindung durch die Abscheidung dieser Säure verursachen. Was man fälschlich im gewöhnlichen Leben Ameiseneier nennt, sind die Puppen, welche täglich von den Arbeitern an die Sonne und wieder zurück in den Bau getragen werden, wie man das gar häufig beobachten kann. Ohne es verbürgen zu können, fügen wir noch bei, daß man sich von förmlichen Erstürmungen einzelner Ameisenburgen durch andere erzählt, wo dann der Sieger sich der darin befindlichen Larven und Puppen bemächtigt und dieselben in den eigenen Bau als Beute fortschleppt. Bekanntlich sind die sogenannten Ameiseneier, welche also die Puppen sind, ein beliebtes Futter für insektenfressende Singvögel, besonders für Nachtigallen.

Aehnliche überraschende Kunsttriebe, wie wir sie eben erzählten, finden wir noch bei mehreren anderen Thieren, und wir erinnern hier nur beispielsweise an den Wohnungsbau der Biber, welcher aus Stangen, Reiserwerk, Schilf, mit Schlamm und Erde verbunden, errichtet wird und in der Mehrzahl der Fälle die Gestalt eines Backofens besitzt; an die künstlichen Nester der Wespen, welche oft Gestalt und Größe eines Kürbis erreichen, nach außen von mehreren concentrischen Lagen graulicher Blätter umgeben sind, innen aber zehn bis fünfzehn, wie Stockwerke über einander liegende Waben enthalten, welche aus mehreren zusammenhängenden sechsedigen Kammern oder Zellen bestehen und zu Wohnungen für die Brut dienen; den löschpapierähnlichen Stoff hierzu bereiten sie durch das Zerkauen feiner Holzsplitter und Vermischung derselben mit einem klebrigen, von ihnen ausgesonderten Saft; endlich erinnern wir noch an die gewöhnlichen Nester unserer Vögel, für die im Allgemeinen die Regel gilt, daß sie um so kunstvoller gebaut, je kleiner die beflügelten Bauleute sind, und daß die munteren Thierchen sich ganz wohlbewandert in unseren Lehrbüchern der Physik zeigen, da sie genau zwischen guten und schlechten Wärmeleitern unterscheiden. Bei dem Bau ihrer Nestchen nämlich, wo es vorzüglich darauf ankommt, die Wärme für die jungen Thierchen zusammenzuhalten, wählen sie Federn, Gras, Moos und dergleichen Gegenstände, welche, wie wir aus der Physik wissen, die schlechtesten Wärmeleiter, mithin am besten geeignet sind, warm zu halten.

Nicht minder interessant und merkwürdig als die genannte ist eine Gruppe von Thieren, welche als Parasiten oder Schmarotzerthiere bekannt sind und eine Quelle der mannigfaltigsten und tiefsten Leiden bilden, denn es giebt wohl kaum ein Thier, das nicht von diesen bösen Feinden heimgesucht würde, und es ist auch fast kein Körpertheil, den sich die Argen nicht zur Wohnung auswählen.

Unter die hartbedrängtesten Thiere gehört unstreitig das stille, geduldige Schaf. In seiner Luftröhre findet sich oft klumpenweise der sogenannte Schafwurm, welcher bei ihm den bekannten Schafhusten erzeugt. In dem Gehirn der Schafe schmarotzt ferner nicht selten der Drehwurm, welcher die tödtliche Drehkrankheit derselben verursacht, wobei sich das arme Thier immer nach der der örtlichen Lage des Drehwurmes entgegengesetzten Seite hin dreht. Auch der Leberegel erzeugt sich besonders in der Leber der Schafe, wenn sie auf feuchten Triften geweidet werden, und führt durch das Zerfressen dieses Organes den qualvollen Tod des Thieres herbei. Auch von der Zecke oder dem Holzbocke, welcher in Gebüschen lebt und sich auf vorübergehende Thiere herabfallen läßt und der, indem er sich fest in die Haut einsaugt, oft hundert Mal dicker wird, als er ursprünglich war, wird das Schaf arg gequält.

Nicht minder hart wird von den Parasiten das ohnehin nicht beneidenswerthe Loos des Pferdes gestaltet, denn die bekannte Pferdebreme legt ihre Eier durch eine röhrenförmige Vorrichtung — die sogenannte Legeröhre — welche in eine Angel ausläuft, zwischen die Beine derselben, wo sie dann von den Pferden, welche sich, wenn sie gestochen sind, abzulecken pflegen, abgeleckt und so in die Mundhöhle gebracht werden. Die Wärme und Feuchtigkeit in der Letzteren bildet ein günstiges Moment für das Auskriechen der Larven aus dem Ei, und diese wandert dann mit dem Futter in den Magen oder arbeitet sich selbst dahin. Dort angelangt, heftet sie sich mit ihren zwei Mundhätchen an die innere Magenhaut an, deren Absonderung ihr nun zur Nahrung dient. Später werden sie mit den Extremen des Thieres entleert, gelangen so in die

Erde, wo sie sich verpuppen, und aus der Puppe kommt nach kurzer Zeit die Breme hervor.

Ein Gleiches gilt von der Ochsenbreme und der Schafbreme, welche ihre Eier in die Nasenlöcher der Schafe legt, und die ausschlüpfenden Larven kriechen von hier in die Stirnhöhle. Hier sollen sie dann gleichfalls, wie wir beim Drehwurm bereits angeführt haben, die Drehkrankheit erzeugen; aber sie wird wohl weit öfter durch Letzteren hervorgerufen.

Auch die Thiere, welche beständig im Wasser leben, sind nicht frei von quälenden Parasiten, und hier sind es meistens die Kiemen, welche den Schmarotzern zu Angriffspunkten dienen. Im Allgemeinen sind es hier Läuse, welche, mit Saugwerkzeugen ausgerüstet, als Parasiten auftreten und durch die Blutentziehung in vielen Fällen des Thieres Tod herbeiführen.

Aber selbst der Mensch ist nicht frei von parasitischen Angriffen. Die stereotyp gewordenen Schmarotzer, welche vorzugsweise das Haupt als Wohnung sich erkoren, können wir wohl hier unerwähnt lassen; sie sind hinreichend bekannt. Auch den Bandwurm und seine Entstehungsart dürfen wir als bekannt voraussetzen.

Die Krätzmilbe ist die Ursache der Krätze. Dieses mikroskopische Thierchen, schildkrötenförmig, fest, mit einem beweglichen, vortretenden Kopfe, mit kurzen, röthlichen Beinen, bohrt sich bei Menschen in die Furchen der Oberhaut ein und gräbt sich darunter haarfeine Kanäle, welche in eine Krätzblase endigen. Sehr scharfe Augen sind im Stande, diese Milben auch ohne Vergrößerungsglas in ihren feinen Gängen wahrzunehmen.

Ein arges Thier, eine furchtbare Plage der Menschen, ist der Medinawurm, welcher sich in den Tropenländern unter der Haut des Menschen vorfindet, namentlich an den Beinen, wo er dann oft 10—30 Fuß lang wird und die Dicke einer Darmsaite erlangt. Er wird auf die Weise entfernt, daß er langsam aus der Haut hervorgezogen und behutsam auf ein Stäbchen gewunden wird, um sein Abreißen zu verhüten.

Außer diesen Thieren, welche zu den Entozoen oder Eingeweidewürmern gehören, erwähnen wir noch des Augenfadenwurmes, welcher die Linsenkapsel des menschlichen Auges bewohnt und völlige Erblindung herbeiführt; des Peitschenwurmes, welcher im Dickdarme der Menschen lebt, mit langem, haarförmigem Vordertheile; und endlich der Spulwürmer, welche sich im Dünndarme der Menschen, ganz besonders bei Kindern, vorfinden und leicht durch eine Reihe von Wurmmitteln abgetrieben werden können.

Sonderbar! Der Kampf, den das Thier um seine Existenz ununterbrochen führt, ist unbedingt nöthig zur Erhaltung des Ganzen. Hier ist der Feind, — und dort rüsten sich tausend Streiter, ihn zu bekämpfen. Sein Vergehen ist aber kein Verlust, kein Verschwinden in Nichts, denn der Tod ist die Quelle des Lebens für neue Wesen.

New-Yorker Correspondenz.

New-York, im Februar. Ein Nothruf, der mich so tief ergriffen hat, daß ich, um den Gefühlen meines Herzens Luft zu machen, ihn an die Spitze dieser Correspondenz stelle, bringt über Philadelphia aus dem Süden des deutschen Vaterlandes zu uns, und zwar durch Vermittlung eines der bravsten Menschenfreunde, des Doktors Tiedemann. **Theodor Mögling ist wahnsinnig! Er befindet sich im Irrenhaus!** Wie mag er wahnsinnig geworden sein? Welche Mächte mögen diesen schönen Geist zerrüttet haben? Ich weiß es nicht, doch ahne ich es, und meine Ahnung stützt sich auf die weiteren Mittheilungen des Tiedemann'schen Sendschreibens an die Deutsch-Amerikaner. Die Frau des Unglücklichen hat sich an die politischen Freunde Mögling's gewendet; sie haben Alles versprochen, aber Nichts gethan. Sechshundert Gulden jährlich sind zu seinem Unterhalt in der Heilanstalt, welche ihm allein Genesung bringen kann, erforderlich. Aber diese sechshundert Gulden sind im großen deutschen Vaterlande nicht aufzubringen. Er hat als braver Familienvater sein Leben zum Betrag von 10,000 Franken versichert, es müssen dafür 115 Franken vierteljährlich gezahlt werden, und auch an diesem Gelde fehlt es. Sein kleines Gehöft hat verkauft werden müssen, weil das darauf ruhende Kapital gekündigt wurde. Seine Frau besitzt mit ihrem Kinde nur noch etwas Bettzeug und einige Mobilien; alles Uebrige ist fort. Das Kind, ein vielversprechender Sohn, muß erzogen werden; es fehlen die Mittel dazu. Können wir nicht den Abgrund ahnen, der hinter allen diesen nackten Thatsachen liegt? Ein Mann, der dem Vaterlande Alles gegeben, was er ihm geben konnte, ein Mann, dessen Namen selbst seine Feinde nie anders als mit hoher Achtung nennen, kann in Unglück und Elend verkommen, ohne daß Die, für welche er gestritten und gelitten, nur eine Hand zu seiner Rettung ausstrecken. Wohl ergeht an sie eine ernste Mahnung; sie versprechen, aber sie halten nicht. Was Mögling jetzt — Dank der Nacht, die, hoffentlich nur vorübergehend, seinen Geist umhüllt — nicht empfinden kann, das hat er ohne Zweifel empfunden als dieser Geist noch im Lichte lebte. Nicht nur Zertrümmerung der Ideale, sondern auch ein Volk, welches diese Ideale verleugnet und den neuen Götzen nachrennt, ein Volk, welches auf den schönsten Theil seiner Geschichte mit Bangen, wenn nicht mit Scham zurückblickt — mit Bangen bei dem Gedanken, daß das, was einmal der Geist der Welt erschuf, er nochmals erschaffen kann, mit Scham, nicht weil damals das Ideal nicht erreicht wurde, sondern weil man ihm nachstrebte; ein Volk, welches sich nicht durch einen alten Veteranen daran erinnern lassen will, daß es einst für die Freiheit gekämpft hat und ihr jetzt untreu geworden ist. Das Alles hat Mögling gesehen und empfunden, und da können wir uns nicht wundern, wenn er wahnsinnig geworden. Seine Frau hat jetzt an Herrn Tiedemann geschrieben; dieser that unverzüglich was in seinen Kräften stand, und fordert die Deutsch-Amerikaner auf, das Uebrige zu thun. Hülfe muß sofort geschafft, die Frau muß in den Stand gesetzt werden, den Unterhalt ihres Gatten im Irrenhause zu bestreiten, die Lebens-Versicherungspolice in Kraft zu halten und ihr Kind so erziehen zu lassen, wie es im Plane des Vaters lag. Wer etwas für den Zweck übrig hat, sende es an den Doktor Tiedemann in Philadelphia, welcher es weiter befördern und öffentlich Rechenschaft darüber ablegen wird. Außerdem aber muß sich ein Mögling-Verein organisiren, welcher für dauernde Abhülfe sorgt. Möglings Sohn muß von den Deutsch-Amerikanern adoptirt werden. „Wenn unser Freund — schreibt Tiedemann — dann einen lichten Augenblick hat und man theilt ihm mit, daß seine Freunde in Amerika für sein Kind sorgen wollen, wäre das nicht eine Freude, die wir dem alten Helden, der aus der klassischsten Römerzeit zu uns übergegangen scheint, bereiten sollten?" Darf ich der Schönheit dieses Gedankens etwas hinzufügen, so sei es die Andeutung, daß möglicherweise solche That der Deutsch-Amerikaner den Geist wieder heilen könnte, welcher durch entgegengesetzte Erfahrungen krank geworden. Wir sind Herrn Tiedemann Dank dafür schuldig, daß er sich vertrauensvoll an uns, die Deutschen in Amerika, gewendet hat. Es liegt uns ob, zu zeigen, daß das deutsche Herz in Amerika wärmer schlägt, daß die deutsche Liebe hier inniger glüht, daß die deutsche Treue hier weniger eine alte, abgelebte Sage ist, daß die Deutschen hier weniger entartet sind, als in Deutschland selbst. Den tiefsten Schmerz, den lebhaftesten Unwillen müssen wir aber darüber empfinden, daß ein solcher Hülferuf nothwendig gefunden wurde, daß die Frau eines der edelsten deutschen Männer Hülfe jenseits des Oceans suchen mußte, weil Niemand drüben der heiligen Pflicht eingedenk war. In Geldsachen darf wohl die Gemüthlichkeit, aber denn doch wahrhaftig nicht die Ehre und Rechtschaffenheit aufhören, und ehrlos, gemein ist es, Mögling in einem Wahnsinn verkommen zu lassen, den man selbst verschuldet.

Und jetzt, nachdem ich mich dessen entledigt, was mir am meisten das Herz bedrückte, zu meinem New-Yorker Referat, welches auch keine besonders rosige Färbung tragen wird. Ich kann mich des Gedankens nicht entschlagen, daß im Grunde genommen mehr monarchisches als republikanisches Blut durch die Adern dieser Metropole rollt. Die Ungezogenheiten und Flegeleien der Freiheit sind hier im vollsten Maße entwickelt, nicht aber ihre Tugenden. Der schmutzige Schaum ist im Ueberfluß vorhanden; den edlen, durch den Gährungsprozeß geläuterten Wein zu entdecken, ist aber nicht leicht. Die Zeit, welche seit der Abfassung meines letzten Briefes verflossen, wird jedem Bürger New-Yorks und der Umgegend in Erinnerung bleiben. Dem, welcher nie hier war, einen Begriff von den Mühseligkeiten und Leiden, mit welchen wir zu kämpfen hatten, beibringen zu wollen, möchte vergeblich sein, denn dergleichen muß man erlebt haben, um es würdigen zu können. Aber ebenso wenig ließe sich die stumpfe Resignation schildern, mit welcher die Bevölkerung selbst das Ungeheuerste erträgt. Sie bezahlt ihr schweres Geld für die Straßenreinigung, watet aber in dem tröstenden Bewußtsein, daß es sich eben nicht ändern läßt, durch einen Koth, in dem man bis ans Knie versinkt und der es Frauen wochenlang positiv unmöglich macht, sich aus dem Hause zu wagen. Allerdings wurde gebrummt; aber dies innerliche Raisonniren läßt sich durch Argumente beschwichtigen wie sie nur dem beschränktesten Unterthanenverstande geboten werden können. So sagt Derjenige, welcher gegenwärtig die Pflicht hat, die Straßen zu reinigen: „Ich kann unmöglich etwas thun, denn der Contrakt, den ich übernommen, ist ein Erzeugniß der Corruption und läßt sich von einem ehrlichen Manne in solcher Form nicht zur Ausführung bringen." Der gute Mann bezieht regelmäßig sein Geld auf Grund dieses Contraktes; aber die Arbeit dafür zu leisten, das verbietet ihm sein Begriff von Ehre und bürgerlicher Tugend. Aber ein noch triftigeres Argument steht ihm zur Verfügung. Er hat den Vertrag von einem Andern käuflich erstanden für eine Summe von 250,000 Thalern, und da man von einem vernünftigen Amerikaner doch nicht erwarten kann, daß er ein schlechtes Geschäft mache, so ist es seine moralische Pflicht, den Kaufpreis dadurch wieder einzubringen, daß er sich für eine entsprechende Zeit jeglicher Leistung enthält. Nun denke man Sie sich aber, wie eine der reichsten Communen der Welt nicht im Stande ist, einer solchen Schurkerei zu begegnen, wie es keine Behörde giebt, welche solchen Betrug und Diebstahl ahndet, und wie das Volk in dem Bewußtsein, daß eine solche nicht vorhanden, sich dem Allen ruhig fügt! Der Einfluß solcher Zustände auf die öffentliche Moral läßt sich sehr leicht nachweisen. Der eine Schmutz bringt den andern hervor. Es werden sicherlich da weniger Verbrechen und Gemeinheiten begangen, wo Alles hübsch sauber ist. Woher sollte es sonst zum Beispiel kommen, daß im Centralpark sich selbst der Roheste anständig benimmt? Die saubere Umgebung fordert ihn einfach stillschweigend dazu auf, appellirt gewaltsam an das sittliche Gefühl, welches überall vorhanden ist und nur geweckt zu werden braucht. Unter der ganzen Bevölkerung läßt sich die durch die Verwahrlosung der Straßen und andere Mißbräuche hervorgebrachte Demoralisation deutlich verfolgen. Es kommt ihr nach und nach der Maßstab des Schicklichen und Erlaubten vollständig abhanden. Was anderswo Entsetzen erregt, das macht hier keinen Eindruck, und fast thut man sich etwas darauf zugute. Für das, was diesem Volke geboten werden kann, brauche ich nur noch ein Beispiel anzuführen. Die Legislatur in Albany schickte eine Commission hierher, um die Verwaltung der Fähren, welche ebenso wohl wie der Zustand der Straßen jeder Beschreibung spottet, zu untersuchen. Vor dieser Commission erscheint der Eigenthümer der Weehawken-Fähre und antwortet auf das Vorhalten, daß er Schafe in die Kajüte der Passagiere habe treiben lassen: das sei allerdings der Fall, aber die Zeugen hätten vergessen, hinzuzufügen, daß noch immer Raum genug für die Passagiere übrig geblieben, und ihm scheine es praktischer, den Raum für die Beförderung von Vieh zu benutzen, als ihn leer zu lassen. Eine solche Anmaßung, welche dem Kerl den augenblicklichen Verlust der Concession hätte kosten sollen, erregte so wenig sittliche Entrüstung, daß die Zeitungen sie pflichtschuldigst mittheilten ohne auch nur ein Wort des Commentars daran zu knüpfen. Und wie kann man sich über solche Unverschämtheit wundern, wenn die Commiſſion ſich in Brooklyn mehrere Tage aufhielt, ohne daß ſich von den Hunderttauſenden, welche unter dem Mißbrauch des Fähr-Monopols gelitten, ein Einziger zur Klage einſtellte, ſo daß nur die Ausſagen der Monopoliſten und ihrer Angeſtellten zu Protokoll genommen wurden! Könnte man ſich wohl beſſere Unterthanen denken?

Es fehlt in New-York überhaupt nicht an Elementen, aus welchen ſich trefflich eine Muſter-Monarchie nach preußiſchem oder franzöſiſchem Schnitt bilden ließe. Eines der Hauptbeſtandtheile derſelben, die brutale Polizei, iſt ſchon in optima forma vorhanden, und das haben wir namentlich erfahren ſeit das ſogenannte Exciſe-Geſetz für konſtitutionell erklärt worden iſt. Die Polizei gefällt ſich förmlich darin, dies Geſetz zu kleinlichen Chikanen zu mißbrauchen, wie ſolche kaum in London, Paris oder St. Petersburg geſtattet ſein würden. Bürger, welche das Geſetz nicht einmal verletzt, werden auf die Beſchuldigung, dies gethan zu haben, beim Kragen genommen, und wie man ſie eben findet, im Schlafrock, in Hemdsärmeln oder Pantoffeln, am hellen Tage durch die Straßen geſchleppt, in Geſellſchaft von gemeinen Spitzbuben über Nacht gefangen gehalten, vom Polizeirichter pöbelhaft gerüſſelt und alsdann gegen Bürgſchaft entlaſſen oder wieder ins Gefängniß zurückgeführt. Es kann Einem leid thun, dieſelbe Polizei, welche in jenen ſchreckensvollen Julitagen durch ihren Heldenmuth New-York gerettet, jetzt von dieſer Seite kennen zu lernen; aber Indolenz auf der einen gebiert Brutalität auf der andern Seite, und es läßt ſich ſchwer abſehen, was daraus werden ſoll.

¶ Aber ich habe die Leſer wohl ſchon zu lange von der Verſunkenheit New-Yorks unterhalten, und es iſt an der Zeit, auf andere Gegenſtände überzugehen. Auf dem Gebiete der Kunſt begegnen wir zuerſt einer betrübenden, dann einer erfreulichen Erſcheinung. Am Thalia-Theater hing eines Tages der bedeutungsvolle Zettel: To let. Die Bühne der gebildeten Deutſchen par excellence iſt zu Grunde gegangen, weil ſie von der ſogenannten Intelligenz, welche die Taſche voll Geld, aber keineswegs Geiſt und Herz am rechten Fleck hat, nicht hinreichend unterſtützt wurde. Nachdem die lange vorausgeſehene Kataſtrophe erfolgt war, ſchämte man ſich und wollte Alles wieder gut machen. Herrn Härting und ſeiner Truppe wurde zu verſtehen gegeben, daß man ihrer durchaus bedürfe, und es wurde eine Subſkriptionsliſte in Umlauf geſetzt, welche den Fortbeſtand und das Wiederaufleben des Unternehmens ſichern ſollte. Manche der erſten deutſchen Kaufleute zeichneten gar hübſche Beträge, und es ſtanden Männer an der Spitze, deren Kunſt- und Gemeinſinn nicht in Frage geſtellt werden kann. Aber es war zu ſpät; leichter iſt es, ein Unternehmen zu ruiniren, als es wieder emporblühen zu laſſen, und nicht leicht wird ſich Jemand wieder auf die Verſprechungen der deutſchen Intelligenz New-Yorks verlaſſen.

Das erfreuliche Symptom, auf welches ich oben hinwies, iſt zwar negativer Art, aber darum nicht minder beachtenswerth. Der bisherige Liebling der Amerikaner, Edwin Booth, genügt ihnen nicht mehr. Es geht dies aus allen

Kritiken der anglo-amerikanischen Presse über seine Leistung als Shylock hervor. Man findet, daß er übertreibt, daß er nicht recht in den Geist der Rolle eingedrungen ist, daß er Shakespeare's Intentionen nicht versteht, daß er nicht genug studirt. Wie kann man sich dies erklären? Nur dadurch, daß die Amerikaner Besseres gesehen, daß ihre Ansprüche sich gesteigert, daß ihr Geschmack sich entwickelt hat. Man gewahrt darin den Einfluß **Bogumil Dawison s** und kommt zu der Ueberzeugung, daß dieser nicht nur etwas aus Amerika mit sich fortnehmen, sondern auch etwas nicht minder Schätzbares darin zurücklassen wird, daß er in der That einen tiefen Eindruck gemacht und einer bessern Geschmacksrichtung die Bahn gebrochen hat.

Dawison wird jetzt wieder im Stadttheater auftreten und dort, unter den Arbeitern, sicherlich die vollen Häuser finden, welche ihm bei den „Gebildeten" fehlten. Ich schätze den Künstler zu sehr und stelle ihn zu hoch, als daß ich fürchten könnte, es sei den Baltimorern gelungen, ihn zu verderben, obgleich man sich dort alle mögliche Mühe gab, dies zu thun. Man konnte nicht genug die **hohe Ehre** hervorheben, welche er Baltimore durch seinen Besuch erwies, und zeigte er sich wie ein gewöhnlicher Sterblicher, so war man entzückt über seine **Herablassung**. In einer bei seinem Empfang gehaltenen Rede hieß es: „Ihr Ruf als **größter Mime, als hervorragendster Bühnenkünstler auf beiden Hemisphären** ist Ihnen längst vorangegangen. Und obgleich wir heute das **große Vergnügen** haben, Sie **von Angesicht zu Angesicht** zu sehen, so sind wir einander nicht gänzlich fremd. Ihre **erstaunlichen** Leistungen als Charakterdarsteller auf den Brettern, welche die Welt bedeuten, haben einen heilsamen **Einfluß auf die kulturhistorischen Verhältnisse** derjenigen **Völker** geübt, welche Gelegenheit hatten, Ihre **Meisterschaft zu bewundern**. Möge daher Ihre Anwesenheit hier in Baltimore in Betreff unserer Theater- und Kulturverhältnisse als ein **Meilenstein** betrachtet werden." Und ein Berichterstatter über den Empfang ergeht sich in den Worten: „Ohne jede Uebertreibung darf man sagen, daß sich Dawison die Herzen der Baltimorer im **Sturm eroberte**. Alle Die, welche in ihm den **vornehmen Herrn** vermuthet hatten, wurden eben deshalb durch sein ächt **volksthümliches** und dennoch des Hohenpriesters der Kunst so würdiges Wesen, mit dem er sich in die freien Umgangsformen der Republik zu finden weiß, doppelt für ihn **enthusiasmirt**." Nun, so leicht lassen sich die Herzen der New-Yorker nicht im Sturm erobern, und ich werde den Baltimorern wohl nicht zu nahe treten, wenn ich behaupte, daß dies ein etwas reichlich starker Weihrauch ist. Auch an gereimten Ungereimtheiten hat es nicht gefehlt. Beglückwünschte ich Dawison in meinem vorigen Briefe weil er in Amerika noch nicht ausgesungen worden, so muß ich ihm jetzt zu folgendem Herzenserguß eines Baltimorer Enthusiasten kondoliren:

Bezaubert steht die Welt vor Deinem Spiele,
Und voll Bewund'rung lauscht des Hörers Ohr.
Du hast **erreicht**, was heiß erstreben Viele;
Dein Genius trägt siegreich Dich empor

Hinauf zu Sternen, dem erhab'nen Ziele,
Du selbst ein glänzender in ihrem Chor.
Du trägst auf Deiner Stirn den Götterstempel,
Weil Deine Hülle ist — ein Musentempel!

Wohl spielst Du nur auf dieser Welt von Brettern;
Doch wird Dein Spiel zu einer Wahrheit ganz,
Wenn das Gefühl Dich übermannt, zu wettern
Mit d i e s e r Stimme, d i e s e m Augesglanz,
Da fühlt man ein gewaltig Niederschmettern
Des alltäglichen leeren Firlefanz';
Es zieht ein heilig Grauen durch den Busen,
Fast stockt das Herz vor s o l c h e m Sohn der Musen.

Und wieder dann, wie Frühlingslüfte-Weben,
Tönt Deine Stimme süß wie Zauberklang;
Wie seelenvoll die Augen um sich sehen,
Wenn Du die Liebe schilderst, wonnig, bang! —
W e r zweifelt, daß ein Wunder ist geschehen
Mit Deinem Weltgruß für ein Lebenlang? —
Nimm dies als Dank für all' die hehren Stunden,
Als Widerhall für Das, was wir empfunden!

Fast stockt das Herz vor s o l c h e m Sohn der Musen.

Chicago rühmt sich, der Ristori an einem Abend die größte Einnahme verschafft zu haben, welche sie jemals gehabt. Brooklyn gab ihr 3,900, New-York 3,912, Boston 2,002, Moskau 3,600, Chicago aber 4,690 Thaler. Während ihres fünfmaligen dortigen Auftretens betrugen die Einnahmen 20,700 Dollars, wovon ihr 12,420 zukamen. Im Ganzen soll sie bis jetzt in Amerika das hübsche Sümmchen von 148,000, ihr „Manager", Grau, durch sie 96,000 Dollars als Reingewinn einkassirt haben. Hören die Künstler und Künstlerinnen in Europa dies, so wird eine gewaltige Sehnsucht sich ihres Herzens bemächtigen.

Der Arion entwickelt, wie gewöhnlich, an seinen Narrenabenden einen köstlichen Humor, wenn auch mancher Unsinn, in dem wenig Sinn steckt, mit unterläuft. Der Liederkranz feierte das Fest seines zwanzigjährigen Bestehens. Wenn nur die Rivalität zwischen diesen beiden trefflichen Vereinen sich auf das berechtigte Gebiet der Sangesleistung beschränken und nicht so oft in Kleinlichkeiten ausarten wollte. Wie ich höre, will der Liederkranz diesmal den Preis eines Billets für seinen Maskenball auf 25 Thaler setzen. Da ist er wenigstens sicher, daß nur Leute zu ihm kommen, die Geld haben, und ist mit dem Gelde zugleich die Intelligenz verbunden, so bleibt ihm ja nichts zu wünschen übrig. Der Arion hat beschlossen, bei den zehn Thalern des vorigen Jahres stehen zu bleiben, und das ist jedenfalls schon mehr als genug.

U n c a s.

Reisende Agenten für die Monatshefte:
Carl Wieland.
Julius Gosch.

C. F. ADAE,

Europäisches Bank- und Wechsel-Geschäft,

Cincinnati, Ohio.

CONSULAT fuer Preussen, Bayern, Wuerttemberg, Sachsen, Baden, Oldenburg, Hessen, Mecklenburg-Strelitz und Schwerin, Sachsen-Meiningen und Altenburg, Schaumburg-Lippe und Anhalt-Dessau.

C. F. ADAE, Consul.

HILLER & CO.,

Bank- u. Inkassogeschäft,

No. 3 Chamberstr., New-York,

geben Wechsel und Creditbriefe auf alle größeren Plätze Europa's, versenden Gelder nach jedem Orte Deutschlands mittelst des deutschen Postverbandes, und besorgen den Einzug von Erbschaften und Vermögen vermittelst Vollmachten auf schnellste und billigste Weise.

☞ Anfragen aus dem Lande finden prompte Beachtung. ☜

Wehle & Hoffmann,

Patent-Agenten,

421 Broadway, nahe Canal-Street.

Es ist der Zweck der obigen Firma, für Erfinder den Schutz für ihre Erfindungen durch Patente und Caveate (provisional protection) prompt und auf möglichst billige Weise zu erlangen. Die Thätigkeit der Firma beschränkt sich jedoch nicht auf das Lösen von Amerikanischen und Europäischen Patenten; mit der Bildung derselben wurde vielmehr die Errichtung eines Bureaus beabsichtigt, wo Erfinder, Besitzer von Patenten und Erfindungen, Techniker, Fabrikbesitzer, Gewerbetreibende und das geehrte Publikum überhaupt jegliche auf Patente, Erfindungen und Verbesserungen, auf Errichtung und Konstruktion von Maschinen jeder Art und auf derartige Unternehmungen bezügliche Aufschlüsse und Rathschläge, sowie die sorgfältigste Ausführung sämmtlicher in dieses Fach fallenden Geschäfte erhalten können.

Wehle & Hoffmann,
Patent-Agenten.
421 Broadway, nahe Canal-Street.

H. Wehle, Advokat.   H. H. Hofmann, Architekt & Ingenieur.

Holloway's Pillen und Salbe.

Die größte Plage. Viele leiden an Mängeln, deren Natur sie Niemandem mittheilen können. Man hält sie für unheilbar, und doch ist so leicht Hülfe zu schaffen, wenn man nur das rechte Mittel anwendet. Holloway's Medizinen gehen der Sache auf den Grund, kräftigen die Organe und geben dem Leidenden die Gesundheit zurück. Macht einen Versuch, und Euch wird geholfen sein.

Das große Frühlings- und Sommer-Aperient.

TARRANT'S
Leidende an krankhaftem Kopfschmerz,
Leidende an Unverdaulichkeit,
Leidende an nervösem Kopfschmerz,

EFFERVESCENT
Leidende an versauertem Magen,
Leidende an biliösem Kopfweh,
Leidende an Hartleibigkeit,

SELTZER
Leidende an Sodbrennen,
Leidende an Piles,
Leidende an Seekrankheit,

APERIENT.
Leberleidende,
Leidende an Indigestionen,
werden durch
Tarrant's Effervescent Seltzer Aperient
auf sichere, angenehme und dauernde Weise hiervon sowie von ähnlichen Leiden geheilt werden.

Allein angefertigt von
TARRANT & CO.,
278 Greenwich-Street, New-York.
☞ Zu haben in allen Apotheken.

J. B. HOEKER,
PRACTICAL OPTICIAN,
308 FULTON STREET,
Near Pierrepont, BROOKLYN.

Staten Island.
FANCY DYING ETABLISHEMENT.
Barrett, Nephew & Co.,

No. 5 und 7 John Street, } New-York.
718 Broadway,

No. 269 Fulton-, Ecke von Tillary Street, Brooklyn,
und No. 47 North 8e Straße, Philadelphia.

fahren fort, Damen- und Herrenkleider zu färben und zu reinigen; seidene, Sammet, Merino und andere Kleider, Mäntel, u. s. w. werden mit Erfolg gereinigt, ohne aufgetrennt zu werden. Ebenso Herrenröcke, Hosen, Westen u. s. w.

Glacee-Handschuhe und Federn gefärbt oder gereinigt. Lange Erfahrung und Geschäftskenntnisse befähigen die Unterzeichneten, ihre Arbeiten mit Erfolg zu betreiben. Waaren werden per Expreß geholt und zurückgeschickt.

Barrett, Nephew & Co.,
5 und 7 John Street, und 718 Broadway, New-York,
269 Fulton-, Ecke von Tillary Street, Brooklyn,
und 47 North 8te Straße, Philadelphia.

Deutsch-Amerikanische Monatshefte
für
Literatur, Kunst, Wissenschaft und öffentliches Leben.
Redigirt von
Rudolph Lexow.

Alvise Centoni.
Venetianische Skizze nach Paul de Musset.

I.

„An einem September-Morgen des Jahres 1847 traten eine junge und eine ältliche Dame, welche sich erst seit kurzer Zeit in Venedig aufhielten, aus dem St. Marcus-Platz hervor und vertieften sich in ein Labyrinth enger Gäßchen, in welchem sie vollkommen heimisch zu sein schienen. Nachdem sie den großen Kanal überschritten, kamen sie in eine minder belebte Gegend, wo sie, um ihren Weg zu finden, mehrmals nachfragen mußten. Sie drückten sich in durchaus korrektem Italienisch aus; jedoch war ihnen der englische Accent sehr wohl anzumerken. Endlich erreichten sie auf dem Platze dei Carmini das Ziel ihrer Wanderung, das sogenannte Haus Othello's. Indem sie die Façade desselben betrachteten, trat, mit dem Hut in der Hand, ein junger Mann auf sie zu und zeigte ihnen die in einem Winkel zwischen dem Platze und dem kleinen Kanal befindliche Statue des Mohren von Venedig. Der Unbekannte fragte zuerst in dem den Venetianern eigenen verbindlichen Tone, wie es den Damen in seinem Vaterlande gefalle, ob sie mit ihrem Logis im Hotel Danieli zufrieden seien und ob ihre Zimmer in der ersten Etage desselben lägen. Während die Aeltere bereitwilligst Auskunft ertheilte, warf die Jüngere einen ironisch neugierigen Blick auf Den, welcher sich so sehr für sie zu interessiren schien und schon ihr Logis in Erfahrung gebracht hatte. Sie sah einen schönen, etwa 26jährigen Menschen vor sich, mit lebhafter, aber sanfter und sympathischer Physiognomie, die Stirn von einem Wald schwarzer Haare umschattet, mit großen, feurigen Augen, wohlgepflegtem Bart, außergewöhnlich kleinen Händen und fein beschuhten Füßen. Entweder war die junge Engländerin schwer zu befriedigen oder sie gab nichts auf Aeußerlichkeiten, denn sie wendete sich mit einer geringschätzenden Bewegung ab und handhabte ihren Sonnenschirm so, daß er dem Fremden ihr Gesicht verhüllte. Dieser ließ sich indessen dadurch nicht außer Fassung bringen, sondern fuhr fort: „Die Herrschaften besuchen diesen Platz ohne Zweifel um dem Andenken Ihres berühmten Landsmannes Shakespeare den Zoll der Verehrung zu entrichten."

„Wir sind Irländerinnen," erwiderte die junge Dame kurz.

„Also gute Katholikinnen; das freut mich. Aber Sie wissen wohl nicht, was an der Legende von Othello Wahres und Falsches ist."

„Wir wissen nur," sagte die ältere Dame, „daß ein Italiener im 16ten Jahrhundert eine Novelle über den Mohren von Venedig geschrieben hat, welche längst vergessen sein würde, wenn nicht Shakespeare aus ihr den Stoff zu seinem herrlichen Drama geschöpft hätte."

„Getroffen," erwiderte der Venetianer. „Aber Giraldo Cintio ist nicht bei der Wahrheit stehen geblieben. Nie hat die Republik Venedig einen afrikanischen Kapitän in ihren Diensten gehabt. Der angebliche Othello war einfach ein Venetianischer Admiral, Namens Christophero Moro, welcher allerdings das Geschwader bei Cypern kommandirte. Er verlor nach einander vier Frauen, von denen die letzte, die Tochter eines reichen Venetianers, allgemein der weiße Dämon genannt wurde. Dafür, daß er sie umgebracht, ist gar keine Gewißheit vorhanden. Aber der viermalige Todesfall mußte Aufmerksamkeit erregen, die Dichtung bemächtigte sich des Gegenstandes, aus Moro wurde der Mohr, aus dem demonio bianco Desdemona, und was noch fehlte, that der berühmte Britte hinzu."

Es schien dem Venetianer großes Vergnügen zu machen, den Fremden diese Aufschlüsse zu geben; aber jedenfalls war es ihm nicht darum zu thun, ihren Dank dafür zu ernten. Plötzlich sah er bestürzt auf seine Uhr, entschuldigte sich, daß er die Damen verlassen müsse, verbeugte sich ehrfurchtsvoll und rannte davon.

„Schon wieder ein Original!" sagte die junge Engländerin.

„Dieser ist aber doch wenigstens manierlich,", erwiderte ihre Gefährtin. „Er naht sich uns allerdings auf etwas excentrische Art; aber jedes Land hat seine eigenen Sitten. Sie wissen, Miß Martha, wie wenig ich auf Reisebekanntschaften gebe und wie sehr ich im Allgemeinen Ihre kluge Zurückhaltung billige; aber ich traue mir einige Menschenkenntniß zu, und lieber sähe ich diesen jungen Venetianer als den ungarischen Kapitän, welcher allen hübschen Damen den Hof macht, in Ihrer Umgebung."

„Nicht doch," erwiderte Miß Martha. „Wer gegen alle Damen der Galante ist, wird keiner gefährlich. Der Kapitän Pilowitz versteht die Kunst, mir die Langeweile zu vertreiben, ist überall in der Stadt bekannt und wurde uns überdies von einer untadelhaften Autorität vorgestellt. Was können Sie mehr verlangen?"

„Er hat nicht die feinen Manieren eines ächten Gentleman," erwiderte die ältere Dame.

„Beruhigen Sie sich nur, liebe Mistreß Hobbes. Ich verspreche Ihnen, daß Pilowitz uns nie lästig fallen soll, und wenn Ihr Original sich uns noch einmal mit derselben Familiarität naht, werde ich, Ihnen zu Liebe, ihm nicht die Thür zeigen."

Der Leser wird errathen haben, daß Mistreß Hobbes die offizielle

Gesellschafterin von Miß Martha war. Die beiden Damen, welche streng nach italienischer Sitte lebten, kehrten zu ihrem hübschen Logis im Hotel Danieli zurück, um während der heißen Tageszeit bei dicht geschlossenen Jalousieen auszuruhen. Kaum waren sie dort angelangt, als ihnen bereits das Buch eines Engländers gebracht wurde, welches die historische Wahrheit über die Legende von Othello enthielt. Dem Buch war eine Karte beigegeben, welche den Namen des Absenders, Alvise Centoni, und darunter die Adresse, Riva del Carbon, trug. Miß Martha warf einen zerstreuten Blick auf das Buch, gab es dann der Gouvernante und erklärte wiederholt, der Absender sei ein Original, während Mistreß Hobbes dabei blieb, daß dies Original ein junger, gebildeter Mann sei, dessen Bekanntschaft zu machen sich gar wohl der Mühe lohne.

Am nächsten Morgen besuchten die Fremden den Dogen-Palast. Im Saale des großen Raths standen sie vor dem abscheulichen Gemälde still, welches von seinem Maler mit dem Titel „Das Paradies" beehrt worden ist. Indem Miß Martha über die Größe des siebenzig Fuß im Quadrat fassenden Bildes staunte, schoß Signor Alvise Centoni — mit dicken Büchern, welche er eben der Bibliothek entlehnt hatte, beschwert — aus einer Thür hervor und sagte: „Blicken Sie höher, meine Damen; halten Sie sich nicht bei der elenden Sudelei auf."

Dann rannte er, zum großen Leidwesen der Gesellschafterin, davon. Einem Rath folgend, blickten die beiden Damen zur Decke des Saales empor, wo das Triumphirende Venedig von Paul Veronese sich befindet, und es fesselte sie der Zauber dieses göttlichen Bildes.

„Sie wissen, liebe Martha," sagte Mistreß Hobbes, „wie empfindlich die Italiener gegen jegliche Kritik sind. Will man ihnen nicht mißfallen, so muß man in ihrem Lande jedes Monument oder Kunstwerk, mag es nun gut oder schlecht sein, bewundern. Desto höher müssen wir es dem jungen Manne anrechnen, daß er uns diesen knechtischen Tribut erspart."

„Ein neuer Beweis dafür," antwortete Miß Martha, „daß Signor Centoni ein Original ist."

In ihr Hotel zurückgekehrt, fanden die Damen dort ein Couvert mit zwei Billets für eine Sitzung im Athenäum vor, und die Adresse zeigte wiederum die Schriftzüge des Venetianers. Sie beschlossen, die Vorlesung mit ihrer Gegenwart und ihren neuen Hüten zu beehren. Signor Alvise selbst nahm ihnen an der Thür die Billets ab. Er vertrat den sonst damit Beauftragten, welcher durch Unwohlsein abgehalten wurde. Den Einen wies er Bänke, Andern Sessel an, und machte sich überhaupt in jeder Weise nützlich. Um zu ihrem Platz zu gelangen, mußten die Freundinnen, eskortirt von ihrem aufmerksamen Cicerone, durch den ganzen Saal gehen, denn es waren ihnen Ehrensitze in der ersten Reihe reservirt. Man lorgnettirte von allen Seiten, und einige junge Leute grüßten; aber Niemand sprach mit ihnen, außer dem Kapitän Pilowitz. Und doch war Miß Martha wahrhaft schön zu nennen. Sie mochte vier und zwanzig Jahre alt sein, hatte einen Teint wie Milch und Blut, schwarzes Haar, Zähne wie Perlenreihen. Man hätte sie für eine Italienerin halten können, wenn nicht der bald träumerische, bald muthwillig spottende Ausdruck ihrer blauen Augen, ihre majestätische Haltung und eine gewisse, über ihre ganze Erscheinung ausgegossene poetische Anmuth einen auffallenden Kontrast zu dem mehr sinnlichen Ausdruck der Töchter des Südens geboten hätten. Wo sie sich blicken ließ, erregte sie allgemeine Aufmerksamkeit, ohne zur Annäherung aufzufordern. Ihre Zurückhaltung legte man ihr als Geringschätzung aus, und da sie nichts that um diesen Eindruck zu widerlegen, ließ man sie ungestört mit ihrer Gouvernante Englisch plaudern und machte Glossen über die Bevorzugung, welche sie dem ungarischen Offizier zu Theil werden ließ. Im Laufe des Gesprächs fragte Miß Martha Pilowitz, der sich auch jetzt zu ihr gesellt hatte, ob er den Signor Alvise Centoni kenne.

„Gewiß," erwiderte Pilowitz. „Wir sind die besten Freunde, aber ich kann mir darauf nichts zugute thun, weil der gute Junge gar zu Viele mit seiner Freundschaft beehrt. Plaudern Sie nur eine Viertelstunde mit ihm, und Sie haben einen Platz in seinem Herzen erobert."

„Machen Sie ihm einen Vorwurf aus seiner Gefälligkeit?" fragte Mistreß Hobbes.

„Gewiß nicht. Aber welchen Werth soll ich der Gunst eines solchen Allerwelts-Freundes beilegen? Vom frühen Morgen bis zum späten Abend ist er geschäftig; aber die geringfügigsten Dinge behandelt er mit einer Wichtigkeit als wären es Staatsgeschäfte. Stets plaudert er, aber es kommt nicht viel dabei heraus. Zu Allem kann man ihn gebrauchen, vorausgesetzt daß es nur Bagatellen sind. Ich lernte ihn voriges Jahr kennen, als ich mit ihm zusammen eine kleine Reise im Friaul machte, wo er sich im Laufe von zehn Tagen ein Dutzend intimer Freunde anschaffte. Zuerst gewann er sich das Herz des Conducteurs der Diligence, alsdann das einer alten Wirthin, welcher er ein Recept zu einem neuen Liqueur gab, darauf das eines Dorfschneiders, bei dem er ein Paar Beinkleider bestellte, und da er sah, daß der Mann arm sei, sie sofort bezahlte, ohne die Waare abzufordern. Ferner beschnitt er mehreren Bauern die Weinreben nach einer neuen Methode, und so wurde unsere Vergnügungstour bald vollständig durch die Liebesdienste, Rathschläge und Hülfeleistungen absorbirt, welche dieser sonderbare Mensch auf jeder Station austheilte. Ich könnte Ihnen noch mancherlei erzählen, was ein eigenthümliches Licht auf die Geisteskräfte dieser originellen Erscheinung wirft."

„Da haben wir's!" sagte Miß Martha. „Merkte ich ihm nicht sofort den Narren an?"

„Das kommt denn doch darauf an," erwiderte Mistreß Hobbes.

Mittlerweile hatten sich die Räume des Athenäums gefüllt, und die Sitzung wurde eröffnet. Die Vorlesung drehte sich um ein gelehrtes Thema, welches anfänglich wenig Interesse erregte. Als aber gegen das Ende die Rede auf den Ausspruch Machiavels kam, daß Italien von der Fremdherrschaft befreit werden müsse, erhob sich plötzlich ein Mann mit gedankenvollem, ernstem Antlitz und gab das Zeichen zum Applaus, worauf eine dreimalige Salve, mit einem lange anhaltenden, donnernden Evviva, von einer Gruppe junger Leute ausging. Unter dem übrigen Theil der Versammlung zeigte sich eine Bewegung, an welcher die Furcht mehr Theil zu haben schien als der Enthusiasmus, und die letzten Worte des Redners verloren sich in einem verworrenen Geräusch. Der Urheber dieser im Voraus verabredeten Manifestation hieß Daniel Manin. Miß Martha fragte den Kapitän, ob sein Freund nicht ein arger Verschwörer sei, ein Gedanke, welcher dem Ungar ein lautes Gelächter entlockte. Er rief Signor Centoni zu sich und begann ein Verhör, welches ihn von jedem Verdacht einer Theilnahme am Complott reinigte. Nicht nur hatte er sich des Applaudirens enthalten, sondern er tadelte auch entschieden die politischen Umtriebe, welche nur die Folge haben könnten, daß die Sitzungen des Athenäums polizeilich unterdrückt würden.

Der Wunsch der Gouvernante, den Signor Centoni näher kennen zu lernen, sollte bald erfüllt werden. Eines Tages hatten die beiden Freundinnen, von der Gallerie Manfrin zurückkehrend, sich im Gassenlabyrinth des Cannareggio verirrt und waren schon nahe daran, den Muth zu verlieren, als sie Alvise vor der Kirche der Servi antrafen. Sofort brachte er sie auf den rechten Weg, und sie wollten ihn mit einem freundlichen Dank entlassen; aber sie hatten unterwegs von Einkäufen, die sie zu machen hätten, gesprochen, und er bat um die Erlaubniß, sie im Kampf gegen die Habgier der Kaufleute zu unterstützen. Im ersten Laden, den sie besuchten, konnte Miß Martha sich eines ironischen Lächelns nicht enthalten, als sie sah, daß ihr Führer die Eigenthümerin desselben mit Complimenten überhäufte. Sie war überzeugt, daß ihre Interessen an ihm einen schlechten Vertheidiger haben würden, und freute sich schon darauf, das Repertoire des Kapitäns Pilowitz mit einem neuen Geschichtchen zu bereichern, als die Frau zu ihnen kam und erklärte, der caro signor Centoni und seine Freundinnen hätten Anspruch auf die diskretesten Preise. Die Damen machten sehr vortheilhafte Einkäufe und hatten allen Grund, mit der Dazwischenkunft Centoni's zufrieden zu sein. Dieser ließ es sich nicht nehmen, ihnen die Paquete nach dem Hotel zu tragen, wo er zu einem „Lunch" eingeladen wurde. Indem sie ihren Günstling mit Kaffee bediente, richtete Mistreß Hobbes eine Menge von Fragen an ihn und schrieb sich die Antworten in ihr Notizbuch. Um ihn zu zwingen, wieder zu kommen, gab sie ihm verschiedene Aufträge, und selbst Miß Martha vertraute ihm einen Brief zur Besorgung an.

Während des Gespräches, welches sich um tausend Kleinigkeiten drehte, beobachtete Miß Martha nachdenklich die glänzenden Augen und die bewegliche Physiognomie Centoni's. Sie fragte sich, wozu dieser junge Mann, welcher seine Zeit mit lauter Lappalien vertändele, seinem unglücklichen Vaterlande nütze, und unwillkürlich stieg ihr das grausame Wort auf die Lippen, mit welchem damals die Diplomatie ihr Gewissen zu übertäuben suchte: „Die Italiener verdienen ihr Loos!" Aber dennoch konnte sie nicht umhin, mit Staunen zu bemerken, daß Centoni, wenn man ihn nicht dazu zwang, nie von sich selbst sprach, und schon gewann sie seinen Gesprächen ein gewisses Interesse ab.

Es ist in einer Stadt wie Venedig für eine junge Dame entschieden unzweckmäßig, nur e i n e n Freund zu haben. Die Aufmerksamkeiten des Kapitäns Pilowitz gaben schon zu vielen Mißdeutungen Anlaß, und der nähere Umgang Centoni's konnte daher nur willkommen sein. Miß Martha nahm ihm das Versprechen ab, sich bei den Concerten auf dem Marcusplatze neben sie zu setzen, und er kam diesem Versprechen getreulich nach. In Venedig muß ein hübsches Frauenzimmer, um eines gewissen Ansehens zu genießen, ein kleines Gefolge haben. Centoni erhielt die Erlaubniß, Miß Martha zwei seiner Freunde vorzustellen, und er wählte den Commandeur Fiorelli, einen originellen Greis, dessen Passion das Sammeln von Insekten war, und den Abbé Oberbini, einen durchaus toleranten und sehr lebenslustigen Priester, wie es deren unter der italienischen Geistlichkeit so viele giebt. In solcher Umgebung war Miß Martha hinreichend vor der Verleumdung geschützt, und weiter wollte sie den Kreis ihrer Bekannten nicht ausdehnen. Um die Sitten ihres Vaterlandes mit denen Venedigs zu verbinden, lud sie ihren kleinen Hofstaat ein, allabendlich während der zweiten Serie, d. h. von 10 Uhr bis Mitternacht, den Thee bei ihr einzunehmen. Signor Alvise fehlte nie in dieser Gesellschaft. Mistreß Hobbes überhäufte ihn mit Aufträgen, welche der junge Mann als Gunstbezeugungen auffaßte und deren er sich mit untadelhafter Pünktlichkeit entledigte. Für Miß Martha war er noch immer nur dem Namen nach ein Freund; die Gouvernante aber ließ ihn in vollen Zügen einer reinen, aufrichtigen Freundschaft genießen. Ganze Abende füllte sie mit der Schilderung ihrer traurigen Erlebnisse aus, und da konnte es nicht fehlen, daß zuweilen auch auf Miß Martha die Rede kam. Centoni war neugierig, aber ohne Zudringlichkeit. Jedes Räthsel mußte für ihn ein Lösung haben, und er kannte gern die Geheimnisse Anderer um ihnen besser nützlich sein zu können. Nie wäre er im Stande gewesen, mit dem Anvertrauten oder den Resultaten seiner Beobachtung Mißbrauch zu treiben. Nachdem die verblümten Andeutungen der Gesellschafterin ihn auf die Fährte gebracht, widmete er Miß Martha eine größere Aufmerksamkeit. Er gewahrte, daß das schöne Mädchen zuweilen Anfälle tiefer Träumerei habe, gleich als dächte sie an einen Roman, der in einem Garten der grünen Insel begonnen und noch der Entwicklung harre. Ihr Aufenthalt in Italien war ohne Zweifel nur der Zwischenakt eines sentimentalen Dramas. Wenn Alvise zum Palast Grimani ging, um die Briefe seiner Freundinnen zu holen, prüfte er die Adressen und Marken und redete sich dabei ein, es geschehe nur der Richtigkeit wegen. Einige Briefe kamen aus Hannover, und diese wurden mit besonderer Freude empfangen. So kam Alvise nach und nach durch geschickte Combinationen dem Roman der schönen Irländerin auf die Spur.

Miß Martha Lovel war die natürliche Tochter einer hohen Persönlichkeit im vereinigten Königreich. Der Name Lovel war der ihrer Mutter, die sie nie gekannt. Ihr Vater, welcher gezwungen war, sie von sich fern zu halten, that sie in ein Kloster, wo sie eine treffliche Erziehung empfing. Im Alter von zwanzig Jahren verließ sie dasselbe, um in einer kleinen Stadt der Grafschaft Limerick bei braven Leuten zu wohnen, denen ein Dubliner Banquier regelmäßig eine reichliche Pension übersandte. In der Nähe wohnte eine englische Familie; der älteste Sohn des Nachbars hatte das Glück, Miß Lovel zu gefallen, und wollte sie heirathen; aber er war ein Protestant, und der Religionsunterschied bot den Liebenden unüberwindliche Schwierigkeiten. Ein Brief des Dubliner Banquiers kündigte Miß Martha an, daß das nächste Quartalsgeld ihr in Turin, und jedes folgende in irgend einer italienischen Stadt, die sie vorziehen möchte, ausbezahlt werden solle. Unmittelbar darauf stellte sich eine Gesellschafts= dame ein, und man mußte reisen. Der junge Nachbar wollte jetzt auch nicht mehr in Irland sein und suchte sein Glück in Hannover, wo er Verwandte hatte. Zwischen der trauernden Miß Lovel und ihrer Gouvernante entstand schnell eine innige Freundschaft und Vertraulichkeit, und Beiden gefiel es am besten in Venedig. Centoni genoß des Umgangs der Freundinnen ohne daran zu denken, daß dies Glück doch auch einmal ein Ende haben müsse, als ein Wort der Gouvernante ihm die Augen öffnete. „Ach," sagte eines Abends Mistreß Hobbes, „wer weiß, wie lange wir noch so glücklich beisammen sind! Der Lord kann nicht lange mehr leben. Eine Krankheit, die er sich in Indien zugezogen hat, kann ihn in jedem Augenblicke hinwegraffen. Natürlich hat er seine Ar= rangements so getroffen, daß die Zukunft seiner Tochter gesichert ist, und eines schönen Tages wird Martha als doppelte oder dreifache Millionärin erwachen."

„Ich verstehe," sagte Centoni. „Der erste Gebrauch, den sie von ihrer Freiheit macht, wird darin bestehen, daß sie nach dem kalten Lande zieht, wel= ches ich nie sehen werde."

„Warum sollten wir Sie nicht einmal in London begrüßen?" fragte Mistreß Hobbes.

Centoni senkte das Haupt und schwieg. Als er an diesem Abend das Hotel Danieli verließ, kam ihm zum ersten Mal sein liebes, meerumflossenes Venedig wie ein Gefängniß vor. Pilowiz, der ihn begleitete, glaubte zu be= merken, daß der junge Mann, über den er sich stets aufhielt, mehr von den Verhältnissen und der Vergangenheit der Miß Lovell wisse als er, und über= zeugt, daß Centoni sich leicht werde ausforschen lassen, zog er ihn nach dem Café Florian, wo er sofort das Verhör begann.

„Wie mag nur unsere Freundin dazu kommen," sagte er, „den besten Theil ihres Lebens hier in Venedig zuzubringen, statt ihren Reichthum und ihre Schönheit in einer der Hauptstädte ihres Vaterlandes glänzen zu lassen? Eine Abentheurerin ist sie denn doch nicht, und auf die Männerjagd geht sie auch nicht aus. Hat sie keine Verwandte, und überhaupt Niemanden, dem sie Rechenschaft schuldig ist? Soll etwa ihr Aufenthalt in Italien eine blutende Wunde heilen?"

„Daran hab' ich noch nie gedacht," erwiderte Alvise. „Es muß aller= dings ein Geheimniß dahinter stecken."

„Unsere Freundin wartet auf etwas."

„Das glaub' ich auch."

„Aber worauf mag sie warten?"

„Ja, wer das wüßte!"

„Bei der Gesellschafterin haben Sie einen großen Stein im Brett. Hat sie Ihnen nie etwas mitgetheilt?"

„Mancherlei, was Sie interessiren wird."

„Dann heraus damit!" sagte Pilowitz.

„Mistreß Hobbes ist, wie Sie wissen, ein sehr braves Frauenzimmer; aber das Schicksal hat ihr arg mitgespielt."

„Ist es Ihnen recht," unterbrach ihn der Kapitän, „so vertagen wir die Lebensgeschichte der Gouvernante bis auf morgen. Am meisten interessirt mich das Geheimniß von Miß Martha."

„Ja, wenn man dem auf die Spur kommen könnte!" rief der Venetianer.

Signor Centoni war sonst nicht sehr zurückhaltend; aber merkte er, daß man ihn ausforschen wolle, so stand ihm die Schlauheit seiner Landsleute im vollsten Maße zu Gebote, und der Kapitän merkte sehr bald, daß mit ihm nichts anzufangen sei.

Die Freundinnen pflegten häufig zwischen den Buden auf der Brücke des Rialto umherzustreifen, in welchen die ersten Juweliere der Stadt ihre Waaren feil bieten. Eines Tages wollte Miß Martha hinter diesen Buden hindurch gehen, um die prachtvollen Façaden der Paläste zu betrachten, welche sich an den Ufern des großen Canals befinden, als Mistreß Hobbes von der Brücke aus die Aufschrift: "Riva del Carbon" erspähte. „Hier wohnt Signor Centoni," sagte sie. „Wie wäre es wenn wir bei ihm anklopften? Ich bin überzeugt, daß unser Besuch ihm eine große Freude bereiten würde."

Miß Lovel, welche eben in guter Laune war, hatte nichts dagegen einzuwenden. Es mußte interessant sein, das Innere der Wohnung eines so merkwürdigen Charakters zu sehen. Da sie unerwartet kamen, konnten sie sich darauf verlassen, den Herrn des Hauses gerade bei der Beschäftigung anzutreffen, der er oblag wenn er sich unbeachtet wußte. Ein Gondolier bezeichnete ihnen das Haus des Signor Centoni und die von ihm bewohnte Etage. Es war ein alterthümliches, ächt venetianisches Gebäude. Die Visitenkarte Alvise's war an die Thür geheftet. Sie klingelten, und drinnen rief es: „Teresa!" worauf die Antwort: Vegno, vegno! erfolgte. Aber da Teresa nicht schnell genug kam, öffnete ihr Herr selbst die Thür. Mistreß Hobbes hatte sich nicht geirrt. Centoni stieß einen lauten Freudenruf aus, als er sie erblickte, und drückte ihnen mit warmer Herzlichkeit die Hand. Das sei ein schöner Tag in seinem Leben, sagte er, und die Erinnerung daran werde bis zum letzten Athemzug seinem Herzen eingegraben sein. Nachdem er den Freundinnen die besten Sessel hingerückt, lief er fort, um Confekt und Trauben zu holen. „Kosten Sie diese Früchte," sagte er. „Sie wurden mir aus dem Lande zugesandt, und eine bessere Verwendung könnten sie nicht finden."

Während Miß Lovel Trauben naschte, blickte sie neugierig um sich. Das mit alterthümlichen Mobilien ausgestattete Gemach war behaglich und äußerst sauber gehalten. Auf dem Arbeitspulte bemerkte sie eine beträchtliche Anzahl kleiner symmetrisch geordneter Päckchen, und fragte, was die zu bedeuten hätten.

„Haben Sie noch nie den armen Menschen gesehen," antwortete Alvise, „welcher auf der Brücke der Fuseri vom Morgen bis zum Abend Zahnstocher schnitzt? Seine Gewandtheit in diesem Geschäft verdient wirklich Bewunderung. Heute Morgen blieb ich bei seinem Tischchen stehen und brachte ihn zum Plaudern. Mit dem Ertrag seiner Schnitzerei muß er eine zahlreiche Familie ernähren. Er interessirte mich, ich kaufte ihm seinen ganzen Vorrath ab, und da habe ich denn nun Zahnstocher in Hülle und Fülle."

„Und obendrein einen neuen Freund," bemerkte Miß Lovel lachend. „Der Zahnstocher-Fabrikant fehlte gerade noch auf Ihrer Liste."

„Lachen Sie nur, Signorina," erwiderte Alvise gutmüthig. „Verspotten sie mich immerhin; ich verzichte auf jede Vertheidigung, weil das kleine malitiöse Blinzeln Ihren schönen Augen gar zu niedlich steht. Erlauben Sie mir, Ihnen zum Dank ein Paquetchen von meinen Zahnstochern anzubieten. Nehmen Sie auch eins, Mistreß Hobbes; Sie müssen mir doch zum Absatz für meine Waare verhelfen."

Während Centoni seine Zahnstocher vertheilte, wurde wiederum geklingelt. Aus dem Vorzimmer hörte man ein Geflüster von weiblichen Stimmen, die Thür wurde rasch geöffnet, und über die Schwelle trat eine hochgewachsene, schöne Tochter des Volkes, mit bloßem Kopf, nackten Armen, einen Fächer von grünem Papier in der Rechten. „Du bist es, Susanne?" sagte Alvise. „Wart' doch ein wenig, mein Kind; Du siehst ja, daß ich Besuch habe."

Aber mit einer freundlichen Bitte um Entschuldigung ging Susanne an den Damen vorbei und brachte mit venetianischer Zungengeläufigkeit vor was sie auf dem Herzen hatte. „Ich habe," sagte sie mit weicher, melodischer Stimme, „auf der weiten Welt Niemanden, an den ich mich wenden könnte, als Sie, lieber Signor Alvise, und ein Unglück ist doch eine dringende Angelegenheit, nicht wahr? Ach ja, ich wußte wohl, daß die Weißröcke nicht Wort halten würden. Als sie meinen Bruder Matteo fortholten, um ihn wider seinen Willen zum Soldaten zu machen, sagten sie zur Mutter, ihr Sohn werde nicht das Land verlassen, sondern einem Regiment in Vicenza oder höchstens Brescia zugetheilt werden. Heute erhielt nun mein Bruder seinen Marschzettel, und darauf steht, daß er nach Klagenfurt soll. Ist das Treu' und Redlichkeit? Und nun sollen wir, die Mutter und ich, acht Jahre lang uns abängstigen, ohne zu wissen, ob er sich in Polen oder in der Türkei schlägt, ob er Heimweh oder das Fieber hat, ob er Stockprügel auf den Rücken oder eine Kugel durch den Leib bekommt. Und dabei ist er erst zwanzig Jahre alt und einer der schönsten Männer Venedigs."

„Beruhige Dich," sagte Signor Centoni.

„Nein, ich beruhige mich n i c h t, und mein Bruder auch nicht. Er will nicht fort. Wahrscheinlich flüchtet er in die Berge und läßt sich niederschießen wie einen Hund, wenn nicht das Gerücht wahr ist, welches unter den Arbeitern umläuft."

„Was erzählt man sich unter den Arbeitern?"

„Daß Pius der Neunte die Weißröcke excommuniciren und der Schneider Tessoli die Republik der Dogen wieder aufrichten wird."

„Die Dummköpfe!" rief Centoni ärgerlich. „Dem Schneider wäre zu rathen, daß er bei seiner Nadel bliebe, und Du, Susanne, wirst wohl daran thun, Dich von der Politik fern zu halten; sie schlägt nicht in Dein Fach. Ich kenne unter den Weißröcken brave Männer und edle Herzen. Zu ihnen gehört der General Zichy. Er kommandirt seit mehr als zwanzig Jahren in Venedig und will uns Allen wohl; ich werde mit ihm reden. Vor allen Dingen sag' Deinem Bruder, er möge nicht desertiren. Ich sorge dafür, daß er nach Vicenza oder Verona kommt und Ihr ihn zwei- oder dreimal im Jahre sehen könnt."

„O," rief Susanne freudig, „wenn Sie sich für ihn interessiren, bin ich vollkommen ruhig und will nicht mehr weinen. Wann darf ich kommen um Ihnen zu danken?"

„Morgen werde ich Dir die Antwort mittheilen können. Jetzt geh', Susanne; sei vernünftig und laß Deiner Zunge nicht die Zügel schießen."

„Nein, nein; statt auf die Regierung zu schimpfen, werde ich den Signor Centoni segnen; und wollen Sie wissen, wo ein Herz schlägt, welches Sie liebt, so sag' ich: „H i e r schlägt es!"

Damit schlug sie mit dem Fächer an ihre Brust, machte zwei graziöse Verbeugungen und bat beim Hinausgehen die beiden Damen um Verzeihung, daß sie gestört habe. Kaum war sie hinaus, als schon der Kopf der Dienerin Teresa durch die Thüröffnung gesteckt wurde.

„Was willst Du?" sagte Centoni, „Du siehst ja, ich bin beschäftigt."

„Die Piccina wünscht mit Ihnen zu sprechen."

„Das ist gut," erwiderte Signor Alvise. „Ich habe an sie gedacht. Gieb ihr dieses; sie wird darin finden, was sie wünscht."

„Sie wird es nicht annehmen," warf Teresa ein.

„Wie so?"

„Weil sie, obgleich ein Krüppel, stolz ist wie eine Königin. In häßlicher Schale steckt bei ihr eine schöne Klinge. Ihr Vater war Kapitän einer großen Barke und ist auf dem hohen Meere ertrunken. Sie kann mir nicht die Hand küssen, nimmt aber nichts aus einer Hand, die sie nicht küssen kann."

„Nun wohl, dann mag sie warten. Sag' ihr, ich hätte vornehme Personen bei mir."

Die Damen baten Centoni, die Audienz ihretwegen nicht hinauszuschieben. Er merkte, daß es sie interessire, diese Reihe volksthümlicher Gestalten an sich vorüberziehen zu lassen, und gab ihren Bitten nach. Auf ein Zeichen ihres Herrn ging Teresa hinaus und ließ die Thür offen. Man hörte einen schweren, unregelmäßigen Tritt im Vorzimmer, und alsdann trat eine der verkrüppelten, elenden Gestalten ins Zimmer, an denen leider Italien so reich ist. Es war ein sechszehnjähriges Mädchen, welches kaum zehn Jahre alt zu sein schien, kaum drei Fuß hoch, mit enger Brust, hinkend, durch und durch verwachsen. Ihre schönen Züge hatten einen eigenthümlichen Ausdruck von Kraft und Melancholie. Wie aus Hohn, hatte die Natur ihrem Stiefkinde den höchsten Schmuck der Weiblichkeit verliehen — eine Fülle langen, feinen, blonden Haares, dessen wirre Massen ihrem blassen Antlitz einen erhöhten, nicht zu beschreibenden Reiz verliehen.

„Komm, Betta, laß Dich in der Nähe sehen," sagte Centoni. „Du siehst ja heute so munter aus, als hättest Du eine Erbschaft gemacht."

„Etwas Besseres als eine Erbschaft," antwortete Betta. „Ich habe keine Schmerzen mehr, und ich kann g e h e n!"

„Du schwankst wie eine Gondel, die nur von e i n e m Ruder getrieben wird. Und hast Du die Lohbäder genommen?"

„Ja, Signor, aber der künstliche Fuß ist die Hauptsache. Ich kann geradeaus gehen, die Treppen auf und nieder steigen, über die Brücken hinweg schreiten als wäre ich in meinem Zimmer."

„Das muß ja ein Meisterstück sein. Laß doch einmal sehen!"

Ein Schauder durchrieselte den Körper Miß Martha's, als Betta stolz das orthopädische Kunststück produzirte.

„Es ist wirklich schön gemacht," sagte Centoni. „Soll ich Dir ein Engagement als Ballettänzerin auf dem Theater de la Fenice verschaffen?"

„Nein," erwiderte Bella, sich stolz emporrichtend. „Aber ich bin bereit, mit meinem Klumpfuß jeden Weg für Sie zu gehen und Alles für Sie zu thun, als wäre ich Ihre Sklavin. Sage ich nicht das was ich denke und fühle, so möge morgen der Todesnachen mich aufnehmen!"

„Nur nicht so hitzig, Kleine!" antwortete Alvise. „Du weißt ja, daß ich es gut mit Dir meine. Hier sind zwölf Billets für die Bäder von San Samuel, und ist Dein Zauberfuß abgenutzt, so besorg' ich Dir einen neuen."

Betta bemächtigte sich der Hand, welche ihm die Billets reichte, und drückte einen heißen Kuß darauf. Miß Martha fragte auf Französisch, ob sie es wagen dürfe, ihr ein Goldstück anzubieten.

„Versuchen Sie's," antwortete Centoni.

Betta errieth die Absicht der fremden Dame, und ihre großen Augen nahmen einen Blick an, in dem sich Stolz und Vorwurf mischten. „Comtessine," sagte sie, „ich bin Ihnen nicht böse. Es ist hübsch von Ihnen, daß Ihre Gedanken sich mit mir beschäftigt haben."

„Nun, dann mußt Du auch ein kleines Geschenk annehmen, nicht als Wohlthat, sondern als Zeichen der Freundschaft."

Bella wurde einigermaßen frappirt, als sie sah, wie die Comtessine ein Goldstück aus ihrer Börse hervorzog. Sie streckte zögernd die Hand aus und küßte den Napoleond'or, da sie es nicht wagte, die Hand der vornehmen Dame mit den Lippen zu berühren.

„Was willst Du damit machen?" fragte Alvise.

„Ich will es aufheben zum Andenken an diese Stunde."

„Recht so, mein Kind. Jetzt geh' mit Gott, und möge das heilende Wasser Dich von allen Leiden erlösen."

Nachdem der Krüppel sich entfernt hatte, nahmen auch die Damen Abschied von Centoni und erinnerten ihn an sein Versprechen, sich bei dem Militärgouverneur dafür zu verwenden, daß Susannens Bruder nicht nach Klagenfurt gesandt werde.

Als sie wieder auf der Brücke standen, kreuzte Miß Hobbes mit feierlicher Miene die Arme und sagte: „Nun, Martha? Finden Sie noch immer, daß unser Freund sich nur mit nichtsnutzigen Dingen beschäftigt?"

Miß Martha schwieg.

Ein Lorbeerzweig auf ein frisches Grab.
Von Marie Westland.

Zwar sagt ein altes Wort: „Dem Lebenden gebührt das Recht!" denn auf dem Kirchhof ist Stillstand, Schweigen und undurchdringliches Dunkel; der Todte verharrt regungslos in finsterer Nacht, er ist losgelös't vom menschlichen Verbande. Der Lebende nur ist ein sichtbarer, wirksamer Ring in der großen Kette, er wandelt im Licht, sein Athem ist Bewegung, Bewegung ist Schaffen, und Schaffen ist Anstoß zu ewigem Fortschritt. Allein ein anderes schönes Wort: „Ehre dem Ehre gebührt" legt uns zuweilen die Pflicht auf, bei Seite zu treten aus den bunten, rührigen Reihen des Lebens, um der Welt einen früh geschlossenen Sarg zu zeigen, in dem ein großer Todter ruht. Und dann, ihr rüstigen Streiter im Kampfe des Lebens, ihr fleißigen Arbeiter am Tempelbau der Civilisation, haltet einen Augenblick inne mit eurem lauten, lärmenden Treiben, zieht den Hut ab und werft einen Blick auf das verblichene Angesicht, das schon das Leichentuch bedeckt hatte. Einer aus eurer Mitte, der das Glück hatte, das Verdienst des Todten zu erkennen, will ein paar Worte zu Euch sagen — hört sie mit Geduld an! — Dann wird es Euch klar werden, daß, wie verborgen sein Wirken auch war und wie jung er abgerufen wurde, sein Dasein doch kein vergebliches war, — und er wird fortleben in Euren Herzen.

Wir reden von John Aylmer Dorgan, dem jungen Poeten aus der Stadt der Bruderliebe, der am 1sten Januar dieses Jahres, erst dreißig Jahre alt, seine Augen für immer geschlossen hat. Mit seinem Tode ist ein bedeutendes Dichtertalent, ein fleckenlos reiner, freier Genius unsern Blicken für alle Zukunft entzogen worden, und darum eben scheint es uns eine heilige Pflicht, auch unsere deutschen Mitbrüder auf die Verdienste des Verstorbenen aufmerksam zu machen. Es ist gewiß eine schöne Aufgabe, die Dichter und Künstler der Mitwelt, gleichviel welcher Nation sie angehören, aus der Verborgenheit, welche jede neubegonnene Laufbahn umhüllt, an's Licht der Welt zu ziehen, und Anderen, die in der Unruhe eines geschäftigen Lebens solche Erscheinungen nicht bemerken, ein "Ecce homo!" zuzurufen. Und wenn wir zuerst auf ihn gewiesen und der großen Bruderschaft den Lichtschein gezeigt haben, der um die Stirn des Denkers gewoben ist, dann sagt es Jeder dem Andern, und bald sammelt sich eine ganze Schaar, welche den fremden Mann kennt und ehrt. Diese Ringe werden allmälig größer, sie dehnen sich wie die Kreise des durch einen Steinwurf bewegten Wassers, und bald schwimmt die unscheinbare Barke des Poeten auf dem hochgeschwellten Strom der Volksgunst. Er wird durch ihren Zuruf ermuthigt, er wird ein immer kühnerer Segler und erobert endlich eine neue Welt.

Vielleicht ist es für die Leser der Deutschen Monatshefte von einigem Interesse, daß eine deutsche Hand unter den Ersten war, welche auf den neuen Stern der Poesie deuten, der leider so bald schon untergegangen, doch — hoffen wir — wenigstens nicht in das Meer der Vergessenheit versunken ist. Sobald das bescheidene Bändchen Dorgan'scher Gedichte unter dem Namen „Studien" (Studies) erschienen war, aus welchem wir zuerst die schöne „Hymne an die Nacht" in einem englischen Blatt abgedruckt fanden, sandte eine deutsche Hand ausgewählte Uebersetzungen hinüber an das jenseitige Ufer, von denen einige (leider nur zu wenige) in der damals bei Campe in Hamburg erscheinenden Monatsschrift Orion abgedruckt waren.*) Scheint es doch, als ob bei aller vorausgesetzten Schönheit der Form und Gediegenheit des Inhalts, immer noch ein uns besonders sympathischer Geist in literarischen Kunstwerken enthalten sein müsse, um uns zu voller Begeisterung hinzureißen. Ob das Wesen dieses sympathischen Geistes auch häufig schwer zu definiren ist, so erklärt es sich doch hier durch die vorwiegend philosophische Richtung der Dorgan'schen Poesie, daß sie gerade deutsche Herzen zu sich hinzog.

Jedoch blieben wir mit dieser Anerkennung lange Zeit vereinzelt, †) und erst einige Monate vor dem Tode des Autors, als eine dritte Auflage der Gedichte erschienen war, fing man an, seinen Namen in den gelesensten englischen Blättern auszubreiten und gebührend zu preisen; von seinem Ableben haben fast alle leitenden Journale in ehrenvoller Weise Notiz genommen. — Trommelwirbel und Kanonendonner haben zu allen Zeiten die Klänge der dichterischen Leier übertönt, und so erklärt auch hier der Umstand, daß das erste Erscheinen der "Studies" gerade in den Anfang unseres großen Krieges fiel, vollkommen die Gleichgültigkeit, mit welcher das Publikum das Dargebotene hinnahm, sowie die verspätete Anerkennung. In neuester Zeit haben auch einige der bedeutendsten Dichter Alt-Englands die Bekanntschaft ihres trans-

---

*) Auch der Beobachter am Hudson brachte einige gelungene Uebertragungen Dorgan'scher Lieder.

†) Herr Kaspar Butz hat in den früher von ihm redigirten Monatsheften des jungen Dichters rühmlich Erwähnung gethan.

atlantischen Collegen gemacht, und die freundlichste Huldigung war ihm in der Form ehrender Anträge von dort zugegangen. Um so mehr freut es uns, unter den Vordersten gewesen zu sein, welche das auftauchende Licht bemerkten und ihm einen bescheidenen Zoll der Verehrung entgegentrugen. In einem vor etwa drei Jahren in der Evening Post erschienenen Gedicht an den Verfasser wird derselbe einem Columbus verglichen, welcher auf das von ihm entdeckte Eiland herabsinkt und über das dunkle Räthsel nachdenkt, ob Lorbeer oder Ketten sein Lohn sein werden; es ist dies darum charakteristisch für den Dichter, weil ein heißes Dürsten nach dem zustimmenden Gruß verwandter Seelen, ja nach der Palme des Ruhmes, alle seine Lieder durchglüht. In einem andern ihm bedicirten Gedicht ("Clairvoyant") heißt es:

„Es wird ein Tag einst sein,
Ich weiß es, so wird's gescheh'n:
Da im hellen Sonnenschein
Deine Büste hoch wird steh'n!
Wird steh'n auf dem Markte frei,
Wird steh'n im goldenen Saal;
Wo der Schönheit Cultus sei,
Dort kennt man Dich einmal!"

Und wenn dies hier auch nur wiedergegeben ist als ein Zeugniß für die Begeisterung, welche der todte Poet mitzutheilen verstand, so ist es doch mehr als wahrscheinlich, daß diese Verse wirklich die Zukunft spiegeln; denn gewiß ist die Zeit nicht fern, wo man den Namen unseres Dichters einreihen wird in die Zahl der erprobten Barden Bryant, Longfellow, Whittier u. A. Obgleich es nach dem vorherrschend trüben Geist, welcher die Dorgan'schen Poesieen durchzieht, scheinen könnte, als sei er nie aus dem inneren Kampf mit sich herausgekommen, welchen jede Künstlernatur zu bestehen hat, oder als ob Leben und Dichten bei ihm jenen gewaltigen und unheilvollen Conflikt hervorgerufen hätten, der schon so manchen Genius gebrochen und seine Lebensdauer gekürzt hat, — so können wir doch versichern, daß J. A. Dorgan nicht ein mit sich zerfallener, kränklich-weltschmerzlicher Poet, sondern ein ganzer Mann war, der ein gesundes, tüchtiges Herz im Busen trug und an ächtem, unbestechlichem Republikanismus von den klassischen Patrioten der alten Welt nicht hätte übertroffen werden können. — Von väterlicher Seite irischer Abstammung, war Dorgan in engen, kleinen Umgebungen und wohl nicht ohne Sorgen groß gezogen worden, und wie in vielen anderen Fällen, so mag wohl auch hier die ihm angeborene Sehnsucht nach dem Schönen in dem Contrast der Verhältnisse reiche Nahrung gefunden haben. Auch für die deutsche Sprache hatte Dorgan ein hohes Interesse, und studirte sie fleißig, mit gutem Erfolg. In seinem professionellen Beruf als Conveyancer of deeds („denn von dem Worte, das aus Gottes Munde kommt, kann man doch kein Brod backen", wie er uns einmal lächelnd sagte) soll er sich durch Geschäftskenntniß und einen sichern Blick ebenso sehr wie durch Humanität ausgezeichnet haben. Wie er als Sohn und

Bruder liebevoll und aufopfernd war, so machte er sich durch gesunde Menschenkenntniß und Toleranz auch in weiteren Kreisen beliebt und vielfach nützlich. Er selbst versicherte uns in der einfachsten Weise, daß er oft im Stande gewesen sei, die widerstrebendsten Parteien zu versöhnen, und Leute, die nach der Aussage Anderer von Niemandem unter einen Hut gebracht werden konnten, leicht zu zähmen und seiner Ansicht geneigt zu machen. Man könnte ihn in dieser Hinsicht mit dem Philosophen Concord, dem Einsiedler Thoreau (Walden) vergleichen, über den wir später einmal zu berichten gedenken und von dem man erzählt, daß er Fische und Vögel, die vor anderen Menschen scheu entflohen, leicht mit der Hand fangen konnte; nur daß Dorgan, der sich nicht egoistisch absonderte, sich das noblere Ziel erwählte, Menschenfischer zu sein.

In diesem ganzen Bändchen "Studies", das aus über zweihundert Oktavseiten besteht, findet sich nicht ein einziges unbedeutendes oder gar werthloses Gedicht. Es scheint uns, daß dies allein schon ein großer und seltener Vorzug ist, zumal die in Rede stehenden Poesieen in zehn Jahren gesammelt wurden und der Autor bei der Herausgabe erst 27 Jahre alt war. Wir erinnern uns bei Durchlesung der Sammlung vielleicht an Shelley oder Keats, wir denken auch wohl an den gekrönten Barden Tennyson; doch aber ist nichts Unfertiges noch auch etwas Nachgeahmtes in den Gedichten, sie sind vielmehr alle durchaus originell und tiefsinnig empfunden. Die Ueberzeugung und der Ernst des Gefühls sind darin häufig bis zu religiöser Feierlichkeit gesteigert, und doch überschreitet das Pathos nie die künstlerischen Grenzen, und wir werden von der Wahrheit der Empfindung mit hingerissen.

Ehe wir den Schleier wieder über das Antlitz des Todten zurückfallen lassen, möge es uns gestattet sein, hier noch einige kleine Proben seiner Lieder folgen zu lassen, damit die Leser der Monatshefte wenigstens nicht sagen können, es sei ihnen ein Poet octroyirt worden, von dem sie gar nichts wüßten, man habe ihnen Verehrung abverlangt für ein weißes Blatt. Es versteht sich, daß bei den nachfolgenden Uebersetzungen manche Schwäche zugut gehalten werden muß, welche dem Original fremd ist; es ist die alte Geschichte von dem schillernden Schmetterling, den man nicht behutsam genug angreifen kann, und dem man immer mit rauhen Fingern ein wenig von seinem Blüthenstaub abstreift.*

Den Märtyrern der Freiheit.

Ob auf dem Schlachtfeld hingemäht,
Ob wo der Richtstatt Rabe krächt,
O Freiheit, Deiner Todten Schaar,
Dir zugetheilt, stirbt nimmerdar.
Es steht ihr Nam' am Himmelszelt,
Von allen Zungen in der Welt
Tönt jener Silben heil'ger Klang
In alle Ewigkeit entlang.

---

*) Es sagte Jemand, daß jede Uebersetzung ein Todtschlag sei, und als er gefragt wurde, warum er lieber aus seiner Muttersprache in eine fremde übersetze, als umgekehrt, antwortete er folgerichtig: „Weil man lieber seinen Vetter todtschlägt als seine eigene Mutter.

Gespenster.

Auf und ab an dem öden Strand,
Auf und ab wogt das öde Meer;
Es zittert durch des Nebels Schein
Uralter Sterne Geisterheer.
Formlos und schwarz liegt hügelab
In Trümmern Tempel und Fürstengruft,
Gespenstiges Flüstern kommt und geht
Leis raschelnd in gespenst'ger Luft.
Seit Götter floh'n und Priester auch
Aus jenen Tempeln — welche Zeit
Verstrich! — wie lang', seit im hohen Schloß
Zu Stein verwuchs die Schweigsamkeit!
Auf blick' ich durch die düstre Nacht: —
Ihr Räthsel meinen Geist befällt;
Er wellt, da er gewahrt, daß wir
Nur Schatten einer Schattenwelt!

Die Sphynx.

In Theben ist die Sphynx; geh' nicht dahin,
Denn ihre Schönheit fesselt deinen Sinn,
Und ihres Lächelns Zauberkraft verführt
Den Geist, daß er nach ihren Räthseln spürt.

O wehe Dem, der sie nicht lösen kann,
Und weh' auch Jenem, der den Sieg gewann!
Denn wenn du fehlst, die Wahrheit zu versteh'n,
So wirst du ihrer Rache Schrecken seh'n.

Doch wenn ihr Räthsel du errathen hast,
So winkt nicht minder dir des Todes Rast;
Denn sie versinkt in Nacht.... Mit Seufzerhauch,
Um die Versunk'ne klagend, stirbst du auch.

Die Lawine.

Wie fern auf hohem Bergeskamm,
Geräuschlos unterm Wolkendamm,
Der Schnee sich Flock' auf Flocke legt,
Bis einst ein Windhauch ihn bewegt —

So sammeln auch tief-innerlich
Im Dichterherzen schweigend sich
Gedanken und Worte überreich....
Doch machtlos, unbewegt und bleich —

> Bis, wenn die rechte Stunde schlägt,
> Ein Hauch des Lieds Lawine trägt,
> Und donnernd manch Jahrhundert lang
> Das Echo wiederhallt den Sang.

Der Beschränkung des Raumes wegen können wir leider nicht mehrere der Uebersetzungen wiedergeben; doch machen wir die Leser auf das schöne Lied „An die Sterne" (Yo swift and proud), den „Triumph", die „Wahrheit", den „Poeten", den „Schauspieler", die „Statue" und viele andere schöne Nummern der Sammlung aufmerksam.

Gönnen wir nun dem jungen Dichter „die Ruhe des Booth", mit welcher seine schöne Sammlung abschließt. Ein zweiter Band, den er hinterlassen und der vielleicht noch im Laufe dieses Jahres erscheinen wird, mag besser helfen, als unsere Skizze es im Stande ist, den Ruhm des würdigen Todten zu verbreiten. Die Liebe, die ihm nachfolgt und die nur ein umgewandelter Ausfluß seiner eigenen ist, wird ihn unsterblich machen.

Und nun, nachdem wir auf den Hügel des Unvergeßlichen einen Lorbeerzweig niedergelegt haben, laßt uns auf seine Gedenktafel schreiben:

> „In alle Zukunft bleibt er schimmernd stehen,
> Ein heller Stern am Firmament der Welt,
> Ob auch die Winde seine Form verwehen,
> Ob auch die Denkerstirn zu Staub zerfällt."....

Siebenhundert Meilen in der Stage.

(Von Oregon nach Californien.)

Touristisch-ethnographische Skizze von Theodor Kirchhoff.

II.

Das Thal des Umpqua ist wie das des Willametteflusses außerordentlich fruchtbar und erfreut das Auge durch zahlreiche und wohlbestellte Farmen. Der Uebergang über die Callapoyaberge bot keine bedeutenden Schwierigkeiten, da sie sehr allmählig emporsteigen. Sie sind dicht bewaldet und nackte Felsen treten nur selten aus ihnen zu Tage. Trotzdem und obgleich es seit dem Abend wieder heftig zu regnen angefangen, wurden die Passagiere aufgefordert, auszusteigen und den Uebergang zu Fuß zu machen, um die Pferde nicht allzu sehr zu strapaziren. Da dieses für uns die zweite schlaflose Nacht war seit wir Portland verlassen hatten, so kann man sich denken, daß dieser Befehl eben nicht mit Enthusiasmus entgegengenommen wurde. Aber da half kein Protestiren! Schlaftrunken wankten wir geplagten Stage-Reisenden durch die Pfützen und unter strömenden Regenschauern über die Callapoya-Berge, alle Webfoot-Kutscher aus tiefstem Grunde unserer Seele verdammend.

Was wir am folgenden Tage, als sich das Wetter Gottlob wieder aufklärte, von dem Thale des Umpquaflusses zu sehen bekamen, nahm sich recht romantisch aus. Das breite Thal war mit üppiger Vegetation bedeckt, hier Wald, dort Prärie. Aus Letzterer erhoben sich hie und da regulär geformte Bergkegel, die theils mit Gras, theils mit Wald bedeckt waren, und die, mitunter bis zu achthundert Fuß hoch aus der Ebene aufsteigend, dem Auge eine angenehme Abwechslung darboten.

Ueber eine niedrige Hügelreihe gelangten wir aus dem Thale des Umpqua in das des Schurkenflusses (roguo rivor), ein äußerst zweideutiger Name. Doch sind in den Minenländern am Stillen Meere dergleichen Kraftnamen sehr beliebt und hier keineswegs auffallend. Dieselben stehen meistentheils in genauer Beziehung zu den Tugenden der Bewohner solcher Distrikte. Oft hört man Namen von Ortschaften, Minen oder dergleichen, bei deren Nennung eine wohlerzogene Dame erröthen müßte. Man stelle sich z. B. Namen vor wie die folgenden, welche keineswegs zu den schlimmeren gehören: "Hangtown", "Rascal's hollow", "Murderer's hole", "Cat tail diggings", "Hell gato", "Stinking water" &c., und man wird dem Verfasser Recht geben, wenn er die Behauptung aufstellt, daß solche Namen dem Lande, wo sie vorkommen, einen äußerst zweideutigen Charakter geben.

Schon an dem Namen dieses Thales erkannte ich, daß dieses ein Minendistrikt sein müsse. Die Anzeichen hierfür wurden noch deutlicher je mehr wir uns der Stadt Jacksonville, dem Centrum des Minendistrikts vom südlichen Oregon, näherten.

Der Schurkenfluß durchbricht, wie der Umpquafluß, die Coast Range, aber in einem so engen und felsigen Thalbette, daß es unmöglich gewesen, an seinem Ufer hin eine Verbindungsstraße zwischen dem Binnenlande und der Meeresküste herzustellen. An ihm, sowie an seinen Nebenflüssen, dem Whisleyfluß, Mauleselbach, Pistolenfluß, und wie sonst die charakteristischen Namen dieser Wasserläufe alle heißen mögen, findet man körniges Gold in bedeutenden Quantitäten. Die Minen sind jedoch meistens ausgearbeitet und jetzt zum größten Theile im Besitze von Chinesen. Diese lassen sich die Mühe nicht verdrießen, dieselben nochmals durchzuarbeiten, und begnügen sich mit dem geringeren Ertrage, der den alten californischen Goldgräbern, die jetzt meistens nach Idaho gewandert sind, nicht mehr genügte. Hin und wieder begegneten wir langen Zügen solcher bezopfter Johns, nach Art der Indianer immer Einer hinter dem Andern in einer langen Reihe marschirend, und mit krummen Knieen elastisch ausschreitend, wobei Jeder von ihnen eine Schaufel mit zwei, je von einem Ende derselben hängenden Bündeln auf der Schulter balancirte.

Die Chinesen sind bei weitem die arbeitsamste Menschenklasse an dieser Küste; aber ihre socialen und moralischen Laster überwiegen diese einzige ihnen angeborne Tugend so weit, daß man sie trotzdem nicht willkommen heißt, sondern eben nur duldet.

Das Ueberarbeiten der Goldminen durch die Chinesen bringt dem Lande und der Gesellschaft hier nur wenig Nutzen. Einer dieser Söhne des Himmels giebt auf unserer amerikanischen Erde so gut wie gar nichts von seinem erworbenen Reichthum aus, weder zu seinem eigenen Comfort, noch zum allgemeinen Besten. Er denkt nur daran, möglichst schnell möglichst viel Geld zusammenzuscharren, um als wohlhabender Mann bald nach seinem geliebten himmlischen Vaterlande zurückkehren zu können, und lacht im Stillen die gutmüthigen Barbaren aus, welche ihm erlauben, das Gold aus ihrem Lande fortzuholen. Englisch lernen sie nur nothdürftig und weil sie es müssen, um sich mit den Barbaren, die ihre klassische Sprache nicht erlernen können, verständlich zu machen; und ereilt Einen von ihnen der Tod im fremden Lande, so wird er von seinen Brüdern als Leiche nach China zurückgesandt, da sie es für eine Entweihung halten, im Barbarenlande zu Grabe bestattet zu werden.

Als wir gegen Abend nur noch etwa achtzehn englische Meilen von Jacksonville entfernt waren, wo, wie es hieß, die Stage vier Stunden verweilen sollte, um den ermüdeten Reisenden Gelegenheit zu geben, etwas erfrischenden Schlummer zu erhaschen, was sehr nothwendig war, da auf der Weiterreise bis nach Marysville hin nirgends mehr länger, als Zeit zum Essen zu geben, angehalten wurde, — machte unsere Stage plötzlich mit einem ominösen Gekrach eine seltsam schiefe Bewegung nach hinten, in Folge welcher sämmtliche Passagiere über- und durcheinander in die hinterste linke Wagenecke rollten. Gottlob blieben die Pferde sofort stehen, so daß außer einigen zerschundenen Gesichtern und verrenkten Gelenken weiter kein Unglück geschah.

Als wir uns aus der zusammengebrochenen Stage hervorgearbeitet hatten, bemerkten wir zu unserm nicht geringen Aerger, daß eines der Hinterräder, woran der Eisenring fehlte, der während der Fahrt abgelaufen sein mußte, zerschellt sei. Jetzt war guter Rath theuer. Um noch zeitig genug für den Anschluß an die California-Stage nach Jacksonville zu kommen, mußten wir versuchen, wo möglich ein neues Fuhrwerk aufzutreiben.

Den Kutscher bei der jetzt nutzlosen Stage und dem Gepäck zurücklassend, wanderten sämmtliche 8½ Passagiere auf der Landstraße etwa zwei Meilen vorwärts, um Hülfe zu suchen, die Montaner ihre sechszig Pfund schwere kostbare Cantena mit sich schleppend, als plötzlich zu unserer Freude die fröhlichen Klänge einer Geige an unser Ohr schlugen. Diese Töne kamen aus einem an der Landstraße gelegenen Wirthshause, das wir bald erreichten, wo die Bewohner der Umgegend sich zum Tanze versammelt hatten. In der Vorhalle, welche als Tanzsaal diente, saß ein Negermusikant hoch auf einem Tische und strich ohrzerreißende Melodieen von seiner Fidel herunter, zu welchen die Tanzgesellschaft sich in verschnörkelten Cotillons, bei denen die Figuren wie auf der Wachtparade laut kommandirt wurden, mit unnennbaren Pas steif hin und her bewegten.

Nur mit großer Mühe, mit Anwendung großer Redekunst, die einem Webster oder Calhoun zur Ehre gereicht, und mehr faßlicher blanker Ueberzeuger in Gestalt von Vereinigten Staaten Goldmünzen, gelang es uns, einen alten Bauernwagen aufzutreiben, dessen menschenfreundlicher Eigenthümer sich erbot, uns für die Kleinigkeit von zwanzig Dollars in Gold sofort nebst Gepäck nach Jacksonville zu schaffen. Es vergingen jedoch mehrere Stunden, ehe unsere Extrapost marschfertig war, und zehn Uhr war längst vorbei, ehe der Wagen mit dem Gepäck von der Stage zurückkam und der Fuhrmann, der erst noch einen Virginia-Reel mitgetanzt, uns ersuchte, einzusteigen.

Dieses war leichter gesagt als gethan, da auf dem keineswegs geräumigen federlosen Wagen keine Sitze angebracht waren. Durch Ineinanderschlagen unserer Beine, und das Gepäck, so gut es sich machen ließ, als Sessel benutzend, gelang es uns jedoch zuletzt, sämmtlich in unserer Karosse ein Unterkommen zu finden. Endlich ging's, bei Luna's blassem Schimmer, auf der nichts weniger als einer deutschen Chaussee ähnlichen Landstraße weiter nach Jacksonville, wo wir um drei Uhr Morgens, halb gerädert von den Stößen des federlosen Wagens, glücklich anlangten. Es währte jedoch geraume Zeit, ehe ich in meinen Beinen, die ich wegen ihrer bedeutenden Länge auf der Reise wie ein türkischer Derwisch — um nicht das unpoetische Gleichniß eines Schneiders zu benutzen — unter mich gesteckt, wieder des prickelnden Gefühls eines neu erwachenden Blutumlaufs mich erfreute und mich getraute, fest auf die Muttererde zu treten. Da die California-Stage bereits in einer kurzen Stunde weiterfahren sollte, so war selbstverständlicher Weise an Schlafen gar nicht zu denken; eine grausame Enttäuschung für uns armen in der Stage reisenden Goldtouristen.

Jacksonville, der bedeutendste Ort des südlichen Oregon, liegt etwa 130 englische Meilen von der Seeküste und 297 von Portland entfernt. Die Stadt, an der Südgrenze eines fruchtbaren Thales gelegen, ist das Centrum eines ausgedehnten Minendistrikts. Hier beginnt die natürliche Grenze der Goldlager des nördlichen Californien, ehedem die ergiebigsten an dieser Küste.

Aber der alte Glanz dieser Minendistrikte ist längst dahin. Die an der Oberfläche liegenden Goldlager sind ausgewaschen, und wo sonst der unternehmende Miner mit Schaufel und Goldwäscherpfanne ungezählte Reichthümer mit Leichtigkeit einerntete, dort fordert es jetzt den systematischen Betrieb großer Kompagnieen und die Anwendung kostspieliger Maschinerieen, um die tiefer liegenden Schätze zu heben und den Bergbau nützlich zu machen, und knauserige Chinesen, Johns, wie sie hier zu Lande kurzweg genannt werden, haben zum größten Theil den Platz der freigebigen alten californischen Goldgräber genommen. Handel und Wandel aller Art, welche ehedem an diesen flotten Burschen die besten Kunden in der Welt hatten, liegen jetzt hoffnungslos danieder, da von den langgezopften Tartaren ein Kaufmann kaum das zum Leben nöthige Salz verdienen kann, und die großen Kompagnieen ihren Bedarf meistens en gros von San Francisco beziehen. Häuser und Grundstücke, die ehedem fabelhafte Preise brachten, sind jetzt fast werthlos.

So sieht es mehr oder weniger heut zu Tage in fast allen Minendistrikten Californiens aus. Viele Gegenden dieses herrlichen Landes gleichen eher denen einer veralteten südeuropäischen Monarchie, als solchen des weltberühmten jungen Goldstaates an den Ufern des Stillen Meeres. Allerdings findet man in Californien noch immer Reichthümer in großen Massen, aber diese kommen meistens nur Capitalisten und großen Gesellschaften zugute. Der honest miner von 1849 bis 1854, der mitunter ganze Ortschaften auf einmal mit Champagner tractirte, der sein Gold im Uebermuth Hände voll verschleuderte und beim Spiel Tausende auf eine Karte setzte, ist nur noch eine Mythe, oder hat sich, etwas sparsamer geworden, nach Washoe, Idaho und Montana geflüchtet.

Etwas südlich von Jacksonville kommen wir an die Gebirgskette der Siskiyou-Berge, eigentlich die natürliche Grenze zwischen den Staaten Oregon und Californien, welche jedoch etwa zwanzig Meilen weiter südlich auf den 42sten Breitegrad verlegt ist. Langsam ging es die Berge hinan, welche wir, um den Pferden die Last zu erleichtern, zu Fuß hinanstiegen. Auf dem Gipfel angelangt, sah ich zum ersten Male die breite Schneekuppe des 14,440 Fuß hohen Mount Shasta — Shasta Butte —, der, wie Mount Hood im nördlichen Oregon, hier an der Nordgrenze von Californien auf hoher Wacht steht, und dessen colossale Gebirgsmasse vom Sacramento-Thale aus deutlich gesehen wird.

Lustig ging's auf gewundener Landstraße die Siskiyou-Berge wieder hinab. Linker Hand ragte eine isolirt dastehende, kegelförmige Felsmasse auf, Pilot Rock genannt, die von Fremont bei einer Landmessung als Grenzstein benutzt ward.

Sowie wir die Grenze von Californien überschritten hatten, kamen wir unter andere Menschen, die sich von den Oregoniern unterschieden als ob man urplötzlich unter eine fremde Nation versetzt sei.

Wenn der Verfasser hier von Oregon redet, so ist der Theil dieses Staates gemeint, der westlich von den Cascade-Gebirgen liegt. Im Osten dieses Gebirgszugs wohnt ein ganz anderer Menschenschlag, der den Californiern gleicht. Unser Kutscher schon zeigte ein viel lebhafteres Temperament, als seine schläferigen oregonischen Collegen; er sang frohe Lieder, war gesprächig und hieb tüchtig auf unser Viergespann ein. Fidele californische Goldgräber begrüßten uns an den Standquartieren der Stage-Compagnie. Sogar die Pferde vor den Stages waren munterer, und bei den Mahlzeiten, welche wir einnahmen, war der Unterschied unverkennbar. Wer nur auf den Zucker und Kaffee achtete, konnte schon an diesen Luxusartikeln erkennen, daß er in ein civilisirteres Land gekommen sei. Anstatt des braunen, sandartigen Zuckers der biederen Schwimmsüßler, gab es fortan nur vom besten weißen raffinirten Zucker, und statt des trüben, gekochten Kaffees, voll von halb zermahlenen, gebrannten Bohnen, schenkte man uns jetzt vom besten filtrirten Mocca ein.

Stets den Mount Shasta vor Augen, der, je näher wir ihm kamen, immer mehr gigantische Formen annahm, und alle Augenblicke die Spuren alter, ausgearbeiteter Goldlager in nächster Nähe, erreichten wir den Klamathfluß, den wir auf einer Fähre überschritten. Zur Zeit als das Goldfieber in diesen Gegenden auf seinem Siedepunkte stand und honest miners in Schwärmen von Zehntausenden durch's Land zogen, war diese Fähre eine ächte Goldmine.

Belief sich damals doch die Einnahme auf nicht weniger als dreihundert Dollars den Tag! Jetzt zahlt die Fähre kaum noch die Kosten ihres Betriebs.

Jenseits des Klamathflusses gelangten wir auf eine baumlose Hochebene, die sich bis nach Yreka (Weirika) erstreckt und sehr goldhaltig ist. Wegen Mangels an Wasser ist man aber bis jetzt noch nicht im Stande gewesen, das Gold aus dem Boden zu ziehen. Während unsere Rosse lustig über die Goldfelder hingalloppirten, hatten wir eine prachtvolle Aussicht auf den alten Mount Shasta und auf die mit frisch gefallenem Schnee bedeckte Kette der Scottsberge.

Mount Shasta ist ein isolirter Gebirgsknoten, der direkt aus der Ebene aufragt. Von seinem westlichen Ende ist ein Bergkoloß gleichsam aus ihm herausgewachsen, der genau das Ansehen einer Bastion hat, und auf dessen Gipfel ein nicht unbedeutender Landsee liegen soll. Der Shasta ist mehrfach bestiegen worden, auch schon von Damen. Sein Ursprung soll vulkanischer Art sein, und der Landsee auf seinem Gipfel ist wahrscheinlich ein alter, mit Wasser gefüllter Krater. Von der baumlosen Hochebene aus, über welche wir hinfuhren, machte sich der schneegekrönte Bergriese, um dessen Fuß dichte Wälder einen dunkelgrünen Mantel geschlungen, wunderbar schön.

Bald jedoch versteckte sich Mount Shasta hinter einer nahe gelegenen Hügelreihe, und das goldene Yreka lag vor uns, achtzig Meilen von Jacksonville entfernt, ehedem eine der reichsten Minenstädte Californiens. Yreka bot ein treffendes Bild einer heruntergekommenen Minenstadt. Verfallene Häuser, zugenagelte Fenster, langgezopfte Chinesen wo man nur hinsah, und eine Legion von Spielhöllen, Churdy-Gurdy- und Trinksalons, die theilweise leer standen, theils in bescheidenen Verhältnissen ihr Dasein fristeten und sich im Glanze der Vergangenheit sonnten.

Die Goldlager des berühmten "Yreka flat", eine nahe bei der Stadt gelegene Wiese, wurden von Fuhrleuten entdeckt, die ihr Vieh dort grasen ließen. Ein besonders hungriger Ochse soll einmal ein ganzes Grasbündel beim Grasen ausgerissen haben, dessen Wurzeln voll von Goldkörnern saßen, die lieblich in der Sonne funkelten. Das freudige Erstaunen des Fuhrmanns kann man sich vorstellen. Doch nahmen ihm Andere, wie dieses in der Regel bei solchen Entdeckungen zu geschehen pflegt, den Löwenantheil davon fort, da er sein köstliches Geheimniß thörichter Weise ausplauderte. Die auf diese Entdeckung folgende Völkerwanderung von biederen Goldgräbern aus allen Theilen Californiens nach Yreka soll alle bis jetzt in den Annalen hiesiger Minen verzeichneten "Gold excitements" an Intensität weit übertroffen haben. Die Schätze, welche damals täglich ans Licht gefördert wurden, erinnern an die Wunder aus „Tausend und Einer Nacht".

Der Kutscher, welcher beim Scheiden von Yreka die Zügel unseres Viergespanns ergriff, gab mir, als ich mich über die Langsamkeit unserer bisherigen Reise beklagte, die erfreuliche Nachricht: "From now on we'll go like hell!!" Und so war es in der That! Die Pferde galoppirten über die theilweise verlassenen Goldfelder, hie und da an alten, luftig gebauten

Wasserleitungen vorbei, bei meilenlangen "flumes" hin, die sich an den Abhängen der Berge hinzogen, und bei verfallenen Minerhütten vorbei, durch die wild-romantische Gegend, daß das Herz im Leibe Einem dabei lachte. Hin und wieder sah ich Goldwäscher mit ihren Pfannen, oder mit den Goldwaschtrögen (sluice boxes), worin sie die goldhaltige Erde auswuschen, fleißig bei der Arbeit; und ein paar Mal begegneten uns lange Züge bezopfter Johns, wie gewöhnlich im elastischen Gänsemarsche, und ein Jeder von ihnen eine mit zwei Bündeln beschwerte Schaufel auf der Schulter balancirend.

In der Nacht — die vierte seit meiner Abreise von Portland — passirten wir die Scotts-Berge. Die Wege waren außerordentlich schlüpferig vom frisch gefallenen und halb geschmolzenen Schnee, so daß wir nur langsam vorwärts kamen. Sobald wir jedoch, gegen Morgen, die Höhe erreicht und wieder bergab fuhren, suchte unser Kutscher die versäumte Zeit nachzuholen und fuhr, wie er versprochen, „wie die Hölle", selten anders als im schlanken Trab, oft im Gallopp, und ohne sich viel um die gelegentlich im Wege liegenden, eben nicht kleinen Steine zu kümmern, über welche die Stage mitunter in förmlichen Sätzen hinsprang, so daß es mich wunderte, wie nicht Alles an ihr kurz und klein brach. Diese Fahrt, im gestreckten Gallopp die Berge hinab, wo die Felsen oft im wildesten Chaos tief unter uns an den jähen Abhängen dalagen, auf gewundenen Wegen um die Ecken herumwirbelnd, an riesigen Frachtwagen vorbei, die oft mit einem Dutzend Jochs von Stieren bespannt waren, erinnerte mich lebhaft an meine halsbrechende Stagefahrt vor drei Sommern über die Sierra Nevada nach Washoe.

Die Scotts-Berge sind ganz mit Nabelhölzern — Fichten und Cedern — bewachsen, und, namentlich an ihren südlichen Abhängen, mit einem chaotischen Felsgeröll bedeckt, zwischen dem die himmelanstrebenden schlanken Bäume sich hervordrängen, eine Scenerie, die stellenweise außerordentlich wild ist. Mir kam es vor, als ob ein über diese Berge hinsausendes Riesenmeteor dort geplatzt sei und seine Trümmer über die Abhänge hingesäet hätte. In den Scotts-Bergen und südlich von denselben liegen wieder reiche Minendistrikte.

Ohne Aufenthalt eilten wir, sobald wir diese Berge hinter uns hatten, in westlicher Richtung dem Trinity-Flusse entgegen. Das Umspannen der Pferde nahm selten mehr als drei Minuten in Anspruch, da die frischen Pferde bereits aufgeschirrt dastanden, wenn die Stages bei ihren Standquartieren anlangten.

Die Geschicklichkeit, mit der unser Kutscher sein Gespann regierte, mußte ich bewundern. Einem Wettfahrer in den Olympischen Spielen hätte dieselbe zur Ehre gereicht. Vermittelst einer Art von Wagenradschuh, den er durch einen Hebel mit dem rechten Fuße regulirte, vermochte er das Umdrehen der Räder nach Belieben zu hindern, eine äußerst praktische Einrichtung, da die Pferde beim Bergabjagen nicht genöthigt sind, den Wagen zurückzuhalten. Allerdings ist die Gefahr groß, wenn der Radschuh an solch einer Stelle nicht gut fassen oder gar brechen sollte, und die schwere Stage den erschreckten Pferden plötzlich auf die Hinterbeine rollt.

Unser Kutscher ließ seinen Fuß fast nie vom Hebel. Gleitend und rollend ging's halsbrechende, steile Abhänge im schlanken Trab hinab, so sicher, als ob wir auf einer platten Chaussee hinführen. Mitunter kommen jedoch Unglücksfälle vor. So zeigte mir unser Kutscher, um ein Beispiel anzuführen, eine Eiche, die am unteren Ende einer fast zwei Meilen langen geneigten Ebene stand, über welche die Landstraße schnurgerade hinablief, und gegen welche eine Stage, der das Gespann durchging als unglücklicher Weise der Hemmschuh gebrochen, vor nicht langer Zeit, wie aus einer Kanone geschossen, anrannte, so daß der Kutscher nebst drei Passagieren augenblicklich getödtet wurden. Diese liebliche Historie erzählte er mir während unsere Stage wie rasend die geneigte Ebene, scheinbar gerade gegen den fatalen Eichbaum, hinabdonnerte, wobei ich nicht umhin konnte, dem Hemmschuh-Hebel, auf welchen der Kutscher mit der ganzen Last seines Körpers trat, manchen nervösen Seitenblick zuzuwerfen.

Doch ist ein Unglück in Folge von zerbrechendem Wagenmaterial eine Seltenheit. An Solidität übertreffen diese Stages, welche in der Stadt Concord, im Staate New-Hampshire, gebaut werden, alle Kutschen der Welt. Räder an denselben haben schon acht Jahre lang, fast unausgesetzt, Strapazen wie die eben beschriebenen ausgehalten, ohne je einer Ausbesserung zu bedürfen.

Um die Großartigkeit der auch in diesen entlegenen Gegenden durchgeführten Unternehmungen zu würdigen, diene dem Leser folgende statistische Notiz in Bezug auf die California Stage-Compagnie. Diese Gesellschaft, welche Stage-Linien in verschiedenen Theilen des Staates Californien besitzt, hat auf der Linie von Sacramento City nach Portland in Oregon allein sechshundert Pferde in Gebrauch. Für den Transport der Poststücke zwischen genannten Punkten erhält die Gesellschaft von den Vereinigten Staaten jährlich die Summe von 225,000 Dollars ausgezahlt, und von Wells, Fargo und Co's. Expreß-Compagnie jährlich fernere 40,000 Dollars in Gold. Dafür hält sie die von ihr benutzte Landstraße auf eigene Kosten in gutem Stand, und hat z. B. die Straße über die Scott's Berge aus eigenen Mitteln hergestellt. Diese Straße hat der Gesellschaft über 80,000 Dollars gekostet, und ist dieselbe auch keine Simplon-Straße, so ist sie doch für eine Privatgesellschaft wie diese ein gigantisches Unternehmen, dessen Durchführung hohe Anerkennung verdient.

Wie bereits früher bemerkt, hatte ich während des größten Theils meiner Reise, wenigstens bei Tage, meinen Platz auf dem Bock genommen, um einer freien Umschau zu genießen. Meine Unterhaltung mit dem Kutscher drehte sich um Pferde und Millionen von Goldstaub, um neue "excitements" und dergleichen interessante Themate. In der Pflanzenwelt waren mir die Manzanitasträuche, aus deren Stämmen und Wurzeln die in Californien beliebten Manzanita-Pfeifchen gedrechselt werden, mit ihren rothen Stämmen und dunkeln Blättern etwas Neues. Der Telegraph begleitete uns treu durch die Wildnisse, eine der zahlreichen Arterien des Erdballs, durch die die blitzgeflügelten Sendboten der Civilisation ihre Pulsschläge bis in die entlegensten Gegenden senden.

Sobald wir den Trinitofluß erreicht, wendeten wir uns wieder südlich und fahren durch eine mitunter fast schweizerisch-romantische Gegend hart am Ufer dieses Flusses hin, der sich wildschäumend über zerrissenes Felsengeröll hintummelte. Die dunkelgrünen Nadelhölzer, mit den herbstlich goldenen Blättern der Laubhölzer untermischt, welche die Abhänge der nahen Berge zierten, gaben ein sehr malerisches Bild, welches gegen Abend durch eine tiefglühende Beleuchtung doppelt schön ward.

Etwas nach Sonnenuntergang langten wir in der Minenstadt Trinity Centre an, wo meine beiden Montana-Freunde mit der halben Größe uns verließen. Ganz unerwartet kamen diese, nach einer Abwesenheit von zwei Jahren, die sie in den Minen von Idaho und Montana zugebracht, während welcher Zeit ihre Angehörigen keine Sylbe von ihnen gehört hatten, wieder bei ihren Familien an. Das Jubelgeschrei, Lachen und Weinen, die hysterischen Verzuckungen der beiden Frauen von unseren Goldjägern, werde ich Zeit meines Lebens nicht vergessen. Als unsere Stage schon weit fort war von der Scene des ehelichen Glücks und bei hereinbrechender Dunkelheit die Berge hinanrasselte, konnte ich immer noch das Zetergeschrei des frohen Wiedersehens ganz deutlich hinter uns vernehmen, wobei die Worte "O my Jessie, I thought You was dead!" wenigstens auf eine Entfernung von einer Meile noch ganz vernehmbar waren, von einem Gekreisch begleitet, als ob eine Bande blutdürstiger Snake-Indianer die Familie soeben scalpiren wollte.

Zu der folgenden Nacht — der fünften, seit ich Portland verlassen — ging's über die Trinity-Berge; daß ich todmüde war, kann man sich vorstellen, da ich unterwegs nur gelegentlich die Augen geschlossen, wenn der holperige Weg dieses nicht unmöglich machte. Diese Nacht war an Schlaf gar nicht zu denken. Ein Mal, als ich es dennoch versuchte, stieß mein Schädel plötzlich mit solcher Gewalt gegen die Decke des Wagens, daß mir wenigstens zehntausend Sterne vor den Augen tanzten. Der Fahrweg war außerordentlich rauh, und so eng, daß man mit der einen Hand oft fast die Felsen und Bäume berühren konnte, indeß zur andern Seite ein schwarzer Abgrund gähnte. Die Stage tanzte dermaßen hin und her, daß zwei Chinesen, die oben auf derselben als Passagiere Platz genommen, voller Entsetzen ihren wackeligen Sitz und das bezahlte Fahrgeld in Stich ließen, und es vorzogen, zu Fuß weiter zu marschiren, statt ihr kostbares Leben der Gnade des Fuhrmanns länger anzuvertrauen. Unser Kutscher gab den feigen Johns einen kräftigen Peitschenhieb als Abschied und jagte, ein indianisches Schlachtgeheul ausstoßend, bei dem sich die erschreckten Johns mit geduckten Köpfen, an denen die sauber geflochtenen Zöpfe wie Wetterfahnen steif hinten ausstanden, seitwärts in die Büsche schlugen, im Gallopp weiter.

Die Stage war durch den Aufenthalt in den Scott's-Bergen volle drei Viertelstunden hinter der ihr vorgeschriebenen Zeit zurück. Unser chinesenfeindlicher Kutscher erzählte mir bald darauf, als ich den Platz auf dem Bock dem drinnen vertzog, wo mir bei längerem Aufenthalte um die Solidität meines

Schädels bange ward, daß er versuchen werde, die verlorene Zeit während der Nacht wieder einzuholen — kein geringes Unternehmen bei einer Fahrt wie die unsrige, wo die von den einzelnen Stages zurückzulegenden Entfernungen bereits nach Minuten abgemessen sind.

Vor Tagesanbruch passirten wir die Minenstadt Shasta, wo fast die ganze Bevölkerung vor den Thüren versammelt war und sich auf's Lebhafteste über neu entdeckte Goldlager im nahen french gulch unterhielt. Eine Compagnie, hieß es, habe daselbst soeben Goldstaub im Werthe von 27,000 Dollars ausgewaschen. Hier verließen wir vorläufig die Golddistrikte des nördlichen Californien und jagten durch ein flaches und sandiges Land nach Red Bluff am Sacramentofluß.

Um neun Uhr Morgens — am sechsten Tage meiner Stagefahrt — erreichten wir die Stadt Red Bluff, ein nicht unbedeutender Handelsplatz am Sacramentofluß, der bis hierher mit Dampfern befahren wird, 264 englische Meilen von San Francisco entfernt. Noch immer waren wir zwanzig Minuten hinter der vorgeschriebenen Zeit zurück, und unser neuer Kutscher schwur, er wolle Oroville, wo Anschluß an die Merrysville Eisenbahn war, früh genug für den Dampfzug erreichen, oder nie mehr mit Vieren fahren.

Fort ging es im lustigen Gallopp, rechts weite Savannen, links die sich am Sacramentostrome hinziehenden Waldungen. Reiter und Fuhrwerke aller Art wurden jeden Augenblick von uns überholt. Vor uns erstreckten sich die Telegraphenpfähle, an denen wir hinfuhren, wie ein Zaun in endloser Linie über die Prärie. Dann wieder näherten wir uns den Ufern des Sacramentoflusses und fuhren durch ein reiches Thal, wo Wald und eingehegte Felder mit einander abwechselten. Ein Farmer, der beim Säen des Winterweizens beschäftigt war, streute den Samen auf ungepflügtes Land, das einfach hinterher geeggt wurde. Der Kutscher bemerkte, daß diese Art, das Land zu bestellen, hier eben nicht ungebräuchlich sei, und daß das Land, trotz solcher nachläsigen Bearbeitung, dennoch dreißig Bushel per Acker ergebe.

Bei dem Städtchen Tehama überschritten wir den Sacramentofluß auf einer Fähre, und lustig ging's auf dem anderen Ufer weiter. Hin und wieder passirten wir ausgetrocknete Flußläufe, voll von Kiesgeröll, die im Winter von reißenden Fluthen angeschwollen sind. Dann wieder auf der Prärie. Ein kalter Wind, der mich an einen Texas Nord erinnerte, sauf'te über die Ebene und sang in den Glaskapseln der Telegraphenstäbe wilde Lieder, und bewog mich, an meine Oregon-Decke als warmen Freund um Schutz zu appelliren. Tief in ihre Falten gehüllt, schaute ich unserem noch immer fernen Ziele entgegen, und blickte hinab auf die mit Schaum bedeckten Rosse.

Verschwunden die Prärie. Milder wehten die Lüfte. Eichen standen parkähnlich auf grünem Rasen da. Eingehegte Felder, Gärten kamen, und donnernd rasselten wir durch die Straßen von Chico.

Chico ist ein ansehnliches Städtchen und Nebenbuhler von Red Bluff für die Verbindung von Californien über Land mit Idaho, den Minen von Boise und

Owyhee. Die Rivalen beider Städte sind wieder die Stadt Portland in Oregon und der Columbiastrom. Tausend Meilen von einander entfernt, durch Bergketten und endlose Wildnisse, durch fruchtbare Thäler und die Wogen des Oceans getrennt, streben alle diese Handelsconcurrenten danach, San Francisco mit den reichen Goldfeldern und Silberadern des nördlichen Ophir auf schnellstem Wege zu verbinden.

In Chico wurde zu Mittag gespeis't. Eben hatten die hungrigen Gäste sich an die mit Speisen wohlbeladene Tafel gesetzt, und ich bemühte mich, den Kaffee, mit dem ich mir bereits den Gaumen verbrannt, abzukühlen, um ihn genießbar zu machen, als schon das Horn des Kutschers wilde Fanfaren blies, zum Zeichen, daß die Stage marschfertig sei. Einen mit Zwiebeln gefüllten Shanghai mit der Linken am gelben Bein zu packen, ein halbes Dutzend Biscuits, an denen ich mir die Finger verbrannte, und einen halben Pflaumen-Pie in die geräumige Rocktasche zu stecken, dem Wirth sechs Bit hinzuwerfen, und flugs hinauf auf den Bock, war mit mir nur das Werk weniger Secunden, und fort rasselte die Stage, ehe noch die Insassen derselben den Kutschenschlag hatten schließen können. Um eine Flasche "Eye Opener" ward ich schändlich geprellt. Der Bursche, dem ich einen Dollar gab, um mir den Sorgentröster von der Grocery zu holen, kam zu spät, und schwang, vergeblich die Stage mit Geschrei zum Anhalten auffordernd und hinter derselben herrennend, zu meinem Aerger die bauchige Flasche. Unser Kutscher antwortete mir auf meine Bitte, eine halbe Minute anzuhalten, nur mit einem haarsträubenden Fluche, den ich hier nicht wiederholen will, um zarte Nerven nicht allzu sehr zu erschrecken.

Jetzt — öde Ebene. Links die Vorberge der Sierra Nevada, und, näher, vereinzelt dastehende Hügel mit scheinbar künstlichen Felskronen, wie Ruinenringe, als ob die Urbewohner des Goldlandes dort Schanzen aufgeworfen hätten; — vor uns die endlose Reihe der Telegraphenstäbe, und weit hinter ihnen, jenseits am südlichen Horizont, die gezackte Kette der Butte-Berge bei Marysville — ein californisches Siebengebirge — isolirt aus der Ebene aufragend, — das ferne Ziel unserer Tagereise. Hier mußte es Tags zuvor stark geregnet haben. Breite Pfützen hatten sich im Wege gesammelt. Hindurch ging's im sausenden Gallopp, daß das Wasser bis hoch über die Stage sprijte.

Dort der Feather River, den wir auf einer Fähre überschreiten, von dessen unerschöpflichen Goldschätzen alte Miner so gern plaudern. Schlammig rollt er sein Wasser daher. Sein ganzer oberer Lauf, hundert Meilen weit, ist Eine Goldmine. Aber eisengepanzerte Maschinen und der Dampf haben längst schon die Arbeit fleißiger Menschenhände übernommen; Tausende von hydraulischen Preßströmen waschen die Erde von den Hügeln herunter und füllen sein Strombett mehr und mehr, daß es hier jetzt schon fast dreißig Fuß höher liegt, als vor einem kurzen Decennium.

Ringsumher wieder die Wahrzeichen alter und ausgearbeiteter Minen: Berge von ausgewaschener Erde, zerfallene Wasserleitungen, Brettergestelle, Hütten ꝛc. — und jetzt endlich rasseln wir durch die Straßen von Oroville, von wo uns das eiserne Roß nach dem 26 englische Meilen entfernten Marysville bringen soll. Wollen dampfend, ruht unser Gespann. Siebenundsechszig englische Meilen, seit wir Red-Bluff verlassen, haben wir in acht und einer halben Stunde zurückgelegt. Unser Kutscher hat Recht gehabt, seine californischen Renner zur äußersten Eile anzutreiben, denn fünf Minuten später, und der Dampfrappe hätte uns schmählich im Stich gelassen.

Graue Nebelbänke lagern sich über die Ufer des finsteren Federflusses, an denen wir, dampfgeflügelt, hindonnern. Wie Inseln taucht das feste Land hin und wieder aus dem Nebelmeere empor. Der goldene Fluß hat sich in ein silbernes Meer verwandelt. Geister des Meeres spielen auf seinem glitzernden Busen, und neckisch schaukeln grüne Zweige und nebeltriefende Baumkronen über seinem Spiegel. Donnernd rasseln die Eisenräder am Ufer des Silbermeeres dahin. Blinkender Spiegel, unter dir rollt der düstere Federstrom seine schweigende Fluth. In fernen Gebirgen hat er den Lärm kreischender Maschinen, das Keuchen schwerer Arbeit, den Jubel fröhlicher Lust, die Seufzer zu Grabe getragener Hoffnungen vernommen. Rolle dahin, leiser, schweigender Goldstrom! Wie kein anderer Strom dieser Erde, hast du Freuden und Sorgen des Menschen belauscht. Trage sie mit dir, leise, begraben im träumerischen Fluthenschooße des silbernen Meeres, wo die nebeltriefenden Wipfel wie sinkende Cypressen ein Schlummerlied über dir rauschen!

Verschwunden die Fata Morgana der nebelnden Tiefe, — und seht! dicht empor plötzlich ragen die stattlichen Häuserreihen von Marysville, vom blendenden Lichte Tausender von Gaskerzen erleuchtet.

Die Stadt Marysville, mit einer Einwohnerzahl von ungefähr achttausend Seelen, das Entrepot der noch immer zahlreichen und ergiebigen Goldwäschereien am Feder- und Yubafluß, zur Zeit seiner Blüthe ein kleines San Francisco, hat ein großstädtisches Ansehen. Die breiten, reinlichen und wohl gepflasterten Straßen, mit den schmucken Trottoirs, die schönen, hohen Steingebäude und eleganten Stores überraschten mich nicht wenig, als ich beim Gaslicht vom Bahnhofe nach meinem Hotel fuhr. Doch klagte man auch hier, wie überall in Californien — mit Ausnahme von San Francisco, das den einträglichen Großhandel aller Staaten und Territorien an dieser Küste monopolisirt — über schlechte Zeiten, da ein großer Theil der Goldwäscher aus den nahe gelegenen Minendistrikten nach Washoe und Boise gewandert ist, wodurch Handel und Wandel aller Art bedeutend gelitten haben.

Bald hatte ich mir es im eleganten „Western Hotel" bequem gemacht und ruhte, seit sechs Nächten zum ersten Male wieder, meine zerschlagenen Glieder auf behaglichem Lager aus. Welche Wollust, auf solchem Lager ruhen zu dürfen! Wahrlich, es ist schon der Mühe werth, sechs Tage und Nächte in der Etage sich umherwerfen zu lassen, blos um solchen Hochgenusses theilhaftig werden zu können!

Aber nur kurze Zeit schwelgte ich in solchem sybarithischen Genusse. Bereits halb nach sechs Uhr Morgens wurde ich aus diesem, dem behaglichsten aller meiner Schlummer, höchst unceremoriös geweckt, da die Stage binnen einer halben Stunde nach der Eisenbahnstation Lincoln weiter fahren würde. Alle Stages und Stagekutscher in den tiefsten Abgrund der siebenten Hölle wünschend und Flüche äußernd, über die ich selber erschrak — ein neuer Beweis, daß die Sünde dem Menschen angeboren ist —, kleidete ich mich rasch an und nahm ein gutes Frühstück, und bald darauf rasselten wir durch die schweigsamen Straßen von Marysville, wo noch alle Stores geschlossen waren, dem Endziele unserer Stagereise entgegen. Zwei Mitreisende, die mit dem Ankleiden nicht schnell genug fertig werden konnten, wurden von unserem Kutscher boshafter Weise in Marysville zurückgelassen.

Die gezackte Kette der Butte-Berge zu unserer Rechten, kamen wir bald an den Jubafluß, den wir auf einer langen und wackeligen Holzbrücke überschritten. Dieser Fluß hat ein außerordentlich schlammiges Wasser, in Folge der vielen hydraulischen Goldwäschereien an seinem oberen Stromlaufe, bei denen das Wasser von den Maschinen über und über benutzt wird. Die ersten dieser Minen liegen ungefähr vierzehn englische Meilen oberhalb Marysville. Weiterhin passirten wir den ebenfalls goldreichen Bärenfluß, gleichfalls auf einer Brücke. Dieser Fluß bot dasselbe Bild wie der Feder- und Jubafluß, und ist, wie diese, tief mit Schlamm angefüllt, das Produkt der ausgewaschenen Erdmassen an den oberen Stromläufen.

Dann ging's weiter, über eine öde, rothe Sandebene, auf der Eichen vereinzelt dastanden. Oefters trafen wir Emigrantenfuhren, die mit Hab und Gut nach Oregon zogen. Andere Emigrantenwagen, die von Oregon kamen, begegneten jenen, beide Theile eine neue Heimath suchend, — ein seltsames Schauspiel, aber in Californien etwas Alltägliches, wo mehr als hunderttausend Menschen fortwährend von einem Platze zum andern wandern, um nach Reichthümern zu suchen. Fünf Meilen von Lincoln kamen wir über eine wasserlose Hochebene, die reich an Gold ist, aber wie viele andere, ihnen ähnliche, in Californien wegen Mangels an Wasser entweder gar nicht oder doch nur während der Regenzeit, hier der Winter, ihren köstlichen Inhalt der Habgier der Menschen erschließt.

Um elf Uhr Vormittags fuhr unsere Stage endlich glücklich auf den Bahnhof von Lincoln, wo das eiserne Roß uns erwartete und schnell weiter nach der Stadt Sacramento brachte, nach einer Fahrt von über siebenhundert englischen Meilen, seit wir Portland verlassen hatten.

Und hier will ich von dem freundlichen Leser für diesmal Abschied nehmen, in der Hoffnung, daß er mir nicht ungern auf dieser meiner 700 Meilen-Stagereise durch blühende Thalgründe, über hohe Gebirge und durch goldreiche Wüsteneien der Länder am fernen Stillen Meere gefolgt ist. Vielleicht daß wir uns einmal auf einem andern Punkte dieser schönen Erde wieder sehen und wieder in Gesellschaft mit einander reisen werden. Hast Du meine Bekanntschaft alsdann in wohlwollendem Andenken behalten, freundlicher Leser, nun, so wird das Wiedersehen doppelt freudig sein, und wir können ferner mit einander plaudern, wie eben nur treue Reisegefährten es zu thun verstehen.

Sein oder Nichtsein.

Von Friedrich Münch.

"To be, or not to bo"; — ja, das war die Frage seitdem es Vernunftwesen giebt. Warum aber ist diese Frage nicht längst gelöi't durch das, was wir beständig um uns vorgehen sehen, nämlich das **Endigen des Lebens durch den Tod**? Warum nahm man nicht von jeher diese einfache und klare Thatsache als unwiderjprechliche Entscheidung, zufrieden mit der Wahrnehmung: wie am Abend die Sonne untergeht, so endigt im Sterben das perjönliche Dasein? — Im Gegentheile waren es im Ganzen nicht Viele, welche mit dieser Lösung sich begnügten, und durch die gesammte Entwickelungsgeschichte der Menschheit hindurch bis heute geht theils jene Frage und theils eine dem offenbaren Augenschein zuwiderlaufende Beantwortung, tief eindringend in den Kreis der Vorstellungen, der Phantasiegebilde, der Hoffnungen und Motive sowohl der Gebildeteren als der weniger gebildeten Masse. Unleugbar rankte an dem Glauben perjönlicher Fortdauer — wie an der Ulme die Rebe — die geistige Entwickelung des Menschengeschlechtes sich empor, und er diente als mächtiges Hülfsmittel zur Dämpfung der ursprünglichen Brutalität und zur Veredlung des menschlichen Wesens.

Hauptsächlich erst in unjerer Zeit, welche alles Hergebrachte einer strengeren Kritik unterwirft, es analysirt und secirt, hat man nicht allein die eben erwähnte Thatsache wieder mehr hervorgehoben und gesordert daß sie als Entscheidung angenommen werde, sondern auch den angeblichen Werth des Glaubens an Fortdauer durchaus bestritten. — Darüber nun gerade und über den augenblicklichen Stand der Dinge, nicht über ihre **Lösung**, will ich ein paar Worte sagen. Ich bringe damit ein Thema zur Besprechung, das man in unjerer Zeit — außer in frommen Kreisen — meistens umgeht, als ob es ein wunder Fleck wäre, den man nicht berühren mag, indem ich wenigstens diesen Gegenstand nicht zu den sogenannten müssigen Fragen rechnen kann, bei welchen nichts darauf ankommt, ob sie so oder anders entschieden werden.

Man sagt — und ich sage auch so —: Das Gutsein und Rechtthun muß seinen Werth in sich selbst haben, nicht diesen erst von einem künftigen Zustande und einer Art von Handel (Belohnung oder Bestrafung in einer künftigen Welt) borgen; für den Gläubigen und den Nichtgläubigen gelten ganz die gleichen Gesetze der Sittlichkeit und die gleichen Pflichten, und das ächte Gefühl der Ehrenhaftigkeit ist von keinem besonderen Glauben abhängig. Dagegen wäre es thöricht, einen Menschen deshalb anklagen oder herabsetzen zu wollen, weil er bei den schweren Lebensaufgaben und bei den mächtigen Lockungen, wenn er etwa am „Scheidewege" steht, den Gedanken an Unsterblichkeit mit zu Hülfe nimmt, gerade wie der jüngere Mensch in seinem Handeln schon darauf Rücksicht nimmt oder nehmen mag, was in späteren Jahren ihm frommen wird. Der Gedanke an eine künftige Vergeltung mußte jedenfalls dazu beitragen, die Forderungen des Sittengesetzes klarer zu stellen, und überhaupt ist ja die

U e b e r l e g u n g die sicherste Bändigerin der tobenden Begierde, und der Gedanke an die Zukunft, die nähere oder entferntere, ist ein die augenblickliche Aufregung mäßigendes, zur Ausdauer im Lebenskampfe ermunterndes, das ganze Handeln ordnendes und des Menschen durchaus würdiges Erwägen. Laßt die Menschen Selbstbeherrschung lernen, und seid zufrieden wenn sie solche üben, woher auch immer sie den Antrieb dazu nehmen mögen. Die Antriebe mögen nicht gleichen Werth haben, aber der Erfolg ist dennoch erfreulich.

Man sagt ferner, daß die Hoffnung auf den „Himmel" dem Menschen den Genuß der Erde verderbe. Wer ist der Glückliche? Der, welcher das hat, was ihn b e f r i e d i g t. Wer ist elend? Der, welcher entbehren muß, was er als befriedigend sich vorstellt, oder auch ein Schmerzgefühl nicht entfernen kann. Jeder nimmt zu jeder Zeit die Freude, welche er haben kann, sofern sie ihm eine ist, und entsagt ihr nur, wenn er ein mehr als sie aufwiegendes Uebel mit in den Kauf nehmen müßte, oder eine höhere Befriedigung damit verscherzen würde. Rücksichten vielerlei Art können uns bestimmen, auf einen sich darbietenden Genuß zu verzichten oder ein vermeidbares Unangenehmes zu ertragen; wir thäten es nicht, wenn die so gewonnene innere Befriedigung nicht wohlthuender wäre als das Hingeben an den Genuß und die Flucht vor dem Uebel, oder wenn das der Nichtbeachtung jener Rücksichten folgende bittere Gefühl nicht schwerer zu ertragen wäre. Der Genuß selbst ist flüchtig und läßt wenig Tröstliches in der Seele zurück; der dauernde innere Friede — das Gleichgewicht der Seele — ist die Hauptsache. Wie viel Erdengutes man im Leben genossen hat, darauf kommt viel weniger an als darauf, wie viel innere Befriedigung man davongetragen hat. — Auch stört in Wirklichkeit der Glaube an eine jenseitige Fortdauer den Genuß des Augenblicks nicht mehr, als überhaupt der Mensch die Freude, welche sich heute ihm bietet, durch den Gedanken an das, was morgen sein wird, sich verkümmern läßt. Der Glaube an ein Jenseits ist nicht nothwendig ein finsterer oder kopfhängerisch machender. Kennen nicht vielmehr wir Alle eine Menge der aufgewecktesten und lebensfrohesten Menschen, welche zugleich fest an jenem Glauben halten? Sie erwarten keine Ungarweine im künftigen Leben, und trinken sie, sofern sie zu haben sind, hier mit gerade so viel Behagen wie der Allerungläubigste. Man braucht überhaupt gar nicht den Menschen die Mahnung zu geben: „Genießt den Reiz des Lebens!" —; denn wenn nur die Mittel zum Genusse geschaffen sind, so kommt das Uebrige von selbst. Dagegen ist der freiwillig Verzichtende niemals zu bedauern, da er immer sein reichliches Entgelt hat, — auch der Eremit und selbst der Säulenheilige hat es, obgleich die Welt über ihre Thorheit lacht. Genöthigt sein zur Entbehrung durch Mangel oder durch erzwungenes Rücksichtnehmen ist allein das Beklagenswerthe, das Unmenschliche.

Man hat auch gesagt: Der, welcher den Tod als das Ende seiner Existenz betrachtet, geht ruhiger und bequemer aus der Welt, als der nun noch auf eine zweite Auflage des Daseins, von welcher er doch keine klare Vorstellung haben kann, Rechnende. Dies ist wenigstens gegen meine Erfahrung. Ich habe nicht wenige Zukunftsgläubige sterben sehen mit einer Heiterkeit des Hoffens und des Vertrauens, um die man sie beneiden möchte und die selbst das Weh des bittersten Todesschmerzes ihnen versüßte. Ich weiß auch von Nichtgläubigen, daß sie mit vollster Fassung aus dem Leben gingen; es war dies das höchste innere Zusammennehmen (bei ganz rohen Menschen mag es Stumpfsinn sein), eine staunenswerthe Resignation, mit welcher sie den Uebergang aus dem Sein in das Nichtsein geschehen ließen. Von Andern weiß ich, daß sie mit mehr als kindischer Furcht an das geliebte Erdendasein sich klammerten, und bei dessen nahem Ende in ihrer Verzweiflung einen wahrhaft bejammernswerthen Anblick darboten; sie schienen zu denken: Ich habe mein Gutes dahin, und nun ist es mit Allem aus.

Ist es nun wirklich eine natürliche und leichte Sache, daß man sich die eigene nahe Vernichtung vorhält? — Alles im Leben beziehen wir auf uns selbst, d. h. auf unsere empfindende, denkende und bewußte Persönlichkeit, — alles Andere, auch das uns Liebste, ist nur eine Zuthat dazu und ohne sie auch ohne alle Bedeutung; der denkende Mensch verzichtet deshalb mit Bewußtsein auf Alles, indem er die Fortdauer seiner Persönlichkeit aufgiebt. Das kann er allerdings, wenn er muß; aber ist solches Verzichten, alles andere denkbare Verzichten weit übersteigend, unserem Wesen gemäß? — Je weiter unsere innere Fortbildung fortschreitet, desto mehr entwickelt sich die eigenthümliche Persönlichkeit; damit erst werden wir als Individuen bedeutend, damit erstarkt unser Selbstgefühl, damit erst gewinnt das Dasein, welches außerdem nur mehr ein Vegetiren wäre, seinen höheren Werth. Die Erhaltung oder Vernichtung der Persönlichkeit ist darum doch wohl keine leicht zu nehmende oder gleichgültige Frage.

Der Dichter läßt den zum Tode bereiten Cato sagen:

„Recht hast Du, Plato.
Woher denn sonst die süße Hoffnung, ja,
Dies mächt'ge Sehnen nach Unsterblichkeit?
Woher dies inn're Grausen, diese Furcht,
Zu Nichts zurückzufallen? Warum schreckt
Der Sinn in sich zurück, Vernichtung denkend?
Es ist die Gottheit, in uns redend, und
Der Himmel selbst weis't auf ein Jenseits hin."

Freilich, Vernichtung wäre nicht eigentlich ein Leid, vielmehr ein Zurückfallen in das Unbewußte, was wir ja, so oft wir uns zur Nachtruhe begeben, nicht einmal ungern uns gefallen lassen. Und ist einmal der bewußte Zustand aufgehoben, was läge daran, ob die Aufhebung sieben Stunden oder ewig dauert? Mir fällt Cicero's Beweisführung immer wieder ein: Wenn du Die, welche nicht mehr sind, bedauern willst, dann mußt du es überhaupt als ein Unglück ansehen, nicht da zu sein, und also die Zahllosen beklagen, welche niemals gelebt haben.

Doch es wird uns weiter gesagt, daß von einer eigentlichen Vernichtung gar nicht die Rede sei. Wirklich geht auch nicht das kleinste Theilchen von dem, was wir wirklich waren, verloren, nämlich kein Atom des unsern Organismus bildenden Stoffes. Ferner bleiben unsere Gedanken, wenigstens theilweise, indem sie sich in Thaten ausprägten, welche in ihren Folgen fortwirkten, oder indem sie auf andere Weise sich erhalten.

Mit dieser Art von Unsterblichkeit ist indessen, wie mir dünkt, wenig gewonnen. Was kümmern mein bewußtes Ich die beständig sich ausscheidenden Stofftheilchen des Körpers und zuletzt die ganze vermodernde Hülle? was die neuen chemischen oder organischen Verbindungen, in welche sie übergehen werden? — Und was von Thaten und Gedanken noch eine Zeit lang oder für Jahrtausende sich erhalten mag, gehört den Zurückbleibenden und mag für diese Werth haben, — für ein vernichtetes Bewußtsein bedeuten sie nichts.

Die Vernichtung ist zu ertragen, wie gesagt; aber die Frage ist, ob der zum klaren Selbstbewußtsein und dem damit verbundenen Gefühle selbstständiger Persönlichkeit entwickelte Mensch den Gedanken der Vernichtung als etwas Natürliches, unserem menschlichen Wesen Entsprechendes, uns während des Daseins Befriedigendes sich vorhalten kann.

Der Dichter des Hamlet hat auch darin Recht, daß die Vorstellung des möglichen „Träumens" im Todesschlafe doch in uns Allen, selbst in den theoretisch Ungläubigsten, nicht leicht ganz abzuweisen ist.

„Wer möchte tragen Hohn und Schlag der Zeit,
Unrecht und Schmach, von roher Hand verübt,
Verschmähte Lieb' und Schmerzen aller Art,
Wenn blanker Dolch sogleich die Wunde heilt?
— — — — Zu sterben, schlafen,
Zu träumen auch wohl! Ja, da steckt der Knoten. —
Die Furcht vor Etwas n a ch dem Sterben macht
Uns feig und läßt die Uebel uns ertragen." u. s. w.

Wie oft im Leben sind die Mühen, Sorgen und Bitterkeiten des Augenblickes viel größer als die etwa bleibenden Annehmlichkeiten! Daß die Umstände sich auch wieder ändern können, sagen wir uns zwar; aber damit wird der Schmerz des Augenblickes nicht geheilt, und das theoretisch Richtige wäre, das Leben freiwillig in allen Fällen zu endigen, da man vorziehen würde, empfindungs- und bewußtlos zu sein. Dennoch kommt es nur ausnahmsweise dazu, weil das mögliche „Träumen" die Hand zurückhält. Der Gedanke daran scheint zur Oekonomie des menschlichen Daseins zu gehören, weil außerdem Niemand mehr da wäre. Es kommt mir vor, als ob auch die Ungläubigsten ihrer Sache doch nicht so gewiß wären, wie man es in Betreff eines mathematischen Satzes sein muß; denn nur in seltenen Fällen legen auch sie Hand an ein selbst verkümmertes Dasein. Andere haben dies freilich gethan, auch mit dem Glauben an Fortdauer, dann aber doch wohl meistens in einem nicht zurechnungsfähigen Zustande, oder mit einer Art von innerer Verwahrung, wie Cato, Sand, Weidig u. A. — Will man dagegen das Ertragen von unerträglich scheineuem Elend einer angebornen und instinktartigen Liebe zum Dasein zuschreiben, so ist damit bestätigt was ich sage, daß nämlich die Vorstellung der Vernichtung unserem menschlichen Wesen zuwider ist. Und dabei denken wir nicht nothwendig an das Fortbestehen des gewohnten Organismus, sondern die Fortdauer des bewußten Ich ist es, worum es gilt.

Als ich 1859 mit Ludwig Feuerbach u. A. auch über diesen Gegenstand redete, sagte er mir: Was mich am meisten wundert, ist, daß gerade die Menschen, deren Dasein nicht Werth genug hat, um es einmal zu durchleben, nun auch noch u n s t e r b l i ch sein, d. h. auf dieselbe oder doch ähnliche Art für immer fortexistiren wollen. Freilich ist damit die Sache nicht abgethan. Ich möchte fast die Partei jener armen Verwahrlos'ten nehmen, deren Dasein werthlos vorüberzugehen scheint; denn wenn im schlimmsten Falle der Gedanke an Fortdauer etwa die einzige ideale Vorstellung wäre, die sie während eines sonst verkümmerten oder bedeutungslosen Lebens in sich tragen, so ist das immer noch besser, als wenn auch diese eine ihnen fehlte. Mag der Gedanke des Indianers an die ergiebigeren Hirschgegenden, welche droben seiner warten, mag der ähnliche Gedanke unserer Vorfahren an eine Walhalla mit Schwerteslust und Becherklang das noch sehr unvollkommene Aufdämmern einer idealen Welt sein, — eine Morgendämmerung, ein Hinausgehen in Gedanken über die bles animalische Existenz ist es immer, und solche „kind'schen Spiele" mit tieferem Sinn, wie die ganze uns vorliegende geschichtliche Ausbildung des Glaubens an Fortdauer, sind unserer Beachtung werth. An keiner andern Frage hat doch das menschliche Sehnen, Dichten und Denken in gleich inniger und sich selbst erhebender Weise sich geübt, so daß es uns nicht zukommen kann, dieses wahrhaft menschliche Ringen nach Licht und innerer Befriedigung mit stolzem Hohne herabzusetzen.

Doch diese Herabsetzung wird durch eine weitere sehr schwere Anklage begründet, welche man neuerdings vorgebracht hat und deren hier noch gedacht werden muß, nämlich die, daß, indem man die Menschen mit der Hoffnung auf den Himmel abspeis'te, man ihnen um so leichter die F r e i h e i t raubte, und daß Sklaverei und Himmelsglaube immer Hand in Hand gingen. In diesem Sinne sagt H. Heine:

„Den Himmel überlassen wir den Engeln und den Spatzen; — —
Ein neues Lied, ein besseres Lied, — es klingt wie Flöten und Geigen,
Der Freiheit Lied u. s. w."

Wahrheit liegt ohne Zweifel in diesem Vorwurf, aber auch Uebertreibung. Auch ohne den, allerdings vielfach mißbrauchten, Glauben an ein für irdische Misere Ersatz gewährendes Jenseits wären die heutigen Völker doch vermuthlich nicht weiter in der Freiheit. Das menschliche Wesen, wie wir es kennen, scheint in seiner Entwickelung aus der Rohheit zur Bildung, der zeitweiligen Gewaltherrschaft — sei es durch Stammväter, Heeresanführer, Könige, Barone oder Priester — nicht haben entbehren zu können, und die Freiheit kommt sobald die Menschen, d. h. die Masse der zusammen Wohnenden, die dazu erforderliche Stufe der Einsicht, der Selbstbeherrschung und des Selbstgefühls erreicht haben. In allem Diesem ist doch eigentlich der Glaube an ein Jenseits nicht hinderlich, und so sehen wir in der That, daß auch **mit diesem Glauben** für Erringung und Erhaltung der Freiheit muthig und opferfreudig gekämpft wurde — in der alten wie in der neuen Welt. Ja, was die Opferfreudigkeit betrifft, so scheint es naturgemäß, daß mit dem Glauben an Fortdauer der Freiheitskämpfer sein Leben sogar bereitwilliger wagt und hingiebt, als der Andere, der erwarten muß, durch solches Opfer sein Alles zu verlieren, — da denn doch die Freiheit bisher nicht ohne Kampf zu erringen war.

Außerdem hat in Wirklichkeit der Himmelsglaube die Menschen keineswegs verhindert, sich das Erdendasein so annehmlich wie möglich zu machen. Sie haben nicht **allein** Kirchen gebaut, sondern auch stattliche Wohnhäuser, Straßen und Brücken, Gaststuben, Ballsäle, Bäder und Spielhäuser, Theater und Eisenbahnen, haben Waarenlager aufgespeichert, Gold und Silber aufgehäuft und überhaupt der Erde Alles, was sie geben will, abzuringen gesucht — Alles zur Erhöhung der Annehmlichkeit des, wenn auch kurzen, Erdendaseins, ohne darin durch überirdische Hoffnungen im Geringsten sich stören zu lassen. Allen Erdengütern haben sie nachgestrebt, und wenn auch die **Freiheit** ein solches ist, warum sollte auf sie allein ihr Streben nicht mit gleichem Eifer gerichtet worden sein, sofern nur die Bedingungen der Freiheit gegeben waren? Man vergesse aber nicht, daß die Freiheit nicht blos ein irdisches, sondern vielmehr ein ideales Gut ist, und daß — was auch die Erfahrung lehrt — der Vollgenuß von zeitlichem Wohlsein keineswegs vorzugsweise zum Ringen nach der Freiheit antreibt und bejähigt. Gerade mit dem steigenden Sinnengenusse und den vermehrten Mitteln dazu ging meistens die Freiheit verloren, deren die Völker, so lange sie arm und auf die einfachsten Bedürfnisse angewiesen waren, sich erfreut hatten. Die behäbige Bourgeoisie sträubt sich gegen die ihren Besitz sicherstellende Gewaltherrschaft wenig, mag sie sich für unsterblich halten oder nicht, und die Sehnsucht nach Freiheit, wenn sie mehr ist als ein Verlangen, den Hunger zu stillen und nicht unter Peitschenhieben sich todt arbeiten zu müssen, wird erst mächtig, wenn durch höhere Bildung die idealen Forderungen über die materiellen das Uebergewicht erlangt haben. Man muß nicht die ideale Richtung in den Menschen todtschlagen, wenn man ihnen die Freiheit sichern will.

Kann man mit Recht sagen, daß die modernen Völker, welche der Autokratie oder Büreaukratie geduldig den Nacken beugen, „verhimmelt" seien, da ja anerkannt — wie es auch immer mit ihrem Glauben an Fortdauer stehen mag — unsere Zeit gerade für die sogenannten **materiellen Interessen** mehr thut als irgend eine frühere? Die Vermehrung und größere Befriedigung der sinnlichen Bedürfnisse wird die Freiheit nicht bringen, diese oder jene Phase der religiösen Entwickelung wird sie nicht wesentlich hemmen oder fördern, sondern sie wird kommen — die rechte nämlich —, sobald die **Idee** über die animalische Existenz die Herrschaft gewinnt und die Menschen hinreichend gesittet, gebildet, dabei praktisch verständig, mannhaft und aufopferungsfähig geworden sind. Das Niederreißen der Kirchen allein wird nicht dazu helfen; das wäre ein ganz unpraktisches Verzweiflungsmittel; — die Franzosen versuchten es, und sind heute noch Unterthanen; die Amerikaner unterließen es, und sie sind frei. Gerade die Letzteren hängen sehr fest an ihrem Himmelsglauben, und doch, wer wagt es, ihre Freiheit anzutasten? Dieselbe ist ihnen zugleich ein irdisches und ein ideales Gut, von welchem sie freilich erst noch immer mehr einen würdigen Gebrauch zu machen lernen müssen.

Will man nun die Menschen unserer Zeit, die sogenannten civilisirten nämlich, in Bezug auf die Frage nach Fortdauer in **Klassen** abtheilen, so mögen es dieser fünf sein.

1) Die **Religiös-Gläubigen.** Sie haben kein Bedenken und keine Zweifel. Eine göttliche Vorsehung, die Alles zum Besten lenkt, und ein Fortleben in einer besseren Welt oder in einem vollkommneren Zustande nach dem Abschlusse des an Mühen und Täuschungen so reichen Erdendaseins sind die Hauptpunkte nicht nur des christlichen Kirchenglaubens, sondern beinahe aller Religionslehren, welche auch dann noch bleiben, wenn vieles Andere von dem als unhaltbar erkannten Beiwerke von den Fortgeschritteneren wieder beseitigt wird. Es bleibt nichts von der Religion übrig, wenn man den Glauben an Gottheit und Ewigkeit wegnimmt. Mögen dabei die weniger Gebildeten an noch sehr sinnlichen Vorstellungen haften, die Gebildeteren ihren Glauben mehr verfeinert oder vergeistigt haben, in der Hauptsache, in der unerschütterlichen Zuversicht, sind sie einander gleich. Alle Einwürfe, die man dagegen erheben mag, halten sie keiner Beachtung werth, und sie leben und sterben in dem unantastbaren Glauben an Gott und Unsterblichkeit. Diese Klasse ist jetzt noch die zahlreichste von allen.

2) Die **philosophisch Ueberzeugten.** Die kritische Philosophie Kant's und seiner Nachfolger nimmt ihre Argumente für die Unsterblichkeit her theils aus dem Wesen des Geistes an sich, welches in jedem Betrachte einen Gegensatz bildet zu den wandelbaren, stofflich zusammengesetzten Dingen, theils besonders aus dessen sittlichen Anlagen, welche auf eine endlose Vervollkommnung berechnet scheinen und für welche in dem irdischen Dasein gleichsam der Rechnungsabschluß nicht zu finden ist. Alles in der Natur — sagen uns jene Philosophen — weist auf eine Ausgleichung hin (dem verheerenden Sturme und den thurmhoch sich hebenden Wellen folgt die Ausgleichung), die sittlichen Forderungen dagegen finden ihre Ausgleichung nicht im Verlaufe des irdischen Daseins, welchem darum noch ein anderes folgen muß. Auch unsere Dichter, Schiller und, wenn wir Ackermann's Versicherungen glauben dürfen, Göthe in seinen letzten Jahren, huldigten dem Glauben an geistige Fortdauer, unabhängig von allen Kirchenlehren.

3) Eine andere philosophische Schule, zwar nicht modernen Ursprunges, aber neuerdings besonders thätig und zahlreicher Anhänger sich erfreuend, predigt den Atheismus (Gottesleugnung) und Nihilismus (Vernichtungsglauben)

zugleich; es ist die Schule der sogenannten **Materialisten**, welche nur den **Stoff** nebst der diesem an und für sich oder in seinen mannigfaltigen Zusammensetzungen anhängenden Kraft (die immer nur Eigenschaft des Stoffes ist) gelten lassen.

Die erbarmungslose und für nicht Wenige schauervolle Einfachheit der materialistischen Lehre empfiehlt sich doch in unsern Tagen Tausenden, die vergebens nach einem andern Halte suchten. Sie lös't das Räthsel des Lebens, oder sie zeigt vielmehr, daß es gar kein solches giebt. Wir stehen nicht länger vor einem Vorhang, der erst noch weggezogen werden müßte; denn dieser Vorhang besteht nur in der Einbildungskraft der Menschen: Alles ist ganz klar; ein einziges Wort lös't Alles, und dieses Wort heißt **Nothwendigkeit**. Die Welt mit allem ihrem Zubehör und ihren ewigen Gesetzen ist da als ein **Nothwendiges** (wem das nicht einleuchtet, dem ist eben nicht zu helfen); wir selbst sind nichts mehr als ein Stück dieses Nothwendigen, ein aus Atomen chemisch und mechanisch zusammengesetzter Organismus; die Art dieser Zusammensetzung, verbunden mit Einwirkungen darauf von außen, bedingt nothwendig all unser Denken, Fühlen und Thun; ja, was wir Denken, Selbstbewußtsein zc. nennen, ist nichts Anderes als Wirkung des bewegten Stoffes (der zitternden oder schwingenden Gehirnfasern); die Ausdrücke Geist, Freiheit, Selbstständigkeit sollten als eine Nichtigkeit aus unserer Vorstellung und aus jeder Sprache entfernt werden; denn Gedanken, Gefühle, Entschlüsse und Handlungen kommen ebenso nothwendig, wie der Donner dem Blitze folgt; der Organismus lebt früher oder später sich aus, die Bewegung steht dann still, und die Theile zerfallen wieder; diese Theile, an sich unzerstörbar, mögen von der Natur (eigentlich Nothwendigkeit) wieder anders verwandt werden, und so leben wir fort, wie eine explodirte Dampfmaschine fortlebt, deren Holztheile man zu Feuerung verwendet, während die Eisenstücke wieder zu anderem Gebrauche dienen mögen; oder wir leben auch in unsern Thaten fort, wie ebenfalls die Thaten einer Maschine, welche Personen und Güter befördert oder Körner zermalmt und Bretter gesägt hat, was Alles nicht wieder ungeschehen gemacht werden kann.

Mit dieser Lehre ist den Menschen ein großer Theil von schwerer Denkarbeit abgenommen; denn von aller möglichen Erkenntniß bleiben nur die exakten Wissenschaften übrig, während man die abstrakten und vor Allem die Theologie und Metaphysik, diese schwierigsten von allen, begraben kann.

Dagegen erweitert sich unser Mitgefühl; denn die sämmtlichen mit Empfindung begabten Geschöpfe sind unsere Verwandten, die Affen vermutlich unsere Blutsverwandten. Sie sind im Wesentlichen was wir sind: zeitweilig belebte Individuen; sie wollen im Ganzen was wir wollen: ihres Daseins froh werden; sie fallen zurück in das Nichts wie wir selbst; auf ein Bischen Vernunft mehr oder weniger kommt es dabei nicht an, denn eine Grenzlinie, wo das Thierische aufhört und das Menschliche anfängt, ist nicht zu ziehen. (Wir sogenannten Civilisirten sind, indem wir Fleisch essen, doch eigentlich nicht beſſer als die Cannibalen, die eben nur das zartere Menſchenfleiſch vorziehen, und ſollten zugeſtehen, daß, wenn der Menſch, auch der niedrigſt ſtehende, außer andern Rechten auch eines auf Leben zu beanſpruchen hat, dann auch der Erwürger eines Thieres, das ja — wie behauptet wird — alle weſentlichen Eigenſchaften des Menſchen beſitzt, nicht minder ein Mörder iſt. Hirn iſt Hirn, ob ich es aus dem Schädel eines Menſchen oder eines Schweines ſpritze. Freilich ſcheint es lächerlich, durch willkürliche Geſetze beſtimmen zu wollen, was ſein ſoll und was nicht; denn da Alles mit Nothwendigkeit erfolgt und deshalb, da es iſt, auch „vernünftig iſt", ſo iſt ja die Ermordung eines Menſchen ſo unvermeidlich wie die Tödtung eines Sperlings oder einer Fliege.)

Doch der Leſer verzeihe die Abſchweifung. Die Hauptſache iſt die Gewißheit des Materialiſten: Ich (d. h. was man Geiſt genannt hat, der aber nichts Weſenhaftes iſt) kehre im Sterben in das Nichts zurück. Schiller iſt ſo zu verbeſſern:

<blockquote>
Wort gehalten wird in jenen Räumen
Keinem ſchönen, gläubigen Gefühl;
Wage nicht zu hoffen und zu träumen, —
Denn es liegt kein Sinn im kind'ſchen Spiel.
</blockquote>

4) Zweifelnde, — Solche, welche entweder in Folge ſcharfer Prüfung, oder auch mit inſtinktartigem Widerwillen die materialiſtiſche Lehre von ſich weiſen, zugleich von den Kirchenlehren ſich emancipirt haben und dabei ehrlich genug ſind, einzugeſtehen, daß die Beweiſe der abſtralten Philoſophie für die Seelenfortdauer höchſtens Wahrſcheinlichkeitsgründe ſind, welche den einmal erwachten Zweifel nicht wie ein mathematiſcher Satz zu beſeitigen vermögen. Sie mögen denken, daß dem Menſchen die Gewißheit über dieſe Frage verſagt ſein und das Leben hingehen ſolle zwiſchen Hoffen und Entſagung. Unfähig, den „Vorhang" zu lüften, begnügen ſie ſich mit der über die Aufgaben des Lebens erlangten Klarheit, finden in deren Erfüllung den wohlthuenden inneren Einklang, ſchätzen die Lebensfreuden, jedoch nicht über ihren Werth, und gehen mit ruhiger Faſſung der Entſcheidung entgegen. Was iſt der Tod? Entweder ein Schlaf wie jeder nächtliche, vor dem wir darum nicht zu erbeben brauchen, weil am nächſten Morgen ihm kein Erwachen folgt, — oder aber der Uebergang in ein vollendeteres Daſein, deſſen Art und Weſen zu erforſchen jedenfalls vergebliche Anſtrengung wäre. — Bedeutend in dieſem Betrachte ſind Göthe's Worte: „Unſere Wünſche ſind Vorgefühle der Fähigkeiten, die in uns liegen, Vorboten desjenigen, was wir zu leiſten im Stande ſind." Daß der Wunſch nach Fortdauer unſerem menſchlichen Weſen natürlich iſt, wer wollte das ernſtlich beſtreiten, oder wer könnte den ſo alten und ſo allgemeinen Glauben daran anders erklären? Doch ſind Hoffen und Ahnen kein ſicheres Unterpfand, und wir kommen auch in dieſer Sache, wie bei ſo vielem Andern im Leben, über das größere oder geringere Vertrauen nicht hinaus.

5) Die Spiritualiſten. Eine nicht geringe Zahl der amerikani-

schen Spiritualisten besteht aus ehemaligen Orthodoxen, der deutschen aus früheren Materialisten. (Ich weiß, daß auch unter unsern hiesigen Landsleuten nicht wenige der Allerbedeutendsten mit spiritualistischen Versuchen sich eifrig befassen, obwohl ihre Stellung sie verhindert, dies öffentlich bekannt werden zu lassen, indem bei dem jetzigen Stande der öffentlichen Meinung der Eine fürchtet, seine Wirksamkeit zu verlieren, der Andere sogar sein Brod, und noch ein Anderer sich nicht in unangenehme Streiterei verwickelt sehen mag.)

Die am höchsten entwickelten Spiritualisten (wie A. J. Davis) sehen — so sagen sie uns — mit ihren geschärften Augen (mit ausnahmsweise bereits verklärten Sinnen) aus dem todten Körper den Aetherleib des unsterblichen Geistes sich bilden und dann davonschweben; sie verkehren ohne Schwierigkeit mit den kürzlich oder auch längst Abgeschiedenen und fühlen die beständige Nähe besonders geliebter Todten; auch Andere erhalten auf verschiedene Weise Mittheilungen durch von Geistern beeinflußte Medien, die Niemand sonst machen könnte, sobald nur die Bedingungen hergestellt wurden, unter welchen dies möglich ist. Dies Alles wird nicht betrachtet als etwas Wunderbares oder Uebernatürliches, sondern als erfolgend nach ebenso fest bestimmten Naturgesetzen, wie Regen und Thau, nur daß für diese geistigen „Manifestationen" der Sinn der Meisten jetzt noch zu blöde ist. Es wird darauf gerechnet, daß die neue Entdeckung — auf welche freilich gar Vieles schon in alten Zeiten hinweis't — binnen kurzer Frist Gemeingut der Menschheit werden, alle Arten von Seltenglauben sammt materialistischen Irrlehren zu nichte machen und damit ein ganz neuer Abschnitt der menschlichen Bildungsgeschichte beginnen werde. Verglichen mit dem, was nunmehr die Menschheit sein wird, wenn erst mächtige Geisterhände von der andern Welt her in ihre Entwickelung eingreifen, sind alle bisherigen Fortschritte nur als schwache Anfänge zu betrachten. Was sind alle Telegraphendrähte über Festlande und unter Oceanen hin gegen die Geister-Telegraphie vom Himmel zur Erde, gegen die noch immer lebendigen Geisterstimmen Derer, die vor tausend und mehr Jahren da waren, und nunmehr bereits einen so viel klareren Blick gewonnen haben müssen?

Kein Frommgläubiger kann seiner Sache gewisser sein, als die Anhänger des Spiritualismus es der ihrigen sind, nicht beirrt durch Trug und absichtliche Täuschung, welche auch dieser Sache — wie jeder andern, auch der heiligsten — sich leider bemächtigt haben. Was früher nicht als möglich gedacht wurde, ist geschehen: die Fortdauer ist ad oculos demonstrirt, und Denen, welche den thatsächlichen Beweis in Händen haben, erregt natürlich das Grübeln und Tasten der Andern, oder auch das Verdammen und Höhnen der erfahrungslos Widersprechenden nur ein mitleidiges Lächeln. Hat auch dieser neue Geister-Verkehr in seinem jetzigen Stadium noch nicht alle Fragen gelös't, ja manches widerspruchsvoll Scheinende zu Tage gefördert, so begnüge man sich vorerst mit der alles Andere überwiegenden Thatsache, daß die geistige Fortdauer selbst unbestreitbar festgestellt ist.

Ich habe im Vorstehenden die den fünf genannten Klassen Angehörigen in ihrer eigenen Weise — freilich nicht ausführlich — sprechen zu lassen versucht, so daß wenigstens jeder Leser weiß, wohin er selbst gehört. Ich bin zufrieden, wenn meine Arbeit als eine nicht nutzlos angestellte Betrachtung angesehen wird. Nicht um Recht.behalten gilt es mir, wohl aber um eine uns Allen wohlthuende Anregung.

An einen Jubilar.
Eine Epistel von Rudolph Gottschall.

Du würd'ger Greis — die Tage uns'rer Ehren
Sind, leider! Tage auch, die unsre Sorge mehren.
Es ist die böse Welt, die jedes Glück erschwert —
Sie bleibt erbarmungslos, selbst wo sie liebt und ehrt!

Du hast dem Staat gedient — wir wissen das zu schätzen.
Am grünen Tisch und auf Paradeplätzen
Erwirbt man sich zwar nicht Unsterblichkeit —
Der Weg zu ihr ist gar zu weit —
Doch treuer Dienste Lohn, ein gut Gewissen,
Und einer Pension bequemes Schlummerkissen.
Und hat Natur für unsre Lebensreise
Den Staub geformt in dauerhafter Weise,
Sieht man die Jahre sanft an sich vorüberschreiten,
So wie vom Macintosh die Regentropfen gleiten,
Dann winkt aus goldgesticktem Schleier
Zuletzt die fünfzigjähr'ge Jubelfeier.

Du blickst zurück — welch langer Weg — und ehrlich
Gesprochen, weniger anmuthig als beschwerlich.
Erst kommen, ach! die magern Jahre —
Sie bleiben Manchem treu bis an die Bahre.
Man rührt sich für die Zukunft, wirkt und schafft
Für's Vaterland mit jugendlicher Kraft.
Man träumt von hohen Titeln — Excellenzen,
Sieht alle Welt vor sich mit Reverenzen;
Es winken aus der blauen Ferne
Die breiten Bänder und die Ordenssterne.
Der Traum ist schön; indeß — die Wirklichkeit
Ist minder feenhaft — und langsam schleicht die Zeit.

Du bist am Ziel — mit Silberhaaren,
Am Ziel — nach fünfzig langen Jahren.

So hoch du an den Kletterstangen
Des Staats dich auch emporgemüht,
Von edlem Eifer heiß erglüht —
Du konntest nicht zur Excellenz gelangen,
Die Ordenssterne blieben oben hangen —
Und heut noch fühlst du mit Behagen
Die Brust mit einem Kreuz geschmückt,
Das du so lange, tiefgebückt,
Nur auf dem Rücken hast getragen.

Der Tag ist schön. Früh springst du aus dem Bette!
Natur macht noch die Morgentoilette —
Sie schmückt sich dir zu Ehren, ohne Frage!
Die Häusergiebel glühn vom jungen Tage;
Die Fenster drüben sind vom Ost illuminirt,
Und mit Guirlanden wird die eig'ne Thür verziert.
Du hörst ein Klopfen, Hämmern, Lärmen —
Der Liebe Geister sind's, die dienend dich umschwärmen.
Dein Blick fällt in die Gärten mit Behagen;
Jetzt weißt du erst, wozu sie Blumen tragen!
Natur bestimmt die überflüss'ge Waare
Zu Ehrenkränzen und — für Jubilare!

Bald ruht dein treues Weib in deinem Arm;
Du dienst ihr noch nicht ganz so lange wie dem Staat!
Doch auch der Tag der Gold'nen Hochzeit naht.
Nachstürmt der Kinder und der Enkel Schwarm.
Die Einen schrein, die Andern declamiren,
Der Eine stockt, der And're hilft ihm nach;
Der Jüngste gratulirt auf allen Vieren;
Ein kleines Babel schwirrt durch das Gemach.

Und selbst der Frühstückstisch versteht die Etikette —
Das zeigt die neue Kaffeeserviette.
Wie farbenfrisch, das reinste Himmelsblau!
Und drein zur angenehmen Schau
Ist eine Jagd gewebt mit Hirschen, Hunden, Rehen,
Gar künstlich ausgeführt, gar freundlich anzusehen.
Und denkst du tiefer nach, du siehst dein eigen Leben,
Ein müdgehetztes Wild, an dir vorüberschweben.
Wer ahnt indeß, daß sich in ihren Falten
Versteckt des Zufalls tück'sche Geister halten?
Die Kinder schwätzen, lärmen, lachen!

Denn strafbar, wer den Kopf an solchem Tage hängt.
Umschlägt die Kaffeetasse wie ein Nachen,
In dessen Segel sich der Wind verfängt.
Ein Riesenfleck begräbt die Jäger und das Wild,
Starrt die Matrone an wie ein Medusenschild.
Ein Schmerzensschrei — auffährt die Schaar der Tischgenossen,
Eh' sich die braune Fluth aufs Festgewand ergossen.
Man zankt — man schreit — der Schuld'ge vor die Schranken!
Schuldlos ein Jeder, ohne Arg und Harm,
Wie an der Throne Sturz der Herr der Franken —
Ein Aermel war es nur — und nicht ein Arm.
Doch tiefverstimmt verläßt der Jubelgreis
Den lärmend aufgeregten Kreis.

Bald rollen Wagen vor — du wirfst dich in die Brust.
Die Subalternen sind's, du schieltest durch die Scheiben,
Und du empfängst sie selbstbewußt —
Die Kluft ist einmal da und muß erhalten bleiben.
Sie stammeln ihre Wünsche schüchtern,
Verschnörkelt nach Kanzleigebrauch — und nüchtern.
Nur Einer steht dort an der Schwelle,
Ein widerborstiger Geselle,
Mit rothem Negerhaar, das auf dem Haupt ihm loht
Wie auf dem Dache eine Feuersbrunst —
Nie stand er hoch in deiner Gunst —
Du hast ihn oft gestraft und öfter ihm gedroht.
Jetzt lächelt er verschmitzt, als wollt' er sagen:
„Wohl wüßt ich manchen Fehl und könnte dich verklagen!"
Das quält dich — und du hörst nicht auf den Sprecher,
Dem Honig von den Lippen fließt,
Weil Wermuth in der Freude Becher
Dir jener rothe Bursche gießt.
Bald bringen ihren Glückwunsch dir entgegen
Die Vorgesetzten und Collegen.
Allein — wo ist der Chef? Unpäßlich — heute!
Du stehst und sinnst, was dies bedeute!
Ist's nur ein Schnupfen ohne Vorbedacht,
Wie ihn das feuchte Wetter mitgebracht?
Wie — oder gönnt er dir den Orden nicht,
Den dir zu überreichen seine Pflicht?
Dir winkt das Kreuz, das bunte Bändchen auch;
Du freust dich nicht, es ist einmal der Brauch.
Wer sein Verdienst so lang' in stiller Brust getragen,
Der trägt's im Knopfloch jetzt mit doppeltem Behagen.

Du aber hast nicht auf den Orden Acht —
Denn daß dir ihn der Chef nicht überbracht,
Läßt allen seinen Glanz verblassen —
Du bist verstört, vermagst dich kaum zu fassen.

Das Festmahl winkt, beim Tusche der Trompeten
Bist du an den geschmückten Tisch getreten.
Dein ist der Ehrensitz, von schöngeformtem Glase
Steht ein Pokal zu deiner rechten Hand,
Vor dir in zierlichster Rococovase
Der dickste Strauß, den dir die Liebe wand.
Doch während rings die tapf're Truppe
Mit Löffeln und mit Gabeln ficht,
Nach kräftiger Mockturtlesuppe
In die Coquillen stürmend bricht,
Da sitzest du mit Unbehagen,
So wie ein Wüstenpilger sturmverschlagen,
Der auf die rechten Pfade sich besinnt;
Nur wenig Löffel, wenig Bissen —
Da, horch! Das erste Lied beginnt.
Du fährst auf, wie erschreckt aus deinem Traum gerissen.
Es folgt ein Toast den ersten Liedern —
Und du — mußt dankend ihn erwiedern.
Darum das träumerische Sinnen —
Du mußt im Geist die Rede überhören,
Aufs Neue stets von vorn beginnen,
Wenn dich die liebenswürd'gen Nachbarn stören.
Und mag man dir nach Baërst's weisen Lehren
Und mit Lucullus' Pracht das Mahl bereiten —
Was nützen dir der Erde Herrlichkeiten?
Du läßt darüber hin im Flug die Blicke gleiten,
Du hast nicht Zeit, die feinste Kunst zu ehren,
Da dir im Kopfe unaufhaltsam
Die Rede wie ein Uhrwerk rollt und treib't.
Doch stockt es stets, du rückst daran gewaltsam;
Die Feder bricht, die Kette reißt.
Da mußt du das Concept verstohlen
Hervor aus deiner Tasche holen,
Und wie ein Knabe, der Verbot'nes nascht,
Ein Sünder, der verpöhnte Freuden hascht,
Erst in die Runde spähn mit scheuem Blick,
Dann wieder in der Serviette Falten,
Wo du mit taschenspielerndem Geschick
Dich mühst, dein Meisterwerk versteckt zu halten.

Zweckessen, deutscher Männer Lust!
Wie hebt bei diesem Worte sich die Brust.
Ihr pflegtet schon beim Meth auf Bärenfellen
Euch einst berathend zu gesellen.
Da habt ihr sicher ausgedacht
Die vielbesung'ne Hermannsschlacht,
Das Werk der Hinterlist und schlauen Diplomaten,
Die heute nicht so gut in den Salons gerathen,
Wie damals in des Urwalds Nacht.

Wie viele hohe Zwecke hat man schon
Bei solchem Mahl befördern helfen:
Die Einheit uns'rer deutschen Nation,
Den Künstlerruhm durchsicht'ger Bühnenelfen!
Der Freiheitsdichter Sturmesfahnen,
Lichtfreundlicher Apostel Ruhmessonnen.
So weiht man festlich neue Eisenbahnen,
So ehrt man würdig alte Primadonnen.
Es darf bei uns kein Lorbeer sprossen,
Er wird sogleich mit Wein begossen.
Und würde Deutschland stark und frei
Durch Gläserklang und Toastgeschrei —
Es bebte längst der Cäsar wie der Czar
Vor unsern Washington und Bolivar!
O, wer bei Tische sitzt, wird gleich ein andrer Mann!
Die harte Schale bricht, der Tagsgeschäfte Bann;
Da zeigt sich das empfängliche Gemüth,
Das für das Große und das Schöne glüht.
Zum Blumenteppich wird der dürre Rasen —
Wo nichts als Wüste war, da blüht es von Oasen!
Und rauscht erst der Begeist'rung Wirbelwind,
Da läßt man leben alle großen Namen,
Und auch so geisterhafte Damen,
Wie Wahrheit, Schönheit, Freiheit sind.
Ein Jeder glaubt, es werde ihm gelingen,
Um ihre Taille seinen Arm zu schlingen.
Doch wenn am nächsten Tag er aus dem Schlaf erwacht,
War Alles nur ein Spuk der Nacht.

Zweckessen — mag der Zweck das Mittel heil'gen!
So denkt der Wirth und hält sich im Versteck.
Doch Mancher will sich nur betheil'gen,
Weil ihm das Mittel selber Zweck.

Und wie der Schweinskopf auf der Schüssel
Die Lorbeerblätter um den Rüssel,
So lassen sich des Stoffs feinschmeckende Vasallen
Des Festes geist'gen Schmuck gefallen.
Ein Toast ist ihnen nur ein Wink, zum Glas zu greifen,
Mit dem sie rasch den „Satz" hinunterschweifen,
Und Höflichkeit ist's nur von diesen,
Prosit! zu sagen, wenn die Redner niesen.

Der Toaste Kunst ist nicht so leicht,
Ihr Ideal von Wenigen erreicht!
Ein Toast muß mächtig an die Herzen klopfen,
Auffliegen stürmisch, ein Champagnerpfropfen.
Ein Knall, ein Blitz, ein Schein bengalschen Lichts,
Ein geistig Feuerwerk — und weiter nichts!

Der erste Toast, du Jubelgreis,
Erklang, gemessen, dir zum Preis.
Der Jubel war nicht überschwänglich,
Noch sind ja Durst und Hunger nicht gestillt,
Und spärlich fließt der Quell, aus dem Begeist'rung quillt.
Du aber sitzest still und bänglich,
Angstschweiß auf deiner Stirn in hellen Tropfen,
Und harrst des Augenblicks, an's Glas zu klopfen.
O warte noch — bald ist's die rechte Zeit!
Bald öffnen sich die Herzen weit,
Und deine Saat fällt auf den besten Boden —
Umstrickt wird jedes Herz von deinen Perioden.
Doch warte nicht zu lang; denn später wirkt der Becher!
Die Hörer werden selt'ner als die Sprecher.
Es wimmelt dann von Demosthenen,
Die sich nach der Tribüne sehnen;
Der eig'ne tiefversteckte Genius
Giebt Jedem seinen Wachekuß;
Der Bienenstock beginnt zu schwärmen,
Und was du sprichst, verhallt im lauten Lärmen.

Jetzt endlich — Alles schweigt! Der Held des Tages spricht.
Blaß ist vor Rührung sein Gesicht.
Es scheint die Stirn in ihren Falten
Die fliehenden Gedanken festzuhalten.
Leicht wie vom Baum die reife Frucht,
So fällt der erste Satz den Hörern in den Schooß,

Und ungezwungen, ungesucht
Löf't sich der zweite von der Seele los.
Schon stockt das Uhrwerk etwas bei dem dritten —
Doch stehst du wieder fest, wenn du auch ausgeglitten.
Nur bei dem vierten Satz — o welche Finsterniß
Um dich, in dir — der ganze Faden riß.
Die Worte bleiben aus und die Gedanken —
Ein unbegreiflich Mißgeschick!
Entsetzt ins Leere starrt der Blick —
Der ganze Saal beginnt um dich zu schwanken.
Ein horror vacui malt sich in den Zügen,
Und vor den Lippen liegt ein Papagenoschloß!
Zum Schlußstein selber will kein Wort sich fügen
Ein großer Nebel ist's, in den die Welt zerfloß.

Es giebt im fernen Indien fromme Weisen,
Die diesen Zustand als den höchsten preisen.
Nirwâna nennen sie's — nichts wollen und nichts denken,
Und gänzlich sich in dieses Nichts versenken.
So geht es dir — Nirwâna — ja, du bist
In diesem Augenblicke ein — Buddhist!

Und rings im Kreis die Schadenfrohen kichern;
Doch einen ehrenvollen Rückzug sichern
Die Wohlgesinnten dir: „Von Rührung übermannt
Ist er, von all den Ehren abgespannt."
Ein donnernd Hoch! — das ist der beste Schluß.
Die Gläser klirren und die Pauken dröhnen.
Dir aber übertäubt's nicht den Verdruß,
Nichts kann mehr das gestörte Fest verschönen.

Und doch — ein Thor, wer nicht Vergessen trinkt,
Wenn ihm ein süßer Lethe winkt!
Wohl lockt ein heit'rer Sinn zu fröhlichem Genuß;
Der beste Mundschenk bleibt doch Aerger und Verdruß.
So schlürfe des Champagners Schaum;
Das Leben wird ein leichter Traum;
Du fühlst dich himmelan gehoben;
Was dich bedrückt, es ist zerstoben,
Die schwerste Last — du merkst sie kaum.
Die Welt wird ein Ballon, von seinem Gas getragen,
Und rosiges Gewölk umschwebt den Himmelswagen.
Schon bist du halb dem Irdischen entrückt!

Tokaier her — jetzt den Rebellenwein!
Frei ist der Mensch und soll es ewig sein!
Wen dieses Nektars Wonnen letzten,
Der kennt auf Erden keinen — Vorgesetzten.
Stoßt an! Wie Adam einst im Paradiese,
Die Sel'gen auf der Asphodeloswiese,
So schwelgen wir im menschlichen Genusse.
Was Rang und Stand! Wozu die alten Zöpfe.
Schmelzt das Metall der Mandarinenknöpfe,
Und seinen „Tschin" behalte nur der Russe.
Stoßt an, Herr Präsident! Wir sind ja Alle Brüder!
Er spricht's, und sinkt erschöpft auf seinen Sessel nieder.

O alter Noah, welch ein Schleier
Legt sich auf's Aug' dir, schwer und matt!
Kaum landet bei der Jubelfeier
Die Lebensarche auf dem Ararat —
Da muß dein Silberhaar noch Schreckliches erleben;
Du bist berauscht — sinnlos — vom Trank der Reben.
Zum Stammeln wird dein Wort, es wird dein Gang ein Schwanken —
Vergebens suchst du jetzt durch Geist zu glänzen.
Zum Rattenkönig werden die Gedanken,
Und sie verwickeln sich mit ihren Schwänzen.

Als du am nächsten Tag erwacht,
Zum bleichen Traum zerrann die Zaubernacht.
Dein Kopf ist schwer, voll Unbehagen,
Die Glieder alle sind zerschlagen.
Dich drückt des heitern Morgens Frische;
Doch sieh' — der große Brief dort auf dem Tische.
So lies ihn nur, und suche dich zu fassen!
Du bist in Ehren aus dem Dienst des Staats entlassen.

Die Sünden der österreichischen Militärverfassung.
Von Edmund Carl Preiß.

Zweite Abtheilung.
II.

Zählt ein Regiment zu seinem obersten Chef eine einflußreiche hohe Person oder einen an der Spitze der Macht stehenden Vorgesetzten als Armee- oder Corpscommandanten, Kriegsminister, commandirenden General ꝛc., so wird es in jeder Beziehung besser gestellt sein, als jene, die sich nicht in einer ähnlichen glücklichen Lage befinden, es wird besseres Avancement und bessere Garnisonen haben. Ist hingegen der Inhaber ein reicher Cavalier, so gründet er Fonds zur Unterstützung seiner Offiziere, verleiht Zulagen ꝛc. ꝛc. Dies wären im Allgemeinen die Vorzüge, welche ganzen Truppenkörpern durch Inhaber erwachsen. Da aber das Fundament der durch das Dienstreglement garantirten Militärinstitutionen „gleiches Recht für Alle" ist, wozu dann Funktionäre, welche die Gleichheit der Rechte alteriren?

Gehen wir von dem Objektiven zu dem Subjektiven der Frage über. Ein Inhaber, der z. B. im Auslande domicilirt und dessen Regiment in Ost-Galizien in Garnison steht, kommt mit demselben in keine andere als schriftliche Berührung und kennt nur dann seine Verhältnisse, wenn er sich einen Adjutanten hält. Alte in Pension lebende Inhaber, die keine Adjutanten halten, bekommen vom Regimentscommando vollkommen ausgefertigte Dienststücke, die sie nur mit dem Namen versehen und remittiren. Bei Parität der Interessen besteht solcher Art nirgends die Gleichheit in der Behandlung der gesetzlichen Präcedenzien.

So vereinigen die Regimentschefs oft die reglementmäßigen Rechte des Oberst-Regiments-Commandanten und Oberst-Regiments-Inhabers — Rechte, die stets getrennt bleiben, weil sie sich retardiren sollen.

Der Oberst ist ohnehin das lebendige Reglement, sein Wille alleinherrschend. Die Uebertragung der Inhabersrechte an das Kriegsministerium würde eine Wohlthat für die ganze Armee sein. Daß übrigens das Verhältniß der Offiziersgrade bei den verschiedenen Waffengattungen ein nichts weniger als billiges ist, geht aus folgenden statistischen Daten hervor:

Die Generalität verhält sich zu den Stabsoffizieren wie 1 : 5.9 (in Frankreich wie 1 : 2.7), diese zu den Hauptleuten wie 1 : 3.4, diese zu den Subalternen wie 1 : 2 im Allgemeinen, im Besonderen hingegen:

	Stabsoffiz.	Hauptleute.	Hauptleute.	Subalternen.
bei der Infanterie	1 :	4.5	1 :	2.3
„ den Jägern	1 :	5.4	1 :	3.1
„ der Cavallerie	1 :	0.9	1 :	2
„ der Artillerie	1 :	3.4	1 :	3.3
„ dem Generalstab	1 :	1.9	— :	—
„ den Genie-Truppen	2 :	2.4	1 :	1.8

Wie man sieht, zeigt sich das günstigste Verhältniß bei der Cavallerie, die 542 Stabsoffiziere und nur 504 Rittmeister hat, dann beim Generalstabe; am ungünstigsten bei der Jägertruppe und der Infanterie.

Es enthalten:
Auf einen General in Oesterr. 1835, in Frankr. 1532, in Preußen 4500 M.
„ „ Stabsoffizier in Oesterr. 308, in Frankr. 615, in Preuß. 250 M.
„ „ Hauptmann in Oesterreich 90, in Frankr. 59, in Preuß. — Mann.
„ „ Subaltern-Offizier in Oesterr. 35, in Frankr. 40, in Pr. — „
oder durchschnittlich auf einen Offizier in Oesterreich 22, in Frankreich 21 Mann.

Weiter können wir auch nicht umhin, uns mit dem schon längst gemachten Vorschlag einverstanden zu erklären, daß die höchste Behörde der Infanterie die Generalinspektion der Infanterie sein sollte und daß, wie dies bei der Artillerie der Fall, die Beförderung sämmtlicher Offiziere vom Hauptmann abwärts und im Gesammtstatus der Linien-Infanterie oder der Jäger, ihm zuständig, für die erledigten Stabsoffiziersstellen hingegen der reiflich erwogene Vorschlag zur Besetzung im Wege des Kriegsministeriums an den Kaiser ginge. Der Generalinspektion zur Seite müßte dann auch ein Infanterie-Committee stehen, in welchem sowohl die Linien- als die Grenz- und Jäger-Offiziere vertreten zu sein hätten und welches alle auf Erhöhung der Schlagfertigkeit, auf Manövrirfähigkeit und sonstige Ausbildung bezugnehmenden Maßnahmen zu prüfen und die Durchführung des als zweckmäßig und praktisch Anerkannten in der ganzen Truppe zu veranlassen hätte. Eine der Hauptaufgaben wäre die Aufstellung eines wohlüberdachten Unterrichts-Systems für die Regiments- oder Brigade-Cadettenschulen, um vollkommen geeignete Individuen zu Offiziersstellen heranzubilden, dann die Reorganisation der Cadettenschulen und deren Umwandlung in Brigadeschulen, weil hierdurch eine bessere Auswahl der Lehrkräfte getroffen werden kann, da die Zahl der Schüler im Regimente für jeden Jahrgang ohnehin zu klein ausfällt. Bei dieser Gelegenheit könnte der früher vom Erzherzog Carl eingeführte Gebrauch, die Regimenter in Brigaden gleicher Nationalität zusammenzustellen, erneuert werden. Erfahrene und erprobte Generäle haben dies zu wiederholten Malen entschieden befürwortet.

In pecuniärer Beziehung ist bekanntlich die gesammte Armee, namentlich in den unteren und untersten Graden, sehr übel daran. Ein Vergleich mit den pecuniären Verhältnissen anderer Armeen ergiebt, daß die Durchschnittskosten für jeden Kopf des Heeres in Oesterreich 264, in Frankreich 330, in Preußen 294 Gulden betragen. Als Ergebniß dieser Zahlenreihen und Betrachtungen können wir daher anführen, daß es kein Land in Europa giebt, in dem ein Soldat im regelrechten Dienst nicht über 210 Gulden zu stehen kommt, und daß Oesterreich diesem Minimum am allernächsten steht.

Die Armeeauslagen betragen bei Preußen $26._0$, Rußland $35._1$, England (Landmacht) $21._8$, Frankreich $19._9$, Oesterreich $28._8$ Prozent der Gesammtausgaben. Die kümmerliche Bezahlung der subalternen Offiziere einerseits und die socialen Ansprüche, die an den General ebenso gut wie an den jüngsten Lieutenant gestellt werden, andererseits, sind Ursache, daß sehr viele, mitunter tüchtige, Offiziere schuldenhalber den Dienst quittiren müssen. Ein Lieutenant bezieht nicht mehr als 36 Gulden, ein Oberlieutenant 44, ein Hauptmann zweiter Klasse 65, ein Hauptmann erster Klasse etwas mehr als 80 Gulden monatlich, während die Löhnung des Soldaten $6._{100}$ Gulden, oder, besser gesagt, 6 Neukreuzer täglich ausmacht. Diese Thatsachen haben dem Offiziersrock in Oesterreich die ebenso traurige als treffende Umschreibung: „glänzendes Elend" verschafft.

22

B. Organisirung der Spezialwaffen.

Zur Organisirung der Spezialwaffen, der Cavallerie, Artillerie und technischen Truppen übergehend, sei vor Allem bemerkt, daß hier im richtigen Verständniß des Friedens zum Kriegsstande wohl nicht unter zwei Drittel des Kriegsstandes heruntergegangen werden kann, um zum Mindesten eine nahezu vierjährige Präsenzzeit zu erzielen.

C. Organisirung der Cavallerie.

Die Cavallerie besteht nach dem gegenwärtigen Stande aus 12 schweren und 29 leichten Regimentern mit 39,188 Mann und 33,222 Pferden, welche im Detail aus zwölf Küraffier-Regimentern zu fünf Eskadrons in Summa sechzig Eskadrons schwerer Cavallerie, ferner aus zwei Dragoner-Regimentern zu sechs Eskadrons, aus vierzehn Husaren-Regimentern zu sechs Eskadrons formirt sind, also zusammen 174 Eskadrons. Somit ist der Gesammtbestand der Cavallerie dermalen 234 Eskadrons.

Oesterreich kann nach einer Erklärung des Referenten im letzten Reichsrathe höchstens 28,000 Mann streitbarer Cavallerie ins Feld stellen, während Rußland über 60,000, Frankreich 40,000 und Preußen über 30,000 Mann verfügt. Allerdings bilden 28,000 Mann Cavallerie eine imposante Macht; allein diese steht in gar keinem Verhältnisse mit der Armee und deckt den eventuellen Bedarf nur auf das Kärglichste. Wir haben dies 1866, als Oesterreich sowohl in Italien als in Böhmen eine Armee aufstellen mußte, auf das Unzweideutigste erkannt und sind in unserer Meinung, daß die Cavallerie auf das Minimum reducirt worden ist und ansehnlich vermehrt werden müsse, neuerdings bestärkt worden.

Die Prinzipien, auf welchen die Organisation der Cavallerie beruht, sind folgende:

1. Bei der Cavallerie kann auf die Verstärkung neuerrichteter Abtheilungen im Falle eines Krieges nicht gerechnet werden, da diese vor fünf bis sechs Wochen nicht schlagfertig sind. Wir haben jetzt kaum so viele Wochen als früher Monate zur Vorbereitung, die Kriege werden in kurzer Zeit entschieden weil sie kostspielig sind, daher neuerrichtete Abtheilungen jedenfalls zu spät kommen werden, wie dies 1859 und 1866 geschah. Aus diesem triftigen Grunde muß die im Kriege nöthige Anzahl Cavallerie schon im Frieden vorhanden sein.

2. Aus demselben Grunde kann man dem System nicht zustimmen, im Frieden den Stand zu vermindern und bei Ausbruch des Krieges Urlauber und Remonten zur Standeserhöhung zu verwenden. Es vergehen sechs bis acht Wochen ehe ein Pferd eingehabert ist, und dann kommt erst die Zeit der Dressur. Mittlerweile sind die entscheidenden Schlachten schon geschlagen; deshalb muß ein Cavallerie-Regiment in der Lage sein, einige Tage nach erhaltenem Befehle sich schon in Marsch zu setzen, da bekanntlich ganze Armeen in acht Wochen concentrirt sein müssen.

3. Das geringste Verhältniß der Cavallerie zur Gesammtstärke der Armee soll ein Sechstel oder wenigstens ein Siebentel der Infanterie betragen. Die österreichische Cavallerie wurde in letzter Zeit nach und nach um ⅓ vermindert und hat gegenwärtig die Stärke von einem Dreizehntel der Infanterie, welches Mißverhältniß nur der traurigen Finanzlage zuzuschreiben ist und durch größere Präsenzzeit der Mannschaft, um eine größere Kriegstüchtigkeit zu erlangen, ausgeglichen werden sollte.

4. Hat die Behauptung, daß die Fortschritte der Bodenkultur und Feuerwaffen-Technik der Entwicklung der Cavalleriemassen entgegenstehen, allerdings etwas für sich; man muß sich aber vor Extremen hüten und bedenken, daß die österreichische Armee nur zu leicht in den Fall kommen kann, auf einem Kriegsschauplatz auftreten zu müssen, wo man durchaus nicht in Verlegenheit wäre, eine doppelte Zahl zu verwenden. Auf dem Marchfelde können z. B. 20,000 Reiter höchst bequem manövriren. In der Schlacht von Wagram waren österreichischerseits 15,692 Mann, während die Franzosen 19,376 Mann hatten, also in Summa 35,000 Mann in Verwendung. Aehnliche Gegenden giebt es in Ungarn, Polen, Schlesien und Deutschland genug.

5. Da endlich die Cavallerie nur selten in großen Heeresmassen und dann meist gegen die feindliche Reserve auftritt, so muß eine gute Reiterei auch auf coupirtem Terrain sich fühlbar zu machen verstehen, denn der weitaus größere Theil der Cavallerie leistet nicht massenweise, sondern in kleineren Abtheilungen, als Streifcorps, Kundschafter, Vorposten zur Deckung der Lager, Avant- und Arrieregarde u. s. w. Dienste, die von besonderer Wichtigkeit für die Sicherheit der Truppe sind. Kein Feldherr kann mit einer zu geringen Zahl Cavallerie den Sicherheitsdienst betreiben, selbstständige Streifcorps auf größere Entfernung entsenden, den Sieg ausnutzen oder einen Rückzug ausreichend decken; ja der Rückzug kann zur Niederlage werden, wenn keine oder auch nur geringe Cavallerie vorhanden ist. Beispiel Solferino 1859 und noch lehrreicher Königgrätz 1866.

Nach unserem Bedünken ist für die Deckung des Abganges während eines Feldzuges, namentlich bei der leichten Cavallerie, die immer mehr in Aktivität gesetzt wird und bedeutende Verluste erleidet, nicht ausreichend gesorgt, da eine Depot-Escadron, wo der Friedens- zum Kriegsstande nur um acht bis zehn Mann differirt, ein geringer Urlauber- und Reservestand vorhanden ist, daher man gezwungen sein wird, Rekruten und Remonten einzubeziehen, die natürlich in so kurzer Zeit, wo der Bedarf gedeckt sein soll, nicht kriegsbrauchbar abgerichtet sein können. Es wäre daher sehr ersprießlich, bei der Cavallerie wie bei der Artillerie, die doch brauchbare Reiter und Fahrer für den Krieg heranbilden muß, durch eine kürzere Präsenzzeit der Mannschaft im Frieden einen größeren Urlauber- und Reservestand zu erzielen, um nicht gezwungen zu sein, den ersten Bedarf mit zur Noth abgerichteten Rekruten und Remonten decken zu müssen.

Wir verhehlen uns nicht, daß wir hier bei einigen bequemen Cavalleristen auf Widerstand stoßen würden; man wird aber nicht behaupten wollen, daß man nicht im Stande ist, den Mann in der anberaumten Präsenzzeit von vier bis fünf Jahren zum brauchbaren Cavalleristen auszubilden. Um einen Schulreiter heranzubilden, würde freilich diese Zeit zu kurz sein, aber für einen brauchbaren Kampagnereiter dürfte sie mehr als ausreichen, zumal Oesterreich vorzugsweise geborene Reitervölker besitzt. Was Frankreich, Italien und Preußen, Letzterem sogar in drei Jahren Präsenzzeit zu erreichen möglich wird, das wird wohl auch in Oesterreich mit dem vorhandenen besseren Materiale zu erzielen sein. Ueber die Ausbildung der Cavallerie zum Feldgebrauche bestanden von jeher differirende Ansichten unter den Cavalleristen, und unter allen Meinungen hierüber ist wohl jene die beherzigenswertheste, welche sich dahin ausspricht, daß alle gangbaren Künste für den Krieg wenig oder gar nichts taugen. Da die Hauptaufgabe der Cavallerie darin besteht, mit verhängtem Zügel im schnellsten Laufe an den Feind zu kommen, so muß die Cavallerie dies zu lehren und zu kultiviren als Hauptaufgabe bei der Ausbildung betrachten. Wir würden ferner namentlich die Husaren- und Uhlanenregimenter in den Dienst der sogenannten Partisanen-Detachements einüben, deren Aufgabe vor Allem darin besteht, an dem Feind stets Fühlung zu halten, damit keine Bewegung desselben unentdeckt bleibt. Diese Detachements sollen das Auge des Feldherrn sein, sich in kein ernstliches Gefecht mit dem Feinde einlassen, sondern ihn in Flanke und Rücken umspähen, einzelnen Theilen momentan Nachtheil zufügen und dann spurlos verschwinden. Mit einem Worte, sie sollen jene Aufgabe lösen, welche die Türken in den früheren Kriegen den Tartaren und die Russen jetzt noch den Kosaken übertragen. Der amerikanische Krieg lieferte einige sehr nachahmungswürdige Beispiele solcher Partisanen-Detachements.

Als General Grant im Mai 1863 zur Unternehmung gegen Vicksburg schreiten wollte, beorderte er zwei Cavallerie Commandanten mit größeren Reiterabtheilungen ab, und zwar Einen durch den Staat Mississippi, den Andern durch den Staat Alabama, um die Eisenbahnen, Brücken u. s. w., die Vicksburg mit den übrigen Punkten des Südens verbinden, zu zerstören. Diese Unternehmung gelang der Art, daß nicht allein eine große Strecke der Eisenbahnen, sondern auch die große Eisenbahnbrücke über den Pearlfluß gründlich zerstört und die vom Feinde bei seinem Rückzuge nach Raymond abgebrochene Brücke über den Creek binnen zwei Stunden wieder hergestellt wurde, so daß General Grant auf diese Weise, in seinen Operationen gesichert, zur Einschließung Vicksburgs schreiten und die Belagerung am 19. Mai beginnen konnte. Ein anderer kühner Streich wurde von der conföderirten Reiterei in Folge der Schlacht bei Murfresboro im Monate September 1863 mit einer 200 Mann starken Abtheilung auf einer Razzia in das nordöstliche Tennessee ausgeführt und nicht allein die Eisenbahn, sondern auch die wichtigsten Brücken der Virginia-Tennessee-Eisenbahn zerstört, so daß für den Augenblick die Verbindung zwischen Richmond und Knoxville, wenigstens so weit es größere Truppenbewegungen betraf, abgeschnitten war. Das merkwürdigste Unternehmen dieser Art in jenem Kriege war der Einfall des Rebellengenerals Price mit einer

Colonne von 5000 berittenen Mann im Monate September 1863, wobei dort die Pacific-Eisenbahn auf eine Strecke von 80—100 engl. Meilen zu Grunde gerichtet, und was das Bemerkenswertheste dabei ist, die schönsten und größten Brücken zerstört wurden, so z. B. die sogenannte Moselebrücke, 385 Fuß lang und 22,800 Dollars werth, dann die Brücke über den Osageflußj, 122 Fuß lang, aus sechs Bogen mit 181 Fuß Aufzug, 67,000 Dollars werth, von welcher nur ein Pfeiler übrig blieb. Wie und auf welche Art die Arbeit dabei im Detail durchgeführt ward, ist nicht bekannt.

Es dürfte keinem Zweifel unterliegen, daß man bei dem ausgedehnten Eisenbahnnetz in Europa bei künftigen Kriegen derlei Unternehmungen wird ausführen müssen, um sich die Operationen zu sichern, daher es sehr angebracht wäre, sich schon im Frieden klar zu werden, wie und auf welche Weise man im Bedarfsfalle handeln soll. Ueber Adjustirung, Sattlung und Packung, sowie über den Abrichtungsmodus, accommodiren wir uns ganz den bestehenden Vorschriften, die, wenn sie auch manches zu wünschen übrig lassen, doch von jetwebem strengeren Tadel freigesprochen werden müssen, und stimmen der Ansicht eines bekannten und fähigen Reitergenerals, daß Niemand in der Cavallerie Stabsoffizier werden sollte, der nicht die Central-Cavallerieschule mit vorzüglichem Erfolge absolvirt hätte, aus voller Seele bei.

Nur auf solche Weise würden Cavallerieführer aus der Cavallerie herangebildet werden, wie Prinz Eugen, Erzherzog Carl, Schwarzenberg und Radetzky es waren. Dagegen sollte das Avancement der Cavallerie nach demselben Systeme wie bei der Infanterie durch die Cavallerie-Inspektion veranlaßt werden, wonach auch die erforderlichen Transferirungen der Offiziere, um diesen die Auslagen für den Wechsel der Uniformen zu ersparen, geregelt werden können.

D. Organisirung der Artillerie.

Die Organisirung der Artillerie ist nach den Erfahrungen des letzten Krieges der einzige Punkt der österreichischen Armeeorganisation, welcher zu wenigen oder fast gar keinen Beschwerden Veranlassung giebt. Die Artillerie war von jeher eine Hauptstärke der Armee und ihr vorzüglicher Ruf in und außerhalb derselben ein weit mehr begründeter und verdienter als jener der Cavallerie. Sie ist seit Carl V. der Hauptsitz der Intelligenz und des erprobten militärischen Wissens und Könnens, ihre Offiziere und Soldaten sind durchgehends Fachmänner, Letztere nicht selten auch Berufssoldaten, und ihr Corpsgeist ist ein über alles Lob erhabener.

Nordalbingiens Dichterkreise.
Von Friedrich Zegow.

II.

„Der Verfasser dieser Oden soll Klopstock heißen. Möcht'n doch wohl 'n mal sehen. Ich stelle mir den Dichter vor als 'n schönen, weichherzigen Jüngling, der zu gewissen Stunden plethorisch wird, so desperat als wenn unser einen der Nachtmoor reitet, und dann tritt 'n Fieber ein, das den schönen, weichherzigen Jüngling beiß und krank macht, bis sich die Materia peccans in eine Ode, Elegie oder des etwas secernirt; und wer ihm zu nah kommt, wird angesteckt. Braga steigt herab durch's Laub der Eiche, zu schwängern die Seele des vaterländischen Dichters, daß sie zu seiner Zeit an's Licht bringe eine reife, kräftige Frucht." So sprach sich in seiner originellen Weise Asmus, der Wandsbecker Bote, in seiner Recension über den ersten Band von Klopstocks Oden aus. Sein Wunsch, den Verfasser 'n mal zu sehen, ging zur Genüge in Erfüllung; er war ein Mitglied des edlen Dichterkreises, welcher sich um den Sänger des Messias und des Vaterlandes schaarte, und von diesem Kreise ging ein großer Theil der Anregungen aus, welche, der Göthe'schen Richtung gegenüber, dafür sorgten, daß Deutschlands Dichter auch deutsche Männer seien, „in Thaten und in Weisen". Ein Glück war es für Deutschland, daß in der Blüthezeit seiner Literatur diese beiden Richtungen in so ausreichender Weise neben einander vertreten waren. Es wären sonst entweder auf der einen Seite das Vaterland und die Freiheit, oder auf der andern die Anmuth und Schönheit zu kurz gekommen.

Klopstock war in der That ein schöner Mann, zugleich weichherzig und kräftigen Geistes. Die Strenge seiner Poesie theilte sich, wenigstens in jüngeren Jahren, keineswegs seiner äußeren Erscheinung mit. Die Umgangsformen der feinen Welt hatte er, ohne auf einen Augenblick seinen ächt volksthümlichen Charakter zu verleugnen, vollkommen in seiner Gewalt, und übte einen magnetischen Zauber auf seine Umgebung aus. Erst später, als ihn die Scenen der französischen Revolution beängstigten und an seinem Ideal irre machten, als es ihm immer klarer wurde, daß er nimmermehr so recht der Dichter des Volkes sein werde, als er auf den unglücklichen Gedanken gerathen war, eine neue deutsche Orthographie einzuführen, keinen Einzigen bewegen konnte, dieselbe anzunehmen, und selbst davon abgeben mußte, wurde er starr und verschlossen, und brachte einen seiner wärmsten Verehrer, den edlen Johann Heinrich Voß, zu dem Geständniß: „Ich trage mich schon lange mit einem unerträglichen Gedanken. Klopstock hat aufgehört, mir zu sein was er mir war! So heißt der schreckliche Gedanke" · Charakteristisch ist es für die edle Aufrichtigkeit und unbezwingliche Wahrheitsliebe des „Eutinischen Löwen", daß dies Geständniß sich in seinem Briefwechsel mit Klopstock selbst vorfindet.

Johann Heinrich Voß und die Brüder Stolberg — das waren die Männer, welche, neben Claudius, am meisten dazu beitrugen, den Hamburg-Wandsbecher Dichterkreis, dessen Mittelpunkt Klopstock bildete, berühmt zu machen. Wie weit ihre Verehrung für ihr poetisches Vorbild ging, offenbart sich unter Anderem in einem der Briefe von Voß an Ernestine Boie, die später seine Frau wurde. „Wir gingen bis Mitternacht in meiner Stube ohne Licht herum und sprachen von Deutschland, Klopstock, Freiheit, großen Thaten. Es stand eben ein Gewitter am Himmel, und Blitz und Donner machten unser ohnedies schon heftiges Gespräch so feierlich ernsthaft, daß wir in diesem Augenblick ich weiß nicht welcher großen Handlung fähig gewesen wären."

Voß befand sich damals noch in Göttingen, aber er sehnte sich fort und wollte nach Hamburg übersiedeln. Die Gründe seiner Sehnsucht sind, wie sie in einem vom 17. November 1714 datirten Briefe niedergelegt werden, interessant genug, um hier einen Platz zu finden. „Collegia hör' ich doch nicht, und Griechen und Engländer (die jetzt mein Hauptstudium sind) kann ich auch in Hamburg haben. Dazu kommt, daß wir (der Göttinger Dichterbund) hier von den Professoren außerordentlich gehaßt werden, weil wir Klopstocks Freunde sind und Niemandem die verlangte Cour machen. Man erzählt die lächerlichsten Geschichten von uns, von Eichenkränzen, die wir beständig trügen, von einem Ochsenberge (ich kenne ihn nicht), wo wir nach Art der Hexen nächtliche Zusammenkünfte halten sollen, 400 an der Zahl, Alle in Ziegenfellen gekleidet, und mit großen Krügen versehen, woraus wir Vier trinken, und solche Alfanzereien mehr, die dem Professorwitz Ehre machen." Karl Blind wird es lieb sein wenn ich hier die Bemerkung einschalte, daß Voß zu den deutschen Schriftstellern gehört, welche dem Tyrannenmorde das Wort reden. In demselben Briefe kommt die Stelle vor: „In Schönborns Heldengesang vermissest Du den christlichen Geist. Was verstehst Du darunter? Unsere Religion verbietet uns doch nicht, dem Wütherich, der uns das Blut aussaugt, den Schädel zu spalten, wenn dadurch ein Volk gerettet werden kann. Freiheit ist das erste Gut der Schöpfung." Dergleichen Grundsätze konnten allerdings dem Professorwitz nicht behagen.

Nachdem er seine Uebersiedelung ins Werk gesetzt, wohnte Voß, als Claudius Nachbar, in Wandsbeck, und dort wurde zum ersten Mal der Homer in klassisches Deutsch übertragen. Die äußern Verhältnisse des Dichters waren nicht der glänzendsten Art. In Betreff der Zeit mußte er sich auf die Sonne oder auf seinen Instinkt verlassen, denn eine Uhr konnte er nicht erschwingen. Damit er und seine Ernestine am Abend arbeiten könnten, mußten sie dicht zusammenrücken, und bei einem dünnen Talglichte wurden gleichzeitig Hexameter gedrechselt und Strümpfe gestopft. Die Männer der Intelligenz befanden sich damals noch bedeutend mehr in der Gewalt der Buchhändler als jetzt, und von ihrer Generosität ließen sich gar kuriose Geschichten erzählen. Lessing erhielt für seine Minna von Barnhelm nicht einen Dent an Honorar, Gellert für seine Fabeln 31 Gulden. Klopstock bekam für den Bogen, wenn sein Verleger bei Laune war, zwei, gewöhnlich aber nur einen Thaler. Dennoch machte Herr Göschen mit den Oden die glänzendsten Geschäfte, und zuweilen überkam ihn eine Anwandlung von Schamgefühl. In einem solchen Moment ließ er Klopstock eine Hose und Weste machen, und führte ihn selbst damit herum, auf daß man den großmüthigen Geber herausfühle.

Klopstock wurde im Laufe der Zeit ein Misanthrop, Claudius so fromm, daß der lernige Seume, mit dem Knotenstock in der Hand von seiner Sommerreise durch Rußland und die skandinavischen Länder zurückkehrend und durch Wandsbeck kommend, sich nicht überwinden konnte, ihn zu besuchen. Der stets gesunde, lebensmuthige, männliche, energische, bis zum letzten Athemzug freie Johann Heinrich Voß aber siedelte erst ins Hannoversche, dann nach der Oldenburgischen Enclave im Holsteinischen über, und wurde berühmt als der große Eutiner. Eine nach seinem Begriff glänzende Anstellung harrte seiner dort. Er wurde Rector, mit einem bescheidenen, aber für seine Ansprüche ausreichenden Gehalt. Zwar bellagte er sich bitter über die erbärmliche Wohnung mit dem Hühnersteig als Treppe; aber auch über größere Unannehmlichkeiten hätte er sich hinwegsetzen können, und sein Genius trieb Blüthen, welche, wunderbar duftig und farbenprächtig, nie verwelken können.

Ein klassischer Ort ist das liebliche Eutin, welches uns Carl Maria von Weber gegeben und vor einigen Jahren seine Asche zurück empfing. An den Ufern seines wunderreizenden Ullei-Sees haben Männer gedacht und gedichtet, welche zu den Besten ihrer Zeit gehören — Herder, Matthisson, Stolberg, Claudius, Klopstock, Wieland, Schiller, und viele, viele Andere. Wer aber jetzt Eutin besucht, der denkt zuerst an Voß und an seine Luise, dies köstliche Idyll, welches nur in Hermann und Dorothea ein Seitenstück findet, und nach Göthe's freimüthigem Geständniß demselben in keiner Weise nachsteht.

Der „Eutinische Gastfreund" ist Voß selbst, Grünau das in der Nähe von Eutin liegende Malente, und was der Dichter uns singt, ist ein Stück aus seinem Leben. An jedem Sonntag pflegte er mit seinem Schwager Rudolph Boie nach Malente hinauszugehen, um bei dem dortigen Pfarrer Weise den Sonntag zuzubringen. Ernestine folgte zu Wagen. Werther Leser, ich weiß nicht, ob dir jemals das Glück zu Theil wurde, in der lieben alten Heimath der Gastfreundschaft eines Landpredigers zu genießen, welcher von der Orthodoxie so frei war wie die Blumen seines Gartens, in dessen Familie geistige Regsamkeit, poetisches Leben und innige Liebe zur Schönheit sich über Alles ausbreiteten. War das Schicksal dir in dieser Weise hold, so wirst du begreifen, wie in Voß unter solchen Eindrücken das Gedicht entstehen konnte, welches allein schon hinreichend gewesen wäre, seinen Namen unsterblich zu machen. Es wird keinem Gebildeten, der sich in Eutin befindet, einfallen, den Ausflug nach Malente zu unterlassen. Jedes Plätzchen ist dort klassisch geworden durch Voß und seine Luise. Im dortigen Prinzenholz wird noch jetzt die Luisenbank gezeigt, ein Rasensitz, auf dem der Dichter an seinem Idyll zu arbeiten pflegte. Man sieht im Garten des Pfarrers die Bäume, die er gepflanzt, geht durch eine Allee, welche von ihm angelegt wurde, denn er war ein leidenschaftlicher und kunstverständiger Gärtner. Und kann man es thun ohne sich dem Vorwurf der Zudringlichkeit auszusetzen, so besucht man das Pfarrhaus, in dem „das rosige Mägdlein Luise" häuslich waltete und Voß mit seiner Ernestine verkehrte.

Eines der schönsten Besitzthümer in Eutin hatte Fritz Stolberg inne, der begabteste der beiden einst zum Göttinger Dichterbund gehörenden Brüder, welcher dort Regierungspräsident war. Agnes Stolberg ist eine der lieblichsten deutschen Frauengestalten, und nach ihr heißt die kleine schattige Halbinsel, welche sich in den See hinaus erstreckt, der Agneswerder. Voß war hier in der Nähe ein täglicher Gast, bis — „Fritz Stolberg ein Unfreier wurde."
„Komm her, du lieber alter Fritz!
Wir wollen hier auf Agnes Sitz
Den alten Bund erneuen!"
So sang Voß in einer Anwandlung von Rührung und Sehnsucht nach dem alten Freunde, als er eines Abends auf dem Agneswerder saß und der verflossenen schönen Tage gedachte. Aber zur Erneuerung des alten Bundes war es zu spät. Ein Mann wie Voß konnte Alles vergeben, nur nicht den Verrath an der Freiheit, und einen solchen beging der Graf Friedrich Leopold von Stolberg, als er, der ehemalige wüthende Tyrannenfeind, erst zur protestantischen Orthodoxie, dann zum Katholizismus übertrat. „Wie wurde Fritz Stolberg ein Unfreier?" Das war der Titel der Schrift, welche er über dies Ereigniß herausgab, und über jeder Seite des Bändchens stand die anklagende Formel. Es war eine literarische Harmodiusthat. Schwer mochte es unserem Johann Heinrich werden, dem eigenen Freunde den Dolch seiner vernichtenden Kritik in die Brust zu stoßen; aber es mußte geschehen, denn die Freiheit verlangte es. Nicht weniger Aufsehen als diese Schrift erregte sein Kampf mit dem Kieler Zeloten Klaus Harms, in seiner Art jedenfalls bedeutend folgenreicher als die Fehde Lessings mit dem Hamburger Pastor Götz, wenn auch nicht, wie diese, in einem harmonischen Klang (Nathan der Weise) endend.

Voß war das einzige Mitglied des Göttinger Dichterbundes, vor dem Göthe Respekt hatte. Sein furchtbar gespanntes Verhältniß mit Bürger, die grenzenlose Antipathie, welche durch Göthe's Verschulden sich zwischen diesen beiden Männern entwickelte, ist bekannt, und Göthe's Einfluß mag auch das schroffe, ungerechte Auftreten Schillers gegen Bürger zuzuschreiben sein. Als die Grafen Stolberg sich Göthe näherten, suchte er ihrer so schnell wie möglich ledig zu werden, denn das ungestüme Wesen dieser damaligen Tyrannenhasser war ihm widerwärtig bis zur Unheimlichkeit. Die gründliche Gelehrsamkeit des Eutiner Rektors aber flößte ihm eine hohe Achtung ein, und er nannte ihn den „wackern Eutinischen Löwen", vor dessen kritischem Zahn man sich in Acht zu nehmen habe, während er ihm für seine Luise die wärmsten Lobsprüche zollte. Ich entsinne mich einer Stelle aus den Werken des dänischen Dichters Baggesen, worin dieser erwähnt, wie er den mit seiner Luise beschäftigten Voß in Eutin aufsuchte und derselbe ihm aus dem Manuskript die gerade fertig gewordene Stelle vorlas, wo Luise am Abend vor der Hochzeit das Brautkleid anpaßt und dabei vom Bräutigam überrascht wird. „Wollüstige Thränen", schreibt Baggesen, „rannen mir über die Wangen, und nie zuvor habe ich eine so tiefheilige Rührung empfunden." Wir aber nehmen von Johann Heinrich Voß mit dem Wunsche Abschied, daß sein Meisterwerk in keiner gebildeten deutschen Familie fehlen möge.

Gleichzeitig mit Voß lebte in Eutin einer der originellsten Käuze und eins der naturwüchsigsten Genies, von denen die Kunstgeschichte zu erzählen weiß, der Maler Tischbein, dessen Haus noch jetzt der Besichtigung Fremder offen steht. Göthe, der viel von ihm hielt und den er auf einem Theil seiner italienischen Reise begleitete, verewigt ihn auf charakteristische Weise durch die Worte:

„Erst ein Deutscher, dann ein Schweizer,
Dann ein Berg- und Thal-Durchkreuzer,
Römer, dann Napolitaner,
Philosoph und doch kein Auer.
Dichter, fruchtbar aller Orten,
Bald in Zeichen, bald in Worten."

Als Dichter war Tischbein voll genialer Einfälle, besaß aber seine eigene, aller Rechtschreibung Hohn sprechende Orthographie. Als Maler war er entschieden groß, und in jeder Beziehung eine ächte Künstlernatur. Als Mensch war er liebenswürdig, aber voll sonderbarer Schrullen. Wie sehr er von der Ueberschätzung eigner Leistungen fern war, zeigt folgende Aeußerung in einem Briefe, welcher von seiner Sendung nach Rom auf Kosten eines reichen Gönners handelt: „Wäre es mir nur darum zu thun, mich lustig zu machen oder bequem zu leben, so müßte ich fortfahren, für die unwissenden Leute zu malen; die glauben Wunder was ich bin, und wenn ich sie nur male, so suchen sie mir alle ersinnliche Freude zu machen, die mir aber zum Schmerz wird. Denn wenn ich mich loben höre, oder Jemand mich Maler nennt, so gebt mir ein Stich durch das Herz." Desto befremdender war die Empfindlichkeit, welche Tischbein gegen die Kritik an den Tag legte. In seiner Abwesenheit durften Niemandem seine Bilder gezeigt werden. War er daheim und es wurde angeklopft, so blickte er verstohlen durch die Jalousieen, und je nachdem das Gesicht des Fremden ihm gefiel oder nicht, ließ er ihn eintreten oder abweisen. Er vermied es, bei der Besichtigung seiner Gemälde zugegen zu sein, war aber daneben in seinem Atelier, und hörte, mit sehr scharfen Sinnen begabt, die Bemerkungen der Besucher. Hatte ihn eine Aeußerung besonders verletzt, so kam es wohl vor, daß er dem Kritiker seine Gegenkritik durch das Fenster nachsandte. Als zum Beispiel Jemand, ein Bild in unmittelbarer Nähe betrachtend, sich die Bemerkung erlaubte, die Farben seien doch gar zu grob aufgetragen, rief er wüthend: „Meine Bilder sind nicht zum Lecken!" Diese Sonderbarkeit erklärt sich eben daraus, daß das Lob sowohl, wie der Tadel aus dem Munde von „unwissenden Leuten" ihm unangenehm war; er wollte nur von Künstlern oder entschiedenen Kunstkennern kritisirt sein, und diesen gegenüber war er bescheiden und anspruchslos wie ein Kind. In Tischbeins Gallerie findet man ein Bild, welches die Aufmerksamkeit besonders anzieht und einer Erklärung bedarf. Der Maler selbst steht an der Staffelei, wendet sich halb um, und scheint eine Frage auszusprechen. Bei der Thür steht ein liebliches Mädchen in römischer Tracht, einen Korb mit Wäsche unter dem Arm habend. Sie scheint theils erschrocken, theils freudig erregt, und so steht sie mit halb geöffneten Lippen dem Künstler gegenüber. Die Erklärung zu diesem Bilde liegt in Folgendem. Während seines Aufenthalts in Rom wurde Tischbein seine Wäsche durch eine bildschöne Tochter der ewigen Stadt besorgt. Das Kind gefiel ihm; er beobachtete es, gewann es lieb und beschloß, zu ihm in ein näheres Verhältniß zu treten, wenn es sich machen lasse. So wie wir ihn hier sehen, wendet er sich, als sie ihm eines Tages die Wäsche bringt, zu ihr um und fragt einfach: „Liebes Kind, möchtest Du mich wohl heirathen?" Und mit der nach kurzem Zögern ertheilten Antwort „Warum nicht?" war die Sache abgemacht. Die junge Römerin wurde in der That Tischbeins Frau; dieser aber fand bei näherem Nachdenken den Auftritt doch einigermaßen ungewöhnlich und meinte, es lohne sich der Mühe, ein Bild daraus zu machen. Tischbein gehörte einer zahlreichen Künstlerfamilie an. Sein Vater, sein Oheim, seine Brüder, Alle waren Maler. Aber in ihm allein vereinigte sich der Dichter mit dem bildenden Künstler, und in seiner Totalität bildet er eine Erscheinung, welche, die bedeutendsten Geister jener Zeit frappirend und anziehend, einzig in ihrer Art genannt zu werden verdient.

Von den hier Namhaftgemachten blieb nur Tischbein bis an sein Lebensende in Eutin. Voß, der Sänger der Luise und so manches schönes Gedichtes, der Verdeutscher des Homer, Horaz, Ovid und Shakespeare, wurde von dort erst nach Jena, dann nach Heidelberg versetzt, und lehrte nur besuchsweise verschiedene Mal wieder nach Eutin zurück. Seine größten Geistesthaten aber wurden auf nordalbingischem Boden vollbracht, und bis zum Schluß seines Lebens nahm er an Allem, was sich dort geistig regte, thätigen Antheil.

Dante.
Von J. Jagsthal.

In der schönen Stadt am Arno steht der Fremde an der Via San Martino gern vor einem unscheinbaren dreistöckigen Hause still, das oben nur zwei Fenster-Facaden, unten über einer schmalen spitzbogigen Thüreinfassung die Inschrift zeigt: In questo casa degli Alighieri nacquo il divino poeta. (In diesem Hause der Alighieri ward der göttliche Dichter geboren.) Es war im Mai des Jahres 1265, als dem Alighiero, einem unberühmten Manne aus altadeligem Geschlecht, von seiner Gattin Donna Bella ein Sohn Durante, oder, wie er abgekürzt ließ, Dante geschenkt wurde. Eben eilte das hohenstaufische Haus mit jähen Schritten seinem Untergang entgegen (Manfred blieb bei Benevent, 26. Februar 1266, Conradin ward enthauptet, 29. Oktober 1268), und schon war Dantes Vaterstadt Florenz zum Mittelpunkt der nationalen Bewegung, der städtischen und der literarischen, herangewachsen. Die Ghibellinen, die deutsche antinationale und antipäpstliche Partei, waren fast ohne Ausnahme aus der Stadt vertrieben und Dante wuchs in rein welfischer Umgebung auf. Den Vater verlor er sehr früh; von dem häuslichen Wirken der Mutter ist nichts bekannt. Die erste beglaubigte Nachricht aus dem Leben des jungen Dante fällt in sein neuntes Jahr. Hören wir sie in den schönen Versen unseres Uhland:

> War's ein Thor der Stadt Florenz,
> Oder war's ein Thor der Himmel,
> Draus am klarsten Frühlingsmorgen
> Zog so festliches Gewimmel?
>
> Kinder hold wie Engelsschaaren,
> Reich geschmückt mit Blumenkränzen,
> Zogen in das Rosenthal,
> Zu den frohen Festestänzen.
>
> Unter einem Lorbeerbaume
> Stand, damals neunjährig, Dante,
> Der im lieblichsten der Mädchen
> Seinen Engel gleich erkannte.
>
> Rauschten nicht des Lorbeers Zweige,
> Von der Frühlingsluft erschüttert?
> Klang nicht Dante's junge Seele,
> Von der Liebe Hauch durchzittert?
>
> Ja, ihm ist in jener Stunde
> Des Gesanges Quell entsprungen;
> In Sonetten, in Canzonen
> Ist die Lieb' ihm früh erklungen.

Das Mädchen, einige Monate jünger als Dante, war Beatrice, die Tochter des reichen Nachbars Portinari. Mit einer ungewöhnlichen Schönheit und Grazie begabt, bemächtigte sich das Kind des Herzens und der Phantasie des feurigen Knaben, der später bekannte (im Anfang seiner Dichtungen „Neues Leben"), daß in jenem Augenblick ein neues Leben ihm aufgegangen sei. Die Liebe wurde in dem sehr tief und ernst angelegten, außerordentlich frühreisen Knaben zur Flamme einer glühenden, aber reinen Leidenschaft, welche aus der sich lieblich entwickelnden jungfräulichen Anmuth Beatricens immer neue Nahrung sog. Oft ging er sie zu sehen, und sie schien ihm mehr zu sein als „eines sterblichen Mannes Tochter". Aber die Ausbildung des reichbegabten Geistes sollte unter dieser Leidenschaft nicht verkümmern. Der gelehrteste Mann seiner Vaterstadt, der beste Kenner der Alten, Brunnetto Latini, war Dantes Lehrer; nicht als bezahlter Pedant, denn Brunnetto war ein hochangesehener Staatsmann, aber als väterlicher Freund führte er seine eigene umfassende Bildung in täglichem vertrautem Umgang dem trefflichen Schüler zu. In Gedichten, die uns freilich nicht erhalten sind, versuchte er sich schon in diesen seinen Lehrjahren, derweil seine stille Liebe ihn, mitten in dem üppigen Florenz, „auf dem geraden Wege" hielt und zum Dichter reifte. „Nie bot aber auch — wie Dante später sang — Natur dir oder Kunst ein größeres Ergötzen, als die schönen Glieder, drin sie verschlossen war", also daß „sein Sehnen ein Gut ihn lieben lehrte, darüber man nichts Höheres kann erstreben." Das erste Zeugniß ihrer Huld begeisterte ihn zu dem ersten uns erhaltenen Gedichte, und gleich die frühesten seiner Produkte, welche in die Oeffentlichkeit drangen, verschafften ihm die Freundschaft des bedeutendsten unter den zeitgenössischen Dichtern, Guido Cavalcanti. Ein trefflicher Minnesänger, stand dieser der Kirche sehr frei gegenüber; er mußte sich von einem andern Dichter als Freigeist scharf zurechtweisen lassen, als er sich über ein wunderthätiges Marienbild und die Eifersucht der Franziskaner und Dominikaner, denen der Ertrag dieser Wunder entgangen war, lustig machte. Wie oft mag der geistesstarke Cavalcanti den jungen melancholischen Freund aufgerichtet haben! Beatrice war in ihrem zweiundzwanzigsten Lebensjahr die Gattin eines Andern geworden. Der politische Himmel trübte sich je mehr und mehr. In der Nachbarstadt Pisa unterlag die welfische Partei dem Erzbischof Ruggieri; der Führer der Ersteren, der alte Ugolino, fiel seinen Gegnern in die Hände und erlitt sammt zwei Söhnen und drei Enkeln den Hungertod, von dessen Schrecken, seit der poetischen Verewigung durch Dante, so lange gesagt und gesungen wurde. Nun kam auch für Florenz, wo seit 1282 das Adelsregiment abgeschafft war und in dem Institut der Zunftvorsteher die Demokratie gesiegt hatte, die erste Waffenprobe der neuen Aera. Mit Neapel aus Ghibellinenhaß befreundet, gaben die Florentiner dem Könige Karl II., als er 1289 aus aragonischer Gefangenschaft in sein Erbreich zurückkehrte und ihre Stadt berührte, ein starkes Heergeleite, da sie vernommen hatten, die Aretiner wollten ihm auf der Reise zur Krönung nach Rom den Weg verlegen. Das verwandelte lange vorausgegangene Reibungen und Kämpfe zwischen den beiden Städten Arezzo und Florenz in einen offenen Krieg. Dante kämpfte unter den florentinischen Reiterschaaren mit, auf den Feldern von Campaldino, wo die Aretiner mit einem Verlust von etwa 1700 Todten und an 2000 Gefangenen eine völlige Niederlage erlitten — ein Schlag, von welchem die Ghibellinen sich nicht wieder erholen sollten. Die Sieger aber wollten ihren Muth sofort an den feindlichen Pisanern kühlen. Als Lucca noch im August desselben Jahres gegen

Pisa auszog, unterstützten die Florentiner das Erstere mit 200 Reitern, worunter wiederum D a n t e sich befand, und 2000 Mann Fußvolk. Die Verbündeten drangen bis an die Mauern der Stadt vor, verwüsteten die Landschaft und nahmen endlich ein Castell.

Das folgende Jahr, 1290, brachte D a n t e, inmitten heftiger politischer Gährung, den herbsten Schmerz seines Lebens. Seine Liebe zu B e a t r i c e war durch deren Verheirathung nicht gemindert, vielmehr nur von der letzten Hülle irdischen Verlangens befreit worden. Er sah in ihr nichts mehr, als das edelste Kind „der Tochter Gottes, der Natur", und eine persönliche Darstellung der Harmonie, die Gott seiner ganzen Schöpfung eingeschaffen, „die Fülle höchsten Heils". So begleitete sie ihn auf seinen Feldzügen, war sein leitendes Gestirn auf allen Wegen. Da starb sie, sechsundzwanzig Jahre alt (9. Juni 1290).

>Aus den Thoren von Florenz
Zogen dichte Schaaren wieder,
Aber langsam, trauervoll,
Bei dem Klange dumpfer Lieder.

Unter jenem schwarzen Tuch,
Mit dem weißen Kreuz geschmücket,
Trägt man Beatricen hin,
Die der Tod so früh gepflücket.

Dante saß in seiner Kammer,
Einsam, still, im Abendlichte,
Hörte fern die Glocken tönen
Und verhüllte sein Gesichte.

In der Wälder tiefste Schatten
Stieg der edle Sänger nieder;
Gleich den fernen Todtenglocken
Töuten fortan seine Lieder.

Noch folgte die Phantasie und das Herz des Dichters der Verklärten nach; „aufwärts" war sein ganzer Sinn gerichtet. Aber allmälig, seiner äußeren Erscheinung verlustig, verlor das Ideal seine Macht über den stark erregbaren, für alles Menschliche empfänglichen jungen Mann. Es kam für ihn eine Zeit der Verirrungen, aus denen er erst nach mehreren Jahren zum Andenken an Beatrice zurückkehrte. Zu den Verirrungen ist wohl bereits die Heirath zu rechnen, die er ein Jahr nach der Geliebten Tod mit G e m m a d i M a n e t t o, aus dem bedeutendsten Geschlechte des welfischen Adels, dem der D o n a t i, einging. Es wird erzählt, seine Verwandten hätten ihn dazu bewogen, weil seine Trauer um Beatrice für sein Leben fürchten ließ. So gar unglücklich, wie Manche annehmen, kann übrigens die Ehe nicht gewesen sein, da sie von einer Schaar Kinder, sechs oder sieben, gesegnet war. Schlimmer ist, daß nach des Dichters eigenen Andeutungen er der Sirenenstimme der lustigen schwelgenden Gesellschaften, in welchen die jungen Männer der übermüthigen Volkspartei sich vergnügten, keineswegs erfolgreichen Widerstand leistete. Dorther erklärt sich denn auch die überraschende Kenntniß aller heißen Leidenschaften des Menschen, welche uns fast auf jeder Seite der „Göttlichen Comödie" unseres Dichters entgegentritt. Dagegen führte das freiere, ungebundene Leben dem hochbegabten Dichter auch eine Reihe von neuen Freunden zu; ja wir sehen fast jedes bedeutendere Talent seiner Vaterstadt ihm durch Freundschaft verbunden. So den berühmten Sänger Casella, dessen „liebevoller Sang", nach Dantes eigenem Zeugniß, „all sein Sehnen ihm zu stillen pflegte", die Maler Cimabue, Odonisi von Agubbio und ganz besonders den trefflichsten der alten Meister, Giotto. Selbst dem neapolitanischen Königssohn Karl Martell trat Dante in jener Zeit näher.

Während aber viele „falsche Bilder seine Flügel abwärts drückten", erwachte doch auch wieder das Bedürfniß ernsterer Studien in ihm. Die Freude an der Philosophie führte ihn, der früher vielleicht schon einige Zeit auf der hohen Schule zu Bologna zugebracht hatte, nach der Universität, an welcher das philosophische und theologische Studium vor allen andern blühte, nach Paris. Leider wissen wir von seinem dortigen Aufenthalt kaum mehr, als daß er keine sehr vortheilhafte Meinung von dem französischen Volke von dort mitnahm. „Gab's ein Volk je", fragt er in der Hölle, „leichtsinniger als jenes von Siena? Gewiß, denn die Franzosen sind's um Vieles." Als er in die Heimath zurückkehrte, brach der längst drohende Kampf der Parteien in hellen Flammen aus. Das Haupt des faustrechtslustigen welfischen Adels, der verwegene Corso Donati, vom Volke „der Baron", von den Geschichtschreibern der florentinische Catilina genannt, hatte bei einem Streit Einen von der Volkspartei erschlagen; diese brannte nach seiner Verurtheilung, der eingeschüchterte Podesta sprach ihn frei. Da brach das Volk los, trat in seinen Compagnieen zusammen und verlangte von Giano della Bella, der früher schon an der Spitze gestanden, auch dieses Mal Hülfe gegen die Aristokratie. Giano verwies die Dränger an die Zunftvorsteher; sie aber stürmten den Palast des Podesta und mißhandelten diesen, während Corso sich über die Dächer rettete. Da der vornehmere, gebildete Theil der Volkspartei gegen Giano mißtrauisch war, verbanden sich die Welfen mit Jenen und der volksfreundliche Mann verließ Italien. Jetzt sollte das Volk in die alte unterwürfige Stellung zurückgeworfen werden. Eines Tages erschienen die Welfen mit der ganzen bewaffneten Macht, die sie in der Stadt und in der Landschaft hatten auftreiben können, und forderten vor Allem die Aufhebung der Gesetze gegen den Adel. Nun kam das Volk zur Besinnung und eilte ebenfalls zu den Waffen. Jeden Augenblick konnte der Straßenkampf beginnen; aber das Uebergewicht und die Entschlossenheit des Volkes bewog die Welfen, die Waffen niederzulegen. Und jetzt schieden die meisten ärmeren Geschlechter vom Adel aus, ließen sich in die Zünfte des Volkes einschreiben und suchten durch bürgerliches Gewerbe eine neue Stellung zu gewinnen. Nie war die Stadt in einem blühenderen Zustande, als nach diesem unblutigen Sieg der Demokratie; aber er war auch schon der Anfang ihrer Schwächung. Auch Dante war von seiner Partei ausgeschieden und hatte sich in die Zunft der Aerzte und Apotheker aufnehmen lassen. Was ihm das Treiben seiner Parteigenossen verleidet hatte, war nach dem ganzen Geist seines Wirkens die grenzenlose Ausartung des **romanischen** italienischen Wesens, welcher er sich gegenüber sah und die seiner, man darf wohl sagen, **germanischen** Natur durchaus zuwider sein mußte. Darum stellte er sich auch jetzt keineswegs schroff auf die andere Seite, sondern schritt rücksichtsloses zwischen rechts und links mitten hindurch. Er scheint in den nächsten Jahren nach der Niederlage des Adels ausschließlich zu diplomatischen Geschäften als Gesandter der Republik verwendet worden zu sein. Noch wußte man nichts von den Künsten Macchiavells; noch konnte man auch ehrliche Leute als Diplomaten brauchen und durfte ein sittlicher Charakter wie Dante sich dazu hergeben. Auf den ernsten und starken Mann aber wirkten die politischen Reisen nach Rom zum Papste, nach Neapel an den üppigen Hof, nach den reichen großen Städten Venedig, Pisa u. a. nothwendig läuternd, stählend. Nicht gewaltsam, sondern stetig und harmonisch vollzog sich in ihm, gleichzeitig nach der politischen und nach der religiös-sittlichen Seite, eine Wiedergeburt; der gereifte Mann wurde dem reinen Glück seiner Jugend, wurde seiner jahrelang vergessenen und verlorenen **Beatrice** wieder zurückgegeben. Wieder soll uns der deutsche Dichter dieses neue Leben vorführen.

— — In der wildsten Oede,
Wo er ging mit bangem Stöhnen,
Kam zu ihm ein Abgesandter
Von der hingeschiednen Schönen,

Der ihn führt' an treuer Hand
Durch der **Hölle** tiefste Schluchten,
Wo sein ird'scher Schmerz verstummte
Bei dem Anblick der Verfluchten.

Bald zum sel'gen Licht empor
Kam er auf den dunklen Wegen,
Aus des **Paradieses** Pforten
Trat die Freundin ihm entgegen.

Hoch und höher schwebten Beide
Durch des **Himmels** Glanz und Wonnen,
Sie, aufblickend, ungeblendet,
Zu der Sonne aller Sonnen;

Er, die Augen hingewendet
Nach der Freundin Angesichte,
Das, verklärt, ihn schauen ließ
Abglanz von dem ew'gen Lichte.

Einem göttlichen Gedichte
Hat er Alles einverleibet,
Mit so ew'gen Feuerzügen,
Wie der Blitz in Felsen schreibet.

Ja, mit Fug wird dieser Sänger
Als der Göttliche verehret,
Dante, welchem ird'sche Liebe
Sich in himmlische verkläret.

Aber der äußere sichtbare Weg, der Dante zu diesen Höhen führte, war, je mehr dieser in sich selber fest und glücklich wurde, desto steiniger und dornenvoller. Eine Spaltung innerhalb der vornehmsten Bürgerfamilien der Stadt Pistoja, die Trennung der sogenannten Weißen und Schwarzen, war mit einem Male eine öffentliche, allgemeine geworden, und hatte sich auch nach Florenz übertragen, wohin die hadernden Familien, um sie von ihrer Verfeindung zu heilen, verpflanzt worden waren. Zu den Weißen gehörte der Geldadel, die Ghibellinen und der größte Theil des niederen Volks, zu den Schwarzen das begüterte Bürgerthum und der noch lebensfähige welfische Adel — dort war also das conservativste Element mit dem beweglichsten, hier der grollende Adel mit der höheren Bürgerschaft zusammen. Mit den Schwarzen war durch sein Interesse der Papst verbündet, damals der gewaltige Bonifaz VIII. Das machte die ohnedies schon schwierige Lage noch viel gefährlicher. In dieser kritischen Zeit aber (1300) traf Dante eben das Loos, in das Priorat oder in die Signoria, d. i. die höchste vollziehende Behörde in Florenz, einzutreten. Kaum hatte er, Mitte Juni, mit seinen Amtsgenossen Besitz vom Volkspalast, einer Art Haft, worin sie äußeren Einflüssen unzugänglicher bleiben sollten, Besitz genommen, als am Tage des Schutzheiligen von Florenz, Johannis des Täufers, die Schwarzen, voran die alten Weißen, die Consuln mit Schlägen und Worten mißhandelten. Die Signoria verwies die gefährlichen Schwarzen in ein Castell der Landschaft; zugleich wurden aber auch, am meisten auf Dante's Betreiben, die unruhigsten Köpfe der Weißen auf einige Zeit aus Florenz verbannt. Ja, unser Dichter opferte seiner Ueberzeugung, daß nur gänzliche Aufhebung der Parteiungen das Heil bringe, selbst seinen besten, theuersten Freund Guido Cavalcanti, der, mit den Andern wegen des ungesunden Klimas zurückgerufen, bald nach der Heimkehr starb. Jetzt wandten sich die Schwarzen mit der Bitte um Hülfe an den gefährlichsten Feind der Freiheit und des Rechts, an den Papst. Es blieb den Weißen nichts übrig, als gleich-

falls eine Gesandtschaft nach Rom zu schicken, um ein päpstliches Einschreiten
wo möglich zu hintertreiben. Unter den dazu Bestimmten war auch Dante, der
lange schwankte, was besser sei, in der von Parteiung durchwühlten Stadt zu
bleiben oder den voraussichtlich doch erfolglosen Gang zu thun. Er ging mit
schwerem Herzen, aber gewiß nicht in der Ahnung, daß er seine Vaterstadt nicht
wieder betreten werde.

Und doch kam es so. Schon schickte auf des Papstes Ruf der Bruder des
französischen Königs, Karl von Valois, mit einem Häuflein französischer Ritter
sich zur Heerfahrt nach Italien an. Da war von Nachgiebigkeit für den Papst
keine Rede mehr. Mit einem Ultimatum schickte er die zwei schwankenden,
zweideutigen Mitglieder der Gesandtschaft nach Florenz zurück, um die Weißen
zur Nachgiebigkeit zu bestimmen; die charakterfesten, entschlossenen — Dante
und einen Freund — hielt er, um sie unschädlich zu machen, in Rom fest.
Dante durchblickte das ganze Intriguenspiel, und er hat von dieser Zeit an
einen dauernden Grimm im Herzen getragen, der in seiner Dichtung den un-
zweideutigsten Ausdruck fand.

Während Dante, zu qualvoller Unthätigkeit verurtheilt, in Rom fast ein
Jahr ausharrte, zog Karl von Valois, nachdem er gelobt hatte, sich in die inneren Verhältnisse der Stadt nicht zu mischen, so weit sie außerhalb seines Frie-
densamtes lägen, in Florenz ein, und unmittelbar nach ihm war auch schon der
verwegene Corso Donati mit einem Haufen Genossen und geworbenen Gesin-
dels in der furchtbar aufgeregten Stadt. Die Franzosen verhinderten nicht,
daß diese Bande sechs Tage lang gegen die Weißen mit Raub, Mord und
Brand in der Stadt und Landschaft wüthete, wie seit den Tagen der römischen
Proscriptionen nicht wieder gehaus't worden war. Die Schwarzen hatten jetzt
das Regiment, und sie zögerten nicht, über Jene ihrer Gegner zu Gericht zu
sitzen, welche ihr Arm mit dem Mordstahl nicht hatte erreichen können. Am
27. Januar 1302 ward über Dante und drei andere Häupter der Weißen
Verbannung und eine große Geldbuße verhängt, weil das „öffentliche Gerücht"
wider sie sei und sie speziell „sich dem Kommen Karls von Valois widersetzt,
und sich Betrügereien und Bestechlichkeit hätten zu Schulden kommen lassen."
Am 10. März wurde dieser Richterspruch wiederholt und sogar mit dem Zusatz
geschärft, daß Dante und seine Freunde betretungsfalls lebendig verbrannt
werden sollten, weil sie die auferlegte Buße nicht rechtzeitig entrichtet hätten.
Und doch waren ihre Häuser und ihre Habe schon vorher geplündert oder zerstört! Viele Verse der Göttlichen Comödie bekunden es, wie schmerzlich unserm
Dichter die Verbannung war: „verlassen zu müssen all die lieben Dinge, die
ihm am theuersten", wie heiß er sich bis an sein Ende gesehnt nach „jener
schönen Hürde, drin er als Lämmlein schlief." Unermüdlich war er mit seinen
Gefährten in stets wiederholten Versuchen, sich mit Gewalt oder in Güte die
verschlossenen Thore zu öffnen, machte Reisen zu diesem Behuf, und erfuhr es
schmerzlich, „wie gesalzen schmecke das fremde Brod, und wie so herb der Pfad
ist, den man auf fremden Stiegen auf- und absteigt." Doch war besonders

sein Aufenthalt an dem kleinen Hofe des wackeren Marcello von Malaspina ein keineswegs unangenehmer, getragen von der Achtung und Zuneigung einer Familie, die trotz ihrer alten welfischen Sympathieen und Beziehungen ein Verständniß für eine andere Richtung behalten und überhaupt Sinn für das Edle und Schöne hatte. Dort verkehrte auch der gefeierte Jurist und Dichter Cino von Pistoja mit Dante, der des Ersteren Lyrik sehr hochhielt. Später begegnen wir dem Verbannten bei dem Grafen Guido Salvatico in Casentino, wo nach einem Brief an Marcello „Amor, der Wütherich, seinen Entschluß, den Frauen zu entsagen, vernichtete und seinen freien Willen fesselte, daß er, nicht wohin er selbst, sondern wohin Jener will, sich wenden mußte." Indeß erfüllte die Botschaft, daß der neue König der Deutschen, Heinrich VII., zu einem Römerzug entschlossen sei, sein Herz mit freudiger Hoffnung. Der Papst, der französischen Vormundschaft überdrüssig, kam dem Plan des deutschen Romantikers selber entgegen. Dante glaubte diesem den Weg bahnen helfen zu müssen; er warf ein fliegendes Blatt in die Welt hinaus, worin er seine und seiner Partei frohe Erwartungen ausdrückt, Unterwerfung der Welfen unter den Willen des kommenden Königs predigt und Beweise für die göttliche Bestimmung des römischen Kaiserthums vorträgt — Alles in einem feierlichen, alt-testamentlichen Ton, als patriotischer Sänger und Prophet. Aber in Florenz gab man den Gesandten Heinrichs ausweichende Antworten und rüstete sich unverhüllt zum Widerstand. Im Spätherbst 1310 war der König in Turin, wo die hervorragenden Welfen und Ghibellinen der Lombardei, auch toskanische Ghibellinen, darunter Dante, sich um ihn sammelten. Des Letzteren Geist schwelgte in Ueberschwänglichkeiten; seine Politik hatte, wie seine Liebe, einen religiösen Charakter angenommen.

Heinrich sollte der politische Erlöser wenigstens Italiens werden, diese Aufgabe hatte ihm der schwärmende Dichter zugedacht. Voll Schmerz und Entrüstung sah er seine Vaterstadt des Patriotismus und Kosmopolitismus, welche er in Briefen von ihr forderte, unfähig; ihre Antwort bestand darin, daß von dem Beschluß, welcher den größten Theil der Weißen beim Heranziehen des Königs aus der Verbannung zurückrief, Dante ausgenommen wurde. Er ermahnte den König, statt in der Lombardei Zeit und Kräfte aufzureiben, vielmehr rasch auf den Hauptfeind Florenz loszugehen, mit dessen Demüthigung sich alle andern Städte fügen würden. War es den Florentinern zu verübeln, daß sie am 6. September 1311 das Verbannungsurtheil gegen Dante erneuerten? Ihn selbst machte weder dieses sein Geschick noch die Erfolglosigkeit Heinrichs irre in seiner Begeisterung für dessen Sache. Er schrieb in lateinischer Sprache ein eigenes Werk über die Monarchie, worin er das Kaiserthum als ein von Gott eingesetztes, die ganze Menschheit beherrschendes und zum Heil der Welt unentbehrliches, dagegen vom Papst völlig unabhängiges Institut zu begründen sich bemüht. Das Buch fand wenig Beifall und erhielt erst nach Heinrichs und Dantes Tod, während der Streitigkeiten des deutschen Königs Ludwigs des Baiern mit dem Papst, eine zufällige Bedeutung durch die Ehre, als ketzerisch verdammt und verbrannt zu werden. Kaum erreichte es Heinrich, in Rom gekrönt zu werden, aber nur im Lateran durch einen Cardinal, statt vom Papst in der Peterskirche — da starb er, Zuzug aus Deutschland erwartend, inmitten gegründeter Aussichten, seine Gegner zu züchtigen und niederzuwerfen. Da sein Römerzug nur den Beweis lieferte, daß die Idee des Kaiserthums eine abgestorbene war, hat man von dem früh Weggerafften mit Recht gesagt, daß er zugleich der Märtyrer und Todtengräber dieser Idee geworden sei. Seine Persönlichkeit aber hat das beste Andenken in Italien zurückgelassen. Dante sang ihm eine klagende Canzone nach und wies ihm überdies einen der erhabensten Plätze der weißen Rose seines himmlischen Paradieses an. In ihrer grenzenlosen Bestürzung sammelten sich alle Anhänger des Königs in Pisa, das tausend seiner deutschen Reiter in Sold nahm, um gegen die welfischen Feinde sicher zu sein. Mit Waffengewalt wurde die ghibellinische Partei in Lucca wieder hergestellt, und hier fand Dante bei dem Führer der Ghibellinen Uguccioni zum ersten Mal wieder ein Asyl, wo ihm selbst eine gewisse Befriedigung des Daseins wurde (1314—1316). Lebhaft beschäftigten ihn die Angelegenheiten des damals durch französische Gewalt nach Avignon versetzten Papstthums. Ihm schien, gleich den meisten Italienern, diese „babylonische Gefangenschaft" vom nationalen wie vom dogmatischen Standpunkt aus eine Schmach und ein großes Unglück zu sein. Sein Gönner und Freund Uguccione errang einen ruhmvollen Sieg über die Florentiner, was diese zu einer abermaligen Wiederholung des Verbannungsurtheils gegen Dante veranlaßte. Dem Sieger aber ward die errungene Höhe gefährlich; er fiel und mußte nach Verona fliehen. Das änderte auch die Lage der Florentiner; als die Furcht vor Uguccione überflüssig geworden, konnte auch die bei Seite gedrängte Partei sich wieder rühren, und da ein Mitglied einer dem Dichter befreundeten Familie die Statthalterschaft erhielt, konnte er versuchen, auf seine Zurückberufung hinzuwirken. Der fünfzigjährige Mann sehnte sich mehr als je nach Ruhe. Die Florentiner waren wirklich geneigt, auf seinen Wunsch einzugehen, unter der herkömmlichen Form, die freilich sehr demüthigend war: der Verbannte solle in feierlichem Zug hinter dem Münzwagen des Schutzheiligen der Stadt, eine Mitra auf dem Haupt und brennende Kerzen in den Händen, nach der Johanniskirche sich begeben und hier gegen Erlegung einer Geldsumme sich öffentlich begnadigen lassen. Auf eine Rückkehr um diesen Preis mußte der ehrliche, seines Rechtes bewußte Patriot verzichten; das schrieb er in einem von edlem Selbstbewußtsein und schönem Stolze durchwebten Brief einem ihm verwandten Priester in Florenz, der sich für ihn verwendet hatte. In Toscana war kein Bleiben mehr für ihn; die Ghibellinen waren versprengt. Can Grande, der Herr von Verona, war der Einzige, der die Fahne der Partei noch emporhielt; er hatte Uguccione edelmüthig aufgenommen, zu ihm wandte sich auch Dante. Er fand die liebevollste Aufnahme bei dem jungen, für geistige Bestrebungen empfänglichen Can, der freilich auch Leuten leichteren Schlags, abentheuernden Witzköpfen, Sängern und dergleichen die Thür nicht verschloß, was den ernsten Dante manchmal gekränkt haben soll. In dem jungen Helden sah der Dichter den Johannes, der dem ersehnten Heiland die Wege bahnen sollte, berufen, die kaiserliche Partei in Italien siegreich und groß zu machen, bis vielleicht der ungeduldig erwartete Retter Italiens in der Person eines neuen Kaisers erscheine. Can suchte einen starken Bundesgenossen, und glaubte diesen in dem einen der beiden deutschen Gegenkönige, in dem Herzog Friedrich von Oesterreich, zu finden. Er unterwarf sich Vicenza, wurde zum Generalfeldhauptmann des lombardischen Ghibellinenbundes ernannt, zwang Padua zum Frieden, verleidete aber durch seine stete Abwesenheit dem Dichter das Asyl, das er ihm gegeben. Nach mehrfachem Wechsel des Aufenthalts fand der Arme, der noch immer durch sein großes Gedicht die Rückkehr in sein geliebtes Florenz zu erlangen hoffte, wenigstens rechtzeitig eine Stätte, wo er friedlich seine Augen schließen konnte — in Ravenna, und zwar merkwürdiger Weise unter dem Dache eines Welfen, er, der Sänger des Kaiserthums, der ideale, feurige Ghibelline. Und dieser Welfe sorgte edelmüthig für den vielgeprüften Dichter. Er bewirkte, daß Dantes ältester Sohn Pietro unmittelbar in seiner Nähe leben konnte. So vollendete er hier, in behaglichem Dasein, den dritten Theil der Göttlichen Comödie. Eine Einladung, nach Bologna zu kommen, mit der Aussicht auf die Dichterkrönung, wies er zurück, weil er die Hoffnung, dieser Ehre in Florenz theilhaftig zu werden, noch nicht aufgegeben hatte. Nur zu einer Reise nach Venedig im Auftrag seines Gastherrn entschloß er sich einmal im Sommer 1321. Kaum zurück in Ravenna, ward er von einer Krankheit befallen und starb am 21. September 1321, wenige Monate über 56 Jahre alt.

Seine Asche ruht in Ravenna in der Kirche der Minoriten. Mehrfache, auch neuestens wiederholte Versuche der Florentiner, die sterblichen Ueberreste ihres großen Mitbürgers nach den Gestaden des Arno zurückzubringen, scheiterten an dem Stolz der Ravennaten, den größten Dichter Italiens, einen der größten aller Zeiten, wenigstens mit zu den Ihrigen zu zählen. Darum erinnerte bis zu dem jüngst gefeierten Feste außer dem im Eingang erwähnten Haus der Alighieri in Florenz kein äußeres Denkzeichen an Dante, als ein nicht sehr geschmackvolles Denkmal in der durch große Todte berühmten Kirche Santa Croce, von welcher Byron singt:

    Staub liegt in Santa Croce's Heiligthum,
    Der es noch heil'ger macht....
    Seine Ruh'stätt fand
    Alfieri dort und Angelos Gebein,
    Und Galileis sternenheller Grain;
    Dort ward Macchiavell zum Staub, von dem er kam.

Jenes Dichterdenkmal aber trägt aus Dante's Hölle, wo Homers Annäherung ihm mit diesen Worten verkündigt wird, die Inschrift: Onorate l'altissimo poeta — Ehret den höchsten der Dichter!

Deutsch-Amerikaner, aber keine amerikanisirte Deutsche.
Von Dr. Welsch.

Es giebt Bezeichnungen, Attribute, Begriffe, denen ebensowohl eine bessere und würdigere, als auch eine schlechtere und anrüchige Bedeutung unterliegt, denen, wenn sie sich nicht unter der Parlamentair-Flagge des ausdrücklichen Vorbehaltes als im besseren Sinne verstanden und auslegbar legitimiren, in der allgemeinen Auffassung eine mephitisch-dämonische Deutung anklebt. Die Ausdrucksweise: ein entarteter Junge, ein emancipirtes Weib, ein amerikanisirter Deutscher, — sie werden von Niemandem im optimistischen Sinne als Umgestaltungen nach einer besseren Richtung hin, als veredelter Charakter-Wechsel verstanden, sondern als degradirender Uebergang in einen verderbteren und verkommenen Zustand.

Daß sich die generelle Bedeutung solcher Bezeichnungen nach der Specialität ihrer Metamorphose gleichfalls eigenartig modificirt und gestaltet, ist selbstverständlich genug. So würde z. B. eine deutsche Einwanderungsgesellschaft durch die Einführung eines Fremden unter der Betonung: „Ein durchaus amerikanisirter Deutscher!" in dieselbe Angst und Aufregung versetzt werden, wie die sorglos an der Seeküste Badenden durch den Ruf: „Ein Hai in Sicht!" Hätte man denselben Fremden in irgend einem Welttheile in die Gesellschaft irgend einer Nationalität als „Vollblut-Germanen", „als Deutschen von ächtem Schrot und Korn" eingeführt, diese wenigen Worte würden allenthalben als vollgültige, achtunggebietende Einlaßkarte eines geraden, biederen, leutseligen Ehrenmannes hingenommen worden sein; aber ein amerikanisirter Deutscher! ja ein durchaus amerikanisirter Deutscher! Einwanderer, seid auf Eurer Hut! Er wird sich an Eure Fersen hängen und den Versuch nicht so leicht aufgeben, Euch Quartiere in schlechten, liederlichen Spelunken anzuweisen, Euch unter allerlei Vorspiegelungen in Beschwindlungs-, Spiel- und Lasterhöhlen zu verloken, Euch werthlose Kanal-, Dampfboot-, Eisenbahn-Tickets, gefälschte Lotterieloose, Aktien, Wechsel und Banknoten aufzuschwatzen, Eure Werthsachen mit falschem Gelde abzulaufen, Euch gegen Abschlagszahlung Güter zu verkaufen, die er weder je besaß, noch Ihr je empfangen werdet, Euch gegen Vorauszahlung brillante Unterkommen jeder gewünschten Art verschaffen, die Ihr nie finden werdet, und was immer der modus operandi sei, Euch durch Kniffe, Prellereien und Beschwindlungen zu rupfen, zu übervortheilen und zu verderben.

Wie, fragt da ganz naiv eine blondhaarige Maid aus der Einwanderer-Gruppe, wie wäre aber ein Deutscher all dessen fähig, wessen man ihn so eben beschuldigt? Es ist auch nicht die deutsche Natur, sondern der Mangel oder Verlust derselben, die ihn hierzu befähigen, sei es nun, daß er in einem so jugendlichen Lebensalter hier einwanderte und von solcher Umgebung beeinflußt wurde, daß der deutsche Charakter nicht zur Consolidirung und Reife in ihm gedieh, oder daß dieser Charakter mit dessen Amerikanisirung völlig ausgewittert, ausgelaugt und ausgetrieben wurde, so daß der Betreffende jetzt als abgefallener Engel des Deutschthums erscheint. Freilich ist das Urtheil der amerikanischen Bevölkerung über denselben Mann ein ganz entgegengesetzt günstigeres, und giebt einen nicht mißzuverstehenden Fingerzeig über die national-antipolare Werthschätzung menschlicher Motive, Grundsätze und Handlungen; denn die Amerikaner halten es für eine philiströse Schrulle der Deutschen, diesen Mann mit einer Verachtung manifestirenden Kälte aus ihrem Umgangs- und Gesellschaftskreisen fern zu halten; ist er doch in der Meinung seiner amerikanischen Bekanntschaft ein charmanter Gentleman, spricht fließendes Englisch, hält sich an Garderobe und Hauseinrichtung höchst fashionable und comfortable, ist aus manchem fight ehrenvoll hervorgegangen, ist Mitglied der Bibelgesellschaft, der baptistischen Kirche, mehrerer Logen und des Debattir-Clubs, in denen er erst neulich eine treffliche Rede zu Gunsten der Staatenrechte gehalten, wie er denn auch als Festmarschall bei der letzten demokratischen Convention fungirte.

Wie aber, mag man einwenden, kann ein einzelner Fall maßgebende und entscheidende Gültigkeit für den gesammten Amerikanisirungs-Prozeß beanspruchen, da man hierunter eine Metamorphose nach vielen Richtungen der Anschauungen und Bestrebungen, der Verrichtungen und Gebräuche versteht? — Allerdings ist diese Metamorphose eine so vielgestaltige, daß sie mächtig und nachhaltig in alle Speichen des Rades eingreift, welches im steten Umschwunge unser Leben umkreis't. Denn sich amerikanisiren heißt eine unbegrenzte Anhänglichkeit an die persönliche und bürgerliche Freiheit und einen ebenso tiefen Haß gegen despotische, wie glühende Liebe zur republikanischen Staatsform gewinnen; es heißt an der souverainen Volksregierung aktiven Antheil nehmen, im männlichen Selbstvertrauen sich vollkommen stark auf eigene Kraft und eigenes Erfindungstalent gestützt, fühlen und mit unermüdlichem Eifer seinem Erwerbsdrang neue Bahnen öffnen.

Sich amerikanisiren bedeutet aber noch viel mehr; es bedeutet in Rücksicht auf

Nation: Amerika mit seiner glorreichen Union für das wiedergefundene Paradies und die andern Nationen für den übrigen Rest der Menschheit halten.

Sprache: keine andere als die englische verstehen.

Philosophie: an Prädestination festhalten.

Religion: zum baptistischen oder methodistischen Bekenntnisse übergehen.

Kirche: seine Respektabilität in die Versicherungsanstalt der Volksgunst legen.

Kunst: der bizarrsten Leistung den ersten Preis zugestehen.

Anlage: für alle und jede Leistungsfähigkeit das rechte Zeug in sich fühlen.

Patriotismus: seine Bürgerpflicht für das einträglichste Amt verkaufen.

Politik: sich der Partei anschließen, der sich die meiste Aussicht auf den Wahlsieg bietet.

Beamtenthum: sich der Gemeinde und des Staates als Milchkuh bedienen.

Lebensziel: ein Barnum werden.

Geschäftsverkehr: um jeden Preis Geld machen.

Umgangsverkehr: ohne Entgelt kein Glied rühren.

Gewerbsthätigkeit: leichtfertig für den augenblicklichen Gebrauch sorgen.

Amusement: Temperenzler oder Whisky-Bummler werden.

Gesittung: sich alles Unstrafbare erlauben.

Oekonomie: bei viel show leichtsinnig in den Tag hinein leben.

Ehe: einen provisorischen Geschlechtsvertrag eingehen.

Pädagogik: dem Sichgehenlassen der Jugend zusehen.

Jugend: sich in Jungamerika verlieren, Rowdy und Loafer werden.

Wenn dieses Bild des Amerikaners, dessen Licht- wie Schattenseite, als ein treu nach dem Leben gezeichnetes erkannt und bestätigt werden dürfte, müssen dann nicht die vereinzelten Sterne seiner Vorzüge und Tugenden von den großen schwarzen Wolken seiner Untugenden und Fehler so verdunkelt werden, daß sie als Leitsterne unsicher, ja in's Verderben lockend erscheinen? Kann das selbstbewußte souverain-republikanische Hochgefühl, die dreiste Selbstschätzung eigener Stärke und Kraftfülle, die waghalsige Keckheit fortstürmenden Unternehmungsdranges einen genugsamen Ersatz bieten für den Verlust idealer und gesitteter Regungen, für alle Verkümmerung des Nobel-Menschlichen? Wenn der Gesammtcharakter eines Volkes solch vorwiegende Blößen und Gebrechen nachweis't, daß die Adoption desselben mit einzelnen brillanten Eigenschaften eine höchst namhafte Summe von Mängeln und Fehlern mit in den Kauf nehmen muß, soll dann die Einfalt des kindlichen Gemüthes nicht ebenso laut wie der Verstand der Verständigen — denen der edle Mensch mehr gilt als der beflissenste Politiker von zweifelhaft sittlichem Werthe, der Ruhig-Besonnene mehr als der fortstürmende Glücksritter von verdächtigen Grundsätzen — ihre warnende Stimme erheben gegen unbedingte Annahme solchen Nationalcharakters? Und wäre der deutschen Immigration die Alternative gestellt: entweder gebt Alles auf, was vom deutschen Wesen an und in Euch ist, und eignet Euch den amerikanischen Charakter so wie er ist en gros et en masso an — oder bleibt ewig „grün" und vom Wahlrecht ausgeschlossen, so wäre es tausendfach ehrenvoller, sie verzichtete auf das Bürgerrecht, als daß sie um solchen Preis ihre Menschenwürde verschacherte.

Eine solche Insinuation in solch vollem und unbegrenztem Umfange ist aber den deutschen Eingewanderten durch das Geheiß der Amerikanisirung gestellt; diese begreift nicht nur treue Hingebung und thatkräftige Betheiligung an der amerikanischen Volksregierung und strikte Beachtung der Landesgesetze, sie verlangt auch eine vollständige Incarnation mit dem Wesen des amerikanischen Charakters, mit seinem Denken und Fühlen, mit seinem Glauben und Hoffen, mit seinem Wollen und Thun, mit seinem gesammten Lebenswandel und seiner Lebensart. Die Prätension einer absoluten und durchgreifenden Amerikanisirung auf Grund der Zweckmäßigkeit, der Dringlichkeit oder unabweisbaren Nothwendigkeit müßte gerechtfertigt, ja sogar als Pflichtgebot erscheinen, würde der Beweis geführt werden können, daß die jüngere deutsche Einwanderung der älteren englischen gegenüber sich wie eine inferiore zu der superioren verhalte, könnte die Thatsache constatirt werden, daß das deutsche Wesen dem amerikanischen an reellem Gehalt und Werth bei weitem nachstände. Wohlan denn! Die Deutschen nehmen eine Provocation beiderseitiger Abwägung und Taxation bereitwilligst an. Nation und Volksmasse gegen nationale Gesammtheit, Klassen und Stände gegen gemeinsame Lebensstellungen, der einzelne deutsche Mensch, Familienvater, Bürger, Arbeiter, Farmer, Handwerker, Artist, Techniker, Militair, Kaufmann, Theolog, Jurist, Arzt, Publizist, Gelehrter, Staatsmann gegen den einzelnen amerikanischen Menschen, Familienvater, Bürger u. s. f auf die Wagschaale gelegt, und nicht der Deutsche wird es sein, der zu leicht gefunden wird. Auch die deutschen Weltanschauungen, Bestrebungen, Befähigungen und Neigungen, deutsche Intelligenz und Religion, deutsche Sprache und Literatur, deutsches Verständniß des Nationalwohles und kosmopolitischer Philanthropie, deutsche Cultur und Civilisation sträuben sich nicht gegen den Vergleich mit den amerikanischen; welche nationale Qualität man bei dieser Abmessung und Werthschätzung als Messungsgewicht annehmen möge, in keiner steht der Deutsche dem Amerikaner nach.

Doch es bedarf zur Ehrenrettung des Deutschthums solch schiedsrichterlicher Procedur gar nicht. Die ernüchternde Logik der Thatsachen hat es bereits an deren Statt übernommen, ihm genugthuende Anerkennung gegenüber der ungezügelten Selbstüberschätzung der Amerikaner zu sichern. Zeigen doch officielle statistische Dokumente deutlich und klar genug, um auch dem Blindesten den Staar zu stechen, daß sich gerade d i e Staaten und Landesabtheilungen der Union in demselben Grade an Gesetzesachtung und bürgerlicher Ordnung, an Industrie- und Culturfortschritt, an Wohlstand und Bürgerglück vor allen andern hervorthun, und daß patriotischer Gemeinsinn und Anhänglichkeit, Liebe zur ungeschmälerten Freiheit und republikanischen Tugend eine um so gesichertere Heimstätte gefunden haben, je mehr das deutsche Element in ihnen vertreten und deutsches Beispiel und Wirksamkeit ihren Einfluß geltend machten, — und daß umgekehrt die Gebietstheile der Union sich um so unverkennbarer in Barbarei, Sklaverei, Anarchie, Culturträgheit und generellem Siechthum mühsam fortschleppen, je mehr sie sich und ihrem Amerikanismus selbst überlassen und von der deutschen Immigration abgeschlossen waren. Und würde auch nativistische Beschränktheit und eifersüchtige Antipathie solch ehrendes Zeugniß verleugnen wollen, und würde behauptet, der deutsche Bevölkerungsantheil sei ein so degradirt niedriger, und selbst als Rohmaterial ein so werthlos unbrauchbarer, daß er erst einer completen Metamorphose in sittlicher Reconstruktion, in socialer Regeneration, in politischer Dressur bedürfe, um sich als Culturelement zur Verwendung zu eignen, so würde solche Behauptung durch das historische Faktum widerlegt werden, daß alle nördlichen wie südlichen Staaten der Union, daß Canada, Mexico, Central- und Südamerika ebensowohl, wie alle der Colonisation bedürftigen europäischen Länder: Rußland, Frankreich, England und Holland vorzugsweise deutsche Colonisten mit vollem nebenbuhlerischen Verlangen und unter an Generosität sich überbietenden Anerbietungen heranzuziehen sich bemühen, und hierfür nicht nur ihre Consulate und Gesandtschaften instruiren, sondern zu diesem speciellen Zwecke reisende Commissäre und Agenten unterhalten. Sollten diese Staatsregierungen der neuen und alten Welt nur staatsökonomische Studien und Experimente an den Deutschen machen wollen? Oder gründet sich diese Vorliebe für die Deutschen auf eine Kenntniß und Zuversicht, welche sich an eine mehr denn hundertjährige Erfahrung lehnt? Der deutsche Name hat in aller Welt guten Klang, der Deutsche ist allerorts willkommen und mit Wohlwollen aufgenommen; denn seine Intelligenz und Bildung, seine Empfänglichkeit für alle edlen Impulse, sein gerader und biederer Sinn, seine Ehrlichkeit und Treue, seine Fähigkeit zu allen Verrichtungen und Fertigkeiten, sein betriebsamer Fleiß und seine nüchterne Ausdauer, seine Sparsamkeit und Vorsorglichkeit bei gemüthlichem Frohsinn sind allenthalben ebenso anerkannt, wie daß der deutsche Adoptivbürger es ist, welcher seinen Menschenpflichten gegen sich und seine Familie, und seinen Bürgerpflichten gegen die Gemeinde und den Staat am promptesten nachkommt. Hat der Amerikaner sich gleicher Achtung und gleichen Wohlwollens im Auslande zu rühmen? Fragt in den Gegenden und Städten nach, in denen er auf seiner Jagd nach Abentheuern und Speculation sein Absteigequartier genommen, und ihr werdet erfahren, daß man ihn für einen lästigen Gast hält.

Seit vielen Generationen haben sich aus dem volkreichen Stocke der deutschen Stämme schwächere oder stärkere Schwärme abgetrennt und unter allen Völkern der Erde niedergelassen; dort haben sie in den niederen wie besseren Lebensstellungen ihren Platz gefunden und ausgefüllt, und wurden auf die mannigfaltigste Weise in die Mitaktion an deren Leben und Schicksal hineingezogen; aber wie und von keiner Seite her ward je eine erhebliche Klage gegen das nachbarliche oder mitbürgerliche Verhalten der Deutschen kund. Nur ein Volk, ja weniger als ein Volk, nur eine berüchtigte Faktion des amerikanischen Volkes, „die Natives", sie, mehr denn irgend ein anderes Culturvolk von Gebrechen und Lastern bedeckt, sie, an Humanität und Civilisation weit hinter den Zeitforderungen zurück, sie, so gierig nach den Bissen schnappend, welche deutsche Einwanderung an Geld, Arbeitskraft und Bildung einführt, sie, an allen Punkten, an denen ihnen Deutsche in der Concurrenz begegneten, überflügelt und aus dem Sattel gehoben, sie, deren besseres Selbstbewußtsein unter Scham und Schrecken ein Bild der allgemeinen Stagnation ihres Landes entwerfen könnte, wie es ohne deutsche Einwanderung sich darstellen müßte, sie, die Natives, allein sind es, die sich in lauten Klagen gegen die Deutschen ergehen und diktatorisch eine Unterwerfung unter ihre Lebensformalität und volle Accommodation an ihre Maximen und Manieren verlangen. Und von welchem Gewichte sind die Anklagen, welche dieser engherzig beschränkte Nativismus gegen seine deutschen Mitbürger erhebt? Statt zum Tadel und Schimpf, gereichen sie alle uns Deutschen vielmehr zur Ehre; das Streben der Deutschen nach nationaler Einheit mit möglichst starker Centralgewalt läßt sich nicht von seinem Ziele ablenken durch nativistisches Desunionsgelüste und separatistisches Festhalten an der Staatensouveränität, unsere Auffassung der Freiheit und des Wesens republikanischen Bürger- und Staatslebens läßt sich nicht beirren von ihrer Zufriedenheit mit den äußerlichen Formen der Demokratie, unser radikaler Reformdrang nicht von ihrem Conservatismus, unsere Hingebung an das Adoptiv-Vaterland nicht von ihrem schachernden Patriotismus, unser Idealismus und unsere Gemütlichkeit nicht von ihrem Realismus und Kaltsinn, unser kritischer Skepticismus nicht von ihrer blinden Orthodoxie, unsere Tadelsucht des Unvollkommenen nicht von ihrer devoten Gutheißung alles Bestehenden, unser heiterer Erholungssonntag nicht von ihrem puritanischen Sabbath, unsere Schwerfälligkeit bei Ausdauer und Solidität nicht von ihrer Leichtfertigkeit und Oberflächlichkeit, unsere schlichte Lebenseinfachheit nicht von ihrer aristokratischen Prunksucht, unsere Bescheidenheit und Urbanität nicht von ihrer Arroganz und Rohheit, unsere Herzenseinfachheit nicht von ihrer Corruption, Humbug und Schwindel, unser geselliger Frohsinn und heiterer Lebensgenuß nicht von ihrer Temperenz oder Völlerei.

Wie immer man aber den Kulturwerth der importirten deutschen Grundsätze, Gebräuche und Gewohnheiten beurtheilen möge, sie stellen immerhin eine Münze im Weltverkehr dar, die sich in keiner Weise von schlechterem Gehalte und Gepräge erweis't, als die anderer Nationen, die aber an der Weltbörse der öffentlichen Meinung auf höherem Course steht als die amerikanische. Das Deutschthum, auf amerikanischen Boden verpflanzt, trägt alle Stoffe und Kräfte einer veredelnden Menschheitsentwicklung in sich, und muß deshalb auch hier auf volle Existenzberechtigung Anspruch erheben; es hat sich stets einträchtig und friedlich mit den andern Nationalitäten erwiesen und sich der amerikanisch socialen, kirchlichen und staatlichen Entwicklung niemals hinderlich entgegengestellt; es fühlt nicht den Beruf, den Nativismus auf Sein und Nichtsein bis zur Vertilgung zu bekämpfen; es ist nicht dessen unversöhnlicher Feind, sondern nur dessen Rivale und Mitbewerber um den Preis des besseren Menschenwerthes, größerer Bürgertüchtigkeit und rascheren Culturfortschrittes, wobei die gegenseitige Berührung und Reibung auf die zwanglos natürlichste Weise erfolgreich genug die Arbeit vollzieht, die beiderseitigen Excentritäten und Ecken vermittelnd und versöhnend abzurunden und zu poliren. Angesichts des unberechenbaren Nutzens und Segens, welche dieser nationale Wetteifer nach allen Richtungen hin von der Oberfläche bis zur Tiefe des socialen Lebens in Amerika verbreitet hat, wäre es nicht eine Ungeheuerlichkeit, ein stupides Verbrechen, denselben paralysiren und vernichten zu wollen? Ist das Resultat dieser ehrgeizigen Rivalität in so vielen Beziehungen schon vortheilhaft genug für uns Deutsche, so ist es solches um so viel mehr für die Amerikaner. Man blicke dahin, wo —

wie bereits an vielen Punkten des Westens — die deutsche Bevölkerung die Groß- oder Mehrzahl bildet, und erstaune, welche Umwandlung die Amerikaner in Politik, Religion, Schule, Schönheitssinn und Kunstgeschmack, Agrikultur und Weinbau, sowie in Betriebsamkeit jedes Industriezweiges gewonnen haben. Dieser transformirende Einfluß der Deutschen auf die Amerikaner (den man mit vollem Rechte einen germanisirenden nennen kann) ist so vielgestaltig und tiefgreifend, daß sie von ihren eigenen östlichen Brüdern kaum wieder erkannt werden. Wie! rufen diese Yankees überrascht aus, wäre es möglich, unsere Brüder und Schwäger so entartet wieder zu finden? Preßsklavereimänner in Radikale umgewandelt! in Scheinchristen, die den Teufel für einen Märchen-Spuk halten und am Sabbath der Kurzweil und dem Vergnügen nachrennen! in Bastard-Amerikaner, die Deutsch schwatzen, auf dem Turnerball Deutsch walzen! Apostaten sind sie, welche die Amerikaner aus ihrem Dienste weisen und nur Deutsche anstellen!

Gesetzt aber, die deutschen Eingewanderten hätten sich möglichst rasch in Bausch und Bogen amerikanisirt, alles Deutsche von sich abgestreift und sich mit der ganzen Masse der amerikanischen Lebensweise äqualisirt und amalgamirt, welcher Vortheil möchte hierdurch der Familie, der socialen Gesellschaft, dem Staate und der Menschheit erwachsen sein? Auch für solche Eventualität giebt es der lebenden Bilder genug; man findet sie in den Dörfern, Städten und Counties, in denen das ungemischte, reinracige, naturwüchsige Amerikanerthum, noch unbeleckt und unbeirrt von der europäischen Immigration, haust, und welche Beschränktheit und Borniertheit, welch arbeitsscheuer Trödelschacher und geschäftiges Loaferthum, welch aufgeblähter Pauperismus und nackte Bestialität tritt dem Beobachter entgegen!

Keine Prätension kann daher dreister sein als die des Nativismus, daß das eingewanderte Deutschthum sich selbst abschwören, sich selbst aufgeben und sich unterordnend in dem Amerikanismus aufgehen müsse. Nur Rußlands absoluter Despotismus konnte es sich herausnehmen, eine im Kampfe unterlegene Nationalität, wie die polnische, durch Vernichtung ihrer Selbstständigkeit, Sprache, Religion und alles dessen, was ihr selbsteigen und theuer war, russificiren zu wollen, während Frankreich in den Elsäßern, England in den Cap-Holländern, Canada in den Franzosen u. s. w den eigenartigen Nationaltypus achtet und dessen Fortbestand und Erkräftigung keinerlei Hindernisse in den Weg legt. Die deutsche Einwanderung drängt die Natives nicht, sich zu germanisiren — Verhältnisse, wie sie im Westen der Union zwar langsam und stille, aber ununterbrochen und anhaltend mit bezwingender Macht wirken, drängen sie ganz unbewußt diesem Ziele unaufhaltsam zu — oder sie verwirft auch die Aufforderung, sich zu amerikanisiren, denn noch besitzt sie zu viel Stolz auf ihren Eigenwerth, zu viel selbstständige Kraft und zu viel selbstvertrauende Zuversicht auf ihre Zukunft, als daß sie auf ihre durch Vernunft, Recht und Gesetz garantirte Selbsterhaltung verzichten und dem übermüthigen Nativismus andere Concessionen machen sollte, als nachbarliche Verträglichkeit selbstverständlich erheischt.

Trotz alledem aber hat der Ausdruck „Amerikanisirung" als Gesammtbegriff staatsbürgerlicher Verbindlichkeit, politischer Betheiligung und nationaler Zusammengehörigkeit auch wieder die edelste Bedeutung für uns Deutsche, und tritt uns als Dictat der Vernunft-Nothwendigkeit entgegen, dem wir unbedingte Folge nicht versagen dürfen.

Angezogen von der mehr und mehr zum imponirenden Großstaate sich gestaltenden Machtstellung der Vereinigten Staaten, deren freier, republikanischer Staatsform, deren von Ocean zu Ocean ausgestreckter und den Fleiß des Colonisten mit Ueberfluß lohnender Bodenfläche, deren für jede menschliche Betriebsamkeit reichlich fließenden Erwerbsquellen, verließen wir Deutschen die Heimath und fanden theils frühere Einwanderungen von Engländern, Franzosen u. A. bereits vor, neben denen wir uns mit unsern deutschen Welt- und Lebensanschauungen und mit unsern deutschen Lebenszielen als neue Staatsgenossen und Gleichberechtigte an der Zukunft dieses Welttheils niederließen, — theils folgen uns fort und fort Zuzüge aus allen Nationen der Welt nach, die sich wieder neben uns ausbreiten. Bieten diese neuern Nachbarn uns Vorzüge des Charakters, der Kenntnisse und Fertigkeiten, so ist es, wo wir auch leben möchten, unser Vortheil und unsere Menschenpflicht, selbe uns anzueignen, und haben wir dergleichen aufzuweisen, so mögen sie uns nachahmen, während das gegenseitige Sprachen-Verständniß sich zur unerläßlichen Bedingung des Gedanken- und Geschäftsverkehrs gestaltet. Der Engländer, der Franzose und der Deutsche, Jeder von ihnen und Keiner mehr und Keiner weniger als der Andere, ist ein Ausländer, ein Fremdling und ein Eindringling (?) auf dem amerikanischen Boden; sie Alle haben gleiches Recht der Ansiedlung und gleiches Recht der Bewahrung ihrer Stammselbstständigkeit in Sprache, Cultur und Sitte, — aber sie haben auch die gleiche Verpflichtung, eine große politische Bestimmung zu erfüllen, nämlich sich zu amerikanisiren, d. h. in Verwerthung der Prinzipien unserer Unabhängigkeitserklärung mittelst freier Selbstregierung und Durchführung der Gleichberechtigung Aller für Leben, Freiheit und Glück das gemeinsame amerikanische Gemeinwesen zur höchsten Blüthenentwicklung der Menschheitsidee und zur segenbringenden Frucht eines Musterstaates heranzubilden.

So wenig man erwarten darf, daß die deutsche Eiche und die französische Kastanie, auf amerikanischen Boden verpflanzt, ihr innerstes Naturwesen und ihren specifischen Baumcharakter wechseln, ebenso wenig darf der Amerikaner sich der Erwartung vermessen, daß der auf sein Gebiet verpflanzte Einwanderer sich seines Nationalcharakters entäußere und entschlage; aber er muß peremtorisch verlangen, daß sich alle die bunten Fäden der Nationalitäten zu einem mächtigen Taue aneinander winden, welches unzerreißbar fest den Anker der Republik auf dem Boden der Freiheit und des Rechtes gegen alle Stürme der Zeiten festhält. Das eben ist das staunenswerthe Phänomen der Neuzeit, das eben ist die Zaubermacht der nordamerikanischen Republik, daß sie alle die fremdartigen Nationalitäten, unbeschadet ihres treubewahrten Eigencharakters, in ein einheitliches Volk aufgehen läßt, daß sie allen Wirrsaal der Völker, alle Verworrenheit der Sprachen und alle Abstufungen der Bildung und Gesittung friedlich und zwanglos zu Einem staatsbürgerlichen Organismus, zum harmonischen Ganzen der amerikanischen Nation, verschmilzt. Wie das Gehirn nichts begreift von dem rastlosen Pulsiren des Herzens, und das Herz nichts versteht von den Verrichtungen des Magens und der Glieder, wie jedes von ihnen selbstthätig wirkt, dennoch durch gemeinsame Thätigkeit das Leben vermittelt, so findet sich der Engländer nicht zurecht in Thun und Glauben, in Sprache und Sitte des Deutschen und des Franzosen, und diesen bleiben wieder die Lebensformen des Engländers fremd und abstoßend; aber einmal amerikanisirt, der Engländer in den Anglo-Amerikaner, der Franzose in den Franko-Amerikaner, der Deutsche in den Deutsch-Amerikaner umgewandelt, hat auch Jeder von ihnen den Schlüssel gegenseitigen Verständnisses, den Kitt des gemeinsamen Verbandes gefunden. Jeder mag jetzt seine nationale Charakter-Selbstständigkeit ungeschwächt und in Ehren beibehalten, Keiner von ihnen braucht im Lande der Freien und Gleichen den Nachbar oder den früheren oder späteren Ansiedler um die geringste Gnadenspende anzubetteln; aber Jeder darf sich auch ebenso wenig zum Vormund und Meister des Andern aufwerfen, als sich zu dessen Knecht oder Affen da erniedrigen, wo Jeder nur Einwanderer oder Colonist ist und nur der Nebenbuhler und Mitbewerber des Andern in dem gemeinnützigen und allförderlichen Wetteifer: die Naturkräftigkeit und Würdigkeit, die Erhaltungs- und Veredlungsfähigkeit seiner Nation innerhalb eines vollendeten Amerikanismus zu beweisen. Und wir Deutsch-Amerikaner nehmen diesen uns gebotenen Wettkampf in deutscher Tüchtigkeit siegesmuthig an. Das Ziel ist groß, aber auch des Kampfes würdig. Schon bieten die Deutsch-Amerikaner alle Kräfte auf, einen Vorsprung zu gewinnen; aber auch dort hinten tauchen menschenähnliche Gestalten auf. Sind es Meerkatzen? Es sind amerikanisirte Deutsche, die verdrossen nachhinken.

    Der große Fehler obigen Artikels ist seine Einseitigkeit. Um unsere eigene Würde zu empfinden, brauchen wir die Vorzüge des Amerikaners nicht herabzusetzen. Sie treten in allen Lebensbeziehungen klar genug hervor. Es scheint schwer zu sein, bei der Besprechung und Beurtheilung des Verhältnisses zwischen Deutschen und Amerikanern die rechte Mitte einzuhalten. Da jedoch der Aufsatz viel Wahres und Beachtenswerthes enthält, wollten wir ihn nicht zurückweisen.   D. R.

Pelzthiere und Pelzhandel.
Von Dr. ***

Als eines Tages im verwichenen Herbst die New-Yorker Morgenblätter meldeten, daß am vorhergehenden Abend eines der bekanntesten Pelzwaarenhäuser der Stadt mit dem größten Theil seines Inhalts ein Raub der Flammen geworden, da dachten wohl die wenigsten Leser daran, welche unsägliche Arbeit und welches Blutvergießen es kosten würde, diesen im Lauf einer einzigen Stunde von dem verheerenden Elemente angerichteten Schaden zu ersetzen, wie viele Hunderte von Jägern und Trappers Tausende von Meilen durch unwirthliche Einöden zurücklegen, wie viele Hunderttausende größerer und kleinerer Bewohner entfernter Waldregionen ihr Leben lassen müssen, um wieder den Vorrath an Pelzwaaren herbeizuschaffen, die, statt so viele Menschen warm zu halten, selber in Rauch und Flammen aufgingen. New-York ist für den Pelzhandel, der heut zu Tage im Welthandel eine nur von den Wenigsten geahnte Rolle spielt, eine der wichtigsten Stationen, und ein unglücklicher localer Zufall, wie der eben erwähnte, macht sich in seinen Folgen vielleicht in den commerziellen Kreisen weit entlegener Länder fühlbar.

Die Natur hat den Säugethieren, je nach der klimatischen Beschaffenheit des ihnen angewiesenen Aufenthaltsorts, in ihrem mehr oder weniger dicht behaarten Fell den wirksamsten Schutz gegen die Kälte des Winters und die Launen des Klimas verliehen, während sie den Menschen ohne einen solchen Schutz ließ, und ihm nur mit seinem Verstand das Mittel an die Hand gab, sich das Fehlende zu verschaffen. Da lag ihm denn der Gedanke nahe, sich seine Bekleidung von eben den Thieren zu holen, die um so Vieles besser weggekommen als er selber, ihnen den warmen Winterrock aus- und sich selber anzuziehen. So mag ihn denn ebenso sehr der Trieb, sich Kleidung, wie der, sich Nahrung zu verschaffen, zum Jäger gemacht haben, gewiß eine der allerersten Beschäftigungen, denen er oblag. Heißt es doch schon in der Bibel selbst, in der Erzählung von den Strafen, welche die ersten Menschen für ihre Sünden erhielten: „Und Gott der Herr machte Adam und seinem Weibe Röcke von Fellen und zog sie ihnen an" — womit zugleich dargethan ist, daß das ehrsame Schneidergewerbe hinsichtlich des Alters den ersten Rang einnimmt und die seltene Ehre genießt, als seinen Stifter und ersten Schneidermeister Gott, den Herrn, selber zu betrachten.

Noch heute kleiden sich viele Völkerschaften ausschließlich nur in die Felle von Thieren. Bei den civilisirten Völkern freilich werden die Gewänder aus Stoffen verfertigt, die der Fleiß der Hände geliefert; nichtsdestoweniger aber spielt auch hier das Pelzwerk eine große Rolle, so daß noch heute tagtäglich die armen Thiere ihre Haare lassen müssen, damit sich der Mensch in diesen Raub kleiden kann.

Die Zahl der Pelzthiere, d. h. derjenigen Thiere, deren Fell der Mensch zu seiner Bekleidung benutzt, ist sehr groß, obwohl natürlich viele derselben eine nur mehr locale Bedeutung haben und für den Welthandel als solchen weniger in Betracht kommen. Ehe wir daher unseren Gegenstand von seiner commerziellen Seite auffassen, müssen wir uns wohl zunächst der naturwissenschaftlichen zuwenden und die Thiere kennen lernen, auf deren Jagd und Erlegung der Pelzhandel beruht.

Die erste Ordnung der Säugethiere, das Affengeschlecht, liefert nur wenig brauchbares Pelzwerk. An der Westküste von Afrika kommen einige Arten vor, die einen schwarzen, lang-, dick- und glatthaarigen Pelz besitzen, andere mit perlgrauen Pelzen. Erstere nennt man im Handel Scheitelaffen, letztere Perlaffen. Die Pelze werden zu Decken, in England auch wohl zu Muffen verarbeitet und durchschnittlich mit 1 bis 3 Doll. pro Stück bezahlt. Auch in Mexiko soll es Affen mit einem sehr schönen, schwarzen, feinhaarigen Pelze geben, doch spielen sie im Handel eine unbedeutende Rolle.

Noch weniger erhalten wir von der zweiten größeren Ordnung der Säugethiere, den Fledermäusen. Hier ist es nur die Gattung der Pelzflatterer (Galeopithecus), die einen weichwolligen Pelz liefern, der jedoch fast ausschließlich in den asiatischen Ländern zur Verwendung kommt. Es sind dies ganz absonderliche Thiere, halb Fledermaus, halb Affe, weshalb sie die verschiedensten Namen: fliegender Hund oder Fuchs, fliegende Katze, geflügelter Affe, Flattermaki, Riesenfledermaus ec. erhalten haben. Die Thiere gehen bei Nacht ihrer Nahrung nach; den Tag über hängen sie unter dem Laube versteckt an Aesten; doch sobald die Dämmerung eintritt, flattern sie umher oder klettern geschickt wie die Eichhörnchen auf den Bäumen umher. Sie leben von Insekten und Früchten und sind gänzlich harmlose, friedfertige Thiere. Ihre eigentliche Heimath bilden die Sundainseln, Philippinen und Moluken.

Reich ist die Ausbeute aus der dritten Ordnung, der der Raubthiere. Das bekannteste und verbreitetste Raubthier, unsere gewöhnliche Hauskatze, welche als Grundtypus der ersten größeren Familie der Ordnung zu betrachten ist, geht mit gutem Beispiel voran und liefert ein im Handel keineswegs verschmähtes Fell, welches in seinen äußerst verschiedenartigen Zeichnungen und Feinheitsgraden auch zu sehr verschiedenen Zwecken benutzt wird. Die einzelnen Länder haben hinsichtlich der Farbe der Katzenfelle ihre besondern Liebhabereien. So werden z. B. in Deutschland, Italien und der Wallachei besonders schwarze, in Schlesien, Polen und Galizien graue und in der Türkei weiße und rothe Katzenfelle verarbeitet. Die Schönheit des Katzenfelles richtet sich weniger nach dem Klima, als nach der Reinlichkeit der Häuser, in denen sie leben, und nach der Pflege, die ihnen zu Theil wird. Holland ist berühmt wegen seiner schönen Katzenfelle, wohingegen man von den russischen nichts wissen mag. Der Preis der Katzenfelle steht in europäischen Ländern hoch genug, um Minz und Maunz recht ernstlich zu gefährden, und in großen Städten wird das Einfangen der Katzen als ganz schwungreiche Industrie betrieben, die sich um so lohnender erweisen mag, wenn, wie es in Paris vielfach geschehen soll, das in die billigen Garküchen und Restaurationen wandernde Fleisch noch einen kleinen Nebenprofit abwirft.

Wilde Katzen hausen noch besonders zahlreich in den Wäldern Rußlands und Asiens, der Türkei, Ungarns, Siebenbürgens, des südlichen Deutschlands und Frankreichs. Sie gleichen in vieler Beziehung den unter dem Namen der grauen Cypperkatze bekannten Hauskatze; nur sind sie größer, das Haar ist noch einmal so lang und der gelblich graue Schweif hat keine schwarzen Streifen, sondern vollständige schwarze Ringel, was bei keiner Hauskatze der Fall ist. Der Pelz der wilden Katze wird nicht sonderlich geschätzt, da er zu weich, ungleichartig und wenig haltbar ist. Nur in Ungarn und der Türkei kommen wilde Katzenfelle zur Verwendung, werden aber vorher braun gefärbt. Im nördlichen Theil der Ver. Staaten, in Canada und Oregon ist die wilde Katze sehr häufig, und zwar wird sie hier größer als in Europa und nähert sich in ihrem Ansehen dem Luchse, der freilich fast noch einmal so groß ist. Ihre Felle, mit 1 bis 2 Dollars pro Stück verkauft, werden in Amerika wenig benutzt, und wandern gleichfalls nach dem südlichen Europa, hauptsächlich nach der Türkei.

Der gemeine Luchs (Folis lynx) ist die größte europäische Katzenart, gewöhnlich 3 Fuß lang und ½ Fuß im Schwanze messend. Sein ursprüngliches Vaterland ist das mittlere Europa, doch ist er hier durch die Cultur fast ausgerottet; so z. B. in England schon seit Jahrhunderten. Auch in Deutschland möchte er kaum noch existiren; in Pommern wurden die letzten Luchse vor hundert Jahren geschossen. In den schweizerischen Alpen kommen einzelne Exemplare vor; etwas häufiger soll er sich noch in den Pyrenäen finden. Wirklich heimisch ist der Luchs in Europa nur noch in Schweden, Norwegen, Polen und Rußland. Der Norden Amerika's ist reich an Luchsen, ebenso Sibirien und China. Das Fell ist auf dem Rücken von hellziegelgrauer Farbe, der Bauch weißlich oder schwarz gesprenkelt. Die amerikanischen Luchse sind nicht so schön gefärbt, namentlich ist die Zeichnung am weißen Bauche wenig bemerklich. Als die schönsten Luchsfelle gelten die schwedischen; die russischen sind am wenigsten fein. Der Preis variirt von 4 bis zu 16 Dollars. In China werden die Luchsfelle zum Füttern der Gewänder sehr stark benutzt; in der Türkei verarbeitet man sie zu Damenpelzen. Auch in den europäischen Ländern und Amerika dienen sie zu diesem letzteren Zweck, und zwar sowohl in ihrem natürlichen Zustande als auch gefärbt. Die Pfoten werden von den Tartaren zu Mützenbesätzen verwendet.

Die Felle der größeren Katzenarten aus der wärmeren und heißen Zone haben als eigentliches Pelzwerk und zur Bekleidung nur geringen Werth. Dahingegen werden die Felle dieser Thiere ihrer malerischen Zeichnung wegen zu Fuß-, Schlittendecken und Schabracken sehr geschätzt. Ein vollständig erhaltenes Löwenfell mit Kopf, Gebiß und Klauen wird oft mit 3—500 Dollars bezahlt. Schöne Tigerfelle sind im abendländischen Handel überhaupt selten, da die Völker des Orients, ganz besonders aber auch die Chinesen, große Liebhaber derselben sind und sie gleich an Ort und Stelle aufkaufen lassen. Panther-, Leoparden- und Jaguarfelle sind auch nie in solcher Zahl vorhanden, daß der Nachfrage entsprochen werden könnte; man bezahlt sie mit 15—50, ja selbst 100 Dollars.

Die zweite große Familie der Raubthiere bilden die Hunde. Die Racen unserer gewöhnlichen Haushunde sind bekanntlich sehr zahlreich; was aber auch sonst ihre Tugenden sein mögen, als Pelzthiere nehmen sie keinen sonderlich hohen Rang ein. Hin und wieder werden wohl ihre Felle zu Verbrämungen, auch wohl zu Reisepelzen u. dergl. benutzt; doch ihre rauhere Beschaffenheit und wohl auch ihr zu billiger Preis verhindern, daß ihnen die Mode Eingang verschafft.

Der Wolf (canis lupus), bekanntlich eines der schädlichsten Raubthiere, ist im mittleren Europa so energisch verfolgt worden, daß er als ausgerottet zu betrachten ist. Nur hin und wieder verlieren sich aus Polen, dem Jura oder den höheren Alpenzügen, wo er noch spärlich vertreten ist, vereinzelte Exemplare nach Mitteldeutschland oder in das Innere Frankreichs; doch von diesen Wanderern kehrt sicher keiner in seine heimischen Schlupfwinkel zurück. In England sind die Wölfe schon seit dem 12. Jahrhundert vertilgt, in Schottland seit dem 16., in Irland seit 150 Jahren. Heimisch ist der Wolf noch immer im europäischen Norden, sowie in Polen und Rußland; ferner im nördlichen Theil der Ver. Staaten, in Canada und bis zu den Küsten des Eismeers; auf Island und Grönland ist er nie angetroffen worden. Südwärts soll er noch in Nordafrika vorkommen, und in Asien bis Nepal.

Der Pelz des Wolfes wird vielfach benutzt; hinsichtlich seiner Feinheit und Güte bestehen jedoch große Unterschiede. Das gewöhnliche graubraune, rauhe Wolfsfell ist im Handel kein besonders werthvoller Artikel. Es giebt aber auch weiße, schwarze und graublaue Felle, die sehr beliebt sind. Im Osten Europa's verarbeitet man die Wolfsfelle zu Kleidungsstücken und Besätzen; in England, Frankreich und Amerika dienen sie nur zu Decken. Die schönsten und größten Wolfsfelle kommen von den Labradorküsten, ferner aus den von Eskimaux bewohnten Strichen an der Polarküste, die geringeren Sorten aus Sibirien, Polen und Rußland. Im Preise variiren sie von 2 bis zu 25 Doll.

Geschätzter als das Fell des Wolfes ist das des Fuchses. Dieses listige Thier bildet die am weitesten verbreitete Familie der Pelzthiere. Das Vaterland derselben erstreckt sich über ganz Europa, schon seit der diluvialen Schöpfungsepoche, über das nördliche Afrika, ganz Asien und Nordamerika — man kann sagen: der Fuchs ist über die ganze nördliche Erdkälfte verbreitet. In ihrem Naturell und ihrer Lebensweise bleiben sich alle verschiedenen Species des Fuchsgeschlechts auf der ganzen Erde gleich; die Beschaffenheit und der Werth ihres Pelzes erleidet jedoch die größte Verschiedenheit. Die Schwarz- und Silberfüchse nehmen durch ihre Schönheit und Kostbarkeit den ersten Rang ein. Ihre Heimath ist Sibirien, die Aleuten und die Polarregion Nordamerika's. Die schönsten Felle liefert die Labradorküste und das Hudsonbaiterritorium, deren Werth um das Vierfache höher geschätzt wird als die der sibirischen. Das Thier ist in jenen Regionen nicht größer als der gewöhnliche Fuchs, doch sein Fell ist entweder glänzend schwarz oder silberschimmernd. Die glänzend schwar-

…gen, worin sich die wenigsten silbrigen Haare finden, gelten für die kostbarsten; man bezahlt sie mit 3—400 Dollars pro Stück. Das Haar ist sehr dicht und fein und etwa 2½ Zoll lang. Die Felle der Silberfüchse sind billiger zu haben; ihr Marktpreis schwankt zwischen 50 und 200 Dollars, je nach der Schönheit. In Rußland schneidet man die gleichmäßig gefärbten Stücke (den Nacken, die Kehle, den Bauch und Rücken) aus den einzelnen Fellen heraus und näht diese zu Pelerinen, Kragen, Muffen 2c. zusammen. Die aus den Kehl- und Nackenstücken verfertigten Pelze sind die werthvollsten und werden hauptsächlich von den Damen des alten russischen Adels getragen, da sie Schönheit und Dichtheit mit großer Leichtheit vereinigen. Ein solcher Pelz kostet in St. Petersburg von 5000 bis 10,000 Rubel.

Diesen Füchsen an Werth zunächst stehen die Kreuzfüchse, die gleichfalls den amerikanischen, europäischen und asiatischen Norden bewohnen. Der Rücken des Felles ist mehr oder weniger roth- oder gelbbräunlich und bildet ein dunkelfarbiges Kreuz. Der Bauch und die Kehle sind schwarz. Die Felle werden mit 15 bis 50 Dollars bezahlt; ihr Werth ist um so geringer, je mehr sie sich in der Farbe dem Rothbraun des gemeinen Fuchses nähern.

Auch die Blaufüchse sind im gesammten hohen Norden heimisch. Die schönsten und größten Felle liefert das russische Gouvernement Archangel am Weißen Meere, nächstdem die Labrador-Küste und die am nördlichen Eismeere gelegenen Länder Nordamerika's, dann Grönland und Island, von welchem letzteren Lande sie jedoch gelbhaariger und weniger werthvoll sind. Sie haben eigentlich eine mehr graue als blaue Farbe, der Pelz ist aber ausnehmend fein und leicht und wird namentlich in Rußland und Polen sehr geschätzt. Man bezahlt das Fell eines blauen Fuchses mit 10 bis zu 30 Dollars.

Der weiße Fuchs (Eis-, Stein- oder Polarfuchs, Canis lagopus) bewohnt die höchsten Polarregionen und ist daher mit einem ausnehmend dichten, wolligen Fell bekleidet, welches die dünne, feine Haut des ganzen Körpers, selbst an den Fußsohlen, gegen die grimmige Kälte schützt. Um den Kopf zieht sich ein förmlicher Pelzkragen, und der lange, buschige Schwanz dient beim Schlafen als eine warme Decke für das Gesicht. Nur im Winter ist das Fell blendend weiß, im Sommer färbt es sich grau-braun. Die kleinen braunen Augen blicken gutmüthig in die Welt, das Thier besitzt durchaus keine Furcht oder Scheu, es hat von der Schlauheit seines Vetters Reinecke nichts geerbt, und die Jagd auf dasselbe würde durchaus keine Schwierigkeiten haben, wenn sie nicht eben in der nicht angenehmen Nachbarschaft des Nordpols angestellt werden müßte.

Die Polarreisenden geben ergötzliche Schilderungen von der Dummdreistigkeit des weißen Fuchses, der ganz ruhig zusieht, wie der Jäger die Falle aufstellt, und dann sogleich vor dessen Augen hineingeht. „Auf der Behringsinsel — erzählt Steller — drängten sich bei Tag und bei Nacht die Polarfüchse in unsere Wohnungen ein und stahlen was sie nur fortbringen konnten, selbst Dinge, die ihnen gar nichts nützen konnten. Mit unglaublicher Kraft wälzten sie die Steine von unsern Proviantfässern und holten das Fleisch heraus. Wenn wir einem Thiere das Fell abzogen, mußten wir oft noch einige Füchse tödten, damit sie uns das Fleisch nicht aus den Händen rissen. Ja, wenn wir im Freien schliefen, stahlen sie uns die Pelzmützen, Handschuhe und Decken vom Leibe weg. Ihre Menge und Aufdringlichkeit war höchst beunruhigend. So viele auch getödtet wurden, die andern ließen sich doch nicht dadurch abschrecken."

So gut diese Füchse auch gegen die Kälte geschützt sind, so ziehen sie in sehr kalten Wintern doch weiter südlich, wo sie den Indianern und Trappers in die Hände fallen. Weniger kalte Winter liefern daher eine geringere Ausbeute an weißen Fuchsfellen. Auch hier kommen wieder die besten Felle aus Labrador und Ruppertsland, minder gut sind die aus Sibirien, Rußland, Island und Grönland. Bei der Häufigkeit der Thiere — der Bezirk Mangajea am Jenisei, nördlich von Tobolsk, soll allein jährlich 40,000 Stück liefern — stehen die Felle des weißen Fuchses nicht sehr hoch im Preise und sind für 2—5 Dollars zu haben.

Der gemeine, roth-braune Fuchs lebt, über den ganzen Erdkreis verbreitet, in der nördlichen und gemäßigten Zone. Die Cultur scheint ihm keinen Abbruch zu thun, denn Deutschland allein liefert noch regelmäßig jährlich 100,000 Felle. In England aber scheinen die Füchse von Jahr zu Jahr abzunehmen und müssen jetzt schon mitunter importirt werden, um einer hohen Aristokratie das abscheuliche Vergnügen der Fuchshetzen zu verschaffen. Die besten Felle kommen von der Labradorküste, Norwegen und den Aleuten; dann folgen mit abnehmendem Werth die Felle aus Canada und Nordamerika, Schweden, Rußland, Sibirien, Dänemark, der Schweiz, Baiern, Steiermark, Norddeutschland, den Rheingegenden, Frankreich, Italien und Spanien. Während die ersteren 5—10 Dollars, die deutschen 1—1½ Dollars kosten, werden die italienischen und spanischen Fuchsfelle kaum mit ½ oder ⅓ Dollar bezahlt.

Die Grisfüchse sind Canada und dem Norden der Vereinigten Staaten eigenthümlich. Das Haar ist grob, der Rücken silbergrau gesprenkelt, die Seiten gelb und der Bauch aschgrau. Ein anderer, nur in Amerika und der Tartarei vorkommender Fuchs ist der Klitt-, auch Prairie- und Steppenfuchs genannt. Er ist kleiner als die übrigen Glieder der Familie; das Haar ist weich und dicht, der Rücken hellgrau, die Seiten gelb, Kehle und Bauch weiß. Die Felle dieser beiden Arten werden mit 1—3 Dollars bezahlt, jedoch in Amerika wenig verarbeitet, und meist nach China, Rußland und Deutschland verkauft.

Der Schakal ist bekanntlich ein Mittelglied zwischen Wolf und Fuchs. Sein Vaterland erstreckt sich von Dalmatien durch das südliche Europa weit nach Asien hinein und über ganz Afrika, von Algier bis zum Kaffernlande. Diese weite Verbreitung hat wie beim Wolf und Fuchs viele Abänderungen im Balge erzeugt; doch sind im Allgemeinen die Schakalsfelle nicht sehr geschätzt und werden nur im Osten Europas, sowie in Asien zu billigem Pelzwerk verarbeitet.

Von großer Bedeutung für den Pelzhandel sind die zahlreichen Arten der Marderfamilie, die sich wiederum in Marder, Iltis und Wiesel scheiden.

Von den Mardern kommen zunächst in Betracht der Baummarder oder Edelmarder (Mustela martes), in Nadel- und Laubwaldungen der ganzen gemäßigten Erdhälfte heimisch, der ein sehr weiches, glänzendes Fell liefert, das mit 5—12 Dollars bezahlt wird; dann der Steinmarder (M. frina), über ganz Europa und einen Theil Asiens verbreitet, und der tartarische Marder (M. sibirica), dessen Felle 1½ bis 5 Dollars gelten.

Ein sehr kostbares Pelzwerk liefert der Zobel (M. Zibellina), dem Steinmarder sehr ähnlich, jedoch mit feinerem, langhaarigem Fell, dessen Farbe vom Hellbraun bis zum tiefen Dunkelbraun wechselt. Der Zobel lebt in den gebirgigen Wäldern und felsigen Gegenden vom Ural bis Kamtschatka, doch kommen die schönsten Felle aus den östlichen Provinzen Sibiriens: Jakutsk und Ochotsk. Die Felle haben einen außerordentlichen Werth und bringen bis zu 200 Dollars das Stück, der gewöhnliche Preis ist 50—100 Dollars. Ein Zobelpelz gilt in Rußland für eine der größten Kostbarkeiten, und auserwählte Exemplare werden mitunter mit 8—10,000 Rubel bezahlt. Der Kaiser von Rußland verschenkt sie als Zeichen besonderer Gnade. Auch trägt derselbe statt der Krone eine mit Juwelen besetzte und mit Gold verzierte Zobelmütze. Der Zobelfang ist ein Regal der russischen Krone, die Felle werden von den Bewohnern als Steuern eingeliefert.

Mit dem Namen „amerikanische Zobel" benennt man die Felle des virginischen Iltis, die in bester Qualität aus den Küstenländern der Hudsonsbay, vom Grand und Little Wale-River, aus East-Maine und von den Küsten Labradors kommen. Das Haar ist gröber als bei den russischen und sibirischen Fellen, und die Farbe fällt mehr ins Röthlichbraune, variirt jedoch durch alle Nüancen von Gelblich bis Dunkelbraun. Die amerikanischen Zobel werden mit 5—30 Dollars bezahlt und sind wegen dieses mäßigen Preises im Handel sehr gesucht.

Der Iltis (Mustela putorius), dieser gefürchtete Feind der Hühnerhöfe, ist in ganz Europa, Nord-Amerika und Asien heimisch. Das Haar hat eine Länge von 1½ Zoll, ist am Grunde gelblich und an den Spitzen bräunlich gefärbt. Einen ganz besonderen Ruf haben sich die Iltisfelle der bairischen Hochebene erworben; auch die nordamerikanischen sind sehr gut, wohingegen die aus Rußland und Asien den geringsten Werth haben. Man bezahlt sie mit ¼ bis 3 Dollars.

Einen dem Zobel gleichen Ruf hat der Hermelin erlangt, der einstmals fast ausschließlich von gekrönten Häuptern getragen wurde, seit 15—20 Jahren aber in England, Frankreich und neuerdings auch in Amerika bei den Damen sehr in Aufnahme gekommen ist. Der Hermelin (Mustela erminea) lebt in ganz Europa von den Pyrenäen bis zum höchsten Norden, in Asien von Persien bis zu den Küsten des Eismeeres und im größten Theil Nordamerikas. Die feinsten schneeweißen Pelze mit schwarzer Schwanzspitze, das Winterkleid des Thieres, kommen aus dem sibirischen Norden, von Barabinsk und Jschim. Die Vermehrung der Thiere ist ziemlich stark, und da sie zugleich über einen so großen Theil der Erde verbreitet sind, steht trotz ihres großen Rufes der Preis der Felle nicht eben hoch — sie kommen nur auf ½ bis 1 Dollar per Stück *) zu stehen, sind aber allerdings nur sehr klein.

Daß auch die in ihrem Aeußeren so verschiedenen Ottern zum Mardergeschlecht gehören, wird Manchem auffallend erscheinen, ist aber nichtsdestoweniger wissenschaftlich begründet. Ihr theilweiser Aufenthalt im Wasser bedingt einen anderen Bau, sonst aber haben sie in ihrem ganzen Wesen eine große Aehnlichkeit mit den Mardern. Die gemeine Fischotter (Lutra vulgaris), über einen großen Theil der vier alten Welttheile verbreitet, ist eines der geschätztesten Pelzthiere. Das hellbraune, bräunlich schwarz gestreifte Fell ist sehr dicht. Die nordamerikanische Fischotter (L. canadensis) ist etwas größer und kürzer geschwänzt als die europäische, im Sommer fast schwarz, im Winter röthlich braun mit schwärzlichen Streifen und grauen Augenlidern. Die Felle werden mit 4—25 Dollars bezahlt und finden eine außerordentlich starke Verwendung nicht nur zu Damenpelzen, sondern auch zu Uniform- und Mützenbesätzen, Winterhandschuhen ꝛc.

*) Die hier gemachten Preisangaben beziehen sich natürlich auf die Durchschnittspreise des Artikels im Welthandel, nicht auf die sehr willkürlichen Schwindelpreise, wie sie seit Entwerthung unseres Courants auf dem New-Yorker Markt beliebt werden.

(Schluß folgt.)

New-Yorker Correspondenz.

New-York, im März. Ein Mitarbeiter der M. H. nennt Agassiz den einzigen Europäer, welchem es, durch besondere lokale Verhältnisse begünstigt, gelungen sei, in Amerika eine tief eingreifende Wirksamkeit zu entfalten. Vielleicht schlägt er den Einfluß anderer Eingeborener auf die Denk- und Anschauungsweise der Amerikaner zu gering an; keineswegs aber überschätzt er die hohe Stellung, welche Agassiz hier bekleidet, und es wird den Lesern der Monatshefte gewiß nicht unlieb sein, wenn ich zu diesem Briefe die hier im Laufe des Februar gehaltenen Vorlesungen des Gelehrten über das Thal des Amazonenstroms als Material benutze. Ein tieferes Eingehen auf den streng wissenschaftlichen Theil dieser Vorträge würde nicht mit dem Charakter einer Correspondenz in Harmonie stehen, und daher sei das, was er über die Bildung des Thals und über die frühere Anwesenheit von Gletschern unter den Tropen sagt, hier nur kurz berührt. Die Abtheilung der Erdoberfläche in Berge und Thäler erklärt Agassiz durch das allmälige Erkalten der Erdkruste, je nachdem sie immer dicker und dadurch die Oberfläche von den Einwirkungen der inneren Wärme ausgeschlossen wurde. Die Kälte äußert bekanntlich einen zusammenziehenden, respektive zusammenschrumpfenden, Einfluß, im Großen nicht minder als im Kleinen. Die erkaltete Erdkruste mußte sich verengen, schrumpfen, werfen, und daher die wellenförmigen Unebenheiten. Die an bestimmten Punkten zusammengehäufte Materie äußerte einen verstärkten Druck auf die im Innern der Erde befindlichen, gluthflüssigen Massen; es entstand dadurch eine Reaktion, und so arbeiteten Kälte von oben, Wärme von unten einander in die Hände. Das ist in Kürze die Berg-Theorie des Herrn Agassiz, deren Bekräftigung oder Kritisirung Andern überlassen bleibe. Was die Gletscher betrifft, so erkennt man ihr früheres Vorhandensein aus einer bestimmten Formation des Terrains und aus einer gewissen Aufhäufung pulverisirter Stoffe, die auf keine andere Weise bewirkt wird. Die Gletscher w a n d e r n , und durch ihren Druck zermalmen sie Alles, was nicht stark genug ist, ihnen Widerstand zu leisten, zu Atomen. Was sie nicht zermalmen können, das führen sie mit sich fort, und es bringt Furchen, mehr oder weniger tief, in dem Terrain hervor. Denken wir uns also den Gletscher geschmolzen, so finden wir ein abgeplattetes, mit pulverisirten Massen bedecktes, stellenweise durchfurchtes Terrain vor. „Die Wirkungen dieser mechanischen Thätigkeit, sagt Agassiz, sind so eigenthümlicher Art, daß sie sich leicht von dem Einfluß jeder andern Reibung unterscheiden lassen. Oft ging ich in der Schweiz unter die Gletscher. Ich stieg durch Klüfte zu ihnen hinab, und überall begegnete ich denselben Erscheinungen. Oft, nach einem besonders harten Frost, fand ich den durch die reibende Bewegung hervorgebrachten Staub am Morgen vor dem Gletscher, so daß ich sagen kann, ich habe ihn bei seiner Arbeit belauscht." Genau dieselben Terrain-Formationen, wie sie in der Schweiz durch das Wandern der Gletscher (durchschnittlich 280 Fuß im Jahre) entstehen, hat der Professor unter den Tropen bemerkt. Er ist überzeugt, daß einst das ganze Amazonenthal von ihnen bedeckt war. Nur ein Symptom fehlt unter den Tropen — der polirte Fels, und dies erklärt sich dadurch, daß die tropischen Regengüsse und die tropische Hitze eine fortwährende Zersetzung der Oberfläche des Gesteins zu Wege bringen.

Zehn Monate hielt Agassiz sich im Amazonenthal auf, um den Strom und seine Nebenflüsse zu studiren, und in hohem Grade interessant sind die Resultate seiner Forschungen. Eine besondere Wichtigkeit gewinnen dieselben dadurch, daß gerade jetzt der Amazonenstrom mit seinem Gebiet dem Handel aller Nationen geöffnet ist. Fragt man sich, was die brasilianische Regierung veranlassen konnte, den Fremden eine Vergünstigung zu gewähren, welche gerade so viel bedeutet als wenn wir's den europäischen Mächten gestatten wollten, den Mississippi mit seinen Verzweigungen als ihr Eigenthum zu betrachten, so liefert der Professor eine sehr plausible Antwort darauf. Das ganze, ungeheure Amazonenthal, welches sich in einer Länge von 2500 Meilen und einer stellenweise ebenso großen Breite erstreckt, hat, mit Einschluß der Indianer, nur etwa 250,000 Einwohner, und das einzige Mittel, die Ansiedlung desselben zu fördern, mußte darin gefunden werden, daß man seine Schätze allen Völkern zur Ausbeutung darbot. Den Hauptstrom kann man kaum noch einen Fluß nennen. Befindet man sich auf ihm, so bekommt man oft tagelang kein Land zu sehen, denn er ist an vielen Stellen 50 Meilen und darüber breit. Seine Verzweigungen sind gleichfalls der kolossalsten Art, und mit ihm zusammen legen sie dem Welthandel das Innere von Brasilien, das französische, holländische und brittische Guiana, Venezuela, Neugranada, Ecuador, Peru, Bolivia ꝛc. offen. Eine Eigenthümlichkeit, welche den Amazonenstrom von allen andern großen Flüssen der Welt unterscheidet, ist seine gleichmäßige Temperatur. Der Mississippi entspringt in nichts weniger als warmen Regionen und mündet unter den Tropen; der Nil fließt vom Aequator zum Mittelländischen Meer. Der Amazonenstrom aber läuft, nur wenige Meilen vom Aequator entfernt, mit diesem parallel, und bietet demnach auf der ganzen Länge seines Laufs dieselben klimatischen Bedingungen, wodurch eine gewisse Monotonie entstehen würde, wenn nicht die Nebenflüsse, welche theils nord-, theils südwärts sich ergießen, eine desto größere Abwechslung böten. Das Gefäll des Amazonenstroms ist sehr gering, auf einer Strecke von 2500 Meilen nicht mehr als 210 Fuß, und daraus entsteht eine solche Ruhe und Klarheit des Wassers, daß man sich auf einem Binnensee zu befinden glaubt. Das ganze Thal ist als ein kolossales Stromgebiet mit unzähligen Wasserläufen und Canälen zu betrachten, und merkwürdigerweise ist in diesem Aequatorlande das Klima ein sehr gemäßigtes. Die Durchschnitts-Temperatur beträgt nur 84 Grade Fahrenheit, und die Wärme schwankt zwischen 73 und 92 Graden. Die Nacht ist, namentlich gegen Morgen, stets kühl, und die nie fehlenden Passatwinde sorgen für den nöthigen Luftstrom. Der Professor versichert, daß er und seine Gefährten während ihres sich fast über ein Jahr erstreckenden Aufenthalts durchaus keine schädliche Einwirkungen des Klimas erfuhren, sondern dasselbe viel erträglicher gefunden haben als in unsern atlantischen Staaten. Der üble Ruf, dessen das Amazonenthal sich in dieser Beziehung erfreut, rührt her von der Schilderung dorthin geschickter Beamter, welche so schnell wie möglich wieder fortkommen und obendrein durch ihren Aufenthalt in einer fast menschenleeren, wilden, angeblich ungesunden Gegend sich Ansprüche auf Beförderung als Aequivalent erwerben wollten. Agassiz traf mit einem solchen Beamten zusammen, welcher ihm offen gestand, daß er selbst dies Spiel getrieben, und kann also in jeder Hinsicht aus Erfahrung reden.

Es würde zu weit führen, wenn wir hier dem Amazonenstrom und seinen Nebenflüssen — Rio Negro, Rio Madeira, Ica, Japura ꝛc. ꝛc. — auf ihrem ganzen Lauf folgen und uns alle ihre Eigenthümlichkeiten vorführen lassen wollten. Die höher gelegenen Gegenden sind, wie der Professor versichert, in hohem Grade zur Ansiedlung geeignet. Leider sind sie nicht sehr zahlreich, und die niedrigern periodischen Ueberschwemmungen ausgesetzt, so daß oft auf Hunderte von Quadratmeilen das Thal den Anblick eines Sees bietet. Wir finden es merkwürdig, daß bei diesem Ueberfluß an Feuchtigkeit keine Fieber grassiren sollten. Will man sich dort niederlassen, so muß man ein- für allemal dem Gedanken an die Beförderung durch Wagen, Omnibus oder Eisenbahnen entsagen; das einzige in Betracht kommende Communikationsmittel ist das Wasser, und der Professor versichert, es liege in diesem Verkehr etwas namenlos Reizendes, wovon man sich gar keine Vorstellung machen könne. Lassen wir uns hier durch ihn eine Schilderung von der Scene entwerfen. „Das ganze Land ist mit Vegetation und Wäldern bedeckt. Selbst die Flüsse sind vom Wachsthum überwuchert, und man kann nicht wissen, wo das Land endet und das Wasser beginnt. Die aquatische Vegetation ist so dicht, daß sie sich auf das Land, die des Landes so üppig, daß sie sich über das Wasser erstreckt. Ich fuhr oft meilenweit durch Wiesen, welche einen reicheren Blumenflor boten als unsere Prairieen in der günstigsten Zeit des Jahres, und auf diesen Wiesen war zugleich das Thierreich so mannigfaltig, und namentlich die Wasservögel waren so zahlreich, daß die Scene ein unbeschreibliches Interesse bot. Der hiesige Wald ist mit keinem andern zu vergleichen. Bei uns in der gemäßigten Zone sind bestimmte Baumarten vorherrschend, und alles Andere verschwindet neben ihnen; anders aber ist es im Tropenwalde. Die verschiedenartigsten Pflanzen sind dermaßen durch einander gewürzelt und verwoben, daß die Zweige eines und desselben Baumes durch andere Gewächse vollständig von einander getrennt erscheinen, wodurch das fremdartigste Gemisch entsteht. Dazwischen wuchern kleinere Pflanzen, und Schlinggewächse ranken von Baum zu Baum, Alles zu einem undurchdringlichen Dickicht verwebend. Die Mannigfaltigkeit ist um so erkennlicher, als zu allen Jahreszeiten man Pflanzen in Blüthe findet. Die Wälder sind stets grün; nur wenige Arten von Bäumen werfen zu einer bestimmten Zeit ihr Laub ab, und diese kommen so sparsam vor, daß man sie in dem Gewimmel gar nicht bemerkt oder für abgestorbene Bäume hält." In den Producten dieser Wälder besteht der Reichthum des südamerikanischen Continents. An Mineralien ist das Amazonenthal nicht reich, desto reicher aber an Nutzholz, Fasern, Früchten und Farbstoffen. An Nutzholz ist eine ganz erstaunliche Mannigfaltigkeit vorhanden. Zu Para sah der Reisende einmal 117 verschiedene Sorten ausgestellt, die im Umkreis einer halben Quadratmeile gefunden waren. In dem ganzen Gebiet der Ver. Staaten giebt es nicht halb so viele Arten, welche zur Anfertigung von Mobiliar benutzt werden können, wie auf dieser kleinen Fläche Landes. Obgleich das Studium des Pflanzenreichs für den Professor Nebensache war, hat er doch 300 Proben der köstlichsten Nutzhölzer mitgebracht, welche, in den Welthandel geworfen, auf ihrem Gebiet eine vollständige Umwälzung erzeugen werden. Und alle diese Schätze bleiben noch fast völlig unbenutzt. An Fasern giebt es eine unbeschreibliche Menge. Am Rio Negro wachsen Palmen, deren Blattfibern das stärkste und leichteste Schiffstau abgeben, und schon haben die Engländer begonnen, sich diesen Stoff zu Nutze zu machen. Die Früchte sind hier das Köstlichste, was man sich denken kann, und von allen bei uns bekannten total verschieden. Die meisten unserer Früchte — Aepfel, Birnen, Pflaumen, Kirschen, Quitten ec — gehören zur Rosenfamilie, die im Amazonenthal dagegen zur Gattung der Myrthen. Wichtig für den Handel ist der Kaffee, welcher hier in ungeheuren Quantitäten wächst, und der Cacao. Die Cacaobohne ist das Saamenkorn einer gurkenähnlichen Frucht, und die Pflanze wuchert in den Wäldern wie Unkraut. Der Hauptwerth steckt aber in den Farb- und Medicinalstoffen, sowie in der Gutta-Percha-Pflanze, welche wie der Ahorn angebohrt wird. Bis jetzt ist die Gutta-Percha-Pflanze noch nirgends angebaut worden, und die Eingeborenen gehen in der Gewinnung des kostbaren Saftes mit der größten Fahrlässigkeit zu Werke. Hierzu kommen die brasilianischen Nüsse, welche, abgesehen von ihrer Bedeutung als Naschwerk, ein köstliches Oel geben und in ungezählten Quantitäten am Boden faulen. Schätze ohne Zahl harren hier noch Dessen, der sie heben wird.

Die Leidenschaft des Herrn Agassiz sind die Fische, und um diese zu studiren, besuchte er hauptsächlich den Amazonenstrom, um ihnen nachzuforschen, sandte er Expeditionen nach allen Richtungen aus. Seine Mühe blieb nicht unbelohnt; er fand eine Mannigfaltigkeit vor, die er sich nicht hatte träumen lassen. Man findet im Gebiet des Amazonenstroms keinen einzigen der Fische, mit welchen wir bekannt sind; Alles ist dort neu. In einem kleinen, nur einige hundert Quadratellen messenden See, am Zusammenfluß des Amazonenstroms mit dem Rio Negro, fand er über vierhundert verschiedene Fischarten, dreimal mehr als es im Mississippi, im Nil, Senegal oder Ganges giebt. Das ganze Bassin des Amazonenstroms enthält 2000 verschiedene Arten — zehnmal mehr als vor einem Jahrhundert Linnee von der ganzen Welt kannte, und je mehr man die brasilianischen Arten prüft, desto mehr unterscheiden sie sich untereinander, während sonst gewöhnlich die nähere Prüfung größere Aehnlichkeiten ergiebt. Als der Professor seine Reise nach Brasilien antrat, waren 250 verschiedene Fischgattungen bekannt; er brachte deren zwischen 1500 und 2000 mit nach Hause, und die Unterschiede unter je zweien von diesen vielen sind größer als die, welche sonst unter den wenigen zu ermitteln waren.

Was die Thierwelt im Ganzen betrifft, so stellt Agassiz die interessante Behauptung auf, daß dieselbe sich — vom ersten bis zum letzten Glied der Kette — auf einer niedrigeren Stufe der Entwicklung befindet als in der alten Welt, d. h. gleichartige Thiere sind nicht nur in Süd-, sondern selbst in Nordamerika minder vollkommen als in der sogenannten alten Welt, welche eigentlich ihren Namen nicht verdient, da der amerikanische Continent der ältere ist. Die hiesigen Thiere gehören, nach der Behauptung des Professors, einer älteren, gewissermaßen antiquirten Erdperiode an, einer Zeit, in welcher die Erde noch nicht ihre höchsten Leistungen vollbracht, und besonders gilt dies von Südamerika. Die Krokodille des Amazonenstroms sind kleiner und unvollkommener als die Afrika's oder des Ganges. Im Reich der Schlangen sind die giftigen Arten die untergeordnetsten, und diese dominiren in Südamerika, ohne dem Menschen besonders lästig zu fallen, da sie sich gern von ihm fern halten. Der südamerikanische Strauß ist ein gar kleiner und kümmerlicher Geselle im Vergleich mit dem der alten Welt. Dasselbe gilt von dem dortigen Geier, von dem Löwen, welcher gar keinen Vergleich mit seinem amerikanischen Vetter aushalten kann, und selbst von den Fischen. Der Schwertfisch z. B. vertritt in den dortigen Gewässern den Hai, ist aber viel unvollkommener und minder gefährlich als dieser. Eine der reizendsten Erscheinungen der südamerikanischen Landschaft sind die Kolibris, von denen es über tausend verschiedene Arten giebt, während die alte Welt kein einziges Exemplar dieser Gattung aufweisen kann. Sie variiren dermaßen, daß jede Lokalität ihre eigene Kolibri-Gattung hat, und prangen oft in der köstlichsten Farbenpracht. Die Affen Südamerika's haben die längsten Schwänze, sind also die am wenigsten menschenähnlichen und vollkommenen. Und da kommen wir denn auf die letzte Vorlesung des Herrn Agassiz, in welcher er den Menschen gegen den Verdacht in Schutz nimmt, daß er nichts weiter als ein veredelter Affe sei. Wir wollen ihm nicht durch seine scharfsinnige Beweisführung folgen, sondern ihm, da es unserer Eitelkeit schmeichelt, gern glauben, wenn er versichert, daß der Mensch nicht das Kind des Affen, sondern der Sohn Gottes sei. Die heutige „Times" widmet ihm eine förmliche Dankadresse für diese Ehrenrettung des Menschengeschlechts einem Karl Vogt, Moleschott und Darwin gegenüber, und stellt es als ausgemacht hin, daß, da er all diese Größen weit überrage, durch seinen Urtheilsspruch die Sache ein- für allemal erledigt sei. Wir gönnen ihm diesen Dank und lassen uns gern überzeugen. Jedoch glaube ich nicht, daß er vor einem europäischen Auditorium mit derselben Beweisführung durchkommen könnte wie vor einem amerikanischen. Wo die Wissenschaft aufhört, da fängt ihm der Gott an. Ist es nicht mehr als wahrscheinlich, daß die Wissenschaft immer weiter dringen und somit den Gott aus einer Position nach der andern vertreiben wird? Ich will hier nicht dem Atheismus das Wort reden, wage aber die Behauptung aufzustellen, daß der Gott, welcher ein- für allemal eine Sache des Glaubens ist, auf dem Gebiet der Wissenschaft in aller Ewigkeit nichts verloren hat. Agassiz selbst weiß dies sehr wohl, und stellt er dennoch fortwährend auf dem Gebiet der Wissenschaft der Gottesglauben zur Schau, so trägt er damit dem beschränkten Standpunkt der Amerikaner Rechnung. Das mag in der Ordnung sein; es mag davon die Möglichkeit seines Wirkens unter den Amerikanern abhängen. Jedem wird es aufgefallen sein, wie seit der Veröffentlichung von Humboldts Briefen, aus denen hervorging, daß der große Naturforscher kein Strenggläubiger gewesen, die Amerikaner von ihrem früheren Abgott nichts mehr wissen wollen und es sogar vermeiden, seiner zu erwähnen. Wie gesagt, Agassiz mag recht handeln; aber gewiß ist es, daß er in Europa nicht mit solcher Geist gesungen nehmender Beweisführung, mit einer Argumentation, die ihren Schluß im Glauben findet, kommen dürfte. Hier ein recht auffallendes Beispiel. Alle lebenden Geschöpfe, sagt Herr Agassiz, entstehen aus dem Ei — vom Menschen bis zum Insekt oder zur Schildkröte, und mikroskopische Untersuchungen ergeben, daß die Substanz des Eies in allen Fällen dieselbe ist. Wie soll man es sich nun bei dieser Gleichartigkeit des Urstoffes erklären, daß jedes Geschöpf immer nur Gleichartigem das Leben giebt? Ich kann den Grund nur darin finden, daß ein ordnender Geist über Allem schwebt. Wen lispelt es da nicht? Wer fühlt sich durch diese Hypothese befriedigt? Wer hat nicht Lust, den gelehrten Gläubigen ein wenig zu hänseln? Ein Glück ist es, daß der waltende Geist so überaus solid, daß er kein Spaßvogel ist und nicht an Zerstreutheit leidet. Schrecklich wäre es, wenn einmal der Löwe ein Huhn, oder der Mensch eine Schildkröte zur Welt brächte. Wäre aber der Geist ein Schalk, so könnte er sich den Spaß machen, im Hühnerhofe des Professors ein ganz, ganz kleines Professorchen aus dem

Ei hervorkriechen zu lassen und dadurch seinen Glauben an eine selbst im Ei weise waltende Vorsehung einer starken Prüfung zu unterwerfen. Die Wissenschaft hat über das Universal-Ei und den über ihm schwebenden Geist wohl noch nicht das letzte Wort gesprochen.

Die Saison, in welcher die Kunst die Natur ersetzen muß, neigt sich zum Ende. Wenn auch jetzt, mitten im März, die Landschaft in ein weißes Winterkleid gehüllt ist und die Vögel, welche naiv genug waren, ihr historisches Recht in Anspruch nehmen zu wollen, statt des muntern Gesanges kläglische Töne vernehmen lassen, kann es doch nicht fehlen, daß bald wärmere Lüfte wehen und die Blumen sprießen. Tamisen gastirt wiederum im Stadttheater und findet fast jedesmal ein volles Haus, obgleich das Gerücht ging, die Versicherungsgesellschaften hätten ihren Interessenten den Besuch jenes Gebäudes als eine leichtsinnige Gefährdung des irdischen Daseins verboten. Auch die deutsche Oper hat dort einen Boden gefunden, auf dem sie gedeiht. Der „Arbeiter" läßt seine Bühne nicht im Stich, und scheut selbst die augenscheinlichste Lebensgefahr nicht, um seinem Bildungsbedürfniß zu genügen, während die „Gebildeten", die solche Hülfsmittel nicht mehr zu gebrauchen glauben, keines Encouragements zum Daheimbleiben bedürfen. Die neue Academie der Musik ist aus der Asche erstanden und von Max Maretzek in Besitz genommen worden. Wer die kahlen Mauern gesehen, mag sich etwas unheimlich fühlen; aber dieser Eindruck schleift sich nach und nach ab, und hoffentlich wird keine neue Katastrophe den New-Yorkern die Freude an einem Musentempel stören, welcher sich jetzt in edler Einfachheit und unter erheblich verbesserten akustischen Bedingungen präsentirt. Theodor Thomas hat sein letztes Concert gegeben, und das letzte der Philharmonischen Gesellschaft wird bald folgen. Ueberaus reich an musikalischen Genüssen war die Saison, und es ist sehr fraglich, ob eine europäische Hauptstadt in dieser Beziehung den Vergleich mit New-York aushalten kann. Wer dem Publikum den Puls zu fühlen versteht, wird gemerkt haben, daß Theodor Thomas gegenwärtig der musikalische Liebling des Publikums ist, und er hat sich die Gunst desselben redlich erworben. Er wird jetzt eine Reise nach Europa antreten, welches er arm und unbekannt verließ. Mit unsäglichen Schwierigkeiten hatte er hier zu kämpfen, bis das Genie, welches er in sich fühlte, zur Geltung kam, und zweifelhaft ist es, ob in Deutschland sein Streben gleichfalls mit Erfolg gekrönt worden, ob es dort nicht unter dem Druck von tausend socialen Schwierigkeiten an jedem Aufschwung verhindert worden wäre. Möge man ihn dort als einen Sohn Deutsch-Amerikas betrachten, und an ihm sehen, welche Früchte hier die Freiheit zeitigt. Und während dieser Sohn der Musen von uns scheidet, kommt eine Lerche wieder zu uns herübergeflogen, welche uns früher so oft durch ihren Gesang entzückt. Madame Lagrange will hier von einer Laufbahn Abschied nehmen, welche ihr nirgends solche Anerkennung trachte wie in New-York. Mit warmer Freundlichkeit wird man sie empfangen, und ein donnernder Jubelsturm wird losbrechen, wenn sie als Norma mit der Krone erscheint, die ihr hier von einem dankbaren Publikum aufs Haupt gesetzt wurde. Es fehlt New-York wahrlich nicht an Schönheitssinn, und gar mancher Künstler, gar manche Künstlerin hat Ursache, mit inniger Dankbarkeit an die Metropole der neuen Welt zu denken. Uncas.

Reisende Agenten für die Monatshefte:
Carl Wieland.
Julius Gosch.

Wm. Aufermann,
Geld- und Wechsel-Makler,
No. 64 und 68 Exchange Place,
New-York,

kauft und verkauft Vereinigte Staaten Papiere, Gold und Wechsel auf alle Hauptplätze Europa's.

New-Yorker
Belletristisches Journal.

Erscheint wöchentlich in großem Format und eleganter Ausstattung. Enthält regelmäßig drei Original-Novellen, europäische Correspondenzen, politische Rundschau, Besprechungen der Tagesereignisse und socialen Fragen, und eignet sich, als scharfer Beobachter der amerikanischen Zustände, sowie wegen der

Geschichte des amerikanischen Bürgerkrieges,

besonders zur Versendung nach Europa. Preis $5 per Jahrgang. 10 Cents die einzelne Nummer.

Chs. Wehle,
Attorney, Counsellor at Law and Solicitor of Patents,

290 Broadway, Room No 6, NEW YORK, and 200 Washington St., HOBOKEN.

E. STEIGER,
Deutscher Zeitungs-Agent, Importer und Buchhändler, und Buchdrucker,
17 und 19 North William-Street, New-York.

Empfiehlt sich zur schnellen und billigen Besorgung

aller Bücher und Zeitschriften,

gleichviel in welcher Sprache und wo sie erschienen.

Hält ein vollständiges Lager billiger amerikanischer und eigener Publicationen in deutscher Sprache und der hier gangbaren

Schulbücher, Jugend- und Volksschriften, Kalender,

überhaupt aller Bücher, wofür hier Bedarf ist. Was nicht vorräthig, wird schnell und billig besorgt.

Cataloge von Büchern und von Zeitschriften gratis.

Importirt von Deutschland mit jedem Hamburger und Bremer Dampfer, und ist demnach im Stande,

allwöchentlich

zu liefern.

Uebernimmt für eigene Rechnung oder commissionsweise die Herstellung und Verbreitung von deutschen Büchern, wobei ihm einerseits der Besitz einer mit den schönsten Typen ausgestatteten Druckerei, andererseits aber die ausgedehntesten Verbindungen besondere Vortheile bieten.

Liberale Bedingungen für Agenten und Händler.

C. F. ADAE,

Europäisches Bank- und Wechsel-Geschäft,

Cincinnati, Ohio.

CONSULAT fuer Preussen, Bayern, Wuerttemberg, Sachsen, Baden, Oldenburg, Hessen, Mecklenburg-Strelitz und Schwerin, Sachsen-Meiningen und Altenburg, Schaumburg-Lippe und Anhalt-Dessau.

C. F. ADAE, Consul.

HILLER & CO.,

Bank- u. Inkassogeschäft,

No. 3 Chamberstr., New-York,

geben Wechsel und Creditbriefe auf alle größeren Plätze Europa's, versenden Gelder nach jedem Orte Deutschlands mittelst des deutschen Postverbandes, und besorgen den Einzug von Erbschaften und Vermögen vermittelst Vollmachten auf schnellste und billigste Weise.

☞ Anfragen aus dem Lande finden prompte Beachtung. ☜

Wehle & Hoffmann,

Patent-Agenten,

421 Broadway, nahe Canal-Street.

Es ist der Zweck der obigen Firma, für Erfinder den Schutz für ihre Erfindungen durch Patente und Caveats (provisional protection) prompt und auf möglichst billige Weise zu erlangen. Die Thätigkeit der Firma beschränkt sich jedoch nicht auf das Lösen von Amerikanischen und Europäischen Patenten; mit der Bildung derselben wurde vielmehr die Errichtung eines Bureaus beabsichtigt, wo Erfinder, Besitzer von Patenten und Erfindungen, Techniker, Fabrikbesitzer, Gewerbetreibende und das geehrte Publikum überhaupt jegliche auf Patente, Erfindungen und Verbesserungen, auf Errichtung und Konstruktion von Maschinen jeder Art und auf derartige Unternehmungen bezügliche Aufschlüsse und Rathschläge, sowie die sorgfältigste Ausführung sämmtlicher in dieses Fach fallenden Geschäfte erhalten können.

Wehle & Hoffmann,
Patent-Agenten.
421 Broadway, nahe Canal-Street.

H. Wehle, Advokat.   H. H. Hofmann, Architekt & Ingenieur.

Holloway's Salbe.

Ein Wort an Mütter. — Die Schönheit der Kinder. — Ausschlag am Kopf und Ringwürmer. — Nichts bietet einen lieblichern Anblick als ein schönes Kind. Aber leider wird die Frische und natürliche Blüthe der Kindheit nur zu oft durch entstellende Uebel — die Wirkungen des Saugwurms und Ausschlag am Kopf — gestört. Es wird den Müttern deshalb besonders willkommen sein, daß Holloway's Salbe Hautkrankheiten jeder Art heilt. Wer einen Versuch damit macht wird unsere Angabe bestätigt finden und uns Dank dafür wissen.

Das große Frühlings- und Sommer-Aperient.

TARRANT'S
Leidende an krankhaftem Kopfschmerz,
Leidende an Unverdaulichkeit,
Leidende an nervösem Kopfschmerz,

EFFERVESCENT
Leidende an versauertem Magen,
Leidende an biliösem Kopfweh,
Leidende an Hartleibigkeit.

SELTZER
Leidende an Sodbrennen,
Leidende an Piles,
Leidende an Seekrankheit,

APERIENT.
Leberleidende,
Leidende an Indigestionen,
werden durch
Tarrant's Effervescent Seltzer Aperient
auf sichere, angenehme und dauernde Weise hiervon sowie von ähnlichen Leiden geheilt werden.

Allein angefertigt von
TARRANT & CO.,
278 Greenwich-Street, New-York.
☞ Zu haben in allen Apotheken.

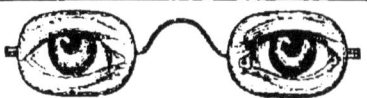

J. B. HOEKER,
PRACTICAL OPTICIAN,
308 FULTON STREET,
Near Pierrepont,   BROOKLYN.

Staten Island.
FANCY DYING ETABLISHEMENT.
Barrett, Nephew & Co.,

No. 5 und 7 John Street,
718 Broadway, } New-York.

No. 269 Fulton-, Ecke von Tillary Street, Brooklyn,
und No. 47 North 8 e Straße, Philadelphia.

Fahren fort, Damen- und Herrenkleider zu färben und zu reinigen; seidene, Sammet, Merino und andere Kleider, Mäntel, u. s. w. werden mit Erfolg gereinigt, ohne aufgetrennt zu werden. Ebenso Herrenröcke, Hosen, Westen u. s. w.

Glacee-Handschuhe und Federn gefärbt oder gereinigt. Lange Erfahrung und Geschäftskenntniße befähigen die Unterzeichneten, ihre Arbeiten mit Erfolg zu betreiben. Waaren werden per Expreß geholt und zurückgeschickt.

Barrett, Nephew & Co.,
5 und 7 John Street, und 718 Broadway, New-York,
269 Fulton-, Ecke von Tillary Street, Brooklyn,
und 47 North 8te Straße, Philadelphia.

Die wichtigste Acquisition für Lungenkranke.

So weit die deutsche Zunge klingt, reicht auch der Ruhm des deutschen Heilnahrungsmittels des Hoff'schen Malzextractes, Gesundheitsbieres.

Täglich gehen in dem seit kaum einem Monat eröffneten Hoff'schen Depot zahlreiche Dankesäußerungen Genesener ein, von denen wir einige veröffentlichen.

Redwing, Minn., den 16. Januar 1867.
Herrn Hoff's Malzextract Depot, New-York, 542 Broadway.
Geehrter Herr Hoff!

Auf's Angenehmste wurde ich überrascht, aus dem Sonntagsblatt der Staatszeitung zu vernehmen, daß das ächte Hoff'sche Malzextract-Gesundheitsbier jetzt ächt in Amerika zu bekommen ist.

Diese Acquisition ist wohl eine der wichtigsten im medizinischen Fache für Lungenkranke. Mein Vetter, der Medizinalrath Sandersleben, hat mir schon bereits durch frühere Briefe die erstaunenswerthen Heileigenschaften dieses Präparates mitgetheilt; er hatte im letzten Sommer 6 Dutzend Flaschen für einen Freund in St. Paul von Deutschland verschrieben und das prächtigste Heilresultat erlangt.

Von einer bedeutenden Tragweite ist daher für Lungenleidende die Einführung dieses Fabrikates ꝛc. Ein intimer Freund und College leidet an Vereiterung der Lunge mit spasmodischem Asthma verbunden und ich möchte auch für ihn gerne einige Dutzend Flaschen Ihres Hoff'schen Malzextractes haben, da ich nicht zweifle, daß Ihr Hoff'scher Malzextract bei meinem Freunde seine Wirkung auf's Neue bestätigen wird.

Dr. mod. C. H. Blecken.

Dankschreiben an Herrn Hoff.

New-York, den 24. Januar 1867.
Hochgeehrter Herr Hoff!

Ich war in Ihrem Comptoir gegenwärtig, als eine Dame Ihnen ihren rührendsten Dank abstattete, für die wunderbare Heilwirkung Ihres Malzextractes auf ihre seit Jahren kranke Tochter, die in Folge langer Krankheit und daraus entstandenen Schwäche gegen Weihnachten ihrer Auflösung entgegensah, und so fühle auch ich, geehrter Herr, mich verpflichtet, Ihnen zu erklären, daß auch meine Frau von dem Genusse einiger Flaschen Ihres so wohlschmeckenden, als heilbringenden Hoff'schen Malzextractes eine ganz vernehmliche Stärkung und Kräftigung des ganzen Körpers verspürt.

Dies zum Zeichen der Anerkennung!

Ihr ergebener
C. Wb. Wagner, 273 Neunte Avenue.

Geschätzter Herr Hoff!

Mit dankbarem Herzen gebe ich Ihnen folgende Nachricht:

Seit sechs Jahren war ich krank; ich erkrankte im Wochenbett, litt an Frauenübeln, dann Brustschmerzen mit heftigen Stichen, Kurzathmigkeit, Husten, Appetitlosigkeit und war außer Stande, einige Schritte zu gehen, ohne den Athem fast zu verlieren.

Die Gesundheit ist das höchste Gut! Ich bekam Job, nahm Lobbäder, Seebäder und kurirte oder verkurirte meinen Körper vollständig, bis ich schließlich von Aerzten für schwindsüchtig erklärt wurde.

Nun sollte ich die letzte Probe mit Ihrem Hoff'schen Malzextract-Gesundheitsbier machen. Ich habe nun 12 Flaschen genossen, und, Gott lohne es Ihnen! ich fühle mich wohler; alle Schmerzen haben ihre Heftigkeit verloren, ich esse und schlafe gut, mein Athem ist freier und mit Gottes Hülfe werde ich durch den weiteren Genuß Ihres herrlichen Hoff'schen Malzextractes vollständig genesen.

Karolina Schabe, 106 Ludlow-Street, New-York.

New-York, 24. Januar 1867.
Hochgeschätzter Herr Hoff, 542 Broadway, New-York.

Ich erkenne hiermit gern an, daß Ihr Hoff'sches Malzextractes-Gesundheitsbier auf den seit Jahren leidenden Zustand meiner Frau den besten Erfolge ausgeübt hat. Dieselbe litt an Unregelmäßigkeit des Blutes, an Schwäche und war ohne eigentlich sehr krank zu sein, dennoch nie gesund.

Seitdem sie Ihr Hoff'sches Malzextract-Gesundheitsbier trinkt, ist der Blutumlauf in seine normalen Funktionen eingetreten, der trockene Husten läßt nach, ebenso die Brustschmerzen; der Appetit ist nun rege, die Verdauung gut.

Senden Sie daher freundlichst nochmals an mich ein Dutzend Flaschen.

Mit aller Achtung
John Zettler, 163 East 12. Str.

Zur Beachtung!

Das unterzeichnete Depot versendet nach allen Theilen Nord- und Südamerika's einzig und allein das ächte Hoff'sche Malzextract-Gesundheitsbier und wird an allen Plätzen Niederlagen errichten.

Das Dutzend Flaschen des ächten Hoff'schen Malzextractes kostet.......... $6.00
Zwei Dutzend, inclusive Enveloppe.................................$11.00

Hoff's Malzextract-Depot für Amerika.
542 Broadway,
vis a vis Barnum.

Deutsch-Amerikanische Monatshefte
für
Literatur, Kunst, Wissenschaft und öffentliches Leben.
Redigirt von
Rudolph Lexow.

IV. Jahrgang. I. Band. 1867. Mai-Heft.

Die Träume.
Eine psychologische Studie.
Von Dr. Philipp Etzoger in Brooklyn.

Das Räthsel des menschlichen Lebens zu ergründen, war und ist eine Hauptaufgabe aller Zeiten gewesen; eine Aufgabe, würdig und werth, wissenschaftlich gelös't zu werden. Man hat den Körper in seinen Theilen, seinem Zusammenhange, man hat den Organismus von seinem Beginne bis zu seinem Ende in seiner Thätigkeit erforscht und schreitet mit Fleiß und Ausdauer in der Beobachtung fort.

Es giebt da lichte und dunkle Partieen. Eine der dunkelsten, weil der Beobachtung nicht sehr zugänglich, ist die des Zustandes des Menschen im Schlafe. Man fragt: Was hat es für eine Bewandtniß mit diesem täglich oder vielmehr nächtlich wiederkehrenden Zustande, was ist es mit den körperlichen, was mit den seelischen Kräften in diesem räthselhaften, bewußtlosen Daniederliegen? Der Körper ruht, die Sinnesfunktionen sind aufgehoben, die intellectuelle Sphäre ist, wie die Willenskraft, außer Thätigkeit gesetzt, und nur von Zeit zu Zeit wird dieser bewußt- und willenlose Zustand durch eigenthümliche Erscheinungen alterirt, die wir Träume nennen. Der Schlaf ist ein Bruder des Todes, Träume sind Schäume, und mit diesen nichtssagenden Phrasen lehnt man gedankenlos die herantretende Frage ab, nach dem Schema: Wo die Begriffe fehlen, stellt zur rechten Zeit das Wort sich ein. Beide Sätze sind falsch. Der Schlaf ist kein Bruder, auch kein Verwandter des Todes, und die Träume sind keineswegs Schäume, die wie Luftblasen an die Wasseroberfläche kommen, nichtssagende Zustände im Bereiche geistiger Thätigkeit. Der Tod ist die Auflösung, die Desorganisation, der Schlaf ist die Bedingung der Stärkung und Erholung; der Traum ist nichts Zufälliges, sondern ein Nothwendiges, eine Folge und nothwendige Consequenz wie alle andern Zustände, und hängt, wie alle Naturerscheinungen, an gewissen sich stets gleichbleibenden Naturgesetzen und Bedingungen.

Diese Naturgesetze aus ihren Erscheinungen zu erklären und fest zu stellen, ist die Absicht dieser Studie, und dazu bedürfen wir: 1. der genauen Beobachtung, 2. der Analogie, und 3. der combinatorischen Spekulation.

Es liegt außerhalb der Grenzen dieser Zeilen, eine streng wissenschaftliche Definition des S ch l a f e s zu geben, und der heutige Standpunkt der Wissenschaft ist noch nicht vollständig über das Gebiet der Hypothese gekommen. Schleiden und Andere, die sich große Verdienste um die gelehrte, anatomisch begründete Erforschung derselben erworben, haben noch manche Lücken gelassen, und manche von ihren Angaben sind noch weit davon entfernt, als unumstößliche Axiome zu gelten. Hier soll der Versuch gemacht werden, vom reellen Boden der Thatsachen auszugehen, und statt in Abstraktionen sich zu bewegen, sich direkt an Erscheinungen zu halten, Erscheinungen, die zu allgemein bekannt und gewürdigt sind, um angefochten werden zu können.

Als was zeigt sich uns der Schlaf?

Der Schlaf präsentirt sich zuerst als die Ruhe und zeitweilige Funktionsaufhebung gewisser körperlicher Organe, namentlich der Sinne, verbunden mit Sistirung des Bewußtseins und natürlich seines integrirenden Bestandtheils, des Gemeingefühls.

Nur jene Theile des Organismus ruhen, die der animalen Sphäre angehören; die vegetativen gehen ihren regelmäßigen Gang fort, ja ihre Thätigkeit ist eine stetigere, gleichmäßigere, ruhigere und dabei mehr geförderte als im wachen Zustande, weil mannigfache Störungen, durch Leidenschaft, heftige Bewegung, Anstrengung ꝛc., im Schlafe wegfallen. Nie athmen wir ruhiger als im Schlafe, nie geht die Verdauung besser vor sich, nie schlägt das Herz gleichmäßiger, denn wenn auch das Herz das Hauptorgan animalischer Thätigkeit bildet, wird seine Bewegung doch h a u p t s ä ch l i ch durch den vegetativen sympathischen Nerv geregelt.

Herz und Gefäße, Lungen und Darmkanal, Leber, Milz und Nieren unterbrechen ihre Thätigkeit keinen Moment, die Blutbildung, der Stoffwechsel in seinem interessanten Kreislaufe findet fortwährend statt, nur die willkürliche Ein- und Ausfuhr ist gehemmt. Im Ruhestande befinden sich die willkürlichen Muskeln, namentlich aber die Sinnesorgane; aber auch in ihnen geht der Prozeß der Ernährung ungestört fort; sie werden im Schlafe nicht blos durch die Funktionsunterbrechung, sondern auch durch frische Zufuhr gestärkt.

Aus diesen Erscheinungen läßt sich der Schluß mit Bestimmtheit ableiten: Im Schlafe funktioniren jene Nerven und Nervencentren, die den Stoffwechsel beherrschen, also das ganze vegetative oder Ganglien-Nervensystem, ein Theil des Rückenmarks, des verlängerten Marks und des kleinen Gehirns. Es r u h e n die Sinnesnerven und ihre Centren, die im großen Gehirn, jedoch mit Ausschluß der Hemisphären, zu suchen sind; es ruht jener Theil des Rückenmarks, der auf die Bewegung Einfluß hat. Es wird sich aus dem Folgenden leicht deduciren lassen, daß die großen Hemisphären fort agiren, und wollen wir dies hier nur vorübergehend andeuten.

Die Sinne vermitteln das geistige und körperliche Leben, sie bedingen die Wahrnehmung, d. i. die **Nahrungsaufnahme des Geistes**. Ohne vorhergegangene sinnliche Wahrnehmung ist kein Gedanke möglich, und selbst unsere höchsten metaphysischen Anschauungen lassen sich auf Schlüsse zurückführen, die materieller Basis entstammen. Die sinnlichen Wahrnehmungen bilden gleichsam die Prämissen, aus denen der Gedanke als Schluß folgt. Mit dem Aufhören der Prämissen fällt die Schlußfolgerung, d. i. die freie Thätigkeit der Vernunft. Mit der Wahrnehmung und Auffassung als centripetalem Theil unserer geistigen Thätigkeit, fällt auch die Wirkung auf die Empfindungssphäre als den centralen Theil und folgerichtig auch auf die Strebung als centrifugalen Theil unserer geistigen Organisation weg, und wir wären somit auf dem besten Wege, jede geistige Thätigkeit im Schlafe weg zu octroyiren, wenn wir nicht von andern Eigenschaften und Fähigkeiten unserer seelischen Sphäre Notiz hätten, die von der Einwirkung der Sinne nicht unbedingt abhängig sind, und, wenn auch ihr Zusammenhang mit den Sinnen nicht in Abrede zu stellen ist, doch ihre besondern Merkmale und Eigenthümlichkeiten haben, die ihnen eine selbstständige Existenz vindiciren. Dies sind **Gedächtniß** (Reproduktion) und **Phantasie**. Da aber die Vereinigung dieser beiden fähig ist, Urtheile und Schlüsse zu bilden, so folgt daraus, daß ein Denken im Schlafe möglich ist — wie die Thatsache des Träumens zeigt; — die Folge wird aber auch zeigen, daß diese Thätigkeit des Gedankens eine fortwährende, stetige ist. Aber noch eine andere wichtige Schlußfolgerung ergiebt sich aus dem Gesagten: die geistige Thätigkeit im Schlafe muß von der im wachen Zustande beträchtlich verschieden sein. Während im bewußten, unter dem Einflusse der Sinne und Wahrnehmungen stehenden Zustande Erfassen, Aufmerken, reelle Verstandeswirkungen vorherrschen und der Reproduktion und Phantasie nur ein beschränkter Spielraum gestattet ist, treten diese während des Schlafes in den Vordergrund und nehmen das ganze Feld der Thätigkeit in Anspruch. Das zeitweilige Aufhören des Zuflusses neuer Sinneserscheinungen kann weder sie, noch die von ihnen abhängige Wirkung im Bereiche des Empfindens und Strebens berühren, und da die Bedingung der Ruhe für sie wegfällt, werden sie wegen des gleichzeitigen Wegfalls der anderen Thätigkeiten in der ihren gesteigert, und so haben wir einen großen Schritt zur Erklärung der Träume gethan bevor noch von diesen die Rede war.

Wenn wir also von „den Träumen" sprechen wollen, so müssen wir unsere Aufmerksamkeit ein wenig dem Gedächtnisse und der Phantasie zuwenden. Unter Gedächtniß verstehen wir die Fähigkeit, Eindrücke sinnlicher Wahrnehmung festzuhalten, und unabhängig von weiterer Wahrnehmung (oder auch durch analoge Wahrnehmung angeregt), dem geistigen Auge nach längerer oder kürzerer Zeit vorzuführen. Es giebt, wie bekannt, Unterabtheilungen des Gedächtnisses: Namen-, Sach-, Personen-, Orts-, Zahlen-, musikalisches Gedächtniß. Sie sind beträchtlich verschieden. Mancher hat ein vortreffliches Zahlen- oder Ortsgedächtniß, während er für Namen nur eine geringe Capacität hat u. s. w.

Sach-, Namen- und Ortsgedächtniß sind im kindlichen Alter bis zur Pubertät ausgezeichnet. Kinder memoriren am leichtesten, aber ihr Zahlengedächtniß ist sehr gering, wie das schwierige Erlernen des Einmaleins zeigt, während ältere Personen, denen zuerst das Namen-, dann das Personengedächtniß entfällt, meist ein stark ausgebildetes Zahlengedächtniß haben. Mit der steigenden Entwicklung der Intelligenz nimmt die mehr mechanisch-geistige Fähigkeit des Gedächtnisses ab; sie steht gleichsam zu ihr im umgekehrten Verhältnisse, und nur selten giebt es Menschen, die beide in gleich großem Maße besitzen, wie Cyrus, der alle Soldaten seiner Riesenarmee bei Namen kannte, Mithridates, Cäsar, Bonaparte, — unter Männern der Wissenschaft: Galen, Baco v. Bernlam, Reuchlin, Oppolzen u. s. w.

Die Phantasie, die räthselhafteste und merkwürdigste geistige Eigenschaft, — offenbar unter allen Geschöpfen nur dem Menschen eigen — läßt sich eigentlich nicht genau definiren. Sie ist die Fähigkeit der Combination, der Witz in's Metaphysische übertragen. Sie ist die Schlußfolgerung ohne Prämissen, der geistige Sprung. Sie kann Gegenstände und Thatsachen auf die abentheuerlichste Weise gruppiren, wunderlich combiniren, verändern, idealisiren, dem geistigen Auge in seltsamen Bildern sonderbare Gestaltungen vorführen. Sie kann uns Feen und Hexen, geflügelte Pferde und gehörnte Rieseninfusorien, Riesen und Zwerge, eine zauberhafte Existenz imaginiren; aber die kühnsten und gewagtesten Erscheinungen der Phantasie können nie außerhalb des Bereiches von Combinationen der Naturerscheinungen selbst liegen. Eisenbahn, Telegraph u. s. w. sind Dinge, die vor nicht gar langer Zeit fast außerhalb ihres Bereiches lagen. Die Extreme der Größe, Schönheit, Schnelligkeit, Gewalt u. s. w. sind ihr Spielraum.

Je klarer der Verstand sich entwickelt, desto geringer wird — mit Ausnahmen — die Tragweite und Kraft der Phantasie; mindestens wird sie, wie bei Poeten der Fall, in reguläre Bahnen gelenkt.

Es ist bekannt, daß das Gedächtniß eine erwiesen materielle Kraft unseres Organismus ist. Die Mnemotechnik hat klar herausgestellt, daß unsere Gedächtnißpunkte nahe aneinander liegen, daß durch Beobachtung gewisser Regeln und Normen Gegenstände leichter memorirt werden, und es ist notorisch, daß wenn man einen Gegenstand, beispielsweise einen Namen, dessen man sich momentan nicht erinnern kann, sich vergegenwärtigen will, man folgendermaßen verfährt: Zuerst sucht man sich an Ort, Zeit oder Umstand zu erinnern, der mit diesem Namen im Zusammenhange steht; dann sucht man nach Analogieen; hilft dies nicht, so isolirt man seine Gedanken dadurch, daß man von der Anregung der umgebenden Einwirkungen und Sinneswahrnehmungen sich abzuschließen sucht; man richtet das Auge in die Höhe, oder schließt es, oder fixirt einen Gegenstand der Umgebung (den man dabei aber gar nicht wahrnimmt); ferner sucht man sein Gehör durch Abwenden des Kopfes zu schwächen und blättert dann, nicht ohne merkbare geistige Anstrengung, in seinem Gedächtnisse wie in einem Buche herum, bis die Sache auf eine gewissermaßen unerklärliche

Weise wie mit Blitzesschnelle in der Erinnerung auftaucht, wobei eine zurückfahrende Bewegung der Hand, ein Zucken des Körpers selten ausbleibt und ein gewisses angenehmes Gefühl der Befriedigung uns erfüllt. Weniger glücklich war man mit der Placirung der Phantasie; da sie aber ihre Bilder aus dem Gedächtnisse schöpft und ihre Combinationen lediglich auf dieser Basis ruhen, so wird man wohl nicht weit fehlen, wenn man ihren Sitz in die Nähe der Hirnrinde der Hemisphären des großen Gehirns verlegt, in der das Gedächtniß seinen Platz findet.

Die Verbindung der Phantasie mit der Reproduktionskraft, unbeirrt von äußerer Wahrnehmung, ungestört von der Denkkraft der Vernunft, muß nun Bilder hervorrufen, die, weil sie des reellen Bodens der durch die Vernunft geleiteten Beobachtung entbehren, häufig absurd sind, und diese Bilder nennt man Träume.

„Träume sind also Vorstellungen, erzeugt durch die Reproduktion, modificirt durch die Phantasie."

Wir können uns nach dem Gesagten nicht wundern, daß Begebenheiten älteren und jüngeren Datums im Traume bunt durcheinander gewürfelt erscheinen, mit Veränderungen, deren Entstehen für uns im Alltagsleben ins Bereich des Unerklärlichen gehört, daß wir im Traume an Personen und Sachen erinnert werden, die wir längst vergessen zu haben schienen, daß Wahres und Falsches sich lebhaft mischen, und daß die Bilder des Traumlebens mit den Erscheinungen des wirklichen Lebens so selten im Einklange stehen.

Es werfen sich jedoch noch folgende Fragen auf:

Wann und warum träumen wir?

Wovon ist die Gestaltung unserer Träume abhängig?

Warum erinnern wir uns selten der Träume?

Wie geschieht es, daß einzelne Träume in Erfüllung gehen?

Ist den Träumen irgend eine Bedeutung zuzuschreiben?

Da Gedächtniß und Einbildungskraft während des Schlafes in gesteigertem Grade thätig sind, so ist es nur in der Logik der Thatsachen begründet, wenn die Behauptung aufgestellt wird, daß wir im Schlafe immer träumen. Dagegen spricht scheinbar eine andere Thatsache, nämlich daß wir beim Erwachen nur in seltenen Fällen von einem gehabten Traume wissen, und daß in der bei weitem größern Mehrzahl jede Spur eines solchen uns fremd ist. Die Theorie entspricht also in diesem Falle, wie in so manchen andern, der Praxis nicht, und der Augenschein, der wichtige Beweisgrund der nackten Thatsache, ist offenbar dem oben angeführten Satze entgegen. Da könnten wir uns einfach darauf berufen, daß der Augenschein sehr häufig trügt. Wer hat nicht von einer fata morgana gehört; wer weiß nicht, daß wir nur weißes Licht für gewöhnlich sehen, während das Licht aus den Farben des Spectrums zusammengesetzt ist; wer weiß nicht, daß die Sterne eigentlich an andern Punkten stehen als wo wir sie erblicken, und daß diese optische Täuschung nur durch die Abweichung der Lichtstrahlen bewirkt wird; oder wer weiß nicht, daß die Erde trotz des

Augenscheins sich bewegt, und daß die Gestirne nicht Punkte oder Scheiben sind? Diese Argumente sind allerdings wahr, aber für sich allein nicht stichhaltig; sie geben uns nur den Beweis, daß der Augenschein, die eigene Erfahrung trügen können, aber wir müssen nach triftigeren, positiven Beweisen forschen. Ein bedeutender, allgemein bekannter Umstand spricht zu Gunsten unserer Behauptung. Menschen, die im Schlafe sprechen, heftig gesticuliren, offenbar also unter dem Einflusse lebhafter Vorstellungen stehen, und zwar so kräftiger Art, daß solche Bewegungen unwillkürlich stattfinden, wissen meistens beim Erwachen nicht, daß sie geträumt, daß sie gesprochen oder sich bewegt haben. Sie haben also geträumt ohne später nach dem Erwachen davon zu wissen. Diese Thatsache ist offenbar ein bedeutender Schritt zur bejahenden Lösung der Frage, ob wir immer träumen, denn da es festgestellt ist, daß man träumen kann ohne sich im spätern wachen Zustande daran zu erinnern, so müßten gerechter Weise die Gegner des Axioms eigentlich den Gegenbeweis führen; aber wir wollen billig sein und zugeben, daß aus dem angeführten Umstande **allein** der Beweis für ein **beständiges, fortwährendes** Träumen vom Anfange bis zum Ende des Schlafes nicht geführt werden kann. Glücklicherweise steht uns der Ausweg der Analogie offen. Wir wissen, daß es Zustände des Menschen giebt, wobei ein theilweiser oder gänzlicher Mangel des Bewußtseins bemerkbar ist, und die insoferne dem Schlafe ähnlich sind; und in der That, wenn wir diese Zustände genauer in's Auge fassen, werden wir nicht blos die Bestätigung unserer Theorie, sondern auch manche wichtige Fingerzeige für die Beantwortung der andern Fragen finden.

Wenn wir allein, ohne vorhandenes Geräusch, ohne äußere Störung, in bequemer Lage, das Auge schließen und in einen schlafähnlichen Zustand — Halbschlummer — verfallen, ein Experiment, das wohl Vielen geläufig ist, so wird nach und nach das Bewußtsein leicht getrübt, wie umnebelt, es bilden sich Vorstellungen, die von der gewohnten Geistesthätigkeit entschieden abweichen, Zeit und Raum scheinen sich zu ändern, Phantasiebilder — doch gewöhnlich gemäßigter Art — ziehen an unserem innern Auge vorüber. Noch controllirt der Verstand, mindestens theilweise, so daß diese Phantasmagorieen nicht in lebhaften Gegensätzen und unregelmäßig, aber doch wechselnd und in losem Zusammenhange, und, was für unsere Theorie wichtig ist, **stetig und ohne Unterbrechung** an uns vorübergaukeln. Gedankenlosigkeit kommt dabei nie vor, ist nur dem Stumpfsinn und auch diesem nicht vollständig eigen. Was aber das Auffallendste bei diesen in der Regel sehr angenehmen Träumereien, die meist ein Spiegelbild unserer Wünsche und Neigungen darstellen, ist, daß wir uns **bewußt** sind zu träumen, daß wir fest glauben, die vollste Gewalt über unsere Sinne und unsern Verstand nicht einen Augenblick verloren zu haben, und doch beim Erwachen aus diesem Halbschlummer, sei dies Erwachen durch freien Willenseinfluß, sei es durch einen hervorragenden Sinneseindruck, ein lebhaftes Geräusch, einen helleren Lichtstrahl veranlaßt, lebhafter auffahren, erstaunt die Helle um uns sehen und uns darüber klar werden, daß wir bisher in einem halb bewußtlosen Zustande uns befanden. Gemeiniglich glauben wir auch einen viel längeren Zeitabschnitt verträumt zu haben, und wir erkennen mit Verwunderung, daß der scheinbar stundenlange Zeitraum in wenigen Minuten bestand, welche Täuschung offenbar davon herrührt, daß wir so unglaublich viele Traumbilder gewahrten. Mit dem Erwachen ist auch das ganze Heer der Traumbilder aus unserm Gedächtnisse entschwunden, die letzten etwa ausgenommen, die aber auch nach allerkürzester Frist ins Grab der Vergessenheit sinken.

Bei der Ohnmacht tritt ein weit höherer Grad von Bewußtlosigkeit ein als im Schlafe, da während derselben Herz- und Gehirnthätigkeit in hohem Grade darniederliegen und eine momentane Störung in dem Kreislaufe des Organismus stattfindet. Gleichwohl ist der Gedanke nicht völlig aufgehoben. Wer einmal einer Ohnmachtsanwandlung ausgesetzt war, weiß wohl, daß zuerst die objektiven Sinneswahrnehmungen aufhörten und subjektive für einen Moment an ihre Stelle traten. Statt der Gegenstände der Umgebung wird das in seine Theile zerlegte Spectrum in farbigen Ringen sichtbar, diese vergrößern sich und werden rasch unklar, bis sie in tiefes Dunkel übergehen; gleichzeitig tritt Ohrenklingen ein, das in ein Rauschen wie von fernem Wellengetöse übergeht, dann fühlt man den Boden unter den Füßen sinken, als öffnete sich ein Abgrund unter denselben. Das ist das letzte bestimmbare Gefühl; alle diese Erscheinungen in ihrer Gesammtheit dauern nur einen Moment, dann tritt volle Bewußtlosigkeit ein. Beim Erwachen ist das erste Gefühl die Verwunderung, die erste Frage, wo bin ich? denn ganz dunkel, aber doch unverkennbar, ist es uns bewußt, irgend eine Vorstellung gehabt, in irgend einer andern, einer Traumwelt gewesen zu sein. Die Fortdauer der geistigen Thätigkeit ist auch in diesem Falle unleugbar. — Ein ganz ähnliches Bild giebt die Asphyxie, erzeugt durch unathembare Gase, namentlich Kohlendampf, durch Sturz ins Wasser oder Zuschnüren der Kehle, nur daß hierbei wegen der rascheren, gewaltsamen Unterdrückung der Respiration, durch den verhinderten Abfluß des venösen Blutes aus dem Gehirn und durch passive Reizung der Sinnesnerven die subjektiven Sinneserscheinungen in höherem Grade eintreten.

Ein ganz anderes Phänomen bieten die Delirien in fieberhaften Krankheiten. Sie werden durch Veränderung der Blutmischung und beschleunigte und verstärkte Circulation veranlaßt. In den sogenannten stillen Delirien sehen wir den Kranken in einem Zustande des Halbschlafes, ähnlich dem oben genannten; seine Gedanken sind der Umgebung entfremdet, da die Sinne keine Eindrücke von ihr aufnehmen, oder doch nur theilweise aufnehmen und dann mittelst der verwaltenden Phantasie modificiren. Dadurch finden nicht selten Sinnestäuschungen statt; die Erscheinungen, Geräusche der Außenwelt, die unklar zum Bewußtsein kommen, erhalten im Delirium eine andere Gestaltung; ein flatterndes Handtuch wird zur belebten, drohenden Figur, ein Lichtstrahl zur Feuersbrunst, einzelne Stimmen zum Kampfgetöse. Tritt kein äußerer Sinnesreiz ein, so ziehen Traumbilder in stetiger bunter Reihe vorüber. Für die gewöhnlichen Personen und Gegenstände um ihn her ist der Patient wenig empfänglich; ein stärkerer Reiz, eine laute fremde Stimme erwecken ihn, und dabei ist dasselbe Gefühl der Verwunderung, meist auch das rasche Vergessen der gehabten Träume, bemerkbar.

Die wilden Delirien, bei denen die Phantasiebilder eine drohende, schreckhafte Form haben, sind mit Actionen, lautem Sprechen, Gesticulationen, Herausspringen aus dem Bette u. s. w. gepaart, welche eben durch die Heftigkeit der Vorstellung herbeigeführt werden. Als in frühern Zeiten bei Scharlach, Typhus und Blattern die erregende Methode angewandt wurde, waren wilde Delirien weit häufiger.

Die Anwendung narkotischer Mittel bedingt theilweise oder gänzliche Aufhebung des Bewußtseins, je nach der Stärke der Dosis. In geringer Gabe genommen, wie bei den Haschicheffern und Opiumrauchern, erzeugen sie einen mehr oder minder angenehmen Halbschlummer mit vorwiegend wonnigen, häufig wollüstigen Träumen. Bei großen Dosen erfolgt Betäubung mit schweren Träumen. Am interessantesten ist die Chloroformnarcose. Die ersten Züge beim Einathmen des Chloroforms sind in der Regel angenehm, die folgenden reizen heftiger und hemmen den Respirations- und Circulationsprozeß, sind daher sehr widerwärtig, und der Einathmende sucht sich ihrer zu erwehren. Seine Hände greifen instinktmäßig, denn das Bewußtsein ist bald aufgehoben, nach dem chloroformgetränkten Tuche, dann werden die Bewegungen unregelmäßig, ohne bestimmtes Ziel, die Glieder strecken sich wie im Krampfe, und endlich, bei vollkommener Narcose, werden sie schlaff und sind ganz leicht passiv bewegbar. Viele sprechen unter dem Einflusse der Narcose, meist verworren und unverständlich; oft kommen unarticulirte Laute hervor, aber häufig genug kann man ganz zusammenhängende Sätze, Erzählungen und Liedervorträge hören, die tiefsten Herzensgeheimnisse werden offenbart, und da jede Verstellung fällt, so erkennt man die Charaktere mitunter sehr deutlich. Auch den Wechsel der Vorstellungen und Traumbilder kann man dabei beobachten, denn nur äußerst selten ist der physiognomische Ausdruck und die Sprache während der ganzen Betäubung gleich. Mit dem Erwachen ist fast immer jede Spur eines gehabten Traumes verschwunden.

Wein und die übrigen alkoholhaltigen Getränke wirken zuerst erregend, dann, wenn in reicherm Maße getrunken, narcotisch. Der Rausch ist nicht bei allen Menschen gleich. Der Eine sieht still lächelnd, süß träumend vor sich hin; ihm ist die Erde ein Eden, alle Menschen, die er gern mit Einem Male umarmte, sind Engel. Ein Zweiter schaut düster und traurig, böse Ahnungen erschüttern ihn, und scheinbar ohne Ursache beginnt er zu weinen und zu schluchzen. Ein Dritter fühlt sich krafterfüllt und hält nichts zu schwer für seine Schultern; er möchte die riesigsten Wagnisse unternehmen, alles Unrecht auf der Erde gewaltsam tilgen, das Unmögliche möglich machen, scheitert aber bei den ersten Kraftversuchen kläglich. Er lallt und schwankt zuletzt, es dreht sich ihm Alles im Kreise, bis auch sein letztes Unternehmen, das Gleichgewicht zu erhalten, lächerlich endet. Ein Anderer sieht in seiner Umgebung nur Feinde, erinnert sich der geringsten verjährten Beleidigung, zerbricht Alles, was ihm in die Hände geräth, und läßt seine Wuth an Personen ebenso wie an dem unschuldigsten Hausgeräthe aus, bis endlich der gemeinsame Freund der Trinker, der Schlaf, sie Alle umfaßt und in angenehme oder schwere Träume versenkt.

Vom Rausche bis zum Säuferwahnsinn ist nur ein Schritt. Das delirium potatorum, hier zu Lande leider nicht selten, ist eine furchtbare, wahrhaft Schrecken erregende Krankheit, die mit Schlaflosigkeit und getrübtem Bewußtsein verbunden ist. Der davon Befallene zittert am ganzen Körper, am meisten an den Extremitäten, sein Blick ist stier, sein Gang unsicher, seine Züge sind verstört. Er glaubt sich von d u n k e l n, ihn verfolgenden Gestalten geplagt; bald sind es Mäuse, Ratten, Ungeziefer aller Art, bald Polizisten und Feinde, die ihn quälen; sein Gesicht zeigt den Ausdruck der höchsten Angst, dann folgen fürchterliche Wuthausbrüche. Diese Sinnestäuschungen werden dadurch erzeugt, daß durch eine pathologische Veränderung des Glaskörpers im Auge sich dunkle, bald kleinere, bald größere Flecken in seinem Sehfelde bilden, die von der erregten Phantasie in bekannte, ähnlich große Gestalten umgewandelt werden.

Wird der Kranke geheilt, so erhalten sich die täuschenden Gestalten länger in seinem Gedächtnisse, weil ihre Einwirkung eine dauerndere, anhaltendere und intensivere war, weil sie durch Sinnesthätigkeit, freilich eine krankhaft erregte, dem Gedächtnisse einverleibt wurden.

Auch bei der blos geistigen Ueberreizung und Schwärmerei, besonders der religiösen, die so oft mit ascetischen Uebungen sich verbindet, findet eine Trübung des Bewußtseins und ein traumähnlicher Zustand statt. Wir wissen von Leuten, die Geister und Erscheinungen aller Art erblickten und Umgang mit höheren geistigen Wesen pflegten, und dies nicht blos in biblischer Zeit, wo insbesondere Ezechiel und Daniel solche Visionen hatten, auch nicht nur im Mittelalter, wo die geringe Ausbildung des Geistes zu Schwärmereien aller Art disponirte, sondern bis in unsere neueste Zeit hinauf, wo uns Justinus Kerner ein treffendes Beispiel ist. In der Geschichte des Mittelalters lesen wir, daß solche geistige Verzückungen oft gar großen Einfluß auf die Zustände der Menschheit übten, daß der Enthusiasmus epidemisch wurde, wie zu Zeiten des Kinderkreuzzugs, der Flagellanten ꝛc. —

Wie in allen angeführten Zuständen eine continuirliche, stetige, geistige Thätigkeit nicht zu verkennen ist, so muß auch die anhaltende Regsamkeit derselben Kraft im Schlafe angenommen werden.

Wir können nicht glauben, daß eine vorhandene geistige Potenz, für welche die Ruhe keine nothwendige Bedingung ist, einen Augenblick unthätig sein könne. Fände eine Unterbrechung statt, so würde sie, da ein unmittelbarer Anknüpfungspunkt fehlt, eine dauernde sein müssen, und Träume könnten überhaupt gar nicht stattfinden. Da sie aber stattfinden, so müssen sie eben continuirlich sein.

Die Träume geben wegen ihrer Flüchtigkeit dem Gedächtnisse nur geringe Anhaltspunkte; deßhalb werden nur jene in Erinnerung kommen, die auf uns lebhafter als gewöhnlich einwirkten, oder unmittelbar vor dem Erwachen stattfanden.

Die Form und Gestaltung der Träume ist stets mehr oder minder phantastisch, häufig auch ihr Inhalt. Oft genug läßt sich aber der Inhalt des Traumbildes auf bekannte Ursachen zurückführen und bietet ein Spiegelbild körperlicher und seelischer Zustände.

Wird das Bedürfniß des Schlafes zur gewohnten Stunde oder nach Ermüdung rege, so ermattet zuerst das Auge und sieht mit verminderter Schärfe, beim Lesen flimmern die Buchstaben, gleichzeitig wird das Ohr weniger empfänglich, die Aufmerksamkeit läßt nach, die Glieder werden schlaff, und wird nicht ein Erregungsmittel gebraucht, so folgt der Schlaf rasch.

Bekannt ist, daß monotone, nicht heftige Geräusche, etwa das Murmeln eines Baches, das ferne Brausen des Meeres, sanfte Melodieen, eine längere Vorlesung, Mangel an Abwechslung in Sinnes- und geistigen Eindrücken (Langweile) Schlaf ohne Ermüdung erzeugen können, indem zuerst leichte Traumbilder zum Halbschlafe und der Mangel an Sinneswahrnehmungen zum wahren Schlafe führt.

Manche Menschen schlafen alsbald nachdem sie sich ins Bett gelegt; Leute von lebhafter Einbildungskraft, von Sorgen, Kummer, bösem Gewissen geplagt, brauchen lange Zeit, bevor der Schlaf ihre Augen schließt. Zuweilen plagt uns irgend eine Idee, verscheucht den Schlaf und erhält uns in einem unangenehmen Zustand des Halbschlummers, der uns rastlos auf dem Lager herumwälzen macht, und weder Ruhe noch Erquickung bietet.

Der tiefste Schlaf folgt auf nicht zu heftige Abmattung, vor und kurz nach Mitternacht. Wir erinnern uns nie der dann stattgefundenen Träume, obwohl das um diese Zeit am häufigsten vorkommende Sprechen aus dem Schlafe von der Intensität derselben Zeugniß giebt. Wird man geweckt, so schläft man alsbald wieder ein und weiß oft am andern Tage gar nicht, daß man aufwachte.

Gegen den Morgen hin nimmt die Intensität des Schlafes ab, die ausgeruhten Sinnesorgane werden für geringere Reize empfänglich, die Gliedmaßen bewegen sich zuweilen, man erwacht leicht und erinnert sich häufig der gehabten Träume, die um diese Zeit, entsprechend dem Wohlbehagen durch die genossene Erholung und Stärkung, angenehm waren. Die Morgenstunden sind auch die Zeit der wollüstigen Träume. Häufig tragen die Träume den Stempel des täglichen Lebens; die Stimmung, die Gedanken des Tages, eine ausschließliche geistige Richtung, der Gegenstand einer interessanten Lektüre werden in das Schlafleben übertragen, mit Modificationen, die durch die Phantasie bedingt sind.

Aengstliche Menschen werden durch große Gefahren beunruhigt; die bange Ahnung um kranke verreis'te Verwandte findet eine traurige Form, das böse

Gewissen wird von schreckhaften Bildern gequält; Kinder, die Märchen hörten oder lasen, sehen Riesen, Gespenster, Feen u. s. w. Schwärmer haben himmlische Erscheinungen; Abentheurer, Spekulanten, Wüstlinge haben entsprechende Phantasmagorieen. In Staaten, wo das Zahlenlotto eingeführt ist, träumen Lotterieschwestern glückbringende Nummern, von denen natürlich im Laufe der Zeit hie und da wirklich einige aus der Urne gezogen werden, und so den Träumen bei Abergläubigen die Gabe der Voraussicht vindiciren.

Körperliche Zustände haben großen Einfluß auf Form und Inhalt der Träume. Schlafen wir zufällig in ungewohnt niedrigen oder engen Räumen, oder in schlecht ventilirten überfüllten Zimmern, wo Mangel an Ozon eintritt und die Respiration beeinträchtigt wird, so erhalten wir den Eindruck, als wenn ein Fels sich auf uns senkte, ein Gefühl, das unter dem Namen Alpdrücken bekannt ist. Eine vor dem Schlafengehen eingenommene üppige Mahlzeit kann die Bewegung des Zwerchfelles und dadurch die Ausdehnung des Brustkorbes beeinträchtigen; zugleich findet Congestion gegen das Gehirn statt und schwere, beängstigende Träume sind die Folge. Solche Träume pflegen so heftig zu wirken, daß wir erwachen und in Angstschweiß gebadet erscheinen. Insofern kommen Träume wirklich vom Magen.

Durch die vorwaltende Phantasie, bei mangelnder Controlle des als Regulator arbeitenden Verstandes, erscheinen geringfügige Dinge, die auf unsere Sinne einwirken, wie: eine leichte Bewegung, ein hellerer Lichtstrahl, ein Geräusch, in übertriebener Form. So wird ein sanftes Rutschen im Bette, wenn es während des Schlafes stattfindet, zum entsetzlichen Sturze von einem Felsen oder Thurme in einen jähen Abgrund, Kerzenschimmer wird zur Feuerlohe, eine Stimme zum Kampfgetöse. Fast immer erwachen wir früh genug, um noch die unbedeutende Veranlassung zu erkennen, und uns zu freuen, daß es nur ein Traum gewesen.

So wie aber Geschehnisse der Außenwelt sich in Träumen abspiegeln können, so können Träume auch entsprechende Rückwirkungen, Reflexivbewegungen nach Außen üben. Sprechen, Bewegen einzelner Gliedmaßen, ist weder etwas Unbekanntes noch Ungewöhnliches; selten kommt es vor, daß Phantasie und Schlaf eine so große Intensität haben, um Schlafwandeln, Somnambulismus zu erzeugen. Daß Somnambüle sprechen können, wie andere Träumer, liegt auf der Hand, ebenso daß sie nur den eben gegenwärtigen Traum aussagen können, nicht mehr und nicht weniger. Daß ein solcher Traum einen Gegenstand der Zukunft zum Inhalt haben könne, ist auch nicht außer dem Bereiche der Möglichkeit, aber alles sonst von Somnambülen Angegebene und leichtgläubig Angenommene beruht auf Unverstand oder Betrug. Der Somnambulismus hat mit dem Magnetismus kein Wechselverhältniß. Wird ein Somnambuler angesprochen und kommt ihm der Anruf zum Bewußtsein, so muß er erwachen, und zwar unter den Zeichen des Schreckens erwachen, weil er die rufende Stimme als furchtbares Geräusch vernahm. Sagt ja doch der Volksmund, man solle einen Mondsüchtigen nicht anrufen, weil er sich sonst schädige.

Bei dem großen Interesse, das die Träume als etwas ganz Unerklärliches erregten, ist es erklärlich, daß der frommgläubige und noch mehr der abergläubige Sinn sich ihrer zeitig bemächtigten, und daß Traumdeuter gleich Priestern (meist vereinten sich beide Gewerbe) in hohem Ansehen standen. Mittelst genauer Kenntniß der Personen und Verhältnisse, mit sophistischen Doppeldeutigkeiten und frecher Stirn wußten die Astrologen Träume stets so zu deuten, daß sie zu ihren Gunsten ausfielen. Allerdings gehörte mitunter große Gewandtheit dazu, böse Träume günstig auszulegen, um die Laune des Despoten nicht zu trüben, aber dann leutte man das Gewitter klüglich nach Außen ab. Möge folgendes Histörchen hier Platz finden. Ein Astrolog, dem ein orientalischer Fürst seinen Traum zur Deutung erzählte, erwiderte: „Mächtiger Sultan! Dein Traum bedeutet Unglück; alle Deine Verwandten werden sterben." Der Fürst, erbittert, ließ dem Unglücksropheten das Haupt abschlagen und schickte um einen andern Magier, der als Diplomat ausrief: „Beherrscher der Gläubigen! Glück über Glück! Du wirst alle Deine Verwandten überleben!" — und er wurde reich beschenkt, obwohl er nur in klügerer Form dasselbe wie sein unglücklicher Vorgänger gesagt hatte.

In der Bibel finden wir manche interessante Träume erzählt. Der Traum Jakobs entspricht der kindlich naiven Weise seiner Gottesanschauung und dem tiefen Eindrucke, den die Ertheilung des väterlichen Segens in Hinweisung auf den himmlischen auf sein Gemüth hatte.

Die Träume Josephs entsprachen der durch seines Vaters Vorliebe erzeugten Eitelkeit, und dem Ehrgeize, als Sohn einer Lieblingsfrau einst Familienoberhaupt zu werden. Seine Träume erzählen nur von 11 Sternen und 11 Garben, die sich vor seinem Stern und seiner Garbe neigten, und waren keine Vorahnung seiner künftigen Erhöhung. — Die Traumbilder selbst sind dem Naturleben entnommen, das ihm geläufig war.

Die Träume der beiden Hofdiener im Kerker und ihre Deutung sind lange nicht so interessant wie der merkwürdige Doppeltraum Pharaos und dessen scharfsinnige, zugleich bescheidene Auslegung.

Der Traum des Herodes ist der getreue Ausdruck der Despotenangst; der Kindermord zu Bethlehem war seine Folge.

Ganz ähnlich verhält es sich mit dem Traum des Astyages, der seinen Enkel Cyrus tödten lassen wollte.

Milder war der Traum des Cyrus, der die Juden aus dem Exil entließ. Die Veranlassung des Traumes mochte wohl sein, daß zufällig Klagen exilirter Israeliten zu ihm gelangten, und er überlegt haben mochte, wie man den Wünschen derselben gerecht werden könne, worauf im Traume die Lösung auf einfache Weise sichtbar wurde.

Der Traum des Brutus von dem Gespenste, das bei Filippi sich wieder einstellen wollte, läßt sich auf seine Gewissensscrupel zurückführen, einen verehrten Wohlthäter und großen Genius, ohne das Werk der Freiheit zu fördern, getödtet zu haben.

Der Traum Alexanders des Großen vom Hohenpriester ist nicht schwer zu verstehen. Alexander hatte unstreitig genug von den Ceremonieen und dem priesterlichen Prunke der Israeliten gehört, und ein dahin zielender Traum kann doch wahrlich nichts Wunderbares sein.

Als er nun am folgenden Tage den würdevollen Aufzug, die imponirende Prozession und den majestätischen Greis, der das Hohepriesteramt bekleidete, erblickte, mochte, da Nebenumstände bei Träumen rasch entfallen, die Uebereinstimmung in der Hauptsache ihm eine vollständige Identität bedeuten.

Der Traum Constantin's, dem die Geschichte auch den Namen des Großen beilegt, während er nur ein blutiger, heimtückischer Tyrann war und es auch nach Annahme des Christenthums blieb, war in seinen Folgen höchst bedeutend, gleichviel ob er staatsklug fingirt, oder in Folge der heranbringenden, zum Verständnisse gelangten Tagesfrage, die den Kaiser wohl ernst beschäftigen mochte, wirklich stattgefunden hatte.

Verschieden in Ursache, ähnlich in Erscheinung und Folgen war die Vision Jeanne d'Arc's. Das naive Naturkind, von Loyalität und frommem Wunderglauben erfüllt, konnte das Schreckliche nicht fassen, daß ihr König, der von Gott eingesetzte, angestammte, durch böse Feinde seines Erbes verlustig sein sollte, und nichts ist natürlicher, als daß der unbestimmte Drang in ihr in einem Traume Ausdruck fand und sie fatalistisch aneiferte. Solche Exempel wirken bei der Menge stets zündend, nichts pflanzt sich rascher fort als Fanatismus, und die seltensten Erfolge sind dann kein Wunder mehr zu nennen. Als ihre unmittelbare Mission, die Salbung des einfältigen, schwachen siebenten Karl zu Rheims, vollbracht war, fiel mit dem fatalistischen Halt die innere Sicherheit des Erfolges und damit die Energie der That, mit der Energie der Succeß, und das heldenmüthige Mädchen fällt einem andern Fanatismus zum Opfer.

Die Geschichte der Jungfrau von Orleans bietet uns das beste Beispiel, daß Träume, die Unglaubliches zum Inhalte haben, dennoch in Erfüllung gehen können, eben weil sie durch den bestimmten fatalistischen Glauben an eine Mission, einen Erfolg, die Bestimmtheit eines höhern Schutzes, Sicherheit und Kühnheit des Vorgehens und siegreiches Wegräumen der entgegenstehenden Hindernisse veranlassen.

Auch andererseits kann den Träumen eine gewisse Bedeutung nicht abgesprochen werden, indem sie, wie früher bemerkt, häufig den Neigungen und Leidenschaften der Menschen entsprechen, und der Aberglaube leicht zum Ausgangspunkt menschlicher Thätigkeit wird. Tritt eine Uebereinstimmung der Wirklichkeit mit dem Traumbilde auch nur in einigen Punkten ein, so wird bei aller Differenz anderer Umstände der Traum von den Betreffenden als in Erfüllung gegangen betrachtet. So wenig Wunderbares wir bei der Entstehung und dem Wesen der Träume entdecken, ebenso wenig können wir ihnen eine wunderbare Bedeutung, die eine mit der Freiheit des Geistes und des Willens im Widerspruche stehende Vorherbestimmung voraussetzt, zuschreiben.

Träume entstehen nach physiologischen Gesetzen; die Natur weicht von ihren bestimmten Normen nicht ab. Sie — die Träume — entstammen unserem innern Wesen und sind unter den bezeichneten Modificationen ein Spiegel unseres Geisteslebens. Körperliche und geistige Zustände besonderer Art, sowie äußere zum Bewußtsein kommende Sinneswahrnehmungen, können Träume modifiziren, respektive eigenthümliche Bilder erzeugen und Reflexbewegungen veranlassen.

Fassen wir das Gesagte kurz zusammen, so finden wir:

1) Im Schlafe träumen wir immer.

2) Nur sehr lebhafte Träume, und jene, welche kurz vor dem Erwachen stattfanden, kommen zur Erinnerung.

3) Gestaltung, Form und Inhalt der Träume ist nicht rein zufällig.

4) Einzelne — seltene — Träume gehen in Erfüllung, weil sie Ausgangs- und Bestimmungspunkt der s p ä t e r n Handlungsweise werden; einzelne, spärliche, gehen zufällig in Erfüllung.

5) Den Träumen ist insofern mitunter eine eigenthümliche Bedeutung zuzuschreiben, als sie eine Störung der körperlichen oder psychischen Funktionen andeuten können, als sie einen Gradmesser der Erziehungsstufe und ein Abbild der menschlichen Neigungen und Leidenschaften bieten, und zuletzt, als sie notorisch die Handlungsweise abergläubischer Menschen bestimmen.

Ein ernstes Wiegenlied für meinen Sohn.

Von Minna Kleeberg (Louisville, Ky.).

Das Licht, das du, mein Sohn, zuerst geschaut,
Erglühte grell im Flammenroth der Schlachten;
Zum Hochzeitsreigen rief die Eisenbraut,
Des Krieges wilde Orgien erwachten.
Im Land der Czechen war der Tag gegraut
Des Preußensieg's, des raschen, lang' durchdachten.
Das Blut der deutschen Krieger trank der Main —
Man jauchzte ob des Siegs am schönen Rhein.

Mit Böllerschüssen pries das Volk sein Heer,
Um Heldenbüsten wob es Blumendüfte,
Und aus der Stadt schwarz-weißem Fahnenmeer
Entschwebten Fackeln in das Reich der Lüfte.
Sie jauchzten — mit dem Auge thränenschwer.
Sie jauchzten — mit dem Blick auf off'ne Grüfte;
Des Landes Blüthe schnitt die Parze ab.
Der Preußensieg — er ward ein Preußengrab!

Ich saß an deiner Wiege, theurer Sohn,
Den ich so heiß von Gott erbeten habe,
Und draußen klang der wüste Jubelton;
Da hab' ich Dich geküßt, mein kleiner Knabe.
Ach, so empfand gar manche Mutter schon —
Jetzt ruht ihr Sohn in Böhmens weitem Grabe
Die Hoffnung starb, die sie im Herzen trug —
Der Mutter Schmerz ist der Tyrannen Fluch! —

Die Selbstsucht und das Recht der Dynastie'n
Genügt, des Volkes beste Kraft zu tödten;
Du läßt dich feig' zu deiner Schlachtbank zieh'n,
Dein Land, mein Volk, mit deinem Blut zu röthen.
Wohl giebt es heil'gen Kampf; so stirb für i h n !
O Deutschland, hilf dir selbst in Nacht und Nöthen!
Der Mensch ist frei — sein Gott ist Licht und Recht!
Wer Menschen dient, ist ein Tyrannenknecht!

Noch ist kein Jahr seit jenem Tag entfloh'n,
Seit jenem Jubelfest auf Gräberreihen.
Schon lächelt selbstbewußt mein kleiner Sohn —
Ich trug dich durch das Meer in's Land der Freien.
Amerika ist die Oase schon
In der Despotenwelt voll Wüsteneien;
Hier wölbt sich ob der Menschheit Mosaik
Das Capitol der großen Republik!

In Deutschland kämpft des Geistes Ritterschaft,
Ein Landtag wird zur Wahlstatt der Ideen;
Was dort das Wort erkämpft in euger Haft,
Wir dürfen's jauchzend hier verwirklicht sehen,
Verwirklicht durch des Volkes starke Kraft —
Das Wort war todt, doch Thaten sind geschehen!
Verrauscht ist segnend ein Jahrhundert schon,
Seit hier sich wölbt der Freiheit Erdenthron!

O, dieser Flur erblühendem Geschlecht
Ist Herr und König — ein Geschöpf der Mythe;
Hier herrscht nur Gott und freies Menschenrecht,
Sie riefen jüngst zum Kampf des Landes Blüthe.
Und frei erstand der schwer gedrückte Knecht,
Wie dieser Krieg, der heilige, erglühte.
Sein Strahl war Feuerprobe deines Ruhms,
Die Republik des freien Menschenthums!

Im Zwinger wird gezähmt der Menschengeist —
Du junger Leu, zerbrich dein Eisengitter!
O, Ketten giebt's, die nur das Schwert zerreißt —
Als Held der That ersteh' des Wortes Ritter!
Bis Republik die weite Erde heißt —
So singt dies Wiegenlied, ihr deutschen Mütter,
Das von der Freiheit Glück, der Heimath Schmerz
Dem Sohne sang ein deutsches Mutterherz!

Betrachtungen
über die Metamorphose der deutschen Einwanderung in das Amerikanerthum.*)
Von C. L. Bernays.

Der freundlichen Mahnung des Herausgebers dieser Zeitschrift entsprechend, habe ich die mir angekündigten Angriffe der Herren Karl Blind und Friedrich Lexow abgewartet, ehe ich meine Betrachtungen über die Metamorphose der deutschen Einwanderung ins Amerikanerthum fortsetze. Ich habe die Mittheilungen beider Herren gelesen, und bin der Ansicht, daß für unsere amerikanische Zukunft die weitere Fortführung der formellen Debatte vollkommen werthlos ist. Lassen wir Alle drei die Leser der Monatshefte über das, was wir gesagt, sich nunmehr ihr Urtheil bilden, und führe Jeder lieber seine eigenen Gedanken selbstständig weiter, denn auf Rechthaberei hab' ich wenigstens es nicht abgesehen, und ich denke von meinen Gegnern zu gut, als glaubte ich, daß es ihnen um ein öffentliches Turnier zu thun sein könnte. Herr Blind hat einen Vorwand gefunden, um unter dem Titel Pro filio, Pro patro zu schreiben. Denn da ich seinen Sohn nicht angegriffen habe, sondern Die, welche gleich dem Vater selbst in dem jugendlichen Usurpator der Souverainetät und der zweifellosen Berechtigung des Volkes zur Selbsthülfe den höchsten Repräsentanten der Gesinnungstüchtigkeit sehen, so wird er wohl zugeben müssen, daß er bei all' den „Dichtern und Denkern", deren Ansichten er mitgetheilt hat, Hülfstruppen für sich selbst, und gewiß nicht für seinen Sohn geworben, der ihrer ja ohnehin leider nicht mehr bedarf. Ich gestehe zu, daß ich ihm implicite, aber sicherlich ohne an ihn direkt zu denken, Veranlassung gab, den Königsmord recht gründlich in Schutz zu nehmen. Das hat er gethan, und wenn in Folge davon nicht nur alle Fürsten getödtet werden, sondern auch aus den europäischen Menschen rechte Republikaner werden, so hat er seinen Zweck und vielleicht sogar einen guten Zweck erreicht. Jedenfalls hat er uns Amerikanern mit seinem Rechtfertigungsversuch des Tyrannenmordes absolut keinen Dienst erwiesen. Die Anspielung, die er auf die beab-

---

*) Es thut uns leid, daß dieser Artikel durch Verschulden der Post zu spät eintraf, um noch im April-Heft veröffentlicht werden zu können.   D. R.

sichtigte, unblutige, politische Ermordung des Präsidenten Johnson macht, auf "das Exempel", das die Amerikaner durch die Absetzung des Präsidenten nach seiner Ansicht statuiren werden, verschleiert nur leicht eine in Gedanken gezogene Parallele zwischen diesem von ihm ersehnten Ereigniß und der That seines Sohnes. Was soll uns diese Parallele? Sie hat nicht Raum noch Sinn in unsern Köpfen. An dem Drücker des Pistols, das vielleicht den Präsidenten der Ver. Staaten in's Privatleben zurückschießt, ist nicht der Finger eines kaum dem Knabenalter entwachsenen Studenten, sondern sind die Millionen Fäuste der ganzen herrschenden Partei. Hier zu Lande erlaubt das souveraine Volk weder einem unbärtigen Knaben, noch einem bärtigen Eisenfresser, seine eigene Allmacht zu usurpiren oder sich im Namen der Nation auf den Kriegsfuß gegen einen Präsidenten zu setzen. Für Völker, die sich solche Anmaßung gefallen lassen, mögen die von Herrn Blind angeführten Autoritäten den Ausschlag geben. Zehn Folianten, damit angefüllt, würden auf Amerikaner nicht mehr Einfluß üben, als es Herrn Blind's oratio pro domo gethan hat. Ich halte jedoch auch für die europäischen Staaten dafür, daß es besser ist, einen einzigen Bismarck, wenn er wirklich der Entwicklung des Lebens einer Nation im Wege stehen sollte, lebendig aus dem Wege zu schaffen, als zehn Bismarck's zu tödten. Gerade die besten und stärksten Männer der Gegenpartei müßte man am wenigsten tödten wollen. Mit ihnen muß man kämpfen und ringen; sie muß man überführen und dem Volke entfremden, wenn man kann. Sie still machen und sich dann Zeit Lebens mit den k l e i n e n Hunden herumbeißen, ist eine jämmerliche Politik. Es ist dieselbe Politik, welche amerikanische Parteipferde so oft anwenden. Sie greifen nicht die b e s t e n Argumente ihrer Gegner an, sondern ihre schlechtesten.

Ich bezweifle es, ob an irgend einer amerikanischen Universität jemals eine Professur des Königmordes errichtet wird. Dies wäre die einzige Stelle im ganzen republikanischen Haushalt unseres Landes, wo Herr Blind etwa zu brauchen wäre. Als Sprachlehrer war einmal ein nicht naturalisirter Franzose in Westpoint angestellt — es geschah wegen des guten „Accent". Als Königsmord-Professor wäre offenbar ein Monarchist einem Republikaner vorzuziehen. Und Herr Blind ist in Mark und Bein Monarchist, um kein Haar weniger als ein Geheimer Hofrath. Beide kennen das Volk nicht und trauen ihm kein Atom von Kraft zu, für Beide ist der König und sein Premier die ganze Kraft des Staates. Nur daß sie der Eine anbetet, während sie der Andere verflucht; daß der Eine seinem Herrn ewige Jugend, der Andere ihm die Pest und den Strick um den Hals wünscht. Wer erkennt nicht hier in dem ewigen Hinweis auf die alleinige Schuld des Präsidenten und dort auf die Schuld Bonapartes oder Bismards den tief gewurzelten Sinn für die Monarchie? Werden die Deutschen in der Union fortan h ö h e r e Bestrebungen haben; werden, um mit Herrn Lexow zu reden, ihre Vereine weniger des Vergnügens und des äußeren Wohlergehens wegen gegründet werden, wenn der Präsident abgesetzt wird? Wird ein einziges Faß Bier weniger getrunken und eine einzige gute Schule mehr gegründet werden? Werden sie, wenn der Präsident entfernt ist, durch ihr Beispiel, durch große Bürgertugenden, durch Opfer und persönliche Thätigkeit den Süden aus seiner Barbarei, Unwissenheit und Armuth zu erretten suchen?

Ich glaube, daß Herr Blind wenigstens fünfzig Male den Tod Louis Bonapartes für die allernächste Zeit vorausgesagt hat. Er war der Privat-Sensenmann des Kaisers der Franzosen, das unerschöpfliche Bulletin aller kaiserlichen Leibschäden. Er wußte genau, wann ihn die Rückenmarksdarre und wann ihn der Stein tödten müsse. In Gedanken und Träumen, in Zeitungscorrespondenzen und gewiß in tausend Gesprächen ließ er ihn krank und kränker werden und endlich sterben. Und doch ist da ein Volk von sechsunddreißig Millionen, das sicherlich verdient was es hat, und das auch zehntausend Beweise gegen einen vom deutschen Volk geliefert hat, daß wenn es eine andere Regierungsform braucht, es nicht gerade nöthig hat darauf zu warten, bis der deutsche selbstconstituirte Sensenmann seinen jetzigen Herren todt theoretisirt hat. Und doch ist es mehr als fraglich, ob, wie Grund und Folge, der Tod Bonapartes und die freiheitliche Entwicklung oder die Wiedergeburt des französischen Volkes gegen einander im Verhältniß stehen werden. Daß man die Monarchen abschaffen will, verwandelt den Abschaffer und die von ihnen Befreiten noch lange nicht in Republikaner. Im Gegentheil ist der Glaube an die e n t -
s ch e i d e n d e, absolut wirkende Macht der Despoten einem ganzen, hochbegabten Volke gegenüber, und die d a r a u s abgeleitete Nothwendigkeit seiner Tödtung, nur die andere Seite des Geheimen-Hofrathtums. D i e s e r Gedankengang und d i e s e Procedur führen aus der Monarchie sicherlich nicht in die moderne Republik. Wer erkennt nicht in dem todgebeteten Feind, in dem als rettungslos diagnosticirten Bonaparte den monarchischen Tick auch der Deutschen hier, alles Leid und jede Calamität vor die Stufen des republikanischen Thrones zu legen! „Du bist's, wegen dessen Schandthaten Tausende von Landleuten heute keine Saat haben", rief ein hiesiges deutsches Blatt jüngst dem Präsidenten zu. „Du bist's, wegen dessen sonst wohlhabende Leute heute darben und Mangel am Allernothwendigsten leiden!"

Dies Alles, in der That, nur beiläufig, und dem Zuge ununterdrückbarer Gedanken folgend, niedergeschrieben. Reizt es zur Widerrede, so sei's. Jedenfalls sollte es einen aufrichtigen, in seinem großen Irrthum rechtschaffenen Mann und getreuen Vater nicht verletzen. Aber andere Leute halten sich auch für rechtschaffen, und besinnen sich umsonst, womit sie's verdient haben, daß man ihre klaren, unzweideutigen Worte als in „z w e i f e l h a f t e s H a l b -
d u n k e l" gehüllt, denuncirt.

Auch Herr Friedrich Lexow wird mir's hoffentlich nicht verargen, daß ich nicht weitläufig auf seine Ausstellungen eingehe. Wenn er auch hin und wieder aus meinen Sätzen Schlüsse gezogen hat, zu denen ihn sein eigener Gedankengang viel mehr als der meinige berechtigt, so hat er mich doch im Ganzen g r ü n d l i ch verstanden, und schon darum hätte er es — da ja im Aeußern der anständige Ton der Debatte innegehalten war — vielleicht unterlassen dürfen, mir auch noch neben dem Beileid über meine monströsen Ansichten Vorlesungen über die Syntax der deutschen Sprache zu halten. Er ist an Ort und Stelle; es wäre ihm ein Leichtes, eine Revision, wenigstens aller wesentlichen Aufsätze in den Monatsheften, zu lesen. Wie unendlich praktischer wäre es gewesen, ein halb Dutzend Druck- und Stylfehler, die z. B. bei meiner schlechten Handschrift und impulsiven Arbeitsart jedesmal mit unterlaufen, zu corrigiren, als an ein paar Wendungen eines Schriftstellers, von dessen Styl er weit über Gebühr Schmeichelhaftes zu sagen weiß, wie am Pensum eines Quintaners herumzustochern.

Dort ist das „Deutschthum" mit seinen specifischen Ansprüchen auf die alte Unsterblichkeit, und da ist das cosmopolitische amerikanische Volk, die reale Hoffnung der Menschheit! Dort ist das „deutsche Element", diese einbalsamirte und gebenedeiete Abstraktion von lebendigen, in ununterbrochener Transformation begriffenen deutschen Menschen, und da ist das amerikanische Volk, das sich durch Aufnahme von Einwanderern aller Menschenfamilien fortwährend vergrößert, entwickelt und veredelt. Ja noch mehr. Dort ist ein „Deutschthum", das in jeder specifisch deutschen und bedeutsamen Hinsicht weit hinter dem zu Hause gebliebenen Stammvolke zurücksteht, und nur dort, wo es sich amerikanisirt, im Vorsprung gegen jenes ist, und da ist das eingestandener Maßen brauchbarste Rohmaterial zur physischen Verjüngung und somit zur geistigen Kräftigung des neuen, sich herausbildenden amerikanischen Volkes. Dort sind die Deutschen auch keine echten Deutschen mehr; aber als Vettern und Basen von Goethe, Schiller, Hegel und Humboldt sollen sie bis ans Ende der Weltgeschichte gelten und irgend ein imaginäres Deutschthum repräsentiren, wenn sie auch die deutsche Sprache travestiren als wäre sie das Jargon eines Pulicinell, und von dem was das deutsche Denken und Sinnen von dem Denken und Sinnen anderer Völker unterscheidet, sicherlich die Anlage, aber ebenso sicher auch nicht das allergeringste Bewußtsein haben.

Eine Versöhnung oder eine Vereinigung beider Ansichten zu versuchen, ist fast komisch, und da ich ja nach der Ansicht von Herrn Lexow mit meinen Ueberzeugungen so isolirt dastehe, daß er sie für „ungeheuerlich" hält, so hat er über mich den Vortheil des allgemeinen, ungetheilten Beifalls unserer Landsleute, und der sei ihm aufrichtig gegönnt. Ich mache Anspruch auf richtige Beurtheilung der Metamorphose, in der ich selbst und Millionen mit mir begriffen sind, und bin dafür des Tadels der deutschen Mitwelt gewiß. Herr Lexow glaubt an die Möglichkeit des Fortbestandes und sogar der Fortentwicklung der deutschen Nationalität in Amerika, mit allen ihren Attributen von deutscher Kunst, Wissenschaftlichkeit, Innigkeit des Familienlebens, vielleicht selbst von Romantik und deutscher Poesie, und nimmt dafür ohne jeden Zweifel den Dank der deutschen Journalistik dahin. Ich gestehe zu, gegen ihn im Nachtheil zu sein — gerade so wie ich weiß, daß ich es gegen Herrn Blind bin. Aber ändern kann ich es nicht. Als ich aber Herrn Blind voraussagte, daß er für die

Revolutionirung Deutschlands von den Deutschen in der Union nicht einen einzigen Dollar bekommen werde, da war ich im Rechte! Es ahnt mir so, als käme auch einmal der Tag, an welchem sich einer unserer Urenkel vielleicht zufällig meiner erinnert, und dann ausruft: Er hat es gesehen, so klar wie Tageslicht!

Doch kann ich mir kaum denken, daß meine Ansicht, z. B. von der Sigelei, von sonst Niemandem getheilt würde. Ohne Zweifel war der Name Sigel beim Ausbruch der Rebellion 10,000 Mann deutscher Truppen für die Sache der Union werth, und bei solch bedeutender Schätzung kam es kaum darauf an, ob der Glaube an diesen Werth eine bloße Marotte gereizter Deutschthümelei, oder ob er irgend etwas Anderes war. Aber der Blindeste konnte bemerken, daß man in Sigel eine Art von Verkörperung der deutschen Ideen von 1848 sah. Sigel wußte das sehr wohl, und der freischärliche Anstrich, den er sich eine Zeit lang gab, zeigte auf's deutlichste, daß er selbst von dieser Anschauung durchdrungen war. Der Sigelei gegenüber schien in der That die Lage der Union, wenigstens eine Zeit lang, eine Nebensache in den Augen der Deutschen zu sein. Lieber irgendwo eine herzhafte Schlacht verloren, als daß dem Repräsentanten des streitenden Deutschthums auch nur ein Rosenblatt in den Weg gelegt würde, worüber er etwa stolpern könnte! Und doch, wie willkommen war all das Geörgel und Gequäle den deutschen Romantikern mit ihrem gewohnten politischen Märtyrerthum und Flüchtlingsjammer!

Und nun combinire Einer die Thatsachen wie immer er wolle, wie immer er sich träumen mag, daß sie möglicher Weise hätten kommen können, und wenn es ihm gelingt, sich die Sigelei als die Retterin der Union vorzustellen, dann geb' ich mich verloren!

Wir finden nämlich in der Sigelei das romantische Element der deutschen Massen-Aufregung gegenüber dem amerikanischen „Excitement" der politischen Leidenschaften. Die Romantik setzt immer unbekannte Größen, fabelhafte Gefahren, Unklarheit der Zwecke und Ueberschätzung der Mittel voraus, während es das „Excitement" mit ganz bestimmten Vorsätzen zu thun hat, zu deren Erfüllung es in seiner Leidenschaftlichkeit alle Mittel auf einmal in Bewegung setzt. Das Excitement übersieht auch die Schwierigkeiten des Details, aber es verwendet so gewaltige Mittel für die wohl bewußten, endlichen Zwecke, daß es auf ein Mehr oder Weniger der Detailschwierigkeiten kaum ankommt. Die deutsche Romantik hält Sigel an sich für eine unüberwindliche Macht, während das „Excitement", seinem Charakter entsprechend, Massen auf die Beine brachte, um die Zwecke der Nation durchzusetzen. Für die Romantik haben die farbigen Incidenzpunkte das Hauptinteresse, für das „Excitement" die großen Katastrophen und das Ende. Die Romantik glaubte nur mit ihrem Helden siegen zu können; mit dem Einen, dem Einzigen. Dem „Excitement" war ein Jeder recht, der zum Siege führte.

Die Romantik steht daher zu ihrem Helden, ob er siege oder geschlagen werde. Das Excitement will vor Allem den Sieg, und wechselt daher nach jeder Niederlage seine Führer. Ob dann am Ende vielleicht Erschöpfung des Feindes, ohne jedes besondere persönliche Verdienst, den Sieg erringen half, — für das „Excitement" ist es gleichviel; dem endlichen Sieger reicht es die Palme; es überschüttet ihn mit Reichthum und erfindet neue Auszeichnungen für ihn. Die Romantik mißachtet jedes endliche praktische Resultat; sie stänkert hier an Grant's und Sherman's Verdiensten herum, gerade wie sie draußen an Goethe's Liebesaffairen und an seiner Stellung zur Revolution herumgestänkert hat — aber für den Repräsentanten irgend einer Schwärmerei, was immer auch seine Chancen waren, giebt es nicht Eichenwälder genug...... nicht etwa um dem Helden einen davon als Jagdrevier zu laufen......nein, sondern um ihm wohlfeile Kränze aus dem Laub des deutschen Baumes zu winden. An einem einzigen Tage brachte das „Excitement" hier in St. Louis $30,000 als ein Geschenk für General S h e r m a n zusammen. In einem prosaischen „Check" auf eine unserer Banken wurde es ihm eingehändigt. Die Romantik bedarf so großer Mittel nicht. Vielleicht nimmt sie einmal einen Anlauf, und beschließt, ihrem Abgott e i n W o h n h a u s zu laufen. Sie besinnt sich aber bald eines Bessern und läßt es bei einer schwarz-roth-goldenen Schärpe, die in ein patriotisches Begleitungsschreiben eingewickelt ist, bewenden. Die Absicht und der i n n e r e Werth sind ja doch das Wesentliche der Gabe, nicht wahr?

Die Völker und ihre Fürsten sind aus demselben Teig gemacht. Die Fürsten haben für ihre Getreuen wohlfeile Verdienstorden, und die Völker haben noch wohlfeilere Anerkennung und Anagramme für die ihrigen. Wenn die Wittwe und die Kinder eines mit lauter Anerkennung und Eichenlaub zu Tode gefütterten Volksmannes dann auch die harten Wintermonate frieren und hungern, so setzt ihm die deutsche Romantik vielleicht einen Marbelstein aufs Grab. Die verwais'te Familie mag dann zur Mittagszeit auf den Kirchhof gehen, und sich warm und satt daran sehen. Vielleicht jedoch, wenn Einer ganz weit, weit weg in Deutschland wohnt; wenn seine Verdienste schon in die graue Ferne gerückt sind, so daß sie für die Masse fast ganz unerkennbar geworden; wenn er nicht etwa nur todt gestorben, sondern bei lebendigem Leibe begraben in der Nacht des Wahnsinns liegt, — vielleicht daß dann die Romantik ihre Tasche öffnet und sich der unglücklichen Familie des Dulders erbarmt! Wenn er aber mitten unter ihnen und für sie gelebt und gewirkt hat und einfach gestorben ist, dann giebt das dankbare Deutschthum seiner Wittwe ein Douceur von ganzen $1400 und die Aussicht auf den Marbelstein. Auch Einer von den Professions-Vorkämpfern in der Presse nennt ihn alle Jahr einmal den U n v e r g e ß l i c h e n. Damit kann dann die Mutter zu Weihnachten einen Extra Welschhahn kaufen und den Christbaum putzen!

Ich glaube, seitdem die Menschen einander massenweise todtgeschlagen haben, gab es keinen Krieg, in welchem die Romantik so wenig Ausbeute gefunden hätte, als im letzten amerikanischen Bürgerkrieg. Selbst die Deutschen wurden sehr bald von einem großen Theil ihrer romantischen Flausen curirt.

Hin und wieder trieb sich ein Frauenzimmer in Uniform herum; da und dort wurde einmal ein patriotisches Lied gebrüllt; aber von Mobile bis quer hinüber nach Jacksonport in Arkansas und den ganzen Mississippi auf und ab, wo ich Wochen und Monate lang während zweier ganzer Jahre in unsern Lagern zubrachte und Millionen an unsere Truppen ausbezahlte, begegnete sie mir nirgends mehr, als wie zu Anfang der Sigelei, die alte, wohlbekannte, ächte Romantik. Ich habe manch lecken Spion nach glücklicher Rückkehr aus wirklichen oder imaginairen Gefahren schwadroniren hören; habe mit weibisch aufgeputzten „Scouts", die großen Hände in Glacéhandschuhen, die bärtigen Gesichter von Fett triefenden Locken umwallt, in sammtnen Jäckchen, Schnürstiefelchen und breitkrämpigen Strohhüten, halb zimpferlichen Mädchen, halb Hanswursten ähnlich, so wie unsere Eisenbahnromane den richtigen „Scout" als Vignette führen, gegessen, getrunken und halbe Nächte durchschwatzt; ich habe viel wackere Offiziere und ganz capitale Fallstaffs kennen gelernt; — aber alles war entweder Absicht oder platte Natur — Romantik nirgends. Nur als ich unsern Sigel mit seiner Straußenfeder auf dem Heckerhut sah, da fiel mir das ganze romantische Vaterland auf's Herz, und ich seufzte ernstlich vor Freud und Leid! Das Hauptquartier zu Little Rock war vielleicht an gedankenloser Völlerei weitaus im Vorsprung gegen jeden andern militärischen Centralpunkt; der Kriegsrath der fünf Generale zu Jefferson City beim Herannahen von Sterling Price's Lumpengesindel vielleicht die possierlichste Fallstaffiade des ganzen Krieges; der Anblick von Tausenden, dreiviertel nackter und halb verhungerter Neger in den verlassenen Barracken an der Mündung des White-Rivers vielleicht eines der entsetzlichsten Schauspiele, — aber Romantik lag ganz allein in Oberst Sigel und seiner „wilden, verwegenen Schaar"! Fern sei es von mir, zu behaupten, daß sich damit nicht die höchste Tapferkeit vertrüge, gerade so wie unter den amerikanischen Regimentern neben Völlerei, Lumperei und Fanatismus auch Heldenmuth gar wohl zu finden sein möchte; aber da ich nicht zu den Combattanten gehörte und nur aus sicherem Port der einzigen über alle Maßen abgeschmackten Affaire von Jefferson City und dem Bombardement eines Gehölzes, in welchem ich nicht einen einzigen Feind bemerkte, von einem Kanonenboote aus, das mich den White-River hinauf escortirte, beigewohnt habe, so kann ich als Augenzeuge von all der Tapferkeit nicht sprechen und muß dies daher Denen überlassen, welche die Tapferkeitsseite der Medaille gesehen haben. Aus eigener Anschauung kenne ich nur bei den Deutschen die romantische, bei den Amerikanern die rohe, zerstörerische, fanatische, speculationsmäßige, grenzenlos lüderliche, absolut geistlose Seite des Krieges, und ihre deutsch-amerikanischen Variationen; die hochherzige, aufopfernde, geistvolle und mit Bravour und kühnen Thaten beschriebene Seite habe ich aus e i g e n e r Wahrnehmung n i c h t kennen gelernt. Ich habe nur den Aufwand von so colossalen Mitteln gesehen, daß mein Begriffsvermögen ihre ganze Größe nicht faßt; Tausende von mit Hafer gefüllten Säcken, die förmlich als Pflaster für eine der Kothstraßen von Helena vernutzt worden waren; einen Berg von Feldbetten, die bei

Duvalls Bluff in freier Luft verfaulten; die sämmtlichen Pferde eines Cavallerieregiments aus Mangel an Wasser und Futter in einem Fieberpfuhle in Arkansas crepirt, wo die Gegenwart des Regiments überhaupt für irgend einen militärischen Zweck so nutzlos war, als wäre es während der ganzen Kriegsdauer in Connecticut oder New-Hampshire in Garnison gelegen, und mit gewiß unaffectirter Aufrichtigkeit füge ich hinzu, daß der Anblick der aufgelös'ten Rebellen-Armee, unter der ich mich eine ganze Woche unmittelbar nach der Capitulation Lee's und Dick Taylor's befand, mir auch das Begriffsvermögen darüber trübte, wie unsere eigene Armee geführt sein mußte, um mit dieser Bande nicht in der halben Zeit fertig zu werden. Denn so viele niedergeworfene Rebellionen ich auch im Leben mit angesehen habe, so ist mir doch keine einzige vorgekommen, deren Explosion eine so absolute Abwesenheit an wahren Elementen der Kraft blosgelegt hätte, als die der secedirten Staaten. Ihre ganze Kraft bestand nur in unserer eigenen Imagination; doppelt hoch wußte ich daher den Werth jenes „Excitements" zu schätzen, das der Unerfahrenheit und Ungeschicklichkeit durch Beschaffung der ungeheuersten Mittel das Gefährliche nahm. Der Romantik wäre dies niemals geglückt.

Daß sich diese deutsche Romantik in amerikanisches Excitement verwandeln muß, ehe beide den Weg zur freudigen Erregung des Gemüths und zu klarer Einsicht beim Herannahen großer Epochen finden, liegt auf der Hand. Gerade so wie der Wuchs der amerikanischen Menschen schlanker und elastischer, wie ihre Gesichtszüge edler und freier werden, gerade so muß auch im Kopf und im Herzen eine entsprechende Veränderung vorgehen. Glaubt mir's, sie ist sicherer und erfolgreicher als die plötzliche Umwandlung des Negers in einen Stimmgeber, oder als die eines deutschen Unterthanen in ein Mitglied eines amerikanischen Centralausschusses. Untergehen mit Stumpf und Styl muß die deutsche Romantik, ehe aus deutschen Einwanderern Amerikaner werden. Mein eigenes Bündel davon ist mir in der Jugend so fest auf den Rücken geschnallt worden, daß ich es wohl niemals ganz los werde. Das weiß ich sehr wohl, und bedaur' es nicht einmal! Aber es sollte mich bedünken, daß noch Andere außer mir herausgefühlt und herauserkannt haben müßten, daß auch der deutsche Unionsgedanke gerade so sehr vom amerikanischen Unionsgedanken verschieden war, wie die irländische Seccessionsrichtung von der der wirklichen Rebellen, oder wie Romantik von Excitement. Die ganze Politik der irländischen Patrioten, oder richtiger vielleicht Unzufriedenen, läßt sich in dem Grundgedanken der Repealbewegung zusammen fassen. Sie fühlen sich unglücklich so lange sie nicht staatlich von Großbrittanien getrennt sind. „Laßt uns daher die Unionsakte widerrufen und unsere nationale Unabhängigkeit erringen." Dieser Gedanke lebt so mächtig in der jetzigen Generation der Irländer, daß er wie die Seele im Leib eins in ihnen ist. Er lebt so gewaltig in ihnen, daß er nicht nur im eigenen Lande Verschwörungen anzettelt, sondern er begeistert auch noch die Irländer im Auslande zu den tollsten Expeditionen, die in der amerikanischen Eifersucht gegen England wenigstens Sympathie, wenn auch keine Hülfstruppen erweden. Wo immer der Irländer den Unionsbegriff gründlich zu kennen glaubt, da ist er ihm gehässig; für ihn repräsentirt er nicht die riesige Basis einer ins Erstaunliche reichenden cosmopolitischen Entwicklung, sondern Zwang, Vernichtung der Nationalität und Unfreiheit. Er hat denselben ihm verhaßten Begriff auch hier gefunden, und sicherlich hat er ihn hier nicht lieben können. Da sind Millionen von Irländern im Glauben erzogen worden, daß nationale Selbstständigkeit das politische Evangelium des Jahrhunderts und das der besten Männer ihres Volkes sei. Da sehen sie, sei es auch nur als Vorwand, ganz dasselbe Evangelium von eilf Staaten, und zwar mit einer an Fanatismus grenzenden Energie, angerufen. Kann irgend ein denkender Mensch von ihnen erwarten, daß sie im Laufe von wenigen Jahren, die sie alle sammt und sonders ausschließlich zum Aufbau ihres physischen Glücks verwenden mußten, dergestalt vom amerikanischen Unionsgedanken durchdrungen werden, daß er gerade dasjenige Gefühl in sein diametrales Gegentheil verwandeln sollte, in welchem sie nicht nur auferzogen wurden, sondern das sogar die amerikanische öffentliche Meinung, so weit es das Verhältniß zwischen England und Irland angeht, niemals als verbrecherisch bezeichnet hat? Und dabei muß man nicht übersehen, daß die irländische Secessionsbewegung durchaus keine abstrakte Flause, keine förmliche Theorie, keine Utopie ist, sondern eine bestimmt ausgesprochene Politik, der weiter nichts zu ihrer endlichen Durchsetzung fehlt, als — die Kraft. Was Wunder, wenn sie Partei für eine Politik ergriffen, die nicht nur ihre eigenen Ziele verfolgte, sondern die sie auch noch mit der ganzen Kraft des Aufschwunges einer hochfahrenden aber verlornen Sache verfolgen sahen.

Das umgekehrte Verhältniß fand bei den Deutschen statt. Seit der Befreiung Deutschlands vom französischen Joche hatte der deutsche Patriotismus seinen Brennpunkt in der „Einheit Deutschlands" gefunden. Das richtige Gefühl, daß durch die politische und religiöse Zersplitterung Deutschlands eine der Größe des ganzen Volksstammes entsprechende Entwicklung unmöglich sei, und daß sie dem fremden Feinde von vorn herein ein Uebergewicht in jedem Kriege verschaffen müsse, zeigte den deutschen Patrioten den Einheitsgedanken, als den wesentlichen, von dem jede praktische Bewegung auszugehen habe. Leider erfaßten sie ihn nicht als einen Gedanken. Denn hätten sie ihn mit derselben Energie und Klarheit erfaßt, als sie ihn mit Leidenschaftlichkeit und Treue in ihren Herzen pflegten, so wäre er längst zur That geworden. In diesem Irrthum liegt die Ursache, daß ein Anderer ihn nicht zum direkten Nutzen des deutschen Volkes, sondern einer Dynastie verwenden konnte. Für den Grafen Bismarck ganz allein in Deutschland war das Einheitspostulat ein praktisch ausführbarer Gedanke; für alle Anderen war er nur ein süßer Traum, eine romantische Hoffnung des Herzens. Daher kam es denn auch, daß, als er zur Ausführung gebracht wurde, die Mehrzahl der Deutschen diese praktische Lösung nicht wollte. Aber dieselbe Mehrzahl würde sich gegen jede andere präcise, praktische Ausführung gerade so sehr gesperrt haben. Wenn der Träumende erwacht, so hört das Träumen auf. Jedesmal entdeckt der Erwachte, daß er nur geträumt habe, ob er aus seinem Traum durch ein über ihn ausgegossenes Bad, oder durch einen Stoß in die Rippen, ob er durch Hans oder Kunz, ob er zum Zweck einer zu beginnenden nützlichen Arbeit, oder um das Henkermahl einzunehmen aufgeweckt war. Einer bloßen Herzensangelegenheit gegenüber ist die praktische Lösung jedesmal und unfehlbar eine Täuschung, und tausendmal lieber hätte das deutsche Volk noch ein paar Jahrzehnte so fortgeträumt, als daß irgend Jemand und zwar zu irgend welchem Zwecke aus seinem Traum eine Wahrheit gemacht hätte.

Aber nichtsdestoweniger war die Einheit Deutschlands die tiefste Herzensangelegenheit des gesammten deutschen Volkes, deren es sich in seiner ganzen Geschichte berühmen konnte. Es gab keine Form des Gefühls, in der es sich nicht geäußert hätte, und als vollkommen **berechtigtes** Gefühl war es sogar auf den Thronen erkannt. Nur als zu vollbringende Thatsache in einer präcisen Form wollte und erfaßte es Keiner.

Mit diesem Traum beladen, verließen Millionen das deutsche Vaterland und suchten das Glück auf amerikanischem Boden. Belastet mit diesem Kummer, flüchteten sich sogar die Trümmer zweier fehlgeschlagenen deutschen Revolutionen hierher, die beide beim Erwachen aus dem deutschen Einheitstraume gestrauchelt waren. Aber auch hier wieder zeigte sich die Eigenthümlichkeit des deutschen Nationalcharakters. Von Amerika aus that der Deutsche nichts, um seinen Traum zu realisiren. Während die Irländer fortwährend Verschwörungen anzetteln und ihre Köpfe theils an Canada anrannten, theils direkt, wenn auch in kläglich kleinen Verhältnissen, gegen England selbst operirten, polterte der Deutsche höchstens in seinen Zeitungen gegen die vielen kleinen deutschen Fürsten, und machte seine Fäuste — nicht mehr im Sack, sondern in der freien Atmosphäre des amerikanischen Continents. Der Deutsche in Amerika gab der deutschen Einheit sein ganzes Herz und zahllose Redensarten; aber seinen Verstand, seine Leute und seine Dollars behielt er für sich.

Da auf einmal bricht die Rebellion gegen den Unionsgedanken aus. Das war des Deutschen eigener Unionsgedanke! Für ihn in den Tod, oder doch wenigstens unter die Fahne! Die amerikanische Tricolore galt ihm für die deutsche, und wo er sich nicht vollkommen der Täuschung ergeben konnte, da hängte er neben die blau-weiß-rothe Fahne auch noch die schwarz-roth-goldene. Kein Nord- und kein Südcarolina mehr, sondern ein einiges freies Deutschland. Sigel dort und Sigel hier. Das war ein glückliches Zusammentreffen. Ohne es wäre die Union am Ende auch nicht gerade verloren gewesen, aber es war eine mächtige, ganz unschätzbare Hülfe. Der Deutsche kämpfte seinen eigenen Kampf, und Tausende wiederholten damals diesen Satz in allen Variationen, von den plumpsten bis zu den specieusesten. Auch die Negeremancipation war kraft des liberalen Programms der Judenemancipation ins Deutsche leicht übersetzt, und die Besten unter uns pochten geradezu auf die Aehnlichkeit der Situation. Dazu kam es, daß dieser Liberalismus in den Grenzstaaten für die

Deutschen billiger war als für die Amerikaner; denn die Deutschen hielten keine Sklaven, und die wohlfeile Romantik war dem Deutschen von jeher die liebste. Ginge er ans Ende der Welt, die Nürnberger Spielsachen würden ihm dahin folgen.

Da war denn in der That erst alles wieder umzuschaffen, ehe der deutsche Unionsbegriff sich in den amerikanischen verwandelte. Auf ein Haar so, wie ihnen in Deutschland die Machtfrage eine absolut unbekannte gewesen, war sie es ihnen auch hier. Die Union war ihnen ein Stichwort, wie sie es ihnen vielleicht schon in Deutschland war, als sie noch viel weniger von ihr wußten, als jetzt. Aber während der Irländer seine anerzogenen Begriffe **gegen** die Union wendete, kamen ihr die anerzogenen Begriffe der Deutschen zu Hülfe, und das Geschick ist zu preisen, daß es so war. Es wird den Deutschen in ihrem Verwandlungsprozesse manche, aber nicht alle Kämpfe ersparen.

Wir hatten über eine Million Soldaten unter den Waffen. Die dem Präsidenten verfassungsmäßig zugestandene Gewalt war ohne **jede Frage**, ohne **jeden Zweifel**, ohne auch nur die im **allerentferntesten** begründete Furcht, wir könnten damit nicht ausreichen, um unsere nationale Existenz zu erhalten, so überwältigend, daß auch nicht eine einzige Garantie der bürgerlichen Freiheit suspendirt zu werden brauchte, um unsere Zwecke zu erreichen. Die temporäre Aufhebung der Habeas-Corpus-Akte, die Unterdrückung von Copperhead-Zeitungen, das über die Grenze schicken von sogenannten Sympathisers und das Standrecht haben der Sache der Union nicht so viel geholfen wie eine einzige gut geführte Brigade; aber sie haben der Welt gezeigt, daß in Ausnahmslagen die Republik ihre Bürger abweichender Meinungen gerade so behandelt, wie die Monarchie. In der Monarchie giebt's auch kein Standrecht, so lange Alles im Glatten geht. Da verurtheilen die Civilgerichte darauf los, als wäre das Verurtheilen der wesentliche Rechtsschutz der Bürger. Da wird die Competenz gerade so streng gewahrt, wie in der besten aller Republiken, und schon der Concurrenz wird genügt, um das ganze wohletablirte Justizwesen in Aufruhr zu bringen, wenn auch nur ein einziger Fall ihrer Zunft entzogen und etwa vor einem ungünstigen Ausnahmsgericht verhandelt werden soll.

Abgesehen von der socialen Lage eines Volkes und von der historischen und durch das Element bestimmten Entwicklung der Gesellschaft, ist in ruhigen Zeiten der besondere Formalismus, unter dem die Regierungsmaschine arbeitet, von wenig Belang, und die Menschen **können** wenigstens in der Monarchie nahezu gerade so frei und glücklich leben, als in der Republik. An den Ausnahmszeiten dagegen **erprobt** sich das Regierungssystem, und wenn dann die Republik gerade so sehr von ihrem Prinzip abweichen muß, als die Monarchie von der normalen Gesetzgebung, dann verschwindet einer der wesentlichsten Vorzüge der einen Form über die andere. An diesem Ausnahmszustande galt es daher den Werth republikanischer Freiheit zu messen, und ganz besonders mußten Diejenigen, die tiefer als die Republikaner in das Wesen republikanischer

Institutionen sehen zu können behaupteten, die Aufrechthaltung aller jener Garantieen der persönlichen Freiheit aufs entschiedenste vertheidigen, zumal erwiesener Maßen weder Grant noch Sherman außer ihren Bataillonen den Civilbüttel brauchten, um mit der Rebellion fertig zu werden.

Diejenigen, denen es in Deutschland als das wesentliche Postulat der Freiheit galt, daß die Presse unter keinen Umständen zu beschränkt sei; daß die Meinungen absolut frei sein müßten; daß unter keinen Verhältnissen ein Bürger seinem competenten Gerichte entzogen werden dürfe; daß eine irrthümliche Ueberzeugung niemals ein Verbrechen sein könne, gerade diese mußten die Republik von allen Verbrechen der Monarchie rein zu halten suchen, und Jedermann hätte darin den höchsten Beweis ihrer Principientreue und ihres vollen Verständnisses republikanischer Institutionen erblicken m ü s s e n, da sie ja mit einer Begeisterung unter die Waffen eilten, die jeden Verdacht, als seien sie der Union nicht mit ganzem Herzen ergeben, vollkommen ausschloß. Statt dessen waren es gerade die Deutschen, denen Standrecht, Unterdrückung mißliebiger Zeitungen, Confiscation und Suspension des Habeas-Corpus am willkommensten waren. Mit einer Herzensfreudigkeit griffen sie nach all den Plagen, mit denen sie seit Jahrhunderten zu Hause gefoltert worden waren, um ihre politischen Feinde unschädlich zu machen, als gälte es, die höchsten Resultate deutschen Denkers im fremden Lande einzuführen. Den Stock, den sie so oft gefühlt, jetzt durften sie ihn selber schwingen!

Ganz dasselbe gilt von der Freudigkeit, mit welcher die Deutschen den Gedanken der Untersuchung und Anklage des Präsidenten aufgriffen. Was bei den Amerikanern Resultat des Parteiübermuthes war, was der Congreß als eine Nothwendigkeit ansah, um ein- für allemal seine Stellung dem Präsidenten gegenüber zu sichern, das war bei den Deutschen Ausfluß des ehemaligen Unterthanengrolls. Jeder Hieb auf den Präsidenten galt einem ihrer ehemaligen Fürsten. In zahllosen Vergleichen war Johnson mit Napoleon, mit dem König von Preußen, mit Bismarck, ja sogar mit irgend einem deutschen Zaunkönig zusammengestellt, und das V e t o ganz im Sinne der Carmagnole behandelt worden. Hätte der Präsident tausendmal die Verfassung mit Füßen getreten, hätte er dies aber zu Gunsten der herrschenden Partei gethan, kein Deutscher hätte ihn jemals an seinen Eid auf die Constitution und an seine gesetzmäßigen Pflichten erinnert. Ich verkenne die Lage der Dinge durchaus nicht. Ich weiß sehr wohl, daß es sich darum handelt, den Süden unter das allgemeine Princip des Nordens zu zwingen. Ich sehe auch vollständig ein, daß, wenn der Zweck einmal klar herausgestellt ist, die bündigsten Mittel die am wenigsten verwerflichen sind. Aber wenn es an irgend einem Bevölkerungsbestandtheil lag, den n ä c h s t e n Zweck nicht dem f e r n e r l i e g e n d e n, dem wahrhaft e n d l i c h e n Zweck menschlicher Staatsgesellschaften zu opfern, so waren es die Deutschen, denen diese Pflicht oblag. Die Deutschen w i s s e n, daß es sich in diesem Kampfe um die Herrschaft der Industrie über den individuellen g r o ß e n und über den combinirten k l e i n e n Grundbesitz handelt. Die Deutschen wissen, daß hinter dem Siege der großen Industriellen ein neuer Kampf gegen diese Industriellen bevorsteht. Sie wissen, daß in diesem neuen Kampfe sie, als meist kleine Leute, zu der Partei gehören werden, die gegen die große Industrie sich bilden wird. In ihrem allereigensten Interesse lag es daher, diese großen Industriellen nicht übermächtig werden zu lassen. Sie am allerwenigsten durften daher jede Gewalt brechen helfen, die der Allmacht der amerikanischen Industrie-Bourgeoisie Widerstand entgegensetzen konnte. Die Freiheit hätte ihnen mehr gelten sollen, als die Gemeinschaft mit einer siegreichen Partei. Aber so lange gewohnt, beherrscht zu werden, war es so süß, auch einmal selbst zu herrschen. Und herrschten sie wenigstens! Die Stimmdienste dürfen sie thun, aber wenn sie dafür die allergeringste Concession ans „Deutschthum" verlangen, so werden sie abgetrumpft. Dieser Scheinherrschaft haben sie das Werthvollste an ihnen geopfert; sie werden es bereuen, sobald sie zur vollen Einsicht gekommen sind, daß sie in der Partei, mit der sie gehen, nicht nur keinen einzigen deutschen Gedanken durchsetzen können, sondern daß auch die amerikanischen Gedanken, die der ganzen Bewegung zu Grunde liegen, ihnen den Kampf nicht ersparen, den sie mit ihr zu bestehen haben werden, weil sie sie durch ihre Stimmen befördern halfen. Ein Deutscher, der den Präsidenten absetzen will, der für Ausnahmsmaßregeln schwärmt und dem selbst das Standrecht im Frieden eine willkommene Waffe gegen seine Gegner ist, ist deshalb, weil dies Alles auch seine amerikanischen Parteifreunde wollen, noch lange kein Amerikaner. Er ist nur ein Deutscher, der seinen eigenen, alten Kampf in den hiesigen Verhältnissen wiederfindet, und der sie deshalb bekämpft, weil er deutsche Verhältnisse in ihnen zu bekämpfen glaubt. Der Amerikaner bekämpft im Präsidenten einen innerhalb seiner republikanischen Einrichtungen liegenden Widerstand; der Deutsche bekämpft die Monarchie in der Republik. Nirgends sieht er die Republik. Ueberall erscheint sie ihm nur als eine schlechte Monarchie, die er erst in eine Republik zu verwandeln habe. Aber seine Republik ist absolut formlos; sie ist die pureste Anarchie. Sie ist absolute Willkür; ewiger Wechsel; die zum Princip erhobene Unzufriedenheit; mit einem Wort, die Monarchie ohne den König. Daher kommt es, daß, wozu in der Republik, wegen Abwesenheit des Königs, der deutsche Mensch nicht gezwungen wird, er es auch freiwillig nicht thut. Niemals fällt es dem Deutschen ein, auf dem Associationswege auch nur das Allergeringste von dem ins Werk zu setzen, was die Amerikaner alle Tage für allgemeine Bildungszwecke thun. Er müßte dazu gezwungen, dafür besteuert werden, dann würde er große Leseanstalten, Theater und Spitäler bauen helfen. Nur dort, wo er noch einen Herrn hat, in seiner Kirchengemeinde, da thut er etwas, wozu ihn der Staat nicht zwingt. Und das ist recht und natürlich. Wenn er einmal ganz amerikanisirt ist, ganz davon durchdrungen, daß er selber und seines Gleichen die Hauptsache sind, der Staat aber nur ein Nothbehelf, dann wird er, gerade wie seine Landsleute von älterm Datum, wohl auch noch essen, trinken und sich's wohl sein lassen, aber dann wird der Dollar wohl nicht mehr ausschließlich für die Gurgel, den Magen und des Leibes Nothdurft dasein, sondern er wird ihn auch noch für all die andern Bagatellen verwenden helfen, die bisher mit „republikanischer Freigebigkeit", wie Herr Raster sagt, nur von Amerikanern beschafft worden sind. Es ist wahr, die deutschen Fürsten sind Betteljungen gegen einen amerikanischen Cröjus. Aber wie gesagt, die Völker sind aus demselben Teig geknetet wie ihre Fürsten.

Zu vorstehendem Artikel wollen wir nur bemerken, daß wir nicht erkennen können, wie der Titel zu dem Inhalt paßt, und daß er unseres Erachtens neben sehr viel Wahrem und Beherzigenswerthem mancherlei enthält, was auf irriger Auffassung beruht. D. R.

Peter Cornelius.
Von W. Backhaus. (Bremen.)

Der Altmeister der modernen Malerkunst, der Regenerator der monumentalen Frescomalerei, ist reich an Jahren, reicher noch an Ehren, und unsterblich an Ruhm, am 6. März in Berlin, der letzten bedeutenden Stätte seiner künstlerischen Thaten, dem Irdischen entrückt worden. Seine Hülle ruht im Grabe, aber sein Name wird leben in der Kunstgeschichte seines Vaterlandes für und für.

Wenn große Männer sterben, so tritt uns mit der ganzen Größe ihres Verlustes auch die ganze Größe ihres geistigen Werthes bedeutsamer vor die Seele als sonst. Gleich wie ein gesitteter und ritterlicher Sieger in dem besiegten Gegner noch den vollen Menschenwerth respectirt, sich weder dessen Schwächen noch seiner Niederlage prahlerisch rühmt, sondern seiner Tapferkeit und seiner mit ihm unterlegenen Sache noch eine gewisse Anerkennung und Gerechtigkeit wiederfahren läßt: also möchten wir, wenn der Ueberwinder Tod einen bedeutenden, geistig hervorragenden Mann danieder geworfen hat, seine Schwächen gern vergessen, und wir fühlen die Neigung, die Sonne seines wohlverdienten Ruhmes und den hellen Glanz seiner Thaten fleckenlos und ungetrübt erstrahlen zu lassen.

Die moderne Malerei hat sich hauptsächlich in zwei Richtungen manifestirt. Auf der einen Seite sehen wir den Cultus des Realismus, der wieder einerseits zum crudesten Naturalismus führt, wie die belgische und französische Schule es beweisen, andererseits auf seinen Höhepunkten die Idealisirung des materiellen Stoffes nur durch die vorzügliche Handhabung der technischen Mittel bewirken zu können meint; — auf der anderen Seite tritt uns ein Idealismus entgegen, der es sich zur Aufgabe gemacht hat, nicht die wirkliche Welt zu verschönern und zu vervollkommnen, sondern eine ungebildete Welt mit den Gegenständen einer ungezügelten Phantasie zu bevölkern, von der unreinen Erde mit ihren Creaturen sich weg und ausschließlich dem Heiligen und Himmlischen zuzuwenden.

Dieser einseitige Idealismus ist arm an schöner Wirklichkeit, und seine Schöpfungen, so großartig und bewunderungswerth sie auch sind, lassen uns doch kalt, weil sie unserem natürlichen Empfinden fremd sind und sich einhüllen in symbolische und allegorische Unverständlichkeit. Dieser Richtung überhaupt war Cornelius. Das Genie bleibt zwar immer Genie, und auch in seinen Verirrungen zwingt es uns zur staunenden Bewunderung. Auf diesem Wege wird aber das bloße Talent leicht zum Stümper, wobei sowohl die Kunst, als auch die philosophische Erkenntniß einen schwer heilbaren Schaden nehmen.

Schon früh wurde der Meister eingeführt in die Geheimnisse des künstlerischen Schaffens. In Düsseldorf am 23. September 1783 geboren, entzündete sich seine Liebe zur Kunst schon früh in den Sälen der Düsseldorfer Gallerie, deren Inspector sein Vater war. Seine Lehrjahre verbrachte er auf der Academie seiner Vaterstadt. Doch es dauerte nicht lange, so genügte seinem suchenden Geiste das Einseitige und Mechanische des academischen Unterrichts nicht mehr; seine schon damals mit hohen Plänen erfüllte Seele verlangte Befriedigung des Schaffungsdranges in der Freiheit. Er nahm den Wanderstab; seine Wanderjahre begannen. Sein erstes Ziel war Frankfurt. Hier erinnerte Alles in der Kunst an Göthe, und auch Cornelius mußte sich in diesen Zauberbann begeben. Er machte Zeichnungen zum Faust. Indeß waren sie nicht nach des Dichters Geschmack, da sie sich dem Stoffe nicht in anmuthiger Form liebevoll anschmiegten, sondern den Stoff nur als Mittel nahmen, um eine eigene Dichtung voll sprudelnder Genialität zu malen. 1811 wanderte er nach dem Lande seiner Sehnsucht, Italien. Er ward dort bald das Haupt einer neuen Schule, oder, wie Göthe sich treffend ausdrückte, der „Häuptling des neualterthümlichen Geschmacks." Der neue Nazarener lieferte zunächst Darstellungen aus dem Nibelungenliede. Gemeinschaftlich mit den Geistesverwandten Overbeck, Schadow und Veit schmückte er die Villa des preußischen Generalconsuls Bartholdy mit Bildern aus der Geschichte Joseph's. Jetzt fingen seine Compositionen an, Bewunderung zu erregen; die Künstler feierten in ihm den Meister, und die Fürsten und Reichen machten schmeichelnd ihm ehrenvolle Anerbietungen. Die Bekanntschaft mit dem Kronprinzen von Baiern wurde für Beider Ruhm und die Kunst folgenreich. 1819 war unser Meister in München, wo er durch seine Frescomalereien in der Glyptothek den Grund zu seinem universellen Ruhme legte. Im „Göttersaal" finden wir die Götter Homer's: das Reich des Jupiter, des Neptun und des Plato; im „trojanischen Saal" die Helden der göttlichen Ilias. Bei seinem Abgange von Rom war Cornelius zum Director der Düsseldorfer Academie berufen, ein Amt, welches er 1825 mit dem Directorat der Münchener Academie vertauschte, da er die zwischen Düsseldorf und München getheilte Thätigkeit nicht länger ertragen wollte. Für den Prachtbau, die Pinakothek, fertigte er Zeichnungen an, welche die Entwickelung der neuen Kunst darstellen. Unser Meister ging von Neuem nach der Heimath der Künstler, nach Rom, um Cartons zu Gemälden für die neue Ludwigskirche zu entwerfen. Diese stellen, wie gesagt worden ist, eine Messiade nach eigener Erfindung dar, und doch der Bibel gemäß; sie zeigen Christus in seiner dreifachen Stellung, als Heilgeborener am Weihnachtsabend, als Erlöser am Kreuz und als den Richter über Leben und Tod am Tage des jüngsten Gerichts. Das war der eigentliche Stoff für den Genius des Meisters. Das „jüngste Gericht", ein 63 Fuß hohes und 39 Fuß breites Gemälde, dessen Uebertragung auf die Wand er selbst vollzogen hat, kam 1839 zum Abschluß, und dieses Gemälde ist es, welches seinen Namen der spätesten Nachwelt überliefern wird. Einige Jahre später finden wir ihn in Berlin; hier schuf er das berühmteste seiner nur in kleiner Zahl vorhandenen Oelbilder, „Christus in der Vorhölle, wie er den abgeschiedenen Geistern predigt". Welch ein Stoff für die Malerei, die nach des großen Lessing's Ausspruch ihre Gegenstände aus der wirklichen Welt nehmen soll, da die Erfindung nie des Malers glänzende Seite werden kann! Zugleich entwarf er, gleichsam zur Erholung von seinen genialen Visionen, Zeichnungen zu Tasso's befreitem Jerusalem, sowie mehrere kleinere Werke, durch die er sich und die Welt daran erinnerte, daß er doch noch Mensch mit Menschen sei. Nun begann seine letzte und vielleicht großartigste Thätigkeit. In Berlin sollte ein Dom gebaut werden; indeß das kaum begonnene Werk mußte wegen Mangels an Mitteln liegen bleiben. Dieser Dom sollte nach den Ideen Friedrich Wilhelm IV. ein Campo santo, die königliche Begräbnißstätte, enthalten. Cornelius ward von seinem königlichen Freunde beauftragt, die Frescogemälde, welche die Wände dieser Halle des Todes zieren sollten, auszuführen. In Rom vollendete er die Vorarbeiten zu dieser großen Schöpfung, deren Ausführung wohl jener Zeit angehören wird, wo der erste Hohenzoller Kaiser von Deutschland ist. Der pietistische und romantische König hat dem Künstler für seine Ausführungen den Paulinischen Spruch zu Grunde gelegt: Der Sold der Sünde ist der Tod, die Gnade Gottes aber ist das ewige Leben. Der Meister entwickelt diesen Gedanken in bedeutsamen Gestaltungen des alten und neuen Bundes mit Anklängen an den Mythus der schönen Heidenzeit, in den mannigfaltigsten Darstellungen aus dem Leben des Heilandes mit Hinweisung auf Scenen und Momente der Apostelgeschichte und der Apokalypse, sowie der symbolischen Abbildung der acht Seligkeiten in der Bergpredigt. Diese durch den Stich bekannt gewordenen Bilder haben eine Weltberühmtheit erlangt. Wem ständen die „apokalyptischen Reiter" nicht vor Augen? Wessen Seele hätten sie nicht tief erschüttert? An den Cartons zu den großartigen Gemälden hat er bis zu seinem Tode gebessert und gearbeitet. Kleinere Arbeiten, wie „Die Versenkung des Nibelungenhorts in den Rhein", vollendete er zu seiner Erholung. Die Schaffungslust war bis zu seinem Tode stets lebendig und neu in ihm, und so stark war sein Geist, daß er, ein achtzigjähriger Greis, bei vollem Bewußtsein, war, als der Tod sich ihm nahte, um ihm für immer die Augen zuzudrücken.

Man hat Cornelius mit Michel Angelo verglichen. Und in der That hatten sie Vieles gemeinsam. Beider Element war die Idee, Beider Beruf, das Große, Gewaltige, Titanenhafte, das Uebermenschliche zur Erscheinung zu führen. Zarte Milde und süße Anmuth zu malen, war nicht ihres Genius Wesen. Michel Angelo war aber univerſeller; er war Maler, Bildhauer, Architect, Dichter, und um in die Räume des Himmels zu ſteigen, hat er niemals die Mutter Erde verlaſſen. Cornelius himmelhoch ſtrebende Phantaſie erfüllte den Himmel mit ſeinen Geſtalten, und die Hölle mit ihren Creaturen, und die Mythe mit ihren Bildern, aber alle dieſe Geſtalten wollen uns vergeſſen laſſen, daß wir Menſchen ſind.

Die Tendenz der großen Werke unſeres Meiſters war lohnend. Seine Kunſt war eine Ergänzung philoſophiſcher und theologiſcher Vorſtellungen. Iſt das aber noch ſchöne Kunſt, und wenn ſie im Gewande der Antike oder im Talare ſpecifiſcher Chriſtlichkeit ſich zeigte, die belehren und moraliſiren, oder auch nur unſerem Gemüthe eine beſtimmte Richtung zwangsmäßig geben will? Cornelius galt die Kunſt nicht als die Offenbarung der Schönheit, und dieſe nicht als ihr höchſtes Geſetz, ſondern als die Offenbarung chriſtlicher Dogmatik und ſeiner beſonderen Glaubensrichtung. Die ſinnliche Schönheit mißachtete er; daher iſt er auch ſtets ſchwach geweſen in der Farbengebung; ſeine großen Eigenſchaften beruhten auf der Zeichnung. Wenn er die Malerei zum Malen hätte entbehren können, ſo würde er ſich gern von dem äußeren Stoff emancipirt haben, um den abſtralten Gedanken ideell darzuſtellen. Das friſche, charakteriſtiſche Leben der wirklichen Welt zu idealiſiren, iſt nie ſeines Geiſtes Zug geweſen, und wenn wir ſtaunend und bewundernd vor ſeinen großen Werken ſtehen: unſer Herz bleibt ungeſtillt und unſer Geiſt unbefriedigt; wir fühlen, daß die Grenzen der Kunſt überſchritten ſind und wir gemalte Dichtung, gemalte Philoſophie und gemalte Theologie ſehen. Er iſt gewiß der Hoheprieſter der modernen Malerkunſt; aber ſeine Kunſt iſt doch nur der Höhepunkt des kirchlichen Idealismus. Er hat die Poeſie des alten Glaubens gemalt und hat uns zugleich in ſeinen Bildern gezeigt, daß dieſer Glaube ſein eigener iſt.

Des großen Meiſters Perſönlichkeit war eine imponirende und mächtige; ihr iſt ein großer Theil ſeines gewaltigen Einfluſſes auf Künſtler und Laien zuzuſchreiben. Sein wunderbarer Blick feſſelte die Menſchen, mit denen er in Berührung trat, und beherrſchte die Kreiſe, in denen er ſich bewegte. Von der Würde der Kunſt war er tief durchdrungen, und er wußte ſie ſtets zu wahren; ſeinen Beruf ſah er an als eine heilige Miſſion, deren reinſte und vollkommenſte Erfüllung die hehre Aufgabe ſeines ernſten und erhabenen Geiſtes war. Er war ſich ſeiner Leiſtungen wohl bewußt, und der Stolz ſeines Künſtlerthums, ſowie der Adel ſeiner Geſinnung ſprachen unverkennbar und lebendig aus ſeiner energiſchen Erſcheinung.

Cornelius hat Schüler hinterlaſſen; ſein größter iſt Kaulbach, deſſen Genie dem ſeines Meiſters ebenbürtig, und dem es gelungen iſt, die ſcharfen Gegenſätze eines ſpirituellen Idealismus und eines naturaliſtiſchen Realismus zu verſöhnen. Sein blüthenreicher Genius ragt hinüber in die zukünftige Welt der Erſcheinungen.

Alvise Centoni.
Venetianische Skizze nach Paul de Musset.

II.

Zur Information der Leser über den Geist der Epoche, in die unsere Erzählung fällt, wird ein historischer Rückblick erforderlich sein. Der Papst spielte den Liberalen; es arbeitete in den Gemüthern wie gährender Wein. Karl Albert, der eine scharfe politische Witterung besaß, machte sich bereit. Es gab Emeuten in Genua, Calabrien, Sicilien, und selbst die Bevölkerung der Lombardei fand, trotz der Anwesenheit österreichischer Garnisonen, Gelegenheit zu politischen Demonstrationen. Nur Venedig war anscheinend politisch gleichgültig und beschäftigte sich nur mit dem Gelehrten-Congreß, welcher dort am 13.en September eröffnet wurde. Aber der politische Geist der Bevölkerung schlummerte nur, und es bedurfte wenig, um ihn zu wecken. Daniel Manin warf die Lunte ins Pulverfaß durch eine politische Rede, welche er auf jenem Congreß hielt, und der Dichter Tomaseo, ein Liebling des Volkes, trat ihm zur Seite. Beide wurden arretirt; das hatten sie erwartet und darauf gerechnet, denn die Bewegung mußte dadurch verstärkt werden. Der Schneider Toffoli veranstaltete öffentliche Manifestationen. Volk und Militair standen einander schroff gegenüber. Venedig war erwacht, der Cadaver, wie Manin sich auszudrücken pflegte, galvanisirt, ein Wiederentschlummern nicht zu befürchten. Da erscholl plötzlich wie ein Donnerschlag die Kunde von der in Paris ausgebrochenen Revolution, und es folgten die Aufstände in Wien und Mailand. Manin und Tomaseo schritten triumphirend aus dem Kerker hervor, und die Regierung bewilligte Concessionen. Aber es war, wie gewöhnlich, zu spät. Kaum war die Nationalgarde organisirt, als sie schon Miene machte, ihre Waffen gegen die Garnison zu kehren. Die Truppen wurden in ihre Kasernen zurückgezogen, als Manin vom Tisch eines Kaffeehauses herab die Republik proklamirte. Jeder andere General als der Militairgouverneur Graf Zichy hätte dies als willkommenen Anlaß zur Anstellung eines Massacres betrachtet; aber der edle Mann zog das Mißfallen seiner Regierung dem Fluch der Geschichte vor." Er wußte, daß er seinen Kopf riskirte, und in der That war derselbe verwirkt. Der Civilgouverneur schiffte sich nach Triest ein, während die Garnison nach Verona marschirte. Die Revolution war eine vollendete Thatsache.

Centoni war, plötzlich zum Bürger einer freien Stadt geworden, wie betäubt. Anfangs glaubte er zu träumen; dann kam ihm wieder die Vergangenheit wie ein Traum vor. Schwer fiel es ihm aufs Herz, daß er nicht das Geringste zur Befreiung seines Vaterlandes beigetragen, und seine Zerknirschung wurde vollständig als er sich gestehen mußte, daß er in der That nichts hätte thun können. Sich an Emeuten zu betheiligen, schreiend durch die Straßen zu rennen, oder aus dem Hinterhalt einen Soldaten niederzuschießen, der nur seine Pflicht gethan, das Alles war nicht seine Sache und flößte ihm einen unbezwinglichen Widerwillen ein. Aber was jetzt? In seiner Verlegenheit beschloß er, die Freundinnen im Hotel Danieli zu Rathe zu ziehen. Er fand sie eben mit den Vorbereitungen zu einer Illumination beschäftigt, und nur ungern entschloß sich Miß Lovel, den Bericht Centoni's entgegenzunehmen. „Armer Freund", sagte sie, als er seine Zweifel und Gewissensbisse vor ihr auskramt, mit komischem Ernst; „ich kann Ihnen das Geheimniß, welches Sie so sehr quält, in kurzen Worten lösen. In Zeiten der Revolution sind Sie eben zu gar nichts nütze."

„Sie mögen Recht haben," erwiderte Centoni. „Ich bin zu gar nichts nütze." Aber indem er es sagte, sprühten plötzlich seine Augen Feuer, und ein schöner, stolzer Entschluß leuchtete auf seiner Stirn. Miß Lovel blickte ihn überrascht an.

Noch bevor die Capitulation erfolgte, hatten die Fremden sich schaarenweise entfernt; Miß Martha aber war dem Volke von Venedig dankbar dafür, daß es ihr die Langeweile vertrieb, und wollte, trotz der Bitten ihrer Gesellschafterin, unter keiner Bedingung fort. Sie kaufte sich einen Dolch von antiker Form, mit dreieckiger Klinge, und fühlte sich im Besitz dieser Waffe vollkommen im Stande, jeglicher Gefahr zu trotzen. Die irländischen Damen, welche sich häufig bei Volksversammlungen sehen ließen und, gleich den Töchtern der Lagunenstadt, die Nationalfarben zur Schau trugen, erregten Aufmerksamkeit und es wurde ihnen manches schmeichelhafte Zeichen der Sympathie zu Theil. Von einem Gondolier ließ Martha sich in der Handhabung des Dolches unterrichten, und hielt sich über Centoni auf, der, während andere Männer bis an die Zähne bewaffnet die Straßen unsicher machten, nicht einmal ein Messer tragen wollte. Alvise antwortete auf die Neckereien der Freundin, Rabetzki sei noch weit entfernt, ein Handstreich nicht möglich, und wenn es zum Kampf komme, sei es immerhin noch früh genug, sich zu bewaffnen. Dagegen aber machten ihm Dinge, welche Martha nicht in den Sinn kamen, desto mehr zu schaffen. Er fragte sich, was im Fall einer Belagerung aus Venedig werden solle, wenn es sich nicht eine Verbindung mit dem Festlande sichere, die Rabetzki nicht abschneiden könne. Er wußte genau, wie viele Lebensmittel in der Stadt vorhanden seien und wann dieselben aufgezehrt sein würden. Martha hörte ihm kopfschüttelnd zu und drückte, mit einem Seitenblick auf die Gouvernante, den Zeigefinger bedeutungsvoll gegen die Stirn. Dann ergriff sie die Papiere, welche er, als Material für seine Berechnungen, aus der Tasche gezogen, knickte sie zusammen und sagte: „Verschonen sie uns mit diesen Lappalien. Haben wir kein Brod und kein Fleisch mehr, so essen wir Austern und Fische." Als der König von Piemont der Stadt achthundert Tausend Livres gesandt, glaubte Martha, jetzt sei aller Noth abgeholfen, und als Centoni ihr bewies, daß, da die Republik Venedig monatlich zwei Millionen gebrauche, das Geld in zehn bis zwölf Tagen aufgezehrt sein werde, unterbrach sie ihn ungeduldig mit den Worten: „Sie unausstehliche Krämerseele! Mir ist es einerlei, wie viel und was ich esse, wenn ich nur die Luft der Freiheit athme!"

Eines Morgens kam Centoni mit etwas verlegener Miene in das Hotel. Er zog einen großen Papierbogen aus der Tasche, entfaltete ihn und legte ihn dann wieder zusammen, gleich als wollte er sich auf eine feierliche Standrede vorbereiten. „Ich weiß in der That nicht", sagte er endlich, „ob ich Ihnen mit einer Sache kommen darf, welche, von der provisorischen Regierung ausgehend, Sie, als Fremde, eigentlich nicht betrifft. Es ist eine Commission ernannt worden um freiwillige Beiträge in Empfang zu nehmen. Ein Mitglied der Commission hat mich um meine Hülfe ersucht. Werden sie mich der Zudringlichkeit zeihen, wenn ich Ihnen die Liste vorlege?"

„Her damit!" rief Miß Lovel freudig. „Ich zeichne zweihundert Gulden."

„Und ich fünfundzwanzig!" fügte die Gouvernante enthusiastisch hinzu.

„Zu viel, zu viel, meine Damen!" sagte Centoni abwehrend.

Aber schon hatten sie ihm die Liste aus der Hand gerissen und ihre Beiträge unterzeichnet. Neugierig flogen sie alsdann die Namen der Subscribenten durch. Alle Freunde Alvise's befanden sich darunter, von Susanne und Betta bis zum Abbé Oberbini. Der Commandeur Fiorelli, zu vorsichtig um seinen Namen auf ein Papier zu setzen, welches in späteren Jahren als Beweisstück dienen konnte, hatte fünfzig Gulden gegeben, aber anonym.

„Und Sie, Signor Alvise?" sagte Miß Martha. „Wie kommt es, daß ich Ihren Namen nicht finde?"

„Ich werde zuletzt unterschreiben", erwiderte Alvise.

„Aha!" entgegnete Martha mit einem spöttischen Lächeln. „Es scheint als wollten Sie Ihre Mitbürger nicht durch die Größe Ihres Beitrags in Schrecken setzen. Pfui doch, mein Herr! Ist das ein Verfahren für einen Patricier und einen reichen Mann, der vorgiebt, sein Vaterland wie seine Braut zu lieben? Kommen Sie, nehmen Sie das Geld. Wollen Sie meine Achtung nicht einbüßen, so müssen Sie Ihre Börse öffnen."

„Das war auch meine Absicht, Signorina. Ich habe schon darüber nachgedacht."

„Das heißt, statt Ihrem ersten, nobeln Impuls zu folgen, haben Sie erst reiflich über das Opfer, welches Sie dem bedrängten Vaterlande bringen wollen, nachgegrübelt."

„Getroffen, Signorina."

„Nun wohl, was auch die Summe sei, sie muß verdoppelt werden."

„Das kann ich nicht, Signorina."

„Unterzeichnen Sie so viel Sie wollen, aber nehmen Sie die Feder! Ich muß wissen, wie viel eine durch Nachdenken, Klugheit und Sparsamkeit gemäßigte Vaterlandsliebe werth ist."

„Wie Eure Hoheit befehlen", sagte Centoni, die Sprache der Gondoliere nachahmend.

Er ergriff die Feder und schrieb mit fester, männlich eleganter Hand: „Der Unterzeichnete giebt der Republik sein ganzes Vermögen. Alvise Centoni."

Was!" rief Mistreß Hobbes. „Ihr ganzes Vermögen geben Sie der Republik? Ist das Ihr Ernst?"

„Es thut mir nur leid", erwiderte Alvise ernst, „daß ich ihr nicht hundert Millionen bieten kann."

Die Inländerinnen wechselten einige Worte in ihrer dem Italiener nicht verständlichen Muttersprache. Die Gouvernante sprach lebhaft, während das junge Mädchen verwirrt die Augen niederschlug. Endlich wendete Mistreß Hobbes sich zu Centoni und sagte: „Sie sind der bravste Mann, den ich jemals kennen gelernt. Lassen Sie sich umarmen!" Und als Alvise der Aufforderung gefolgt, fügte sie hinzu: „Komm, Martha, keine falsche Scham! Du hast unserm edlen Freunde ein Unrecht abzubitten."

Miß Martha streckte Alvise beide Hände entgegen, und ihre Augen füllten sich mit Thränen. „Umarmen Sie auch mich. Das ist eine schwache Genugthuung für das Unrecht, welches ich Ihnen angethan."

Centoni umarmte, innig bewegt, das schöne Kind, und drückte ihr einen Kuß auf beide Wangen. „Wir sind quitt!" rief er feurig. „Und jetzt zur Arbeit für's Vaterland! Auch ich bin noch zu etwas nütze."

Der Diktator Daniel Manin stieß, die Liste der freiwilligen Gaben durchfliegend, einen Ruf freudiger Ueberraschung aus, und beauftragte seinen Sekretär, einen gewissen Alvise Centoni zu ihm zu entbieten, welcher an der Riva del Carbon wohne. Der Sekretär fand Centoni mit der Aufzeichnung seiner Werthsachen beschäftigt, worunter sich eine Menge von Silberzeug, die Diamanten seiner verstorbenen Mutter und mehrere Werke von Titian befanden. Um ihn dieser Beschäftigung zu entreißen, mußte ihm mehrmals wiederholt werden, daß der Diktator ihn in einer Angelegenheit zu sprechen wünsche, die keinen Aufschub dulde. Beim Gouvernements-Palast angekommen, wurde er in einen kleinen Salon geführt, in dem er den Diktator antraf.

„Was ist Ihr Vermögen?" fragte Manin.

„Ein Schloß und drei Landgüter zwischen den Lagunen", erwiderte Centoni. „Weinberge, Wiesen, Ländereien im trefflichsten Zustande. Alles für ungefähr zwölftausend Gulden jährlich verpachtet und einen Werth von vierhundert Tausend Gulden, oder einer Million italienischer Lires, repräsentirend."

„Aber wie wollen Sie diese liegenden Gründe im jetzigen Moment der Republik nutzbar machen?"

„Nichts einfacher als das. Ich habe Credit, borge eine Summe, welche dem Werth meiner Besitzungen gleichkommt, verkaufe sie alsdann wenn die Zeiten sich gebessert haben, und trage aus dem Erlös die Schuld ab."

„Sie sind der Mann, dessen ich bedarf!" sagte der Diktator. „Aber folgen Sie mir in mein Kabinet. Ich möchte Ihnen einen Vorschlag machen."

Die Audienz dauerte drei volle Stunden. Im Augenblick als Centoni sich verabschiedete, brachte ein nach Mestre abgesandter Bote die Nachricht, daß Radetzki in Vicenza eingezogen, die piemontesische Armee in vollem Rückzug nach Mailand begriffen und der Weg nach Padua von neuntausend Oesterreichern, welche nach den Lagunen marschirten, versperrt sei.

„Was sagen Sie zu der Nachricht?" fragte der Diktator.

„Ich ersehe daraus, daß ich mich beeilen muß."

„Sie werden's also dennoch versuchen?"

„Verlassen Sie sich darauf."

„Das war die Antwort, welche ich erwartete. Leben Sie wohl, und möge der gute Genius Venedigs Ihnen zur Seite stehen!"

Auf dem Gang nach Hause gab Centoni seinen Gedanken die Form eines Monologs. Da hast du dich auf eine Sache eingelassen, von der vielleicht das Schicksal Venedigs abhängt. Da heißt es nicht wie beim Militär: Sieg oder Tod! sondern: Sieg und kein Tod! Es muß gelingen, und damit Punktum!

In seinen vier Pfählen angelangt, theilte er seiner Dienerin mit, daß er zweier oder dreier Personen bedürfe, die ihn auf einer sehr schwierigen und gefährlichen Expedition begleiten sollten. „Da fordern Sie keine Kleinigkeit, Padrone!" sagte Teresa, den Finger nachdenklich ans Kinn legend. „Muth und Aufopferung findet man nicht auf der Straße. Aber Sie haben ja so vielen Leuten geholfen; ich will Einige von ihnen zusammenholen, und es sollte doch mit einem Wunder zugehen, wenn sich nicht Zwei oder Drei vom rechten Schlag dazwischen befänden."

Es war eben keine feine Gesellschaft, die sich auf Betrieb Teresa's bei Centoni versammelte. Aber roh konnte man sie auch nicht nennen, denn außer den Fischern von Chiozza, hat jeder Venetianer eine gewisse Bildung und Tournüre, und namentlich die Gondoliere könnten es, was die Feinheit ihrer Manieren und das Gewählte ihrer Ausdrücke betrifft, mit jedem Edelmann aufnehmen. Alle erklärten ihrem Wohlthäter, der sie im Namen der Jungfrau unverbrüchliches Geheimniß schwören ließ, sie seien bereit, ihr Leben für ihn zu lassen; als er ihnen aber mittheilte, daß es sich darum handle, außerhalb Venedigs möglicherweise durchs und ins feindliche Lager zu gehen und Verbindungen zur Verproviantirung der Stadt anzuknüpfen, machten Alle ein bedenkliches Gesicht, und als er Diejenigen, welche bereit seien, ihm zu folgen, aufforderte, die Hand zu erheben, rührte sich nicht ein Einziger. „Caro Sior", sagte Einer, „ich dachte, wir sollten uns hinter den Wällen von Maghera schlagen, oder etwas Derartiges; was Sie aber von uns verlangen, schlägt ganz und gar nicht in unser Fach, und darüber muß man sich doch jedenfalls erst einmal besinnen." Der Eine hatte diese, der Andere jene Entschuldigung. Zwischen Susanne und Matteo erhob sich ein heftiger Streit, denn Erstere wollte durchaus, daß ihr Bruder sich erbiete, und Letzterer wendete ein, wenn die Oesterreicher ihn erwischten, würden sie ihn augenblicklich als Deserteur erschießen.

„Nun," sagte Centoni, „dann muß ich allein gehen."

„Nein, nein!" rief eine schrille Stimme. „Ich begleite Sie!"

„Wer?" fragte Centoni erstaunt.

Und durch die Reihen drängte sich hinkend, aber mit stolz erhobenem Haupt, Betta, der Krüppel. „Padrone," sagte sie, „nehmen Sie mich mit!

Ich kenne Ihr Schloß San Damaso, wohin Sie wollen, und habe oft mit meinem Vater die Flüsse der Lagunen befahren."

"Aber, Kind, Du wirst mehrere Meilen zu Fuß machen müssen."

"Das kann ich auch."

"Da sieht man, wo der Muth steckt!" rief Centoni. "Betta soll mich begleiten, und Ihr — scheert Euch zum Teufel!"

Im Nu leerte sich das Zimmer, und es blieben außer Centoni nur Matteo, Susanne und Betta zurück.

"Sie müssen auch mich mitnehmen!" sagte Susanne. Und als er ihr vorstellte, daß sie viel zu hübsch sei, um unangefochten durch die Reihen der Oesterreicher zu kommen, sowie daß ihre Mutter es nicht zugeben würde, erwiderte sie: "Ich fürchte weder Kroaten, noch Böhmen, noch Slovaken! Wer Hand an mich legen will, bekommt mein Messer in den Leib, und was meine Mutter betrifft, so ließe sie mich selbst zu den Türken gehen, wenn Ihnen damit gedient wäre." Matteo wollte nicht hinter seiner Schwester und dem Krüppel zurückbleiben und erbot sich jetzt, gleichfalls mit von der Partie zu sein. Damit war die Sache abgemacht, und am nächsten Mittag sollten sich die Reisegefährten im Hause Centoni's treffen.

Als am Abend Centoni den Freundinnen die Ereignisse des Tages und den ihm gewordenen Auftrag mittheilte, wurden Beide sehr still, und selbst seine Scherze darüber, wie hübsch er sich in der Gondel zwischen zwei den niedrigsten Kreisen der Gesellschaft angehörenden Mädchen, wovon die Eine noch obendrein verwachsen war, ausnehmen werde, konnten kein Lächeln auf ihre Lippen locken. Mit zusammengezogenen Brauen starrte Martha still vor sich hin.

"Welche Meinung müssen Sie von uns haben," sagte sie endlich, "daß Sie uns für fähig halten, in einem solchen Moment zu lachen! Denken Sie lieber an die Gefahren Ihres Unternehmens, an die Angst, welche wir um Sie ausstehen werden, und an unsern Schmerz falls Ihnen etwas zustoßen sollte!"

"Daran zu denken, fällt mir nicht ein, denn es darf mir nichts zustoßen!"

"Was Ihre Reisegefährtinnen betrifft," fuhr Martha fort, "so thut es mir nur leid, daß die Regeln der Gesellschaft es mir nicht gestatten, Sie gleichfalls zu begleiten. Alles, was ich für Sie thun und wirken kann, ist diese seidene Börse, welche mich keiner Gefahr aussetzt."

"Machen Sie die für mich?" fragte Centoni, freudig überrascht.

"Gewiß. Wenn wir uns wiedersehen, ist sie fertig. Und wir müssen, wir wollen uns wiedersehen; hören Sie? — Sie müssen und sollen wohlbehalten zurückkehren."

"Thränen wenn ich umkomme, eine Börse von Ihrer Hand wenn ich heimkehre. Ich bin doch ein glücklicher Mensch!" rief Centoni, der schönen Freundin freudig die Hand küssend.

Ueber Nacht wurden die nöthigen Vorbereitungen getroffen. Als die Thurmuhr des Sylvesterdomes die Mittagsstunde anschlug, schoß die Gondel zwischen zwei Kohlenbarken unter dem Rialto hindurch und verlor sich in dem Gewimmel des belebtesten Theils von Venedig.

„Da fährt Signor Centoni seine Liebchen spazieren!" sagte ein auf der Brücke des Santo Apostoli Schildwache stehender Bürgergardist. „Eine passende Zeit dazu!"

„Wer ist Centoni?" fragte ein neapolitanischer Freiwilliger.

„Ein Mensch ohne Grundsatz und Patriotismus, ein Schwachkopf, Allerweltsfreund, voll von Schrullen und Sonderbarkeiten."

Das war nicht die einzige Aeußerung dieser Art, welche der Gondel nachhallte.

Der Plan ging dahin, die Lagunen in nördlicher Richtung zu durchfahren und wo möglich einen Weg aufzusuchen, welcher den Oesterreichern weder bekannt, noch erreichbar war. Die Gondel sollte bis zu dem Punkt fahren, wo ein Kanal länglich abgeleitet wird, und dort sollte ein Kundschafter nach der Besitzung San Damajo, dem Eigenthum Centoni's, ausgesandt werden, um den Pächter von der bevorstehenden Ankunft seines Herrn zu benachrichtigen. Kehrte der Bote nicht zurück, so sollte ihm ein zweiter auf einem andern, nicht dem Fluß folgenden Wege nachgesandt werden, während die Zurückbleibenden sich mit der Gondel versteckt hielten. Hatte Centoni auf diese Weise Kunde vom Stand der Dinge erhalten, so kehrten seine Gefährten ohne ihn nach Venedig zurück, während er allein der Lösung seiner Aufgabe nachging.

Als man Venedig hinter sich hatte, wurde Kriegsrath gehalten, wobei die zu Boten bestimmten Mädchen zeigten, daß sie einen vollkommen genügenden Vorrath venetianischer Schlauheit besäßen, um die Oesterreicher, mit welchen sie etwa zusammenkommen möchten, hinters Licht zu führen. Betta hatte sich schon für jeden möglichen Fall eine passende Lüge ausgesonnen, und als Centoni sie fragte, was sie anfangen wolle wenn sie aufgefordert werde, zu schwören, antwortete sie: „Dann hebe ich meinen Finger empor und schwöre bei den Säulen des heiligen Marcus, bei dem Thore von San Zulimo und bei den drei Glocken von San Fantino; die Heiligen aber laß' ich aus dem Spiele."

„Und Du, schöne Susanne?" fragte Centoni. „Dich wird man schwerlich mit Schwüren frei lassen."

„Sehe ich von weitem einen weißen Rock," erwiderte Susanne, „so laufe ich als hätte ich die goldene Palla des heiligen Marcus gestohlen, und ich stehe Ihnen dafür, daß selbst ihre Flintenkugeln mich nicht einholen."

Alles ging gut. Es zeigte sich bald, daß man wohl daran gethan hatte, Betta mitzunehmen, denn sie wußte im Gewimmel der Lagunen vollkommen Bescheid, und hatte stets einen treffenden Rath bereit wenn man in Verlegenheit war. Glücklich wurde der bestimmte Punkt erreicht, die Gondel unter einem Weidendickicht verborgen, und die Mädchen bereiteten ein Mahl, welches mit bestem Appetit verzehrt wurde.

„Jetzt muß ich fort!" sagte Betta, als der letzte Becher Weines auf den Erfolg ihrer Sendung geleert war.

„Das arme Kind!" rief Susanne. „Sie thut mir wahrlich leid. Lassen Sie mich statt ihrer gehen, Padrone!"

„Nein," erwiderte Betta eifrig, „was einmal abgemacht ist, muß bleiben. Padrone, Ihnen ist mein Blut und mein Leben geweiht. Wollen Sie, daß ich Erfolg habe, so denken Sie an mich während ich meinen Weg durch die Nacht verfolge."

„Ja wohl werde ich an Dich denken!" rief Centoni gerührt. „Und damit Du nicht daran zweifelst, will ich Dir gleich ein Unterpfand geben." Damit hob er sie wie ein Kind empor, preßte sie an seine Brust und küßte ihre Wangen.

„O wie wohl das thut!" flüsterte sie erröthend. „Wie glücklich ich bin, daß Sie mich mitgenommen! Jetzt mögen die Weißröcke nur auf mich feuern!"

Alle begleiteten Betta bis zu dem Wege, welchen ihr scharfes Auge sofort an der Einfassung mit Maulbeerbäumen erkannt hatte. „Jetzt legen Sie sich zur Ruhe," sagte sie. „Wenn ich morgen früh zurückkehre, gebe ich aus der Ferne das Signal — so!" Damit setzte sie den Daumen und Zeigefinger jeder Hand an den Mund und stieß einen schrillen Pfiff aus, dem von weitem das Gebell eines Hundes antwortete. Dann warf sie ihren Shawl über den Kopf und schritt mit der Miene kühner Entschlossenheit von dannen. Man hörte ihren orthopädischen Fuß auf dem Kies der Straße tönen, und sah ihr helles Kleid an den Bäumen entlang gleiten, bis sie in den Schatten des Abends verschwand.

„Es sollte mich nicht wundern, wenn sie in den Padrone verliebt wäre," flüsterte Matteo lachend seiner Schwester zu.

„Und wenn sie's wäre!" antwortete Susanne. „Ginge das Dich an? Es ist gar nicht hübsch, Spott mit den Neigungen der Armen und Unglücklichen zu treiben. Liebt Betta den Padrone, so ist das eine Sache, welche sie nur mit sich und ihrem Herzen abzumachen hat."

Alvise kehrte mit seinen Gefährten nach der Gondel zurück, und man legte sich zur Ruhe. In seinen Mantel gewickelt, hielt der Padrone treu sein Versprechen, an Betta zu denken, bis der Schlaf ihm die Augen schloß.

Schon färbte das Morgenroth den östlichen Himmel, als er wieder aufwachte, und bald streifte der erste Sonnenstrahl über den Spiegel des Adriatischen Meeres. Centoni, den eine lebhafte Unruhe erfüllte, ließ seine Gefährten fortschlafen und streifte in der Umgegend umher. Er traf schon einige Landleute bei der Arbeit, welche er durch das Versprechen hoher Preise bewog, noch heute ihre Gemüse nach Venedig zu bringen. Er selbst legte Hand an, um eine Barke mit Artischoken zu füllen, und kehrte alsdann zur Gondel zurück. Schon nahte die Zeit, wo nach seiner Berechnung der Pfiff Betta's sich vernehmen lassen mußte, und er konnte sich der Befürchtung, daß ihre Kräfte sie verlassen hätten oder daß sie den Oesterreichern in die Hände gefallen sei, nicht erwehren. Plötzlich hörte er einen eigenthümlichen Ruf, den er aufs Gerathewohl beantwortete. Das Signal wiederholte sich. Susanne behauptete, der Padrone werde gerufen, und wirklich ließ die näher gekommene Stimme deutlich den Namen „Sior Alvise" vernehmen.

„Wer ist's?" rief Centoni, dem Freunden entgegeneilend.

„Ich bin's, Pasquale, der Sohn Ihres Pächters Nicolo", erwiderte ein junger Mensch, aus dem Gebüsch hervortretend.

„Hast Du Betta gesehen?"

„Ja, Sior. Das arme Ding kam schon vor Mitternacht direkt auf unser Haus zu, als hätte der Stern des Erlösers ihr den Weg gezeigt. Sie wollte mit mir gehen, aber wir hielten sie mit Gewalt zurück und legten sie in ein gutes Bett, wo sie gleich einschlief. Ich bin allein mit meinem Boot gekommen."

„Der Weg ist demnach frei, und ich kann unbesorgt nach San Damaso gehen?"

„Das möcht' ich doch nicht behaupten. Zwei Meilen vom Schloß liegen Croaten von der Reserve, und Sie werden sicherlich auf Soldaten treffen. Darum ist es das Beste, Sie gehen ganz unbefangen an ihnen vorbei und blicken sie an als hätten Sie nichts Anderes erwartet, denn sehen Sie aus wie ein Reisender, der weit her kommt, so werden Sie unfehlbar arretirt. Ich nähme Sie gern in mein Boot, aber das ist eine lange Fahrt, während Sie zu Fuß schon gegen Mittag auf San Damaso sein können."

„Ich gehe auf der Stelle", antwortete Centoni. „Ihr, Kinder, kehrt nach Venedig zurück, und Du, Susanne, gehst wohl zu den irländischen Damen und erzählst ihnen, wie es mir ergangen ist. Haben sie Artischoken zum Mittag, so verdanken sie's mir; das sag' und bring ihnen meinen Gruß."

„Nein, Padrone", erwiderte Susanne, „ich gehe nicht nach Venedig zurück; es ist nothwendig, daß ich Sie begleite. Sehen wir Oesterreicher, so gehen wir langsamer und machen uns am Rande des Weges zu schaffen, als hätten wir gar keine Eile. Ich pflücke Feldblumen, und Sie thun als machten Sie mir die Cour. Sie brauchen sich dessen nicht zu schämen, denn Sie selbst sagten ja, ich sei hübsch genug dazu. So gehen wir an den Weißröcken vorüber, und lassen sie uns nicht ungehindert passiren, so will ich nicht mehr Susanne heißen."

„Wahrhaftig, das Mädel hat Recht!" sagte Pasquale.

Matteo erhob einige Einwendungen, aber die Schwester brachte ihn dadurch zum Schweigen, daß sie ihn einen Feigling nannte. Die Gondel trat die Rückfahrt nach Venedig an, und Pasquale bestieg sein Boot, während Centoni und Susanne den von Maulbeerbäumen begrenzten Weg einschlugen, wo Letztere dem Padrone zur Genüge zeigte, daß sie nicht geprahlt hatte, wenn sie sich rühmte, rasch marschiren zu können.

Dank der Kriegslist Susannens, kamen sie, ohne Verdacht zu erregen, an den Oesterreichern vorüber und erreichten unangefochten San Damaso, wo der Padrone, in einem alten Lehnstuhl wie auf einem Throne sitzend, sofort den Bericht seines Pächters entgegennahm.

„Du hast also eine reiche Ernte gehalten, Pater Nicolo, Alles glücklich eingeheimst und auch noch einen guten Vorrath vom vorjährigen Mehl im Speicher. Wie viel mag das Alles werth sein?"

„Dreitausend Ducaten", erwiderte Nicolo. „Aber die kaiserlichen Commissäre können mir's noch heute unter dem Vorwand der Requisition wegnehmen, und ich bekomme nie einen Deut dafür."

„Nun, ich kaufe Dir sofort den ganzen Vorrath ab, und erspare Dir sowohl die Mühe des Verkaufens wie jedes Risiko. Du giebst mir Dein Korn und ich stelle Dir dafür eine Anweisung auf dreitausend Ducaten aus."

„Da reißen Sie mich aus einer großen Verlegenheit", sagte der Pächter.

„Aber es ist eine Bedingung damit verbunden; Du mußt Alles mit der größten Heimlichkeit an die Mündung des Piava liefern."

„Aus Meer? Aber was wollen Sie damit anfangen?"

„Ich sende es nach Venedig."

„Ah, ich verstehe; Sie wollen es der provisorischen Regierung verkaufen. Hat denn die Republik Geld?"

„Mehr als Du Dir vorstellen kannst. Aber wie willst Du's anfangen, daß nichts davon gemerkt wird?"

„Ich arbeite bei Nacht mit meinen Buben."

„Glaubst Du, daß die andern Bauern mir ihr Korn gegen Hypotheken auf meine Güter verkaufen werden?"

„Hypotheken? Jedermann kennt Sie ja, und kein Mensch wird eine Hypothek von Ihnen verlangen. Ihr Wort genügt vollkommen."

Und seinen grauen Bart streichelnd, murmelte er vor sich hin: „Geld hat die Republik! Das hätt' ich doch nicht gedacht. Ist der Manin ein Hexenmeister?"

„Kein Hexenmeister, aber ein edler Mensch, und ein Genie!"

Obgleich Centoni in der vorigen Nacht nur wenig und schlecht geschlafen, konnte er doch nicht umhin, die Aufladung und Absendung des Getreides zu überwachen. Am nächsten Tage begab er sich, den Anweisungen Nicolo's folgend, zu den benachbarten Landleuten und kaufte ihnen ihr Getreide unter Bedingungen ab, welche zu liberal waren, um ausgeschlagen werden zu können. Seine Klugheit, ungezwungene Leutseligkeit und Ueberredungsgabe machten ihn zu einem unschätzbaren Agenten der Republik, und durch seine Vermittlung wurde Venedig mit einer solchen Menge von Vorräthen aller Art versehen, daß vor der Hand von einem Mangel nicht die Rede war.

Aber seine Operationen waren zu umfangreich, und der Eifer, mit dem auf seine Anerbietungen eingegangen wurde, war zu groß, als daß nicht bald der Verdacht der Oesterreicher rege gemacht werden sollte. Ein kaiserlicher Commissair, welcher Fourage requirirte, bemerkte, daß die Scheunen, welche noch vor Kurzem mit Korn gefüllt, jetzt auf einmal leer waren. Er befragte die Bauern und brachte bald heraus, daß ihre Antworten ebenso viele Lügen seien. Einer, der besonders scharf aufs Korn genommen wurde, gestand, daß ein Unbekannter ihm sein Korn abgekauft, und Drohungen entpreßten ihm endlich den Namen des Käufers, den er sehr wohl kannte.

Eines Morgens entstand, noch bevor die Sonne aufgegangen, in dem

Flecken San Dona, den Centoni zum Mittelpunkt seiner Operationen gewählt, ein ungewöhnlicher Lärm. Er wohnte dort im bescheidenen Hause eines Holzschuhmachers und hörte nicht ohne geheimes Bangen, daß Generalmarsch geschlagen wurde. Sobald der Tag graute, spähte er durchs Fenster und sah auf der Straße Soldaten um ihre zusammengestellten Gewehre stehen. Kluger Weise beschloß er, den Tag daheim zu bleiben, und saß eben beim Frühstück, als Susanne ins Zimmer stürzte.

„Padrone, Sie müssen fort!" sagte sie ängstlich. „Ich habe ein Gespräch des Lieutenants mit dem Sergeanten belauscht, und darin kam Ihr Name vor. Da sie merkten, daß ich horchte, fragten sie mich, ob ich Sie kenne. Ich verneinte es, und sofort begann der Sergeant, Nachforschungen von Haus zu Haus anzustellen. Wenn der Lieutenant eine Belohnung ausbietet, wird man Sie gewiß verrathen. Sie dürfen nicht bis zur Nacht hier bleiben. Borgen Sie die Sonntagskleider Ihres Wirthes; die werden Sie genug entstellen."

Beim Gedanken an eine Haussuchung zitterte die Frau des Holzschuhmachers an allen Gliedern und beklagte sich bitter darüber, daß man ihr einen Feind der Regierung ins Haus gebracht. Alvise machte sich sofort daran, die Briefe Manin's zu verbrennen, und kaum war die Asche verflogen, als vor der Schwelle des Häuschens das Aufschlagen von Gewehrkolben vernommen wurde. Vier Soldaten blieben an der Thür stehen, und in der nächsten Minute trat der Sergeant mit zwei Männern ins Zimmer.

„Sie sind der Signor Alvise," sagte er. „Leugnen Sie es nicht, ich habe Ihr Signalement."

„Es fällt mir nicht ein, dies zu leugnen," erwiderte Centoni. „Was wünschen Sie von mir?"

„Ich habe den Befehl, Sie zu verhaften und nach San Biaggio zu führen."

„Wessen bin ich angeklagt?"

„Weiß nicht, geht mich auch nichts an. Aha, Du hier, kleine Hexe!" fügte er, als er Susanne erblickte, hinzu. „Es scheint doch, daß Dir der Herr nicht ganz unbekannt ist."

„Weiß nicht, geht mich auch nichts an," erwiderte Susanne schnippisch.

„Du verdienst, daß ich Dir auf dem Markt so viele Stockschläge auf den Rücken zählen lasse, wie sein Name Buchstaben hat."

„Schläge mögen gut sein für Euch," antwortete Susanne; „für uns Italiener sind sie nicht!"

Der Sergeant zitterte vor Wuth und ging mit erhobenem Stock auf Susanne los. Aber sie wich nicht einen Schritt zurück; mit zusammengepreßten Zähnen, die rechte Hand in den Falten ihres Kleides versteckt haltend, blickte sie ihrem Gegner fest ins Gesicht. Der Sergeant senkte den Stock, murmelte einige Verwünschungen und befahl dann seinem Gefangenen, vor ihm hinauszugehen. Susanne zog die Rechte wieder hervor, klappte das Messer, welches sie geöffnet in der Hand hielt, zu, und steckte es in die Tasche.

„Wenn der Frauenpeitscher Dich nun geschlagen hätte!" sagte die Frau des Holzschuhmachers.

„Dann hätt' ich ihm mein Messer durchs Herz gestoßen!" antwortete sie.

Alvise hielt seinen Einzug in San Biaggio, wie ein gemeiner Verbrecher, zwischen vier Soldaten. Auf der Hauptwache fragte ein alter Husarenkapitän, der auf einer Bank ausgestreckt lag, ob dies der Mehlmann sei, und nahm auf die bejahende Antwort, ohne die Meerschaumpfeife bei Seite zu legen, sofort das Verhör mit dem Gefangenen vor. Da der Eine kein Deutsch, der Andere kein Italienisch verstand, mußte zum Französischen, welches dem Husaren auch nicht sehr geläufig war, gegriffen werden. Centoni wurde eröffnet, daß er sich wegen sträflicher Verbindung mit den Rebellen gegen die Autorität Seiner Majestät des Kaisers zu verantworten habe. Ohne die ihm zur Last gelegten Thatsachen abzuleugnen, erklärte er einfach, daß er vom Rechte eines Jeden, seine Waaren an den Meistbietenden zu verkaufen, Gebrauch gemacht und nicht danach gefragt habe, für wen das Korn bestimmt sei, worauf der alte Soldat ihn wegen seiner Aufrichtigkeit belobte und die Hoffnung aussprach, daß Alles gut enden werde.

In diesem Augenblick kam ein junger Adjutant, mit schlanker Taille, vom Kopf bis zu den Füßen geschniegelt, auf schäumendem Rappen die Straße herabgesprengt, hielt vor der Hauptwache, wechselte einige Worte auf Deutsch mit dem Kapitän und fügte dann auf Französisch, in der offenbaren Absicht, vom Gefangenen verstanden zu werden, hinzu: „Geben Sie mir Ihren Rapport. Ich reite damit nach Trevijo und bringe Ihnen morgen die Ordre, diesen Mann zu erschießen."

Es befand sich hinter dem Wachtzimmer ein kleines Gemach ohne Fenster, welches sein spärliches Licht nur durch eine schmale, über der Thür angebrachte Oeffnung erhielt. Dorthin brachte der Kapitän Centoni, mit der Bemerkung, das sei ein kleines allerliebstes Gefängniß für ihn. Das Mobiliar bestand aus einem Rohrstuhl und einem Holzgerüst, auf das Stroh und Maisblätter gestreut waren. Man setzte dem Gefangenen eine Soldaten-Ration vor, welche ihm durch den Hunger gewürzt wurde, und obgleich er nicht viel Grund zur Gemüthsruhe hatte, ließ ihn doch die tiefe Erschöpfung bald in einen ruhigen Schlaf verfallen. Die Sonne war schon aufgegangen, als er die Augen öffnete, sie aber sofort wieder schloß, mit dem Gedanken, der Tag werde entschieden zu heiß für ihn sein und komme noch immer früh genug. Jedoch wurde er aufmerksam als im Wachtzimmer sein Name ausgesprochen wurde, was ihn vermuthen ließ, daß die verhängnißvolle Stunde bereits nahe herangerückt sei. Da öffnete sich die Thür, und im nächsten Augenblick wurde der Gefangene am Arme gerüttelt. Rasch sprang er auf und erkannte seinen Freund Pilowitz.

„Kurioser Kanzl!" rief der Kapitän. „Da liegt er und schläft als wäre gestern seine Hochzeit gewesen."

„Was konnte ich Besseres thun?" sagte Centoni, freudig überrascht. „Aber was bringen Sie mir? Ist's der Tod, so dank' ich Gott dafür, daß er mir das Urtheil wenigstens durch den Mund eines alten Freundes sendet."

„Im Gegentheil," erwiderte Pilowitz. „Laſſen Sie ſich umarmen, lieber Alviſe! Und jetzt fort von hier, ſo ſchnell wie möglich. Ich bringe die Ordre, Sie freizulaſſen, und es ſind keine weitere Formalitäten zu beobachten."

Mit einem herzlichen Händedruck nahm der wie aus einem ſchweren Traum erwachte Alviſe Abſchied von ſeinem bärtigen Wächter und ging dann mit ſeinem Freunde zum Frühſtück ins erſte Kaffeehaus der Stadt.

„Das hätte ſchlimm ablaufen können," ſagte Pilowitz, als ſie dort gemüthlich beiſammen ſaßen. „Wiſſen Sie auch, daß man Sie für einen argen Verſchwörer hielt, der das Land aufwiegle und die Stadt verproviantire? Glücklicherweiſe war ich gerade beim General Welden, als ein junger Gelbſchnabel, geſchnürt wie eine Balldame, ihm dieſe Dummheit hinterbrachte. Unwillkürlich mußte ich laut auflachen, erzählte dem General Alles was ich von Ihnen weiß, und machte ihm die Abſurdität, daß ein ſolches Menſchenkind wie Sie ſich mit dergleichen befaſſen ſollte, ſo klar, daß auch er hell lachen mußte, worauf er mit dem Bemerken, das dumme Mißverſtändniß habe ſchon zu lange gedauert, die Ordre zu Ihrer Freilaſſung unterzeichnete. Aber jetzt zu ernſteren Dingen. Es iſt vernünftig von Ihnen, daß Sie die Venetianer ihrer Verblendung überlaſſen und Ihre eigene Haut in Sicherheit gebracht haben. Ein verſtändiger Mann wie Sie kann ſich unmöglich einer Bewegung anſchließen, die ſchon von vorn herein zum Untergang verurtheilt iſt. Die heutigen Nachrichten zeigen, wie recht Sie gehandelt. Der Marſchall Radetzki hat einen großen Sieg bei Novara davongetragen, die lombardiſchen Provinzen ſind wieder vollſtändig unterworfen, und hoffentlich wird Manin klug genug ſein, auf einen hoffnungslos gewordenen Widerſtand zu verzichten. Aber was iſt Ihnen? Sie ſehen ja plötzlich aus wie eine Leiche."

„Nichts," erwiderte Alviſe. „Sie wiſſen ja, ich ſollte heut Morgen erſchoſſen werden."

„Armer Junge!" unterbrach ihn Pilowitz. „Sie mögen eine ſchöne Angſt ausgeſtanden haben, denn ſo muthig man auch dem Tod auf dem Schlachtfelde entgegengeht, bricht doch dem Stärkſten das Herz wenn er ſich zu einer beſtimmten Stunde wie ein Hund niederſchießen laſſen ſoll. Aber es ſind noch mehr Nachrichten da. Ganz Ungarn ſteht in Flammen. Meine Landsleute thun es den Ihrigen nach, und das Ende wird dort daſſelbe ſein wie hier. Ich werde kein ſolcher Narr ſein, mich Bem oder Görgey anzuſchließen, ſondern mache es lieber wie Sie. Habe ich nicht Recht?"

„Gewiß, lieber Kapitän!" erwiderte Centoni. „Entſchuldigen Sie meine Zerſtreuung. Mir ſteckt noch immer die verfluchte Kerkerluft in den Gliedern."

„Armer Junge, ich kann mir's ſchon denken. Es lebe die wahre Freiheit, welche darin beſteht, daß man gut eſſen und trinken kann!"

Die Freunde ſagten einander Lebewohl. Pilowitz ſtieg zu Pferde, mit dem Verſprechen, bald wieder in Venedig mit dem Freunde zu ſpeiſen, und während der Oeſterreicher den Weg nach Treviſo einſchlug, ſchritt Alviſe in entgegengeſetzter Richtung von dannen. Als das Städtchen hinter ihm lag, sprang er in den Chausseegraben, warf sich ins Gras und rief schluchzend: „Armes, armes Italien!" So blieb er längere Zeit, das Gesicht mit den Händen bedeckend und heiße Thränen vergießend, liegen. Dann aber sprang er auf und rief entschlossen: „Zurück nach Venedig! Sei es frei oder unterjocht — es bedarf seiner Söhne!"

Das Heimathland.
Nach Browne von Bella J.

Sie führten ihn aus öden Eisgefilden,
   Wo schnee'ger Wirbelwind die Flur zerstiebt,
Aus Wüstenein — den winterlichen, wilden,
   Vom Vaterhaus, das er so sehr geliebt.
Sie boten ihm dafür des Goldes Schimmer
   Als seines künft'gen Glückes Unterpfand,
Und er erlag — der Arme — schied für immer
   Vom heimathlichen Herd — vom Vaterland!

Sie zeigten ihm Italiens blaue Lüfte,
   Der Wälder zartes, wunderbares Grün,
Gewürzt durch Myrthen- und Orangendüfte,
   Wo Feuerfliegen schwirrend, leuchtend zieh'n.
Die Villas — eingewebt, gleich bunten Flittern,
   Dem sonnerhellten, blüthenreichen Strand —
Doch all die Pracht läßt nicht sein Herz erzittern.
   — 's ist seine Heimath nicht — sein Vaterland!

Und weiter eilt das Schiff zu blauer Küste,
   Wo drohend Englands Kreidefelsen steh'n.
Ach — lieber hätt' er seiner Heimath Wüste,
   Sein armes, theures Nebelland, geseh'n.
Wohl mancher Ruf ermahnt zum längern Bleiben,
   Und frohen Willkomm winkt manche Hand;
Doch düster blickt sein Aug' auf dieses Treiben
   — 's ist seine Heimath nicht — sein Vaterland!

Sie zeigten ihm des Domes stolze Bogen,
   Und manch verborg'nes, häuslich stilles Glück.
— Ach, warum ist zur Fremde er gezogen?
   Nach Lapplands Fluren sehnt er sich zurück.

Nicht kann der laute Markt sein Herz erfreuen,
   Nicht der Geschmeide Pracht und bunter Tand.
's ist Alles nur die Sehnsucht zu erneuen —
   — 's ist seine Heimath nicht — sein Vaterland!

Ob ihn die Fremde heimathlich begrüßet,
   Ob Sonnenlicht ihn schmeichelnd, mild umkos't,
Es ist umsonst — denn seine Brust verschließet
   Sich jedem Freundesworte — jedem Trost.
Er sah den Säugling in der Mutter Armen,
   Und ängstlich starrt' sein Aug' wie festgebannt.
Ach Gott, wer wird der Seinen sich erbarmen?
   — 's ist seine Heimath nicht — sein Vaterland!

Ein süß geheimnißvolles Band verbindet
   Dich mit der Heimath — mit dem Vaterhaus.
Ein Fünkchen ist's — tief in der Brust entzündet,
   Und nimmer löscht es in der Ferne aus.
Doch wehe, wenn's, zur Flamme angeblasen,
   Dich unaufhaltsam treibt an Abgrunds Rand!
Also erging es i h m — Ein grüner Rasen
   Bedeckt den Armen — fern vom Vaterland!

Londoner Skizzen.
Von Dr. Adolf Loewy.

I. Die Pennyaliner.

Wenn es gewisse Insekten giebt, welche die Vermittler der Fortpflanzung sind, indem sie befruchtenden Staub von einer Blüthe zur andern tragen, so hat der Pennyaliner das Amt, der Hauptstadt von England den ächten Stempel fruchtbaren Lebens aufzudrücken. Was wäre London mit all' seinem Unternehmungsgeiste, der über die Erdkugel die Fäden einer staunenswerthen Spekulation zieht, mit seinem unendlichen Gewühl, das die Menschen zu tragischen oder komischen Collisionen gegen einander drängt, mit seiner dämonischen Gewalt, die hier tausend und abertausend Keime des Lebens zertritt, um dort aus erhabenen und niedrigen Leidenschaften den Teig für neue gesellschaftliche Existenzen zu kneten, — was wäre es ohne die Pennyaliner? Ein stummes Ungeheuer! Der Pennyaliner bohrt sich in die Geschäftsstube des Spekulanten, wie in die Familie des simplen Bürgers. Er mischt sich in jeden Auflauf, er ist Zeuge bei jedem Morde, bei jeder Feuersbrunst, bei jedem Verhör; er sieht zu, wenn ein Mensch gehenkt wird, oder wenn ein edler Lord eine Miß als

Gattin heimführt. Wo gepredigt oder geflucht wird, wo Volksversammlungen und langstylige Reden gehalten werden, oder wo sich ein Dutzend Sektirer im Namen einer neuen Bibelauslegung versammeln, da lauscht sein Ohr. Er ist der allgegenwärtige Kobold, der den Schacht der Metropolis durchsteigt. Für ihn giebt es keinen Unterschied von Tag und Nacht, von Fest- und Arbeitstag, von Sommer und Winter. Er muß ewig wach sein, gleich London, das nimmer schläft. Und was er gesehen, gehört, geahnt, das berichtet er treulich an die Journale. Erst durch ihn spricht London, durch ihn erst gewinnt es Bewußtsein über sich selber, und die Gabe, sich mitzutheilen. Der Pennyaliner ist daher wichtig genug, um seiner Naturgeschichte ein paar Zeilen zu widmen.

Das Personal einer jeden größeren Londoner Zeitung besteht aus zwei Abtheilungen. Da ist zuerst ein Editor, dann ein Subeditor, und neben ihnen eine Anzahl von gelehrten Schriftstellern, die Leitartikel schreiben, die auswärtigen Nachrichten dem Parteistandpunkt des Blattes gemäß arrangiren, die Bewegung von Handel und Industrie schildern, wissenschaftliche, literarische, artistische Artikel liefern, über die wichtigen und auch minderwichtigen Meetings berichten. Diese kann man die reguläre Armee der englischen Zeitungen nennen, sie sind fest angestellt und erhalten ein bestimmtes Salair. — Die zweite Abtheilung besteht aus den leichten Truppen, die auf den Straßen Londons umherlaufen, nach Neuigkeiten jagen, und das Journal mit Notizen über Processionen, Schlägereien, Leichen, die man in der Themse oder auch im sogenannten Armen- oder Arbeiterviertel gefunden, neue Schiffe, die den Hafen verlassen oder aus weiter Ferne angekommen, Diebstähle, Glücks- oder Unglücksfälle, Todtschläge, Hochzeiten, Feuersbrünste, Ausstellungen, Massenversammlungen, Paraden, Manöver versorgen. Diese leichten Truppen des Londoner Journalismus sind nicht fest angestellt; sie werden nach der Zeile bezahlt, und daher ihr Name: a penny a line — einen Penny die Zeile. Doch muß ich hier gleich hinzusetzen, daß dieser Name einen Irrthum in sich schließt. Der Londoner Pennyaliner erhält nicht einen Penny, sondern 1½ bis zwei Pence und darüber für die Zeile (ungefähr 4 bis 5 amerikanische Cents). Auch ist dies gar keine so dürftige Bezahlung, wie es auf den ersten Blick scheinen möchte. Sechs Zeilen bringen dem Pennyaliner einen englischen Schilling (gleich 25 amerikanischen Cents). Ist er bei irgend einem Blatt gut empfohlen, oder will ihm einer der Redakteure wohl, so kann er leicht täglich eine, unter Umständen auch zwei bis drei der vielen Reihenspalten einer Zeitung füllen. Dazu kommt, daß der Pennyaliner das Privilegium hat, seine Berichte gleichzeitig und in derselben Fassung, ohne jegliche Umschreibung oder Aenderung der Form, an alle Londoner Journale schicken zu dürfen. Das kann man der Londoner Presse nachrühmen, daß kein Blatt auf seinen ausschließlichen Besitz eifersüchtig ist. Nun giebt es in London zehn große, täglich erscheinende Morgenblätter: „Times", „Daily Telegraph", „Standard", „Sun", „Morning Chronicle", „Morning Post", „Morning Herald", „Morning Advertiser", „Daily News", „Morning Star". Finden einmal alle zehn Zeitungen eine Notiz von sechs Zeilen interessant, so nimmt der Pennyaliner durch dieselbe zehn Schilling englisch (circa zwei und einen halben Dollars amerikanisches Geld) ein. — Außerdem erscheinen in London viele bedeutende Abendblätter: namentlich „Globe", „Evening Star", und eine große Anzahl kleinerer Tages- und Wochenblätter, deren Leser hauptsächlich nach dem Klatsch ihrer Vaterstadt verlangen. Demgemäß richtet der Pennyaliner sein Geschäft in folgender Weise ein. Er stutzt zunächst die Nachrichten, die er gesammelt, kurz zu und schickt sie an die Abendblätter; sodann macht er für die Morgenblätter sorgsamere und weitläufigere Artikel, bis er endlich für die Sonntags-Journale noch einmal den Weizen von der Spreu sondert. Es giebt in London Pennyaliner, die auf hohem Fuße leben. Ein mir näher bekannt gewordener Gentleman, der sich weise darauf beschränkt hat, nur die City auszubeuten, und Alles, was er über neue Entreprisen, Compagnieen, Geschäftszweige erfahren kann, zu sammeln, wird auf jährlich 1500 £ geschätzt. Ein Anderer hat es nicht minder klug angefangen. Er fährt in der Umgegend von London umher, und entdeckt dort stets so viel Stoff zu Notizen, daß er sich Wagen und Pferde halten kann. Gar mancher Pennyaliner weiß Philosophie, natürlich keine deutsche, in sein Gewebe zu bringen. Er ist nicht damit zufrieden, hier eine durch Trunkenheit verübte Missethat, dort ein durch die feinsten Berechnungen moderner Wissenschaft ins Leben gerufenes Werk zu sehen, und über Beides einen trocknen Bericht zu erstatten; nein, er combinirt ein Sittengemälde, er faßt verschiedene Erscheinungen zu einem Spiegel des Londoner Lebens zusammen, er macht statistische Berechnungen; es entsteht Nachfrage nach seinen Arbeiten, und er kann auf eine reichliche Ernte rechnen.

Der Stand der Pennyaliner ist die Uebungsschule und zugleich das Hospital der meisten Schriftsteller. Der junge Mensch, der begierig ist, eine Pforte in die literarische Welt zu entdecken, findet dieselbe nirgends besser als auf den Straßen Londons. Hat er ein offenes Auge, ein schnelles Fassungsvermögen, eine bebende Darstellungsgabe, so mangelt ihm der Stoff nie, durch dessen Behandlung er sich den Editoren von Zeitungen bestmöglichst empfehlen kann. Und es hängt in der Folge nur von dem Maß seines Talents ab, ob er eine höhere und solidere Stufe ersteigen wird. Diese Vorschule, welche die jungen englischen Literaten auf das Factum und dessen Meisterung anweis't, ist es, wodurch den schriftstellerischen Arbeiten Englands so viel thatsächliches Mark, so viel reelles Lebensblut mitgetheilt wird. Der gefeierte Charles Dickens war im Beginn seiner Laufbahn Pennyaliner; bei Leichenschauen, in den Polizeigerichtshöfen sammelte er die Farben für seine unsterblichen Bilder der brittischen Gesellschaft. Und hat sich endlich ein Autor ausgeschrieben, ist seine Phantasie erschöpft, sein Talent ermüdet, so kehrt er zu dem Beruf des Straßenwanderers zurück, der mit dem geübten Blick eines alten Schützen den "shocking accidents", den "destructive fires", den "dreadful suicides" nachjagt. — Es kann auch nicht fehlen, daß dies Gewerbe durch eine ungeheuere Concurrenz überfüllt ist. Bankerotte Agenten, Advokaten ohne

Kundschaft, Aerzte ohne Praxis, verschuldete Stutzer, suchen hier einander den Rang abzulaufen. Von einem einzigen Feuer, das in der Hinterstube eines armen Handwerkers oder Tagelöhners ausgebrochen, laufen oft Dutzende von Berichten bei den Zeitungen ein. Jedes Journal hat einen eigenen Redacteur, welcher die angelangten Tagesnotizen zu sichten hat. Der Pennyalier schreibt auf die Rückseite des Zettels, welchen er den Zeitungen zusendet, seinen Namen. Findet der Artikel Aufnahme, so wird der Name des Einsenders nebst der Zeilenzahl gebucht, und am Sonnabend stellt sich der Autor ein, um den Betrag für die im Laufe der Woche gelieferten Berichte in Empfang zu nehmen. Jene Concurrenz hat ihre ganz ersprießlichen Resultate, und es wäre wünschenswerth, wenn auch alle Zeitungen in den größeren Städten Europas und Amerikas diesem löblichen Beispiele folgen wollten.

Erstens gewinnen die Blätter dadurch eine Garantie für die Wahrhaftigkeit der Berichte; sie können einen neben dem andern controlliren; auch wird sich jeder Reporter im Interesse seines Kredits hüten, eine verfälschte Notiz feil zu haben, und die Redactionen würden dadurch ersparen, das zu widerrufen, zu ergänzen, oder zu berichtigen, was sie Tags vorher mitgetheilt.

Zweitens sind die Pennyaliner gezwungen, das Ergebniß ihrer Beobachtungen mit äußerster Hurtigkeit an den Mann zu bringen; sie dürfen nicht allzu lange säumen; ein Vorsprung von zehn Minuten hat für sie den Werth von ebenso vielen Schillingen. Daher kommt es auch, daß die Beschreibung einer Feuersbrunst, welche um 3 Uhr Morgens im Ostende der Stadt ausgebrochen, bereits um 6 Uhr in den Zeitungen zu lesen ist.

Drittens ist die Konkurrenz für den Pennyaliner ein Zügel, daß er sich in Ausschmückung der Fährlichkeiten, welche er gesehen, nicht zu sehr gehen lasse, während die drei Halfpence pro Zeile bereits ein hinreichender Sporn sind, daß er in seine Notizen jene Fülle herzrührender Adjektiven einmische, welche den Leser oder den Leserinnen des „Vermischten" ihre tägliche Kost schmackhaft macht; der Pennyaliner versteht es so schon genug, dem „Par" ein bedeutsames Gewand umzuhängen. Was das Wort „Par" betrifft, so will ich hier nur bemerken, daß der Londoner die Gewohnheit hat, gewisse Ausdrücke, die ihm zu lang im Munde sind, abzukürzen; so nennt er den Gentleman einen Gent, den Omnibus einen Bus, das Cabriolet einen Cab, und so hat er auch den Paragraphen in einen Par verwandelt. Der „Par" also muß vor Allem eine recht schillernde Kappe aufhaben, damit er das Interesse des wählerischen Redacteurs bestehe. Erscheint ein wunderlicher alter Herr vor dem Polizeigericht und sucht sein Recht, eine Wohnung, die er auf drei Monate gemiethet, schon in der ersten Woche wieder zu verlassen, damit zu begründen, daß er nebenan Abends ein verdächtiges Zischeln gehört habe, so macht der Pennyaliner einen Par und schreibt darüber: "Mysterious affair". Meldet ein eifriger Konstabler, daß er im Kellergeschoß eines Hauses um Mitternacht habe hämmern hören, so schickt der Pennyaliner einen Par mit der Aufschrift: "Suspicious case." Wird der Polizeirichter von zwei streitsüchtigen Weibern aufgefordert, zu entscheiden, ob ein alter Strohsack der Einen oder der Andern gehöre, so ist eine "important investigation" fertig. Hat man einen alten geizigen Misanthropen endlich auf seinem schmutzigen, mit Goldsäcken gefütterten Lager todt gefunden, so wird daraus ein "Supposed death by voluntary starvation".

Am Niagara.
Von Friedrich Lexow.

I.
Des Volkes Bild.

Ein Bild des Volkes bist du mir,
Des Volkes, dem du heilig bist.
Du schwingst dein sternenreich Panier,
Daß man darob bezaubert ist.

Als Sieger stürmest du daher.
Dich hemmet keine Felsenlast.
Frei von den Höhen bis zum Meer,
Stets vorwärts, vorwärts, ohne Rast.

Hei, wie es grollt und tobt und schäumt!
Da folget der Gedanke kaum.
Wie sich der weiße Nappen bäumt!
Der duldet Reiter nicht und Zaum.

Kein Sprung zu kühn, kein Schwung zu schwer.
Voran, du wilde Schaar, voran!
Frei von den Höhen bis zum Meer!
Wer legt dem Wilden Fesseln an?

Was starr dem Ganzen widerstrebt,
Der Zorn es zu Atomen bricht;
Doch wenn's im Ganzen wirkt und lebt,
Selbst das Atom erglänzt im Licht.

So toset durch die Felsen hin
Dein Donner, o Niagara,
Und nährt der Freiheit stolzen Sinn
Im Volke von Amerika. —

II.
Stromeszauber.

Sommervöglein, habe Acht!
Was hat dich hierher gezogen?
Winket dir die Farbenpracht?
Locket dich der Blumenbogen?

Veilchen, Lilien, Tausendschön,
Ueberhaucht von Zauberrosen —
Wie könnt's Schelmchen widerstehn,
Mit den Zitternden zu losen?

Armer Schmetterling, ein Traum
Sind ja diese Blumenspuren!
Schon umflicht dich feuchter Flaum;
Eile heim zu deinen Fluren!

Doch den Holden hält's nicht mehr,
Schwankend naht er sich dem Bogen,
Und ihm wird so schwer, so schwer,
Und er wird hinabgezogen.

Dort hat ihn ein weißer Plan,
Ach, kein Blüthenschnee, empfangen.
Vögelein, in süßem Wahn
Bist du träumend still vergangen.

III.
Ueberraschung.

Als ich von dem Thurme kam,
Wo ich lang' geweilt,
Dacht' ich: Ei, wo blieben sie?
Sind sie mir enteilt?

Plötzlich drang es vom Gebüsch
Traulich hin zu mir.
Jubelnd klang der Stimmen Laut.
Hier! so rief es, Hier!

Uebermüthig standet Ihr
An des Abgrunds Rand.
Blumen, keck dem Fels geraubt,
Schwangt Ihr in der Hand.

Schmeichelnd hat die Wildniß Euch
Wie ein Kranz umhüllt.
Höher klopfte mir die Brust;
Lieblich war das Bild.

Holder als des Himmels Licht
Sind doch allerort
Freundlich Frauen-Angesicht
Und ein herzig Wort.

IV.
Abschied.

Du wardst gepriesen und besungen,
Du hast die Felsen selbst erweicht.
Und doch ist nie dein Lob gelungen,
Und doch hat dich kein Bild erreicht.

Ein letzter Blick noch. Dein Gedröhne
Erstirbt, das Dampfroß wendet um.
Doch mit mir wandelt deine Schöne,
Auf immer mir ein Heiligthum.

Von deinen donnernden Accorden
Empfand erschüttert ich die Macht,
Und fühle, daß du m e i n geworden
Mit aller deiner Wunderpracht.

Ich sahe deine Wasser schnellen,
Hinauf, hinab, im Perlenkleid,
Und jubelnd gab mein Herz den Hellen,
Auf ihrem Fluge das Geleit.

Ich sahe deine Inseln prangen
In Edens duftigem Gewand.
Unwiderstehliches Verlangen
Zog mich zu ihrem Uferrand.

Von deinem friedlichen Gefilde
Sah ich entzückt das sanfte Grün,
Und drüber hin die Schaumgebilde
Gleich Schwänen still im Kreise ziehn.

Und nächtlich, wenn der Stürme Brausen
Mit Geistergrau'n dein Haupt umweht,
Da hört' ich die Dämone hausen,
Empört ob deiner Majestät.

Es küßt der Himmel deine Wogen,
Die auf zu seinen Wolken sprühn.
Dir kränzet Iris ihren Bogen,
Dich lässet Luna hold erglühn.

O jener hehren Sabbathfeier,
Mir ewig unvergeßlich Bild!
Da standest du im Zauberschleier,
So wundergroß und wundermild.

Bei deinem Donnern, deinem Tosen,
Bei deiner Strudel wirrem Streit,
Ein Flammenspiel und Farbenlosen,
Voll namenloser Lieblichkeit.

Die Grazien ruhn in deinen Gründen.
Dir jauchzt der Hain, der Berg, die Flur.
Der Menschen Herz weißt du zu zünden,
Erhabner Priester der Natur.

So füll' mit Wonne und mit Grauen
Die Herzen bis zum jüngsten Tag,
Und ruf' in Allen, die dich schauen,
Der Schönheit heil'ge Flamme wach!

Pelzthiere und Pelzhandel.
Von Dr. ***

(Schluß.)

Ein noch ungleich kostbareres Pelzthier ist die Seeotter (Enhydris marina) die eine Länge von 4 bis 6 Fuß erreicht und mit den Mardern noch weniger Aehnlichkeit hat als die gemeine Fischotter, vielmehr an den Seehund erinnert. Ihr Vaterland sind die Inseln und Küsten des großen Oceans zwischen Asien und Nordamerika. Dort jagt sie, ein gewandter Schwimmer und Taucher, Fische, Krebse und Weichthiere, nährt sich aber auch von Meerpflanzen. Ans Land steigt sie nur um sich zu sonnen, und das Weibchen der Jungen wegen. Das Haar ist braunschwärzlich, silberglänzend, sehr dicht, 1½ Zoll lang und sammetartig. Wegen ihres schönen Pelzes ist die Seeotter seit etwa 100 Jahren übermäßig verfolgt und in manchen Gegenden bereits ausgerottet. Da das Weibchen jährlich nur ein, seltener zwei Junge wirft, steht in nicht ferner Zeit ihre gänzliche Vertilgung in Aussicht, wenn die Mode noch ferner den Pelz in gleichem Maße in Schwung erhält. In China sind diese Pelze so beliebt, daß die Mandarinen und hohen Würdenträger fast keinen Preis scheuen, um sie sich zu verschaffen. Seit der Besiedelung der amerikanischen Westküste in Californien, Oregon ꝛc. ist, wie schon früher an der asiatischen Küste des nördlichen Pacific, in Kamtschatka und den Amurländern, die Jagd auf die dort gleichfalls heimische Seeotter ein sehr einträglicher Erwerbszweig geworden. In Rußland nennt man dieses Pelzwerk kamtschatkischen Biber. Jedes Fell hat einen Werth von 100 bis zu 500 Dollars.

Der im östlichen Europa, ganz besonders aber in Nordamerika bis nach Pennsylvanien oder selbst Nord-Carolina heimische Nörz (Mustela lutreola) verbindet die Wiesel, deren Schädel und Gebiß er hat, mit den Ottern, obwohl er nicht im Wasser lebt und demgemäß keine Schwimmhaut hat. Das Thier erreicht die Größe eines Iltis, liebt zu seinem Aufenthalt bewaldete Flußufer und lebt von Fröschen, Vögeln und kleinen Säugethieren, weiß aber auch sehr geschickt Fische und Krebse zu fangen. Das Fell des Nörz ist fein und glänzend braun, jedoch mit ziemlich kurzem Haar. Die amerikanischen Nörze werden ihres weicheren, haltbareren Haares wegen mit 3 bis 10 Dollars bezahlt, während die europäischen nur einen Werth von 2 bis 3 Dollars haben; freilich werden erstere von Jahr zu Jahr seltener und drohen bald ganz zu verschwinden. Die unter dem Namen real mink jetzt bei den amerikanischen Damen so beliebten und modischen Pelze stammen großen Theils vom einheimischen Nörz; doch ist jener Begriff bei den Händlern so weitschichtig, daß auch eine Menge anderen Pelzwerks als real mink verkauft wird.

Die nächsten Verwandten der Marder sind die Vielfraße, obwohl sie äußerlich fast mehr Aehnlichkeit mit den Bären haben. Der gemeine Vielfraß (Gulo) ein plumpes, etwa 2½ Fuß langes Thier, bewohnt das nördliche Europa, Sibirien und Nordamerika und findet sich in sehr einsamen Wald- und Gebirgsgegenden. Der Pelz, von hell- oder dunkelbrauner Farbe mit schwärzlichen Flecken, ist rauh und hat ein sehr langes Haar. Man bezahlt 3 bis 6 Dollars für das Stück. Im östlichen Europa benutzt man diese Pelze zu gewöhnlichen Kleidungsstücken, in England, Frankreich und Amerika fast nur zu Decken.

Das Stinkthier (Mephitis) ist ein Nativ-Amerikaner von reinstem Blut, den die alte Welt nicht kennt. Der aus einer Afterdrüse abgesonderte stinkende Saft, womit das Thier einen ihm nahe kommenden Feind bespritzt, verleiht dem sonst nicht unbrauchbaren Fell einen ekelhaften Geruch, den man erst neuerdings entfernen gelernt hat, wodurch die „Skunks" bedeutend im Werth gestiegen sind. Das Thier erreicht eine Länge von 1½ Fuß; das Haar ist dunkelbraun und 1¾ Zoll lang, über den ganzen Rücken laufen zwei mehr oder weniger markirte weiße Streifen. Während vor einigen Jahren nur etliche Tausend Felle in den Markt kamen, ist ihre Zahl im Jahre 1863 über 120,000 Stück gestiegen. Der Preis beträgt 1½ bis 2½ Dollars.

Gleichfalls als Uebergangsstufe von den Mardern zu den Bären ist der Dachs (Meles) zu betrachten. Der gemeine Dachs verbreitet sich über ganz Europa, jedoch mit Ausnahme des hohen Nordens, und über das mittlere und nördliche Asien. Obgleich ein Raubthier, ist er doch friedfertig und genügsam und führt ein völlig zurückgezogenes, anspruchloses und einsames Leben, und doch findet dieses Stillleben keine Gnade vor der Habsucht der Menschen. Auch der Dachs muß Haare lassen, obgleich sein Fell nicht eigentlich als Pelzwerk verwendet wird. Anders ist es jedoch beim nordamerikanischen Dachs (Meles labradorius), der am Felsengebirge, im Gebiet des Missouri und bis Labrador hin lebt. Er hat ein längeres und feineres Haarkleid, das am Rücken fleckig grau, an der Kehle und der Unterseite weiß und an den Beinen dunkelbraun gefärbt ist.

Die bärenartigen Raubthiere sind für den Pelzhandel von Wichtigkeit, obwohl ihre Felle größerer Art sind und mehr zu Decken, Schabraden, Fußsäcken, Matten, militairischen Kopfbedeckungen und dergleichen, als zu feinen Kleidungsstücken verarbeitet werden. Die überaus zahlreiche Familie der eigentlichen Bären ist fast über die ganze Erde verbreitet, ihre Heimath reicht von den Polargegenden bis zum Aequator. Der Handel bezieht seinen Bedarf an Bärenfellen aus den Regionen des nördlichen Eismeers, sowie aus der gemäßigten Zone Amerikas und Europas und selbst aus Südamerika. Man unterscheidet hier schwarze, braune, graue und weiße Bärenfelle.

Die Heimath des schwarzen Bären (Ursus americanus) ist Amerika, von den waldigen Distrikten Carolinas bis zum Eismeer hinauf, und vom Atlantischen bis zum Stillen Ocean. Im Gebiet der Vereinigten Staaten hat man dem Thier seit einem Jahrhundert so fleißig nachgestellt, daß es jetzt in den meisten Gegenden als ausgerottet zu betrachten ist; dahingegen liefern die brittischen Besitzungen noch eine hübsche Ausbeute, und auch im russischen Amerika ist der schwarze Bär häufig; nur sind die hier gewonnenen Felle grobhaariger.

Die in Haar und Leder feineren sogenannten Cubbärenfelle rühren nicht, wie der Name vermuthen läßt, von jungen Bären her, sondern von einer besonderen, in Amerika lebenden Art. Sie werden im Verhältniß zu ihrer Kleinheit am theuersten bezahlt. Der Werth der schwarzen Bärenfelle wechselt außerordentlich; man bezahlt dieselben mit 10 bis zu 50 Dollars pro Stück.

Der braune Bär (Ursus arctos), ebenfalls in Amerika heimisch, besonders an der Nordwestküste, ehemals auch über den größten Theil Europas verbreitet, jetzt aber nur noch in den Pyrenäen, in den Alpen und Karpathen, in Polen, Rußland, Scandinavien, im Kaukasus und in Asien hinauf bis Sibirien vorkommend, ist als Pelzthier ziemlich geschätzt, da sich sein Fell zu vielen industriellen Zwecken vorzüglich gut verarbeiten läßt. Die Felle sind bald heller, bald dunkler isabellfarbig gefärbt und haben mitunter ein ganz vorzüglich feines Haar, so daß ein einzelnes, besonders auserlesenes Exemplar mit 100 bis 150 Dollars bezahlt wird.

Der graue Bär, Grisjelbär (Ursus ferox) ist ein besonders wilder, unbändiger und durch seine Riesenstärke gefährlicher Bursche. Er lebt in den Waldungen der Felsengebirge bis nach Mexiko hinab. Die Jäger verfolgen ihn mit unermüdlichem Eifer, nicht so sehr wegen des ziemlich groben, rauhhaarigen Pelzes, als wegen seiner sonstigen Gefährlichkeit für den Menschen und wegen der mancherlei Abenteuer, mit denen die Jagd auf ein so gewaltiges Raubthier verknüpft zu sein pflegt.

Der weiße Bär, Eisbär (Ursus maritimus) bewohnt die Eisregionen des höchsten Nordens. Sein starker, kurzer, glattglänzender und sehr dichter Pelz schützt ihn gegen die grimmige Kälte. Da man der Kälte wegen die Felle der erlegten Eisbären an Ort und Stelle nicht trocknen kann, so salzt man sie gewöhnlich ein; aber hierdurch wird der Werth derselben sehr vermindert, da das Fett nicht selten in die Haare bringt und hier gelbe Flecken erzeugt. Um dies zu verhindern, binden die Grönlandfahrer mitunter die Bärenfelle hinten am Schiffe fest und schleppen sie so nach Europa. Diese Felle sind die schönsten und besten und werden am theuersten bezahlt. Der Preis schwankt zwischen 25 bis 75 Dollars.

Der in ganz Nordamerika heimische Waschbär (Procyon lotor) ist als Pelzthier sehr wichtig. Die Staaten Michigan, Wisconsin, Missouri, Illinois und Ohio liefern beträchtliche Quantitäten, die für den europäischen Markt eifrig aufgekauft werden, und zwar zu Preisen, welche von 1 bis zu 25 Dollars variiren. Der Pelz des Waschbären ist gelblich braun, doch spitzen sich die Haare schwarz, weshalb die allgemeine Färbung bald mehr, bald weniger dunkelt. Der sieben Zoll lange Schweif ist gelbbraun mit schwarzen Ringeln.

Aus der Ordnung der **Beutelthiere** ist nur die virginische Beutelratte oder das Opussum (Didelphys virginiana) von Bedeutung. Das Opussum bewohnt die mittleren und südlichen Staaten der Union und Mexiko. Seine Physiognomie ist häßlich, und dazu verbreitet es noch einen durchdringenden Knoblauchgeruch. Mit seinem häßlichen Aeußeren stimmt denn auch seine räuberische Lebensweise überein. Wie der Iltis, schleicht es nämlich Nachts in die Gehöfte und mordet mit blinder Blutgier und unersättlicher Freßlust in den Hühnerställen, wo man es des Morgens nicht selten mit Blut bedeckt und so gesättigt findet, daß es den Hunden leicht zur Beute fällt. Die Beutelratte hat eine Länge von zwei Fuß. Ueber dem weichen, lockeren Flaumenhaar findet man lange, grob graue Grannenhaare, die man, ähnlich wie die der Marder und Iltisse, geschickt zu färben versteht. Das Thier vermehrt sich so stark, daß es, trotz der starken Nachstellung, nicht leicht auszurotten sein wird. Man bezahlt die Felle mit ¼ bis 1 Dollar; doch ist die Nachfrage jetzt nicht stark, da das daraus bereitete Pelzwerk kein sonderliches Ansehen hat.

Das Geschlecht der über den ganzen Erdkreis verbreiteten Nager ist für den Pelzhandel eines der wichtigsten. Zunächst begegnen wir hier dem Eichhörnchen (Sciurus), munteren, beweglichen Thierchen, ganz geschaffen zum Aufenthalt in den luftigen Regionen. Je nach dem Aufenthaltsorte, ist die Färbung des Pelzes verschieden, so daß man bei oberflächlicher Betrachtung über 100 Arten aufgestellt hat, die sich in Wahrheit auf 1 bis 2 Dutzend reduziren mögen. Amerika liefert schwarze und graue, aber wenig werthvolle Felle, Schweden und Finnland röthliche, Rußland und namentlich Sibirien graue und schwärzlich graue, und zwar zu Millionen. Im Allgemeinen ist die Farbe um so heller, je westlicher der Aufenthaltsort der Eichhörnchen liegt. Die dunkelsten Felle liefert der Osten Sibiriens, und diese werden am meisten geschätzt. Auch ein fliegendes Eichhörnchen (Pteromys) kommt auf der nördlichen Erdhälfte vor und liefert ein ziemlich feines Fell, welches jedoch im Handel eine nur unbedeutende Rolle spielt.

Der Biber (Castor), einer der größten Nager, ehemals über die ganze gemäßigte und kalte Zone verbreitet, vom 67. Grade abwärts bis zum 33., jetzt aber in Europa, mit Ausnahme des scandinavischen Nordens, Polens und Rußlands, fast ausgerottet, dahingegen in Amerika am Ohio und Mississippi, besonders aber im britischen und russischen Nordamerika noch häufig vorkommend. Die Labradorküste liefert die schönsten Biberfelle. Ehemals wurden dieselben nur in der Hutfabrikation verwendet, wodurch ihr Preis niedriger stand; jetzt aber werden sie zu allen Gattungen von Pelzwerk verarbeitet, wobei man das lange Oberhaar gewöhnlich abscheert oder ausrupft. Der Preis variirt von 4 bis zu 15 Dollars pro Stück.

Die Bisamratte (Fiber), ein Mittelglied zwischen dem Biber und den Wühlmäusen, ist in Nordamerika vom 30. bis zum 60. Breitengrade heimisch. Sie lebt, wie der Biber, in Wohnungen, die sie am Ufer von Seen, Teichen oder ruhig fließenden Gewässern anlegt, doch nicht mit solcher Kunstfertigkeit wie jener. Der Pelz ist ungemein weich, oben schwarzbraun, unten grau und am Bauche rothbraun. Einzelne Varietäten sind ganz schwarz, andere weiß; sehr schöne schwarze Bisamfelle mit silbergrauem Bauche kommen aus Rußland. Das Thier hat einen Fuß Körperlänge. In Amerika wird die Bisamratte wegen ihres feinen Pelzes, von dem das Hundert mit 30 bis 125 Dollars bezahlt wird, lebhaft nachgestellt, und an unseren nördlichen Seen allein erlegt man jährlich Millionen. Zum Glück wirft das Weibchen im Jahr 3 bis 6 mal 3 bis 6 Junge, so daß dennoch keine Ausrottung zu fürchten steht. Früher wurden die Felle fast nur in der Hutfabrikation verbraucht; seit sich jedoch die Mode den Seidenhüten zugewendet, benutzt man sie auch zu allen Arten von Pelzwerk.

Auch die Mäuse gehören zu den Pelzthieren. In einzelnen Gegenden Deutschlands hat man sich stark auf Gewinnung und Verarbeitung der Felle der Hamster (Cricotus) verlegt, und in Thüringen wie am Harz ist diese Industrie keineswegs ganz unbedeutend. Das Haar des Hamsters ist kurz und dünn, der Rücken gelblich grau, die Seiten gelb, der Bauch schwarz. Man bezahlt das Dutzend dieser Felle mit 15 bis 40 Dollars und der Begehr im Markt ist ein ziemlich starker.

Die kleine Familie der Hasenmäuse (Chinchillidae), deren wenige Mitglieder in Südamerika leben, ist dadurch besonders interessant, daß sie das Hauptcontingent zu dem freilich geringen Antheil, den dieser Erdstrich am Pelzhandel nimmt, liefert. Schon zu den Zeiten der Incas schätzte man das Fell der Wollmaus wegen ihres seidenweichen Haares. Als dasselbe zuerst nach Europa kam, ward es als große Kostbarkeit angesehen und begierig aufgekauft. Die Wollmaus lebt in den gebirgigen Gegenden von Chili und Peru, bis zu 12,000 Fuß Meereshöhe aufwärts, zwischen Steinen und natürlichen Felsspalten. Während der Tageszeit verlassen sie ihre Schlupfwinkel nicht gern, aber nach Sonnenuntergang sammeln sich die Thiere in großen Gesellschaften, gehen ihrer Nahrung nach und spielen miteinander. Die Farbe des Pelzes ist silbergrau und schwärzlich melirt. Das Dutzend wird mit 20 bis 40 Dollars bezahlt.

Die Felle des gemeinen Hasen (Lepus timidus), der seit der diluvialen Schöpfungsepoche in Europa von den mittelmeerischen Ländern bis Schottland und in das südliche Schweden und östlich bis in den Ural und Kaukasus verbreitet lebt und alljährlich zu Hunderttausenden geschossen wird, dienen weniger zu Pelzwerk, als sie in der Hutfabrikation ihre wichtige Rolle spielen. Anders verhält es sich mit dem weißen oder veränderlichen Hasen (L. variabilis), der im nördlichen Europa, in Irland und Schottland, durch Scandinavien und Rußland bis Charkow und Orenburg hinab nach Sibirien, Kamtschatka und Grönland, zugleich auch in den höheren Gebirgen, südlich in den Pyrenäen, Alpen, Kaukasus, sowie in Amerika an der Eskimo- und Labradorküste lebt. Weiße Hasenfelle, die am schönsten aus Rußland und dem amerikanischen Norden kommen, finden auch als Pelzwerk vielfach Anwendung.

Die Felle der Kaninchen (L. cuniculus) werden ihrer Billigkeit wegen in großen Massen verarbeitet. Die schönsten Felle, schwarz mit silberigen Spitzen, liefert England. Diese Kaninchen werden dort in eigenen Wildgärten besonders gehegt. Auch in Frankreich wird die Kaninchenzucht stark betrieben und mehr als 1½ Mill. Felle kommen von dort, theils in natürlichem Zustande, theils gefärbt, in den Handel. Die polnischen Kaninchen sind nur ⅓ so groß wie die französischen und meistens weiß. Die Pelzindustrie in Lissa und Fraustadt verarbeitet jährlich mindestens eine halbe Million dieser polnischen Kaninchen.

Auch die **Wiederkäuer** liefern ihr Contingent zum Pelzhandel. Ziegenfelle, besonders die der seidenhaarigen persischen oder Angora-Ziegen, bilden einen nicht unbedeutenden Handelsartikel und ihre Verarbeitung zu Muffen, Boas ɾc. wird besonders in England mit großer Kunstfertigkeit betrieben. Die feinsten Felle der zuletzt genannten Ziegenarten werden bis zu 20 Dollars pro Stück verkauft.

Der Pelz des Schafes zeichnet sich dadurch aus, daß das ganze Grannenhaar, welches sonst lang und platt herabhängt, in Wolle umgewandelt ist, indem jedes einzelne Haar sich plattet, an den Rändern und auf dem platten Rücken fein sägezähnt und durch diese Unebenheiten mit seinen Nachbarhaaren verfilzt. Daß Klima, Nahrung und Pflege auf diese ganz eigenthümliche Bildung des Haarkleides einen sehr erheblichen Einfluß ausüben, beweis't die Schafzucht in verschiedenen Gegenden ganz unzweifelhaft. Warme, trockene Gegenden liefern eine feinere Wolle als kalte und rauhe. Die Felle der feinwolligen Schafe werden nicht als Pelzwerk benutzt, sondern lediglich nur die der haarigen und krausen Arten und von diesen wieder vorzugsweise die schwarzen. Die Färbung der Schafe steht mit der Pflege in innigem Zusammenhange. Die feinwolligen Schafe pflegen in der Regel weiß zu sein; sobald sie aber ausarten, stellt sich die braune oder schwarze Farbe ein und zwar umsomehr, je vernachlässigter die Pflege ist.

Die schönsten schwarz-glänzenden, fein- und dichtlockigen Lammfelle kommen aus Persien; dann folgen die aus Astrachan, der Krim und Ukraine. Aus allen diesen Gegenden werden durch die Tartaren, welche die Felle trefflich zu bereiten wissen, neben den schwarzen auch graue Felle in den Handel gebracht. Die feinern Felle dienen zu Garnituren und Besätzen, die gröberen bieten dem Bauersmann im östlichen Europa Gelegenheit, sich für wenig Geld in den Besitz eines Pelzes zu setzen, der ihn gegen die Kälte und rauhe Witterung schützt. In England verarbeitet man die Schaffelle, nachdem sie beliebig gefärbt wurden, hauptsächlich zu Fußdecken, mit denen ein ausgedehnter Handel getrieben wird.

Der Bison oder nordamerikanische Auerochs (Bos americanus), der auf dem Territorium der Hudsonbai-Compagnie und auf den Prairien im Westen der Union in mächtigen Heerden lebt, hat ein grau-braunes, dicht wolliges Haar und eine feine geschmeidige Haut, welche die Indianer trefflich zu bereiten wissen. Da die Jagd dieser Thiere sehr einträglich ist, wird sie mit solchem Eifer betrieben, daß ihre Ausrottung, wenigstens in den westlichen Ebenen, unvermeidlich sein dürfte. Die Felle liefern vortreffliche Reisedecken und Feldbetten und sind in Amerika selbst so beliebt, daß nur wenig davon in den europäischen Handel kommt. Die besten Felle werden mit 15 bis 20 Dollars bezahlt, schlechtere kauft man für 10, ja für 5 Dollars.

Von den sogenannten Fischsäugethieren haben wir nur der Robben (Phocina) zu erwähnen. Obgleich fleischfressende Raubthiere, sind sie doch sämmtlich sehr milden Charakters, gutmüthig und zutraulich. Die Jagd wird dadurch sehr erleichtert, daß diese Thiere stets heerdenweise zusammen leben, gemeinsam am Strande schlafen und sich auf Eisschollen und vorspringenden Felsen sonnen. Gewöhnlich überrascht man sie im Schlafe und dann beginnt eine großartige Metzelei, indem man sie mit einem Keulenschlage auf die Nase tödtet. Die einträglichsten Jagden werden auf den Eisfeldern um Neufoundland gehalten; dahin segeln in jedem Frühjahr einige Hundert Schiffe, die reich beladen zurückkehren, so daß an Fellen niemals Mangel eintritt. Freilich hat diese barbarische Schlächterei schon stark aufgeräumt, da die Fruchtbarkeit der Thiere eine nur geringe ist. Die Weibchen werfen im Frühjahr nur ein, seltener zwei Junge. Diese systematische Vernichtung ist um so mehr zu bedauern, da sich der Mensch im hohen Norden mit den Bedürfnissen seines kümmerlichen Daseins ganz auf diese Thiere angewiesen sieht. Wo kein Haus- und Nutzthier mehr gedeiht, wo sogar das Rennthier der Kälte und dem Hunger erliegt, weil auch die ärmlichste Moosvegetation ein Erde hat, da leben und gedeihen noch die Seehunde. Speck, Thran und Fleisch sind Leckerbissen für die Bewohner des hohen Nordens, die Häute des Darmkanals liefern wasserdichte Kleider, das Fell Decken, Mäntel und Zelte, die thranigen Ueberreste Heiz- und Beleuchtungsmaterial und die Knochen allerhand Geräthschaften. Eine unergiebige Jagd ist daher in diesen Gegenden von viel traurigeren Folgen begleitet, als bei uns eine Mißernte.

Die Seehundsfelle zeigen die verschiedensten Farben und Größen, von 3 bis 10 Fuß Länge und von 2 bis 6 Fuß Breite. Die Industrie weiß sie in äußerst mannigfaltiger Weise zu verwenden; am beliebtesten sind sie zu Fußdecken, Jagdtaschen, Tornistern, Kofferbeschlägen u. s. w. Es giebt auch Robbenarten, die unter dem harten Oberhaar eine feine Grundwolle besitzen und deren Felle demgemäß zu Pelzwerk verarbeitet werden können. Die rauher Oberhaare werden dann gewöhnlich entfernt und die Grundwolle meist kastanienbraun gefärbt. In der Zubereitung dieser Felle steht England unübertroffen da. Wegen der Aehnlichkeit dieses Pelzwerkes mit dem der Biber nennt man es Biberseehund. Die besten Seehundsfelle kommen von den Küsten Australiens, von den Lobos- und Falklandsinseln. Die Preise schwanken von 6 bis zu 25 Dollars das Stück.

Um unsere Uebersicht vollständig zu machen, dürfen wir nicht unerwähnt lassen, daß auch die Vögel ein, wenn auch nur schwaches Contingent zum Pelzhandel liefern. Aus der Haut einiger Schwimmvögel bereitet man, nachdem die eigentlichen gröberen Federn entfernt wurden und die zarten Flaumfedern bloßgelegt sind, den sogenannten Schwanenpelz, der besonders zu Besätzen sehr beliebt ist. Diese Industrie wird in Holland und Frankreich, wo man Schwäne und Gänse lediglich dazu hält, ziemlich schwunghaft betrieben. Aus der zahlreichen Familie der Enten sind es vorzüglich Anas ferina (die Tafelente), A. fuligula (die Reiherente) A. marila (die Bergente), von denen man den Schwanenpelz gewinnt. Besonders beliebt sind jedoch auch die Taucher (Colymbidae), welche auf den Binnengewässern und Meeren in allen Klimaten leben und durchschnittlich die Größe gewöhnlicher Enten haben. Der Silberglanz ihres Pelzwerks, das im Handel den Namen Grebes führt, ist in der That von großer Eleganz und macht es zu Verzierungen und Besätzen in hohem Grade geeignet.

Aus der vorstehenden Zusammenstellung sämmtlicher Pelzthiere, die uns nebenbei auch lehrt, wie sich der souveraine Wille des Menschen die ganze animalische Schöpfung unterthan und nutzbar macht, ersehen wir, daß die meisten, die wichtigsten und werthvollsten aller Pelzwerk liefernden Thiere in Regionen leben, die den Ländern des regsten Handelsverkehrs und stärksten Verbrauchs sehr fern liegen. Ein Blick auf die Karte zeigt uns, daß sich die Welt der Pelzthiere in zwei Gebiete sondert: das nordöstliche asiatische bis zum 60. Breitegrade, und das nordwestliche amerikanische bis zum 50. Breitegrade. Um das Bedürfniß der übrigen Welt zu befriedigen, beburfte es daher der Vermittelung des Handels. Die ältesten Jäger erlegten die Thiere, wie wir bereits Eingangs sahen, ebensosehr wegen ihrer Felle wie wegen ihres Fleisches, denn für sie bildeten Häute noch das einzige Bekleidungsmaterial. Sehr bald mußte sich natürlich mit diesem Produkt ein Tauschhandel entwickeln, da der Jäger Ueberfluß daran hatte, und sich desselben zur Befriedigung anderer Bedürfnisse zu bedienen wünschte. Jedenfalls ist der Ursprung des Pelzhandels, wie der des Handels und der Cultur überhaupt, im Osten Asiens zu suchen.

Die älteste deutsche Geschichte lehrt uns bereits einen stark entwickelten Pelzhandel kennen. Pelze wurden von den alten Germanen während der Römerherrschaft in großer Masse und Auswahl auf die römischen Märkte gebracht. Im Jahre 783 wurde dem Stifte Meißen durch kaiserliche Schenkung der Pelzzehnten überwiesen, ein Beweis, daß man in damaliger Zeit einen besonderen Werth auf Pelzwerk legte. Schon in sehr früher Zeit scheint man Pelze aus dem europäischen Norden, aus Schweden und Rußland geholt zu haben. Das aus dem 11. Jahrhundert stammende Nibelungenlied erzählt viel von kostbarem Pelzwerk, von Hermelin und Zobel, die als Kleider und Mützen getragen werden, auch von einem Kleide aus bunt gefleckten schwedischen Luchsfellen. Die Fürsten und Vornehmen des Mittelalters machten von dem Pelzwerk einen ausgedehnten Gebrauch. Zur Zeit der Hansa blühte bereits der Pelzhandel mit Rußland, denn die Kürschner im nördlichen Deutschland mußten ihre Meisterstücke größtentheils aus Feh (russischen Eichhörnchen) anfertigen.

In Rußland steigerte sich schon frühzeitig der Pelzhandel so sehr, daß das eigene Land dem Bedürfniß nicht mehr zu genügen vermochte. Schon im 16. Jahrhundert drang man weiter nach Osten vor und erschloß somit die eine der großen Pelzregionen, die noch heute den Handel vorzugsweise versorgt, Sibirien. Das unwirthliche Klima machte hier natürlich anfangs das Vordringen sehr schwierig. Erst 200 Jahre später entdeckte man Kamtschatka, zu Anfang des 18. Jahrhunderts, und in der Mitte desselben die Aleuten oder Fuchsinseln. Um den Pelzreichthum dieser Länder gehörig auszubeuten, bildete sich 1785 die russisch-amerikanische Pelzcompagnie, die ihre Hauptniederlassungen auf den Inseln Kadjak und Sitka hat und die Pelze meistens von den Indianern eintauscht.

Das große Pelzgebiet im Norden Amerikas erschlossen zuerst die Franzosen, die sich in Canada festgesetzt hatten. Zum Betrieb des Pelzhandels bildete sich eine Compagnie von 700 Mitgliedern, und diesen wurde von der Regierung ein Monopol verliehen, so daß kein Anderer diesen Handel betreiben durfte. Der Hauptsitz desselben war anfangs in Taboussau am St. Lorenzstrom, später aber Trois Rivières und Montreal. Bald aber erhielten die Franzosen einen Nebenbuhler an den Holländern, die sich 1610 an der Mündung des Hudson niedergelassen und an der Stelle des heutigen New-York Neu-Amsterdam gegründet. Auch ihnen leuchteten die Vortheile des Pelzhandels ein, weshalb sie 150 Meilen landeinwärts das Fort Oranien anlegten, um von dem freundlich gesinnten Stamme der Irokesen Pelze einzutauschen. Doch schon 1664 gingen die Besitzungen der Holländer an die Engländer verloren, und diese wurden den Franzosen sehr gefährlich, als sie die Nachtheile des Monopols, welches sich auch hier der Pelzhandel verschaffte, erkannten und denselben gänzlich freigaben. Die Franzosen errichteten zu ihrem Schutz einige Forts am Ontario-See, Niagara und Toronto. Doch die Blüthe ihres Handels vermochten sie dadurch nicht zurückzurufen. Die Engländer bezahlten besser als die Franzosen, und so konnten Letztere nicht verhindern, daß New-York der Hauptplatz des amerikanischen Pelzhandels wurde. Der König von Frankreich nahm sich in eigner Person der gefährdeten Industrie seiner Unterthanen an, war aber ebenso wenig im Stande, der natürlichen Entwickelung der Dinge Stillstand zu gebieten. Durch den Utrechter Frieden mußte Frankreich die Hudsonbailänder, Neuschottland und Neufundland an seinen verhaßten Nebenbuhler abtreten, wodurch der französische Pelzhandel lediglich auf Canada beschränkt wurde. Dennoch war dieser Handelszweig noch immer sehr ansehnlich, denn es wurden im Jahre 1743 über Rochelle 310,187 Stück amerikanischer Pelze eingeführt. Erst mit der Abtretung Canadas in Folge des siebenjährigen Krieges ging Frankreichs überseeischer Pelzhandel völlig zu Grunde.

In dem nördlich von Canada gelegenen Landstrich, der 1610 von dem Engländer Hudson entdeckt und nach ihm benannt worden ist, hat sich jedoch der Monopolhandel bis in die neueste Zeit erhalten. Um's Jahr 1650 wurden die Engländer auf den Reichthum an Pelzthieren in diesem Gebiet, das von der Seeseite her neun Monate lang des Jahres des Eises wegen unzugänglich ist, durch einen Franzosen, Grasselier, aufmerksam gemacht, und sofort bildete sich eine Gesellschaft von Kaufleuten, an deren Spitze einige Mitglieder der hohen Adelsaristokratie standen, die es nicht unter ihrer Würde findet, einen ehrlichen Profit mitzunehmen. Diese sandte eine Expedition unter dem Oberbefehl des genannten Franzosen und des Engländers Gillam dahin ab, durch welche das Fort Charles gegründet wurde.

1670 erhielt diese Gesellschaft, die noch heute bestehende Hudsonbai-Compagnie, in Folge eines Freibriefes die Hudsonbai, sowie die westlich dahinter gelegenen Länder als alleiniges Besitzthum mit vollständiger Gerichtsbarkeit, sowie das ausschließliche Monopol des Handels und des Betriebs aller etwa zu entdeckenden Minen. Diese Verleihung erregte daheim großen Neid; aber so sehr man sich auch bemühte, der Gesellschaft ihre werthvollen Vorrechte zu entreißen oder zu schmälern, so gelang es doch nicht; im Gegentheil mußte sich dieselbe immer größere Rechte und Freiheiten von dem Parlament zu erwerben. Auch die Franzosen, so lange sie im Besitz von Canada waren, thaten dieser Gesellschaft keinen wesentlichen Abbruch.

1783 entstand in Canada eine andere Gesellschaft, die Nordwest-Compagnie, zur Ausbeutung des Oregon-Gebietes am Columbia-Flusse und der Insel Vancouvers. Die beiderseitigen Pelzjäger kamen einander ins Gehege, und daraus entstand 1793 ein erbitterter Krieg, dessen Kosten den Gewinn ganz aufzehrten. Endlich verschmolzen sich beide Gesellschaften zu einer einzigen. Als 1815 das Oregon-Gebiet an die Vereinigten Staaten abgetreten wurde, wußte die Hudsonbai-Gesellschaft dieser neuen Concurrenz stets geschickt und glücklich zu begegnen.

Das Capital der Hudsonbai-Gesellschaft bestand in 5000 Aktien zu 100 Pfd. St., also in 500,000 Pfd. St. In den letzten 40 Jahren hat sie ihren Theilhabern jährlich eine Dividende von 10 Proc. gezahlt und außerdem noch alle 20 Jahre eine Extra-Dividende von 10 Proc. Die Aktien hatten einen Cours von 195. Seit 1863 hat die Gesellschaft eine wesentliche Modification erfahren. Die „international financial society" in London kaufte jede Aktie der Hudsonbai-Gesellschaft mit 300 Pfd. St. auf. Ob dieser Tausch für die Allgemeinheit vortheilhaft sein wird, steht noch sehr dahin, zumal man von einer Gesellschaft, die mit einem Monopol versehen ist, nicht viel zu erwarten hat.

In Nordamerika bildeten sich im Lauf der Jahre noch verschiedene andere Pelzcompagnieen; auch wurde der Handel mit den Indianern von einzelnen reichen Handelshäusern ausgebeutet. Johann Jakob Astor, aus Walborf bei Heidelberg nach Amerika ausgewandert, legte bekanntlich mit diesem Handel den Grund zu einem der colossalsten Vermögen. Das von seinen Nachfolgern fortgeführte Geschäft besaß noch zu Anfang der fünfziger Jahre ein halbes Hundert eigener Stationen und Forts zum Tauschhandel mit den Indianern. Nach diesen Forts und Niederlassungen, wie nach denen der Hudsonbai-Compagnie, bringen die Indianer zu gewissen Jahreszeiten ihre Pelze. Um gegen räuberische Ueberfälle gesichert zu sein, wird in der Regel nur der Häuptling mit einigen Begleitern zur Abschließung des Handels eingelassen. Die Felle werden nicht mit Geld, sondern mit gewissen Waaren bezahlt, die den Rothhäuten besonders werthvoll sind. Zur Vermeidung von Irrthümern ist ein bestimmter Tauschtarif aufgestellt. So gilt: 1 Flinte 20 Biberfelle, 1 Axt 3 Biber, 1 Kupferkessel 16 Biber, 1 Tabacksbeutel 2 Biber, 1 Pfd. Glasperlen 6 Biber u. s. w. Von diesen Waaren müssen in den Forts beständig bedeutende Vorräthe gehalten werden, deren Herbeischaffung, sowie die der nöthigen Lebensmittel, natürlich mit großen Mühen und Kosten verknüpft ist. Auch der Branntwein bildet eines der Tauschmittel, wofür man Felle von den Indianern erhandelt. Die schrecklichen Wirkungen, die er unter den Rothhäuten hervorgebracht, sind bekannt. Der Hudsonbai-Compagnie muß man übrigens nachrühmen, daß sie den Vortheil, welchen dieses ganz unwiderstehliche Tauschmittel den Weißen über die braunen Kinder der Wälder in die Hand giebt, stets mit großer Mäßigung ausgebeutet hat, was sich nicht in gleichem Maße von den amerikanischen Compagnieen und Händlern behaupten läßt. Freilich sollte schon die Rücksicht auf die eigene Sicherheit die Pelz-Compagnieen von der Anwendung eines so gefährlichen Mittels abhalten. Hat man die Indianer durch den Branntwein erst wild und toll gemacht, dann hört für den Weißen vollends alle Sicherheit in jenen weitentlegenen Regionen, wo er sich nur mit Mühe vor den räuberischen Instinkten der Wilden zu schützen vermag, auf, und nicht selten fällt er dann als Opfer seiner eigenen Unvorsichtigkeit und unersättlichen Habgier.

Bemerkenswerth ist, daß die Indianer die Felle viel besser zu behandeln verstehen als die weißen Jäger. Beim Abstreifen blasen sie die Haut vom Fleische los, so daß sie leicht, rein und ohne Zwischenhaut abgeht; dann spannen sie die Felle sehr sorgsam zum Trocknen auf und bestreichen sie mit wohlriechenden Substanzen.

Sobald die Russen unter Wasiliewitsch II. 1558 in Sibirien festen Fuß gefaßt hatten, nöthigten sie die Tartarenhäuptlinge, jährlich 1000 und mehr Zobelfelle als Tribut einzuliefern. Noch heute sind die sibirischen Gouvernements verpflichtet, alljährlich eine gewisse Zahl von Zobel-, Kolinsky- und Eichhörnchenfellen als Tribut zu zahlen. Ebenso wie die Engländer gen Westen, drangen die Russen gen Osten vor. Als endlich die Trapper aufeinander stießen, mußte zu Anfang unseres Jahrhunderts die Grenze regulirt werden. Als solche diente bisher der 140. Gr. westl. Länge, doch besitzt Rußland die Inseln Sitka und Neu-Archangel. Die Abtretung von Russisch-Amerika an die Vereinigten Staaten sichert diesen ein immer noch höchst ergiebiges und keineswegs, wie in hiesigen Blättern behauptet wurde, längst ausgebeutetes Pelzgebiet. Zwischen dem englischen Besitz in Amerika und der Union wurde im Westen der 49. Gr. n. B. als Grenze festgesetzt.

Was Nordamerika, so weit es nicht in russischem Besitz ist, an Pelzwerk erzeugt und nicht selbst verbraucht, das ging bisher Alles nach London. Die Hudsonbai-Compagnie verkauft hier ihr Pelzwerk jährlich in drei verschiedenen Auktionen: im Januar die Bisam- und Biberfelle aus den Ländern östlich des Felsengebirges, im März das übrige Pelzwerk aus demselben Gebiete und im September den Ertrag des Oregon-Gebietes. Bei diesen Auktionen geht es ziemlich altfränkisch zu, und bei der Masse der Waaren fallen die Preise der einzelnen Partieen sehr ungleich aus, so daß sie oft um 5 bis 20 pCt. variiren. Das aus den Ver. Staaten kommende Pelzwerk wird in der Regel in London im Anschluß an die Auktionen der Hudsonsbai-Compagnie verkauft. Doch beginnt man neuerdings einzusehen, daß es viel vortheilhafter ist, dasselbe gleich auf den europäischen Continent zu bringen, und so wandert denn jetzt schon ein beträchtlicher Theil dieses amerikanischen Pelzwerks auf den großen continentalen Pelzmarkt zu Leipzig.

Andererseits gehen aber auch bedeutende Mengen von russischen und deutschen Pelzwaaren nach Nordamerika, namentlich deutsche Edelmarder, Steinmarder und Iltisse, wodurch die Preise in den letzten Jahren um das Doppelte gestiegen sind. Desgleichen verbraucht Amerika auch viele französische und spanische Kaninchenfelle, sowie sibirische Eichhörnchen, die alle in Deutschland zubereitet werden. Auch Hermelin und russische Zobel haben neuerdings begonnen, in Amerika einen Markt zu finden.

Die Pelzwaaren der russisch-amerikanischen Compagnie werden in St. Petersburg verkauft. Ein Theil, namentlich Seeottern und Biber, gehen nach China. Der Handel mit China wird hauptsächlich durch die russische Grenzstadt Kiachta, welche der chinesischen Stadt Maimatschin gegenüber liegt, vermittelt. Der Umsatz an Pelzwaaren beträgt daselbst jährlich etwa 1½ Millionen Silberrubel und wird ausschließlich für Thee ausgetauscht. In früheren Jahren war dieser Absatz an russischen Pelzwaaren nach China bedeutender; so betrug er z. B. von 1824 bis 1828 jährlich über 3 Millionen Silberrubel. Jetzt sind den Russen an den Engländern und Amerikanern bedeutende Concurrenten für den chinesischen Pelzhandel erstanden.

Von größtem Umfange und größter Bedeutung ist der Pelzhandel auf den russischen Jahrmärkten (Messen) zu Tebit in Sibirien und Nischney-Nowgorod an der Wolga. Der erste dieser Märkte findet im Februar jeden Jahres statt, gerade in der kältesten Zeit des Winters, wo der Verkehr nur auf Schlitten möglich ist. Hierher bringen die Sibiriaken und Tartaren ihre Waaren, bestehend in Eichhörnchen, Hermelinen, Zobeln, Kolinskys und weißen Füchsen, und zwar die beste Winterwaare. Die Käufer sind russische und deutsche Kaufleute aus St. Petersburg und Moskau, welche ihrerseits russische und amerikanische Waaren mitbringen, die in der Tartarei und China beliebt sind. Weltberühmt ist die große im Juli und August stattfindende Messe von Nischney-Nowgorod, auf welcher die Kaufleute des gesammten Nordostens zusammenströmen und ihre Artikel theils im Tauschhandel, theils gegen Gold und Silber, wovon hier ungeheure Summen sich anhäufen, umsetzen. Der Pelzhandel spielt auf diesen oft beschriebenen Messen von Nischney-Nowgorod eine sehr wichtige Rolle; die Masse der hier alljährlich umgesetzten Rauchwaaren grenzt an's Unglaubliche.

Auch der scandinavische Pelzhandel, der sowohl seine eigenen Erzeugnisse, als auch die seiner Colonieen, Grönland und Island, zu Markte bringt, ist ziemlich bedeutend. Der größte Theil der Erzeugnisse wandert nach Deutschland und von da Vieles nach Rußland. Leipzig besorgt den ganzen scandinavischen Transithandel in Pelzen. Die königlich dänisch-grönländische Compagnie, bei der die Krone betheiligt ist, hält in Westgrönland zwei Inspektorate und verkauft ihre Produkte zu Kopenhagen in zwei Auktionen, im Mai und November.

Daß in Deutschland schon zur Zeit der Hansa der Pelzhandel blühte, ward bereits erwähnt. Genauere Berichte darüber sind freilich nicht auf uns gekommen, da sie im 30jährigen Kriege zerstört wurden, wie der Handel selber, zumal da sich 1630 auch die Hansa selber auflös'te. Erst in der letzten Hälfte des vorigen Jahrhunderts begann sich der deutsche Pelzhandel mit dem Auslande wieder zu beleben. Breslau und Groß-Glogau gestalteten sich zu Hauptmärkten für die krimschen Lammfelle und das russische Grauwerk; Hamburg und Lübeck bezogen bedeutende Mengen des sibirischen, russischen, scandinavischen und isländischen Pelzwerks; Bremen ward ein Stapelplatz für den gesammten nordamerikanischen Pelzhandel, namentlich für die Produkte der russisch-amerikanischen Compagnie; Wien ist der Handelsmittelpunkt für türkische, ungarische und italienische Lammfelle, außerdem versorgt es Galizien, Ungarn und Italien mit russischem und amerikanischem Pelzwerk; Berlin und Breslau endlich betreiben einen ausgedehnten Pelzhandel mit Polen und Rußland.

Doch der Hauptverkehr in diesem Artikel hat seinen Sitz in Leipzig aufgeschlagen. Für den Pelzhandel sind die Leipziger Messen mehr Haupt-Welt-Märkte. In den Leipziger Pelzlagern findet man die Erzeugnisse aller Länder und Erdstriche in ungeheuren Vorräthen aufgestapelt; hier und in der Umgegend werden die kostbarsten Rauchwaaren, welche die elegante Welt in Paris, London, New-York und St. Petersburg trägt, zubereitet. Alle Städte, Länder und Erdtheile finden hier Befriedigung ihrer Bedürfnisse, und die augehäuften Vorräthe zerstreuen sich nach beendigten Messen über den ganzen Erdkreis. Nicht weniger als 3500 Pelzwaarenhändler und Kürschner aus aller Herren Ländern, einschließlich derer, die sich selber gehören, pflegen alljährlich zu Ostern und Michaelis in Leipzig versammelt zu sein. Fast jeder Verkäufer in diesem Artikel ist zugleich auch Käufer. So kaufen z. B. die Amerikaner von den Deutschen zubereitete Feh, Edel- und Steinmarder, Iltis, polnische Kaninchen, von den Russen aber Hermelin, Zobel, Nörze und weiße Hasen. Die Engländer kaufen rohe Feh, Hermelin, Zobel, Marder, persische Lammfelle und in neuester Zeit sogar amerikanische Waaren, die immer mehr hierher, statt nach London versendet werden. Die Italiener und Franzosen suchen zubereitete Feh, Hermelin, persische und astrachanische Lammfelle, polnische Kaninchen, russische und amerikanische Zobel und Chinchillas. Die Russen und Polen versorgen sich mit deutschen und nordischen Füchsen, Mardern, Ottern, amerikanischen Waschbären, virginischen Iltissen, Bären, Skunks, Bibern, Seeottern, Zobeln, Chinchillas, Luchsen, Visam, Silber-, Kreuz- und rothen Füchsen, Pelzseehunden, englischen und französischen Kaninchen. Die Griechen und Wallachen kaufen deutsche und amerikanische rothe Füchse, russische und amerikanische weiße Füchse, Luchse, Nörze, Zobel, Wölfe, deutsche und holländische schwarze Katzen, französische Kaninchen. Daß die Deutschen selbst in ihren Einkäufen hinter den fremden Käufern nicht zurückbleiben, liegt auf der Hand.

Die Bedeutung Leipzigs als Handelsplatz für Rauchwaare, ergiebt sich am besten aus folgender Zusammenstellung der Zufuhren und ihres Werthes im Jahre 1864:

    Amerikanische Pelzwaaren.............2,622,800 Thlr.
    Mittel-Europäische   „   ....2,127,000 „
    Russische u. asiatische „   ....1,382,000 „

        Gesammtwerth der Zufuhr: 6,131,500 Thlr.

Um sich einen vollständigen Begriff von der Ausdehnung des Pelzhandels und der wichtigen Rolle zu machen, welche derselbe heutigen Tags im commerziellen Weltverkehr spielt, wird es gleichfalls am besten sein, seine Zuflucht zu statistischen Angaben zu nehmen, da die Zahlenlogik doch nun einmal die überzeugendste bleibt. Wie hoch beläuft sich die Zahl der Thiere, welche alljährlich ihr Leben lassen müssen, um dem Bedürfniß des Menschen nach Kleidung Genüge zu leisten? Diese Zahl läßt sich wenigstens annähernd bestimmen. Die dem Handel der civilisirten Welt zufließende Gesammtproduktion an Rauchwaaren belief sich für das Jahr 1864 auf 32,050,500 Stück Felle, welche einen Werth von 17,450,000 Thlrn. repräsentirten. Nimmt man nun an, daß wilde und uncivilisirte Völker, von denen viele sich ausschließlich in Pelze kleiden, zur Bestreitung ihres eigenen Bedürfnisses jährlich noch weiterer 16—18 Millionen von Fellen bedürfen, so würden wir zu dem Resultate gelangen, daß der Mensch auf dem gesammten Erdkreis jährlich in runder Summe 50,000,000 Thiere vertilgt, um sich ihres Pelzes zu bemächtigen.

Heben wir aus der jährlichen Gesammtproduktion von Rauchwaaren einige besonders interessante Zahlenangaben hervor.

	Zahl der in den Handel gebrachten Felle.	Werth.
Zobel	245,000	2,500,000
Edelmarder	180,000	840,000
Steinmarder	400,000	1,350,000
Hermelin	400,000	190,000
Eichhörnchen	7,000,000	1,000,000
Waschbären	600,000	800 000
Bären	19,000	195,000
Büffel	60,000	480,000
Biber	160,000	375,000
Kaninchen	5,000,000	800,000
Katzen	1,000,000	235,000
Löwen und Tiger	500	15,000

In Erwägung der großen Scheu und List, womit die wilden Thiere um ihrer eigenen Erhaltung willen von der Natur ausgerüstet wurden, muß man sich wohl voll Erstaunen fragen, wie es möglich sei, diese Millionen lebender Geschöpfe, die ihre Schlupfwinkel an den entlegensten und am schwersten zugänglichen Orten haben, zu erlegen? Hier zeigt es sich deutlich, wie sehr der Mensch durch seinen Verstand dem Thiere überlegen. Das wichtigste Hülfsmittel für die Jagd der Pelzthiere bleiben natürlich die Feuerwaffen. Wo es sich thun läßt, nimmt man übrigens von deren Gebrauche Abstand, um die Pelze in minder beschädigtem Zustande zu erhalten. So werden z. B. in Sibirien die Zobel, in Deutschland die Steinmarder, Iltisse und Nörze meist in Fallen gefangen. In einigen Gegenden Asiens erlegt man die Eichhörnchen mit vergifteten Pfeilen. Die Bisamratten werden unter dem Eise, in das man ein Loch gehauen, mit Widerhaken gespießt. Chinchillas und Waschbären fängt man durch eigens dazu abgerichtete Hunde. Fischottern und Biber werden von den Indianern häufig in Fallen gefangen. Die Eisbären werden mit Harpunen oder auf dem Eise mit Lanzen erlegt. Die Hasen werden in Sibirien und der Tartarei, wo man ihr Fleisch nicht ißt, in Fallen gefangen. Eines der gefährlichsten Thiere für den Jäger ist der Luchs. Gelingt es ihm nicht, denselben auf den ersten Schuß zu tödten, so geräth er durch die Wuth des Thieres selber in höchste Gefahr.

Vergegenwärtigt man sich, daß in jedem Pelze ein Thier gehaus't hat, daß also der Pelzhandel die Fauna Jahr aus Jahr ein um ein halbes Hundert Millionen Thiere vermindert, so kann man sich kaum des Gedankens erwehren, daß eine gänzliche Ausrottung der Pelzthiere unausbleiblich erscheint, zumal da an die allgemeine Einführung einer rationellen Jagd doch niemals zu denken ist. Indessen was der Mensch in dieser Hinsicht sündigt, wird zum Theil wieder durch die ungeheure Ausdehnung des Jagdgebietes gut gemacht. Von der Größe dieser Länderstrecken giebt die Betrachtung der Landkarten keinen hinlänglichen Begriff, weil man bei Anfertigung derselben gewöhnlich einen zu Gunsten Europa's parteiischen Maßstab befolgt, d. h. die Karten der europäischen Länder im Verhältniß zur Wirklichkeit viel zu groß macht. In Folge dessen faßt man die Größenverhältnisse sehr leicht ganz falsch auf. Das Gebiet der Pelzthiere, das im günstigsten Falle nur etwas über 40 Menschen auf der Quadrat-Meile zählt, umfaßt im asiatischen Rußland 439,000 und in Nord-Amerika 367,000 Quadrat-Meilen, also zusammen 806,000 Q. M., so daß es fünfmal so groß ist als ganz Europa.

Bei der geringen Bevölkerung dieser Distrikte könnte mithin die Erhaltung der Pelzthiere noch für geraume Zeit als gesichert zu betrachten sein. Da taucht inzwischen eine weitere Gefahr auf. Die Pelzjäger im arktischen Amerika haben sich nämlich in Kammerjäger verwandelt. Man hat das edle Waidwerk aufgegeben und zum Gift gegriffen, und in dieser Hinsicht förmlich wissenschaftliche Studien gemacht. Am wirksamsten hat man das Strychnin befunden. Neben den in Fleisch versteckten Giftpillen streut man außerdem noch kleine Fleischstückchen umher, um die Thiere anzuziehen und zutraulich zu machen. Die Pelzjäger haben sich also mit den Wilden, welche den Baum fällen um die Frucht zu erlangen, auf eine Stufe gestellt. Greift diese unehrliche Jagdmethode auch auf anderen Pelzgebieten um sich, so möchte wohl noch im laufenden Jahrhundert ein empfindlicher Mangel an Pelzen eintreten, und schon in der ersten Hälfte des folgenden wäre die gänzliche Ausrottung der so nützlichen Thiere als ausgemachte Sache zu betrachten.

Unter den Lawinen.
Von R. Schatzmann.

„Hier sitz' ich auf Rasen," aber nicht „mit Veilchen bekränzt," sondern nur mit einigen Alpenblumen auf dem Hute, die mir mein Töchterchen während des Bergsteigens gepflückt hat; ich bin dem großen Touristenzuge, der sich an jedem hellen Sommermorgen von Lauterbrunnen nach der Wengeralp bewegt, vorangeeilt, habe bereits die obligaten Alphornbläser, Echoschützen, Blumenmädchen, mineralogischen Bettler — und wie diese alpinen Industriellen alle heißen mögen — Gott sei Dank hinter mir und rahe in der Nähe des Gasthauses von meinem Morgenspaziergange aus. Ein nächtlicher Gewitterregen hat die Luft rein gefegt, und kein Wölkchen ist am tiefblauen Horizonte; vor mir erhebt sich in wunderbarer Majestät die Jungfrau im Schnee- und Eismantel mit den himmelhohen, jähabfallenden dunkeln Felswänden, im Rücken die grüne Alp mit weidenden Heerden, deren weitschallendes Geläute hier und dort in der Ferne wiederhallt. Alles hat sich hier vereinigt, um das Menschenherz zu erfreuen!

Doch meine ungestörte Betrachtung der Naturschönheiten sollte nicht lange dauern, denn ich war hier nicht der einzige Erdenbewohner, welcher heute auf hoher Alp Ergötzung suchte; da kommen schon ein paar deutsche Studenten, bei denen auf ihrer Ferienreise — wie man auf den ersten Blick sieht — der durch angestrengtes Studium etwas temperirte Humor wieder vollständig zur Geltung gekommen; die Alpenluft bekagt ihnen außerordentlich wohl, das kolossale Naturgemälde erfüllt sie mit hoher Bewunderung, aber nicht minder erfreut sind die Musensöhne, daß in solcher Höhe und Einöde eine „öffentliche Verbrauchsanstalt" — wie ein Doctor der Philosophie irgendwo das Wirthshaus, die „Kneipe" des Studenten, nennt — und in derselben „gutes Bier" zu finden ist. Kaum in Scene getreten, verschwinden also die neuen Ankömmlinge hinter den Coulissen, und bald darauf hörte ich durchs offene Fenster das bekannte Lied ertönen: „Wir sind nicht mehr am ersten Glas, drum denken wir gern an dies und das" ec. — Auf berggewohnten Saumrossen folgen in kürzern und längern Unterbrechungen stumme, blondgelockte Ladies in rauschenden Gewändern mit dienstbaren Kammerjungfern, lautscherzende, lebhafte Franzosen und Französinnen, dunkeläugige Italiener und Italienerinnen, russische Militairs, von straffer Haltung und martialischem Aussehen — zwischen hinein kleine Gruppen von Fußgängern beiderlei Geschlechts, gelehrte und ungelehrte Leute, Beamte und Nichtbeamte, alle mit 6—7 Fuß hohen Bergstöcken bewaffnet, welche die guten Menschen als Emblem der Alpenreise überall mitschleppen, damit aber sich und Andere — namentlich in Post- und Eisenbahnwaggons — in unerhörter Weise belästigen. Ich bin der Meinung, es sollten — um diesen Uebelständen abzuhelfen — überall an den Stationen, wo die eigentlichen Fußtouren beginnen, Maturitäts-Examina über den richtigen, der Wissenschaft angemessenen Gebrauch der Bergstöcke abgehalten werden; wer in diesen Prüfungen nicht bestände, sollte eine Luxussteuer von 10 Franken an die schweizerische Eidgenossenschaft bezahlen!

Die Alpenluft ist nicht nur sehr rein, sondern bekanntlich auch sehr zehrend, daher nach und nach die ganze ehrenwerthe Reisegesellschaft sich hinter die Table d'hôte gesetzt hat, um den vermehrten Stoffwechsel wieder ins Gleichgewicht zu bringen. Die Ersten, die wieder sichtbar werden, sind unsere Studenten, doch nicht — wie zu erwarten steht — mit doppelt heitern Gesichtern, sondern mit langen, sehr langen; denn das Bier ist hier oben, wie natürlich, gesalzen. Indessen gewinnt der wiedererwachte Humor bald die Oberhand, und die Herren lagern sich in einiger Entfernung von mir in dem kühlen Rasen. Aber auf was warten denn eigentlich sie und ich und die ganze hohe Gesellschaft in der Verbrauchsanstalt bei Beefsteaks und Vin du glacior? Mein Töchterchen hat's schon lange errathen. „Aber, Papa, kommen denn heute keine Lawinen?" hat sie schon zehnmal ungeduldig gefragt, und zehnmal die Antwort erhalten: „Nur Geduld, mein Kind, werden schon kommen!" Ueber Lawinen discutiren an unserer Seite die Studenten, von Lawinen haben die Ladies schon in Lauterbrunnen geträumt, nach Lawinen im Heraussteigen, vor dem Mittagsmahl, während desselben, hundert französische, italienische und russische Augen emporgeschaut.

Ein dumpfes Krachen, ein langanhaltendes Rauschen — endlich, am obersten Saume der vor uns aufsteigenden, mehrere tausend Fuß hohen Felswand, eine blendend weiße Schneemasse, die mit ungeheurer Wucht und donnerähnlichem Gepolter zu Thal stürzt, das ist die langersehnte Sommerlawine, wie sie an diesem weltberühmten Orte um Mittag in der heißen Jahreszeit täglich, ja oft mehrere Male des Tages niederstürzt; sie gleicht eher einem majestätischen Wasserfalle, als dem, was man gewöhnlich unter einer Lawine sich vorstellt, und ist jedenfalls eine der großartigsten Ueberraschungen, die dem Alpenwanderer zu Theil werden kann.

Ja, überrascht — im wahren Sinne des Wortes — sind alle unsre Reisegefährten, die durch ihre Führer bei dem ersten hörbaren Getöse über die Dinge, die da kommen werden, in Kenntniß gesetzt worden sind; die Aufregung, die unter ihnen entstand, läßt sich kaum beschreiben, wenn man bedenkt, wie verschiedenartig die Plätze einer dinirenden Reisegesellschaft in einem bescheidenen Eßsaale vertheilt sind, wie mannigfaltig die Bewegungen, welche jedes einzelne Glied derselben in einem gegebenen Augenblicke ausführt — und nun wie ein Blitz von heiterm Himmel mitten unter diese nagenden, das Glas zum Munde führenden, servirenden und servirt werdenden, plaudernden, scherzenden Gäste der Ruf: „Eine Lawine!" „Uno avalancho!" „Una lavina!" Fürwahr, es ist ein Wunder, daß noch eine ganze Flasche und eine unversehrte Platte auf dem Tische geblieben, bei der massenhaften und stürmischen Erhebung; nun dieses Drängen und Streben nach den wenigen kleinen Fenstern, diese in allen Tonarten ausgeführten Laute der Bewunderung, diese babylonische Sprachverwirrung: „Herrlich", „gottvoll"; „excellent", „superbo"; „magnificent", „splendid"; „bellissimo", „straordinario!!" Am besten bei der ganzen Affaire haben sich die Herren Studenten herausgebissen: sie sind gleich beim Beginn des Lawinendonners wie die Gemsen aufgesprungen und haben ganz frei und unbehindert das großartige Schauspiel mit angesehen: ein Grund mehr, das theure Bier zu verschmerzen.

Das ist's ungefähr, was der Fremdling in der Alpenwelt von Lawinen zu sehen bekommt, aber damit hat er noch sehr wenig gesehen. Im Sommer, wenn er seine Reisen unternimmt, sind die großen Schneemassen des Gebirges bereits dem Thale zugeströmt oder weggeschmolzen. Von jenen lichten, weißen, nebelartigen Lawinen, wie sie im Winter und Frühjahr an den jähen Felswänden herniederschaukeln, von den unermeßlichen Schneestürmen, die in wohlbekannten Zügen ins Thal schießen, von der Alles zerstörenden Gewalt dieser großartigen Naturerscheinung kann er keine richtige Vorstellung gewinnen, und eben deswegen hört und liest man so viele grundfalsche Ansichten über die Lawinen.

Es klingt dem Bewohner der Ebene und des Hügellandes ganz sonderbar, wenn man ihm überhaupt von den großen Schneemassen, die im Winter und Frühling in unsern Hochthälern liegen, redet, und wirklich kann man sich kaum aus der Ferne eine Winterlandschaft vergegenwärtigen, wie sie sich in einer Höhe von 3—5000 Fuß einem Bewohner des Bergdorfes vor die Augen stellt. Auf den wenig geneigten Dächern liegt eine hohe Schneeschicht mit bläulicher Färbung; von den stärker geneigten ist dieselbe heruntergerutscht und bildet auf zwei Seiten des Hauses hohe Wälle, die im Frühling als späte Zeugen des strengen Winters oft noch in Ueberresten daliegen, wenn um sie her das erste Grün die Wiesen kleidet. Die Garten- und Wiesenumzäunungen sind sämmtlich im Schnee begraben, zwischen den Häusern und Scheunen bilden tief ausgeworfene, schmale Schneegruben die Verbindungswege; auf der Thalfläche und an den Abhängen sind alle kleineren Unebenheiten verwischt und zugedeckt, die größern Vertiefungen und Erhöhungen, die im Sommer stark und schroff hervortreten, bilden sanfte, wellenförmige Linien in dem weißen Meere; an dem Saum der Berggräte sieht man ungeheure, oft überhängende Schneemassen („G'wächten") aufgethürmt. Bei stillem Wetter scheint der umgebogene Mantel ohne Stützpunkt in der Luft zu schweben und über dem Saum der dunkeln Felswand herunterzuwallen.

Weit und breit, hoch und tief — endlose Lasten der winterlichen Hülle! Unter ihr schlummert die Zerstörung, denn ihre Stätten — die Geröllhalden, Geschiebsmassen ꝛc. — sind zugedeckt, und wie die Wiesen und Weiden gleichmäßig mit Schnee verhüllt, wodurch das ganze Bild mehr Harmonie darbietet, als wenn die Landschaft ihres weißen Gewandes verlustig geworden.

Wenn es schon schwierig ist, sich aus der Ferne von der also schwerbelasteten Bergwelt zur Zeit der Ruhe eine klare Vorstellung zu machen, so kann man nur durch eigene Anschauung eine Einsicht gewinnen von dem Leben, welches entsteht, wenn die Schneehülle durch die Sonne, den Regen, den Sturm oder durch ihr eigenes Gewicht in B e w e g u n g geräth, die flüchtigen Theilchen derselben hin- und hergejagt werden (das „Guxen"), oder große Massen unter Krachen und Donner mit einem Male ihre Stelle verlassen, mit reißender Schnelligkeit fortschießen und erst im Grunde des Thales einen neuen Ruhepunkt finden. Wenn bei vielem Schnee auf einmal Thauwetter eintritt, so rauscht und tos't es, so zu sagen, Tag und Nacht von den kleinen und größern Abrutschungen und den eigentlichen L a w i n e n ; für diesmal beschränken wir uns auf diese Letzteren.

Hier sind sie nicht mehr Kinder der S e h n s u c h t , wie auf der Wengern= alp, sondern Kinder des S c h r e c k e n s , denn große Gebiete der Hochthäler werden von ihren Verwüstungen fortwährend heimgesucht, und leider bleibt es nicht bei dem seit Jahrhunderten preisgegebenen „Zügen" (gewöhnlich breite Graben, kleine Thälchen, Runsen), die der Bergbewohner kennt und flieht, sondern es treten die Lawinen oft an ganz ungewohnten Stellen auf und verheeren bisher sicher geglaubte Landstriche.

Je nach der B e s c h a f f e n h e i t des Schnees (trocken, körnig, staubartig, feucht, flockig) sind seine Bestandtheile bei einem gegebenen Zustande der At= mosphäre (Wind, Thau und Regenwetter) mehr oder weniger geneigt, sich zu bewegen, und sind diese Bewegungen anderer Art; die G r ö ß e der Lawine ist bedingt durch die Mächtigkeit der Schneelage und den Umfang, welchen die sich losreißende Masse einnimmt; die S c h n e l l i g k e i t , mit welcher sie zu Thal fährt, durch die Neigung des Gebirges und die größere oder geringere Wider= standsfähigkeit der Unterlage (des Bodens). Ich habe Lawinen gesehen, deren Abbruchlinie hoch oben im Gebirge auf die Breite einer halben Stunde sich genau verfolgen ließ; aller Schnee, der unterhalb dieses halbstündigen Risses war, eilte mit wachsender Hast einem weiten Graben zu, dem der Gebirgsab= hang von allen Seiten sich zuneigte, und der Graben mündete in einen tiefen Thalkessel, wo die ganze Masse aufgestaut wurde. Kein Wunder, daß hier nach meiner annähernden Messung der Lawinenschnee 160 Fuß, felsenfest zusam= mengeknetet, aufeinanderlag und während des darauf folgenden, sehr heißen Sommers nie vollständig wegschmolz, obschon die Stelle von grünen Weiden und Matten umgeben war, ja nahe dabei Kirschbäume ihre Früchte zur Reife brachten.

Man unterscheidet in Bezug auf die Bewegung und Beschaffenheit des Schnees zwei Hauptarten von Lawinen: Staub= und Grundlawinen.

Die Erstern bestehen — wie schon der Name andeutet — aus trockenem, aschenähnlichem oder körnigem Schnee, und reißen sich los nach plötzlichem, starkem Schneefall, wenn die Lasten auf dem gefrornen Boden oder auf der harten, älteren Schneedecke sich nicht mehr halten können. Bei stillem Wetter ruht die Masse oft längere Zeit im Gleichgewicht; tagelang schweben weit über= hängende Gebilde an den Gräben, hohe Mauern auf schmalem Felsgesimse; aber plötzlich bringt eine kleine Erschütterung der Luft, ein lauter Schall, der

Fuß des Jägers, ja der Tritt einer Gemse oder eines Berghasen, die nächsten Lagen in Bewegung. Dann wird mit einem Male Alles lebendig, in weitem Kreise reißen die herabfallenden Ströme neue Schichten mit, die Fluthen zertheilen sich an vorstehenden Felsen und Felsstücken immer mehr, wirbeln hoch in die Luft und ruhen nicht eher, als bis sie im Thalkessel ihre Wuth gebrochen. Aus sicherem Versteck betrachtet, bieten die Staublawinen einen majestätischen Anblick, namentlich wenn sie vom Sonnenlichte durchleuchtet sind; ein anfangs breiter und ruhiger Strom in schwindliger Höhe bricht sich immer mehr an den im Wege liegenden Hindernissen, die schwereren Theile schießen mit immer größer werdender Schnelligkeit thalabwärts, während die leichteren in ungeheuren Staubwolken durch die Luft getrieben werden und noch lange sich for bewegen, wenn die Hauptmasse bereits im Thale zur Ruhe gekommen: diese Staubwirbel prallen an die entgegengesetzte Thalwand, werden zurückgedrängt und lagern sich endlich feinzertheilt über der Hauptmasse.

Der Umfang dieser Lawinen ist sehr ungleich; vom kleinen Wölkchen, das langsam über dem Abgrund herniederschwebt und ohne Geräusch in der Tiefe desselben sich auflös't, wachsen dieselben bis zu ungeheuren Fluthen und Wolken, die den ganzen Thalgrund verhüllen und unter furchtbarem Donner ihren Weg vollenden. Sie sind in ihrer Erscheinung — und das macht sie sehr gefährlich — an keine bestimmte Zeit gebunden; ich sah und hörte dieselben zu jeder Stunde des Tages und der Nacht und zählte an der nämlichen Felswand im Verlauf einer Stunde zehn bis zwanzig.

Die Wanderung über eine frischgefallene, im Thale gelagerte Staublawine ist sehr beschwerlich; ich habe solche, die fünf Minuten breit waren, kaum in zwanzig überschritten, und das im Schweiß des Angesichts, trotz sehr bedeutender Kälte. Die holprige Oberfläche ist selten so fest, daß sie den Fuß des Mannes trägt; du sinkst vielmehr bei jedem Tritte bis an die Hüfte in den lockern Schnee und windest dich so nur mit großer Anstrengung durch die blendend weißen, verworrenen Massen. Ich hatte einmal Gelegenheit, in ganz unerwarteter Weise einen solchen Spaziergang zu genießen; bei einem nothwendigen Gange durchs enge Bergthal unter leichtem Schneegestöber kündete mir ein dumpfes Rauschen die Ankunft einer Lawine an, was um so mehr Sorge erregte, als etwa fünf Minuten vor mir mehrere Wanderer sich noch in dem Zuge befanden, in welchem dieselbe niederfallen mußte. Bald sah ich die Staubwolke daherfahren, die mir die Ansicht meiner Vorgänger verdeckte. Glücklicher Weise hatten sich aber dieselben noch zur rechten Zeit „aus dem Staube" gemacht und unter einer Felswand Schutz gefunden. Wir standen so zu beiden Seiten des Stromes in Sicherheit und dankten Gott, daß er uns vor dem kühlen Grabe bewahrt. Jene setzten wohlgemuth ihre Wanderung fort, mir blieb das Vergnügen, den Strom zu durchwaten.

Die Grundlawinen bestehen hingegen aus nassem, weichem, moosigem Schnee, und unterscheiden sich sehr scharf der Fallzeit nach, wie in ihrer Bewegung und nach ihrer Ablagerung, von den Staublawinen. Während diese den ganzen Winter hindurch fallen, so beginnt hingegen die eigentliche Fallzeit jener — Ausnahmen kommen freilich auch vor — erst im spätern Frühling und währt bis tief in den Sommer hinein. Wenn ein warmer Regen die hohe Schneedecke durchbringt und aufweicht, wenn die Sonne mit ihren erwärmenden Strahlen die obern Schichten zu schmelzen beginnt und das Schneewasser in die Tiefen hinabsickert, wenn die Unterlage von der eindringenden Feuchtigkeit naß und schlüpfrig wird: dann bricht in größerem oder kleinerem Umkreis plötzlich die Schneemasse los, rutscht anfänglich langsam, dann immer schneller und schneller die steilen Abhänge hinunter, stößt die untern Lagen vor sich her, reißt nach allen Seiten hin neue mit. Die anfänglich noch zusammenhängende Decke zerreißt allmälig immer mehr; die abgerissenen Theile ballen sich zusammen, und es entsteht ein unabsehbares Gewirr von Kugeln verschiedensten Durchmessers, die voraneilen, und größern zusammengekneteten Stücken, die nachfolgen, sowie von Gewaltsmassen, die die Hinterhut bilden. Aus der Ferne erscheint freilich die ganze Bewegung als ein schnell fortreißender, zusammenhängender Strom. Dieses großartige Geschiebe wird gewöhnlich nach und nach in irgend einem tiefen Graben zusammengedrängt, bis es im Thale oder in einem Kessel sich aufthürmt und zur Ruhe kommt.

Die Größe und das Umfangsgebiet der Grundlawine ist ebenso verschiedenartig, wie bei den Staublawinen, und richtet sich hauptsächlich nach dem „Einzuge", d. h. nach der Neigung der Bergseiten gegen die Vertiefung, welche am Ende den Hauptstrom aufnimmt. In engen Rinnsalen mit kleinen Seitenflächen bleibt die Masse auf weite Strecken klein, und die Bewegung gleicht derjenigen eines Bergstromes mit zahllosen Wasserfällen; wo hingegen die Lawinengräben („Züge") breit sind und sich nach oben ausweiten, große Gebirgsabhänge sich nach denselben abdachen, wächst die Mächtigkeit des Stromes ins Unglaubliche und thurmhohe Massen stauen sich am Schlusse des Bettes auf. Es begegnet nicht selten, daß durch die Lawinen die Bäche und Flüsse in ihrem Laufe unterbrochen werden; alsdann entsteht ein kleiner See rückwärts von der Schneemasse, während vor derselben das Flußbett ganz trocken liegt. Es dauert oft mehrere Tage, bis das Wasser einen neuen unterirdischen Abzugsweg sich gegraben.

Während das Fallen der Staublawinen an keine Zeit gebunden, ist hingegen dasjenige der Grundlawinen ziemlich genau vorher zu bestimmen. Thauwetter, Regen und lauer Wind sind die Ursachen, ebenso die warme Frühlingssonne, welche an der Südseite der Thäler schon gegen Mittag, aber auf der Nordseite erst gegen Abend die Schneemasse in Bewegung bringt. Die Alpenbewohner wissen mit großer Sicherheit vorherzusagen, ob an diesem oder jenem Tage Gefahr vorhanden, zu welcher Zeit des Tages dieser oder jener Bergabhang seine verheerenden Fluthen entsendet. Diesem Scharfsinn ist es zuzuschreiben, daß in gewöhnlichen Zeiten und durch Lawinen, die ihre bestimmten „Züge" haben, sehr wenige Menschenleben zu Grunde gehen; nur der tollkühne oder von seiner Leidenschaft fortgerissene Gemsjäger büßt die Nichtachtung der Mahnungen seiner vernünftigern Genossen zuweilen mit dem eisigen Grabe.

Wo dem Gebirgswanderer eine gefallene Grundlawine den Weg versperrt, findet er eine ganz andere Schneemasse, als bei der winterlichen Staublawine. Sein Fuß sinkt nirgends ein, sondern der Boden ist fest, und zwar schon unmittelbar nach dem Fall; er wird immer fester und härter, je länger die Sonne die Oberfläche bescheint, und geht dadurch in einen eisähnlichen Zustand über. Hingegen ist die Oberfläche äußerst holprig und rauh von den Kugeln, die theils in ihre Unterlage hart eingebaden, theils lose über dieselbe ausgestreut sind; oft treffen wir auf ein wahres Labyrinth von mannshohen und noch größern Ballen und Schneeblöcken.

Nicht selten verschieben sich während des Fallens die einzelnen Theile der ungeheuren Last, so daß die einen schneller vorwärts eilen als die andern, und die schnellen an den langsamern sich abschleifen; es entstehen hierdurch mitten in den großen Strömen hochaufsteigende schmale Gräte, scharf auslaufende und plötzlich abfallende Gipfel, daneben ausgeriebene Thäler, deren Seiten spiegelglatt abgeschliffen sind. Diese Schliffflächen sind alsdann so hart, daß selbst der starke eisenbeschlagene Schuh des Bergbewohners nur mit Mühe sich einsticht, um den gefährlichen Paß zu übersteigen.

Die Farbe der Grundlawinen ist nicht blendend weiß, wie ich es beim Staubfalle beschrieben, sondern trüb und gelblich, namentlich bei den spätern, weil sich der Schnee mit Erde gemischt, Steingerölle und Pflanzen fortgerissen und mit eingelaetet werden.

Wenn die regelmäßigen Lawinenzüge dem Leben der Bergbewohner nicht gefährlich sind, weil er sie zur Verderben bringenden Zeit so viel wie möglich meidet, so haben hingegen die unregelmäßigen, unerwartet daher fahrenden Schneelasten in der Schweiz schon sehr viel Unheil gestiftet; von jenen hat der Mensch seine Wohnungen und Scheunen fern gehalten, ja sogar sie außerhalb des möglichen Luftdruckes gebaut, diese erscheinen bei außerordentlichem Schneefall überall in größerem oder kleinerem Umfange, und bei plötzlich eintretendem Thauwetter; die erstern haben, meistentheils wie die Bergströme, ihr bestimmtes Bette, durch welches sich alljährlich das Gebirg seiner Last entladet, und ihre bestimmten Ruhestätten, vorzüglich in kleinen Thalkesseln, in welchen, wie ich oben angeführt, selbst die Hitze des Sommers den Schnee nie ganz wegbringt. Wenn im Hochwald des Alpenthals ein breiter Gang ausgerissen ist, der sich nach oben an eine Felsenkluft anlehnt, so können wir überzeugt sein, daß hier im Winter ein Lawinenzug seine zerstörenden Massen ergießt, ebenso da, wo die Abhänge des Gebirges sich gegen eine breite Felsenspalte abdachen, durch welche im Sommer ein Bächlein, bei unerwartet großen Regengüssen eine tosende Wasserfluth, sich wälzt. Diese Strombetten der Lawinen sind bis weit in den Sommer hinein nackt und kahl, mit Steingeröll überdeckt; nur nach und nach entsproßt ihnen eine spärliche Vegetation; der Botaniker aber findet in ihrem Schooße manchen Frembling, wenn er die anstehende Pflanzenwelt vergleicht; Saame oder Wurzel sammt der Dammerde sind von ihrer eigentlichen Heimath im großen Strome von oben hierhergeführt worden und leben auf fremder Erde eine kurze Frist, um von Neuem ins eisige Grab zu versinken.

Die großen Unglücksfälle, welche die Schweiz fast alljährlich zu beklagen hat, rühren zum größten Theile von unregelmäßigen Lawinen her und kommen an Orten vor, wo sonst keine derartige Bewegungen stattgefunden; außerordentliche Witterungsverhältnisse, die nach einem starken Schneefall unheilvoll wirken, sind die nächste Ursache. Auch hat vielfach der Mensch durch seinen Unverstand die Entstehung solcher Lawinen und neuer Züge durch unbedachte Holzschläge, durch Niederhauen von Gebüschen, sowie durch Sorglosigkeit in der Herstellung der Schutzmauern veranlaßt. Schon aus früheren Jahrhunderten haben wir Berichte, daß nicht nur einzelne Häuser und Scheunen, sondern ganze Dörfer beschädigt oder zerstört worden sind; so bedeckten 1689 im Prättigau (Graubünden) zwei Lawinen 77 Menschen und 150 Häuser, denen ein traurigeres Schicksal geworden, als den 400 österreichischen Soldaten, die 1499, während des Schwabenkrieges, im Engadin von einer Lawine verschüttet wurden; diese krochen nämlich nach und nach — und zwar die Spätern zu großer Belustigung der Erstgeretteten — sämmtlich lebendig und munter wieder ans Tageslicht. — Eine besondere Schreckensnacht war für die hohen Bergthäler von Uri, Schwyz, Glarus, Graubünden und Bern die des 12. Dezember 1809, die warmen Thauwind brachte; überall lagen große Massen Schnee, die während der Nacht mit entsetzlichem Tosen und Krachen über die Bergabhänge hinunterstürzten, so daß fast in der nämlichen Stunde an verschiedenen, weit auseinander liegenden Orten ganze Familien in ihren Häusern erdrückt, ganze Viehheerden mit ihren Stallungen zerschmettert, Wiesen und Gärten bis auf den nackten Fels abgeschürft und ganze Wälder von Grund aus vernichtet wurden; sind ja doch in dem einzigen kleinen Kanton Uri fast mit einem Schlag 11 Personen unter dem Schnee begraben worden und nimmer auferstanden, 30 Häuser und mehr als 150 Scheunen zerstört und 359 Stück Vieh getödtet worden.

Man kann sich denken, mit welcher Angst die Bergbewohner, die nicht einen ganz geschützten Wohnplatz haben, solchen Thaunächten entgegensehen, in welchen sie keine Minute ihres Lebens sicher sind. Ist es schon sehr unheimlich, wie ich aus Erfahrung sagen kann, für den einzelnen Wanderer, wenn er während der Dunkelheit der Nacht donnernde Lawinen vor und hinter sich fallen hört, so läßt es sich doch nicht vergleichen mit der Angst Dessen, der mit Weib und Kind, mit seinem Viehstand und seiner ganzen Habe in der Gefahr schwebt. Zur Tageszeit ist es schon vorgekommen, daß ganze Dorfschaften ausgezogen sind und eine sichere Zufluchtsstätte aufgesucht haben — und kaum waren sie weg, so ist die Verheerung wirklich eingetreten. — Es kommen bei diesen Lawinenunglücken oft ganz merkwürdige Rettungen vor, sei es, daß sich die Ereilten oben auf einer kleinen Grundlawine erhalten können und mit derselben eine Zeitlang unversehrt fortgeschoben werden, sei es, daß die durch eine Staublawine Verschütteten entweder selbst sich hervorarbeiten, wie jene österreichischen Soldaten, oder von den Ihrigen aufgesucht und noch lebendig hervorgezogen werden.

Aus meiner Schilderung ergiebt sich hinlänglich, daß die Lawinen im

Allgemeinen sehr verderbenbringende Naturerscheinungen sind, und zwar nicht blos durch die Schneemassen, die sie fortbewegen, sondern auch durch den Luftdruck, den sie außer dem eigentlichen Verbreitungsgebiete der Staublawinen erzeugen. Der gewaltige Windstoß, der ihnen weit voraneilt, wirft Menschen und Thiere zu Boden, oder schleudert sie in den Abgrund, rasirt Gebäude vom Boden weg und trägt sie weit durch die Lüfte hin. Ich habe einmal beobachtet, wie in einem ausgewachsenen Walde, weit vor der Lawine her, die stärksten Bäume wie Strohhalme geknickt und zu Boden gelagert wurden. Und dieser Windstoß ist noch in weiter Ferne von der Ablagerung der Lawine fühlbar; es werden auf eine Viertelstunde und weiter Fenster eingedrückt, Dächer abgedeckt u. s. w.

Die Grundlawinen gefährden hauptsächlich den Grund und Boden, indem sie Rasen, Erde, Schutt, Steine, Blöcke, Felsenstücke, Bäume mit sich fortreißen und an einem ganz entfernten Orte ablagern; der Schaden ist hier ein doppelter, indem Wiesen, Alpen und Wälder vernichtet sind, an einer andern Stelle aber das Geschiebe derselben abgelagert wird, wo es wieder großen Schaden verursacht. Welche Arbeit und Mühe haben die Bergbewohner, um ein so überschüttetes Besitzthum wieder zu reinigen; und doch legen sie selbst in den eigentlichen Lawinenzügen, die alljährlich verschüttet werden, noch die Steine zusammen, um zwischen den Haufen einiges Futter für ihr Vieh zu gewinnen. So versucht sich der Mensch immer von Neuem im Kampfe wider die feindseligen Mächte der Natur und ringt ihnen Schritt für Schritt ein Stücklein Erde ab.

Und doch ist nicht Alles nur Schatten in unserem Bilde. Die Schneemassen des Gebirges schmelzen auf gewöhnlichem Wege nur langsam weg, obschon die Sonne, der laue Wind, die warmen Regen ganz tüchtige Arbeiter sind; durch die Lawinen aber wird in Staub und Sturm oder in mächtigen Strömen das Gebirge entlastet; Millionen von Cubikfußen Schnee gelangen durch sie aus den höhern Regionen in die tiefern, wo sie den Einflüssen der Frühlingstemperatur schneller und länger ausgesetzt sind, als da, wo sie geboren wurden. Die Lawinenzüge sind daher die natürlichen Kanäle, durch welche sich ungeheure Gebiete ihrer kalten Decke entledigen und dadurch für die Frühlingsvegetation empfänglicher gemacht werden. Mäßig geneigte Abhänge des Gebirges werden um einige Wochen früher grün und können um so viel eher beweidet werden als ebene Kessel, in welchen der Schnee viel länger liegen bleibt und welcher von den Seitenwänden noch neuen Zuzug erhält; ja es würden an manchen Orten sich kleine Gletscher bilden, wo jetzt schon im Juni Ziegen und Schafe, im Juli die Kühe eine hinlängliche Nahrung finden. Jene Gletscherbildungen in kleinem Maßstabe kann ich nach mehreren schneereichen Wintern, zu denen sich kühle Sommer gesellen, ganz gut nachweisen, indem der nicht abschmelzende Schnee nach und nach vereis't; nur sehr heiße Sommer sind im Stande, diese Gletscheransätze wieder wegzufegen.

Die Entleerung der Schneelasten geschieht vorzugsweise über nackte Felswände, mit nach unten sie begrenzenden Geröllhalden, durch ausgeweitete Felsspalten, durch das Bett zerstörungssüchtiger Wildbäche — alle diese Stätten müßten ohnehin, preisgegeben werden und sind für eine geordnete Benutzung verloren.

Endlich sind an einzelnen Stellen im Gebirge die Lawinenüberreste die einzigen Wasserlieferanten; das Schmelzwasser muß, in Ermangelung natürlicher Quellen, die durstigen Heerden sättigen, und in der Hitze des Sommers bieten sie zugleich den schmachtenden Schafheerden eine kühle Ruhestätte, die stundenweit aufgesucht wird.

Was Menschenkraft gegen rohe Naturgewalt vermag, ist meistens eine Kleinigkeit; aber mit seinem Scharfsinn und seiner Arbeit hat der Alpenbewohner doch Mittel und Wege gesucht, die das Uebel zwar nicht heben, aber doch mildern. So hat er an einzelnen Stellen durch keilförmige, starke Mauern seine Wohnungen geschützt, indem durch dieselben der Strom bei Seite geleitet wird; einzelne Ställe werden sogar mit einer Schneemauer, die durch Wasser vergletschert wird, versehen.

Am wirksamsten gegen den Schaden der Lawinen erweis't sich eine weise Schonung der noch übrigen Gebirgswälder, der Gebüsche und Legföhren, durch welche die Last mit tausend Armen zurückgehalten wird, und durch Anpflanzung von neuen, die in der Schweiz gegenwärtig von vielen Seiten angestrebt wird.

Was die Alpenwelt an großartigen Naturerscheinungen aufzuweisen hat, läßt sich schwer mit Worten beschreiben — hier ein Versuch; wer aber ein Mehreres wissen will, der muß sich einige Monate in den Thälern unserer Alpen einquartieren und seine eignen Studien machen.

Eine Skizze aus der Künstlerwelt.
Nacherzählt von Wilhelm Girschner.

Die Kirche zum heiligen Angelo in Arezzo besitzt das großartige Gemälde „Der Fall der Engel" von Spinello Aretino, das in der italienischen Malerei mit in erster Reihe steht und von jeher gepriesen und bewundert worden ist. Dieses Meisterwerk aber wurde mit dem tiefsten Seelenleiden, mit der lodernden Flamme erkauft, die den Genius seines Schöpfers verzehrte. Es knüpft sich daran das unglückliche, verhängnißvolle Geschick Spinello's, wie es uns eine noch jetzt in jener Kirche befindliche Handschrift aufbewahrt hat.

Spinello wohnte während seines Aufenthalts in Arezzo in dem Hause Bernardo Daddi's, eines nicht gerade ausgezeichneten Malers. Der alte Daddi hatte eine Tochter Namens Beatrice, die sich eben zur Blüthe des Weibes entfaltet hatte und von bezaubernder Schönheit war. Aber während andere Jünglinge von leidenschaftlicher Liebe zu dem schönen Mädchen gefesselt wurden, konnte sie auf Spinello's Herz keinen Eindruck machen. Obwohl er mit ihr unter Einem Dache wohnte und an Einem Tische aß, beachtete er sie so wenig, daß er gar nicht wußte, wie schön sie war. Er hatte nämlich in seinem Geburtsdörfchen bereits eine Geliebte zurückgelassen, und er gehörte keineswegs zu den Schmetterlingen, die nippend und naschend von Blume zu Blume flattern. Daddi hegte den natürlichen Wunsch eines Vaters, die frische Blüthe seiner Tochter im Bilde festzuhalten, bevor sie die Sonne des Sommers zum Abfallen reifte, und begab sich daher eines Tages daran, ihre lieblichen Züge mit dem Pinsel auf die Leinwand zu zaubern. Dem Mädchen wurde aber das anhaltende und oftmalige Sitzen bald langweilig und beschwerlich, da Lesen und Bücher damals noch nicht allgemein Mode waren und der Vater sich schlecht auf die Kunst der Unterhaltung verstand. Dieser kam daher auf den Gedanken, die Langeweile Beatrice's durch die Gegenwart seines freundlichen und gesprächigen Miethmannes zu verscheuchen und so zugleich dem Ausdruck ihres Gesichts erhöhte Reize zu verleihen, denn er glaubte bemerkt zu haben, daß ihr der schöne Jüngling durchaus nicht gleichgültig sei. Der junge Maler ließ sich bereit dazu finden, da er dem alten Daddi sehr zugethan war, und brachte ihm gern und willig einen nicht unbedeutenden Theil seiner Zeit zum Opfer. Der Versuch gelang. Spinello bot alle seine Beredtsamkeit zur Unterhaltung des lieblichen Mädchens auf, das jetzt nicht mehr wie früher die Augen voll Ungeduld und Verdruß unruhig umherschweifen ließ, sondern je länger, je öfter die Stelle des Zimmers, wo der junge Maler im Schatten saß, aufsuchte, und mit andächtiger und begeisterter Miene an seinen Lippen hing. In seinem Aeußern war Spinello einer der schönsten und idealsten Repräsentanten eines jugendlichen Künstlers; kein weibliches Auge konnte gleichgültig in diese männlich-edlen und von einer Fülle dunkler Locken umrahmten Züge schauen, dem Blick dieser schwärmerischen, seelenvollen Augen begegnen. Mehr noch als seine Beredtsamkeit war daher Spinello's männliche Schönheit die Ursache, daß Beatrice nun an ihren Sitz gefesselt blieb, daß ihre Miene und ihre Haltung ganz dem Wunsche des Vaters entsprachen. Die liebende Begeisterung und hingebungsvolle Andacht, welche der schöne, junge Künstler durch Wort und Blick in der Seele des jungen Mädchens wach rief, verschönerten und verklärten ihre anmuthigen Züge. Doch auch Spinello's Augen ruhten jetzt unwillkürlich länger auf diesem reizenden Antlitz, das mit seiner fast griechischen Schönheit und Regelmäßigkeit einem so empfänglichen Künstler sich bald, wenn auch nur als ein Gegenstand der Kunst, in die Seele prägen mußte. Er betrachtete bisweilen wohl auch das gemalte Bild Beatrice's, indem er Vergleichungen mit dem Original anstellte. Ja, eines Tages vergaß er sich hierbei so weit, daß er Daddi den Pinsel aus der Hand nahm und mit Ungeduld und glühender Begeisterung ausrief: „Laßt mich's vollenden!" Der alte Mann, von der Heftigkeit des Jünglings überrascht, ließ ihm willig und ohne ein Wort zu erwidern den Pinsel, und auch als Spinello erklärte, daß die ganze Zeichnung und Farbengebung geändert, kurz das Portrait neu gemalt werden müsse, fühlte er sich, da er sein Kind mehr liebte als die Kunst und dem eminenten Talente des jungen Künstlers mehr zutraute als dem seinigen, durch diese offene Erklärung seineswegs beleidigt, stand ihm vielmehr ohne Weigern die Ausführung des Unternehmens zu. Der feurige Jüngling ging mit einem Eifer, mit einem begeisterten Selbstvertrauen an die Arbeit, wie noch an kein anderes seiner Gemälde. Das Licht des Paradieses schien sich über seine Phantasie zu ergießen und von dort wie von einem Spiegel auf das Werk seiner Hände zurückzustrahlen. Daddi's Wunsch konnte nicht schöner und besser in Erfüllung gehen. Das Portrait hat große Berühmtheit erlangt, tausend Federn haben es zu schildern und zu feiern versucht, Beatrice aber ist dadurch unsterblich geworden; denn zuvor müssen die höchsten Leistungen italienischer Malerei, wie die ganze italienische Literatur vergessen werden, ehe i h r Bild vergessen werden kann. Anlage und Ausführung, nicht mit Staffage und blendendem Beiwerk überladen, sind unvergleichlich schön. Beatrice ruht in züchtiger, nachdenklicher Stellung auf einem antiken Lager am Fuß einer Säule; Blumen und blühende Gesträuche scheinen ihren Duft über die Gegend auszuhauchen, und ein Baum mit breiter, blätterreicher Krone breitet seinen Schatten über die herrliche Gestalt. Wie bei Rafael's Madonnen, leuchtet ein Strahl von jener Welt aus ihren himmlischen Zügen, und doch fühlt und merkt der Beschauer, daß hier wirkliches Leben copirt wurde und der Künstler kein Idealgebilde seiner Phantasie zu verkörpern gesucht habe.

Von jener Zeit an schwebten Beatrice's Züge im Wachen und Träumen vor der Seele des jungen Malers; unabsichtlich und unbewußt theilte er sie jedem Bildniß mit, das sein Pinsel auf die Leinwand warf. Da erhielt er den Auftrag zu jenem Eingangs gedachten Gemälde „Der Fall der Engel" für die Kirche zum heiligen Angelo. Die vor ihm von andern Künstlern angewandte Art, das Princip des Bösen zu personificiren, verschmähte Spinello. Während bei ihnen Lucifer, der größte der gefallenen Engel, in abschreckender Häßlichkeit erscheint, stellte sich ihm die Idee desselben unter einem andern Charakter dar: als eine zwar schreckliche, aber mit Schönheit umkleidete Gestalt, eher Scheu als Abscheu, eher heimliches Grauen als Widerwillen im Beschauer erweckend. Dem gefallenen Engel sollte die engelhafte Schönheit nicht fehlen, dem Bösen nicht das sinnlich Verführerische und Verlockende, wodurch es erst seine ganze Macht und Gefährlichkeit erhält. Alle Strahlen seines Genius concentrirte der junge Maler auf diese furchtbar-schöne Gestalt. Aber eine eigenthümliche Veränderung ging dabei in seinem ganzen Wesen vor. Seine Phantasie befand sich in steter Anregung und Bewegung, wie ein vom Sturme aufgewühltes Meer. Bei jeder andern Beschäftigung unruhig und mit sich selbst uneins, war er mit ganzer Seele nur vor der Staffelei. Je mehr das Gemälde sich der Vollendung näherte, desto deutlicher entfalteten Lucifer's Züge jenen gemischten, bald anziehenden, bald abstoßenden Ausdruck, der noch heute den Beschauer geheimnißvoll ergreift; desto mehr aber machten sich auch die verderblichen Folgen geltend, welche die fortwährende Vertiefung in seinen Gegenstand auf das leicht bewegliche Gemüth des Malers hervorbrachte. Als eine düstere Wolke umzog die verführerische Schreckensgestalt Lucifer's, gleich einem Gespenst der Wüste zu gigantischer Größe ausgedehnt, Spinello's Geist. Seine Werkstätte fing an, ihm ein Ort der Qual zu werden. Vergebens suchte er Zerstreuung in den Vergnügungen der Welt, die er bisher gemieden und verachtet hatte, und in der Gesellschaft anderer junger Künstler, mit denen er die Gegend durchstreifte; überallhin verfolgte ihn das furchtbare Bild. Von einem solchen Ausfluge zurückgekehrt, fand er einst den Brief eines Freundes vor, worin ihm dieser meldete, daß Spinello's Geliebte in der Heimath ihm ungetreu und die Gattin eines Andern geworden. Der unglückliche Jüngling, nun auch in seiner Liebe getäuscht, flüchtete sich zu Beatricen, nicht aus Neigung oder Leidenschaft, sondern um vor ihr sein Herz auszuschütten und im Gespräch und Umgang mit der fröhlichen und anmuthigen Freundin Vergessenheit zu suchen. Und wirklich schien es, als entwichen die Schatten seines Geistes vor dem lebhaften, lachenden, dabei jedoch würdevollen und geistreichen Mädchen wie die Nebel vor der Morgensonne. Den Druck ihrer Hand, ihren Athem zu fühlen, der Musik ihrer Stimme zu lauschen, dünkte ihm eine unaussprechliche Wonne. Ganze Stunden verplauderte er mit ihr oder wanderte an ihrer Seite durch die sonnigen Fluren. Aber wenn er dann seine Augen nach ihrem Antlitz wandte, dessen Schönheit Strahlen der Freude und des Entzückens auf alle in ihrer Nähe weilenden Männer warf, da war es ihm, als ob diese Strahlen tief in seiner Seele einen brennenden Schmerz entzündeten, von dem er sich vergebens Rechenschaft zu geben suchte. Anfangs flog dieser Schmerz wie ein flüchtiger Schatten vorüber; aber mit der Zeit wurde er tiefer und anhaltender, so daß Spinello jetzt auch in Beatrice's Nähe ein unbeschreibliches Unbehagen, eine namenlose Angst empfand. Bald dünkte ihn, es führen Blitze von ihr aus, die seine Seele vertrockneten, bald schüttelte eisige Kälte seine Glieder, und dann folgte wieder Abgespanntheit und Lähmung aller Kräfte. Den eigentlichen Grund dieser dämonischen Wirkung von Beatrice's Blicken konnte er sich auf keine Weise erklären.

Als „Der Fall der Engel" vollendet und in der Kirche zum heiligen Angelo über dem Altar aufgestellt war, glaubte Spinello, die Last einer ganzen Welt sei von seinem Herzen gewälzt. Aber das Bild war bereits mit seinem innersten Wesen Eins geworden; es begann seine Verfolgungen mit erneuter und verstärkter Gewalt, und je näher der Herbst kam, je schwächer die Strahlen der Sonne wurden, desto furchtbarer, größer und gewaltiger legte sich Lucifer's Schatten zwischen ihn und die Außenwelt, Erde und Himmel seinen Blicken verdunkelnd. Des jungen Malers Kraft und Gesundheit sank zusehends, während seine Phantasie alle andern Geistesfähigkeiten zu verzehren drohte.

Da er sich eines Nachts ohne Ruhe und Schlaf auf seinem Lager wälzte, kam ihm der Gedanke, die Schreckensgestalt, die ihn ängstigte, habe vielleicht mit dem von ihm geschaffenen Lucifer gar keine Aehnlichkeit, und werde vor seinem Bilde, das er, seit es in der Kirche hing, nicht wieder beschaut hatte, verschwinden oder doch in den Hintergrund gedrängt werden. Augenblicklich sprang er aus dem Bette, kleidete sich an, warf den Mantel über, und schritt, mit einer Fackel in der Hand, in der kalten, finstern und stürmischen Octobernacht der Kirche St.-Angelo zu. Ganz allein, von Niemandem gesehen, wanderte er durch die öden, verlassenen Straßen, auf deren Häuserreihen die wehende Fackel ihren unsteten Schein warf. Arezzo war damals noch ein kleiner Ort, und die Kirche stand in einiger Entfernung von den Wohnungen der Bürger mitten in einem dichten Haine von Sykamoren. Die Zweige der Bäume schlugen wie die Flügel eines Dämons aneinander, und tausend seltsame, unheimliche Stimmen umtönten den nächtlichen Wanderer; dann wieder vernahm er ein melancholisch gedämpftes Säuseln, als ob Engel eine Aeolsharfe rührten, und frommer Schauder ergriff sein Herz. Beim Eintritt in das Gebäude wurde ihm noch ängstlicher und beklommener zu Muthe. Doch stieg er beherzt die Mosaikstufen zu dem Altare hinan, beleuchtete mit der Fackel sein Gemälde und hob die Augen voll Schauer und Andacht zu ihm empor. Die Reihen der gefallenen Engel, mit dem gewaltigen Lucifer an der Spitze, unaufhaltsam vor dem Blitz und Donner des Himmels fliehend, schienen im grellen Lichte der Fackel aus der Dunkelheit hervorzutreten. Ein Gefühl von Selbstzufriedenheit und Stolz beschlich die Seele des Künstlers. Aber je länger er fast anbetend das Werk seiner Hände beschaute, desto täuschenderes Leben gewann die furchtbare Gestalt des bösen Erzengels; sie regte ihre kräftigen Glieder, um aus dem Rahmen auf den Boden des heiligen Tempels herabzuspringen; ihre Augen sprühten Flammen unauslöschlicher Wuth, und die schönen Züge erschienen nur als eine Maske, hinter welcher alle Leidenschaften der Hölle sich verbargen. Dazu heulte der Sturm, vom Echo vervielfacht, durch das Gebäude; Spinello's Ohren klang er wie das Heulen und Wehklagen der aus dem Himmel stürzenden Engel. Ueberwältigt von all den Eindrücken, die gleich hungrigen Geiern über seine fast bis zum Wahnwitz gesteigerte Phantasie herfielen, taumelte er von den Stufen herab; die Fackel entfiel seiner Hand und verlosch; er selbst aber schlug mit der Stirn an eine Ecke des Altars, daß ihm die Sinne schwanden. Wie lange er so gelegen, wußte er nicht; als er wieder zu sich kam, schien ihm Alles ein wüster Traum. Der Sturm hatte sich gelegt, der Mond beleuchtete durch die hohen Fenster geisterhaft den heiligen Raum, und langsam erhob sich der Unglückliche und schlich nach seiner Wohnung.

Geist und Körper waren so angegriffen, daß er am andern Morgen das Bett nicht verlassen konnte. Betäubt, die Augen fest geschlossen, lag er auf seinem Lager. Da hört er Schritte vor der Thür, dann einen weiblichen Fuß leise durch sein Zimmer gehen und dem Lager sich nahen. Es ist Beatrice; er ahnt es, er fühlt es. Bald vernimmt er auch ihre flüsternde Stimme, und ein Strahl von Freude und Leben bringt wieder durch seine matte, dunkle Seele. Beatrice, von liebender Besorgniß getrieben, denn ihr Herz gehörte bereits ganz und voll dem schönen, melancholischen Jüngling, war, von ihrem Vater gefolgt, in das Zimmer getreten. Aber kaum hatte Spinello seine Augen, in denen Thränen der Wonne zitterten, zu ihrem Antlitz erhoben, als die

Erscheinung der vorigen Nacht zurückkehrte und Lucifer mit allen Legionen der Hölle wieder an seiner Phantasie vorüberrauschte. Er zuckte heftig zusammen. Beatrice, zwar nicht wissend, was in seinem Geiste vorging, ahnte doch, daß er von düstern, schrecklichen Gedanken bewegt und erschüttert sein müsse, und ergriff voll Theilnahme seine Hand. Die mehr als schwesterliche Anhänglichkeit rührte und schmerzte zugleich Spinello in tiefer Seele, und um Ruhe und Fassung zu gewinnen, wandte er sich von ihr ab. Aber seine Empfindungen ließen sich nicht niederhalten und brachen nur desto gewaltsamer hervor. Er drückte Beatrice's zitternde Hand an seine Lippen, und ein Thränenstrom entquoll unaufhaltsam seinen Augen, indeß auch Beatrice ihr Haupt in seinem Gewande barg und die Thränen nicht zurückhalten konnte. Bewegt stand der Vater bei dieser Scene; er erkannte die heiße, innige Liebe seiner Tochter zu Spinello und glaubte, daß an dem Leiden des Letztern ebenfalls die Liebe einen großen Antheil habe. Dabbi hing an dem Jüngling mit Verehrung und Zärtlichkeit und hätte ihn von Herzen gern als seinen Eidam gesehen. Darum fragte er ihn, ob Beatrice's Hand ihm Glück und Gesundheit wiederzubringen vermöchte, denn er sehe wohl, daß ihre Herzen einander bereits gehörten. Spinello zögerte, die Frage geradezu zu beantworten, denn hätte er die wahre Ursache seines Leidens entdeckt, er würde sich des Wahnsinns verdächtig gemacht haben. Der Antwort ausweichend, drückte er nur stürmisch und aufrichtig seine Dankesgefühle aus.

Liebe und Theilnahme waren die beiden Engel, welche Spinello von jetzt an tröstend und lindernd zur Seite standen. Sein Geist wurde allgemach ruhiger, das Fieber verließ ihn. Der neue Gedanke, daß Beatrice seine Braut sei, daß sie ihn liebe, liebe mit aller Hingebung und Inbrunst, verscheuchte die düstern und grausigen Bilder aus seiner Seele. Frei und ohne, wie früher, räthselhafte Qualen zu empfinden, konnte er ihr schönes Antlitz schauen; sie wurde ihm wieder die göttergleiche Erscheinung, die alle Saiten seines künstlerischen Genius wach gerufen, als er ihr Bildniß malte. Es war Frühling; balsamische Lüfte wehten vom reinen Himmel hernieder, Alles blühte und grünte. Wenn er an der Geliebten Hand in den duftigen Gärten von Arezzo oder draußen in der herrlichen Landschaft, mit himmlischen Farben von der Hand des Schöpfers selbst gemalt, sich erging, durchströmte ihn frisches Leben.

Aber seine Körperkräfte blieben immer noch schwach. Auf den Rath des alten Dabbi entschloß er sich, den Sommer in einer Hafenstadt, in der stärkenden und erfrischenden Luft des Meeres, zu verbringen. Er wählte hierzu das reizend gelegene Gaeta, wohin er, von Dabbi und Beatrice begleitet, in heiterer Stimmung abreis'te. Täglich wandelten die Liebenden, da man sich in der Nähe der Stadt an der Bucht eingemiethet hatte, an der herrlichen Küste des Tyrrhenischen Meeres, das seine blauen Wogen ruhig an das Ufer trieb und mit sanftem Gemurmel sich zu ihren Füßen brach. Beatrice sah den Geliebten täglich mehr erstarken; sein Auge strahlte wieder in ruhigem, natürlichem Glanze, und die Farbe der Gesundheit kehrte allmälig auf seine Wangen zurück.

Nach einigen Monaten mußte Beatrice, weil ihre Mutter gefährlich erkrankt war, sich schnell nach Arezzo begeben. Der Vater begleitete sie, und auch Spinello wollte ihr folgen. Allein Beatrice, fürchtend, in Arezzo möchte der Trübsinn sich von Neuem seiner bemächtigen, bestand darauf, daß er bleibe und sich ganz in Gaeta niederlasse. Mit schwerem Herzen gab er ihren Bitten und Vorstellungen nach.

Nicht lange nach der Trennung von dem geliebten Wesen, dessen stets heitere und erfrischende Gegenwart die Wahngebilde Spinello's in ihre verborgensten Schlupfwinkel gescheucht, brach das Phantom Lucifer's mit verstärkter Macht auf seine Einbildungskraft los. Er fühlte, daß er in dem Kampf unterliegen müsse. Sein Auge leuchtete in unheimlichem Feuer, sein Körper glich binnen Kurzem einem Gerippe. Bei Tage gelang es ihm noch, wenigstens auf Stunden das Schreckbild sich fern zu halten; die Stunden der Nacht aber, glücklichen Sterblichen Stunden der Ruhe und des Vergessens, brachten ihm namenlose Qual; denn mit der Dunkelheit packte der entsetzliche Lucifer sein Opfer, das, die Hände über die Augen gelegt und wehklagend und seufzend, den Wohnungen der Menschen zueilte.

Endlich fühlte er die letzte Stunde seines Lebens nahen. Er wurde ruhiger, denn sie sollte ihm ja Erlösung bringen von unerträglicher Pein. Eines Abends machte er seinen gewöhnlichen Gang am Meere. Die Sonne war bereits hinunter, Meer und Land schlummerten im sanften Lichte des Mondes. Er erklomm einen über die Fluth hoch hinausragenden Felsen. Plötzlich gewahrt er, zur Seite nach dem Lande schauend, im Mondlicht ein Gesicht von überirdischer Schönheit. „Lucifer!" schreit er verzweifelnd, und gleitet dem Rande des Felsens zu. In demselben Moment erfaßt Beatrice seine Hand, ruft ihn beim Namen und zieht ihn rettend zurück. Als er sie erkennt, wird ihm auch mit Blitzesschnelle das Geheimniß seines Unglücks klar: der Lucifer in seinem Gemälde trug Beatrice's Züge, die er ihm unwillkürlich verliehen hatte. Er bebte zusammen bei dieser Entdeckung; dann sprang er, von Wahnsinn ergriffen, in den Abgrund. Beatrice, deren Hand er krampfhaft umschlossen hielt, klammerte sich mit der andern in Todesangst an eine vorspringende Felszacke an. Einen Augenblick hingen die beiden Liebenden über der Tiefe, aber der nächste begrub sie gemeinschaftlich in den Wellen des Meeres.

Die Befestigung Wiens.
Von Edmund Karl Preiß.

Mittheilungen, die sich auf Thatsachen stützen, lassen keinen Zweifel mehr, daß der so oft aufgenommene und ebenso oft wieder entschieden verworfene Plan die „Reichs-, Haupt- und Residenzstadt" Wien mit einem Gürtel permanenter Vertheidigungswerke zu umgeben, endlich dennoch verwirklicht werden und die Metropole Oesterreichs aufhören wird, eine offene Stadt zu sein. Mag die Bevölkerung Wiens auch mit noch so scheelen Blicken auf dieses neueste Geschenk der kaiserlichen Huld und Gnade blicken, es ist nicht zu leugnen, daß die durch die Abtretung des bekannten Festungsvierecks von Oberitalien nunmehr auch nach Süden wehrlos daliegende Stadt eines derartigen Schutzes bedurfte und man, wenn auch mit möglichster Schonung der finanziellen Kräfte des Landes, dennoch unverzüglich ans Werk gehen mußte.

Die Folgen der Königsgrätzer Schlacht und die historische Erfahrung, daß das Schicksal der Monarchie zu wiederholten Malen im Marchfelde, also unmittelbar vor den Thoren der Hauptstadt, entschieden worden, tragen nur dazu bei, die Ausführung dieses Planes mancher politischen Verdächtigung zu entkleiden und in der ganzen Frage eher zu Gunsten der Regierung als zu Gunsten der mitunter sehr egoistischen Wiener zu sprechen. Man wird sich eben daran gewöhnen müssen, gewisse Punkte der Umgegend nicht mehr so harmlos frequentiren zu können als sonst; man wird, wenn man sich dem Weichbilde der großen Donaustadt nähert, nicht nur den Thurm von St. Stephan, sondern auch die Glieder des „Gürtels" bewundern und, in mancherlei Betrachtungen vertieft, seinen Einzug in die diversen Bahnhöfe halten können.

Die Zeiten ändern sich eben. Während die uralten Bastionen des historischen Wiens, die Vormauern der Christenheit gegen den Strom osmannischer Barbarei, in Schutt und Trümmer gesunken, und an der Stelle, wo an der Spitze einer heroischen Bürgerschaft Stahremberg und Schwarzenberg, die Prinzen von Lothringen und Baden, die Fürsten von Lichtenstein und Colloredo gekämpft, riesige Paläste erstanden, erheben sich nun von jenem Punkte des Marchfeldes, bei welchem Erzherzog Karl den großen Onkel schlug, bis zu jenem, bei welchem unlängst Erzherzog Albrecht mit den Trümmern der stolzen Nordarmee die siegestrunkenen Schaaren der Preußen erwartete, von dem Leopolds- und Kahlenberge, wo einst die Feuer des edlen Sobiesky und seiner tapferen Polen geflammt, bis zur Mündung des schmalen Donaukanals, also zu beiden Seiten des gewaltigen Stromes, neue, drohende Bastionen, deren glitzernde Feuerschlünde dem Wanderer künden, daß das Haus Habsburg noch manchen gewaltigen Strauß auszukämpfen gedenkt, ehe es, vielleicht für immer, zu regieren anhörte.

Wenn auf diesen Bergen und Hügeln die Frühlingssonne des Jahres 1867 den Schnee schon geschmolzen hat, werden Tausende von broblosen Arbeitern das große Werk, für welches die Terrain-Aufnahmen und Nivellirungen bereits seit Monaten im Gange sind, beginnen. An der Spitze der zu diesem Zweck aufgestellten Bauleitung steht eine Koryphäe des österreichischen Genieforps, der Oberstlieutenant von Tunkler, von welchem auch die Pläne zu den einzelnen Befestigungsobjekten entworfen sind.

Die Idee des Entwurfes besteht aus der Herstellung einer schachtförmig angelegten Gürtellinie von Forts rings um Wien, von welchen dreierlei Gattungen, verschieden durch ihre Größe und Stärke-Verhältnisse, hergestellt werden sollen. In Ziffern ausgedrückt, werden die drei Gattungen von Forts sich wie folgt unterscheiden. Die größten sind auf eine Million, die mittleren auf 800,000, die kleineren auf 300,000 Gulden Baukosten veranschlagt. Nach diesem Entwurfe sollen im Ganzen 40 Forts hergestellt werden, doch besteht auch noch ein zweiter, dem zufolge der Befestigungsgürtel mit weniger, dafür aber um so stärkeren Werken ausgestattet und die Lücken erst zur Zeit eines drohenden Angriffes durch einzuschiebende Werke für Geschütz-Emplacement, also einfache Batterieen, ausgefüllt und vertheidigungsfähig gemacht werden. In Verbindung mit einer aktiven Vertheidigung scheint dieses Befestigungssystem ökonomischer und der Beweglichkeit, sowie einer gewissen Initiative in der Vertheidigung mehr entsprechend.

Die Gesammtkosten für die Befestigung Wiens sind nach dem ersten Projekte, die Armirung mit Geschütz einbegriffen, auf 28 Millionen Gulden veranschlagt, und ist in der vorläufigen Disposition der einzelnen Werke der Sicherheit nach Innen nicht weniger Rücksicht zu Theil geworden als der Vertheidigung nach Außen.

Eines der größten Werke ist auf dem Laerberg projektirt und wird auch als eines der allererften in Angriff genommen werden; gleichzeitig eröffnen sechs andere, und zwar bei Schwechat, Himberg, Thiergarten, Roßkogel und Leopoldsberg den Reigen. Vorläufig und um in möglichst kurzer Zeit zu etwas Vollständigem zu gelangen, werden die einzelnen Objekte nur halb permanent hergestellt werden.

A. **Rechtes Donau-Ufer.** Aeußere Gürtelforts:

1. Leopoldsberg mit Straßen- und Stromsperren. 2. Salzwiese westlich der Kuppe des Kahlenberges. 3. Hermannskogel. 4. Dreimarkstein. 5. Schafberg. 6. Henberg. 7. Salzberg. 8. Wolfersberg. 9. und 10. Sperre im Wienthal. 11. Hagenberg. 12. Laurenzerberg. 13. Wildersberg. 14. Himmelwiese mit Thalsperre bei Kaltsburg. 15. und 16. Barcholdsdorferhöhen. 17. Sasserhöhen. 18. Höhen bei der Teufelsmühle. 19. Höhe bei Bösendorf. 20. Johannesberg. 21 und 22. Oestliche Schwechaterhöhen.

Innere Linie:

Höhe von Heiligenstadt, Türkenschanze, Weinhaus, Ottakring Breitensee, Nünigelberg, Tiroli, Wienerberg, Laaerberg, Mündung des Donau-Canals.

 B. Linkes Donau-Ufer.

 a. Brückenkopf um die Lobau: 1. Südlich von Mühlleiten, 2. zwischen Mühlleiten und Wittau, 3. zwischen Enzersdorf und Eßlingen, 4. zwischen Eßlingen und Aspern, 5. bei Aspern, 6. im Schierlinggrund.

Ueber den Stadler Arm führen 8 Brücken, immer zur Zeit des Bedarfs zu schlagen.

 b. Brückenkopf bei Floridsdorf und Sedlersee: 7, 8 und 9 mit einander verbunden.

  C. Befestigung am Bisamberg.

 10. Kuppe desselben, 11. Kuppe Gemeindeplatte.

New-Yorker Correspondenz.

New-York, im April. Die amerikanische Campagne der Künstlergrößen Ristori und Dawison ist jetzt so ziemlich beendet. Beide haben Ursache, mit den Erfahrungen, die sie hier gesammelt, zufrieden zu sein. Nicht nur kehren sie buchstäblich mit Schätzen beladen nach Europa zurück, sondern es drängten sich ihnen auch gar wohlthuende Erinnerungen auf. Sie fanden ein enthusiastisches, warmfühlendes, empfängliches und dankbares Publikum vor, welches sie herzlich begrüßte und sie ungern scheiden sah. Vielleicht wurden sie weniger gefeiert, weniger zu Löwen des Tages gemacht, als in europäischen Großstädten; aber ich möchte behaupten, daß die Anerkennung, welche sie hier fanden, ächter gewesen. Das Publikum, welches sich hier zu ihnen herandrängte, war ein anderes als das, dessen sie drüben gewohnt sind. Es prangte weniger in kostbaren Toiletten, aber dafür ging es auch nicht ins Theater weil es Mode, sondern mehr weil ein Bedürfniß, ein wirklicher Trieb, vorhanden war. In Europa bildet meistens die Elite ihr Auditorium, hier dagegen das Element, welches man in Deutschland den Mittelstand heißt. Der Kern des Volkes besuchte hier Ristori um sie als Marie Stuart, Dawison um ihn als Hamlet oder Wallenstein zu sehen. Beide mögen überzeugt sein, daß sie hier nachhaltiger gewirkt haben als auf irgend einem Schauplatz ihrer früheren Thätigkeit.

Zumal gilt dies von Dawison, und vor allen Dingen möchte ich meine Bemerkungen auf New-York angewendet wissen. Man hat hier keinen Autoritätsglauben, will vor allen Dingen für sich selbst sehen, hören, fühlen und urtheilen. Im ersten Anfange mochte ein „Excitement" vorhanden sein; aber dasselbe hielt nicht lange an, und Dawison hätte seine Erwartungen getäuscht gefunden, wenn er nicht wirklich eine so großartige, gediegene Erscheinung wäre. Je länger er blieb, desto gewaltiger fesselte er das Publikum, und mit seinem Scheiden entsteht wahrhaft eine Lücke. Man fragt sich: „Wann werden wir seines Gleichen wieder sehen?" Er hat den Geschmack geläutert, die Ansprüche gesteigert. Man wird fortan nicht mehr mit dem zufrieden sein, was vor seiner Ankunft genügte. — Es läßt sich voraussehen, daß Viele ihm folgen werden, wenn auch nur um gleich ihm eine Goldernte zu halten. Sehr fraglich aber ist es, ob alle Celebritäten der deutschen Bühne hier in demselben Grade reussiren werden wie Dawison. Einige kleine Verstöße abgerechnet, hat Letzterer sich in Amerika, unter so durchaus fremdartigen Verhältnissen, mit großem Takt benommen und genau den rechten Ton zu treffen gewußt. Nur wer ihm in dieser Beziehung gleicht, hat hier Aussicht auf Erfolg. Die Deutschen in Amerika, und zumal in New-York, lassen sich nicht i m p o n i r e n, aber sie lassen sich g e w i n n e n, und zwar nicht durch faule Hülfsmittel, sondern nur durch wirkliches Verdienst. Dawison hat seinen Künstlergenossen ein ergiebiges Feld geöffnet; aber daß er ihnen die Bahn geebnet, daß er ihnen den Erfolg erleichtert hat, läßt sich nicht behaupten. Andere werden nach den von ihm gelieferten Maßstabe gemessen werden, und vor dem zu bestehen, ist nicht leicht.

Aber mögen sie nur kommen; mögen sie hier lehren und lernen. Es wird dadurch der deutschen Bühne in Amerika eine schönere Zukunft gesichert, ihrem allmäligen Verflachen vorgebeugt, ihre natürliche Verbindung mit der Bühne in Deutschland hergestellt. Der Einfluß der theatralischen Kunst auf das Volksleben ist wohl kaum hoch genug anzuschlagen, und so läßt sich nicht verkennen, daß für die Erhaltung und Weiterentwicklung deutscher Sprache und Sitte in Amerika durch die Expedition Dawisons etwas Wesentliches gewonnen ist. Schickt Deutschland uns s e i n e Größen — wer weiß, ob wir ihm nicht auf d i e s e m Gebiet, wie bereits im Fall von Theodor Thomas auf dem der Musik, großartige Talente liefern werden, welche h i e r zum Bewußtsein kamen und sich entwickelten? Viel ist schon gewonnen, wenn auf diesem Terrain das völlige Zusammengehören des deutschen Elements hier und im alten Vaterlande zur beiderseitigen Anerkennung gelangt, so daß Deutsch-Amerika, was die Intelligenz und das geistige Leben betrifft, als Colonie erscheint.

Es liegt nahe, hieran einige Bemerkungen über die Wechselwirkung ü b e r h a u p t zu knüpfen, welche zwischen den Deutschen diesseits und jenseits des Oceans stattfinden soll und kann. Es liegt durchaus im gegenseitigen Interesse, wenn ein fortdauernder Austausch dessen, was der eine Theil gegen den andern voraus hat, obwaltet. Die deutschen Buchhändler wären viel klüger als sie jetzt sind, wenn sie die deutsche Presse in Amerika gerade so sehr berücksichtigten wie die in Deutschland selbst, und wenn sie von allen ihren Verlagsartikeln sofort Ausgaben für Amerika veranstalteten. Die Concurrenz des Nachdrucks hätten sie dabei nicht zu fürchten, denn bei den so viel billigeren Herstellungskosten könnten sie derselben leicht die Stange halten, und ein kluger Geschäftsmann weiß, daß die Concurrenz den Bedarf verzehnfacht. Mehrere der bedeutendsten deutschen Journale betreten jetzt diesen Weg, und zwar, wie ich voraussetze, mit gutem Erfolg, und vermuthlich werden die Verlagsbuchhändler bald folgen, denn Niemand hat ihnen ja noch den Vorwurf machen können, daß sie nicht stets bereit sind, ihren eigenen Vortheil zu wahren. Deutschland ist es seinen Kindern in Amerika schuldig, denselben seine intellektuellen Schätze zukommen zu lassen, und leicht ist es, einer Pflicht nachzukommen, wenn es sich so gut bezahlt. Andererseits kommt es mir vor als wären wir in der Lage, auch Deutschland mancherlei zu geben, und besonders vortheilhaft wäre ein fortwährender Austausch politischer Ansichten. Wie nahe läge es, daß die hiesigen Turner-, Arbeiter- und andere Vereine eine Correspondenz mit den Schwestervereinen in Deutschland unterhielten! Er würde dadurch nicht nur wiederum das Gefühl des Zusammengehörens, der Einheit, genährt, sondern auch ein für beide Theile ersprießlicher Ideen-Austausch gefördert. Wie überaus heilsam wäre es nicht zum Beispiel gewesen, wenn während unseres Bürgerkrieges eine solche Correspondenz stattgefunden hätte! Ich stelle mir vor, mit welcher Ungeduld in Zeiten großer Krisen die Briefe aus Amerika erwartet, wie dieselben vorgelesen, wie so manche irrigen Auffassungen und Vorurtheile dadurch beseitigt worden wären! Und auch jetzt könnte dergleichen nur heilsam sein. Ueber deutsche Verhältnisse herrscht hier vielfach eine ganz andere Ansicht als in Deutschland selbst, und zwar in Folge der Beobachtungen und Erfahrungen, welche man hier, auf dem wogenden Meere der Freiheit, macht, sowie wegen der Entfernung vom Schauplatz, wegen der größeren Unbefangenheit, die man sich bewahren kann wenn nicht das Getümmel der Partei-Leidenschaft Einen unmittelbar umringt. Viele der von hier geäußerten Meinungen und Behauptungen würden Anstoß erregen, aber zugleich zu einer Diskussion, zum Nachdenken Anlaß geben und dadurch in mancher Beziehung anregend, läuternd wirken. Auch die hiesigen Deutschen könnten dabei viel lernen. Wie thöricht ist es zum Beispiel von den deutsch-amerikanischen Arbeitervereinen, daß sie nicht den Versuch machen, auf diese Weise von den großen Arbeiter- und Genossenschafts-Bewegungen zu profitiren, welche während der letzten zehn Jahre in Deutschland stattfanden und so manches Gute stifteten!

Augenblicklich könnte es den Deutschen (oder Deutschländern, wie die Pennsylvanier sagen) recht heilsam sein, wenn ihnen auf dem Wege einer gesalzenen und gepfefferten Correspondenz das vor die Augen gehalten und unter die Nase gerieben würde, was drüben für Theodor Mögling nicht geschah und was hier für ihn geschehen. Das hier bedeutet natürlich nicht New-York, denn das läßt sich in dieser Beziehung nicht rühmen. Der New-Yorker Correspondent der Westlichen Post hat ganz Recht, wenn er die Deutschen der amerikanischen Metropole wegen ihres Mangels an Gemein- und Wohlthätigkeitssinn furchtbar aufs Korn nimmt. Agassiz hatte bei seinen Vorlesungen über Brasilien jedesmal ein zahlreiches Auditorium, aber Deutsche waren fast gar nicht darunter. Er bezog ein Honorar von 3000 Thalern, aber Deutsche trugen schwerlich zehn Thaler dazu bei. Werden hier einmal gute **deutsche** Vorlesungen veranstaltet, so kann man sich fest darauf verlassen, daß das Local, in dem sie stattfinden, von Deutschen sorgfältig gemieden wird. Mit nichts ist ein New-Yorker Deutscher sicherer in die Flucht zu schlagen als mit der Zumuthung, etwas für einen wohlthätigen Zweck beizusteuern. Denen, welche sich für das deutsche Hospital interessiren, will ich hier den wohlgemeinten Rath geben, falls sie noch einmal Theatervorstellungen, Concerte, Feste oder Fairs für das edle Unternehmen veranstalten, den Zweck geheim zu halten und allenfalls irgend einen Schwindel vorzuschützen, denn sonst kommen die Leute nicht. Aber hiervon abgesehen, hat Deutsch-Amerika sich Mögling gegenüber nebel gemacht, und Deutschland kann sich füglich dadurch beschämt fühlen. Es wird gewiß vielen Lesern angenehm sein, wenn ich hier einen Vortrag folgen lasse, welchen der treffliche Mann, von dem die Agitation ausging, Herr Dr. Tiedemann in Philadelphia, hielt als dort die Turner eine Theater-Vorstellung zum Besten des Mögling-Fonds veranstalteten. Die Rede lautete folgendermaßen:

„**Geehrte Landsleute und Freunde!** Heute stehe ich zum ersten Male auf den Brettern, aber nicht um Ihnen etwas vorzuspielen, sondern ich will vom Herzen zu Herzen sprechen und weiß, daß hier so gut, wie überall, ein gutes Wort einen guten Ort findet. —

Ich rede im Auftrage der Turner, welche nicht wissen, daß ich vor kaum zwanzig Jahren selbst Turner war, daß ich einen Turnverein gründete, daß ich als Sprecher des Vereins mitturnte, daß ich Turnfahrten mitmachte und sehr glückliche Stunden verlebte mit meinen Turngenossen. Drum Gut Heil Euch Turnern und Gut Heil der ganzen Menschheit, welche immer neue Turner liefert und in der viele ächte, wahre Musterturner sind, die nie in einem Turnverein waren und nie in einen Turnverein gehen. Denn nicht Der allein ist ein ächter Turner, der im leinenen Wams auszieht; der das mysteriöse Kreuz auf seinem Hütchen trägt; der mit der Ger- und Springstange umgehen kann und am Rect und Barren Proben von Kraft und Gewandtheit ablegt. Nein, meine Freunde! Der ist der beste Turner, der seinen Kopf aufrecht trägt, weil er ein gutes Gewissen hat; der frank und frei die Wahrheit spricht, weil er die Lüge haßt; der in einfachem Kleide die Eitelkeit und Prunksucht, die Narrheit und Thorheit der Menschen meidet, weil sie den Menschen entehren; der treulich seine Pflichten als Mensch und als Bürger erfüllt, weil dadurch die Gesellschaft und der Staat erhalten werden; der die Freiheit liebt, sucht und schützt, weil sie das höchste Gut des Menschen ist; der mit einem Worte ein Mensch ist wie er sein soll. Und solche Menschen finden Sie überall, wo es Menschen giebt; denn keine menschliche Einrichtung, weder social, noch politisch oder religiös, hindert an sich die freie Entwicklung des Menschen, aber auch keine dieser Einrichtungen garantirt an sich diese Entwicklung. Darüber fragen Sie die Geschichte und die Völkerkunde! Alle Völker, der Fetischverehrer, der Moslem, der Hindu, der Jude wie der Christ haben von jeher Muster und Scheusale von Menschen geliefert, woraus mir die Ueberzeugung hervorgeht, daß in dem Menschen etwas liegt, was über die gewöhnlichen Dinge hinausgeht und sich nur bei einzelnen Menschen kund giebt, aber nicht in der Masse oder in menschlichen Einrichtungen. Dieses Etwas ist die Menschenwürde, die Jeder erstreben soll und erlangen kann, er mag Turner sein oder nicht, er mag an der Hobelbank stehen oder auf der Kanzel; er mag auf dem Schusterstühlchen sitzen oder auf dem Richterstuhle; er mag reich oder arm sein, er mag das Feuer oder Thiere anbeten, er mag überhaupt beten oder nicht, er mag gläubig oder ungläubig sein. Aber auf der andern Seite haben weder Glaube noch Unglaube, weder Reichthum noch Abkunft und Macht, der Richter so wenig wie der Gelehrte und Philosoph ein besonderes Anrecht an die Menschenwürde; im Gegentheil! ich habe immer gefunden, je höher hinauf ein Mensch in der Gesellschaft strebt, desto eher pflegt er die hohe Menschenwürde hinzugeben für Reichthum und Macht, für ein buntes Röckchen oder den schwarzen Rock oder gar für den fürstlichen Mantel, der deshalb die Farbe des Blutes hat, damit man die Flecken nicht sieht des ruchlos vom Mantelträger vergossenen Blutes.

Wenn der Turner oder überhaupt der Mensch nur durch Entwicklung seines Körpers ein wahrer Turner werden oder zur Menschenwürde sich erheben könnte, dann wären die Navels oder die himmlischen Japanesen und alle Seiltänzer und Luftspringer bessere Turner, als alle Turner um uns, und der Pavian stände par excellence hoch über dem alten Jahn. Nein, Freunde! der Turner muß sein Herz auf dem rechten Fleck haben, sein Kopf muß klar sein, er muß rechtschaffen und wahr sein, er muß treu sein, sich selbst, dem Freunde, der Menschheit und der Freiheit, und dann — meine Freunde! — finden Sie Turner, welche nichts wissen von Reck und Barren und die den großen Knieschwung und den Salto mortale nicht kennen. Leonidas in den Thermopylen, Muc. Scaevola, als er seine Hand verbrannte, Herrmann der Cherusker, Wilhelm Tell in der hohlen Gasse, Arnold von Winkelried im Schlachtgewühl bei Sempach, Socrates mit dem Giftbecher, Christus am Kreuz, Huß auf dem Scheiterhaufen, Luther auf dem Reichstage in Worms, ich nenne selbst die Jungfrau von Orleans und Charl. Corday, und Andreas Hofer der Sandwirth und Robert Blum waren und Garibaldi und Hecker sind Turner im hohen Sinne des Wortes. Solche in Amerika waren Washington, Franklin und Thom. Payne, und die Genossen ihrer Gesinnungen und Handlungen, und alle die Helden aus dem zweiten amerikanischen Freiheitskriege, der für die Republik viel wichtiger war, als der erste, wo man sich nur eine Monarchie vom Hals geschafft hat, während man im zweiten Freiheitskriege einen tief im Fleisch und Leben der Republik sitzenden Krebsschaden durch eine blutige, schmerzhafte und kostspielige Operation entfernte. Hierher gehört auch unser guter, edler Abr. Lincoln und alle die Helden und Märtyrer für ihre Ueberzeugung, für Recht, Ehre und Vaterland und für die Freiheit und den Fortschritt der Menschheit.

Ein solcher Turner war auch Theodor Mögling!!

Th. Mögling war ein im Schwabenland geborener ächter Deutscher, der die Freiheit suchte und liebte und im Kampfe für die Freiheit mit dem Schwert in der Hand auf dem Schlachtfelde von Waghäusel 1849 schwer verwundet fiel. Im Jahre 1848 hatte Mögling sich an Hecker geschlossen, wie dieser, eine angenehme Stellung aufgegeben, um dem deutschen Volke das Banner der Freiheit zu erringen; er wie Hecker durfte — o Schmach für Deutschland! — den Fuß nicht mehr auf den Boden setzen, den er befreien wollte vom Druck der Fürsten und von der Verfinsterung der Pfaffen. Mögling, wie gesagt, schwer verwundet, gerieth in Heidelberg in preußische Gefangenschaft und wurde, noch nicht hergestellt, vor das Kriegsgericht — ich hätte fast gesagt Ketzergericht — in Mannheim gebracht. Der Staatsanwalt trug natürlich darauf an, daß Mögling durch Pulver und Blei standrechtlich ermordet werden sollte. Das Kriegsgericht entschied gegen die Todesstrafe aus Bewunderung für Mögling, der im Verhör die Mannhaftigkeit wahrte und erklärte: er habe nach seiner Ueberzeugung recht gehandelt; sollte er je die Freiheit wieder erlangen und dieselben Verhältnisse träten ein, so würden seine Richter, meist preußische und badische redlich patentirte Pickelhauben, ihn wieder als ihren Gegner finden. Mögling wurde auf zehn Jahre ins Zuchthaus verurtheilt und in jene scheuß= liche Anstalt nach Bruchsal geführt, wo in zehn Jahren mehr Verbrechen an der Menschheit begangen wurden, als vielleicht in hundert Jahren im Tower zu London oder in der Bastille zu Paris oder unter den Bleidächern in Venedig. Der verstorbene König von Würtemberg, welcher Mögling persönlich kannte und hoch achtete, wollte dessen Befreiung erwirken, wenn er Abbitte thäte. Mögling, der Mann, der Turner, der Deutsche von ächtem altem Schrot und Korn, wies das Ansinnen zurück und ging in seine Zelle, wo er sieben Jahre in Einzelhaft zubrachte. Sieben Jahre in Einzelhaft, dieser teuflischen Erfin= dung christlicher Menschen, erdacht von jenen engherzigen, selbstsüchtigen, feigen und deshalb um so grausameren Menschen, die sich „Friends" nennen. Diese Einzelhaft ist schrecklicher und grauenhafter, als es die Folterkammern des Mit= telalters waren, wo nur der Körper gemartert, zerfleischt und vielleicht getödtet wurde; aber in der Einzelhaft wird das Beste am Menschen, das, was den Menschen zum Menschen macht, sein Geist wird gefoltert, gequält und vernichtet, und sein Herz wird systematisch und stückweis gebrochen.

Mit krankem Körper, mit gedrücktem Geiste und gebrochenem Herzen kehrte Mögling in seine Heimath zurück, und bei Sorgen und Kämpfen, vielfach krän= kender Behandlung, bei trüben Aussichten in die Zukunft, qualvollen Erinne= rungen aus der Vergangenheit und einem schmerzlichen Blick auf Deutschland, bedurfte es nur eines leichten Anstoßes, um die Harmonie des Körpers und Geistes zu vernichten. Dieser Anstoß kam vor ungefähr einem Jahre, als Mögling mit seinem damals sechsjährigen Sohne ausfuhr. Die jungen, wil= den Pferde wurden unbändig und jagten einem Abgrund zu. Nur mit über= menschlicher Anstrengung, die den Körper und Geist erschütterten, konnte Mög= ling sein Leben und das Leben seines einzigen Kindes, des Liebsten auf der Erde, retten. Kurz nach diesem Ereigniß wurde Mögling von epileptischen Zu=

fällen heimgesucht mit Wahnsinn und Tobsucht. Nach jedem Anfalle, so schreibt dessen Frau, verfällt Möglings Körper und Geist zusehends, und unter solchen Umständen wäre die Erlösung durch den Tod wünschenswerth. — Als Mögling kaum in die Anstalt nach Göppingen gebracht war, wurde das auf seinem Gute haftende Kapital gekündet, und wie das in solchen Fällen zu gehen pflegt — so schreibt ebenfalls Mögling's Frau — Alles ging verloren, bis auf einiges Bettzeug und einige Möbel. — Mögling's Frau hat die Mittel nicht, welche nöthig sind für die Verpflegung und allenfallsige Herstellung ihres Mannes; sie hat kein Geld, um die vierteljährlichen Einzahlungen in eine Lebens-Versicherungs-Gesellschaft zu machen; sie hat die Mittel nicht, Möglings Sohn erziehen zu lassen, und — Mögling, gebrochen und vernichtet an Körper und Geist! — weiß das! —

Hier, Freunde! liegt ein Opfer der Unmenschlichkeit! Wo Menschen an Menschen ein Verbrechen begangen, müssen Menschen es wieder gut machen, und Sie, geehrte Landsleute und Freunde, als Theile der Menschheit, müssen helfen! Thun Sie das, dann schließe ich mit Freuden, und als alter Turner rufe ich Ihnen zum Abschied, mit den Turnern, ein herzliches: Gut Heil!"

Mögling weiß also, in welcher Noth sich seine Familie befindet; er weiß es trotz seiner Geistesnacht. Dürfen wir uns da nicht der Hoffnung hingeben, daß auch das, was die Deutschen in Amerika für ihn und die Seinigen gethan, ihm zum Bewußtsein kommt und vielleicht heilender auf ihn wirkt als alles Andere? Bei aller Pietät für das Vaterland und die Freunde, welche uns darin wohnen, bei aller Anerkennung dessen, was wir Deutschland als unserer Mutter schulden, können wir uns nicht verhehlen, daß das Vaterland sich an Mögling, indem es ihn im Elend verkommen ließ, schwer vergangen hat, und diese Anklage, in Form des bessern Beispiels, möge eine der moralischen Einwirkungen sein, welche von den Deutschen in Amerika den Brüdern in der alten Heimath zukommen. Schon hat dies Beispiel bewirkt, daß sich in London ein Mögling-Verein bildete, an dessen Spitze Karl Blind steht. Ob nicht auch Deutschland jetzt in sich geht und das Versäumte nachholt? Im Hinblick auf den edlen Mögling gedenkt man unwillkürlich der Worte Ophelius: "Welch schöner Geist ist da zerrüttet!"

Uncas.

Reisende Agenten für die Monatshefte:
Carl Wieland.
Julius Gosch.

Tausende werden biliös geboren,

aber die Geneigtheit zu acuten Leber-Krankheiten, welche bei so Vielen vorhanden ist, kann beherrscht werden durch den gelegentlichen Gebrauch des mächtigen Alterativs

TARRANT'S
EFFERVESCENT SELTZER APERIENT.

Salzige Präparate, welche die absondernden und abführenden Organe öffnen und reguliren, werden durch die höchsten medicinischen Autoritäten als die besten Medicinen im Bereich der Wissenschaft anerkannt, und von denselben ist dies berühmte Mittel anerkannter Maßen das wirksamste und angenehmste.

Für Individuen, welche eine sitzende Lebensweise führen, ist es ein absolutes Bedürfniß, da es die Verstopfung der Eingeweide und Trägheit der Leber verhindert, welche die unvermeidlichen Folgen eines Mangels an Bewegung in freier Luft sind, wenn keine Gegenmittel ergriffen werden.

Die bleichen, fränklichen Arbeiter beiderlei Geschlechts, welche man Morgens und Abends zu und von den geschlossenen Werkstätten und Fabriken schleichen sieht, wo sie sich stets unter dem Einfluß verdorbener Luft befinden, sind dieses kräftigenden, gelind abführenden Mittels vorzugsweise bedürftig. Es befördert die gehemmte Circulation, entfernt schädliche Substanzen durch die Eingeweide, öffnet die Poren, befördert die Reinigung des Blutes durch die Ausdünstung, und füllt das ganze System animalischer Oeconomie mit neuer Kraft.

Wird nicht der Abfall regelmäßig aus dem Körper entfernt, so ist die Gesundheit etwas Unmögliches. Verstopfung in irgend einer Form ist die sichere Folge seiner Nichtentfernung. Wie viele Tausende vergessen dies, und wenden sich endlich an den Arzt, wenn Schleim und Galle überhand genommen haben! Alles dies kann durch einem Theelöffel voll täglich von

Tarrant's Effervescent Seltzer Aperient

in einem halben Tumbler voll Wasser vermieden, und so in einer Minute der schönste Trank bereitet werden, der sich nur denken läßt. Das ist wohl der Beachtung werth, und die hier gegebenen Winke können nicht ungestraft hintenangesetzt werden. Angefertigt nur von

TARRANT & CO.,
278 Greenwich- und 100 Warren-Street, New-York.

☞ Zu haben in allen Apotheken.

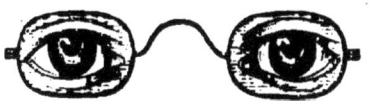

J. B. HOEKER,
PRACTICAL OPTICIAN,
308 FULTON STREET,

Near Pierrepont,   BROOKLYN.

Staten Island.
FANCY DYEING ETABLISHMENT.
Barrett, Nephew & Co.,

No. 5 und 7 John Street, } New-York.
718 Broadway,

No. 269 Fulton-, Ecke von Tillary Street, Brooklyn,
und No. 47 North 8te Straße, Philadelphia.

fahren fort, Damen- und Herrenkleider zu färben und zu reinigen; seidene, sammet, Merino und andere Kleider, Mäntel, u. s. w. werden mit Erfolg gereinigt, ohne aufgetrennt zu werden. Ebenso Herrenröcke, Hosen, Westen u. s. w.

Glacee-Handschuhe und Federn gefärbt oder gereinigt. Lange Erfahrung und Geschäftskenntnisse befähigen die Unterzeichneten, ihre Arbeiten mit Erfolg zu betreiben. Waaren werden per Expreß geholt und zurückgeschickt.

Barrett, Nephew & Co.,
5 und 7 John Street, und 748 Broadway, New-York,
269 Fulton-, Ecke von Tillary Street, Brooklyn,
und 47 North 8te Straße, Philadelphia.

C. F. ADAE,

Europäisches Bank- und Wechsel-Geschäft,

Cincinnati, Ohio.

CONSULAT fuer Preussen, Bayern, Wuerttemberg, Sachsen, Baden, Oldenburg, Hessen, Mecklenburg-Strelitz und Schwerin, Sachsen-Meiningen und Altenburg, Schaumburg-Lippe und Anhalt-Dessau.

C. F. ADAE, Consul.

HILLER & CO.,

Bank= u. Inkassogeschäft,

No. 3 Chamberstr., New=York,

geben Wechsel und Creditbriefe auf alle größeren Plätze Europa's, versenden Gelder nach jedem Orte Deutschlands mittelst des deutschen Postverbandes, und besorgen den Einzug von Erbschaften und Vermögen vermittelst Vollmachten auf schnellste und billigste Weise.

☞ Anfragen aus dem Lande finden prompte Beachtung. ☜

Wehle & Hoffmann,

Patent-Agenten,

421 Broadway, nahe Canal=Street.

Es ist der Zweck der obigen Firma, für Erfinder den Schutz für ihre Erfindungen durch Patente und Caveats (provisional protection) prompt und auf möglichst billige Weise zu erlangen. Die Thätigkeit der Firma beschränkt sich jedoch nicht auf das Lösen von Amerikanischen und Europäischen Patenten; mit der Bildung derselben wurde vielmehr die Errichtung eines Bureaus beabsichtigt, wo Erfinder, Besitzer von Patenten und Erfindungen, Techniker, Fabrikbesitzer, Gewerbetreibende und das geehrte Publikum überhaupt jegliche auf Patente, Erfindungen und Verbesserungen, auf Errichtung und Konstruktion von Maschinen jeder Art und auf derartige Unternehmungen bezügliche Aufschlüsse und Rathschläge, sowie die sorgfältigste Ausführung sämmtlicher in dieses Fach fallenden Geschäfte erhalten können.

Wehle & Hoffmann,
Patent-Agenten.
421 Broadway, nahe Canal-Street.

H. Wehle, Advokat. H. H. Hofmann, Architekt & Ingenieur.

J. Schuberth & Co.,

No. 820 Broadway,

Verlags- und Sortiments-Musikhandlung nebst Musikalienleihanstalt, empfiehlt dem Publikum ihr neu eröffnetes Depot von musikalischen Instrumenten, enthaltend eine geprüfte Auswahl importirter Pianos, Violinen, Zithern, Guitarren, Flöten, Clarinetten etc.

☞ Wir halten nur Instrumente besserer Qualität.

Deutsch-Amerikanische Monatshefte
für
Literatur, Kunst, Wissenschaft und öffentliches Leben.
Redigirt von
Rudolph Lexow.

IV. Jahrgang. I. Band.   1867.   Juni-Heft.

Der Humor in der Pflanzenwelt.
Von Dr. Adolf Loewy.

Was macht wohl die Erde zu einem Paradiese? — Die Pflanze. — Der kahle Berg und der wildschäumende Strom, der stille See und das brandende Meer mit ihren Luft- und Lichtspiegelungen bestimmen auch die Physiognomie der Natur, ja, sie können ohne alles pflanzliche Leben und Weben das Gemüth ansprechen. Der Wasserfall über den hohen, nackten Felsen, die Strandklippe möge gewaltig auf die Seele wirken, die Wüste mag mit erhabenen Schauern uns durchdringen; Freude und Friede aber sind nur da, wo uns das Pflanzengrün mit seinem geheimnißreichen, stillen Blühen und der zauberischen Fülle und dem unvergleichlichen Reiz seiner Formen entgegenlacht und grünt.

Eine Pflanzenkette, wie von Engelshand geflochten, zieht sich vom tiefsten Thale, nein, vom düstern Bergschacht, selbst vom Meeresgrunde empor bis hinauf in's Reich der Wolken, — zum Gletscher. Und die unsichtbar liebende und schützende Hand der Natur sorgt für Alles, für die Alge am Meeresgrunde wie für die letzte Flechte, die an den Felsen angeklebt ist, der aus dem erstarrten Eismeer auf des Berges Rücken auftaucht.

Angesichts dieser Wunder sprach der große Newton am Abend seines mit staunenswerthen Resultaten gesegneten wissenschaftlichen Lebens: „Ich weiß zwar nicht, wie ich der Welt erscheine; mir selbst aber komme ich vor wie ein Kind, das am Meeresufer spielt und sich damit belustigt, daß es dann und wann einen glattern Kiesel, oder eine schönere Muschel als gewöhnlich findet, während der große Ocean der Wahrheit unerforscht vor ihm liegt."

Ist die Natur nicht durch ihre Blumen eine stille Begleiterin auf unsern Lebenswegen in Leid und Freud? — Mit Blumen schmücken wir die Unschuld des Kindes, des Jünglings und der Jungfrau, Blumen flechten wir in das Haar der Braut, aus Lorbeern winden wir dem siegreichen Helden und dem gottbegeisterten Dichter einen Kranz, mit Blumen bestreuen wir die Orte heiliger Andacht, unsere Tempel und Altäre, Blumen legen wir auf den Sarg der Verblichenen und Blumen pflanzen wir auf die Gräber der Geliebten.

Es lohnt sich deshalb wohl der Mühe, mir auf einem Gange durch den großen Gottesgarten, wie man die Pflanzenwelt richtig bezeichnen könnte, zu folgen, zumal ich eine Seite derselben darlegen und schildern will, über welche die Naturforscher bisher in kaltem Ernst schweigend hinweggegangen sind; ich will über den Humor, die Sympathie und die Nachahmungssucht in der Pflanzenwelt sprechen. Humor? — Sympathie? in der Pflanzenwelt? — wird da Mancher fragen. Gewiß. Mehr Humor und Sympathie als Viele ahnen.

Besteigen wir zum Beispiel das Gebirge. Ein großen Theils unbekanntes Land, voll Zauber und mährchenhafter Pracht, schimmert über den letzten grünenden Bergstufen, über den letzten grauen Felsengallerieen — still und ernst wie der Tod, erhaben und majestätisch wie die Herrlichkeit des Ewigen. Der Mensch findet hier keine Heimath. Die fliegenden Wolken und die Gestirne des Himmels verkehren mit diesen scheinbar stummen Räumen. Hier scheint alles thierische Leben ausgestorben, und dennoch sind hier zwei Vierfüßer hausgesessen. Das Murmelthier baut sich in den grasigen Gehängen der höchsten Bergspitzen seine S o m m e r w o h n u n g. Weithin bringt sein scharfer Ton, und in der wilden Oede mag der Frembling wohl einen Augenblick erschrecken. Das friedliche Murmelthier war's. Aus der finstern Veste hat der Morgenschein die ganze Familie gelockt, und nun sitzen sie im warmen Strahle, machen gegenseitig Visite oder lassen sich's wohl sein im Alpenklee.

W i n t e r u n d S o m m e r verlebt hier nur das Schneemäuschen ein räthselhaftes Leben. Im Sommer giebt es wohl etwas zu nagen an den Pflanzen, und selbst für die den Mäuschen angeborene Naschhaftigkeit ist in den höchstgelegenen Sennhütten gesorgt. Aber der zehn Monate lange Winter? Sammelt es reichlichen Vorrath, oder gilt's unter dem Schnee lange Gänge zu machen, um zu frischen Wurzeln und Gras zu kommen?

Welch' schwarze, graue, unendliche Felswände und Bänke und Steinlehnen! Welch' öde Hochthäler voll Trümmer und Eis und gewaltiger Firnmulden! Dort oben schüttet der Fels sein thaugelös'tes Gestein herab, und der Gletscher donnert im mächtigen Spaltenwurf: „Fliehe, wer kann, des Todes Revier!" Wer mag da Leben hineinhauchen, 10—15,000 Fuß über dem Meeresspiegel? — Und doch überspringt von der Thierwelt ein einziges Geschöpf die Schranke des Lebens und fühlt sich nur wohl im Reiche des Todes — der räthselhafte G l e t s c h e r f l o h. Obwohl mit starken Kauwerkzeugen begabt, saugt er kein Blut. Die unwahrnehmbaren Reste organischen Stoffes, die sich im Gletscherwasser finden, bilden sein bescheidenes Mahl und erhalten ihm jene Rührigkeit, mit der das Thierlein zu Tausenden gleich einem schwarzen Pulver in den Haarspalten des Körnereises umherhüpft. Es ist ein harmloses, wenn auch uncivilisirtes Bergvölkchen, von ächt polarischer Natur. Nicht selten friert die lose Schaar im Eise fest, bleibt mehrere Tage in diesem Zustande, um bei allmälig zurückkehrender Wärme wieder aufzuwachen zur alten Munterkeit.

Von der Pflanzenwelt schleicht sich nur die Flechte zur äußersten Lebensgrenze. Die Gipfel der höchsten Berge sind von diesen zwerghaften Pflanzenlarven und Pflanzenmasken überzogen. Flechten und Moose, ihre Nachbarn, brauchen zu ihrer Vegetation nur Luft und Feuchtigkeit. Nach jahrelangem Scheintode wachen sie wieder auf, wenn etliche Wassertropfen sie getränkt. Sie sitzen bald auf Stein, bald auf Holz, und ziehen ihre Nahrung lediglich aus der Luft. Ihr Nutzen ist von großer Wichtigkeit. Von einer Flechte hängt das Leben der hochnordischen Völker Europa's und Asien's ab. Die hohen, wüsten Fjällen, die fürchterlichen Sümpfe der ewig winterlichen Landschaften sind von dem bittern Renntiermoos bedeckt. Wo jene nahrungsreiche Flechte mit ihrem dürren Wuchse Moore, Felsen und Gehänge überkleidet, da weiden überall Hunderte und Tausende von Renntieren. Wehe dem Lappländer, wenn durch Mißwachs dieses unersetzlichen Zwergwaldes auch der wandernde Wald von Geweihen zusammenbricht!

Eine Flechtenart (lichen esculentus) wächs't als Manna in vielen Gegenden Nord-Afrika's auf dem Sande der Wüste des Nachts wie Pilze. Die französischen Soldaten lebten auf einer Expedition südlich von Constantine mehrere Wochen von nichts Anderem, als von dieser Flechte, indem sie dieselbe verschieden zubereiteten und selbst Brod daraus backten. Und welcher launige Charakter macht sich nicht bei den Flechten geltend! Hier zaubern sie Miniaturwälder, und dort an den Felsenwänden und Felsblöden riesenmäßige Landkarten, denn jede Flechtenart trennt sich von der benachbarten durch Färbung und phantastische Umgrenzung ab. Hier hängen sie wie Perlen an schwanken Stiel gereiht, oder sie strecken Korallenbüschchen in die Höhe, oder wiegen sich wie Korallenkügelchen an grauer Seide. Dort dreht sich ein Täschchen, ein lustiges Hütchen, ein Atlaspantöffelchen, oder schwankt ein weiß- und rothgefärbtes Becherlein, ein grüngraues Champagnergläschen. Diese Flechte gleicht einer Schüssel, jene hat Form und Farbe eines silbernen Waldhörnchens.

Diejenigen Flechten, in denen der Gehalt an Flechtenstärke überwiegend ist, wie das isländische Moos u. a., werden als lüstig nährende Speisen benutzt oder wegen ihres vielen Bitterstoffes in der Heilkunde gebraucht. Andere sind wieder wegen ihres harzigen Farbestoffes zum Färben wichtig, z. B. das schwedische Moos und die ächte Färber- oder Orheilleflechte, mit welchen man Wolle und Seide lila, blau und roth färbt.

Und nun betrachte man die Mooswelt. Wer kennt nicht die hohen, elastischen Polster im Waldesdunkel? die sammetgrünen Tapeten, welche so verschwenderisch über die Felsenwände und Baumstämme geworfen und welche zwischen Himmel und Erde vermitteln? Denn wenn der Regen in Strömen niederstürzt, als wollte er mit einem Male den ausgetrockneten Flüssen aufhelfen, so werfen sie sich zwischen ihn und die bedrohte Erde und saugen die Himmelsfluthen auf und brechen ihre Gewalt. Und so mag der Boden gemächlich tropfenweise aufsaugen was er braucht, und was darüber ist, sickert ruhig hinab von Stein zu Stein in den sammelnden Bach. Fallen im Hochsommer die lechzenden Sonnenstrahlen an die Bergwände, daß das alte Harz an der Tannenrinde wieder flüssig wird, so legen die Moose sich zwischen den Strahlen und der Erde in's Mittel und dulden nicht, daß die ausdorrende Gluth tief hineindringen kann.

Bei den Flechten und Pilzen macht sich so recht der launische Wintercharakter geltend, und der Winter hat auch seinen Gottesgarten, denn

„Es herrscht in der Natur ein stilles Leben,
„Wenn auch der Wald so öde, ernst und düster.

Denken wir uns einen klaren Januarmorgen. Ueber Nacht hat der Reif dem Walde seinen feinzadigen, glänzendweißen Mantel umgeworfen. Die Tanne steht da wie ein silberner Kandelaber. Die Birke senkt zierlich ihre Zweige wie Silberschnüre nieder, Ahorn, Buchen und Ulmen streben aufwärts wie mächtige, aus weißem Marmor gehauene Pfeiler, die sich, wie bei einem gothischen Gewölbe, auf's Reichste verästeln. Ueber diesem Zauber liegt der blaue Himmel. Wer möchte nicht eintreten in diese geisterhaften Säulengänge? Ein Windstoß faßt jetzt die im Sonnenlicht flimmernden Säulen und Säulchen, da zuckt ein Klingen und Klirren durch die laublosen Zweige, leise schweben einzelne Schneeflocken wie Waldgeisterchen zwischen den dunkelgrünen Tannenästen, oder es stäubt und stöbert silberfarbig durch den Wald; vom Bergahorn fällt dessen letztes Blatt. Ich betrachte es. Große, schwarzbraune, gelbgesäumte Flecken finden sich darauf — eine Pflanze, der Blattpilz. Dieses Ahornblatt soll die Eintrittskarte sein in die Abtheilung des Wintergartens mit der Aufschrift: „Pilze."

Die bleichen Halme der todten Waldgräser, die Leichen der Waldblumen und der abgestorbenen Aeste an dem Strauchwerk, die vom Sturme gebrochenen dürren Zweige bestreut die Flora mit zahllosen Leben, die sich in den kleinsten schwarzen, weißen, gelben, rothen Pünktchen der zartesten Pilzgebilde regen.

An den Stengeln der hohen Brennnessel und der Waldangelika finden sich kleine, schwarze Pünktchen — das sind Pilze. Auf den feineren niederhängenden Tannenzweigen ist ein schwarzer Anflug — auch das ist ein Pilz, der unter dem Mikroskop viel des Schönen und Zierlichen bietet. Unter einem gewaltigen Tannenschirm liegt ein altverwitterter Buchenstamm; ein Specht hat die Rinde gelüftet, und nun treten Millionen kleiner, zarter, goldgelber Fädchen büschelweise zu Tage — ein Pilzgewebe. Und während die bloßliegende Wurzel der Krausbeere dort unten die Felsenwand mit einem Geflecht zarter, schneeweißer Fäden umhüllt, prangen einzelne krankhafte Gezweige im schönsten Rosenroth.

Ich spreche hier nur von etlichen niedrigen Pflanzenformen; aber mit diesen wenigen hätte man sein Leben lang Arbeit, wollte man mit dem Mikroskop die Hand verfolgen, die hier pflanzt und keimen, wachsen und blühen macht, wollte man in diesem mikroskopischen Walde das mikroskopische Wild kennen lernen — die Milliarden von Milben, die von den Früchten leben, die von diesen Bäumen fallen.

Launige Wesen, passen sie ganz zu dem launigen, humoristischen Treiben des Winters. Wie Zauberkünstler wandern sie durch die Welt, überall treiben sie ihren Schabernack. Man frage den S ch i m m e l p i l z dort an der Krausbeere nach seinem Paß, und man wird darin lesen:

„Der Arme findet mich in seinem Brode. Zum leidigen Troste versuchte ich ihm selbst in die Farbe der Hoffnung zu kleiden, doch meine Farben reichten nicht aus. In der einst süßen Wallnuß verzehre ich den ranzig gewordenen Kern. — Der Studio kehrt von den lustigen Ferien zum Studirtisch zurück; aus seinem Tintenglase will er neue Weisheit schöpfen. Da liege ich, in diesen Pelz gehüllt, in friedlicher Ruhe, — was will er machen? Der Botaniker hat mit saurer Mühe die Pflanzen aus Berg und Thal geholt und sie gepreßt. Eines Tages besieht er sein Herbarium. Ich spotte seiner Pflanzenleichen und blühe lustig darauf empor, er mag mich immerhin Schmarotzer heißen. Die sorgsame Hausfrau ärgere ich schrecklich, wenn ich ihr in der noch halbvollen Himbeergeléeflasche begegne, oder wenn ich ihr die letzten Kohlköpfe im Keller, die kahlen, mit einer Perrüke versehe, als gelte es einen Fastnachtschwank. Die Chemie schickt mich als Kobold durch die Lande, um deinem Rock das Verwesungswappen aufzudrücken; ich reise unter dem Namen „Stockfleck"; von einer glimpflichen Behandlung kann ich eben nichts erzählen."

Licht und Pflanze lassen sich wohl nicht trennen. Jede Pflanze wendet ihre Zweige dorthin, wo sie Licht findet, und die Kartoffel rankt ihren weißen Keim zum Kellerladen hinauf, um das goldige Tageslicht zu sehen und zu trinken. Wie sehr die Pflanze dem Licht zustrebt, beweis't folgendes Beispiel.

Im Mansfeldischen fand man vor wenigen Jahren ein riesenmäßiges neues Kryptogam mit schuppigem Stengel in den dortigen Bergwerken, das in einer Länge von 60 Ellen unter der Erde aufwärts gewachsen, ohne doch bis an das Tageslicht bringen zu können. Was war es bei näherer Untersuchung? Der unterirdische Stengel einer unter gewöhnlichen Verhältnissen wenige Zoll hohen Pflanze, einer lathraea squamaria, von der unstreitig durch Zufall ein Stück in die große Tiefe gelangt war. Nun strebte der Stengel nach dem Licht und wuchs immer weiter, weil er's nicht erlangen konnte. Ist das nicht so, wie Jemand, dessen ganzes Streben nach einem bestimmten Ziel gerichtet ist, wenn er's nicht erreichen kann, in's Unbestimmte danach fortarbeitet, bis er's endlich erreicht, oder sich erschöpft?

Wir dürfen daher auch Leben suchen wo die Schauer des Todes uns umwehen; denn die Schöpferkraft des großen Gärtners hat auch zwischen die dunkeln Ritzen und Hohlräume des Gesteins noch pflanzliches Leben versenkt.

Die Gewächse, die hier ein lichtloses, scheues, einförmiges Leben führen, gehören ebenfalls der Klasse der Pilze und Schwämme an. Hier in ewiger Nacht lebt und webt die Grabesflora — Traumbilder einer höheren Pflanzenwelt.

Wie Gespenster, geistern sie in der Verzimmerung der Schächte und Stollen auf und ab. Wir sind 1000 Fuß tief unter der Erde, ein Stollen nimmt uns auf, seine Wände sind rings mit einer weißen Schwammmasse überzogen (boletus destructor), leise duftet es daraus herab — eine Höhle von weißem, zartem Tropfstein.

Auch der gefürchtete Hausschwamm, dieser kühne Eroberer, treibt hier sein loses Spiel. Ja, wenn er nur im Bergesdunkel bliebe! Aber wie ein böser Geist schleicht er sich in die Wohnungen. Noch ist er zwischen die Fasern des Holzes gebannt, doch eines Tages schlägt seine Befreiungsstunde. Nun steht das Haus unter seinem tyrannischen Scepter. Jeder Morgen zeigt dem rathlos in seinem Besitz Bedrohten den Fortschritt der Zerstörung.

Messerrückendick bepudert er in den Gemächern alle ebenen Oberflächen der Hausgeräthe mit dem fleischrothen zarten Pulver seiner unendlich kleinen Sporen oder Saamen. Welch' trübseliger Gewinn, die Wunder der eilfertigen Entfaltung eines Tropenwaldes verschwinden zu sehen gegen diese unglaubliche Fruchtbarkeit!

Aus dieser Höhle führt uns eine Treppe etwas aufwärts, wir löschen unser Grubenlicht aus, ich weiß nicht warum. Das tiefste Dunkel umfängt uns. Auf einmal bricht aus der schwärzesten Finsterniß ein smaragdgrünes Licht hervor und ziert in langen Guirlanden die unterirdischen Gänge und beleuchtet eine Wand, über die ein Teppich geworfen, dicht gewebt, violet, roth und bräunlich. Es sind dies zwei Pilze: Rhizomorpha subterranea und Rhizoctonia. Diese Illumination der finstern Schachte ist zwar nicht so brillant wie Gasbeleuchtung, aber doch ersetzt sie an einzelnen Strecken dem Bergmann die Lampe. Sonderbar, wo die Pflanze sich im Sonnenlicht nicht baden kann, da wirft sie sich in einen Phosphorschleier — sie will eben Licht!

Und was wir gleichfalls nicht vergessen dürfen: die Pflanzen sind zum großen Theil sehr reiselustig. Sie ändern ihren Wohnsitz auf verschiedene Weise, reisen zu Lande und zu Wasser und durch die Luft, und lassen sich von den Thieren und von den Menschen selbst forttragen. Einige dieser Mittel sind äußerst langsam, andere dagegen so schnell, daß einige Arten schon die äußersten Punkte der Erde erreicht haben. Wir wollen der Reihe nach jedes dieser Transportmittel untersuchen.

Die Reise zu Lande ist gewöhnlich die wenigstens schnelle, aber sicherste. Die Gattung verbreitet sich nach und nach durch die Saamenkörner, die durch ihr eigenes Gewicht herabfallen oder durch die Elasticität der Früchte um dieselben herum verpflanzt werden. Die Ausbreitung kann vermittelst kriechender Schößlinge, die sich, wie bei der Erdbeerstaude, in geringer Entfernung einwurzeln, vor sich geben; ferner durch Luftwurzeln, die von den Zweigen herabgehen und neue Generationen um den Stamm herum begründen, wie bei gewissen Feigen- und mehreren anderen Bäumen der Tropengegenden.

Zuweilen breiten sich die Stämme unter der Erde nach allen Richtungen aus, bemächtigen sich gewaltsam des Bodens, und nicht selten kann man so die einzelnen Wurzeln aus einem einzigen Wurzelstock entstehen und in weiter Ausdehnung den Boden bedecken sehen, wie bei den Rohrkolben, Riedgräsern, Schachtelhalmen u. a.

Endlich giebt es eine noch langsamere Art der Verbreitung, nämlich die, welche durch immer an derselben Seite wachsende Zwiebeln und Knollen statt hat. In dem Knabenkraut liegt uns ein Beispiel hierfür vor. Die Knolle des männlichen Knabenkrauts schreitet so, sich fortwährend erneuend, in 30 Jahren drei Fuß vor, so daß sie ungefähr 60,000 Jahre gebrauchen würde, um eine Viertelmeile zurückzulegen. Ebenso breitet sich die Zeitlose auf den Wiesen aus; auch vermag ein Bach oder ein Graben sie in ihrem langsamen Fortschritt aufzuhalten. — Die Reisen zu Wasser vollziehen sich schneller; überhaupt sind es fast immer die fließenden Wasser, welche die Saamenkörner, Zwiebelchen und oft die ganzen Pflanzen, die somit ihre Colonieen weithin ausbreiten können, mit sich führen. In der That bietet uns die Erde ein ungeheures Netz von Bächen und Flüssen. Während ihres langen Weges bespülen ihre Wasser sehr verschiedene Länder, und somit ist diese ausgedehnte Circulation rücksichtlich jener Reisen vom größten Einfluß. Die Flüsse sind laufende Wege, und die Pflanzen wissen sie zu benutzen. Nicht allein die Wasserpflanzen, die den Rand der Ströme zieren, sondern auch die Gattungen wasserarmer Länder können, wenn Ueberschwemmungen sie erreichen oder der Regen sie zerstreut, vom Wasser fortbewegt werden.

Die geographische Ausdehnung einer großen Zahl von Gattungen ist demnach an die Mannigfaltigkeit, Macht und Schnelligkeit der Wasserströme gebunden.

Aber wenn es Blüthen giebt, die mit einem Fahrzeuge für die weiten Ausflüge versehen sind, so giebt es auch andere, deren Wiege die Luft schaukelnd mit sich führt, Schiffchen, wunderbar in ihrer Bestimmung, jene Lufthülle, von der die Erde umgeben ist, zu durcheilen. Zuweilen geschieht es des Abends, daß die schwankende Wiege ihren Aufschwung nimmt; der kühle Lufthauch trägt sie unter einem von den letzten Strahlen des Westens purpurnen Himmel dahin. Sie, meine hochgeehrten Damen und Herren, haben sie hundert Mal gesehen, diese von der Luft getragenen Selbstfäden. Wenn vollkommene Ruhe in der Atmosphäre herrscht, kommen sie langsam herab, um sich beim geringsten Hauche wieder zu erheben, oder sie verschwinden auch wohl, vom Sturm getrieben, schnell unsern Augen, wie jene irrenden Gestirne, die einen Augenblick erscheinen und dann wieder in die Nähe jener unzähligen Welten fliehen, welche den Feuerhimmel erfüllen.

Oft begegnet am schönen Herbstmorgen, sobald die Sonne den Thau zerstreute, das Segel der Wiege in dem Ocean der Lüfte dem schneeigen Gewebe einer unmerkbaren Spinne, die sich, wie das Saamenkorn, den Luftströmen anvertraut. Sie reisen zusammen, und zuweilen, wenn das Wetter sie überrascht, schleudert sie derselbe Wassertropfen auf die Erde nieder.

Nur eine kleine Anzahl von Thieren steht im Dienste des Menschen zu dessen Fortbewegungen und zu seinen Reisen; die Pflanzen haben in dieser Beziehung eine Unzahl von Hülfsmitteln. Der Bau der Saamenkörner und ihrer Hüllen ist oft dieser Art von Fortbewegung angepaßt. Mehrere unter ihnen haben Häkchen, rückwärts gebogene haarkleine Lappen, vermöge welcher sie an den Haaren der Thiere festsitzen und so einer sehr weiten Reise fähig sind. Auf diese Weise kam die Krimdistel von Odessa mittelst der südrussischen Wolle nach Norddeutschland und hat sich von hier aus bald über ganz Deutschland verbreitet.

Ferner sind die Vögel und Insekten schnelle Boten, welche jegliche Fortschaffung auf sich nehmen. Namentlich ist es das zahlreiche und mannigfaltige Geschlecht der Vögel, welches am meisten zur geographischen Ausdehnung der Gattungen beiträgt. Diese Thiere tragen die ihren Beinen und Federn anhaftenden Keime fort, und führen Saamenkörner auf weite Entfernungen unverletzt mit sich. Ja, es existiren Arten, die, um ihre Existenz fortzusetzen, der Mitwirkung der Vögel bedürfen. Alle Welt kennt das Beispiel der Mistel mit ihrem schweren und fleischigen Saamen. Der Lorbeerbaum und der Heidelbeerstrauch erreichen in den Polarregionen Breiten, in denen ihre Früchte nicht mehr reifen und ihre Vegetation sich allein durch die unabläßige Thätigkeit der Vögel erhält.

Ein gefiedertes Saamenkorn kann, vom ungestümsten Sturme fortgerissen, kaum mit einer Schnelligkeit von 15 Meilen in der Stunde gejagt werden; dagegen giebt es Vögel, die in vier Stunden ganz Deutschland durchziehen. Es sind diese also schnellere Boten als der Wind.

Während die in verschiedenen Jahreszeiten herrschenden Winde den Saamen der Pflanzen in gewisse, im Allgemeinen gleiche Richtungen tragen, nehmen die Vögel dagegen ihre Reise nach entgegengesetzten Richtungen vor. So vollbringt sich durch diese beständigen und schnellen Reisen der Austausch zwischen den Inseln und den Continenten, zwischen den Ebnen und den Bergen, zwischen den Regionen des Nordens und den Gegenden des Südens; und wenn man sich daran erinnert, daß die Zeit, die uns fehlt, der Natur beständig zu Gebote steht, und daß ein einziges Korn mit seinen Generationen die Erde bedecken kann, dann wird man von der Wichtigkeit der Thiere in der geographischen Vertheilung des Pflanzenreichs überzeugt sein.

Der Mensch selbst hat sich, ohne es zu wollen, diesen zahlreichen Reisenden angeschlossen, die damit beauftragt sind, die Pflanzen über den ganzen Erdkreis zu verbreiten. Er hat sich den wilden Mohn geholt, um seine Felder angenehm zu machen, die Kornblumen, um sie zu verschönern, und kennt ihr Vaterland ebenso wenig, wie das des Getreides, das ihn nährt. Ihm, dem unermüdlichen Reisenden, sind die Blumen in die entferntesten Lande gefolgt. Die bescheidensten sind seine treuen Genossen gewesen. So haben auf einer öden Insel der Südsee die Seefahrer das deutsche Gauchheil auf dem Grabe eines Europäers wiedergefunden. Ein Symbol des fernen Vaterlandes, war jene schwache Pflanze dem Verbannten gefolgt. Sie allein ist ihm treu geblieben, und weit entfernt, auf dem Boden, auf dem ihre Wiege steht, erinnert ihr kleines Sternblümchen an den Sonnenstrahl, der sie aufblühen ließ, und daß wir stets ein Vaterland finden, aber daß wir nicht stets einen Freund besitzen.

Während meines Aufenthaltes auf dem Mont Cenis hatte ich mich wiederholentlich bemüht, inmitten des beständigen Schnees einige von jenen Oasen zu finden, die man dort mit dem Namen „Gärten" bezeichnet. Es sind dies in der That Gärten, und als ich auf einem Felsen nahe bei den letzten Büschen der Zwergsilene und der Gebirgsaretia saß, da fragte ich mich, ob es für die verschiedenen Vegetabilien wohl eine Grenze für ihre Reiselust gebe. Denn es giebt unter ihnen sehr reiselustige. Diese Grenze ist ohne Zweifel vorhanden, aber wir kennen sie nicht. Auf den europäischen Gebirgen sind die Pflanzen bis zu einer Höhe von 10,000 Fuß gedrungen. Ueberall, wo die Botaniker vom Schnee entblößte Orte erreichen konnten, haben sie einen Teppich von Vegetabilien gefunden, den eine mehr oder weniger reiche Flora bildete.

Tichatschef, einer der unerschrockensten Naturforscher unseres Zeitalters, hat auf einem Berge in Klein-Asien eine Goldruthe, eine Wucherblume, eine Wolfsmilch und einen Steinbrech eine Höhe von 11,500 Fuß erreichen sehen.

Parlatore hat die kleine Flora des Crammont in den Alpen bei einer Höhe von 14,000 Fuß beschrieben; er hat dort 11 Phanerogamen und 4 Flechten gepflückt.

Dehnen wir diese Untersuchung auf die außereuropäischen Länder aus, so sehen wir unter dem Aequator, in den Anden von Quito, Pflanzen bis zu einer noch viel beträchtlicheren Höhe, als die angeführten, gelangen. Einige erreichen 16,000 Fuß in den Gebirgen von Chili. Das Rizocarpon geographicum wurzelt mit seinen bunten Röschen noch bei einer Höhe von 18,000 Fuß, nahe dem Gipfel des Chimborasso in den Anden. Aber es scheint, daß Temperatur oder Klima einen geringeren Einfluß auf diese hohe Vegetation ausüben, als die Masse der Berge und ihre absolute Höhe, denn auf dem Himalaya bleiben die Pflanzen erst in einer Höhe von 16,200 Fuß stehen. Dies beweis't, daß die Höhen, welche die einzelnen Arten erreichen, mehr von der Ausbreitung des ewigen Schnees, als von der absoluten Erhebung über den Meeresspiegel abhängig sind.

Die Natur besitzt in ihrer unerschöpflichen Fruchtbarkeit Gewächse, die sich jedweder Stellung, jedweder Höhe anfügen; nicht allein Vegetabilien steigen von den eisigen Gipfeln des Himalaya in die Ebenen herab und von den durch die Luftwogen umgebenen Felsen bis in die Sümpfe unserer Ebenen, sondern andere, für die Finsterniß geborene Arten bringen in das Innere des Bodens, leben daselbst vom Tageslicht entfernt, und mehren sich im Dunkel, wie wir dies vorher bei den Pilzen gesehen haben.

Selbst der Ocean hat seine Flora, und bis zu 900 Fuß Tiefe schaukeln in ihrer der unersättlichen Neugier des Menschen unzugänglichen Zurückgezogenheit glänzend-farbige Meergräser, den Wellen preisgegeben, ihre gefurchten Häupter, wie die Aeste der Bäume unter dem Wehen kühler Winde oder der Stürme sich neigen und heben. Der Riesentang, der die ungeheure Länge von 500 bis 1000 Fuß erreicht, ist das längste Gewächs der Erde. Ich kenne nichts Erstaunlicheres, sagt Alexander von Humboldt, als daß diese Pflanze wächs't und gedeiht in der ungeheuern Brandung des westlichen Oceans, der keine noch so harte Felsenmasse lange widerstehen kann. Der Stamm ist rund, schleimig und glatt, und hat selten einen Zoll im Durchmesser. Einige zusammen sind hinreichend stark, um das Gewicht großer, loser Steine zu tragen. In den Meeren der südlichen Hemisphäre erheben sich auf dicken Stämmen, vielfach verästelt und verzweigt, baumartige Lessonien mit palmähnlichen, herabhängenden Blättern, und zwischen ihnen riesige Macrocysten, deren ungeheure Blättermasse an schlüpfrigen Stengeln wie an Kabeltauen geankert ist. Welch ein Abstand von dieser gigantischen Pflanze, deren fußdicker Stengel eine Länge von mehr als 1500 Fuß erreicht, deren Blätter Tausende von Seethieren beherbergen und ernähren, bis zu jenem microscopischen Pilz, der unter dem Namen Stockfleck auf unseren Kleidern wuchert!

Wer wollte und könnte leugnen, daß sich die Symbolisirung der Natur nach den Eigenthümlichkeiten des Volkes und Landes und nach dem Klima gestaltet? Wem wäre das Steife und Barocke vieler chinesischen und japanesischen Blumen nicht aufgefallen? Und was ist die Ursache davon? Hat die Natur Menschen und Pflanzen dort so geschaffen? Nein! der steife und barocke Chinese und Japanese haben sich in der reichen Blumenflur — hauptsächlich — ausgesucht und zusammengetragen, was ihrem Charakter entspricht und gleicht. Indeß giebt es auch von dieser Regel Ausnahmen. Eine der auffälligsten ist die Abtheilung der cactusartigen Gewächse. Ihre seltsamen und wunderlichen Formen entfernen sich so weit von allen übrigen Gesetzen der Pflanzenwelt, daß das Prinzip der Schönheit kaum noch in ihnen zu entdecken ist. Die Natur hat sie anscheinend in einem Augenblick humoristischer Laune erschaffen. Giebt es nicht eine Cactusart, die wie eine Mißgeburt erscheint und die man deshalb den monströsen Cactus (Cereus monstrosus) getauft hat? Alles an diesen Pflanzen erscheint seltsam und wunderbar, und sie stehen mit Allem, was wir in der Pflanzenwelt kennen, im grellen Contrast.

Ich wette darauf, daß kein menschliches Hirn eine bizarre oder monströse Conception fassen kann, die nicht im Augenblick ihr Original in der Serie dieser sonderbaren Gewächse findet. Was könnte man Bizarreres erfinden, als jene merkwürdige Pflanze mit ihren Reihen von Schlangenköpfen, deren Stachel wie feurige Zungen nach allen Seiten hin fliegen, und jene andere, einem Greisenhaupt mit langem Silberhaar gleich, das über Ruinen zu weinen scheint?

Offen gesprochen, es giebt gewisse Erzählungen von Callot-Hoffmann, die ich nicht wagen würde, bei Nacht, allein mit diesen Cactusen, unter dem Einfluß des berauschenden Dufts der brasilianischen Franciscea zu lesen. Und dennoch, so seltsam die cactusartigen Gewächse sind, und so wenig sie durch ihre Schönheit imponiren, so sind doch als besonders charakteristisch ihre vielen, prächtig gefärbten, oft 7 bis 8 Zoll großen Blüthen hervorzuheben, mit denen Mutter Natur ihre häßlichen Gestalten ausgezeichnet hat. Vor

Allem gehört die prachtvolle Königin der Nacht (cactus grandiflorus) hierher. Ihr weit fortkriechender Stengel trägt prachtvolle, fast 10 Zoll im Durchmesser haltende Blumen mit 70 bis 80 goldgelben Kelchschuppen und etwa 25 schneeweißen, 4 Zoll langen Kronenblättern, die in ihrem Schooß 5—600 zierliche Staubgefäße hegen. Geheimnißvoll öffnet sich die vanilleduftende Blüthe in stiller Nacht, und wie eine Sonne strahlt sie in dem wunderbaren Spiel ihrer zarten Staubfäden. Allein sowie der Morgen anbricht, schließt sie sich, und schnell welkt die Pracht dahin, der nur eine so kurze Dauer vergönnt war.

Unter den kugelförmigen Cactus erreichen manche einen Umfang von 7 Fuß, 3 bis 4 Fuß Höhe und ein Gewicht von 20 Centner, während der Zwergcactus wieder so klein ist, daß er, leicht gewurzelt im Sande, sich den Hunden zwischen die Zehen einklemmt. Ferner erreicht die Fackeldistel in lautigen Säulen eine Höhe von 60 Fuß, mitten in der dürrsten Ebene, meist astlos, zuweilen seltsam candelaberartig verzweigt.

Wo alle Vegetation fehlt, da gedeihen diese unförmlichen Gewächse am besten, und in gewissen Gegenden grünen sie bei einer tropischen Hitze, die Alles tödtet, was Bernardin de Saint-Pierre Veranlassung gegeben hat, sie die vegetabilischen Quellen der Wüste zu nennen. Die wilden Esel der Llanos suchen zu dieser Zeit die Cactusgewächse auf, entfernen mit ihren Hufen behutsam die stachelige Decke und löschen ihren brennenden Durst mit dem kühlenden Saft; bisweilen verletzen sie sich aber so gefährlich an den spitzigen Stacheln, daß sie, gelähmt, nur mühsam sich fortschleppen und auf elende Weise umkommen. Die Cactusgewächse zehren während der heißen Jahreszeit von der während der Regenzeit aufgenommenen Feuchtigkeit und behalten dieselbe um so leichter bei sich, als ihnen die Blätter fehlen, durch welche alle Pflanzen das in ihnen enthaltene Wasser verdunsten.

Linné kannte kaum ein Dutzend Arten dieser sonderbaren Gewächse, während uns heut über 600 Arten derselben bekannt sind.

Wenn man bei Sonnenaufgang auf dem Lande spazieren geht, so kann man sehen, daß das von den Dichtern besungene Erwachen der Natur keine Chimäre ist, denn die Pflanzen schlafen auch. Die Blätter, welche während der Nacht sich zur Erde geneigt hatten, richten sich beim Licht empor, dehnen sich aus, werden beweglicher und geräuschvoller, und einmal erwacht, sind sie in immerwährender, zitternder Bewegung. Das Insekt kommt wieder zum Vorschein; die Blumen öffnen sich, erfüllen die Luft mit ihren stärksten Wohlgerüchen, und rufen dadurch mit aller Macht die Insekten herbei.

Nun finden geheimnißvolle Bewegungen der Staubbeutel mit den Griffelnarben statt. Aber wenn der Abend kommt, wird Alles wieder still, Alles ermattet, versinkt in Schlaf, und selbst das Blatt ist unbeweglich zur Mitternachtsstunde. Man frage nur die Vögel, die an diese Erstarrung des Laubes, in dessen Mitte sie selbst ruhen, gar wohl gewöhnt sind. So hört man sie bisweilen, statt beim Erwachen zu pfeifen oder zu singen, sich schweigend verhalten, weil nämlich die Blätter während der Nacht sehr unruhig waren. Die Vögel haben Furcht; sie wissen, das Wetter droht mit einem Sturm.

Die veränderte Richtung der Blätter nennt man Schlaf, weil man glaubt, daß eine ähnliche periodische Erschlaffung der Fasern, wie beim Schlaf der Thiere, die Ursache derselben ist. Indeß kann eine solche Erschlaffung durch nichts bewiesen werden. Die Blattstiele sind selbst bei den Akacien und dem weißen Jelängerjelieber, wo die Blätter herabhängen, ebenso steif, wie im horizontalen Stande der Blätter. Ja, bei den Cassien biegt sich der eigenthümliche Blattstiel so sonderbar, daß die obere Fläche der Blättchen nach innen, die untere aber nach außen zu stehen kommt, eine Biegung, die die Kunst kaum nachzuahmen im Stande ist.

Bei dem sogenannten Pflanzenschlafe vergesse man nicht, sein Augenmerk auf die Blüthenstiele und Blätter zu richten. Es kommen ganz anmuthige Verhältnisse dabei vor. Erinnern wir uns der mit dem Sonnengange zusammenhängenden auf- und abgehenden Bewegung der Wasserlilie und Lotosblume von Nacht zu Tag. Wie es die Wasserlilie im Wasser macht, macht es der Huflattig außer dem Wasser; d. h. er schließt bei Nacht die Blumen und senkt sie nieder, dem schlafenden Menschen ähnlich, der die Augen schließt und das Haupt senkt. Ueberhaupt ist das Senken der Blumen bei Nacht nicht selten, obwohl nicht überall mit dem Schließen der Blumen verbunden, wie andererseits sich viele Blumen schließen ohne sich zu senken. Jede macht's nach ihrer Weise. Bei vielen hängt die Art der Stellung des Blüthenstengels mit der Periode der Blüthezeit zusammen. Der Mohn trägt die Knospe tief gesenkt, so lange sie noch nicht aufgeblüht ist, ungeachtet die Blume doch schwerer ist als die Knospe, wie eine Jungfrau bescheiden ihr Köpfchen neigt, um es als Frau bereinst stolz emporzutragen und sich mit ihrem Schmucke zu brüsten.

Die Euphorbia oleaefolia Gouan läßt ihr Haupt den Winter hindurch überhängen und kündigt durch ihr Sichaufrichten die Wiederkehr des Frühlings an.

Einen ganz besonderen Einfluß scheint die Nacht auf den beweglichen indischen Sauerklee (Hedysarum girans) auszuüben, den Frl. Monsen im Bengal an den heißesten und feuchtesten Orten jenes weiten Ganges-Delta's auffand.

Ein jedes von den Blättern dieser lieblichen Legumimose hat drei Blättchen, wie die unsers Klees, ein größeres in der Mitte, zwei kleinere an den Seiten. Bei Tage steht das mittlere Blättchen horizontal und unbeweglich, des Nachts beugt es sich, um sich an seinen Stengel zu lehnen, wie wenn die Müdigkeit es zur Ruhe einlüde, und gleichwohl ist dieses Blatt immer ohne Regung geblieben, während die beiden an der Seite in unglaublicher Thätigkeit auf- und absteigen, sich vor dem ersteren neigen und heben, in beständiger Emsigkeit, und ohne mehr als eine Minute für jede ihrer Schwingungen zu gebrauchen.

Sie gehen schneller herunter als sie aufsteigen, und beständig getrieben, ein Bild jener Existenzen, die niemals Ruhe und Friede gekannt haben, bewegen sie sich von ihrer Geburt an, und hören nur mit ihrem Tode auf, indem sie noch fortfahren wenn die Pflanze gepflückt ist; aber lebhafter in ihrer Jugend, mäßigen sie, wie wir, ihre Bewegungen wenn das Alter sie erreicht, wenn der Tod sie bedroht. Kaum daß das eine täglich einige Augenblicke innehält, während das andere sich zu bewegen fortfährt. Der Zephir neigt die Zweige dieser Pflanze, ohne ihren Aufschwung aufzuhalten, aber der Sturm macht sie unbeweglich.

Endlich sieht man bei einer großen Anzahl von Pflanzen, wie während der Nacht Blätter die Blüthen beschirmen und nicht eher einschlafen, als bis sie um jene ein schützendes Dach gebildet haben. So der rothe Klee, dessen Blätter die reichen Blumenkronen umringen, so jener schöne vogelfußartige Schotenklee (Lotus ornithopodicides), an dem der große Linné zum ersten Male den Schlaf der Pflanzen wahrnahm, indem er ihn das zwiefache Phänomen darbieten sah, daß er seine aus drei Blättchen bestehenden Nebenblätter hebt, um die drei Gipfelblüthen ganz zu umfangen, ganz zu derselben Zeit, wo er leise seine Blüthenstiele neigt und auf seine vom Wachen müden und geschwächten Zweige niedersinken läßt.

In anderen hingegen neigen die Blätter umgekehrt sich ganz herab, verlassen die Blüthen, werfen sich über und schlafen auf dem Rücken. Diese sonderbare Eigenschaft nimmt man an der weißen Lupine wahr; in einigen Theilen der Pyrenäen, wo man die beiden eben angeführten Pflanzen zugleich baut, gleichen die Felder herrlichen Gartenbeeten, in denen sich die weißen Streifen der Lupine mit den dunkelrothen Häuptern des Klees verflechten. Bei Nacht ist Alles verändert; die Lupine scheint ihre Blätter verloren zu haben und der Klee zeigt seine Blüthe nicht mehr. Man erkennt während des Schlafes den reichen Teppich nicht wieder, der während des Tages so herrlich glänzte.

Weshalb diese tiefgehenden Modifikationen, dieser so verschiedene Instinkt in zwei derselben Gattung angehörenden Pflanzen? Weshalb diese Sorgsamkeit, und woher jene Art von Nachlässigkeit? Könnte der Thau des Himmels, der einen so nützlich, der anderen, die sich zu schirmen sucht, schaden? Niemand kennt diese Geheimnisse; fühlen wir uns in der Bewunderung derselben befriedigt!

Bei den Akazien, beim Klee, bei den Bohnen ist der Schlaf der Pflanzen sehr wohl zu bemerken. Die Bohnenblüthen neigen sich bei Sonnenuntergang so merklich, daß Pythagoras sie für lebend hielt, und in dem Glauben, daß sie eine Seele hätten, verbot er seinen Schülern, davon zu essen, wie er dies auch in Betreff der Thiere gethan hatte.

Aber was würde Pythagoras gesagt haben, wenn er die fliegenfangende Dionäe, oder den bengalischen Klee gekannt hätte, dessen Blätter Schwingungen machen, wie der Pendel einer Uhr? Was hätte er zu der Vallisneria spiralis gesagt, einer Wasserpflanze, aus dem südlichen Frankreich stammend, mit getrennten Geschlechtern, die sich nie zusammenfinden können? Sie wächs't in Sümpfen; aber statt auf der Oberfläche des Wassers zu schwimmen, wie die Seerose, hält sie sich auf dem Grunde. Nun frage man sich, da die Blüthe nur in trockner Umgebung befruchtet werden kann, wie sich die Pflanze dabei verhalten wird. Indeß die Liebe ist erfinderisch. Der spiralförmig gewundene Stengel dieser Pflanze reckt sich im Augenblick des Aufblühens empor und die geöffnete Krone wiegt sich auf dem Wasser. Unglücklicherweise hat die männliche Pflanze nur einen kleinen, ganz kurzen Stengel. Wie wird die Annäherung stattfinden können? Hier giebt es keine vermittelnden Inseln und ebenso wenig vermittelnde Zephyrlüfte! Nun denn, die Blüthen mit Staubfäden machen sich, weil es doch einmal sein muß, von ihrem Stengel los, und indem sie sich ganz frei mitten unter die Pistillenblüthen begeben, flattern sie von einer zur anderen.

Ist die weibliche Blüthe befriedigt, so schließt sie sich, zieht ihre Spirale wieder ein und steigt ruhig wieder auf den Grund des Wassers hinab, um ihre Frucht zu ernähren.

Ueber Volks-Wirthschaft.
Von Carl Rümelin.

Göthe's Ansichten darüber in Wilhelm Meister.

Um zu großen Enttäuschungen und bittern Vorwürfen auszuweichen, halte ich es für gerathen, nachstehenden Auszügen aus obengenanntem Göthischen Werke eine Erklärung vorauszuschicken, so daß der freundliche Leser darauf gefaßt ist, daß die Ueberschrift dieses Artikels und der Inhalt desselben streng genommen nicht ganz übereinstimmen.

Amerikanische, englische und französische Oekonomen haben schon oft in ihren Schriften und auch mir persönlich gegenüber die Ansicht ausgesprochen, daß in Beziehung auf Volks-Wirthschaft die deutsche Literatur nur sehr wenig Originelles biete, und daß die meisten unserer Schriftsteller nur Schüler und nicht einmal sehr gelehrige von Adam Smith, J. B. Say und anderen volkswirthschaftlichen Schriftstellern außerdeutscher Länder seien. Leider fand ich nur zu viel Grund für diese Behauptungen in den in Deutschland gebräuchlichsten Lesebüchern. Die Ueberzeugung verließ mich jedoch nicht, daß in Wahrheit dennoch dieselben ungerechtfertigt seien, und zwar nur deshalb einigen Schein für sich hätten, weil Volks-Wirthschaft als besondere Wissenschaft allerdings erst in Folge von obengenannten französischen und englischen Schriftstellern in unserem Vaterland behandelt wurde. Ich hielt am Glauben fest, daß eine ruhige Untersuchung deutscher Autoren den Beweis liefern werde, daß über Volks-Wirthschaft, zwar nicht als Wissenschaft, aber als klare Erkenntniß und bestimmtes Wissen über menschliches Leben und Wirken viel gründlichere Ansichten in deutschen Schriften zerstreut zu finden seien als in denen anderer Völker. Ich dachte dabei hauptsächlich an Humboldts Kosmos, an Liebig's chemische Briefe und besonders an Göthe's vielseitige Werke. Voraussichtlich konnten bei einem solchen Suchen Register und Rubriken wenig nützen, und nur ein fleißiges Lesen und Sichten konnte die gewünschten Schätze offenbaren, was ich denn auch unverdrossen unternahm und fortsetzte.

Bekanntlich aber gehen Sucher nach Gold, andern Metallen, Kohlen und absonderlich Oel in ihrer Sucht nach den ersehnten Lagerungen leicht fehl, weil sie mit einer solchen Gemüthszuständen eigenthümlichen Leichtgläubigkeit überall das zu finden wähnen, was sie zu finden wünschen. Solche nachspürende Bergmänner bringen dann, neben dem von ihnen ersehnten Metall, auch Vieles zum Vorschein, was zwar werthvoll, aber doch die gesuchte Specialität nicht ist; im Suchen nach Eisen finden sie oft eisenrothe Steine, und in dem nach Kohlen öfters Oel. Aehnliches trug sich mit mir zu, und, wie das Nachfolgende erweisen wird, förderte ich manches zu Tage, was eigentlich nicht recht in die Volkswirthschaft gehört.

Was aber thun? Sollte ich ganz umsonst gearbeitet haben? So fragte ich einen Freund, und dieser meinte: „Nein!" Er hatte durchgelesen, was ich gesammelt, und entschied, daß, ob ich gleich mich geirrt habe, als ich in Wilhelm Meister ein ökonomisches System (verdeckt unter Erzählungen) zu finden glaubte, so ständen die Auszüge, doch in mannigfachem Bezug zu volkswirthschaftlichen Fragen, und seien gewiß für Manchen gerade deshalb interessant. — Sie liefern ja doch den Beweis, daß Göthe allerdings über menschliches Wirthschaften und Leben tief gedacht und aufs Lehrreichste geschrieben hat. Er machte mich auf weitere hierauf bezügliche Stellen in Faust, in den Wahlverwandtschaften, in Wahrheit und Dichtung, Torquato Tasso und andern seiner Werke aufmerksam, und versicherte mir, daß er durch das Lesen meiner Auszüge veranlaßt worden sei, Wilhelm Meister noch einmal zu lesen, und daß er darin nun erst eine wirklich großartige Fülle von Lebensweisheit gefunden, ja daß er jetzt selber glaube, daß zwar kein volkswirthschaftliches System, aber doch eine wohlausgedachte ökonomische Richtung darin sei. Er bestand darauf, daß ich, was ich gesammelt, gerade wie ich es gesammelt, dem Leserkreis der deutsch-amerikanischen Monatshefte vorlege, denn es könne nicht verfehlen, Jeden über volkswirthschaftliche Begriffe aufzuklären.

In Folge dieses Rathes folgen hiermit nachstehende Blätter, ohne weitere Entschuldigung, mit der Bitte, allenfallsige unpassende Eintheilungen mir, in obigem Sinne, zur Last zu legen. Mögen dieselben ebenso erfrischend auf den freundlichen Leser wirken, wie sie es auf mich thaten, so oft ich zu ihnen mich flüchtete aus dem trockenen Lesen von Büchern, die speciell Volkswirthschaft, und zwar systematisch ermüdend, behandelten.

Göthe führt uns die Lehren der Weisheit im Gewande des Lebens vor und deutet, wie ich zu erkennen glaube, darauf hin, daß das menschliche Leben überhaupt in kein System eingepfercht werden kann. Diese Idee drängte sich mir besonders auf als ich folgende Auszüge niederschrieb, und sie nicht aus dem Auge zu verlieren, wird dem freundlichen Leser gewiß zum Nutzen gereichen.

Weltverständniß.

Eine Kraft beherrscht die andere, aber keine kann die andere bilden.

Wer sein Vaterland nicht kennt, hat keinen Maßstab für fremde Länder.

Der heilige Ernst macht allein das Leben zur Ewigkeit!

Es ist vergebens in dieser Welt, nach eigenem Willen zu streben.

Es geht in der neuen Welt zu, wie in der alten hinter uns.

Der Mensch bildet sich zu gern ein, die Welt fange mit ihm von vorne an.

Wenn man einmal weiß, worauf Alles ankommt, hört man auf, gesprächig zu sein. Worauf kommt nun aber Alles an? Denken und Thun, Thun und Denken, das ist die Summe aller Weisheit. Wer sich's zum Gesetz macht, das Thun am Denken, das Denken am Thun zu prüfen, der kann nicht irren, und irrt er, so wird er sich bald auf den rechten Weg zurückfinden.

Alles, worauf der Mensch sich ernstlich einläßt, ist ein Unendliches; nur durch wetteifernde Thätigkeit weiß er sich dagegen zu helfen.

Wer lange lebt, sieht manches gesammelt, manches auseinanderfallen.

Indem der Mensch das Verhältniß zu seines Gleichen, und also zur ganzen Menschheit, das Verhältniß zu allen übrigen irdischen Umgebungen, nothwendigen und zufälligen, durchschaut, lebt er allein, im kosmischen Sinn, in der Wahrheit.

Spur ist nicht Ziel!

Der Gehalt ist in der Weltgeschichte, die Hülle in den Begebenheiten!

Ein einziges Glied, das in einer Kette bricht, vernichtet das Ganze!

Die beiden Welten, die des Stoffes und des Geistigen, gegen einander zu bewegen, ihre beiderseitigen Eigenschaften in der vorübergehenden Lebenserscheinung zu manifestiren, das ist die höchste Gewalt, wozu sich der Mensch auszubilden hat. —

Die Wesen, insofern sie körperlich sind, streben nach dem Centrum, insofern sie geistig sind, nach der Peripherie. —

Was nützt, ist nur ein Theil des Bedeutenden.

Vielseitigkeit bereitet das Element vor, worin der Einseitige wirken kann.

Ein verständiger Mensch ist viel für sich, aber fürs Ganze ist er wenig.

Die Zeit entschuldigt, wie sie tröstet.

Nichts bleibt weniger verborgen und ungenützt, als zweckmäßige Thätigkeit.

Es giebt Augenblicke des Lebens, in welchen Begebenheiten, gleich geflügelten Weberschiffen, vor uns sich hin und her bewegen, und unaufhaltsam ein Gewebe vollenden, das wir selbst gesponnen und angelegt haben.

Nur alle Menschen machen die Menschheit aus, nur alle Kräfte zusammengenommen die Welt.

Das Gewebe dieser Welt ist aus Nothwendigkeit und Zufall gebildet. Die

Vernunft des Menschen stellt sich zwischen beide und weiß sie zu beherrschen; sie behandelt das Nothwendige als Grund ihres Daseins, das Zufällige weiß sie zu leiten und zu nützen.

Wehe Dem, der in dem Nothwendigen etwas Willkürliches finden will, der dem Zufälligen eine Art Vernunft zuschreiben möchte!

Die Menschen rennen rastlos nach dem Genuß der Welt, nach dem Mitgefühl ihrer selbst in Anderen, nach einem harmonischen Zusammensein mit vielen oft unvereinbaren Dingen.

Alles was uns (den Menschen ausgenommen) umgiebt, ist entweder nur Element, in dem wir leben, oder Werkzeug, dessen wir uns bedienen.

Das Schicksal hat an dem Zufall ein sehr ungelenkes Organ.

Anfangs zeigen viele Begebenheiten einen großen Sinn, aber die meisten gehen auf etwas Albernes hinaus.

Es bleibt zuletzt A l l e s, und Nichts wie es war.

Alles, was lebt, findet Nahrung und Beihülfe.

Es giebt gewisse Dinge, die sich das Schicksal hartnäckig vornimmt.

―――――

Menschenkenntniß.

In jeder Anlage liegt auch allein die Kraft, sich selbst zu vollenden.

Der Mensch ist nicht eher glücklich, als bis sein unbedingtes Streben sich selbst seine Begrenzung bestimmt. —

Das Gleichgewicht in menschlichen Handlungen kann leider nur durch Gegensätze hergestellt werden.

Der gesellige Sinn entsteht nur aus einem gewissen allgemeinen Sinn.

Grundsätze sind nur ein Supplement unserer Existenzen; wir hängen unseren Fehlern gar zu gern das Gewand eines gültigen Gesetzes um.

A l l e s ist nichts, wenn das Eine fehlt, was dem Menschen alles Uebrige werth ist.

Es ist nichts natürlicher, als daß es uns vor einem großen Anblick schwindelt, weil wir zugleich unsere Kleinheit und unsere Größe fühlen. Es ist überhaupt kein wahrer Genuß als der, wo man erst schwindeln muß.

Der Mensch versteht nichts, als was ihm gemäß ist. —

Der Mensch fordert stolz ein neues Ganze und stellt sich in dessen Mitte. —

Man umgrenze den Menschen wie man wolle, er schaut doch zuletzt in seiner Zeit umher.

Man glaubt der Sorgen los zu werden wenn man den Platz verändert.

Des Schönen sind die Menschen selten fähig, öfter des Guten.

Der Mensch ist ein geselliges, gesprächiges Wesen; seine Lust ist groß, wenn er Fähigkeiten ausübt, die ihm gegeben sind, wenn auch weiter nichts dabei heraus kommt.

Es ist eine Eigenheit des Menschen, von vorn anfangen zu wollen, und genau genommen, fängt auch Jeder von vorn an.

Gewöhnlich zerstreut der Sohn, was der Vater gesammelt hat, sammelt aber etwas auf andere Weise; kann man jedoch den Enkel, die neue Generation, abwarten, so kommen dieselben Neigungen und Ansichten wieder zum Vorschein.

Die verschiedensten Einwirkungen, den Menschen umringend, treiben ihn zu einem Entschluß.

Wir bespiegeln uns immer selbst in Allem was wir hervorbringen.

Menschen, denen es nach dem Sinne geht, wissen alsbald nicht, was sie vor Uebermuth anfangen sollen.

Wenn man dem Menschen gleich und immer sagt, worauf Alles ankommt, so denkt er, es sei nichts dahinter.

Unglückliche machen uns immer Langeweile.

Die Menschen werden wohl über die Zwecke einig, seltener über die Mittel; denn das Große hebt uns über uns selbst hinaus, und leuchtet uns vor wie ein Stern; die Wahl der Mittel aber ruft uns in uns selbst zurück, und da wird Jeder wie er war.

Der Mensch hofft nur in der Nähe, da muß er handeln und helfen; in die Ferne soll er hoffen und Gott vertrauen.

In der Menschennatur ist etwas Analoges zum Starrsten und Rohsten.

Mathematiker sind hartnäckig, ein heller Geist ist ungläubig. —

Von thätigen, gescheidten, freisinnigen und kühnen Menschen gehen große Wirkungen aus.

In der Gewohnheit ruht das einzige Behagen des Menschen.

Im Praktischen ist doch kein Mensch tolerant, denn wer auch versichert, daß er Jedem seine Art und Weise lassen wolle, sucht doch immer Diejenigen von der Thätigkeit auszuschließen, die nicht so denken wie er.

Der Mensch begehrt Alles an sich zu reißen, um damit nach Belieben schalten und walten zu können.

Es ist ein Hauptfehler gebildeter Menschen, daß sie Alles an eine Idee, wenig oder Nichts an den Gegenstand wenden mögen. —

Das Außerordentliche, was geschieht, ist meistens thöricht, weil die Menschen das Außerordentliche außer Ordnung thun.

Das Menschenpack fürchtet sich vor nichts mehr als vor dem Verstand; vor der Dummheit sollten sie sich fürchten, wenn sie begriffen, was fürchterlich ist.

Die Menschen treiben ihr Geschäft ohne Nachdenken; ihre Anforderungen sind ohne Grenzen; Jeder will nicht allein der Erste, sondern auch der Einzige sein; sie wirken mit großer Heftigkeit gegen einander, und nur die kleinlichste Eigenliebe, der beschränkteste Eigennutz macht, daß sie sich mit einander verbinden. Immer bedürftig und immer ohne Zutrauen, scheint es, als wenn sie sich vor nichts so sehr fürchteten, wie vor Vernunft und gutem Geschmack, und nichts so sehr zu erhalten suchten, als das Majestätsrecht ihrer persönlichen Willkür.

Es ist süß, seine eigenen Ueberzeugungen aus dem Munde Anderer zu hören.

Man kann die Erfahrung nie früh genug machen, wie **entbehrlich** man in der Welt ist.

Die Menschen erscheinen höchst gerecht, wenn sie ohne Leidenschaft sind.

Alles erscheint den Menschen in leidenschaftlichen Augenblicken unbedeutend.

Der Mensch besitzt keine angeborene Neigung und Fähigkeit, ohne sie zu nützen.

Vornehme erlauben Jedem, seinen Titel, seinen Rang, seine Kleider und Equipage, nur nicht seine Verdienste, geltend zu machen.

Bei ererbten Reichthümern, bei vollkommener Leichtigkeit des Daseins und reichen Umgebungen gewöhnt man sich leicht, diese Güter als das Erste und Größte zu betrachten, und der Werth einer von Natur schön ausgestatteten Menschheit wird Einem nicht deutlich.

Arme haben nichts als sich selbst; dieses ganze Selbst müssen sie der Freundschaft hingeben, und so genießen sie dieselbe allein in vollem Maße; sie macht das Hauptcapital ihres Reichthums aus.

Die Eigenliebe läßt uns sowohl unsere Tugenden, als unsere Fehler viel bedeutender erscheinen, als sie sind.

Unmöglich ist dem Menschen nicht das an sich Unmögliche, sondern was **ihm** unmöglich ist.

Die Summe unserer Existenz, durch Vernunft dividirt, geht niemals rein auf; immer bleibt ein **wunderlicher Bruch** übrig. —

Der Mensch ist zu geneigt, sich mit dem Gemeinsten abzugeben.

Der Mensch kann in keine gefährlichere Lage versetzt werden, als wenn durch **äußere** Umstände eine große Veränderung seines Zustandes bewirkt wird, ohne daß seine Art, zu empfinden und zu denken, darauf vorbereitet ist. Es giebt dann Epochen ohne Epoche, und es entsteht ein desto größerer Widerspruch, je weniger der Mensch bemerkt, daß er zu dem neuen Zustande noch nicht umgebildet sei.

Der Edle kann sich vernachlässigen, der Vornehme nie.

Der Mensch ist zu einer beschränkten Lage geboren, einfache, nahe bestimmte Zwecke vermag er einzusehen; kommt er aber ins Weite, so weiß er weder was er will, noch was er soll.

Man will gerade wissen und kennen, was Einen am wenigsten angeht, und bemerkt nicht, daß kein Hunger dadurch gestillt wird, daß man nach Luft schnappt.

Die Tugend schwebt immer zwischen Extremen.

Selten ist der Mensch mit dem Zustande zufrieden, in dem er sich befindet; er wünscht den seines Nächsten, aus welchem sich dieser gleichfalls heraussehnt.

Nicht im Stande, in **dir** liegt das Armselige, über das du nicht Herr werden kannst.

Nur der **Mensch** freut mich, der weiß, was ihm und Andern nütze ist, und seine Willkür zu beschränken arbeitet.

Der rohe Mensch ist zufrieden wenn er nur etwas vorgehen sieht; der Gebildete will empfinden, und Nachdenken ist nur dem ganz Ausgebildeten angenehm.

Der Mensch ist dem Menschen das Interessanteste, und sollte ihn vielleicht ganz allein interessiren.

Halbmenschen werden zahm wenn sie an die Auflösung denken, der noch Niemand entgangen ist, noch entgehen wird.

Der Mensch möchte scheinen, wollen, wählen, zu können.

Charakter, Individualität, Neigung, Richtung, Oertlichkeit, Umgebungen und Gewohnheiten, bilden zusammen ein Ganzes, in welchem jeder Mensch, wie in einem Elemente, in einer Atmosphäre, schwimmt.

Thoren und gescheidte Leute sind gleich unschädlich. Nur die Halbnarren und Halbweisen, das sind die Gefährlichsten.

Jeder Mensch hat in der Nähe und in der Ferne gewisse örtliche Einzelheiten, die ihn anziehen, die ihm seinem Charakter nach und des Eindruckes gewisser Umstände und Gewohnheiten willen besonders lieb und aufregend sind.

Wenn der Deutsche scheukt, liebt er gewiß.

Allgemeine Wirthschafts-Begriffe.

Gutes Wirthschaften ist still in seiner Wirksamkeit; es befördert Jeden in seinem Kreis.

S o r g e n ziemt dem Alter, damit die Jugend eine Zeit lang sorglos sein kann.

Es ist nicht räthlich, nur an e i n e m Ort zu besitzen, nur e i n e m Platz sein Geld anzuvertrauen; dagegen ist es schwer, an vielen Orten Aufsicht darüber zu führen.

Auf bequemen Müssiggang, so gut als auf überstrengte Arbeit, auf Willkür und Ueberfluß, wie auf Noth und Mangel sieht die Natur mit traurigen Augen nieder. Zur Mäßigkeit ruft sie, wahr sind alle ihre Verhältnisse und richtig alle ihre Wirkungen.

Man erlaubt der Wohlthätigkeit gern eine wunderliche Außenseite.

Göthe nennt Papier-Geld: „W i n d - M ü n z e!"

Man verkauft nicht, was keinen Preis hat.

Die Gaben des Geistes sind überall zu Hause, die Geschenke der Natur über den Erdboden sparsam ausgetheilt.

B e s i t z u n d G e m e i n g u t! Heben die beiden Begriffe sich nicht auf?

Jeder suche den Besitz, der ihm von der Natur, vom Schicksal gegönnt war, zu würdigen, zu erhalten, zu steigern; immer aber lasse er Andere theilnehmen, denn nur in sofern werden die Vermögenden geschützt, als Andere durch sie genießen.

Das Kapital soll Niemand angreifen, die Interessen werden ohnehin im Weltlauf schon Jedermann angehören.

Der Feinste betrügt sich oft, gerade weil er zu viel sichert.

Man muß Erspartes niemals angreifen zu Gelegenheit- und Vergnügungszwecken.

Eine liebevolle Aufmerksamkeit auf das, was der Mensch besitzt, macht ihn reich.

Wer am längsten sich erhält, hat auch etwas geleistet.

Das Lebendige muß man ergreifen und üben, aber im Stillen, sonst wird man gehindert und hindert Andere.

Auch der kleine Krämer muß Messen und Märkte besuchen, sich dem Großen nähern, um seinen kleinen Vortheil am Beispiel und an der Theilnahme am Grenzenlosen zu steigern.

Was der Mensch besitzt, ist von großem Werth, was er leistet, von größerem.

Die meisten und höchsten Güter bestehen im Beweglichen und in demjenigen, was durch's bewegte Leben gewonnen wird.

Auch ohne Besitz läßt sich Benutzung denken.

Ich kann Niemandem verdenken, daß er sich für seinen eigenen Nächsten hält.

An und in dem Boden findet man für die höchsten irdischen Bedürfnisse das Material, eine Welt des Stoffes, den höchsten Fähigkeiten des Menschen zur Bearbeitung übergeben.

In dem Einen, das Einer recht thut, sieht er das Gleichniß von Allem, was recht gethan wird.

Demjenigen, der mit uns und für uns arbeitet, sollte man auch Vortheile in dem Seinigen gönnen, die uns erweiterte Kenntnisse und eine vorrückende Zeit darbieten.

Das Geld, das man nicht selbst ausgiebt, scheint uns selten wohl angewendet.

Nicht entschlossen, sondern verzweifelt, entsagen wir dem, was wir besitzen.

W o h l h a b e n d ist Jeder, der dem, was er besitzt, vorzustehen weiß; v i e l habend zu sein, ist eine lästige Sache, wenn man es nicht versteht.

Der Mensch kann bei consequenter Anwendung seiner Kräfte, seiner Zeit, seines Geldes, selbst durch geringscheinende Mittel ungeheure Wirkungen hervorbringen.

Alle Uebergänge sind Krisen! Und ist eine Krise nicht Krankheit?

Geschickte Einrichtung macht Alles möglich.

Man wird nicht ärmer, wenn man sein Hauswesen zusammenzieht.

Man kann die Waare und das Geld nicht zugleich haben.

Nicht Alles ist unnütz, was uns nicht unmittelbar Geld in den Beutel bringt.

Ordnung und Klarheit vermehrt die Lust zu sparen und zu erwerben.

Ein Mensch, der übel haushält, mag die Posten nicht gern zusammenrechnen, die er schuldig ist; aber einem guten Wirthe ist nichts angenehmer, als die Summe seines wachsenden Glückes zu ziehen.

Die natürlichen und künstlichen Producte aller Welttheile sind wechselsweise zur Nothdurft geworden.

Die geringste Waare steht im Zusammenhang mit dem ganzen Handel.

Halte Nichts für gering, denn Alles vermehrt die Circulation, von der dein Leben seine Nahrung zieht.

Die Göttin des Handels führt lieber den Oelzweig als das Schwert. Dolch und Ketten kennt sie gar nicht, aber Kronen theilt sie ihren Lieblingen aus.

Nicht in Zahlen allein erscheint uns der Gewinn.

Den Werth und Unwerth irdischer Dinge kennt Der am besten, der im Falle war, sie von Jugend auf zu genießen.

Schade, wenn man mit hohlen Nüssen um hohle Nüsse spielt.

Geburt, Stand und Vermögen stehen in keinem Widerspruch mit Gewinn und Geschenk.

Daß man mehr einnehme als ausgebe, dies zu bewirken, ist am Ende die Summe des ganzen Staatshaushalts, sowie der kleinsten häuslichen Wirthschaft.

Das Leben ist nur auf Gewinn und Verlust berechnet.

Specielle Wirthschaftsbegriffe.

Wo Kindern bei Lebzeiten der Eltern Güter abgetreten werden, gewinnen sie, auch wenn das ausbedungene Jahrgehalt stark ist, e t w a s für die Gegenwart, für die Zukunft Alles.

Der Käufer bedarf der Waare und betrachtet sie selten mit Renneraugen. Der Verkäufer weiß recht gut, was er giebt, der Käufer nicht immer, was er empfängt. Dies ist im menschlichen Umgang nicht zu ändern; ja es ist so löblich wie nothwendig, denn alles Begehren und Fragen, alles Kaufen und Tauschen beruht darauf.

In der täglichen Societät, wo beim Hin- und Widerreden über weltliche Dinge von Zahlen, Summen-Ausgleichungen die Rede ist, muß ein fertiger Kopfrechner höchst willkommen mit einwirken.

Sich auf ein Handwerk beschränken, ist das Beste.

Man ist mit Niemandem mehr geplagt, als mit Dienstboten; es will Niemand dienen, nicht einmal sich selbst.

Das Gesinde wie ein Falle beobachten, ist Grund aller Haushaltung.

Wie nur Der ein guter Vater ist, der bei Tisch erst seinen Kindern vorlegt, so ist Der nur ein guter Bürger, der vor allen andern Ausgaben das, was er dem Staate zu entrichten hat, zurücklegt.

Durch fortdauernde Anhänglichkeit und Liebe wird der Diener dem Herrn gleich.

Es ist immer ein Unglück, wenn ein Mensch veranlaßt wird, nach etwas zu streben, mit dem er sich durch eine regelmäßige Selbstthätigkeit nicht verbinden kann.

Ich wüßte nicht, wessen Geist ausgebreiteter wäre, ausgebreiteter sein müßte, als der Geist eines echten Handelsmannes.

Die doppelte Buchhaltung ist eine der schönsten Erfindungen; jeder Haushälter sollte sie einführen.

Form und Sache sind beim Kaufmann nur Eins. Eins ohne das Andere könnte nicht bestehen.

Welche Bequemlichkeit, welche Leichtigkeit giebt ein angebornes Vermögen! Wie sicher blüht der Handel, der auf ein gutes Kapital gegründet ist, so daß nicht jeder mißlungene Versuch in Unthätigkeit versetzt!

Es ist nicht Wohlthat, noch Pflicht, auf ein Haupt viele Güter zu häufen. Die Einsamkeit macht nicht die Freistatt. Die schätzenswertheste Freistatt ist da zu suchen, wo wir thätig sein können.

Auf einem großen Marktplatz ist's, als ob die Bedürfnisse und Beschäftigungen sämmtlicher Familien des Landes umher, nach außen gekehrt, im Mittelpunkte gesammelt ans Tageslicht gebracht werden; denn hier sieht der aufmerksame Beobachter Alles, was der Mensch leistet und bedarf, und man bildet sich einen Augenblick ein, es sei kein Geld nöthig, jedes Geschäft könne hier durch Tausch abgethan werden, und so ist es auch im Grunde!

Ich finde kein anmuthigeres Bild, als die einfache treue Rechtlichkeit, wie der deutsche Mittelstand sie in seinen reinen Häuslichkeiten sehen läßt.

Hat Talent uns guten Namen und die Neigung der Menschen verschafft, so ist es billig, daß wir durch Fleiß und Anstrengung uns die Mittel erwerben, unsere Bedürfnisse zu befriedigen, da wir doch einmal nicht ganz Geist sind.

Da der Kaiser alle Tage Geld von uns nimmt, so sehe ich nicht ein, warum ich mich schämen sollte, Geld von ihm anzunehmen.

Kein Genuß ist vorübergehend; der Eindruck ist bleibend.

Man muß ja keine Zeit versäumen; man weiß nicht, wie lange man beisammen bleibt.

Von Freunden, und nicht allein von Feinden, muß, was man wünscht, erstürmt werden.

Eine Thätigkeit läßt sich in andere verweben, keine an die andere anstückeln.

Lebensbegriffe.

Nach bestimmten Gesetzen treten wir ins Leben ein, aber für die Lebensdauer ist kein Gesetz.

Ein gebildeter Mensch kann unglaublich viel für sich und Andere thun, wenn er, ohne herrschen zu wollen, das Gemüth hat, Vormund von Vielen zu sein.

Das Leben gehört den Lebendigen an, und wer lebt, muß auf Wechsel gefaßt sein.

Kinder fragen ohnehin früh genug nach den Ursachen.

Mannigfaltigkeit der Gegenstände verwirrt Jeden.

Das Unglück fällt über Gute und Böse. Es ist eine wirksame Arznei, welche die Guten mit den Ueblen angreift.

Wenn das Reh flieht, ist es darum nicht schuldig.

Thorheit ist oft nichts Anderes, als Vernunft unter einem andern Aeußern.

Die Katze weiß recht wohl, wem sie den Bart leckt!

Der Mensch muß Egoist sein, um nicht Egoist zu werden; zusammenhalten, damit er spenden könne.

Man verändert sich viel weniger als man glaubt, und Zustände bleiben auch meistens sehr ähnlich.

Durch Brillen wird der äußere Sinn mit seinen inneren Urtheilsfähigkeiten außer Gleichgewicht gesetzt.

Von Natur besitzen wir keinen Fehler, der nicht zur Tugend, keine Tugend, die nicht zum Fehler werden könnte; die letzten sind die bedenklichsten.

Der Mensch widersteht der Veränderung nicht, welche die Zeit hervorbringt.

Kenntnisse und Gesinnungen werden so gut überliefert wie Besitz.

Allem Leben, allem Thun, aller Kunst muß das Handwerk vorausgehen, welches nur in der Beschränkung erworben wird.

Vernünftig und ruhig leben, ist zuletzt Absicht und Wunsch jedes Menschen.

Der Verständige braucht sich blos zu mäßigen, so ist er auch glücklich.

Der Uebergang von innerer Wahrheit zum äußern Wirklichen ist im Contrast immer schmerzlich. —

Der Wahn hat, so lange er dauert, eine unüberwindliche Wahrheit.

Jede Absonderung, jede Bedingung, die unsern aufkeimenden Leidenschaften in den Weg tritt, schärft sie.

Die Künste sind das Salz der Erde.

Wer sich dem Nothwendigsten widmet, geht überall am sichersten zum Ziel.

Thätig zu sein, ist des Menschen erste Bestimmung.

Man verliert nicht immer, wenn man entbehrt. —

Viel Prunk und wenig Genuß, — Reichthum und Geiz, — Adel und Rohheit, — Jugend und Pedanterie, — Bedürfnisse und Ceremonieen, — sind v e r n i ch t e n d e Verhältnisse.

Der Sinn erweitert, aber lähmt; die That belebt, aber beschränkt.

Das Nützliche befördert sich selbst, denn die Menge bringt es hervor; das Schöne muß befördert werden, denn Wenige stellen es dar, Viele bedürfen seiner.

So lange Einer lebt und sich rührt, findet er immer seine Nahrung.

Bei angenehm vollbrachter Zeit glaubt man gern, man habe etwas Nützliches gethan.

Die Aussprüche des Verstandes gelten eigentlich nur einmal, und zwar in dem bestimmtesten Falle.

Ohne Ernst ist in der Welt Nichts möglich.

Auf den Zusammenhang kommt doch eigentlich Alles an.

W e r n e r meinte: Ich finde nichts natürlicher in der Welt, als von den Thorheiten Anderer Vortheil zu ziehen.

Wilhelm Meister antwortete: Es wäre edler, sie von ihren Thorheiten zu heilen.

Das Glück ist die Göttin der lebenden Menschen, und um ihre Gunst wahrhaft zu empfinden, muß man leben und Menschen sehen, die sich recht lebendig bemühen und recht sinnlich genießen.

Nichts ist im Leben ohne Beschwerlichkeit. —

Was unmöglich schien, nimmt sogleich, wenn es geschehen ist, neben dem Gemeinen seinen Platz ein.

Das Schicksal ist ein vornehmer, aber theuerer, Hofmeister.

Wer in einem gewissen Alter frühere Jugendwünsche und Hoffnungen realisiren will, betrügt sich immer. Jedes Jahrzehnt hat sein eigenes Glück.

Das höchste Unglück, wie das höchste Glück, verändert die Ansichten aller Gegenstände.

Die Hoffnung, ein altes Glück wieder herzustellen, flammt immer einmal wieder in den Menschen auf.

Es ist eine schreckliche Aufgabe, das Unnachahmliche nachzuahmen.

Es gehört Genie zu Allem, auch zum Märtyrerthum.

Ich kann die Menschen nicht mehr ernst nehmen.

Säen ist nicht so beschwerlich wie Ernten.

Man schmeichelt sich ins Leben hinein, aber das Leben schmeichelt uns nicht.

Die Zeit rückt fort, auch in ihr Gesinnungen, Meinungen, Vorurtheile und Liebhabereien.

Jeder Zustand hat seine Beschwerlichkeiten, der beschränkte sowohl wie der losgebundene. Letzterer setzt Ueberfluß voraus und führt zur Verschwendung. Sobald Mangel eintritt, sogleich ist Selbstbeschränkung wiedergegeben; das Nützliche erhält wieder die Oberhand und es entsteht eine neue Ansicht der Dinge.

Wir machen viel zu viel vorarbeitenden Aufwand aufs Leben.

Anstatt uns in einem mäßigen Zustand behaglich zu fühlen, gehen wir immer mehr ins Breite.

Lebensregeln.

Man muß mit Nachbarn und Nachbarinnen im besten Vernehmen und in einem ewigen Gefälligkeitswechsel stehen.

Gut Ding will gut Weile haben.

Der Mensch hat nur allzu sehr Ursache, sich vor dem Menschen zu schützen.

Wer über eine Beleidigung weint, dem werden mehrere begegnen.

Aufmerksamkeit ist das Leben.

Vom Nützlichen durchs Wahre zum Schönen!

Auf die alte Lebensregel: Den Meisten das Beste! meint Göthe, es sei besser: Vielen das Erwünschte!

Ueberall braucht der Mensch Geduld, überall muß er Rücksicht nehmen.

Man muß das Langdauernde um sich haben, als Gegengewicht dessen, was in der Welt so schnell wechselt und sich verändert.

Beharrlichkeit auf den Besitz giebt uns in manchen Fällen die größte Energie.

Seine Ueberzeugungen muß Jeder im tiefsten Ernst bei sich selbst bewahren; Jeder weiß nur für sich selbst, was er weiß, und das muß er geheim halten; wie er es ausspricht, sogleich ist der Widerspruch rege, und wie er sich in Streit einläßt, kommt er in sich selbst aus dem Gleichgewicht, und sein Bestes wird, wo nicht zernichtet, doch gestört.

Leben schafft Leben; wer Andern nützlich ist, versetzt sie in die Nothwendigkeit, auch ihm zu nützen.

Trachte Jeder überall sich und Andern zu nützen, ist Ausspruch des Lebens selbst.

Gewissen Geheimnissen, und wenn sie auch offenbar wären, muß man durch Verhüllen und Schweigen Achtung erweisen, denn dieses wirkt auf Scham und gute Sitten.

Der Mensch suche das Folgerechte nicht in den Umständen, sondern in sich selbst.

Der Einzelne ist sich nicht hinreichend; Gesellschaft bleibt eines wackern Mannes Bedürfniß. Alle brauchbaren Menschen sollen in Bezug zu einander stehen.

Mäßigung im Willkürlichen, Emsigkeit im Nothwendigen!

Das Sicherste bleibt immer, nur das Nächste zu thun, was vor uns liegt.

An das Nächste soll man denken!

Es führt zu weit, wenn wir um des Guten und Nützlichen willen be‐ trügen.

Was man nicht bespricht, bedenkt man nicht!

Da wo du bist, da wo du bleibst, wirke was du kannst, sei thätig und ge‐ fällig und laß dir die Gegenwart heiter sein.

Wer nicht im Augenblick hilft, hilft nie.

Man sollte alle Tage wenigstens ein kleines Lied hören, ein gutes Gedicht lesen, ein treffliches Gemälde sehen, und wenn es möglich zu machen wäre, einige vernünftige Worte sprechen.

Bildungs- und Erziehungsbegriffe.

Eine große Reise ist für einen jungen Mann sehr nützlich.

Ein junger Mann hat immer Ursache, sich anzuschließen.

Der Vater behält immer eine Art von despotischem Verhältniß zum Sohn.

Die Gebirge sind stumme Meister und machen schweigsame Schüler.

Narrenpossen sind eure allgemeine Bildung und alle Anstalten dazu!

Daß ein Mensch etwas ganz entschieden verstehe, vorzüglich leiste, darauf kommt's an.

Eines recht wissen und ausüben, giebt höhere Bildung, als Halbheit im Hundertfältigen.

Wohlgeborene gesunde Kinder bringen viel mit; die Natur hat Jedem Alles gegeben, was er für Zeit und Dauer nöthig hat; dieses zu entwickeln, ist unsere Pflicht; öfter entwickelt sich's besser von selbst.

Auf Ehrfurcht kommt Alles an, damit der Mensch nach allen Seiten zu ein Mensch sei. Ehrfurcht nach oben, Ehrfurcht nach unten, Ehrfurcht vor sich selbst.

Wer Andere lehren will, kann wohl oft das Beste verschweigen, was er weiß, aber er darf nicht halbwissend sein.

Was der Mensch leisten soll, muß sich als ein zweites Selbst von ihm ablösen; also sollte sein erstes Selbst davon durchdrungen sein.

Von unten hinauf zu dienen, ist überall nöthig.

Man thut nicht wohl, der sittlichen Bildung einsam, in sich selbst verschlossen, nachzuhängen; auch die feinere Sinnlichkeit muß man mit ausbilden.

Alles, was uns begegnet, läßt Spuren zurück, Alles trägt unmerklich zur Bildung bei; doch ist es gefährlich, sich davon Rechenschaft geben zu wollen.

Entschiedene Neigung, frühe Gelegenheit, äußerer Antrieb und eine fortgesetzte Beschäftigung mit einer nützlichen Sache, machen in der Welt recht viel möglich.

Es ist die Art aller der Menschen, denen an innerer Bildung viel gelegen ist, daß sie die äußeren Verhältnisse ganz und gar vernachlässigen.

Wahre Kunst, wie gute Gesellschaft, nöthigt uns auf die angenehmste Weise, das Maß zu erkennen, nach dem und zu dem unser Innerstes gebildet ist.

Wenn eine schöne Natur sich überbildet, so ist für sie keine Duldung in der Welt.

Nicht allen Menschen ist es eigentlich um ihre Bildung zu thun; viele wünschen nur so ein Hausmittel zum Wohlbefinden.

Ein geringer, aber richtiger Verstand wirkt mehr als ein verworrenes, ungeläutertes Genie. —

Die beste Bildung findet ein gescheidter Mann auf Reisen.

Nichts erhält so sehr den gemeinen Verstand, als im allgemeinen Sinn mit vielen Menschen umzugehen.

Zu vollenden, ist nicht Sache des Schülers; es ist genug, wenn er sich übt.

Es fehlt dir nur der Anblick einer großen Thätigkeit.

Nur die Fähigkeit zu etwas wird uns angeboren; sie will gelernt und sorgfältig ausgeübt sein.

Die Meister sollen lehren, was man zuerst wissen muß, um das Uebrige leichter zu begreifen. Der Schüler lerne, was er nie zu verlernen braucht.

Eine große Societät läßt sich am besten durch ein Theater unterhalten.

Es ist blos ein Dünkel der Eltern, wenn sie sich einbilden, daß ihr Dasein für die Kinder nothwendig sei.

Wir müssen früher oder später lernen, uns in Andere zu schicken.

Wer kann die Verirrten besser auf den rechten Weg führen, als die in den Irrgängen des Lebens schon Eingeweihten?

Man erziehe die Knaben zu Dienern, die Mädchen zu Müttern!

Mar. bilde an Zöglingen das rein aus, was sie bedürfen, wenn sie in das Feld eigener Thätigkeit und Selbstständigkeit hinüberschreiten; nur dann ist ihre Erziehung vollendet.

Dem Einzelnen bleibe die Freiheit, sich mit dem zu beschäftigen, das ihn anzieht; aber das eigentliche Studium der Menschheit ist der Mensch.

Die Pflanze gleicht den eigensinnigen Menschen, von denen man Alles erhalten kann, wenn man sie nach ihrer Art behandelt.

Charakterunterschiede der zwei Geschlechter.

Nie fehlt es den Frauen an einer Thräne bei Schaltheiten, niemals an einer Entschuldigung bei ihrem Unrecht.

Die Weiber bestehen viel ernsthafter darauf, daß nichts verschleudert werde, als die Männer. Jeder soll nur genießen insofern er dazu berechtigt ist.

Der Mann, indem er zu regieren glaubt, regiert nichts.

Eine vernünftige Hausfrau herrscht im Innern wirklich.

Hat ein Weib einmal die innere Herrschaft ergriffen, so macht sie den Mann, den sie liebt, erst allein zum Herrn. Was er besitzt, sieht er gesichert, und was er erwirbt, gut benutzt.

Wer die Weiber haßt, wie kann Der leben?

M ä n n e r müssen sich gewöhnen, zusammen zu handeln, sich unter ihres Gleichen zu verlieren, in Masse zu gehorchen und ins Ganze zu arbeiten.

F r a u e n sind bestimmt, ihr ganzes Leben allein zu stehen und allein zu handeln. Jede Frau schließt die andere aus.

Der Mann verlangt den Mann; er würde sich einen zweiten erschaffen, wenn es keinen gäbe.

Eine Frau könnte eine Ewigkeit leben, ohne daran zu denken, sich ihres Gleichen hervorzubringen.

Staatsmaximen und Ideen.

Der Staat bedarf jeder Zeit gewisser Thätigkeiten; die Pflege des streng gerichtlichen Rechts; des läßlicheren, wo Klugheit und Gewandtheit dem ausübenden zur Hand geht, den Calcul zum Tagesgebrauch, die höheren Uebersichten nicht ausgeschlossen; aber Alles unmittelbar am Leben, wie es gewiß und unausbleiblich zu gebrauchen wäre.

Das Genie, das angeborne Talent, begreift am ersten die Nothwendigkeit entschiedener Gesetze und leistet am willigsten Gehorsam. Das Halbvermögen wünscht gern seine Beschränkt- und Besonderheit an die Stelle des unbedingten Ganzen zu setzen, und seine falschen Griffe unter Vorwand einer unbezwinglichen Originalität und Selbstständigkeit zu beschönigen.

Was ist Conventionelles anders, als daß die vorzüglichsten Menschen übereinkamen, das Nothwendige und Unerläßliche fürs Beste zu halten, und gereicht es nicht überall zum Glück?

Der natürliche Mensch strebt millionen Male in seinem Leben von der Furcht zur Freiheit, von der Freiheit zur Furcht, und kommt um nichts weiter.

Wer sich den Gesetzen nicht fügen lernt, muß die Gegend verlassen, wo sie gelten.

Eine neue Ordnung der Dinge zieht manches Unbequeme nach sich.

Es bedarf gar manches Unreinen, um ins Reine zu kommen.

Eine Reihe von Jahren, mit Verstand und Redlichkeit benützt, sind hinreichend, das Abgestorbene zu beleben und das Stockende in Umtrieb zu setzen, und zuletzt durch Ordnung und Thätigkeit seinen Zweck zu erreichen.

Das größte Bedürfniß eines Staates ist das einer muthigen Obrigkeit.

Die Einrichtung, daß die höhere Obrigkeit umherzieht, ist dem Sinn freier Staaten am gemäßesten.

Strenge Gesetze stumpfen sich sehr bald ab.

Bei großen Unternehmungen, wie bei großen Gefahren, muß der Leichtsinn verbannt sein. —

Allzu thätige Personen werden in einem gleichmäßig geregelten Zustand lästig.

Eine Meinung, von energischen Männern ausgehend, verbreitet sich contagiös über die Menge und heißt dann herrschend.

Das höchste Glück der Menschen ist, das auszuführen, was sie für recht und gut halten.

Mir kommt kein Besitz ganz rechtmäßig, ganz rein vor, als der bem Staat seinen schuldigen Theil abträgt. Durch Steuergleichheit mit allen übrigen Besitzungen entsteht ganz allein die Sicherheit des Besitzes.

Gesetze geben dem Leben einen gewissen Halt.

In der menschlichen Natur bleibt immer eine Lücke, die nur durch ein entschieden ausgesprochenes Gesetz ausgefüllt werden kann.

Erließe der Staat gegen billige, regelmäßige Abgabe uns des Lehns hocus pocus; erlaubte er uns, mit unseren Gütern nach Belieben zu schalten; müßten wir sie nicht in so großen Massen zusammenhalten, und könnten wir sie unter unsere Kinder gleicher vertheilen und so Alle in lebhafte f r e i e Thätigkeit versetzen, statt ihnen beschränkte und beschränkende Vorrechte zu hinterlassen, so würde der Staat mehr, vielleicht bessere Bürger haben und nicht so oft um Köpfe und Hände verlegen sein.

Ein Großer kann wohl Freunde h a b e n, aber er kann nicht Freund sein.

Man regiere nicht mehr, als damit der Gute ungehindert gut sein kann.

Es ist eine falsche Nachgiebigkeit gegen die Menge, wenn man ihr die Empfindungen erregt, die sie haben w i l l, und nicht, die sie haben s o l l.

Eine jede gute Societät existirt nur unter gewissen Bedingungen.

Alles, was durch mehrere zusammentreffende Umstände und Menschen hervorgebracht werden soll, kann keine lange Zeit sich vollkommen erhalten.

Man weiß nur zu verbieten, zu hindern, abzulehnen, selten aber zu gebieten, zu befördern, zu belohnen. Man läßt Alles in der Welt gehen bis es schädlich wird, dann schlägt man drein. — (Ist eine schlechte Regierung je besser gezeichnet worden?)

Vor dem Verstande sind alle Rechte gleich.

Gewisse Verhältnisse heben sich nicht und bilden sich nicht, ohne daß manches, was steht, falle, ohne daß manches weiche, was zum Beharren Lust hat.

Der Glückliche ist nicht geeignet, Glücklichen vorzustehen. Es liegt in der menschlichen Natur, immer mehr von sich und Andern zu fordern, je mehr man empfangen hat.

Nichts ist, in der Erziehung sowohl als auch bei der Leitung der Völker, ungeschickter, barbarischer, als Verbote, als verbietende Gesetze und Anordnungen. Der Mensch ist ja von Haus aus thätig, und thut recht gern das Gute, das Zweckmäßige, wenn er nur dazu kommen kann.

Alle Staatsglieder sollten in gleicher Betriebsamkeit ihre Tage zubringen, in gleichem Wirken, Jeder nach seiner Art, erst gewinnen und dann genießen.

Indem uns das Leben fortzieht, glauben wir aus uns selbst zu handeln; aber genau besehen, sind es nur die Neigungen der Zeit, die wir auszuführen genöthigt sind.

Wir schelten die Armen, wenn sie betteln. Bemerken wir nicht, daß sie gleich thätig sind, sobald es was zu thun giebt?

Die deutsche Nation giebt sich gern Rechenschaft von dem, was sie thut.

Bei jeder Nation waltet ein anderer Sinn vor, dessen Befriedigung sie allein glücklich macht.

Fehler mag man immer begehen, bauen darf man keine.

Wo ich nütze, ist mein Vaterland.

Kirchliche Ansichten.

Der öffentliche Cultus bestehe als freies Bekenntniß, „daß man im Leben und Tode zusammen gehöre." —

Die eigentliche Religion bleibe aber ein Inneres, ja Individuelles, denn sie hat mit dem Gewissen zu thun.

Der Sonntag sei bestimmt, daß Alles, was den Menschen drückt, in religiöser, sittlicher, geselliger und ökonomischer Beziehung zur Sprache komme.

Der Mensch ist ein beschränktes Wesen; der Aufgabe, unsere Beschränkung zu überdenken, ist der Sabbath gewidmet.

Auf Hausfrömmigkeit gründet sich die Sicherheit des Einzelnen, aber sie reicht nicht weiter; wir müssen den Begriff der Weltfrömmigkeit fassen, die ganze Menschheit mitnehmen.

Auf dem Baume der Erkenntniß sind die Wünschelruthen, die prophetischen Reiser, zu brechen.

Seelenleiden zu heilen, vermag der Verstand nichts, die Vernunft wenig, die Zeit viel, entschlossene Thätigkeit Alles.

Die christliche Religion, so oft zergliedert und zerstreut, muß sich doch endlich immer wieder am Kreuze zusammenfinden.

Daß wir uns ins Unvermeidliche fügen, darauf bringen alle Religionen.

Eine täglich und stündlich durchgeführte Frömmigkeit wird zuletzt nur Zeitvertreib.

S t a a t   u n d   K i r c h e mögen manchmal Ursache haben, sich herrschend zu bewegen, denn sie haben es mit der widerspenstigen Menge zu thun, und wenn nur Ordnung gehalten wird, so ist es einerlei, durch welche Mittel. Aber in den W i s s e n s c h a f t e n ist die absoluteste Freiheit nöthig, denn da wirkt man nicht für heute und morgen, sondern für eine undenklich fortschreitende Zeitenreihe.

Wir bilden uns ein, fromm zu sein, indem wir ohne Ueberlegung hinschlendern, und endlich dem Resultate eines solchen schwankenden Lebens den Namen „g ö t t l i c h e F ü h r u n g" geben.

Jedes Bedürfniß, dem wirkliche Befriedigung versagt ist, nöthigt zum Glauben.

Alte Länder — neue Länder.

Eine unschätzbare Cultur, seit mehreren tausend Jahren entsprungen, gewachsen, ausgebreitet, gedämpft, gedrückt, nie ganz erdrückt, wieder aufathmend, sich neu belebend und nach wie vor in unendlichen Thätigkeiten hervortretend; diese giebt Begriffe, wohin die Menschheit gelangen kann; sie bietet große, unübersehliche Vortheile, und es ist besser, hier mitwirkend in einer großen, geregelten Masse sich zu verlieren, als drüben über dem Meere, um Jahrhunderte verspätet, den Orpheus und den Lykurg zu spielen.

Wundersam ist es, daß durch eigene Uebervölkerung wir uns einander innerlich drängen, und ohne abzuwarten, vertrieben zu werden, uns selbst vertreiben.

Die Hauptsache beim Auswandern ist, die Vortheile der Cultur mit hinüber zu nehmen und die Nachtheile zurückzulassen.

In Amerika erscheint das Grenzenlose als unüberwindliches Hinderniß; in Europa setzt das einfach Begrenzte beinahe noch schwerer zu überwindende Hindernisse.

Es ist Unklugheit, ans Auswandern zu denken, und darüber das einzig wahre Mittel zu versäumen.

Hier oder nirgends ist Amerika!!

„Bleibe nicht am Boden haften,
„Frisch gewagt und frisch hinaus;
„Kopf und Arm mit heitern Kräften,
„Ueberall sind sie zu Haus.

„Wo wir uns der Sonne freuen,
„Sind wir jeder Sorge los.
„Daß wir uns in ihr zerstreuen,
„Darum ist die Welt so groß."

Dies schließt unsere Auszüge. Der geneigte Leser kann nicht wohl übersehen, wie treffend Göthe viele der Ideen der neueren Staatsökonomen und Volkswirthe ausspricht. Auch in jeder Zeile, wo er über volkswirthschaftliche Gegenstände handelt, vertritt er die bis auf den heutigen Tag vorgeschrittenste Denkweise. Wie viel richtiger ist Göthe's Begriff: Die we n i g st e Regierung und das m e i st e Gute, — als der Englische "Tho greatest good to tho greatest number!" Wie bündig stellt Göthe die Auffassung hin, daß aller Handel nur ein Austausch von Waaren sei; eine Idee, mit der, als von ihnen erfunden, gewisse moderne, ökonomische Schriftsteller sich so breit machen! Wie bezeichnend ist der Ausdruck: „W i n d m ü n z e" für Papiergeld! Wie tief blickt Göthe in das Wahre der Menschheit! Wie klar erkennt er das Civilisirende der Thätigkeit!

Doch es war nicht unser Zweck, dem Urtheil des Lesers vorzugreifen, oder gar zu versuchen, Göthe als volkswirthschaftlichen Schriftsteller dem Leser mundgerecht zu machen. Die Auszüge sprechen für sich selbst, und für deren Verständlichkeit bürgt Göthe selbst. Ob ich es wagen darf, mit ähnlichen Auszügen aus anderen Schriften Göthes und denen anderer deutschen Denker fortzufahren, weiß ich nicht. Jedenfalls will ich die Aufnahme des Vorstehenden abwarten.

Künstler-Silhouetten.

Die Catalani. — Paganini. — Henriette Sontag.

In den Berliner Concerten — so erzählt A. B. Marx in seinen „Erinnerungen" — trat ich auch der großen Milder näher. Ich hatte sie in Gluck und Spontini kennen gelernt. Kein Wunder, daß ich wünschte, etwas meiner Composition von ihr zu hören. Sie war bereitwillig, und ich ging mit Feuer daran, ihr, die ich zu hoch hielt für irgend ein Lied, eine Scene in ihrem eigenen Gebiete zu componiren. Zenobia, die unglückliche Königin der Palmenstadt, in dem Augenblick, wo sie in Palmyra die Niederlage ihres Heeres erfährt und die Schaar der sieghaften Römer heranstürmt zur Königin — das erkor ich zu meiner Aufgabe. Die Composition war rasch vollendet und ich brachte sie der großen Sängerin.

Nun muß man wissen, welche seltsame Persönlichkeit sie war. Ihre Jugend hatte sie in Wien zugebracht und dort schon ihren Ruhm begründet. Den Berlinern trat sie mehr matronenhaft, immer noch mit jugendlicher, unverletzter Stimme und in vollwichtigen Reize gegenüber, den kräftige Naturen bis über die Mitte des Lebens bewahren. Sie war groß und voll und dazu äußerst ruhig, ja langsam und träge in ihren Bewegungen. „Ich sprech' nit", mußte Mancher hören, der sie am Tage einer Aufführung besuchte. Sie saß dann im Lehnsessel oder ruhte auch unbeweglich auf dem bequem geschweiften Sofa; der Besucher durfte eine Weile bleiben und sie unterhalten, nicht aber auf ein Wörtchen Antwort rechnen. Anders mag es wohl früher gewesen sein. Wenn junge Damen vom Theater in mädchenhafter Geschwätzigkeit sich ihrer Anbeter rühmten, konnte sie lange schweigend zuhören. Endlich aber brach der Ausruf hervor: „Schweigt, ihr Gäns'! Was wißt ihr von Anbetern! Mich hat der Napoleon geliebt." Dagegen konnten die Jungen freilich nicht aufkommen. So war sie im Hause oder hinter der Coulisse; sobald sie die Bühne betrat, war sie die erhabene Priesterin.

Ihr brachte ich denn freudig und erwartungsvoll meine Scene.

„Die Ari' sing' ich nit!" fiel nach flüchtigem Einblick langsam, Silbe für Silbe, der Bescheid.

Auf meine bange Frage entgegnete die Sängerin: „Die Ari' setzt mit c ein, und meine schönste Tön' sind b oder h. Dann aber müßt' ich zu der Ari' so . . . . ein Gesicht machen!" Und ihr Antlitz nahm augenblicklich den erhabensten tragischen Ausdruck an. „Das geht nit im Concert!"

Ich war geschlagen und — entzückt vor dem Anblick.

Neben dieser Sängerin stieg das Bild einer zweiten an unserm Horizont empor. Es war die Catalani. Konnte man jene Deutsche, so still, so groß und weihevoll, dem Monde vergleichen, wie er in seinem Vollglanz über unsere anbetenden deutschen Vorfahren durch den stillen Sternenhimmel dahinzog, so war die Italienerin der mächtigen Sonne ihres Vaterlandes vergleichbar, wie sie die Fülle von Licht und Gluth über jene bevorzugten Fluren und das grüngoldene Meer entzückend ergießt.

Angelica Catalani hatte zum ersten Mal in ihrem elften Jahr in einer Kirche Venedigs öffentlich gesungen, und es hatte ein österreichisches Infanterieregiment ausrücken müssen, um das bis zum Wahnsinn aufgeregte Volk vom Sturm auf die Kirche zurückzuhalten. Von da an war sie das Entzücken Italiens, Portugals, des ganzen Südens gewesen.

Ich hatte sie in Halle zuerst gesehen und gehört; damals hatte sie einem Capitän Valabregue erlaubt, sich ihren Gemahl zu nennen; sie selbst, die fürstlich Reiche und Fürstinnen gleich Gefeierte, blieb Angelica Catalani. Mit vielen Andern war auch ich nach Leipzig geeilt. Peter Winter, der berühmte Componist, war von München herbeigekommen; so Andere von nah und weit. Es war ein eigenthümliches Schauspiel. Nach der Figaro-Ouvertüre, von den Leipzigern unter ihrem Matthäi meisterlich ausgeführt, betrat dann sie, von einem der Matadore der reichen Kaufstadt hofmännisch geführt, das Orchester. Ein breites Diadem von großen Diamanten, die wundervoll vor dem dunkeln Wollenhaar leuchteten, krönte das fürstliche Haupt, ein gleicher Gürtel umschloß den edlen Leib.

Keine Königin hätte den Schmuck zurückgewiesen; sie hatte sich ihn erworben. Auf der Stelle angelangt, wo sie singen sollte, gewahrte sie, daß man versäumt, einen Teppich zu legen. Mit unmerklicher Bewegung ließ sie ihren indischen Shawl zu Boden gleiten und trat darauf.

Und dann schwangen sich die Glockentöne einer Stimme, wie sie noch Niemand und Niemand wieder gehört, über die athemlos lauschende Menge. Sie sang eine Arie aus „Figaro"; Wahl und Auffassung waren nicht zu billigen. Dann sang sie von einem gewissen Portogallo eine werthlose Arie, dann geringfügige Variationen. Aber auf das Alles kam ja nichts an. Sie, sie ganz allein war heute die Musik; die zum Classischen gewöhnten Leipziger, die musikgebildeten Gäste waren darüber stillschweigend völlig einverstanden. Ihre Stimme, so übermächtig zugleich und so süß und zart, die Gluth und Macht ihrer Persönlichkeit, welche die Masken Mozart's oder Portogallo's nur lose und spielend in der Hand hielt, wohl bewußt, daß ihr Antlitz und die Gluth ihrer Phantasie Alles überstrahlte, was sich zwischen sie und die staunenden Hörer drängen konnte, — das war es, dem wir Alle uns hingaben, von dem wir Alle Unschätzbares davontrugen.

Doch ich darf neben den Naturgaben nicht die künstlerische Ausbildung der Stimme vergessen. Auch sie hatte eigenthümliche Gestaltung. Was einige Jahre später die Sontag berühmt machen sollte, dieses mezza voce, in dem die Stimme zum leisesten und doch hellsten, glockenartig vibrirenden Schall ermäßigt wird, das besaß vor der kleinen Sontag mit ihrer kleinen Stimme die mächtige Catalani in wundergleicher Vollendung. In diesem mezza voce lief sie die Tonleiter vom ein- zum zweigestrichenen g hinauf, ungefähr in der Geschwindigkeit von Sechzehnteln eines Modorato. „Das kann jede Sängerin!" hörte ich von allen Seiten. Ja, aber die Catalani schlug jeden Ton, genau unterschieden, viermal hintereinander an. So flirrt der eben entpuppte Schmetterling auf gedankenschnellen Füßchen, die gefalteten Flügel im Erzittern entfaltend, die Blume hinauf zu ihrem Kelch.

Wäre diese Catalani angelernt worden, unsere Kunst in ihrer Tiefe zu begreifen: in ihr und nur in ihr hätte Gluck's „Armida" Beseelung und Gestalt gefunden. Und wir Alle hätten uns dieser Armida nachgedrängt, der allgebietenden Fürstin und Zauberin, wie damals die Kreuzfahrer und Sarazenen der ursprünglichen.

So war sie vor den Parisern aufgetreten, die bekanntlich von jedem Verstoß auf der Scene leicht verletzt und zur Spottlust hingerissen werden. Bei einer Darstellung der „Semiramis" soll sie dem Sohn in das Grabgewölbe des Vaters folgen und ihn da niederstoßen. Die Catalani schreitet in leidenschaftlichster Bewegung mit erhobenem Dolche von der Scene, aber aus Irrthum nach der entgegengesetzten Seite. Das gedrängte Haus starrt ihr, gefangen und gefesselt von der tragischen Darstellung, athemlos nach, ohne nur den Irrweg zu bemerken.

In Berlin fand ich sie wieder. Im überfüllten Opernhause trat sie mit der Hoheit einer Priesterin vor und stimmte, zu Friedrich Wilhelm III., in seiner Seitenloge halb verborgen, gewendet, das „Heil dir im Siegerkranz" an. Das volle Orchester, der volle Theaterchor und die Tausende der sich erhebenden Zuhörer spielten und sangen die Melodie im Vollklang der Stimme mit. Ueber allen Stimmen schwebte die ihrige, in der einfachen Melodie und in den Coloraturen der nachfolgenden Variationen unberührt und ungestört, wie der blaue Himmel sich wölbt über der Erde.

Plötzlich schwang sich am reichbesternten Himmel jener Tage ein neues Licht kometenartig empor. Im Jahre 1829 gelangte Paganini nach Berlin.

Bereits früher hatte ich Spohr mit seiner Gattin, der angesehenen Harfenistin, auf einer Rundreise durch die thüringischen Städte in Merseburg gehört. Sein breiter Strich, seine weite und doch markige Cantilene, seine durchaus edelsinnige, wenn auch unisone, stets elegische Weise hatten sich allgemeiner Theilnahme, ja Bewunderung zu erfreuen. Viele andere Virtuosen, der Violine oder andern Instrumenten zugehörend, waren vorübergeschritten. Jetzt war also der welsche Virtuose angelangt, und ein ungeheurer Ruf, der seine eigenthümliche Seite hatte, war ihm vorausgegangen. Wieder einmal war der seltene Fall eingetreten, daß ein Geiger das Volk zu Sagen erweckt hatte, wie sie sich nur an dunkle Vergangenheit und Ferne knüpfen. Er sollte ein entsprungener Galeerensklave sein, wegen politischer Verschwörung verurtheilt. Aus Gnade sei ihm sein Instrument gelassen worden. Da er aber mit Hülfe desselben die Mitgefangenen allzu bedenklich aufgeregt und dem Gefühl ihrer Verbrechen und der Strafe entrückt habe, so seien ihm die Saiten bis auf die tiefste vom Instrument abgeschnitten worden. Man deutete auf den seltsamen, wadelnden Gang mit etwas ausgespreizten Füßen hin; das sei die Folge des langen Kettentragens. Andere flüsterten von einer Unthat im heißen Italien: er habe ein unaussprechlich geliebtes Mädchen in den Armen eines Andern getroffen und auf der Stelle ermordet. Nun irre er in der Fremde, in den nebelkalten Nordlanden, ruhelos umher.

Hatten die Sagen Grund? Doch wohl nur in der aufgeregten Phantasie des Volkes. Aber da waren sie, man wußte nicht woher. Und geglaubt wurden sie, nicht mit jenem Fürwahrhalten, das dem Forscher oder Richter ziemt, sondern mit jener glaubens- und schauervollen Hingebung, mit der wir dem Dichter und dem dichtenden Volke gegenüber die Wahrheit aus der märchenhaften Umhüllung hervorleuchten sehen.

Nun war er gekommen! Das Opernhaus war überfüllt, Alles harrte in Spannung. Irgend eine Ouverture war gespielt worden. Unhörbaren Schrittes, unvorgesehen, einer Erscheinung gleich, war er an seine Stelle gelangt, und schon tönte, sprach seine Geige zu der Menge, die noch athemlos hinstarrte nach dem todbleichen Mann mit den tiefeingesunkenen, wie schwarze Diamanten aus dem bläulichen Weiß hervorfunkelnden Augen, mit der überkühn gezeichneten römischen Nase, mit der hochgewölbten Stirn, die sich aus dem schwarzen, wild durcheinandergeworfenen Lockengewirr des Haupthaars hervorhob.

Bald nach diesem ersten Anblick traf ich mit dem seltsamen Manne bei Mendelsohns am Familientisch zusammen. Er war still und sehr freundlich; nichts hätte einen Fremden auf phantastische oder gar unheimliche Vorstellungen gebracht. Und dennoch blieb der erste Eindruck haften. Der Mann erschien ein Verzauberter und wirkte verzaubernd nicht auf mich allein, auf Diesen und Jenen, sondern auf Alle.

Nun stand er da, und sogleich hastiger Anfang des Ritornells, in dem er mit einzelnen Tonfunken das Orchester leitet und durchblitzt — ohne Vollendung einer Phrase, ja ohne Auflösung einer etwa ergriffenen Dissonanz; und nun der schmelzendste und kühnste Gesang, wie er nie auf einer Geige gedacht worden ist, der unbekümmert, unbewußt über alle Schwierigkeiten hinwegschreitet, in den sich die kühnsten Blitze eines höhnisch zerstörenden Humors werfen; bis sich das Auge zu tieferer, schwärzerer Gluth entzündet, die Töne schneidender, stürzender rollen — daß man meint, er schlüge das Instrument, wie in wahnsinniger Liebespein jener unglückliche Jüngling das Bild der Treulosen, Gemordeten zart formt und grimmig zertrümmert und wieder unter Thränen zart formt. Dann ein Fußstampfen — und das Orchester stürmt darein und verhallt in dem Donner des beispiellosen Enthusiasmus, den der Künstler kaum gewahrt, oder mit einem tief hinabbrückenden Blicke beantwortet, oder auch mit einem rundum schweifenden Lächeln, bei dem sich der Mund seltsam öffnet und die Zahnreihen hell zeigt; es scheint zu sagen: so müßt ihr mir zujauchzen, welcher ich auch sei, welche Laune mir auch mein Leiden eingiebt, welche Lasten sich auch meinem Fuß angehängt und den jugendlich frohen, kühnen Schritt gelähmt haben. Ehe man dies denken kann, ist er dem Blick entzogen; und wer sein Bild in Auge und Geist gefaßt hat, begreift nicht, warum sie noch Musik machen, von Mozart und Mercadante, bis er wiederkommt.

Dann rollt er uns wohl ein Gemälde voller Lust auf: aber welcher! So hat vielleicht vor Ferdinand und Isabella von Spanien ein verkappter Maure den zerstörten Granatenhain, die Herrlichkeiten der noch in ihren Trümmern entzückenden Alhambra besungen, in der sein Volk, sein Haus, die Mutter und die Geliebte, die zarten Geschwister hingeschlachtet wurden, daß er nun ganz vereinsamt durch die Welt zieht und über den glühenden Sand der Wüste hinjagt, und auf Tod und Leben die Rückkehr wagt, und die alte frohe Zither mißhandelt und peinigt zu jenen Tönen der Lust, und dabei in Schmerz vergeht vor dem verlorenen Paradiese.

Es war ein eigenthümlich Ding um diesen Mann. Was man äußerlich aus seinem Spiel herausnehmen und bewundern konnte, — diese allen Andern unmöglich scheinenden Spielfiguren, diese Mischung von gestrichenen und zerrissenen Tönen in Einem schnell dahinrollenden Lauf, diese Octavengänge auf Einer Saite, das Alles waren nur Mittel, bedeutete an sich für den Mann gar nichts; die innere Poesie seiner vor unsern Augen ihre Schöpfungen vollenbenden Phantasie: das war es, was die Hörer gefangen nahm und dahinzog in die Ferne zu fremdartigen Gesichten.

In einer dieser seltsamen Compositionen mischt ein angeschlagenes Glöckchen seine hellen Schwingungen in die Melodie der Geige. Unser waderer, ehrenfester Möser, selbst ausgezeichneter Geiger, hatte das Glöckchen übernommen. Und wie er nun dastand, nahe vor dem Fremden, unwillkürlich sich zurückbiegend, wie er die feinen Klänge dem Geiger zusandte und der ihm aus seinem Instrument entgegensprach: es war, als spräche ein herbeigezwungener Geist aus dem Glöckchen und weckte die Zauberformeln, die im Instrumente schlummerten.

Und wiederum, wenn diese Geige für sich erklang und bang erseufzte, wie in süßer Liebesnoth, oder wechselnd damit hastige Laute murmelte, wie eine geschäftige Alte zwischen Lachen und Weinen, Botschaft und Trost, Liebesschwüre und höhnischen Verrath durcheinanderwirrt: das war nicht Geigenspiel, nicht Musik, sondern Zauberei — also d o c h Musik, nur nicht die landläufige.

Ein Geist, geweiht in seinem Ursprung, erhaben in seinen Gesichten, gebannt in einen dem Dienst des Augenblicks verfallenen Virtuosen! Es war das erste Mal, daß mir eine d ä m o n i s c h e N a t u r im Gebiete meiner Kunst zur Anschauung kam.

Bald darauf trat ein Ereigniß ein, das sonnenklar bewies, auf welchen Standpunkt das Kunstleben, wenigstens das öffentliche, bereits herabgesunken war und wie fruchtlos jedes Widerstreben Einzelner gegen den Sinn der Zeit bleiben mußte.

Mehrmals schon waren am königlichen Theater Versuche gemacht worden, die Opern Rossini's, Auber's und ihrer Genossen einzubürgern. Von Seiten der Intendanz war genug dafür geschehen, aber vergebens; die Opern fanden im Publikum, das an Gediegeneres gewöhnt war, keinen Anklang.

Jetzt wurde das Königstädter Theater gegründet. Es war das erste, das in Berlin neben dem königlichem Zulaß fand. Ich selbst war Mitglied der Commission, welche unter dem Vorsitz des Grafen Redern etwaige Streitigkeiten über das dem neuen Theater zu gewährende Repertoire entscheiden sollte.

Ein wesentlicher Bestandtheil des neuen Repertoire war die italienische Oper und die französische Operette, das Personal für diese Bestimmung auf das günstigste gewählt.

Die künstlerisch-bedeutendste Persönlichkeit in der neuen Truppe war der Bassist Spitzeder, ein junger Mann von seltner Begabung. Seine unvergleichliche Stimme, sein beredter Ausdruck in Gesang und Rede, seine mimische Durchbildung, seine vollendete und nie in das Gemeine herabsinkende Komik, — alles das trat unbedingt in den Dienst der jedesmaligen Aufgabe. Was er sein sollte, war er ganz und durchaus; nichts mochte er daran fehlen lassen, nichts aus persönlicher Geneigtheit dazuthun. Daher ward er auch, ohne es irgend zu wollen, auf der Bühne selbst, vor den Augen des Publikums, das belebende Princip der Darstellung; alle Mitglieder, ohne Ausnahme, standen unter seinem Einfluß und wurden durch ihn elektrisch bewegt. In jenen Schlußsätzen Rossini's, in welchen irgend eine nichtssagende Phrase endlos wiederholt wird, zuerst von einem oder zwei Instrumenten und einer oder zwei Singstimmen eingesetzt, dann von immer mehr neu hinzutretenden Stimmen verstärkt, bis zuletzt das Charivari des ganzen Orchesters und Chors mit Posaunen, Piccoloflöten, großer Trommel und Becken das Ganze würdig krönte, — in diesen Sätzen war Spitzeder vielleicht zuerst angetreten und trug mit seiner klangvollen Baßstimme die wachsende Last. Wenn dann Alles beisammen war, setzte er einen Augenblick ab und intonirte unmittelbar darauf von Neuem mit solcher Alles beherrschenden Macht, und das so wohlklingend und leicht, daß nicht selten die Mitsingenden in bacchische Fröhlichkeit hineingerissen und in ihren Rollen schwankend wurden. Die Sontag brach dann in der Regel in helles Gelächter aus, das ihrem Gesang einstweilen ein Ende machte. Ja, einmal konnte sie sich bei solchem Anlaß so wenig fassen, daß sie sich angesichts des ganzen Publikums im vollen Lachen geradezu auf die Erde setzte. Spitzeder aber, ohne die Ernsthaftigkeit seiner ältlichen Bufforolle einen Augenblick zu verleugnen, blickte verwundert um sich und sang ungestört weiter. Von ihm habe ich den vollkommen unmerklichen Uebergang aus Rede in Gesang, und umgekehrt (eine Kunst, welche allein die aus beiden gemischte Operette erklärlich und künstlerisch erträglich macht), vernommen, wie schlechthin von keinem andern Sänger.

Aber nicht er, sondern H e n r i e t t e S o n t a g war der erste Liebling des Publikums. Was hatte sie dazu gemacht? Ihre Stimme? Sie war sehr wohllautend, wenngleich stets bedeckt, weder sehr stark noch sehr umfangreich; man konnte sie nicht anders als klein nennen. Ihre Fertigkeit? Sie war durchaus nicht den gleichzeitigen Sängerinnen am königlichen Theater überlegen. Allein da hatte denn die Sontag dieses feine, ohrenkitzelnde mezza voco, wie es vor ihr die große Catalani, nach ihr Jenny Lind und manche Andere gehabt; an ihr fand man es neu und — genug, sie sollte eine große Sängerin sein.

Aber ihre Persönlichkeit, die kam dem Gesang zu Hülfe. Die Gestalt war keineswegs ausgezeichnet, Gesicht und Augen ebenso wenig, aber der Mund hatte ein süßes Lächeln und war damit nicht karg; und den Augen war ein halb scheinheiliger, halb schalkhafter Aufschlag geläufig geworden, daß „die junge und die alte Garde" (so nannte man die zwei Schaaren ihrer Anbeter, deren eine Herzen und Gedichte zum Opfer brachte, die andere indische Shawls und Champagner) unfehlbar in Ekstase gerieth.

So war es denn kein Wunder, wenn unter ihrer Aegide die schalsten Opern, Rossini's „Türke in Italien", Auber's „Schlosser und Maurer", unaufhörlich Furore machten. Ich leugne nicht, daß ich oft genug der Sängerin in solchen Opern gegenübergesessen. Nur bejucht habe ich sie nie, so freundlich sie mich auch einlud.

Hiermit und durch sie war die italienische und französische Operette bei uns eingebürgert.

War nun also die Sontag wirklich eine Künstlerin im höhern Sinne des Wortes? — Ich muß mit Nein antworten.

Die Rollen, welche sie in der Königstadt erwählt und in denen sie Befriedigung und Ruhm gefunden, sind gar nicht geeignet, wahrer Künstlerschaft Zutritt zu gewähren. Denn sie sind weder Charaktere, noch Durchführung einer hohen oder leidenschaftlichen Seelenbewegung. Einmal ward auf ihre Veranlassung Mozart's "Cosi fan tutte" gegeben; es war abermals ein Versuch, diese an liebreizender Musik überreiche, aber auf der Bühne unmögliche Oper in Scene zu setzen. Fräulein Sontag trat in der Hauptrolle auf, wurde aber von Scene zu Scene immer kälter (die Ungunst des Stückes kann sie entschuldigen), und zuletzt konnte sie ihr Mißvergnügen so wenig bergen, daß sie sich an einen Tisch setzte und das Weitere nur so hersang, wie ein mißlauniges Kind seine Lection hersagt. Später trat sie in den dramatischern Mozart'schen Opern auf, blieb aber weit hinter den Ansprüchen derselben zurück. Ja, selbst in jenen geringen Operetten sollte der Beweis nicht ausbleiben, daß sie in jeder Rolle nur sich selber suchte und fand. In einer solchen trat sie als das Weib eines trunkergebenen, bettelarmen Schusters auf, das vom Manne Schläge erhält. Dazu hatte sie eine Seiden- oder Atlasrobe mit einem Tändelschürzchen, Alles nach neuestem Pariser Geschmack, angelegt! Und als sich zuletzt die Gelegenheit zur Vermählung mit einem Diplomaten bot, da war die Künstlerlaufbahn mit dem zierlichsten Pas verlassen.

Alvise Centoni.
Venetianische Skizze nach Paul de Musset.

III.

Alle Welt kennt die Ereignisse der wenigen Monate, in denen der frische Wind der Freiheit über die Lagunen Venedigs blies. Nach der Schlacht von Novara, welche die Sache der italienischen Revolution hoffnungslos machte, wollte Venedig der Welt noch das Schauspiel eines heldenmüthigen Widerstandes geben, damit Europa wenigstens die Tiefe seiner Verzweiflung und den Werth, welchen es der Unabhängigkeit beilegte, kenne. Ein Heldengrab verbürgt selbst der vorläufig unterliegenden Sache den endlichen Sieg. Die Einzelheiten dieses heroischen Kampfes gehören der Geschichte an. Die anspruchslose Persönlichkeit, mit der wir es hier zu thun haben, nahm an den heldenmüthigen Waffenthaten ihrer Mitbürger keinen Theil. Nur als Zuschauer wohnte Centoni der Vertheidigung und der Räumung von Malghera, den Ausfällen des Obersten Ulloa, den kühnen Handstreichen Sir'ori's bei; aber eine desto größere Thätigkeit widmete er der Organisirung des Verproviantirungs- und Ambulancen-Systems. Während der letzten Tage der Belagerung, als in den mit Flüchtlingen überfüllten Kasematten die Cholera ausbrach und sich von dort aus über die Stadt verbreitete, erlahmte die Vertheidigung, und es begann an Munition zu fehlen; das Brod aber erhob sich nie über einen erträglichen Preis. Endlich, am 24sten August 1849, erfolgte die Capitulation, und wenige Tage darauf hielt der Marschall Radetzki seinen Einzug inmitten einer düster schweigenden, aber nicht gebeugten Bevölkerung.

Centoni fand für seinen Schmerz einigen Trost in dem Gedanken, daß sein geliebtes Venedig der völligen Zerstörung entgangen sei. Außer drei oder vier Palästen, die etwas beschädigt waren, blieben die im Laufe von Jahrhunderten entstandenen Monumente der Kunst und ehemaliger Größen unverletzt. Manin flüchtete sich mit vierzig Gefährten, welche zu sehr compromittirt waren, als daß sie der Rache des Hauses Oesterreich hätten trotzen dürfen. Centoni aber befand sich nicht unter diesen; er hätte den Tod der Verbannung vorgezogen. Auch konnte er sehr wohl bleiben, denn die Dienste, welche er der Republik geleistet, waren ein Geheimniß geblieben. Niemand konnte behaupten, ihn im Feuer oder auch nur mit einem Rappier bewaffnet gesehen zu haben. Theils aus Klugheit, theils aus Neigung, fuhr er fort, hauptsächlich mit Leuten niederen Standes zu verkehren, und der größte Theil seiner Zeit war der Aufgabe gewidmet, die Leiden, welche der Krieg hinter sich gelassen, zu lindern. Trotz seines Wunsches, alle seine Habe der Republik zu geben, war es ihm nicht gelungen, seine Ländereien zu verkaufen oder sich zum vollen Werth derselben in Schulden zu stürzen, und als tüchtiger Administrator ging er jetzt daran, die in seinen Vermögensverhältnissen entstandene Lücke wieder auszufüllen. Er sorgte für Matteo, Susanne und Betta, und die Zeit, welche ihm noch übrig blieb, weihte er dem Dienst der irländischen Freundinnen, bei denen er nach wie vor allabendlich mit Pilowitz, dem Abbé Oberbini und dem alten Commandeur den Thee einnahm.

Eines Abends wollte Alvise sich beim zwölften Glockenschlage mit den Uebrigen entfernen, als Miß Lovel ihn bat, noch ein wenig zu verweilen. Auf einem Tische lagen mehrere Briefe, deren Ankunft durch die Belagerung verzögert worden. Miß Lovel griff einen davon heraus und schien ihm denselben zeigen zu wollen, besann sich aber eines Andern und warf ihn wieder auf den Tisch.

„Lieber Freund", sagte sie, „ich möchte Sie um eine Gefälligkeit bitten. Es ist mir hier im Hotel zu geräuschvoll, ein fortwährendes Kommen und Gehen. Könnten Sie mir nicht ein kleines, ruhiges Logis zu einem beliebigen Preise miethen? Es giebt ja in der Umgegend so allerliebst idyllische Plätzchen, deren Einsamkeit gar wohl zu meiner jetzigen Stimmung passen würde."

„Pfui doch, Martha!" rief Mistreß Hobbes dazwischen. „Warum theilst Du unserm Freunde nicht Deine wirklichen Gründe mit?"

„Es gefällt mir so besser", erwiderte sie kurz. „Gerade wegen der Zurückhaltung und Bescheidenheit des Herrn Centoni hege ich ein so großes Vertrauen zu ihm, und ich weiß ihm Dank für das Verschweigen jeder Frage, welche er mit Recht an mich hätte richten können. Meine Zurückhaltung ist ihm gegenüber der deutlichste Beweis meiner Werthschätzung."

„Signorina", sagte Centoni, „ich gehorche Ihnen wie der Jesuit seinem Oberen, ohne nach den Gründen zu fragen. Ihr Wunsch ist schon erfüllt. Ich kann Ihnen in der Pfarrei San Mauricio zwei allerliebste Zimmer, in der ersten Etage eines ruhigen Hauses, empfehlen, bei braven Leuten, die mir völlig ergeben sind und Ihnen gewiß nicht lästig fallen werden. Stellen Sie sich vier Fenster vor, durch welche Sie auf einen niedlichen Garten sehen, mit einem Feigenbaum in der Ecke, einem Rosenstrauch, der sich an der Veranda emporschlingt, und einer Fülle köstlich duftender Blumen, und das Alles für dreißig Franken im Monat. Mit Ihrer Erlaubniß werde ich den Garten, der Ihrer alleinigen Disposition übergeben ist, unter meine Obhut nehmen, und Einsamkeit werden Sie dort in Hülle und Fülle finden."

„Morgen beziehe ich mein neues Logis", antwortete Miß Lovel, „und hoffentlich werden die Freunde dort ebenso regelmäßig wie hier sich bei mir einstellen. Und jetzt, lieber Signor, überlasse ich Sie den Herzensergüssen der guten Mistreß Hobbes."

„Wir befinden uns in einer unangenehmen Lage", hub die Gouvernante an, als Miß Lovel sich in ihr Gemach zurückgezogen hatte. „Martha's Vater lag, wie man uns schreibt, im Sterben, und wahrscheinlich ist er jetzt schon todt, denn der letzte Brief ist einen Monat alt, und möglicher Weise kann ein Schreiben verloren gegangen sein. Miß Lovel ist zu stolz, um als Erbschaftsjägerin bei einem noch Lebenden aufzutreten; aber da wir am Sterbebette des Kranken nur Feinde haben, beunruhigt uns ihr Schweigen. Da haben wir denn, um der Ungewißheit ein Ende zu machen, beschlossen, daß ich morgen nach Irland reise. Lebt der Lord noch, so wird ein Hinweis auf meine eigenen Angelegenheiten genügen, meinen Besuch zu erklären; hat er dagegen ausgelitten, so erkundige ich mich nach seinen testamentarischen Verfügungen und kehre dann zurück. Ihrer Obhut vertraue ich unsere Freundin an, lieber Signor Alvise. Martha ist kein Kind mehr, aber ich werde ruhiger sein wenn ich weiß, daß Sie ihr zur Seite stehen."

Centoni versprach, Miß Lovel ein Freund und Bruder zu sein, und versicherte, seine Ergebenheit werde keine andern Grenzen kennen als die, welche ihr von Martha selbst gesetzt würden. Mistreß Hobbes gab ihrem Vertrauten noch tausend Verhaltungsregeln, und sie trennten sich erst zu später Stunde.

Der folgende Tag wäre ein lichter Punkt im Leben Centoni's gewesen, wenn nicht die Trennung von einer werthen Freundin seine Zufriedenheit getrübt hätte. Er brachte Mistreß Hobbes in seiner Gondel zum Bahnhofe, stellte sich dann Miß Lovel zur Disposition, brachte die Hotelrechnung in Richtigkeit und überwachte den Umzug mit solcher Gewandtheit, daß der Gegenstand seiner Sorgfalt kaum um etwas gewahr wurde. Martha fand es in ihrem neuen Logis, wo Alles zu ihrem Empfang mit Blumen bekränzt war, allerliebst, und wirklich war Alles für sie wie für eine Fürstin hergerichtet. Am Abend stellten die Freunde sich ein und es herrschte die heiterste Stimmung. Aber Niemand als Alvise selbst wußte, daß alle diese Einrichtungen aus seiner Tasche bestritten wurden, und daß der genannte Preis nur ein fingirter war.

In gerechter Würdigung der Ungeduld, mit welcher Martha Nachrichten aus Irland entgegensehen mußte, versäumte Centoni es nicht, an jedem Morgen nach der Post zu gehen. Vierzehn Tage nach der Abreise von Mistreß Hobbes brachte er ihr einen Brief aus Dublin. Mit zitternder Hand erbrach sie denselben, und ein kaum merkliches Lächeln der Trauer und zugleich der Verachtung umspielte ihre Lippen, während sie las.

„Haben Sie schlimme Nachrichten erhalten?" fragte Centoni schüchtern.

„Ja", erwiderte Martha. „Mistreß Hobbes meldet mir den Tod einer Person, welche in ihren letzten Augenblicken schwer gelitten haben muß."

„Geht Ihnen die Nachricht besonders nahe?"

„Allerdings. Ich werde Trauer anlegen."

Am Abend fanden die Freunde sie schwarz gekleidet.

„Haben Sie einen Verwandten verloren?" fragte Pilowitz.

„Das gerade nicht. Ich hätte nicht nöthig, zu trauern, thue es aber dennoch, denn ich liebte den Verstorbenen wie meinen Vater, und habe mehr als einen Grund, sein Ableben als ein Unglück zu betrachten."

Diese Antwort flößte Centoni trübe Ahnungen ein.

„Arme Signorina!" rief der Commandeur. „So werden wir also diese schönen Augen von Melancholie umschleiert sehen?"

„Keineswegs. Meine Trauer gehört mir allein, und meine Freunde sollen nicht darunter leiden. Der Trauer um den Todten gebe ich mich in Stunden der Einsamkeit hin; sind Sie bei mir, so sind meine Gedanken Ihnen geweiht."

Bald darauf setzte ein Brief der Mistreß Hobbes Centoni vom wahren Sachverhalt in Kenntniß. Der Lord, von welchem das Schicksal Martha's abhing, war ohne Testament gestorben; zwei Neffen theilten sich in sein ungeheures Vermögen und waren durchaus nicht geneigt, die Ansprüche der Cousine anzuerkennen. Auf alle ihre Vorstellungen hatte die Gouvernante die Antwort erhalten: Wir geben nicht einen Schilling. Zu arm, um wieder nach Venedig zurückzukehren oder Martha zu unterstützen, schloß Mistreß Hobbes ihren Brief mit den Worten: „Lieber Alvise, unsere junge Freundin ist sehr unglücklich, und ich kenne auf der Welt nur Einen, der im Stande wäre, sie zu retten. Suchen Sie nach dem Mittel, und Sie werden es finden. Da ich ihren Stolz kenne, zittere ich für sie, denn es handelt sich um ihr Leben."

Centoni wurde durch diese Worte bis ins Tiefinnerste erschüttert. „Nicht einen Schilling!" rief er, wie ein Besessener durch die Straßen rennend, vor sich hin. „Die Elenden!" Aber inmitten all seines Schmerzes kamen doch Augenblicke, in denen es wie ein Wonneschauer durch sein Herz zuckte.

Es lag im eigenthümlichen Charakter Centoni's, daß er von jeher sehr viel an Andere und sehr wenig an sich selbst gedacht hatte. Jetzt aber fühlte er durch das Gewirr seiner Gedanken und Empfindungen klar und deutlich, daß er Martha liebe, und diese überraschende Entdeckung, ob der er sich zu andern Zeiten höchlich entsetzt haben würde, erschreckte ihn jetzt so wenig, daß er, in

Hinblick an die Bedrängniß des Gegenstandes seiner Neigung, sich ganz wohl dabei fühlte. Aber es handelte sich nicht nur darum, Miß Lovel zu lieben, sondern auch, von ihr geliebt zu werden und sie zu heirathen. Offenbar hatte Mistreß Hobbes das im Sinne gehabt ohne es gerade aussprechen zu mögen, denn auf welche andere Weise konnte er ihr helfen ohne zugleich ihren Stolz zu verletzen?

Der Banquier, welcher Martha regelmäßig am ersten Tage des Vierteljahrs ihre Pension zu zahlen pflegte, stellte sich eines Tages bei der bellissima lady, wie er sie nannte, ein, blieb, wie Centoni nachher von der Dienerin erfuhr, über eine Stunde bei ihr und hatte, als er fortging, sehr bedenklich ausgesehen. Am 1sten Oktober blieb der Commis des Banquiers aus, und Centoni wußte jetzt, woran er sich zu halten habe. Einige Abende später vermißte er unter den Zimmerzierden Martha's eine besonders schöne und werthvolle antike Büste, auf die sie immer sehr viel gehalten hatte. Alvise besuchte den Laden eines Antikenhändlers, welcher solche Gegenstände zu kaufen pflegte, und fand dort wirklich die Büste vor. Der Händler hatte sie von einer fremden Dame erstanden und hundert Gulden dafür gegeben. Um Signor Centoni zu verpflichten, war er gern bereit, sie für den doppelten Preis wieder an denselben abzutreten. Alvise steckte die Büste in die Tasche und stellte sie unbeachtet wieder an ihren Platz. Am nächsten Tage wollte er einem tête—à—tête ausweichen; aber ein Brief von Miß Lovel zwang ihn, sich zu ihr zu begeben. Miß Martha empfing ihn mit etwas feierlicher Miene.

„Setzen Sie sich", sagte sie. „Wir haben mit einander zu reden. Es würde einen falschen Stolz verrathen, wenn ich mich weigern wollte, von einem Freunde wie Sie ein Geschenk anzunehmen; aber die von Ihnen gewählte Art und Weise scheint eine geheime Nebenabsicht zu verrathen. Ohne Zweifel hat Mistreß Hobbes Sie von meiner Lage in Kenntniß gesetzt, und Sie wollen mir zu verstehen geben, daß Alles, was Ihnen gehört, zu meiner Disposition ist; nicht wahr?"

Alvise bejahte die Frage durch ein leises Neigen des Hauptes.

„Wohlan, ich bin Ihnen für Ihre gute Absicht so dankbar als hätte ich bereits mit vollen Händen aus Ihrer Börse geschöpft; aber leider kann ich Ihnen diese Freude nicht gewähren."

„Weshalb nicht?"

„Weil ich, arm und verlassen wie ich bin, nicht die Mittel haben würde, mich der Schuld zu entledigen."

„Nicht die Mittel?" rief Centoni. „Ist doch ein Wort aus Ihrem Munde hinreichend, mich zum glücklichsten aller Menschen zu machen!"

„Wie so?" erwiderte Miß Lovel überrascht. „Sollten Sie mich etwa gar lieben?"

„Von ganzem Herzen, Signorina!"

„Wissen Sie das gewiß, armer Centoni?"

„So gewiß wie ich hier vor Ihnen kniee."

Miß Martha senkte die Augen, und eine reizende Röthe überflog ihre Wangen. „Armer Freund", sagte sie, „mein Herz ist nicht mehr frei."

„Das weiß ich", erwiderte Alvise. „Sie sind mit einem jungen Landsmann verlobt, welcher sich gegenwärtig in Hannover befindet; aber es kommt darauf an, ob Ihr Unglück seine Zärtlichkeit erhöhen wird."

„Pfui, Centoni, schämen Sie sich dieses Gedankens!" rief Martha entrüstet.

„Er ist mir nicht von ungefähr gekommen. Soll ich Ihnen die Wahrheit sagen? Mögen Sie mir deshalb zürnen oder nicht, ich habe die Adressen aller Ihrer Briefe gelesen, und weiß, daß Sie seit einem Monat keinen aus Hannover bekommen haben. Schon zweimal schrieben Sie, und die Antwort blieb aus."

„Sie wird kommen, verlassen Sie sich darauf!"

„Nun, hoffentlich wird sie kommen, und so ausfallen wie wir es wünschen. Aber jetzt, da Sie wissen, daß ich bereit bin, Ihnen mein ganzes Leben zu weihen, versprechen Sie mir, nicht wieder zum Antikenhändler zu gehen."

„Sie sind der beste aller Freunde und der edelmüthigste aller Menschen!" sagte Martha gerührt. „Aber was Sie mir anbieten, erwarte ich von einem Andern."

„O über die Grausame!" rief Centoni leidenschaftlich. „Ist es unter Ihrer Würde, den Liebesdienst eines ächten Freundes anzunehmen? Es handelt sich um Ihr Leben, und ich möchte doch sehen, wer mich an der Erfüllung meiner Pflicht verhindern will! Besteht Ihre Hochherzigkeit darin, daß Sie Ihren Freunden Kummer bereiten?"

„Nun denn, ich will's versuchen. Ach ja, lieber Alvise, Sie haben Recht! Hat man einen solchen Freund, so ist es Pflicht, sich ihm zu erhalten!"

Einige Tage darauf kam ein Brief aus Hannover. Alvise fühlte sich nicht stark genug, der Eröffnung desselben beizuwohnen, und ließ ihn durch Martha's Dienerin überreichen. Noch an demselben Tage erhielt er ein hastig beschriebenes und zusammengefaltetes, im Aeußeren keineswegs den Eindruck eines billet doux machendes Briefchen.

„Lieber Alvise", schrieb Martha, „was Sie voraussahen, ist eingetroffen; mein Unglück entfremdet mir das Herz des Elenden, dem ich unbedingt vertraut hatte. Er schreibt mir dies mit der Aufrichtigkeit und im Tone eines Londoner City-Kaufmanns. Es wäre jetzt für mich die schönste Gelegenheit, zu sterben; aber da ich's Ihnen versprochen habe, werde ich's versuchen, mein Leid zu tragen. Sagen Sie unsern Freunden, ein heftiger Kopfschmerz hindere mich, sie heute bei mir zu sehen; von morgen an werde ich sie wieder wie gewöhnlich empfangen, und treffen sie mich mit rothgeweinten Augen, so werden nur Sie die Ursache kennen. Vier Jahre meines Lebens müssen mit allen ihren Träumen und Hoffnungen aus dem Herzen gerissen werden, und eine solche Operation läßt sich nicht in vierundzwanzig Stunden vollziehen. Aber die Verachtung und der verwundete Stolz werden mir ihren Beistand leihen, und vielleicht wird die Freundschaft die Kraft haben, die Wunde nach und nach zu heilen. Ihre unglückliche Freundin Martha."

Die täglichen Gäste der schönen Irländerin machten in der nächsten Zeit allerlei Beobachtungen. Sie merkten, daß Martha für Centoni andere und wärmere Blicke hatte. Als eines Tages Pilowitz mit seiner Compagnie vom Exerciren heimwärts marschirte, sah er, am hohen Ufer des Canals Giardini Miß Lovel und den Signor Alvise Arm in Arm gehen. Nach venetianischem Brauch ist nur dem Bräutigam oder dem Cavaliere Servente dies gestattet, und Martha mußte dies wissen. Der Abbé Oherbini und der Commandeur Fiorelli merkten auch Verschiedenes. Alle Drei hielten einen Kriegsrath und kamen zu dem Resultat, daß Miß Lovel zu gesetzt sei, um nicht zu wissen, was sich für sie schicke und was nicht. Auf einem abendlichen Spaziergang hielt Centoni förmlich um die Hand Martha's an, und mit gesenktem Haupt sagte sie leise: „Ich willige ein."

Die Rückkehr der Oesterreicher nach Venedig hatte nur äußerlich die Ruhe wieder hergestellt. Im Innern gährte es fort, und an die Stelle des offenen Krieges war lediglich eine stille Fehde getreten. Gab die österreichische Militairmusik ihre Abendconcerte auf dem Marcusplatz, so war derselbe verödet. Auf Befehl eines geheimen Ausschusses, dessen Mitglieder Niemand kannte, mußten die Damen in geschlossenen Gondeln fahren. Die meisten Kaffeehäuser blieben leer von Gästen, der Handel lag gänzlich danieder, und das Elend nahm erschreckende Proportionen an. Centoni mißbilligte diese Demonstrationen, und sprach sich eines Abends hierüber in einem kleinen, abgelegenen Kaffeehause aus, wo eine Anzahl junger Patrioten sich eingefunden hatte. Er meinte, man müsse sich eben in das Unvermeidliche fügen so lange das Joch sich nicht abschütteln lasse, und dürfe es nicht machen wie die Japanesen, deren Universalmittel gegen alles Erdenleid darin bestehe, daß sie sich den Bauch aufschlitzen.

„Nein, Signor Alvise," erwiderte ein junger, feuriger Patriot, „Sie haben Unrecht. Allerdings scheint Venedig jetzt elender zu sein als es je zuvor war; aber seine jetzige, trotzige Haltung ist denn doch der früheren, trägen Resignation vorzuziehen. Es giebt im Menschenherzen einen Winkel, den Zwangsdekrete und die Gewalt der Bayonnette nicht erreichen, und in dieser geheimen Zelle unsers Herzens bergen wir die Hoffnung auf eine bessere Zukunft. Wir leiden, aber wir bleiben wenigstens am Leben."

Centoni blieb bei seiner Meinung und behauptete, wenn man so fortfahre, werde es Venedig in der Stunde der Befreiung, durch lange Leiden erschöpft, an Kraft zum neuen Kampfe fehlen.

Das Gespräch mußte von einem Spion belauscht worden sein, denn am nächsten Tage wurde Der, welcher Alvise widersprochen hatte, verhaftet, und Centoni fühlte sich einigermaßen beunruhigt bei dem Gedanken, daß auch er sich unvorsichtige Aeußerungen hatte entschlüpfen lassen. Unter diesen Umständen war es ihm eine Erleichterung, als er einen anonymen Brief vom geheimen Ausschuß empfing, worin ihm das Mißfallen desselben zu erkennen gegeben und nebenbei anbefohlen wurde, den Armen keinen Beistand zu leisten, da gerade durch die allgemeine Noth die Unzufriedenheit genährt werden müsse. Es war doch kaum möglich, daß er zugleich den Patrioten und den Unterbrüdern Mißtrauen einflößte. Indeß bemerkte er eines Tages mit Befremden, daß während seiner Abwesenheit unter seinen Papieren eine gewisse Unordnung entstanden war, und Martha theilte ihm mit, es seien zwei Architekte dortgewesen, um das an mehreren Stellen baufällige Haus zu besichtigen. Auf seinem Pult lag ein Band von Byrons Werken aufgeschlagen, und er war so unvorsichtig gewesen, bei den Worten Childe Harolds

The Niobe of nations! There she stands
Childless and crownless, in her voiceless woe!

mit Bleistift die Randglosse zu machen: „Stumm und ohne Krone, aber nicht ohne Söhne."

Allabendlich trennten sich die von Miß Lovel kommenden Freunde bei der Kirche Sanct Mauricius, und Centoni ging von dort stets direkt nach Hause. Eines Morgens stürzte Teresa weinend in Miß Lovels Zimmer. Ihr Herr war gestern Abend nicht heimgekehrt und sie hatte nichts über ihn in Erfahrung bringen können. Entweder mußte er von Räubern überfallen, ermordet und in den Kanal geworfen, oder heimlich verhaftet worden sein. Miß Lovel schrieb an ihre Freunde, welche sich sofort zum Polizeidirektor begaben. Derselbe empfing sie höflich, gab ihnen die beruhigende Versicherung, es sei ihm nichts von einem Attentat bekannt geworden, und fügte mit eigenthümlichem Lächeln die Bemerkung hinzu, der Signor Alvise Centoni werde ohne Zweifel irgendwo sehr gut aufgehoben sein. Sie möchten noch einige Tage warten; wenn er sich dann noch nicht eingefunden habe, wolle er Nachforschungen anstellen lassen. Es vergingen mehrere Tage, ohne daß man Nachricht von Centoni empfing. Der Direktor schien darüber erstaunt zu sein und gab die nöthigen Befehle; aber Wochen vergingen ohne daß die angestellten Nachforschungen das geringste Resultat ergaben. Es konnte keinem Zweifel unterliegen, daß der Direktor nur sein Spiel mit den besorgten Freunden trieb. Es gab zwei Personen, welche hiervon längst überzeugt gewesen, und diese waren Susanne und Betta, die schon mehrmals zu Martha gekommen waren um derselben ihre Dienste anzubieten. Schon hatte Susanne die ganze Zauberkraft ihrer schönen Augen aufgeboten, um das Herz eines Polizeibeamten zu berücken, und dieser hatte ihr im Vertrauen mitgetheilt, daß die Erkundigungen nach dem geheimnißvollen Verschwinden Centoni's nur in der Einbildung beständen.

Miß Lovel war in Verzweiflung; Susanne aber bat sie, sich zu beruhigen, und versprach ihr, morgen sichere Nachricht über den Verbleib des Signor, falls er sich noch in Venedig befinde, zu bringen.

„Aber wie willst Du das machen? fragte Martha.

„Fragen Sie Betta", erwiderte Susanne. „Die hat in ihrem kleinen

Hirnschädel, der nicht viel größer ist als meine Hand, einen Plan ausgeheckt, auf den alle guten und bösen Geister nicht verfallen wären. Ich darf Ihnen nichts davon sagen, weil ich ihr geschworen habe, reinen Mund zu halten; Ihnen aber wird sie wohl Alles mittheilen."

„Nein", antwortete Betta entschlossen, „ich sage nichts, denn ein Plan, von dem man spricht, ist schon von vorn herein vereitelt. Vertrauen Sie mir, Signora, und seien Sie so aufrichtig gegen mich, wie ich verschlossen gegen Sie bin. Sie müssen mir sagen, ob Sie den Signor Alvise lieben."

„Ja, ich liebe ihn, und ich vertraue Dir. Aber wozu die Frage, Betta?"

Die Zwergin schlug die Augen zu Boden und schwieg.

„Dann muß ich damit heraus", sagte Susanne. „Wir gebrauchen etwas Geld."

„Alles, was ich habe, ist zu Eurer Verfügung. Wie viel gebraucht Ihr?"

„Wir für unsere Person wollen nichts haben; aber dem Ausrufer, welcher mit im Complott ist, müssen wir ein Trinkgeld in die Hand drücken. Wir gebrauchen einen Viertel-Gulden. Das ist wenig, aber gar viel wenn man's nicht hat."

Martha wollte einen Napoleond'or geben, aber Betta machte die richtige Bemerkung, daß ein Goldstück in ihren Händen überall Aufmerksamkeit erregen würde. Man müsse im höchsten Grade vorsichtig sein; am besten sei es, daß man bei einem Viertel-Gulden stehen bleibe. Und so machten sich denn zwei Töchter des Volkes mit diesem bescheidenen Kapital daran, die österreichische Polizei zu überlisten. Beim Einbruch der Nacht fand im Hause des Ausrufers eine lange Conferenz statt, wobei der Viertel-Gulden seinen Herrn wechselte, und man trennte sich bis zum nächsten Morgen.

Zum Amte des Ausrufers kann in Venedig nicht Jeder gebraucht werden. Man verlangt von ihm eine ungeheure Kraft der Lungen, und zugleich eine Suade, welche im Stande ist, das, was der Aufmerksamkeit eines hochverehrten Publikums empfohlen wird, der Phantasie desselben tief einzuprägen. Einer der Inhaber dieses Ehrenamtes machte sich am nächsten Morgen unter der Begleitung des Gefolges, welches stets an seinen Fersen hing, dem sich aber diesmal Susanne und Betta angeschlossen hatten, auf, schrie von Straße zu Straße, und pflanzte sich endlich unmittelbar unter den Mauern eines der Staatsgefängnisse auf, um der Welt zu verkünden, daß heute Crispino e la Comare gegeben werde. „Sie kommen Alle", setzte er mit schmetternder, bis zur vollen Kraft angestrengter Stimme hinzu, „Reich und Arm, Jung und Alt, Knaben und Mädchen. Die ganze Bevölkerung der schönen Stadt setzt sich in Bewegung, von der Quiala-Valle zur Santa Martha, Martha, Martha! von der Kirche des heiligen Petrus di Castello bis zu der des heiligen Alvise, Alvise, Alvise!"

Plötzlich schwieg der Ausrufer, gleich als wäre seine Kraft erschöpft. Susanne und Betta streckten mit der Miene lebhaftester Spannung den Hals nach der Richtung des Gefängnisses aus, als lauschten sie auf etwas.

„Glaubst Du, daß er dort oben ist?" fragte Susanna.

„Nein", erwiderte Betta. „Hätte er nur geseufzt, so wäre es mir nicht entgangen. Jetzt zum Gefängniß des heiligen Georg!"

Ein Wink Susannens sagte dem Ausrufer, daß die List hier nicht gelungen sei, und die ganze Schaar begab sich zur Gondel, inmitten des Geschreis der Menge und des Gelächters der Polizeiagenten.

In fünf Minuten war das neue Ziel erreicht und der Versuch wurde auf dieselbe Weise wiederholt. Schon bei den ersten Worten kamen die Soldaten an die Fenster der Kaserne, und auch einige Offiziere wurden durch die Neuheit der Scene herbeigezogen. Als die Namen M a r t h a und A l v i s e durch die Lüfte tönten, hallte ein ferner Schrei von der Höhe des Gefängnisses herab. Niemand merkte es; nur Susanne und Betta hatten deutlich vernommen: „I c h b i n h i e r !"

Eine Stunde darauf statteten die beiden Mädchen Miß Lovel ihren Bericht ab.

„Jetzt", sagte Betta, „bleibt das Uebrige Eurer Hoheit überlassen. Sie sind jung, schön und reich. Reden Sie mit den Weißröcken und suchen ihr steinernes Herz zu erweichen. Wir Venetianerinnen können nicht einmal ihre barbarischen Namen aussprechen; und könnten wir's auch, würden sie uns anhören? Sie sind eine reiche, vornehme Dame und reden alle Sprachen. Ziehen Sie Ihr schönstes Kleid an; gehen Sie zum Direktor, zum Gouverneur und zu allen den andern Kerkermeistern. Daß unser armer Herr ganz in der Nähe ist, wissen Sie jetzt. In einer halben Stunde kann er uns zurückgegeben sein."

„Sie m ü s s e n ihn uns zurückgeben", fügte Susanne hinzu. „Wir lassen ihn nicht im Stich, er s o l l nicht länger das bittere Brod des Kerkers essen. Bitten Sie für ihn um Gnade, Signorina! Ihnen kann man nichts abschlagen."

„Ich will sofort den Versuch machen", erwiderte Martha. „Geht, meine Freundinnen, und bittet zu Gott, daß er mir die sanfte Stimme Susannens, den Heldenmuth Betta's und das glühende Herz Beider leihe!"

Vor einem hohen, mit einer Menge von Orden geschmückten Offizier erschien Miß Lovel in eleganter, aber einfacher Toilette. Der Beamte merkte sofort, daß er es hier mit einer Dame aus der feinsten Gesellschaft zu thun habe. Er bot ihr einen Stuhl an, und fragte sie auf Französisch nach ihrem Begehr. An seinem Pult gelehnt, das Kinn auf die Hand gestützt, hörte er ihr freundlich und aufmerksam zu, bis sie den Namen Centoni aussprach. Dann zogen sich plötzlich seine Brauen zusammen und er runzelte die Stirn.

„Madame", sagte er, „Ihr Freund hat uns getäuscht. Wir glaubten, daß er den Verführungskünsten, welche das Land in Elend und Verwirrung gestürzt haben, unzugänglich sei, während er in der That die größte Thätigkeit im Interesse des Aufstandes entfaltete. Obgleich er das Leben verwirkt hat, nehmen wir ihm nur die Freiheit; er hat sich über nichts zu beklagen."

„Aber", warf Miß Lovel ein, „die Ereignisse, von denen Sie reden, fanden ja vor der Capitulation statt, und die Regierung hat versprochen, daß Alles vergeben und vergessen sein solle."

„Nur auf die Bedingung hin, Madame, daß man sie nicht selbst wieder daran erinnere. Bevor Ihr Schützling das Gefängniß verläßt, muß er Garantie für seine künftige gute Aufführung leisten, und ich wüßte wahrlich nicht, woher er die nehmen sollte."

„Ich gebe Ihnen die gewünschte Garantie", sagte Martha, verwirrt die Augen senkend. „Centoni liebt eine Fremde, welche schon seit längerer Zeit in Venedig wohnt, und als er verhaftet wurde, traf er eben die Vorbereitungen zu seiner Vermählung mit ihr. Setzen Sie ihn in Freiheit, so wird er sich verheirathen, und seine Frau wird Ihnen für sein Wohlverhalten bürgen."

Diese Antwort schien den Beamten milder zu stimmen. „Ich zweifle durchaus nicht daran", sagte er, „daß Madame Centoni einen sehr heilsamen Einfluß auf Geist und Gemüth ihres Mannes ausüben wird. Sie ist liebenswürdig, und man braucht sie nur zu sehen, um von dem Wunsche beseelt zu werden, ihr in jeder Weise zu dienen. Aber Centoni ist nicht mehr in Venedig, und ich weiß nicht einmal, wohin man ihn gebracht hat. Ich werde deßhalb nach Wien schreiben, und wenn die Antwort kommt, Sie sofort davon benachrichtigen."

Martha fühlte sich durch diese Lüge, welche im Munde des Beamten vielleicht entschuldbar war, empört, und ließ sich zu der unvorsichtigen Antwort hinreißen:

„General, Centoni ist allerdings noch in Venedig, und es kann Ihnen nicht unbekannt sein, daß er sich im Gefängniß des heiligen Georg befindet."

„Woher wissen Sie das?" rief der General mit flammenden Blicken.

„Darüber, mein Herr, kann ich Ihnen keinen Aufschluß geben. Die Kenntniß genügt mir, um danach Ihre Galanterie und die Aufrichtigkeit Ihrer Betheuerungen zu würdigen."

„Wohlan, Madame! Was Sie mir als eine Lüge vorwerfen, soll sofort zur Wahrheit werden. Da mir der Beweis vorliegt, daß Sie Mittel gefunden haben, sich mit dem Gefangenen in Verbindung zu setzen, werden Sie morgen auch erfahren, daß Centoni ins Innere des Reiches transportirt worden ist."

Miß Lovel erkannte jetzt den verhängnißvollen Fehler, den sie begangen, und wollte ihn sofort wieder gut machen. Aber es war zu spät; mochte sie auch den demüthigsten Ton anschlagen und sich sogar bis zum Flehen erniedrigen, der General, dessen Eitelkeit sie verletzt, beobachtete ihren Bitten und Vorstellungen gegenüber ein stolzes Schweigen, und als er sich endlich das Ansehen gab als höre er gar nicht mehr auf ihre Worte, blieb ihr nichts Anderes übrig, als sich mit einer Bitte um Entschuldigung dafür, daß sie ihn belästigt, zu entfernen.

Als sie wieder nach Hause gekommen war, verschwand die Aufregung, welche sie bis dahin aufrecht erhalten hatte, und sie fiel der tiefsten Hoffnungs-

34

losigkeit anheim, zumal da sie sich gestehen mußte, daß sie durch ihre Unvorsichtigkeit das Loos des Geliebten nur verschlimmert.

Unter der kleinen Schaar von Centoni's Anhängern herrschte an diesem Tage große Aufregung. Betta ließ ihrer Phantasie freien Spielraum und entwarf ihren Gefährten eine glühende Schilderung von der Zusammenkunft der Signorina mit dem General. Ihr zufolge hatte die vornehme Dame sich vor dem Barbaren im Staube gewunden, er aber sie mit dem Fuße von sich gestoßen und ihr mit Basiliskenblicken die Versicherung gegeben, daß Centoni in die tiefste Tiefe geschleudert werden und dort bis zum Ende seiner Tage in den Minen arbeiten solle. Aber es blieb doch noch immer die Möglichkeit, daß es nur Ausbrüche des Zornes gewesen seien und die That nicht dem grausamen Wort entsprechen werde, und man beschloß, bei Tag und Nacht die schwarzgelbe Barke zu beobachten, welche, neben dem Gefängnißgebäude anlernd, die Staatsgefangenen dorthin zu bringen und von dort fortzuführen bestimmt war. Die Gondel blieb an ihrem gewöhnlichen Platze, und man schloß daraus, daß Centoni nicht ins Innere des Reiches geschleppt worden sei. Inzwischen bot die Polizei Alles auf, um zu ermitteln, auf welche Weise der Gefangene sich mit der Außenwelt in Verbindung gesetzt habe, aber ohne allen Erfolg, und bald war die Sache vergessen. Miß Martha, durch den schlimmen Ausfall ihres ersten Versuchs entmuthigt, wagte keinen zweiten, weil sie dadurch dem Gefangenen nur abermals zu schaden fürchtete. Ueberdies konnte die Haft nicht lange dauern; es galt nur, auszuharren bis sie ihr Ende erreicht. Ihrer Pension beraubt, von jeder Hoffnung, Unterstützung von ihren Freunden zu erhalten, abgeschnitten, sammelte Martha ihre Juwelen und sonstigen Kostbarkeiten und begab sich früh Morgens zum Antikenhändler, an den sie sich schon früher gewendet. Vom Erlös bezahlte sie die Miethe und den Lohn ihrer Dienerin für drei Monate im Voraus und beschränkte alsdann ihre Ausgaben auf das unbedingt Nothwendige. Eines Abends bemerkten die Freunde, welche sich nach wie vor zur bestimmten Stunde regelmäßig einstellten, daß kein Thee servirt worden; der Vorrath war erschöpft und es konnte kein neuer angeschafft werden. So verflossen drei Monate. Der Abbé, durch die zunehmende Blässe Martha's mit Besorgniß erfüllt, erkundigte sich theilnehmend nach ihrer Gesundheit, und sie suchte ihn darüber zu beruhigen. Der alte Commandeur wandte sich wegen desselben Gegenstandes an die Hauswirthin, und diese antwortete ihm: „Die Signorina muß unpäßlich sein, denn seit acht Tagen ißt sie fast gar nichts."

Kurz darauf stattete Martha dem Antiquar einen letzten Besuch ab und begab sich alsdann in die Kirche San Mauricio, wo sie eine lange Unterredung mit dem Pfarrer hatte. Unter Anderm fragte sie ihn, wie es in Venedig mit den Beerdigungen gehalten werde, wie viel eine Todtenmesse und ein Begräbniß niedrigsten Ranges koste. Heimgekehrt, verbrachte sie den größten Theil des Tages schreibend. Auf's Kamingesims legte sie zwei sorgfältig zusammengefaltete und versiegelte Packetchen. Auf dem einen stand: „An Don Alvise Centoni", und auf dem andern: „Für meine Beerdigung." Nachdem sie mit methodischer Kaltblütigkeit ihre Angelegenheiten in Ordnung gebracht, legte sie sich völlig erschöpft nieder. Als die Freunde sich zur gewöhnlichen Stunde einstellten, fanden sie die Thür verschlossen; die Hauswirthin schüttelte den Kopf und sagte: „Sie befindet sich gar nicht wohl."

Mittlerweile wartete Centoni vergebens auf sein erstes Verhör. Die einzige Abwechselung in seinem traurigen Dasein wurde ihm dadurch zu Theil, daß täglich wenn das Fenster seiner Zelle zum Einlassen frischer Luft geöffnet wurde, zugleich die Abstrafung der zur körperlichen Züchtigung verurtheilten Gefangenen stattfand, was ihm die Gelegenheit verschaffte, das Zählen des Profos, das Fallen der Hiebe, das Geschrei der Gefangenen zu hören. Wer sich je in österreichischer Haft befand, weiß, was das zu bedeuten hat. Der Hoffnungsstrahl, welcher in seine Seele gefallen war als er draußen die mehrmals wiederholten Namen Martha und Alvise vernommen, erlosch, da weiter nichts folgte, bald wieder. Der Gedanke an die kritische Lage, in der er Martha zurückgelassen hatte, quälte ihn furchtbar. Fortwährend brütete er nach über den Werth von Martha's Schmucksachen, über den Preis, den sie etwa dafür erhalten möchte, über die Zeit, durch welche diese dürftigen Ressourcen reichen könnten. Er verstand sich auf dergleichen und rechnete mit ziemlicher Genauigkeit heraus, wann der letzte Tag kommen müsse, denn er wußte, daß Miß Lovel lieber Hungers sterben als Schulden machen werde.

Eines Morgens, als er, in solches Brüten versenkt, auf dem Rande seines Bettes saß, öffnete sich die Thür seiner Zelle. Der Kerkermeister trat ein, gefolgt vom obersten Gefangenwärter und von einer Persönlichkeit in grüner Uniform. Letzterer, ein Polizeiagent, trat in die Mitte des Gemachs und sagte im Schulmeisterton einen Sermon her, den er offenbar auswendig gelernt und vielleicht schon hundertmal hergeplappert hatte. Er forderte den Gefangenen auf, sich hinfort hochverrätherischer Umtriebe zu enthalten, da dieselben von jetzt an einen schwarzen Undank gegen die Regierung, welche ihm hiermit seine Sünden vergebe, in sich schließen würden. Centoni wollte gegen die Bezeichnung eines Hochverräthers protestiren, bemerkte aber, sobald er den Mund öffnete, zu seinem Schrecken, daß er stammele.

„Das macht nichts," sagte der Grünröckige. „Das Stammeln kommt von Ihrem fünfmonatlichen Schweigen her; das hat man bei Gefangenen sehr häufig, und es verliert sich bald. Beherzigen Sie die kleine Strafe, die Sie empfangen, und vergessen Sie nicht, daß ein Rückfall Ihnen den carcero duro, wenn nicht den Tod, zuziehen würde. Jetzt folgen Sie mir ins Bureau, um Ihren Namen auf das Register der entlassenen Gefangenen schreiben zu lassen."

Als dieser letzten Formalität genügt war, änderte der Grüne, welcher den Auftrag hatte, den Entlassenen von der Insel fortzubringen, plötzlich den Ton, wurde so höflich, wie er vorher anmaßend gewesen, versicherte, daß er nur aus Rücksicht auf Weib und Kinder des ihm verhaßten Amtes pflege, und sprach die Hoffnung aus, daß bald die Republik ihre Auferstehung feiern werde. Centoni aber war zu schlau, um sich auf so plumpe Weise fangen zu lassen, sprang, als die Gondel das Ufer erreichte, leichten Fußes ans Land und lief, so schnell die Füße ihn zu tragen vermochten, zu dem Hause, welches er früher bewohnte. Dort kam er vor verschlossene Thüren und sein Anklopfen fand keine Erwiderung. Er dachte, Therese sei in die Kirche gegangen, und eilte dorthin. In einem Winkel knieten Betende, und auf dem Altar brannten Kerzen, zum Zeichen, daß eine Todtenmesse abgehalten worden. Centoni packte den Sakristan, welcher eben die Kerzen auslöschen wollte, am Arm, deutete auf den Altar und die Betenden und fragte mit zitternder Stimme: „Für Wen?"

„Weiß nicht," erwiderte der Sakristan gleichgültig. „Ein Frauenzimmer; ich glaube, eine Fremde."

Die Knieenden erhoben sich; Centoni stand Susanne und Betta gegenüber. „Wo ist Martha Lovel?"

"In paradiso!" antworteten sie feierlich, und machten das Zeichen des Kreuzes.

Centoni wankte; von den Freunden, die ihn als ihren Vater verehrten, aufrecht erhalten, schleppte er sich zur Brücke St. Mauricius. Dort glitten langsam drei bedeckte Gondeln über die Lagunen. Die erste trug den Sarg, die zweite Priester, und in der dritten befanden sich Pilowitz, der Commandeur und der Abbé Gherbini. Centoni sank ohnmächtig in die Arme eines rüstigen Arbeiters. Als er wieder zur Besinnung kam, hatte man ihn zur Hauswirthin Martha's transportirt. Dieselbe überlieferte ihm das Paquet, welches seine Adresse trug. Es enthielt einen Brief und die kleine antike Büste, welche er ihr einst zurückgekauft hatte. Der Brief lautete:

„Lieber Alvise, wenn Du mein letztes Lebewohl vernimmst, wird es keine Martha Lovel mehr geben. Ich wollte mich Dir erhalten, aber ich konnte es nicht. Du kennst mein Schicksal. Von einem Tag zum andern habe ich mich hingeschleppt. Eine Frau gebraucht gar wenig, um sich nothdürftig zu ernähren — etwas Brod und Milch. Ich glaubte auf diese Weise noch lange das Leben fristen zu können; aber es kam der Tag, wo auch das Wenige mir fehlte. Du weißt, daß es mir unmöglich gewesen sein würde, zu borgen ohne die Aussicht zur Wiedererstattung zu haben. Zürne mir deshalb nicht, und zeihe mich nicht des falschen Stolzes. Du hast mich ja so gekannt und geliebt, wie ich bin. Meine Kräfte sind erschöpft, das Auge und die Hände versagen mir den Dienst. Ich fühle, daß ich nur noch eben die Kraft besitze, mich zu dem Bette zu schleppen, von dem ich nicht wieder aufstehen werde. Ich wollte muthig, ohne Selbstbedauern, sterben, und doch fließen jetzt meine Thränen. Armer, lieber Freund, ich liebte Dich so innig! Mein Tod wird ebenso geheimnißvoll sein wie meine Geburt. In allen meinen Hoffnungen bin ich getäuscht. Erinnerst Du Dich unserer Promenaden im Botanischen Garten? Das waren

mir die einzigen Stunden wahren Glücks. Mein Herz schlägt so matt; noch wenige Augenblicke, und es wird stocken. Deine unglückliche Braut
Martha Lovel."

Wenn die öffentliche Meinung einmal ihr Urtheil über Jemanden gefällt hat, läßt sie sich darin nicht gern irre machen. Centoni behielt nach wie vor den Ruf eines schwachköpfigen Sonderlings. Man scherzte über seine Einkerkerung wie über ein polizeiliches Mißverständniß, und bemerkte nur, daß sein ganzes Wesen im Laufe der Zeit einen melancholischen Anstrich gewonnen habe. Gleichgültig gegen das Urtheil der Welt, lebte Centoni mehr als je zuvor den Armen und Nothleidenden. Zu den Zeiten der alten Republik gab es keinen Patricier, welcher so viele Clienten besaß wie er; da er aber nicht mit ihnen die Straßen durchzog, kannte man sie nicht und wußte nichts von seinem stillen Wirken. Er verheirathete Susanne mit einem schönen Gondolier, und eröffnete selbst das Hochzeitsfest, indem er mit der Braut tanzte. Die Polizei fand an seinem Benehmen nichts auszusetzen und hörte am Ende auf, ihn zu beobachten.

Eine neue Sonne hatte sich am Himmel Italiens erhoben — Cavour! und die Parole lautete: Frei bis zur Adria. Nach den Tagen von Palestro, Magenta und Melegnano zweifelte Niemand mehr daran, daß bald dies Wort eine Wahrheit sein werde. Deutlich konnte man von der Höhe des Marcus-Thurmes die Flaggen der französischen Flotte erspähen. Man wußte, daß eine entscheidende Schlacht am Mincio bevorstehe. In der Nacht vom 24sten zum 25sten Juni 1859 blieb in Venedig Alles auf. Die Nachricht vom Siege bei Solferino verwandelte die ängstliche Spannung in wilden Jubel. Schon wurde im Arsenal, auf der Insel St. Georg, im Palais Foscari und in den andern Kasernen eingepackt und die Garnison, damit sie nicht zwischen den Lagunen abgeschnitten werde, zum Abmarsch bereit gehalten. Vor der Kirche Santa Lucia wurde ein Detachement, welches die Eisenbahn bewachte, von einem Volkshaufen bedroht. Ein Konflikt schien unvermeidlich, als ein junger Mann sich durch die Menge drängte, die Stufen der Kirche hinanstieg und im Tone der Autorität einige Worte an das Volk richtete. Sofort legte sich die Aufregung. Nur Einer wollte sich nicht beruhigen lassen. Ohne Rock, die Arme bis zu den Schultern entblößt, schwang er ein Küchenmesser und rief: „Tod den Oesterreichern! Gebt mir Einen zum Abschlachten!"

Zwei Männer packten ihn am Kragen und zogen ihn zum Portal der Kirche. Der Redner fixirte ihn einen Augenblick scharf und sagte dann laut zu ihm: „Schurke, man würde Dich selbst abschlachten, wenn man wüßte, wer Du bist. Seit Du mir Deinen Sermon im Kerker hersagtest, hast Du Dich sehr verändert."

„Was, Sie sind es, Signor Centoni?" erwiderte der entlarvte Polizeiagent. „Sie haben sich auch sehr verändert. Sie befehlen, und das Volk gehorcht. Ich wußte nicht, daß Sie so mächtig seien."

„Du wirst mich bald noch besser kennen lernen," erwiderte Centoni. „Da wir jetzt so weit gekommen sind, habe ich Dir und Deines Gleichen nichts mehr zu verbergen. So wisse denn, daß es in der Stadt immerhin einige Hundert rüstiger Kerle giebt, über die ich verfügen kann, daß es mir also nur ein Wort kosten würde, Dich augenblicklich hängen zu lassen."

„Will's schon glauben," erwiderte der Andere; „aber Sie sind viel zu gut, um das Wort auszusprechen. Und überdies, sind meine Arme nicht gerade so starkknochig wie die der Andern? Ich stehe Ihnen ganz zur Verfügung."

Die Unverschämtheit war so groß, daß Centoni sich nicht enthalten konnte, darüber zu lachen. „Du bist ein durchtriebener Spitzbube," sagte er, „aber mag es dabei bleiben. Und jetzt, Freunde," fuhr er, an das Volk gewendet, fort, „lassen wir die Fremden ruhig abziehen und gehen wir auf die Merceria, um den Stoff zur Verfertigung der dreifarbigen Fahnen zu kaufen, welche die Befreier begrüßen sollen."

Zwei Tage darauf sah man keine dreifarbige Fahnen mehr an den Fenstern. Tiefe Bestürzung und Niedergeschlagenheit lag auf jedem Antlitz. Man hörte nichts als den gewöhnlichen langsamen Trommelschlag der österreichischen Tambours und den schweren Tritt der Soldaten, welche nach ihren Kasernen zurück marschirten. Der Waffenstillstand und die Präliminarien von Villafranca waren bekannt geworden. Wie in den Jahren 1797 und 1849, war Venetien abermals geopfert worden und hatte für das vergossene Blut nichts gewonnen als die müßigen Sympathieen Europas und die Versprechungen eines Herrscherhauses, welches nie Wort gehalten.

Am Abende dieses Junitages, eine Stunde vor Sonnenuntergang, sah man ein Peloton Soldaten aus dem Palast Foscari hervortreten, die Stufen des Rialto zur Riva del Carbon hinabsteigen und dort den Zugang eines Hauses versperren. Alvise, welcher, wie zu jener Zeit, das Loos des Vaterlandes beweinte, wurde seinen Träumereien durch den Eintritt von Soldaten entrissen, denen ein Mann in grüner Uniform voranging. Derjenige, welcher sich noch vor wenigen Tagen einen Oesterreicher zum Abschlachten gewünscht, war jetzt wieder wohlbestallter Polizeiagent. „Signor Centoni," sagte er hohnlächelnd, „falls Sie die neuesten Nachrichten vernommen, kann mein Besuch Sie nicht befremden."

„Was", rief Alvise, „Du hast mich denuncirt?"

„Ei freilich. Konnten Sie nach den interessanten Enthüllungen, die Sie mir zum Besten gaben, etwas Anderes erwarten?"

„Schurke, Du verdankst mir Dein Leben!"

„Mehr als das; ich verdanke Ihnen mein Glück, weil Sie mir die Mittel verschafft haben, den Schlichen eines so gefährlichen Menschen auf die Spur zu kommen. Seien Sie meiner aufrichtigen Dankbarkeit versichert, edler Signor. Womit kann ich dienen?"

„Nun, so sage mir, was man mit mir vor hat, und verbirg mir nichts. Das ist der einzige Dienst, den ich von einem Menschen Deines Schlages annehmen kann."

„Beim Bacchus, Signor, Sie haben Courage! So lassen Sie sich denn die volle Wahrheit sagen. Man beabsichtigt weder, Sie zur Hochzeit zu führen, noch Ihnen die Krone von Cypern und Jerusalem aufzusetzen. Sagen Sie selbst, was man von geschlagenen, gedemüthigten, wüthenden Feinden erwarten kann, welchen in Kriegszeiten ein rückfälliger Rebell in die Hände gefallen ist."

„Ich fürchte mich nur vor Einem, nämlich vor dem Carcere duro."

„Dann können Sie sich beruhigen. Aber an Ihrer Stelle hätte ich eine höllische Angst, denn für den Tod ist kein Kraut gewachsen."

„Der Tod ist mir schon recht, vorausgesetzt daß man mich nicht lange warten läßt. Wann soll es vor sich gehen?"

„Morgen früh um sechs Uhr."

„Desto besser. Und wohin geht es jetzt?"

„Nach dem Fort San Nicoleta."

„Ich bin bereit."

Unten wartete bereits die Barke der Gefangenen. Alvise wurde zwischen vier Soldaten in die vergitterte Kajüte geführt, und das schwere Fahrzeug glitt langsam über den großen Kanal nach dem Lido. Noch waren sie nicht auf die Höhe der Piazzetta gelangt, als schon die treue Teresa, welche an der Thür gehorcht, die Nachricht von der Verhaftung ihres Herrn in der Nachbarschaft verbreitete. Bald bildete sich an der Riva del Carbon eine kleine Gruppe, welche in leiser Stimme Berathungen pflog. Eine junge Frau trennte sich von der Gruppe und sprang behend in eine leichte Gondel. Zwei kräftige Männer ergriffen die Ruder, und die Gondel flog mit der Geschwindigkeit eines Pfeiles davon. Nach einer halben Stunde stieß sie an das Ufer von San Nicoleta und legte sich der Gefangenen-Barke zur Seite, welche noch auf die Escorte wartete, um sie zum Palast der Foscari zurückzubringen.

Die Sonne ging unter und von den Thürmen tönte das Angelus, als Susanne aus der kleinen Gondel sprang und beherzt auf die Thür der Kaserne zuschritt. Wir wollen es nicht versuchen, den Wortstrom, welcher mit wunderbarer Geläufigkeit von ihren Rosenlippen floß, die Lügen und Ausflüchte, welche sie in der Eile vorbrachte, wiederzugeben. Es genüge dem Leser, zu wissen, daß sie endlich vom wachthabenden Offizier die Erlaubniß erhielt, mit dem ihr befreundeten Sergeanten zu sprechen. Offenbar handelte es sich um etwas sehr Ernstes, denn sie drang lange in ihn und rief sogar Thränen zu Hülfe. Endlich ließ der Sergeant sich erweichen, erhob die Hand zum Schwur, und Susanne umarmte und küßte ihn mit Inbrunst, worauf sie wieder zur Gondel eilte und sich nach der Riva del Carbon zurückrudern ließ.

„Es ist mir gelungen", sagte sie zu den Freunden. „Die lombardischen Soldaten nehmen die Kugeln aus ihren Patronen, und der Sergeant flüstert unfern armen Herrn, wenn er ihm die Augen verbindet, einige Worte ins Ohr. Dann stellt der gute Signor sich todt, und das Uebrige ist u n s e r e Sache."

Am nächsten Morgen vor fünf Uhr begaben sich die Verschworenen und Die, welche einer Hinrichtung beiwohnen wollten, aus verschiedenen Gegenden der Stadt nach dem Lido. Die durch den Ausfall der Schlacht bei Solferino entstandene Verwirrung war noch nicht ganz beseitigt, und die Forts des Lido waren nur von wenigen lombardischen Soldaten besetzt. Die Garnison von San Nicoleta hatte den Auftrag, Centoni zu erschießen. Genau sechs Uhr öffnete sich das Thor der Kaserne, und ein Peloton von Füsilieren, commandirt von einem deutschen Lieutenant und einem lombardischen Sergeanten, trat daraus hervor. Die Soldaten formirten zwei Reihen; zwischen ihnen ging entblößten Hauptes, mit festem Schritt, Alvise Centoni. Eine junge Frau neigte sich zur Gefährtin und flüsterte ihr zu: „Alles wird gut gehen. Es sind Lombarden." Während das Detachement vorbeimarschirte, wechselten sie einen verstohlenen Blick mit dem Sergeanten. In diesem Augenblick stieß eine schwere, schwarzgelbe Barke ans Ufer, und aus derselben stiegen zwölf croatische Soldaten, mit einem Capitain und einem Polizeiagenten. Nach einem kurzen Gespräch zwischen dem Capitain und dem Lieutenant formirten die Lombarden ein Quarree zum Fernhalten der Neugierigen, und die Croaten lös'ten sie ab. Centoni beugte ein Knie; die Croaten legten an. Man hörte das Commando: Feuer! und der Verurtheilte fiel in den Sand. Zwei Frauen aus dem Volke, die Eine groß und schön, die Andere klein, verkrüppelt und häßlich, warfen sich, den Soldaten zum Trotz, unter herzzerreißendem Geschrei über Centoni, und hielten, obgleich sie mit Blut überströmt waren, den Leichnam so fest umklammert, daß man ihnen denselben entreißen mußte. Eine Viertelstunde später war das Ufer des Lido wieder öde und verlassen.

Ein Seitenverwandter Centoni's erbte sein Vermögen. In einem Winkel des Friedhofes von Venedig befindet sich auf einem Grab ein kleines, von diesem Verwandten errichtetes Denkmal, und auf demselben lies't man unter den Namen Martha Lovel und Alvije Centoni die Worte: Promessi sposi — Verlobte.

Sächsische Sage und sächsischer Sang.
Von E. Schnelles.

Durch Gothen und Vandalen war der römische Koloß vernichtet worden, der freilich zuletzt nur noch auf todten Füßen das Mittelmeer und Europa überspannt hatte. Deutsche Völker, die Longobarden, Franken und Sachsen, schufen neue Reiche in Italien, Gallien, Deutschland und Britannien, neben den Gothen in Spanien. Nur von Longobarden und Gothen sprechen die Alten, die Namen der Franken und Sachsen treten bei den römischen und griechischen

Schriftstellern nicht auf. Es sind indeß nichtsdestoweniger alte Namen, die aber erst wieder aus der Urzeit auftauchten als die Erinnerungen der vereinten Stämme im Anbruch einer neuen großen Zeit lebendig wurden.

Unter dem Namen „Angelsachsen" geht um 450 nach Christus ein Theil des sächsischen Volkes nach Britannien, eingeladen von den Britten, welche nach dem Abzuge der römischen Legionen die Einfälle nördlicher Völker nicht zurückzuweisen vermochten. Bald aber erscheinen die Angelsachsen als Herren des Landes, zu dessen Schutz man sie gerufen hatte, und ebenso breiten die Sachsen in Deutschland nach dem mit ihrer Hülfe durch die Franken bewirkten Sturz des Thüringerreichs ihre Herrschaft von der Elbe bis zum Rhein aus. In England wird ihre Macht durch den normännischen Eroberer erst im Jahre 1066, in Deutschland schon durch Karl den Großen gebrochen, ohne daß jedoch hier wie dort der sächsische Volkscharakter vernichtet werden konnte. Hat auch das Christenthum, in England schon seit dem Fall des gewaltigen Penda von Mercia in der Schlacht am Winward 656, des letzten Wodankämpfers, in Deutschland seit Widukind's Belehrung durch Karl, vielfach eingegriffen, das Volk blieb trotz der Taufe dasselbe und hielt seine Götter, Helden und Sänger werther als die Lehre der Neuzeit. Wie eine stille Opposition ging der innere Widerwille des sächsischen Volkes gegen die aufgezwungene Lehre durch die Jahrhunderte, bis endlich der Sohn des sächsischen Bergmanns, Luther, dieses innere Gähren zu einer That gegen die römische Hierarchie wachrief, einer That, welche, von Sachsen ausgehend, auch im verwandten Volke Britanniens und weiter zündend für die ganze Erde von höchster Bedeutung wurde.

Hatten die Sachsen als Culturbringer schon vor diesem Ereigniß den wendischen und preußischen Osten bis nach Rußland hinein mit Städten erfüllt, welche bis auf die Reformationszeit durch die Verbindung der Hansa in ächt sächsischem Geist zusammengehalten wurden, so dehnte sich nun dieser Geist der Vereinigung unaufhaltsam auch über die Oceane aus, zog Amerika in seine Arme, schloß das ferne Indien an sich und ward, immer weiter strebend, zuletzt Entdecker und Eigenthümer aller Spitzen der Erde, des Caplandes wie der australischen Inseln. Das ist der sächsische Geist in seiner Ausdehnung über die Erde, nach einer Seite hin und so weit er Jedem bekannt ist, seit jenem Tage, wo nach dem Bericht des sächsischen Mönchs Widukind sein Volk einen Schooß voll Erde im Lande Hadeln mit seinen letzten Schätzen erwarb.

Eine nicht geringere Macht weltbezwingenden Geistes hat das sächsische Volk diesseits und jenseits durch seine Sänger und Sprecher geübt, auch das ist bekannt. Wir dürften nur an Luther erinnern, den Sänger der Bibel in deutschen, in sächsischen Klängen, die seitdem die Sprache geworden, in der alle unsere Dichter singen, alle unsere Großen sprechen und schreiben, ob ihre Heimath an der Weichsel oder am Rhein, an der Elbe oder an der Donau liegt, oder noch weiter am Mississippi, in Californien, Chili oder Neu-Südwales. In der Sprache des Sachsen Luther haben sie Alle ihre gemeinsame Heimath, und wenn irgend etwas den Glauben an eine einstige Einigung des zerrissenen Vaterlandes zu beleben im Stande ist, so muß es die Sprache sein, welche der Sohn der sächsischen Berge geschaffen und in ein Buch niedergelegt hat, das in jedem deutschen Hauswesen zu finden ist, wenigstens über kurz oder lang zu finden sein wird, auch in den katholischen Gauen.

Aber vergessen wir nicht Luther's Nachfolger. Gedenken wir nur Klopstock's, Lessing's auf dem Gebiet der einen Literatur, und an des Letztern kritischen Geist knüpfend Ritter's und Grimm's Thätigkeit nach der andern Seite, Sachsen sind sie bis ins tiefste Innerste, und aus diesem Innersten heraus bildeten sie ihre umgestaltende Kraft und Thätigkeit, die über die Grenzen Deutschlands hinaus gewirkt hat gleich jener Luther's.

Diese Kraft muß im Volke ruhen. Ein solches Volk auf seinen ersten Wegen zu verfolgen, ist nicht nur interessant, es wird geboten. Treten wir also in die Tage des Dunkels zurück, zum Frühling des Volkes, wo seine Keime sich für eine solche mächtige Gestaltung im Lichte vorbereiteten.

Im Westerwald wächst ein Moos mit langen Fäserchen gleich einer Haarflechte und heißt „Hollezopf"; in Westphalen nennt man eine einzelne Locke, die sich vorn herausdrängt, „Holle". In der Sage des sächsischen Volkes steht Frau Holle da als altes Mütterchen, doch auch als Frau von einziger Schöne mit dem goldenen Haar ihres Volkes, aber das Antlitz verhüllt und eine zerzauste Locke vorn auf der Stirn. Man hat gesagt, das zeige ihre Sturmnatur an. Von einem Sturme singt diese einsame Locke allerdings, auch von einem wirklichen Sturm, der grauenhaft in die Geschichte der alten Menschheit, auch der Hollekinder, hereinbrach; aber noch ein anderer Sturm wühlt in ihrem goldgelben Haar, ein Weh tiefster Art, daß ihre Kinder nämlich weichen mußten aus der alten Heimath im fernen Osten, weichen mußten trotz ihrer Treue, trotz ihrer Einigkeit, einer neuen trügerischen Lehre, welche, nicht damit zufrieden, sie vertrieben zu haben, auf ihren Spuren nachwanderte und weiter und weiter sie hinausstieß. Hätte diese Lehre die Zukunft zu durchschauen vermocht, sie würde nicht eher geruht haben, bis auch der letzte Sachse vertilgt war, sie würde den Resten nicht gestattet haben, wie die Sage erzählt, in die öde Fremde zu gehen. So aber lehrten die Enkel jener einst Verbannten, wenn auch auf einem Umwege um die ganze Erde, nach Jahrtausenden wieder in die Nähe wenigstens der Väterheimath zurück und gründeten ein englisches Reich am Himalaya.

Welche Sage aber erzählt man denn von jener Auswanderung der Sachsen? wird Mancher fragen, auch von Denen, welche die Sagenwelt zu kennen meinen. Nur Geduld, wir kommen dahin. Man hat Frau Holle im Harzwald gesehen, wie sie in einem bodenlosen Eimer Wasser den Berg hinauftrug — ein Bild des Regens, sagt die trockene Forschung, und findet in dem lieblichen Kinderreim Bestätigung, wo es heißt:

Mutter Gottes thut Wasser tragen
Mit goldenen Kannen
Aus dem goldenen Brünnel.

Das ist der Brunnen eines gar wunderbaren Wassers, das in den Mährchen der Völker als „Wasser des Lebens" auftritt und nicht blos der himmlische Regen ist. Denn weiter singen die Kinder:
> Da liegen viel drin.
> Sie legt sie auf Kissen
> Und thut sie schön wiegen
> Auf der goldenen Stiegen.

Aus diesem Wasser also kommen die Kinder, die schöne Saat der Zukunft, und das muß wahrlich ein eigenes Wasser sein, das im Frau-Hollenteich (beim Meißner heut) oder Brunnen der Spilla-Holle 2c. rinnt. Die Geschichte des Dresdener „Queckbrunnens" (Quickborns) beweis't, wie der Volksglaube mächtig genug war, die Geistlichkeit des Katholicismus mit sich fortzureißen, die freilich auch ihre Vortheile davon hatte. Noch kurz vor der Reformation wurde eine neue Kapelle über dem Brunnen errichtet; Frau Holle war die heilige Jungfrau geworden. So steht die Kapelle mit dem Storch noch heute in der Wilsdrufer Vorstadt, wenn auch restaurirt und erweitert, doch ein Bild uralter Tage. Wie hier eine Kapelle, so erhob sich über dem Hollebrunnen der vorchristlichen Zeit ein Baum, ein Birnbaum oder eine Eiche, eine Buche; auch ist Frau Holle wohl die Frau von der Linde, die im Geldernschen Frau Erla heißt, in Westphalen Hirke. Und von diesem Baum kommen die Kinder gleichfalls nach der Volkssage; alle Bäume hießen „Frau-Hullen-Baum". Frau Holle sah selbst wie ein hohler Baum von hinten aus, von vorn aber wunderschön, und wo sie weilte, war's „glockenhell".

Das ganze Sachsenland ist fast ein blühender Obstgarten, und wo Sachsen sich niederließen, haben sie Obstbäume gepflanzt und gepflegt um ihre Gehöfte, an den Straßen; aber nirgends sieht man ihrer so viele wie im Sachsenlande. In der heiligen Zeit des Jahres, um Weihnachten, aber rüttelt man die Bäumchen in Thüringen Nachts mit dem Spruch: „Schlafe nicht, Bäumchen, Frau Holle kommt!" Und diese segnende Gestalt, die Mutter der schönsten Zukunftsaat, der Kinder, trägt Wasser bergan in einem bodenlosen Eimer.

Giebt es wohl ein schöneres Bild für ein Volk, das nimmer müde, obwohl stets vertrieben von dem Boden, wo es sich mühsam angebaut, immer wieder Wasser trug auf die Berge, in denen es sich von Neuem setzte, oder fruchtbare Erde in seinem Gewand auf den Strand brachte, wohin es kam, wie Widukind von ihrer Landbesitznahme in Hadeln erzählt? Ist es weiter wunderbar, daß aus diesem zähen, nie ermüdenden Volk jene Squatters hervorgingen, welche mit ewiger Unruhe, zu roden und zu cultiviren, bis in die äußersten Waldgrenzen des Westens vordrangen?

Frau Holle ist ihr Bild, keine Göttin, nur das Bild ihres blonden Volkes mit all seinem Glauben, all seinem Gesetz, als seinem Wirken in Haus und Garten und Feld, aber auch mit all dem großen Weh, das dieses Sachsenvolk in sich über die Erde getragen hat. Was Wunder, und wenn es das friedlichste gewesen wäre, wenn es endlich zum Messer griff und es zur furchtbarften Waffe machte, die seitdem nach dem Volke auch „Sachs" genannt worden? Aber es war ein starkes, wehrhaftes Volk, hohen Ruhmes voll, schon in der fernen asiatischen Heimath. „Herr von Seïjar und Masenderan", heißt der blonde Sal, der Markgraf von Iran. „Treuloser Setji!" schilt sein Feind den Helden der Berge, Rustan, ein Name, den spätere Zeiten in die alte Sage trugen. Von einem Volke der Saken am Aral- und Ballaschsee wissen die alten Geographen, und im Namen der Sachsen ist sak der Stamm. „Sachse" ist nur eine andere Form für „Hexe", hagedisse, in Schweden hugsa; das Schluß-s in sachs wie in hugsa ist aus dem alten idisa, dem Namen der himmlischen Jungfrauen im Gefolge der Holla, geblieben, wie hagodisse für „Hexe" beweis't. Holla zieht denn auch der Sage nach mit den Hexen als ihrem Volk. Zu Weibern aber hatten seine Feinde das Sachsenvolk gestempelt, zu zauberischen Weibern, weil es ein uraltes Wissen in sich bewahrte, das Wissen vom Wasser des Lebens und dem Kinderbaum, und dann, weil dieses Volk das weibliche Princip als das erziehende nicht minder als das die Saat der Zukunft in ihrem Schooß zeitigende hoch hinstellte. Darum wurden die Sachsen von einer neuen Kraftlehre, die das männliche Princip voransetzte, zu Weibern gemacht, zu Waldweibern, die man verfolgen müsse, zu zauberischen Hexen. Dieser Name aber ist, also auch der Name Sachse, ein gar hoher, heiliger Name, der mit dem Baum und dem Wasser in engster Verbindung steht; in allen Sprachen hat sag wie hag eine tiefe Bedeutung, die Bedeutung des Geistes, des Schauens, des Heiligen.

Die Verfolgung der Sachsen bis zu dem letzten furchtbaren Kampfe, der sie aus der alten Heimath trieb, erzählt zunächst Firdusi, der persische Dichter des 11. Jahrhunderts, welcher die Sagen der Alten sammelte und verarbeitete; dann finden wir sie auch bei uns. Wie Holla in Deutschland, so steht Sal der Blonde, das Teufelskind, aber doch der Hort Irans, des alten Lichtlandes, vor der neuen Lehre als Repräsentant des Volkes von Seïjar da, durch viele Geschlechter reichend und zuletzt mit den Resten ausziehend. Das ist Frau Holle mit ihren Berg und Wald und Wiese wässernden Heimchen, Frau Hulda mit ihrem zwergischen Volk, im Süden Frau Bertha, auch Ute genannt, d. h. die Alte. Ihre Zwerglein singen im Emmenthal so schön, als hörte man Engel, und ebenso singt Frau Hulda am Main Nachts eine so wunderliebliche Weise, daß man die Kinder warnt, dem Sange nachzugehen. Es ist aber ein Wehelied, das sie singt — ein Lied, welches Herzen vor Wehmuth zu schmelzen vermag, und die Kinder sind so mitleidig und leicht ergriffen. Frau Holle will das junge Geschlecht gewinnen, aber einmal bei ihr, kehren sie nie in die Heimath zurück, heißt es — sie müssen bis zum jüngsten Tage ziehen.

Hierin liegt das Schicksal des vertriebenen Sachsenvolkes. Ewige Wanderer mit und in ihrer Frau Holle, durchzogen sie die alte Erde bis in das deutsche Land und weit darüber hinaus. Weinend sitzt Frau Holle auf dem Stein, weinend die Jungfrau von Rendsburg, im ältern Sachsenlande an der Ostsee, auf dem wilden Apfelbaum am Wege, und klagt um den verlorenen

Gemahl. Der aber war ein großer Gegner der Völker, ein Mensch, den die Andern zu ihrem König und Gott gemacht, das erste Kind, welches aus dem Baum stieg und seitdem ein Lehrer der Menschen wurde. Als Jrmin verehrten ihn die Sachsen in Gestalt eines bloßen Baumstammes. Sein Hauptheiligthum, ein Gehege mit dem Stamm inmitten, brach Karl der Große — im Osning bei Detmold — aber noch 1115, nach der Schlacht am Welfholz, in der die Sachsen über Kaiser Heinrich V. siegten, errichteten sie eine Säule mit einem gewappneten Manne, die nach ihrem alten Feldgeschrei „Jodute" genannt ward.

Dieses Jodute hat gewiß schon in Asien geklungen — es tönte nur in höchster Noth, wenn es galt, Alles um sich zu versammeln. Als der Herzog von Wolgast im 15. Jahrhundert sich mit verrätherischen Bürgern von Greifswald zur Ueberrumpelung der Stadt in Verbindung gesetzt und zur Nachtzeit plötzlich vor dem Thor erschien, aber entdeckt wurde, rief Henning, ein Verwandter Rubenow's, des Gründers der Universität, das „entsetzliche Jodute" durch die Gassen. So mag es in jener Vertilgungsschlacht zur letzten Sammlung, vielleicht um die Fahne, geheult worden sein: Wâpen to joduto! to joduto!

Aber sie erlagen der Uebermacht. Unter einem furchtbaren Sturm, welcher schon während der Schlacht der Sage nach getobt hatte, zogen die Reste des Volkes von Selsar in die Fremde. Davon erzählt die wirre Locke an Frau Holle's Stirn, davon singt ihr wehes Lied. Hinter ihr her aber jagt Odin — das ist der Repräsentant der Gegner, bei Firdusi König Behmen — und sucht sie in wilder Jagd einzuholen. Sie heißt beim Volk auch Holzweible, Moosweibchen, Waldfrau, und dieses Letzte kommt dem hagedisso am nächsten, da hag auch die Bedeutung Wald angenommen hat.

In dieser Volkssage von Verfolgung der Waldfrau und mehrerer Waldfrauen — hexen, sachsen — durch den Wode, den wilden Jäger, ist also nicht, wie man annimmt, ein bloßer Sturm dargestellt, sondern das unglückliche Geschick des alten Sachsenvolks liegt in ihr, das nach langer Wanderung endlich an der Ostsee sich niederließ, im heutigen Holstein, wo der Römer Tacitus die Angeln und Schwertungen (Suardones), ein sächsisches Herzogsgeschlecht, neben andern Stämmen nennt, welche sämmtlich eine weibliche Gottheit, Nerthus mit Namen, verehrten. Auch von dort noch mußten sie, den Dänen wahrscheinlich oder den Wenden, weichen und kamen in das westliche Elbland, um hier endlich Ruhe zu gewinnen. Nun athmeten sie auf. Wohl gab es noch schwere Kämpfe durchzumachen, ehe sie wieder zum Pfluge greifen, wieder ihre Bäume pflanzen, ihre Hollebrunnen einhegen konnten. Endlich aber waren sie die Herren des Landes, von der Saale an, wo sie nach der Einnahme der thüringischen Königsburg Scheidungen ihrem Jrmin die erste Säule errichteten, bis zum Main und zum Rheinthal hin. Hier pflanzten sie nun auch die Geschichte ihres trüben Geschickes ein, und es klingt gar weh, was das Volk im Saalthal zwischen Bucher und Wilhelmsdorf davon erzählt. Da kam's auf Perchtenabend zum Fährmann im Dorfe Altar, er solle zur Nacht zum Ufer kommen. Und als er an den Strom trat, sah er eine hohe, schöne Frau vor sich, die war von weinenden Kindern umgeben. Vor ihr lag das Sinnbild des Segens treuer Arbeit, der Pflug. Sie heischte Ueberfahrt von ihm für sich und ihre Kinder. Mit lautem Jammern um die schöne Heimath, die sie wieder verlassen mußten, drängten sie in den Kahn. Der Fährmann schaffte sie auf das andere Ufer, und sie zogen weiter mit ihrem Pfluge.

Und so klingt es überall im ganzen Lande, aus dem Volksmunde wie aus Berg und Wald. Ihr alter Segenskönig ist verschwunden, die letzte Wiedergeburt jenes Knaben vom Baum ging in die Berge, der Key Kosru Firdusi's, der Tannhäuser der alten Sachsen, welcher der Sage nach mit seinen kriegerischen Jungfrauen (Isisen) bis nach Aegypten zog, er ist zum Barbarossa geworden, der im Kyffhäuser sitzt, zu Heinrich dem Finkler in den Teufelslöchern bei Jena. Lockende Musik tönt überall, wie von Frau Holle's Fels so aus der Luft, wenn sie mit ihren Kindern und Hunden vorüberzieht.

Es ist auch ein wunderbares Hundegeschlecht, das sie begleitet. Da hält im Jahre 1521 im Walde bei Altenstein, wo heut das Lutherdenkmal an Stelle der alten Buche steht, zur Nachtzeit ein Ritter mit seinen Knechten. Er harrt Luther's, der von Worms zurückkehrt, um ihn auf die Wartburg in Sicherheit zu bringen. Der war aber ein Nachkomme jener Hunde Frau Holle's und hieß Hans Hund von Wenkheim. Er war „Thürhüter" bei seinem Herrn, dem Kurfürsten Friedrich dem Weisen, und hatte schon im Jahre 1492 von ihm zur Belohnung treuer Dienste Burg und Amt Altenstein erhalten. Im Jahre 1772 starb der Letzte seines Geschlechts; er ruht in der Kirche zu Schweina, neben Altenstein, bei seinen Vätern.

Sieben Kinder, erzählt die Sage, hatte eine hohe Frau geboren — nach der Querfurter Sage neun — in Einem Kindbette, und sie fürchtete den Verdacht der Untreue nach altem Glauben." Da befahl sie einer Dienerin, die Kinder zu ertränken. Die aber begegnete auf dem Wege dem Vater der Kinder. Auf seine Frage, was sie trüge, antwortete sie, daß es junge Hunde wären. Der Herr ließ sie sich zeigen, und die Kinder wurden so erhalten. Er ließ sie heimlich im Walde auferziehen, und sie wurden als Herren von Hund die Ahnherren der sieben Geschlechter von Wenkheim, Kirchheim, Saulheim, Altengrotkau, Gronsfeld, Rückenstein und Lauterbach. Dieselbe Sage findet sich bei den Longobarden; ihr großer Sagenkönig Lamichio geht aus dem Geschlecht hervor. Von Hunden, welche Landesgrenzen und heilige Stätten bewachen, erzählen viele Völkersagen Asiens und Europas. Chinesische Berichte aus ältester Zeit erwähnen eines Volkes der Hun-jo oder Hiong-nu, welche Namen „Hunde" oder „lärmende Sklaven" bedeuten sollen. Wir haben hier also ein Volk unter der Bezeichnung von Hunden, in Sachsen aber ein edles Geschlecht, das diesen Namen noch beibehalten gleich den Hundingen nordischer Lieder, und Einen dieses Geschlechts finden wir im Amt eines Thürhüters bei seinem sächsischen Fürsten noch im 15. Jahrhundert.

So lange also hat sich das alte Wesen des Volkes als einziger Grenzhüter bewahrt, wie Firdusi die Mannen von Seistan als Schirm und Wehr Irans gegen das feindliche Turan im Osten schildert. Auch der blonde Sal ward von seinem Vater ausgesetzt, aber im Walde erzogen zum Heil seines Landes, bis endlich die neue Lehre kam und die einst so treuen Hunde Frau Holle's hinaustrieb. Seitdem irrten sie durch Land und Luft — sie hatten keine Heimath mehr auf Erden. Auch das ist die Sage vom Sachsenvolk, das dennoch endlich eine Heimath fand, wenn auch Viele aus ererbter Wanderlust weiter und weiter zogen.

„Sage" und „Sang" — beides ruht im Namen der Sachsen: sags, sahs; denn „Sang" ist nur die Nasalform von „Sage", wie im Lateinischen sac-ri und sancti. Sage und Sang tönt denn auch durch das ganze Land bis hoch zum Broden hinauf. Da sitzt nach der Volkssage der alte heilige Spielmann noch auf dem Baum in der großen Festnacht des Volkes und spielt seinen Hexen. Und alles das sangen einst die Mimen — so nennt Widukind die wandernden Sänger seines Volkes, auf das er so stolz ist — sangen die Mimen am gastlichen Herdfeuer, und das Volk hat es tief eingeprägt in sein Gedächtniß bis auf den Tag, da zwei Göttinger Studenten durch seine Dörfer zogen und sich erzählen ließen von Frau Holle und den Rabenbrüdern und von Schneewittchen und alle den Andern. Das waren die Gebrüder Grimm, reines Frau-Hollen-Blut, mit der alten schönen Milch genährt. Sie haben die Kinderbibel herausgegeben — ein ächt deutsches Buch, ein Fundament für Geist und Gemüth und noch lange nicht genug erkannt in ihrem reichen Inhalt. Wahrlich, ein reiches Volk ist das Sachsenvolk trotz allem Unglücks, das alte und neue Zeiten ihm gebracht — aber die Holle-Kinder sind unsterblich.

Glaube und Wissenschaft.

Von Dr. Julius Bruck (New-York).

Unser Glaube — die Wissenschaft.
Unsere Göttin — die Wahrheit!

Sphärenklänge ziehn hernieder,
Steigen auf und kehren wieder,
Kündend mit geweihter Kraft:
Nur des Geistes mächtig Ringen
Wird der Menschheit Frieden bringen,
Der dem Elend sie entrafft.
Strahlend wie das Licht der Sonnen,
Fördernd wie des Lebens Bronnen
Ist der Sieg der Wissenschaft.

Zion's Harfe war in Weh verklungen,
Und, vom Sturm zerstreut wie Meeressand,
Irrten Juda's Söhne, grambezwungen,
Rechts- und ruhelos von Land zu Land.
An des Ebro's blüthenreichem Strande
Und wo westwärts zieht des Tajo's Lauf,
In Thuisken's und in Nuril's Lande
Pflanzten sie Jehova's Fahne auf.

Mächt'ge Reiche fielen und erstanden,
Dem Verhängniß wichen Freund und Feind.
Nationen kamen und entschwanden,
Sie nur blieben — knöchern und versteint.
Und was war's, darin ihr Sein verloren?
Eitler Sehnsucht zügelloser Drang,
Macht des Wahnes, die den Haß geboren,
Der die Blüthe ihres Volks verschlang.

Klagend einten sie sich im Gebete,
Und sie flehten immerdar auf's Neu':
„Gott der Väter, dessen Hauch verwehte
„Juda's Dränger wie des Feldes Spreu,
„Oeffne segnend deine Vaterhände,
„Sende den Gesalbten deiner Wahl,
„Daß im Schimmer seiner Glorie ende
„Deines Volkes namenlose Qual!"

Doch es zuckten keine Flammenlettern,
Und es sprach kein Gott aus glühem Dorn.
Durch die Lande zog's in heil'gen Wettern:
„Ich allein bin Gottes Lieb' und Zorn;
„Ich, der Geist, deß ewig-wahre Kunde
„Lehrt und richtet, ich, der Zeiten Geist,
„Der von Anfang bis zur jüngsten Stunde
„Fort und fort durch neue Bahnen kreis't!

„Der Tyrannen stolze Kriegesheere
„Werf' ich donnernd nieder in den Staub.
„In die Wogenbrandung wüster Meere
„Schleudr' ich der Altäre frechen Raub.
„Trug und Lüge wird mein Fuß zertreten,
„Bis vollendet ist, was ich begann;
„Majestätisch schreiten die Propheten
„Der Erlösung meinem Sieg voran!"

Also klang es; und des Frühroth's Helle
Drang durch's Dunkel, und die Lieb' trat nah',
Und versiegt war Juda's Leidensquelle,
Und gesühnt die Schuld von Golgatha.
Gottes Volk erkannte seine Sendung:
An der Wahrheit Tempel mitzubaun,
Bis wir Alle einst des Werks Vollendung,
Bis wir Alle den Messias schaun.

    Sphärenklänge ziehn hernieder,
    Steigen auf und kehren wieder,
    Kündend mit geweihter Kraft:
    Nur des Geistes mächtig Ringen
    Wird der Menschheit Frieden bringen,
    Der dem Elend sie entrafft.
    Strahlend wie das Licht der Sonnen,
    Fördernd wie des Lebens Bronnen
    Ist der Sieg der Wissenschaft.

Kampfesmuthig, trotzend den Gefahren,
Stürzte vom Olymp in's leere Nichts
Hellas' glanzumwebte Götterschaaren
Der Titanentroß des Weltgerichts.
Roma's Banner sanken im Getümmel
Letzter Schlachten; Christ und Clerisei
Brachten neue Wunder, Höll' und Himmel,
Und im Himmel saß die ein'ge Drei:

Gott, der Vater, voller Lieb' und Güte,
Gott, der Sohn, Erlöser dieser Welt,
Und mit sanftem, friedlichem Gemüthe
Eine Taube, ihnen beigesellt.
Doch zum Tiger ward die sanfte Taube,
Sie, des Christenthumes heil'ger Geist,
Ja zum Tiger, der in blut'gem Raube
Hirt und Heerde wilden Grimms zerreißt.

Für der Seele Heil den Leib zu quälen,
Schuf ein Pfaff die Inquisition,
Und gen Himmel brannte man die Seelen,
Zu den Sternen, zu der Liebe Thron.
Starren Dogmen beugte sich der Zweifel,
In den Kerkern sollt' er untergehn;
Triumphirend schritt des Hasses Teufel,
Und der Gott der Liebe ließ's geschehn.

Fernsten Landen brachte man die Wonne
Und den Segen gläub'ger Christenheit. —
Wo der Strahl von Aethiopiens Sonne
Glühen Kuß der dürren Steppe beut,
Wo von Himalaya's Felsenbogen
Sich der Ganges stürzet, stolz und frei,
Kam des Heilands fromme Schaar gezogen,
Und mit ihr der Fluch der Sklaverei.

In die starrste Lethargie versunken
Lag das All, ein üppig' Leichenfeld.
Da erglühten hehre Geistesfunken,
Und vom Tod errettet war die Welt.
Der Gironde strahlenden Gedanken
Einte sich die Gluth der Montagnards,
Und die Lilien und Altäre sanken
Unter'm Fuß der Sansculottenschaar.

Die Lawine rollte. Aller Wegen
Regte sich des Geistes kühne That.
Neue Forschung brachte neuen Segen,
Und zur Frucht erwuchs die gute Saat.
Lernend aus dem Buche der Geschichte,
Spähend in die Werkstatt der Natur,
Rang der Menschengeist empor zum Lichte,
Und fand hier des Paradieses Spur.

Freiheit! tönt es in der Völker Runde;
Durch des Oceans wilde Woge spricht
Geist zu Geist im Fluge der Secunde,
Bis der Knechtschaft letzte Fessel bricht,
Bis des Wahnes giftgeschwellte Hyder,
Haß, Verfolgung, Lug und Trug vergehn,
Bis wir Alle, freie, ein'ge Brüder,
Vor dem Strahlenthron der Wahrheit stehn

    Sphärenklänge ziehn hernieder,
    Steigen auf und lehren wieder,
    Kündend mit geweihter Kraft:
    Nur des Geistes mächtig Ringen
    Wird der Menschheit Frieden bringen,
    Der dem Elend sie entrafft.
    Strahlend wie das Licht der Sonnen,
    Fördernd wie des Lebens Bronnen
    Ist der Sieg der Wissenschaft.

Europäische Federzeichnungen.
Von Karl Blind.

Luxemburg und der niederdeutsche Nordwesten. Ein Beitrag zur Nationalitäts- und Sprachenkunde.

„Nur aus Gründen der Volksabstammung und der Geschichte", sagte die Times unlängst, „kann Luxemburg als ein wesentlicher Theil Deutschlands in Anspruch genommen werden; denn selbst auf dem Sprachgebiet ist seine Nationalität, um die Sache mild auszudrücken, dem Zweifel offen. Diese Seite der französischen Rechtsbegründung wird von einem Pariser Blatt sehr klar mit folgenden Worten dargestellt: — Luxemburg ist n i ch t deutscher Boden. Der größere Theil seiner Bevölkerung spricht entweder Französisch oder Wallonisch, welch' letzteres eine alte Form des Französischen ist. Französisch ist die Amtssprache des Landes, der französische Geist hat die Oberhand, und die Luxemburger besitzen nicht das, was die moralische Grundlage Preußens bildet, was den Charakter von Norddeutschland kennzeichnet — nämlich das Lutherthum. Sie sind Alle, oder fast Alle, Katholiken, und ihre gesellschaftlichen Zustände befinden sich in starkem Widerspruch mit denen der preußischen Nation."

Die „preußische Nation" haben wir nicht die Ehre zu kennen. Das Volk in Preußen hat bekanntlich sehr verschiedenartige gesellschaftliche Zustände, die am Rhein gleichen gewiß nicht denen in Pommern oder den Wasserpolaken. Von den 18,000,000 Einwohnern, welche Preußen vor dem letzten Kriege zählte, sind nicht weniger als 7,000,000 Katholiken. Für Diejenigen, welche dabei vorzugsweise an Posen denken könnten, sei hier bemerkt, daß in jener Provinz nur etwas über 900,000 Katholiken neben nahezu 500,000 Protestanten wohnen. Von den genannten sieben Millionen Katholiken kommen über 2,500,000 auf Schlesien, Sachsen und Westphalen, und nahe an 2,500,000 auf die Rheinlande; der Rest vertheilt sich auf Posen, Preußen, Brandenburg, Pommern u. s. w. Gälte das „Lutherthum" als Maßstab, was sollte da, nach der Times - Theorie, aus der preußischen Nation werden?

Diese Zahlen mögen, wie die ganze statistische Wissenschaft, Manchem trocken erscheinen; aber ohne solche Zahlenkenntniß taumelt man auch in der Politik wie in einem Irrgarten umher. Wie viel unnütze Wortmacherei könnte vermieden werden, wie viele falsche Schlüsse, an die sich oft die bedauerlichsten, folgenschwersten Handlungen knüpfen, würden unterbleiben, wenn Diejenigen, welche an den Geschicken der Völker mitrathen und mitthaten, über die wirklichen Zustände derselben besser unterrichtet wären! Für uns Deutsche, die wir ohnedies Spaltung genug in uns haben, hat die unwahre Idee vom „durch und durch protestantischen Preußen" und vom „bigott katholischen Süden" schon viel Unheil angestiftet. Die Feststellung der Thatsachen mag daher von Nutzen auch für Diejenigen sein, Denen, wie uns, die beiden genannten Gegensätze nur Gegensätze der religiösen Befangenheit darstellen. Im „katholischen

Süden" finden wir, wenn wir etwa an der Main-Linie beginnen, über zwei Drittheile Protestanten im Großherzogthum Hessen, ein Drittheil in Baden, über zwei Drittheile in Würtemberg, nahezu ein Drittheil sogar in Baiern. In Deutsch-Oesterreich allerdings schwindet die Zahl der Protestanten auf einen ganz unbedeutenden Bruchtheil herab. Doch mag hier erwähnt werden, daß selbst dort um die Reformationszeit eine mehr oder minder klar ausgesprochene Mehrheit sich vom Pabstthum ab- und der neuen Lehre zugewandt hatte. Mit welchen Mitteln die Rückbekehrung erfolgte, das ist weltbekannt.

Ich habe mit diesen kurzen Andeutungen nur zeigen wollen, daß Deutschland — glücklicherweise — im religiösen Glaubensbekenntniß nicht so schroff nach Nord und Süd abgegrenzt ist, wie es oft irriger Weise dargestellt wird. Um nun zu Luxemburg zurückzukehren, so ist es allerdings, wie die „Times" sagt, richtig, daß auf Grund der Volksabstammung und der Geschichte die Bevölkerung desselben zu Deutschland zählt. Vom zehnten Jahrhundert an findet sich Luxemburg (mit einer kurzen Unterbrechung, die im Gefolge des unser Vaterland tief zerrüttenden dreißigjährigen Krieges kam) in die deutsche Reichsgrenze eingeschlossen. Während der Revolutionskriege am Ende des vorigen Jahrhunderts ging es uns allerdings zeitweilig verloren. Mit dem Sturz der napoleonischen Herrschaft fiel es wieder an die Heimath zurück, wurde indessen durch die „Personal-Union" mit der Krone Holland in eine ähnliche Zwitterstellung gebracht, wie diejenige war, in welcher Schleswig-Holstein sich bis vor Kurzem befand.

Daß das Französische die Landessprache in Luxemburg ist, hat seine Richtigkeit — Dank dem alten Reichsschlendrian, der königlich holländischen Anmaßung und der deutschen Michelei, die sich bald in Zieräffigkeit, bald in Bediententhum kundgiebt. Aber die Volkssprache der Luxemburger ist die d e u t s c h e. Unter 200,000 Einwohnern giebt es vielleicht nur 200, die bloß Französisch sprechen. Das niedere Volk des Landes spricht eine niederdeutsche Mundart, ähnlich der in Köln, Aachen u. s. w., natürlich mit örtlicher Färbung, wie das überall der Fall ist, von den Alpen bis zum Belt. Die Einmischung französischer Brocken nach elsässer Art kommt gelegentlich vor; der Grundstock der Sprache aber ist so deutsch, wie bei allen nieder- und plattdeutschen Dialekten. Wollte man den Luxemburger nicht als Deutschen gelten lassen, so wäre der Provençale, der Gascogner ganz gewiß noch weniger ein Franzose.

Der seit bald dreißig Jahren zu B e l g i e n geschlagene Theil des ehemaligen Luxemburg enthält in seiner Mehrheit eine w a l l o n i s c h e Bevölkerung, neben einem geringen deutschen Bruchtheil, welch' Letzterer durch die Unkenntniß des damals mit der Sprachabgrenzung betrauten Fachgelehrten an Belgien fiel. Das bisherige Bundesland Luxemburg aber ist d e u t s c h, mit einer kaum in Betracht kommenden Beimischung von ein paar hundert Französisch-Redenden. Was das Wallonische betrifft, so ist dasselbe nicht eine „alte Form" des Französischen, sondern eine Mundart, in welcher französische Sprachstoffe mit anderen, fremdartigen, gemischt sind, die bisher allen wissenschaftlichen Untersuchungen getrotzt haben. In einem Theile des Wallonenlandes nennt das niedere Volk diese seine Sprache „Charabia". Der Ursprung der Wallonen ist in der Völkerkunde noch nicht mit Sicherheit bestimmt. Zur Erklärung jener Beimischungen, die man noch keinem Sprachstamm hat einzureihen gewußt, ist man auf die verschiedenartigsten Annahmen verfallen. Während die Einen die Wallonen von Kimbern — die jedoch nicht als Germanen, sondern als Kelten, Kymry, gefaßt wurden — wollten abstammen lassen, haben Andere einen versprengten Heerhaufen von Hunnen in's Spiel gebracht. Sei dem wie ihm wolle, für den Wallonen ist heute naturgemäß das Hochfranzösische die Schriftsprache, wie für den Niederdeutschen, so weit er nicht in Holland oder Belgien wohnt, das Hochdeutsche als Mittel des höheren geistigen Verkehrs dient. Dem luxemburgischen Niederdeutsch ist, wie mir erzählt wird, die zweifelhafte Ehre zu Theil geworden, von einem der dortigen Local-Schwärmer in eine eigene Grammatik zusammengefaßt zu werden! Man könnte ebenso gut eine allemannische, eine fränkische oder sonstige Dialekt-Grammatik schreiben. Wir halten's indessen, wenn es doch einmal sein muß, im Fach der Mundarten lieber mit den dichterischen Erzeugnissen Hebel's, oder mit denen von Fritz Reuter und Klaus Groth, als mit solchen grammatikalischen Kleinmeistereien.

Luxemburg, wenn es auch einen holländischen Fürsten zum Großherzog hat, ist somit in jeder Beziehung deutsch, nach Abstammung, nach Geschichte, und nach der Sprache des Volkes. Und da die französischen Ansprüche heute so vorlaut auftreten, so mag es am Platze sein, hier gleich auch eine kurze Schilderung desjenigen N i e d e r l a n d e s einzuflechten, das von „deutschem" Volke bewohnt ist, aber nicht zu Deutschland gehört.

Außer dem Elsaß und Lothringen besitzt Frankreich bekanntlich auch ein Stück Flanderland; in diesen seinen Gebietstheilen finden sich Bruchstücke des allemannischen und des niederdeutschen Stammes. Holland ist ganz von Niederdeutschen und Friesen bewohnt. Daß es seine Landesmundart zur Schriftsprache erhoben hat, ist ein bloßer geschichtlicher Zufall, wie er glücklicherweise in der Schweiz, als dies Land sich von Deutschland trennte, nicht vorkam. Ich sage dies mit keiner politischen Nebenabsicht, denn wenn je ein Volk das Recht hatte, die Wiedervereinigung mit dem Mutterlande nicht zu wünschen, so ist dies bei dem Volke von Holland und der Schweiz der Fall.

Die Frage der Abstammung und der Volkssprache soll uns also hier allein beschäftigen. Luxemburg's Nachbarland, B e l g i e n, sei denn näher in's Auge gefaßt. Wie manchen gebildeten Deutschen giebt es nicht, der sich Belgien als ein wesentlich f r a n z ö s i s c h e s Land vorstellt! Der Irrthum ist gleichwohl ebenso groß, wie wenn man der Eidgenossenschaft diesen Charakter beilegen wollte. Beide sind aus verschiedenen Volksarten zusammengesetzte Staaten: in dem einen, der Schweiz, finden sich Stücke der deutschen, französischen, italienischen und sogenannten romanischen, in dem anderen ist ein flämischer, d. h. niederdeutscher Stamm mit dem wallonischen unter einer Staatsverfassung vereinigt. In beiden aber wiegt die **germanische** Art weitaus vor — in der Schweiz mit **über zwei Drittheilen**, in Belgien mit **vollen zwei Dritteln.**

Man kann das belgische Niederland sprachlich in zwei Hälften theilen: in die nordwestliche, dichter bevölkerte, die fast durchweg zur niederdeutschen Zunge zählt, und in die südöstliche, weniger zahlreich bewohnte, die wallonisch ist. Zu der erstgenannten rechnen die Bezirke Ost- und Westflandern, Antwerpen, Limburg, der größere Theil von Brabant, und ein kleiner Strich an der Nordgrenze vom Hennegau. In dieser flämischen Hälfte des Landes liegen die volkreichen, handels- und gewerbthätigen, oder durch große geschichtliche Erinnerungen berühmten Städte **Antwerpen, Gent, Ostende, Brügge, Mecheln**, und die Hauptstadt **Brüssel** selbst. Ihrem Grundgepräge nach sind die fünf ersten niederdeutsch — wenn auch die wohlhabenderen Stände und die meisten Geschäftsleute daselbst das Französische verstehen und mit mehr oder minder durchschlagender flämischer Betonung sprechen. Brüssel freilich hat sich schon seit der Zeit Ludwig's XIV., und noch mehr seit 1830, so sehr französirt, daß dem unaufmerksamen Durchreisenden das Niederdeutsche dort wenig Bedeutung mehr zu haben scheint. Aber selbst in diesem Falle trügt der Schein. Thatsache ist, daß ein großer Theil der Volksklasse und selbst ein beträchtlicher Theil des Bürgerstandes der Hauptstadt im gewöhnlichen Familienverkehr noch heute meist die eigne germanische Mundart spricht, dagegen im Handel und Wandel, vor Fremden, oder im feineren Umgang — wo es dann zum „guten Ton" gehört — sich der französischen Sprache bedient. Noch giebt es ein Stadtviertel in Brüssel, wo das Volk nur schlecht Französisch radbrechen kann. Nichtsdestoweniger haben sich die öffentlichen Zustände des Landes derart ausgebildet, daß das Flamändische, die Sprache der Mehrheit der belgischen Bevölkerung, überall in den Hintergrund gedrängt erscheint.

Wer den „Reinele Vos" in der Urschrift lesen kann oder einen plattdeutschen Dialekt spricht, der wird sich leicht mit dem Flaming verständigen. Noch mehr: man kann sagen, die belgische Zunge habe sogar eine größere Verwandtschaft zum Hochdeutschen, als dies bei einigen norddeutschen Dialekten der Fall ist. Der Verfasser dieser Abhandlung, der in der Lage ist, eine Vergleichung darüber anstellen zu können, führt nur das Wort eines flämischen Schriftstellers an, der oft den Ausdruck gebraucht, daß „hoog en neerduitsch staen tot elkander gelyk de rechte tot der slinke hand" (daß Hoch- und Niederdeutsch zu einander stehen gleichwie die rechte zu der linken Hand), und der beim deutsch-flämischen Sängerbund im Jahre 1847 sang, daß „de stem der Duitschen vlaemsch, en die der Vlamingen hoogduitsch klont" (daß die Stimme der Deutschen flämisch und die der Flamländer hochdeutsch klang). Hochdeutsch zu lernen, ist für den Flaminger jedenfalls zehntausendmal leichter, als Französisch zu lernen. Ja, es mag für ihn sogar leichter sein, als für manchen unserer eigenen Landsleute, wie ein bloßer Blick auf die von **Vermeire** herausgegebene Zusammenstellung von hochdeutschen, schwäbischen, schweizerischen, holländischen, westphälischen und flämischen Sprachproben zeigen mag. (S. Verhandeling over de Vlaemsche Beweging, vorgedragen in der Maetschappij: Tael en Kunst, te Hamme; door P. Vermeire).

Bittere Klagen über die Zurücksetzung der niederdeutschen Sprache in Belgien sind schon öfter laut geworden; so erst wieder bei Beginn der letzten Kammersession in Brüssel. „Unbegreiflich" — rief ein Führer der flämischen Sprachbewegung in einem Aufsatze aus, der hier gleichzeitig als Sprachprobe dienen mag — „unbegreiflich muß es dem Fremden scheinen, daß unter den Freiheiten des Gottesdienstes, des Vereinigungsrechtes, der Druckpresse und des öffentlichen Unterrichts — was sagen wir? daß unter der gesetzlich gewährleisteten Sprachfreiheit nur eine Scheinfreiheit für den Flamänder besteht; daß, mit einem Wort, der Französisch, nichts als Französisch sprechende Einwohner zu allen Aemtern und Ehren gelangen kann, dieweil der Flämisch sprechende überall ausgeschlossen bleibt und keinen Theil nehmen kann an des Landes Verwaltung, an des Landes Wohlfahrt, ausgenommen wenn er Eltern und Vor-Eltern verleugnet hat, ausgenommen wenn er unter das gehaßte Sprachjoch seinen Nacken gebeugt und nach der französischen Flöte hat tanzen lernen." (Onbegrypelik moet het den vremdeling schynen, dat onder den vryheben van godsdienst, vermantschapping, drukpers and onderwys — wat zeggen wy? dat onder der wettelik gewaerborgte taelvryheid slechts eene schynvryheid voor den Vlaming bestaet: dat in een word, de fransch, niet dan fransch sprekende inwooner tot allen ambten en eeren geraken kan, terwyl de vlaemsch sprekende overal buitengesloten blyft, en geen deel nemen kan aen's land's bestuer, an's land's welvaert, dan nabat hy onders en voorouders verloochens heest, dan nabat hy onder het hatelike taeljuk den nek geplooid en naer de fransche fluit heeft leeren dansen).

Diese Klagen sind berechtigt. Der vollen Gerechtigkeit wegen muß man doch gestehen, daß die Schuld großentheils an den Flamändern selbst liegt, und zwar schon von älterer Zeit her. Uns anderen Deutschen darin nur allzu ähnlich, sind die gebildeteren Flamänder in den Städten bisher außerordentlich leicht geneigt gewesen, die ererbte Sprache und Volkseigenthümlichkeit vor einer anderen zurücktreten zu lassen, aufzugeben, selbst zu verleugnen und zu mißachten. Dies konnte natürlich nicht zur Hebung des Bewußtseins der Menge beitragen. Außer der Nachahmungssucht hat aber auch die Bewegung von 1830 wesentlich beigetragen, einen nachtheiligen Einfluß auf die Sprachrechte des niederdeutschen Zweiges der Bevölkerung zu üben. Es war dies, man bemerke wohl, keine nothwendige Folge — denn jener Umschwung ging aus einer Verbindung ganz verschiedenartiger Parteien hervor, deren Anschauungen über Staat und Freiheit sich keineswegs nach flämischer oder wallonischer Geburt absonderten. Allein durch den Einfluß der in den Septembertagen nach Belgien herübergekommenen Franzosen gestaltete sich gleichwohl der Gegensatz zwischen Flämisch und Französisch bald zu einem Parteigegensatz, den dann die katholische Priesterschaft listig auszubeuten suchte. In seinen Sprachrechten gekränkt, beleidigt, auf's Gröbste verhöhnt, ließ das der fremden Zunge meist unkundige Landvolk gar leicht dem Geistlichen das Ohr, der ihm in seinen heimathlichen Klängen redete, es gegen die von Franzosen und „Franzquillons" getragenen Bestrebungen aufhetzte, seine Abneigung gegen die wälsche Mundart in eine Abneigung gegen die freisinnigen Staatsbegriffe zu verkehren suchte.

Dem zu steuern, hätten die aufgeklärten Männer von Antwerpen, von Gent, von Brüssel, sich der verfolgten und verspotteten Volkssprache eifrig annehmen müssen, um dem Pfaffenthum eine Waffe zu entwinden. Aber lange Jahre hindurch geschah nichts; und so wurde der belgischen liberalen Partei manche Gefahr bereitet, die sie sich hätte ersparen können, wenn sie dem von der Mehrheit gesprochenen, fälschlich sogenannten „Patois" größere Aufmerksamkeit gespendet, mehr Achtung bewiesen hätte. Ein Versuch, die flämische Sprachbewegung mit der Bewegung für die Sache des politischen und geistigen Fortschritts zu verschmelzen, ist übrigens seit Mitte des Jahres 1858 durch eine liberale Gesellschaft in Brüssel („Maatschappij tot opbeuring der vlamsche Bevolking", mit dem Wahlspruch: „Vlamingen vooruit!") *) gemacht worden. Abschnitt V ihrer Vereinsgesetze bestimmt, daß nur Männer, die für ihren Freiheits- und Fortschrittsgeist bekannt sind, aufgenommen werden und im Verein bleiben können. Unter den Gründern sind mehrere ausgezeichnete Lehrer an der Brüsseler Hochschule, mehrere Kammermitglieder, Schriftsteller c. zu nennen. Einem Berichte der Gesellschaft enthebe ich, daß sie auf Erfüllung folgender Forderungen bringt: — daß der Wallone verpflichtet werde, in denselben Fällen Flämisch zu verstehen, in welchen der Flamänder verpflichtet ist, das Französische zu kennen; daß die amtlichen Aufzeichnungen der flämischen Gemeinden in Flämisch geschehen sollen, wie die der wälschen Gemeinden in Französisch; daß die Erlasse der Bezirksverwaltungen und der Staatsregierung von Amtswegen in beiden Sprachen veröffentlicht werden, damit alle Belgier gehörige Kenntniß davon nehmen können; daß ebenso die Akten des gesetzgebenden Körpers in beiden Sprachen, und zwar in zwei gesetzlich gültigen Texten, gegeben werden; daß die Gerichtssachen im flämischen Theil Belgiens ausschließlich auf Flämisch verhandelt werden sollen; daß alle Beamten, ausgenommen die Gemeindebeamten, sowohl im flämischen wie im wallonischen Gebiet, verpflichtet sein sollen, die beiden Sprachen zu kennen, damit ein Wallone oder ein Flamänder in seinem eigenen Lande nicht als ein Fremdling angesehen sei; endlich, daß im ganzen Lande dem Unterricht im Flämischen gleiche Wichtigkeit beigelegt werde, wie dem Unterricht im Französischen.

Obige Forderungen beweisen, wie der Bericht es auch ausspricht, daß man auf flämischer Seite keine feindselige Trennung der zwei Volksstämme, so wenig wie eine Unterordnung des einen unter den anderen, will, vielmehr einen freundlichen, brüderlichen Verkehr anstrebt. Der Gerechtigkeitssinn einiger

---

*) Gesellschaft für die Hebung der flämischen Bevölkerung, mit dem Wahlspruch: „Flemingen, vorwärts!"

wallonischen Führer, unter denen vor Allen Jottrand*) genannt sei, hat dies auch anerkannt.

Wenn Belgien der Verschlingung durch Frankreich entgehen will, so muß es, wie die Schweiz, die **Gleichberechtigung der Sprachen** zum Grundsatz erheben. Vor Allem aber ist es an den Flamändern, sich zu rühren; und dies geschieht, wie der Verfasser aus persönlicher Erfahrung weiß, nur im geringen Maße. Für uns Deutsche bleibe es stets unvergessen, daß Flämisch und Holländisch bloße Mundarten unsrer eignen Sprache sind, die derselben sogar viel näher stehen, als z. B. das doch unzweifelhaft deutsche Friesisch. Und ob nun die Holländer ihre besondere Mundart für immer als Schriftsprache beibehalten, oder, wie die übrigen Niederdeutschen, im Laufe der Zeit das Hochdeutsche als gemeinsames Verständigungsmittel annehmen,, jedenfalls ist es wünschenswerth, daß diese nordwestlichen Nachbargebiete nicht sprachlich überfluthet werden von einer Nation, deren Wortführer vielfach auf sogenannten „natürlichen Grenzen" pochen.

S. darüber: Commission Flamande. Institution, Délibérations, Rapport; Documents Officiels, publiés sous la Surveillance de Membres de la Commission. Brüssel, bei Verbruggen.

Mondgebirge.

Von * * *

Der „gute Mond", den der deutsche Volksdichter so stille am blauen Himmelszelt hinwandeln läßt, hat doch den Erdenbewohnern schon gewaltig viel zu schaffen gemacht und manche Nuß zu knacken gegeben. Was Wunder, daß man sich mit ihm schon seit den ältesten Zeiten so gern beschäftigte; ist er ja doch der treueste Gefährte der Erde, ein altes liebes Gesicht, das den Menschen auf seinem ganzen Gange durch's Leben begleitet und noch ebenso mild-freundlich auf den müde und matt dahinschleichenden Greis wie einst auf das bei seinem Erscheinen freudig aufjauchzende Kind herniederlächelt, das die Händchen nach ihm ausstreckte und das „Mondlichten" greifen zu können vermeinte. Der Mond ist für den Menschen gewissermaßen die erste Station auf der großen Reise ins Universum, die Pforte zu jener geheimnißvollen Sternenwelt, nach der er von jeher eine so mächtige Sehnsucht empfunden und zu der er sich doch nur mit Hülfe seines Geistes emporzuschwingen vermag — der menschlichen Fassungskraft eine willkommene Andeutung, daß die Seele, nach Abstreifung der irdischen Hülle, dort oben ihre Heimath habe.

Wenn man die Mondscheibe betrachtete, so waren in allen Fällen die darauf sichtbaren helleren und dunkleren Flecken das Nächste, was die Aufmerksamkeit des menschlichen Beobachters erregte und seiner Phantasie einen reichen Spielraum zu Vermuthungen und abentheuerlichen Schöpfungen ließ. Die richtige Deutung dieser Erscheinung lag inzwischen doch so nahe, daß sich dieselbe schon im Alterthum vollkommen geltend machte. Wie uns Diogenes Laertius berichtet, war es Anaxagoras, der zuerst die Behauptung aufstellte, daß der Mond ein Weltkörper sei wie unsere Erde, Berge und Thäler besitze wie diese, und daher ohne allen Zweifel auch Menschen beherberge. Was die letztere Meinung anlangt, so mag diese wohl fast schon so alt sein als das Menschengeschlecht selber, denn in uralten Versen, die dem Orpheus zugeschrieben werden, ist die Rede von ansehnlichen Städten auf dem Monde, denen es natürlich auch nicht an glänzenden Palästen fehlt. Plutarch hat eine kleine Schrift über „das Gesicht im Monde" hinterlassen, worin er auf's Bestimmteste ausspricht, daß die helleren und dunkleren Flecken der Mondscheibe theils tiefe Klüfte und Thäler, theils Berge seien.

Die Bestätigung dieser Vermuthungen brachte inzwischen erst die Einführung des Fernrohrs, von der der Beginn der astronomischen Wissenschaft zu datiren ist. Galiläi war der wissenschaftliche Entdecker der Mondgebirge. Schon im Jahre 1610 bemerkte dieser geniale Forscher bei seinen telescopischen Beobachtungen Erscheinungen auf dem Monde, welche sich nur durch die Annahme erklären ließen, daß dort neben außerordentlich hohen Bergen auch unermeßliche Vertiefungen vorhanden seien, welche Letztere sich meist kreisförmig zeigten, mit tief unter der allgemeinen Mondoberfläche gelegenen Gründen. Mit dieser allgemeinen Behauptung begnügte sich inzwischen Galiläi nicht; er wandte vielmehr die Grundsätze einer strengen Geometrie auf die Messung der Berghöhen des Mondes an und ermittelte zugleich auch die Tiefen der Höhlungen. Die blinden Anhänger des Aristoteles wollten von diesen Neuerungen nichts wissen und bekämpften sie auf's Heftigste; Galiläi blieb ihnen keine Antwort schuldig, und daß er in der That im Recht war, haben spätere Forschungen zur Genüge dargethan.

Wären auf dem Monde durchaus keine Unebenheiten des Bodens vorhanden, könnte er füglich als eine vollkommen glatte Kugel angenommen werden, so müßte die Trennungslinie zwischen Schatten und Licht, von unserer Erde aus gesehen, in mathematischer Strenge stets eine Ellipse oder eine gerade Linie sein. Dies ist jedoch keineswegs der Fall; denn man erkennt, abgetrennt von der stetigen Linie, welche man unbedenklich für die Grenzscheide zwischen Licht und Schatten oder für die Grenzlinie der Lichtgestalt annehmen muß, doch einzelne isolirte Lichtpunkte. Der Ursprung dieser hellen Punkte ist nicht schwer nachzuweisen. Diejenigen Sonnenstrahlen, welche nur wenig höher treffen als die, welche die Lichtgestalt begreifen, Strahlen also, welche sich anderenfalls im Raume verloren hätten, werden in ihrem Laufe aufgehalten durch Bergspitzen, die im Wege dieser Strahlen sich über das allgemeine Niveau der Mondgegend erheben, über welche die Lichtgrenze hinwegzieht. Diese Berggipfel werden gewissermaßen schon beleuchtet bevor noch die Reihe an sie gekommen ist, da die ganze Landschaft zwischen dem Fuße dieser Berge und einem der Phasenränder noch in Dunkel gehüllt liegt.

Wird nun der dunkle Zwischenraum zwischen diesen lichten Punkten und dem nächstbelegenen Lichtrande gemessen, so erhält man die Höhenbestimmung. Zu demselben Resultate gelangt man aber auch durch die Messung der Schattenlänge. Diese Schatten sind um so länger, je höher die Berge sind, die sie erzeugen, und je tiefer für sie die Sonne am Horizonte steht; sie befinden sich stets auf der von der Sonne abgekehrten Seite der Berge. An der Lichtgrenze des dunkelen und beleuchteten Theiles des Mondes befinden sich diejenigen Orte, welchen soeben die Sonne aufgeht, für die sie also am tiefsten am Horizont steht. Auf dieser Seite sind auch die Schatten am längsten, und dieselben werden immer kürzer, je tiefer die sie erzeugenden Berge in der Lichtseite des Mondes liegen. Zur Zeit des Vollmondes steht der Mitte des Mondes die Sonne im Zenith; daher werfen hier die Berge keinen Schatten mehr, wie das ja auch auf der Erde der Fall ist an Orten, denen die Sonne in der Mitte des Horizontes steht.

Ueber die Höhe der Mondberge ist viel gestritten worden, und bis auf den heutigen Tag laufen die Meinungen der Forscher noch ziemlich auseinander. Galiläi schätzte die Höhe der größten Mondberge auf vier italienische Meilen. Nach Hevel, der sich mit einem außerordentlichen Eifer und einer seltenen Beharrlichkeit der Beobachtung des Mondes hingab, haben die ansehnlichsten Berge auf dem Monde eine Höhe von etwas mehr als 5200 Meter, also circa 16,570 Fuß. Der Jesuit Riccioli ging dagegen noch über Galiläi's Annahme hinaus und gab dem Berg der heiligen Catharina eine Höhe von mehr als 14,000 Meter, also über 44,600 Fuß. Doch alle diese Angaben älterer Astronomen beruhten mehr auf Schätzungen, denn auf Messungen. Erst Herschel hielt sich an eine streng wissenschaftliche Methode. Nach ihm ist der Berg Sacer der höchste aller Mondberge; er hat eine Höhe von 2800 Meter oder 8921 Fuß. Zwei zu anderen Zeiten angestellte Messungen ergaben nur circa 7647 Fuß. Alle übrigen Mondberge waren beträchtlich niedriger, und im Durchschnitt gesteht ihnen Herschel nur eine Höhe von 800 Meter oder 2549 Fuß zu. Diese Angaben stehen stark im Widerspruch mit der Neigung zum Außerordentlichen und Gigantischen, die man, freilich ohne rechten Grund, jenem berühmten Astronomen zugeschrieben. Neuere Messungen haben überdies herausgestellt, daß er ganz entschieden im Irrthum war und die Höhen der Mondgebirge unterschätzte. In den sehr genauen Höhentabellen von Beer und Mädler finden sich unter 1095 gemessenen Höhen 6 (0,55 Pct.) über 5800 Meter (18,480 Fuß) und 22 (2,01 Pct.) über 4800 Meter (15,294 Fuß), während die Höhe des Montblanc über dem Meere 4813 Meter (15,335 Fuß) beträgt. Der höchste Mondberg ist nach der Angabe jener Astronomen der Dörfel *); seine Höhe beträgt 7603 Meter oder 24,225 Fuß.

---

*) Hevel benannte die Berge auf dem Monde nach den Bergen auf der Erde; später legte ihnen ein spanischer Astronom die Namen der Kalenderheiligen bei. Der Jesuit Riccioli endlich gab ihnen die Namen berühmter Astronomen und Gelehrten, welcher Grundsatz auch noch heute der vorherrschend geltende ist.

Der höchste Berg des Mondes bliebe also immer noch um circa 5—6000 Fuß hinter dem der Erde zurück. Inzwischen sind die für die Höhen der beiden Himmelskörper gegebenen Zahlen nicht unmittelbar mit einander zu vergleichen, indem sie auf der Erde Erhöhungen über dem mittleren Niveau des Oceans bedeuten, für den Mond hingegen nur die Höhenverschiedenheit zwischen den Gipfeln und dem zunächst liegenden niederen Terrain ausdrücken. In Anbetracht der relativen Kleinheit dieses Himmelskörpers erscheint jedenfalls die Höhe der Mondberge sehr beträchtlich; es verhält sich nämlich auf dem Monde die Höhe des höchsten Gipfels zum Durchmesser wie 1 : 459, während die Höhe unseres größten Berges sich zum Erddurchmesser verhält wie 1 : 1481. Hiernach wären also im Verhältniß zum Durchmesser die Berge auf dem Monde $3\frac{1}{4}$ mal höher als die auf der Erde.

Außer den Bergketten, die meist strahlenförmig von hohen Bergrücken auslaufen, beobachtet man auch sogenannte Ringgebirge. Beim ersten Blick, den man mittelst eines Fernrohrs auf die Oberfläche des Mondes wirft, wird man höchlich überrascht von der vorherrschenden kreisförmigen Gestalt der Thäler, völlig entsprechend den Kratern unserer Vulkane. Ueberhaupt finden wir auf dem Monde zahlreiche Erscheinungen wieder, die durchaus denen unserer vulkanischen Gebiete entsprechen. Isolirte Bergkegel, wie sich solche im Innern der Mondkrater zeigen, z. B. im Mittelpunkte des Tycho, kommen auch auf unserer Erde nicht selten vor.

Die Anzahl dieser kreisrunden Vertiefungen, mit denen die ganze uns zugekehrte Mondhälfte übersäet ist, und ihre auffallende Regelmäßigkeit setzten Keppler so in Erstaunen, daß er auf die Idee kam, diese kraterförmigen Höhlen seien von den Mondbewohnern künstlich gegraben. Und um auch gleich einen Zweck zu haben für diese merkwürdigen Arbeiten, hielt er sie für unterirdische Schlupfwinkel, in welche sich die Mondbewohner vor der volle fünfzehn Tage ununterbrochen andauernden Einwirkung der Sonne zurückziehen. Der Schatten der Wände mußte im Grunde dieser Höhlen in der That einen sehr wirksamen Schutz gegen die Sonnenstrahlen gewähren.

Hätte freilich Keppler den wahren Durchmesser mehrerer dieser Krater gekannt, er wäre ganz gewiß nicht auf eine so bizarre Idee verfallen. Nach neueren Messungen besitzt z. B. der Krater des Ptolomäus einen Durchmesser von etwa 22 geogr. Meilen, der des Copernikus von 11 und der des Tycho etwa 10 Meilen, so daß in dem erstgenannten Krater allein unser Chimborazo, Montblanc und der Pic von Teneriffa zusammen Platz fänden. Was wir nach unserem Maßstabe auf der Erde groß nennen, die Erhebungskrater von Rocca Monfina, Palma, Teneriffa und Santorin, das verschwindet gänzlich gegen jene Mondkrater.

Nach Schröter sind die Krater von innen heraus aufgeworfen worden, und zwar soll eine einzige Eruption die Masse, welche jetzt den Ringwall bildet, herausgeschleudert haben. Nach ihm ist die Masse der einen solchen Krater umgebenden Berge stets so groß, daß sie gerade zur Ausfüllung des Kraters hinreichen würde. Außer den Ring- und Kettengebirgen bemerkt man übrigens auf der Mondoberfläche noch eine Menge einzelner Bergkegel, welche isolirt stehen und sich schroff über die umgebende Ebene erheben.

Von wesentlicher Bedeutung für die Messung der Mondberge und Mondkrater gelten neuerdings die Arbeiten des Astronomen Julius Schmidt, ehemals in Olmütz, jetzt Professor der Astronomie zu Athen. Die Frage nach dem Maximum der Höhen läßt sich nach seiner Meinung weder für die Erde noch für den Mond mit voller mathematischer Sicherheit feststellen. Eine Menge unvermeidlicher Fehlerquellen sollen bei diesen Berechnungen stets ins Spiel kommen. Einen und denselben Mondberg fand Schmidt einmal 1000 und ein anderes Mal 4000 Toisen hoch; man hat daher allen Messungen zu mißtrauen, wenn nicht in jedem Falle die Höhe der Sonne am Berge beigefügt ist. Im ersteren Falle betrug diese 26 Grad und im zweiten 5 Grad, so daß der Schatten dort auf Hochgebirge endete und hier die Tiefe eines mächtigen Kraters erreichte.

An zwei Beispielen, die wir hier citiren wollen, weist dann Schmidt nach, was wir gegenwärtig über die höchsten Mondberge wissen und wie die betreffenden Messungen angestellt wurden. Gegen 300 Messungen von Schröter, 1095 von Mädler und 2300 von Schmidt selbst sind hinreichend, um sicher genug eine obere Grenze bestimmen zu können.

1) Höhenunterschied zwischen dem Gipfel eines Berges und der Tiefe eines Kraters, welche der Schatten des Berges erreicht.

Auf dem N.O.-Walle des großen Kraters Curtius liegt der erst durch Mädler bekannt gewordene Hochgipfel Delta, der bei aufgehender Sonne seinen Schatten bis zum Gruneberger ausbreitet, bei sinkender Sonne dagegen den nördlichen Theil der inneren Böschung des Curtius durchzieht, ohne die muthmaßlich größte Tiefe zu berühren. Ist die Sonnenhöhe am Berge noch 25 Gr., so ist der Schatten sehr klein und liegt noch auf der obersten Bergterrasse; bei 11 Grad reicht der Schatten bis zur nördlichen Mitte des Kraters, und bei 5 Grad steigt der Schatten bereits an den inneren Wänden des N.O.-Walles vom Krater Curtius empor. Schmidt ordnete 80 Messungen, bei abnehmendem Monde angestellt, nach den Sonnenhöhen, brachte sie in Gruppen und stellte die Mittelwerthe derselben in einer Curve dar. Das Maximum der Curve ergab sich eine Erhebung des Gipfels von 27,186 + 1608 Fuß über dem Kraterboden. Die absoluten Maxima zur Zeit der günstigsten Entwickelung des Schattens ergaben eine Höhe von 28,692 Fuß, also fast ebenso viel wie irgend ein Gipfel des Himalaya sich über das Meer erhebt. Erwägt man aber, daß der Schatten sich nur bis auf vier Meilen der Mitte des Kraters nähern kann, so ist es nicht unwahrscheinlich, daß der wahre Höhenunterschied 29,400 bis 30,000 Fuß beträgt. Höhendifferenzen bis 18,000 Fuß finden sich im Tycho, Schort und wenigen andern großen Kratern, so weit Mädler's und Schmidt's Messungen es erkennen lassen. Solche bis 16,800 Fuß in anderen Kratern sind schon selten, häufiger die von 12 bis 15,000 Fuß. Liegt ein

Berg so, daß sein Schatten eine ganz oder fast freie Ebene bestreicht, so ist keine Höhe größer als 20,400 Fuß gefunden worden.

2) Höhen über dem Randprofile des Mondes.

Randberge wurden schon von Schröter beobachtet, und er fand solche, wie später Mädler, über eine geographische Meile hoch. Seit 1851 hat Schmidt solche Messungen häufig wiederholt. Sechs Messungen eines kugelförmigen Berges ergaben im Mittel 26,628 Fuß. Da nun zufolge sicherer und zahlreicher Messungen Kraterbecken, wie z. B. die des Theophilus und Copernicus, 7600—10,200 Fuß unter der Fläche etwaiger Meere liegen, so ist die Annahme einer absoluten Höhendifferenz von 36,600 F. wohl begründet und ohne Uebertreibung.

Für die Erde zeigen die neueren organischen Tiefemessungen, daß die absoluten Höhendifferenzen vielleicht 60,000 F. erreichen.

Eine merkwürdige Erscheinung auf der Mondfläche sind ferner die auffallend lichten Flecken. Es sind dieselben meist klein und eng umschrieben, jedoch von einem ganz auffallenden Glanze, der das gewöhnliche Licht der Mondscheibe bedeutend übertrifft. Dieses Licht ist so merkwürdig und charakteristisch, daß einige sonst sehr vorsichtige und keineswegs zu ausschweifenden Hypothesen neigende Astronomen sogar die Meinung aussprachen, diese auffallende Verschiedenheit könne nur von einem eigenen Lichte herrühren, welches das von der starren Mondfläche nach der Erde zurückgeworfene Sonnenlicht verstärke.

Auch diesen hellen Lichtflecken des Mondes hat man eigene Namen gegeben. Einer der auffallendsten und schon von den ältesten Mondbeobachtern beschriebene ist der Flecken Aristarch. Hevel hielt denselben für einen noch in Thätigkeit stehenden Vulkan. Andere sprachen die Vermuthung aus, der stärkere Glanz solcher Stellen des Mondes hänge von einer parabolischen Gestalt der Berge ab, indem bei einer solchen Gestalt die von den Bergrändern zurückgeworfenen Sonnenstrahlen sich im Brennpunkte vereinigten, und von diesem Punkte ausgehend, durch eine zweite Reflexion an denselben Wänden sich in ein Büschel paralleler Strahlen verwandelten, welches dann bis zu jeder Entfernung hin dieselbe Lichtstärke unverändert behält. Diese Erklärung ist übrigens doch etwas weit hergeholt. Strahlen, welche auf die angegebene Weise reflektirt sind, könnten die Erde doch wohl nur in dem ganz ausnahmsweisen Falle erreichen, wo die Axe des Paraboloids auf die Erde gerichtet wäre. Schon die allergeringste Schwankung des Mondes würde hinreichen, um dieses Büschel paralleler Strahlen über oder unter der Erde hinwegzuführen. Sollte daher nicht blos eine natürliche Verschiedenheit der Licht reflectirenden Stoffe vollkommen ausreichend sein, um diejenigen Helligkeitsunterschiede zu erklären, welche man in den verschiedenen Regionen der Mondscheibe wahrnimmt?

Um Gewißheit zu erlangen, ob auf dem Monde wirklich selbstleuchtende Punkte, die wir am Ende als noch in Thätigkeit stehende Vulkane gelten lassen müßten, vorhanden seien, hat man sich hauptsächlich an die Beobachtung der

Nachtseite des Mondes gehalten. Hierbei ist jedoch nicht zu übersehen, daß wenn ein Theil der Mondscheibe nicht vom Sonnenlicht getroffen wird, derselbe wenigstens von der Erde aus einige Beleuchtung empfängt; sobald dies aber der Fall ist, werden diejenigen Stellen, welche bei direktem Sonnenschein die hellsten sind, nothwendig auch im aschfarbenen Lichte, wie man die verhältnißmäßig sehr schwache und von den Sonnenstrahlen, welche die Erde auf den Mond zurücksendet, herrührende Beleuchtung über den von der Sonne direkt beschienenen Theil hinaus nennt, besonders hell hervorleuchten. Aus diesem Grunde beweist die Wahrnehmung hellerer Punkte, die sich vor dem übrigen Theile auf der Nachtseite auszeichnen, noch bei weitem nicht, daß Diejenigen, welche das Vorhandensein eigenen Lichts an verschiedenen Stellen, insbesondere im Aristarch, behaupten, sich dabei mehr noch auf die schnellen Aenderungen der Größe und des Glanzes bei diesem Flecken beriefen, als auf seine absolute Helligkeit; indessen darf man nicht unberücksichtigt lassen, daß dieser Theil des offenbaren Lichts, in welchem Aristarch belegen ist, gewöhnlich nur ziemlich tief am Horizonte sich beobachten läßt, d. h. durch jene dickeren Dunstschichten der Atmosphäre hindurch, wo man auch die von der hellen Mondsichel abgetrennten, direkt vom Sonnenscheine getroffenen Bergspitzen oft plötzlich und sehr deutlich ihr Aussehen verändern sieht. In Folge dessen muß man, wie Arago meint, sich hüten, die plötzlichen Helligkeitswechsel, die bestimmt in unserer Atmosphäre ihren Ursprung haben, in wirkliche Vorgänge im Flecken Aristarch zu verwandeln.

Die Idee, daß im Monde noch thätige Vulkane vorhanden sein müßten, ist eine so weit verbreitete und hat für die meisten Beobachter so mächtigen Reiz, daß wir ihr seit der älteren bis auf die neueste Zeit immer wieder begegnen, obwohl ein auch nur einigermaßen stichhaltiger Beweis dafür noch nie geliefert wurde. Indessen gab es schon zu Anfang des vorigen Jahrhunderts Astronomen, welche diese Vorstellung ihrer Zeitgenossen keineswegs theilten. So kommt z. B. in einer Lahire'schen Abhandlung in den Memoiren der Pariser Akademie vom Jahre 1706 folgende Stelle vor: „Der kleine Flecken Aristarch, der so hellglänzend ist, daß er von Einigen für einen feuerspeienden Berg gehalten wurde, und von dem man annahm, er besitze ein eigenes Licht, das ihm mehr Glanz verleihe als die übrige Scheibe besitzt, ist nichts Anderes als eine kleine Höhlung, die sich, wenn sie sich am Schattenrande befindet, kaum von den übrigen benachbarten Höhlungen unterscheiden läßt."

Eine interessante Beobachtung will Louville, und zwar im Verein mit dem berühmten Astronomen Halley, bei Gelegenheit der totalen Verfinsterung vom 3ten Mai 1715, gemacht haben. Er bemerkte damals ein gewisses Blitzen oder plötzliches Aufzucken leuchtender Strahlen, wie man es beim Anzünden sogenannter Lauffeuer wahrnimmt, deren man sich beim Minensprengen bedient. Diese Lichtblitze währten nur einen Augenblick, und leuchteten bald hier, bald dort, besonders aber an der Stelle des Eintritts.

Louville hat diese Lichtblitze nur am Ostrande bemerkt; Andere, die desselben Phänomens Erwähnung thun, wollen sie jedoch bis zum Mittelpunkte hin wahrgenommen haben. Die Meinung jenes Beobachters geht dahin, daß zur Zeit der Finsterniß in der Mondatmosphäre Gewitter stattfanden, und daß die schlängelnden Blitze, die er beobachtet hatte, den irdischen Blitzen ähnlich waren, die bei uns dem Donner vorhergehen.

Bei allem schuldigen Respekt vor zwei so scharfsinnigen und gewissenhaften Beobachtern, wie Louville und Halley, kann man sich doch der Vermuthung nicht entschlagen, daß hier eine Täuschung vorliege, daß jene geradlinigen oder schlangenförmigen Lichtblitze, welche die Genannten und andere Beobachter sahen, unserer Atmosphäre angehörten und nur durch Projection auf der Mondscheibe gesehen wurden.

Zu den wissenschaftlichen Autoritäten, welche jener Beobachtung mißtrauten, gehörte auch Arago. Er macht auf die allen Astronomen bekannte Erscheinung aufmerksam, daß bei Sonnenbeobachtungen so gar häufig lichte Punkte durch das Gesichtsfeld ziehen. Arago erwähnt der Sternschnuppen, die zu allen Zeiten und in allen Größen vorhanden seien, bei Tage sowohl wie bei Nacht. Konnten nicht jene lichten Erscheinungen, die Louville und Halley im Jahre 1715 beobachteten, vielleicht sehr kleine Sternschnuppen sein? Selbst die geschlängelte Gestalt würde keinen Einwurf bilden, da man bisweilen auch Sternschnuppen in schlangenförmigen Bahnen wahrgenommen hat. Neuerdings hat man noch eine andere Ursache der bei Sonnenbeobachtungen vor dem Gesichtsfeld unserer Instrumente vorüberziehenden lichten Punkte entdeckt. Zu gewissen Jahreszeiten sind die oberen Luftschichten gefüllt mit den befiederten Samen einiger Pflanzengattungen, die, unter einer gewissen Brechung des Sonnenlichts, einen auffallend hellen Schimmer erhalten. Diese lichten Punkte, die doch innerhalb unserer eigenen Atmosphäre liegen, sollen schon sehr häufig die Täuschung hervorgerufen haben, als ob man sie auf der Sonnenscheibe beobachte.

Die Vertheidiger der Mondvulkane können sich inzwischen doch auf eine sehr bedeutende Autorität berufen. Im April 1787 legte Herschel der Royal Society zu London eine Abhandlung vor, deren Titel: „Ueber drei Vulkane auf dem Monde" nicht geringes Aufsehen erregte. Herschel wollte diese Vulkane am 19ten April 1787 auf der Nachtseite des Mondes beobachtet haben; zwei derselben schienen im Verlöschen, während der dritte noch in voller Thätigkeit stand. So fest war der genannte Gelehrte von der Wirklichkeit der Erscheinung überzeugt, daß er, am Tage nach seiner ersten Beobachtung, die Bemerkung niederschrieb: „Der Vulkan brennt noch heftiger als letzte Nacht." Der wirkliche Durchmesser des vulkanischen Scheins betrug 15,000 Fuß, und an Helligkeit übertraf dieses Licht merklich den Kern des damals sichtbaren Kometen.

Als Herschel am 22. Oktober des genannten Jahres ein achtzehnfüßiges Spiegelteleskop, mit etwa 360facher Vergrößerung, auf den total verfinsterten Mond richtete, gewahrte er auf der ganzen Oberfläche des Gestirns etwa 150 rothe, hellleuchtende Punkte. In Betreff der großen Aehnlichkeit aller dieser Punkte untereinander, ihres hellen Glanzes und ihrer merkwürdigen Farbe, glaubte er sich jeder Erklärung, die ja doch nur auf Hypothesen beruhen könne, enthalten zu müssen. Der Gedanke an Vulkane schwebte ihm offenbar vor, ohne daß er ihn jedoch offen auszusprechen wagte.

Arago bekämpft diese Deutung Herschel's und seine Theorie von den Mondvulkanen. „Ist denn nicht, sagt er, roth beständig die Farbe des total verdunkelten Mondes, wenigstens in allen den Fällen, wo er nicht vollständig verschwindet? Und könnten wohl diejenigen Sonnenstrahlen, welche in Folge einer in den untersten Schichten der Erdatmosphäre erlittenen Refraktion auf unseren Satelliten gelangen, überhaupt in einer anderen als rothen Farbe erscheinen? Sind endlich nicht in dem unbehindert von der Sonne beleuchteten Monde ein- bis zweihundert kleine Punkte vorhanden, welche sich durch Lebhaftigkeit ihres Lichtes auszeichnen? Und wäre es denn denkbar, daß diese Punkte nicht gleichfalls auf der Mondscheibe hervorleuchten müßten, wenn sie nur von demjenigen Theil des Sonnenlichtes getroffen werden, welcher die stärkste Brechung in unserer Atmosphäre erfahren hat?"

Eine andere Beobachtung, die gleichfalls als Stütze der Theorie von den Mondvulkanen betrachtet wird, erlangte dadurch einige Berühmtheit, daß ein so ausgezeichneter Astronom wie Maskelyne, der gelehrte Direktor der Sternwarte zu Greenwich, ihr Gewicht beilegte. Am 7ten März 1794, gegen 8 Uhr Abends, bemerkte ein Architekt zu Norwich ein Licht, wie ein Stern dritter Größe, vor dem dunkeln Theile des Mondes, der noch im ersten Viertel stand. Nur etwa fünf Minuten währte diese Erscheinung, wobei der Lichtpunkt weder Lage noch Gestalt veränderte. In London bemerkte man dieselbe Erscheinung, und Maskelyne ermittelte, daß beide Beobachtungen übereinstimmten, so daß die Thatsache selbst als ziemlich gesichert anzusehen ist. Leider aber bedeckte der Mond an jenem Abend den Stern Aldebaran mit dem nördlichen Theile seiner Scheibe. Konnte man nicht allenfalls vermuthen, daß beide Beobachter diesen Stern sahen und nicht eine außerordentliche Lichterscheinung, daß sie sich beide über die Stellung täuschten und, durch ein falsches Urtheil geleitet, den hellen Punkt, der sich außerhalb der Mondscheibe befand, in das Innere desselben versetzten?

Diesen Einwand widerlegte Maskelyne damit, daß Aldebaran hinter den dunkeln Ostrand trat, mehr als eine Stunde bevor nach der Beobachtung zu London und Norwich jener Lichtpunkt verschwand, und daß das Wiedererscheinen des Sternes am hellen Westrande erst um $7\frac{1}{4}$ Uhr stattfand. Man müßte also einen Irrthum von einer ganzen Stunde in der Beobachtung jenes Lichtpunktes annehmen, eine Voraussetzung, die Maskelyne für unstatthaft erklärt. Wollte man andererseits indessen behaupten, der beobachtete Punkt sei Aldebaran nach geschehenem Austritt gewesen, d. h. nachdem der Stern bereits hinter dem Monde hervorgekommen sei, so bliebe noch zu erklären, wie eine Erscheinung, die in der That westlich vom Monde eintrat, östlich von demselben gesehen werden konnte.

Gegen alle diese Schlüsse läßt sich, wie Arago meint, nichts einwenden. Doch wirft er die Frage auf, wie es komme, daß die Beobachter zu Norwich und zu Greenwich, welche mit solcher Aufmerksamkeit den hellen Punkt westlich innerhalb der Mondscheibe schildern, nicht mit einem einzigen Worte des Aldebaran erwähnen, der um 8 Uhr Abends im Westen ganz in der Nähe des Mondes erglänzte?

Arago gehört, wie uns die hier angeführten Citate darthun, zu Denjenigen, die nicht an das Vorhandensein feuerspeiender Berge im Monde glauben. Auch die beiden deutschen Forscher Beer und Mädler versichern, daß sie während ihrer langen und mühsamen Beobachtungen über die physische Constitution des Mondes niemals irgend etwas wahrgenommen, was sie zur Annahme hätte veranlassen können, daß im Monde noch gegenwärtig thätige Vulkane vorhanden wären.

Dagegen erhielt diese Annahme ganz neuerdings wieder eine Stütze durch eine Beobachtung von Webb und Birt. Als sich dieselben nämlich mit genauerer Erforschung der Gegend um den Vulkan Marius beschäftigten, entdeckten sie am 18ten Mai 1864 zwei neue kleine Krater, welche sich auf den durch ihre Genauigkeit ausgezeichneten Karten von Beer und Mädler nicht fanden. Man weiß, mit welcher Sorgfalt diese die Oberfläche des Mondes erforscht und gezeichnet haben; sie würden diese Krater gewiß gesehen haben, wenn sie damals, als die Karten entworfen wurden, existirt hätten. Birt versichert, diesen Krater sehr genau mit einem Refractor von $4\frac{1}{4}$ Zoll Oeffnung gesehen zu haben. Beer und Mädler geben an, daß das Innere des Marius ganz einfach ist, was die Abwesenheit von Terrassen und secundären Kratern anzeigt. Man muß also annehmen, daß diese neuen Krater sich innerhalb der letzten dreißig Jahre gebildet haben. Ihre Helligkeit steht zu der des Marius im Verhältniß von 4 und 3,5 : 3.

Wo Krater entstehen, da muß vulkanische Thätigkeit vorausgesetzt werden. Nun bleibt aber hierbei Folgendes in Betracht zu ziehen. Am 5ten Januar 1794 bemerkte Olbers gleichfalls zwei kleine Krater, die nicht auf den damals genauesten Schröter'schen Karten angegeben waren. Er schrieb darüber an diesen Astronomen, und nun ergab sich, daß Schröter an demselben Tage diese Gegend beobachtet hatte, ohne diese Krater wahrzunehmen. Ebenso wenig konnte er sie am 6ten und 17ten Januar finden, so eifrig er auch suchte. Erst am 6ten Mai erkannte er den größeren der beiden Krater.

Diese sich widersprechenden Beobachtungen führen uns auf einen Grundsatz zurück, der jedem praktischen Astronomen längst geläufig ist. Einen Gegenstand zu einer bestimmten Zeit nicht wahrgenommen zu haben, beweis't durchaus nicht, daß derselbe damals überhaupt nicht vorhanden war. Die Art der Beleuchtung und selbst die Neigungswinkel, unter denen die Winkel eines Kraters oder die Abhänge eines Berges sich für verschiedene, nahe bei einander gelegene Punkte unserer Erde zeigen — diese und ähnliche Umstände haben sämmtlich bei Untersuchungen dieser Art zu großen Einfluß, als daß man Beobachtungen mit negativem Resultat immer unbedingt vertrauen dürfte. Die Frage, ob noch jetzt im Monde thätige Vulkane vorhanden seien, bleibt mithin vorläufig eine offene, obwohl die exakten wissenschaftlichen Forschungen sie zu verneinen scheinen.

New-Yorker Correspondenz.

New-York, im Mai. Der mehr in alter heimathlicher Tradition wurzelnden als mit der Realität klimatischer Verhältnisse harmonirenden Versuchung, idyllische Betrachtungen an den Maimond zu knüpfen, will ich diesmal widerstehen, denn es drängen sich mancherlei Gedanken und Betrachtungen ganz und gar nicht idyllischer Natur auf. Die Deutschen, in New-York und anderswo, sind sich gegenwärtig nicht recht klar darüber, was eigentlich das Vaterland von ihnen verlangt, und da sie sehr gewissenhafte Bürger sind, macht ihnen das viel Kopfzerbrechen. Sollen sie der Partei ganz, oder halb, oder gar nicht mehr angehören? Sollen sie sich der Parteidisciplin unbedingt beugen wenn sie mit ihren Ansichten nicht durchbringen, oder sollen sie in derartigen Fällen ein wenig rebelliren und damit sich der Gefahr aussetzen, auch das mit über den Haufen zu werfen, was des Erhaltens werth ist? Der rechte Mittelweg läßt sich da schwer finden, und je unklarer man sich ist, desto schwerer wird es, sich über die Sache mit Ruhe zu unterhalten. Deshalb haben wir denn auch schon das wohlthuende Schauspiel gehabt, daß zwei sehr gescheite und nebenbei auch sehr gute Männer unversehens vom Pfade der Argumentation ab geriethen und zu einer Kampfweise griffen, die sich für gescheite und gute Männer im Grunde genommen gar nicht paßt und wodurch die Klärung des Verhältnisses keineswegs gefördert wird. Die Munition scheint jetzt auf beiden Seiten erschöpft zu sein. Ich will nicht untersuchen, wer angefangen und wer den Kürzern gezogen. Beide hätten jedenfalls ihre Zeit besser anwenden können. Mir aber scheint es als würden die Deutschen Amerika's sich bald über viel wichtigere Fragen zu berathen haben, über Fragen, hinsichtlich deren keine Meinungsverschiedenheit unter ihnen obwalten kann und die deshalb auch zu keinem Gezänk Anlaß geben können. Es wird vielleicht bald eine Zeit kommen, wo die Deutschen weniger an die Temperenzfrage und den Sonntagszwang, als an hochheilige Interessen denken, welche ihnen und den Brüdern in der alten Heimath gemeinsam sind. Die Antone in Berlin und in Paris haben den Degen eingesteckt. Besieht man die Sache bei Lichte, so wird man wohl finden, daß sie Alle keine rechte Courage hatten und daß es nur darauf ankam, welcher Theil dem andern durch Säbelgerassel am meisten Angst einjagen könnte. Aber die Erbitterung bleibt, mit dem getroffenen Arrangement ist weder die eine, noch die andere Seite zufrieden, und beim ersten passenden Moment wird man sich wieder streiten, um diesmal nicht Alles sich in Wohlgefallen auflösen zu lassen, sondern einander allen Ernstes in die Haare zu gerathen. Fassen wir die Sache scharf ins Auge und nennen wir das Ding beim rechten Namen. Der Krieg zwischen Deutschland und Frankreich ist nur wie durch ein halbes Wunder diesmal noch hinausgeschoben worden, und er wird ausbrechen sobald es der einen oder andern Partei, oder beiden zugleich, besser paßt. Welche Pflicht liegt alsdann uns Deutsch-Amerikanern ob? Wir haben uns

nicht in müßiger Sympathie zu ergehen, nicht, in der beruhigenden Ueber-
zeugung, doch nichts thun zu können, lediglich auf der Bierbank zu politisiren,
und ebenso wenig dürfen wir unsere Parteinahme für die bedrängten Brüder
auf das Charpiezupfen beschränken. Vielmehr befinden wir uns in der Lage,
Deutschland ganz wesentlich nützen zu können und zu müssen. Wollten wir hier
Freikorps bilden, so wäre das lächerlich; wollten wir Geld für die deutsche
Kriegskasse sammeln, so würden wir uns blamiren; wollten wir auf eigene
Faust einen Kaperkrieg gegen den französischen Handel führen, so kämen wir
mit den Gesetzen in Conflikt und es würde uns schlecht bekommen. Aber wir
können dafür sorgen, daß die Haltung der Republik eine den Interessen Deutschlands günstige ist, und dieser Aufgabe müssen wir alle unsere Bemühungen,
allen unsern politischen Einfluß widmen. Eine neutrale Macht kann, ohne ihrer
Pflicht untreu zu werden, dem einen oder andern Theil gar manchen Gefallen erweisen, und Amerika wird dies auch unbedingt thun. An uns liegt es, dafür
zu sorgen, daß es auf der rechten Seite geschehe. Ich werde unmittelbar
auf diesen Gedanken gebracht durch den Verkauf des Panzerriesen Dunderberg
an die französische Regierung, während es doch bekannt ist, daß das preußische
Gouvernement seit längerer Zeit mit zu den Bewerbern um diesen Schatz gehört und mindestens ebenso gut im Stande war, den geforderten Preis zu
zahlen. Es ist schon von geachteter Seite ausgesprochen worden, daß die
Entscheidung schwerlich ohne einen Wink aus Washington erfolgen konnte, und
da haben wir die ganze Bescheerung. Waltete unter uns das rechte Zusammenhalten ob, wären wir nicht durch politische Parteiungen so sehr zersplittert,
hätten wir es früher verstanden, das Gewicht unseres Einflusses in öffentlichen
Angelegenheiten einmüthig zur Geltung zu bringen, so würde wahrscheinlich
bei der Concurrenz die Entscheidung nicht zu Gunsten Frankreichs, sondern zu
Gunsten Preußens gefallen sein, und Deutschland besäße jetzt ein Schiff, welches jederzeit einem französischen Geschwader gewachsen wäre und eine Blokade
zu einer sehr riskanten Sache machen würde; die deutsche Flotte hätte einen
Kern, der schon jetzt einen Gegenstand der Furcht bildete und um den sich
eine respektable Flotte recht hübsch gruppiren ließe. Machen wir uns nur keine
Illusion; die Sympathie der amerikanischen Bevölkerung und Regierung ist
nicht auf Seiten Deutschlands, sondern neigt sich viel mehr Frankreich zu. Es
zeigte sich dies in der vorliegenden Angelegenheit, und es offenbarte sich auch im
Tone der amerikanischen Presse während die Luxemburger Angelegenheit noch
nicht erledigt war. Die Erscheinung ist absurd, denn Amerika hat ebenso
wenig Grund, Frankreich als seinen Freund zu betrachten, wie es Ursache hat,
die wachsende Macht Deutschlands zu fürchten. Die Thatsache aber ist da,
und wir haben ihr Rechnung zu tragen. Wir sind hier so zahlreich und, wenn
wir es wollen, so mächtig, daß wir das Verhältniß umgestalten und selbst bei
mangelnder Sympathie für ein anderes Benehmen der Regierung sorgen können. Deutschland hat ein Recht, dies von seinen Söhnen in Amerika zu erwarten, und wir haben die Pflicht, diese Erwartung nicht zu täuschen. Bricht

über kurz oder lang der Krieg aus, so bilden wir gewissermaßen eine deutsche Vorhut. Welche Consequenzen die Situation mit sich führen würde, ist gar nicht zu berechnen, und darum ist gewiß die Haltung der großen Republik, einer der tonangebenden Seemächte, nicht gleichgültig. Der Fall kann so bald eintreten, daß wir schon jetzt unsere Anstalten danach zu treffen haben. Darum kein Gezänk um Fiedel und Bierkrug, sondern eine feste, männliche, energische Haltung als Deutsche für Deutschland.

Ein recht hübsches Beispiel deutschen Zusammenwirkens bildet immerhin der Ausfall der Sammlung für den edlen Mögling, welcher leider die Freude, durch „die freiste Vorhut, die ihr Banner schwingt", aller Nahrungssorgen entrückt zu werden, nicht mehr erleben sollte, und seine Familie. Das Ergebniß beträgt bis jetzt reichlich 7000 Thaler, und da auch die Deutschen in London sich sehr brav gemacht, möchten die deutschen Emigranten ein Kapital von 10,000 Thalern zusammengebracht haben, um jetzt wenigstens die Zukunft der Hinterbliebenen einigermaßen sicher zu stellen und dafür zu sorgen, daß der Sohn zu einem würdigen Nachfolger seines braven Vaters erzogen werden kann. Glänzend wollen wir das Resultat eben nicht nennen; aber es übertrifft so sehr Alles, was man von deutscher Seite gewohnt ist, daß es einen höchst erfreulichen Eindruck macht und das große Vaterland, welches auf eigenem Boden gar nichts that, wohl beschämen kann. Suchen wir den Grund für die bei dieser Gelegenheit gezeigte Bereitwilligkeit und die Zurückhaltung, welche bei früheren Veranlassungen, wo im Interesse noch rüstiger Männer ein Nationaldank beansprucht wurde, sich entfaltete, so finden wir ihn wohl in der Abneigung, Die, welche sich noch selbst helfen können, daran zu verhindern. Es mag darin eine Knauserei liegen, aber da sich jetzt gezeigt hat, daß dieselbe nicht immer vorhanden ist, so dürfen wir wohl den Entschuldigungsgrund gelten lassen. Es wird dem aufmerksamen Leser nicht entgehen, daß ich hier auf die Sigel-Subscription anspiele, von der man wünschen möchte, daß sie nie stattgefunden hätte, und natürlich will ich damit nicht andeuten, daß ein Nationaldank in jenem Fall nicht durchaus angebracht gewesen wäre. Auch berühre ich diesen Gegenstand nur um die Nutzanwendung für eine Agitation zu ziehen, welche so eben aufgetaucht ist. Ich meine den gewiß gut gemeinten Aufruf zur Realisirung eines Nationaldankes für Ferdinand Freiligrath, welcher in solcher Gestalt nie hätte erlassen werden sollen. Eines gewissen störenden Eindrucks können sich selbst Die nicht erwehren, welche sich am wärmsten dafür interessiren. Das erhellt zur Genüge aus der trostlos prosaischen Wendung, welche bei allem schwunghaften Anfang die der Förderung des Zweckes gewidmeten poetischen Ergüsse des wackern Emil Rittershaus nehmen. Eine hiesige Zeitung laborirt auch unter der Depression, welcher ich mich mit dem besten Willen nicht erwehren kann, erklärt sich aber dennoch, da die Sache einmal geregt ist, dafür, und weißt an einem Beispiele nach, wie viel bei gehörigem Zusammenwirken durch kleine Leistungen erzielt werden könne. Steuert jeder Biertrinker in New-York (ihre Zahl wird, sehr gering, auf 50,000 veranschlagt) wöchentlich nur den Preis e i n e s Glases Bier, so ergiebt dies eine wöchentliche Summe von 2500 Dollars, in zehn Wochen also 25,000 Dollars. Rauchen 10,000 Deutsche wöchentlich nur e i n e Cigarre für 10 Cents weniger, so giebt das 1000, in zehn Wochen 10,000 Thaler; man hätte also in genannter Zeit einen New-Yorker Nationalbank von 35,000 Thalern zusammen, und geschähe dasselbe in ganz Amerika, so könnte Freiligrath allein von hier aus zum Millionär gemacht werden. O über dies unselige Bier- und Cigarren-Gleichniß! Weiß doch der scharfsinnige Rechner aus Erfahrung, daß das Alles schon dagewesen, daß einfach das eine Glas Bier n i c h t weniger getrunken, die eine Cigarre n i c h t weniger geraucht wird, während die vereinzelten Fälle, in denen es geschieht, die Sache nur noch kläglicher machen! Um des Himmels willen, fangt lieber gar nichts an, als daß Ihr Euch selbst und Den, welchem Ihr danken wollt, kompromittirt. Ich betrachte es als durchaus selbstverständlich, daß Freiligrath der Sache völlig fern steht und daß sie ihm in dieser Form fatal ist, und will ihm den Anspruch auf einen Nationalbank durchaus nicht absprechen. Aber so wie die Sache betrieben wird, kommt gewiß nichts Gescheites danach, und besser wäre es, man hätte gar nicht damit angefangen, als daß man in dieser Weise fortfährt. Indessen ist es noch nicht zu spät, einen andern, praktischeren und nobleren Weg einzuschlagen. Wirkt weniger im Oeffentlichen und mehr im Stillen. Freiligrath ist von Haus aus ein Kaufmann und diesem Beruf stets treu geblieben. Man hat es ihm immer zum Verdienst angerechnet, daß er „das Joch Mercurs" männlich trug ohne deshalb seinen Pegasus ins Joch spannen zu lassen. Es scheint mir deshalb als läge es der intelligenten deutschen Kaufmanuschaft ob, die Sache in die Hand zu nehmen und ohne viel Geschrei für den Nationalbank zu sorgen. Mit der Pfennig-Subscription ist, abgesehen von dem darin liegenden Mangel an Delikatesse, auch noch die Gefahr verbunden, daß Charlatans sich der Sache zum Zweck persönlicher Verherrlichung zu bemächtigen suchen und dadurch nur noch größere Verstimmung erzeugen. Läßt man solche Marktschreier gewähren, so entsteht die Gefahr, daß Freiligrath von hier aus 50 gebundene Exemplare seiner eigenen Werke zugesandt erhält, um damit zu hausiren. Zu Denen, welche den Aufruf kräftig unterstützen, gehört auch Karl Blind; jedoch bin ich überzeugt, daß auch er der Sache gern eine andere Gestalt geben möchte, und daß es ihm, der sich nicht minder um das Vaterland und die Freiheit verdient gemacht, unerträglich wäre wenn s e i n Name Woche für Woche an das Licht der Oeffentlichkeit gezerrt würde. Amerika ist voll von reichen und intelligenten deutschen Kaufleuten, welche, ohne daß Jemand etwas davon merkt, in wenigen Tagen ein nobles Geschenk zusammensteuern können. Auch besitzen sie an Friedrich Kapp einen Mann, der sich vortrefflich zum Leiter, Empfänger und Vermittler eignet. Es ist nicht angenehm, einer Sache entgegenzutreten, die einem edlen Impuls entspringt; aber Pflicht ist es, der Taktlosigkeit da zu opponiren, wo sie einem hochverdienten Manne zu nahe tritt, und ihm weh thut statt, wie sie es beabsichtigt, ihm zu nützen und eine Freude zu bereiten.

Wenn Deutsche verstimmt werden, ist nun einmal nichts mit ihnen anzufangen. Nach langer Pause vernimmt man wieder etwas von der Kinkel'schen Revolutionsanleihe, nach deren gewissenhafter Verwaltung und Verwendung Karl Heinzen ein so inniges Verlangen trägt. Sie existirt wirklich noch und belief sich am 31. März dieses Jahres auf 1376 Pfund, 19 Schillinge und 8 Pence, Hauptkapital, Zins und Zinseszins für ein halbes Menschenalter. Kinkel wird die Verantwortlichkeit für die Rolle des Vogels Greif neben diesem revolutionären Schwätzer zu drückend, und er mag nichts mehr damit zu thun haben. Dasselbe gilt von August Willich, für den das Ehrenamt schon wegen der großen Entfernung seine Schwierigkeiten hat. Auf einer von Kinkel berufenen Generalversammlung in Zürich ist jetzt ein neuer Ausschuß gebildet worden, bestehend aus den Herren Theodor Olshausen, Hilgard, Benst, Professor Scherr und Doktor Held. Karl Heinzen wird jetzt Gottfried Kinkel, falls er denselben nicht noch befehden will weil er i h n übergangen, in Ruhe lassen und jene fünf Herren zum Gegenstand seiner gesinnungstüchtigen Anfechtungen machen müssen. Betrachtet man aber die Summe, welche Deutsche auf dem Wege der National-Subskription für die revolutionäre Befreiung des Vaterlandes zusammengebracht haben, so muß man unwillkürlich an das muthmaßliche Resultat einer Pfennig-Subskription für einen der S ä n g e r der Freiheit denken.

Sollte es unter dem Volke, welches mehr Schriftsteller zählt als irgend ein anderes, nicht Mittel geben, um die Ritter vom Geiste im Alter, oder wenn sonst ein Mißgeschick über sie kommt, vor Noth und Nahrungssorgen zu schützen und Colletten zu ihren Gunsten, die stets etwas Unangenehmes haben, überflüssig zu machen? Diesem Bedürfniß entsprang die Schillerstiftung, welche aber so engherzig verwaltet wird und Gegenstand so vieler Anfeindungen ist, daß Gutzkow dadurch temporär zum Wahnsinn getrieben wurde. Sind Buchhändler und Schriftsteller so sehr darauf bedacht, sich des Nachdrucks zu erwehren, so könnte es nicht schaden wenn sie auch d i e s e m Gegenstande einige Aufmerksamkeit widmeten. Schriftsteller sind gewöhnlich nicht die besten Geschäftsleute, und nur selten in der Lage, sich etwas für die Zeit der welken Blätter zurückzulegen. Sie und die Buchhändler sollten zusammen einen nationalen Verein bilden, welcher dem alten Elend ein Ende machte. Der Staatsbeamte, welcher in der Regel auch nicht mehr bekommt als er gebraucht und nur durch Betrug ein reicher Mann werden kann, schämt sich nicht, zuletzt die wohlverdiente Pension in Empfang zu nehmen. Aehnlichen Anspruch sollten sich auch Die sichern, welche alle Lasten des Beamtenstandes tragen ohne des in einer gesicherten Stellung liegenden Vortheils zu genießen. Das deutsche Literatentyum New-Yorks ist so eben im Begriff, für sich im Kleinen einen solchen Schutzverein zu bilden. Hoffentlich wird dies den Anstoß zu einer Bewegung geben, welche die ganze Presse Amerika's zu gegenseitiger, pflichtmäßiger Unterstützung mit einander verbindet und dadurch in d i e s e m Lande wenig, stens dem Proletariat des Geistes Schranken setzt.

Die New-Yorker Kunst-Saison — die inhaltsreichste und genußvollste, die wir hier jemals gehabt — ist jetzt abgeschlossen. Davison, welcher hier noch einen letzten Cyklus von Gastvorstellungen gegeben, kehrt jetzt nach Europa zurück, aber mit dem Entschluß, Amerika nicht auf immer Lebewohl zu sagen. Wo ein Künstler so manche Anregung, so manchen neuen Eindruck empfangen, wo er so warme Anerkennung gefunden und so viel genützt, scheidet er nur ungern und tröstet sich mit dem Gedanken an ein fröhliches Wiedersehen. Die Ristori, welche gleichfalls noch einmal in einer Reihe von Vorstellungen aufgetreten, wird schon im September hierher zurückkehren; auch sie hat Grund, das empfängliche amerikanische Publikum in dankbarem Andenken zu behalten, und sie wäre gewiß nicht so lange geblieben wenn nicht der Aufenthalt ihr in jeder Hinsicht hohe Befriedigung gewährt hätte. Davisons Größe wurde man eingedenk als man jetzt Bandmann, den einst Vergötterten, wieder spielen sah. Nicht als ob Bandmanns Talent als gering erschienen wäre; aber es ist nicht gereist, es macht neben dem kolossalen, durch und durch entwickelten Genie Davisons den Eindruck eines rohen Coelsteins, und statt sich durch den Vorzug, welchen das Publikum dem größten Tragöden dieser Zeit angedeihen läßt, verletzt zu fühlen, sollte er durch das Beispiel desselben zum Studium, zum eifrigen Vorwärtsstreben angespornt werden. Ein großer Künstler, ein ächter Sohn der Musen, ist nur Der, dem die eigenen Leistungen nicht genügen, der die eigenen Fehler besser erkennt als das Publikum und unabläßig an seiner Vervollkommnung arbeitet. Soll aber die deutsche Bühne hier auch ferner von jenseits des Meeres aus ergänzt werden und sich kräftig entwickeln, so muß durchaus ein Theater entstehen, welches gerechten Anforderungen genügt, in Allem den Eindruck der Sauberkeit und Noblesse macht, und in dem man sich namentlich auch einigermaßen sicher vor Leib- und Lebensgefahr fühlen kann. Die dritte deutsche Stadt hat Anspruch auf etwas Anderes als eine schmutzige Menschenfalle unter schäbiger Direktion. — Die Philharmonische Gesellschaft feierte das Jubiläum ihres fünfundzwanzigjährigen Bestehens durch ein Extra-Concert, und dabei hielt ein Reverend eine Rede, welche nach Beethovens fünfter Symphonie einigermaßen abkühlend und ernüchternd wirkte. Während des Viertel-Jahrhunderts haben die Mitglieder der Gesellschaft für ihre Bemühungen nicht ein einziges Mal ein nur nothdürftig entsprechendes Aequivalent erhalten, und ihr einziger Ersatz liegt in dem wohlthuenden Gefühl, für die Hebung der Musik in Amerika ganz Unendliches gethan, ja der klassischen Richtung hier faktisch erst die Bahn gebrochen zu haben.

Mit den deutschen Vorlesungen war es in der vorigen Saison, wie gewöhnlich, jämmerlich bestellt. Wer sich auf dergleichen einläßt, muß sich auf bittere Erfahrungen verschiedener Art gefaßt machen. Anders steht es unter den Amerikanern, unter denen namentlich der Verein sich für die Förderung von Wissenschaft und Kunst sich ein Verdienst durch die Engagirung von Leuten erwirbt, die viel erfahren haben und geneigt sind, Andern etwas davon zu erzählen. Zu diesen gehört auch der Franzose P. du Chaillu, welcher im Cooper-Institut Rechenschaft über seine Entdeckungsreisen im äquatorischen Theil von Afrika gab, und wenn er auch vielleicht vom Privilegium des Herrn Urian einen etwas reichlich starken Gebrauch machte, doch sehr viel Lehrreiches und Werthvolles zum Besten gab. Er reiste, wie er im Anfang sagte, stets zu Fuß, tödtete und präparirte mehr als 2000 Vögel, von denen 60 Arten der Wissenschaft unbekannt waren, erlegte 1000 Vierfüßler, von denen er 200 ausstopfte und mit 80 Sleletten nach Hause sandte. Dreißig davon waren neu. Nach New-York brachte er 21 ausgestopfte Gorillas und eine Menge anderer Merkwürdigkeiten. Die Gegend, von welcher hier die Rede ist, schilderte er als ein fast undurchbringliches Dickicht, welches sich in unbekannter Ausdehnung zwei bis drei Grade nördlich und südlich vom Aequator erstreckt. Die Durchforschung dieses von ihm als völlig unnütz beschriebenen Striches machte ihm unsägliche Schwierigkeiten. Merkwürdiger Weise giebt es dort gar keine von den Thierarten, welche sonst in Afrika vertreten sind, keine Löwen, Rhinozeros, Zebras, Giraffen, Strauße, Antilopen und Gazellen. Menschen finden sich nur spärlich zerstreut, und leben in stetem Kampf mit dem ihnen am nächsten stehenden Gorilla, der häufig ihre Wohnungen und Anpflanzungen zerstört. Es giebt ferner kein Lastthier oder Zugvieh; jede Bürde muß der Mensch sich selbst auf den Rücken laden. Alles Wald, Wald, Wald, nur dann und wann einmal ein offener Wiesengrund, welcher der Abwechslung wegen einen unendlich wohlthuenden Eindruck macht. Was die oben erlegten Tausend und mehr Thiere betrifft, so bemerkt Herr Chaillu, der Transport derselben habe ihm große Mühe verursacht, was wir, da er zu Fuß und allein reij'te, schon glauben wollen. Wundern muß man sich nur, wie er's überhaupt fertig brachte. Aber unter diesen Wilden fand er stets menschenfreundliche Seelen, und wurde er krank, so pflegte ihn eine sanfte weibliche Hand. In dieser Beziehung war er glücklicher als andere Afrika-Reisende, zum Beispiel Doctor Livingstone. Es regnet dort entsetzlich viel, und selten ist ein klarer Himmel, was zur Folge hat, daß die Hitze nicht so unerträglich ist, wie man es sonst unter dem Aequator erwarten sollte. Die Durchschnitts-Temperatur beträgt 98 Grad Fahrenheit, was immerhin etwas ist. Der kühlste Monat ist der Juli, der wärmste der December. Langeweile hatte er selbst am Abend nicht, denn er betrachtete alsdann (doch wohl nur wenn der Himmel klar war, was, ihm selbst zufolge, nur selten passirt) den wunderschönen Sternenhimmel, von dessen Pracht man sich keine Vorstellung machen kann. Er dachte alsdann an die Glorie anderer Welten und an die Kleinheit des Menschen, was vermuthlich sehr interessant ist und wofür ihn der laute Applaus seiner Führer belohnte. Die größte Plage dieses angenehmen Aequatorlandes sind die Ameisen, vor denen Alles, Mensch und Thier, flieht, wenn sie ihre Wanderungen antreten. Die boshafteste Art sind die Baschikinny's, und von ihnen entwirft er folgende Schilderung: „Die schwarzen Baschikinny's können mit Recht die Herren des Waldes genannt werden, denn sie sind der Schrecken aller Thiere, vom Leopard bis zum Insekt, und Alles flieht vor ihnen. Sie pflegen in einer langen, geraden Linie, ungefähr zwei Zoll breit und mehrere Minuten lang, ihre Wanderungen ins Werk zu setzen. Zu beiden Seiten marschiren größere Ameisen als Plänkler und halten Ordnung. Kommen sie zu einem Platz, wo keine Bäume sie gegen die Strahlen der Sonne schützen, so graben sie sofort einen Tunnel, durch welchen die Armee bis zum nächsten Walde marschirt. Werden sie hungrig, so theilen sie sich plötzlich, auf Commando, in zwei Flügel, und überfallen Alles, was ihnen vorkommt, mit unwiderstehlichem Ungestüm. Der Elephant und die Giraffe ergreifen die Flucht vor ihnen, der Mensch nicht minder, und alles Lebende, was sie erreichen können, wird gefressen, so daß nur das nackte Skelett übrig bleibt. Sie reisen bei Tag und bei Nacht. Oft wurde ich aus dem Schlafe geweckt und war gezwungen, mich ins Wasser zu stürzen, um ihnen zu entrinnen. Die Flucht der Insekten vor ihnen her bildet die gewöhnliche Warnung. Sie marschiren rasch, und doch habe ich eine Reihe beobachtet, die zwölf Stunden lang war, wonach man sich einen Begriff von ihrer Anzahl machen kann." Die Negerbevölkerung ist in eine Unmasse von Stämmen getheilt, die alle ihren verschiedenen Dialekt haben. Die Menschenfresser sind die Kräftigsten und Hübschesten, und verstehen sich besser auf die Bearbeitung des Eisens als man es sonst gewöhnlich bei wilden Völkerschaften findet. Auch bereiten sie ein sehr schönes Gewebe aus den Fasern einer Palme. Ihre Dörfer sind reinlich. Sie haben durchaus keine Traditionen, kümmern sich nicht im Geringsten um das, was vergangen ist, und fanden es sehr lächerlich, daß Herr Chaillu sich dafür interessirte. Wie er es anfing, von den Menschenfressern, unter die er sich ganz allein und zu Fuß begab, nicht verzehrt zu werden, ist mehr als ich errathen kann. Die Todesstrafe wird' unter den nicht kannibalischen Stämmen an Hexen und Hexenmeistern vollstreckt, und je grausamer das geschieht, für desto besser wird es gehalten. Ein Ehrenpunkt ist es, so viele Weiber wie möglich zu haben. Interessant ist die von Herrn Chaillu im Folgenden gelieferte Beschreibung eines Begräbnißplatzes unter diesen Wilden. „Es war ein Hain in der Nähe der Küste, voll hoher Bäume, unter denen sich einige majestätische und wunderschöne befanden. Die Eingeborenen zollen diesem Platz eine große Verehrung, wollten mich erst nicht begleiten und thaten es zuletzt nur gegen das Versprechen einer großen Belohnung. Die Neger besuchen den Ort nur bei Begräbnissen, denn sie glauben, daß die Geister der Todten hier umherwandern und sich nicht gern stören lassen. Irgend welche Schätze kann man hier mit völliger Sicherheit deponiren. Es ist ein dicht beschatteter, herrlicher Platz, und streift der Wind durch das dunkle Gezweig, so muß selbst der Rohe von heiligen Schauern durchrieselt werden. Meine Begleiter blieben draußen, während ich hinein ging. Die Todten werden nicht begraben, sondern stehen in hohen Särgen auf der Oberfläche. Viele von diesen Särgen waren noch neu, die meisten aber fielen schon zusammen. Hier grins'ten Skelette aus zerfallenen Särgen hervor, dort war selbst von den Särgen keine Spur mehr vorhanden, und die Skelette ruhten in ihrem Staube. Ueberall lagen bleichende Gebeine und modernde Ueberreste umher. Es machte einen eigenthümlichen Eindruck, zu sehen, wie die metallenen oder elfenbeinernen Arm- oder Knöchel-Bänder, in denen ein Mädchen beerdigt war, noch immer die nackten, des Fleisches beraubten Knochen umgaben, oder die Schätze zu betrachten, welche dem Reichen mit in den Sarg gelegt und nie berührt waren. Ich kam zu dem Begräbnißplatz des zuletzt verschiedenen Königs. Ringsum lagen die Schätze der Majestät — messingene, eiserne und kupferne Gefäße und Geräthschaften aller Art, sowie die Skelette von hundert Sklaven, welche getödtet waren damit es ihm im Jenseits nicht an der nöthigen Bedienung fehle. Dieser Kirchhof machte einen grauenvolleren Eindruck auf mich als selbst die Sklavenställe, welche ich an der Küste gesehen hatte." Als Schutzwehr dienen den Wilden hier meistens Schilder von zubereiteten Elephantenfellen, welche fast so undurchdringlich sind wie Eisen. Die Männer sind nur sehr nothdürftig, die Frauen noch spärlicher bekleidet. Nirgends fand Herr Chaillu eine Spur von früheren Ansiedlungen, nirgends Ueberreste oder Anzeichen, woraus man schließen konnte, daß die Neger sich auf einer höheren Stufe der Entwicklung befunden hätten und durch irgend welche Ursachen zurückgekommen seien. Auch findet er die Annahme, daß Menschen im wilden Naturzustande sich am besten vermehren und am gesundesten sind, durchaus irrig, denn die Stämme schmelzen immer mehr zusammen, und man kann kein Dorf, welches man einmal kennen gelernt, nach einigen Jahren wieder besuchen ohne dessen inne zu werden. Ueber die Negerrace im Allgemeinen ist Herr Chaillu der Meinung, daß sie der selbstständigen Entwicklung nicht fähig ist, nur das lernen kann, was ihr von Weißen beigebracht wird, und unbedingt, von diesen getrennt, nicht nur in die frühere Barbarei versinken, sondern auch aussterben muß. Unter allen uncivilisirten Racen ist, sagt er, „der Neger der Gelehrigste, Gutmüthigste, und er besitzt viele treffliche Eigenschaften, welche für seine schlechten entschädigen. Wir müssen daher freundlich gegen ihn sein und ihn emporzuheben suchen. Daß er im Laufe der Zeit dem Schicksal der niedrigen Racen verfallen und verschwinden wird, unterliegt für mich keinem Zweifel." Diese Nutzanwendung hätte der Redner sich ersparen können. Seine ausgestopften Vögel und präparirten Skelette lassen wir uns zur Noth gefallen, protestiren aber gegen a u s g e s t o p f t e M e i n u n g e n, die nur für ihn selbst Interesse haben.

Uncas.

Inhalts-Verzeichniß
der
Deutsch-Amerikanischen Monatshefte.

Vierter Jahrgang. Erster Band.
1867.

Januar-Heft.

	Seite
An das Publikum	1
Unterwegs. Reisebilder von Alfred Meißner	2
Europäische Federzeichnungen. Von Karl Blind	11
Der Baumwollenbau außerhalb der Vereinigten Staaten. Von Victor Ernst	16
Das Vereinswesen in der Schweiz. Von * * *	24
Frei bis ans Meer. Von Alfred Schücking	30
Alle hundert Jahre. Eine historische Reminiscenz. Von A. Schott	31
Bekehrungen. Von Friedrich Münch	38
Marie. Novelle von Kathinka S.	42
Kopfschmerzen. Von Dr. G. Sundmacher	55
Das Jahr 1866. Von Friedrich Lexow	69
Musikalische Revue. Von Th. Hagen	76
New-Yorker Correspondenz	81

Februar-Heft.

	Seite.
Ein Beitrag zur Geschichte der Metamorphose der eingewanderten Deutschen in Amerikaner. Von C. L. Bernays	91
Edinburgh. Von Alfred Meißner	103
Amerika's Feste. Von Rudolph Lexow	126
Beethovens Sturm-Symphonie. C-moll. Von Heinrich Becker	136
Terezia Cabarrus. Ein Frauenbild aus der Revolution. Von Victor Ernst	140
Marie. Novelle von Kathinka S.	148
Nordalbingiens Dichterkreise. Von Friedrich Lexow	160
Das Feld der Heilgymnastik. Von * * *	167
New-Yorker Correspondenz	175
Musikalische Revue. Von Theodor Hagen	181

März-Heft.

	Seite.
PRO FILIO. Von Karl Blind	185
Siebenhundert Meilen in der Stage. Touristisch-ethnographische Skizze. Von Theodor Kirchhoff	192
Liebeslieder. Von Ed. Dorsch	205
Die Sünden der österreichischen Militair-Verfassung. Von Edmund Carl Preiß	208
Der Sternenhimmel. Von Victor Ernst	213
Marie. Novelle von Kathinka S.	224
Herr Bernays und das Deutschthum in Amerika. Von Friedrich Lexow	235
Darwin's Theorie. Von C. Schücking	242
Ostende. Von Alfred Meißner	244
Das Feld der Heilgymnastik. Von * * *	249
Ansprache eines Deutschen an das Sabbaths-Committee. Von C. Goepp	259
Thierleben. Skizze von Dr. Theodor Koller	267
New-Yorker Correspondenz	273

April-Heft.

	Seite.
Alvise Centoni. Venetianische Skizze nach Paul de Muffet	279
Ein Lorberzweig auf ein frisches Grab. Von Marie Westland	290
Siebenhundert Meilen in der Stage. Touristisch-ethnographische Skizze. Von Theodor Kirchhoff	295
Sein oder Nichtsein. Von Friedrich Münch	308
An einen Jubilar. Eine Epistel von Rudolph Gottschall	318
Die Sünden der österreichischen Militärverfassung. Von Edmund Carl Preiß	325
Nordalbingiens Dichterkreise. Von Friedrich Lexow	332
Dante. Von J. Jagsthal	337
Deutsch-Amerikaner, aber keine amerikanische Deutsche. Von Dr. Welsch	348
Pelzthiere und Pelzhandel. Von * * *	357
New-Yorker Correspondenz	364

Mai-Heft.

	Seite.
Die Träume. Eine psychologische Studie. Von Dr. Philipp Etzoger	371
Ein ernstes Wiegenlied für meinen Sohn. Von Minna Kleeberg	384
Betrachtungen über die Metamorphose der deutschen Einwanderung in das Amerikanerthum. Von C. L. Bernays	386
Peter Cornelius. Von W. Backhaus	399
Alvise Centoni. Venetianische Skizze nach Paul de Muffet	403
Das Heimathland. Nach Browne von Bella J.	416
Londoner Skizzen. Von Dr. Adolf Loewy	417
Am Niagara. Von Friedrich Lexow	421
Pelzthiere und Pelzhandel. Von * * *	424
Unter den Lawinen. Von R. Schatzmann	449
Eine Skizze aus der Künstlerwelt. Nacherzählt von Wilhelm Girschner	449
Die Befestigungen Wiens. Von Edmund Carl Preiß	456
New-Yorker Correspondenz	458

Juni-Heft.

	Seite.
Der Humor in der Pflanzenwelt. Von Dr. Adolf Loewy	465
Ueber Volks-Wirthschaft. Von Carl Rümelin	478
Künstler-Silhouetten	496
Alvise Centoni. Venetianische Skizze nach Paul de Musset	503
Sächsische Sage und sächsischer Sang. Von E. Schnellen	520
Glaube und Wissenschaft. Von Dr. Julius Bruck	527
Europäische Federzeichnungen. Von Karl Blind	531
Mondgebirge. Von ***	537
New-Yorker Correspondenz	547

Tausende werden biliös geboren,

aber die Geneigtheit zu acuten Leber-Krankheiten, welche bei so Vielen vorhanden ist, kann beherrscht werden durch den gelegentlichen Gebrauch des mächtigen Alterativs

TARRANT'S
EFFERVESCENT SELTZER APERIENT.

Salzige Präparate, welche die absondernden und abführenden Organe öffnen und reguliren, werden durch die höchsten medicinischen Autoritäten als die besten Medicinen im Bereich der Wissenschaft anerkannt, und von denselben ist dies berühmte Mittel anerkannter Maßen das wirksamste und angenehmste.

Für Individuen, welche eine sitzende Lebensweise führen, ist es ein absolutes Bedürfniß, da es die Verstopfung der Eingeweide und Trägheit der Leber verhindert, welche die unvermeidlichen Folgen eines Mangels an Bewegung in freier Luft sind, wenn keine Gegenmittel ergriffen werden.

Die bleichen, kränklichen Arbeiter beiderlei Geschlechts, welche man Morgens und Abends zu und von den geschlossenen Werkstätten und Fabriken schleichen sieht, wo sie sich stets unter dem Einfluß verdorbener Luft befinden, sind dieses kräftigenden, gelind abführenden Mittels vorzugsweise bedürftig. Es befördert die gehemmte Circulation, entfernt schädliche Substanzen durch die Eingeweide, öffnet die Poren, befördert die Reinigung des Bluts durch die Ausdünstung, und füllt das ganze System animalischer Oeconomie mit neuer Kraft.

Wird nicht der Abfall regelmäßig aus dem Körper entfernt, so ist die Gesundheit etwas Unmögliches. Verstopfung in irgend einer Form ist die sichere Folge seiner Nichtentfernung. Wie viele Tausende vergessen dies, und wenden sich endlich an den Arzt, wenn Schleim und Galle überhand genommen haben! Alles dies kann durch einen Theelöffel voll täglich von

Tarrant's Effervescent Seltzer Aperient

in einem halben Tumbler voll Wasser vermieden, und so in einer Minute der schönste Trank bereitet werden, der sich nur denken läßt. Das ist wohl der Beachtung werth, und die hier gegebenen Winke können nicht ungestraft hintenangesetzt werden. Angefertigt nur von

TARRANT & CO.,
278 Greenwich= und 100 Warren=Street, New=York.

☞ Zu haben in allen Apotheken.

J. B. HOEKER,
PRACTICAL OPTICIAN,
308 FULTON STREET,

Near Pierrepont,   BROOKLYN.

Staten Island.
FANCY DYEING ETABLISHMENT.
Barrett, Nephew & Co.,

No. 5 und 7 John Street, } New=York.
718 Broadway,

No. 269 Fulton=, Ecke von Tillary Street, Brooklyn, und No. 47 North 8te Straße, Philadelphia.

fahren fort, Damen= und Herrenkleider zu färben und zu reinigen; seidene, Sammet, Merino und andere Kleider, Mäntel, u. s. w. werden mit Erfolg gereinigt, ohne aufgetrennt zu werden. Ebenso Herrenröcke, Hosen, Westen u. s. w.

Glacée=Handschuhe und Federn gefärbt oder gereinigt. Lange Erfahrung und Geschäftskenntnisse befähigen die Unterzeichneten, ihre Arbeiten mit Erfolg zu betreiben. Waaren werden per Expreß geholt und zurückgeschickt.

Barrett, Nephew & Co.,
5 und 7 John Street, und 748 Broadway, New=York,
269 Fulton=, Ecke von Tillary Street, Brooklyn,
und 47 North 8te Straße, Philadelphia.

C. F. ADAE,

Europäisches Bank- und Wechsel-Geschäft,

Cincinnati, Ohio.

CONSULAT fuer Preussen, Bayern, Wuerttemberg, Sachsen, Baden, Oldenburg, Hessen, Mecklenburg-Strelitz und Schwerin, Sachsen-Meiningen und Altenburg, Schaumburg-Lippe und Anhalt-Dessau.

C. F. ADAE, Consul.

HILLER & CO.,

Bank- u. Inkassogeschäft,

No. 3 Chambersstr., New-York,

geben Wechsel und Creditbriefe auf alle größeren Plätze Europa's, versenden Gelder nach jedem Orte Deutschlands mittelst des deutschen Postverbandes, und besorgen den Einzug von Erbschaften und Vermögen vermittelst Vollmachten auf schnellste und billigste Weise.

☞ Anfragen aus dem Lande finden prompte Beachtung. ☜

Wehle & Hoffmann,

Patent-Agenten,

421 Broadway, nahe Canal-Street.

Es ist der Zweck der obigen Firma, für Erfinder den Schutz für ihre Erfindungen durch Patente und Caveate (provisional protection)

prompt und auf möglichst billige Weise

zu erlangen. Die Thätigkeit der Firma beschränkt sich jedoch nicht auf das Lösen von Amerikanischen und Europäischen Patenten; mit der Bildung derselben wurde vielmehr die Errichtung eines Bureaus beabsichtigt, wo Erfinder, Besitzer von Patenten und Erfindungen, Techniker, Fabrikbesitzer, Gewerbetreibende und das geehrte Publikum überhaupt jegliche auf Patente, Erfindungen und Verbesserungen, auf Errichtung und Konstruktion von Maschinen jeder Art und auf derartige Unternehmungen bezügliche Aufschlüsse und Rathschläge, sowie die sorgfältigste Ausführung sämmtlicher in dieses Fach fallenden Geschäfte erhalten können.

Wehle & Hoffmann,
Patent-Agenten.
421 Broadway, nahe Canal-Street.

H. Wehle, Advokat.   H. H. Hofmann, Architekt & Ingenieur.

J. Schuberth & Co.,

No. 820 Broadway,

Verlags- und Sortiments-Musikhandlung nebst Musikalienleihanstalt, empfiehlt dem Publikum ihr neu eröffnetes Depot von musikalischen Instrumenten, enthaltend eine geprüfte Auswahl importirter Pianos, Violinen, Zithern, Guitarren, Flöten, Clarinetten ic.

☞ Wir halten nur Instrumente besserer Qualität.